Texto y vida:

Introducción a la literatura hispanoamericana

Bárbara Mujica
Georgetown University

Harcourt Brace Jovanovich College Publishers
Fort Worth Philadelphia San Diego New York Orlando Austin San Antonio
Toronto Montreal London Sydney Tokyo

Publisher: Ted Buchholz

Senior Acquisitions Editor: Jim Harmon

Developmental Editor: Irwin Stern

Senior Project Editor: Katherine L. Vardy

Production Manager: Annette Dudley Wiggins

Art and Design Supervisor: Serena Barnett Manning

Text Designer: Barbara Bert

Cover Designer: Nancy Sugihara

Compositor: P&M Typesetting, Inc.

Library of Congress Cataloging-in-Publication Data

Texto y vida. Introducción a la literatura hispanoamericana / Bárbara Mujica [editora].
p. cm.
Preface in English.
Includes bibliographical references and index.
ISBN 0-03-26237-2
1. Spanish American literature. 2. Spanish language—Readers. I. Mujica, Barbara Louise.
PQ7083.T48 1991
468.6'421—dc20 91-22714
CIP

ISBN 0-03-26237-2

Requests for permission to make copies of any part of the work should be mailed to: Permissions Department, Harcourt Brace Jovanovich, Publishers, 8th Floor, Orlando, Florida 32887.

Address for Editorial Correspondence: Harcourt Brace Jovanovich, Publishers, 301 Commerce Street, Suite 3700, Fort Worth, TX 76102

Address for Orders: Harcourt Brace Jovanovich, Publishers, 6277 Sea Harbor Drive, Orlando, FL 32887 1-800-782-4479, or 1-800-433-0001 (in Florida)

PRINTED IN THE UNITED STATES OF AMERICA

6 7 8 9 0 1 2 016 9 8 7 6 5 4

Preface

Texto y vida: Introducción a la literatura hispanoamericana is the second in a four-book program for third-year students. Like its companion volume, **Texto y vida: Introducción a la literatura española,** this textbook is designed to introduce the advanced undergraduate to some of the Hispanic world's most representative authors and to focus on the relevance of their writings to the student's own life. Rather than a detailed anthology comparable to those by Angel Flores, Enrique Anderson-Imbert, or Fernando Díaz Plaja, **Texto y vida: Introducción a la literatura hispanoamericana** is an introductory collection containing complete works and selections from Spanish America's major literary periods. Works were chosen on the basis of their appeal and intelligibility to third-year students, as well as their literary merit.

Because this collection was not designed to provide a complete survey of Spanish America's entire literary history, works that experience has shown to garner little interest from or to be too difficult for beginning literature students were eliminated. For example, the colonial period is represented by only three authors: Bernal Díaz del Castillo, el Inca Garcilaso de la Vega, and Sor Juana Inés de la Cruz, all of which my own classroom testing have indicated are stimulating to students. Sor Juana's "Primero sueño" was omitted, as were other works that present linguistic and conceptual obstacles usually insurmountable for the third-year student. Also omitted were authors such as Carlos de Sigüenza y Góngora, Bernardo de Balbuena, and Juan del Valle y Caviedes, who are certainly of interest to the advanced student and the specialist, but whom the beginner would probably find less engaging.

A collection of Spanish American literature presents particular difficulties due to the fact that many countries must be represented. Every area of Spanish America has produced fine authors, and I have made an effort to include works from a wide variety of nations. Although it has not been possible to reproduce pieces from all the literature of Spanish America, every Spanish-speaking country is represented in the introductions.

Among the twentieth-century selections, long pieces that employ extremely regional language, such as René Marqués's *La carreta,* were not included, in spite of their literary excellence and sociological relevance. However, short poems by Luis Palés Matos and stories by Rosario Ferré will give students a taste of the vibrance and rhythms of Puerto Rican speech. In order to bring the book up to date, I have included a short story by the contemporary author Mario Bencastro, whose writings on the current situation in El Salvador are beginning to attract critical attention. In 1989 Bencastro was a finalist in the prestigious annual Diana-Novedades fiction competition, and several of his plays have been produced in the United States.

Difficult selections, particularly those from the colonial period, were modified to make them more accessible to students. Archaic spelling and grammatical constructions were modernized whenever it was possible to do so without changing the sense or tone of the text.

The works that comprise **Texto y vida: Introducción a la literatura hispanoamericana** are of diverse genres: fiction, theater, poetry, essay. Because fragments of longer works present particular difficulty due to the fact that they appear out of context, complete selections have been used whenever possible. In most cases, short stories, rather than selections from novels, have been chosen to represent nineteenth- and twentieth-century fiction, although a fragment of Jorge Isaacs's *María* does appear. Other important novels, such as José Eustasio Rivera's *La vorágine,* Rómulo Gallegos's *Doña Bárbara,* Alejo Carpentier's *Los pasos perdidos* and *El siglo de las luces,* and Augusto Roa Bastos's *Hijo de hombre* are discussed in the introductions. **Texto y vida** includes substantial pieces by a limited number of authors, rather than snippets from works by many authors. This will provide students with enough exposure to each author to develop a feeling for his or her work.

Although the book covers all periods, it is weighted in favor of modern rather than early literature and prose rather than poetry, both because there has been an explosion of Spanish American fiction during the last four decades and because many instructors find that beginning literature students react best to twentieth-century prose.

The introductory essay that precedes each period includes pertinent information about the historical moment and the literary movement. The presentation of each individual selection includes information about the genre within the movement, the author's life and works, and the piece included here. The opinions set forth are based on my own careful readings of the texts, as well as of pertinent criticism. However, as all great literature is subject to diverse interpretations, my particular focus is by no means the only valid one. Furthermore, in many cases, space constraints have prevented me from developing a topic as much as I would have liked. Instructors and students are invited to take issue with my views and to supplement the information provided in the introductions and bibliographies.

Each selection is followed by three types of exercises: reading comprehension, literary analysis, and personal reaction. The reading comprehension questions are designed to focus on the most pertinent points of the selection. Since third-year students are usually still struggling with the complexities of Spanish, many have difficulty just grasping the main threads of the text. The comprehension questions will insure that the students have understood the content of the reading. The literary analysis questions serve as a guide to beginning literature students, focusing their attention on language, the use of literary devices, characterization, form, and genre. In some cases, students are asked to analyze a particular passage or to compare one author with another. The literary analysis questions are by no means exhaustive; instructors may want to add others of their own. The personal reaction questions, which appear under the heading "Texto y vida," are designed to relate the text to the students' personal experience. By encouraging the students to deal with the social, moral, and ethical issues raised by a particular text, these questions will promote a comprehension of the universality of much human experience. In a successful learning situation, they will stimulate reflection on the relationship of literature to life.

Texto y vida provides a number of aids to facilitate the student's work with the text. A glossary of literary terms appears at the beginning of the book. This contains the technical vocabulary—names of movements, devices, poetic meters, locutions—that are used in the introductions and literary analysis questions. Each selection is accompanied by footnotes that will enable students to read without interrupting their concentration in order to look up words. In order to allow instructors to pick and skip selections according to their own preferences, difficult words are defined whenever they appear, rather than only at first occurrence. Whenever necessary, additional notes clarify obscure passages, explain specialized or regional terms, or identify historical or geographical names. The Spanish-English vocabulary at the end of the book includes all the words in the introductions, literary selections, and exercises, except for those specified on page 630.

The main objective of the two **Texto y vida** volumes is to whet the students' appetites for further literary study by showing that Hispanic literature is interesting, vital, and relevant to their own lives. Whether they are the principal focus of the course or one component of a complete literature-culture-grammar program, these books are meant to make the students' first exposure to Hispanic literature pleasant and stimulating, and to provide a foundation upon which students can build their future literary studies.

Several of my friends and colleagues made significant contributions to this book. I wish to express my thanks to Professors Estelle Irizarry and Enrico Santí for their suggestions, to my husband Mauro E. Mujica for his input on the section on Daniel Riquelme, and to the many readers whose comments were incorporated into the text. Special thanks are due Professor Irwin Stern and Katherine Vardy, who provided editing and made many useful suggestions, and to my dear friend Marilyn Lindgren for her encouragement and support.

Acknowledgments

I gratefully acknowledge the contributions of the following readers:

Professor Bonnie Frederick, Washington State University; Professor Rubén González, SUNY, Old Westbury; Professor Norman Holland, Hampshire College; Professor Cathy L. Jrade, Vanderbilt University; Professor Norma Klahn, University of California, Santa Cruz; Professor Frederick Luciani, Colgate University; Professor Diane Marting, Columbia University; Professor Gabriela Mora, Rutgers University; Professor Alberto Moreiras, University of Wisconsin; Professor Kathleen Myers, Indiana University; Professor Angela Robledo, University of Rochester; Professor Flor-María Rodríguez-Arenas, Columbia University; Professor Cynthia Steele, University of Washington; Professor Dora Vargas, University of Tennessee.

Bárbara Mujica
Georgetown University
Washington, D.C., 1991

Para mi marido Mauro,
con todo mi amor

Table of Contents

Pequeño glosario de términos literarios

Pequeño glosario de términos literarios

amor cortés concepto medieval del amor que idealiza a la dama, convirtiéndola en una diosa por quien el caballero hace sacrificios y hazañas a fin de demostrar su devoción

auto sacramental obra en un acto escrita sobre algún tema relativo a la Biblia, al dogma o al misterio de la Eucaristía

barroco estilo literario y artístico de los siglos XVI y XVII caracterizado por la profusión de ornamentación; en las artes visuales predomina la línea curva; en la literatura abundan los juegos de palabras, los giros rebuscados, la exageración, las formas cultas, las metáforas y los elementos decorativos

boom explosión literaria de los años 60 en que florece la novela

brechtiano relativo al dramaturgo alemán Bertolt Brecht (1898–1956), que veía el teatro como instrumento de cambio social; Brecht deseaba comprometer al público intelectualmente, pero no emocionalmente, creando una distancia entre el espectador y el espectáculo

circunloquio rodeo de palabras para dar a entender de una manera indirecta una idea que habría podido expresarse más brevemente

claroscuro mezcla de sombra y de luz

comedia obra dramática de cualquier género; Lope de Vega, considerado el padre del teatro español del Siglo de Oro, distingue entre la comedia, la tragicomedia y la tragedia, la comedia siendo una obra de desenlace placentero en que no muere el héroe al final

costumbrismo género literario dedicado a la descripción de las costumbres de una región particular

creacionismo doctrina poética del chileno Vicente Huidobro y sus seguidores a principios del siglo XX; proclama la total autonomía del poema, el cual puede existir independiente de cualquier relación a la realidad objetiva

cubismo escuela artística de principios del siglo XX que se caracteriza por la imitación y el predominio de formas geométricas, como por ejemplo el triángulo y el cubo; entre los cubistas más conocidos se incluye a Pablo Picasso, Juan Gris y Georges Braque

culteranismo estilo literario que, en vez de expresar las ideas con naturalidad y sencillez, emplea manerismos y refinamientos, por ejemplo extranjerismos, cultismos, giros rebuscados y juegos retóricos

cultismo palabra o expresión culta o erudita

churrigueresco estilo de ornamentación recargada empleado por el arquitecto español José Churriguera (1665–1723) y sus imitadores en España y en Hispanoamérica

dadaísmo escuela de arte de principios del siglo XX que intenta suprimir cualquier relación entre el pensamiento y la expresión

enciclopedismo conjunto de doctrinas profesadas por los enciclopedistas, autores de la *Enciclopedia,* obra extensa que contiene artículos sobre muchas ciencias y artes, publicada en Francia a mediados del siglo XVIII; los enciclopedistas hacían hincapié en la razón y en el conocimiento empírico

endecasílabo verso de once sílabas

épica poesía épica; poema extenso, de asunto heroico, como *La Ilíada.* hazañas de alguna heroica figura legendaria o histórica

escepticismo doctrina filosófica que pone en duda la posibilidad del conocimiento, debido a imperfección de la razón humana y a la ineficacia de los sentidos para percibir y comunicar la verdad

escolasticismo filosofía de la Edad Media en que domina la enseñanza de Aristóteles; los escolásticos empleaban el método de disputación, según el cual un problema se dividía en partes; entonces se proponían objeciones a las cuales se contestaba, hasta que problema finalmente se resolvía

existencialismo doctrina filosófica que enseña que la existencia precede la esencia y, por lo tanto, el individuo necesita definir su propia vida y buscar su propia autenticidad; según los existencialistas, la angustia producida por la conciencia de que su existencia es gratuita conduce al individuo a autenticar su vida; para existencialistas creyentes como el danés Søren Kierkegaard, se trata de un «salto de fe» por medio del cual el individuo logra creer a pesar de que no hay pruebas de la existencia de Dios; para los ateos, se trata de un compromiso personal o político que le da sentido a la vida del individuo

flashback retrospectiva; escena que tuvo lugar en un momento previo a la acción principal

folklorismo cultivo o estudio del folklore, es decir, del conjunto de tradiciones, costumbres y creencias de las clases populares

futurismo movimiento fundado por el italiano Filippo Tommaso Marinetti (1876–1944) que predica la destrucción del arte del pasado y la glorificación de la guerra como instrumento de higiene espiritual

gauchesco relativo al gaucho, el hombre de la pampa argentina que se dedica a la ganadería y a la vida errante, conocido por ser gran jinete y por tener costumbres y canciones muy pintorescas; la literatura gauchesca describe las usanzas y los valores del gaucho

Generación del '27 nombre dado a un grupo de escritores españoles formado a fines de la segunda década del siglo XX, que incluye a poetas como Federico García Lorca (1898–1936), Rafael Alberti (1902–1984) y Jorge Guillén (1893–1984); estos escritores querían combinar aspectos del simbolismo francés y la «poesía pura» del creacionismo y del ultraísmo con la lírica tradicional española; en 1927, tricentenario de la muerte de Luis de Góngora, se inició una revalorización de la obra estética de este poeta y Góngora llegó a ser una inspiración para la nueva generación poética

gongorismo estilo literario iniciado por el poeta español Luis de Góngora (1561–1627), caracterizado por la oscuridad y la ornamentación; culteranismo

hermetismo dícese de los escritos inspirados por Hermes, dios de la elocuencia. Por lo tanto, se aplica al estilo impenetrable o difícil de comprender.

iluminismo iluminación francesa, movimiento filosófico del siglo XVIII caracterizado por la confianza en la capacidad de la razón humana para resolver los problemas de la vida

Ilustración iluminación francesa (*Véase* iluminismo)

jitanjáfora vocablo o giro nuevo que se emplea por su musicalidad

Joycismo relativo a James Joyce (1882–1941), escritor irlandés, cuyo uso del monólogo interior y del *stream of consciousness* ha influido profundamente en la novela contemporánea

literatura de tesis literatura que sostiene una tesis política o moral

loa en el teatro antiguo, un prólogo, discurso o diálogo con que se daba principio a la función

metáfora figura retórica por la cual se transporta el sentido de una palabra a otra mediante una comparación

misticismo en la literatura, movimiento de mediados del siglo XVI que produce poesía y prosa cuyo fin es comunicar un estado extraordinario de perfección en que el alma se une con Dios por el amor

moralista autor de obras de moral, ciencia que trata del bien y de las acciones humanas en orden de su bondad o malicia

naturalismo escuela literaria de la segunda mitad del siglo XIX que intenta aplicar un método semejante al científico a la novela, usando datos compilados de la observación y de la experiencia; hace hincapié en los aspectos negativos de la sociedad: la pobreza, el abuso, el alcoholismo, la criminalidad, la enfermedad

neoclasicismo movimiento literario y artístico del siglo XVIII que cultiva la imitación de las formas clásicas y las del Renacimiento español

neoplatonismo filosofía renacentista basada en la de Platón e introducida en España por los humanistas italianos; predica el culto a la belleza idealizada por el cual, según esta filosofía, el hombre puede aproximarse a Dios

nueva narrativa tipo de narrativa caracterizada por la experimentación estructural que florece en los años '40 y '50, aunque tiene sus raíces en la literatura de principios de siglo; representa una reacción contra el realismo y el naturalismo; algunas de sus características son el subjetivismo, la presentación de la realidad desde diversas perspectivas, el desenlace «abierto» en que no hay una conclusión definitiva de la historia, el rechazo del tiempo cronológico

octasílabo verso de ocho sílabas

onomatopeya imitación del sonido de una cosa en la palabra que se emplea para significarla; por ejemplo, «pío pío» para referirse al sonido que hacen los pollitos

petrarquismo relativo a Petrarca (1304–1374), el primero de los grandes humanistas del Renacimiento; cultivó el soneto y creó un nuevo vocabulario poético

picaresca género de novela del Siglo de Oro que relata las aventuras y andanzas de un pícaro o truhán; se caracteriza por la sátira social

positivismo sistema filosófico fundado por Auguste Comte (1798–1857), que floreció durante la segunda mitad del siglo XIX en Hispanoamérica; defiende la idea de que el ser humano debe renunciar a conocer la naturaleza misma de las cosas y contentarse con verdades sacadas de la observación y la experiencia

racionalismo doctrina filosófica que pretende explicarlo todo por medio de la razón

realismo movimiento literario de la segunda mitad del siglo XIX; produce novelas en que se intenta reproducir artísticamente la realidad social e histórica

realismo mágico corriente narrativa que se asocia con escritores como Carlos Fuentes y Gabriel García Márquez; combina la realidad política y social de Hispanoamérica con elementos fantásticos o mágicos

Renacimiento época que comenzó a mediados del siglo XIV y floreció en los siglos XV y XVI, en que se despertó en Europa un vivo interés por el estudio de la antigüedad clásica y florecieron todas las artes

renacentista relativo al Renacimiento

romanticismo movimiento literario y artístico de principios del siglo XIX que rompió con las reglas y disciplina del neoclasicismo y cultivaba, en su lugar, el sentimentalismo, el subjetivismo y la libertad artística; en Hispanoamérica, se asocia con la lucha por la independencia

romance combinación métrica que consiste en repetir al fin de todos los versos pares una misma asonancia; poema en romance que narra una historia

romancero colección de romances

sainete pieza dramática jocosa de un acto, de tipo popular

Siglo de Oro período que se extiende desde principios del siglo XVI hasta fines del siglo XVII, en el que florecieron en España la literatura, el drama, la pintura, la arquitectura, las artes decorativas y la filosofía

silva combinación métrica bastante libre en que se emplean versos de siete y once sílabas

simbolismo movimiento poético francés de fines del siglo XIX que representa una reacción contra el realismo y el naturalismo; el simbolismo intenta darle expresión a lo misterioso e intangible; busca la musicalidad en vez de la representación plástica

símil figura retórica que consiste en una comparación

surrealismo movimiento literario y artístico que intenta expresar el pensamiento puro con exclusión de toda lógica o preocupación ética, traspasando lo objetivamente real para buscar una realidad más auténtica

ultraísmo movimiento literario iniciado en 1919; agrupaba a poetas españoles e hispanoamericanos que pedían una ruptura con las tradiciones poéticas del pasado y la renovación total del arte poético

verismo realismo llevado al extremo en una obra de arte

verso línea o renglón de poesía

Descubrimiento y colonización

América precolombina

El Nuevo Mundo ya era viejo cuando llegaron los españoles. Numerosas sociedades indígenas poblaban los territorios del hemisferio occidental, algunas de ellas muy avanzadas. Las naciones más desarrolladas eran la azteca, la maya y la incaica. Ninguna de las tres era un pueblo homogéneo, sino que todas eran conglomeraciones de diversos pueblos y culturas que fueron sintetizándose—no siempre con total eficacia—a lo largo de las décadas.

El Imperio de los Incas fue fundado en el siglo XII por una tribu de lengua quechua y en el siglo XV llegó a extenderse por toda la zona andina, desde el sur de Colombia hasta el norte de Argentina y Chile.

Los incas tuvieron un sistema administrativo muy riguroso que le ofrecía protección y seguridad al hombre común pero no le permitía ninguna libertad. La sociedad estaba organizada en forma piramidal a base del número diez. El fundamento de la pirámide era el labrador o *puric,* quien formaba parte de un grupo de diez hombres. A la cabeza de cada grupo había un capataz, diez de los cuales obedecían a un subjefe. Los subjefes, a su turno, formaban grupos de diez, cada uno de los cuales estaba bajo el mando de un jefe regional, quien, con otros nueve, le rendía cuentas al líder de una tribu. Por encima de estos líderes estaban los gobernadores de provincia, los cuatro administradores imperiales y, finalmente, a la cima de la pirámide, el Inca, monarca absoluto y hereditario que era considerado un ser semidivino.

El emperador vivía en el Cuzco, capital del Imperio. La sociedad estaba dividida en tres clases: la nobleza, los servidores de los grandes del Imperio, y el pueblo. El Imperio, cuyo verdadero nombre era Tahuantinsuyu, o «tierra de los cuatro cuartos», estaba dividido en cuatro regiones administrativas, las cuales constaban de provincias y unidades económicas menores. La más pequeña de éstas era el *ayllu,* o aldea, el cual estaba formado por un conjunto de familias con un antepasado común.

La actividad principal del *ayllu* era la agricultura, y se empleaban la irrigación y el abono. Los incas habían domesticado varios animales: la llama servía para cargar cosas y la alpaca se criaba para utilizar su lana. El perro, los cuyes y los patos también eran animales domésticos. Los incas cultivaban maíz, papas, algodón y otros géneros.

El trabajo era obligatorio y la disciplina, férrea. El indio común estaba acostumbrado a la austeridad, ya que escaseaban tierras fértiles y, a pesar de que el Imperio disponía de una excelente red de caminos que se extendía a lo largo de la costa, era difícil construir caminos en las alturas de los Andes para el transporte de productos. Se le imponía al individuo uniformidad en la vestimenta y en la forma de vivir. El matrimonio era obligatorio, pero el código social no permitía muestras de afecto entre esposos o entre padres e hijos.

La religión se basaba en la adoración al Sol, la Luna y los fenómenos naturales. También se mantenía el culto a los muertos. Los incas sobresalieron en las artes: la poesía, la música, la danza, la escultura y la cerámica. Tenían un rico caudal de leyendas, la gran mayoría de las cuales se han perdido. Construyeron inmensos templos, palacios, edificios públicos y fortalezas. También crearon puentes, canales y acueductos.

La maya es la más antigua de las tres grandes civilizaciones indígenas. Sus orígenes son tema de conjetura, ya que la evidencia arqueológica es ambivalente. Se cree que el período de formación comenzó unos 1500 años antes de Cristo. Durante el período clásico, desde 300 después de Cristo hasta 900, la cultura maya se sintetizó y extendió por la zona que es ahora Guatemala, Honduras y la Península del Yucatán. Numerosas tribus integraban la civilización maya—los huastecas del norte de Veracruz, los tzentales de Tabasco y Chiapas, los choles de Chiapas y los quichés de las montañas de Guatemala—las cuales hablaban una lengua común, con algunas variantes.

Estas tribus alcanzaron tal vez el nivel cultural más alto de la América precolombina. Los mayas desarrollaron un sistema de escritura jeroglífica por medio de la cual preservaron su historia, ritos y mitología. El calendario maya era extremadamente complejo y, antes de la adopción del calendario gregoriano en 1582, fue el más exacto del mundo entero. La religión de los mayas evolucionó de la adoración de la naturaleza al culto de dioses que se identificaban con diversos entes y fenómenos naturales. Una de las divinidades más famosas es Quetzalcóatl, la serpiente emplumada que los indios identificaban con el planeta Venus. Dios de la civilización y del viento, Quetzalcóatl representaba las fuerzas de la luz y del bien. Según una versión del mito, Quetzalcóatl fue engañado por Tezcatlipoca, campeón de las fuerzas de la oscuridad y del mal, quien lo desterró de Tula, capital de los toltecas. Al llegar a la costa oriental de México, se consumió en un fuego divino y sus cenizas se convirtieron en aves y en el lucero del alba, por lo cual Quetzalcóatl llegó a ser un símbolo de la re-creación y de la regeneración. Quetzalcóatl también es el nombre de un líder que, según la leyenda, les enseñó a los indios las artes y el trabajo de los metales y les dio el calendario. Predicó una religión de amor y de resignación. No se sabe si el héroe mitológico recibió su nombre del dios o si él mismo fue deificado.

El *Popol Vuh* fue el libro sagrado de los quichés de Guatemala. Como la Biblia judeo-cristiana, explica la creación del mundo y los orígenes del mal y ofrece lecciones morales. Contiene muchos mitos y leyendas que habían existido en la tradición oral y hoy en día no sólo perduran en el folklore de la región sino que inspiran a autores modernos.

La base de su organización política eran las ciudades-estados, las cuales a veces se unían en confederaciones. Un cacique mandaba a las ciudades-estados y, en el orden jerárquico, seguían los jefes locales, magistrados y sacerdotes.

La economía maya se basaba en el cultivo del maíz, aunque también se cosechaban el algodón, el cacao, los frijoles y el cazabe. Los mayas habían domesticado el perro y el pavo, pero no usaban los animales para el trabajo. No poseían vehículos con ruedas ni tampoco herramientas de metal. Los mayas llevaron la escultura y la alfarería a un alto nivel de perfección, y usaban el oro, la plata, el cobre, las piedras preciosas, las conchas y las plumas con fines decorativos. También sobresalieron en la pintura, de la cual quedan varios murales con inscripciones jeroglíficas. Produjeron una arquitectura muy avanzada. Las ruinas que se han descubierto consisten en pirámides, templos y otros edificios lujosamente adornados y agrupados alrededor de una plaza. Estos eran centros religiosos, en los cuales residían nobles y sacerdotes. También se han descubierto palacios de piedra. La gente común probablemente vivía en chozas de adobe.

Aproximadamente en el año 900, se abandonaron misteriosamente los grandes centros rituales y se inició una migración a Yucatán, centro de la civilización maya, la cual duró hasta la llegada de los españoles.

Los aztecas dominaron la meseta central mexicana desde el siglo XIV hasta el siglo XVI. Su nombre se deriva de una patria mítica que se llamaba Aztlán; también se les llamaba mexicas. La lengua azteca es de la familia lingüística náhuatl; aún se habla en algunas partes de México.

Aun antes de la llegada de los aztecas a la meseta central, se predijo el esplendor de su civilización. Según una leyenda muy antigua, los aztecas fundarían una gran ciudad en un pantano en que habría un cacto que crecía en una roca; en el cacto se vería un águila con una serpiente en el pico. Se cuenta que al llegar los sacerdotes al centro de México, presenciaron esta escena y establecieron los cimientos del futuro Imperio Azteca. Antes del año 1325 se había fundado la ciudad de Tenochtitlán, sobre la cual está construida la capital del México moderno.

Los aztecas convirtieron el pantano en *chinampas,* jardines y huertos muy productivos que se formaron al subir barro del fondo del lago, creando islas artificiales. Construyeron canales para facilitar el transporte de personas y bienes dentro de la ciudad y puentes para unir la ciudad a tierra firme. También construyeron inmensas pirámides cuya función era religiosa. Al llegar a la capital azteca, los españoles quedaron asombrados por la belleza y complejidad de la ciudad, la cual llamaron la Venecia del Nuevo Mundo.

El gran mercado azteca atraía hasta 60.000 personas al día. Allí se vendía de todo: productos agrícolas, utensilios para la casa, telas, animales, esclavos. Muchos productos llegaban a modo de tributos o impuestos de las tierras conquistadas.

Los aztecas establecieron una fuerte organización militar y social. Siendo un pueblo guerrero que aumentaba su influencia por medio de alianzas y conquistas, los aztecas crearon un imperio que se extendía desde el centro de México hasta Guatemala. Poco a poco las diversas comunidades que componían este imperio se fundían, creando cierta uniformidad en cuanto a la organización social, la actividad económica y las prácticas religiosas. Ciertos elementos eran comunes a todas estas culturas: el cultivo del maíz, el calendario ritual, el juego de pelota, los sacrificios humanos, ciertos mitos solares. En *El laberinto de la soledad,* Octavio Paz pensador y poeta contemporáneo, señala que a pesar de la pluralidad de culturas, había una relativa homogeneidad de sus rasgos más característicos. Como en el Mediterráneo y otras áreas culturales, existían formas religiosas y políticas uniformes.[1]

Sin embargo, las tribus que se encontraban al margen del Imperio mantenían un fuerte sentido de independencia. A causa de las rivalidades y divisiones que existían en el Imperio al momento de llegar los españoles, Cortés pudo aliarse con los enemigos de Moctezuma II, el emperador azteca, y así derrotar a su ejército.

La sociedad azteca era rigurosamente jerárquica. Había tres clases: nobles, plebeyos y esclavos. La aristocracia constaba de personajes de linaje noble, sacerdotes y grandes guerreros. Los plebeyos de cierta categoría *(macehualtin)* recibían un terreno en el cual podían construir una casa, aunque los de la clase más baja de plebeyos *(tlatmaitl)* no tenían derecho a un terreno. Los esclavos podían comprar su libertad, y los que se escapaban y alcanzaban a llegar al palacio real recibían su libertad automáticamente.

En esta cultura como en otras del Nuevo Mundo, el individuo era menos importante que la comunidad y la tierra no se consideraba privada, sino comunal. La unidad social básica de los aztecas era el *calpulli,* o clan. El miembro del *calpulli* tenía ciertos privilegios, incluso el de recibir tierras arables, las cuales se le devolvían a la comunidad si el jefe moría o si era expulsado por algún delito.

El azteca creía en varios dioses que controlaban el universo. Su religión requería el sacrificio de animales y humanos, y ciertas guerras se hacían con el propósito de tomar presos para el sacrificio ritual.

Los aztecas empleaban un sistema de escritura pictográfico y un calendario de origen maya. Produjeron una literatura rica en imaginería que comparte muchos temas y conceptos con la europea. En su estudio histórico de las mujeres de México, Bobette Gugliotta señala que aunque la mujer ocupaba una posición inferior en la sociedad azteca, había en el México precolombino excelentes poetisas y actrices que representaban sus obras en las ceremonias religiosas.[2] Nos quedan varios poemas y relatos de los aztecas, algunos de los cuales se han

---

[1] México, D.F.: Fondo de Cultura Económica, 1984, p. 82

[2] *Women of Mexico: The Consecrated and the Commoners* (Encino, California: Floricanto, 1989), p. 17

traducido al español. El siguiente canto es del rey-poeta Nezahualcóyotl, quien vivió a mediados del siglo XV; fue compuesto unos sesenta años antes de la invasión española:

> Me siento fuera de sentido,
> lloro, me aflijo y pienso,
> digo y recuerdo:
> Oh, si nunca desapareciera...
> ¡Vaya yo donde no hay muerte,
> donde se alcanza victoria!
> Oh, si nunca yo muriera,
> si nunca desapareciera...
>
> de *Canto Mexicano*, circa 1459

"Inca Statuette in Gold", Peru, Cuzco, Archaeology Museum, Copyright Art Resources, 75Q2.

La conquista de México

Aunque hacia el siglo VIII o IX los normandos exploraron algunas zonas de Groenlandia y América del Norte, estas primeras exploraciones no tuvieron consecuencias para el desarrollo del Nuevo Mundo. El verdadero descubrimiento de América por los europeos no ocurrió hasta que Cristóbal Colón (¿1451?–1506) llegó el 12 de octubre de 1492, con una pequeña banda de hombres, a las costas de la isla de Guanahaní, una de las Bahamas, a la que le dio el nombre de San Salvador. A partir de entonces, exploradores, conquistadores y sacerdotes españoles recorrieron las Américas. En menos de cuarenta años, sus actividades se extendieron desde Terranova,[3] isla de América del Norte en la desembocadura del río San Lorenzo, hasta el estrecho de Magallanes.

Encabezó la conquista de México Hernán Cortés (1485–1547), quien se había embarcado hacia las Indias e instalado en la isla de La Española (actualmente Haití y la República Dominicana) en 1504. Cortés participó en la conquista de Cuba junto con Diego Velázquez (1465–1524), fundador de La Habana y Santiago y más tarde gobernador de la isla. Velázquez le confió a Cortés la preparación de una expedición a México, pero después cambió de idea y quiso reemplazarlo en el mando. Sin embargo, Cortés partió para México con once naves, unos quinientos soldados, unos cien marineros y dieciséis caballos. Tocó tierra en Cozumel. Luego siguió hasta Tabasco, donde derrotó a las fuerzas nativas.

Entre los indios era costumbre regalarle al conquistador algunas de las doncellas más hermosas del pueblo derrotado. Entre las quince jóvenes que Cortés recibió el 25 de marzo de 1519 se encontraba Malinalli, conocida ahora como La Malinche. (En náhuatl, «che» era un sufijo que se le agregaba a un nombre para indicar respeto. De hecho, los indios también se referían a Cortés como «Malinche».)

Bautizada Marina, esta joven de menos de quince años llegó a ser la compañera, amante e intérprete de Cortés que lo acompañó en las reuniones diplomáticas y aun en algunas batallas. La Malinche sabía las lenguas náhuatl y maya. Jerónimo de Aguilar, quien acompañaba a Cortés, había vivido entre los mayas y había aprendido su idioma. Aguilar y la Malinche hicieron posible la comunicación entre Cortés y los aztecas: ella traducía del azteca al maya, y Aguilar traducía del maya al español. Mujer sumamente inteligente y perspicaz, con el tiempo la Malinche también aprendió el español e hizo el papel de informadora durante mucho tiempo. De Cortés tuvo un hijo, Martín.

Después de fundar la ciudad de Veracruz en nombre de Carlos V, para independizarse de Velázquez y asegurarse de que los partidarios de éste que se encontraban entre sus tropas no pudieran volver a Cuba, Cortés tomó la medida audaz de hundir sus propios barcos. Luego emprendió la marcha hacia la capital azteca donde, según había oído, había incontables riquezas. Trabó amistad con

---

[3] Newfoundland

los cempoaltecas y los tlaxcaltecas, enemigos de Moctezuma II, emperador de los aztecas.

Cortés mandó decir a Moctezuma que quería conocerlo pero por mucho tiempo el monarca indio, cuyo título oficial era «Primer Orador», trató de evitar un encuentro con el guerrero español. Sin embargo, cuando Cortés llegó a Tenochtitlán, Moctezuma lo recibió en su palacio. Las razones por las cuales el monarca azteca se expuso a este peligro han sido tema de conjetura. Ciertamente influyó en su decisión un mito indio, según el cual Quetzalcóatl volvería a la tierra. Los sacerdotes tomaron a los extraños hombres blancos, con sus barbas, su ropa exótica, sus caballos y sus armas de fuego, por dioses. Octavio Paz sugiere que otro factor puede haber sido el concepto cíclico que tenían los aztecas del tiempo, según el cual la llegada de los españoles fue interpretada como el fin de una era cósmica y el principio de otra.[4]

Usando como pretexto el asesinato de algunos soldados españoles en Veracruz, Cortés mandó llevar preso a Moctezuma. Mientras tanto desembarcó en México una expedición que Velázquez había mandado contra Cortés. Al enterarse de la llegada de las tropas enemigas, Cortés las atacó por sorpresa y las sometió. Había dejado a Pedro de Alvarado a cargo de la situación en la capital, pero éste inició una masacre de aztecas que se habían reunido para una ceremonia religiosa. Los indios se sublevaron contra los españoles y Cortés intentó valerse de la autoridad de Moctezuma para apaciguar a los rebeldes, uno de los cuales llegó a herir al emperador, quien murió poco después. Entonces, Cortés decidió abandonar la ciudad. La retirada tuvo consecuencias desastrosas y había de conocerse históricamente por el nombre de la Noche Triste.

Más tarde Cortés reorganizó sus fuerzas y reconquistó a México, apresando al emperador Cuauhtémoc, quien resistió sus ataques con gran valentía.

Las primeras crónicas

Los primeros españoles en llegar al Nuevo Mundo dejaron importantes testimonios escritos de sus experiencias. La llamada literatura de Indias, es decir, las crónicas y otras obras que tratan del descubrimiento y exploración de América, continúan un género literario—la historiografía—que se practicaba desde la Edad Media.

A pesar de los vínculos que existen entre la historiografía medieval y renacentista y la literatura de Indias, las crónicas americanas expresan una visión totalmente nueva. Los soldados y exploradores que describen por primera vez en lengua europea las bellezas del continente recién descubierto están conscientes de ser los intérpretes de una realidad casi inimaginable para sus lectores del Viejo Mundo. Se maravillan ante la vegetación exuberante y virgen de América y ante sus pueblos aborígenes. Describen en detalle los lugares y las costumbres que observan. No es poco común que se retraten a sí mismos como protagonistas

---

[4] ***El laberinto de la soledad*, p. 85**

de una magnífica aventura, comparable a las de los héroes de los romances de caballerías.

El primer documento sobre América es la *Carta del descubrimiento,* escrita por Cristóbal Colón, quien creía haber llegado al Asia. Es fácil imaginarnos el deslumbramiento del Almirante y sus hombres, que ven delante de sus ojos una tierra totalmente desconocida. Colón va nombrando las islas una por una. Juana, actualmente Cuba, le pareció un paraíso terrenal:

> La cual [isla] y todas las otras son fertilísimas en demasiado grado, y ésta en extremo; en ella hay muchos puertos en la costa de la mar sin comparación de otros que yo sepa en cristianos,[5] y hartos ríos y buenos y grandes que es maravilla; las tierras de ellas son altas y en ella muy muchas sierras y montañas altísimas, sin comparación de la isla de Tenerife,[6] todas hermosísimas, de mil hechuras, y todas andables y llenas de árboles de mil maneras y altas, y parecen que llegan al cielo; y tengo por dicho que jamás pierden la hoja, según lo pude comprender, que los vi tan verdes y tan hermosos como son por mayor en España.

Sigue una descripción de los árboles, sus flores y frutos. Mas adelante, describe a la gente y sus costumbres, y menciona a una población donde, según entiende, «nace la gente con cola». Se maravilla de no haber encontrado hombres monstruosos; al contrario, «antes es toda la gente de muy lindo acatamiento».

La *Carta del descubrimiento* fue traducida a todos los idiomas europeos, incluso el latín. Colón también escribió un *Diario de la navegación,* el cual fue publicado por su hijo Fernando y el padre Bartolomé de Las Casas, conocido este último por su trabajo en favor de los indios y como autor de dos crónicas importantes en las que criticó la conquista.

Algunas de las descripciones más vívidas y dramáticas de la gran hazaña militar que fue la conquista de México se encuentran en las cinco *Cartas de relación* que Hernán Cortés le dirigió al Emperador Carlos V.

Cortés escribió sus cinco *Cartas de relación* entre 1519 y 1526 para describir sus actividades y explicar lo que parecía su traición de Velázquez. La primera describe su llegada a las costas de México. La segunda, que se considera de más valor literario, habla de su llegada a Tenochtitlán, su encuentro con Moctezuma y la lucha contra las fuerzas aztecas. La tercera continúa la historia de la conquista de la capital de los indios. La cuarta describe costumbres mexicanas y la quinta tiene por tema el viaje de Cortés al Yucatán.

El estilo de Cortés es claro y sencillo. Soldado en vez de escritor, Cortés describe los acontecimientos de la conquista con bastante objetividad, sin exagerar sus propias proezas. Describe las batallas contra los ejércitos de Moctezuma de una manera realista, aunque a veces realza lo emocionante del momento y alcanza un alto nivel de dramatismo. En las descripciones de sus encuentros con Moctezuma, Cortés recurre a la invención, recreando las conversaciones palabra por palabra, como si los dos personajes hubieran hablado el mismo idioma y no hubiera estado presente ningún intérprete.

---

[5] Europa

[6] **la mayor de las islas Canarias, situadas a 115 kilómetros de la costa de Marruecos meridional**

Otra descripción de la conquista nos ha llegado de la mano de Francisco López de Gómara (¿1511?–¿1566?), secretario de Hernán Cortés y autor de *Historia de las Indias y conquista de México* (1552). Escrita en una prosa elegante y clásica, la obra de López de Gómara es una erudita proyección heroica que refleja la corriente humanística de la España de la primera parte del siglo XVI.

Bartolomé de las Casas (1474–1566) autor de la *Brevísima relación de la destrucción de las Indias* (1552), nació en Sevilla. Se trasladó a Santo Domingo en 1502 y después, a Cuba. En 1514 ingresó en la Orden de los Dominicos. Pasó el resto de su vida criticando la conquista y defendiendo la causa de los indios. Conocido por el nombre de «apóstol de los indios», el padre Las Casas enumeró las atrocidades que los españoles habían cometido contra los indios y atravesó el Atlántico siete veces para presentar sus quejas ante el Rey y el Consejo de Indias.

Bartolomé de las Casas ha sido una de las figuras más controvertidas de la época colonial. Durante el tiempo que pasó en el Caribe, tuvo esclavos y sostuvo la legitimidad de la esclavitud. Sin embargo, más tarde se arrepintió de haber defendido esta posición. Para algunos, Bartolomé de las Casas fue la conciencia de América—la única voz que se alzó en defensa de los indios. Sus críticos señalan, sin embargo, que Las Casas a menudo exageraba los hechos o buscaba datos sensacionalistas. A pesar de su imprecisión, sus escritos tuvieron gran éxito en Europa y se leyeron con interés en Francia, Holanda e Inglaterra, donde sirvieron de fuente a la «leyenda negra» acerca de los abusos de los conquistadores.

Bartolomé de las Casas también escribió la *Historia de las Indias,* cuyo tema es el descubrimiento de América, libro que no fue publicado sino hasta 1875, y la *Apologética historia,* sobre las costumbres y cultura de los indios, publicada en 1909.

Alvar Núñez Cabeza de Vaca fue el primer hombre europeo en recorrer el sur de los actuales Estados Unidos. Enviado por Velázquez a México para someter a Cortés, Pánfilo de Narváez (¿1480?–1528) fue derrotado por éste en 1520. Entonces Narváez emprendió la terrible expedición por la Florida que terminaría en tragedia y horror. De los 600 expedicionarios que salieron de San Lúcar de Barrameda (Cádiz), sólo cinco sobrevivieron. Capitaneados por Alvar Núñez Cabeza de Vaca, el pequeño grupo avanzó en barca y a pie desde la Florida hasta Texas, y de allí a Chihuahua, a Sinaloa, a Culiacán y finalmente a México. Descubrieron el río Misisipí y vieron muchos lugares y animales extraños para ellos. Núñez Cabeza de Vaca relata sus experiencias en *Naufragios,* escrito en 1542 cuando ya había vuelto a España. Describe las tácticas que usaron los españoles para sobrevivir en situaciones peligrosísimas, sus encuentros con indios feroces y las costumbres de los indios. Cuenta, por ejemplo, cómo curó a algunos indios enfermos y así logró ganarles la voluntad a sus compañeros, quienes les regalaron carne a los españoles en recompensa. Vivió entre los indios por algún tiempo practicando la medicina.

Se le nombró adelantado o gobernador del Río de la Plata en 1534. Exploró el Brasil meridional y el río Paraguay pero fue encarcelado después de haber defendido a los indios en sus quejas contra los colonizadores españoles. Describió sus expediciones y las rivalidades entre los españoles en *Comentarios* (1555).

Sobre la *Historia verdadera* de Bernal Díaz

Bernal Díaz del Castillo (¿1492?–¿1581?) llegó al Nuevo Mundo en 1514 con Pedro Arias de Avila, gobernador de Tierra Firme, nombre que se le había dado a la zona costeña de Colombia y Venezuela. Pronto se dirigió a Cuba, donde se alistó en una expedición a la costa del Yucatán. Más tarde, acompañó a Juan Ponce de León en su expedición a la Florida. En 1519 se unió a Cortés, quien se preparaba para partir hacia México. No sólo intervino en la conquista del imperio azteca, sino que nos dejó una de las crónicas más completas y descriptivas de la época.

Al lograr los españoles la subyugación de los indios, Díaz habría podido quedarse en México con la encomienda de algunos pueblos de indios, pero optó por seguir adelante en busca de oro. Después de acompañar a Cortés en su desastrosa expedición a Honduras, se estableció en Guatemala, donde recibió una encomienda y se casó. Una vez retirado en Santiago de los Caballeros, se dedicó a escribir su *Historia verdadera de los sucesos de la conquista de la Nueva España,* la cual no fue publicada sino hasta 1632.

Bernal Díaz conocía la *Historia general de las Indias y conquista de México* de López de Gómara. Le disgustaba la tendencia de éste de agrandar a Cortés y de atribuirle a él solo el triunfo que fue en realidad de todos los soldados españoles de la expedición. Además, creía que la *Historia general* de López de Gómara contenía numerosas inexactitudes que había que corregir.

A diferencia de la obra de López de Gómara, la cual tiene un carácter profesional y fue escrita para el fin utilitario de recordar noticias, la *Historia verdadera* es una obra sumamente personal que tiene por propósito satisfacer la curiosidad de amigos y conocidos, relatar de una manera precisa las experiencias vividas de un individuo y aclarar los hechos de la conquista. Escrita en un lenguaje sencillo y coloquial que incluye muchos vocablos indígenas, la *Historia verdadera* no es un diario cuyas páginas recogen observaciones hechas día a día, sino una memoria que pasa los hechos por el colador del recuerdo, humanizando a los personajes, destacando ciertos acontecimientos y personalizando los hechos. Describe con admiración y asombro la naturaleza que lo rodeaba, las ciudades y pueblos indios, las costumbres, trajes y comida de los aztecas, suministrando al lector valiosos datos acerca de las civilizaciones precolombinas de México. Pero con más minuciosidad aún describe el largo convivir con los protagonistas de la conquista, quienes se encontraban constantemente en situaciones penosas, amenazados por el peligro y obligados a tomar decisiones cruciales. Reproduce sus conversaciones, animando así a las figuras sobresalientes de su epopeya—Cortés, Moctezuma, Doña Marina, y otros—y revelando su disposición y cualidades, sin encubrir sus defectos. A Moctezuma lo trata con consideración y respeto, calificándolo de *grande* casi siempre. Pinta las batallas y el heroísmo de los soldados rasos con gran emoción.

La autenticidad de los hechos de la *Historia verdadera* se han puesto en duda por historiadores que alegan que después de tres décadas, Díaz del Castillo no pudo haber recordado con tanta precisión los acontecimientos que narra. También se le ha acusado de exagerar su propio papel en la conquista. Sin embargo, a pesar de su subjetividad, la *Historia verdadera de los sucesos de la conquista de la Nueva España* es una crónica de gran valor, tanto por sus méritos literarios como por las descripciones hechas por un testigo.

Edición

Díaz del Castillo, Bernal. *Historia verdadera de los sucesos de la conquista de la Nueva España.* Ed. Joaquín Ramírez Cabañas. México: Porrúa, 1983

Crítica

Adorno, Rolena. «Discourses on Colonialisme: Bernal Díaz, Las Casas, and the Twentieth Century Reader.» *Modern Language Notes.* 103:2 (1988): 239–258

Alvar López, Manuel. *Americanismos en la Historia de Bernal Díaz del Castillo.* Madrid: Consejo Superior de Investigaciones Científicas, 1970

Barbón Rodriguez, José Antonio. «Bernal Díaz del Castillo, ¿'idiota y sin letras'?» *Studia Hispanica in Honorem R. Lapesa.* Madrid: Gredos, 1974

Caillet-Bois, Julio. «Bernal Díaz del Castillo, o de la verdad en la historia.» *Revista Iberoamericana.* 25 (1960): 199–228

Cascardi, Anthony. «Chronicle toward Novel: Bernal Díaz' *History of the Conquest of Mexico.*» *Novel.* 15:3 (Spring 1982): 197–212

Cerwin, Herbert. *Bernal Díaz: Historian of the Conquest.* Norman: University of Oklahoma Press, 1963

Emilfork, Leonidas. *La Conquista de México: ensayo de poética americana.* Santiago de Chile: Universal, 1987

Gilman, Stephen. «Bernal Díaz del Castillo and *Amadís de Gaula.*» *Homenaje a Dámaso Alonso.* Madrid: Gredos, 1961

Johnson, Julie Greer. «Bernal Díaz and the Women of the Conquest.» *Hispanófila.* 28:1 [82] (Sept. 1984): 67–77

Sáenz de Santa María, Carmelo. *Introducción crítica a la Historia verdadera de Bernal Díaz del Castillo.* Madrid: Consejo Superior de Investigaciones Científicas, 1967

Saldívar, Samuel G. «Marina in the Old World and the New.» 3–21. Ed. Jean S. Chittenden. *Papers on Romance Literary Relations.* San Antonio: Dept. of Foreign Languages, Trinity University, 1985

Saint-Lu, André. «Bernal Díaz del Castillo y Bartolomé de las Casas.» 661–665. Eds. Alan M. Gordon and Evelyn Rugg. *Actas del Sexto Congreso Internacional de Hispanistas.* Toronto: Department of Spanish and Portuguese, University of Toronto, 1980

Historia verdadera de los sucesos de la conquista de la Nueva España (selecciones)

Bernal Díaz del Castillo

Cómo trajeron las hijas a presentar a Cortés y a todos nosotros, y lo que sobre ello se hizo

Otro día vinieron los mismos caciques viejos y trajeron cinco indias, hermosas doncellas y mozas, y para ser indias eran de buen parecer y bien ataviadas, y traían para cada india otra india moza para su servicio, y todas eran hijas de caciques. Y dijo Xicotenga a Cortés: «Malinche:[1] esta es mi hija, y no ha sido casada, que es doncella, y tomadla para vos.»[2] La cual le dio por la mano, y las demás que las diese a los capitanes. Y Cortés se lo agradeció, y con buen semblante[3] que mostró dijo que él las recibía y tomaba por suyas, y que ahora al presente que las tuviesen en poder sus padres.

Y preguntaron los mismos caciques que por qué causa no las tomábamos ahora; y Cortés respondió porque quiero hacer primero lo que manda Dios Nuestro Señor, que es en el que creemos y adoramos, y a lo que le envió el rey nuestro señor, que es quiten sus ídolos y que no sacrifiquen ni maten más, hombres, ni hagan otras torpedades[4] malas que suelen hacer, y crean en lo que nosotros creemos, que es un solo Dios verdadero.

Y se les dijo otras muchas cosas tocantes a nuestra santa fe, y verdaderamente fueron muy bien declaradas, porque doña Marina y Aguilar, nuestras lenguas,[5] estaban ya tan expertos en ello que se lo daban a entender muy bien. Y se les mostró una imagen de Nuestra Señora con su hijo precioso en los brazos, y se les dio a entender cómo aquella imagen es figura como Nuestra Señora que se dice Santa María, que está en los altos cielos, y es la madre de Nuestro Señor, que es aquel Niño Jesús que tiene en los brazos, y que le concibió por gracia del Espíritu Santo, quedando virgen antes del parto[6] y en el parto y después del parto, y esta gran señora ruega por nosotros a su hijo precioso, que es Nuestro Dios y Señor.

Y se les dijo otras muchas cosas que se convenían decir sobre nuestra santa fe, y que si quieren ser nuestros hermanos y tener amistad verdadera con nosotros, y para que con mejor voluntad tomásemos aquellas sus hijas para tenerlas, como dicen, por mujeres,[7] que luego dejen sus malos ídolos y crean y adoren en Nuestro Señor Dios, que es el en que nosotros creemos y adoramos y verán cuánto bien les irá, porque, demás de tener salud

---

[1] The Indians use the term "Malinche" to refer to Cortés.

[2] **pronombre personal de segunda persona que se usaba antiguamente; exige el verbo en segunda persona plural**

[3] **con... con cara risueña, de una manera amistosa**

[4] **torpezas, tonterías**

[5] **nuestros intérpretes**

[6] childbirth

[7] The conquistadors did not actually marry the Indian women. Spanish priests performed a kind of makeshift wedding ceremony sanctifying these unions, but many of the men, including Cortés, had or later took Spanish wives.

y buenos temporales, sus cosas se les hará prósperamente, y cuando se mueran irán sus ánimas a los cielos a gozar de la gloria perdurable, y que si hacen los sacrificios, que suelen hacer a aquellos sus ídolos, que son diablos, les llevarán a los infiernos, donde para siempre arderán en vivas llamas. Y porque en otros razonamientos se les había dicho otras cosas acerca que dejen los ídolos, en esta plática no se les dijo más.

Y lo que respondieron a todo es que dijeron: «Malinche: ya te hemos entendido antes de ahora y bien creemos que ese vuestro Dios y esa gran señora, que son muy buenos; mas mira, ahora viniste a estas nuestras casas; el tiempo andando[8] entenderemos muy[9] más claramente vuestras cosas, y veremos cómo son y haremos lo que es bueno. ¿Cómo quieres que dejemos nuestros *teules,*[10] que desde muchos años nuestros antepasados tienen por dioses y les han adorado y sacrificado? Ya que nosotros, que somos viejos, por complacerte lo quisiésemos hacer. ¿qué dirán todos nuestros *papas*[11] y todos los vecinos y mozos y niños de esta provincia, sino levantarse contra nosotros? Especialmente, que los *papas* han ya hablado con nuestro *teul* el mayor, y les respondieron que no los olvidásemos en sacrificios de hombres y en todo lo que de antes solíamos hacer; si no, que toda esta provincia destruirían con hambres, pestilencia y guerras.»

Así que dijeron y dieron por respuesta que no curásemos[12] más de hablarles en[13] aquella cosa, porque no los habían de dejar de sacrificar aunque les matasen. Y desde que vimos aquella respuesta que la daban tan de veras y sin temor, dijo el Padre de la Merced, que era hombre entendido y teólogo: «Señor, no cure vuestra merced de más les importunar[14] sobre esto, que no es justo que por fuerza les hagamos ser cristianos, y aun lo que hicimos[15] en Cempoala de derrocar les sus ídolos no quisiera yo que se hiciera hasta que tengan conocimiento de nuestra santa fe. ¿Qué aprovecha quitarles ahora sus ídolos de un *cu*[16] y adoratorio si los pasan luego a otros? Bien es que vayan sintiendo nuestras amonestaciones, que son santas y buenas, para que conozcan adelante los buenos consejos que les damos.»

Y también le hablaron a Cortés tres caballeros, que fueron Juan Velázquez de León y Francisco de Lugo, y dijeron a Cortés: «Muy bien dice el Padre, y vuestra merced con lo que ha hecho cumple, y no se toque más a estos caciques sobre el caso.» Y así se hizo.

Lo que les mandamos con ruegos fue que luego desembarazasen[17] un *cu* que estaba allí cerca, y era nuevamente hecho, y quitasen unos ídolos, y lo encalasen[18] y limpiasen, para poner en ello una cruz y la imagen de Nuestra Señora: lo cual luego hicie-

---

[8] **con el tiempo**
[9] **mucho**
[10] **palabra india que significa o dios o demonio, es decir, ser sobrenatural. Los aztecas tomaban a los españoles por *teules*. Aquí los caciques se refieren a sus antiguos dioses.**
[11] **Sacerdotes**
[12] **nos preocupáramos, insistiéramos**
[13] **de**
[14] **no... no insista en que les importunemos (molestemos) (El clérigo se dirige a Cortés.)**
[15] **antigua población de la costa oriental de México (actualmente en el estado de Veracruz)**
[16] **templo** (plural: ***cúes***)
[17] **desocuparan**
[18] whitewash

ron, y en él se dijo misa, se bautizaron aquellas cacicas, y se puso nombre a la hija de Xicotenga el ciego, doña Luisa: y Cortés la tomó por la mano y se la dio a Pedro de Alvarado; y dijo al Xicotenga que aquél a quien la daba era su hermano y su capitán, y que lo hubiese por bien, porque sería de él muy bien tratada; y Xicotenga recibió contentamiento de ello. Y la hija o sobrina de Maseescaci se puso nombre doña Elvira, y era muy hermosa, y me parece que la dio a Juan Velázquez de León; y las demás se pusieron sus nombres de pila[19] y todas con dones,[20] y Cortés las dio a Gonzalo de Sandoval y a Cristóbal de Olid y Alonso de Avila; y después de esto hecho, se les declaró a qué fin se pusieron dos cruces, y que eran, porque tienen temor de ellas sus ídolos, y que adondequiera que estamos de asiento o dormimos se ponen en los caminos; y a todo estaban muy contentos.

Del grande y solemne recibimiento que nos hizo el gran Montezuma a Cortés y a todos nosotros en la entrada de la gran Ciudad de México

Luego otro día de mañana partimos de Estapalapa,[21] muy acompañados de aquellos grandes caciques que atrás he dicho; íbamos por nuestra calzada adelante, la cual es ancha de ocho pasos,[22] y va tan derecha a la ciudad de México, que me parece que no se torcía poco ni mucho, y puesto que es bien ancha, toda iba llena de aquellas gentes que no cabían, unos que entraban en México y otros que salían, y los indios que nos venían a ver, que no nos podíamos rodear de tantos como vinieron, porque estaban llenas las torres y *cúes* y en las canoas y de todas partes de la laguna,[23] y no era cosa de maravillar, porque jamás habían visto caballos ni hombres como nosotros. Y de que vimos cosas tan admirables no sabíamos qué decir, o si era verdad lo que por delante parecía, que por una parte en tierra había grandes ciudades, y en la laguna otras muchas, y veíamos todo lleno de canoas, y en la calzada muchas puentes[24] de trecho a trecho,[25] y por delante estaba la gran ciudad de México; y nosotros aún no llegábamos a cuatrocientos soldados, y teníamos muy bien en la memoria las pláticas y avisos que nos dijeron los de Guaxocingo y Tlaxcala y de Tamanalco,[26] y con otros muchos avisos que nos habían dado para que nos guardásemos de entrar[27] en México, que nos habían de matar desde que dentro nos tuviesen. Miren los curiosos lectores si esto que escribo si había bien que ponderar en ello, ¿qué hombres ha habido en el universo que tal atrevimiento tuviesen?

Pasemos adelante. Ibamos por nuestra calzada;[28] ya que llegamos

---

[19] **nombres...** Christian names
[20] **el título de doña**
[21] **Iztapalapa. Díaz españoliza muchas palabras indígenas. Nótese que hoy día el nombre del emperador azteca se escribe Moctezuma.**
[23] **Recuérdese que Tenochtitlán estaba situada en un islote.**
[24] ***Puente* era un sustantivo femenino.**
[25] **de...** from one side to the other
[26] **pueblos por los cuales los españoles habían pasado**
[27] **para que...** that we should avoid entering
[28] causeway

donde se aparta otra calzadilla que iba a Cuyuacán,[29] que es otra ciudad donde estaban unas como torres[30] que eran sus adoratorios, vinieron muchos principales y caciques con muy ricas mantas sobre sí, con galanía de libreas diferenciadas[31] las de los unos caciques de los otros, y las calzadas llenas de ellos, y aquellos grandes caciques enviaba el gran Montezuma adelante a recibirnos, y así como llegaban ante Cortés decían en su lengua que fuésemos bien venidos, y en señal de paz tocaban con la mano en el suelo y besaban la tierra con la misma mano. Así que estuvimos parados un buen rato, y desde allí se adelantaron Cacamatzín, señor de Tezcuco,[32] y el señor de Iztapalapa, y el señor de Tacuba, y el señor de Cuyuacán a encontrarse con el gran Montezuma, que venía cerca, en ricas andas,[33] acompañado de otros grandes señores y caciques que tenían vasallos.

Ya que llegábamos cerca de México, donde estaban otras torrecillas, se apeó[34] el gran Montezuma de las andas, y traíanle de brazo aquellos grandes caciques, debajo de un palio[35] muy riquísimo a maravilla, y el color de plumas verdes con grandes labores de oro, con mucha argentería y perlas y piedras *chalchiuis*,[36] que colgaban de unas como bordaduras,[37] que hubo mucho que mirar en ello. Y el gran Montezuma venía muy ricamente ataviado, según su usanza,[38] v traía calzados unos como *cotanas*,[39] que así se dice lo que se calzan; las suelas de oro y muy preciada pedrería por encima en ellas; y los cuatro señores que le traían de brazo venían con rica manera de vestidos a su usanza, que parece ser se los tenían aparejados en el camino para entrar con su señor, que no traían los vestidos con los que nos fueron a recibir, y venían, sin aquellos cuatro señores, otros cuatro grandes caciques que traían el palio sobre sus cabezas, y otros muchos señores que venían delante del gran Montezuma, barriendo el suelo por donde había de pisar, y le ponían mantas porque no pisase la tierra. Todos estos señores ni por pensamiento le miraban en la cara,[40] sino los ojos bajos y con mucho acato,[41] excepto aquellos cuatro deudos y sobrinos[42] suyos que lo llevaban de brazo.

Y como Cortés vio y entendió y le dijeron que venía el gran Montezuma, se apeó del caballo, y desde que llegó cerca de Montezuma, a una se hicieron grandes acatos. El Montezuma le dio el bienvenido, y nuestro Cortés le respondió con doña Marina que él fuese el muy bien estado; y me parece que Cortés, con la lengua doña Marina, que iba junto a Cortés, le daba la mano derecha, y Montezuma no la quiso y se la dio a Cortés. Y entonces sacó Cortés un collar que traía muy a mano de unas piedras de vidrio, que ya he dicho que se dicen[44] margaritas, que tienen dentro de sí muchas labores y diversidad de colo-

---

[29] **Coyocán**
[30] **unas...** some towerlike structures
[31] **con...** with different brilliant liveries (carriages)
[32] **Texcoco**
[33] **en...** on a richly decorated litter
[34] **se...** got down
[35] canopy
[36] **piedras...** cut-glass beads
[37] **que...** that hung in a sort of border
[38] **costumbre**
[39] **sandalias (una palabra cubana)**
[40] **ni...** didn't dare to look him in the face
[41] **reverencia, respeto**
[42] **parientes**
[43] through
[44] **se...** are called

res y venía ensartado en unos cordones de oro[45] con almizque[46] porque[47] diesen buen olor, y se le echó al cuello el gran Montezuma, y cuando se le puso le iba a abrazar, y aquellos grandes señores que iban con Montezuma le tuvieron el brazo a Cortés que no le abrazase, porque lo tenían por menosprecio.[48]

Y luego Cortés con la lengua doña Marina le dijo que holgaba[49] ahora su corazón en haber visto un tan gran príncipe, y que le tenía en gran merced[50] la venida de su persona a recibirle y las mercedes que le hace a la contina.[51] Entonces Montezuma le dijo otras palabras de buen comedimiento, y mandó a dos de sus sobrinos de los que le traían de brazo, que eran el señor de Tezcuco y el señor de Cuyuacán, que se fuesen con nosotros hasta aposentarnos,[52] y Montezuma con los otros dos sus parientes, Cuedlavaca[53] y el señor de Tacuba, que le acompañaban, se volvió a la ciudad, y también se volvieron con él todas aquellas grandes compañías de caciques y principales que le habían venido a acompañar; y cuando se volvían con su señor los estábamos mirando cómo iban todos, los ojos puestos en tierra, sin mirarle, y muy arrimados[54] a la pared, y con gran acato le acompañaban; y así tuvimos lugar nosotros de entrar por las calles de México sin tener tanto embarazo.[55]

Quiero ahora decir la multitud de hombres y mujeres y muchachos que estaban en las calles y azoteas[56] y en canoas en aquellas acequias[57] que nos salían a mirar. Era cosa de notar, que ahora que lo estoy escribiendo se me representa todo delante de mis ojos como si ayer fuera cuando esto pasó, y considerada la cosa, es gran merced que Nuestro Señor Jesucristo fue servido darnos gracia y esfuerzo para osar entrar en tal ciudad y me haber guardado de muchos peligros de muerte, como adelante verán. Le doy muchas gracias por ello, que a tal tiempo me ha traído para poderlo escribir, y aunque no tan cumplidamente como convenía y se requiere. Y dejemos palabras, pues las obras son buen testigo de lo que digo en alguna de estas partes, y volvamos a nuestra entrada en México, que nos llevaron a aposentar a unas grandes casas donde había aposentos para todos nosotros, que habían sido de su padre del gran Montezuma, que se decía Axayaca,[58] donde, en aquella sazón,[59] tenía Montezuma sus grandes adoratorios de ídolos y tenía una recámara muy secreta de piezas y joyas de oro, que era como tesoro de lo que había heredado de su padre Axayaca, que no tocaba en ello.[60] Y asimismo nos llevaron a aposentar a aquella casa por causa que, como nos llamaban *teules* y por tales nos tenían, que estuviésemos entre sus ídolos como *teules* que allí tenían. Sea de una manera o sea de otra, allí nos llevaron, donde tenían hechos grandes estrados[61] y salas muy

[45] **venía...** was strung on gold thread
[46] musk
[47] **para que**
[48] **le...** grabbed Cortés arm to prevent him from embracing him (the emperor), for they considered this an insult
[49] rejoiced
[50] **le... consideraba un gran honor**
[51] **a... continuamente**
[52] show us our quarters
[53] **Cuitláhuac**
[54] walking very close
[55] interference, obstruction (from the crowd)
[56] **techos**
[57] waterways
[58] **Axayácatl**
[59] **época**
[60] **que...** which he never touched
[61] **cuartos**

entoldadas[62] de paramentos[63] de la tierra para nuestro capitán, y para cada uno de nosotros otras camas de esteras[64] y unos toldillos[65] encima, que no se da más cama por muy gran señor que sea, porque no las usan; y todos aquellos palacios, muy lucidos y encalados y barridos y enramados.

Y como llegamos y entramos en un gran patio, luego tomó por la mano el gran Montezuma a nuestro capitán, que allí le estuvo esperando, y le metió en el aposento y sala donde había de posar, que le tenía muy ricamente aderezada[67] para según su usanza, y tenía aparejado[68] un muy rico collar de oro de hechura de camarones,[69] obra muy maravillosa, y el mismo Montezuma se le echó al cuello a nuestro capitán Cortés, que tuvieron bien que mirar sus capitanes del gran favor que le dio. Y después que se lo hubo puesto Cortés le dio las gracias con nuestras lenguas, y dijo Montezuma: «Malinche: en vuestra casa estáis vos y vuestros hermanos; descansa.»

Y luego se fue a sus palacios, que no estaban lejos, y nosotros repartimos nuestros aposentos por capitanías, y nuestra artillería asestada[70] en parte conveniente, y muy bien platicado el orden que en todo habíamos de tener y estar muy apercibidos, así los de a caballo como todos nuestros soldados. Y nos tenían aparejada una comida muy suntuosa, a su uso y costumbre, que luego comimos. Y fue ésta nuestra venturosa y atrevida entrada en la gran ciudad de Tenustitlán México, a ocho días del mes de noviembre, año de Nuestro Salvador Jesucristo de mil quinientos diecinueve años. Gracias a Nuestro Señor Jesucristo por todo, y puesto que[71] no vaya expresado otras cosas que había que decir, perdónenme sus mercedes que no lo sé mejor decir por ahora hasta su tiempo. Y dejemos de más pláticas, y volvamos a nuestra relación de lo que más nos avino,[72] lo cual diré adelante.

De la prisión del gran Montezuma y lo que sobre ello se hizo

Como teníamos acordado el día antes de prender a Montezuma, toda la noche estuvimos en oración rogando a Dios que fuese de tal manera que redundase[73] para su santo servicio, y otro día de mañana fue acordado de la manera que había de ser. Llevó consigo Cortés cinco capitanes, que fueron Pedro de Alvarado, y Gonzalo de Sandoval, Juan Velázquez de León, y Francisco de Lugo y Alonso de Avila, y a mí, y con nuestras lenguas doña Marina y Aguilar; y todos nosotros mandó que estuviésemos muy a punto[74] y los de a caballo ensillados y enfrenados.[75] En lo de las armas no había necesidad de ponerlo yo aquí por memoria, porque siempre, de día y de noche, estamos armados y calzados nuestros alpargates,[76] que en

---

[62] hung with
[63] hangings
[64] **camas...** mats
[65] canopies
[66] **adornados con ramas y flores**
[67] **adornada**
[68] **preparado**
[69] **de...** made of golden prawns
[70] **puesta**
[71] **aunque (En el siglo dieciséis, el significado de «puesto que» es «aunque» y no «ya que», como en el español moderno.)**
[72] **pasó, sucedió**
[73] would profit
[74] **alertos**
[75] **los...** the horsemen to have their mounts saddled and bridled
[76] **tipo de sandalias**

aquella sazón era nuestro calzado, y cuando solíamos ir a hablar a Montezuma siempre nos veía armados de aquella manera, y esto digo puesto que Cortés con los cinco capitanes iban con todas sus armas para prenderle, no lo tenía Montezuma por cosa nueva ni se alteraba[77] de ello. Ya puestos a punto todos, le envió nuestro capitán a hacerle saber cómo iba a su palacio, porque así lo tenía por costumbre, y no se alterase viéndolo ir de sobresalto. Y Montezuma bien entendió, poco más o menos, que iba enojado por lo de Almería,[78] y no lo tenía en una castañeta,[79] mandó que fuese mucho en buena hora:[80] Y como entró Cortés, después de haberle hecho sus acatos acostumbrados, le dijo con nuestras lenguas: «Señor Montezuma, muy maravillado de vos estoy que, siendo tan valeroso príncipe y haberse dado por nuestro amigo, mandar a vuestros capitanes que teníais en la costa cerca de Tuzapán que tomasen armas contra mis españoles, y tener atrevimiento de robar los pueblos que están en guarda y mamparo[81] de nuestro rey y señor, y demandarles indios e indias para sacrificar, y matar un español, hermano mío, y un caballo.»

No le quiso decir del capitán ni de los seis soldados que murieron luego que llegaron a la Villa Rica, porque Montezuma no lo alcanzó a saber, ni tampoco lo supieron los indios capitanes que les dieron la guerra; y más le dijo Cortés:[82] «que teniéndole por tan su amigo, mandé a mis capitanes que en todo lo que posible fuese os sirviesen y favoreciesen, y vuestra merced por el contrario no lo ha hecho, y asimismo en lo de Cholula tuvieron vuestros capitanes con gran copia[83] de guerreros ordenado por vuestro mandado que nos matasen. Le he disimulado lo de entonces por lo mucho que os quiero, y asimismo ahora vuestros vasallos y capitanes se han desvergonzado y tienen pláticas secretas que nos queréis mandar matar; por estas causas no querría comenzar guerra ni destruir esta ciudad. Conviene que para todo se excusar que luego, callando y sin hacer ningún alboroto,[84] se vaya con nosotros a nuestro aposento, que allí seréis servido y mirado muy bien como en vuestra propia casa. Y que si alboroto o voces daba, que luego sería muerto de estos mis capitanes, que no los traigo para otro efecto.»

Y cuando esto oyó Montezuma, estuvo muy espantado y sin sentido,[85] y respondió que nunca tal mandó que tomasen armas contra nosotros, y que enviaría luego a llamar sus capitanes y se sabría la verdad, y los castigaría. Y luego en aquel instante quitó de su brazo y muñeca el sello[86] y señal de Huichilobos,[87] que aquello era cuando mandaba alguna cosa grave y de peso, para que se cumpliese, y luego se cumplía.

Y en lo de ir preso y salir de sus

---

[77] **alarmaba**
[78] **Se refiere al asesinato de unos soldados españoles en Veracruz.** (Véase la pág. 7)
[79] **y...** although he was apprehensive (although he didn't brush it off)
[80] **mandó...** he sent word that Cortés was welcome to see him
[81] **amparo, protección**
[82] In the following speech, Cortés mixes **"vos"** and **"vuestra merced,"** both forms of respect meaning "you".
[83] **grupo**
[84] **escándalo, ruido**
[85] **sin...** dumbfounded
[86] seal
[87] **Huitzilopochtli, dios de la guerra**

palacios contra su voluntad, que no era persona la suya para que tal le mandase, y que no era su voluntad salir. Y Cortés le replicó muy buenas razones, y Montezuma le respondió muy mejores, y que no había de salir de sus casas; por manera que estuvieron más de media hora en estas pláticas. Y desde que Juan Velázquez de León y los demás capitanes vieron que se detenía con él y no veían la hora de haberlo sacado de sus casas y tenerlo preso, hablaron a Cortés algo alterados y dijeron: «¿Qué hace vuestra merced ya con tantas palabras? O lo llevamos preso, o darle hemos de estocadas.[88] Por eso, tórnele a decir que si da voces o hace alboroto que le mataremos, porque más vale que de esta vez aseguremos nuestras vidas o las perdamos.»

Y como Juan Velázquez lo decía con voz algo alta y espantosa, porque así era su hablar, y Montezuma vio a nuestros capitanes como enojados, preguntó a doña Marina que qué decían con aquellas palabras altas, y como doña Marina era muy entendida,[89] le dijo: «Señor Montezuma: lo que yo os aconsejo es que vais[90] luego con ellos a su aposento, sin ruido ninguno, que yo sé que os harán mucha honra, como gran señor que sois, y de otra manera aquí quedaréis muerto, y en su aposento se sabrá la verdad.» Y entonces Montezuma dijo a Cortés: «Señor[91] Malinche: ya que eso queréis que sea, yo tengo un hijo y dos hijas legitimos, tomadlos en rehenes,[92] y a mí no me hagáis esta afrenta. ¿Qué dirán mis principales,[93] si me viesen llevar preso?» Tornó a decir Cortés que su persona había de ir con ellos, y no había de ser otra cosa; y en fin de muchas razones que pasaron, dijo que él iría de buena voluntad. Y entonces Cortés y nuestros capitanes le hicieron muchas quiricias[94] y le dijeron que le pedían por merced que no hubiese enojo y que dijese a sus capitanes y a los de su guarda que iba de su voluntad, porque había tenido plática de su ídolo Huichilobos y de los *papas* que le servían que convenía para su salud y guardar su vida estar con nosotros. Y luego le trajeron sus ricas andas, en que solía salir con todos sus capitanes que le acompañaron; fue a nuestro aposento, donde le pusimos guardas y velas.[95] Y todos cuantos servicios y placeres que le podíamos hacer, así Cortés como todos nosotros, tantos le hacíamos, y no se le echó prisiones[96] ningunas.

Y luego le vinieron a ver todos los mayores principales mexicanos y sus sobrinos a hablar con él y a saber la causa de su prisión,[97] y si mandaba que nos diesen guerra. Y Montezuma les respondía que él holgaba de estar algunos días allí con nosotros de buena voluntad y no por fuerza, y que cuando él algo quisiese que se lo diría, y que no se alborotasen ellos ni la ciudad, ni tomasen pesar de ello, porque esto que ha pasado de estar allí, que su Huichilobos lo tiene por bien, y se lo han dicho ciertos *papas* que lo saben, que hablaron con su ídolo sobre ello. Y de esta manera que he

---

[88] **o...** or we'll knife him
[89] quick, clever
[90] **vayáis**
[91] Lord. Recall that the Indians used the term "Malinche" to refer to Cortés as well as to Doña Marina.
[92] hostages
[93] chieftains
[94] **le...** begged him fawningly
[95] **centinelas, guardias**
[96] **cadenas**
[97] **encarcelamiento**

dicho fue la prisión del gran Montezuma; y allí donde estaba tenía su servicio y mujeres, y baños en que se bañaba, y siempre a la contina[98] estaban en su compañía veinte grandes señores y consejeros y capitanes, y se hizo a estar preso sin mostrar pasión[99] en ello, y allí venían con pleitos embajadores de lejanas tierras y le traían sus tributos, y despachaba negocios de importancia.

Me acuerdo que cuando venían ante él grandes caciques de lejanas tierras, sobre términos o pueblos, u otras cosas de aquel arte, que por muy gran señor que fuese se quitaba las mantas ricas y se ponía otras de *henequén*[100] y de poca valía, y descalzo había de venir; y cuando llegaba a los aposentos, no entraba derecho, sino por un lado de ellos, y cuando parecía delante del gran Montezuma, los ojos bajos en tierra, y antes que a él llegasen le hacían tres reverencias y le decían: «Señor, mi señor y mi gran señor»; entonces le traían pintado y dibujado el pleito o embarazo[101] sobre que venían, en unos paños y mantas de *henequén,* y con unas varitas muy delgadas y pulidas le señalaban la causa del pleito; y estaban allí junto a Montezuma dos hombres viejos, grandes caciques y después que bien habían entendido el pleito, aquellos jueces se lo decían a Montezuma, la justicia que tenía; con pocas palabras los despachaba y mandaba quién había de llevar las tierras o pueblos, y sin más replicar en ello se salían los pleiteantes, sin volver las espaldas, y con las tres reverencias se salían hasta la sala, y después que se veían fuera de su presencia de Montezuma se ponían otras mantas ricas y se paseaban por México.

Y dejaré de decir al presente de esta prisión, y digamos cómo los mensajeros que envió Montezuma con su señal y sello a llamar sus capitanes que mataron nuestros soldados, vinieron ante él presos, y lo que con ellos habló yo no lo sé, mas que se los envió a Cortés para que hiciese justicia de ellos; y tomada su confesión sin estar Montezuma delante, confesaron ser verdad lo atrás ya por mí dicho, y que su señor se lo había mandado que diesen guerra y cobrasen los tributos, y que si algunos *teules* fuesen en su defensa, que también les diesen guerra o matasen. Y vista esta confesión por Cortés, se lo envió a hacer saber a Montezuma cómo le condenaban en aquella cosa; y él se disculpó cuando[102] pudo.

Y nuestro capitán le envió a decir que así lo creía, que puesto que merecía castigo, conforme a lo que nuestro rey manda, que la persona que manda matar a otros, sin culpa o con culpa, que muera por ellos; mas que le quiere tanto y le desea todo bien, que ya que aquella culpa tuviese, que antes la pagaría él, Cortés, por su persona que vérsela pasar a Montezuma. Y con todo esto que le envió a decir, estaba temeroso. Y sin más gastar razones. Cortés sentenció a aquellos capitanes a muerte y que fuesen quemados delante de los palacios de Montezuma, y así se ejecutó luego la sentencia. Y porque no hubiese algún embarazo entretanto que se quemaban, mandó echar unos grillos al mismo Montezuma. Y desde que se

---

[98] **a la... continuamente**
[99] **pena, sufrimiento**
[100] **tipo de fibra**
[101] **dificultad**
[102] **como**

los echaron, él hacía bramuras,[103] y si de antes estaba temeroso, entonces estuvo mucho más.

Y después de quemados fue nuestro Cortés con cinco de nuestros capitanes a su aposento, y él mismo le quitó los grillos, y tales palabras le dijo y tan amorosas, que se le pasó luego el enojo; porque nuestro Cortés le dijo que no solamente le tenía por hermano, sino mucho más; y que como es señor y rey de tantos pueblos y provincias, que si él podía, el tiempo andando, le haría que fuese señor de más tierras de las que no ha podido conquistar ni le obedecían, y que si quiere ir a sus palacios, que le da licencia para ello. Y se lo decía Cortés con nuestras lenguas, y cuando se lo estaba diciendo Cortés, parecía que se le saltaban las lágrimas de los ojos a Montezuma. Y respondió con gran cortesía que se lo tenía en merced.[104]

Empero[105] bien entendió que todo era palabras, las de Cortés, y que ahora al presente que convenía estar allí preso, porque, por ventura, como sus principales son muchos y sus sobrinos y parientes le vienen cada día a decir que será bien darnos guerra y sacarlo de prisión, que desde que le vean fuera que le atraerán a ello, y que no quería ver en su ciudad revueltas, y que si no hace su voluntad, por ventura querrán alzar a otro señor, y que él les quitaba aquellos pensamientos con decirles que su dios Huichilobos se lo ha enviado a decir que esté preso. Y a lo que entendimos, y lo más cierto, Cortés había dicho a Aguilar que le dijese secreto que aunque Malinche le mandase salir de la prisión, que los demás de nuestros capitanes y soldados no querríamos. Y después que aquello lo oyó Cortés, le echó los brazos encima y le abrazó y dijo: «No en balde, señor Montezuma, os quiero tanto como a mí mismo.»

Y luego Montezuma le demandó a Cortés un paje español que le servía,[106] que sabía ya la lengua, que se decía Orteguilla y fue harto provechoso, así para Montezuma como para nosotros, porque de aquel paje inquiría y sabía muchas cosas de las de Castilla, Montezuma, y nosotros de lo que le decían sus capitanes, y verdaderamente le era tan buen servicial el paje, que lo quería mucho Montezuma.

Dejemos de hablar de cómo estaba ya Montezuma algo contento con los grandes halagos y servicios y conversación que con todos nosotros tenía, porque siempre que ante él pasábamos, y aunque fuese Cortés, le quitábamos los bonetes[107] de armas o cascos[108] que siempre estábamos armados, y él nos hacía gran mesura y honraba a todos...

Y digamos que como este castigo[109] se supo en todas las provincias de la Nueva España, temieron, y los pueblos de la costa donde mataron nuestros soldados volvieron a servir muy bien a los vecinos que quedaban en la Villa Rica. Y han de considerar los curiosos que esto leyeren[110] tan grandes hechos que entonces hici-

---

[103] **gritos de cólera**
[104] **se... estaba agradecido**
[105] **Sin embargo**
[106] **le... le pidió a Cortés que permitiera que le sirviese un paje español**
[107] caps
[108] helmets
[109] **Díaz se refiere a la ejecución de los cuatro capitanes de Moctezuma.**
[110] **Futuro del subjuntivo de «leer». Hoy en día se diría «leyeran».**

mos: dar con los navíos al través;[111] lo otro, osar entrar en tan fuerte ciudad, teniendo tantos avisos que allí nos habían de matar después que dentro nos tuviesen; lo otro, tener tanta osadía, osar prender al gran Montezuma, que era rey de aquella tierra dentro en su gran ciudad y en sus mismos palacios, teniendo tan gran número de guerreros de su guarda, y lo otro, osar quemar sus capitanes delante sus palacios y echarle grillos entretanto que se hacía la justicia.

Muchas veces, ahora que soy viejo, me paro a considerar las cosas heroicas que en aquel tiempo pasamos, que me parece las veo presentes, y digo que nuestros hechos que no los hacíamos nosotros, sino que venían todos encaminados por Dios; porque, ¿qué hombres ha habido en el mundo que osasen entrar cuatrocientos soldados (y aun no llegábamos a ellos), en una fuerte ciudad como es México, que es mayor que Venecia, estando apartados de nuestra Castilla sobre más de mil quinientas leguas, y prender a un tan gran señor y hacer justicia de sus capitanes delante de él? Porque hay mucho que ponderar en ello, y no así secamente como yo lo digo...

Cómo nos dieron guerra en México, y los combates que nos daban, y otras cosas que pasamos

[Dejando Tenochtitlán a cargo de Pedro de Alvarado, Cortés salió de la capital para combatir contra las fuerzas de Narváez, a quien Juan Velázquez había mandado de Cuba. Durante la ausencia de Cortés, las fuerzas aztecas se rebelaron contra los españoles. Después de derrotar al ejército de Narváez, Cortés interrogó a Alvarado, quien juró que se había enterado de que los indios estaban planeando un ataque y, por consiguiente, él había atacado primero. Al escuchar esto, Cortés se enojó, diciendo que su capitán había cometido un grave error. Este capítulo comienza en el momento en que las fuerzas de Cortés se acercan a la capital. Muchas de las tropas de Narváez se habían unido a las fuerzas de Cortés. Este se había jactado ante los hombres de Narváez del gran prestigio que tenía entre los indios. Ahora está alterado al ver lo mal que lo reciben en los pueblos indios por los cuales pasan los españoles.]

Como Cortés, vio que en Tezcuco no nos habían hecho ningún recibimiento ni aun dado de comer sino mal y por mal cabo,[112] y que hallamos principales con quien hablar, y lo vio todo remontado y de mal arte, y venido a México lo mismo, y vio que no hacian *tiánguez,*[113] sino todo levantado, y oyó a Pedro de Alvarado de la manera y desconcierto con que les fue a dar guerra; y parece ser había dicho Cortés en el camino a los capitanes de Narváez, alabándose de sí mismo,[114] el gran acato y mando que tenía, y que por los caminos le saldrían a recibir y hacer fiestas, y que darían oro, y que en México mandaba tan absolutamente así al gran Montezuma como

---

[111] **Se refiere al hecho que Cortés mandó quemar los navíos para que ninguno de sus hombres pudiera volver a Cuba.**

[112] **mal...** as poorly as could be

[113] **mercado**

[114] praising himself, bragging

a todos sus capitanes, y que le darían presentes de oro como solían; y viendo que todo estaba muy al contrario de sus pensamientos, que aun de comer no nos daban, estaba muy airado y soberbio con la mucha gente de españoles que traía, y muy triste y mohino.[115]

Y en este instante envió el gran Montezuma dos de sus principales a rogar a nuestro Cortés que le fuese a ver, que le quería hablar: y la respuesta que les dio dijo: «Vaya para perro, que aun *tiánguez* no quiere hacer,[116] ni de comer no nos manda dar.» Y entonces como aquello le oyeron a Cortés nuestros capitanes, que fue Juan Velázquez de León y Cristóbal de Olid y Alonso de Avila y Francisco de Lugo, dijeron: «Señor, temple su ira, y mire cuánto bien y honra nos ha hecho este rey de estas tierras, que es tan bueno que si por él no fuese ya fuéramos muertos y nos habrían comido, y mire que hasta las hijas le ha dado.»

Y como esto oyó Cortés, se indignó más de las palabras que le dijeron, como parecían de reprehensión, y dijo: «¿Qué cumplimiento he yo de tener con un perro que se hacía con Narváez secretamente,[117] y ahora veis que aun de comer no nos dan?» Y dijeron nuestros capitanes: «Esto nos parece que debe hacer, y es buen consejo.» Y como Cortés tenía allí en México tantos españoles, así de los nuestros como de los de Narváez, no se le daba nada por cosa ninguna, y hablaba tan airado y descomedido.[118] Por manera que tornó a hablar a los principales que le dijesen a su señor Montezuma que luego mande hacer *tiánguez* y mercados; si no, qué hará y qué acontecerá.

Y los principales bien entendieron las palabras injuriosas que Cortés dijo de su señor y aun también la reprehensión que nuestros capitanes dieron a Cortés sobre ello; porque bien los conocían que habían sido los que solían tener en guarda a su señor, y sabían que eran grandes servidores de su Montezuma; y según y de la manera que lo entendieron se lo dijeron a Montezuma, y de enojo, o porque ya estaba concertado que nos diesen guerra, no tardó un cuarto de hora que vino un soldado a gran prisa, muy mal herido, que venía de un pueblo que está junto a México que se dice Tacuba, y traía unas indias que eran de Cortés, y la una hija de Montezuma, que parece ser las dejó a guardar allí al señor de Tacuba, que eran sus parientes del mismo señor, cuando fuimos a lo de Narváez. Y dijo aquel soldado que estaba toda la ciudad y camino por donde venía lleno de gente de guerra, con todo género de armas, y que le quitaron las indias que traía y le dieron dos heridas, y que si no se les soltara, que le tenían ya asido para meterle en una canoa y llevarle a sacrificar, y habían deshecho un puente.

Y desde que aquello oyó Cortés y algunos de nosotros, ciertamente nos pesó mucho, porque bien entendido teníamos, los que solíamos batallar con indios, la mucha multitud que de ellos se suelen juntar, y que por bien que peleásemos, y aunque más soldados trajésemos ahora, que habíamos

---

[115]**sombrío**

[116]**Vaya...** Why, the dog doesn't even open the market for us

[117]The Aztecs had been told that Narváez would defeat Cortés and there were rumors that Moctezuma was plotting with Cortés' rival.

[118]**sin moderación, sin control**

de pasar gran riesgo de nuestras vidas y hambres y trabajos, especialmente estando en tan fuerte ciudad.

Pasemos adelante y digamos que luego Cortés mandó a un capitán que se decía Diego de Ordaz que fuese con cuatrocientos soldados, y entre ellos los más ballesteros,[119] y escopeteros,[120] y algunos de caballo, y que mirase qué era aquello que decía el soldado que había venido herido y trajo las nuevas; y que si viese que sin guerra y ruido se pudiese apaciguar, lo pacificase.

Y como fue Diego de Ordaz de la manera que le fue mandado con sus cuatrocientos soldados, aun no hubo bien llegado a media calle, por donde iba, cuando le salen tantos escuadrones mexicanos de guerra, y otros muchos que estaban en las azoteas, y le dieron tres grandes combates, que le mataron a las primeras arremetidas diez y ocho soldados, y a todos los más hirieron, y al mismo Diego de Ordaz le dieron heridas. Por manera que no pudo pasar un paso adelante, sino volverse poco a poco al aposento, y al retraer le mataron a otro buen soldado que se decía Lezcano, que con un montante[121] había hecho cosas de muy esforzado[122] varón; y en aquel instante, si muchos escuadrones salieron a Diego de Ordaz, muchos más vinieron a nuestros aposentos, y tiran tanta vara y piedras con hondas y flechas, que nos hirieron de aquella vez sobre cuarenta y seis de los nuestros, y doce murieron de las heridas.

Y estaban tantos guerreros sobre nosotros, que Diego de Ordaz, que se venía retrayendo, no podía llegar a los aposentos por la mucha guerra que le daban, unos por detrás y otros por delante y otros desde las azoteas. Pues quizá no aprovechaba mucho nuestros tiros, ni escopetas, ni ballestas, ni lanzas, ni estocadas que les dábamos; ni nuestro buen pelear, que aunque les matábamos y heríamos muchos de ellos, por las puntas de las espadas y lanzas se nos metían; con todo esto cerraban sus escuadrones, y no perdían punto de su buen pelear, ni les podíamos apartar de nosotros. Y en fin, con los tiros y escopetas y ballestas y el mal que les hacíamos de estocadas, tuvo tiempo de entrar Ordaz en el aposento, que hasta entonces, y aunque quería, no podía pasar y con sus soldados bien heridos y catorce menos, y todavía no cesaban muchos escuadrones de darnos guerra y decirnos que éramos como mujeres, y nos llamaban de bellacos,[123] y otros vituperios. Y aun no ha sido nada todo el daño que nos han hecho hasta ahora a lo que después hicieron. Y es que tuvieron tanto atrevimiento, que unos dándonos guerra por unas partes y otros por otra, entraron a ponernos fuego en nuestros aposentos, que no nos podíamos valer[124] con el humo y fuego, hasta que se puso remedio con derrocar sobre él mucha tierra y atajar otras salas por donde venía el fuego, que verdadermente allí dentro creyeron de quemarnos vivos.

Y duraron estos combates todo el día, y aun la noche estaban sobre nosotros tantos escuadrones de ellos, y tiraban varas[125] y piedras y flechas a

[119]crossbowmen
[120]musketeers
[121]broadsword
[122]**valiente**
[123]scoundrels
[124]**defender**
[125]javelins

bulto[126] y piedra perdida,[127] que de lo del día y lo de entonces estaban todos aquellos patios y suelos hechos parvas de ellos.[128]

Pues nosotros aquella noche en curar heridos, y en poner remedio en los portillos[129] que habían hecho, y en apercibirnos para otro día, en esto se pasó. Pues desde que amaneció acordó[130] nuestro capitán que con todos los nuestros y los de Narváez saliésemos a pelear con ellos, y que llevásemos tiros y escopetas y ballestas, y procurásemos de vencerlos, al de menos que sintiesen más nuestras fuerzas y esfuerzo mejor que el del día pasado. Y digo que si nosotros teníamos hecho aquel concierto,[131] que los mexicanos tenían concertado lo mismo, y peleábamos muy bien; mas ellos estaban tan fuertes y tenían tantos escuadrones, que se remudaban de rato en rato,[132] que aunque estuvieran allí diez mil Héctores[133] troyanos y tantos Roldanes,[134] no les pudieran entrar; porque saberlo ahora yo aquí decir cómo pasó, y vimos el tesón[135] en el pelear, digo que no lo sé escribir; porque ni aprovechaban tiros, ni escopetas, ni ballestas, ni apechugar con ellos,[136] ni matarles treinta ni cuarenta de cada vez que arremetíamos,[137] que tan enteros y con más vigor peleaban que al principio; y si algunas veces les íbamos ganando alguna poca de tierra, o parte de calle, hacían que se retraían, era para que les siguiésemos por apartarnos de nuestra fuerza y aposento, para dar más a su salvo[138] en nosotros, creyendo que no volveríamos con las vidas a los aposentos, porque al retraernos hacían mucho mal. Pues para pasar a quemarles las casas, ya he dicho en el capítulo que de ello habla que de casa en casa tenían un puente de madera levadiza,[139] la alzaban y no podíamos pasar sino por agua muy honda. Pues desde las azoteas, los cantos[140] y piedras y varas no lo podíamos sufrir,[141] por manera que nos maltrataban y herían muchos de los nuestros.

Y no sé yo para qué lo escribo así tan tibiamente,[142] porque unos tres o cuatro soldados que se habían hallado en Italia, que allí estaban con nosotros, juraron muchas veces a Dios que guerras tan bravosas jamás habían visto en algunas que se habían hallado entre cristianos y contra la artillería del rey de Francia, ni del gran turco;[143] ni gente como aquellos indios, con tanto ánimo cerrar los escuadrones vieron, y porque decían otras muchas cosas y causas que daban a ello, como adelante verán; y se quedará aquí, y diré cómo con harto trabajo nos retrajimos a nuestros aposentos, y todavía muchos

[126]**a... en grandes cantidades**
[127]stray
[128]**hechos...** were like a threshing floor covered with corn
[129]breaches in the walls
[130]**decidió**
[131]**si... mientras formábamos este plan**
[132]**se...** relieved one another by turns
[133]**en la antigüedad, el más valiente de los guerreros troyanos**
[134]**célebre héroe francés, comandante bajo Carlomagno; murió en el año 778**
[135]pluck, tenacity
[136]**ni...** nor hand-to-hand combat
[137]**atacábamos**
[138]**dar... reducir su riesgo**
[139]**puente...** drawbridge
[140]rocks
[141]**soportar, aguantar**
[142]**con tan poco fervor y brío**
[143]**Solimán, emperador de los turcos, contra quien combatieron los ejércitos del rey español Carlos V. El hijo de éste, Felipe II, acabó con el poderío otomano al obtener una resonante victoria en Lepanto en 1571.**

escuadrones de guerreros sobre nosotros, con grandes gritos y silbo y trompetillas y tambores, llamándonos de bellacos y para poco, que no osábamos atenderles todo el día en batalla, sino volvernos retrayendo.

Aquel día mataron otros diez o doce soldados, y todos volvimos bien heridos; y lo que pasó de la noche fue en concentrar para de ahí a dos días saliésemos todos los soldados cuantos sanos había en todo el real, y con cuatro ingenios a manera de torres,[144] que se hicieron de madera, bien recios, en que pudiesen ir debajo de cualquiera de ellos veinticinco hombres, y llevaban sus ventanillas y agujeros en ellos para ir los tiros, y también iban escopeteros y ballesteros, y junto con ellos habíamos de ir otros soldados escopeteros y ballesteros, y los tiros y todos los demás y los de a caballo hacer algunas arremetidas. Y hecho este concierto, como estuvimos aquel día, que entendíamos en la obra y en fortalecer muchos portillos que nos tenían hechos, no salimos a pelear aquel día.

No sé cómo lo diga, los grandes escuadrones de guerreros que nos vinieron a los aposentos a dar guerra, no solamente por diez o doce partes, sino que por más de veinte, porque en todos estábamos repartidos, y en otras muchas partes, y entretanto que los adobamos[145] y fortalecíamos como dicho tengo, otros muchos escuadrones procuraban entrarnos en los aposentos ni ballestas ni escopetas ni por muchas arremetidas y estocadas les podían retraer.

Pues lo que decían que en aquel día no había de quedar ninguno de nosotros, y que habían de sacrificar a sus dioses nuestros corazones y sangre, y con las piernas y brazos que bien tendrían para hacer hartazgas[146] y fiestas, y que los cuerpos echarían a los tigres y leones y víboras y culebras que tienen encerrados, que se harten de ellos; y que a aquel efecto ha[147] dos días que mandaron que no les diesen de comer; y que el oro que teníamos que habríamos mal gozo de él,[148] y de todas las mantas; y a los de Tlaxcala que con nosotros estaban les decían que los meterían en jaulas a engordar, y que poco a poco harían sus sacrificios con sus cuerpos. Y muy afectuosamente decían que les diésemos su gran señor Montezuma y decían otras cosas. Y de noche asimismo siempre muchos silbos y voces y rociada de vara y piedra y flecha.

Y desde que amaneció, después de encomendarnos a Dios, salimos de nuestros aposentos con nuestras torres, que me parece a mí que en otras partes donde me he hallado en guerras, en cosas que han sido menester, les llaman muros y mantas:[149] y con los tiros y escopetas y ballestas delante, y los de a caballo haciendo algunas arremetidas, y, como he dicho, aunque les matábamos muchos de ellos no aprovechaba cosa para hacerles volver las espaldas, sino que si muy bravamente[150] habían peleado los dos días pasados, muy más fuertes y con mayores fuerzas y escuadrones estaban este día. Y todavía determinamos, que aunque a todos costase la vida, de ir

---

[144]**en...** in the whole camp, and with four towerlike devices
[145]bricked
[146]**hacer...** to eat their fill
[147]**hace**
[148]**habríamos...** would give us no pleasure
[149]mantelet
[150]**ferozmente**

con nuestras torres e ingenios hasta el gran *cu* del Huichilobos. No digo por extenso los grandes combates que en una casa fuerte nos dieron, ni diré cómo los caballos los herían, ni nos aprovechábamos de ellos, porque, aunque arremetían a los escuadrones para romperlos, tirábanles tanta flecha y vara y piedra, que no se podían valer por bien armados que estaban; y si los iban alcanzando, luego se dejaban caer los mexicanos a su salvo[151] las acequias y laguna, donde tenían hechos otros mamparos para los de a caballo, y estaban otros muchos indios con lanzas muy largas para acabar de matarlos; así que no aprovechaba cosa ninguna.

Pues apartarnos a quemar ni deshacer ninguna casa era por demás, porque, como he dicho, están todas en el agua, y de casa a casa una puente levadiza; pasarla a nado[152] era cosa muy peligrosa, porque desde las azoteas tenían tanta piedra y cantos y mamparos, que era cosa perdida ponernos en ello; y además de esto, en algunas casas que les poníamos fuego tardaba una casa en quemarse un día entero, y no se podía pegar fuego de una casa a otra, lo uno, por estar apartadas una de otra y el agua en medio, y lo otro, ser de azoteas; así que eran por demás nuestros trabajos en aventurar nuestras personas en aquello. Por manera que fuimos hasta el gran *cu* de sus ídolos, y luego de repente suben en él más de cuatro mil mexicanos, sin otras capitanías que en ellos estaban con grandes lanzas y piedra y vara, y se ponen en defensa y nos resistieron la subida un buen rato, que no bastaban las torres ni los tiros ni ballestas ni escopetas, ni los de caballo, porque aunque querían arremeter los caballos, había unas losas muy grandes empedrando todo el patio, que se iban a los caballos pies y manos, y eran tan lisas, que caían; y como desde las gradas del alto *cu* nos defendían el paso, y a un lado y a otro teníamos tantos contrarios, y aunque nuestros tiros llevaban diez o quince de ellos, y a estocadas y arremetidas matábamos otros muchos, cargaba tanta gente, que no les podíamos subir al alto *cu;* y con gran concierto[153] tornamos a porfiar, sin llevar las torres, porque ya estaban desbaratadas, y les subimos arriba. Aquí se mostró Cortés muy varón como siempre lo fue. ¡Oh, qué pelear y fuerte batalla que aquí tuvimos! Era cosa de notar vernos a todos corriendo sangre y llenos de heridas, y otros muertos; y quiso Nuestro Señor que llegamos adonde solíamos tener la imagen de Nuestra Señora, y no la hallamos, que pareció, según supimos que el gran Montezuma tenía devoción en ella, y la mandó guardar; y pusimos fuego a sus ídolos, y se quemó un buen pedazo de la sala con los ídolos Huichilobos y Tezcatepuca.[154] Entonces nos ayudaron muy bien los tlaxcaltecas.

Pues ya hecho esto, estando que estábamos unos peleando y otros poniendo el fuego, como dicho tengo, ver los *papas* que estaban en este gran *cu,* y sobre tres o cuatro mil indios, todos principales[155] ya que nos bajábamos, cuál nos hacían venir rodando seis gradas y aun diez abajo, y hay tanto que decir de otros escuadrones

[151] safety
[152] **a... nadando**
[153] **con... todos juntos**
[154] **Tezcatlipoca**
[155] **guerreros importantes**

que estaban en los pretiles[156] y concavidades del gran *cu,* tirándonos tanta vara y flecha, que así a unos escuadrones como a los otros no podíamos hacer cara,[157] acordamos con mucho trabajo y riesgo de nuestras personas de volvernos a nuestros aposentos, los castillos deshechos, y todos heridos, y diez y seis muertos y los indios siempre apretándonos,[158] y otros escuadrones por las espaldas, que quien no nos vio, aunque aquí más claro lo diga, yo no lo sé significar.[159]

Pues aún no digo lo que hicieron los escuadrones mexicanos que estaban dando guerra en los aposentos en tanto que andábamos en este gran *cu,* y lo tienen por cosa muy heroica, que aunque esta batalla prendimos dos *papas* principales, que Cortés nos mandó que los llevasen a buen recaudo.[160] Muchas veces he visto pintada entre los mexicanos y tlaxcaltecas esta batalla y subida que hicimos en este gran *cu,* y lo tienen por cosa muy heroica, que aunque nos pintan a todos nosotros muy heridos, corriendo sangre y muchos muertos en retratos que tienen de ello hecho, en mucho lo tienen esto de poner fuego, al *cu* y estar tanto guerrero guardándolo, y en los pretiles y concavidades, y otros muchos indios abajo en el suelo y patios llenos, y en los lados, y otros muchos, y deshechas nuestras torres, cómo fue posible subirle.

Dejemos de hablar de ello y digamos cómo con gran trabajo tornamos a los aposentos, y si mucha gente nos fueron siguiendo y daban guerra, otros muchos estaban en los aposentos, que ya les tenían derrocadas unas paredes para entrarles, y con nuestra llegada cesaron, mas no de manera que en todo lo que quedó del día dejaban de tirar vara y piedra y flecha, y en la noche, grita y piedra y vara.

Dejemos de su gran tesón y porfía, que siempre a la contina tenían de estar sobre nuestros aposentos, como he dicho, y digamos que aquella noche se nos fue en curar heridos y enterrar los muertos y en aderezar[161] para salir otro día a pelear y en poner fuerzas y mamparos a las paredes que habían derrocado y a otros portillos que habían hecho, y tomar consejo cómo y de qué manera podríamos pelear sin que recibiésemos tantos daños ni muertes; y en todo lo que platicamos no hallábamos remedio ninguno. Pues también quiero decir las maldiciones que los de Narváez echaban a Cortés, y las palabras que decían, que renegaban de él y de la tierra, y aun de Diego Velázquez que acá les envió, que bien pacíficos estaban en sus casas en la isla de Cuba, y estaban embelesados[162] y sin sentido.[163]

Volvamos a nuestra plática; que fue acordado de demandarles paces para salir de México. Y desde que amaneció vienen muchos más escuadrones de guerreros, y vienen muy de hecho y nos cercan por todas partes los aposentos, y si mucha piedra y flecha tiraban de antes, muchas más espesas y con mayores alaridos y silbos vinieron este día; y otros escuadrones por otras partes procuraban de entrarnos, que no aprovechaban tiros ni escopetas y aunque les hacían harto mal. Y viendo todo esto acordó Cortés

---

[156] ledges
[157] **a...** we couldn't face one group of squadrons or the other
[158] pressing on our flanks
[159] **describir**
[160] **a... con mucho cuidado**
[161] **preparar**
[162] **locos**
[163] **sin... no razonables**

que el gran Montezuma les hablase desde una azotea, y les dijese que cesasen las guerras, y que nos queríamos ir de su ciudad. Y cuando al gran Montezuma se lo fueron a decir de parte de Cortés dicen que dijo con gran dolor: «¿Qué quiere ya de mí, Malinche, que yo no deseo vivir ni oírle, pues en tal estado por su causa mi ventura me ha traído?» Y no quiso venir, y aun dicen que dijo que ya no le quería ver ni oír a él ni a sus falsas palabras ni promesas y mentiras. Y fue el Padre de la Merced y Cristóbal de Olid, y le hablaron con mucho acato y palabras muy amorosas. Y dijo Montezuma: «Yo tengo creído que no aprovecharé cosa ninguna para que cese la guerra, porque ya tienen alzado otro señor y han propuesto de no os dejar salir de aquí con la vida; y así creo que todos vosotros habéis de morir.»

Y volvamos a los grandes combates que nos daban. Que Montezuma se puso a pretil de una azotea con muchos de nuestros soldados que le guardaban, y les comenzó a hablar con palabras muy amorosas que dejasen la guerra y que nos iríamos de México, y muchos principales y capitanes mexicanos bien le conocieron, y luego mandaron que callasen sus gentes y no tirasen varas ni piedras ni flechas; y cuatro de ellos se llegaron en parte que Montezuma les podía hablar, y ellos a él, y llorando le dijeron: «¡Oh, señor y nuestro gran señor, y cómo nos pesa de todo vuestro mal y daño y de vuestros hijos y parientes! Os hacemos saber que ya hemos levantado a un vuestro pariente por señor.» Y allí le nombró cómo se llamaba, que se decía Coadlavaca, señor de Iztapalapa, que no fue Guatemuz[164] el que luego fue señor. Y más dijeron que la guerra que la habían de acabar, y que tenían prometido a sus ídolos de no dejarla hasta que todos nosotros muriésemos, y que rogaban cada día a su Huichilobos y a Tezcatepuca que le guardase libre y sano de nuestro poder; y como saliese como deseaban, que no le dejarían de tener muy mejor que de antes por señor, y que les perdonase. Y no hubieron bien acabado el razonamiento, cuando en aquella sazón tiran tanta piedra y vara, que los nuestros que le arrodelaban,[165] desde que vieron que entretanto que hablaba con ellos no daban guerra, se descuidaron un momento de rodelarle de presto, y le dieron tres pedradas, una en la cabeza, otra en un brazo y otra en una pierna; y puesto que le rogaban se curase[166] y comiese y le decían sobre ello buenas palabras, no quiso, antes cuando no nos catamos[167] vinieron a decir que era muerto.

Y Cortés lloró por él, y todos nuestros capitanes y soldados, y hombres hubo entre nosotros, de los que le conocíamos y tratábamos, de que[168] fue tan llorado como si fuera nuestro padre, y no nos hemos de maravillar de ello viendo que tan bueno era. Y decían que había diez y siete años que reinaba, y que fue el mejor rey que en México había habido y que por su persona había vencido tres desafíos que tuvo sobre las tierras que sojuzgó.[169]

[164] **Cuauhtémoc, sobrino de Cuitláhuac y último emperador azteca, conocido por su heróica defensa de México frente a Cortés**
[165] shielded
[166] dress his wounds
[167] **no...** when we were least expecting it
[168] **quienes**
[169] subjugated

SOBRE LA LECTURA

«Cómo trajeron las hijas a presentar...»

1. ¿Por qué no tomó Cortés posesión de las doncellas indias inmediatamente?
2. ¿Cómo reaccionaron los caciques cuando Cortés les habló de la fe católica?
3. ¿Cómo tranquilizó el padre de la Merced a los indios?
4. ¿Qué pidieron los españoles? ¿Qué hicieron con las indias?

«Del grande y solemne recibimiento que nos hizo el gran Montezuma...»

1. ¿Cómo describe Díaz del Castillo la llegada de los españoles a México?
2. ¿Cómo describe a Moctezuma?
3. ¿Cómo mostraron los caciques el respeto que le tenían a su jefe?
4. ¿Qué regalos le dio Cortés al emperador? ¿Qué sucedió cuando trató de abrazarlo?
5. ¿Adónde llevaron a los españoles a aposentar? ¿Por qué?
6. ¿Qué le regaló el emperador a Cortés?

«De la prisión del gran Montezuma...»

1. ¿Qué plan habían formulado los españoles?
2. ¿Cómo justificó Cortés esta acción?
3. ¿Cómo reaccionó Moctezuma ante las acusaciones de Cortés?
4. ¿Por qué se pusieron impacientes los capitanes de Cortés?
5. ¿Qué papel desempeñó doña Marina en este acontecimiento?
6. ¿Cómo convencieron los españoles al emperador de que fuera con ellos?
7. ¿Cómo reaccionaron los caciques y los parientes de Montezuma al ver que los españoles llevaban preso al emperador? ¿Cómo los tranquilizó éste?
8. Describa la prisión de Moctezuma.
9. Describa el episodio en que Moctezuma juzga el pleito de los dos caciques.
10. ¿Qué hizo Cortés con los capitanes aztecas que habían matado a los soldados españoles? ¿Qué hizo con el emperador mientras tanto?
11. ¿Cómo trataron los españoles de mostrar su amistad y respeto a Moctezuma?
12. ¿Qué efecto tuvo en las provincias la ejecución de los cuatro capitanes aztecas?

«Cómo nos dieron guerra en México...»

1. ¿Por qué no recibieron bien a Cortés y a sus hombres en los pueblos mexicanos?
2. ¿Cómo reaccionó Cortés? ¿Por qué? ¿Cómo trataron de calmarlo algunos de sus capitanes?
3. ¿Por qué no aceptó Cortés la invitación de Moctezuma de ir a verlo?

4. Describa la batalla entre los españoles y los aztecas. ¿De qué armas se sirvieron los indios? ¿Qué tácticas emplearon? ¿Qué ventajas tenían? ¿Cómo trataron de defenderse los españoles?
5. ¿Por qué le pidieron los españoles a Moctezuma que interviniera? ¿Por qué no quería hacerlo el emperador?
6. ¿Cómo reaccionaron los indios cuando Moctezuma trató de convencerlos que dejaran partir a los españoles?
7. ¿Cómo murió Moctezuma?
8. ¿Se regocijaron los españoles al enterarse de su muerte?

HACIA EL ANÁLISIS LITERARIO

1. Analice la caracterización de Cortés y de Moctezuma. ¿Cómo logra Díaz crear personajes de múltiples dimensiones? ¿Qué aspectos de la personalidad de Cortés ilustra en estos capítulos? ¿Percibe usted cierta ambigüedad con respecto a su actitud hacia Cortés? ¿Cómo expresa su admiración por Moctezuma? ¿Cómo hace sentir al lector la confusión de éste? ¿En qué sentido es Moctezuma un personaje complejo y contradictorio?
2. ¿Cómo expresa Díaz su admiración por doña Marina? ¿Cuál parece ser la posición de la mujer entre indios y españoles?
3. ¿Cuál es la actitud de Díaz hacia sus compañeros de armas? ¿Cómo suaviza la imagen de los españoles?
4. ¿Cómo realza Díaz el heroísmo de los españoles? ¿Cómo imbuye su narración de un sentido de aventura? ¿Cómo expresa su admiración y asombro?
5. ¿Qué efectos logra por medio del uso de la primera persona singular? ¿Cómo aprovecha artísticamente su papel de testigo?
6. ¿Por qué nos conmueve su descripción de la batalla entre los españoles y los aztecas? ¿Cómo imbuye su narración de energía y vivacidad?
7. ¿Es culto o coloquial el estilo de Díaz? ¿Qué efecto logra por medio del uso de palabras indígenas? ¡Qué efecto logra por medio de referencias a héroes legendarios (Héctor, Roldán)?
8. ¿Cómo usa Díaz las citas y el diálogo? ¿Cómo sabemos que estas citas no son exactas? ¿Cómo enriquecen la narración?

TEXTO Y VIDA

1. ¿Cómo se ha modificado su concepto de la conquista de México con la lectura de estos capítulos de la *Historia verdadera*? ¿Qué ambigüedades se revelan en el texto que alteran la imagen arquetípica del conquistador y del azteca?
2. Se ha llamado a la Malinche, o doña Marina, la madre de la raza mexicana. ¿Se justifica esta apelación? ¿Qué importancia han tenido las raíces indígenas en el desarrollo de la cultura de México?

3. Imagínese usted que acaba de llegar a una tierra nueva e inexplorada, totalmente diferente a todo lo que usted conoce. Escríbale una carta a un amigo describiendo lo que usted ve y sus reacciones.
4. Imagínese la reacción de los indios al ver a los soldados españoles por primera vez. Escriba una descripción en primera persona desde la perspectiva india.

La conquista del Perú

Los incas, capitaneados, según la leyenda, por Manco Cápac, se establecieron en el valle del Cuzco en el siglo XII. Llegaron a su apogeo en el siglo XV cuando, con espíritu guerrero, extendieron su imperio hasta el sur de Colombia por el norte y hasta el río Maule, en Chile, por el sur.

Cuando invadieron los españoles a principios del siglo XVI, reinaba la discordia en el imperio incaico, lo cual había de favorecer a los europeos. Huayna Cápac, conquistador de Quito, había dividido el reino entre sus dos hijos: Atahualpa, el hijo bastardo, reinaba en Quito y Huáscar, el hijo legítimo, reinaba en el Cuzco. Entre los dos medio-hermanos se formó una terrible rivalidad que resultó en la derrota de Huáscar, a quien Atahualpa mandó matar.

Después de obtener el título de Capitán General y Gobernador de la Nueva España, Francisco Pizarro (¿1475?–1541) organizó una expedición a los territorios de Sudamérica. Valiéndose de un engaño, se apoderó de Atahualpa y lo hizo ejecutar. Con la muerte de los dos hijos de Huayna Cápac, el reino quedó sin jefe. Los españoles entraron en el Cuzco en noviembre de 1533 y Pizarro ordenó la coronación de Manco Cápac II. En enero de 1535 los conquistadores fundaron Lima, Ciudad de los Reyes, que había de ser capital del virreinato, iniciando así el período de organización colonial.

Los primeros años de la colonia se caracterizaron por la violencia. Pizarro se había asociado con Diego de Almagro (1475–1538) para la conquista del Perú. A la vuelta de una expedición a Chile, Almagro entró en lucha con Pizarro por la posesión del Cuzco y fue ejecutado por los partidarios de su antiguo compañero. Más tarde los seguidores de Almagro se sublevaron y asesinaron a Pizarro.

En 1546 Gonzalo Pizarro (¿1502?–1548), hermano de Francisco, encabezó una rebelión de los encomenderos—españoles que habían recibido encomiendas o territorios con pueblos de indios que estaban a su cargo—contra el primer virrey, Blasco Núñez Vela. Representante de la corona española en el Nuevo Mundo, Núñez Vela había intentado imponerles algunas restricciones a los encomenderos, pero los rebeldes triunfaron; Núñez Vela fue decapitado y Gonzalo se proclamó gobernador del Perú. Más tarde Gonzalo fue ajusticiado y también murió decapitado.

Siguieron varios otros levantamientos hasta que el virrey Andrés Hurtado de Mendoza, conocido como el verdadero pacificador de Perú, logró poner fin a la violencia. Hurtado de Mendoza organizó la agricultura y la minería. Durante su gobierno se fundó, en 1551, la Universidad de San Marcos.

Durante el siglo XVII, Lima llegó a ser un importante centro cultural. Enriquecida por las fabulosas minas de plata de Potosí, la corte colonial era tan espléndida como cualquier capital europea. Florecieron las artes—la pintura, la platería, la arquitectura. Algunos conventos fomentaban las actividades artísticas, permitiendo que sus habitantes participaran en recitales, conciertos, obras de teatro y lecturas poéticas. Fue en esta época que se elevó la magnífica catedral de Lima, la cual fue destruida por el terremoto de 1746. Sin embargo, a pesar de esta opulencia, las clases pobres permanecían en la miseria.

El Inca Garcilaso: Primer hombre de letras peruano

El Inca Garcilaso de la Vega (1539–1616) es el primer gran escritor nacido en América. Hijo mestizo de un español de ilustre alcurnia y de una princesa incaica, su obra refleja la amalgama de dos mundos. Combina la sensibilidad artística y los conocimientos de la cultura indígena que son su herencia peruana con las formas y estilística europeas.

El capitán Garcilaso de la Vega, padre del Inca Garcilaso, provenía de una distinguida familia española que se había destacado en el mundo de las letras. La madre del capitán era pariente del Marqués de Santillana, autor de los primeros sonetos que se escribieron en español. El capitán era sobrino del famoso poeta castellano Garcilaso de la Vega, el que había iniciado la renovación de la poesía española al principio del siglo XVI. También estaba emparentado con Jorge Manrique, autor de las *Coplas a la muerte de su padre,* que son una de las obras maestras de la literatura medieval tardía.

Con la conquista de nuevos territorios venía la repartición del botín, el cual incluía mujeres indias. Al capitán Garcilaso de la Vega le tocó la princesa Chimpu Ocllo, sobrina de Huayna Cápac y prima de Huáscar y Atahualpa. Aunque no se casó con ella, le construyó una casa en el Cuzco. Vivió con ella durante catorce años, aunque con innumerables separaciones causadas por las guerras y por sus responsabilidades de encomendero. A su hijo el capitán Garcilaso no le dio su propio nombre, sino el de uno de sus antepasados: Gómez Suárez de Figueroa. Mucho más tarde, en 1563, el joven mestizo comenzó a emplear el nombre de su padre. No se sabe qué circunstancias ocasionaron este cambio. En 1549 el capitán Garcilaso de la Vega contrajo matrimonio con una dama española, abandonando a Chimpu Ocllo, ya bautizada con el nombre cristiano de Isabel.

La infancia de Gómez Suárez—el futuro Inca Garcilaso—fue marcada por los disturbios políticos causados por las guerras civiles de los conquistadores, en que su padre apoyaba a Francisco Pizarro, y por el conflicto entre éstos y la Corona, que intentaba imponer un creciente grado de centralización. Gómez Suárez se crió al lado de su madre en el Cuzco, donde aprendió el quechua antes que el español. Allí escuchó las historias de sus parientes incaicos acerca de la grandeza pasada y el ocaso del imperio, y observó los ritos y ceremonias indígenas que aún se conservaban. Con su tutor Juan de Alcobaza y después con otros preceptores estudió letras castellanas y latín. Después del matrimonio de su padre, siguió viviendo en su casa en el Cuzco. Durante el período de 1554 a 1556, cuando el capitán Garcilaso fue Corregidor y Justicia Mayor del Cuzco, su hijo le sirvió de «escribiente de cartas» y pudo asociar con los encomenderos más prominentes de la ciudad.

El capitán Garcilaso murió en 1559, proveyendo una cantidad de dinero en su testamento para que su hijo fuera a estudiar a España. Gómez Suárez salió del Cuzco el 20 de enero de 1560. En Córdoba, lo recibieron con cariño unos parientes de su padre y lo dotaron con una renta que le permitió vivir holgadamente. En 1562 pleiteó ante la Corte para que le devolvieran algunas tierras en Perú que consideraba que le correspondían, pero a causa del apoyo que su padre le había dado a Pizarro en la rebelión de los encomenderos, su petición fue rechazada.

El Inca Garcilaso combatió con el ejército de Juan de Austria, alcanzando el rango de capitán. En 1590 tradujo al castellano los *Diálogos de amor,* uno de los tratados más influyentes del *neoplatonismo *renacentista, escritos en italiano por León Hebreo, pseudónimo del pensador judío portugués, Judah Abarbanel. Al año siguiente volvió a Córdoba, donde se relacionó con varios escritores conocidos y donde pasó el resto de su vida. En 1605 publicó *La Florida del Inca,* una historia de la exploración de la península de la Florida, basada en las experiencias de un amigo de su padre, quien había acompañado a Hernando de Soto.

La obra que estableció al Inca Garcilaso como una figura literaria de primer orden fue su crónica del imperio de los incas y de la conquista y gobierno del Perú por los españoles. Publicada en 1609 bajo el nombre de *Comentarios reales,* la primera parte, que se considera la más valiosa desde un punto de vista literario, narra la historia del reino hasta la llegada de los conquistadores. En 1617, un año después de la muerte del Inca Garcilaso, se publicó la obra completa bajo el nombre de *Historia general del Perú.*

Sobre los *Comentarios reales*

Los *Comentarios reales* fueron inspirados por las crónicas de las Indias, como así también por los recuerdos y experiencias del autor. El Inca Garcilaso no sólo conocía la *Historia de las Indias* de Francisco López de Gómara, sino que había escrito anotaciones marginales en un ejemplar. También había leído los tratados de Bartolomé de las Casas, *De Orbe Novo* de Pedro Mártir de Anghiera, las *Relaciones* de Polo de Ondegardo y muchas otras obras sobre la conquista y colonización del Nuevo Mundo. Sin embargo, la fuente más directa del Inca Garcilaso fueron los recuerdos profundamente grabados en su memoria de las cosas que había oído y visto en el Cuzco. Este elemento personal imbuye su obra de vitalidad e inmedición.

Los *Comentarios reales* fueron escritos más de medio siglo después de que el Inca había salido de Perú. El filtro del tiempo sirve para poner de relieve el contraste que existe entre el mundo de su niñez y el europeo, donde había pasado la mayor parte de su vida. Describe ritos, paisajes, sonidos, costumbres y creencias. Aunque los *Comentarios* son una fuente de información significativa sobre la historia y el gobierno de los incas, más que las descripciones de su estructura administrativa y social, llaman la atención del lector los detalles que entrañan la realidad íntima de un pueblo que ha dejado de existir.

Mucho se ha escrito sobre los motivos del Inca Garcilaso al emprender la composición de su obra maestra. En el momento de escribir sus *Comentarios,* el autor estaba consciente de no aportar información original sobre la conquista, puesto que otros cronistas ya habían descrito este momento en la historia del Nuevo Mundo. Escribió con el fin de corregir, comentar y completar las relaciones anteriores y de ampliar la visión del lector con descripciones vivas de una realidad experimentada de primera mano. A diferencia de los cronistas españoles que no sabían quechua, el Inca podía describir los acontecimientos desde la perspectiva del pueblo conquistado. Su aportación es su punto de vista personal. Un hombre prudente y más bien tímido, tal vez en parte por su condición de mestizo, el Inca nunca se atrevió a atacar directamente a los historiadores nacidos en España. Sin embargo, rectificó sus errores de una manera discreta. Margarita Zamora ha señalado que el objetivo del Inca era probar que la grandeza del reino incaico igualaba la de los imperios de la Antigüedad, y así afirmar su propia autoridad.

Se nota en su tendencia de idealizar al Imperio Incaico un elemento de nostalgia del país natal que se combina con la veneración que le tenía a su madre. Y no falta tampoco el resentimiento contra los españoles despóticos que habían destruido la magnífica civilización indígena para imponer su propia cultura. La emoción y la melancolía llenan las páginas de los *Comentarios*. Sin embargo, sería un error interpretar la obra del Inca como una expresión de odio contra los españoles. Garcilaso apreciaba sus dos herencias. Su disgusto se dirige más bien contra individuos y no contra pueblos. Veía la conquista del Perú como un hecho irreversible del destino que había que aceptar con resignación.

Los *Comentarios* están escritos con el cuidado y la llaneza que caracterizan la prosa del Renacimiento. El Inca cita con frecuencia a autores clásicos. Utiliza un vocabulario muy amplio que conserva muchas palabras quechuas. A veces intercala episodios ajenos al tema, tal vez para evitar que se aburra el lector. Según él mismo afirma, conviene «variar los cuentos, porque no sea todos de un propósito.»

Otros historiadores del Perú

Varios cronistas españoles narran sus experiencias en el Perú, que comprende también Chile y Nueva Granada o Colombia. Entre los más conocidos figuran Pedro Cieza de León (1518–1560), Gonzalo Jiménez de Quesada (1499—1579) y Pedro de Valdivia (¿1500?–1554), conquistador de Chile y fundador de la ciudad de Santiago. La *Carta* de Valdivia, escrita en 1550, es de particular interés por contener las primeras noticias acerca de Chile.

La creación literaria de mayor importancia acerca de la conquista de la zona no es una crónica sino un poema* épico—una composición larga, de asunto heroico, que narra las hazañas y que encarna las virtudes y los valores de un pueblo. La épica goza de una larga tradición en Europa que comienza con *La Ilíada* y *La Odisea* de Homero. El primer poema épico español que nos ha llegado es *El Cid,* cuya fecha de composición está en disputa pero que seguramente data del siglo XII o XIII. El primer poema épico de asunto americano es *La araucana,* de Alonso de Ercilla y Zúñiga (1533–1594).

Ercilla y Zúñiga nació en Madrid y siguió una carrera militar en el Nuevo Mundo. Llegó a Lima en 1556 y se unió al ejército de García Hurtado de Mendoza en Chile, donde los españoles combatían contra los indios araucanos. *La araucana* cuenta la victoria española sobre los indios. Aunque el poeta exalta las hazañas de sus compañeros, también describe con gran emoción el valor de los araucanos. Ercilla dice haber compuesto algunas partes de su poema en el campo de batalla, aunque el escritor español Azorín pone en duda esta afirmación. Ercilla no terminó *La araucana* hasta regresar a España. Algunos fragmentos aparecieron en 1569 y 1578, y el poema completo fue publicado en 1590. Logró un éxito inmediato y fue traducido a varios idiomas.

La araucana se divide en tres partes. La primera describe el paisaje y los habitantes de Chile, la elección del capitán Caupolicán por los indios y la llegada de los españoles bajo el mando de Pedro de Valdivia. Caupolicán se describe con gran admiración:

Era este noble mozo de alto hecho,
Varón de autoridad, grave y severo,
Amigo de guardar todo derecho,
Aspero y riguroso, justiciero,
De cuerpo grande y relevado pecho.
Hábil, diestro, fortísimo y ligero,
Sabio, astuto, sagaz, determinado,
Y en caso de repente reportado.

La segunda parte habla de las batallas, haciendo hincapié en el valor de Caupolicán. También incluye varios episodios ajenos a la acción central. La tercera parte describe la derrota y ejecución de Caupolicán, con digresiones sobre la mitología y sobre los derechos de Felipe II al trono de Portugal. La tercera parte contiene escenas muy conmovedoras en las cuales el capitán indio se enfrenta a la muerte protestando contra la indignidad a la cual le someten sus verdugos:

¿Cómo, que en cristiandad y pecho honrado
Cabe cosa tan fuera de medida
Que a un hombre como yo tan señalado
Le dé muerte una mano así abatida?
Basta, basta morir al más culpado;
Que al fin todo se paga con la vida;
Y es usar de este término conmigo
Inhumana venganza y no castigo.

A diferencia de sus predecesores, Ercilla escribe acerca de experiencias personales y de acontecimientos de los cuales ha sido testigo. El realismo, un elemento de la epopeya española desde *El Cid,* alcanza un alto grado de precisión en algunas partes de *La araucana.* Al mismo tiempo, la emoción del autor ante la gloria de la conquista y su admiración por su adversario imbuyen el poema de una calidad sumamente personal.

Edición

Garcilaso de la Vega, Inca. *Comentarios reales de los incas,* 2 tomos. Ed. Aurelio Miró Quesada. Caracas, Venezuela: Biblioteca Ayacucho, 1985

Crítica

Amador, Raysa. *Aproximación histórica a los Comentarios reales.* Madrid: Pliegos, 1984

Andreu, Alicia G. "Garcilaso and Bernal: Interpretations Interpreted." *Revista de Estudios Hispánicos.* Río Piedras, Puerto Rico. 11 (1984): 121–132

Avalle-Arce, Juan Bautista. *El Inca Garcilaso en sus comentarios.* Madrid: Gredos, 1970

Castanien, Donald G. *El Inca Garcilaso de la Vega.* New York: Twayne, 1969

Cevallos, Francisco. «La visión del indio americano en *Los comentarios reales* del Inca Garcilaso de la Vega.» *Symposium: A Quarterly Journal in Modern Foreign Literatures.* 39(2) (Summer 1985): 83–92

González Echevarría, Roberto. «The Law of the Letter: Garcilaso's *Commentaries* and the Origins of the Latin American Narrative.» *The Yale Journal of Criticism* 1(1) (Fall 1987): 107–131

Harss, Luis. «On Garcilaso's Sacred Tongue.» *Hispanic Journal.* 32(1) (Fall 1983): 170–175

Leonard, Irving. «The Inca Garcilaso de la Vega, First Classic Writer of America.» Eds. Alberto Porqueras Mayo and Carlos Rojas. *Filología y crítica hispánica.* Madrid: Alcalá, 1969

Miró Quesada, Aurelio. *El Inca Garcilaso y otros estudios garcilascistas.* Madrid: Cultura Hispánica, 1971

Porras Barrenechea, Raúl. *El Inca Garcilaso de la Vega.* Lima: Lumán, 1946

Pupo Walker, Enrique. «Sobre el discurso narrativo y sus referentes en los *Comentarios reales* del Inca Garcilaso de la Vega.» Ed. Raquel Chang-Rodríguez. *Prosa hispanoamericana virreinal.* Barcelona: Hispam, 1978

Varner, John Grier. *El Inca: The Life and Times of Garcilaso de la Vega.* Austin: University of Texas, 1968

Yepes Miranda, Alfredo. *El Inca Garcilaso.* Cuzco: Ediciones Garcilaso, 1957

Zamora, Margarita. *Language, Authority, and Indigenous History in the Comentarios reales de los Incas.* Cambridge, Eng.: Cambridge University Press, 1988

Zardoya, Concha. *El Inca Garcilaso.* Madrid: Aguilar, 1947

Comentarios reales (selecciones)

El Inca Garcilaso de la Vega

El origen de los Incas Reyes del Perú

Viviendo o muriendo aquellas gentes de la manera que hemos visto, permitió Dios Nuestro Señor que de ellos mismos saliese un lucero del alba[1] que en aquellas oscurísimas tinieblas[2] les diese alguna noticia de la ley natural y de la urbanidad[3] y respetos que los hombres debían tenerse unos a otros, y que los descendientes de aquél, procediendo de bien en mejor cultivasen aquellas fieras y las convirtiesen en hombres, haciéndoles capaces de razón y de cualquiera buena doctrina, para que cuando ese mismo Dios, sol de justicia, tuviese por bien de enviar la luz de sus divinos rayos a aquellos idólatras, los hallase, no tan salvajes, sino más dóciles para recibir la fe católica y la enseñanza y doctrina de nuestra Santa Madre Iglesia Romana, como después acá lo han recibido, según se verá lo uno y lo otro en el discurso de esta historia; que por experiencia muy clara se ha notado cuánto más prontos y ágiles estaban para recibir el Evangelio los indios que los Reyes Incas sujetaron, gobernaron y enseñaron, que no las demás naciones comarcanas[4] donde aún no había llegado la enseñanza de los Incas, muchas de las cuales se están hoy tan bárbaras y brutas[5] como antes se estaban, con haber setenta y un años que los españoles entraron en el Perú. Y pues estamos a la puerta de este gran laberinto, será bien pasemos adelante a dar noticia de lo que en él había.

Después de haber dado muchas trazas[6] y tomado muchos caminos para entrar a dar cuenta[7] del origen y principio de los Incas Reyes naturales que fueron del Perú, me pareció que la mejor traza y el camino más fácil y llano era contar lo que en mis niñeces oí muchas veces a mi madre y a sus hermanos y tíos y a otros sus mayores acerca de este origen y principio, porque todo lo que por otras vías se dice de él viene a reducirse en lo mismo que nosotros diremos, y será mejor que se sepa por las propias palabras que los Incas lo cuentan que no por las de otros autores extraños. Es así que, residiendo mi madre en el Cuzco, su patria, venían a visitarla casi cada semana los pocos parientes y parientas que de las crueldades y tiranías de Atahualpa (como en su vida contaremos) escaparon, en las cuales visitas siempre sus más ordinarias pláticas eran tratar del origen de sus Reyes, de la majestad de ellos, de la grandeza de su Imperio, de sus conquistas y hazañas, del gobierno que en paz y en guerra tenían, de las leyes que tan en provecho y favor de sus vasallos ordenaban. En suma, no dejaban cosa de las prósperas que entre ellos hubiese acaecido[8] que no la trajesen a cuenta.

---

[1] **lucero...** morning star
[2] **sombras, oscuridad**
[3] civility, good manners
[4] **vecinas**
[5] **estúpidas, ignorantes**
[6] **dado... buscado muchas maneras**
[7] **dar...** to give an account
[8] **pasado, sucedido**

De las grandezas y prosperidades pasadas venían a las cosas presentes, lloraban sus Reyes muertos, enajenado[9] su Imperio y acabada su república, etc. Estas y otras semejantes pláticas tenían los Incas y Pallas[10] en sus visitas, y con la memoria del bien perdido siempre acababan su conversación en lágrimas y llanto, diciendo: «Trocósenos[11] el reinar en vasallaje». etc. En estas pláticas yo, como muchacho, entraba y salía muchas veces donde ellos estaban, y me holgaba de las oír,[12] como huelgan los tales de oír fábulas. Pasando pues días, meses y años, siendo ya yo de diez y seis o diez y siete años, acaeció que, estando mis parientes un día en esta su conversación hablando de sus Reyes y antiguallas,[13] al más anciano de ellos, que era el que daba cuenta de ellas, le dije:

—Inca, tío, pues no hay escritura entre vosotros, que es lo que guarda la memoria[14] de las cosas pasadas, ¿qué noticia tenéis del origen y principio de nuestros Reyes? Porque allá los españoles y las otras naciones, sus comarcanas, como tienen historias divinas y humanas, saben por ellas cuándo empezaron a reinar sus Reyes y los ajenos y al trocarse unos imperios en otros, hasta saber cuántos mil años ha que Dios crió el cielo y la tierra, que todo esto y mucho más saben por sus libros. Empero[15] vosotros, que carecéis de ellos, ¿qué memoria tenéis de vuestras antiguallas?, ¿quién fue el primero de nuestros Incas?, ¿cómo se llamó?, ¿qué origen tuvo su linaje?, ¿de qué manera empezó a reinar? ¿con qué gente y armas conquistó este grande Imperio?, ¿qué origen tuvieron nuestras hazañas?

El Inca, como holgándose de haber oído las preguntas, por el gusto que recibía de dar cuenta de ellas, se volvió a mí (que ya otras muchas veces le había oído, mas ninguna con la atención que entonces) y me dijo:

—Sobrino, yo te las diré de muy buena gana;[16] a ti te conviene oírlas y guardarlas en el corazón (es frase de ellos por decir en la memoria). Sabrás que en los siglos antiguos toda esta región de tierra que ves eran unos grandes montes y breñales,[17] y las gentes en aquellos tiempos vivían como fieras y animales brutos, sin religión ni policía,[18] sin pueblo ni casa, sin cultivar ni sembrar la tierra, sin vestir ni cubrir sus carnes, porque no sabían labrar algodón ni lana para hacer de vestir; vivían de dos en dos y de tres en tres, como acertaban a juntarse en las cuevas y resquicios[19] de peñas y cavernas de la tierra. Comían, como bestias, yerbas del campo y raíces de árboles y la fruta inculta que ellos daban de suyo y carne humana. Cubrían sus carnes con hojas y cortezas de árboles y pieles de animales; otros andaban en cueros.[20] En suma, vivían como venados y salvajinas,[21] y aun en las mujeres se habían[22] como los brutos, porque no supieron tenerlas

---

[9] ravished
[10] **Princesas**
[11] **Se nos trocó, se nos convirtió**
[12] **me... me gustaba oírlas**
[13] **historias o costumbres antiguas**
[14] records
[15] **Sin embargo**
[16] **de...** very willingly
[17] brambles
[18] **disciplina, autoridades**
[19] cracks, crevices
[20] **en... desnudos**
[21] **animales salvajes**
[22] **se... tenían (Es decir, se juntaban con ellas sin casarse y sin darles casa, como los animales.)**

propias y conocidas.

Adviértase, porque no enfade el repetir tantas veces estas palabras: «Nuestro Padre el Sol», que era lenguaje de los Incas y manera de veneración y acatamiento[23] decirlas siempre que nombraban al Sol, porque se preciaban descender de él, y al que no era Inca no le era lícito tomarlas en la boca, que fuera blasfemia y lo apedrearan. Dijo el Inca:

—Nuestro Padre el Sol, viendo los hombres tales como te he dicho, se apiadó y hubo lástima de ellos y envió del cielo a la tierra un hijo y una hija de los suyos para que los doctrinasen en el conocimiento de Nuestro Padre el Sol, para que lo adorasen y tuviesen por su Dios y para que les diesen preceptos y leyes en que viviesen como hombres en razón y urbanidad, para que habitasen en casas y pueblos poblados, supiesen labrar las tierras, cultivar las plantas y mieses,[24] criar los ganados y gozar de ellos y de los frutos de la tierra como hombres racionales y no como bestias. Con esta orden y mandato puso Nuestro Padre el Sol estos dos hijos suyos en la laguna Titicaca,[25] que está ochenta leguas de aquí, y les dijo que fuesen por dondequisiesen y, dondequiera que parasen a comer o a dormir, procurasen hincar en el suelo una barrilla de oro de media vara[26] en largo y dos dedos en grueso que les dio para señal y muestra, que, donde aquella barra se les hundiese con solo un golpe que con ella diesen en tierra, allí quería el Sol Nuestro Padre que parasen e hiciesen su asiento y corte. A lo último les dijo: «Cuando hayáis reducido esas gentes a nuestro servicio, los mantendréis en razón y justicia, con piedad, clemencia y mansedumbre, haciendo en todo oficio de padre piadoso para con sus hijos tiernos y amados, a imitación y semejanza mía, que a todo el mundo hago bien, que les doy mi luz y claridad para que vean y hagan sus haciendas y les caliento cuando tienen frío y crío sus pastos y sementeras,[27] hago fructificar sus árboles y multiplico sus ganados, lluevo y sereno a sus tiempos y tengo cuidado de dar una vuelta cada día al mundo por ver las necesidades que en la tierra se ofrecen, para las proveer[28] y socorrer como sustentador y bienhechor de las gentes. Quiero que vosotros imitéis este ejemplo como hijos míos, enviados a la tierra sólo para la doctrina y beneficio de esos hombres, que viven como bestias. Y desde luego os constituyo y nombro por Reyes y señores de todas las gentes que así doctrinarais con vuestras buenas razones, obras y gobierno». Habiendo declarado su voluntad Nuestro Padre el Sol a sus dos hijos, los despidió de sí. Ellos salieron de Titicaca y caminaron al septentrión,[29] y por todo el camino, dondequiera que paraban, tentaban hincar la barra de oro y nunca se les hundió. Así entraron en una venta o dormitorio pequeño, que está siete u ocho leguas al mediodía de esta ciudad, que hoy llaman Pacárec Tampu, que quiere decir venta o dormida que amanece. Púsole[30] este nombre el Inca

---

[23] **reverencia**
[24] **granos**
[25] **lago situado en la altiplanicie de Perú y Bolivia, donde se encuentra la Isla del Sol, de la cual salieron Manco Cápac y Mama Ocllo**
[26] **medida de 2, 8 pies**
[27] sown lands
[28] **para proveerlas** (in order to take care of them)
[29] **norte**
[30] **le puso**

porque salió de aquella dormida al tiempo que amanecía. Es uno de los pueblos que este príncipe mandó poblar después, y sus moradores[31] se jactan hoy grandemente del nombre, porque lo impuso nuestro Inca. De allí llegaron él y su mujer, nuestra Reina, a este valle del Cuzco, que entonces todo él estaba hecho montaña brava.[32]

La fundación del Cuzco, ciudad imperial

La primera parada que en este valle hicieron—dijo el Inca—fue en el cerro llamado Huanacauri, al mediodía de esta ciudad. Allí procuró hincar en tierra la barra de oro, la cual con mucha facilidad se les hundió al primer golpe que dieron con ella, que no la vieron más. Entonces dijo nuestro Inca a su hermana y mujer:

«En este valle manda Nuestro Padre el Sol que paremos y hagamos nuestro asiento y morada para cumplir su voluntad. Por tanto, Reina y hermana, conviene que cada uno por su parte vamos a convocar y atraer esta gente, para los doctrinar[33] y hacer el bien que Nuestro Padre el Sol nos manda».

Del cerro Huanacauri salieron nuestros primeros Reyes, cada uno por su parte, a convocar las gentes, y por ser aquel lugar el primero de que tenemos noticia que hubiesen hollado[34] con sus pies por haber salido de allí a bien hacer a los hombres, teníamos hecho en él, como es notorio, un templo para adorar a Nuestro Padre el Sol, en memoria de esta merced y beneficio que hizo al mundo. El príncipe fue al septentrión y la princesa al mediodía.[35] A todos los hombres y mujeres que hallaban por aquellos breñales les hablaban y decían cómo su padre el Sol los había enviado del cielo para que fuesen maestros y bienhechores de los moradores de toda aquella tierra, sacándoles de la vida ferina[36] que tenían y mostrándoles a vivir como hombres, y que en cumplimiento de lo que el Sol, su padre, les había mandado, iban a convocarlos y sacar de aquellos montes y malezas y reducirlos a morar en pueblos poblados y a darles para comer manjares de hombres y no de bestias. Estas cosas y otras semejantes dijeron nuestros Reyes a los primeros salvajes que por estas tierras y montes hallaron, los cuales, viendo aquellas dos personas vestidas y adornadas con los ornamentos que Nuestro Padre el Sol les había dado (hábito muy diferente del que ellos traían) y las orejas horadadas[37] y tan abiertas como sus descendientes las traemos, y que en sus palabras y rostro mostraban ser hijos del Sol y que venían a los hombres para darles pueblos en que viviesen y mantenimientos que comiesen, maravillados por una parte de lo que veían y por otra aficionados de las promesas que les hacían, les dieron

[31] **habitantes**
[32] **sin cultivar; con árboles y vegetación silvestre**
[33] **para doctrinarla**
[34] tread upon
[35] **sur**
[36] **salvaje**
[37] pierced

entero crédito a todo lo que les dijeron y los adoraron y reverenciaron como a hijos del Sol y obedecieron como a Reyes. Y convocándose los mismos salvajes, unos a otros y refiriendo las maravillas que habían visto y oído, se juntaron en gran número hombres y mujeres y salieron con nuestros Reyes para seguirlos donde ellos quisiesen llevarlos.

«Nuestros príncipes, viendo la mucha gente que se les allegaba,[38] dieron orden que unos se ocupasen en proveer de su comida campestre para todos, porque[39] la hambre[40] no los volviese a derramar[41] por los montes; mandó que otros trabajasen en hacer chozas y casas, dando el Inca la traza cómo las habían de hacer. De esta manera se principió a poblar esta nuestra imperial ciudad, dividida en dos medios que llamaron Hanan Cozco, que, como sabes, quiere decir Cuzco el alto, y Hurin Cozco, que es Cuzco el bajo. Los que atrajo el Rey quiso que poblasen a Hanan Cozco, y por esto le llaman el alto, y los que convocó la Reina que poblasen a Hurin Cozco, y por eso le llamaron el bajo. Esta división de ciudad no fue para que los de la una mitad se aventajasen de la otra mitad en exenciones[42] y preeminencias, sino que todos fuesen iguales como hermanos, hijos de un padre y de una madre. Sólo quiso el Inca que hubiese esta división de pueblo y diferencia de nombres alto y bajo para que quedase perpetua memoria de que a los unos había convocado el Rey y a los otros la Reina. Y mandó que entre ellos hubiese sola una diferencia y reconocimiento de superioridad: que los del Cuzco alto fuesen respetados y tenidos como primogénitos, hermanos mayores, y los del bajo fuesen como hijos segundos; y en suma, fuesen como el brazo derecho y el izquierdo en cualquiera preeminencia de lugar y oficio, por haber sido los del alto atraídos por el varón y los del bajo por la hembra. A semejanza de esto hubo después esta misma división en todos los pueblos grandes o chicos de nuestro Imperio, que los dividieron por barrios o por linajes, diciendo Hanan aillu y Hurin aillu, que es el linaje alto y el bajo; Hanan suyu y Hurin suyu, que es el distrito alto y bajo.

«Juntamente, poblando la ciudad, enseñaba nuestro Inca a los indios varones los oficios pertenecientes a varón, como romper y cultivar la tierra y sembrar las mieses, semillas y legumbres que les mostró que eran de comer y provechosas, para lo cual les enseñó a hacer arados[43] y los demás instrumentos necesarios y les dio orden y manera como sacasen acequias de los arroyos que corren por este valle del Cuzco, hasta enseñarles a hacer el calzado que traemos. Por otra parte la Reina industriaba a las indias en los oficios mujeriles, a hilar y tejer algodón y lana y hacer de vestir para sí y para sus maridos e hijos: les decía cómo habían de hacer los demás oficios del servicio de casa. En suma, ninguna cosa de las que pertenecen a la vida humana dejaron nuestros príncipes de enseñar a sus primeros vasallos, haciéndose el Inca Rey maestro de los varones y la Coya Reina maestra de las mujeres.»

---

[38] **acercaba**
[39] **para que**
[40] **Hoy en día se dice «el» hambre.**
[41] spread
[42] **privilegios**
[43] plows

Alcanzaron la cuenta del año y los solsticios y equinoccios

Con toda su rusticidad, alcanzaron los Incas que el movimiento del Sol se acababa en un año, al cual llamaron *huata:* es nombre y quiere decir año, y la misma dicción, sin mudar pronunciación ni acento, en otra significación es verbo y significa atar. La gente común contaba los años por las cosechas. Alcanzaron también los solsticios del verano y del invierno, los cuales dejaron escritos con señales grandes y notorias, que fueron ocho torres que labraron al oriente y otras ocho al poniente de la ciudad del Cuzco, puestas de cuatro en cuatro, dos pequeñas de a tres estados poco más o menos de alto en medio de otras dos grandes: las pequeñas estaban diez y ocho o veinte pies la una de la otra; a los lados, otro tanto espacio, estaban las otras dos torres grandes, que eran mucho mayores que las que en España servían de atalayas,[44] y éstas grandes servían de guardar y dar viso[45] para que descubriesen mejor las torres pequeñas. El espacio que entre las pequeñas había, por donde el Sol pasaba al salir[46] y al ponerse,[47] era el punto de los solsticios; las unas torres del oriente correspondían a las otras del poniente del solsticio vernal o hiemal.

Para verificar el solsticio se ponía un Inca en cierto puesto al salir el Sol y al ponerse, y miraba a ver si salía y se ponía por entre las dos torres pequeñas que estaban al oriente y al poniente. Y con este trabajo se certificaban en la Astrología de sus solsticios. Pedro de Cieza,[48] capítulo noventa y dos, hace mención de estas torres; el Padre Acosta[49] también trata de ellas, Libro sexto, capítulo tercero, aunque no les dan su punto.[50] Escribiéronlos[51] con letras tan groseras[52] porque no supieron fijarlos con los días de los meses en que son los solsticios, porque contaron los meses por lunas, como luego diremos, y no por días, y, aunque dieron a cada año doce lunas, como el año solar exceda al año lunar común en once días, no sabiendo ajustar el un año con el otro, tenían cuenta con el movimiento del Sol por los solsticios, para ajustar el año y contarlo, y no con las lunas. Y de esta manera dividían el un año del otro rigiéndose para sus sembrados por el año solar, y no por el lunar. Y aunque haya quien diga que ajustaban el año solar con el año lunar, le engañaron en la relación, porque, si supieran ajustarlos, fijaran los solsticios en los días de los meses que son y no tuvieran necesidad de hacer torres por mojoneras[53] para mirarlos y ajustarlos por ellas con tanto trabajo y cuidado como cada día tenían, mirando el salir del Sol y el ponerse por derecho de las torres; las cuales dejé en pie el año de mil quinientos y sesenta, y si después acá no las han derribado, se podría verificar por ellas el lugar de donde miraban los

[44] watchtowers
[45] **destello luminoso**
[46] rise
[47] set
[48] **cronista español (1518–1560), autor de una *Crónica del Perú***
[49] **José de Acosta (1539–1600), misionero y cronista español, autor de *Historia natural y moral de las Indias***
[50] **no... no especifican su sitio**
[51] **los anotaron, los señalaron**
[52] **poco finas, poco precisas**
[53] boundary markers

Incas los solsticios, a ver si era de una torre que estaba en la casa del Sol y de otro lugar, que yo no lo pongo por no estar certificado de él.

También alcanzaron los equinoccios y los solemnizaron muy mucho. En el de marzo segaban los maizales[54] del Cuzco con gran fiesta y regocijo, particularmente el andén[55] de Collcampata, que era como jardín del Sol. En el equinoccio de septiembre hacían una de las cuatro fiestas principales del Sol, que llamaban Citua Raimi, *r* sencilla: quiere decir fiesta principal: se celebraba como en su lugar diremos. Para verificar el equinoccio tenían columnas de piedra riquísimamente labradas, puestas en los patios o plazas que había ante los templos del Sol. Los sacerdotes, cuando sentían que el equinoccio estaba cerca, tenían cuidado de mirar cada día la sombra que la columna hacía. Tenían las columnas puestas en el centro de un cerco redondo muy grande, que tomaba todo el ancho de la plaza o del patio. Por medio del cerco echaban por hilo, de oriente a poniente, una raya, que por larga experiencia sabían dónde había de poner el un punto y el otro. Por la sombra que la columna hacía sobre la raya veían que el equinoccio se iba acercando; y cuando la sombra tomaba la raya de medio a medio desde que salía el Sol hasta que se ponía y que a medio día bañaba la luz del Sol toda la columna en derredor, sin hacer sombra a parte alguna, decían que aquel día era el equinoccial. Entonces adornaban las columnas con todas las flores y yerbas olorosas que podían haber, y ponían sobre ellas la silla del Sol, y decían que aquel día se asentaba el Sol con toda su luz, de lleno en lleno,[56] sobre aquellas columnas. Por lo cual en particular adoraban al Sol aquel día con mayores ostentaciones de fiesta y regocijo, y le hacían grandes presentes de oro y plata y piedras preciosas y otras cosas de estima.

Y es de notar que los Reyes Incas y sus amautas, que eran los filósofos, así como iban ganando las provincias, así iban experimentando que, cuanto más se acercaban a la línea equinoccial, tanto menos sombra hacía la columna que estaba más cerca de la ciudad de Quito; y sobre todas las otras estimaron las que pusieron en la misma ciudad y en su paraje, hasta la costa de la mar, donde, por estar el Sol a plomo[57] (como dicen los albañiles), no había señal de sombra alguna a mediodía. Por esta razón las tuvieron en mayor veneración, porque decían que aquéllas eran asiento más agradable para el Sol, porque en ellas se asentaba derechamente y en las otras de lado. Estas simplezas y otras semejantes dijeron aquellas gentes en su Astrología, porque no pasaron con la imaginación más adelante de lo que veían materialmente con los ojos. Las columnas de Quito y de toda aquella región derribó el gobernador Sebastián de Belalcázar[58] muy acertadamente y las hizo pedazos, porque idolatraban los indios en ellas. Las demás que por todo el reino había fueron derribando los demás capitanes españoles como las fueron hallando.

---

[54] **segaban...** they reaped the corn

[55] terrace (The Incas terraced the sides of the mountains in order to cultivate the land effectively.)

[56] **de...** squarely

[57] **a...** plumb, perpendicular

[58] **Sebastián de Benalcázar (1480–1551), conquistador español que acompañó a Pizarro al Perú. Emprendió una compaña al Ecuador, donde fundó Quito y Guayaquil.**

La fiesta principal del Sol y cómo se preparaban para ella

Este nombre *Raimi* suena tanto como Pascua o fiesta solemne. Entre cuatro fiestas que solemnizaban los Reyes Incas en la ciudad del Cuzco, que fue otra Roma, la solemnísima era la que hacían al Sol por el mes de junio, que llamaban Intip Raimi, que quiere decir la Pascua solemne del Sol, y absolutamente le llamaban Raimi, que significa lo mismo, y si a otras fiestas llamaban con este nombre era por participación de esta fiesta, a la cual pertenecía derechamente el nombre Raimi; la celebraban pasado el solsticio de junio.

Hacían esta fiesta al Sol en reconocimiento de tenerle y adorarle por sumo, solo y universal Dios, que con su luz y virtud criaba y sustentaba todas las cosas de la tierra.

Y en reconocimiento de que era padre natural del primer Inca Manco Cápac y de la Coya Mama Ocllo Huaco y de todos los Reyes y de sus hijos y descendientes, enviados a la tierra para el beneficio universal de las gentes, por estas causas, como ellos dicen, era solemnísima esta fiesta.

Se hallaban a ella todos los capitanes principales de guerra ya jubilados y los que no estaban ocupados en la milicia, y todos los curacas, señores de vasallos, de todo el Imperio; no por precepto que les obligase a ir a ella, sino porque ellos holgaban de hallarse en la solemnidad de tan gran fiesta; que, como contenía en sí la adoración de su Dios, el Sol, y la veneración del Inca, su Rey, no quedaba nadie que no acudiese a ella. Y cuando los curacas no podían ir por estar impedidos de vejez o de enfermedad o con negocios graves en servicio del Rey o por la mucha distancia del camino, enviaban a ella los hijos y hermanos, acompañados de los más nobles de su parentela, para que se hallasen a la fiesta en nombre de ellos. Se hallaba a ella el Inca en persona, no siendo impedido en guerra forzosa[59] o en visita del reino.

Hacía el Rey las primeras ceremonias como Sumo Sacerdote, que, aunque siempre había Sumo Sacerdote de la misma sangre, porque lo había de ser hermano o tío del Inca, de los legítimos de padre y madre, en esta fiesta, por ser particular del Sol, hacía las ceremonias el mismo Rey, como hijo primogénito de ese Sol a quien primero y principalmente tocaba solemnizar su fiesta.

Los curacas venían con todas sus mayores galas e invenciones que podían haber: unos traían los vestidos chapados[60] de oro y plata, y guirnaldas de lo mismo en las cabezas, sobre sus tocados.

Otros venían ni más ni menos que pintan a Hércules,[61] vestida la piel de león y la cabeza encajada en la del indio, porque se precian los tales descender de un león.

Otros venían de la manera que pintan los ángeles, con grandes alas de un ave que llaman *cúntur*. Son blancas y negras, y tan grandes que muchas han muerto los españoles de catorce y quince pies de punta a punta[62] de los vuelos; porque se jactan

[59] **no... con tal de que no se lo impidiera alguna guerra necesaria**
[60] veneered, covered
[61] **en la mitología, un célebre héroe, hijo de Júpiter, conocido por su estatura y su fuerza física**
[62] **de...** from one end to the other

descender y haber sido su origen de un cúntur.

Otros traían máscaras hechas aposta de las más abominables figuras que pueden hacer, y éstos son los yuncas. Entraban en las fiestas haciendo ademanes y visajes de locos, tontos y simples.[63] Para lo cual traían en las manos instrumentos apropiados, como flautas, tamboriles mal concertados,[64] pedazos de pellejos, con que se ayudaban para hacer sus tonterías.

Otros curacas venían con otras diferentes invenciones[65] de sus blasones. Traía cada nación sus armas con que peleaban en las guerras; unos traían arcos y flechas, otros lanzas, dardos, tiraderas,[66] porras,[67] hondas[68] y hachas de asta[69] corta para pelear con una mano, y otras de asta larga, para combatir a dos manos.

Traían pintadas las hazañas que en servicio del Sol y de los Incas habían hecho; traían grandes atabales[70] y trompetas, y muchos ministros que los tocaban; en suma, cada nación venía lo mejor arreado[71] y más bien acompañado que podía, procurando cada uno en su tanto aventajarse de sus vecinos y comarcanos, o de todos, si pudiese.

Se preparaban todos generalmente para el Raimi del Sol con ayuno[72] riguroso, que en tres días no comían sino un poco de maíz blanco, crudo y unas pocas de yerbas que llaman *chúcam* y agua simple. En todo este tiempo no encendían fuego en toda la ciudad, y se abstenían de dormir con sus mujeres.

Pasado el ayuno, la noche antes de la fiesta, los sacerdotes Incas diputados para el sacrificio entendían en apercibir los carneros y corderos que se habían de sacrificar y las demás ofrendas de comida y bebida que al Sol se había de ofrecer. Todo lo cual se prevenía sabida la gente que a la fiesta había venido, porque de las ofrendas habían de alcanzar todas las naciones, no solamente los curacas y los embajadores sino también los parientes, vasallos y criados de todos ellos.

Las mujeres del Sol entendían aquella noche en hacer grandísima cantidad de una masa de maíz que llaman *zancu;* hacían panecillos redondos del tamaño de una manzana común, y es de advertir que estos indios no comían nunca su trigo amasado y hecho pan sino en esta fiesta y en otra que llamaban Citua, y no comían este pan a toda la comida, sino dos o tres bocados al principio; que su comida ordinaria, en lugar de pan, es la zara[73] tostada o cocida en grano.

La harina para este pan, principalmente lo que el Inca y los de su sangre real habían de comer, la molían y amasaban las vírgenes escogidas, mujeres del Sol, y estas mismas guisaban[74] toda la demás vianda[75] de aquella fiesta; porque el banquete más parecía que lo hacía el Sol a sus hijos que sus hijos a él; y por tanto guisaban

---

[63] tontos
[64] **mal...** out of tune
[65] **figuras imaginarias, diseños inventados por ellos**
[66] **flechas largas**
[67] clubs
[68] slingshots
[69] handle
[70] kettledrums
[71] **adornado**
[72] fast
[73] **maíz**
[74] **cocinaban**
[75] **comida**

las vírgenes, como mujeres que eran del Sol.

Para la demás gente común amasaban el pan y guisaban la comida otra infinidad de mujeres diputadas para esto. Empero, el pan, aunque era para la comunidad, se hacía con atención y cuidado de que a lo menos la harina la tuviesen hecha doncellas porque este pan lo tenían por cosa sagrada, no permitido comerse entre año[76] sino en sólo esta festividad, que era fiesta de sus fiestas.

Ilustra el Inca su imperio, y sus ejercicios hasta su muerte

El Inca Pachacútec,[77] viéndose ya viejo, le pareció descansar y no hacer más conquistas, pues había aumentado a su Imperio más de ciento y treinta leguas de largo, norte sur, y de ancho todo lo que hay de la gran cordillera de la Sierra Nevada hasta la mar, que por aquel paraje[78] hay por partes sesenta leguas este oeste, y por otras setenta,[79] y más y menos. Entendió en lo que siempre había entendido, en confirmar las leyes de sus pasados y hacer otras de nuevo para el beneficio común.

Fundó muchos pueblos de advenedizos,[80] en las tierras que, por su industria, de estériles e incultas, se hicieron fértiles y abundantes mediante las muchas acequias[89] que mandó sacar.

Edificó muchos templos al Sol, a imitación del que había en el Cuzco, y muchas casas de las vírgenes que llamaban escogidas. Ordenó que se renovasen y labrasen muchos pósitos[82] de nuevo, por los caminos reales, donde se pusiesen los bastimentos,[83] armas y munición para los ejércitos que por ellos pasasen, y mandó se hiciesen casas reales donde los Incas se alojasen cuando caminasen.

Mandó que también se hiciesen pósitos en todos los pueblos grandes o chicos, donde no los hubiese, para guardar mantenimiento con que socorrer los moradores en años de necesidad, los cuales pósitos mandó que se basteciesen de sus rentas reales y de las del Sol.

En suma, se puede decir que renovó su Imperio en todo, así en su vana religión, con nuevos ritos y ceremonias, quitando muchos ídolos a sus vasallos, como en las costumbres y vida moral, con nuevas leyes y pragmáticas, prohibiendo muchos abusos y costumbres bárbaras que los indios tenían antes de su reinado.

También reformó la milicia en lo que le pareció que convenía, por mostrarse tan gran capitán como Rey y sacerdote, y la amplió en favores y honras y mercedes, para los que en ella se aventajasen.[84] Y particularmente ilustró y amplió la gran ciudad del Cuzco con edificios y moradores. Mandó labrar una casa para sí, cerca de las escuelas que su bisabuelo, Inca Roca, fundó. Por estas cosas y por su afable condición y suave gobierno, fue amado y adorado como otro Júpiter. Reinó, según dicen, más de cincuenta

[76] **entre... durante el año**
[77] **principal constructor del Imperio, quien reedificó el templo del Sol. Murió en 1471.**
[78] **lugar**
[79] **por... en algunas partes**
[80] **extranjeros, gente inculta y sin experiencia**
[81] irrigation ditches
[82] public granaries
[83] supplies
[84] excelled

años; otros dicen que más de sesenta. Vivía en suma paz y tranquilidad, tan obedecido como amado y tan servido como su bondad lo merecía, y al fin de este largo tiempo falleció. Fue llorado universalmente de todos sus vasallos y puesto en el número de sus dioses, como los demás Reyes Incas sus antepasados. Fue embalsamado conforme a las costumbres de ellos y los llantos, sacrificios y ceremonias del entierro, según la misma costumbre, duraron un año.

Dejó por su universal heredero a Inca Yupanqui, su hijo y de la Coya Anahuarque, su legítima mujer y hermana; dejó otros, más de trescientos hijos e hijas, y aun quieren decir, según su larga vida y multitud de mujeres, que más de cuatrocientos legítimos en sangre y no legítimos; que, con ser tantos, dicen los indios que eran pocos para hijos de tal padre.

A estos dos Reyes, padre e hijo, confunden los historiadores españoles, dando los nombres de ambos a uno solo.[85] El padre se llamó Pachacútec: fue su nombre propio; el nombre Inca fue común a todos ellos, porque fue apellido desde el primer Inca, llamado Manco Cápac...Esto he dicho para que no se confundan los que leyeren las historias.

[85] Even today, the name of the great Inca often appears as Pachacútec Yupanqui.

SOBRE LA LECTURA

1. Según el Inca Garcilaso, ¿por qué fue más fácil introducir el catolicismo a los incas que a los otros pueblos indígenas?
2. ¿Dónde consiguió el Inca su información acerca de los orígenes de los Incas?
3. ¿De qué se quejaban sus parientes de la familia imperial?
4. Según la historia que cuenta su tío, ¿cómo vivían los indios antes de la llegada del primer Inca? ¿Qué hizo el Sol al apiadarse de ellos?
5. ¿Qué prometió hacer cuando sus hijos redujeran a los indios salvajes?
6. ¿Cómo habían de saber el Rey y su hermana dónde fundar la ciudad?
7. ¿Dónde fundaron la ciudad real?
8. ¿Por qué se separaron?
9. ¿Qué cosas les enseñó el Rey a los varones? ¿Y la Reina a las mujeres?
10. ¿Qué conocimientos astronómicos tenían los Incas?
11. ¿Cómo celebraban la fiesta del Sol?
12. Describa los trajes de los diversos curacas.
13. ¿Cómo se preparaba la comida para la fiesta?
14. ¿Quién fue el Inca Pachacútec? Describa algunas de sus hazañas.
15. ¿Quién fue su heredero? ¿Qué dice el Inca acerca de los historiadores españoles?

HACIA EL ANÁLISIS LITERARIO

1. ¿Cómo personaliza el Inca Garcilaso su relato? ¿Qué efecto logra al mencionar a sus parientes indios y al usar expresiones como «lo que en mis niñeces oí»?
2. ¿Cuál es la actitud del autor con respecto a la religión de los incas? ¿con respecto a la fe católica? ¿Cómo expresa estas actitudes?
3. ¿Qué palabras quechuas emplea el autor? ¿Qué efecto estilístico producen?
4. ¿Qué referencias cultas aparecen en estas selecciones? ¿Qué efecto producen?
5. ¿Cómo usa el Inca el detalle para enriquecer sus descripciones?
6. ¿Cómo critica el Inca a los historiadores españoles? ¿Es su actitud agresiva o humilde? Explique.
7. ¿Cuál es su actitud hacia los españoles? ¿En qué pasajes se nota esto? ¿Cuál es su actitud hacia los incas? ¿Por qué se refiere a su «rusticidad»? ¿Nota usted cierta ambivalencia en sus sentimientos?
8. ¿Cómo idealiza el Inca Garcilaso a los incas? ¿Sobre qué cosas hace hincapié en su descripción de la sociedad incaica? ¿Qué cosas omite?

TEXTO Y VIDA

1. ¿Qué factores relativos al nacimiento y a la crianza del Inca Garcilaso pueden haber influido en la creación de los *Comentarios reales?*
2. ¿En qué sentido son los *Comentarios reales* la primera gran obra literaria americana? ¿En qué sentido son una obra auténticamente mestiza?
3. ¿Se vislumbra en los *Comentarios reales* la personalidad del autor? ¿En qué pasajes? ¿Qué observaciones puede usted hacer sobre la personalidad del Inca?
4. ¿Qué aspectos de la vida o la mitología incaica encuentra usted más interesantes?
5. ¿Es la combinación de culturas y razas un factor importante en el desarrollo de la literatura norteamericana?

El enigma de Sor Juana

Sor Juana Inés de la Cruz (1651–1695) es una de las figuras más intrigantes y enigmáticas de la literatura hispánica. Hija natural de un español y de una criolla analfabeta, Juana nació en México durante una época en que las jóvenes no solían recibir una educación formal. Sin embargo, la obsesión de Juana por aprender es legendaria.

Según lo que ella misma cuenta en su *Respuesta a Sor Filotea de la Cruz,* aprendió a leer antes de cumplir los tres años. Aunque ésta puede ser una exageración, es seguro que a una edad muy tierna Juana mostró enormes dotes intelectuales. Sor Juana dice que quería ingresar en la Universidad de México disfrazada de hombre, pero su madre puso fin al proyecto y tuvo que seguir con tutores particulares. A los trece años entró dama de honor en la corte de la virreina, donde por su belleza e ingenio despertó la admiración de todos. Sin embargo, la curiosidad intelectual de Juana no encontró satisfacción en el ambiente palaciego.

La hermosura y erudición de Juana eran tan deslumbrantes que su confesor, el jesuita Antonio Núñez de Miranda, temía por los efectos que pudieran tener en el desarrollo espiritual de la joven. A pesar de su éxito social, a los dieciséis años, Juana abandonó la corte para entrar en la orden religiosa de las Carmelitas Descalzas, lo cual causó gran regocijo al padre Núñez. Su decisión sigue siendo un enigma que, aun después de trescientos años, los investigadores no han podido resolver. Parece que en el momento de decidir dedicarse a la vida monástica, no tenía grandes inclinaciones religiosas, pero tampoco parece haber tenido deseos de casarse. Algunos críticos han visto en la decisión de Sor Juana un deseo de refugiarse en un convento donde pudiese dedicarse a las letras y a las ciencias sin distracciones. Otros—por ejemplo, el padre Diego Calleja, su primer biógrafo— han interpretado su alejamiento de la vida mundana como un paso en la larga trayectoria hacia la santidad. Influido por el psicoanálisis, el crítico alemán Ludwig Pfandl ha visto en Juana Inés una obsesión por el padre, la cual produjo una neurosis en que se manifestaban tendencias masculinas. Según esta teoría, el ingreso a la orden y toda la obra subsiguiente de sor Juana son medios de ocultar su neurosis. Hoy en día la mayoría de los críticos han descartado la tesis de Pfandl. La crítica feminista actual está cambiando nuestra percepción de Sor Juana al destacar su lucha por afirmarse intelectualmente en una sociedad que limitaba severamente las actividades de la mujer.

Sor Juana estuvo en el convento apenas un año porque se enfermó y tuvo que salir. Al año siguiente participó en un certamen en que lució sus conocimientos de las artes y las ciencias, asombrando una vez más a las autoridades eclesiásticas. En 1669 entró en otro convento, donde le dieron permiso para leer libros profanos y escribir poesía.

Uno de los incidentes más conocidos de la literatura mexicana ocurrió en 1691. El Obispo de Puebla, escribiendo bajo el pseudónimo sor Filotea, criticó a Juana Inés de la Cruz por haber descuidado sus deberes religiosos en una carta que firmó «Sor Filotea». Ella le respondió en un famoso ensayo autobiográfico, *Respuesta a sor Filotea de la Cruz,* en el cual defiende sus actividades intelectuales.

Debido a las presiones de las autoridades eclesiásticas, en 1694 Sor Juana renunció a las vanidades del mundo, vendiendo su biblioteca y sus instrumentos de investigación científica y regalando el dinero a los pobres. Entró en un período de penitencia y se dedicó plenamente a la vida religiosa. Murió el 17 de abril de 1695 de una enfermedad que contrajo mientras atendía a otras monjas durante una epidemia.

Sor Juana Inés de la Cruz escribió poesía, cartas, tratados y aun obras de teatro. Sus dos *comedias son *Amor es más laberinto* (en colaboración con Juan de Guevara) y *Los empeños de una casa.* También compuso varios *autos sacramentales y *loas, en algunos de los cuales incorpora personajes indios y canciones o costumbres mexicanas.

Sobre la poesía de Sor Juana

Es en la poesía lírica de Sor Juana donde se destacan más su delicada musicalidad y su dominio de las técnicas *barrocas. Sor Juana conocía y admiraba la obra de Góngora, cuyos exquisitos refinamientos definen el estilo poético que se llama *culteranismo o *gongorismo. Sin embargo, a diferencia de la de Góngora,[1] la poesía de la religiosa mexicana refleja corrientes *racionalistas. Muchas de sus composiciones obedecen a una lógica estricta, al mismo tiempo que demuestran el gusto por la imagen fuerte, la *metáfora difícil y el *circunloquio. Se ha sugerido la posibilidad de que Sor Juana conociera las teorías de Descartes. Más recientemente, Constance Montross ha demostrado ciertos vínculos entre la lírica de Sor Juana y la tradición *escolástica.

El crítico y poeta Octavio Paz señala que Sor Juana escribió pocos poemas religiosos—apenas dieciséis—de los cuales casi todos son composiciones de circunstancias; homenajes, sonetos escritos para certámenes u otros poemas compuestos para ser recitados en ceremonias eclesiásticas. Algunos críticos han asociado a Sor Juana con el *misticismo español, pero la falta de temas religiosos y su fascinación con el mundo material y físico demuestran que nada podría estar más lejos de la verdad. Las semejanzas que existen entre la poesía de Sor Juana y la de ciertos poetas místicos se debe en parte a la existencia de un vocabulario poético que se empleaba tanto para la lírica amorosa como para la religiosa. En sus poemas religiosos Sor Juana a menudo usaba un lenguaje sumamente erótico, igual a ciertos poetas religiosos, especialmente los místicos, quienes utilizaban los mismos giros retóricos e imágenes que los poetas amorosos. Las convenciones del *amor cortés, del *petrarquismo y del *neoplatonismo habían creado un lenguaje propio del amor, el cual le servía al poeta religioso tanto como al secular.

Varios de los poemas de Sor Juana son una defensa de su estudio de las artes y las ciencias. Otros son censuras de los hombres. Muchos son de tema moral y muestran influencia de los *moralistas españoles. Los temas son la temporalidad de la vida y, especialmente, de la belleza física, la vanidad de las cosas materiales, el engaño, el sueño, las apariencias y la realidad.

Sor Juana escribió unos treinta y dos poemas de amor, en los cuales expresa la frustración causada por el amor no correspondido. Estos poemas también son un enigma. El hecho de que una monja escribiera poesía amorosa ha engendrado muchas conjeturas. ¿Quién inspiró estos poemas? ¿Bajo qué circunstancias fueron escritos? ¿Se deben tomar como una expresión del deseo heterosexual o son meros ejercicios literarios? ¿O son una manifestación de la frustración de la monja ante las restricciones intelectuales que la sociedad ha intentado ponerle? Algunos críticos han sugerido que Sor Juana no hacía más que imitar la poesía española que estaba en boga. Otros piensan que posiblemente Sor Juana tuviera un amante antes o aun después de entrar en el convento. También hay los que ven estos poemas como una expresión de la supuesta masculinidad reprimida de

---

[1] Luis de Góngora y Argote (1561–1627), poeta conocido por su estilo difícil, el cual se caracteriza por los latinismos, la abundancia de metáforas, las inversiones gramaticales, las alusiones oscuras y las imágenes vívidas y a veces grotescas.

la poeta, y los que proponen una interpretación filosófica o metafísica de los poemas de amor.

Otro enigma es «Primero sueño», un poema largo de 975 versos que evoca un ambiente nocturno poblado por murciélagos y monstruos, los cuales son alusiones a figuras de la mitología clásica. La oscuridad de las alusiones, la riqueza de las imágenes, la complejidad de la sintaxis y la predominancia del tema de la naturaleza equívoca de las apariencias han llevado a algunos críticos a concluir que ésta es la composición de Sor Juana que se aproxima más a la poética de Góngora. Sin embargo, Elias Rivers ha señalado que la obra de la religiosa mexicana es más filosóficamente ambiciosa que la de los poetas barrocos españoles. Rivers describe «Primero sueño» como un «ensayo muy personal sobre la epistemología», en el cual se expresa una filosofía que se aproxima al *escepticismo moderno. Un problema fundamental del barroco español es el de la relación que existe entre las apariencias y la realidad; Sor Juana lleva el tema al extremo al examinar poéticamente la imposibilidad de captar la realidad por medio del intelecto. Otros críticos han señalado la importancia de las imágenes de claridad y oscuridad, las cuales representan los momentos de inspiración y frustración que experimenta el alma en su lucha por el conocimiento.

Sobre la *Respuesta a Sor Filotea*

Sor Juana comienza su famosa epístola alegando que muchas veces le ha pedido a Dios que le apague la luz de su entendimiento. Tal afirmación no debe sorprendernos. El peligro que representaban la imaginación y la curiosidad intelectual para la mujer eran temas que ocupaban a muchos moralistas de la época. En *La perfecta casada,* Fray Luis de León (1527–1591), poeta y reformador de ideas muy progresistas, escribe que la literatura imaginativa es perjudicial a la mujer porque le estimula la imaginación, haciéndola pensar en cosas impuras. La misma Santa Teresa de Avila (1515–1582), escritora mística cuya infatigable actividad de reformadora le causó numerosos problemas con la Inquisición, también condena la imaginación, especialmente en las mujeres, porque las trastorna, conduciéndolas al falso misticismo y desviándolas de la devoción auténtica. Es de notar, sin embargo, que a pesar de estas protestas y de incesantes afirmaciones de humildad, Santa Teresa nunca cesó de fundar conventos y de trabajar por la reforma de la Iglesia y además, escribió algunos de los libros más importantes del misticismo español.

No obstante el tono apologético de los primeros párrafos de la *Respuesta,* la epístola de Sor Juana contiene una apasionada defensa de la libertad intelectual. La monja da noticia de su niñez, de su sed de aprender y de su deseo de asistir a la universidad, de los estudios que la sostuvieron durante años y también de la terrible resistencia a sus activadades literarias y científicas de parte de los oficiales de la Iglesia.

Octavio Paz escribe que el afán de Sor Juana por las letras seguramente maravilló y también escandalizó a sus contemporáneos. Si algunos la llamaron «décima musa» y «fénix de América», otros la censuraron amargamente. Paz demuestra que los altos prelados de la Iglesia novohispana se fundaban en un punto de doctrina. El obispo de Puebla, citando a San Pablo, argüía que aunque la conducta de la monja no era reprobable, sus actitudes sí lo eran porque las letras profanas eran ocasión del pecado de elación, al cual el vano sexo femenino era particularmente susceptible. Según el prelado, el estudio de las letras podía conducir al pecado del orgullo y, por lo tanto, a la rebeldía. Escribe Paz: «Entre las letras, que sacan a la mujer de su natural estado de obediencia, y la rebelión, los censores de Sor Juana veían un nexo natural de causa y efecto...» Para impedir esta rebelión potencial, las autoridades eclesiásticas exigieron a Sor Juana una abdicación total.

Con obvia amargura, la monja dice que para las autoridades «el estudio era cosa de Inquisición». A pesar de esta oposición, Sor Juana siguió adelante, aun cuando los libros le fueron prohibidos. La cocina le suministraba lecciones de física y de matemáticas. A pesar de sus expresiones de humildad («¿qué podemos saber las mujeres sino filosofías de cocina?»), se siente en estas líneas la frustración de una intelectual brillante que ha sido privada de sus instrumentos de estudio.

Su meta, según dice en su propia defensa, siempre ha sido dedicarse a la teología, pero para entender los textos sagrados, ha tenido que estudiar lógica, retórica, física, aritmética y otras artes liberales. En vez de llenarla de orgullo y de alejarla de Dios, sus estudios le revelan lo poco que sabe y la riqueza del mundo natural. Si se nota una actitud indócil en las palabras de Sor Juana, no es contra Dios que se rebela, sino contra los hombres que tratan de subyugarla intelectualmente. Su *Respuesta* contiene un desafío: «... esto es tan continuo en mí, que no necesito de libros». Por más que le restrinjan la actividad, no podrán impedir que piense.

En las páginas de Sor Juana se vislumbran claramente ideas que anuncian el feminismo de épocas más progresistas. La pregunta que insinúa a través de la *Respuesta* es la siguiente: ¿Por qué se considera despreciable en la mujer lo que es elogiable en el hombre? Aunque Sor Juana terminó por ceder a las presiones de sus superiores, dejó para el provenir este testamento de su fe en el intelecto del sexo femenino.

Otros escritores barrocos

México produjo otros escritores de importancia durante el período colonial. Bernardo de Balbuena (1562–1627) nació en España pero cuando era muy joven fue a vivir a México, donde su tío era canónigo de la Catedral. Balbuena también se ordenó de sacerdote y ejerció el ministerio en varios pueblos y ciudades del Nuevo Mundo. Su obra más conocida es *La grandeza mexicana* (1604), un largo poema en tercetos en que se describe el México virreinal en toda su opulencia. Dedica partes de su composición a la vegetación, a la fauna, a los edificios, a las damas, a los pasatiempos y las fiestas. Sus descripciones están llenas de color y de fantasía. Abundan las metáforas y la retórica es a menudo muy ornamentada:

¡Oh ciudad rica, pueblo sin segundo,
más lleno de tesoros y bellezas
que de peces y arena el mar profundo!

Es de notar, sin embargo, que tiende a alabar en América esas cosas que son reflejos de España. Por ejemplo, apenas menciona plantas y animales nativos del Nuevo Mundo, y en cuanto a la arquitectura, el arte y las costumbres, le llaman la atención las que son imitaciones de las españolas.

Otro mexicano, Carlos de Sigüenza y Góngora (1645–1700), es más conocido como campeón del *racionalismo que como poeta. Ingresó en la Compañía de Jesús, pero fue expulsado después de seis años. Amigo de Sor Juana Inés de la Cruz, con quien compartió el gusto por los estudios, Sigüenza y Góngora escribió varios tratados de tipo científico e histórico. Cuando en 1680 un gran cometa inspiró miedo en mucha gente, Sigüenza y Góngora escribió *Manifiesto filosófico contra los cometas*. Durante toda su vida atacó las supersticiones. En 1690 publicó su *Libra astronómica y filosófica*, y en 1693 acompañó una expedición científica a la Bahía de Pensacola en la Florida. De este período son sus relaciones históricas *Alboroto y motín de México del 8 de junio de 1692* y *Relación de lo sucedido a la armada de Barlovento.*

Dejó indicaciones que después de su muerte se hiciera una autopsia en su cadáver, petición extraordinaria en aquel tiempo. Antes de morir fue readmitido a la Compañía de Jesús.

Pariente del poeta español Luis de Góngora, Sigüenza y Góngora también compuso poesía, aunque hoy en día ésta se considera de escaso valor. En el prólogo de su obra en prosa *Paraíso occidental* (1684), declara su antipatía por el *culteranismo, aunque su poesía revela mucha influencia de este estilo. También incorpora en su poesía muchos términos tomados de la astronomía y la geometría.

Hasta ahora, *Infortunios de Alonso Ramírez* (1690), que algunos han llamado la primera novela escrita en el Nuevo Mundo, se ha considerado la obra más importante de Sigüenza y Góngora. Narra autobiográficamente las desventuras del hijo de un carpintero que huye de su casa a los trece años para hacer su fortuna. Su vida es una serie de calamidades sufridas en México, América Central y Filipinas. Capturado por unos piratas ingleses, se escapa en la costa de Brasil y por fin llega de vuelta a México.

En 1990 la profesora Estelle Irizarry publicó un estudio en que pone en duda la autoría exclusiva de Sigüenza y Góngora.[1] Aunque Sigüenza dice que recogió la narración de labios del puertorriqueño Alonso Ramírez, la obra se le ha atribuido sólo al erudito mexicano. Irizarry sugiere que Alonso Ramírez y Carlos de Sigüenza y Góngora fueron realmente co-autores. Sigüenza seguramente *escribió* el libro; es decir, fue el amanuense. Sin embargo, la narración retiene muchas características del relato oral del puertorriqueño. Valiéndose de datos recogidos por medios tradicionales y por computadora, Irizarry compara *Infortunios* con tres obras escritas por Sigüenza solo, y encuentra discrepancias significativas en cuanto al vocabulario y a la extensión y distribución

---

[1] **Sigüenza y Góngora, Carlos y Alfonso Ramírez. *Infortunios de Alonso Ramírez*, ed. y prólogo Estelle Irizarry (Río Piedras: Editorial Cultural [Edición conmemorativa, Comisión para el Quinto Centenario del Descubrimiento de América y Puerto Rico], 1990)**

de frases. En cuanto a las actitudes raciales y sociales, también halla diferencias entre *Infortunios* y las obras escritas sólo por Sigüenza. Este estudio no le quita el mérito a Sigüenza de ser el primer novelista de América, aunque demuestra que comparte este honor con Alonso Ramírez. Las investigaciones de la Dra. Irizarry amplían considerablemente nuestros conocimientos de los orígenes de la literatura hispanoamericana al comprobar que la creación de la nueva cultura no fue la obra de un solo país, sino de muchos.

Poco se sabe de la vida de Juan del Valle y Caviedes (¿1652?–¿1697?), el mejor poeta satírico de la época barroca. Nació en España de padres humildes. Al llegar al Perú, trabajó en las minas. Se casó en 1671 y al morir su mujer se entregó a los vicios. Aunque compuso muchos poemas, sólo tres se publicaron durante su vida. De los otros circularon manuscritos, probablemente debido a la naturaleza pornográfica de algunos de sus versos y a sus ataques vituperiosos contra la sociedad colonial. Escritos entre 1683 by 1691, se daban a conocer bajo el título de *Diente del Parnaso.* Ricardo Palma editó la obra poética de del Valle y Caviedes por primera vez en 1873.

Se ha comparado al autor peruano con el satírico español Francisco de Quevedo. Como éste, del Valle y Caviedes expone la corrupción y la hipocresía; ataca a los médicos, boticarios, curas, estudiantes, damas y beatas. Como Quevedo, escribió poemas amorosos y religiosos. En sus versos morales habla del engaño, de las apariencias, de la naturaleza efímera de la vida. También se vale del *conceptismo y otros recursos que caracterizan la poesía de Quevedo, aunque su pensamiento es mucho menos profundo del que el del satírico español.

Ediciones

Juana Ines de la Cruz. *Obras completas,* 4 tomos. Ed. Alfonso Méndez Plancarte. México, D.F.: Fondo de Cultura Económica, 1951–1956

Selected works. Ed. Georgina Sabat de Rivers. Barcelona: Noguer, 1976

Poesía, teatro y prosa. Ed. Antonio Castro Leal. México, D.F.: Porrúa, 1984

A Sor Juana Anthology (bilingual edition). Trans. Alan S. Trublood. Cambridge, Mass.: Harvard University Press, 1988

Crítica

Arenal, Electa. «The Convent as Catalyst for Autonomy: Two Hispanic Nuns of the Seventeenth Century.» 147–183. Ed. Beth Miller. *Women in Hispanic Literature: Icons and Fallen Idols.* Berkeley: University of California Press, 1983

Arroyo, Anita. *Razón y pasión de sor Juana Inés de la Cruz.* Barcelona: Porrúa y Obregón, 1952

Bartlett, Elizabeth. «The First Woman Poet in the New World.» *New Orleans Review.* 8(1) (Winter 1981): 95–97

Bénassy-Berling, Marie Cécile. «Más sobre la conversión de Sor Juana,» *Nueva revista de Filología Hispánica.* 32(2) (1983): 462–471

Descubrimiento y colonización

Chang-Rodríguez, Raquel. «A propósito de Sor Juana y sus admiradores novocastellanos.» *Revista Iberoamericana.* 51 (132–133) (July–Dec. 1985): 605–619

Cortés, Luis. «Some Thoughts on the Philosophy of Sor Juana Inés de la Cruz.» *Inti.* 21 (Spring, 1985): 83–88

Durán, Manuel. «El drama intelectual de Sor Juana y el anti-intelectualismo hispánico.» *Cuadernos Americanos.* 129(4) (1963): 238–253

Flynn, Gerard. *Sor Juana Inés de la Cruz.* New York: Twayne, 1971

Merrim, Stephanie, ed. *Toward a Feminist Reading of Sor Juana.* Detroit: Wayne State University, 1990

Montross, Constance. *Virtue or Vice? Sor Juana's Use of Thomistic Thought.* Washington, D.C.: University Press of America, 1981

Paz, Octavio. *Sor Juana Inés de la Cruz o Las trampas de la fe.* México, D.C.: Fondo de Cultura Económica, 1983

Pfandl, Ludwig. *Sor Juana Inés de la Cruz. La décima musa de México: Su vida, su poesía, su psique.* México, D.F.: Universidad Nacional Autónoma de México, 1963

Rivers, Elias L. "Introduction," *Renaissance and Baroque Poetry of Spain.* Prospect Heights, Illinois: Waveland Press, 1988 [Includes English prose translations of poetry by Sor Juana.]

Sabat-Rivers, Georgina. into. «Sor Juana Inés de la Cruz y la cultura virreinal.» *University of Dayton Review.* 16(2) (Spring 1983). [Special issues; intro. 5–7]

———. *El «Sueño» de sor Juana Inés de la Cruz: Tradiciones literarias y originalidad.* London: Tamesis, 1976

Scott, Nina M. «Sor Juana Inés de la Cruz: ‹Let Your Women Keep Silence in the Churches...› » *Women Studies International Forum.* 8(5) (1985): 511–519

Poesía

SOR JUANA INÉS DE LA CRUZ

Soneto

En perseguirme, Mundo, ¿qué interesas?
¿En qué te ofendo, cuando sólo intento
poner bellezas en mi entendimiento
y no mi entendimiento en las bellezas?
Yo no estimo tesoros ni riquezas;
y así, siempre me causa más contento
poner riquezas en mi pensamiento
que no mi pensamiento en las riquezas.
Y no estimo hermosura que, vencida,
es despojo[1] civil[2] de las edades,[3]
ni riqueza me agrada fementida,
teniendo por mejor, en mis verdades,
consumir vanidades de la vida
que consumir la vida en vanidades.

Soneto

Rosa divina que en gentil cultura
eres, con tu fragante sutileza,
magisterio[4] purpúreo en la belleza,
enseñanza nevada a la hermosura.
Amago[5] de la humana arquitectura,
ejemplo de la vana gentileza,
en cuyo ser unió naturaleza
la cuna alegre y triste sepultura.
¡Cuán altiva en tu pompa, presumida,
soberbia, el riesgo de morir desdeñas,
y luego desmayada y encogida[6]
de tu caduco ser das mustias señas,
con que con docta[7] muerte y necia vida,
viviendo engañas y muriendo enseñas.

---

[1] spoils
[2] as opposed to spoils of war
[3] **del tiempo**
[4] **enseñanza, lección (Las demás bellezas deben aprender de su ejemplo.)**
[5] **indicio**
[6] shriveled
[7] **muy instruida, sabia (Con su muerte la rosa enseña la fragilidad y temporalidad de la vida.)**

Soneto

Miró Celia una rosa que en el prado
ostentaba feliz la pompa vana
y con afeites[8] de carmín y grana
bañaba alegre el rostro delicado;
y dijo:—Goza, sin temor del Hado,[9]
el curso breve de tu edad lozana[10]
pues no podrá la muerte de mañana
quitarte lo que hubieres hoy gozado;[11]
y aunque llega la muerte presurosa
y tu fragante vida se te aleja,
no sientas el morir tan bella y moza:
mira que la experiencia te aconseja
que es fortuna morirte siendo hermosa
y no ver el ultraje de ser vieja.

Soneto

Detente, sombra de mi bien esquivo,[12]
imagen del hechizo que más quiero,
bella ilusión por quien alegre muero,
dulce ficción por quien penosa vivo.
Si al imán[13] de tus gracias, atractivo,
sirve mi pecho de obediente acero,
¿para qué me enamoras lisonjero[14]
si has de burlarme luego fugitivo?
Mas blasonar no puedes, satisfecho,
de que triunfa de mí tu tiranía:
que aunque dejas burlado el lazo estrecho
que tu forma fantástica ceñía,[15]
poco importa burlar brazos y pecho
si te labra prisión mi fantasía.[16]

Soneto

Que no me quiera Fabio, al verse amado,
es dolor sin igual en mí sentido;
mas que me quiera Silvio, aborrecido,
es menor mal, mas no menos enfado.

---

[8] **cosméticos, adornos**
[9] Fate
[10] **vigorosa, sana y bella**
[11] This philosophy, known as *carpe diem* (literally, seize the day), teaches that one should enjoy the moment without agonizing over the future.
[12] **elusivo**
[13] magnet
[14] with flattery
[15] bound
[16] **si...** if you are imprisoned in my imagination

¿Qué sufrimiento no estará cansado
si siempre le resuenan al oído,
tras la vana arrogancia de un querido,
el cansado gemir de un desdeñado?
Si de Silvio me cansa el rendimiento,
a Fabio canso con estar rendida;
si de éste busco el agradecimiento,
a mí me busca el otro agradecida;
por activa y pasiva es mi tormento,
pues padezco en querer y en ser querida.

*Redondillas[17]

Hombres necios que acusáis
a la mujer sin razón,
sin ver que sois la ocasión
de lo mismo que culpáis:

si con ansia sin igual
solicitáis su desdén,
¿por qué queréis que obren bien
si las incitáis al mal?

Combatís su resistencia
y luego, con gravedad,
decís que fue liviandad
lo que hizo la diligencia.

Parecer[18] quiere el denuedo[19]
de vuestro parecer loco,
al niño que pone el coco[20]
y luego le tiene miedo.

Queréis, con presunción necia,
hallar a la que buscáis,
para pretendida, Thais,[21]
y en la posesión, Lucrecia.[22]

¿Qué humor puede ser más raro
que el que, falto de consejo,
él mismo empaña[23] el espejo,
y siente que no esté claro?

Con el favor y el desdén
tenéis condición igual,
quejándoos, si os tratan mal,
burlándoos, si os quieren bien.

Opinión, ninguna gana;
pues la que más se recata,
si no os admite, es ingrata,
y si os admite, es liviana.

Siempre tan necios andáis
que, con desigual nivel,
a una culpáis por cruel
y a otra por fácil culpáis.

¿Pues cómo ha de estar templada
la que vuestro amor pretende,
si la que es ingrata, ofende,
y la que es fácil, enfada?

Mas, entre el enfado y pena
que vuestro gusto refiere,
bien haya la que no os quiere
y quejaos enhorabuena.[24]

---

[17] **combinación métrica de cuatro versos de ocho sílabas, con rima ABBA**
[18] **parecerse**
[19] **valor, ánimo**
[20] bogeyman
[21] **famosa cortesana griega**
[22] **matrona romana celebrada por su castidad**
[23] clouds up
[24] **quejaos...** go ahead and complain

Dan vuestras amantes penas
a sus libertades alas,
y después de hacerlas malas
las queréis hallar muy buenas.

¿Cuál mayor culpa ha tenido
en una pasión errada:
la que cae de rogada,
o el que ruega de caído?

¿O cuál es más de culpar,
aunque cualquiera mal haga:
la que peca por la paga,
o el que paga por pecar?

Pues, ¿para qué os espantais
de la culpa que tenéis?
Queredlas cual[25] las hacéis
o hacedlas cual las buscáis.

Dejad de solicitar,
y después, con más razón,
acusaréis la afición
de la que os fuere a rogar.

Bien con muchas armas fundo
que lidia vuestra arrogancia,
pues en promesa e instancia,
juntáis diablo, carne y mundo.[26]

Romance[27]

Traigo conmigo un cuidado,[28]
y tan esquivo que creo
que, aunque sé sentirlo tanto,
aun yo misma no lo siento.
Es amor; pero es amor
que, faltándole lo ciego,[29]
los ojos que tiene, son
para darle más tormento.
El término no es *a quo,*[30]
que causa el pesar que veo:
que siendo el término[31] el Bien,
todo el dolor es el medio.
Si es lícito, y aun debido,
este cariño que tengo,
¿por qué me han de dar castigo
porque pago lo que debo?

¡Oh cuánta fineza, oh cuántos
cariños he visto tiernos!
Que amor que se tiene en Dios,
es calidad sin opuestos.
De lo lícito no puede
hacer contrarios conceptos,[32]
con que es amor que al olvido
no puede vivir expuesto.[33]
Yo me acuerdo, ¡oh nunca fuera!,[34]
que he querido en otro tiempo

---

[25] **como**

[26] **promesa... según la doctrina católica, los enemigos del alma**

[27] **forma poética en que se repite al fin de todos los versos pares una asonancia: creo; siento; ciego; tormento**

[28] **preocupación**

[29] **no siendo ciego (El amor a otro ser humano es ciego; el amor a Dios no lo es.)**

[30] ***terminus a quo:*** **límite desde el cual, principio o fuente**

[31] **fin (*terminus ad quem:* límite hasta el cual)**

[32] **De...** There can be nothing opposed to what is licit or good

[33] **con...** so licit love cannot be subject to oblivion (unlike carnal love, which can be forgotten)

[34] **oh...** oh that it had not been so

lo que pasó[35] de locura
y lo que excedió de extremo;[36]
mas como era amor bastardo,[37]
y de contrarios[38] compuesto,
fue fácil desvanecerse
de achaque de su ser mesmo.[39]
Mas ahora, ¡ay de mí!, está
tan en su natural centro[40]
que la virtud y razón
son quien aviva su incendio.
Quien tal oyere, dirá
que, si es así, ¿por qué peno?
Mas mi corazón ansioso
dirá que por eso mesmo.[41]
¡Oh humana flaqueza nuestra,[42]
adonde el más puro afecto
aun no sabe desnudarse
del natural sentimiento![43]
Tan precisa es la apetencia
que a ser amados tenemos
que, aun sabiendo que no sirve,
nunca dejarla sabemos[44]
Que corresponda a mi amor,[45]
nada añade; mas no puedo,
por más que lo solicito,
dejar yo de apetecerlo.
Si es delito, ya lo digo;[46]
si es culpa, ya la confieso;
mas no puedo arrepentirme,
por más que hacerlo pretendo.[47]
Bien ha visto, quien penetra
lo interior de mis secretos,[48]
que yo misma estoy formando
los dolores que padezco.
Bien sabe que soy yo misma
verdugo de mis deseos,
pues muertos entre mis ansias
tienen sepulcro en mi pecho.[49]
Muero, ¿quién lo creerá?, a manos
de la cosa que más quiero,
y el motivo de matarme
es el amor que le tengo.
Así alimentando, triste,
la vida con el veneno,
la misma muerte que vivo
es la vida con que muero.
Pero valor, corazón:
porque en tan dulce tormento,
en medio de cualquier suerte,[50]
no dejar de amar protesto.[51]

---

[35] **excedió**
[36] **lo...** what exceeded all extremes
[37] **no legítimo (humano y carnal)**
[38] **contradicciones**
[39] **fue...** it was easily dissipated due to the nature of its own being
[40] **está...** (my love) is so much in its own element
[41] **por...** for that very reason
[42] **Oh...** Oh, the weakness of human nature
[43] **no...** cannot free itself of its natural instinct (to want to be loved in return)
[44] **Tan...** So urgent is our desire to be loved in return, that, even though we know it is useless, we don't know how to let go of this desire
[45] **Que...** That he should return
[46] **ya...** I confess to it
[47] **por...** no matter how hard I try
[48] **es decir, Dios**
[49] **muertos...** dying among my anxieties, they are buried in my breast
[50] **en...** in the midst of any fate
[51] **no... insisto en no dejar de amar**

Respuesta a Sor Filotea de la Cruz

Sor Juana Inés de la Cruz

Muy ilustre Señora, mi Señora: No mi voluntad, mi poca salud y mi justo temor han suspendido tantos días mi respuesta...

El escribir nunca ha sido dictamen propio,[52] sino fuerza ajena; que les pudiera decir con verdad: *Vos me coegistis*.[53] Lo que sí es verdad que no negaré (lo uno porque es notorio a todos, y lo otro porque, aunque sea contra mí, me ha hecho Dios la merced de darme grandísimo amor a la verdad) que desde que me rayó la primera luz de la razón, fue tan vehemente y poderosa la inclinación a las letras, que ni ajenas reprensiones—que he tenido muchas—, ni propias reflejas[54]—que he hecho no pocas—, han bastado a que deje de seguir este natural impulso que Dios puso en mí: Su Majestad sabe por qué y para qué; y sabe que le he pedido que apague la luz de mi entendimiento dejando sólo lo que baste para guardar su Ley, pues lo demás sobra, según algunos, en una mujer; y aun hay quien diga que daña. Sabe también Su Majestad que no consiguiendo esto, he intentado sepultar con mi nombre mi entendimiento, y sacrificársele sólo a quien me le dio; y que no otro motivo me entró en religión, no obstante que al desembarazo y quietud que pedía mi estudiosa intención eran repugnantes los ejercicios y compañía de una comunidad; y después, en ella, sabe el Señor, y lo sabe en el mundo quien sólo lo debió saber,[55] lo que intenté en orden a esconder mi nombre, y que no me lo permitió, diciendo que era tentación; y sí sería. Si yo pudiera pagaros algo de lo que os debo, Señora mía, creo que sólo os pagara[56] en contaros esto, pues no ha salido de mi boca jamás, excepto para quien debió salir. Pero quiero que con haberos franqueado[57] de par en par las puertas de mi corazón, haciéndoos patentes[58] sus más sellados secretos, conozcáis que no desdice de mi confianza lo que debo[59] a vuestra venerable persona y excesivos favores.

Prosiguiendo en la narración de mi inclinación, de que os quiero dar entera noticia,[60] digo que no había cumplido los tres años de mi edad cuando enviando mi madre a una hermana mía, mayor que yo, a que se enseñase a leer en una de las que llaman Amigas,[61] me llevó a mí tras ella el cariño y la travesura; y viendo que la daban lección, me encendí yo de manera en el deseo de saber leer, que engañando, a mi parecer, a la maes-

---

[52] **El...** Writing (that is, my literary vocation) has never been an act of my own will
[53] **Vos... Vos me obligasteis**
[54] **reflexiones**
[55] **posible referencia al padre Antonio Núñez, confesor de Sor Juana.**
[56] **pagaría**
[57] **abierto**
[58] **claros, evidentes**
[59] **conozcáis...** you will realize that this familiarity in no way diminishes (my understanding) of what I owe
[60] **entera...** a full accounting
[61] **una... una escuela para niñas**

tra, le dije que mi madre ordenaba me diese lección. Ella no lo creyó, porque no era creíble; pero, por complacer al donaire,[62] me la dio. Proseguí yo en ir y ella prosiguió en enseñarme, ya no de burlas, porque la desengañó la experiencia; y supe leer en tan breve tiempo, que ya sabía cuando lo supo mi madre, a quien la maestra lo ocultó por darle el gusto por entero y recibir el galardón por junto;[63] y yo lo callé, creyendo que me azotarían por haberlo hecho sin orden.[64] Aún vive la que me enseñó (Dios la guarde), y puede testificarlo.

Acuérdome que en estos tiempos, siendo mi golosina la que es ordinaria en aquella edad, me abstenía de comer queso, porque oí decir que hacía rudos,[65]y podía conmigo más el deseo de saber que el de comer, siendo éste tan poderoso en los niños. Teniendo yo después como seis o siete años, y sabiendo ya leer y escribir, con todas las otras habilidades de labores y costuras que deprenden las mujeres, oí decir que había Universidad y Escuelas en que se estudiaban las ciencias, en México; y apenas lo oí cuando empecé a matar a mi madre con instantes e importunos ruegos sobre que, mudándome el traje,[66] me enviase a México, en casa de unos deudos[67] que tenía, para estudiar y cursar la Universidad; ella no lo quiso hacer, e hizo muy bien, pero yo despiqué[68] el deseo en leer muchos libros varios que tenía mi abuelo, sin que bastasen castigos ni reprensiones a estorbarlo; de manera que cuando vine a México, se admiraban, no tanto del ingenio, cuanto de la memoria y noticias que tenía en edad que parecía que apenas había tenido tiempo para aprender a hablar.

Empecé a deprender gramática,[69] en que creo no llegaron a veinte las lecciones que tomé; y era tan intenso mi cuidado,[70] que siendo así que en las mujeres—y más en tan florida juventud—es tan apreciable el adorno natural del cabello, yo me cortaba de él cuatro o seis dedos,[71] midiendo hasta dónde llegaba antes, e imponiéndome ley[72] de que si cuando volviese a crecer hasta allí no sabía tal o tal cosa que me había propuesto deprender en tanto que crecía, me lo había de volver a cortar en pena de la rudeza.[73] Sucedía así que él crecía y yo no sabía lo propuesto, porque el pelo crecía aprisa y yo aprendía despacio, y con efecto le cortaba en pena de la rudeza; que no me parecía razón que estuviese vestida de cabellos cabeza que estaba tan desnuda de noticias, que era más apetecible adorno. Entréme religiosa, porque aunque conocía que tenía el estado[74] cosas (de las accesorias hablo, no de las formales), muchas repugnantes a mi genio, con todo, para la total negación que tenía al matrimonio, era lo menos desproporcionado[75] y lo más decente que podía elegir en materia de la seguridad que deseaba de mi salvación; a cuyo primer respeto (como

[62] **por...** in order to reward my pluck
[63] **a...** from whom she kept it a secret in order to give her a real treat later on and, at the same time, to receive the prize
[64] **permiso**
[65] **hacía...** it made people stupid
[66] **mudándome... vistiéndome de muchacho**
[67] **parientes**
[68] **satisfice**
[69] **deprender...** aprender latín
[70] concern, interest
[71] inches (**un dedo** = the width of a finger)
[72] **condición**
[73] **en...** as a punishment for my stupidity
[74] **Entréme... Entréme en una orden religiosa, porque aunque sabía que tenía condición de monja**
[75] unsuitable

al fin más importante) cedieron y sujetaron la cerviz todas las impertinencillas de mi genio,[76] que eran de querer vivir sola; de no querer tener ocupación obligatoria que embarazase la libertad de mi estudio, ni rumor de comunidad que impidiese el sosegado silencio de mis libros. Esto me hizo vacilar algo en la determinación, hasta que, alumbrándome personas doctas de que era tentación, la vencí con el favor divino, y tomé el estado que tan indignamente tengo. Pensé yo que huía de mí misma; pero, ¡miserable de mí!, me traje a mí conmigo y traje mi mayor enemigo en esta inclinación, que no sé determinar si por prenda o castigo me dio el Cielo, pues de apagarse o embarazarse con tanto ejercicio que la religión tiene, reventaba como pólvora, y se verificaba en mí el *privatio est causa appetitus*.[77]

Volví (al dije, pues nunca cesé); proseguí, digo, a la estudiosa tarea (que para mí era descanso en todos los ratos que sobraban a mi obligación) de leer y más leer, de estudiar y más estudiar, sin más maestro que los mismos libros. Ya se ve cuán duro es estudiar en aquellos caracteres sin alma, careciendo de la voz viva y explicación del maestro; pues todo este trabajo sufría yo muy gustosa por amor de las letras. ¡Oh, si hubiese sido por amor de Dios, que era lo acertado, cuánto hubiera merecido! Bien que yo procuraba elevarlo cuanto podía y dirigirlo a su servicio, porque el fin a que aspiraba era a estudiar Teología, pareciéndome menguada[78] inhabilidad, siendo católica, no saber todo lo que en esta vida se puede alcanzar, por medios naturales, de los divinos misterios; y que siendo monja y no seglar,[79] debía, por el estado eclesiástico, profesar letras; y más siendo hija de un San Jerónimo y de una Santa Paula,[80] que era degenerar de tan doctos padres ser idiota la hija. Esto me proponía yo de mí misma y me parecía razón; si no es que era (y eso es lo más cierto) lisonjear y aplaudir a mi propia inclinación, proponiéndola como obligatorio su propio gusto.

Con esto proseguí, dirigiendo siempre, como he dicho, los pasos de mi estudio a la cumbre de la Sagrada Teología; pareciéndome preciso, para llegar a ella, subir por los escalones de las ciencias y artes humanas; porque ¿cómo entenderá el estilo de la Reina de las Ciencias, quien aun no sabe el de las ancilas?[81] ¿Cómo sin Lógica sabría yo los métodos generales y particulares con que está escrita la Sagrada Escritura? ¿Cómo sin Retórica entendería sus figuras, tropos[82] y locuciones? ¿Cómo sin Física, tantas cuestiones naturales de las naturalezas de los animales de los sacrificios, donde se simbolizan tantas cosas ya declaradas, y otras muchas que hay? ¿Cómo si el sanar Saúl al sonido del arpa de David fue virtud y fuerza natural de la música, o sobrenatural que Dios quiso poner en David?[83] ¿Cómo sin Aritmé-

---

[76] **a...** to which priority (after all, the most important) all of my petty impertinences yielded and humbled themselves

[77] **La privación causa el apetito**

[78] **necia, ruin**

[79] lay person

[80] **fundadores de la Orden de los Jerónimos, a la cual ingresó Sor Juana en 1669**

[81] servants (Theology was considered the queen of the sciences. Logic, rhetoric, physics, and the other arts and sciences were considered her handmaidens.)

[82] figures of speech

[83] **En el Antiguo Testamento, David, profeta y poeta conocido por sus salmos de gran inspiración lírica, tocaba el arpa para Saúl, primer rey de los hebreos, a quien sucedió.**

tica se podrán entender tantos cómputos de años, de días, de meses, de horas, de hebdómadas tan misteriosas como las de Daniel,[84] y otras para cuya inteligencia es necesario saber las naturalezas, concordancias y propiedades de los números?...

Yo confieso que me hallo muy distante de los términos de la sabiduría y que la he deseado seguir, aunque *a longe*.[85] Pero todo ha sido acercarme más al fuego de la persecución, al crisol del tormento; y ha sido con tal extremo que han llegado a solicitar que se me prohiba el estudio.

Una vez lo consiguieron con una prelada muy santa y muy cándida que creyó que el estudio era cosa de Inquisición y me mandó que no estudiase. Yo la obedecí (unos tres meses que duró el poder ella mandar) en cuanto a no tomar libro, que en cuanto a no estudiar absolutamente, como no cae debajo de mi potestad, no lo pude hacer, porque aunque no estudiaba en los libros, estudiaba en todas las cosas que Dios crió,[86] sirviéndome ellas de letras, y de libro toda esta máquina universal. Nada veía sin refleja; nada oía sin consideración, aun en las cosas más menudas y materiales; porque como no hay criatura, por baja que sea, en que no se conozca el *me fecit Deus,*[87] no hay alguna que no pasme el entendimiento, si se considera como se debe. Así yo, vuelvo a decir, las miraba y admiraba todas...

Pues, ¿qué os pudiera contar, Señora, de los secretos naturales que he descubierto estando guisando? Ver que un huevo se une y fríe en la manteca o aceite y, por contrario, se despedaza en el almíbar;[88] ver que para que el azúcar se conserve flúida basta echarle una muy mínima parte de agua en que haya estado membrillo u otra fruta agria; ver que la yema y clara de un mismo huevo son tan contrarias, que en los unos, que sirven para el azúcar, sirve cada una de por sí y juntos no. Por no cansaros con tales frialdades,[89] que sólo refiero por daros entera noticia de mi natural y creo que os causará risa; pero, señora, ¿qué podemos saber las mujeres sino filosofías de cocina? Bien dijo Lupercio Leonardo,[90] que bien se puede filosofar y aderezar la cena. Y yo suelo decir viendo estas cosillas: si Aristóteles hubiera guisado, mucho más hubiera escrito. Y prosiguiendo en mi modo de cogitaciones,[91] digo que esto es tan continuo en mí, que no necesito de libros; y en una ocasión que, por un grave accidente de estómago, me prohibieron los médicos el estudio, pasé así algunos días, y luego les propuse que era menos dañoso el concedérmelos, porque eran tan fuertes y vehementes mis cogitaciones, que consumían más espíritus en un cuarto de hora que el estudio de los libros en cuatro días; y así se redujeron a concederme que leyese; y más, Señora mía, que ni aun el sueño se libró de este continuo movimiento de mi imagina-

---

[84] **uno de los profetas del Antiguo Testamento (El Libro de Daniel termina con un presagio del desplome de los opresores de los judíos y el triunfo del pueblo de Dios, con un cálculo exacto del número de días que quedan hasta la hora final.) Hebdómada = semana**

[85] **de lejos**

[86] **creó**

[87] **Dios me hizo (primera respuesta del catecismo)**

[88] syrup

[89] **tonterías**

[90] **referencia al poeta aragonés Lupercio Leonardo de Argensola (1563–1613). En realidad, la cita es de su hermano, Bartolomé Leonardo, también poeta.**

[91] **pensamientos**

tiva; antes suele obrar en él más libre y desembarazada, confiriendo con mayor claridad y sosiego las especies que ha conservado del día, arguyendo, haciendo versos, de que os pudiera hacer un catálogo muy grande, y de algunas razones y delgadezas que he alcanzado dormida mejor que despierta, y las dejo por no cansaros, pues basta lo dicho para que vuestra discreción y trascendencia penetre y se entere perfectamente en todo mi natural y del principio, medios y estado de mis estudios.

Si éstos, Señora, fueran méritos (como los veo por tales celebrar en los hombres), no lo hubieran sido en mí, porque obro necesariamente.[92] Si con culpa, por la misma razón creo no la he tenido; mas, con todo, vivo siempre tan desconfiada de mí, que ni en esto ni en otra cosa me fío de mi juicio; y así remito la decisión a ese soberano talento, sometiéndome luego a lo que sentenciare, sin contradicción ni repugnancia, pues esto no ha sido más de una simple narración de mi inclinación a las letras...

Si el estilo, venerable Señora mía, de esta carta, no hubiere[93] sido como a vos es debido, os pido perdón de la casera familiaridad o menos autoridad de que tratándoos como a una religiosa de velo, hermana mía, se me ha olvidado la distancia de vuestra ilustrísima persona, que a veros yo sin velo, no sucediera así; pero vos, con vuestra cordura y benignidad, supliréis o enmendaréis los términos, y si os pareciere incongruo el *Vos*[94] de que yo he usado por parecerme que para la reverencia que os debo es muy poca reverencia la *Reverencia,*[95] mudadlo en el que os pareciere[96] decente a lo que vos merecéis, que yo no me he atrevido a exceder de los límites de vuestro estilo ni a romper el margen de vuestra modestia.

Y mantenedme en vuestra gracia, para impetrarme la divina, de que os conceda el Señor muchos aumentos y os guarde, como le suplico y he menester. De este convento de N.[97] Padre San Jerónimo de México, a primero día del mes de marzo de mil seiscientos y noventa y un años. B. V. M.[98] vuestra más favorecida.

---

[92] **automáticamente, por necesidad**
[93] future subjunctive of **haber**
[94] familiar form of address
[95] formal form of address
[96] future subjunctive. Modern Spanish would use **pareciera**.
[97] **Nuestro**
[98] **Besa Vuestra Mano (Una manera respetuosa de terminar una carta)**

SOBRE LA LECTURA

Sonetos

1. En «En perseguirme, Mundo...», ¿de qué se queja la poeta?
2. ¿Cómo justifica su interés en la poesía?
3. ¿Qué distinción hace entre la belleza material y la inmaterial? ¿Por qué vale ésta más que aquélla?
4. En «Rosa divina...», ¿qué representa la flor?

5. ¿Qué pueden aprender los seres humanos de su ejemplo?
6. ¿En qué sentido vive engañando la rosa?
7. ¿Por qué vale su muerte tanto como su vida?
8. ¿Qué representa la rosa en «Miró Celia...»? Compare este soneto con el anterior.
9. ¿Por qué le aconseja Celia a la rosa que goce de la vida?
10. ¿Por qué cree que es una suerte morirse joven?
11. En «Detente, sombra...», ¿qué es la sombra a la cual se refiere la poeta?
12. Según Sor Juana ¿cuál es el papel de la imaginación en el amor?
13. ¿Qué problema describe la poeta en el primer cuarteto de «Que no me quiera Fabio...»?
14. ¿Cuál es el problema central de este soneto?

Redondillas

1. ¿De qué culpa la autora a los hombres?
2. ¿Qué contradicciones señala en su comportamiento?
3. ¿Qué les pide?
4. ¿En qué sentido son enemigos de las mujeres?

Romance

1. ¿Qué tipo de amor describe Sor Juana en «Traigo conmigo un cuidado...»? ¿En qué sentido es este amor diferente del amor humano?
2. ¿Cuál es el fin del amor que siente la poeta ahora? ¿Cómo explica ella el dolor que siente?
3. ¿Cómo describe el amor que sintió una vez por un hombre? ¿Cómo terminó este episodio de su vida?
4. ¿Qué aviva el amor que siente por Dios?
5. ¿Por qué no es importante que su amante le corresponda?
6. ¿De qué «culpa» o «delito» habla la poeta?
7. ¿En qué sentido es ella su propio verdugo?
8. ¿Por qué insiste en seguir amando a pesar del dolor que su amor le causa?

Respuesta a Sor Filotea de la Cruz

1. ¿A quién le dirige Sor Juana esta carta? ¿Por qué le escribe a esta persona?
2. ¿Por qué dice que el escribir nunca ha sido un «dictamen propio» sino una «fuerza ajena»?
3. ¿Por qué menciona que le ha pedido a Dios que apague la luz de su entendimiento?
4. Según esta carta, ¿por qué entró en una orden religiosa?
5. ¿Cómo aprendió a leer?
6. ¿Con qué pedido importunaba a su madre?
7. ¿Por qué se cortaba el cabello?
8. ¿Por qué vaciló en adoptar la vida monástica?

9. ¿Cómo justifica Sor Juana su interés en las artes y las ciencias?
10. ¿Por qué se ha acercado «al fuego de la persecución»?
11. Cuando le prohibieron el estudio a Sor Juana, ¿cómo satisfizo su curiosidad intelectual? ¿Qué tipo de cosas aprendió cocinando o simplemente observando la naturaleza?
12. ¿Cómo muestra Sor Juana su humildad?

HACIA EL ANÁLISIS LITERARIO

1. ¿Qué significa «sólo intento / poner bellezas en mi entendimiento / y no mi entendimiento en las bellezas»? ¿Qué otros juegos de palabras emplea Sor Juana en su poesía? ¿Qué efectos logra con estos giros retóricos?
2. ¿Qué otros elementos barrocos se encuentran en el estilo de Sor Juana?
3. ¿Cómo usa el simbolismo de la rosa en sus sonetos? ¿Qué otros símbolos emplea?
4. ¿Qué sentimientos expresa Sor Juana en sus sonetos amorosos?
5. Explique la estructura de «Que no me quiera Fabio...». ¿Cómo sirve la estructura para reforzar la idea central del soneto?
6. Analice el tono de «Hombres necios».
7. ¿Cómo usa las referencias históricas en estas redondillas?
8. ¿Cómo usa los contrastes para subrayar la hipocresía de los hombres?
9. En «Traigo conmigo un cuidado», ¿cómo usa el lenguaje de la poesía amorosa para expresar su amor a Dios?
10. Explique los versos: «la misma muerte que vivo / es la vida con que muero». ¿Cómo se resuelve esta aparente contradicción?
11. En *Respuesta a Sor Filotea,* ¿es aparente o real la humildad que expresa Sor Juana?
12. ¿En qué consiste su autodefensa?
13. Analice el tono de este ensayo. ¿Cómo ataca la autora indirectamente a los hombres?
14. ¿Por qué incluye tantos términos en latín? ¿Por qué yuxtapone referencias a la vida doméstica con referencias cultas?
15. ¿Qué contradicciones encuentra usted en este ensayo?

TEXTO Y VIDA

1. ¿En qué sentido es Sor Juana Inés de la Cruz una precursora de las feministas de hoy en día? Compare sus actitudes con las de las feministas modernas.
2. ¿En qué sentido es Sor Juana un producto de su época?
3. ¿Hizo bien o mal en renunciar al estudio al final de su vida? ¿Cómo se explica su decisión?
4. ¿Qué ambigüedad se nota en su actitud hacia la autoridad eclesiástica?
5. ¿Cómo se explica que una monja escribiera poemas de amor?
6. ¿Qué alternativas existían en el siglo XVII para una mujer como Sor Juana?

Siglo XVIII: Desde la Ilustración hasta la víspera de la Independencia

El siglo XVIII: España y América

Durante el siglo XVIII se echaron en América los cimientos de los grandes desarrollos políticos y artísticos del siglo XIX. El ocaso político y cultural del imperio español y el nuevo espíritu racional y pragmático que dominaba a Europa influyeron profundamente en los desarrollos de este período. En España, el siglo XVI se había caracterizado por el expansionismo, la victoria contra el poderío otomano en el Mediterráneo y la lucha por establecer la hegemonía española en Europa. Pero en 1588, en una batalla naval contra los ingleses, la armada española sufrió una terrible derrota. Estudios recientes han demostrado que el mal tiempo y otras circunstancias desfavorables fueron más responsables que la fuerza inglesa por el fracaso de la flota española. Sin embargo, el acontecimiento señaló el comienzo del ocaso del vasto imperio de los Habsburgos.

Después de la muerte de Felipe II en 1598, el gobierno español se hundió en la confusión y en la corrupción. Incapaces de regir los inmensos territorios que España había conquistado durante los reinados de sus predecesores, Felipe III (1578–1621) y Felipe IV (1605–1665) confiaron las riendas del estado a sus consejeros. El ejército español fue derrotado en Rocroi en 1643 y España tuvo que reconocer la independencia de Holanda, que había formado parte del imperio hispano-germánico. Estallaron sublevaciones en Portugal, Andalucía, Cataluña,

Aragón, Nápoles y Sicilia. Carlos II, el último monarca habsburgo, murió en 1700 sin dejar heredero. Las rivalidades que se produjeron por el trono de España fueron el motivo de la Guerra de Sucesión, la cual terminó con la victoria del pretendiente francés, Felipe de Borbón (1683–1746).

Influidos por la Ilustración francesa, la difusión del saber y la confianza en la razón humana, los monarcas de la dinastía borbona emprendieron muchos nuevos proyectos. Felipe V creó la Real Academia Española de la Lengua en 1714 y la Academia de la Historia en 1738. Bajo Fernando VI (1712–1759) y Carlos III (1716–1788), quienes sucedieron a Felipe V, se realizaron varias reformas administrativas propias del llamado «despotismo ilustrado», según el cual una minoría selecta gobierna buscando siempre el bien del pueblo, pero sin la participación de éste. Una de sus empresas fue la creación de las Sociedades del País para fomentar el desarrollo cultural y económico de las provincias; la primera de América se estableció en Quito en 1792. En América, el impulso reformador condujo a la expansión del comercio, al énfasis en la agricultura, a la exportación de productos agrícolas y a la eficacia administrativa. Crecía el descontento entre los criollos—españoles nacidos en América—quienes deseaban aumentar la producción de bienes exportables. Estos ponían cada vez más presión a las masas, quienes suministraban la mano de obra, agravando así la situación social.

En 1767 Carlos III expulsó a los jesuitas, lo cual afectó profundamente a las colonias, donde la Compañía de Jesús había luchado por proteger a los indios de los abusos de los encomenderos. Estos eran españoles que tenían a su cargo pueblos de indios. En el área que comprende actualmente el sur de Paraguay, el nordeste de la Argentina, el sur del Brasil y el Uruguay, los jesuitas habían establecido treinta reducciones—comunidades de indios convertidos al cristianismo—donde catequizaron y educaron a unos 150.000 naturales de la zona. Las misiones jesuitas constituyeron un pequeño imperio teocrático. Aunque los sacerdotes defendieron a los indios, no les enseñaron a gobernarse a sí mismos. Por lo tanto, el destierro de los jesuitas de las colonias dejó a estas poblaciones sin protección y condujo a la matanza o a la esclavitud de muchos indios. A pesar de este resultado nefasto, la expulsión tuvo el efecto positivo de fomentar algunos estudios importantes sobre el Nuevo Mundo. Algunos sacerdotes, refugiados en Italia y en otros países de Europa, escribieron sobre diversos aspectos de Hispanoamérica. Entre estos trabajos se puede mencionar el de Andrés Cavo (1739–1803), *Tres siglos de México*.

Durante el siglo XVIII se crearon dos nuevos virreinatos, el de Nueva Granada, la Colombia actual, en 1718 y el de Río de la Plata en 1776. El virreinato de Río de la Plata abarcaba los actuales territorios de Argentina, Uruguay, Paraguay y Bolivia. Durante el mandato del primer virrey, Pedro de Cevallos, se decretó la libertad de comercio del Puerto de Buenos Aires, gracias a lo cual esta ciudad cobró una nueva importancia como centro cultural y comercial.

En el arte hispanoamericano del siglo XVIII todavía dominaba el barroco español. Los criollos se hacían más agresivos en su deseo de competir con España. Creaban catedrales, monumentos y otras obras artísticas en las que las tendencias decorativas que caracterizaban el *barroco se llevaban a un extremo. La gran riqueza de las colonias hacía posible la creación de fantasías decorativas en oro y plata. A veces se incorporaban diseños indígenas en la ornamentación. Este estilo extremadamente recargado se llama *churrigueresco. Los ejemplos más elaborados se encuentran en las catedrales y edificios públicos de pueblos mineros como Taxco y Guanajuato, en México, y Potosí, en Bolivia.

Hacia fines del siglo XVIII Francia empezó a reemplazar a España como fuente de inspiración intelectual y artística. El *neoclasicismo—que intentaba restaurar el gusto clásico preconizando la imitación de modelos grecolatinos—comenzó a reemplazar al estilo churrigueresco. El neoclasicismo rechazaba la ornamentación excesiva, dándole importancia a la simetría, la moderación y el buen gusto. El retrato, la naturaleza muerta y las escenas de la vida diaria dominaban la pintura de este período.

La literatura de la Ilustración

En España, el cultivo de la ornamentación, la oscuridad y la agudeza que caracteriza el barroco cede ante las exigencias del buen gusto que impone el neoclasicismo francés. En su mayor parte, la literatura española del siglo XVIII es directa y didáctica. Los escritores intentan combatir el error y la superstición o de aclarar problemas filosóficos o morales.

La publicación de la *Enciclopedia* (1751–1772) en París fue un factor importante en la propagación de la nueva doctrina que realzaba el papel de la razón y la ciencia. Dirigida por el filósofo ateo Denis Diderot (1713–1784) y por el matemático Jean D'Alembert (1717–1783), la *Enciclopedia* fue una obra monumental de treinta y tres volúmenes que tenía por objetivo el reunir todos los conocimientos humanos. Debido a las profundas raíces del catolicismo español, la corriente atea propia de la Iluminación francesa nunca tuvo mucha importancia en el movimiento correspondiente al sur de los Pirineos.

Aun antes de la publicación de la *Enciclopedia,* el nuevo espíritu intelectual se manifiesta en España en los artículos de Fray Benito Jerónimo Feijoo (1676–1764), cuyos *Teatro crítico universal* y *Cartas eruditas* son colecciones de ensayos en los cuales el autor habla de una gran diversidad de temas: religión, superstición, arte, física, etc. Estos artículos no reflejan las investigaciones originales de Feijoo, sino que contienen datos que el autor compiló para divulgarlos al público. Otro representante de esta corriente es el jurista y enciclopedista Gaspar Melchor de Jovellanos (1744–1811). Escribió varias monografías sobre problemas nacionales, por ejemplo, *Informe sobre la ley agraria* y *Memoria justificativa.*

En la poesía dominan escritores como Tomás de Iriarte (1750–1791), conocido por sus fábulas morales, y Juan Meléndez Valdés (1754–1817), el más destacado de los poetas neoclásicos, quien escribió composiciones ligeras y graciosas. En el teatro, la figura más importante es Leandro Fernández de Moratín (1760–1828), cuyas obras de tema pedagógico y moral adhieren a las normas del drama clásico. Estas exigen que el dramaturgo respete las unidades de tiempo, lugar y acción y que se eviten escenas chocantes o violentas. Su mejor pieza, *El sí de las niñas,* se considera un modelo del teatro neoclásico español.

El espíritu de investigación científica produce varias expediciones al Nuevo Mundo con el propósito de recoger datos. España patrocinó un viaje de estudio al Perú para medir la longitud del arco de un grado del Ecuador. Sobre esta expedición Jorge Juan y Antonio de Ulloa escriben *Relación histórica del viaje a la América Meridional*. En *Noticias secretas de América* revelan la agitación que ya se manifiesta en las colonias, que poco después empezarán a reclamar la independencia. Entre 1799 y 1804 el geógrafo y naturalista Alexander von Humboldt viaja por América y descubre la corriente oceánica fría que bordea la costa occidental del continente. Entre sus escritos figura *Viaje a las regiones equinocciales del Nuevo Continente*.

En América, aunque la corriente barroca no desaparece inmediatamente, el espíritu neoclásico se introduce con fuerza. Aparecen «academias literarias»—grupos de escritores que fomentan la creación de una nueva poética neoclásica—por ejemplo, la Academia del Buen Gusto en Bogotá o la Arcadia Mexicana, dirigida por Manuel de Navarrete (1768–1809), un discípulo de Juan Meléndez Valdés. Quito, Caracas y, más tarde, Buenos Aires, también se convierten en importantes centros culturales. Los poetas hispanoamericanos hacen numerosas traducciones de obras latinas y griegas, y también escriben poemas originales en latín. Sin embargo, la importancia de la nueva élite intelectual no es sólo literaria. Los pensadores criollos, profundamente influidos por la ideología reformadora que proviene de Francia y deseosos de afirmar su propia identidad nacional, empiezan a independizarse intelectualmente de España. La filosofía de la Iluminación y el nuevo liberalismo político que la acompaña ya comienzan a inspirar sentimientos revolucionarios. De hecho, hubo varias revueltas contra la madre patria durante el siglo XVIII, algunas iniciadas por criollos que resentían el lugar privilegiado que ocupaba el español en la sociedad colonial, otras instigadas por indios que protestaban contra los abusos de los blancos. Todas estas rebeliones fueron suprimidas por las autoridades.

Habrá que señalar que las ideas reformadoras de la revolución francesa, aunque influyeron en el movimiento independentista, no penetraron en Hispanoamérica tan hondamente como se podría suponer. La Revolución Francesa (1789) tenía por base filosófica la igualdad de los hombres. Fue una sublevación de las masas contra la aristocracia y la monarquía. Pero el grito revolucionario de «¡Libertad! ¡Igualdad! ¡Fraternidad!» apenas se oyó en América. La profunda preocupación social que distingue la reforma francesa no caraceriza el movimiento independentista americano, el cual fue dirigido por la élite criolla para el beneficio de este mismo grupo.

Como en España, la literatura didáctica cobra una nueva importancia. Siguiendo los pasos de Feijoo y Jovellanos, el chileno Manuel de Salas, fundador de la primera academia de enseñanza de su país, escribe *El estado de la agricultura* (1796) y Manuel Belgrano escribe *Medios generales para fomentar la agricultura* (1796), tratado que revela la influencia del economista escocés Adam Smith.

Uno de los pensadores más destacados del siglo XVIII fue Francisco Javier Eugenio de Santa Cruz y Espejo (1747–1795), enciclopedista y médico ecuatoriano de raza mestiza. Santa Cruz y Espejo había estudiado las causas de la viruela y había escrito un libro sobre el tema. También estudió jurisprudencia.

Hombre muy culto y activo, trató de mantenerse al tanto de los adelantos médicos y de las nuevas corrientes filosóficas. Fue defensor de la causa de la libertad, del progreso científico y de la educación. En un discurso sobre el establecimiento de la Escuela de la Concordia, Santa Cruz y Espejo dijo: «Para decir verdad, señores, nosotros estamos destituidos de educación; nos faltan los medios de prosperar; no nos mueven los estímulos del honor y el buen gusto anda muy lejos de nosotros; ¡molestas y humillantes verdades por cierto! pero dignas de que un filósofo las descubra y las haga escuchar; porque su oficio es decir con sencillez y generosidad los males que llegan a los umbrales.» Santa Cruz y Espejo hablaba demasiado del atraso cultural del país y del valor del hombre común para el gusto de las autoridades. Ansiosas a causa de los efectos que pudiera tener la Revolución Francesa en las colonias, lo detuvieron por la diseminación de ideas subversivas. El doctor murió en la cárcel pocos meses después de haber sido hecho prisionero. Santa Cruz y Espejo fundó el primer periódico del Ecuador, *Primicias de la Cultura de Quito*. Su libro más conocido es *El nuevo Luciano* o *Despertador de ingenios* (1797), nueve diálogos en que defiende la razón y el buen gusto.

Rafael García Goyena (1766–1823) fue el fabulista más conocido del siglo XVIII. Nacido en Guayaquil, García Goyena se trasladó a Guatemala cuando tenía doce años. Su libro *Fábulas y poesías varias* fue publicado póstumamente en 1825. Consta de sátiras de la condición humana en las que los personajes son a menudo animales de la zona tropical, poco conocidos fuera de Centroamérica. Otra figura importante es el limeño Esteban de Terralla y Landa (1750–1800), autor de *Lima por dentro y fuera*. Profundamente influido por Francisco de Quevedo, el satírico más destacado del *Siglo de Oro español, Terralla atacó al Virrey, a médicos, a abogados y a muchos otros tipos. Como Quevedo, fue extremadamente misógino; se burló sin piedad de la mujer limeña, desde las floreras hasta las señoras de sociedad.

En el teatro de la época se distinguen dos corrientes: la barroca y la neoclásica. En México, el español Eusebio Vela (1688–1737) escribió piezas de tipo barroco, por ejemplo, *Si el amor excede al arte*. En el Perú, Pedro de Peralta y Barnuevo (1663–1743) compuso obras de inspiración neoclásica, por ejemplo, *Triunfos de amor y poder,* aunque su *Afectos vencen finezas* muestra más bien la influencia barroca. También se representaron varias obras anónimas de tipo local, entre ellas el *sainete argentino *El amor de la estanciera*. *Ollantay,* obra compuesta entre el siglo XVI y el XVIII y de paternidad incierta, se basa en una leyenda incaica sobre los amores del guerrero Ollantay y la princesa Ksi Cóyllur.

Sobre *El lazarillo de ciegos caminantes*

El lazarillo de ciegos caminantes es tal vez el libro más conocido del siglo XVIII. Por muchos años su paternidad fue tema de debate. En la portada de la primera edición, figura como autor Calixto Carlos Bustamante Inga y se dice que el libro se basa en las memorias de Alonso Carrió de la Vandera. En el prólogo el autor se identifica como un indio y dice que ha escogido el mote «Concolorcorvo» porque el color de su piel es el del ala de un cuervo. Por su acalorada defensa de la colonización española y por las numerosas comparaciones con las costumbres y comidas de España, se ha conjeturado que *El lazarillo* debe ser la obra de un español, casi seguramente la de Alonso Carrió de la Vandera (1715–1778), el comisionado de correos en el Perú.

Se ha señalado el parentesco de *El lazarillo de ciegos caminantes* con la novela del Siglo de Oro, en particular con la picaresca. Desde luego, su título recuerda al *Lazarillo de Tormes,* novela anónima que es prototipo del género. Sin embargo, el libro peruano proviene más bien de la tradición de los libros de viajes, tan populares en la Europa del siglo XVIII. Uno de los primeros y más conocidos de éstos es el *Télémaque* (1699), del prelado y escritor francés François de Fénelon (1651–1715), obra que Carrió conocía y que se refleja en varios pasajes de *El lazarillo*. Como la novela picaresca, el libro de Concolorcorvo está narrada en primera persona y contiene muchos elementos humorísticos y satíricos, además de una fuerte nota costumbrista. Sin embargo, narra un auténtico viaje hecho entre Montevideo y Lima por el supuesto narrador, Calixto Bustamante, y el visitador, con el propósito de establecer agencias de correos. Su itinerario los lleva a diversos lugares—Buenos Aires, Córdoba, Santiago del Estero, San Miguel del Tucumán—de los cuales describen los usos y tipos.

El lazarillo refleja el espíritu observador del siglo XVIII. Contiene una multitud de datos, además de una de las primeras descripciones de los gauchos argentinos, que el autor llama *gauderios*. El autor nos da un panorama de la sociedad colonial, que incluye a españoles europeos y a criollos, a indios, a mestizos, a negros y a mulatos. Se ha señalado una sobrevaloración de lo español, en particular en su defensa de la colonización frente a la Leyenda Negra. La crítica también ha notado cierto parentesco entre las descripciones de la vida pastoril del *Lazarillo* y la *novela pastoril española.

Concolorcorvo da su opinión sobre diversos asuntos, ofrece consejos, recoge anécdotas, chistes y fragmentos de diálogos. En varios capítulos rebaja a los indios, caracterizándolos de traidores e inmorales. El tono es ligero y coloquial. El autor se vale de la ironía y de la sátira para criticar, en algunos casos, y en otros, sencillamente para darle un tono festivo a su obra. Se ha situado a Carrió en la línea de los satíricos limeños, en cuya obra es evidente la influencia de Quevedo.

Los datos de Carrió son a menudo inexactos. A veces el espíritu novelesco domina más que el rigor histórico. Por ejemplo, la explicación de Carrió de los orígenes del vocablo *maíz* es incorrecta, ya que éste es de raíces taínas y no quechuas. En su descripción de la toma de Cajamarca, confunde a Manco Cápac II por Atahualpa y desvaloriza continuamente a los indios.

El lazarillo reúne una estructura narrativa y técnicas retóricas con un espíritu de observación—aunque con serias incorrecciones históricas. A pesar de sus defectos, es representativo de las corrientes literarias y científicas de su época.

Edición

Concolorcovo. *El Lazarillo de ciegos caminantes.* Ed. A. Lorente Medina. Madrid: Nacional, 1980

Crítica

Bastos, María Luisa. «El viaje atípico y autópico de Alonso Carrió de la Vandera.» *Lexis: Revista de Lingüística y Literatura.* 5(2)(Dec. 1981): 51–57

Carilla, Emilio. *El libro de los «Misterios»:* El lazarillo de ciegos caminantes. Madrid: Gredos, 1976

———. «Derivaciones ocultas de *El lazarillo de ciegos caminantes.*» 255–262. Eds. Maxime Chevalier, François López and Noël Salomon. *Actas del Quinto Congreso Internacional de Hispanistas.* Bordeaux, Université de Bordeaux, 1977

Ocasio, Rafael. «*El lazarillo de ciegos caminantes,* una visión de la organización social del mundo.» *Cuadernos Americanos.* 261(14)(1985): 170–183

Pupo-Walker, Enrique. «Notas para una caracterización formal de *El lazarillo de ciegos caminantes.*» *Revista Iberoamericana.* 48(120–121)(July–Dec. 1982): 647–670

Soons, Alan. «An Idearium and Its Literary Presentation in *El lazarillo de ciegos caminantes.*» *Romanische Forschungen.* 92(1979): 92–95

El lazarillo[1] de ciegos caminantes (selecciones)

Concolorcorvo (Alonso Carrió de la Vandera)

El Cuzco. - Descripción de la ciudad. - Defensa del conquistador. - Inhumanidad de los indios. - El trabajo de las minas. - Reseña de las conquistas mexicana y peruana. - Defensa del autor. - Opinión del visitador.[2]

Los criollos naturales[3] decimos Cozco. Ignoro si la corruptela será nuestra o de los españoles. El visitador me dijo que los indios habían cooperado mucho a la corrupción de sus voces,[4] y para esto me sacó el ejemplo del maíz, que pidiendo unos soldados de Cortés forraje[5] para sus caballos, y viendo los indios que aquellos prodigiosos animales apetecían la hierba verde, recogieron cantidad de puntas de las plantas que hoy llamamos maíz, y otros trigo de la tierra, y al tiempo de entregar sus hacecillos[6] dijeron: «*Mahi, señor*», que significa: «Toma, señor», de que infirieron los españoles que nombraban aquella planta y a su fruto maíz, y mientras no se hizo la cosecha, pedían siempre los soldados maíz para sus caballos, porque lo comían con gusto y vieron sus buenos efectos, y en lo sucesivo continuaron los mismos indios llamando maíz al fruto, ya en mazorcas[7] o ya desgranado, por lo

---

[1] **muchacho que guía a un ciego**
[2] (postal) inspector
[3] **criollos...** native inhabitants
[4] **palabras**
[5] **hierba, heno o paja para los animales**
[6] little bundles
[7] ears

que les pareció que aquel era su verdadero nombre en castellano.

Muchos críticos superficiales notan de groseros y rústicos a los primeros españoles por no haber edificado la ciudad en Andahuaylillas[8] u otro de los muchos campos y llanos inmediatos. Otros, que piensan defender a los españoles antiguos, alegan a su favor, que aprovecharon aquel sitio alto y desigual para reservar los llanos para pastos de la mucha caballería que mantenían y sembrar trigo y maíz con otras menestras.[9] En mi concepto, tanto erraron los unos como los otros, y solamente acertaron los antiguos, que siguieron a los indios.

Nadie duda que los sitios altos son más sanos que los bajos, y aunque el Cuzco rigurosamente no está en sitio muy elevado, domina toda la campaña,[10] que se inunda en tiempo de lluvias. La desigualdad del sitio en una media ladera, da lugar a que desciendan las aguas y limpien la ciudad de las inmundicias[11] de hombres y bestias, que se juntan en los huatanayes,[12] calles y plazuelas. Los muchos materiales que tenían los indios en templos y casas, no se podían aprovechar en Andahuaylillas, sin mucho costo y perdiéndose al mismo tiempo varios cimientos[13] y trozos considerables de paredes, como se ven en las estrechas calles, que regularmente serían así todas las de mis antepasados, como lo fueron las de todas las demás naciones del mundo antiguo. Si esta gran ciudad se hubiera establecido en Andahuaylillas u otro campo inmediato, además del sumo gasto que hubieran hecho los primeros pobladores en la conducción[14] de materiales y diformes piedras que labraron los indios, se harían inhabitables en el espacio de diez años. El Cuzco mantiene más de dos mil bestias diariamente, con desperdicio de la mitad de lo que comen, porque caballos y mulas pisan la alfafa y alcacer,[15] en que son pródigos todos aquellos habitantes. Además del copioso número de almas que contiene la ciudad, que creo pasan de treinta mil, entran diariamente de las provincias cercanas con bastimentos y efectos más de mil indios, sin los arrieros[16] de otras partes. Así hombres como bestias comen y beben, y, por consiguiente, dejan en ella las consecuencias, que se arrastran con las lluvias por medio del declive que hace esta ciudad a los huatanayes y salidas de ella.

Este término *huatanay* equivale en la lengua castellana a un gran sequión[17] o acequias[18] que se hacen en los lugares grandes por donde corre agua perenne o de lluvia para la limpieza de las ciudades. La de Lima tiene infinitos, aunque mal repartidos. México tiene muchos bien dispuestos, pero como está en sitio llano apenas tienen curso las aguas, y es preciso limpiarlos casi diariamente por los encarcelados por delitos, que no merecen otra pena. Madrid, además de otras providencias, tiene sus sumideros,[19] y Valladolid sus espolo-

---

[8] **Andahuaylas, población del Perú, capital de la provincia del mismo nombre**
[9] **legumbres**
[10] **campo**
[11] **basura, suciedad**
[12] **del quechua *watanay*, río pequeño que atraviesa el Cuzco**
[13] pieces of foundation
[14] **transporte**
[15] green barley
[16] muleteers
[17] irrigation ditch
[18] irrigation ditches
[19] sewers

nes,[20] que se formaron del gran Esgueva,[21] y así otras muchísimas ciudades populosas que necesitan estas providencias para su limpieza y sanidad. El territorio llano no puede gozar de estas comodidades, sino con unos grandísimos costos o exponiéndose por instantes a una inundación. Finalmente, la ciudad del Cuzco está situada juiciosamente en el mejor sitio que se pudo discurrir.[22]

No hay duda que pudiera dirigirse mejor en tiempos de tranquilidad, y con preferencia de su soberano, pero aseguro que los primeros españoles que la formaron tumultuariamente, fueron unos hombres de más juicio que los presentes. La plaza mayor, a donde está erigida la catedral, templo y casa que fue de los regulares de la Compañía, es perfecta y rodeada de portales, a excepción de la que ocupa la catedral y colegio, que son dos templos que pudieran lucir en Europa.[23] Las casas de la plaza son las peores que tiene la ciudad, como sucede en casi todo el mundo, porque los conquistadores y dueños de aquellos sitios tiraron[24] a aprovecharlas para que sirvieran a los comerciantes estables,[25] que son los que mejor pagan los arrendamientos. La misma idea llevaron los propietarios de la plazuela del Regocijo, nombrada plazuela para distinguirla de la que tiene el nombre de Mayor, pues en la realidad, desde sus principios tuvo mayor extensión aquélla, en cuadrilongo,[26] como se puede ver, quitándole la isleta que se formó para casa de moneda[27] y después se aplicó, no sé por qué motivo, a la religión[28] de la Merced, que tiene un suntuoso convento enfrente de su principal puerta. Otras muchas plazas tiene el Cuzco a proporcionadas distancias, que por estar fuera del comercio público, formaron en ellas sus palacios los conquistadores.

Estos grandes hombres fueron injustamente, y lo son, perseguidos de propios y extraños.[29] A los primeros no quiero llamarlos envidiosos, sino imprudentes, en haber declamado tanto contra unas tiranías que, en la realidad, eran imaginarias, dando lugar a los envidiosos extranjeros, para que todo el mundo se horrorice de su crueldad. El origen procede desde el primer descubrimiento que hizo Colón de la isla Española,[30] conocida hoy por Santo Domingo. Colón no hizo otra cosa en aquellas islas que establecer un comercio y buena amistad con los príncipes y vasallos de ellas. Se hicieron varios cambios de unos efectos por otros, sin tiranía alguna, porque al indio le era inútil el oro y le pareció que engañaba al español dándole una libra de este precioso metal por cien libras de hierro en palas, picos y azadones, y otros instrumentos para labrar sus campos. Formó Colón un puertecillo de madera y dejó en él un puñado de hombres para que cultivasen la amistad con los caciques más inmediatos, dejándoles algunos bastimentos y

[20] dikes
[21] sewer
[22] **inventar**
[23] **que...** that would stand out (even) in Europe
[24] **aspiraron**
[25] **permanentes**
[26] **en... rectangular**
[27] **casa...** mint
[28] **orden religiosa**
[29] **de... de españoles y extranjeros**
[30] **Hispaniola**

otros efectos para rescatar algunos del país para su cómoda subsistencia hasta su vuelta. Los inmensos trabajos[31] que pasó Colón con todo su equipaje, hasta llegar a España, constan en las historias propias y extrañas. A la vuelta no halló hombre de los que había dejado, porque los indios los sacrificaron a sus Manes.[32]

Los indios, viendo a Colón que volvía con más número de gente y buenos oficiales, que eran capaces de sacrificar mil indios por cada español, publicaron[33] que los españoles que habían dejado allí habían perecido a manos de la multitud de los indios, que justamente defendieron el honor y sus haciendas. Los españoles reconocieron la inhumanidad de los indios y desde entonces dio principio la desconfianza que tuvieron de ellos y los trataron como a unos hombres que era preciso contenerlos con alguna especie de rigor y atemorizarlos con algún castigo, aun en las faltas leves,[34] para no ser confundidos y arruinados de la multitud. A los piadosos eclesiásticos que destinó el gran Carlos Primero,[35] Rey de España, les pareció que este trato era inhumano y por lo mismo escibieron a la corte con plumas ensangrentadas,[36] de cuyo contenido, se aprovecharon los extranjeros para llenar sus historias de dicterios[37] contra los españoles y primeros conquistadores. Cierto moderno francés[38] dijo que aquéllos encerraban a los indios siete y[39] ocho meses dentro de las minas, sin ver la luz del día, para que sacasen los metales de plata y oro, para saciar su codicia.

Es constante que los indios jamás supieron ni saben el modo de beneficiar las minas, y que solamente dirigidos de los españoles saben sacar el metal de las minas, y que los barreteros[40] mestizos e inteligentes les juntan para llenar sus tenates,[41] capachos o zurrones,[42] de un peso liviano. Éstos no podían hacer sus faenas[43] sin la asistencia de los españoles y mestizos; pero si con todo eso dijesen nuestros buenos vecinos que los españoles que dirigían a los indios y que se ocupaban en el trabajo más rudo, como es el de la barreta, salían de la mina a dormir a sus casas y gozar del ambiente, afirmo que fueron engañados, o que mienten sólo con el fin de tratar a los españoles de tiranos e inhumanos; pero quisiera preguntar yo a este crítico naturalista por qué influjo[44] se convirtieron estos hombres feroces en tan humanos, pues a pocas líneas dice que los españoles actuales de la isla usan de tanta moderación con sus esclavos (habla de los negros, que compran a otras naciones), que para enviarlos a cualquier diligencia[45] de sólo la distancia de un cuarto de legua,[46] los hacen montar a

---

[31] **dificultades**
[32] **dioses infernales, diablos**
[33] **divulgaron, dijeron**
[34] **pequeñas**
[35] **Carlos I de España** (Véase la pág. 70.)
[36] **posible referencia al padre Las Casas, cuyos tratados sobre los abusos de los indios formaron una de las bases de la Leyenda Negra** (Véase la pág. 9.)
[37] **insultos**
[38] **posible referencia a Pierre Bayle (1647–1706), precursor de los enciclopedistas y autor del *Diccionario histórico y crítico* (1696) o a Guillaume Thomas François Raynal (1713–1793), historiador y filósofo francés**
[39] **u**
[40] **operario de las minas que derriba el mineral con barra o piqueta**
[41] **cesta o canasta de cuero**
[42] **cesta o canasta**
[43] **trabajos difíciles**
[44] **influencia**
[45] errand
[46] **La legua equivale a 5.572 metros.**

caballo. Eso no nace de falta de crítica de los franceses, sino de sobra de malicia, y lo mismo digo de los italianos e ingleses, que son los que más disfrutan las conquistas de los españoles en el consumo de los efectos que se trabajan en sus provincias, y que las mantienen florecientes.

Iba a insertar, o como dicen los vulgares españoles, a ensartar, en compendio, todo lo sustancial sobre las conquistas de los españoles en las Américas, pero el visitador, que tenía ya conocido mi genio difuso, me atajó más de setecientos pliegos que había escrito en defensa de los españoles y honor de los indios cuzqueños,[47] por parecerle asunto impertinente a un diarista, y asimismo me previno no me excediese en los elogios de mi patria, por hallarme incapaz de desempeñarlo con todo el aire y energía que merece un lugar que fue corte principal de los incas, mis antepasados, y el más estimado de los españoles conquistadores y principales pobladores. A éstos, que desde sus principios ennoblecieron la ciudad con suntuosos edificios de iglesias y conventos, en que resplandeció su piedad y culto al verdadero Dios, y en sus palacios y obras públicas su magnanimidad, se les acusa alguna soberbia. Ésta la atajaron los piadosos Monarcas de España suprimiendo las encomiendas,[48] acaso mal informados, pero ésta es materia que no se debe disputar y que es preciso conformarnos con el dictamen de los superiores y obedecer las leyes ciegamente. La situación de la ciudad pedía por una razón natural y sus proporciones, que fuese la corte del imperio del Perú, pero el gran Pizarro la situó en Lima, por la cercanía al mar y puerto del Callao, para comunicarse más prontamente con el reino de Chile y Tierra Firme.[49]

Con licencia de Vm.,[50] señor don Alonso, voy a pegar dos coscorrones[5] a los extranjeros envidiosos de la gloria de los españoles. Luego que éstos saltaron en Veracruz,[52] procuraron... ‹¿Qué procuraron?, dijo el visitador, ¡cansado[53] inca!« Solicitar, le dije, la amistad con los habitantes de aquel vasto imperio, y no pudiéndola conseguir fue preciso valerse de las armas para subsistir entre tanta multitud de bárbaros, que no tocaban a pelo de hombres y caballos. Los tlascaltecas, república numerosa y de tanto valor que hacía frente y contenía todo el poder de Moctezuma, fue la primera que resistió formalmente a los españoles, hasta que experimentó sus fuerzas insuperables, y a persuasión del viejo Xicotencal,[54] se hicieron las paces sin gravamen[55] de los indios. Desde entonces, Cortés envió su embajada a Moctezuma, pidiéndole permiso para pasar a su corte con un corto[56] número de españoles, y sin embargo de que este monarca se la negó, no se valió de la fuerza que tenía de sus auxiliares los tlascaltecas, y que deseaban mucho castigar la soberbia de los mexicanos. Pasó Cortés a México con solos los españoles, en donde

---

[47] **del Cuzco**
[48] **Las enconmiendas fueron abolidas el 31 de agosto de 1721 por Real Decreto.**
[49] **Colombia y Venezuela**
[50] **Vuestra Merced (hoy en día, usted)**
[51] **golpes sobre la cabeza**
[52] **puerto importante situado a orillas del golfo de México; fue la primera ciudad mexicana fundada por los españoles**
[53] boring (because he is so long-winded)
[54] **rey tlascalteca**
[55] burden
[56] **pequeño**

al parecer fue urbanamente[57] recibido, pero viéndose obligado[58] a contener el orgullo de Pánfilo de Narváez, si no se acomodaba con él, dejó con una corta escolta en México al gran Pedro de Alvarado, y cuando volvió con doblado número de españoles, halló la corte de México sublevada. Hubo varios encuentros, pero aunque cada español matase en ellos veinte indios por uno de los nuestros, parece que de cada indio de los que morían resucitaban mil.

Ya los españoles y caballos se iban cansando con los repetidos choques, pero lo que más les hizo dudar de su subsistencia fue la desgraciada muerte de Moctezuma, de una pedrada que le tiró uno de los suyos, por lo que creció la insolencia y se aumentó el riesgo de los españoles, que resolvieron abandonar la ciudad en una noche a costa de mucho trabajo y esfuerzo, porque los indios habían cortado los puentecillos y llovían sobre ellos pedradas como granizo, que arrojaban de los terrados[59] hombres, mujeres y niños, y aunque en Otumba[60] desbarataron[61] los españoles un ejército de más de ochenta mil indios, salieron tan descalabrados[62] que a no haber encontrado asilo en los nobles tlascaltecas hubieran perecido todos. Estos republicanos[63] no solamente los curaron, regalaron y consolaron, sino que alistaron un poderoso ejército para vengar a los españoles y vengarse también ellos de los mexicanos. Dieron el mando a Xicotencal, el mozo,[64] que aunque era desafecto a los españoles, se consideraba por el más valiente y arriscado,[65] para que pelease bajo las ódenes de Cortés, y a pocos días de haberse puesto sitio a México, con gusto de los españoles e indios, se retiró el indio mozo con un cuerpo de los suyos, hasta llegar a Tlascala. Aquellos nobles y sabios republicanos, con dictamen del justificado padre de Xicotencal, el mozo, le enviaron preso para que Cortés le castigase a usanza de guerra, y en el primer consejo, con dictamen de los jefes principales, así españoles como indios, se condenó a muerte a este espíritu revoltoso.

Se ganó la gran ciudad, que se defendió hasta el último barrio con valor y tesón.[66] Se declaró por monarca al Rey de España, porque ya los electores le habían nombrado Emperador, después de la muerte de Moctezuma. «En esta elección, dijo el visitador, desde luego que hubo alguna trampilla por parte de los españoles, porque las elecciones de estos imperios no se hacen sino después de la muerte de los poseedores»; pero para la legítima posesión y perpetua herencia de los Reyes de España bastó el consentimiento de los tlascaltecas, que tenían tanto derecho para conquistar como para ser conquistados de los mexicanos, como sucedió en todo el mundo.[67] «¿Qué tiene usted que decir, señor inca, sobre el imperio del Perú?», dijo el visitador: «Reventara,[68] le respondí, si

[57] **cortésmente**
[58] forced
[59] flat roofs
[60] **pueblo de México en que ocurrió una célebre victoria de Cortés sobre los aztecas el 7 de julio de 1520**
[61] **destruyeron**
[62] **destruidos**
[63] **ciudadanos (del imperio azteca)**
[64] **En realidad, el príncipe se negó a combatir con los españoles y fue ejecutado por Cortés**
[65] **arriesgado**
[66] **tenacidad**
[67] **en... por todas partes**
[68] **Reventaría,** (I'll be damned.)

así como hablé de la entrada de los españoles en el imperio de México, bajo la buena fe del insigne Solís,[69] no dijera lo mismo de la que hicieron en el Perú, como refiere el juicioso Herrera».[70]

Dice, pues, éste, que luego que los españoles saltaron en las tierras del Virú,[71] supieron que se hallaba en Cajamarca[72] un ascendiente mío bastardo, que se había levantado con la mitad del Perú y que pretendía destronar a su hermano, legítimo emperador, que tenía su corte en el Cuzco. No le pesó a Pizarro esta discordia, y así, con toda diligencia despachó al cajamarquino, que era el más próximo, sus embajadores, quien sin embargo de su valor y fuerzas hizo mal concepto de los no esperados huéspedes, que consideró como enviados del cielo para hacer justicia a su hermano y legítimo señor, por lo que desamparó la ciudad y se acampó a corta distancia, y en sitio ventajoso, con todas sus riquezas y numeroso ejército. Este cobarde procedimiento infundió valor a Pizarro y a todos los españoles, que según creo no pasaban de doscientos, para marchar alegres a ocupar la ciudad. Desde ella volvió Pizarro a intimar a Cápac[73] que se restituyese a su capital, escoltado de buena guardia, en donde experimentaría el buen trato y sumisión de los buenos españoles, dejando el grueso de su ejército en la campaña para resguardo de sus mujeres y tesoros. Después de varias contestaciones[74] convino el inca en parlar[75] con Pizarro, escoltado[76] de doce mil hombres sin armas, a que convino[77] el español, pero habiendo tenido noticia que los indios traían armas ocultas, y por consiguiente un designio de mala fe, eligió el medio de ser antes agresor que herido. Apostó[78] toda su gente en las entradas y salidas de la plaza mayor, y luego que entró en ella el inca con sus principales guardias, mandó acometerlos y destrozarlos, reservando la real persona, que hizo prisionera.

Mi pariente, (¡o de mis parientes!), carecía de destreza militar, y aun de valor, por haber abandonado la capital con un ejército de ochenta mil hombres, que podía oponer cuatrocientos a cada español; pero dejando aparte una multitud de reflexiones, que destruyen la tradición y particulares historietas, afirmo que Manco fue un hombre de mala fe, traidor y aleve, porque habiéndole propuesto Pizarro que diese orden a sus generales para que despidiesen sus tropas, y que se retirasen a sus pueblos, y ofrecido ejecutarlo, hizo todo lo contrario, como se justificó

---

[69] **Antonio de Solís y Ribadeneyra (1610–1686), cuya *Historia de la conquista de México* (1685) fue una de las fuentes de información para los datos que incluye Carrió sobre Cortés y los aztecas.**

[70] **Antonio de Herrera (1549–1624), Cronista Mayor de las Indias, quien, como Solís, defendió a los españoles contra las acusaciones del Padre Las Casas. Fue autor de la *Historia general de los hechos de los castellanos en las Islas y Tierras del Mar Océano* (1601–1615).**

[71] **distrito del Perú**

[72] **ciudad peruana en que los soldados de Pizarro capturaron al Inca Atahualpa.** (Véase la pág. 32–33.)

[73] **Carrió no se refiere a Manco Cápac II, sino al mismo Atalhuapa.**

[74] **altercados**

[75] **conversar**

[76] **acompañado**

[77] agreed to

[78] **He stationed**

por sus quipus,[79] y mucho más por las operaciones de los jefes; pero lo que acabó de irritar a los españoles fue la alevosa muerte que mandó ejecutar en su hermano,[80] el verdadero inca, que desde el Cuzco había salido a tratar con Pizarro de buena fe. La promesa que hizo el tirano, como dicen los vulgares[81] españoles, de que daría por su rescate[82] tanto oro como el que cabía en el salón en que estaba aposentado, y tenía de largo y ancho lo mismo que tienen los actuales de los españoles, fue una entretenida[83] fantástica. Lo que dicen los indios, de que habiendo sabido la muerte de su emperador, enterraron en los altos de Huamanga[84] aquel inmenso tesoro, es una quimera,[85] la más extravagante que se pueda imaginar, porque si el tirano sólo era dueño de los pueblos y tierras desde Quito a Piura,[86] ¿cómo pasó ese oro por los altos de Huamanga? ¿Cuántos indios, vuelvo a decir, conducían el oro que ofreció Manco a los españoles? ¿En qué parte tenía estos tesoros inmensos? ¿De qué minas los sacaba? ¿Por qué todas las estériles[87] de este precioso metal estaban en los dominios de su hermano y legítimo señor? Si se dijera que mi buen ascendiente había pedido el oro al Chocó, provincia de Pataz, y otras de su gobernación o imperio, parecería actualmente algo fundada la promesa a los españoles poco instruidos en la sustancia de las minas.

Aunque los conquistadores no podían estar ciertos de la promesa de Manco, la consideraron por fraudulenta, en vista de la infidelidad de las órdenes que había dado a sus generales para mantener los ejércitos y tener a todos los pueblos sublevados contra los españoles, y mucho más contra su señor legítimo natural,[88] a quien había sacrificado inhumanamente, por lo que los españoles tuvieron por conveniente deshacerse de un hombre capaz de turbar todo el imperio y sacrificar a su odio, no solamente a los españoles, sino a los descendientes del verdadero inca. El imperio se empezó a dividir entre varios dependientes, pero como llegase Almagro, compañero de Pizarro en la conquista, con igual número de tropas, a por más puntualmente decir, con igual número de soldados que tenía Pizarro, y se juntase con él en Cajamarca, ya compusieron un pie de ejército de quinientos hombres de infantería y caballería, capaz de pasearse por el reino, pero no de conquistarle. Reforzó este pequeño pie la tropa que introdujo en el reino el gran Pedro de Alvarado, que había salido desde Guatemala con el designio de hacer alguna conquista en estos dilatados reinos, y que por una composición amigable con Pizarro y Almagro, cedió, mediante una crecida ayuda de costas para compensar los gastos que había hecho.

Con tan débiles principios se hizo una conquista de más de siete millones de indios, que todos tomaban las armas en defensa de la patria

[79] **escritos; los quipus eran cuerdas de varios colores que, haciendo nudos en diversos lugares, suplían la falta de escritura entre los incas**
[80] **Huáscar** (Véase la pág. 32.)
[81] **Se refiere a la gente común.**
[82] ransom
[83] entertainment, meeting, conversation
[84] **provincia del Perú**
[85] **ilusión, fantasía**
[86] **ciudad situada al norte del Perú**
[87] **minas estériles, parte inútil del subsuelo**
[88] **es decir, su hermano Huáscar, hijo legítimo del padre de Atahualpa**

y servicio de sus incas y caciques. No debemos creer que esta prodigiosa conquista se hubiese hecho solamente por el valor de los españoles, pero si fue así, confiesen todas las naciones del mundo que fueron los más valerosos, que excedieron a los romanos, porque éstos fueron más en número cuando cercaron la ciudad y fueron venciendo poco a poco a sus vecinos divididos, más con la astucia que con las armas, valiéndose muchas veces de medios viles. Los españoles no usaron de artificios para vencer a mis paisanos, ni tuvieron tropa auxiliar fiel y constante como los conquistadores del gran imperio mexicano, ni próximo el socorro de los españoles europeos. No por esto pretendo yo igualar a Pizarro y Almagro con Cortés, porque sin disputa fue éste mayor hombre, y sobre todo, los conquistadores del Perú sirvieron bajo el mando de Cortés, y aunque no pudieron seguir sus máximas, imitaron su valor y constancia, y hubieran, en igual tiempo, conquistado y pacificado todo el reino si no se hubiese suscitado[89] una guerra civil y funesta entre los mismos españoles.[90] Esta, verdaderamente, fue la que arruinó a los conquistadores y apagó el esplendor de la gran ciudad del Cuzco, mi patria, suprimiendo o quitándoles a los conquistadores y a sus descendientes cuarenta encomiendas, que podían mantener una grandeza que no ha tenido iguales principios en la mayor corte del mundo.

«No pase Vm. adelante,[91] señor inca, me dijo el visitador, porque ésta es una materia que ya no tiene remedio. Me parece que usted con sus principios pretende probar que la conquista de los españoles fue justa y legítima, y acaso la más bien fundada de cuantas se han hecho en el mundo.» «Así lo siento, le dije, por sus resultas en ambos imperios, porque si los españoles, siguiendo el sistema de las demás naciones del mundo, hubieran ocupado los principales puertos y puestos de estos dos grandes imperios con buenas guarniciones, y tuvieran unos grandes almacenes surtidos de bagatelas,[92] con algunos instrumentos de hierro para trabajar cómodamente las minas y los campos, y al mismo tiempo hubieran repartido algunos buenos operarios para que se les enseñasen su uso, y dejasen a los incas, caciques y señores pueblos en su libertad y ejerciendo abominables pecados, lograría la monarquía de España sacar de las Indias más considerables intereses. Mis antepasados estarían más gustosos y los envidiosos extranjeros no tendrían tantos motivos para vituperar a los conquistadores y pobladores antiguos y modernos.» «Suspenda usted la pluma, dijo el visitador, porque a éstos me toca a mí defenderlos de las tiranías, como más práctico en ambas Américas, y que le consta a usted mi indiferencia en este y otros asuntos.»

«Prescindo de que usted habló o no[93] con juicio e ingenuidad sobre la conquista. No dudo que fue conveniente a los indios, porque muchos españoles los sacaron de muchos errores y abominaciones que repugnan a la naturaleza. En tiempo de sus incas

---

[89] **levantado, provocado**
[90] **Sobre los conflictos entre los españoles, véase la pág. 32.**
[91] **No... No siga Vm.**
[92] **surtido...** supplied with stuff
[93] **Prescindo...** I won't get into the question of whether or not you spoke

se sacrificaban a sus inhumanos dioses a los prisioneros de guerra, y que el pueblo comía estas carnes con más gusto que las de las bestias. Los incas, caciques y demás señores y oficiales de guerra, reservaban para sí una gran multitud de mujeres, que consideradas en igual número que los hombres, resultaba que el común no tenía el suficiente para propagarse, y menos para el carnal deleite, por lo que era muy común el pecado nefando[94] y bestial que hallaron muy propagado los españoles, y que casi extinguieron con el buen orden y establecimiento de los casamientos a tiempo oportuno, imponiendo graves penas a los delincuentes y castigándolos con proporción a su corto talento y fragilidad, y por esta misma causa y motivo dispensó el santo tribunal de la Inquisición tratarlos con la seriedad que a los españoles, mestizos y mulatos, dejando a los vicarios eclesiásticos la reprensión y castigo, como a las justicias ordinarias seculares castigar y encorozar[95] a los públicos hechiceros,[96] que no son otra cosa que unos embusteros,[97] para que el común de los indios deteste sus engaños e insensiblemente entre en juicio.» Muchos ejemplares podría traer de estas providencias, dadas por algunos prudentes corregidores, pero las omito por no hacer dilatado[98] este diario, que ya me tiene fastidiado, por lo que paso a defender a los buenos españoles de las injurias que publican los extranjeros de sus tiranías con los indios, en que convienen muchos de los nuestros por ignorancia, falta de práctica y conocimiento del reino...

---

[94] **infame, terrible (Se refiere a la sodomía. El autor alude a esta práctica de los indios a través del libro.)**
[95] **poner la coroza—un sombrero hecho de un papel enrollado en forma de cono—para indicar que uno ha pecado (Se encorozaba a los hechiceros.)**
[96] sorcerers (The practice of witchcraft was condemned and severely punished by the Church.)
[97] **charlatanes**
[98] **demasiado largo**

SOBRE LA LECTURA

1. ¿Qué ejemplo da el narrador de la corrupción de una voz quechua? ¿Cómo se transformó *mahi* en «maíz», según Concolorcorvo?
2. ¿Qué datos da sobre el Cuzco? ¿Por qué construyeron los españoles una ciudad allí?
3. ¿Qué significa *huatanay*? ¿Con qué otros sistemas de desagüe compara el del Perú? ¿Menciona sólo ciudades del Nuevo Mundo?
4. ¿Quiénes han criticado a los españoles por su conducta en el Nuevo Mundo? ¿Qué opina Concolorcorvo con respecto a estas acusaciones?
5. ¿Cómo describe la conducta de Colón? ¿y la de los indios?
6. Según Concolorcorvo, ¿por qué fue necesario que los españoles y mestizos supervisaran la labor de los indios en las minas?
7. ¿Qué opiniones expresa sobre la conquista de México?

8. ¿Cómo describe la invasión de Cajamarca? ¿Cómo caracteriza a Atahualpa?
9. ¿Qué calumnias sobre la conducta de los españoles refuta?
10. Según el autor, ¿qué malas costumbres de los indios intentaron los españoles corregir?

HACIA EL ANÁLISIS LITERARIO

1. ¿Qué efecto logra el autor al emplear la primera persona?
2. Describa el tono de su prosa. ¿Cómo usa el humor?
3. ¿Cuál es la función literaria del visitador?
4. ¿Qué indicios hay de que el narrador no es inca sino español? ¿Qué mención hace de ciudades españolas? ¿Cuál es su actitud hacia los españoles? ¿hacia los indios?
5. ¿Por qué insiste tanto en su identidad india? ¿Cuál es el efecto de frases como la siguiente: «Mi pariente (¡o de mis parientes!) carecía de destreza militar, y aun de valor...»
6. ¿Qué técnicas novelescas emplea el autor?
7. ¿Qué uso hace de la historia? ¿Por qué menciona a historiadores conocidos?
8. ¿En qué sentido refleja *El lazarillo de ciegos caminantes* el espíritu investigador y científico de la época? Explique el título del libro.

TEXTO Y VIDA

1. ¿Qué prejuicios de la época se revelan en el libro de Carrió?
2. Las descripciones de la conquista hechas por indios hacen hincapié en la crueldad y avaricia de los españoles. ¿Cómo piensa usted que un inca de la época de Carrió reaccionaría a su descripción de la invasión de Cajamarca? ¿Cómo trataría de refutar las acusaciones de Concolorcorvo?
3. ¿Qué valor informativo tiene *El lazarillo de ciegos caminantes*? ¿Por qué es necesario leer este libro con cierta cautela?

Siglo XIX: Independencia política y cultural

Paradójicamente, la lucha por la independencia de los pueblos hispanoamericanos comenzó por un acto de solidaridad con España. Aunque el «despotismo ilustrado» de Carlos III produjo algunos adelantos culturales y administrativos en el mundo hispánico, el reinado de su hijo Carlos IV se caracterizó por la ineficacia. En 1808 Carlos abdicó en favor de su hijo Fernando VII. Napoleón obligó a Fernando a devolver la corona a su padre, quien cedió sus derechos al emperador francés. El pueblo madrileño se sublevó el 2 de mayo de 1808, iniciando la guerra de Independencia, que duró hasta 1813. Pronto la guerra se extendió al resto de la Península y muchas provincias organizaron juntas locales de gobierno que se reunieron en una Junta Central Suprema. Napoleón instaló a su hermano José Bonaparte en el trono de España, provocando una reacción violenta de parte del pueblo español. Los cabildos americanos también protestaron por esta usurpación del poder real, y asumieron control frente a la autoridad extranjera. Se formaron juntas locales que se volvieron contra los virreyes por considerarlos representantes de Napoleón y no de la corona española. Aunque las juntas pretendían gobernar en nombre de Fernando, rey legítimo de España, los lazos entre España y las colonias se habían debilitado.

En el Nuevo Mundo ya existían dos países que habían ganado la independencia. El éxito de los Estados Unidos, que se habían separado de Inglaterra en 1776, y el de Haití, que había roto los lazos con Francia en 1814, sirvieron de modelos al resto de América. Durante el siglo XVIII y al principio del siglo XIX estallaron varias rebeliones contra España, aunque las primeras fueron suprimidas. En la región andina, tres insurrecciones fueron apagadas antes de 1810. En México, el sacerdote criollo Miguel Hidalgo llamó al pueblo a la rebelión, pero fue prendido y ejecutado en 1811. En Venezuela, Francisco de Miranda emergió como líder del movimiento independentista, pero su intento fracasó y partió para el exilio en Europa en 1815.

En el cono sur (Argentina, Chile, Uruguay), el movimiento tuvo más éxito. En 1806 y 1807, los ingleses intentaron dos veces tomar a Buenos Aires, sin lograrlo. Se instaló un nuevo virrey, que pronto tuvo que ceder a las demandas del pueblo para que se permitiera el libre comercio. En 1810 se formó un cabildo abierto que, después de declarar su derecho de gobernar a nombre del rey, expulsó al virrey. En Uruguay, el gaucho José Gervasio Artigas comenzó un movimiento independiente y estableció el nuevo estado de Uruguay, que fue conquistado por Brasil en 1816. Ese mismo año, Argentina declaró su independencia de España. En 1814 Bernardo O'Higgins emergió como el líder de la revolución chilena, pero fue derrotado y tuvo que huir a la Argentina.

Fernando VII no llevó a cabo las reformas necesarias en el Nuevo Mundo, ni tampoco mandó fuerzas militares suficientes para suprimir las sublevaciones. En el sur, el argentino José de San Martín concibió el plan de la independencia de Chile y Perú. Formó el Ejército de los Andes, el cual, compuesto de 5.200 hombres, cruzó la Cordillera en enero de 1817. Derrotadas las tropas realistas en Chacabuco, el ejército de San Martín entró triunfante en Santiago de Chile. Con la victoria de Maipú en 1818, selló la independencia de Chile. Se dirigió hacia el norte, encontrándose con Bolívar, el otro gran héroe de la independencia americana, en Guayaquil.

Joven aristócrata venezolano, Simón Bolívar (1783–1830), había emergido como líder de la emancipación en el norte. Bolívar participó en el movimiento de 1810, que dio por resultado la formación de la Junta del 19 de abril contra la intercesión francesa. Con el pensador y político Andrés Bello (1781–1845), Bolívar marchó más tarde a Londres con el fin de conseguir ayuda inglesa contra los desembarcos franceses. Caída Venezuela una vez más bajo la dominación española, Bolívar luchó varias veces contra los realistas antes de entrar triunfante en Caracas, donde fue proclamado Libertador. Un poco más tarde en Jamaica, donde nuevos contratiempos lo obligaron a refugiarse, escribió su célebre carta sobre la emancipación americana. De vuelta al continente, se dirigió hacia Colombia. Fue victorioso contra las fuerzas realistas y en 1819 proclamó la República de Colombia, que comprendía Nueva Granada y Venezuela. Fue elegido el primer presidente, pero la guerra reclamaba su presencia. Perú todavía luchaba por su independencia. Incorporada la provincia de Quito a la Gran Colombia, Bolívar se encontró con San Martín en Guayaquil en 1822. El argentino renunció a sus poderes en favor de Bolívar, quien entró en Lima en 1823. Su lugarteniente Antonio José de Sucre (1795–1830) obtuvo la victoria de Ayacucho y Bolívar mismo puso fin a la dominación española en la batalla de Junín (1824). El Alto Perú tomó el nombre de Bolivia en honor al Libertador. Para el año 1825, todas las colonias americanas, con la excepción de Puerto Rico y Cuba, habían renunciado a España y proclamado su independencia.

El conflicto caracterizó los años 1825 a 1850. Bolívar había soñado con una liga de repúblicas libres y democráticas, pero la armonía no se estableció entre las naciones nuevamente formadas. Venezuela y Ecuador se separaron de la Gran

Colombia en 1830. La América Central se separó de México en 1823 y se dividió en repúblicas individuales en 1839. Brasil perdió a Uruguay en 1828. Por lo general, las nuevas naciones fueron gobernadas por caudillos en vez de presidentes elegidos por el pueblo.

Las guerras de independencia habían resultado en el éxodo de administradores y comerciantes europeos. Se había paralizado la industria minera e interrumpido el comercio internacional. Los gobiernos estaban en manos de terratenientes criollos con poca experiencia política. Bajo estas condiciones, era fácil que los caudillos—tiranos locales, algunos de los cuales habían logrado la gloria en la lucha contra España—tomaran las riendas del gobierno. Fuertes y carismáticos, estos hombres eran respetados por las masas y despreciados por la élite urbana. Aunque grandes cantidades de indios quedaban amarrados a los latifundios de sus patrones y la esclavitud de los negros no fue abolida en la mayoría de los países latinoamericanos sino hasta mediados del siglo, muchos mestizos y mulatos pensaban que podrían mejorar sus circunstancias uniéndose a las fuerzas de los caudillos.

Pronto los criollos empezaron a dividirse en facciones. Inspirados por las corrientes intelectuales francesas y el ejemplo de los Estados Unidos, los criollos liberales atacaban a la Iglesia Católica, a la cual veían como una fuerza retrógrada. Según ellos, los valores tradicionales contribuían al estancamiento comercial y al aumento del poder de los caudillos. Los liberales favorecían un gobierno descentralizado, con mayor poder para el estado o la provincia. Es de notar, sin embargo, que las nociones liberales de esta facción de la élite criolla no se extendían a las masas indígenas y negras que a veces vivían en las condiciones más abominables. La facción conservadora también deseaba el desarrollo económico, pero veía a la Iglesia como una fuerza positiva que imponía cierta estabilidad en las nuevas repúblicas. A diferencia de los liberales, los conservadores favorecían un fuerte gobierno central. En varios países, conflictos y aun guerras entre liberales y conservadores caracterizaron una gran parte del siglo XIX.

Sin embargo, después de 1850 la situación empezó a mejorar. Poco a poco la agricultura se comercializó y reemplazó al feudalismo y, gracias al capital extranjero, se revitalizó la industria minera. También aumentaron las exportaciones. Cuba llegó a ser un productor importante de azúcar, Brasil de café, Argentina de carne, Chile de nitratos y cobre y Centroamérica de frutas tropicales. Sin embargo, los países de Latinoamérica no se industrializaron masivamente. Sólo producían manufactura liviana para el consumo local.

Durante la segunda mitad del siglo, los caudillos empezaron a perder su poder y el orden reemplazó al caos en muchas zonas. Se establecieron gobiernos civiles en varios países, con presidente y representantes elegidos, aunque las masas rara vez participaban en las elecciones.

La influencia francesa siguió dominando a la élite intelectual hasta fines del siglo XIX. El filósofo Auguste Comte (1798–1857), creador de la escuela positivista, cuyo lema era «Orden y progreso», fue una de las fuerzas más importantes de la época. El *positivismo hacía hincapié en el conocimiento científico; enseñaba que el hombre debía renunciar a conocer la esencia de las cosas y contentarse con verdades obtenidas de la observación y la experiencia. Padre de la sociología moderna, Comte buscó aplicar los métodos científicos a los fenómenos sociales. Creía que la sociedad, como el mundo físico, obedecía a ciertas leyes invariables y que por medio de la observación se podía descubrir las leyes que determinan el orden social y el progreso. El positivismo proveyó una base para muchas ideas sobre la educación, propuestas por pensadores hispanoamericanos y una justificación para las dictaduras «progresistas» de México, Guatemala y Venezuela.

Los partidarios del *racionalismo francés renovaron los ataques contra la religión en varios países, y a fines del siglo XIX la Iglesia ya no gozaba del apoyo total de la clase terrateniente. El interés material empezó a dominar a los comerciantes, burócratas y profesionales. Aun entre los peones, la Iglesia empezó a perder su poder. Para fines del siglo, la Iglesia había sufrido expropiaciones en varios países. Sin embargo, a pesar de estos acontecimientos, la Iglesia siguió ejerciendo una influencia considerable en la política de Hispanoamérica, donde el racionalismo rara vez produjo reformas sociales de gran alcance. Aun cuando se distanciaban de la Iglesia, las clases pudientes—las cuales constituían una minoría muy pequeña—frecuentemente recurrían a la religión para asegurar su control ideológico de las masas. De hecho, ni las revoluciones políticas ni los movimientos filosóficos alteraron de una manera significativa las condiciones deplorables de la gran mayoría de la gente—indios, mestizos y negros que vivían al margen de la sociedad criolla.

La literatura de principios del siglo

Durante la primera parte del siglo XIX predominó el *neoclasicismo, aunque ya empezaban a asomarse las primeras manifestaciones del *romanticismo. Frente a la moderación y el «buen gusto» neoclásicos, el romanticismo daba importancia al sentimentalismo, a la pasión, al subjetivismo, a la rebeldía, al individualismo y a la libertad artística. Dos temas importantes eran el amor y la patria. El americanismo se había intensificado en la literatura de principios del siglo debido a los movimientos independentistas. Aunque los escritores de la época siguieron respetando las normas y reglas neoclásicas, pronto ciertas tendencias románticas comenzaron a vislumbrarse en su apasionada defensa de lo americano.

En 1825 el ecuatoriano José Joaquín Olmedo (1780–1847) compuso su *Victoria de Junín: canto a Bolívar,* un largo poema en el cual describe el triunfo del Libertador:

> El trueno horrendo que en fragor revienta
> Y sordo retumbando se dilata
> Por la inflamada esfera,
> Al Dios anuncia que en el cielo impera.
> Y el rayo que en Junín rompe y ahuyenta
> La hispana muchedumbre

Que más feroz que nunca amenazaba
A sangre y fuego eterna servidumbre
Y el canto de victoria
Que en ecos mil discurre ensordeciendo
El hondo valle y enriscada cumbre,
Proclaman a Bolívar en la tierra
Arbitro de la paz y de la guerra.

Aunque la estructura de *La victoria de Junín* es muy rigurosa, la apasionada descripción épica de Bolívar, quien lleva a sus tropas a la victoria, la aparición del fantasma de Huayna Cápac—«una voz de lo alto de los cielos»—y la visión de una América triunfante anuncian la nueva sensibilidad romántica. Olmedo también escribió otra larga composición de tipo *épico, *Al general Flores* (1835), inspirada en la batalla de Miñarica.

Otro precursor del romanticismo hispanoamericano es el peruano Mariano Melgar (1791–1814), quien expresó los sentimientos de la raza conquistada en sus «yaravíes», composiciones de origen indígena que se cantan con la vihuela. El romanticismo de Melgar se nota en el tono sentimental de su poesía amorosa, en la melancolía de sus yaravíes y en el fervor de sus composiciones patrióticas.

Aunque vivió durante el florecimiento del neoclasicismo, el cubano José María Heredia (1803–1839) también manifiesta fuertes tendencias románticas. Apasionado patriota, Heredia se sentía avergonzado de ver que su patria seguía siendo colonia, cuando los demás países de Latinoamérica ya se habían emancipado. Se mudó a los Estados Unidos y después a México, donde había estudiado de 1818 a 1821 y donde volvió a vivir entre 1825 y 1836. Uno de sus poemas más conocidos, *En el teocalli*[1] *de Cholula* fue inspirado por sus experiencias en México:

¡Cuánto es bella la tierra que habitaban
Los aztecas valientes! En su seno,
En una estrecha zona concentrados,
Con asombro se ven todos los climas
Que hay desde el Polo al Ecuador. Sus llanos
Cubren a par de las doradas mieses
Las cañas deliciosas. El naranjo
Y la piña y el plátano sonante,
Hijos del suelo equinoccial, se mezclan
A la frondosa vid, al pino agreste,
Y de Minerva el árbol majestuoso.[2]

Heredia fue desilusionándose poco a poco con la causa de la independencia, y volvió a Cuba. Mal recibido por el gobernador, se desterró de nuevo. Como los poetas neoclásicos, Heredia usó formas métricas tradicionales, en particular la

---

[1] **pirámide consagrada a Quetzalcóatl; Chocula está cerca de la ciudad de Puebla.**
[2] **el árbol... el olivo**

*silva. Pero por su tono sentimental y melancólico y por su intenso patriotismo, sus versos caben dentro del marco romántico. Entre sus poemas más conocidos figuran *Niágara* (1824) e *Himno del desterrado* (1825).

La prosa de la primera parte del siglo XIX es a menudo didáctica. El ensayo, el tratado y el discurso ocupan un lugar importante en las letras de la época. El *Ensayo sobre la necesidad de una Federación General entre los estados hispanoamericanos,* del argentino Bernardo de Monteagudo (1785–1825), los tratados del colombiano Gregorio Funes (1749–1829) y, más tarde, los ensayos de Andrés Bello sobre la educación son típicos de esta tendencia. En 1816 apareció *El Periquillo Sarniento,* de José Joaquín Fernández de Lizardi (1776–1827), considerado la primera novela de Hispanoamérica. Es la única obra de ficción importante, de principios del siglo.

Fernández de Lizardi: El Pensador Mexicano

Rebelde, independiente y progresista, José Joaquín Fernández de Lizardi (1776–1827) es tal vez el mejor representante americano del espíritu reformador del siglo XVIII y de las primeras décadas del siglo XIX. Conocido por sus sátiras violentas contra administradores españoles, clérigos y profesores, tuvo incontables roces con las autoridades y aun fue encarcelado, pero continuó los ataques hasta su muerte. Su obra *El Periquillo Sarniento,* publicada en 1816, lo establece como el primer novelista de América.

Nació en la ciudad de México de padres criollos. Su madre era hija de un librero y su padre era médico. Se inscribió en el Colegio de San Ildefonso en 1793 pero dejó los estudios sin graduarse. En 1808 escribió su primera obra literaria, un pequeño poema celebrando el advenimiento de Fernando VII al trono español. En 1811 publicó en folletos unos versos satíricos en los que ridiculiza a varios tipos sociales. A fines de ese año las autoridades españolas lo acusaron de entregar armas y municiones a los insurgentes que asaltaban la ciudad de Taxco. Fue apresado pero pronto recobró la libertad y siguió publicando sus folletos. Defensor apasionado de la libertad de prensa, fundó en 1812 el periódico *El Pensador Mexicano,* nombre que él mismo adoptó para firmar sus artículos.

El Pensador Mexicano se convirtió en arma para atacar los males políticos y sociales. El noveno número contenía un editorial satírico contra el virrey Venegas, a causa del cual Fernández de Lizardi fue encarcelado. Durante los seis meses que estuvo preso, siguió publicando su periódico, aunque suavizó su retórica y aun llegó a elogiar al nuevo virrey, Félix María Calleja del Rey, quien le otorgó la libertad. En 1814 fue acusado nuevamente, esta vez por la Inquisición, pero no fue enjuiciado. A pesar de las restricciones impuestas por la censura, fundó dos periódicos más: *Alacena de Frioleras* y *Cajoncito de la Alacena.*

Fernández de Lizardi escribió sus cuatro novelas entre 1816 y 1820. Su decisión de ensayar un nuevo género literario fue totalmente pragmática: aunque la difusión de novelas había sido prohibida anteriormente, en esta época la novela no era sometida a la censura oficial y por lo tanto le proporcionaba al autor un mayor grado de independencia. En mayo de 1820, volvió a establecerse en México el gobierno constitucional con la garantía de la libertad de prensa. Fernández de Lizardi, viendo que la novela realmente no servía a sus propósitos, abandonó la ficción y se dedicó de nuevo a escribir panfletos. Fundó un nuevo periódico, *El Conductor Eléctrico,* dedicado a la defensa de la constitución.

En febrero de 1821 se declaró el Plan de Iguala, por el cual se reconocían tres garantías esenciales: catolicismo, unión de españoles y criollos, e independencia dentro de una monarquía constitucional. Destituido el virrey, el militar y político criollo Agustín de Iturbide (1783–1824) fue proclamado emperador en 1822. Al principio Fernández de Lizardi apoyó a Iturbide, pero, como muchos otros mexicanos de tendencias republicanas, pronto se desilusionó. Iturbide no cumplía sus promesas de realizar reformas en los campos de la política y la religión, y Fernández de Lizardi lo atacó en la prensa. En 1822 publicó *Defensa de los francmasones,* por lo cual fue excomulgado. Por fin hizo las paces con las autoridades eclesiásticas, pero negó que hubiera cometido delito alguno y se negó a alterar radicalmente su posición. De hecho, quedó muy desilusionado en 1824, cuando el Artículo III de la nueva Constitución legalizó la Iglesia Católica.

En 1825, en recompensa por sus servicios durante la lucha por la independencia, se le concedió el grado de capitán retirado y se le nombró director de la *Gaceta del Gobierno,* el periódico oficial. Al año siguiente fundó el *Correo Semanario de México.* En 1827 apareció *Testamento y despedida,* su arenga final. Murió de tuberculosis el 27 de junio de 1827.

El Periquillo Sarniento

A pesar de la poca importancia que Fernández de Lizardi le dio a la ficción, su obra más conocida es *El Periquillo Sarniento,* considerada la primera novela hispanoamericana. Las tres primeras partes aparecieron en 1816. La obra completa, con sus cuatro partes, fue publicada póstumamente en 1830.

El Periquillo Sarniento entraña estrechos vínculos con la *picaresca, un género novelístico que floreció en España durante el siglo XVII. La novela picaresca gira alrededor de una figura central—el pícaro—que cuenta sus aventuras y andanzas en forma autobiográfica. Generalmente el pícaro proviene de la capa más baja de la sociedad. Deja su casa para buscar fortuna en los caminos y pueblos adonde lo lleven las circunstancias. Sirve a diversos amos y hace muchos oficios. Se arrima a personas de diferentes tipos y estados sociales. Pronto pierde la inocencia y el idealismo. Aprende que en un mundo corrupto, la supervivencia requiere que uno sea astuto y descarado. La novela picaresca resultó ser un vehículo perfecto para Fernández de Lizardi, ya que su estructura episódica y su alcance social panorámico le permitían comentar sobre un gran número de aspectos de la sociedad mexicana.

Como el *Guzmán de Alfarache,* de Mateo Alemán, obra con la cual comienza el florecimiento del género picaresco en el siglo XVII, el *Periquillo Sarniento* toma la forma de un memorial que el narrador deja para la posteridad. Sus propósitos son didácticos. Su vida servirá de ejemplo de la mala conducta y sus nefastas consecuencias; al mismo tiempo expondrá los falsos valores y la corrupción que rigen la sociedad. La novela comienza así: «Postrado en una cama muchos meses hace, batallando con los médicos y enfermedades, y esperando con resignación el día en que, cumplido el orden de la divina Providencia, hayáis de cerrar mis ojos, queridos hijos míos, he pensado dejaros escritos los nada raros sucesos de mi vida, para que os sepáis guardar y precaver de muchos de los peligros que amenazan y aun lastiman al hombre en el discurso de sus días».

El protagonista de Fernández de Lizardi se llama Pedro Sarmiento. Sus compañeros de escuela deforman su nombre: lo llaman Periquillo por su traje de vistosos colores y Sarniento porque contrae la sarna, una enfermedad de la piel que consiste en una multitud de pústulas diseminadas por el cuerpo, que pican al enfermo. A diferencia de Lazarillo de Tormes, precursor del pícaro del siglo XVII, con quien la crítica a veces lo compara, Periquillo Sarniento es de una familia acomodada. Comienza sus estudios universitarios, pero es perezoso y pronto se aburre. Su padre amenaza con hacerle aprender un oficio manual, y Periquillo entra en un convento, resuelto a estudiar teología. Al morir su padre, Periquillo huye del convento. Poco después, muere su madre y el muchacho, solo en el mundo, se dedica a la mala vida. Se une a un grupo de pillos, aprende a jugar y malgasta su herencia, terminando primero en el hospital y luego en la cárcel.

Al verse libre nuevamente, Periquillo se lanza a la vida de pícaro. Por la mayor parte, sus aventuras se desenvuelven en la capital de México y sus inmediaciones: Cuautitlán, Ixtacalco, Ixtapalapa, San Agustín de las Cuevas, San Angel. Más tarde, sus andanzas lo llevan a lugares más lejanos: Tula, Tixtla, Acapulco. Viajando de una parte a otra, ejerce varios empleos, sirve a varios amos y conoce a personas de diversos ambientes. Aun llega a practicar la medicina entre indios y a viajar a Filipinas. Durante su larga vida entabla relaciones con varias mujeres y se casa dos veces, contrayendo segundas nupcias después de volver de Manila. El libro termina con la muerte y el entierro de Periquillo, los cuales son referidos por El Pensador.

Fernández de Lizardi emplea la sátira para exponer la corrupción de los administradores españoles del México colonial. Varios pasajes de su novela recuerdan obras satíricas de Francisco de Quevedo (1580–1645), cuyos escritos burlescos contienen violentos ataques contra diversos tipos profesionales y sociales. Jueces, abogados, alcaldes, carceleros y recaudadores de impuestos caen bajo el escrutinio del autor mexicano. Todos son ladrones. Todos se aprovechan de un sistema en que las leyes irracionales protegen al pillo y al poderoso.

Como su predecesor, el *Lazarillo de Tormes, El Periquillo Sarniento* entraña un articlericalismo implacable. La hipocresía y malicia de clérigos es un tema favorito de Fernández de Lizardi. También ataca la superstición de la gente común, las costumbres absurdas y dañinas, los males del sistema educativo, el atraso económico y la corrupción de los profesionales. Ridiculiza a profesores y médicos ignorantes y a boticarios avaros. Su blanco favorito es el criollo holgazán, cuyo desprecio del trabajo manual lo convierte en un ser inútil.

A pesar de su parentesco con la picaresca española, el *Periquillo Sarniento* es el producto de un clima político y filosófico muy diferente del que dio origen a libros como el *Lazarillo de Tormes* y el *Guzmán de Alfarache*. Fernández de Lizardi fue, ante todo, un reformador. Su enfoque es la necesidad de corregir los males que afligen a su país mediante la educación y la reforma política. La variedad de sus temas y las alusiones directas e indirectas a fuentes europeas revelan que el autor era un lector voraz, versado en un gran número de materias. Tanto su afán anticolonial como su erudición enciclopédica lo definen como un hombre del Nuevo Mundo y de su época.

Sobre *Breve sumario y causa*

Publicado el 19 de noviembre de 1814 en *El Pensador Mexicano, Breve sumario y causa formada a la muerte y al diablo, por la verdad y ante escribano público* es un artículo satírico típico de los que Fernández de Lizardi escribía para periódicos y panfletos. Como en *El Periquillo Sarniento,* se trata de un ataque contra la hipocresía y las malas costumbres, siempre con fines reformadores y didácticos.

Fernández de Lizardi se vale de muchos de los mismos recursos que Quevedo emplea en sus *Sueños:* Un narrador cuenta un «sueño» o fantasía que expone la depravación de los hombres. El narrador (en este caso el Pensador Mexicano) es un observador cándido e inocente que, con la ayuda de una guía (la Verdad), descubre ciertas realidades con respecto al funcionamiento de la sociedad.

Como muchos moralizadores españoles del Siglo de Oro, Fernández de Lizardi usa la alegoría para encarnar las constantes de la vida humana. La Verdad lleva al Pensador a un pleito contra el Diablo y la Muerte. El Diablo es acusado de conducir a los hombres al pecado, y la Muerte, de atormentarlos. El juicio revela que el Diablo tienta al hombre—lo cual, según la doctrina católica, es su derecho—pero no le fuerza la voluntad. El individuo posee libre albedrío y por lo tanto es capaz de rechazar la tentación. Además, el Diablo alega que tiene poco que hacer, ya que los hombres, por su cuenta y sin la intervención de él, se portan de una manera tan insensata. La Muerte se defiende diciendo que aunque los hombres afirman que le temen, no es cierto, ya que la buscan con sus costumbres autodestructivas. Al entregarse al vicio—la gula, la ira—tientan a la Muerte de mil maneras. Sin embargo, cuando les acaece una desgracia, culpan al destino y a Dios.

La alegoría le da al autor un formato perfecto para criticar los males sociales. Comenta los engaños de los comerciantes y compradores, la mala fama de los escribanos, la pobreza del sistema educativo, las criadas que llenan la cabeza de los niños con supersticiones estúpidas, lo absurdo de las pendencias y de las corridas de toros. Para Fernández de Lizardi, el libre albedrío entraña la idea de la responsabilidad individual. No es, como para los moralistas del Siglo de Oro, sólo el medio por el cual el hombre gana la salvación, sino también un recurso del cual puede valerse para mejorar su mundo.

A pesar de su anticlericalismo, Fernández de Lizardi fue un moralizador cristiano que creía en una religión basada en la justicia y el amor al prójimo. Es decir, deseaba volver a un cristianismo puro, eliminando los abusos y excesos de los clérigos. En su *Breve sumario,* defiende la doctrina tradicional, la cual considera totalmente compatible con su búsqueda de la verdad.

Ediciones

Fernández de Lizardi, José Joaquín. *El Periquillo Sarniento.* Prólogo de Jefferson Rea Spell. México, D. F.: Porrúa, 1987

______. *El Pensador Mexicano.* Ed. Agustín Yáñez. México, D. F.: Universidad Nacional Autónoma, 1940

Crítica

Beroud, Catherine. «*Periquillo Sarniento* y *Don Catrín de la Fachenda:* Dos facetas de una misma realidad.» 109–120. Ed. Claude Dumas. *Culture et société en Espagne et en Amérique Latine au XIXè siècle.* Lille: Centre d'Etudes Ibériques et Ibéro-Américaines de l'Université de Lille, 1980

______. «La picaresca como única posibilidad literaria o *El Periquillo Sarniento.*» 1041–45. Ed. Manuel Criado de Val. *La picaresca: Orígenes, textos y estructuras.* Madrid: Fundación Universitaria Española, 1979

Franco, Jean. «La heterogeneidad peligrosa: Escritura y control social en vísperas de la independencia mexicana.» *Hispamérica.* 12(34–35) (April–Aug. 1983): 3–34

Grace, Lee Ann. «Lizardi and Linguistic Realism in the Picaresque.» *Bollettino dell'Instituto de Lingue Estere.* 11(1978): 89–95

Larrea, María Isabel. «*El Periquillo Sarniento.* Un relato ejemplar.» *Estudios Filológicos.* 18(1983): 59–75

Leal, Luis. «Picaresca hispanoamericana: De Oquendo a Lizardi.» Eds. Andrew P. Debicki and Enrique Pupo-Walker. *Estudios de literatura hispanoamericana en honor a José Juan Arrom.* Chapel Hill: University of North Carolina Press, 1974

Pérez Blanco, María E. «Lizardi y su obra.» *Círculo.* 6(1977): 47–54

Pérez Blanco, Lucrecio. «Pensamiento y configuración narrativa en *Periquillo Sarniento.*» *La Ciudad de Dios: Revista Agustiniana.* 193(2) (May, 1980): 375–410

Skirius, John. «Fernández de Lizardi y Cervantes.» *Nueva Revista de Filología Hispánica.* 31(2)(1982): 257–272

Van Praag-Chantraine, Jacqueline. «*El Periquillo Sarniento:* Un pícaro criollo.» 1047–54. Ed. Manuel Criado de Val. *La picaresca: Orígenes, textos y estructuras.* Madrid: Fundación Universitaria Española, 1979

Vogeley, Nancy. «José Joaquín Fernández de Lizardi and the Inquisition.» *Dieciocho.* 3 (1980): 126–137

Breve sumario[1] y causa[2] formada a la Muerte y al Diablo, por la Verdad y ante escribano público

JOSÉ JOAQUÍN FERNÁNDEZ DE LIZARDI

En una de estas divertidas (aunque debían ser tristes) noches de finados,[3] me pareció, entre sueños, que salía a pasearme por los parajes acostumbrados, para distraerme de mis particulares pesadumbres con los diversos objetos que en ellos se presentan. Bastante embelesado[4] iba yo, cuando entre la esquina del Parián y la Plaza de Armas, sentí que se movía el terreno que pisaba. Me sorprendí, como era regular;[5] pero cuando acabé de trastornarme fue cuando frente de mí se abrió la tierra, y de la obscura grieta salió... ¡quién lo creyera! una hermosa mujer, rica, aunque muy honestamente[6] vestida.

No acababa yo de santiguarme, ni de creer el fenómeno que veía, cuando la hermosa ninfa se acercó a mí y con un tono de voz agradable, me dijo: —No te asustes, ¿me conoces? Yo entonces la vi el rostro con intención y le dije: —Señora, me parece haber otras veces tenido la felicidad de veros; pero en la presente no me acuerdo de vuestro nombre. Ella sonriéndose me dijo: —Pues yo soy la *Verdad,* a quien has visto muchas ocasiones, y has defendido en tus escritos. Es cierto que me has visto con los ojos del entendimiento; pero ahora me ves con los del cuerpo.

—Este, dije yo, es un favor sobrenatural. —No mucho, dijo, pues qué, ¿tú piensas que los mortales no me ven con sus ojos cada rato?; te engañas: la verdad es señora, pero muy familiar con todo el mundo;[7] yo bien deseo que todos me vean, me conozcan, me traten y me amen; para esto me hago demasiado visible; mas por desgracia, tus semejantes se tapan los oídos por no oírme, y cierran los ojos por no verme.

—Así es, señora, dije yo; pero ya que habéis tenido la bondad de dejaros tratar de mí con esta llaneza,[8] permitidme os haga unas cuantas preguntas con cuya duda batalla mi imaginación actualmente.

—Di lo que quieras, me contestó, que serás satisfecho con franqueza.

—Pues habéis de dispensarme, proseguí, porque tengo de haceros

---

[1] indictment
[2] trial
[3] **muertos (El Día de los Muertos es el 2 de noviembre. En México se celebra con fiestas y dulces en forma de calavera, además de visitas al cementerio.)**
[4] **encantado**
[5] **normal**
[6] **decorosamente**
[7] **la...** truth is a great lady, but she's on familiar terms with everybody
[8] **familiaridad**

más preguntas que un catecismo. Decidme, ¿qué significa haber salido de la tierra? Si es para darme a entender aquello que se lee en las divinas letras de que *La Verdad nació de la tierra,* para significar que no habiendo en el cielo mentira, la verdad reconoce su centro en la tierra donde es peculiarmente necesaria; si es para esto, repito, ¿no fuera mejor exprimir[9] la misma alegoría saliendo de algún palacio o de algún edificio suntuoso de tantos que hay en esta ciudad; y no de la misma tierra grosera a modo de tusa[10] o lagartija?

—Así parece, me respondió, pero has de saber que soy tan desgraciada que no hallo albergue seguro donde alojarme entre los mortales, pues aunque todos dicen que me aman, ninguno me quiere por su casa; y así por no sufrir muchos desaires, tengo a mejor habitar en el obscuro centro de la tierra.

—Decidme, continué, ya que por demasiado puntillosa[11] preferís tan grosero alojamiento, ¿por qué no salisteis junto algún convento de recoletos[12] o capuchinas, cuyos sitios son seguramente los asilos de la verdad, y no de este lugar que por tantos títulos merece el epíteto de *mentidero?*[13] porque bien sabéis, señora, que en los Portales y Parián, concurre, los más días, una multitud de hombres, poco ocupados, con el inocente objeto, según dicen, de pasar el rato, en cuyo tiempo miente cada uno a proporción de su genio y de la materia que trata. A más de esto, tienen muy bien merecido estos lugares el sobrenombre de *mentideros,* cuando menos por ser los más públicos de comercio porque es innegable que por desgracia en este giro se miente *a solis ortu, usque ad occasum,*[14] y no parece sino que los mostradores son unas fortísimas murallas que os defienden la entrada y la salida de las tiendas, pues tratan de ver cómo se engañan en los ajustes; y aunque en las tiendas los compradores llevan la peor parte, en lo que no es tienda no van mejorados los que venden, pues también se valen de su necesidad los que los compran ofreciéndoles cuatro por lo que conocen que en su precio ínfimo[15] vale doce; y aunque esto es gravoso y una especie de hurto nadie hace alto en ello; antes se vanaglorían[16] de haber hecho una famosa[17] compra. Por esto digo, señora, que me admiro hayáis escogido para manifestaros a mi vista un lugar tan indecente para vos como éste, y deseara saber el motivo.

—Pues sábete, me dijo, que he elegido este lugar por la misma razón de lo mucho que en él se miente, porque donde abundan las mentiras, abundan asimismo las verdades. —Perdonad, señora, la[18] dije; pero parece paradoja. —no es sino realidad, me respondió: ¿no adviertes que el que miente conoce que miente?

---

[9] **expresar**
[10] ear of corn
[11] demanding
[12] recluses, Recollects (order dedicated to religious meditation)
[13] **lugar público donde la gente suele reunirse para conversar (Nótese el parentesco con el verbo «mentir».)**
[14] **a...** from sunrise until sunset
[15] **menor, más pequeño**
[16] **se...** they brag
[17] great, terrific
[18] **le (Fernández de Lizardi emplea el complemento directo en algunas situaciones en que normalmente se usaría el indirecto.)**

Pues este conocimiento incluye una verdad, y mira tú, cómo yo no falto a lo menos del pensamiento del mentiroso.

—Es así, señora, proseguí; pero, ¿por qué dicen que sois amarga? —

—Yo, me dijo, no amargo sino a los que no me tragan; de modo, que estos necios aseguran que amargo sin gustar de mí; pero cree que el daño no está en la vianda[19] sino en sus estragados[20] paladares; por eso jamás oirás decir que amargo a los hombres de bien, porque éstos me han tomado diferente sabor.

—¿Y por qué os presentáis vestida, dije, cuando todos dicen que la verdad ha de ser desnuda, y aun en esa confianza escribí días pasados un papelucho titulado: *La verdad pelada*?[21]

—Hijo, me respondió, la verdad ha de estar desnuda de hipocresía, del temor servil, de la rastrera[22] adulación, del engaño, etcétera, pero ha de estar vestida y adornada de la prudencia, del celo del bien público, de la moderación, y sobre todo, de una santa libertad, con la que sin zaherir[23] a las personas, ataque al vicio cara a cara.

—Y decidme, señora, proseguí, ¿por qué habéis salido esta noche? ¿qué progresos pensáis hacer en unos ratos que todos dedican al paseo y a la diversión?

Yo bien sé que poco he de conseguir, me respondió, pero mi amante[24] natural no me permite separarme un punto de los hombres por más que éstos se desdeñen de mí con la mayor ingratitud, de modo, que aunque quieren desasirse de mí y hacer que no me conocen, es imposible, porque me introduzco hasta sus corazones y allí les grito lo que ellos no sufrieran de sus mejores amigos, y mis gritos son con tal energía, que no pueden acallarlos, ni dejar de confesar con el espíritu, que tengo razón en mis severas reprensiones. A más de esto, tengo la gracia de bilocarme, esto es, de estar a un mismo tiempo en diferentes partes: de suerte que ahora mismo estoy en las cabezas y en los corazones de infinitos de los que ves pasar, instruyendo a unos y reprendiendo a otros sus miserables extravíos;[25] pero el principal objeto de mi pública venida a estos lugares es porque sé que no han de faltar de ellos un par de facinerosos[26] de quienes vosotros los mortales os quejáis sin cesar, y vengo a haceros justicia, aprehendiendo y juzgando a estos pícaros que tanto os enfadan y molestan.

—¿Y quiénes son, señora? la pregunté.

—Ven, los verás, me dijo, y tomándome de la mano me llevó por hacia donde ponen el cartel de las comedias,[27] y abajo del pilar me mostró un feo demonio sentado, como dicen, en cuclillas,[28] abrazándose las rodillas con ambas manos, y cabizbajo a guisa de[29] dormilón o pensativo. Quedé sofocado con tan inesperada visión, y procurando desasirme de la Verdad, le dije: —Señora, dejadme os

---

[19] **manjar, comida**
[20] **corruptos**
[21] **desnuda**
[22] **baja, despreciable**
[23] **criticar**
[24] **amor**
[25] **manías**
[26] trouble-makers
[27] **cartel...** theater announcements
[28] squatting
[29] **a... como, a manera de**

ruego, que mi débil espíritu no puede sufrir la horrorosa presencia de este vestiglo.[30]

—No temas, me dijo, que mientras yo no falte de tu lado, todo el infierno es poco para perjudicarte en lo más mínimo.

Diciendo esto, me llevó a la Plaza, y vi ¡qué horror! un descarnado esqueleto, que con una afilada guadaña[31] andaba con la mayor velocidad por entre toda la gente, punzando a unos, amenazando a otros, huyendo de algunos y burlándose con todos, y en estas vueltas y revueltas, cuando yo menos pensaba, la vi tan cerca de mí, que la punta de su arma, que blandió sobre mi cabeza, tocó mis narices: del mismo susto alcé la cara y vi que dirigió hacia mí su fiero aspecto con tan extraño ademán, que no pude menos sino venir al suelo a los pies de la Verdad a modo de toro desjarretado.[32] El espectro pasó de largo, y la Verdad, poniéndome una mano sobre el corazón, me alentó lo bastante para ponerme en pie y decirla: —Señora, por Dios os suplico me dejéis, porque yo no tengo valor para ver otra fantasma como la que he visto.

—Necio, me dijo: ése es el carácter de tus ingratos semejantes, desechar a la Verdad en los preciosos momentos en que se digna visitarlos para su más sólida instrucción; pero en fuerza de mi cariño y de mi obligación, no ha de ser así por ahora: a tu pesar has de asistir a mi lado esta noche; y cuidado como insistes en separate de mí; porque te abandonaré para siempre y te entregaré a los mismos monstruos que tanto temes.

Enmudecí con tan severa reprensión, y habiendo salido de la Plaza me dijo:

—Ten buen ánimo, que se acerca ya el instante de la prisión de estos famosos reos.

—Ay, señora, la dije con un tono de voz tan balbuciente, que manifestaba de a legua mi temor: hacedme la merced de soltarme, que yo os juro no perderos de vista en toda la noche; pero no me llevéis de ronda,[33] porque os aseguro que no tengo valor para coger un perro de la cola, cuanto menos para ser corchete[34] de tan semejantes espantajos.

—Pues bien está, me dijo, no te apartes de mí, que para prenderlos me voy a acompañar de aquél que viene allí...

—¿De quién, la dije, de aquel hombre vestido de negro?

—Sí, de ése, me respondió.

—Pues eso me admira más que haber visto al diablo y a la muerte.

—¿Y por qué? me replicó.

—¿Por qué, señora? dije yo: porque éste es escribano, y me parece cosa tan peregrina[35] al ver a la Verdad junta con un escribano, que la tengo por más rara que ver al diablo y a la muerte en el Portal o en la Plaza.

—Pues no la tengas, me contestó, porque aunque dicen que verdad y escribano importan[36] contradicción, es un error, pues hay escribanos hombres de bien con los que yo me asocio porque me honran y tal es éste.

Dicho esto, me soltó, y en un momento se juntó con el escribano, y entre ambos atraparon a los dos avechuchos,[37] que muy fruncidos de hoci-

---

[30] **monstruo horrible**
[31] scythe
[32] **que ha perdido mucha sangre**
[33] **no...** don't take me on your night patrol
[34] constable
[35] **extraña**
[36] **llevan en sí**
[37] bums

cos[38] a la vista de la Verdad se dieron por presos y se dejaron conducir al Portal de las casas de Cabildo;[39] pero al pasar por la esquina del Parián, sucedió que el escribano, embarazadas[40] sus dos manos con los reos, no pudo alzarse la camba[41] del capote que se le cayó, la pisó y fue a dar contra una mesita de dulces. Muertos, calaveras, carneros, muñecos y toda gente de alfeñique[42] fue a tierra mal de su grado[43] y del de la pobre dulcera que se daba a Barrabás,[44] maldiciendo su destino y sin conocer entre la turbamulta[45] al autor de semejante fechoría.[46] Recogía la infeliz las reliquias de su malhadada hacienda a toda prisa porque ya venía una tropa de muchachos para ahorrarla del trabajo, y entre sus lágrimas y quejas decía:

—Mal haya[47] el demonio: sólo el diablo es capaz de haberme hecho semejante perjuicio...

Fueron su camino los jueces y los reos, y yo a una vista. Se entraron en uno de los oficios de la Diputación,[48] que no sé con qué motivo estaba solo, abierto y con luz. Se entraron *pro tribunali*[49] la Verdad y el escribano; yo me puse detrás de la silla de éste; la Muerte se quedó aparte en un rincón, y el diablo en pie junto de la mesa, a quien dijo el escribano:

—Muy bien te conozco, buena maula;[50] pero es preciso que pongas la Cruz para recibirte juramento.

—Eso sí no haré yo aunque me ahorquen, respondió el diablo, porque desde un chasco[51] muy pesado que me pasó en un monte con una Cruz, he quedado tan escarmentado y medroso de ella, que no soy capaz de sufrir su presencia,[52] ¿cuánto menos de hacer su figura? y así, si usted quiere, yo juraré decir verdad bajo mi palabra de honor; pero pensar en que ponga cruz es pedir peras al olmo.[53]

—Muy bien, dijo el escribano, aquí está su señoría la Verdad, mi señora, que no te dejará mentir, y diciendo esto, dobló su papel y comenzó a escribir lo siguiente:

Auto cabeza de proceso,[54] *declaración y confesión con cargo al demonio.*— En la ciudad de México, a 2 de noviembre de 1814 años: hizo la señora Verdad comparecer a un espectro, a quien en su persona le recibí juramento bajo su palabra de honor, so[55] la cual ofreció decir verdad en lo que supiere y fuere[56] pre-

---

[38] **fruncidos...** scowling
[39] town hall
[40] **llenas**
[41] gore (a triangular piece of material inserted in a garment to give it width)
[42] almond-flavored sugar paste (with which candy skulls, skeletons and other figures are made for All Souls' Day.)
[43] **mal...** in spite of themselves
[44] **el diablo (En la Biblia, Barrabás es el judío que fue encarcelado por sedicioso y asesino al mismo tiempo que Jesús. Poncio Pilatos le dijo a la multitud que escogiera entre Barrabás y Jesús para poner en libertad a uno de ellos, y la gente prefirió a Barrabás.)**
[45] **muchedumbre**
[46] **mala acción**
[47] **Mal...** Damn
[48] **palacio municipal**
[49] **pro... para el juicio**
[50] **buena...** you con man
[51] disappointment (The Devil was unable to tempt Jesus, who cast him away with the words «*Vade retro, Satana*».)
[52] According to a popular belief, the Devil disappears whenever he sees a cross. (Defendants had to swear to tell the truth by the sign of the Cross, which the Devil says he cannot do.)
[53] **peras... lo imposible**
[54] **Auto...** By judicial decree
[55] **bajo**
[56] **supiere, fuere: futuro del subjuntivo, forma antigua que se usa en algunos documentos formales**

guntado, y siéndolo sobre su nombre, patria, padres y estado, dijo llamarse *Asmodeo,*[57] ser natural del reino de los cielos, no tener padres y ser de estado,[58] doncello.[59] Preguntado ¿cuál es su ejercicio? dijo: que tentar a los hombres y a las mujeres. Preguntado que ¿qué estaba haciendo en el portal cuando fue preso? dijo: que estaba descansando.

Reconvenido[60] cómo tiene la osadía de mentir ante su Señoría la Verdad, asegurando ser célibe o doncello, como él se explica, cuando todo el mundo sabe que tiene sus comercios impuros con el sexo femenino, y aun en muchas ciudades de la Europa han desterrado, azotado y también quemado por este crimen a algunas pobres mujeres a quienes ha seducido, y que se han conocido con el nombre de brujas, dijo: que todas esas son patrañas[61] que deben únicamente su origen a unas cabezas desconcertadas, y a la ignorancia de los siglos en que han pasado por realidades los delirios.

Se le hace cargo cómo con la mayor desvergüenza se pretende disculpar faltando a la religión del juramento que ha prestado bajo su palabra de honor, a la diablesca, negando el delito de que se le acusa, cuando se sabe que para perpetrarlo se ha puesto en figura de cabrón[62] y ha llevado en volandas[63] a dichas brujas a las cuevas y subterráneos, dijo: que en virtud de su misma palabra jura y rejura que es falso de toda falsedad el cargo que se le hace; porque él es una substancia espiritual, incapaz de tener contactos físicos con el cuerpo.

Reconvenido, cómo, si es según expresa, hay hasta tratados escritos por algunos teólogos sobre los *íncubos* y *súcubos,*[64] cuyos términos muy bien entiende y la depravada malicia que se arguye de su significación, dijo: que este cargo es hermano carnal del antecedente, para el que reproduce las mismas respuestas.

Reconvenido cómo tiene valor de negar este delito cuando todos saben no sólo que ha tenido los referidos comercios indecentes, sino que de ellos ha tenido sucesión, pues se asegura que tiene un hijo y por más señas que es tuerto,[65] pues tanto quiso hacer con él que hasta que le sacó un ojo; lo que ciertamente es otro crimen, dijo: que ésta es otra mentira grosera, hija de un vulgo necio, cuyas viejas divierten a los niños con estos cuentos, llenando sus cabezas de semejantes frivolidades y simplezas, con las que los acostumbran a creer todo lo que suena a maravilloso, haciéndose después estos mismos niños con tan mala educación, unos idiotas que a pie juntillas[66] defienden estos prodigios con los demás embustes de *espantos, ruidos, muertos aparecidos, duendes traviesos, brujas de lumbre, luces significativas de dinero enterrado, prodigios en docenas,* y otra baraúnda de chismes[67] con que sin ser mejores cristianos son los

[57] **nombre del demonio de los placeres impuros que figura en el libro de Tobías, en la Biblia**
[58] marital status
[59] single
[60] (When) confronted with
[61] **falsedades**
[62] The Devil is traditionally represented as a goat.
[63] **volando por el aire**
[64] **El *íncubo* es una especie de demonio que tiene comercio carnal con una mujer. Un *súcubo* es un demonio femenino.**
[65] **es... tiene un solo ojo**
[66] **a... sin pensar**
[67] **baraúnda...** batch of nonsense

mayores supersticiosos que difaman su misma religión. Añadiendo el exponente que si, como se dice, él fuera padre de familias, no permitiría a sus hijos el conversar con las viejas criadas de su casa, ni con ninguna persona, cuya instrucción no fuera conocida; y que esto lo dice para que se vea que él nunca ha tenido hijos ni botijos,[68] ni padre, ni madre, ni perrito que le ladre; ni menos ha sacado a nadie los ojos, porque no es tecolote,[69] y antes deseara abrírselos cuanto antes a los muchachos en ciertas materias para que le fueran útiles *ab ineunte aetate* o desde sus primeros días; bien que tiene el consuelo de que no le faltan bastantes substitutos que le ayudan en esta diligencia y desempeñan con garbo, lo que a él se le dificulta.

Reconvenido por qué es tan perjudicial a los hombres, que todos se quejan de su perfidia, dijo: que él lo que hace algunas veces es inducirlos al mal; pero jamás los fuerza; y que aun esto lo hace con superior permiso,[70] y para su mayor bien; pero ellos no saben o no quieren aprovecharse.

Reconvenido, cómo quiere disminuir su crimen diciendo que *algunas veces* tienta o induce a los hombres al mal, cuando es notorio y de pública voz y fama que es por antonomasia[71] el declarante el *hijo de la iniquidad;* y él mismo ha dicho, que su profesión es ser tentador, dijo: que no lo puede negar; pero lo que dice es, que él es un pobre diablo, y que son más los testimonios y calumnias que le levantan los hombres, que lo que él hace, pues ellos se tientan de tal modo que no le dejan qué hacer; que es verdad que de todo le hacen cargo los mortales y le echan la culpa; pero que en su conciencia jura que no tiene parte en la mitad de los males que les acontecen ni de los pecados que cometen; pero tiempos hace han dado en imputarle cuantas desgracias sufren y en acusarlo de los delitos que cometen como si él pudiera forzarles la voluntad para nada: que en prueba de esto se acuerda el presente escribano que no ha un cuarto de hora que tiró la mesita de la dulcera, y ésta le echó la culpa al declarante sin meterse en más averiguaciones: que en vista de esto se compadezca del declarante, la Verdad, pues puede asegurar que los hombres son el diablo, y el que declara es un angelito aunque algo patudo.[72]

Se le hace cargo, cómo se está perjurando tan criminalmente, pues cuando da a entender que no tienta mucho a los hombres y que éstos son los que se tientan o se provocan el mal por la mayor parte y sin la concurrencia del exponente, no se acuerda que ha dicho que estaba descansando cuando fue preso, pues seguramente siendo su oficio tentar, y estando descansando, prueba cuánto habría trabajado solo en la noche y cuántos perjuicios habría inferido, cuando le fue preciso tomar reposo de tan ímproba[73] fatiga, dijo: que aunque

---

[68] round jar with spout and handle; also a nickname for a plump child

[69] owl (Mexico and Central America)

[70] **Según la doctrina católica, Dios le da al Diablo permiso para tentar al hombre pero no para forzarle la voluntad.**

[71] **figura de retórica en virtud de la cual se pone el nombre propio por el apelativo. Es decir, Diablo es, por definición, lo mismo que hijo de la iniquidad.**

[72] **Según la doctrina, el Diablo es un ángel caído. Es «patudo» porque tiene patas de cabra.**

[73] **deshonesta**

estaba descansando no era de trabajar; sino de buscar qué hacer, pues se cansó de corretear la ciudad de arriba abajo, y no halló gente desocupada, pues todos estaban provocándose al mal a porfía;[74] que corrido de ver que los hombres le habían quitado el oficio, se vino al portal, se mezcló entre la concurrencia en solicitud de trabajo; pero que fue en vano; porque vio con el mayor espanto que aquí en estos portales y plazas no solamente tientan los mortales a las mortalas, sino que las abrazan y pellizcan, a cuyo atrevimiento no llega la maldad del que responde.

Preguntado; si tiene alguna cosa más que decir, añadir o quitar para su defensa, dijo: que no, y que lo que ha dicho es la verdad bajo el juramento que ha prestado en que se afirmó y ratificó; leída que le fue esta declaración, expresó ser de siete mil años de edad, poco más o menos y lo firmó con su señoría,[75] de que doy fe.—*La Verdad.—Asmodeo.*—Ante mí, *El Escribano.*

Declaración de la Muerte.—En el mismo acto hizo su Señoría comparecer por ante mí a un Esqueleto, a quien en su persona se le recibió juramento que hizo por Dios nuestro Señor y la señal de la santa Cruz, so cuyo cargo ofreció decir verdad, en lo que supiere y fuere preguntado, y siéndolo, sobre su nombre, patria, padres, estado y demás generales del derecho, dijo: llamarse *La Muerte;* y según autores, ser hija del pecado y la concupiscencia, engendrada en el paraíso, y nacida en este valle de lágrimas, siendo su primer partero que la ayudó a salir a luz el fratricida Caín; que no tiene sexo, edad, condición ni estado determinado, pues tan breve es hombre como mujer, niña o adulta, noble o plebeya, casada, viuda, doncella, etc., etc.

Reconvenida cómo luego entra mintiendo y perjurándose con desvergüenza, pues asegura una quimera, como es no tener sexo ni estado determinado, dijo: que es verdad lo que ha dicho; porque el estado del muerto es el de la muerte.

Se le hace cargo cómo tan sin temor de Dios ni su justicia ha quebrantado infinitas veces el quinto precepto del decálogo,[76] infiriendo tantos homicidios a los humanos, dijo: que aunque es cierto que ha matado a muchos; pero que no ha quebrantado el quinto precepto, pues está autorizada para ello por el supremo Legislador,[77] como lo prueba el documento que debidamente presenta en una tira útil de papel...Diciendo esto, sacó de un canuto[78] de hoja de lata[79] un papel en que estaban escritas estas palabras: *establecido está que los hombres mueran una vez,* S. Pab. a los Heb. 9. 27.

Se le hace cargo por qué es tan horrible a los mortales, que sólo al ver su aspecto no queda una a vida, dijo: que no es tan bravo el león como lo pintan, pues si para los malos es *pésima,* para los buenos es *preciosa,* y que esto es tan cierto que para su prueba se remite a las sagradas letras donde largamente se contiene; y así que si es mala para algunos, ellos tie-

---

[74] **todos...** they were all competing with each other to see who could do more evil
[75] **título**
[76] **los diez mandamientos**
[77] **Dios**
[78] tubular container
[79] **hoja...** tin

nen la culpa, pues si su conducta fuera buena, también ella lo sería.

Reconvenida que, aunque diga bien en lo moral, en lo físico no puede disculparse de ser malquista para todo el mundo, dijo: que eso lo causa la ignorancia de los hombres que se juzgan eternos o inmortales, por una parte, y por otra, están tan engreídos[80] con la vida, como si ésta fuera una guirnalda tejida de legítimas felicidades, y no una cadena continua de sinsabores y desgracias: sin acordarse que en expresión del santo Job,[81] *el hombre ha nacido para vivir muy poco tiempo, y éste lleno de muchas miserias;* y así que si los mortales quieren que la que declara les sea menos temible y fastidiosa, es menester que se acuerden que el paso es inevitable; que adviertan que la vida no es en sí misma tan halagüeña como se la figura, y que según un sabio inglés

...No hay otra arte
mejor para aliviar el excesivo
temor con que a la muerte contemplamos,
que rebajar el precio en que estimamos,
la vida...

Young.[82] Noch. 5

Reconvenida cómo pretende disculparse atribuyendo el temor de la muerte al apego de los placeres de la vida, cuando es público y notorio que es tan horrorosa, que hasta los más timoratos[83] y arreglados la han recibido con susto y sobresalto, dijo; que el temor de los buenos no se dirige a la muerte en cuanto a privación de la vida, sino en cuanto a que es la conductora a la eternidad; cuando por el contrario los impíos que o no creen o no temen la eternidad, son los que más se precipitan a la muerte, y así vemos que si muchos justos la han recibido con temor, muchos más impíos la han abrazado con ansia, quitándose ellos mismos la vida en el momento que se les ha representado que no la pueden disfrutar con placeres.

Reconvenida cómo insiste en disculparse tan tenazmente, cuando todos los hombres dicen que es terrible, que es fiera, que es cruel, que es inexorable y que la temen como al mayor de todos los males temporales, dijo: que con excepción de pocos, o son unos brutos, o mienten todos los que lo dicen; porque...Aquí se enfureció el escribano y aliñandose la golilla[84] la dijo: Esqueleto malcriado, explíquese otra vez con más consideración del linaje humano; ¿cómo es eso de que todos mienten? sepa decir que *se engañan, se equivocan,* o cuando más *que faltan a la verdad;* y no, *mienten* a secas, groserona; bien que yo lo borraré y lo pondré como debe estar.

Se engalló[85] la muerte, todo el costillar y osamenta le temblaba de la cólera, sus desiertas quijadas tascaban unas con otras, y con una ronca y desapacible voz, encarándose al curial,[86] le dijo:—Oiga usted, señor escriba: ¿sabe usted sus obligaciones?, ¿sabe que le está prohibido interpretar ni componer el estilo de las declaraciones de los reos; sino que debe

---

[80] **apegados (a)**
[81] **personaje bíblico conocido por su piedad y resignación**
[82] **Edward Young (1683–1765), poeta inglés**
[83] **que tiene temor a Dios**
[84] magistrate's collar
[85] **Se puso arrogante**
[86] court clerk

poner hh, o rr, como ellos las digan, sin meterse en más dibujos?, ¿sabe que no debe maltratar a ningún reo, y más delante del juez de la causa?, ¿sabe, por último, que después de convencido su entendimiento con la solidez de un descargo, no debe estar machaca que machaca[87] con el pobre reo hasta sacarlo por fuerza perjuro y delincuente, prevaliéndose de su sencillez y de su miedo, enredándolo con sofismas,[88] engañándo con falsas promesas de su protección y amedrentándolo con amenazas de separos, horcas, destierros, azotes y demás?; sin duda que lo ignora, pues si no, ¿cómo con tal orgullo habla de querer enmendarme la palabrada? A más de esto: sépase que es un ignorante él y cuantos creen que esta palabra *miente* tiene equivalente, ni que son sus sinónimos las que ha dicho de *se engaña, falta a la verdad,* o *se equivoca,* pues el *mentir* es faltar a la verdad con *malicia* (que es lo que echo en cara a los hombres), y *engañarse* o *equivocarse* es faltar a la verdad por *ignorancia.* Lo primero arguye culpa, y lo segundo, no; con que vea ahora cuán sabihondo es, pues no entiende el verdadero espíritu del idioma. ¿Y así quiere componer mi dialecto? y ¿así me reprende y me tacha de grosera? Si esto hace conmigo que sé dónde tengo la cara, ¿qué hará con un pobre indio o una miserable mujer que no saben quién a Dios quiere seguir? y si esto hace el que se tiene por escribano hombre de bien, ¿qué harán tantos escribanillos y receptorcillos[89] habilitados, cuya ciencia consiste en leer, y mal, la *cartilla*[90] *de Escribanos* y el *Febrero,* si acaso, y en cavilosear, enredar y chupar al miserable reo?, ¿qué harán éstos, cuya conducta relajada y cuya alma ya entregada a Satanás, lo menos que respetan es la libertad ni la vida del infeliz que cae en sus manos, así como el desarmado pajarillo en las garras del carnicero gavilán? y qué harán...—Basta, dijo la Verdad, que tanto el escribano como el reo me han faltado demasiado al respeto. La muerte se ha excedido en el tono; pero se ha explicado a mi gusto. Adelante.

Preguntada cómo o por qué dice que son brutos o mentirosos los hombres que aseguran temerla, dijo: que si verdaderamente la consideran como el mayor de todos los males temporales, son aún más que brutos, pues éstos procuran en cuanto está de su parte la conservación de su individuo; cuando, por el contrario, los hombres de que habla parece que buscan la muerte con la mayor ansia, ya destruyendo su salud con los excesos de la gula, ya abreviando sus años en los lupanares?[91] ya pereciendo en sus riñas particulares, ya congregándose, en tropas para destruirse mutamente a són de caja y clarín, y ya inventando prácticas para matarse más aprisa, según arte, como si no sobraran fiebres, apoplejías, insultos, pulmonías, anasarcas,[92] diarreas, tenesmos,[93] disenterías, viruelas, sarampiones, garrotillos, asmas, pleuresías, cólicos, misereres, ascitis, ictericias, vómitos y demás agudas y crónicas enfermeda-

---

[87] **machaca...** harassing, beating down on
[88] **falsos razonamientos**
[89] receiver (person appointed by the court to take charge of the business or property of another, pending litigation)
[90] primer
[91] **casas de prostitución**
[92] dropsy
[93] **el deseo urgente de orinar o defecar sin poder hacerlo**

des que todos los días atacan su vida. Muchas veces parece que la muerte huye de los hombres y éstos corren tras ella como si fuera el mayor de los bienes. Perecen en las riñas, en las astas[94] de un toro, en los suplicios, y en otros peligros a que se exponen, y luego gritan los vulgares que *ya estaba de Dios, que era su signo, que se llegó su raya* y otras majaderías que, a no disculparlas la ignorancia, serían unas descaradas blasfemias contra la sabia providencia, y acreedoras del más riguroso castigo; porque decir que *estaba de Dios,* que este provocativo muriera de una puñalada, aquel criminal en la horca, el otro bárbaro atravesado de una fiera, etc., es decir que estaba así determinado por Dios de decreto absoluto, irrevocable como dicen los teólogos, lo que sería una herejía terrible, pues era decir que Dios era un ser injusto y tirano, pues criaba hombres predestinados a las desgracias y se complacía en hacerlos sufrir los males a que los destinaba. Así, pues, deben saber los necios que así se explican, que Dios no cría a nadie para que perezca de esta o aquella manera desgraciada, por más que sepa cuál ha de ser su fin. Una cosa es que Dios desde la eternidad sepa que Pedro ha de cometer tal delito, y otra el que quiera que lo cometa: una cosa es permisión y otra volición. Dios le ha concedido a Pedro su libre albedrío, sabe que ha de usar mal de él, y ha de tener un fin desastrado: lo sabe, lo permite; pero no lo quiere, no lo desea, no lo tiene así absolutamente determinado. Ni menos está obligado a embarazarlo, pues deja obrar las causas naturales según las leyes que les estableció al principio, e interrumpir estas leyes es un milagro que pretenderlo sin necesidad, es tentar a Dios; para que Pedro se libre de este o aquel peligro le ha dado la luz de la razón: si él se desentiende de ella y busca el peligro, perecerá en él, como está escrito.

Reconvenida que a qué fin ha hablado tanto, haciendo de la teóloga sin necesidad, dijo: que para que se vea que los hombres que tanto dicen temen a la muerte, son unos necios cuando se arrojan a buscarla anticipadamente, y luego blasfeman de la providencia, echándola en cara el mal que ellos se buscan; que todos los años cuesta infinitas vidas esta ignorancia, pues con la confianza de que *si está de Dios moriré en esta ocasión, en este peligro,* etc., *y si no, no,* como suelen decir, se precipitan a la muerte temerariamente; y luego le hacen cargo a la exponente de muchas vidas que ha cortado en agraz,[95] siendo así que la llaman y la buscan tantos fuera de tiempo y quienes seguramente vivirían más años si no fueran tan locos y desalmados.[96] Que esto dice para probar que si conocen cuál es la muerte y sus serias consecuencias, son unos necios en correr tras ella por la posta, cuando tendrá buen cuidado de irles apagando a todos, uno por uno, la vela de la vida, sin que ellos se apuren en buscarla; añadiendo que son unos embusteros los que dicen que la temen, que es fiera, horrible, cruel, etc., pues lo que se teme y se considera cruel y abominable, no se busca; antes se huye.

Reconvenida, por último, por qué es tan traidora que todos los años

[94] **cuernos**
[95] prematurely
[96] **crueles**

quita la vida de repente a infinitas personas, dijo: que es otra calumnia, pues a nadie mata de repente, pues la naturaleza casi siempre avisa por dentro que hay algún mal grave que con disimulo y sordamente va minando la salud, y que tal vez hará la explosión cuando menos se piense; y que en lo moral no hay cosa que más se meta por los ojos que la verdad de la muerte.

Reconvenida cómo quiere negar sus traiciones cuando nada menos que por el Evangelio consta que es una traidora y que *vendrá como un ladrón cuando menos se espere,* dijo: que es verdad; pero que también por el mismo Evangelio, se da el remedio: *Velad: estad prevenidos,* y así, si se observara el Evangelio, ella no podía sorprender a nadie de repente, de que se deduce que si algunas veces acomete sin que la espere, la culpa no está en ella, sino en los mortales que la debían esperar. *Velad* (dice S. Marc. 13. 36) *velad, no sea que cuando venga de repente os halle durmiendo.*

Preguntada si tiene algo más que añadir o quitar en su defensa, dijo que no, y que lo que lleva dicho es la verdad en cargo del juramento que hecho tiene, en que se afirmó y ratificó; leída que le fue esta su declaración, expresó ser de siete mil años de edad, y lo firmó con S. S.[97] de que doy fe.—*La Verdad.*—*La Muerte.*—*El Escribano.*

Auto de Sentencia.—Habiendo visto que por las declaraciones antecedentes, resultan criminales los hombres, e indemnizados la Muerte y el Demonio de los cargos que se les imputan. Fallamos[98] que debíamos mandar y mandamos: que sacándose testimonio de este expediente;[99] se les corra traslado a los mortales para que en el término de treinta días contados desde el de la fecha, comparezcan en este nuestro juzgado a contestar con las partes; y no lo verificando, sean llamados a edictos y pregones dentro del último perentorio[100] plazo de treinta días, en los que se admitirán sus descargos, y se oirán en justicia, lo que si no cumplieren se darán por bastantes los estrados y se sentenciarán sin más oírlos como si en sus personas fuere, a que en lo sucesivo no sean osados a desacreditar con imposturas ni calumnias al Demonio ni a la Muerte; antes sí, ellos sean tenidos por unos falsarios e impostores públicos a quienes en lo sucesivo no se les dé crédito para nada.—México, noviembre 2 de 1814.—*La Verdad.*—Por mandado de S. S., *El Escribano.*

Inmediatamente desapareció todo el tren, y yo me hallé en mi cama bastante molido y maltratado con tan semejante pesadilla. No obstante, me propuse hacer las veces del[101] escribano y correr el traslado que mandó la Verdad para que obre los efectos que haya lugar.

---

[97] Su Servidor (formal way of closing a document)
[98] We judge and decree
[99] proceedings
[100] peremptory (in law, that which cannot be debated or questioned)
[101] **hacer...** to take the place of the

SOBRE LA LECTURA

1. ¿En qué noche tiene lugar esta pequeña fantasía?
2. ¿Dónde se topa el Pensador con la Verdad? ¿Por qué le sorprende verla allí?
3. ¿Qué significa «la Verdad es señora, pero muy familiar con todo el mundo»?
4. ¿Por qué salió la Verdad de la tierra? ¿Por qué está en el mentidero en vez de en un convento o monasterio?
5. ¿Por qué no anda desnuda?
6. ¿Adónde lleva al Pensador? Describa al diablo y a la muerte.
7. ¿Por qué sorprende al Pensador que la Verdad lleve con ellos al escribano?
8. ¿Qué pasó con la mesita de la vendedora de dulces? ¿A quién le echa la culpa ella?
9. ¿Qué se le pregunta al diablo? ¿De qué se le acusa?
10. ¿Cómo contesta a cada una de las acusaciones? Según él, ¿quiénes son culpables del mal que existe en el mundo?
11. ¿Cómo se describe la muerte al principio de su declaración? ¿Por qué dice que «no tiene sexo, edad, condición ni estado determinado»?
12. ¿De qué se le acusa? ¿Por qué, según ella, no es tan horrible como la pintan los mortales?
13. Según ella, ¿en qué sentido mienten los hombres cuando dicen que temen a la muerte? ¿Por qué no está bien decir que las cosas están en la mano de Dios?
14. ¿Qué falla la Verdad?
15. ¿Cómo termina el artículo?

HACIA EL ANÁLISIS LITERARIO

1. ¿Cómo usa Fernández de Lizardi la alegoría para comentar sobre la sociedad?
2. ¿Qué costumbres y qué aspectos de la naturaleza humana critica?
3. ¿Qué efecto logra con el uso de términos y fórmulas legales?
4. ¿En qué consiste la sátira? ¿En qué consiste el humor?
5. ¿Qué efecto produce el empleo de palabras latinas?
6. ¿Por qué se representa el autor a sí mismo como un espectador?
7. Comente el aspecto físico de la Verdad, el Diablo y la Muerte. ¿Por qué los representa así? ¿Cómo hace para que terminemos compadeciendo al Diablo y a la Muerte?
8. ¿Cuál es la actitud de Fernández de Lizardi hacia la sociedad que critica? ¿Es el autor mordaz? ¿hostil? ¿compasivo? ¿tolerante?
9. ¿Cómo usa el autor las referencias bíblicas? ¿la teología católica? ¿Cuál es su actitud hacia la religión?
10. ¿Por qué describe el episodio como una pesadilla? ¿Qué siente el lector al darse cuenta de que se trata de un sueño?

TEXTO Y VIDA

1. ¿Qué aspectos de la conducta humana que se describen en esta fantasía ha observado usted? ¿Cree usted que nuestra sociedad es tan hipócrita y tan corrupta como la que describe Fernández de Lizardi?
2. ¿Critica el autor a la sociedad mexicana específicamente o a la naturaleza humana en general? Explique.
3. ¿Qué otros argumentos puede usted presentar en defensa del Diablo y de la Muerte?
4. ¿Comparte usted la actitud del autor hacia la responsabilidad individual?
5. ¿Comparte su actitud hacia el mal y la mortalidad?
6. Escriba un «breve sumario y causa» usando personajes alegóricos diferentes, o usando los mismos personajes, pero con argumentos y un auto de sentencia diferentes.

Andrés Bello: Poeta, ensayista, educador

Andrés Bello (1781–1865) fue tal vez el mejor representante del nuevo espíritu expansivo y reformador de la primera mitad del siglo XIX. Aunque nació en Caracas, su influencia transcendió las fronteras nacionales. Más que un pensador puramente venezolano, Bello es considerado el primer intelectual latinoamericano.

Hijo de Bartolomé Bello, abogado de la Audiencia de Caracas, recibió una sólida formación humanística, típica de la de muchachos de su clase y ambiente. Desde muy niño pudo satisfacer su curiosidad intelectual en la biblioteca del Convento de los Mercedarios, que quedaba cerca de su casa. Su primer profesor fue un conocido latinista que lo inició en el estudio de las lenguas y literaturas clásicas. El joven Bello estudió no sólo latín sino también literatura española, y pronto se lanzó a traducir a Virgilio y a componer poesías originales, imitando el modelo latino. En 1796 ingresó en el seminario que más tarde se convertiría en la Universidad de Caracas. Allí estudió filosofía y se recibió de bachiller. Tuvo un efecto profundo en su desarrollo intelectual el *racionalismo francés. Gracias a su amistad con el naturalista alemán Alexander von Humboldt, quien visitó Caracas en 1799, se interesó en las ciencias. Data de este período su poema «científico» *A la vacuna,* una oda en que celebra la introducción de la vacuna en Venezuela.

Su deseo de cursar la carrera de derecho fue contrariado por las dificultades económicas. Bello se dedicó a la enseñanza privada, y tuvo entre sus alumnos a Simón Bolívar. También siguió componiendo versos, y muy pronto fue reconocido como un poeta *neoclásico de mérito. Fue empleado de la Capitanía General hasta 1810, cuando atravesó el Atlántico con Bolívar para tratar de conseguir el apoyo de los ingleses para el movimiento independentista. Aunque su misión fracasó, Bello permaneció en Inglaterra durante los próximos diecinueve años, trabajando como tutor, traductor y periodista para poder subsistir. Trabajó en la Legación de su país, además de las de Chile y Colombia.

Durante estos años aprendió griego, comenzó sus estudios sobre la *épica castellana y compuso varios poemas que revelan la nostalgia por su tierra. El más conocido de éstos es su *Silva a la agricultura de la zona tórrida*.

Sus años en Inglaterra dejaron huellas profundas en Bello. Durante la segunda y tercera décadas del siglo XIX se produjeron algunas de las grandes obras maestras del romanticismo inglés: *The Excursion* (1814), de William Wordsworth; *Waverly* (1814), de Sir Walter Scott; *Kubla Kahn* (1817), de Coleridge; *Childe Harold* (1812), *The Corsair* (1814), *Manfred* (1817), *Don Juan* (1818, 1823) de Byron y *Adonais* (1821) de Shelly. Aunque Bello se inclinase por temperamento y formación al neoclasicismo, no pudo permanecer totalmente ajeno al *romanticismo inglés.

Además, el Londres de las primeras décadas del siglo XIX era un importante centro de emigrados españoles, quienes llegaron en oleadas a partir de 1823. José María Blanco White, un destacado polígrafo que residía en Inglaterra desde 1810, trabó amistad con Bello. Fundó en Londres *El Español,* periódico mensual de carácter político cultural, desde el cual difundió las ideas de la causa liberal y de la independencia hispanoamericana. La presencia de los emigrados le sirvió a Bello de estímulo para la creación literaria. Muchos de estos escritores extranjeros serían precursores del romanticismo español. Con ellos Bello editó algunos periódicos importantes: *El Censor Americano* (1820), *La Biblioteca Americana* (1823) y *El Repertorio Americano* (1826–1827).

Lejos de América, Bello se formó un concepto claro de la necesidad de emancipación espiritual de los países del Nuevo Mundo, al mismo tiempo que continuó sus indagaciones en la literatura española y realizó traducciones de obras francesas, inglesas e italianas. En Inglaterra conoció al filósofo y economista Jeremy Bentham (1748–1832), fundador de la escuela utilitaria, según la cual el interés es el único móvil de las acciones humanas, y a John Stuart Mill (1806–1836), de la escuela empírica. El utilitarismo se refleja en muchos ensayos de Bello, quien repudió el sentimentalismo y la intuición, optando por el análisis lógico y metódico.

Debido a problemas económicos, Bello dejó Inglaterra y partió para Chile, donde el gobierno lo había invitado a encargarse del periódico *La Araucana* y a ocupar el puesto de Subsecretario en el Ministerio de Asuntos Extranjeros. Bello se radicó en Chile hasta su muerte. Durante los treinta y seis años que estuvo en aquel país, se dedicó a una intensa labor intelectual. A pesar de los conflictos políticos que debilitaban a la república, la llegada de Bello estimuló el ambiente intelectual y se dieron polémicas muy fecundas. La más famosa fue la de Bello y Sarmiento y sus respectivos grupos sobre el romanticismo. A pesar de creer en la autonomía cultural hispanoamericana, Bello adoptó una posición más bien conservadora, defendiendo la pureza de la forma y del idioma. Bello creía en la necesidad de describir la realidad latinoamericana, pero sin romper los lazos culturales que la unían a España. Sarmiento, en cambio, ligaba la insurrección política con la artística. Para él, la separación de España y sus tradiciones tenía que estar acompañada de una ruptura de las antiguas barreras estilísticas. Las Américas, según Sarmiento, tenían que inventar sus propias formas de expresión.

Su amor al orden y a la claridad llevó a Bello a examinar dos problemas fundamentales de una sociedad civilizada: cómo el hombre se comporta con otros y cómo se comunica con otros. Bello escribió valiosas obras en el campo de la jurisprudencia, entre ellas *Principios del derecho de las gentes* (1832), *Principios de derecho internacional* (1844) y el *Código Civil* (1855). Su meta fue crear un código de conducta que protegiera los derechos del individuo en una sociedad ordenada. Escribió varios tratados sobre la lengua, ya que es precisamente la lengua lo que permite el diálogo social. También hizo algunas traducciones importantes, incluso la *Oración por todos* de Víctor Hugo.

Tal vez la labor más destacada de Bello sea la que hizo en el campo de la educación. Bello reconoció la importancia del estudio de la historia y animó a los jóvenes chilenos a conocer la antigua para después crear una nueva. Como los pensadores renacentistas, insistió en la importancia de volver a las fuentes. Sin despreciar a los clásicos, aconsejó al joven a leer el diario de Colón, las cartas de Pedro de Valdivia y las de Hernán Cortés. «Interrogad a cada civilización en sus obras; pedid a cada historiador sus garantías. Esa es la primera filosofía que debemos aprender de la Europa», escribe en «Autonomía cultural de América», un ensayo que fue publicado en *El Araucano* en 1848. Asimismo, exhortó a la juventud a estudiar las ciencias, aunque «Quisiera sobre todo precaverla de una servilidad excesiva a la ciencia de la civilizada Europa». En el mismo ensayo escribe, «¡Jóvenes chilenos! aprended a juzgarlo vosotros mismos; aspirad a la independencia del pensamiento». La necesidad de una sólida base humanística sobre la cual el individuo pudiera formar sus propios criterios independientes es uno de los temas más constantes de Bello.

Bello fue la fuerza motivadora detras de las reformas educativas no sólo en Chile, sino en todas partes del continente. Profundamente influido por el pragmatismo inglés y por la democratización de la educación en los Estados Unidos, Bello abogó por el establecimiento de escuelas de artes y oficios y defendió la educación de la mujer. El 17 de septiembre de 1843 fue inaugurada la Universidad de Chile, y Bello fue nombrado rector vitalicio.

Sobre «La agricultura de la zona tórrida» y «El castellano en América»

Las *Silvas americanas* de Bello demuestran sus tendencias tradicionalistas al mismo tiempo que revelan un intenso americanismo. La primera de éstas, *Alocución a la Poesía,* fue publicada en 1823. El tema es la necesidad de crear una poesía americana que cante la belleza y la historia del Nuevo Mundo:

> Divina Poesía,
> tú de la soledad habitadora,
> a consultar tus cantos enseñada
> con el silencio de la selva umbría,
> tú a quien la verde gruta fue morada,
> y el eco de los montes compañía;
> tiempo es que dejes ya la culta Europa,

que tu nativa rustiquez desama,
y dirijas el vuelo adonde se abre
el mundo de Colón su grande escena.

Mientras que la *Alocución* contiene muchas referencias mitológicas, éstas faltan casi por completo en la *Silva a la agricultura de la zona tórrida,* publicada tres años más tarde. Emir Rodríguez Monegal señala que éste es un signo sutil de un cambio que había ido operándose en Bello durante el tiempo que transcurrió entre la publicación de un poema y el otro, debido, por lo menos en parte, a la influencia de los españoles que residían en Inglaterra.

Por cierto, tanto la forma como el contenido de la *Silva* reflejan la influencia neoclásica. La silva es una forma tradicional relativamente libre en que se alternan versos de once y siete sílabas. El tema, prestigiado por el poeta latino Horacio (65 a 8 antes de Cristo) y por poetas *renacentistas como el español Fray Luis de León (1527–1591), es la denuncia de la corrupción y falsedad de la ciudad y la exaltación de la vida pura y simple del campo. Según Rodríguez Monegal, «Al eliminar la mitología neoclásica conservando (sin embargo) mucho del espíritu latino, Bello ha dado un paso hacia la nueva poesía que habría de ir gestándose en América». Por supuesto, quedan algunas alusiones a la antigüedad—el múrice de Tiro, la triunfadora Roma—pero con pocas excepciones (entre ellas la referencia a Baco, por ejemplo), las imágenes provienen de la realidad americana. Si la enumeración de los productos—el café, la piña, el tabaco—es bastante objetiva, la pasión por lo autóctono y la intensidad de la visión poética apuntan hacia el *subjetivismo romántico.

La exaltación requiere una transformación de *imágenes. Las descripciones de Bello no son ni científicas ni realistas: el algodón se convierte en «rosas de oro» y «vellón de nieve»; la tinta de cochinilla es «carmín viviente» que «bulle» en los nopales. Aunque más tarde Bello censura los excesos del romanticismo, en sus poesías tempranas se vislumbra la transición que pronto va a operarse en las letras hispanoamericanas. Sin embargo, la importancia de la *Silva* no se limita a la historia literaria, sino que contiene también un importante mensaje político. Bello se dirige a la juventud hispanoamericana, implorando a la nueva generación que acepte el desafío de guiar las repúblicas recién formadas de una manera justa y racional. Teme que los jóvenes, que no han luchado por la independencia como sus padres y no conocen el sacrificio, carezcan de la rectitud necesaria para seguir adelante con la creación de un nuevo sistema político.

«El castellano en América» forma parte de la obra didáctica de Bello. Publicado en 1847 como Prólogo a su *Gramática de la lengua castellana,* el ensayo contiene ideas bastante modernas con respecto a la lingüística. Bello tacha de anticuada la costumbre—que todavía existe en algunas partes del mundo hispánico—de explicar la gramática española usando la terminología del latín. Afirmando la unicidad de cada idioma y el valor de un método científico basado en la observación y la experiencia, Bello alega que una gramática de la lengua castellana tiene que reflejar el español tal como se habla. Las reglas gramaticales deben formularse según el uso, sin referencia al latín. Además, las formas y locuciones regionales deben ser aceptadas, empléense o no en España.

Al mismo tiempo que Bello afirma el valor de lo autóctono, expresa su temor de que el idioma se convierta «en una multitud de dialectos irregulares, licenciosos y bárbaros, embriones de idiomas futuros», lo cual destruiría la unidad lingüística de Hispanoamérica. Bello afirma que el español es un vínculo importante entre todas las naciones hispánicas y critica a los que desean introducir voces nuevas para substituir voces existentes que son perfectamente adecuadas. Sin embargo, no aboga por la pureza lingüística absoluta, un concepto que considera totalmente artificial. Cualquier idioma evoluciona; por lo tanto, es inevitable que el español hispanoamericano adquiera giros y vocablos propios. Cuando la realidad americana requiere la introducción de nuevas palabras y expresiones, éstas deben admitirse, según Bello, ya que los países de América tienen tanto derecho como las regiones de España a introducir divergencias lingüísticas.

Por su prosa llana y elegante y por la claridad de sus ideas, «El castellano en América» representa al Andrés Bello maduro en sus papeles de reformador y didáctico.

Ediciones

Bello, Andrés. *Obras completas,* 20 vols. Caracas: Ministerio de Educación, 1951–1962

______. *Obra literaria.* Caracas: Biblioteca Ayacucho, 1979

Crítica

Caldera, Rafael. «Bicentenario del nacimiento de don Andrés Bello.» *Boletín de la Real Academia Española.* 62(225)(Jan.–April 1982):33–49

Crema, Edoardo. *Andrés Bello a través del romanticismo.* Caracas: Sitges, 1956

______. *Trayectoria religiosa de Andrés Bello.* Caracas: Sitges, 1956

Crónica del bicentenario de Andrés Bello. Santiago: Universidad de Chile, 1983

Dessau, Adalbert. «Ideas directrices y significación histórica del pensamiento filosófico de Andrés Bello (1781–1865).» *Revista de Crítica Literaria Americana.* 8(16)(1982)41–66

Mesas, Carlos E. «El retorno de don Andrés Bello: El gramático, el poeta, las silvas americanas.» *Boletín de la Academia Colombiana.* 31(133) (July–Sept. 1981):182–193

Ocampo Londoño, Alfonso. «Andrés Bello, Educador.» *Thesaurus: Boletín del Instituto Caro y Cuervo.* 37(2)(May–Aug. 1982):385–394

Ramos, Julio. «Saber decir: Literatura y modernización en Andrés Bello.» *Nueva Revista de Filología Hispánica.* 35(2)(1987):675–694

Rodríguez Monegal, Emir. *El otro Andrés Bello.* Caracas: Monte Avila, 1969

Thomas, Eduardo. « ‹El concepto de la literatura› en Andrés Bello.» *Revista Chilena de Literatura.* 19(April, 1982):49–63

Zea, Leopoldo. «Andrés Bello como hombre universal.» 267–277 Eds. John X. Evans, Peter Horwath, and George Winchester Stone. *Adjoining Cultures as Reflected in Literature and Language.* Tempe: Arizona State University, 1983

Zubiría, Ramón de. «Presencia y vigencia de Andrés Bello.» *Thesaurus: Boletín del Instituto Caro y Cuervo.* 37(1)(Jan.–April 1982):1–22

Silva[1] a la agricultura de la zona tórrida (fragmento)

Andrés Bello

¡Salve,[2] fecunda zona,
que al sol enamorado circunscribes
el vago curso,[3] y cuanto ser se anima
en cada vario clima,
acariciada de su luz, concibes![4]

Tú tejes al verano su guirnalda
de granadas espigas;[5] tú la uva
das a la hirviente cuba;[6]
no de purpúrea fruta, o roja, o
gualda,[7]
a tus florestas bellas
falta matiz alguno; y bebe en ellas
aromas mil el viento;
y greyes[8] van sin cuento[9]
paciendo tu verdura, desde el llano
que tiene por lindero[10] el horizonte,
hasta el erguido monte,
de inaccesible nieve siempre cano.[11]

Tú das la caña hermosa,
de do[12] la miel se acendra,[13]
por quien[14] desdeña el mundo los
panales;[15]
tú en urnas de coral cuajas la
almendra
que en la espumante jícara[16]
rebosa;[17]
bulle carmín viviente[18] en tus
nopales,
que afrenta fuera al múrice de
Tiro;[19]
y de tu añil[20] la tinta generosa
émula es de la lumbre del zafiro.
El vino es tuyo, que la herida agave
para los hijos vierte
del Anáhuac[21] feliz; y la hoja es
tuya,
que, cuando de süave
humo en espiras vagorosas huya,
solazará[23] el fastidio al ocio inerte.[23]
Tú vistes de jazmines
el arbusto sabeo,[24]
y el perfume le das, que en los

---

[1] **metro poético que consta de versos de siete y once sílabas**
[2] Hail
[3] **que... que circunscribes el vago curso al sol enamorado**
[4] **y... y acariciada de su luz, concibes (creas) todas las cosas que viven en tan variado clima**
[5] **su...** its garland of choice spikes of wheat
[6] wine press
[7] **dorado, amarillo**
[8] flocks
[9] **sin...** countless
[10] limit, boundary
[11] **blanco**
[12] **donde**
[13] **purifica, refina**
[14] **la que (Se refiere a la miel.)**
[15] honeycombs
[16] cup
[17] runs over
[18] **bulle...** living red bubbles froth (Refers to the **cochinilla,** an insect that lives in the **nopal,** or prickly pear cactus. Red ink was produced from the **cochinilla.**)
[19] Tyre was a Phoenician city famous for its red ink, which was extracted from the *Murex* (múrice), a sea animal. Bello considers **cochinilla** ink superior.
[20] añil plant, from which indigo ink comes
[21] **Valle de México**
[22] **aliviara**
[23] **alusión al tabaco**
[24] **de Sabá, en Arabia, de donde proviene el café**

festines
la fiebre insana templará a Lieo.[25]
Para tus hijos la procera[26] palma
su vario feudo[29] cría,
y el ananas[28] sazona su ambrosía;
su blanco pan la yuca;
sus rubias pomas la patata educa;
y el algodón despliega al aura leve
las rosas de oro[29] y el vellón de
nieve.[30]
Tendida para ti la fresca parcha[31]
en enramadas de verdor lozano,
cuelga de sus sarmientos trepadores
nectáreos globos y franjadas flores;
y para ti el maíz, jefe altanero
de la espigada tribu, hincha su
grano;
y para ti el banano
desmaya al peso de su dulce carga;
el banano, primero
de cuantos concedió bellos
presentes[32]
providencia a las gentes
del ecuador feliz con mano larga.
No ya de humanas artes obligado
el premio rinde opimo;[33]
no es a la podadera, no al arado
deudor de su racimo;
escasa industria bástale,[34] cual[35]
puede
hurtar a sus fatigas mano esclava;
crece veloz, y cuando exhausto
acaba,
adulta prole en torno le sucede.

Mas, ¡oh!, ¡si cual no cede
el tuyo, fértil zona, a suelo alguno,
y como de natura esmero ha sido,
de tu indolente habitador lo fuera!
¡Oh!, ¡si al falaz rüido
la dicha al fin supiese verdadera[36]
anteponer, que del umbral le llama
del labrador sencillo,
lejos del necio y vano
fasto,[37] el mentido brillo,
el ocio pestilente ciudadano![38]
¿Por qué ilusión funesta
aquellos que fortuna hizo señores
de tan dichosa tierra y pingüe[39] y
varia,
al cuidado abandonan
y a la fe mercenaria
las patrias heredades,
y en el ciego tumulto se aprisionan
de míseras ciudades,
do la ambición proterva[40]
sopla la llama de civiles bandos,
o al patriotismo la desidia[41] enerva;
do el lujo las costumbres atosiga,[42]
y combaten los vicios
la incauta[43] edad en poderosa liga?
No allí con varoniles ejercicios
se endurece el mancebo a la
fatiga;
mas la salud estraga[44] en el abrazo
de pérfida hermosura,

---

[25] **Baco, dios del vino. La idea es que el café templa los efectos del vino.**
[26] lofty
[27] estate (**La idea es que la palma cría o produce muchos productos que son útiles para el hombre.**)
[28] **piña**
[29] **Se refiere a la flor del algodón, que es amarilla.**
[30] **el...** its fleece of snow white
[31] passion flower
[32] **de... de cuantos bellos presentes concedió**
[33] **abundante (La idea es que la tierra produce todos estos frutos sin necesidad de que el hombre la cultive.)**
[34] **escasa... requiere que la trabajen poco**
[35] **como**
[36] **la dicha verdadera al fin supiese**
[37] **pompa**
[38] **La idea es que la verdadera felicidad se encuentra en el campo, lejos de la pompa y el ruido de la ciudad. La superioridad de la vida campestre es un tema popular en el Renacimiento y proviene de la literatura clásica.**
[39] **abundante, fértil**
[40] **perversa**
[41] **pereza, indolencia**
[42] poison
[43] heedless (**la incauta edad = la juventud**)
[44] **corrompe**

que pone en almoneda los favores;
mas pasatiempo estima
prender aleve en casto seno el fuego
de ilícitos amores;
o embebecido le hallará la aurora
en mesa infame de ruinoso juego.
En tanto a la lisonja seductora
del asiduo amador fácil oído
da la consorte; crece
en la materna escuela
de la disipación y el galanteo
la tierna virgen, y al delito espuela
es antes el ejemplo que el deseo.[45]
¿Y será que se formen de ese modo
los ánimos heroicos denodados[46]
que fundan y sustentan los estados?
¿De la algazara del festín beodo,[47]
o de los coros de liviana danza,
la dura juventud saldrá, modesta,
orgullo de la patria, y esperanza?
¿Sabrá con firme pulso
de la severa ley regir el freno;[48]
brillar en torno aceros homicidas
en la dudosa lid verá sereno;[49]
o animoso hará frente al genio
altivo
del engreído mando en la tribuna,
aquél que ya en la cuna
durmió al arrullo del cantar lascivo,
que riza el pelo, y se unge;[50] y se
atavía[51]
con femenil esmero,
y en indolente ociosidad el día,
o en criminal lujuria pasa entero?
No así trató la triunfadora Roma
las artes de la paz y de la guerra;
antes fio las riendas del estado
a la mano robusta
que tostó el sol y encalleció el arado;
y bajo el techo humoso campesino
los hijos educó, que el conjurado
mundo allanaron al valor latino...
¡Oh jóvenes naciones, que ceñida
alzáis sobre el atónito occidente
de tempranos laurales la cabeza![52]
honrad el campo, honrad la simple
vida
del labrador, y su frugal llaneza.
Así tendrán en vos perpetuamente
la libertad morada,
y freno la ambición, y la ley templo.
Las gentes a la senda
de la inmortalidad, ardua y
fragosa,[53]
se animarán, citando vuestro
ejemplo.
Lo emulará celosa
vuestra posteridad; y nuevos
nombres
añadiendo la fama
a los que ahora aclama,
«Hijos son éstos, hijos,
(pregonará a los hombres)
de los que vencedores superaron
de los Andes la cima;
de los que en Boyacá, los que en la
arena
de Maipó, y en Junín, y en la
campaña
gloriosa de Apurima,
postrar supieron al león de
España.»[54]

---

[45] **al... el mal ejemplo, más que el deseo, la conduce a pecar**
[46] **hombres valientes**
[47] **la...** the confusion of drunken parties
[48] **¿Sabrá... ¿Sabrá controlar su mano cuando se vea en peligro?**
[49] **brillar... ¿Verá serenamente las espadas que lo amenacen en la guerra?**
[50] **se... se echa lociones a la cara (como una mujer)**
[51] **adorna**
[52] **que... que alzáis la cabeza ceñida de tempranos laureles sobre el atónito occidente (El laurel es símbolo de victoria.)**
[53] rough
[54] **de los que... referencia a victorias de los americanos contra los españoles: Boyacá (1819), Junín (1824), Apurima (1824), Maipó (1818)**

El castellano en América

Andrés Bello

Aunque en esta Gramática[1] hubiera deseado no desviarme[2] de la nomenclatura y explicaciones usuales, hay puntos en que me ha parecido que las prácticas de la lengua castellana podían representarse de un modo más completo y exacto. Lectores habrá que califiquen de caprichosas las alteraciones que en esos puntos he introducido, o que las imputen a una pretensión extravagante de decir cosas nuevas: las razones que alego probarán, a lo menos, que no las he adoptado sino después de un maduro examen. Pero la prevención más desfavorable,[3] por el imperio que tiene aun sobre personas bastante instruidas, es la de aquellos que se figuran que en la gramática las definiciones inadecuadas, las clasificaciones mal hechas, los conceptos falsos, carecen de inconveniente,[4] siempre que por otra parte se expongan con fidelidad las reglas a que se conforma el buen uso. Yo creo, con todo, que esas dos cosas son inconciliables; que el uso no puede exponerse con exactitud y fidelidad sino analizando, desenvolviendo los principios verdaderos que lo dirigen; que una lógica severa es indispensable requisito de toda enseñanza; y que, en el primer ensayo que el entendimiento hace de sí mismo es en el que más importa no acostumbrarle a pagarse de meras palabras.

El habla de un pueblo es un sistema artificial de signos, que bajo muchos respectos se diferencia de los otros sistemas de la misma especie: de que se sigue que cada lengua tiene su teoría particular, su gramática. No debemos, pues, aplicar indistintamente a un idioma los principios, los términos, las analogías en que se resumen bien o mal las prácticas de otro. Esta misma palabra idioma está diciendo que cada lengua tiene su genio, su fisonomía, sus giros; y mal desempeñaría su oficio el gramático que explicando la suya se limitara a lo que ella tuviese de común con otra, o (todavía peor) que supusiera semejanzas donde no hubiese más que diferencias, y diferencias importantes, radicales. Una cosa es la gramática general, y otra la gramática de un idioma dado: una cosa comparar entre sí dos idiomas, y otra considerar un idioma como es en sí mismo. ¿Se trata, por ejemplo, de la conjugación del verbo castellano? Es preciso enumerar las formas que toma, y los significados y usos de cada forma, como si no hubiese en el mundo otra lengua que la castellana; posición forzada respecto del niño, a quien se exponen las reglas de la sola lengua que está a su alcance, la lengua nativa. Éste es el

---

[1] **Este ensayo es el prólogo de la *Gramática de la lengua castellana*, publicada en Chile en 1847.**

[2] depart

[3] **la...** the most prejudicial notion

[4] **carecen...** present no difficulty

punto de vista en que he procurado colocarme, y en el que ruego a las personas inteligentes, a cuyo juicio someto mi trabajo, que procuren también colocarse descartando, sobre todo, las reminiscencias del idioma latino.

En España, como en otros países de Europa, una admiración excesiva a la lengua y literatura de los romanos dio un tipo latino a casi todas las producciones del ingenio. Era ésta una tendencia natural de los espíritus en la época de la restauración de las letras. La mitología pagana siguió suministrando imágenes y símbolos al poeta; y el período ciceroniano[5] fue la norma de la elocución para los escritores elegantes. No era, pues, de extrañar que se sacasen del latín la nomenclatura y los cánones gramaticales de nuestro romance.

Si como fue el latín el tipo ideal de los gramáticos, las circunstancias hubiesen dado esta preeminencia al griego, hubiéramos probablemente contado cinco casos en nuestra declinación en lugar de seis, nuestros verbos hubieran tenido no sólo voz pasiva, sino voz media, y no habrían faltado aoristos[6] y paulo-post-futuros[7] en la conjugación castellana.

Obedecen, sin duda, los signos del pensamiento a ciertas leyes generales, que derivadas de aquellas a que está sujeto el pensamiento mismo, dominan a todas las lenguas y constituyen una gramática universal. Pero si se exceptúa la resolución del razonamiento en proposiciones, y de la proposición en sujeto y atributo; la existencia del sustantivo para expresar directamente los objetos, la del verbo para indicar los atributos y la de otras palabras que modifiquen y determinen a los sustantivos y verbos a fin de que, con un número limitado de unos y otros, puedan designarse todos los objetos posibles, no sólo reales sino intelectuales, y todos los atributos que percibamos o imaginemos en ellos; si exceptuamos esta armazón fundamental de las lenguas, no veo nada que estemos obligados a reconocer como ley universal de que a ninguna sea dado eximirse.[8] El número de las partes de la oración pudiera ser mayor o menor de lo que es en latín o en las lenguas romances. El verbo pudiera tener géneros y el nombre tiempos. ¿Qué cosa más natural que la concordancia del verbo con el sujeto? Pues bien; en griego era no sólo permitido sino usual concertar el plural de los nombres neutros con el singular de los verbos. En el entendimiento dos negaciones se destruyen necesariamente una a otra, y así es también casi siempre en el habla; sin que por eso deje de haber en castellano circunstancias en que dos negaciones no afirman. No debemos, pues, trasladar ligeramente las afecciones de las ideas a los accidentes[9] de las palabras. Se ha errado no poco en filosofía suponiendo a la lengua un trasunto[10] fiel del pensamiento; y esta misma exagerada suposición ha extraviado a

---

[5] **de Cicerón (106–43 antes de Cristo), pensador romano conocido por su elocuencia**
[6] **pretérito indefinido de la conjugación griega**
[7] **otra forma verbal griega que no existe en español**
[8] to be exempt
[9] **en la gramática, alteración que sufren algunas palabras en sus terminaciones para indicar género, número, modo, tiempo y persona**
[10] **imagen fiel**

la gramática en dirección contraria: unos argüían de la copia al original; otros del original a la copia. En el lenguaje lo convencional y arbitrario abraza mucho más de lo que comúnmente se piensa. Es imposible que las creencias, los caprichos de la imaginación, y mil asociaciones casuales, no produjesen una grandísima discrepancia en los medios de que se valen las lenguas para manifestar lo que pasa en el alma; discrepancia que va siendo mayor y mayor a medida que se apartan de su común origen.

Estoy dispuesto a oír con docilidad las objeciones que se hagan a lo que en esta gramática pareciere[11] nuevo; aunque, si bien se mira, se hallará que en eso mismo algunas veces no innovo, sino restauro. La idea, por ejemplo, que yo doy de los casos en la declinación, es la antigua y genuina; y en atribuir la naturaleza de sustantivo al infinito, no hago más que desenvolver una idea perfectamente enunciada en Prisciano.[12] *«Vim nominis habet verbum infinitum; dico enim bonum est legere ut si dicam bona est lectio»*.[13] No he querido, sin embargo, apoyarme en autoridades, porque para mí la sola irrecusable[14] en lo tocante a una lengua es la lengua misma. Yo no me creo autorizado para dividir lo que ella constantemente une, ni para identificar lo que ella distingue. No miro las analogías de otros idiomas sino como pruebas accesorias. Acepto las prácticas como la lengua las presenta; sin imaginarias elipsis, sin otras explicaciones que las que se reducen a ilustrar el uso por el uso.

Tal ha sido mi lógica. En cuanto a los auxilios de que he procurado aprovecharme, debo citar especialmente las obras de la Academia española y la gramática de D. Vicente Salvá.[15] He mirado esta última como el depósito más copioso de los modos de decir castellanos; como un libro que ninguno de los que aspiran a hablar y escribir correctamente nuestra lengua nativa debe dispensarse de leer y consultar a menudo. Soy también deudor de algunas ideas al ingenioso y docto D. Juan Antonio Puigblanch[16] en las materias filológicas que toca por incidencia en sus *Opúsculos*. Ni fuera justo olvidar a Garcés,[17] cuyo libro, aunque sólo se considere[18] como un glosario de voces y frases castellanas de los mejores tiempos, ilustradas con oportunos ejemplos, no creo que merezca el desdén con que hoy se le trata.

Después de un trabajo tan importante como el de Salvá, lo único que me parecía echarse de menos era una teoría que exhibiese el sistema de la lengua en la generación y uso de sus inflecciones y en la estructura de sus oraciones, desembarazado de ciertas tradiciones latinas que de ninguna manera le cuadran. Pero cuando digo

---

[11] **futuro del subjuntivo**

[12] **gramático latino de fines del siglo v y principios del siglo vi, autor de un famoso libro de gramática latina**

[13] **Vim... El verbo infinitivo tiene fuerza de nombre; por eso digo que es bueno leer, es decir, es buena la lectura.**

[14] **[fuente de información] perfecta, indiscutible**

[15] **Vicente Salvá y Pérez (1786–1849), filólogo valenciano, autor del *Compendio de gramática castellana* (París, 1838)**

[16] **Puigblanch (1775–1840) fue un político y filólogo español, autor de *Opúsculos gramático-satíricos*, publicados entre 1828 y 1832.**

[17] **Gregorio Garcés (1733–1805), autor del *Fundamento del vigor y elegancia de la lengua castellana* (1791)**

[18] **futuro del subjuntivo**

teoría no se crea que trato de especulaciones metafísicas. El señor Salvá reprueba con razón aquellas abstracciones ideológicas que, como las de un autor que cita, se alegan para legitimar lo que el uso proscribe. Yo huyo de ellas, no sólo cuando contradicen al uso, sino cuando se remontan sobre la mera práctica del lenguaje. La filosofía de la gramática la reduciría yo a representar el uso bajo las fórmulas más comprensivas y simples. Fundar estas fórmulas en otros procederes intelectuales que los que real y verdaderamente guían al uso, es un lujo que la gramática no ha menester. Pero los procederes intelectuales que real y verdaderamente le guían, o en otros términos, el valor preciso de las inflexiones y las combinaciones de las palabras, es un objeto necesario de averiguación; y la gramática que lo pase por alto no desempeñará cumplidamente su oficio. Como el diccionario da el significado de las raíces, a la gramática incumbe exponer el valor de las inflexiones y combinaciones, y no sólo el natural y primitivo, sino el secundario y el metafórico, siempre que hayan entrado en el uso general de la lengua. Este es el campo que privativamente deben abrazar las especulaciones gramaticales, y al mismo tiempo el límite que las circunscribe. Si alguna vez he pasado este límite, ha sido en brevísimas excursiones, cuando se trataba de discutir los alegados fundamentos ideológicos de una doctrina, o cuando los accidentes gramaticales revelaban algún proceder mental curioso: trasgresiones, por otra parte, tan raras, que sería demasiado rigor calificarlas de importunas.

Algunos han censurado esta gramática de difícil y oscura. En los establecimientos de Santiago que la han adoptado, se ha visto que esa dificultad es mucho mayor para los que, preocupados por las doctrinas de otras gramáticas, se desdeñan de leer con atención la mía y de familiarizarse con su lenguaje, que para los alumnos que forman por ella sus primeras nociones gramaticales.

Es, por otra parte, una preocupación harto común la que nos hace creer llano y fácil el estudio de una lengua, hasta el grado en que es necesario para hablarla y escribirla correctamente. Hay en la gramática muchos puntos que no son accesibles a la inteligencia de la primera edad; y por eso he juzgado conveniente dividirla en dos cursos, reducido el primero a las nociones menos difíciles y más indispensables, y extensivo el segundo a aquellas partes del idioma que piden un entendimiento algo ejercitado. Los he señalado con diverso tipo y comprendido los dos en un solo tratado, no sólo para evitar repeticiones, sino para proporcionar a los profesores del primer curso el auxilio de las explicaciones destinadas al segundo, si alguna vez las necesitaren.[19] Creo, además, que esas explicaciones no serán enteramente inútiles a los principiantes, porque, a medida que adelanten, se les irán desvaneciendo gradualmente las dificultades que para entenderlas se les ofrezcan. Por este medio queda también al arbitrio de los profesores el añadir a las lecciones de la enseñanza primaria todo aquello que de las del curso posterior les pareciere a propósito, según la capacidad y aprovechamiento de los alumnos. En las notas al pie de las páginas llamo la

[19] **futuro del subjuntivo**

atención a ciertas prácticas viciosas del habla popular de los americanos, para que se conozcan y eviten, y dilucido[20] algunas doctrinas con observaciones que requieren el conocimiento de otras lenguas. Finalmente, en las notas que he colocado al fin del libro me extiendo sobre algunos puntos controvertibles, en que juzgué no estarían de más las explicaciones para satisfacer a los lectores instruidos. Parecerá algunas veces que se han acumulado profusamente los ejemplos; pero sólo se ha hecho cuando se trataba de oponer la práctica de escritores acreditados a novedades viciosas, o de discutir puntos controvertidos, o de explicar ciertos procederes de la lengua a que creía no haberse prestado atención hasta ahora.

He creído también que en una gramática nacional no debían pasarse por alto ciertas formas y locuciones que han desaparecido de la lengua corriente; ya porque el poeta y aun el prosista no dejan de recurrir alguna vez a ellas, y ya porque su conocimiento es necesario para la perfecta inteligencia de las obras más estimadas de otras edades de la lengua. Era conveniente manifestar el uso impropio que algunos hacen de ellas, y los conceptos erróneos con que otros han querido explicarlas; y si soy yo el que ha padecido error, sirvan mis desaciertos de estímulo a escritores más competentes, para emprender el mismo trabajo con mejor suceso.[21]

No tengo la pretensión de escribir para los castellanos. Mis lecciones se dirigen a mis hermanos, los habitantes de Hispano-América. Juzgo importante la conservación de la lengua de nuestros padres en su posible pureza, como un medio providencial de comunicación y un vínculo de fraternidad entre las varias naciones de origen español derramadas sobre los dos continentes. Pero no es un purismo supersticioso lo que me atrevo a recomendarles. El adelantamiento prodigioso de todas las ciencias y las artes, la difusión de la cultura intelectual y las revoluciones políticas, piden cada día nuevos signos para expresar ideas nuevas, y la introducción de vocablos flamantes, tomados de las lenguas antiguas y extranjeras, ha dejado ya de ofendernos, cuando no es manifiestamente innecesaria, o cuando no descubre la afectación y mal gusto de los que piensan engalanar[22] así lo que escriben. Hay otro vicio peor, que es el prestar acepciones nuevas a las palabras y frases conocidas, multiplicando las anfibologías[23] de que por la variedad de significados de cada palabra adolecen más o menos las lenguas todas, y acaso en mayor proporción las que más se cultivan, por el casi infinito número de ideas a que es preciso acomodar un número necesariamente limitado de signos. Pero el mayor mal de todos, y el que, si no se ataja, va a privarnos de las inapreciables ventajas de un lenguaje común, es la avenida de neologismos[24] de construcción, que inunda y enturbia[25] mucha parte de lo que se escribe en América, y alterando la estructura del idioma, tiende a convertirlo en una multitud de dialectos irregulares, licenciosos, bárbaros; embriones de idiomas futuros, que

---

[20] **aclaro, explico**
[21] **éxito**
[22] **embellecer, adornar**
[23] **dobles sentidos**
[24] **palabras o construcciones nuevas**
[25] **confunde**

durante una larga elaboración reproducirían en América lo que fue la Europa en el tenebroso período de la corrupción del latín. Chile, el Perú, Buenos Aires, Méjico, hablarían cada uno su lengua, o por mejor decir, varias lenguas, como sucede en España, Italia y Francia, donde dominan ciertos idiomas provinciales, pero viven a su lado otros varios, oponiendo estorbos a la difusión de las luces, a la ejecución de las leyes, a la administración del Estado, a la unidad nacional. Una lengua es como un cuerpo viviente: su vitalidad no consiste en la constante identidad de elementos, sino en la regular uniformidad de las funciones que éstos ejercen, y de que proceden la forma y la índole que distinguen al todo.

Sea que yo exagerare o no el peligro, él ha sido el principal motivo que me ha inducido a componer esta obra, bajo tantos respectos superior a mis fuerzas. Los lectores inteligentes que me honren leyéndola con alguna atención, verán el cuidado que he puesto en demarcar, por decirlo así, los linderos[26] que respeta el buen uso de nuestra lengua, en medio de la soltura y libertad de sus giros, señalando las corrupciones que más cunden hoy día, y manifestando la esencial diferencia que existe entre las construcciones castellanas y las extranjeras que se les asemejan hasta cierto punto, y que solemos imitar sin el debido discernimiento.

No se crea que recomendando la conservación del castellano sea mi ánimo tachar de vicioso y espurio todo lo que es peculiar de los americanos. Hay locuciones castizas que en la Península pasan hoy por anticuadas y que subsisten tradicionalmente en Hispano-América ¿por qué proscribirlas? Si según la práctica general de los americanos es más analógica la conjugación de algún verbo, ¿por qué razón hemos de preferir la que caprichosamente haya prevalecido en Castilla? Si de raíces castellanas hemos formado vocablos nuevos, según los procederes ordinarios de derivación que el castellano reconoce, y de que se ha servido y se sirve continuamente para aumentar su caudal, ¿qué motivos hay para que nos avergoncemos de usarlos? Chile y Venezuela tienen tanto derecho como Aragón y Andalucía para que se toleren sus accidentales divergencias, cuando las patrocina la costumbre uniforme y auténtica de la gente educada. En ellas se peca mucho menos contra la pureza y corrección del lenguaje, que en las locuciones afrancesadas, de que no dejan de estar salpicadas hoy día aun las obras más estimadas de los escritores peninsulares.

He dado cuenta de[27] mis principios, de mi plan y de mi objeto, y he reconocido, como era justo, mis obligaciones a los que me han precedido. Señalo rumbos[28] no explorados, y es probable que no siempre haya hecho en ellos las observaciones necesarias para deducir generalidades exactas. Si todo lo que propongo de nuevo no pareciere aceptable, mi ambición quedará satisfecha con que alguna parte lo sea, y contribuya a la mejora de un ramo de enseñanza, que no es ciertamente el más lucido, pero es uno de los más necesarios.

---

[26] limits, boundaries
[27] **He... he expuesto, explicado**
[28] **caminos**

SOBRE EL TEXTO

«Silva a la agricultura de la zona tórrida»

1. ¿A quién se dirige el poeta?
2. ¿Cuáles son los productos agrícolas que menciona?
3. ¿Por qué no necesita la tierra de «humanas artes»?
4. ¿Cómo caracteriza Bello al labrador?
5. ¿Qué contraste crea entre la ciudad y el campo?
6. Según el poeta, ¿qué peligros existen para los jóvenes si se crían en la ciudad?
7. ¿Qué les aconseja a las naciones jóvenes de América?
8. ¿Con qué visión del futuro de América termina el poema?

«El castellano en América»

1. ¿Por qué ha tenido que desviarse el autor de la nomenclatura y explicaciones usuales?
2. ¿A qué «prevención desfavorable» se refiere?
3. Según Bello, ¿sobre qué deben basarse las reglas de gramática?
4. ¿En qué consiste la unicidad de cada idioma?
5. ¿Por qué no sirve la terminología de la gramática latina para describir el español? ¿Por qué se usa, entonces?
6. ¿Qué objeciones han tenido algunas personas a la gramática de Bello?
7. ¿Por qué dice que en algunos casos no innova, sino que restaura?
8. ¿Qué dice de las formas y locuciones regionales?
9. ¿Para quiénes ha escrito Bello su *Gramática de la lengua castellana*?
10. Según él, ¿por qué es necesario mantener cierta uniformidad lingüística en Hispanoamérica?
11. ¿En qué casos no hay que aceptar palabras nuevas? ¿En qué casos hay que aceptarlas?
12. ¿Qué dice Bello acerca de la evolución de la lengua?

HACIA EL ANÁLISIS LITERARIO

1\. ¿Qué elementos neoclásicos hay en «Silva a la agricultura de la zona tórrida»?
2\. ¿Cuál es la importancia del título?
3\. ¿Qué tipo de estructuras gramaticales usa el poeta?
3\. ¿En qué sentido apunta el poema hacia el romanticismo?
4\. ¿Cómo transforma Bello las imágenes usuales de productos agrícolas, convirtiendo éstos en algo maravilloso? ¿Qué tipo de metáforas usa?
5\. ¿Cómo crea una impresión de abundancia?
6\. ¿Cuál es la importancia de las alusiones que hace al mundo antiguo? ¿Por qué menciona a Tiro y a Roma?
7\. ¿Qué logra el poeta con la enumeración de victorias con que termina su poema?

8. Compare el estilo de «Silva a la agricultura» con el de «El castellano en América».
9. Si Bello aboga por la abolición de la nomenclatura latina para explicar la gramática española, ¿en qué sentido se puede considerar este ensayo un ejemplo de la prosa neoclásica?
10. En cuanto a la afirmación de la autonomía americana, ¿qué tiene en común «El castellano en América» con la «Silva a la agricultura»?

TEXTO V VIDA

1. ¿Está usted de acuerdo con Bello en cuanto a la corrupción de las ciudades y la pureza de la vida campestre?
2. ¿Conoce usted algún poeta norteamericano con quien pudiera comparar a Bello?
3. ¿Piensa usted que existe la misma relación cultural entre los Estados Unidos e Inglaterra que entre los países de Hispanoamérica y España? ¿Qué diferencias y semejanzas ve usted?
4. ¿Qué opina usted acerca de la introducción de nuevos vocablos en el inglés? ¿Comparte usted la perspectiva de Bello?
5. ¿Es necesario un conocimiento de la gramática? ¿Qué opina usted acerca de la enseñanza de la gramática en las escuelas norteamericanas?
6. ¿Qué factores contribuyen hoy en día a la uniformidad de la lengua tanto en el mundo hispánico como en el mundo de habla inglesa?

Simón Bolívar: El Libertador

Simón Bolívar (1783–1830) es más conocido por sus hazañas militares que por su obra literaria. Sin embargo, ha dejado varios escritos que constituyen una valiosa contribución al desarrollo intelectual de Hispanoamérica.

Hijo de una familia criolla de alta alcurnia, Bolívar nació en Caracas el 24 de julio. Estudió con tutores particulares, el más influyente de los cuales fue Simón Rodríguez, quien lo inició en la lectura del filósofo suizo Jean-Jacques Rousseau y de los *enciclopedistas franceses. Uno de los profesores que influyó más en su formación intelectual fue Andrés Bello. En 1799 Bolívar fue a Madrid a continuar su educación. En 1801 visitó París, donde Napoleón asumía el poder después de la Revolución Francesa. Al volver a Madrid, Bolívar se casó, pero su esposa murió de la fiebre amarilla en 1803 en Caracas. Triste y abatido, el joven viudo regresó a Europa, donde presenció la coronación de Napoleón.

Bolívar vio el establecimiento del Imperio Francés como una traición a los ideales democráticos de la Revolución. En Roma, declaró su propia dedicación a la causa de la emancipación de Hispanoamérica. En su viaje de regreso de Europa pasó por Nueva York y Filadelfia. Su formación intelectual, los acontecimientos de los cuales fue testigo en Europa, sus conocimientos de la emancipación norteamericana y la muerte de su esposa influyeron en la decisión de Bolívar de dedicarse a la vida política. Bolívar no fue un militar de escuela; vio la lucha por la independencia como un primer paso en el largo proceso de definir al nuevo hombre americano.

La invasión francesa de España en 1808 fue un acontecimiento decisivo. Algunos criollos se mantuvieron leales a Fernando VII, pero otros aprovecharon la oportunidad de aflojar las cadenas que los liaban a España. De vuelta en Caracas, Bolívar participó en las conspiraciones que conducirían a la revolución. En 1810 participó en la Junta de Caracas, que lo mandó a Londres a buscar apoyo económico para la causa de la libertad. Allí conoció a Francisco de Miranda, quien había organizado rebeliones contra España en 1805 y 1806. Miranda regresó a Caracas con Bolívar, y en 1811, Venezuela declaró su independencia.

Miranda encabezó el ejército revolucionario y Bolívar fue nombrado gobernador de Puerto Cabello, pero a causa de los reveses militares, tuvo que desterrarse. Fue primero a la isla de Curazao y después huyó a Cartagena en Nueva Granada (Colombia), donde se unió a las fuerzas liberacionistas y escribió el «Manifiesto de Cartagena», su primer ensayo importante sobre la independencia. Con la ayuda de Nueva Granada, Bolívar invadió a Caracas y fue declarado El Libertador en 1813. Sin embargo, las tropas realistas derrotaron al ejército de Bolívar y éste volvió a Cartagena. En abril de 1815 los españoles atacaron a Nueva Granada y Bolívar huyó a Jamaica. Allí escribió su «Carta de Jamaica», dirigida, según algunos historiadores, al Duque de Manchester, o, según otros, a algún residente de la isla.

Bolívar organizó una expedición militar que partió el 10 de abril de 1816, pero ni ésta ni la siguiente produjeron el resultado deseado. Por fin cambió de estrategia: decidió atacar del oeste, empujando a los españoles hacia el mar. El 15 de febrero de 1819, convocó el Congreso de Angostura, donde pronunció uno de sus discursos más importantes sobre la política de la independencia. El 7 de agosto derrotó a los españoles en Boyacá y en diciembre se proclamó la República de Gran Colombia, que comprendía Nueva Granada y Venezuela. Bolívar fue elegido el nuevo presidente, pero dejó al país para dedicarse a la causa de la liberación de Bolivia y Perú.

Ganar la paz resultó ser tan difícil como ganar la guerra. Bolívar trató de organizar el gobierno de Perú, pero la zona que hoy en día se llama Bolivia se separó y eligió presidente al Libertador, quien escribió su constitución y dejó las riendas del gobierno en manos de Antonio José de Sucre.

Durante la ausencia de Bolívar, la Gran Colombia empezó a desintegrarse. Las ambiciones de líderes rivales, su falta de experiencia y problemas económicos hicieron inevitable la guerra civil, que dio por resultado la separación de Colombia y Venezuela. En Perú, se abolió la constitución bolivariana y se independizó la provincia de Quito.

Decaído y amargado, Simón Bolívar renunció al poder en 1830 y se retiró a Santa Marta, donde la noticia del asesinato de Sucre tal vez aceleró su muerte.

Sobre «Carta de Jamaica»

Bolívar escribió discursos, cartas y documentos políticos. A pesar de la naturaleza utilitaria de estos escritos, son verdaderas obras literarias, y muchos críticos consideran a Bolívar uno de los mejores prosistas de su época. El estilo de Bolívar es vigoroso y elegante. Por lo sencillo y directo, se ha comparado con el de los neoclásicos. Por lo poético y apasionado, se ha comparado con el de los románticos. Bolívar apela a los sentimientos sin hundirse jamás en el sentimentalismo. En sus cartas y discursos expresa sus convicciones más íntimas de una manera sincera y convincente. Nunca se pierde en la retórica.

Bolívar expresa sus pensamientos sobre la política en documentos como el «Manifiesto de Cartagena» (1812), la «Carta de Jamaica» (1815), la «Carta a Juan Martín de Pueyrredón, Supremo Director de las Provincias Unidas del Río de la Plata» (1818), el «Discurso pronunciado ante el Congreso de Angostura» (1819), la «Invitación para el Congreso de Panamá» (1826) y el «Mensaje al Congreso Constituyente de la República de Colombia» (1830). Inmerso en la ideología del siglo XVIII, Bolívar no predica una democracia absoluta sino un sistema basado en ideales semejantes a los del despotismo ilustrado. Aunque defiende los derechos individuales, entiende que el individualismo puede conducir a la anarquía en pueblos que han conocido sólo el absolutismo y no han enseñado a sus ciudadanos que la libertad entraña la responsabilidad de cada uno. Se da cuenta de que el faccionismo, las rivalidades, la diversidad étnica y los problemas económicos, sociales y educativos constituyen obstáculos formidables para la creación de una sociedad auténticamente democrática en las nuevas naciones hispanoamericanas.

Aunque Bolívar soñaba con un pueblo gobernado por leyes justas, reconoció que había muchos obstáculos al verdadero constitucionalismo en Latinoamérica. Se opuso al establecimiento de un sistema federativo en Venezuela, porque pensaba que podía conducir a la desintegración del país. En su «Manifiesto de Cartagena» dice:

> Las elecciones populares hechas por los rústicos del campo, y por los intrigantes moradores de las ciudades, añaden un obstáculo más a la práctica de la federación, entre nosotros: porque los unos son tan ignorantes que hacen sus votaciones maquinalmente, y los otros, tan ambiciosos que todo lo convierten en facción; por lo que jamás se vio en Venezuela una votación libre y acertada; lo que ponía el Gobierno en manos de hombres ya desafectos a la causa, ya ineptos, ya inmorales. Nuestra división, y no las armas españolas, nos tornó a la esclavitud.

El Libertador jamás se hizo ilusiones sobre la dificultad de gobernar los nuevos países de América; por eso escribió que temía más la paz que la guerra.

Bolívar creía en un fuerte gobierno central que sería dirigido por un presidente fuerte y un senado hereditario. También creía en la necesidad de un ejército permanente para defender al país y mantener el orden.

La Plaza Mayor de Bogota en 1837, J. Castillo, Bogota Museum, Copyright Art Resources.

Aunque sus seguidores lo elogiaban como héroe y salvador, no siguieron sus consejos. En la «Carta de Jamaica» Bolívar habla con pesimismo del futuro de los países hispanoamericanos. Se queja del trato de los españoles, que no sólo abusaron de las poblaciones indígenas sino que dejaron un vacío político en América al acostumbrar a los colonos a obedecer pasivamente y no a gobernarse. Además, la falta de libertad económica en las colonias privó a los habitantes de una base sobre la cual pudieran construir un sistema comercial fuerte. Según Bolívar, un gobierno popular como el de los Estados Unidos no produciría resultados deseables en Hispanoamérica; es más, sería la ruina de las nuevas repúblicas porque éstas sufren de los vicios que contrajeron bajo el dominio español: fiereza, ambición, venganza y codicia.

Bolívar sueña con unir los estados hispanoamericanos para crear una sola nación, ya que ellos comparten un origen, una lengua, unas costumbres y una religión. Sin embargo, reconoce que no es posible, «porque climas remotos, situaciones diversas, intereses opuestos, caracteres desemejantes, dividen a la América». En vez de un continente unido, Bolívar prevé ciertas alianzas políticas y económicas y muchas rivalidades de todos tipos. Pronostica el militarismo argentino, la futura inestabilidad del Perú y el éxito relativo de la democracia chilena.

Hoy en día, casi dos siglos después de que Bolívar compuso su famosa carta, notamos con asombro cuántas de sus predicciones se han realizado.

Edición

Bolívar, Simón. *Obras completas.* Madrid: Maveco, 1984

Crítica

Acosta Saignes, Miguel. «Cómo repudia una clase social a su libertador.» *Casa de las Américas.* 23 (138) (May–June 1983): 99–103.

Echeverri Mejía, Oscar. «Simón Bolívar, educador, escritor y poeta.» *Boletín de la Academia Colombiana.* 32 (138) (Oct.–Dec. 1982):269–284.

Fox, Geoffrey. «Lucha y decepción del libertador.» *Areíto.* 9 (35) (1983):22–25.

Grigulevich, José. «Simón Bolívar: El Libertador.» *Casa de las Américas.* 23 (138) (May–June, 1983):10–19.

Maldonado-Denis, Manuel. «Vigencia de Bolívar en el Caribe contemporáneo.» *Casa de las Américas.* 23 (138) (May–June, 1983):31–37.

Martínez Díaz, Nelson. «Dimensión americana de Simón Bolívar.» *Nueva Estafeta.* 2 (1979):99–101.

Mazzei de Grazia, Leonardo. «Simón Bolívar y el ideal unitario.» *Antenea.* 447 (1983): 17–35.

Pabón Núñez, Lucio. «Bolívar y los poetas.» *Boletín de Historia y Antigüedades.* 72 (794) (April–June 1985):403–409.

Pividal Padrón, Francisco. «Bolívar y Martí: Un mismo pensamiento latinoamericano.» *Casa de las Américas.* 23 (138) (May–June 1983):104–108.

Carta de Jamaica

Simón Bolívar

Kingston, 6 de setiembre de 1815

Señor:

Me apresuro a contestar la carta de 29 del mes pasado que usted me hizo el honor de dirigirme y yo recibí con la mayor satisfacción.

Sensible, como debo, al interés que usted ha querido tomar por la suerte de mi patria, afligiéndose con ella por los tormentos que padece desde su descubrimiento hasta estos últimos períodos, por parte de sus destructores los españoles, no siento menos el comprometimiento en que me ponen las solícitas demandas que usted me hace sobre los objetos más importantes de la política americana. Así, me encuentro en un conflicto entre el deseo de corresponder a la confianza con que usted me favorece y el impedimento de satisfacerla, tanto por la falta de documentos y de libros cuanto por los limitados conocimientos que poseo de un país tan inmenso, variado y desconocido como el Nuevo Mundo.

En mi opinión es imposible responder a las preguntas con que usted me ha honrado. El mismo Barón de Humboldt,[1] con su universalidad de conocimientos teóricos y prácticos, apenas lo haría con exactitud, porque aunque una parte de la estadística y revolución de América es conocida, me atrevo a asegurar que la mayor está cubierta de tinieblas, y por consecuencia sólo se pueden ofrecer conjeturas más o menos aproximadas, sobre todo en lo relativo a la suerte futura y a los verdaderos proyectos de los americanos; pues de cuantas combinaciones suministra la historia de las naciones, de otras tantas es susceptible la nuestra por sus posiciones físicas, por las vicisitudes de la guerra y por los cálculos de la política.

Como me conceptúo obligado a prestar atención a la apreciable carta de usted no menos que a sus filantrópicas miras, me animo a dirigir estas líneas, en las cuales ciertamente no hallará usted las ideas luminosas que desea, mas sí las ingenuas expresiones de mis pensamientos.

«Tres siglos ha, dice usted, que empezaron las barbaridades que los españoles cometieron en el grande hemisferio de Colón.» Barbaridades que la presente edad ha rechazado como fabulosas,[2] porque parecen superiores a la perversidad humana; y jamás serían creídas por los críticos modernos, si constantes y repetidos documentos no testificasen estas infaustas verdades. El filantrópico

---

[1] Alexander von Humboldt (1769–1859), geógrafo y naturalista alemán que recorrió la América del Sur y dejó muchos valiosos escritos sobre su clima y topografía.

[2] falsas

obispo de Chiapa, el apóstol de la América, Las Casas,[3] ha dejado a la posteridad una breve relación de ellas, extractada de las sumarias que siguieron en Sevilla a los conquistadores, con el testimonio de cuantas personas respetables había entonces en el Nuevo Mundo, y con los procesos mismos que los tiranos se hicieron entre sí, como consta por los más sublimes historiadores de aquel tiempo. Todos los imparciales han hecho justicia al celo, verdad y virtudes de aquel amigo de la humanidad, que con fervor y firmeza denunció ante su gobierno y contemporáneos los actos más horrorosos de un frenesí sanguinario.

Con cuánta emoción de gratitud leo el pasaje de la carta de usted en que me dice; «que espera que los sucesos que siguieron entonces a las armas españolas acompañen ahora a las de sus contrarios, los muy oprimidos americanos meridionales».[4] Yo tomo esta esperanza como una predicción, si la justicia decide las contiendas de los hombres. El suceso coronará nuestros esfuerzos; porque el destino de la América se ha fijado irrevocablemente. El lazo que lo unía a la España está cortado; la opinión era toda su fuerza; por ella se estrechaban mutuamente las partes de aquella inmensa monarquía. Lo que antes las enlazaba ya las divide: más grande es el odio que nos ha inspirado la península que el mar que nos separa de ella; menos difícil es unir los dos continentes que reconciliar los espíritus de ambos países. El hábito a la obediencia, un comercio de intereses, de luces,[5] de religión; una recíproca benevolencia; una tierna solicitud por la cuna y la gloria de nuestros padres; en fin, todo lo que formaba nuestra esperanza, nos venía de España. De aquí nacía un principio de adhesión que parecía eterno; no obstante que la inconducta de nuestros dominadores relajaba esta simpatía; o por mejor decir, este apego forzado por el imperio de la dominación. Al presente sucede lo contrario: la muerte, el deshonor, cuanto es nocivo,[6] nos amenaza y tememos; todo lo sufrimos de esa desnaturalizada madrasta. El velo se ha rasgado, ya hemos visto la luz y se nos quiere volver a las tinieblas; se han roto las cadenas; ya hemos sido libres, y nuestros enemigos pretenden de nuevo esclavizarnos. Por lo tanto, la América combate con despecho;[7] y rara vez la desesperación no ha arrastrado tras sí la victoria.

Porque los sucesos hayan sido parciales y alternados, no debemos desconfiar de la fortuna. En unas partes triunfan los independientes, mientras que los tiranos en lugares diferentes obtienen sus ventajas. ¿Y cuál es el resultado final? ¿No está el Nuevo Mundo entero conmovido y armado para su defensa? Echemos una ojeada y observaremos una lucha simultánea en la misma extensión de este hemisferio.

El belicoso Estado de las Provincias del Río de la Plata ha purgado su territorio y conducido sus armas vencedoras al Alto Perú;[8] conmoviendo a Arequipa e inquietando a los realistas de Lima. Cerca de un millón de habi-

[3] Bartolomé de las Casas (1474–1566), misionero dominico conocido por su actuación en favor de los indios (Véase la página 9).
[4] del Sur
[5] cultura
[6] dañino
[7] pesadumbre, disgusto originado por un desengaño
[8] ahora, Bolivia

tantes disfruta allí de su libertad.

El reino de Chile, poblado de 800,000 almas, está lidiando[9] contra sus enemigos que pretenden dominarlo; pero en vano, porque los que antes pusieron un término a sus conquistas, los indómitos y libres araucanos,[10] son sus vecinos y compatriotas; y su ejemplo sublime es suficiente para probarles que el pueblo que ama su independencia por fin la logra.

El virreinato del Perú, cuya población asciende a millón y medio de habitantes, es sin duda el más sumiso y al que más sacrificios se le han arrancado para la causa del rey, y bien que sean vanas las relaciones concernientes a aquella porción de América, es indubitable que ni está tranquila, ni es capaz de oponerse al torrente que amenaza a las más de sus provincias.

La Nueva Granada,[11] que es por decirlo así el corazón de la América y obedece a un gobierno general, exceptuando el reino de Quito que con la mayor dificultad contiene sus enemigos, por ser fuertemente adicto a la causa de su patria; y las provincias de Panamá y Santa Marta que sufren, no sin dolor la tiranía de sus señores. Dos millones y medio de habitantes están esparcidos en aquel territorio que actualmente defienden contra el ejército español bajo el general Morillo,[12] que es verosímil sucumba delante de la inexpugnable[13] plaza de Cartagena. Mas si la tomare, será a costa de grandes pérdidas, y desde luego carecerá de fuerzas bastantes para subyugar a los morigerados[14] y bravos moradores del interior.

En cuanto a la heroica y desdichada Venezuela, sus acontecimientos han sido tan rápidos y sus devastaciones tales, que casi la han reducido a una absoluta indigencia y a una soledad espantosa, no obstante que era uno de los países más bellos de cuantos hacían el orgullo de la América. Sus tiranos gobiernan un desierto, y sólo oprimen a tristes restos que, escapados de la muerte, alimentan una precaria existencia: algunas mujeres, niños y ancianos son los que quedan. Los más de los hombres han perecido por[15] no ser esclavos, y los que viven combaten con furor en los campos y en los pueblos internos, hasta expirar o arrojar al mar a los que, insaciables de sangre y de crímenes, rivalizan con los primeros monstruos que hicieron desaparecer de la América a su raza primitiva. Cerca de un millón de habitantes se contaban en Venezuela; y sin exageración se puede asegurar que una cuarta parte ha sido sacrificada por la tierra, la espada, el hambre, la peste, las peregrinaciones, excepto el terremoto, todos resultados de la guerra.

En Nueva España[16] había en 1808, según nos refiere el Barón de Humboldt, 7.800.000 almas, con inclusión de Guatemala. Desde aquella época, la insurrección que ha agitado a casi todas sus provincias, ha hecho

---

[9] combatiendo
[10] pueblo indígena que ocupaba la zona que ahora es Chile; los araucanos resistieron por largo tiempo a la penetración española
[11] Colombia
[12] Pablo Morillo (1777–1838), general español que combatió contra Napoleón. Fernando VII le encargó de apagar la rebelión de Nueva Granada. Cuatro años después de escribirse esta carta, fue derrotado en Boyacá y capituló ante Bolívar.
[13] intomable, que no se puede tomar al asalto
[14] de buenas costumbres
[15] para
[16] nombre antiguo de México

disminuir sensiblemente aquel cómputo[17] que parece exacto; pues más de un millón de hombres ha perecido...

Allí la lucha se mantiene a fuerza de sacrificios humanos y de todas especies, pues nada ahorran los españoles con tal que logren someter a los que han tenido la desgracia de nacer en este suelo, que parece destinado a empaparse con la sangre de sus hijos. A pesar de todo, los mexicanos serán libres, porque han abrazado el partido de la patria, con la resignación de vengar a sus pasados o seguirlos al sepulcro. Ya ellos dicen con Raynal:[18] llegó el tiempo, en fin, de pagar a los españoles suplicios con suplicios y de ahogar a esa raza de exterminadores en su sangre o en el mar.

Las islas de Puerto Rico y Cuba, que entre ambas pueden formar una población de 700 a 800.000 almas, son las que más tranquilamente poseen los españoles, porque están fuera del contacto de los independientes. Mas, ¿no son americanos estos insulares? ¿No son vejados?[19] ¿No desearán su bienestar?

Este cuadro representa una escala militar de 2.000 leguas de longitud y 900 de latitud en su mayor extensión en que 16.000.000 de americanos defienden sus derechos o están oprimidos por la nación española que, aunque fue en algún tiempo el más vasto imperio del mundo, sus restos son ahora impotentes para dominar el nuevo hemisferio y hasta mantenerse en el antiguo. ¿Y la Europa civilizada, comerciante y amante de la libertad, permite que una vieja serpiente, por sólo satisfacer su saña[20] envenenada, devore la más bella parte de nuestro globo? ¡Qué! ¿Está la Europa sorda al clamor de su propio interés? ¿No tiene ya ojos para ver la justicia? ¿Tanto se ha endurecido para ser de este modo insensible? Estas cuestiones cuanto más las medito, más me confunden: llego a pensar que se aspira a que desaparezca la América; pero es imposible, porque toda la Europa no es España. ¡Qué demencia la de nuestra enemiga, pretender reconquistar la América, sin marina, sin tesoro y casi sin soldados! Pues los que tiene, apenas son bastantes para retener a su propio pueblo en una violenta obediencia y defenderse de sus vecinos. Por otra parte, ¿podrá esta nación hacer el comercio exclusivo de la mitad del mundo sin manufacturas, sin producciones territoriales, sin artes, sin ciencias, sin política? Lograda que fuese esta loca empresa, y suponiendo más, aun lograda la pacificación, los hijos de los actuales americanos, unidos con los de los europeos reconquistadores, ¿no volverían a formar dentro de veinte años los mismos patrióticos designios que ahora se están combatiendo?

La Europa haría un bien a la España en disuadirla de su obstinada temeridad, porque a lo menos le ahorrará los gastos que expende y la sangre que derrama; a fin de que fijando su atención en sus propios recintos fundase su prosperidad y poder sobre bases más sólidas que las de inciertas conquistas, un comercio precario y

---

[17] **cálculo**

[18] **Guillaume Raynal (1713–1796), abad francés que atacó a los españoles por su comportamiento en el Nuevo Mundo en su libro *Histoire des établissements des Européens dans les deux Indes.***

[19] **perseguidos**

[20] **furor**

exacciones[21] violentas en pueblos remotos, enemigos y poderosos. La Europa misma por miras de sana política[22] debería haber preparado y ejecutado el proyecto de la independencia americana, no sólo porque el equilibrio del mundo así lo exige, sino porque éste es el medio legítimo y seguro de adquirirse establecimientos ultramarinos de comercio. La Europa que no se halla agitada por las violentas pasiones de la venganza, ambición y codicia, como la España, parece que estaba autorizada por todas las leyes de la equidad a ilustrarla sobre sus bien entendidos intereses.

Cuantos[23] escritores han tratado la materia se acordaban en esta parte.[24] En consecuencia, nosotros esperábamos con razón que todas las naciones cultas se apresurarían a auxiliarnos, para que adquiriésemos un bien cuyas ventajas son recíprocas a entrambos hemisferios. Sin embargo, ¡cuán frustradas esperanzas! No sólo los europeos, pero hasta nuestros hermanos del Norte se han mantenido inmóviles espectadores en esta contienda, que por su esencia es la más justa y por sus resultados la más bella e importante de cuantas se han suscitado en los siglos antiguos y modernos. Porque, ¿hasta dónde se puede calcular la trascendencia de la libertad del hemisferio de Colón?

«La felonía con que Bonaparte, dice Ud., prendió a Carlos IV y a Fernando VII, reyes de esta nación, que tres siglos ha aprisionó con traición a dos monarcas[25] de la América meridional, es un acto muy manifiesto de la retribución divina, y al mismo tiempo una prueba de que Dios sostiene la justa causa de los americanos y les concederá su independencia»...

«Después de algunos meses, añade Ud., he hecho muchas reflexiones sobre la situación de los americanos y sus esperanzas futuras; tomo grande interés en sus sucesos, pero me faltan muchos informes relativos a su estado actual, y a lo que ellos aspiran; deseo infinitamente saber la política de cada provincia, como también su población, ¿si desean repúblicas o monarquías, si formarán una gran república, o una gran monarquía? Toda noticia de esta especie que. Ud. pueda darme, o indicarme las fuentes a que debo ocurrir, la estimaré como un favor muy particular».

Siempre las almas generosas se interesan en la suerte de un pueblo que se esmera por recobrar los derechos con que el Creador y la naturaleza lo han dotado; y es necesario estar bien fascinado por el error o por las pasiones para no abrigar esta noble sensación: Ud. ha pensado en mi país y se interesa por él; este acto de benevolencia me inspira el más vivo reconocimiento.

He dicho la población que se calcula por datos más o menos exactos, que mil circunstancias hacen fallidos[26] sin que sea fácil remediar esta inexactitud, porque los más de los moradores[27] tienen habitaciones campestres y

---

[21] **el exigir impuestos**
[22] **por...** to protect its own political interests
[23] **Todos los**
[24] **se...** were in agreement with respect to this matter
[25] **Se refiere sin duda a Moctezuma, el emperador azteca, y Atahualpa, el último emperador del Perú.**
[26] **hacen... frustran [el intento de dar datos exactos]**
[27] **habitantes**

muchas veces errantes, siendo labradores, pastores, nómades, perdidos en medio de los espesos e inmensos bosques, llanuras solitarias y aisladas entre lagos y ríos caudalosos. ¿Quién será capaz de formar una estadística completa de semejantes comarcas? Además los tributos que pagan los indígenas; las penalidades de los esclavos; las primicias;[28] diezmos[29] y derechos[30] que pesan sobre los labradores, y otros accidentes alejan de sus hogares a los pobres americanos. Esto es sin hacer mención de la guerra de exterminio que ya ha segado[31] cerca de un octavo de la población, y ha ahuyentado una gran parte; pues entonces las dificultades son insuperables y el empadronamiento vendrá a reducirse a la mitad del verdadero censo.

Todavía es más difícil presentir la suerte futura del Nuevo Mundo, establecer principios sobre su política, y casi profetizar la naturaleza del gobierno que llegará a adoptar. Toda idea relativa al porvenir de este país me parece aventurada.[32] ¿Se pudo prever, cuando el género humano se hallaba en su infancia rodeado de tanta incertidumbre, ignorancia y error, cuál sería el régimen que abrazaría para su conservación? ¿Quién se habría atrevido a decir, tal nación será república o monarquía, ésta será pequeña, aquélla grande? En mi concepto, ésta es la imagen de nuestra situación. Nosotros somos un pequeño género humano; poseemos un mundo aparte, cercado por dilatados mares; nuevos en casi todas las artes y ciencias, aunque en cierto modo viejos en los usos de la sociedad civil.[33] Yo considero el estado actual de la América como cuando, desplomado[34] el imperio romano, cada desmembración formó un sistema político, conforme a sus intereses y situación o siguiendo la ambición particular de algunos jefes, familias o corporaciones; con esta notable diferencia, que aquellos miembros dispersos volvían a restablecer sus antiguas naciones con las alteraciones que exigían las cosas o los sucesos; mas nosotros, que apenas conservamos vestigios de lo que en otro tiempo fue, y que por otra parte no somos indios ni europeos, sino una especie media entre los legítimos propietarios del país y los usurpadores españoles; en suma, siendo nosotros americanos por nacimiento y nuestros derechos los de Europa, tenemos que disputar éstos a los del país, y que mantenernos en él contra la invasión de los invasores; así nos hallamos en el caso extraordinario y complicado. No obstante que es una especie de adivinación indicar cuál será el resultado de la línea de política que la América siga, me atrevo a aventurar algunas conjeturas que desde luego caracterizo de arbitrarias, dictadas por un deseo racional y no por un raciocinio probable.

La posición de los moradores del hemisferio americano ha sido por siglos puramente pasiva: su existencia política era nula. Nosotros estábamos en un grado todavía más abajo de la

---

[28] **tributo o contribución de frutos y ganados que se daba la Iglesia, además del diezmo**
[29] **décima parte de los frutos que pagaban los fieles a la Iglesia o al rey**
[30] **impuestos**
[31] mowed down
[32] **arriesgada**
[33] **Es decir, los hispanoamericanos heredaron un viejo sistema social.**
[34] **caído**

servidumbre, y por lo mismo con más dificultades para elevarnos al goce de la libertad. Permítame usted estas consideraciones para elevar la cuestión. Los Estados son esclavos por la naturaleza de su constitución o por el abuso de ella; luego un pueblo es esclavo cuando el gobierno por su esencia o por sus vicios huella y usurpa los derechos del ciudadano o súbdito.[35] Aplicando estos principios, hallaremos que la América no solamente estaba privada[36] de su libertad, sino también de la tiranía activa y dominante. Me explicaré. En las administraciones absolutas no se reconocen límites en el ejercicio de las facultades gubernativas: la voluntad del gran sultán Kan Bey[37] y demás soberanos despóticos, es la ley suprema, y ésta es casi arbitrariamente ejecutada por los bajaes,[38] kanes y sátrapas[39] subalternos de la Turquía y Persia, que tienen organizada una opresión de que participan los súbditos en razón de la autoridad que se les confía. A ellos está encargada la administración civil, política, de rentas y la religión. Pero al fin son persas los jefes de Ispahan, son turcos los visires del gran señor, son tártaros los sultanes de la Tartaria. La China no envía a buscar mandatarios militares y letrados al país de Gengis Kan[40] que la conquistó, a pesar de que los actuales chinos son descendientes directos de los subyugados por los ascendientes de los presentes tártaros.

Cuán diferente era entre nosotros. Se nos vejaba con una conducta que, además de privarnos de los derechos que nos correspondían, nos dejaba en una especie de infancia permanente con respecto a las transacciones públicas. Si hubiésemos siquiera manejado nuestros asuntos domésticos, en nuestra administración interior, conoceríamos el curso de los negocios públicos y su mecanismo. Gozaríamos también de la consideración personal que impone a los hijos del pueblo cierto respeto maquinal, que es tan necesario conservar en las revoluciones. He aquí por qué he dicho que estábamos privados hasta de la tiranía activa, pues que no nos está permitido ejercer sus funciones.

Los americanos en el sistema español que está en vigor,[41] y quizá con mayor fuerza que nunca, no ocupan otro lugar en la sociedad que el de siervos propios para el trabajo, y cuando más el de simples consumidores; y aun esta parte coartada[42] con restricciones chocantes: tales son las prohibiciones del cultivo de frutos de Europa, el estanco[43] de las producciones que el rey monopoliza, el impedimento de las fábricas que la misma península no posee, los privilegios exclusivos del comercio hasta de los objetos de primera necesidad, las trabas[44] entre provincia y provincia americanas para que no se traten, entiendan, ni negocien; en fin, ¿quiere usted saber cuál era nuestro destino? Los campos para cultivar el añil,[45] la grana,[46] el café, la caña, el cacao y el algodón; las llanuras solitarias para criar ganados; los desiertos para cazar

[35] subject
[36] deprived
[37] **príncipe tártaro**
[38] pashas
[39] **gobernador de la Persia antigua**
[40] **(¿1160?–1227) conquistador tártaro que sometió a su mando la China del norte**
[41] **fuerza**
[42] **limitada**
[43] government monopoly
[44] **obstáculos**
[45] añil (plant, from which dye is made)
[46] cochineal (used for dye)

las bestias feroces; las entrañas de la tierra para excavar el oro que no puede saciar esa nación avarienta.

Tan negativo era nuestro estado que no encuentro semejante en ninguna otra asociación civilizada, por más que recorro la serie de las edades y la política de todas las naciones. Pretender que un país tan felizmente constituido, extenso, rico y populoso, sea meramente pasivo, ¿no es un ultraje[47] y una violación de los derechos de la humanidad?

Estábamos, como acabo de exponer, abstraídos, y digámoslo así, ausentes del Universo en cuanto es relativo a la ciencia del gobierno y administración del Estado. Jamás éramos virreyes ni gobernadores sino por causas muy extraordinarias; arzobispos y obispos, pocas veces; diplomáticos, nunca; militares sólo en calidad de subalternos;[48] nobles, sin privilegios reales; no éramos, en fin, ni magistrados ni financistas, y casi ni aun comerciantes: todo en contraversión[49] directa de nuestras instituciones.

El emperador Carlos V formó un pacto con los descubridores, conquistadores y pobladores de América, que...es nuestro contrato social. Los reyes de España convinieron solemnemente con ellos que lo ejecutasen por su cuenta y riesgo, prohibiéndoles hacerlo a costa de la Real Hacienda, y por esta razón se les concedía que fuesen señores de la tierra, que organizasen la administración y ejerciesen la judicatura en apelación, con otras muchas excepciones y privilegios que sería prolijo detallar.[51] El rey se comprometió a no enajenar jamás las provincias americanas, como que a él no tocaba otra jurisdicción que la del alto dominio, siendo una especie de propiedad feudal la que allí tenían los conquistadores para sí y sus descendientes. Al mismo tiempo existen leyes expresas que favorecen casi exclusivamente a los naturales del país originarios de España, en cuanto a los empleos civiles, eclesiásticos y de rentas. Por manera que con una violación manifiesta de las leyes y de los pactos subsistentes, se han visto despojar aquellos naturales de la autoridad constitucional que les daba su código.

De cuanto he referido, será fácil colegir que la América no estaba preparada para desprenderse de la metrópoli, como súbitamente sucedió por el efecto de las ilegítimas cesiones de Bayona;[52] por la inicua[53] guerra que la Regencia nos declaró sin derecho alguno para ello, no sólo por la falta de justicia, sino también de legitimidad. Sobre la naturaleza de los gobiernos españoles, sus decretos conminatorios y hostiles, y el curso entero de su desesperada conducta, hay escritos del mayor mérito en el periódico *El Español,* cuyo autor es el señor Blanco;[54] y estando allí esta

---

[47] **insulto, violación**
[48] **en...** as subordinates
[49] **contradicción**
[50] **muy largo**
[51] **referencia a los privilegios que recibían los conquistadores por adquirir nuevas tierras para España. Muchas de las expediciones fueron financiadas por conquistadores con su propio dinero. El rey les pagaba con tierras y privilegios.**
[52] **En 1808, en la ciudad Francesa de Bayona, Napoleón obligó a Carlos IV a abdicar y colocó a su hermano en el trono. (Véase la página 87.)**
[53] **injusta**
[54] **José María Blanco White (1774–1841), español exiliado que vivía en Londres, donde publicó sus célebres *Letters from Spain* (Véase la página 111).**

parte de nuestra historia muy bien tratada, me limito a indicarlo.

Los americanos han subido de repente, sin los conocimientos previos y lo que es más sensible sin la práctica de los negocios públicos, a representar en la escena del mundo las eminentes dignidades de legisladores, magistrados, administradores del erario, diplomáticos, generales, y cuantas autoridades supremas y subalternas forman la jerarquía de un Estado organizado con regularidad.

Cuando las águilas francesas sólo respetaron los muros de la ciudad de Cádiz,[55] y con su vuelo arrollaron a los frágiles gobiernos de la Península, entonces quedamos en la orfandad. Ya antes habíamos sido entregados a la merced de un usurpador extranjero. Después, lisonjeados con la justicia que se nos debía con esperanzas halagüeñas siempre burladas; por último, inciertos sobre nuestro destino futuro, y amenazados por la anarquía, a causa de la falta de un gobierno legítimo, justo y liberal, nos precipitamos en el caos de la revolución. En el primer momento sólo se cuidó de proveer a la seguridad interior, contra los enemigos que encerraba nuestro seno. Luego se extendió a la seguridad exterior: se establecieron autoridades que sustituimos a las que acabábamos de deponer encargadas de dirigir el curso de nuestra revolución y de aprovechar la coyuntura[56] feliz en que nos fuese posible fundar un gobierno constitucional digno del presente siglo y adecuado a nuestra situación...

Todos los nuevos gobiernos marcaron sus primeros pasos con el establecimiento de juntas populares. Estas formaron en seguida reglamentos para la convocación de congresos que produjeron alteraciones importantes. Venezuela erigió un gobierno democrático y federal, declarando previamente los derechos del hombre, manteniendo el equilibrio de los poderes y estatuyendo leyes generales en favor de la libertad civil, la imprenta y otras; finalmente se constituyó un gobierno independiente. La Nueva Granada siguió con uniformidad los establecimientos políticos y cuantas reformas hizo Venezuela, poniendo por base fundamental de su constitución el sistema federal más exagerado que jamás existió: recientemente se ha mejorado con respecto al Poder Ejecutivo general, que ha obtenido cuantas atribuciones le corresponden. Según entiendo, Buenos Aires y Chile han seguido esta misma línea de operaciones; pero como nos hallamos a tanta distancia, los documentos son tan raros, y las noticias tan inexactas, no me animaré ni aun a bosquejar el cuadro de sus transacciones.

Los sucesos de México han sido demasiado varios, complicados, rápidos y desgraciados para que se puedan seguir en el curso de su revolución. Carecemos, además, de documentos bastante instructivos, que nos hagan capaces de juzgarlos. Los independientes de México por lo que sabemos, dieron principio a su insurrección en setiembre de 1810,[57]

---

[55] Cádiz resistió a la invasión francesa. Allí se promulgó la Constitución de 1812.

[56] oportunidad

[57] El 16 de septiembre de 1810, el padre Miguel Hidalgo reunió a sus feligreses e invitó a los hombres a alistarse para combatir por la causa de la independencia. Este es el llamado Grito de Dolores, con el que comenzó la guerra de la independencia mexicana. (Véase la página 87.)

un año después ya tenían centralizado su gobierno en Zitácuaro, instalando allí una junta nacional bajo los auspicios de Fernando VII, en cuyo nombre se ejercían las funciones gubernativas. Por los acontecimientos de la guerra, esta junta se trasladó a diferentes lugares, y es verosímil que se haya conservado hasta estos últimos momentos con las modificaciones que los sucesos hayan exigido. Se dice que ha creado un generalísimo o dictador que lo es el ilustre general Morelos;[58] otros hablan del célebre general Rayón,[59] lo cierto es que uno de estos dos grandes hombres o ambos separadamente ejercen la autoridad suprema en aquel país; y recientemente ha aparecido una constitución para el régimen del Estado.

Yo deseo más que otro alguno ver formar en América la más grande nación del mundo, menos por su extensión y riquezas que por su libertad y gloria. Aunque aspiro a la perfección del gobierno de mi patria, no puedo persuadirme que el Nuevo Mundo sea por el momento regido por una gran república; como es imposible, no me atrevo a desearlo; y menos deseo una monarquía universal de América, porque este proyecto sin ser útil, es también imposible. Los abusos que actualmente existen no se reformarían y nuestra regeneración sería infructuosa.[60] Los Estados americanos han menester de los cuidados de gobiernos paternales que curen las llagas y las heridas del despotismo y la guerra. La metrópoli, por ejemplo, sería México, que es la única que puede serlo, por su poder intrínseco, sin el cual no hay metrópoli. Supongamos que fuese el istmo de Panamá punto céntrico para todos los extremos de este vasto continente; ¿no continuarían éstos en la languidez y aun el desorden actual? Para que un solo gobierno dé vida, anime, ponga en acción todos los resortes de la prosperidad pública, corrija, ilustre y perfeccione el Nuevo Mundo, sería necesario que tuviese las facultades de un Dios, y cuando menos las luces y virtudes de todos los hombres.

El espíritu de partido que al presente agita a nuestros Estados se encendería entonces con mayor encono,[61] hallándose ausente la fuente del poder que únicamente puede reprimirlo. Además, los magnates de las capitales no sufrirán la preponderancia de los metropolitanos, a quienes considerarían como a otros tantos tiranos: sus celos llegarían hasta el punto de comparar a éstos con los odiosos españoles. En fin, una monarquía semejante sería un coloso deforme, que su propio peso desplomaría a la menor convulsión...

Voy a arriesgar el resultado de mis cavilaciones sobre la suerte futura de la América: no la mejor, sino la que sea más asequible.

Por naturaleza de las localidades, riquezas, poblaciones y carácter de los mexicanos, imagino que intentarán al principio establecer una república representativa, en la cual tenga grandes atribuciones el poder ejecutivo, concentrándolo en un individuo que, si desempeña sus funciones con

---

[58] José María Morelos (1780–1815) dirigió la rebelión después de la muerte de Hidalgo.

[59] Ignacio Rayón (1773–1832), caudillo que venció a los realistas en Zitácuaro y fue nombrado presidente de la Junta Nacional de esta ciudad.

[60] inútil

[61] rencor

acierto y justicia, casi naturalmente vendrá a conservar una autoridad vitalicia.[62] Si su incapacidad o violenta administración excita una conmoción popular que triunfe, este mismo poder ejecutivo quizás se difundirá en una asamblea...

Los Estados del istmo de Panamá hasta Guatemala formarán quizás una asociación. Esta magnífica posición entre los dos grandes mares podrá ser con el tiempo el emporio del universo. Sus canales acortarán las distancias del mundo: estrecharán los lazos comerciales de Europa, América y Asia, traerán a tan feliz región los tributos de las cuatro partes del globo. ¡Acaso sólo allí podrá fijarse algún día la capital de la tierra! Como, pretendió Constantino[63] que fuese Bizancio la del antiguo hemisferio.

La Nueva Granada se unirá con Venezuela, si llegan a convenir en formar una república central, cuya capital sea Maracaibo[64] o una nueva ciudad que con el nombre de Las Casas (en honor de este héroe de la filantropía) se funde entre los confines de ambos países, en el soberbio puerto de Bahiahonda.[65] Esta posición, aunque desconocida, es muy ventajosa por todos respectos. Su acceso es fácil y su situación tan fuerte, que pueden hacerse inexpugnables. Posee un clima puro y saludable, un territorio tan propio para la agricultura como para la cría de ganados, y una grande abundancia de maderas de construcción. Los salvajes que la habitan serían civilizados, y nuestras posesiones se aumentarían con la adquisición de la Guajira.[66] Esta nación se llamaría Colombia como un tributo de gratitud y justicia al creador de nuestro hemisferio...

Poco sabemos de las opiniones que prevalecen en Buenos Aires, Chile y el Perú: juzgando por lo que se trasluce y por las apariencias, en Buenos Aires habrá un gobierno central en que los militares se lleven la primacía por consecuencia de sus divisiones intestinas y guerras externas. Esta constitución degenerará necesariamente en una oligarquía o una monocracia, con más o menos restricciones, y cuya denominación nadie puede adivinar. Sería doloroso que tal cosa sucediera, porque aquellos habitantes son acreedores a la más espléndida gloria.

El reino de Chile está llamado por la naturaleza de su situación, por las costumbres inocentes y virtuosas de sus moradores, por el ejemplo de sus vecinos, los fieros republicanos del Arauco,[67] a gozar de las bendiciones que derraman las justas y dulces leyes de una república. Si alguna permanece largo tiempo en América, me inclino a pensar que será la chilena. Jamás se ha extinguido allí el espíritu de libertad: los vicios de la Europa y del Asia llegarán tarde o nunca a corromper las costumbres de aquel extremo del universo. Su territorio es limitado: estará siempre fuera del contacto inficionado del[68] resto de los hombres; no alterará sus leyes, usos y prácticas; preservará su uniformidad

---

[62] **durante toda la vida**

[63] **Constantino I el Grande (entre 270 y 288–337), emperador romano que trasladó la capital del Imperio Romano a Bizancio**

[64] **puerto de Venezuela**

[65] **bahía de Colombia, en el Océano Atlántico**

[66] **península de Colombia, en el litoral atlántico**

[67] **republicanos... los indios araucanos (Véase la nota 10.)**

[68] **inficionado...** infected by

en opiniones políticas y religiosas; en una palabra, Chile puede ser libre.

El Perú, por el contrario, encierra dos elementos enemigos de todo régimen justo y liberal: oro y esclavos. El primero lo corrompe todo; el segundo está corrompido por sí mismo. El alma de un siervo rara vez alcanza a apreciar la sana libertad; se enfurece en los tumultos o se humilla en las cadenas. Aunque estas reglas serían aplicables a toda la América, creo que con más justas razones las merece Lima por los conceptos que he expuesto y por la cooperación que ha prestado a sus señores contra sus propios hermanos los ilustres hijos de Quito, Chile y Buenos Aires. Es constante que el que aspira a obtener la libertad, a lo menos lo intente. Supongo que en Lima no tolerarán los ricos la democracia, ni los esclavos y pardos libertos la aristocracia: los primeros preferirán la tiranía de uno solo, por no padecer las persecuciones tumultuarias y por establecer un orden siquiera pacífico. Mucho hará si consigue recobrar su independencia.

De todo lo expuesto, podemos deducir estas consecuencias: las provincias americanas se hallan lidiando por emanciparse, al fin obtendrán el suceso; algunas se constituirán de un modo regular en repúblicas federales y centrales; se fundarán monarquías casi inevitablemente en las grandes secciones; y algunas serán tan infelices que devorarán sus elementos, ya en la actual, ya en las futuras revoluciones. Una gran monarquía no será fácil de consolidar: una gran república imposible.

Es una idea grandiosa pretender formar de todo el mundo nuevo una sola nación, con un solo vínculo que ligue sus partes entre sí y con el todo. Ya que tiene un origen, una lengua, unas costumbres y una religión, debería por consiguiente tener un solo gobierno que confederase los diferentes Estados que hayan de formarse; mas no es posible, porque climas remotos, situaciones diversas, intereses opuestos, caracteres desemejantes dividen a la América. ¡Qué bello sería que el istmo de Panamá fuese para nosotros lo que el de Corinto para los griegos![69] Ojalá que algún día tengamos la fortuna de instalar allí un augusto congreso de los representantes de las repúblicas, reinos e imperios a tratar y discutir sobre los altos intereses de la paz y de la guerra, con las naciones de las otras tres partes del mundo. Esta especie de corporación podrá tener lugar en alguna época dichosa de nuestra regeneración; otra esperanza es infundada, semejante a la del abate St. Pierre[10] que concibió el laudable delirio de reunir un congreso europeo, para discutir de la suerte y de los intereses de aquellas naciones...

Tales son, señor, las observaciones y pensamientos que tengo el honor de someter a usted para que los rectifique o deseche según su mérito; suplicándole se persuada que me he atrevido a exponerlos, más por no ser descortés, que porque me crea capaz de ilustrar a usted en la materia.

Soy de Ud. etc.[71]

---

[69] **Una de las ciudades más prósperas de la Grecia antigua, Corinto estaba situada en el golfo del mismo nombre, en el extremo sur del istmo.**

[70] **Charles Saint-Pierre (1658–1743), autor del libro *Projet de paix perpétuelle (Proyecto de paz perpetua)***

[71] Very truly yours

SOBRE LA LECTURA

1. ¿Cuáles son algunas de las preguntas que Bolívar trata de contestar en esta carta? ¿Por qué dice que le es imposible responder perfectamente?
2. ¿Qué opinión expresa acerca de los españoles?
3. ¿Cómo describe el progreso de la rebelión contra España? ¿Han perdido muchas tropas los ejércitos americanos?
4. ¿Por qué se queja Bolívar de los países de Europa y de los Estados Unidos?
5. Según el autor, ¿por qué le convendría a Europa apoyar la causa de la independencia hispanoamericana?
6. ¿A qué problema alude Bolívar cuando dice que «no somos indios ni europeos, sino una especie media entre los legítimos propietarios del país y los usurpadores españoles»?
7. ¿Cómo debilitó a los países hispanoamericanos la dominación española? ¿Qué efectos produjo la pasividad forzada que los españoles impusieron a los hispanoamericanos?
8. ¿Por qué, según Bolívar, son injustas las leyes bajo las cuales tienen que vivir los hispanoamericanos?
9. ¿Qué dice del comercio?
10. ¿Qué tipo de gobierno formaron los nuevos países? Según Bolívar, ¿qué clase de gobierno les conviene a estas repúblicas recién creadas?
11. ¿Qué futuro ve Bolívar para cada uno de los países de Hispanoamérica?
12. ¿Por qué no cree que los estados americanos se unan para formar una sola nación?

HACIA EL ANÁLISIS LITERARIO

1. ¿Por qué se ha asociado a Bolívar con el neoclasicismo y también con el romanticismo? ¿Qué elementos neoclásicos y románticos encuentra usted en la «Carta de Jamaica»?
2. ¿Con qué objetivo usa Bolívar las estadísticas? ¿los ejemplos? ¿las alusiones a la antigüedad? ¿la lógica?
3. ¿Cómo expresa su enojo contra los españoles?
4. ¿Cómo expresa su frustración y su pesimismo?
5. ¿Por qué le sirve bien el formato epistolar?

TEXTO Y VIDA

1. ¿Cómo se explica la aparente indiferencia de los Estados Unidos hacia los países de Hispanoamérica durante el período de su lucha por la independencia? ¿Se justifica o no la actitud de los Estados Unidos?
2. En su opinión, ¿ha cambiado o no esta tendencia de distanciarse de los problemas de Hispanoamérica?
3. ¿Cuáles de las predicciones de Bolívar se han realizado?

4. ¿Cree usted que algún día las naciones de Hispanoamérica se unirán? Explique su respuesta.
5. Bolívar acusa a España de haber dejado a los países de Hispanoamérica en «una especie de infancia» que impidió que tomaran las riendas de su propio gobierno. ¿Pasó lo mismo en las colonias norteamericanas? Explique.

El romanticismo

El *romanticismo nació en Europa a fines del siglo XVIII. Se inició en Alemania, con escritores como Friederich Schiller (1759–1805) y Ludwig Tieck (1773–1853); y en Inglaterra, con William Wordsworth (1770–1850), Samuel Taylor Coleridge (1772–1834), Sir Walter Scott (1771–1832), Lord George Gordon Byron (1788–1824), Percy Bysshe Shelly (1792) y John Keats (1795–1821). Se propagó por Francia con autores como Chateaubriand (1768–1848) y Victor Hugo (1802–1885). El movimiento irradió luego a todos los países de Europa.

Como ya se ha visto, la estética romántica predicaba la ruptura con la rigidez del *neoclasicismo. Mientras que el escritor neoclásico se conformaba a las normas de la convención y del buen gusto, el romántico descartaba las reglas en su esfuerzo por crear un arte más espontáneo y auténtico. Experimentaba con nuevas formas métricas, mezclando diversos tipos de verso en un solo poema. Su prosa se prestaba a la retórica grandilocuente. Le gustaba la exageración, el sentimentalismo, el exotismo. A diferencia del neoclasicismo, el arte romántico combinaba lo bello y lo grotesco; el monstruo, la bestia, el hombre deformado existían al lado de princesas y vírgenes.

El amor de los románticos era una pasión consumidora que a menudo dejaba al amante gastado y desilusionado. El romántico exaltaba el sacrificio y la decadencia, cultivando el «gesto magnífico», del cual el suicidio era el supremo ejemplo. La muerte y el destino eran temas favoritos; el romántico se veía como un ser aislado, víctima de circunstancias contra las cuales tenía que luchar. También celebraba la naturaleza, pero no como el artista del *Renacimiento, como reflejo de la armonía divina y humana, sino como símbolo de la libertad o como ejemplo de lo grandioso, lo desordenado, lo incontrolable. Los héroes románticos a menudo son seres rebeldes o marginados—el criminal, el mendigo, la prostituta.

Abundaban los temas políticos e históricos. La exaltación de la patria caracteriza las obras de liberales tanto como las de conservadores. Frente a la religión, había dos posiciones posibles. El romántico o se abandonaba a la religiosidad sentimental o adoptaba un ateísmo vehemente.

En España, la invasión napoleónica coincidió con los comienzos del romanticismo. Liberales y conservadores se unieron para combatir a los invasores. La facción liberal soñaba con la tranformación del país por medio del progreso científico. La conservadora invocaba la pasada gloria de la España conquistadora. Después de la guerra, la alianza se desintegró; los liberales se entregaron al fervor reformista, mientras que los conservadores se volvieron reaccionarios. Curiosamente, ambas tendencias encontraron su expresión en el romanticismo.

Entre los escritores liberales, se destaca el poeta José de Espronceda (1808–1842), autor de *El estudiante de Salamanca* (1836) y del *Diablo mundo* (1841). Su afán revolucionario lo llevó a Francia, donde combatió en 1830 contra las fuerzas monárquicas. Un gran patriota, Espronceda vio la guerra como un instrumento de la emancipación personal y colectiva. Sus temas predilectos son el amor, el individualismo y la libertad.

En contraste, José Zorrilla (1817–1893) representa el aspecto tradicionalista del romanticismo español. Zorrilla buscó su inspiración en el folklore, en las leyendas medievales, en el *romancero y en el teatro del *Siglo de Oro. No fue la curiosidad intelectual lo que condujo a Zorrilla a estudiar la literatura antigua, sino el gusto por lo exótico y lo fantástico. Sus personajes no son realistas, sino exagerados y extraordinarios. El ejemplo más conocido es Don Juan Tenorio, protagonista del drama que lleva su nombre. Inspirada por *El burlador de Sevilla,* compuesto por Tirso de Molina durante el Siglo de Oro, la obra de Zorrilla gira alrededor de un seductor cuyos excesos resultarían en su condenación eterna si no fuera por la mediación de su amada, ya difunta. Mientras que la pieza de Tirso tiene fines didácticos y doctrinales, la de Zorrilla usa la religión como expresión de la fe popular. Caracterizan la religiosidad del drama de Zorrilla el sentimentalismo, el misterio y la intervención divina. El amor se convierte en una fuerza regeneradora que salva al pecador, permitiendo al dramaturgo combinar la ortodoxia con la pasión amorosa.

Aunque ya se notan elementos románticos en la literatura de principios de siglo, la «explosión romántica» realmente no ocurrió en Hispanoamérica sino hasta alrededor de 1830. Después de esa fecha, se produce una plétora de obras en prosa y en verso de inspiración romántica.

El romanticismo dominó el arte y la literatura de Hispanoamérica hasta aproximadamente 1880, aunque algunos de sus rasgos han continuado hasta la literatura de hoy. Algunos historiadores distinguen dos épocas: la primera se extiende hasta 1860 y se caracteriza por la exaltación política; la segunda va desde 1860 hasta 1880 y se caracteriza por la influencia del positivismo y los principios del realismo. Con el tiempo, el lenguaje explosivo de las primeras décadas del romanticismo dio lugar a una lírica más delicada y contenida, y a una prosa en que el ambiente era tan importante como el sentimiento.

Durante el período de turbulencia social y política, el romanticismo dio expresión a intensas pasiones reformadoras. A diferencia del romanticismo europeo, el de Hispanoamérica se asociaba casi exclusivamente con el liberalismo. El conservadurismo romántico representado por figuras como Chateaubriand apenas encontró expresión en el Nuevo Mundo. En cambio, Victor Hugo, quien se asociaba con el liberalismo, el humanitarismo y el progreso, tuvo una influencia profunda. De hecho, las obras de Hugo se leyeron en Hispanoamérica a lo largo del siglo XIX y la fama del autor francés alcanzó dimensiones míticas. Sin embargo, hay que señalar que este «liberalismo» no se extendía a las clases humildes. La mayoría de los escritores románticos pertenecían a la burguesía urbana. Aunque a menudo vituperaban la opresión, la injusticia y la barbarie, tendían a calificar de «progresivo» cualquier principio o sistema que sirviera a sus fines. De hecho, la llamada lucha contra la barbarie fue un movimiento distintamente racista y clasista, ya que los que eran considerados «bárbaros» eran precisamente los desposeídos: indios, mestizos y mulatos.

Los temas que predominan en la literatura romántica de Hispanoamérica son el amor, la historia, el indio, el esclavo, la aventura, la libertad política. La naturaleza lujuriante y a veces amenazadora del Nuevo Mundo también ocupa un lugar especial. Frente a la pureza lingüística de los neoclásicos, los románticos intentaron renovar el lenguaje, en algunos casos reproduciendo el habla de la gente común e incorporando americanismos, regionalismos, voces indígenas y africanas.

El romanticismo no alcanzó a todas partes de Hispanoamérica al mismo tiempo. Por otra parte, la literatura de Hispanoamérica ya estaba empezando a fragmentarse en diversos estilos nacionales y, por lo tanto, el romanticismo no se manifestó de la misma forma en todos los países.

Esteban Echeverría (1805–1851), al retornar de un viaje a París, introdujo el nuevo movimiento en Argentina en 1830. Entre 1832 y 1837 publicó varios poemas de índole romántica, por ejemplo «La cautiva», en que celebra la pampa argentina. En su relato «El matadero», escrito alrededor de 1838 y publicado póstumamente, Echeverría expone la brutalidad de la «mazorca», las fuerzas secretas de Juan Manuel Rosas (1793–1877), gobernador de la provincia de Buenos Aires.

Aun antes de que Echeverría publicara su primer poema, los vientos del romanticismo habían empezado a soplar en Hispanoamérica. Hemos mencionado aspectos de la poesía de José Joaquín Olmedo, Mariano Melgar, José María Heredia y otros escritores que ya anuncian el advenimiento del nuevo movimiento. Al trasladarse a Santiago en 1829 después de su larga estadía en Londres, Andrés Bello introdujo algunas nociones del romanticismo en Chile. En 1842, Bello y Domingo Faustino Sarmiento (1811–1888), político y pedagogo argentino que se distinguió por su violenta oposición al gobernador Rosas, sostuvieron una polémica sobre el romanticismo, la cual sirvió para difundir el movimiento. Pronto se extendió a las otras naciones andinas.

Se ha llamado al colombiano José Eusebio Caro (1817–1853) el primer poeta romántico de América porque aunque Echeverría comenzó su carrera literaria escribiendo versos, su prosa fue lo que aseguró su lugar en la historia de las letras hispanoamericanas. En cambio, Caro fue poeta ante todo. Su composición *Lara,* escrita entre 1834 y 1835, narra la historia de un pirata, cuyo nombre da título al poema. La historia relata los esfuerzos de Lara por vengar el asesinato de su padre. Tanto por su estilo como por su temática, el poema encarna el nuevo gusto literario.

Independientemente, el movimiento apareció en Centroamérica, México, Venezuela y Cuba. El cubano Gabriel de la Concepción Valdés (1809–1844), conocido por el pseudónimo de Plácido, compuso poemas de tipo popular, además de otros de tema típicamente romántico. La poeta Gertrudis Gómez de Avellaneda (1814–1873) nació en Cuba pero a los 22 años se trasladó a España. Aunque pasó la mayor parte de su vida en Europa, en muchas de sus composiciones evoca su tierra natal.

El mejor representante del romanticismo centroamericano es José Batres

Montúfar (1809–1844), quien nació en El Salvador y murió en Guatemala. La poesía de Batres vacila entre el romanticismo y el *costumbrismo. En sus *Tradiciones de Guatemala,* critica con humor la hipocresía de la sociedad.

El prototipo de la novela romántica política es *Amalia,* del escritor argentino José Mármol (1817–1871). En su vida Mármol encarnó los ideales del romanticismo hispanoamericano. Desde muy joven participó en el movimiento liberal argentino, ingresando en la sociedad secreta Asociación de Mayo. Fue encarcelado por sus actividades anti-rosistas en 1839. Huyó a Montevideo y después a Brasil, volviendo a Buenos Aires sólo después de la derrota de Rosas. Fue diputado y senador. En 1858 fue nombrado Director de la Biblioteca Pública.

Su producción poética ocupa dos volúmenes, *Cantos del peregrino* (1847) y *Armonías* (1851). Mármol también escribió dos obras de teatro que se estrenaron en Montevideo. Obtuvo su mayor fama con *Amalia,* publicada parcialmente en Uruguay en 1851 y en su versión completa en Buenos Aires, en 1855. La novela está compuesta de cinco partes. Las primeras fueron publicadas en el suplemento literario de *La Semana,* a la manera de un folletín. Fue un gran éxito, aunque el lector moderno quizás encuentre pesada la estructura folletinesca, con sus repeticiones, incontables detalles y escenas melodramáticas.

Amalia describe a Buenos Aires durante la dictadura de Rosas. La trama gira alrededor de los amores de Eduardo Belgrano, miembro del partido Unitario que se opone a Rosas, y la joven viuda Amalia. Las fuerzas de Rosas persiguen implacablemente a Belgrano hasta encontrarlo en la casa de Amalia, con quien acaba de casarse. Allí lo asesinan brutalmente. También muere su primo Daniel Bello, que, como Eduardo, había sido pretendiente de Amalia. A pesar de su argumento sentimental, *Amalia* es principalmente una novela política cuyo valor reside en sus descripciones de la bestialidad de Rosas y el ambiente de terror que creó.

Varias novelas importantes siguen a la de Mármol. *María* (1867), escrita por el colombiano Jorge Isaacs (1837–1895) se ha llamado la obra de ficción más importante del movimiento romántico. Otra novela digna de mención es *Cumandá* (1879), escrita por el ecuatoriano Juan León Mera (1832–1894), uno de los pocos autores conservadores del romanticismo hispanoamericano. De hecho, *Cumandá* se ha comparado con *Atala* de Chateaubriand.

El interés en las costumbres y el folklore que caracteriza el romanticismo europeo encuentra su expresión en la literatura *gauchesca. *Facundo,* el libro más conocido de Domingo Faustino Sarmiento (1811–1888), es un fuerte ataque contra la barbarie representada por caudillos gauchos como Facundo Quiroga y Juan Manuel Rosas. Además de importantes observaciones sobre la política y cultura de la Argentina, el libro contiene descripciones de la vida, costumbres, y música de los gauchos. Sarmiento enumera diferentes tipos de gauchos: el rastreador, el baqueano o guía, el delincuente. Muestra cómo dictadores como Rosas continúan la tradición de brutalidad e ignorancia representada por el gaucho bárbaro.

Hilario Ascásubi (1807–1875) combatió contra Rosas y comenzó el periódico Unitario *Aniceto el gallo,* el cual contenía comentarios sobre la situación política, en prosa y en verso. Su obra más conocida es una larga épica gauchesca conocida por el nombre de *Santos Vega, el payador* (1872).

Estanislao del Campo (1834–1880), un seguidor de Ascásubi, fue un capitán en las guerras civiles entre los Unitarios y los Federales. Su obra maestra es *Fausto* (1866), un extenso poema que describe la reacción de un gaucho que asiste a la ópera *Fausto* de Charles Gounod. La literatura gauchesca llega a su punto culminante con el poema épico *Martín Fierro* (1872), de José Hernández.

Durante la segunda mitad del siglo XIX crece el interés en el *costumbrismo y el *folklorismo. El peruano Ricardo Palma (1833–1919) publica sus *Tradiciones peruanas* entre 1872 y 1910. Son una colección de anécdotas, leyendas y cuentos tomados de la historia del Perú.

El período romántico produjo también grandes ensayistas—hombres capaces de superar la miopía regionalista y aun nacionalista, y enfocar el porvenir de Hispanoamérica, concebida como unidad. Aunque muchos de estos escritores fueron patriotas dedicados, sus ensayos abarcan problemas que no se limitan a un solo país. Empezando con Bello y Sarmiento, los ensayistas sobresalientes de la época tratan temas que trascienden las fronteras: la educación, la autonomía, las relaciones raciales, la literatura, actitudes hacia España y los Estados Unidos.

El ecuatoriano Juan Montalvo (1832–1889), considerado uno de los mejores prosistas del siglo XIX, se distinguió por sus violentos ataques contra la tiranía del dictador Gabriel García Moreno (1821–1875). Cuando éste murió asesinado, Montalvo exclamó: «¡Mía es la gloria; mi pluma lo mató!» Montalvo vivió como un héroe romántico, luchando contra las fuerzas de la opresión y sufriendo varios destierros. Sus obras incluyen *Catilinarias,* una colección de ataques contra el despotismo, *Capítulos que se le olvidaron a Cervantes,* una glosa de *Don Quijote* y *Siete Tratados,* ensayos sobre diversos temas morales y literarios.

El educador y ensayista puertorriqueño, Eugenio María Hostos (1839–1903), fundó varios periódicos y escribió extensamente sobre la política, la educación, el colonialismo intelectual y político, la raza y la sociedad. Viajó por muchos países de Hispanoamérica, enseñó en media docena de ellos y publicó sus artículos en más de un centenar de periódicos de diversas naciones, por lo cual se le conoce por el título de «Ciudadano de América». Entre sus obras más conocidas se incluyen *Moral social,* su *Diario* y *La peregrinación de Bayoán.*

Echeverría y el romanticismo argentino

Aunque ya se notan rasgos románticos en varios escritores de principios de siglo, es el argentino Esteban Echeverría (1805–1851) a quien se reconoce como el verdadero iniciador del movimiento en Hispanoamérica. «Es el primero», escribe el crítico Emilio Carilla, «que impone—conscientemente—la escuela que ya había triunfado en Europa».

Echeverría nació en Buenos Aires de padre vasco y madre porteña. Fue un adolescente difícil y revoltoso, y después de la muerte de su padre, a su madre le resultó casi imposible disciplinarlo. A pesar de su naturaleza rebelde, Echeverría completó sus estudios primarios y asistió a la naciente Universidad de Buenos Aires, donde estudió en el Departamento de Estudios Preparatorios y también aprendió dibujo. A los dieciocho años sufrió una crisis nerviosa. A los veinte parece haberse calmado lo suficiente para conseguir un trabajo en una oficina y desempeñarlo con el esmero necesario para que sus patrones lo mandaran a París a ampliar su educación.

Echeverría permaneció cinco años en Francia, donde presenció el triunfo del *romanticismo. También pasó un tiempo corto en Inglaterra. Más que los románticos franceses, sin embargo, influyeron en su obra los alemanes e ingleses, como Byron y Scott. De regreso, en Buenos Aires, se dedicó a dos causas: promover el nuevo movimiento literario en Argentina y adelantar los ideales liberales y progresistas. Entre 1832 y 1837 publicó varias obras poéticas: *Elvira* o *La novia del Plata* (1832); *Los consuelos* (1834) y las *Rimas* (1837). Entre estas últimas aparece su poema más conocido, «La cautiva», que cuenta una historia de amor trágica y enfoca el conflicto entre el indio y la «civilización». Fundamental a la composición es la descripción de la naturaleza; por primera vez aparece en la literatura una representación poética de la pampa misteriosa y solitaria.

En 1838 Echeverría organizó la «Joven Argentina» o «Asociación de Mayo», una agrupación de románticos liberales que se oponían a la tiranía de Juan Manuel Rosas (1793–1877), jefe del partido Federal y gobernador de la provincia de Buenos Aires. Rosas había puesto orden en la zona al crear un clima de terror. El grupo tomó su nombre de la Revolución de Mayo de 1810, en que Argentina declaró su independencia.

De esta asociación salió el *Dogma socialista de Mayo,* un manifiesto que contiene el pensamiento político de Echeverría y que publicó primero como folletín de *El Iniciador* (1839), y después como libro. A pesar del título, el autor no defiende el socialismo, sino que expone sus ideas sobre la creación de una sociedad democrática. Echeverría expresa la misma oposición entre la ciudad y el campo que veremos después en otras obras argentinas. Para Echeverría, la ciudad es una fuerza civilizadora; fomenta la virtud cívica que conduce a un espíritu de cooperación y de convivencia. En contraste, el campo nutre el individualismo exagerado que lleva a la anarquía y al caciquismo. Sin embargo, hay que señalar que, como otros miembros de su clase, Echeverría era fundamentalmente elitista. No era partidario de la democracia en el sentido moderno. Despreciaba a las masas, y en sus obras representa al hombre común como grosero, estúpido y violento. La dictadura de Rosas ilustra la degeneración que resulta cuando triunfan estas fuerzas bárbaras. El arte, según Echeverría, debe comprometerse al servicio del progreso. Debe convertirse en la conciencia colectiva que combate la ignorancia y el atraso que hacen posible que llegue al poder un tirano como Rosas.

La dictadura de Rosas llegó a ser tanto un tema literario como político. Entre 1830 y 1850 los escritores se definieron por su posición ante el dictador. Entre los que Echeverría reunió en su grupo se encontraban algunas de las figuras políticas y literarias más importantes de la primera mitad del siglo XIX: Domingo Faustino Sarmiento, Bartolomé Mitre y José Mármol.

En 1939 la situación política obliga a Echeverría a salir de la Argentina. Se establece en Montevideo, donde pasa el resto de su vida. Compone varios poemas extensos: *Insurrección del Sud, Avellaneda, La guitarra* y *El ángel caído*. También publica su *Dogma socialista,* precedido de la *Ojeada retrospectiva sobre el movimiento intelectual en el Plata desde el año 37* (1846). Muere cinco años más tarde, en 1851.

Sobre *El matadero*

La lucha entre los Federales, encabezados por Rosas, y los Unitarios, el partido de la oposición, es el tema de *El matadero,* la creación literaria más respetada de Echeverría. Escrito hacia 1838 y editado póstumamente, *El matadero* no es una copia del romanticismo europeo, sino una expresión auténticamente nacional de la situación política que existió bajo Rosas, tal como la observó y sintió el autor. Si fuera únicamente por su poesía, Echeverría tal vez no hubiese dejado su huella en la historia. Hoy en día casi todos los críticos están de acuerdo en que Echeverría fue un poeta mediocre. Pero con la publicación de *El matadero,* se aseguró su lugar en los anales de la literatura hispanoamericana.

El matadero es una violenta protesta contra Rosas y la bestialidad de su dictadura. Contiene escenas de espeluznante realismo creadas para horrorizar al lector. El propósito de Echeverría es minar el poder basado en el abuso y el terror, provocando así la caída del caudillo. Sin embargo, la crítica moderna ha demostrado que las opiniones de Echeverría y otros románticos argentinos sobre Rosas eran influenciadas por su perspectiva clasista y que no representan necesariamente la verdad sobre el régimen rosista.

La escena es un matadero donde suelen encontrarse los malhechores de la mazorca, la policía secreta de Rosas. El relato comienza con la descripción de una lluvia torrencial que produce un diluvio de dimensiones bíblicas; la atmósfera es pesada y opresiva, reflejando la que existe en el Buenos Aires de la época. A causa de la tormenta, el matadero no ha estado funcionando. Esto no debe importar tanto, ya que se está en Cuaresma, el período en que los creyentes se abstienen de comer carne. Normalmente, se mataría un número reducido de novillos. Sin embargo, la ausencia total de carne causa una crisis porque hace subir el precio de otros comestibles. Además, entre los seguidores de Rosas hay muchos que se jactan de ser buenos católicos y al mismo tiempo se las ingenian para hartarse de bistecs. Estos son los «estómagos privilegiados» que no están sujetos a las leyes inviolables de la religión.

Cuando el matadero por fin vuelve a abrir sus puertas, reina un ambiente de salvajismo. Un solo animal se escapa de los cuchillos de los carniceros. Echeverría imbuye a este rebelde con un tremendo sentido de independencia y dignidad, pero por fin la chusma lo acorrala y él cae bajo el cuchillo del brutal Matasiete, aunque no sin primero hacer grandes estragos en el corral.

La acción central gira alrededor de un joven unitario que se pasea cerca del matadero. Por andar vestido a lo europeo, con el corte de pelo típico de los unitarios, provoca la ira de la gente. La masa termina por atormentarlo hasta que él literalmente revienta de rabia.

El matadero se convierte en un fuerte símbolo de la dictadura de Rosas y del ambiente de represión y terror que reina en la Argentina. Es de notar que

Echeverría no idealiza a la masa. Al contrario, asocia a la gente común con la ignorancia y la crueldad, es decir, con las fuerzas de la barbarie que han permitido que un fiero como Rosas tome las riendas del poder. El joven unitario, en contraste, representa el progreso y la civilización, los cuales son aplastados por el populacho.

El lenguaje de Echeverría es sumamente realista; contiene expresiones brutales y aun obscenas. Varios críticos han visto en sus descripciones vívidas de las negras del arrabal y en las de sangre y vísceras elementos del naturalismo que dominará la literatura de la segunda mitad del siglo. Aunque no se puede considerar este cuento una representación verídica del gobierno de Rosas, tampoco se puede negar su importancia como punto de partida del movimiento romántico.

Ediciones

Echeverría, Esteban. *Obras completas.* Ed. Juan María Gutiérrez. Buenos Aires: A. Zamora, 1951

______. *El matadero.* Buenos Aires: Emecé, 1967

______. *El matadero.* Ed. Leonor Fleming. Madrid: Cátedra, 1986

Crítica

Carilla, Emilio. «Echeverría.» 160–164. Chap. I in *El romanticismo en la América Hispánica.* Madrid: Gredos, 1975

Crovetto, Pier Luigi. «*El matadero* de Esteban Echeverría: de la prosa romántica al ‹pamphlet›.» 37–45. Ed. Ermanno Caldera. *Romanticismo 3–4: Atti del IV Congresso sul romanticismo spagnolo e ispanoamericano: La narrativa romantica.* Genoa: Biblioteca di Lettere, 1988

Graña, María Cecilia. «El arrabal: un cronotopo intermedio en la fundación literaria de la ciudad.» *Quaderni di Lingue e Letterature.* 12(1987):117–132

Knowlton, Edgar C. *Esteban Echeverría.* Bryn Mawr: Dorrance, 1986

Losada, Alejandro. «El surgimiento del realismo social en la literatura de América Latina.» *Ideologies and Literature.* 3 (6) (1979):20–55

Pupo-Walker, Enrique. «Originalidad y composición de un texto romántico: *El matadero,* de Esteban Echeverría.» 37–49. Ed. Enrique Pupo-Walker. *El cuento hispanoamericano ante la crítica,* Madrid: Castalia, 1973

Roggiano, Alfredo A. «Esteban Echeverría y el romanticismo europeo.» 629–631. Eds. Evelyn Rugg and Rafael Lapesa. *Actas del Sexto Congreso Internacional de Hispanistas celebrado en Toronto del 22 al 26 agosto de 1977.* Toronto: Dept. of Spanish and Portuguese, University of Toronto, 1980

Wentzlaff-Eggebert, Christian. «E. Th. Hoffmann y el refuerzo del testmonio en *El matadero* de Echeverría.» 128–136. Ed. Ermanno Caldera. *Romanticismo 3–4: Atti del IV Congresso sul romanticismo spagnolo e ispanoamericano: La narrativa romantica,* Genoa: Biblioteca di Lettere, 1988

El matadero

Esteban Echeverría

A pesar de que la mía es historia, no la empezaré por el arca de Noé y la genealogía de sus ascendientes como acostumbraban hacerlo los antiguos historiadores españoles de América, que deben ser nuestros prototipos. Tengo muchas razones para no seguir ese ejemplo, las que callo por no ser difuso. Diré solamente que los sucesos de mi narración pasaban por los años de Cristo de 183...[1] Estábamos, a más, en cuaresma,[2] época en que escasea la carne en Buenos Aires, porque la Iglesia, adoptando el precepto de Epicteto,[3] *sustine, abstine* (sufre, abstente), ordena vigilia y abstinencia a los estómagos de los fieles, a causa de que la carne es pecaminosa, y, como dice el proverbio, busca a la carne. Y como la Iglesia tiene, *ab initio*[4] y por delegación directa de Dios,[5] el imperio inmaterial sobre las conciencias y los estómagos, que en manera alguna pertenecen al individuo, nada más justo y racional que vede[6] lo malo.

Los abastecedores,[7] por otra parte, buenos federales,[8] y por lo mismo buenos católicos, sabiendo que el pueblo de Buenos Aires atesora[9] una docilidad singular para someterse a toda especie de mandamiento, sólo traen en días cuaresmales al matadero los novillos[10] necesarios para el sustento de los niños y de los enfermos dispensados de la abstinencia por la Bula,[11] y no con el ánimo de que se harten algunos herejotes,[12] que no faltan, dispuestos siempre a violar los mandamientos carnificinos[13] de la Iglesia, y a contaminar la sociedad con el mal ejemplo.

Sucedió, pues, en aquel tiempo, una lluvia muy copiosa. Los caminos se anegaron;[14] los pantanos se pusieron a nado[15] y las calles de entrada y salida a la ciudad rebosaban en acuoso barro.[16] Una tremenda avenida se precipitó de repente por el Riachuelo de Barracas, y extendió majestuosamente sus turbias aguas hasta el pie de las barrancas[17] del Alto. El Plata,[18] creciendo embravecido,[19] empujó esas aguas que venían buscando su cauce y las hizo correr hinchadas por

---

[1] **por...** in the 1830's
[2] Lent, the forty weekdays of fasting and penitence that precede Easter
[3] **filósofo griego del siglo I, de tendencia estoica. Su filosofía hace hincapié en el dominio de sí mismo, la abstinencia, el desinterés y la armonía con el orden natural. Fue un vínculo importante entre la filosofía clásica y el cristianismo.**
[4] ***ab...* desde el principio**
[5] **por...** through God's direct dispensation
[6] **impida, prohíba**
[7] suppliers (of meat)
[8] **El partido Federal era el de Rosas.**
[9] possesses
[10] steers
[11] Papal Bull (official document from the Pope)
[12] **y...** and not in order to stuff the heretics
[13] **los...** the commandments concerning meat
[14] **se...** flooded
[15] **los...** the marshes became deep enough for swimming
[16] **rebasaban...** were covered with sticky mud
[17] gullies
[18] **El Río de la Plata**
[19] **furioso**

sobre campos, terraplenes,[20] arboledas, caseríos, y extenderse como un lago inmenso por todas las bajas tierras. La ciudad circunvalada[21] del Norte al Este por una cintura de agua y barro, y al Sud por un piélago blanquecino[22] en cuya superficie flotaban a la ventura algunos barquichuelos y negreaban las chimeneas y las copas[23] de los árboles, echaba desde sus torres y barrancas atónitas miradas al horizonte, como implorando la misericordia del Altísimo. Parecía el amago de un nuevo diluvio.[24] Los beatos y beatas gimoteaban haciendo novenarios[25] y continuas plegarias.[26] Los predicadores atronaban el templo y hacían crujir el púlpito a puñetazos. «Es el día del juicio —decían—, el fin del mundo está por venir. La cólera divina rebosando se derrama en inundación. ¡Ay de vosotros, pecadores! ¡Ay de vosotros, unitarios[27] impíos que os mofáis de la Iglesia, de los santos, y no escucháis con veneración la palabra de los ungidos[28] del Señor! ¡Ay de vosotros, si no imploráis misericordia al pie de los altares! Llegará la hora tremenda del vano crujir de dientes y de las frenéticas imprecaciones. Vuestra impiedad, vuestras herejías, vuestras blasfemias, vuestros crímenes horrendos, han traído sobre nuestra tierra las plagas del Señor. La justicia de Dios de la Federación os declarará malditos».

Las pobres mujeres salían sin aliento, anonadadas,[29] del templo, echando, como era natural, la culpa de aquella calamidad a los unitarios.

Continuaba, sin embargo, lloviendo a cántaros,[30] y la inundación crecía, acreditando el pronóstico de los predicadores. Las campanas comenzaron a tocar rogativas por orden del muy católico Restaurador,[31] quien parece no las tenía todas consigo.[32] Los libertinos, los incrédulos, es decir los unitarios, empezaron a amedrentarse[33] al ver tanta cara compungida, oír tanta batahola[34] de imprecaciones. Se hablaba ya, como de cosa resuelta, de una procesión en que debía ir toda la población descalza y a cráneo descubierto, acompañando al Altísimo, llevado bajo el palio por el Obispo,[35] hasta la barranca Balcarce, donde millares de voces, conjurando al demonio unitario de la inundación, debían implorar la misericordia divina.

Feliz, o mejor, desgraciadamente, pues la cosa habría sido de verse, no tuvo efecto la ceremonia, porque bajando el Plata, la inundación se fue poco a poco escurriendo[36] en su inmenso lecho sin necesidad de conjuro ni plegarias.

Lo que hace principalmente a mi historia es que por causa de la inundación estuvo quince días el Matadero de la Convalecencia sin ver

---

[20] embankments
[21] surrounded
[22] **un...** a whitish sea
[23] tops
[24] **el...** the threat of a new Great Flood (reference to the Biblical story of the flood that God sent to cleanse the earth of evil)
[25] **actos de devoción a los cuales los devotos se entregan durante nueve días**
[26] **suplicios, oraciones**
[27] **el partido progresista, que se oponía a Rosas**
[28] anointed
[29] overwhelmed
[30] **a... muy fuerte**
[31] **es decir, Rosas**
[32] **no... estaba algo intranquilo**
[33] **sentir miedo**
[34] **clamor**
[35] **acompañando...** accompanying the Host, which would be carried under a pallium by the Bishop
[36] draining

una sola cabeza vacuna, y que en uno o dos, todos los bueyes de quinteros y aguateros se consumieron en el abasto de la ciudad.[37] Los pobres niños y enfermos se alimentaban con huevos y gallinas, y los gringos y herejotes bramaban por el *beefsteak* y el asado. La abstinencia de carne era general en el pueblo, que nunca se hizo más digno de la bendición de la Iglesia, y así fue que llovieron sobre él millones y millones de indulgencias plenarias.[38] Las gallinas se pusieron a seis pesos y los huevos a cuatro reales, y el pescado carísimo. No hubo en aquellos días cuaresmales promiscuaciones ni exceso de gula; pero, en cambio, se fueron derecho al cielo innumerables ánimas, y acontecieron cosas que parecen soñadas.

No quedó en el Matadero ni un solo ratón vivo de muchos millares que allí tenían albergue. Todos murieron o de hambre o ahogados en sus cuevas por la incesante lluvia. Multitud de negras rebusconas de *achuras*, como los caranchos de presa, se desbandaron por la ciudad como otras tantas arpías[39] prontas a devorar cuanto hallaran comible. Las gaviotas y los perros, inseparables rivales suyos en el Matadero, emigraron en busca de alimento animal. Porción de viejos achacosos cayeron en consunción por falta de nutritivo caldo; pero lo más notable que sucedió fue el fallecimiento casi repentino de unos cuantos gringos herejes que cometieron el desacato de darse un hartazgo de chorizos de Extremadura, jamón y bacalao, y se fueron al otro mundo a pagar el pecado cometido por tan abominable promiscuación.

Algunos médicos opinaron que, si la carencia de carne continuaba, medio pueblo caería en síncope[40] por estar los estómagos acostumbrados a su corroborante[41] jugo; y era de notar el contraste entre estos tristes pronósticos de la ciencia y los anatemas lanzados desde el púlpito por los reverendos padres contra toda clase de nutrición animal y de promiscuación en aquellos días destinados por la Iglesia al ayuno y la penitencia. Se originó de aquí una especie de guerra intestina entre los estómagos y las conciencias, atizada[42] por el inexorable apetito y las no menos inexorables vociferaciones de los ministros de la Iglesia, quienes, como es su deber, no transigen con vicio alguno que tienda a relajar las costumbres católicas: a lo que se agregaba el estado de flatulencia intestinal de los habitantes, producido por el pescado y los porotos y otros alimentos algo indigestos.

Esta guerra se manifestaba por sollozos y gritos descompasados en la peroración de los sermones, y por rumores y estruendos subitáneos en las casas y calles de la ciudad o dondequiera concurrían gentes. Se alarmó un tanto el gobierno, tan paternal como previsor, del Restaurador, creyendo aquellos tumultos de origen revolucionario y atribuyéndolos a los mismos salvajes unitarios, cuyas

---

[37] **los...** the cattle and oxen of farmers and watercarriers were consumed in supplying the city

[38] **indulgencias... remisiones que concede la Iglesia de las penas merecidas por los pecados**

[39] **Multitud...** Countless Negro women went searching for offal (entrails of a butchered animal), like vultures after carrion

[40] **en...** unconscious

[41] **fortificante**

[42] stirred up

impiedades, según los predicadores federales, habían traído sobre el país la inundación de la cólera divina; tomó activas providencias, desparramó a sus esbirros[43] por la población, y, por último, bien informado, promulgó un decreto tranquilizador de las conciencias y de los estómagos, encabezado por un considerando muy sabio y piadoso para que, a todo trance, y arremetiendo por agua y lodo,[44] se trajese ganado a los corrales.

En efecto, el décimo sexto día de la carestía, víspera del Día de Dolores, entró a nado, por el paso de Burgos, al Matadero del Alto, una tropa de cincuenta novillos gordos; cosa poca por cierto para una población acostumbrada a consumir diariamente de doscientos cincuenta a trescientos, y cuya tercera parte al menos gozaría del fuero eclesiástico de alimentarse con carne.[45] ¡Cosa extraña que haya estómagos privilegiados y estómagos sujetos a leyes inviolables, y que la Iglesia tenga la llave de los estómagos!

Pero no es extraño, supuesto que el diablo, con la carne, suele meterse en el cuerpo, y que la Iglesia tiene el poder de conjurarlo: el caso es reducir al hombre a una máquina cuyo móvil principal no sea su voluntad sino la de la Iglesia y el gobierno. Quizá llegue el día en que sea prohibido respirar aire libre, pasearse y hasta conversar con un amigo, sin permiso de autoridad competente. Así era, poco más o menos, en los felices tiempos de nuestros beatos abuelos, que por desgracia vino a turbar la revolución de Mayo.[46]

Sea como fuera, a la noticia de la providencia gubernativa, los corrales del Alto se llenaron, a pesar del barro, de carniceros, achuradores[47] y curiosos, quienes recibieron con grandes vociferaciones y palmoteos los cincuenta novillos destinados al matadero.

—¡Chica, pero gorda! —exclamaban—. ¡Viva la Federación! ¡Viva el Restaurador! Porque han de saber los lectores que en aquel tiempo la Federación estaba en todas partes, hasta entre las inmundicias del matadero, y no había fiesta sin Restaurador, como no hay sermón sin San Agustín. Cuentan que al oír tan desaforados gritos, las últimas ratas que agonizaban de hambre en sus cuevas, se reanimaron y echaron a correr desatentadas, conociendo que volvían a aquellos lugares la acostumbrada alegría y la algazara precursora de abundancia.

El primer novillo que se mató fue todo entero de regalo al Restaurador, hombre muy amigo del asado. Una comisión de carniceros marchó a ofrecérselo a nombre de los federales del Matadero, manifestándole *in voce*[48] su agradecimiento por la acertada providencia del gobierno, su adhesión ilimitada al Restaurador y su odio entrañable a los salvajes unitarios, enemigos de Dios y de los hombres. El Restaurador contestó a la arenga, *rinforzando*[49] sobre el mismo

---

[43] **desparramó...** he scattered his henchmen
[44] **y...** and water and mud notwithstanding
[45] **gozaría...** enjoyed the Church's dispensation of the rule prohibiting the eating of meat
[46] **la Revolución de 1810, en que fue depuesto el último virrey español**
[47] offal collectors
[48] out loud
[49] **elaborando**

tema, y concluyó la ceremonia con los correspondientes vivas y vociferaciones de los espectadores y actores. Es de creer que el Restaurador tuviese permiso especial de Su Ilustrísima[50] para no abstenerse de carne, porque siendo tan buen observador de las leyes, tan buen católico y tan acérrimo[51] protector de la religión, no hubiera dado mal ejemplo aceptando semejante regalo en día santo.

Siguió la matanza, y, en un cuarto de hora, cuarenta y nueve novillos se hallaban tendidos en la plaza del Matadero, desollados[52] unos, los otros por desollar. El espectáculo que ofrecía entonces era animado y pintoresco, aunque reunía todo lo horriblemente feo, inmundo y deforme de una pequeña clase proletaria, peculiar del Río de la Plata. Pero para que el lector pueda percibirlo a un golpe de ojo, preciso es hacer un croquis[53] de la localidad.

El Matadero de la Convalecencia o del Alto, sito en las quintas[54] al Sud de la ciudad, es una gran playa en forma rectangular, colocada al extremo de dos calles, una de las cuales allí termina y la otra se prolonga hacia el Este. Esta playa, con declive al Sud, está cortada por un zanjón labrado por la corriente de las aguas pluviales,[55] en cuyos bordes laterales se muestran innumerables cuevas de ratones, y cuyo cauce recoge, en tiempo de lluvia, toda la sangraza seca o reciente del Matadero. En la junción del ángulo recto, hacia el Oeste, está lo que llaman la casilla, edificio bajo, de tres piezas de media agua[56] con corredor al frente, que da a la calle, y palenque[57] para atar caballos, a cuya espalda se notan varios corrales de palo a pique,[58] de ñandubay,[59] con sus fornidas puertas para encerrar el ganado.

Estos corrales son en tiempo de invierno un verdadero lodazal, en el cual los animales apeñuscados[60] se hunden hasta el encuentro, y quedan como pegados y casi sin movimiento. En la casilla se hace la recaudación[61] del impuesto de corrales, se cobran las multas por violación de reglamentos y se sienta el Juez del Matadero, personaje importante, caudillo de los carniceros, y que ejerce la suma del poder en aquella pequeña república, por delegación del Restaurador. Fácil es calcular qué clase de hombre se requiere para el desempeño de semejante cargo. La casilla, por otra parte, es un edificio tan ruin y pequeño que nadie lo notaría en los corrales a no estar asociado su nombre al del terrible Juez y a no resaltar sobre su blanca cintura los siguientes letreros rojos: «Viva la Federación», «Viva el Restaurador y la heroica doña Encarnación Ezcurra», «Mueran los salvajes unitarios». Letreros muy significativos, símbolo de la fe política y religiosa de la gente del Matadero. Pero algunos lectores no sabrán que tal heroína es la difunta esposa del Restaurador, patrona muy querida de los carniceros, quienes, ya muerta, la veneraban

---

[50] **el obispo**
[51] staunch
[52] skinned
[53] sketch
[54] farms
[55] **está...** is divided by a ditch created by the rainwater
[56] **de... de una sola vertiente (de tejado)**
[57] hitching posts
[57] **de...** picket fence
[59] **tipo de madera rojiza y dura**
[60] bogged down
[61] collection

como viva, por sus virtudes cristianas y su federal heroísmo en la revolución contra Balcarce.[62] Es el caso que, en un aniversario de aquella memorable hazaña de la Mazorca,[63] los carniceros festejaron con un espléndido banquete en la casilla a la heroína, banquete a que concurrió con su hija y otras señoras federales, y que allí, en presencia de un gran concurso, ofreció a los señores carniceros, en un solemne brindis, su federal patrocinio, por cuyo motivo ellos la proclamaron entusiasmados patrona del Matadero, estampando su nombre en las paredes de la casilla, donde se estará hasta que lo borre la mano del tiempo.

La perspectiva del Matadero, a la distancia, era grotesca, llena de animación. Cuarenta y nueve reses estaban tendidas sobre sus cueros y cerca de doscientas personas hollaban[64] aquel suelo de lodo, regado con la sangre de sus arterias. En torno de cada res resaltaba un grupo de figuras humanas de tez y raza distinta. La figura más prominente de cada grupo era el carnicero, con el cuchillo en mano, brazo y pecho desnudos, cabello largo y revuelto, camisa y chiripá[65] y rostro embadurnado[66] de sangre. A sus espaldas se rebullían, caracoleando y siguiendo los movimientos, una comparsa de muchachos, de negras y mulatas achuradoras, cuya fealdad trasuntaba[67] las harpías[68] de la fábula, y, entremezclados con ellas, algunos enormes mastines olfateaban, gruñían o se daban de tarascones por la presa.[69] Cuarenta y tantas carretas, toldadas[70] con negruzco y pelado cuero, se escalonaban irregularmente a lo largo de la playa, y algunos jinetes, con el poncho calado[71] y el lazo prendido al tiento,[72] cruzaban por entre ellas al tranco,[73] o reclinados sobre el pescuezo de los caballos echaban ojo indolente sobre uno de aquellos animados grupos, al paso que, más arriba, en el aire, un enjambre de gaviotas blanquiazules,[74] que habían vuelto de la emigración al olor de carne, revoloteaban, cubriendo con su disonante graznido todos los ruidos y voces del Matadero y proyectando una sombra clara sobre aquel campo de horrible carnicería. Esto se notaba al principio de la matanza.

Pero, a medida que adelantaba, la perspectiva variaba; los grupos se deshacían, venían a formarse, tomando diversas actitudes,[75] y se desparramaban corriendo, como si en medio de ellos cayese alguna bala perdida o asomase la quijada de algún encolerizado mastín. Esto era que, *inter*[76] el carnicero, en un grupo descuartizaba a golpe de hacha, colgaba en otro los cuartos en los ganchos a su carreta,

---

[62] **Juan Ramón Balcarce (1773–1883) había sido elegido gobernador de Buenos Aires pero Rosas lo echó.**
[63] Rosa's secret police; their emblem was a *mazorca* (ear of corn), signifying «**más horca**» (more gallows) for the opposition
[64] walked about
[65] sash
[66] smeared
[67] matched
[68] **ave legendaria con cara de mujer y cuerpo de ave de rapiña**
[69] **o...** or snapped at one another as they went after booty
[70] covered with awnings
[71] thrown over their shoulders
[72] hanging by
[73] **cruzaban...** rode back and forth through them
[74] **un...** a flock of blue-white gulls
[75] **posiciones**
[76] **entre tanto, mientras**

despellejaba en éste, sacaba el sebo[77] de aquél; de entre la chusma que ojeaba y aguardaba la presa de achura salía, de cuando en cuando, una mugrienta mano a dar un tarazón[78] con el cuchillo al sebo o a los cuartos de la res, lo que originaba gritos y explosión de cólera del carnicero, y el continuo hervidero de los grupos, dichos y gritería descompasada de los muchachos.

—¡Ahí se mete el sebo en las tetas, la tía![79] —gritaba uno.

—Aquél lo escondió en el alzapón[80] —replicaba la negra.

—¡Che, negra bruja, salí de aquí antes de que te pegue un tajo![81] —exclamaba el carnicero.

—¿Qué le hago, ño[82] Juan? ¡No sea malo! Yo no quiero sino la panza y las tripas.

—Son para esa bruja: a la m...[83]

—¡A la bruja! ¡A la bruja! —repitieron los muchachos—. ¡Se lleva la riñonada[84] y el tongorí![85] Y cayeron sobre su cabeza sendos cuajos de sangre[86] y tremendas pelotas de barro.

Hacia otra parte, entretanto, dos africanas llevaban arrastrando las entrañas de un animal; allá, una mulata se alejaba con un ovillo de tripas y, resbalando de repente sobre un charco de sangre, caía a plomo,[87] cubriendo con su cuerpo la codiciada presa. Acullá[88] se veían acurrucadas en hilera cuatrocientas negras destejiendo sobre las faldas el ovillo y arrancando, uno a uno, los sebitos que el avaro cuchillo del carnicero había dejado en la tripa como rezagados, al paso que otras vaciaban panzas y vejigas y las henchían de aire de sus pulmones, para depositar en ellas, luego de secas,[89] la achura.

Varios muchachos, gambeteando[90] a pie y a caballo, se daban de vejigazos[91] o se tiraban bolas de carne, desparramando con ellas y su algazara la nube de gaviotas que, columpiándose en el aire, celebraban chillando la matanza. Se oían a menudo, a pesar del veto del Restaurador y de la santidad del día, palabras inmundas y obscenas, vociferaciones preñadas de todo el cinismo bestial que caracteriza a la chusma[92] de nuestros mataderos, con las cuales no quiero regalar a los lectores.

De repente caía un bofe sangriento sobre la cabeza de alguno, que de allí pasaba a la de otro, hasta que algún deforme mastín lo hacía buena presa; y una cuadrilla de otros, por si estrujo o no estrujo, armaba una tremenda de gruñidos y mordiscones.[93] Alguna tía vieja salía furiosa en persecución de un muchacho que le había embadurnado el rostro con sangre, y, acudiendo a sus gritos y puteadas,[94] los compañeros del rapaz[95] la rodea-

---

[77] **grasa**
[78] **dar...** to hack off
[79] **Ahí...** That old woman is hiding the fat in her blouse! **tía = mujer**
[80] **en...** over his behind
[81] **te...** Get out of here before I hack you
[82] **Qué...** It's no skin off your nose, señor
[83] **mierda**
[84] kidneys, belly
[85] tripe
[86] chunks of coagulated blood
[87] **caía...** fell in a heap
[88] Over there
[89] **luego...** after drying them
[90] capering about
[91] **se...** banged each other with blown up bladders
[92] masses, riffraff
[93] **y...** a pack of others, spatting over it, made a tremendous racket with its growling and biting
[94] **insultos**
[95] **muchacho**

ban y azuzaban como los perros al toro, y llovían sobre ella zoquetes[96] de carne, bolas de estiércol,[97] con groseras carcajadas y gritos frecuentes, hasta que el Juez mandaba restablecer el orden y despejar el campo.[98]

Por un lado, dos muchachos se adiestraban en el manejo del cuchillo, tirándose horrendos tajos y reveses; por otro, cuatro, ya adolescentes, ventilaban a cuchilladas el derecho a una tripa gorda y un mondongo[99] que habían robado a un carnicero; y no de ellos distante, porción de perros, flacos ya de la forzosa abstinencia, empleaban el mismo medio para saber quién se llevaría un hígado envuelto en barro. Simulacro en pequeño era éste del modo bárbaro con que se ventilan en nuestro país las cuestiones y los derechos individuales y sociales. En fin, la escena que se representaba en el Matadero era para vista, no para escrita.[100]

Un animal había quedado en los corrales, de corta y ancha cerviz, de mirar fiero, sobre cuyos órganos genitales no estaban conformes los pareceres, porque tenía apariencia de toro y de novillo.[101] Le llegó su hora. Dos enlazadores a caballo penetraron al corral, en cuyo contorno hervía la chusma a pie, a caballo y horquetada sobre sus ñudosos palos.[102] Formaban en la puerta el más grotesco y sobresaliente grupo varios pialadores y enlazadores de a pie, con el brazo desnudo y armado del certero lazo, la cabeza cubierta con un pañuelo punzó, y chaleco y chiripá colorado, teniendo a sus espaldas varios jinetes y espectadores de ojo escrutador y anhelante.

El animal, prendido ya al lazo por las astas,[103] bramaba echando espuma, furibundo, y no había demonio que lo hiciera salir del pegajoso barro, donde estaba como clavado y era imposible pialarlo. Gritábanlo, lo azuzaban[104] en vano con las mantas y pañuelos los muchachos que estaban prendidos sobre las horquetas del corral, y era de oír la disonante batahola de silbidos, palmadas y voces tiples y roncas, que se desprendía de aquella singular orquesta.

Los dicharachos,[105] las exclamaciones chistosas y obscenas rodaban de boca en boca, y cada cual hacía alarde espontáneamente de su ingenio y de su agudeza, excitado por el espectáculo o picado por el aguijón de alguna lengua locuaz.

—Hi de p...[106] en el toro.

—Al diablo los torunos del Azul.[107]

—Malhaya el tropero que nos da gato por liebre.[108]

—Si es novillo.

—¿No está viendo que es toro viejo?

—Como toro le ha de quedar. ¡Muéstreme los c..., si le parece, c... o![109]

—Ahí los tiene entre las piernas.

---

[96] balls, chunks
[97] dung
[98] **y...** and clear up the area
[99] **tripa**
[100] had to be seen, for it couldn't be described in words
[101] **porque...** because it looked as though it could be either a bull or a steer
[102] or dangled from the knotty poles of the fence
[103] **cuernos**
[104] **Gritábanlo...** They yelled at it and teased it
[105] wise cracks
[106] **Hijo de puta**
[107] **el color de los unitarios**
[108] **Malhaya...** Damn the guy who tries to fool us.
[109] **el órgano sexual del animal, los testículos**

No los ve, amigo, más grandes que la cabeza de su castaño, ¿o se ha quedado ciego en el camino?

—Su madre sería la ciega, pues que tal hijo ha parido. ¿No ve que todo ese bulto es barro?

—Es emperrado y arisco como un unitario.[110]

Y, al oír esta mágica palabra, todos a una voz exclamaron: ¡Mueran los salvajes unitarios!

—Para el tuerto,[111] los h...

—Sí, para el tuerto, que es hombre de c... para pelear con los unitarios.

—El matambre[112] a Matasiete, degollador de unitarios. ¡Viva Matasiete!

—A Matasiete, el matambre!

—¡Allá va! —gritó una voz ronca, interrumpiendo aquellos desahogos de la cobardía feroz—. ¡Allá va el toro!

—¡Alerta! ¡Guarda los de la puerta! ¡Allá va furioso como un demonio!

Y, en efecto, el animal, acosado[113] por los gritos y sobre todo por dos picanas[114] agudas que le espoleaban[115] la cola, sintiendo flojo el lazo, arremetió,[116] bufando, a la puerta, lanzando a entrambos lados una rojiza y fosfórica mirada. Le dio el tirón el enlazador sentando su caballo, desprendió el lazo del asta, crujió por el aire un áspero zumbido[117] y, al mismo tiempo, se vio rodar desde lo alto de una horqueta del corral, como si un golpe de hacha lo hubiese dividido a cercén, una cabeza de niño, cuyo tronco permaneció inmóvil sobre su caballo de palo, lanzando por cada arteria un largo chorro de sangre.

—¡Se cortó el lazo! —gritaron unos.—. ¡Allá va el toro!

Pero otros, deslumbrados y atónitos, guardaron silencio, porque todo fue como un relámpago.

Se desparramó un tanto el grupo de la puerta. Una parte se agolpó sobre la cabeza y el cadáver palpitante del muchacho degollado por el lazo, manifestando horror en su atónito semblante, y la otra parte, compuesta de jinetes que no vieron la catástrofe, se escurrió en distintas direcciones en pos del toro, vociferando y gritando: ¡Allá va el toro! ¡Atajen! ¡Guarda! —¡Enlaza, Sietepelos! —¡Que te agarra, Botija! —¡Va furioso; no se le pongan delante! —Ataja, ataja, Morado! —Dele espuela al mancarrón![118] ¡Ya se metió en la calle sola! ¡Que lo ataje el diablo!

El tropel y vocifería era infernal. Unas cuantas negras achuradoras, sentadas en hilera al borde del zanjón, oyendo el tumulto se acogieron y agazaparon[119] entre las panzas y tripas que desenredaban y devanaban con la paciencia de Penélope,[120] lo que sin duda las salvó, porque el animal lanzó al mirarlas un bufido aterrador, dio

---

[110]**Es...** He's as mean and stubborn as a Unitarian

[111]the one-eyed guy

[112]**la carne; aquí, el toro**

[113]pursued, harassed

[114]goads

[115]pricked

[116]charged

[117]**desprendió...** came loose from the horns and slashed across the air with a sharp hum

[118]nag

[119]crouched

[120]**y...** and unraveled with the patience of Penelope (the wife of Ulysses, who according to the legend, promised to remarry when she had finished her needlework; however, every night she unraveled what she had done the day before, and thereby managed to avoid wedding any of her many suitors)

un brinco sesgado y siguió adelante, perseguido por los jinetes. Cuentan que una de ellas se fue de cámaras;[121] otra rezó diez salves[122] en dos minutos, y dos prometieron a San Benito no volver jamás a aquellos malditos corrales y abandonar el oficio de achuradoras. No se sabe si cumplieron la promesa.

El toro, entre tanto, tomó hacia la ciudad por una larga y angosta calle que parte de la punta más aguda del rectángulo anteriormente descrito, calle encerrada por una zanja y un cerco de tunas,[123] que llaman *sola*[124] por no tener más de dos casas laterales, y en cuyo apozado centro había un profundo pantano que tomaba de zanja a zanja.[125] Cierto inglés, de vuelta de su saladero,[126] vadeaba[127] este pantano a la sazón;[128] paso a paso, en un caballo algo arisco, y, sin duda, iba tan absorto en sus cálculos, que no oyó el tropel de jinetes ni la gritería sino cuando el toro arremetía al pantano. Se azoró de repente su caballo, dando un brinco al sesgo, y echó a correr dejando al pobre hombre hundido media vara[129] en el fango. Este accidente, sin embargo, no detuvo ni frenó la carrera de los perseguidores del toro, antes al contrario, soltando carcajadas sarcásticas. —¡Se amoló[130] el gringo! ¡Levántate, gringo! —exclamaron—, y, cruzando el pantano, amasaron con barro, bajo las patas de sus caballos, su miserable cuerpo. Salió el gringo, como pudo, después, a la orilla, más con la apariencia de un demonio tostado por las llamas del infierno que de un hombre blanco pelirrubio. Más adelante, al grito de «¡al toro!, ¡al toro!», cuatro negras achuradoras, que se retiraban con su presa, se zambulleron,[131] en la zanja llena de agua, único refugio que les quedaba.

El animal, entre tanto, después de haber corrido unas veinte cuadras en distintas direcciones, azorando con su presencia a todo viviente, se metió por la tranquera[132] de una quinta, donde halló su perdición. Aunque cansado, manifestaba brios[138] y colérico ceño;[134] pero lo rodeaba una zanja profunda y un tupido cerco de pitas,[135] no había escape. Se juntaron luego sus perseguidores, que se hallaban desbandados, y resolvieron llevarlo en un señuelo de bueyes[136] para que expiase su atentado en el lugar mismo donde lo había cometido.

Una hora después de su fuga, el toro estaba otra vez en el Matadero, donde la poca chusma que había quedado no hablaba sino de sus fechorías.[137] La aventura del gringo en el pantano excitaba principalmente la risa y el sarcasmo. Del niño degollado por el lazo no quedaba sino un charco de sangre: su cadáver estaba en el cementerio.

Enlazaron muy luego por las astas al animal, que brincaba haciendo hincapié y lanzando roncos bramidos. Le echaron uno, dos, tres piales, pero

---

[121] **se... se orinó**
[122] Hail Marys
[123] **una...** a ditch and a cactus fence
[124] deserted
[125] **en...** in whose center was a deep marsh that extended from one ditch to the other
[126] salt factory
[127] was crossing
[128] **a...** at that moment
[129] yard (measurement)
[130] **Se...** sank
[131] dove
[132] back gate
[133] spirit
[134] wrath
[135] **un...** a thick cactus fence
[136] **en...** convoyed between tame oxen
[137] **maldades**

infructuosos; al cuarto quedó prendido de una pata; su brío y su furia redoblaron; su lengua, estirándose convulsiva, arrojaba espuma, su nariz humo, sus ojos miradas encendidas.

—¡Desjarreten[138] ese animal! —exclamó una voz imperiosa. Matasiete se tiró al punto[139] del caballo, le cortó el garrón de una cuchillada y, gambeteando en torno de él, con su enorme daga en mano, se la hundió al cabo hasta el puño en la garganta, mostrándola en seguida humeante y roja a los espectadores. Brotó un torrente de la herida, exhaló algunos bramidos roncos, vaciló y cayó el soberbio animal, entre los gritos de la chusma que proclamaba a Matasiete vencedor y le adjudicaba en premio el matambre. Matasiete extendió, como orgulloso, por segunda vez, el brazo y el cuchillo ensangrentado, y se agachó a desollarlo con otros compañeros.

Faltaba que resolver la duda sobre los órganos genitales del muerto, clasificado provisoriamente de toro por su indomable fiereza; pero estaban todos tan fatigados de la larga tarea, que lo echaron por lo pronto en olvido. Mas de repente una voz ruda exclamó: —Aquí están los huevos—,[140] sacando de la barriga del animal y mostrando, a los espectadores, dos enormes testículos, signo inequívoco de su dignidad de toro. La risa y la charla fue grande; todos los incidentes desgraciados pudieron fácilmente explicarse. Un toro en el Matadero era cosa muy rara, y aún vedada. Aquél, según reglas de buena policía, debía arrojarse a los perros; pero había tanta escasez de carne y tantos hambrientos en la población, que el señor Juez tuvo a bien hacer ojo lerdo.[141]

En dos por tres estuvo desollado,[142] descuartizado y colgado en la carreta el maldito toro. Matasiete colocó el matambre bajo el pellón de su recado[143] y se preparaba a partir. La matanza estaba concluida a las doce, y la poca chusma que había presenciado hasta el fin se retiraba en grupos de a pie y de a caballo, o tirando a la cincha algunas carretas cargadas de carne.

Mas de repente, la ronca voz de un carnicero gritó:

—¡Allí viene un unitario! —y al oír tan significativa palabra toda aquella chusma se detuvo como herida de una impresión subitánea.

—¿No le ven la patilla en forma de U?[144] No trae divisa en el fraque ni luto en el sombrero.[145]

—Perro unitario.

—Es un cajetilla.[146]

—Monta en silla como los gringos.

—¡La Mazorca con él!

—¡La tijera!

—Es preciso sobarlo.[147]

—Trae pistoleras por pintar.[148]

—Todos estos cajetillas unitarios son pintores[149] como el diablo.

---

[138] Knock down
[139] **se... saltó inmediatamente**
[140] **testículos**
[141] **tuvo...** thought it would be better to look the other way
[142] **En...** It was skinned in an instant
[143] **el...** the pelisse of his saddle
[144] **la...** the U-shaped sideburns
[145] **No...** He wears no insignia on his coat and no mourning sash on his hat (emblems of loyalty to Rosas)
[146] dandy
[147] beat him up
[148] **Trae...** He has a pistol case just to show off
[149] show-offs

—¿A que no te le animas,[150] Matasiete?

—¿A que no?

—A que sí.

Matasiete era hombre de pocas palabras y de mucha acción. Tratándose de violencia, de agilidad, de destreza en el hacha, el cuchillo o el caballo, no hablaba y obraba. Lo habían picado: prendió la espuela a su caballo y se lanzó a brida suelta al encuentro del unitario.

Era éste un joven como de veinticinco años, de gallarda y bien apuesta persona, que, mientras salían en borbotones de aquellas desaforadas bocas las anteriores exclamaciones, trotaba hacia Barracas, muy ajeno de tener peligro alguno. Notando, empero, las significativas miradas de aquel grupo de dogos[151] de matadero, echa maquinalmente la diestra[152] sobre las pistoleras de su silla[153] inglesa, cuando una pechada al sesgo[154] del caballo de Matasiete lo arroja de los lomos del suyo, tendiéndolo a la distancia, boca arriba y sin movimiento alguno.

—¡Viva Matasiete! —exclamó toda aquella chusma, cayendo en tropel sobre la víctima como los caranchos[155] rapaces sobre la osamenta de un buey devorado por el tigre.

Atolondrado[156] todavía, el joven fue, lanzando una mirada de fuego sobre aquellos hombres feroces, hacia su caballo, que permanecía inmóvil no muy distante, a buscar en sus pistolas el desagravio y la venganza. Matasiete, dando un salto, le salió al encuentro, y, con fornido brazo, asiéndolo[157] de la corbata, lo tendió en el suelo, tirando al mismo tiempo la daga de la cintura y llevándola a su garganta.

Una tremenda carcajada y un nuevo viva estertorio volvió a victoriarlo.[158]

¡Qué nobleza de alma! ¡Qué bravura en los federales! Siempre en pandilla cayendo como buitres sobre la víctima inerte.

—Degüéllalo, Matasiete: quiso sacar las pistolas. Degüéllalo como al toro.

—Pícaro unitario. Es preciso tusarlo.[159]

—Tiene buen pescuezo para el violín.[160]

—Tócale el violín.

—Mejor es la resbalosa.[161]

—Probemos —dijo Matasiete, y empezó sonriendo a pasar el filo de su daga por la garganta del caído, mientras con la rodilla izquierda le comprimía el pecho y con la siniestra mano le sujetaba por los cabellos.

—No, no le degüellen —exclamó de lejos la voz imponente del Juez del Matadero, que se acercaba a caballo.

—A la casilla con él, a la casilla. Preparen la mazorca y las tijeras. ¡Mueran los salvajes unitarios! ¡Viva el Restaurador de las leyes!

—¡Viva Matasiete!

---

[150]**A...** I bet you wouldn't go after him
[151]curs
[152]la mano derecha
[153]saddle
[154]**una...** a push on the side
[155]**como...** like vultures
[156]Confounded, bewildered
[157]grabbing him
[158]**un...** another hoarse cry of "viva" cheered him on
[159]thrash him
[160]that is, the gibbet
[161]slippery one (the knife)

—¡Mueran! ¡Vivan! —repitieron en coro los espectadores, y, atándolo codo con codo, entre moquetes y tirones,[162] entre vociferaciones e injurias, arrastraron al infeliz joven al banco del tormento, como los sayones[163] al Cristo.

La sala de la casilla tenía en su centro una grande y fornida mesa de la cual no salían los vasos de bebida y los naipes sino para dar lugar a las ejecuciones y torturas de los sayones federales del Matadero. Se notaba además, en un rincón, otra mesa chica, con recado de escribir y un cuaderno de apuntes, y porción de sillas, entre las que resaltaba un sillón de brazos destinado para el Juez. Un hombre, soldado en apariencia, sentado en una de ellas, cantaba al son de la guitarra la resbalosa,[164] tonada[165] de inmensa popularidad entre los federales, cuando la chusma, llegando en tropel al corredor de la casilla, lanzó a empellones al joven unitario hacia el centro de la sala.

—A ti te toca la resbalosa —gritó uno.

—Encomienda tu alma al diablo.

—Está furioso como toro montaraz.[166]

—Ya le amansará el palo.

—Es preciso sobarlo.

—Por ahora, verga[167] y tijera.

—Si no, la vela.

—Mejor será la mazorca.

—Silencio y sentarse —exclamó el Juez dejándose caer sobre su sillón. Todos obedecieron, mientras el joven, de pie, encarando al Juez, exclamó con voz preñada de indignación:

—¡Infames sayones!, ¿qué intentan hacer de mí?

—Calma —dijo sonriendo el Juez—, no hay que encolerizarse. Ya lo verás.

El joven, en efecto, estaba fuera de sí de cólera. Todo su cuerpo parecía estar en convulsión. Su pálido y amoratado[168] rostro, su voz, su labio trémulo, mostraban el movimiento convulsivo de su corazón, la agitación de sus nervios. Sus ojos de fuego parecían salirse de la órbita, su negro y lacio cabello se levantaba erizado. Su cuello desnudo y la pechera de su camisa dejaban entrever el latido violento de sus arterias y la respiración anhelante de sus pulmones.

—¿Tiemblas? —le dijo el Juez.

—De rabia, porque no puedo sofocarte entre mis brazos.

—¿Tendrías fuerza y valor para eso?

—Tengo de sobra voluntad y coraje para ti, infame.

—A ver las tijeras de tusar[169] mi caballo: túsenlo[170] a la federala.

Dos hombres le asieron, uno de la ligadura del brazo, otro de la cabeza y, en un minuto, cortáronle la patilla que poblaba toda su barba por bajo, con risa estrepitosa de sus espectadores.

—A ver —dijo el Juez—, un vaso de agua para que se refresque.

—Uno de hiel te haría yo beber, infame.

---

[162]**moquetes...** punches and blows
[163]executioners
[164]a kind of popular song and dance
[165]tune
[166]wild
[167]cowhide (strap)
[168]mottled
[169]clip (the mane of a horse)
[170]cut his hair

Un negro petizo se le puso al punto delante, con un vaso de agua en la mano. Le dio el joven un puntapié en el brazo y el vaso fue a estrellarse en el techo, salpicando el asombrado rostro de los espectadores.

—Este es incorregible.

—Ya lo domaremos.

—Silencio —dijo el Juez—. Ya estás afeitado a la federala, sólo te falta el bigote. Cuidado con olvidarlo. Ahora vamos a cuentas.[171] ¿Por qué no traes divisa?

—Porque no quiero.

—¿No sabes que lo manda el Restaurador?

—La librea[172] es para vosotros, esclavos, no para los hombres libres.

—A los libres se les hace llevar a la fuerza.

—Sí, la fuerza y la violencia bestial. Esas son vuestras armas, infames. ¡El lobo, el tigre, la pantera, también son fuertes como vosotros! Deberíais andar con ellos, en cuatro patas.

—¿No temes que el tigre te despedace?

—Lo prefiero a que, maniatado, me arranquen, como el cuervo, una a una las entrañas.

—¿Por qué no llevas luto en el sombrero por la heroína?

—¡Porque lo llevo en el corazón por la Patria, por la Patria que vosotros habéis asesinado, infames!

—¿No sabes que así lo dispuso el Restaurador?

—Lo dispusisteis vosotros, esclavos, para lisonjear[173] el orgullo de vuestro señor y tributarle vasallaje infame.

—¡Insolente!, te has embravecido mucho. Te haré cortar la lengua si chistas.

—Abajo los calzones a ese mentecato cajetilla, y a nalga pelada denle verga, bien atado sobre la mesa.

Apenas articuló esto el Juez, cuatro sayones, salpicados de sangre, suspendieron al joven y lo tendieron largo a largo sobre la mesa comprimiéndole todos sus miembros.[174]

—Primero degollarme que desnudarme, infame canalla.

Le ataron un pañuelo a la boca y empezaron a tironear sus vestidos. Se encogía, el joven, pateaba, hacía rechinar los dientes. Tomaban ora[175] sus miembros la flexibilidad del junco,[176] ora la dureza del fierro, y su espina dorsal era el eje de un movimiento parecido al de la serpiente. Gotas de sudor fluían por su rostro, grandes como perlas; echaban fuego sus pupilas, su boca espuma, y las venas de su cuello y frente negreaban en relieve sobre su blanco cutis como si estuvieran repletas de sangre.

—Atenlo primero —exclamó el Juez.

—Está rugiendo de rabia —articuló un sayón.

En un momento liaron sus piernas en ángulo a los cuatro pies de la mesa, volcando su cuerpo boca abajo. Era preciso hacer igual operación con las manos, para lo cual soltaron las ataduras que las comprimían en la espalda. Sintiéndoselas libres, el joven, por un movimiento brusco en el cual pareció agotarse toda su fuerza y vitalidad, se incorporó primero sobe sus brazos, después sobre sus rodillas, y se desplomó al mo-

---

[171] **vamos...** let's get to the point
[172] **divisa**
[173] flatter
[174] limbs
[175] **ahora, primero**
[176] rushes (plants)

mento murmurando:

—Primero degollarme que desnudarme, infame canalla.

—Sus fuerzas se habían agotado. Inmediatamente quedó atado en cruz y empezaron la obra de desnudarlo. Entonces un torrente de sangre brotó borbolloneando[177] de la boca y las narices del joven, y, extendiéndose, empezó a caer a chorros por entrambos lados de la mesa. Los sayones quedaron inmóviles y los espectadores estupefactos.

—Reventó de rabia el salvaje unitario —dijo uno.

—Tenía un río de sangre en las venas —articuló otro.

—Pobre diablo: queríamos únicamente divertirnos con él, y tomó la cosa demasiado a lo serio —exclamó el Juez frunciendo el ceño[178] de tigre—. Es preciso dar parte,[179] desátenlo y vamos.

Verificaron[180] la orden; echaron llave a la puerta y en un momento se escurrió la chusma en pos del caballo del Juez, cabizbajo y taciturno.

Los federales habían dado fin a una de sus innumerables proezas.

En aquel tiempo los carniceros degolladores del Matadero eran los apóstoles que propagaban a verga y puñal la federación rosina,[181] y no es difícil imaginarse qué federación saldría de sus cabezas y cuchillas. Llamaban ellos salvaje unitario, conforme a la jerga[182] inventada por el Restaurador, patrón de la cofradía, a todo el que no era degollador, carnicero, ni salvaje, ni ladrón; a todo hombre decente y de corazón bien puesto, a todo patriota ilustrado, amigo de las luces y de la libertad; y por el suceso anterior puede verse a las claras que el foco de la Federación estaba en el Matadero.

---

[177] spouted, bubbling
[178] **frunciendo...** scowling, knitting his brow
[179] **dar...** draw up a report
[180] They carried out
[181] **de Rosas**
[182] jargon

SOBRE LA LECTURA

1. ¿Cuándo tiene lugar la historia? ¿Qué época del año es? ¿Por qué es importante este detalle?
2. Describa el diluvio. ¿Cómo reaccionaron los creyentes? ¿A quiénes les echaron la culpa por la lluvia?
3. ¿Cómo afectó al pueblo la inundación? ¿Qué efecto tuvo en el precio de los huevos y en el del pescado?
4. ¿Por qué se alarmó el gobierno?
5. ¿Qué dice el autor acerca de los «estómagos privilegiados»?
6. Cuando por fin volvió a abrirse el matadero, ¿a quién se le regaló el primer novillo? ¿Por qué?
7. Describa el interior del matadero. ¿En qué sentido es un monumento al Restaurador?

8. ¿Cómo era el carnicero? ¿Qué otros personajes se encontraban en el matadero?
9. ¿Por qué peleaban las negras? ¿Qué hacían los muchachos?
10. ¿Cómo se escapó el toro o novillo del corral? ¿Cómo murió el niño?
11. ¿Por dónde fue el animal? ¿Cómo lograron atraparlo? ¿Qué le hicieron?
12. ¿Cómo reaccionó la gente al ver al joven unitario? ¿Cómo contribuyó el episodio del toro a su excitación?
13. ¿Cómo atormentaron al joven? ¿Cómo reaccionó él?
14. ¿Querían matarlo? ¿Cómo murió?

HACIA EL ANÁLISIS LITERARIO

1. ¿Qué efecto logra Echeverría al comenzar su cuento con un diluvio?
2. ¿Cómo describe a la gente del matadero? ¿Cómo describe la psicología de las masas?
3. ¿Qué episodios revelan las ideas del autor sobre la política? Explique. ¿Son democráticas o no las ideas de Echeverría?
4. ¿Cómo usa el autor la violencia? ¿Qué logra por medio de la creación de imágenes horríficas?
5. ¿Cómo usa el diálogo? ¿Qué revela el diálogo acerca de la gente?
6. ¿Cómo se burla el autor de la falsa piedad de los federales? ¿Cómo usa el autor la ironía? ¿Por qué alude a Rosas en vez de describirlo? ¿Qué efecto logra al referirse al Restaurador sin que éste aparezca en el cuento?
7. ¿Qué representa el animal que se escapa?
8. Compare al unitario con la gente que puebla el matadero. ¿Son individuos o arquetipos los personajes de Echeverría? ¿Cuál es el mensaje que el autor comunica a través de estos personajes?
9. ¿En qué sentido es el joven unitario un héroe romántico por excelencia? ¿Qué otros elementos románticos hay en este relato?
10. ¿Qué elementos realistas y costumbristas hay?

TEXTO Y VIDA

1. En su opinión, ¿es todavía pertinente el mensaje de *El matadero* hoy en día? ¿Por qué?
2. ¿Son los acontecimientos que se describen en este relato particulares de cierto país y momento histórico o podrían suceder en cualquier lugar?
3. ¿Está usted de acuerdo con el concepto de la democracia de Echeverría? Explique.
4. ¿Existen ejemplos de la psicología de las masas que describe Echeverría en la ficción y el cine modernos? ¿en la vida real?
5. ¿Qué piensa usted de la reacción del joven unitario? ¿Cree usted que exacerba la situación con sus comentarios? ¿Habría podido reaccionar de otra manera?
6. ¿Existe hoy en día el tipo de dictador al cual alude Echeverría en este cuento?

Sarmiento: polemista y político

Político, educador y escritor, Domingo Faustino Sarmiento (1811–1888) fue una de las grandes figuras del siglo XIX. Fue uno de los defensores más elocuentes de la educación pública, incluso la de la mujer. Fue, además, un gran admirador de los Estados Unidos; sin embargo nunca dejó que su estima por los adelantos sociales y económicos del país del norte lo cegara a sus deficiencias. Aunque tradicionalmente se retrata a Sarmiento como un luchador contra la ignorancia y el fanatismo que amenazaban con mantener a los países de Hispanoamérica en un estado de inestabilidad y de atraso, últimamente se ha sacado a relucir el racismo virulento que motivaba algunos aspectos de su política interior. Para Sarmiento los «bárbaros» de la pampa representaban una conminación al progreso. Su solución al problema era el genocidio.

Hijo de una familia humilde, Sarmiento nació en San Juan, provincia de Argentina situada al pie de los Andes. Su madre apenas sabía leer y escribir, pero su padre le instruyó en estas materias y más tarde asistió a una escuela primaria local. Aunque no había instituciones de educación secundaria en la zona, el joven Sarmiento leía vorazmente. De hecho, Sarmiento fue casi completamente autodidacta. Cuando tenía unos dieciséis años leyó la autobiografía de Benjamin Franklin, quien llegó a ser uno de sus modelos.

Era una época de turbulencia. El caudillo gaucho Facundo Quiroga (1788 o 1790–1835) emergía como el dictador de la zona de La Rioja y como uno de los líderes de las fuerzas federales, las cuales buscaban autonomía del gobierno central para las provincias. De acuerdo con el plan federalista, cada provincia estaba bajo el mando de un gobernador. Aunque en teoría estos jefes provinciales eran nombrados por el gobierno central, en realidad se mantenían en el poder por la fuerza.

Mucha de la violencia que se dirigía contra el sistema federal era el resultado del odio que se les tenía a ciertos caudillos locales, algunos de los cuales eran terriblemente crueles. Quiroga era uno de los más violentos. Su ferocidad le había ganado el apodo de Tigre de los Llanos. En 1831 ganó una victoria decisiva sobre los centralistas, lo cual aseguró que su aliado Juan Manuel de Rosas llegara al poder como gobernador de la provincia de Buenos Aires. En 1835 Quiroga fue asesinado, posiblemente por orden de Rosas, que temía la fuerza creciente del caudillo de La Rioja.

Para Sarmiento, Quiroga representaba la barbarie y el retraso. Aunque el joven autodidacta era de las provincias, concordaba con los ciudadanos de Buenos Aires, quienes pedían un fuerte gobierno central. Sarmiento creía que el federalismo tal como se practicaba en la Argentina sólo podía conducir a la desintegración social, mientras que un poderoso gobierno localizado en la capital sería una fuerza civilizadora que impondría orden y traería el progreso. Se unió a los unitarios y por sus actividades políticas fue condenado a muerte. Fue conmutada la sentencia, y Sarmiento fue encarcelado en su casa, donde se dedicó a estudiar francés e inglés. En 1831 huyó a Chile. Allí trabajó como periodista y maestro de escuela, difundiendo sus ideas progresistas sobre la educación.

Al volver a San Juan, se hizo miembro de la Asociación de Mayo. Puso una escuela para niñas, de índole progresista, en que las alumnas aprendían a leer y escribir además de las labores domésticas. También fundó un periódico, *El Zonda*. Pero su activismo volvió a ponerlo en peligro y en 1840 regresó a Chile.

Este es uno de los períodos más productivos de la vida de Sarmiento. Andrés Bello era rector de la recién fundada Universidad de Chile, y Sarmiento consiguió un puesto en la facultad de humanidades. En la primera sesión de la facultad, leyó un trabajo en que propuso algunos cambios ortográficos en el español, muchos de los cuales fueron introducidos en la lengua. Su interés en la enseñanza lo condujo a dirigir la primera escuela normal del país. También escribió artículos periodísticos y entró en una polémica con Andrés Bello sobre la necesidad del cambio y el valor de la modernidad. En esta discusión Bello adoptó una posición conservadora, defendiendo la importancia de los lazos entre Europa y el Nuevo Mundo, mientras que Sarmiento se identificó con los románticos, abogando por la independencia cultural. (Véase la página 111.) Esta polémica marcó el comienzo del romanticismo chileno. En 1845 Sarmiento publicó su obra más conocida, *Facundo o civilización y barbarie,* en los suplementos del periódico chileno *El Progreso*.

Sarmiento creía que *Facundo* le abriría paso en el extranjero. Su viejo amigo, el político Manuel Montt (1809–1880), presidente de Chile desde 1851 hasta 1861, le consiguió una comisión para estudiar las escuelas europeas y norteamericanas con vistas a reformar el sistema educativo chileno. En los Estados Unidos visitó al educador Horace Mann, aunque no pudo conversar con él a causa de la diferencia de idioma. Por otra parte, terminó por trabar una fuerte amistad con la señora de Mann. También conoció a Longfellow y a Emerson. Del viaje resultaron dos libros: *De la educación popular* (1849) y *Viajes por Europa, Africa y América* (1850).

Al volver a la Argentina, Sarmiento fue elegido senador. Cinco años más tarde, en 1860, asumió el papel de gobernador de su provincia natal. Intentó fomentar reformas y establecer escuelas, pero encontró mucha oposición de parte de las fuerzas anti-progresistas. En 1865 volvió a los Estados Unidos, esta vez como embajador de la Argentina en Washington. Llegó un mes después del asesinato de Lincoln, de quien escribió una biografía. Mientras estaba en los Estados Unidos, recibió un doctorado honorífico de la Universidad de Michigan. Conoció a muchos educadores influyentes y siguió buscando maneras de mejorar las escuelas argentinas. Gracias a sus experiencias en los Estados Unidos, Sarmiento terminó por modificar algunas de sus ideas sobre el federalismo.

En 1868 Sarmiento fue elegido presidente de Argentina. Trató de establecer programas para el desarrollo cultural y económico del país, de mejorar el sistema de transporte y de comunicaciones y de aumentar el número de escuelas. Otra política suya era la de favorecer la inmigración europea, ya que creía necesario aumentar el sector más culto y «civilizado» de la población. Para Sarmiento el indio y el mestizo de la pampa representaban la «barbarie»; tal era su desprecio de los indios que deseaba exterminarlos.

El gobierno de Sarmiento tropezó con varios obstáculos: la oposición de tradicionalistas y otros adversarios políticos, una plaga que asoló a Buenos Aires y una guerra con Paraguay, en la cual perdió a su hijo Dominguito.

Después de dejar la presidencia en 1874, Sarmiento se jubiló en Paraguay, donde murió.

Sobre «Evocación de Juan Facundo Quiroga»

La «Evocación de Juan Facundo Quiroga» es la introducción a *Facundo o civilización y barbarie*. En ella el autor explica la premisa de su libro: la historia de la Argentina ha sido una lucha entre las fuerzas de la civilización, concentradas en la capital, y las de la barbarie, representadas por el primitivismo del campo. El conflicto entre unitarios y federales no es sólo político sino también cultural. Hombres como Quiroga y Rosas son productos de un tipo de vida que conduce al caudillismo. En el campo, donde la gente es inculta y rústica, se desprecian la enseñanza, las reglas, los refinamientos. Se admiran la fuerza física y el espíritu rebelde. Donde reina el individualismo llevado al extremo, sólo se puede imponer orden por medio de la fuerza. Así surgen los jefes locales. Estos caudillos inspiran la lealtad fanática de sus admiradores; instauran el culto a la personalidad y usan la violencia para silenciar la oposición. Según Sarmiento, la mentalidad primitiva representada por el gaucho controla al país, produciendo personajes como Quiroga.

El libro de Sarmiento encierra un conflicto fundamental de la realidad argentina: a pesar de los abusos del caudillo, éste es en cierto sentido, un tipo atractivo. Sarmiento no puede ocultar su admiración por el gaucho que vive donde y como quiere, sin otra guía que su propia voluntad. Por un lado, la brutalidad y la ignorancia del gaucho mantienen al país estancado. Por otro, el hombre fuerte e independiente representa una especie de ideal. La ira del autor lo conduce a exagerar el aspecto bárbaro del gaucho, pero la nostalgia por un tipo de vida que ha de desaparecer lo alienta a describir detalladamente las costumbres de la pampa.

No obstante su título, *Facundo* no es realmente una biografía, sino un tratado socio-político con elementos novelísticos y descripciones costumbristas. Se divide en tres partes. En la introducción, se habla de la geografía de Argentina como factor que ha influido en el desarrollo del país. Se describe al gaucho, su forma de vida, su música, su arte, sus caudillos. Incluye secciones sobre «el rastreador», «el baquiano», «el gaucho malo» y «el cantor».

La primera parte termina con una discusión de la Revolución de 1810 y por qué contribuyó a la creación de la situación actual: «Para las campañas la revolución era un problema; sustraerse a la autoridad del rey era agradable, por cuanto era sustraerse a la autoridad. La campaña pastora no podía mirar la cuestión bajo otro aspecto. Libertad, responsabilidad del poder, todas las cuestiones que la revolución se proponía resolver, eran extrañas a su manera de vivir, a sus necesidades». La ausencia de la autoridad real impulsó un movimiento del cual «el individualismo constituía su esencia, el caballo su arma exclusiva, la pampa inmensa su teatro». Los caudillos que emergieron despojaron al campo, dejando pueblos en que no había ni escuelas, ni médicos, ni tribunales, ni abogados, ni establecimientos públicos de caridad. Tampoco había fortunas; todos eran paupérrimos. Es decir, los últimos vestigios de la civilización habían desaparecido.

El tema de la segunda parte es Quiroga: su fisonomía, su infancia y juventud, su gusto por el juego, el cual se convirtió en un medio de expoliar a su adversario, sus éxitos militares y su llegada al poder y, finalmente, su asesinato. Se habla también de los efectos de su dominio en el campo: la ruina de la industria y la cultura.

El libro termina con unos pensamientos sobre el gobierno de Rosas. Sarmiento hace alarde de mantener una actitud objetiva. Nota que Rosas, a su favor, unificó al país y resistió al imperialismo europeo. Pero, en su opinión, el precio que pagaron los argentinos por su independencia fue caro, ya que el aislamiento efectuado por Rosas resultó en el atraso cultural del país.

El tono de Sarmiento es a menudo apasionado. Abudan las exclamaciones, las expresiones de rabia y de angustia. Pero por debajo de este emocionalismo se revela una mente extremadamente lúcida que analiza a su país desde las perspectivas de la geografía, la historia y la sociología, y busca soluciones a sus problemas.

Ediciones

Sarmiento, Domingo Faustino. *Obras*. Barcelona: Argos Vergara, 1979

______. *Facundo*. Buenos Aires: Ayacucho-Hyspamérica, 1986

Crítica

Garrels, Elizabeth. «La historia como romance en el *Facundo*». 75–93. Ed. Daniel Balderston. *The Historical Novel in Latin America*. Gaithersberg, Md.: Hispamérica, 1986

González Echevarría, Roberto. «Redescubrimiento del mundo perdido: El *Facundo* de Sarmiento.» *Revista Iberoamericana*. 54 (143) (April–June 1988):385–406

Goodrich, Diana Sorensen. «*Facundo* y los riesgos de la ficción.» *Revista Iberoamericana*. 54(143) (April–June 1988):573–583

Jaén, Didier T. «A propósito del *Facundo*.» *Cuadernos Americanos*. 247 (2) (1983):139–147

Katra, William. «Reading *Facundo* as Historical Novel.» 31–46. Ed. Daniel Balderston. *The Historical Novel in Latin America*. Gaithersberg, Md.: Hispamérica, 1986

______. «Sarmiento frente a la generación del 1837.» *Revista Iberoamericana*. 54 (143) (April–June 1988):525–549

Martínez Echazábal, Lourdes. «Positivismo y racismo en el ensayo hispanoamericano.» *Cuadernos Americanos*. 2 (3) (1988):121–129

Nouzeilles, María Gabriela. «La cuestión del sujeto: Dos versiones de Sarmiento.» *Revista Iberoamericana*. 54 (143) (April–June 1988):603–610

Salomón, Noël. «El *Facundo* de Sarmiento: manifiesto de la preburguesía argentina de las ciudades del interior.» *Cuadernos americanos*. 240 (1980):121–176

Sarlo, Beatriz, ed. e intro. «Domingo Faustino Sarmiento (1811–1888): Con motivo del centenario de su muerte.» *Revista Iberoamericana.* 54 (143) (April–June 1988):381–382

Zalazar, Daniel E. *La evolución de las ideas de D. F. Sarmiento.* Somerville, Nueva Jersey: SLUSA, 1986

———. «Las oposiciones dualistas en el *Facundo.*» *Revista Interamericana de Bibliografía.* 33 (1983):3–12

———. «Las posiciones de Sarmiento frente al indio.» *Revista Iberoamericana.* 50 (127) (April–June 1984):411–427

———. «Sarmiento y Rousseau.» *Revista Interamericana de Bibliografía.* 38 (1988):383–395

Evocación de Juan Facundo Quiroga

DOMINGO FAUSTINO SARMIENTO

¡Sombra terrible de Facundo, voy a evocarte, para que, sacudiendo el ensangrentado polvo que cubre tus cenizas, te levantes a explicarnos la vida secreta y las convulsiones internas que desgarran las entrañas de un noble pueblo! Tú posees el secreto, ¡revélanoslo! Diez años aun, después de tu trágica muerte, el hombre de las ciudades y el gaucho de los llanos argentinos, al tomar diversos senderos en el desierto, decían: «¡No!, ¡no ha muerto! ¡Vive aún! ¡El vendrá!» ¡Cierto! Facundo no ha muerto; está vivo en las tradiciones populares, en la política y revoluciones argentinas; en Rosas, su heredero, su complemento: su alma ha pasado a este otro molde más acabado, más perfecto; y lo que en él era sólo instinto, iniciación, tendencia, se convirtió en Rosas en sistema, efecto y fin. La naturaleza campestre, colonial y bárbara, se cambió en esta metamorfosis en arte, en sistema y en política regular, capaz de presentar a la faz del mundo como el modo de ser de un pueblo encarnado en un hombre que ha aspirado a tomar los aires de un genio que domina los acontecimientos, los hombres y las cosas. Facundo, provinciano, bárbaro, valiente, audaz, fue reemplazado por Rosas, hijo de la culta Buenos Aires sin serlo él; por Rosas, falso, corazón helado, espíritu calculador, que hace el mal sin pasión y organiza lentamente el despotismo con toda la inteligencia de un Maquiavelo.[1] Tirano sin rival hoy en la tierra, ¿por qué sus enemigos quieren disputarle el título de grande que le prodigan sus cortesanos? Sí, grande y muy grande es, para gloria y vergüenza de su patria, porque si ha encontrado millares de seres degradados que se unzan[2] a su carro para arrastrarlo por encima de cadáveres, también se hallan a millares las almas generosas que en quince años de lid sangrienta no han desesperado de vencer al monstruo que nos propone el enigma de la organización política de la República. Un día vendrá, al fin, que lo resuelva, y la Esfinge[3] Argentina, mitad mujer por lo cobarde, mitad tigre por lo sanguinario, morirá a sus plantas, dando a la Tebas[4] del Plata el rango elevado que le toca entre las naciones del Nuevo Mundo.

Se necesita, empero, para desa-

---

[1] Nicolás Maquiavelo (1469–1527), político e historiador italiano, autor de *El príncipe*. En este tratado celebra la razón de estado y expone sus ideas sobre las maneras más eficaces de gobernar.

[2] aten

[3] animal mitológico con cuerpo de león y cabeza humana que entre los egipcios simbolizaba el sol; según la leyenda, una esfinge, hija de la serpiente Equidna, fue enviada por los Dioses a Tebas para hacerles una adivinanza a los transeúntes. El que no pudiera contestar correctamente sería devorado. Edipo dio la respuesta correcta, liberando así al pueblo de esta amenaza.

[4] ciudad del antiguo Egipto, considerada una de las más bellas del mundo

tar este nudo que no ha podido cortar la espada, estudiar prolijamente las vueltas y revueltas de los hilos que lo forman, y buscar en los antecedentes nacionales, en la fisonomía del suelo, en las costumbres y tradiciones populares, los puntos en que están pegados.

La república Argentina es hoy la sección hispanoamericana que en sus manifestaciones exteriores ha llamado preferentemente la atención de las naciones europeas, que no pocas veces se han visto envueltas en sus extravíos[5] o atraídas, como por una vorágine,[6] a acercarse al centro en que remolinean[7] elementos tan contrarios. La Francia estuvo a punto de ceder a esta atracción, y no sin grandes esfuerzos de remo y vela, no sin perder el gobernalle,[8] logró alejarse y mantenerse a la distancia. Sus más hábiles políticos no han alcanzado a comprender nada de lo que sus ojos han visto al echar una mirada precipitada sobre el poder americano, que desafiaba a la gran nación. Al ver las lavas ardientes que se revuelcan, se agitan, se chocan, bramando en este gran foco de lucha intestina,[9] los que por más avisados se tienen han dicho: «Es un volcán subalterno,[10] sin nombre, de los muchos que aparecen en América; pronto se extinguirá»; y han vuelto a otra parte sus miradas, satisfechos de haber dado una solución tan fácil como exacta de los fenómenos sociales que sólo han visto en grupo y superficialmente. A la América del Sur en general, y a la República Argentina, sobre todo, le ha hecho falta un Tocqueville,[11] que, premunido del conocimiento de las teorías sociales, como el viajero científico de barómetros, octantes[12] y brújulas, viniera a penetrar en el interior de nuestra vida política, como en un campo vastísimo y aún no explorado ni descrito por la ciencia, y revélase a la Europa, a la Francia, tan ávida de fases nuevas en la vida de las diversas porciones de la humanidad, este nuevo modo de ser que no tiene antecedentes bien marcados y conocidos.

Hubiérase entonces explicado el misterio de la lucha obstinada que despedaza a aquella república; hubiéranse clasificado distintamente los elementos contrarios, invencibles, que se chocan; hubiérase asignado su parte a la configuración del terreno, y a los hábitos que ella engendra; su parte a las tradiciones españolas y a la conciencia nacional, íntima, plebeya, que han dejado la Inquisición y el absolutismo hispano; su parte a la influencia de las ideas opuestas que han trastornado el mundo político; su parte a la barbarie indígena; su parte a la civilización europea; su parte, en fin, a la democracia consagrada por la Revolución de 1810,[13] a la igualdad cuyo dogma ha penetrado hasta las capas inferiores de la sociedad.

---

[5] **desórdenes (Inglaterra invadió a Buenos Aires en más de una ocasión.)**
[6] whirlpool
[7] whirl about
[8] rudder, helm
[9] **interior**
[10] **secundario**
[11] **Alexis de Tocqueville (1805–1859), político e historiador francés, cuyo libro *La democracia en América* trata de las instituciones igualitarias de los Estados Unidos. Publicado en cuatro volúmenes (dos en 1835 y dos en 1840), se consideraba uno de los análisis más profundos de las instituciones norteamericanas que se había escrito.**
[12] **instrumento náutico para medir la altura y distancia angular de los astros**
[13] **por la cual Argentina consiguió la independencia**

Este estudio, que nosotros no estamos aún en estado de hacer, por nuestra falta de instrucción filosófica e histórica, hecho por observadores competentes, habría revelado a los ojos atónitos de Europa un mundo nuevo en política, una lucha ingenua, franca y primitiva entre los últimos progresos del espíritu humano y los rudimentos de la vida salvaje, entre las ciudades populosas y los bosques sombríos. Entonces se habría podido aclarar un poco el problema de la España, esa rezagada de Europa que, echada entre el Mediterráneo y el Océano, entre la Edad Media y el siglo XIX, unida a la Europa culta por un ancho istmo, y separada del Africa bárbara por un angosto estrecho, está balanceándose entre dos fuerzas opuestas, ya levantándose en la balanza de los pueblos libres, ya cayendo en la de los despotizados; ya impía, ya fanática; ora constitucionalista declarada, ora despótica impudente; maldiciendo sus cadenas rotas a veces, ya cruzando los brazos y pidiendo a gritos que le impongan el yugo, que parece ser su condición y su modo de existir. ¡Qué! ¿El problema de la España europea no podría resolverse examinando minuciosamente la España americana, como por la educación y hábitos de los hijos se rastrean las ideas y la moralidad de los padres? ¡Qué! ¿No significa nada para la historia ni la filosofía esta eterna lucha de los pueblos hispanoamericanos, esa falta supina de capacidad política e industrial que los tiene inquietos y revolviéndose sin norte fijo, sin objeto preciso, sin que sepan por qué no pueden conseguir un día de reposo, ni qué mano enemiga los echa y empuja en el torbellino fatal que los arrastra, mal de su grado, y sin que les sea dado substraerse a su maléfica influencia? ¿No valía la pena de saber por qué en el Paraguay, tierra desmontada por la mano «sabia» del jesuitismo, un «sabio»[14] educado en las aulas de la antigua Universidad de Córdoba, abre una nueva página en la historia de las aberraciones del espíritu humano, encierra a un pueblo en sus límites de bosques primitivos, y, borrando las sendas que conducen a esta China recóndita, se oculta y esconde durante treinta años su presa en las profundidades del continente americano, y sin dejarle lanzar un solo grito, hasta que, muerto él mismo por la edad y la quieta fatiga de estar inmóvil pisando un pueblo sumiso, éste puede, al fin, con voz extenuada y apenas inteligible, decir a los que vagan por sus inmediaciones: «¡vivo aún!, ¡pero cuánto he sufrido!» «*Quantum mutatus ab illo!*»[15] ¡Qué transformación ha sufrido el Paraguay!, ¡qué cardenales y llagas ha dejado el yugo sobre su cuello, que no oponía resistencia! ¿No merece estudio el espectáculo de la República Argentina, que después de veinte años de convulsión interna, de ensayos de organización de todo género, produce, al fin, del fondo de sus entrañas, de lo íntimo de su corazón, al mismo doctor Francia en la

---

[14] José Gaspar Rodríguez Francia (1766–1840), llamado el doctor Francia, «supremo dictador» del Paraguay desde 1814 hasta 1840

[15] *Quantum*... ¡Cuán diferente de lo que antes eral (Palabras que, en la *Eneida* de Virgilio, pronuncia Eneas, horrorizado al ver a Héctor, que se le aparece en sueños, cubierto de llagas)

persona de Rosas, pero más grande, más desenvuelto y más hostil, si se puede, a las ideas, costumbres y civilización de los pueblos europeos? ¿No se descubre en él el mismo rencor contra el elemento extranjero, la misma idea de la autoridad del gobierno, la misma insolencia para desafiar la reprobación del mundo, con más su originalidad salvaje, su carácter fríamente feroz y su voluntad incontrastable, hasta el sacrificio de la patria, como Sagunto y Numancia,[16] hasta abjurar el porvenir y el rango de nación culta, como la España de Felipe II y de Torquemada?[17] ¿Es éste un capricho accidental, una desviación momentánea causada por la aparición en la escena de un genio poderoso, bien así como los planetas se salen de su órbita regular, atraídos por la aproximación de algún otro, pero sin substraerse del todo a la atracción de su centro de rotación, que luego asume la preponderancia y les hace entrar en su carrera ordinaria?

M. Guizot[18] ha dicho desde la tribuna francesa: «Hay en América dos partidos: el partido europeo y el partido americano; éste es el más fuerte»; y cuando le avisan que los franceses han tomado las armas en Montevideo, y han asociado su porvenir, su vida y su bienestar al triunfo del partido europeo civilizado, se contenta con añadir: «Los franceses son muy entremetidos, y comprometen a su nación con los demás gobiernos». ¡Bendito sea Dios! M. Guizot, el historiador de la «Civilización» europea, el que ha deslindado los elementos nuevos que modificaron la civilización romana, y que ha penetrado en el enmarañado laberinto de la Edad Media, para mostrar cómo la nación francesa ha sido el crisol[19] en que se ha estado elaborando, mezclando y refundiendo el espíritu moderno; monsieur Guizot, ministro del rey de Francia, da por toda solución a esta manifestación de simpatías profundas entre los franceses y los enemigos de Rosas: «¡son muy entremetidos los franceses!». Los otros pueblos americanos, que, indiferentes e impasibles, miran esta lucha y estas alianzas de un partido argentino con todo elemento europeo que venga a prestarle su apoyo, exclaman, a su vez, llenos de indignación: «¡Estos argentinos son muy amigos de los europeos!» Y el tirano de la República Argentina se encarga oficiosamente de completarles la frase, añadiendo: «¡Traidores a la causa americana!». ¡Cierto!, dicen todos; ¡traidores!, esta es la palabra. ¡Cierto!, decimos nosotros; ¡traidores a la causa americana, española, absolutista, bárbara! ¿No habéis oído la palabra «sal-

[16] Sagunto es una ciudad de Valencia, célebre por su resistencia a Aníbal, el general cartaginés que se apoderó de ella después de un terrible sitio en 219 a. de C. Numancia es una ciudad de la antigua España, cerca de Soria, que fue destruida por Escipión Emiliano en 133 a. de C. Sus habitantes prefirieron suicidarse antes que rendirse a las fuerzas romanas.

[17] Tomás de Torquemada (1420–1498), inquisidor conocido por su fanatismo y rigidez. La idea es que hombres como Felipe II y Torquemada, por su celo nacionalista y religioso, terminaron por arruinar su patria.

[18] François Guizot (1787–1874), historiador y ministro de Luis Felipe I (1773–1850), rey de Francia de 1830 a 1848. La obstinación del rey y de Guizot en no querer modificar el régimen electoral condujo a la insurrección del 24 de febrero de 1848, que dio por resultado la creación de la República.

vaje» que anda revoloteando sobre nuestras cabezas?

De eso se trata, de ser o no ser «salvaje». Rosas, según esto, no es un hecho aislado, una aberración, una monstruosidad. Es, por el contrario, una manifestación social; es una fórmula de una manera de ser de un pueblo. ¿Para qué os obstináis en combatirlo, pues, si es fatal, forzoso, natural y lógico! ¡Dios mío!, ¡para qué lo combatís!... ¿Acaso porque la empresa es ardua, es por eso absurda? ¿Acaso porque el mal principio triunfa se le ha de abandonar resignadamente el terreno? ¿Acaso la civilización y la libertad son débiles hoy en el mundo, porque la Italia gima bajo el peso de todos los despotismos, porque la Polonia ande errante sobre la tierra mendigando un poco de pan y un poco de libertad? ¡Por qué lo combatís!... ¿Acaso no estamos vivos, los que después de tantos desastres sobrevivimos aún; o hemos perdido nuestra conciencia de lo justo y del porvenir de la patria, porque hemos perdido algunas batallas? ¡Qué! ¿se quedan también las ideas entre los despojos de los combates? ¿Somos dueños de hacer otra cosa que lo que hacemos, ni más ni menos como Rosas no puede dejar de ser lo que es? ¿No hay nada de providencial en estas luchas de los pueblos? ¿Se concedió jamás el triunfo a quien no sabe perseverar? Por otra parte, ¿hemos de abandonar un suelo de los más privilegiados de la América a las devastaciones de la barbarie, mantener cien ríos navegables abandonados a las aves acuáticas que están en quieta posesión de surcarlos ellas solas desde *ab initio*?[20]

¿Hemos de cerrar voluntariamente la puerta a la inmigración europea, que llama con golpes repetidos para poblar nuestros desiertos y hacernos, a la sombra de nuestro pabellón, pueblo innumerable como las arenas del mar? ¿Hemos de dejar ilusorios y vanos los sueños de desenvolvimiento, de poder y de gloria, con que nos han mecido desde la infancia los pronósticos que con envidia nos dirigen los que en Europa estudian las necesidades de la humanidad? Después de la Europa, ¿hay otro mundo cristiano civilizable y desierto que la América? ¿Hay en la América muchos pueblos que están como el argentino, llamados por lo pronto a recibir la población europea que desborda como un líquido en un vaso? ¿No queréis, en fin, que vayamos a invocar la ciencia y la industria en nuestro auxilio, a llamarlas con todas nuestras fuerzas, para que vengan a sentarse en medio de nosotros, libre la una de toda traba puesta al pensamiento, segura la otra de toda violencia y de toda coacción? ¡Oh! ¡Este porvenir no se renuncia así no más! No se renuncia porque un ejército de 20.000 hombres guarde la entrada de la patria: los soldados mueren en los combates, desertan o cambian de bandera. No se renuncia porque la fortuna haya favorecido a un tirano durante largos y pesados años: la fortuna es ciega, y un día que no acierte a encontrar a su favorito entre el humo denso y la polvareda sofocante de los combates, ¡adiós, tirano!, ¡adiós, tiranía! No se renuncia porque todas las brutales e ignorantes tradiciones coloniales hayan podido más en un momento de

---

[20] ***ab...* desde el principio**

extravío en ánimo de las masas inexpertas; las convulsiones políticas traen también la experiencia y la luz, y es ley de la humanidad que los intereses nuevos, las ideas fecundas, el progreso, triunfen al fin de las tradiciones envejecidas, de los hábitos ignorantes y de las preocupaciones estacionarias. No se renuncia porque en un pueblo haya millares de hombres candorosos que tomen el bien por el mal; egoístas que sacan de él su provecho; indiferentes que lo ven sin interesarse; tímidos que no se atreven a combatirlo; corrompidos, en fin, conociéndolo, se entregan a él por inclinación al mal, por depravación; siempre ha habido en los pueblos todo esto, y nunca el mal ha triunfado, definitivamente. No se renuncia porque los demás pueblos americanos no puedan prestarnos su ayuda; porque los gobiernos no ven de lejos sino el brillo del poder organizado, y no distinguen, en la oscuridad humilde y desamparada de las revoluciones, los elementos grandes que están forcejeando por desenvolverse; porque la oposición pretendida liberal abjure de sus principios, imponga silencio a su conciencia, y, por aplastar bajo su pie un insecto que importuna, huelle la noble planta a que ese insecto se apegaba. No se renuncia porque los pueblos en masa nos den la espalda a causa de que nuestras miserias y nuestras grandezas están demasiado lejos de su vista para que alcancen a conmoverlos. ¡No!, no se renuncia a un porvenir tan inmenso, a una misión tan elevada, por ese cúmulo de contradicciones y dificultades. ¡Las dificultades se vencen, las contradicciones se acaban a fuerza de contradecirlas!

SOBRE LA LECTURA

1. ¿Para qué evoca Sarmiento la sombra de Facundo?
2. Según Sarmiento, ¿qué relación existe entre Quiroga y Rosas?
3. ¿Por qué dice que no hay que disputarle el título de «grande» a Rosas?
4. ¿Por qué evoca la leyenda de la Esfinge?
5. Según el autor, ¿cuál ha sido la actitud de los países de Europa para con la América del Sur?
6. ¿Por qué dice que a la Argentina le hace falta un Tocqueville?
7. ¿Cómo describe los conflictos y paradojas de América del Sur?
8. ¿Cómo se ha transformado Paraguay?
9. ¿A qué ha conducido la hostilidad de Rosas contra lo europeo? ¿Por qué compara al dictador con Felipe II y con Torquemada?
10. ¿De qué culpa a Guizot?
11. ¿Cómo reaccionan los otros países hispanoamericanos al ver que los unitarios hacen alianzas con países europeos?
12. ¿Por qué es peligrosa esta manera de pensar? ¿Por qué podría conducir a la aceptación de la barbarie?
13. ¿Por qué cree que es necesaria la inmigración europea?
14. ¿Cómo ve Sarmiento el porvenir de la Argentina?

HACIA EL ANÁLISIS LITERARIO

1. ¿Cómo usa Sarmiento la evocación de la «sombra terrible de Facundo» para crear un efecto dramático?
2. ¿Qué efecto logra al comenzar su ensayo con una serie de exclamaciones? ¿En qué otras partes de la «Evocación» usa series de exclamaciones?
3. ¿A qué figuras históricas se refiere Sarmiento? ¿Qué efecto producen las alusiones históricas?
4. ¿Cómo usa la mitología para describir la situación actual de la Argentina?
5. ¿Qué efecto logra por medio del uso del latín?
6. ¿En qué sentido son los conflictos hispanoamericanos «una vorágine»? ¿En que sentido es Argentina «un volcán» con «lavas ardientes que se revuelcan»? ¿Por qué ha tenido Francia que hacer «grandes esfuerzos de remo y vela»? ¿Cómo usa Sarmiento la metáfora y el símil? ¿Qué otros ejemplos encuentra usted?
7. ¿Cómo expresa Sarmiento la frustración y la ira? ¿Qué otras emociones expresa?
8. ¿Qué características románticas encuentra usted en este ensayo?

TEXTO Y VIDA

1. ¿Cree usted que los Estados Unidos han experimentado la misma lucha entre la civilización y la barbarie que la Argentina?
2. ¿Existe en la literatura popular norteamericana la misma imagen del «campo bárbaro» que la que encontramos en Facundo? Piense en los «westerns» y en héroes folklóricos como Daniel Boone y Davy Crockett.
3. ¿Hoy en día se asocia la barbarie con el campo o con la ciudad? ¿Por qué?
4. ¿Qué piensa usted de la actitud de Sarmiento hacia la inmigración europea? ¿Se justifica o no? ¿Ha existido en los Estados Unidos esta misma tendencia a favorecer al inmigrante europeo?
5. ¿En qué parte de la «Evocación» se vislumbra la ambivalencia de Sarmiento hacia el caudillo? ¿Piensa usted que este tipo de personaje se considera atractivo en los Estados Unidos?
6. Basándose en sus conocimientos de la situación actual en Hispanoamérica, ¿diría usted que se han realizado o no las predicciones de Sarmiento sobre el porvenir de la región?

Gómez de Avellaneda: Espíritu rebelde

Gertrudis Gómez de Avellaneda (1814–1873) nació en Cuba y comenzó a escribir poesía cuando todavía era niña. En 1836 dejó su casa en Camagüey y partió para España, acompañando a su madre, quien había contraído matrimonio con un coronel del ejército español. Su soneto «Al partir», escrito cuando dejaba Cuba para España, revela que ya, a los veintidós años, era una poeta consumada.

La joven cubana se integró fácilmente al mundo intelectual y literario de España. En 1839 publicó su primera colección de versos en Cádiz, y cuando llegó a Madrid al año siguiente, ya era conocida en los círculos artísticos. Gómez de Avellaneda publicó todas sus obras en España. Sólo regresó a su tierra natal entre 1859 y 1864. Sin embargo, nunca olvidó a Cuba. La isla siguió sirviéndole de inspiración durante toda su vida.

Una figura impetuosa, apasionada y atormentada, la Avellaneda alternaba entre arranques místicos e intensas pasiones amorosas. Sus aventuras eróticas le produjeron sentimientos de profunda culpabilidad, de los cuales buscaba consuelo en la Iglesia. Por un tiempo consideró la posibilidad de ingresar en una orden religiosa, pero abandonó la idea. Su conducta escandalizó a la rígida y conservadora sociedad española; a causa de esto y por el hecho de ser una mujer se le cerraron las puertas de la Real Academia Española, a la cual nunca fue admitida.

A pesar de su naturaleza romántica y rebelde, sus versos son formalmente equilibrados. En cuanto a la estructura poética, conserva mucho de la tradición *neoclásica. Sus primeros versos son íntimos y aun delicados, pero con el tiempo su poesía se pone cada vez más declamatoria y rimbombante.

Además de poesía, Gómez de Avellaneda escribió novelas y dramas. Su primera novela fue *Sab* (1941), que gira alrededor de un esclavo mulato y la hija del amo. Por su fuerte protesta contra la esclavitud, *Sab* se ha comparado con *Uncle Tom's Cabin*. Su novela, *Guatimozín* (1845) se inspiró en temas indígenas americanos. La Avellaneda fue una dramaturga prolífica y algunas de sus obras fueron éxitos comerciales. Las más conocidas son *Munio Alfonso* (1844), *El Príncipe de Viana* (1844), *Egilona* (1845), *Saúl* (1846) y *Baltasar* (1859), un drama bíblico sobre el incidente de la escritura en la pared.

Sobre «Al partir» y «A la muerte de Heredia»

A pesar de ser una escritora muy prolífica que se distinguió en varios géneros literarios, hoy en día Gertrudis Gómez de Avellaneda es recordada más bien por su poesía. Muchos de sus versos son de tema religioso. Otros hablan de experiencias amorosas o de la naturaleza de la creación poética. De los que son de inspiración cubana, los más conocidos son «Al partir» y «A la muerte de Heredia».

A pesar de su estructura formal, «Al partir» revela una fuerte influencia romántica. El uso de exclamaciones («¡Perla del mar! ¡Estrella de Occidente!») y la falta de verbos comunican la intensa emoción de la joven que se ve obligada a dejar su tierra natal. La poeta expresa su profunda tristeza al yuxtaponer imágenes de luz, que se asocian con la isla, con imágenes de oscuridad, que se asocian con su partida. De una manera típicamente romántica, se retrata como la víctima de un hado sobre el cual no puede triunfar.

El romanticismo idealiza al artista, retratándolo como un ser apasionado que vive según sus propios valores y normas. En «A la muerte de Heredia», la imagen que Gómez de Avellaneda crea del poeta cubano, que muere desterrado, lejos de la tierra que ama, corresponde a este concepto romántico. En su elegía describe a Heredia como un santo que lucha por el bien y más tarde, en las últimas estrofas, como un ángel que se desprende de la tierra y asciende al cielo. Heredia se convierte en un símbolo unificador, puesto que toda América llora la muerte de este trovador y patriota. Un héroe romántico por excelencia, Heredia, tal como lo describe la poeta, fue una víctima de los hados, que lo condenaron a la tumba antes de tiempo. Gómez de Avellaneda insiste en las imágenes de la muerte: «la tumba helada», «el polvo inerte». Pero en su elegía, el poeta triunfa de la muerte y ocupa su lugar en el paraíso, dejando en la tierra la luz de su brillante lírica.

Edición

Gómez de Avellaneda, Gertrudis. *Obras.* Ed. José María Castro y Calvo. Madrid: Atlas, 1974

———. *Poesías y epistolario de amor y de amistad.* Ed. Elena Catena. Madrid: Castalia, 1989.

Crítica

Adelstein, Miriam. «El amor en la vida y en la obra de Gertrudis Gómez de Avellaneda.» *Círculo.* 9 (1980):57–62

Fontanella, Lee. «Mystical Diction and Imagery in Gómez de Avellaneda and Carolina Coronado.» *Latin American Literary Review.* 9 (19) (Fall–Winter 1981):47–55

Harter, Hugh A. *Gertrudis Gómez de Avellaneda.* Boston: Twayne, 1981

Homenaje a Gertrudis Gómez de Avellaneda: Memorias del simposio en el centenario de su muerte. Eds. Rosa M. Cabrera y Gladys B. Zaldívar (Incluye artículos de Elio Alba-Buffill, José R. Armas, Emilio Ballagas, Leonardo Fernández Marcané, Julio Garcerán, Josefina Inclán, Ondina Montoya de Zayas, Carlos M. Raggi, Rosario Rexach, Aurora J. Roselló, Beatriz Ruiz-Gaytán de San Vicente, Georgina Sabat de Rivers y Gladys B. Zaldívar.) Miami: Universal, 1981

Miller, Beth. «Gertrude the Great: Avellaneda, Nineteenth-Century Feminist.» 201–214. Ed. Beth Miller. *Women in Hispanic Literature: Icons and Fallen Idols.* Berkeley: University of California Press, 1983

Valdés-Cruz, Rosa. «En torno a la tolerancia de pensamiento de Avellaneda.» *Cuadernos Hispanoamericanos.* 380 (1982):463–467

Poesía

GERTRUDIS GÓMEZ DE AVELLANEDA

Al partir[1]

¡Perla del mar! ¡Estrella de Occidente!
¡Hermosa Cuba! Tu brillante cielo
la noche cubre con su opaco velo
como cubre el dolor mi triste frente.

¡Voy a partir!... La chusma[2] diligente
para arrancarme del nativo suelo
las velas iza,[3] y pronto a su desvelo[4]
la brisa acude de tu zona ardiente.

¡Adiós, patria feliz, edén querido!
¡Doquier[5] que el hado en su furor me impela,
tu dulce nombre halagará[6] mi oído!

¡Adiós!... ¡Ya cruje la turgente[7] vela...
el ancla se alza... el buque, estremecido,
las olas corta y silencioso vuela!

A la muerte del célebre poeta cubano don José de Heredia[8]

Le poète est semblable aux oiseaux de passage,
Qui ne batissent point leur nids sur le rivage.[9]
Lamartine[10]

Voz pavorosa en funeral lamento
desde los mares de mi patria vuela
a las playas de Iberia; tristemente

---

[1] **Gómez de Avellaneda compuso este poema a los veintidós años, en el barco que la llevaba a España.**
[2] galley slaves, crew
[3] hoists
[4] **pronta...** quick to assist
[5] Wherever
[6] **agradará, causará satisfacción a**
[7] **abultada**
[8] **José María Heredia (1803–1809), poeta del período neoclásico cuyas obras ya revelan una marcada tendencia romántica. Vivió desterrado en los Estados Unidos y en México, donde murió. (Véase la página 91.)**
[9] **El poeta es como las aves de paso, / Que no construyen sus nidos en la ribera. La idea es que los poetas son figuras delicadas que se detienen poco en este mundo. Heredia murió a los treinta y seis años.**
[10] **Alphonse Lamartine (1790–1869), poeta romántico francés que fue uno de los favoritos de la autora. Los versos son de «Le poète mourant» («El poeta moribundo») de las *Nouvelles Méditations* (1823).**

en son confuso la dilata el viento
el dulce canto en mi garganta hiela,
y sombras de dolor viste a mi mente.
¡Ay! que esa voz doliente
con que su pena América denota
y en estas playas lanza el Océano,
«Murió», pronuncia, «el férvido patriota...»
«Murió», repite, «el trovador cubano»;
y un eco triste en lontananza gime,
«Murió el canto del Niágara[11] sublime».

¿Y es verdad? ¿Y es verdad?... ¿La muerte impía
apagar pudo con su soplo helado
el generoso corazón del vate,[12]
do[13] tanto fuego de entusiasmo ardía?
¿No ya en amor se enciende, ni agitado
de la santa virtud al nombre late?
Bien cual cede al embate
del alquilón sañoso el roble erguido,[14]
así en la fuerza de su edad lozana
fue por el fallo del destino herido[15]
Astro eclipsado en su primer mañana,
sepúltanle las sombras de la muerte,
y en luto Cuba su placer convierte.

¡Patria! ¡numen[16] feliz! ¡nombre divino!
¡ídolo puro de las nobles almas!
¡objeto dulce de su eterno anhelo!
ya enmudeció su cisne[17] peregrino...
¿Quién cantará tus brisas y tus palmas,
tu sol de fuego, tu brillante cielo?
Ostenta, sí, tu duelo;
que en ti rodó su venturosa cuna,
por ti clamaba en el destierro impío,[18]
y hoy condena la pérfida fortuna
a suelo extraño su cadáver frío,[19]
do tus arroyos ¡ay! con su murmullo
no darán a su sueño blando arrullo.[20]

---

[11] **alusión a *Al Niágara*, un poema de Heredia**
[12] **poeta**
[13] **donde**
[14] **Bien...** Just as the lofty oak succumbs to the assault of the furious north wind
[15] **así...** he thus was, in the flower of his robust youth, cut down by destiny
[16] **dios, inspiración**
[17] **El cisne fue un símbolo de la belleza muy popular entre los románticos. Más tarde lo recogerían los modernistas.**
[18] **Uno de los poemas de Heredia es el *Himno del desterrado*.**
[19] **Recuérdese que Heredia murió en México.**
[20] **do...** where your streams, ay! with their gurgling, will not sing him a sweet lullaby

¡Silencio! De sus hados la fiereza
no recordemos en la tumba helada
que lo defiende de la injusta suerte.
Ya reclinó su lánguida cabeza
—de genio y desventuras abrumada—
en el inmóvil seno de la muerte.
¿Qué importa al polvo inerte,
que torna a su elemento primitivo,
ser en este lugar o en otro hollado?[21]
¿Yace con él el pensamiento altivo?...
Que el vulgo de los hombres, asombrado,
tiemble al alzar la eternidad su velo;
mas la patria del genio está en el cielo.

Allí jamás las tempestades braman,
ni roba al sol su luz la noche oscura,
ni se conoce de la tierra el lloro...
Allí el amor y la virtud proclaman
espíritus vestidos de luz pura,
que cantan el Hosanna[22] en arpas de oro.
Allí el raudal[23] sonoro
sin cesar corre de aguas misteriosas,
para apagar la sed que enciende al alma;
—sed que en sus fuentes pobres, cenagosas,[24]
nunca este mundo satisface o calma.
Allí jamás la gloria se mancilla,[25]
y eterno el sol de la justicia brilla.

¿Y qué, al dejar la vida, deja el hombre?
El amor inconstante; la esperanza,
engañosa visión que lo extravía,[26]
tal vez los vanos ecos de un renombre
que con desvelos y dolor alcanza;
el mentido poder, la amistad fría;
y el venidero día,
—cual[27] el que expira breve y pasajero—
al abismo corriendo del olvido...
y el placer, cual relámpago ligero
de tempestades y pavor seguido...
y mil proyectos que medita a solas,
fundados ¡ay! sobre agitadas olas.

---

[21] tread upon
[22] **exclamación de júbilo usada en la liturgia católica**
[23] torrent
[24] muddy, swampy
[25] is dirtied, sullied
[26] leads him astray
[27] **como**

De verte ufano,[28] en el umbral[29] del mundo
el ángel de la hermosa Poesía
te alzó en sus brazos y encendió tu mente,
y ora[30] lanzas, Heredia, el barro inmundo[31]
que tu sublime espíritu oprimía,
y en alas vuelas de tu genio ardiente.
No más, no más lamente
destino tal nuestra ternura ciega,
ni la importuna queja al cielo suba...
¡Murió!... A la tierra su despojo[32] entrega,
su espíritu al Señor, su gloria a Cuba,
¡que el genio, como el sol, llega a su ocaso,
dejando un rastro fúlgido su paso.[33]

---

[28] **orgulloso, satisfecho**
[29] threshold
[39] **ahora**
[31] **el...** the vile clay
[32] mortal remains
[33] **un...** a resplendant trail

SOBRE LA LECTURA

Al partir

1. ¿Bajo qué circunstancias escribó la poeta este soneto?
2. ¿Cómo describe Cuba?
3. ¿Cómo comunica la idea de que está escribiendo el poema en el momento de partir?
4. ¿En qué sentido es víctima de su hado?
5. ¿En qué momento termina el soneto?

A la muerte de Heredia

1. ¿Cuál es la idea central de los versos de Lamartine que cita? ¿Qué relación tienen con su elegía?
2. ¿Dónde está cuando recibe la noticia de la muerte de Heredia? ¿Cómo reacciona?
3. ¿Cómo comunica la idea de que la muerte del poeta se hace sentir en todas partes?
4. ¿Por qué pregunta si es verdad la noticia?
5. ¿Cómo describe a Heredia?
6. ¿Cómo comunica la idea de que Heredia era ante todo un poeta cubano?
7. ¿En qué sentido fue Heredia víctima de los hados?
8. ¿Cómo supera al hado? ¿Por qué se trueca la tristeza por la alegría?
9. ¿Cómo comunica la poeta la idea de que la vida mortal vale poco? ¿Cuál fue el verdadero valor de la vida de Heredia?
10. ¿Con qué imagen termina el poema?

HACIA EL ANÁLISIS LITERARIO

1. ¿Qué elementos románticos encuentra usted en la poesía de Gómez de Avellaneda? Nótense el tono, las imágenes, los temas y los recursos retóricos.
2. Desde un punto de vista formal, ¿es su estilo más bien romántico o neoclásico? Explique.
3. En «Al partir», ¿qué efecto logra por medio del uso de exclamaciones?
4. ¿Qué metáforas usa en este poema? ¿Cómo usa el contraste?
5. ¿Cómo crea un sentido de movimiento?
6. En «A la muerte de Heredia?, ¿qué efectos logra la poeta por medio del uso de la repetición? ¿el contraste? ¿la yuxtaposición de términos opuestos (luto, placer; luz, oscura; etc.)?
7. ¿Qué metáforas usa para describir al poeta? ¿En qué sentido es un «astro», un «cisne», un «ángel»?
8. ¿Cómo hace la poeta para hacernos sentir la brutalidad de la muerte? ¿Cómo apela a las emociones?
9. ¿Cómo describe el triunfo sobre la muerte? ¿En qué sentido son los poetas seres benditos? ¿Son los sentimientos que expresa la poeta convencionalmente cristianos o no? Explique.
10. Compare «Al partir» con la elegía a Heredia con respecto al tono, al vocabulario y al uso de técnicas retóricas.

TEXTO Y VIDA

1. ¿Ocupa el poeta un lugar especial en nuestra sociedad? Explique. ¿Está usted de acuerdo con la imagen del poeta que pinta Gómez de Avellaneda?
2. ¿Qué concepto de la muerte expresa en su elegía? ¿Qué piensa usted de estas ideas?
3. ¿Tiene el hombre moderno el mismo concepto del destino que el romántico? ¿Qué importancia le damos al hado?
4. ¿Cree usted que este tipo de poema le agradaría a un público moderno norteamericano? ¿Por qué (no)? ¿Cuál de los dos poemas que se incluyen aquí cree usted que encontraría mayor aceptación hoy en día?

José Hernández y la poesía gauchesca

La figura del gaucho inspiró una amplia literatura. El género llegó a su momento culminante con la publicación en 1872 de *La ida de Martín Fierro,* de José Hernández (1834–1886). Se trata de un largo poema narrativo en que el autor intenta reproducir el ambiente gauchesco con todo su color, intensidad y violencia. Al contrario de sus predecesores—Ascásubi y Del Campo, por ejemplo—Hernández evita la idealización ingenua y la visión pintoresca del gaucho, para tratar el tema de una manera más honesta y realista. Según el prólogo de Hernández, ha querido crear en Martín Fierro, su protagonista, «un tipo que personificara el carácter de nuestros gauchos, concentrando el modo de ser, de sentir, de pensar y de expresarse que les es peculiar; dotándolo con todos los juegos de su imaginación llena de imágenes y de colorido, con todos los arranques de su altivez, inmoderados hasta el crimen, y con todos los impulsos y arrebatos, hijos de una naturaleza que la educación no ha pulido y suavizado». La composición fue un éxito inmediato; la primera edición se agotó en dos meses. Siete años más tarde, en 1879, Hernández publicó la segunda parte de su poema, *La vuelta de Martín Fierro.*

Hernández nació en la Chacra de Pueyrredón, en la provincia de Buenos Aires. Su padre era de una familia de agricultores acaudalados que apoyaba al Partido federal; su madre era de una familia de apellido antiguo y respetado, la cual apoyaba el partido Unitario. Durante los primeros años de su niñez vivió con unos tíos maternos, quienes se encargaron de su educación primaria. Por razones políticas, su abuelo materno se vio obligado a huir y, después de la muerte de la madre de Hernández, su padre lo llevó a la pampa, donde el futuro escritor conoció de primera mano la vida gauchesca. Hernández ingresó al Partido federal y se alistó en el ejército de Rosas. De esta época data su antipatía por Sarmiento.

Después de la derrota de Rosas, Hernández se hizo miembro del partido Federal Reformista y empezó a escribir para el periódico *La Reforma Pacífica.* Fue un período de persecuciones y de desilusiones políticas para el autor. En 1858 Hernández, involucrado en un duelo en el que hirió a un oficial del ejército, se refugió en Paraná, donde trabajó como tenedor de libros y se relacionó con otros escritores. Renovó sus actividades periodísticas, colaborando en *El Nacional Argentino.* Durante los diez años que siguieron vivió en varias otras provincias e intervino en la vida política de su país. En Corrientes, donde pasó varios años, fue nombrado Secretario de la Legislatura, Fiscal del Estado y Ministro de Hacienda y de Gobierno. También redactó el periódico *El Eco de Corrientes.* En 1868 fundó el periódico *El Río de la Plata* en Buenos Aires.

En 1871 los federales cayeron definitivamente y Hernández partió para el Brasil, donde vivió hasta el año siguiente, cuando volvió a Buenos Aires y publicó *La ida de Martín Fierro.* Perseguido por Sarmiento, volvió a huir en 1873. Al ser elegido presidente Nicolás Avellaneda en 1874, Hernández regresó a la capital y empezó a colaborar con el nuevo gobierno. Político, jurista y escritor, Avellaneda inició las exportaciones de cereales y carne, fomentó la inmigración, impulsó reformas educativas, llevó a cabo la conquista de la pampa y promovió la conciliación nacional. Durante la administración de Avellaneda, Hernández fue elegido diputado y después, senador. Su deseo de reconciliarse con sus antiguos enemigos está demostrado por el hecho de que le regalara un ejemplar de *La vuelta de Martín Fierro* a Bartolomé Mitre (1821–1906), quien había sido derrotado en las elecciones por Avellaneda en 1874.

Además de *Martín Fierro,* Hernández dejó numerosos artículos periodísticos y dos libros en prosa: *Vida del Chacho* (1863), biografía de Ángel Vicente Peñaloza (1797–1863), que se sublevó contra el gobierno nacional y fue fusilado por las fuerzas unitarias; e *Instrucción del estanciero* (1881), una guía práctica sobre la agricultura y la crianza de animales.

Sobre *Martín Fierro*

Cuando salió *La vuelta de Martín Fierro* en 1879, el tema gauchesco ya no estaba de moda en Buenos Aires. Sin embargo, en las provincias, la obra conoció una tremenda popularidad. *Martín Fierro*—primera y segunda partes—se reeditó numerosas veces. Se leía en voz alta en reuniones y tertulias, y aun llegaba a venderse en las tiendas de comestibles.

El argumento gira alrededor de las aventuras del gaucho Martín Fierro, aunque hay varios otros narradores que cuentan sus historias. La *Ida* comienza con el reclutamiento del protagonista, un agricultor, quien debe abandonar a su mujer y a sus hijos para unirse a un regimiento que combate contra los indios. En el ejército, el coronel se aprovecha de él, poniéndolo a trabajar sus tierras. El gaucho también es privado fraudulentamente de su paga de soldado, motivo por el cual se escapa. Al volver a su finca tres años después de haberla dejado, descubre que la casa ha sido quemada, sus hijos han desaparecido y su mujer se ha ido con otro hombre para no morir de hambre. En una pelea en una pulpería (una tienda en la que se venden bebidas, comestibles y otras cosas), Martín mata a un negro. Las autoridades lo persiguen, aunque a su modo de ver, es inocente. Martín se convierte en gaucho malo para vengarse de las calamidades que le han acontecido. Se hunde en el vicio y en el juego, aunque sin comprometer en ningún momento la nobleza intrínseca de su carácter. Descubierto por los oficiales de la justicia, Martín está a punto de rendirse cuando se une a él Cruz, un antiguo gaucho bandido que ha quedado asombrado por el valor y la fuerza del perseguido. Juntos, Martín y Cruz pelean contra los representantes de la ley y se refugian entre los indios.

Las experiencias que siguen son tan negativas como las anteriores. En *La vuelta,* se describe la crueldad de los indios, quienes no son más justos que los oficiales del gobierno y toman un placer perverso en derramar sangre. No permiten a Martín y a su amigo vivir juntos. Antes de morir patéticamente en una epidemia, Cruz le pide a Martín que vuelva a su tierra a buscar a su hijo Picardía. Fierro deja a los indios después de matar a uno de ellos, el cual había atormentado a una pobre cautiva, degollando a su hijito delante de sus ojos. Al llegar a su aldea, Martín se entera de que ha muerto el juez que lo había condenado, así puede vivir tranquilamente en sus tierras. Su mujer también ha fallecido, pero Martín se encuentra con sus dos hijos y después con Picardía.

Las canciones de los tres muchachos (las cuales no se incluyen aquí) narran sus experiencias: el hijo mayor de Martín Fierro había sido encarcelado y el otro había sido víctima de los engaños de un guardián. Picardía se había dedicado al juego. La *Vuelta* termina con una payada (competencia de canciones) entre Martín y un gaucho moreno, quien termina reconociendo a su rival como mejor cantante. Entonces Martín Fierro les da unos consejos a los jóvenes y lamenta el estado actual del gaucho.

Aunque *La ida* y *La vuelta* se complementan, es importante recordar que se trata de dos poemas diferentes cuyas fechas de composición están separadas por un período de siete años. Muchos críticos han señalado una evolución en la actitud de Hernández: en *La ida de Martín Fierro,* el énfasis está en la persecución del gaucho. El autor protesta contra la injusticia del gobierno, contraponiendo al mundo violento y bárbaro de los que se creen civilizados, otro más sencillo y pacífico. La pampa se convierte en mito y el modo de vida de los gauchos—el cual ya empieza a desaparecer—se pinta con gran nostalgia. Si el gaucho es a veces malo y arrebatado, es a causa de los abusos de la autoridad central. La intrusión de la metrópoli—es decir, del gobierno—provoca la rebeldía del gaucho; la huida de Martín al desierto constituye una repudiación del mundo que odia.

En *La vuelta de Martín Fierro,* se nota que se han producido algunos cambios en la actitud del autor. Al final del poema, el rebelde busca la aldea de la cual se había escapado, y ahí encuentra la comprensión y cierta solidaridad. El juez malo ya no es una amenaza. Los bárbaros ya no son los oficiales de la justicia, sino los indios. Se siente un espíritu de armonía, que refleja tal vez la conciliación política de Hernández con el gobierno de Avellaneda. Aunque el gaucho sigue siendo una figura marginada, el futuro ya no se ve tan oscuro:

> ¡Todo es cielo y horizonte
> en un inmenso campo verde!

Escribe Giuseppe Bellini: «El retorno de Martín Fierro al mundo civilizado se convierte en el símbolo de la aventura del hombre argentino, suspendido dramáticamente entre la atracción de la libertad original y la necesidad de implantar un orden social estable. José Hernández acaba por aceptar definitivamente esta última necesidad...»

Numerosos críticos han señalado la relación entre *Martín Fierro* y la épica tradicional. Otros han explorado la relación entre *Martín Fierro* y la épica folklórica en Hispanoamérica, viendo en el protagonista de Hernández el continuador de una tradición que comienza con los poemas y romances sobre la conquista. Es interesante notar que Hernández usa el octosílabo (verso de ocho sílabas), el metro del antiguo romancero. La mayoría de las estrofas son de seis versos, aunque también aparecen otros tipos de estrofa.

A pesar de las muchas diferencias obvias entre el protagonista de Hernández y personajes como Ulises o El Cid, comparte con ellos ciertas dimensiones heroicas: Es fuerte, valiente, inteligente, independiente y compasivo; no es un hombre corriente, sino un ser mítico, cuyas cualidades lo agrandan hasta convertirlo en un arquetipo.

Aunque no busca la gloria y la fama, al volver a su aldea, descubre que ya muchos conocen su historia. Martín Fierro se diferencia del héroe tradicional, sin embargo, en que no es un gran señor, sino un hombre humilde y desposeído. El tono que predomina en el poema de Hernández no es triunfante, sino melancólico, afligido, sombrío.

Como El Cid, se aparta de sus tierras porque le han hecho una injusticia, pero Martín Fierro tiene un sentido más puro de la justicia que la sociedad que lo condena. Es, además, un hombre sumamente religioso que nunca se olvida de que Dios es la fuente de todos los bienes. Como en la épica clásica, la fatalidad es un tema importante en *Martín Fierro*. La intervención del gobierno, la conducta de los indios, el tirar bien o mal el facón (especie de cuchillo grande de punta aguda) se presentan como cosas del destino. En medio del peligro, Martín recuerda siempre que todo está en manos de Dios. Su bondad natural lo coloca por encima de las pequeñeces. No abriga prejuicios contra el negro y admira al indio hasta observar su perversidad de los pampas. Pero aun cuando censura a éstos, sabe apreciar su destreza con el caballo. Elogia a la mujer y condena a los que la maltratan.

Según Hernández, su poema fue inspirado no sólo por las costumbres, sino también por la música y poesía de los gauchos. Los narradores del poema—Martín, sus hijos, Picardía—son representaciones del «gaucho cantor» que improvisa «cantos autobiográficos» o «paya» ante un público compuesto de otros gauchos en una pulpería. La «payada» es una competencia poética cantada, en que cada «payador» demuestra su destreza artística. La payada está representada en la última parte de *La vuelta de Martín Fierro,* en la que Martín compite con el moreno, pero los temas y estilos de la payada son evidentes también en otras partes del poema. Sin embargo, el crítico Carlos Albarracín-Sarmiento señala que es un error considerar todo el poema una payada, como lo han hecho algunos investigadores, porque «El <canto autobiográfico> de Fierro, a pesar de ser (autobiográfico), tiene vocación de ser representativo de la vida de todo gaucho, de cualquier gaucho. La payada <aunque fuese convencional y tradicional> es individualizadora...» Es decir, al narrar la historia de Martín Fierro, Hernández evoca un tipo de vida; habla de los valores, costumbres y sentimientos de un grupo de personas, no sólo de un individuo. *Martín Fierro* no es, después de todo, una autobiografía, sino una obra de ficción, cuyo propósito es protestar contra el trato hacia el gaucho y preservar su estilo de vida.

Conviene recordar, pues, que, aunque inspirado en la poesía y el canto de los gauchos, *Martín Fierro* no es un poema auténticamente gaucho sino una composición creada por un escritor culto. A fin de realzar la autenticidad de sus personajes, Hernández reproduce su manera de hablar: incorpora barbarismos, giros peculiares, idiosincrasias de pronunciación, de sintaxis y de léxica. Sin embargo, el lenguaje que emplea Hernández no es una reproducción exacta del habla del gaucho, sino una síntesis poética de elementos gauchescos y tradicionales.

Una nota sobre el habla gauchesca

Sigue una lista de las características más notables del lenguaje de los gauchos. Las palabras que muestran estas irregularidades aparecen en las notas sólo al principio del texto.

1. omisión de la **d** final: facultá (por facultad)
2. sustitución de un sonido (o de una letra) por otro: **s** por **x**—esplicar (explicar); **b** por **v**—carabán (caraván); **g** por **v**—güelta (vuelta); **g** por **b**—güeno (bueno); **j** por **h**—juir (huir); **j** por **f**—junción (función); **e** por **i**—recebir

(recibir); **i** por **e**—pior (peor); **e** por **ie**—cencia (ciencia); **ie** por **e**—apriende (aprende)

3. arcaísmos y vulgarismos: pa (para); ande (donde); dende (desde)
4. desplazamiento de acento: haciendomé (haciéndome); ái (ahí)
5. alteraciones verbales: traiban (traían)
6. metátesis: redumbar (derrumbar)
7. omisión de consonantes: inorante (ignorante); oservar (observar)

Ediciones

Hernández, José. *Martín Fierro.* Ed. Emilio Carilla. Barcelona: Labor, 1972

______. *Martín Fierro.* Ed. Estelle Irizarry. Zaragoza: Ebro, 1975

______. *Martín Fierro.* Ed. Giovanni Meo-Zilio. Barcelona: Ediciones B, 1988

______. *Martín Fierro.* Intro. José Prats Sariol. Havana: Casa de las Américas, 1979

______. *The Gaucho Martín Fierro.* Tr. Frank G. Carrino, Alberto J. Carlos, and Norman Mangouni. Delmar, New York: Scholars' Facsimiles and Reprints, 1974. UNESCO Coll. of Representative Works: Facsimile edition and English translation

Crítica

Albarracín-Sarmiento, Carlos. *Estructura del Martín Fierro.* Amsterdam: John Benjamins Purdue University Monographs, 1981

Azeves, Angel Héctor. *La elaboración literaria del Martín Fierro.* La Plata: Universidad Nacional de La Plata, 1960

Bellini, Giuseppe. «La afirmación romántica» In *Historia de la literatura hispanoamericana.* Madrid: Castalia, 1985

Borello, Rodolfo A. «La originalidad del *Martín Fierro.*» *Cuadernos Hispanoamericanos.* 437 (Nov. 1986):65–84

Botana, Natalio R., Olga Fernández Latour de Botas, José Edmundo Clemente, Angela Blanco Amores de Pagella, José Isaacson. «A cien años de la muerte de José Hernández» *Suplemento Literario: La Nación* Buenos Aires (2):(Sept. 1986)1–2

Casey, Michael J. « ‹El cantor y el mudo›: Speech and Silence in *Martín Fierro.*» *Chasqui.* 11 (1) (Nov. 1981):53–57

Chávez, Fermín. «*Martín Fierro:* Sus contenidos ideológicos y políticos.» *Cuadernos Hispanoamericanos.* 357 (1980):525–540

Chiodi, Olga D. «Tiempo y espacio en *Martin Fierro.*» *Hispania.* 63 (1980):335–341

López Castro, Armando. «Relectura del *Martín Fierro.*» *Cuadernos Hispanoamericanos.* 437 (Nov. 1986):86–94

Lozada Guido, Alejandro. *Martín Fierro: Gaucho, Héroe, Mito.* Buenos Aires: Plus Ultra, 1967

Meo-Zilio, Giovanni. «Fuentes gauchescas textuales del *Martín Fierro:* Ascásubi, verdadero precursor de Hernández.» *Revista Iberoamericana.* 20 (Sept. 1984):19–27

______. «Gestualidad-teatralidad en el *Martín Fierro.*» *Studi di Letteratura Ispano-Americana.* 15–16 (1983): 125–131

Michelini, Dorando Juan. «Naturaleza y tierra en el poema de *Martín Fierro.*» *Studi di Letteratura Ispano-Americana.* 11 (1981): 5–15

Pages Larraya, Antonio. «El *Martín Fierro* a los cien años.» *Cuadernos Hispanoamericanos.* 357 (1980): 497–524

Pérez Blanco, Lucrecio. «Un manifiesto paralelismo: *Periquillo Sarniento* y *Martín Fierro. Cuadernos Americanos.* 230 (1980): 134–158

Puebla, Manuel de la. «El tema del negro en el *Martín Fierro.*» *Revista de Estudios Hispánicos, Puerto Rico.* 6 (1979): 51–68

Sava, Walter. «Literary Criticism of *Martín Fierro* from 1873 to 1915.» *Hispanófila.* 25 (75) (May 1982): 51–68

Verdugo, Iber. *Teoría aplicada del estudio literario: Análisis del Martín Fierro.* México, D. F.: UNAM, 1980

Vogeley, Nancy. «The Figure of the Black *Payador* in *Martín Fierro.*» *College Language Association Journal.* 26 (1) (Sept. 1982): 34–48

La vuelta de Martín Fierro

José Hernández

I

Atención pido al silencio
y silencio a la atención,
que voy en esta ocasión,
si me ayuda la memoria,
a mostrarles que a mi historia
le faltaba lo mejor.

Viene uno como dormido
cuando vuelve del desierto;
veré si a esplicarme[1] acierto
entre gente tan bizarra[2]
y si al sentir la guitarra
de mi sueño me dispierto.[3]

Siendo que mi pecho tiembla,
que se turba mi razón,
y de la vigüela[4] al son[5]
imploro a la alma de un sabio,
que venga a mover mi labio
y alentar mi corazón.

Si no llego a treinta y una,
de fijo en treinta me planto
y esta confianza adelanto
porque recebí en mí mismo,
con el agua del bautismo
la facultá[7] para el canto.

Tanto el pobre como el rico
la razón me la han de dar;[8]
y si llegan a escuchar
lo que esplicaré a mi modo,
digo que no han de réir todos,
algunos han de llorar.

Mucho tiene que contar
el que tuvo que sufrir,
y empezaré por pedir
no duden de cuanto digo,
pues debe creerse al testigo
si no pagan por mentir.

Gracias le doy a la Virgen,
gracias le doy al Señor,
porque entre tanto rigor
y habiendo perdido tanto,
no perdí mi amor al canto
ni mi voz como cantor.

Que cante todo viviente
otorgó el Eterno Padre;
cante todo el que le cuadre[9]
como lo hacemos los dos,[10]
pues sólo no tiene voz
el ser que no tiene sangre.

---

[1] **explicarme**
[2] **valiente, animosa, espléndida**
[3] **despierto (La crítica ha visto en esta línea una referencia a la obra *La vida es sueño* de Pedro Calderón de la Barca [1600–1681], de la cual la idea central es que la vida mortal es un frenesí lleno de ilusiones y engaños, mientras que la eterna es real y auténtica.)**
[4] **vihuela, instrumento muy parecido a la guitarra**
[5] **sonido agradable**
[6] **Se refiere a un juego de naipes que se llama «la treinta y una», en el que gana el jugador que se aproxime más a los treinta y un puntos. La idea es que Martín se siente muy confiado en este momento.**
[7] **facultad, talento**
[8] **la...** will find that I am right
[9] **todo...** anyone who enjoys it
[10] **los dos: El otro es tal vez el moreno que compite con Martín al final del poema.**

Canta el pueblero... y es pueta,[11]
canta el gaucho... y ¡ay Jesús!
lo miran como avestruz,[12]
su ignorancia los asombra;
mas siempre sirven las sombras
para distinguir la luz.[13]

El campo es del inorante;[14]
el pueblo del hombre estruido,[15]
yo que en el campo he nacido,
digo que mis cantos son
para los unos... sonidos,[16]
y para otros... intención.[17]

Yo he conocido cantores
que era un gusto el escuchar,
mas no quieren opinar
y se divierten cantando;
pero yo canto opinando,
que es mi modo de cantar.

El que va por esta senda
cuanto sabe desembucha,[18]
y aunque mi cencia[19] no es mucha,
esto en mi favor previene;
yo sé el corazón que tiene
el que con gusto me escucha.

Lo que pinta este pincel
ni el tiempo lo ha de borrar;
ninguno se ha de animar
a corregirme la plana,[20]
no pinta quien tiene gana
sinó quien sabe pintar.

Y no piensen los oyentes
que del saber hago alarde;
he conocido, aunque tarde,
sin haberme arrepentido,
que es pecado cometido
el decir ciertas verdades.

Pero voy en mi camino
y nada me ladiará,[21]
he de decir la verdá,
de naides[22] soy adulón;
aquí no hay imitación,
ésta es pura realidá.

Y el que me quiera enmendar[23]
mucho tiene que saber;
tiene mucho que aprender
el que me sepa escuchar;
tiene mucho que rumiar[24]
el que me quiera entender.

Más que yo y cuantos me oigan,
más que las cosas que tratan,
más que lo que ellos relatan,
mis cantos han de durar:
mucho ha habido que mascar
para echar esta bravata.[25]

Brotan[26] quejas de mi pecho,
brota un lamento sentido;
y es tanto lo que he sufrido
y males de tal tamaño,
que reto[27] a todos los años
a que traigan el olvido.

---

[11] **poeta (Nótese el juego de palabras: «pueta» suena como «puta». El uso de este tipo de expresión de doble sentido refleja el odio que el gaucho le tiene a la gente del pueblo.)**
[12] **como... como si fuera un bicho raro (Es decir, si canta un pueblerino, la gente le llama «poeta», pero si canta un gaucho, la gente le cree tonto o raro.)**
[13] **Es decir, para mostrar la superioridad del hombre del pueblo, lo comparan con el gaucho ignorante.**
[14] **ignorante**
[15] **instruido**
[16] just noise
[17] **full of meaning**
[18] **suelta todo cuanto sabe**
[19] **ciencia**
[20] **página**
[21] sidetrack **(ladear)**
[22] **nadie**
[23] **corregir**
[24] **mascar otra vez;** *fig,* **considerar, pensar**
[25] **echar...** to take on the challenge
[26] **Salen (como una planta de la tierra)**
[27] I challenge

Ya verán si me dispierto
cómo se compone el baile,[28]
y no se sorprenda naides
si mayor fuego me anima;
porque quiero alzar la prima[29]
como pa[30] tocar al aire.

Y con la cuerda tirante,
dende[31] que ese tono elija,
yo no he de aflojar manija[32]
mientras que la voz no pierda
si no se corta la cuerda
o no cede la clavija.[33]

Aunque rompí el estrumento[34]
por no volverme a tentar,[35]
tengo tanto que contar
y cosas de tal calibre,
que Dios quiera que se libre[36]
el que me enseñó a templar.[37]

De naides sigo el ejemplo,
naide a dirigirme viene,
yo digo cuanto conviene
y el que en tal güeya[38] se planta,
debe cantar, cuando canta,
con toda la voz que tiene.

He visto rodar la bola
y no se quiere parar;
al fin de tanto rodar
me he decidido a venir
a ver si puedo vivir
y me dejan trabajar.

Sé dirigir la mansera[39]
y también echar un pial;[40]
sé correr en un rodeo,
trabajar en un corral;
me sé sentar en un pértigo[41]
lo mesmo que en un bagual.[42]

Y empriestenmé[43] su atención
si ansí[44] me quieren honrar,
de no,[45] tendré que callar,
pues el pájaro cantor
jamás se para a cantar
en árbol que no da flor.

Hay trapitos que golpiar[46]
y de aquí no me levanto.
Escuchenmé cuando canto
si quieren que desembuche:
tengo que decirles tanto
que les mando que me escuchen.

Dejenmé tomar un trago,
éstas son otras cuarenta[47]
mi garganta está sedienta,
y de esto no me abochorno,[48]
pues el viejo, como el horno,
por la boca se calienta.[49]

---

[28] **cómo...** how the dance (party) goes on
[29] **cuerda más delgada de la guitarra («Alzar la prima»** means to raise the pitch of the first string in order to play without touching the fret.)
[30] **para**
[31] **desde**
[32] let go, stop
[33] **si...** unless a string breaks or a peg comes loose
[34] **instrumento**
[35] **por...** so I wouldn't be tempted (to play again)
[36] **salve**
[37] **tocar la guitarra**
[38] **huella, camino**
[39] plow handle
[40] **lazo**
[41] tongue of a wagon (the pole extending from the vehicle between the animals drawing it)
[42] bronco
[43] **préstenme**
[44] **así**
[45] **de... si no**
[46] **trapitos... cosas malas que reprobar**
[47] **el punto más alto en algunos juegos de naipes (Aquí significa «asunto».)**
[48] **de... no me da vergüenza**
[49] **variante de un antiguo refrán español: El viejo y el horno, por la boca se calientan.**

II

Triste suena mi guitarra
y el asunto lo requiere;
ninguno alegrías espere
sinó sentidos lamentos,
de aquél que en duros tormentos
nace, crece, vive y muere.

Es triste dejar sus pagos[50]
y largarse a tierra ajena
llevandosé la alma llena
de tormentos y dolores,
mas nos llevan los rigores
como el pampero[51] a la arena.

¡Irse a cruzar el desierto
lo mesmo que un forajido,[52]
dejando aquí en el olvido,
como dejamos nosotros,
su mujer en brazos de otro
y sus hijitos perdidos!

¡Cuántas veces al cruzar
en esa inmensa llanura,
al verse en tal desventura
y tan lejos de los suyos,
se tira uno entre los yuyos[53]
a llorar con amargura!

En la orilla de un arroyo
solitario lo pasaba;
en mil cosas cavilaba
y, a una güelta[54] repentina,
se me hacía[55] ver a mi china[56]
o escuchar que me llamaba.

Y las aguas serenitas
bebe el pingo,[57] trago a trago,
mientras sin ningún halago[58]
pasa uno hasta sin comer
por pensar en su mujer,
en sus hijos y en su pago.

Recordarán que con Cruz[59]
para el desierto tiramos;
en la pampa nos entramos,
cayendo por fin del viaje
a unos todos[60] de salvajes,
los primeros que encontramos.

La desgracia nos seguía,
llegamos en mal momento:
estaban en parlamento[61]
tratando de una invasión,
y el indio en tal ocasión
recela hasta de su aliento.[62]

Se armó un tremento[63] alboroto
cuando nos vieron llegar;
no podíamos aplacar
tan peligroso hervidero;
nos tomaron por bomberos[64]
y nos quisieron lanciar.[65]

Nos quitaron los caballos
a los muy pocos minutos;
estaban irresolutos,
quién sabe qué pretendían;
por los ojos nos metían[66]
las lanzas aquellos brutos.

---

[50] **tierras, región**
[51] **viento seco de la pampa**
[52] **fugitivo**
[53] **hierba silvestre**
[54] **vuelta**
[55] **se...** I thought, I imagined
[56] **mujer, campesina**
[57] **caballo joven y fuerte**
[58] **gratificación, satisfacción**
[59] **el amigo de Martín Fierro**
[60] Indian tent, made out of sticks and strips of cloth or leather
[61] **reunión de caciques**
[62] **recela...** doesn't trust even his own breath
[63] **tremendo**
[64] **espías**
[65] **alancear:** to spear
[66] **querían meter, meterían**

Y déle en su lengüeteo[67]
hacer gestos y cabriolas;
uno desató las bolas[68]
y se nos vino en seguida:
ya no créiamos con vida
salvar ni por carambola.[69]

Allá no hay misericordia
ni esperanza que tener;
el indio es de parecer
que siempre matarse debe,
pues la sangre que no bebe[70]
le gusta verla correr.

Cruz se dispuso a morir
peliando y me convidó;[71]
aguantemos, dije yo,
el fuego hasta que nos queme;
menos los peligros teme
quien más veces los venció.

Se debe ser más prudente
cuanto el peligro es mayor;
siempre se salva mejor
andando con alvertencia,[72]
porque no está la prudencia
reñida con el valor.

Vino al fin el lenguaraz[73]
como a tráirnos[74] el perdón;
nos dijo: «La salvación
se la deben a un cacique,
me manda que les esplique
que se trata de un malón.[75]

«Les ha dicho a los demás
que ustedes queden cautivos
por si cain algunos vivos
en poder de los cristianos,
rescatar a sus hermanos
con estos dos fugitivos».

Volvieron al parlamento
a tratar de sus alianzas,
o tal vez de las matanzas;
y conforme les detallo,
hicieron cerco a caballo
recostandosé en las lanzas.

Dentra[76] al centro un indio viejo
y allí a lengüetiar[77] se larga;
quién sabe qué les encarga;
pero toda la riunión
lo escuchó con atención
lo menos tres horas largas.

Pegó al fin tres alaridos,
y ya principia otra danza;
para mostrar su pujanza[78]
y dar pruebas de jinete[79]
dio riendas rayando el flete[80]
y revoliando[81] la lanza.

Recorre luego la fila,
frente a cada indio se para,
lo amenaza cara a cara,
y en su juria[82] aquel maldito
acompaña con su grito
el cimbrar de la tacuara.[83]

---

[67] gibberish, jargon
[68] a weapon consisting of heavy balls secured to the ends of one or more strong cords, hurled to entangle the legs of cattle or other animals
[69] **no...** we thought we had no chance of coming out of this alive
[70] **Los indios bebían la sangre de las reses que mataban.**
[71] **Cruz...** Cruz was ready to die fighting, and he asked me to do the same.
[72] **precaución**
[73] **intérprete**
[74] **traernos**
[75] Indian raid
[76] **Entra**
[77] to talk in his gibberish
[78] **fuerza, vigor**
[79] **dar...** show off his good horsemanship
[80] **rayando...** stop short, so that the horse spins on its hind legs, leaving marks **(rayando)** on the ground
[81] twirling
[82] **furia**
[83] **el... el vibrar de la lanza**

Se vuelve aquello un incendio
más feo que la mesma guerra;
entre una nube de tierra
se hizo allí una mescolanza
de potros, indios y lanzas,
con alaridos que aterran.

Parece un baile de fieras,
sigún yo me lo imagino;
era inmenso el remolino,
las voces aterradoras,
hasta que al fin de dos horas
se aplacó aquel torbellino.

De noche formaban cerco
y en el centro nos ponían,
para mostrar que querían
quitarnos toda esperanza,
ocho o diez filas de lanzas[84]
al rededor nos hacían.

Allí estaban vigilantes
cuidandonós a porfía;[85]
cuando roncar parecían
«Huincá»[86] gritaba cualquiera,
y toda la fila entera
«Huincá», «Huincá», repetía.

Pero el indio es dormilón
y tiene un sueño projundo,[87]
es roncador sin segundo
y en tal confianza es su vida,
que ronca a pata tendida[88]
aunque se dé güelta el mundo.

Nos aviriguaban todo
como aquel que se previene,
porque siempre les conviene
saber las juerzas[89] que andan,
dónde están, quiénes las mandan,
qué caballos y armas tienen.

A cada respuesta nuestra
uno hace una esclamación,[90]
y luego, en continuación,
aquellos indios feroces,
cientos y cientos de voces
repiten al mesmo son.

Y aquella voz de uno solo,
que empieza por un gruñido,
llega hasta ser alarido
de toda la muchedumbre,
y ansí adquieren la costumbre
de pegar esos bramidos.[91]

III

De ese modo nos hallamos
empeñaos[92] en la partida:
no hay que darla por perdida
por dura que sea la suerte,
ni que pensar en la muerte
sinó en soportar la vida.

Se endurece el corazón,
no teme peligro alguno;
por encontrarlo oportuno
aquí juramos los dos
respetar tan sólo a Dios;
de Dios abajo, a ninguno.[93]

El mal es árbol que crece
y que cortado retoña,[94]
la gente esperta o bisoña[95]
sufre de infinitos modos:
la tierra es madre de todos,
pero también da ponzoña.

---

[84] **guerreros con lanzas**
[85] **a...** resolutely
[86] **palabra mapuche que significa «extranjero»**
[87] **profundo**
[88] **a... sin preocuparse de nada, sin que nada estorbe su sueño**
[89] **fuerzas**
[90] **exclamación**
[91] **pegar...** of letting out those howls
[92] **empeñados:** engaged, involved (in)
[93] **alusión al título de una comedia del Siglo de Oro, *Del rey abajo, ninguno* de Francisco de Rojas Zorrilla (1607–1648)**
[94] revives, sprouts again
[95] **esperta... experta o sin experiencia**

Mas todo varón prudente
sufre tranquilo sus males;
yo siempre los hallo iguales
en cualquier senda que elijo:
la desgracia tiene hijos
aunque ella no tiene madre.

Y al que le toca la herencia,
donde quiera halla su ruina;
lo que la suerte destina
lo puede el hombre evitar:
porque el cardo ha de pinchar
es que nace con espina.[96]

Es el destino del pobre
un continuo safarrancho[97]
y pasa como el carancho[98]
porque el mal nunca se sacia
si el viento de la desgracia
vuela las pajas del rancho.

Mas quien manda los pesares
manda también el consuelo;
la luz que baja del cielo
alumbra al más encumbrao,[99]
y hasta el pelo más delgao[100]
hace su sombra en el suelo.

Pero por más que uno sufra
un rigor que lo atormente,
no debe bajar la frente
nunca, por ningún motivo:
el álamo[101] es más altivo
y gime constantemente.

* * *

El indio pasa la vida
robando o echao de panza;[102]
la única ley es la lanza
a que se ha de someter,
lo que le falta en saber
lo suple con desconfianza.[103]

Fuera cosa de engarzarlo
a un indio caritativo,[104]
es duro con el cautivo,
le dan un trato horroroso,
es astuto y receloso,
es audaz y vengativo.

No hay que pedirle favor
ni que aguardar tolerancia;
movidos por su inorancia
y de puro desconfiaos,
nos pusieron separaos
bajo sutil vigilancia.

No pude tener con Cruz
ninguna conversación;
no nos daban ocasión,
nos trataban como ajenos[105]
como dos años los menos
duró esta separación.

Relatar nuestras penurias[106]
fuera alargar el asunto;
les diré sobre este punto
que a los dos años recién
nos hizo el cacique el bien
de dejarnos vivir juntos.

Nos retiramos con Cruz
a la orilla de un pajal;
por no pasarlo tan mal
en el desierto infinito,
hicimos como un bendito[107]
con dos cueros de bagal.

---

[96] **cardo...** thistle pricks because it has thorns
[97] **zafarrancho; lucha**
[98] **ave de rapiña que se alimenta de carne muerta**
[99] **encumbrado:** lofty, haughty
[100] **delgado**
[101] poplar
[102] **echao: echado...** flat on his stomach
[103] **lo...** his wariness makes up for his ignorance
[104] **Fuera...** A kind Indian is as rare as a precious gem
[105] **como... sin consideración**
[106] **sufrimientos**
[107] tent made of horsehide and held in place by a pitchfork (The name **bendito** comes from the fact that it looks like two hands in a praying position.)

Fuimos a esconder allí
nuestra pobre situación,
aliviando con la unión
aquel duro cautiverio;
tristes como un cementerio
al toque de la oración.

Debe el hombre ser valiente
si a rodar se determina,
primero, cuando camina;
segundo, cuando descansa,
pues en aquellas andanzas
perece el que se acoquina.[108]

Cuando es manso el ternerito
en cualquier vaca se priende;[109]
el que es gaucho esto lo entiende
y ha de entender si le digo,
que andábamos con mi amigo
como pan que no se vende.[110]

Guarecidos[111] en el toldo
charlábamos mano a mano;
éramos dos veteranos
mansos pa las sabandijas[112]
arrumbaos como cubijas[113]
cuando calienta el verano.

El alimento no abunda
por más empeño que se haga;
lo pasa uno como plaga,
ejercitando la industria
y siempre, como la nutria,[114]
viviendo a orillas del agua.

En semejante ejercicio
se hace diestro el cazador;
cai el pinche[115] engordador,
cai el pájaro que trina;[116]
todo bicho[117] que camina
va a parar al asador.[118]

Pues allí a los cuatro vientos
la persecución se lleva;
naide escapa de la leva,[119]
y dende que la alba asoma
ya recorre uno la loma,
el bajo, el nido y la cueva.

El que vive de la caza
a cualquier bicho se atreve
que pluma o cáscara lleve,
pues cuando la hambre se siente
el hombre le clava el diente
a todo lo que se mueve.

En las sagradas alturas
está el máestro principal,
que enseña a cada animal
a procurarase el sustento
y le brinda el alimento
a todo ser racional.

Y aves, y bichos y pejes,[120]
se mantienen de mil modos;
pero el hombre en su acomodo,
es curioso de oservar:[121]
es el que sabe llorar
y es el que los come a todos.

---

[108]**acobarda**
[109]**prende**
[110]**como... fuera de lugar**
[111]garrisoned
[112]**mansos... vulnerables a los peligros de la pampa**
[113]**arrumbaos: arrumbados...** neglected like blankets
[114]otter
[115]**cai: cae...** the **pinche** (type of armadillo found in Argentina) gets caught
[116]warbles
[117]**bicho... animal**
[118]barbecue spit
[119]**caza**
[120]**peces**
[121]**observar**

IV

Antes de aclarar el día
empieza el indio a aturdir
la pampa con su rugir,
y en alguna madrugada,
sin que sintiéramos nada
se largaban a invadir.

Primero entierran las prendas
en cuevas, como peludos[122]
y aquellos indios cerdudos[123]
siempre llenos de recelos,
en los caballos en pelos[124]
se vienen medio desnudos.

Para pegar el malón
el mejor flete[125] procuran;
y como es su arma segura,
vienen con la lanza sola,
y varios pares de bolas
atados a la cintura.

De ese modo anda liviano,
no fatiga el mancarrón,[126]
es su espuela en el malón,
después de bien afilao,
un cuernito de venao
que se amarra en el garrón.[127]

El indio que tiene un pingo
que se llega a distinguir,
lo cuida hasta pa[128] dormir;
de ese cuidao es esclavo;
se lo alquila a otro indio bravo
cuando vienen a invadir.

Por vigilarlo no come
y ni aun el sueño concilia;
sólo en eso no hay desidia;
de noche, les asiguro,
para tenerlo seguro
le hace cerco la familia.

Por eso habrán visto ustedes,
si en el caso se han hallao,
y si no lo han oservao
tengaló dende hoy presente,
que todo pampa[129] valiente
anda siempre bien montao.

Marcha el indio a trote largo,
paso que rinde y que dura;
viene en direción sigura
y jamás a su capricho:
no se les escapa bicho
en la noche más escura.[130]

Camina entre tinieblas
con un cerco bien formao;
lo estrechan con gran cuidao
y agarran, al aclarar,
ñanduces,[131] gamas,[132] venaos,
cuanto ha podido dentrar.

Su señal es un humito
que se eleva muy arriba,
y no hay quien no lo aperciba
con esta vista que tienen;
de todas partes se vienen
a engrosar la comitiva.

Ansina[133] se van juntando,
hasta hacer esas riuniones
que cain en las invasiones
en número tan crecido;
para formarla han salido
de los últimos rincones.

---

[122]armadillos
[123]hairy-chested or dirty (like pigs, **cerdos**)
[124]**en...** without saddles
[125]**caballo**
[126]**caballo viejo y achacoso (usado aquí irónicamente)**
[127]**talón**
[128]**para**
[129]**indio de la pampa**
[130]**oscura**
[131]**ñandú:** American ostrich (pl. **ñandúes)**
[132]does (female deer)
[133]**así**

Es guerra cruel la del indio
porque viene como fiera,
atropella donde quiera
y de asolar[134] no se cansa;
de su pingo y de su lanza
toda salvación espera.

Debe atarse bien la faja[135]
quien aguardarlo se atreva;
siempre mala intención lleva,
y como tiene alma grande,[136]
no hay plegaria[137] que lo ablande
ni dolor que lo conmueva.

Odia de muerte al cristiano,
hace guerra sin cuartel;[138]
para matar es sin yel[139]
es fiero de condición;
no gólpea la compasión
en el pecho del infiel.

Tiene la vista del águila,
del león la temeridá;
en el desierto no habrá
animal que él no lo entienda,
ni fiera de que no aprienda[140]
un istinto[141] de crueldá.

Es tenaz en su barbarie,
no esperen verlo cambiar;
el deseo de mejorar
en su rudeza no cabe;
el bárbaro sólo sabe
emborracharse y peliar.

El indio nunca se ríe,
y el pretenderlo es en vano,
ni cuando festeja ufano[142]
el triunfo en sus correrías;
la risa en sus alegrías
le pertenece al cristiano.

Se cruzan por el desierto
como un animal feroz;
dan cada alarido atroz
que hace erizar los cabellos;
parece que a todos ellos
los ha maldecido Dios.

Todo el peso del trabajo
lo dejan a las mujeres:
el indio es indio y no quiere
apiar[143] de su condición;
ha nacido indio ladrón
y como indio ladrón muere.

El que envenenen sus armas
les mandan sus hechiceras;
y como ni a Dios veneran,
nada a los pampas contiene;
hasta los nombres que tienen
son de animales y fieras.

Y son, ¡por Cristo bendito!
lo más desasiaos[144] del mundo;
esos indios vagabundos,
con repunancia me acuerdo,
viven lo mesmo que el cerdo
en esos toldos inmundos.

Naides puede imaginar
una miseria mayor;
su pobreza causa horror;
no sabe aquel indio bruto
que la tierra no da fruto
si no la riega el sudor.[145]

---

[134] **atacar**
[135] **atarse... prepararse bien**
[136] **alma... voluntad fuerte**
[137] begging, prayer
[138] **hace...** he shows no mercy in war
[139] **hiel (Es decir, no muestra compasión.)**
[140] **aprenda**
[141] **instinto**
[142] **orgulloso**
[143] **mudar, cambiar**
[144] **desaseados:** filthy, untidy
[145] **si...** if it's not watered with sweat

V

Aquel desierto se agita
cuando la invasión regresa;
llevan miles de cabezas
de vacuno y yeguarizo;[146]
pa no aflijirse es preciso
tener bastante firmeza.

Aquello es un hervidero[147]
de pampas, un celemín,[148]
cuando riunen el botín,
juntando toda la hacienda,
es cantidá tan tremenda
que no alcanza a verse el fin.

Vuelven las chinas cargadas
con las prendas en montón;
aflije esa destrución;
acomodaos en cargueros[149]
llevan negocios enteros
que han saquiado[150] en la invasión.

Su pretensión es robar,
no quedar en el pantano;[151]
viene a la tierra de cristianos
como furia del infierno;
no se llevan al gobierno
porque no lo hallan a mano.

Vuelven locos de contentos
cuando han venido a la fija,[152]
antes que ninguno elija
empiezan con todo empeño,
como dijo un santiagueño,[153]
a hacerse *la repartija.*[154]

Se reparten el botín[155]
con igualdá, sin malicia;
no muestra el indio codicia,
ninguna falta comete;
sólo en esto se somete
a una regla de justicia.

Y cada cual con lo suyo
a sus toldos enderiesa;[156]
luego la matanza empieza
tan sin razón ni motivo,
que no queda animal vivo
de esos miles de cabezas.

Y satisfecho el salvaje
de que su oficio ha cumplido,
lo pasa por áhi tendido
volviendo a su haraganiar,[157]
y entra la china a cueriar[158]
con un afán desmedido.

A veces a tierra adentro
algunas puntas[159] se llevan;
pero hay pocos que se atrevan
a hacer esas incursiones,
porque otros indios ladrones
les suelen pelar la breva.[160]

Pero pienso que los pampas
deben de ser los más rudos;
aunque andan medio desnudos
ni su convenencia entienden;[161]
por una vaca que vendan
quientas matan al ñudo.[162]

[146] **yegüerizo:** mares
[147] swarm
[148] **aquí, multitud**
[149] **caballos de carga**
[150] **saqueado:** plundered
[151] marsh
[152] **cuando...** when they're home safe
[153] **habitante de Santiago del Estero, a orillas del río Dulce**
[154] distribution of the loot
[155] booty
[156] **endereza, se dirige**
[157] **haraganear:** to hang around
[158] **cuerear:** to skin (an animal)
[159] **cabezas de ganado**
[160] **pelar... quitar lo que han conseguido**
[161] **ni...** they don't even understand what would be to their own advantage
[162] **quientas... quinientas matan sin razón**

Estas cosas y otras piores
las he visto muchos años;
pero, si yo no me engaño,
concluyó ese bandalaje,[163]
y esos bárbaros salvajes,
no podrán hacer más daño.[164]

Las tribus están desechas:
los caciques más altivos
están muertos o cautivos,
privaos de toda esperanza,
y de la chusma[165] de lanza[166]
ya muy pocos quedan vivos.

Son salvajes por completo
hasta pa su diversión,
pues hacen una junción[167]
que naides se la imagina;
recién[168] le toca a la china
el hacer el papelón.[169]

Cuando el hombre es más salvaje
trata pior a la mujer;
yo no sé que pueda haber
sin ella dicha ni goce:
¡feliz el que la conoce
y logra hacerse querer!

Todo el que entiende la vida
busca a su lao los placeres;
justo es que las considere
el hombre de corazón;
sólos cobardes son
valientes con sus mujeres.

Pa servir a un desgraciao
pronta la mujer está;
cuando en su camino va
no hay peligro que la asuste;
ni hay una a quien no le guste
una obra de caridá.

No se hallará una mujer
a la que esto no le cuadre;
yo alabo al Eterno Padre,
no porque las hizo bellas,
sino porque a todos ellas
les dio corazón de madre.

Es piadosa y diligente
y sufrida en los trabajos:
tal vez su valer rebajo
aunque la estimo bastante;
mas los indios inorantes
la tratan al estropajo.[170]

Echan la alma[171] trabajando
bajo el más duro rigor;
el marido es su señor;
como tirano la manda
porque el indio no se ablanda
ni siquiera en el amor.

No tiene cariño a naides
ni sabe lo que es amar;
¡ni qué se puede esperar
de aquellos pechos de bronce!
yo los conocí al llegar
y los calé[172] dende entonces.

Mientras tiene qué comer
permanece sosegao;
yo, que en sus toldos he estao
y sus costumbres oservo,
digo que es como aquel cuervo
que no volvió del mandao.[173]

---

[163] **Según Carilla, esta palabra es posiblemente un cruce entre «bandido» y «vándalo.»**
[164] **El presidente Nicolás Avellaneda, elegido en 1874, se empeñó en llevar la civilización a los territorios ocupados por indios. En 1879, año de la publicación de *La vuelta de Martín Fierro,* se acabó con muchos caciques durante una intensa campaña contra los «salvajes».**
[165] **la población general, las masas**
[166] **de... los guerreros**
[167] **función, actividad**
[168] **entonces**
[169] **hacer... ponerse en ridículo**
[170] **al...** like a rag
[171] **echan...** they wear themselves out
[172] **entendí**
[173] **alusión a la historia bíblica de Noé, quien soltó un cuervo para ver si habían bajado las aguas del Diluvio. El ave no volvió, indicando que había encontrado comida.**

Es para él como juguete
escupir un crucifijo;
pienso que Dios los maldijo
y ansina el ñudo desato;[174]
el indio, el cerdo y el gato,
redaman[175] sangre del hijo.

Mas ya con cuentos de pampas
no ocuparé su atención;
debo pedirles perdón,
pues sin querer me distraje
por hablar de los salvajes
me olvidé de la junción.

* * *

Hacen un cerco de lanzas,
los indios quedan ajuera;[176]
dentra la china ligera
como yeguada en la trilla,
y empieza allí la cuadrilla
a dar güeltas en la era.[177]

A un lao están los caciques,
capitanejos y el trompa[178]
tocando con toda pompa
como un toque de fajina[179]
adentro muere la china,
sin que aquel círculo rompa.

Muchas veces se les oyen
a las pobres los quejidos,
mas son lamentos perdidos;
alrededor de cercao,
en el suelo, están mamaos[180]
los indios, dando alaridos.

Su canto es una palabra
y de áhi no salen jamás;
llevan todas el compás,
ioká-ioká[181] repitiendo;
me parece estarlas viendo
más fieras que Satanás.

Al trote dentro del cerco,
sudando, hambrientas, juriosas,[182]
desgreñadas y rotosas,
de sol a sol se lo llevan:
bailan, aunque truene o llueva,
cantando la mesma cosa.

VI

El tiempo sigue en su giro
y nosotros solitarios;
de los indios sanguinarios
no teníamos qué esperar;
el que nos salvó al llegar
era el más hospitalario.

Mostró noble corazón,
cristiano anhelaba ser;
la justicia es un deber
y sus méritos no callo;
nos regaló unos caballos
y a veces nos vino a ver.

A la voluntá de Dios
ni con la intención resisto,
el nos salvó... pero, ¡ah Cristo!
muchas veces he deseado
no nos hubiera salvado
ni jamás haberlo visto.

---

[174]**el... explico el misterio**
[175]**derraman**
[176]**afuera**
[177]In order to separate the grain from the chaff on the threshing floor **(la era),** the animals would stomp on the stalks of wheat, unless a threshing machine **(trillo)** was used. Hernández remarks that among the Indians, women performed the job usually assigned to animals.
[178]**el que toca la trompeta**
[179]**clarín, trompeta de sonido muy agudo**
[180]**borrachos**
[181]**palabra de los pampas que repetían para animarse en el combate**
[182]**furiosas**

Quien recibe beneficios
amás[183] los debe olvidar;
y al que tiene que rodar
en su vida trabajosa
le pasan a veces cosas
que son duras de pelar.[184]

Voy dentrando poco a poco
en lo triste del pasaje;
cuando es amargo el brebaje
el corazón no se alegra;
dentro una virgüela[185] negra
que los diezmó[186] a los salvajes.

Al sentir tal mortandá[187]
los indios desesperaos
gritaban alborotaos:
«Cristiano echando gualicho»,[188]
no quedó en los toldos bicho
que no salió redotao.[189]

Sus remedios son secretos;
los tienen las adivinas;[190]
no los conocen las chinas
sino alguna ya muy vieja,
y es la que los aconseja,
con mil embustes, la indina.[191]

Allí soporta el paciente
las terribles curaciones,
pues a golpes y estrujones
son los remedios aquellos;
lo agarran de los cabellos
y le arrancan los mechones.

Les hacen mil herejías
que el presenciarlas da horror;
brama el indio de dolor
por los tormentos que pasa,
y untándolo[192] todo en grasa
lo ponen a hervir al sol.

Y puesto allí boca arriba,
alrededor le hacen fuego;
una china viene luego
y al óido le da de gritos;
hay algunos tan malditos
que sanan con este juego.

A otros les cuecen la boca
aunque de dolores cruja;
lo agarran y allí lo estrujan,
labios le queman y dientes
con un güevo[193] bien caliente
de alguna gallina bruja.

Conoce el indio el peligro
y pierde toda esperanza;
si a escapárseles alcanza
dispara como una liebre;
le da delirios la fiebre
y ya le cain con la lanza.

Estas fiebres son terribles,
y aunque de esto no disputo
ni de saber me reputo,
será, decíamos nosotros,
de tanta carne de potro[194]
como comen estos brutos.

Había un gringuito cautivo
que siempre hablaba del barco
y lo augaron[195] en un charco
por causante de la peste;
tenía los ojos celestes
como potrillito zarco.[196]

---

[183] **jamás**
[184] **aceptar, aguantar**
[185] **viruela:** smallpox
[186] decimated
[187] **mortandad: multitud de muertes debidas a una enfermedad u otra causa extraordinaria**
[188] **brujería**
[189] **derrotado**
[190] **mujeres que pretenden penetrar en lo oculto y predecir el porvenir**
[191] **indigna**
[192] anointing
[193] **huevo**
[194] **caballo joven**
[195] **ahogaron**
[196] **de ojos azules muy claros**

Que le dieran esa muerte
dispuso una china vieja;
y aunque se aflije y se queja,
es inútil que resista:
ponía el infeliz la vista
como la pone la oveja.

Nosotros nos alejamos
para no ver tanto estrago;
Cruz sentía los amagos[197]
de la peste que reinaba,
y la idea nos acosaba
de volver a nuestros pagos.

Pero contra el plan mejor
el destino se revela;
¡la sangre se me congela!
el que nos había salvado,
cayó también atacado
de la fiebre y la virgüela.

No podíamos dudar
al verlo en tal padecer
el fin que había de tener
y Cruz, que era tan humano,
«vamos — dijo—, paisano,
a cumplir con un deber».

Fuimos a estar a su lado
para ayudarlo a curar;
lo vinieron a buscar
y hacerle como a los otros;
lo defendimos nosotros,
no lo dejamos lanciar.

Iba creciendo la plaga
y la mortandá seguía;
a su lado nos tenía
cuidandoló con pacencia,
pero acabó su esistencia[198]
al fin de unos pocos días.

El recuerdo me atormenta,
se renueva mi pesar;
me dan ganas de llorar,
nada a mis penas igualo;
Cruz también cayó muy malo
ya para no levantar.

Todos pueden figurarse
cuánto tuve que sufrir;
yo no hacía sino gemir,
y aumentaba mi aflición
no saber una oración
pa ayudarlo a bien morir.

Se le pasmó[199] la virgüela
y el pobre estaba en un grito;
me recomendó un hijito
que en su pago había dejado.
«Ha quedado abandonado,
me dijo, aquel probrecito.

«Si vuelve, busquemeló,
me repetía a media voz,
en el mundo éramos dos,
pues él ya no tiene madre:
que sepa el fin de su padre
y encomiende mi alma a Dios».

Lo apretaba contra el pecho
dominao por el dolor,
era una pena mayor
el morir allá entre infieles;
sufriendo dolores crueles
entregó su alma al Criador.

De rodillas a su lado
yo lo encomendé a Jesús;
faltó a mis ojos la luz,
tuve un terrible desmayo;
cái como herido del rayo
cuando lo vi muerto a Cruz.

---

[197] **síntomas**
[198] **existencia**
[199] **agravó**

VII

Aquel bravo compañero
en mis brazos espiró;
hombre que tanto sirvó,[200]
varón que fue tan prudente,
por humano y por valiente
en el desierto murió.

Y yo, con mis propias manos,
yo mesmo lo sepulté;
a Dios por su alma rogué,
de dolor el pecho lleno,
y humedeció aquel terreno
el llanto que redamé.

Cumplí con mi obligación;
no hay falta de que me acuse,
ni deber de que me escuse,[201]
aunque de dolor sucumba:
allá señala su tumba
una cruz que yo le puse.

Andaba de toldo en toldo
y todo me fastidiaba;
el pensar me dominaba,
y entregao al sentimiento,
se me hacía cada momento
óir a Cruz que me llamaba.

Cual más, cual menos,[202] los
criollos
saben lo que es amargura;
en mi triste desventura
no encontraba otro consuelo
que ir a tirarme en el suelo
al lao de su sepoltura.[203]

Allí pasaba las horas
sin saber naides conmigo
teniendo a Dios por testigo,
y mis pensamientos fijos
en mi mujer y mis hijos,
en mi pago y en mi amigo.

Privado de tantos bienes
y perdido en tierra ajena
parece que se encadena
el tiempo y que no pasara,
como si el sol se parara
a contemplar tanta pena.

Sin saber qué hacer de mí
y entregado a mi aflición,
estando allí una ocasión
del lado que venía el viento
oí unos tristes lamentos
que llamaron mi atención.

No son raros los quejidos
en los toldos del salvaje,
pues aquél es vandalaje
donde no se arregla nada
sinó a lanza y puñalada,
a bolazos y a coraje.

No preciso juramento,[204]
deben crerle[205] a Martín Fierro:
ha visto en ese destierro
a un salvaje que se irrita,
degollar una chinita
y tirarselá a los perros.

He presenciado martirios,
he visto muchas crueldades,
crímenes y atrocidades
que el cristiano no imagina;
pues ni el indio ni la china
sabe lo que son piedades.

Quise curiosiar[206] los llantos
que llegaban hasta mí;

---

[200] **sirvió**
[201] **excuse**
[202] **Cual...** Some more, some less
[203] **sepultura**
[204] **No... No necesito jurar ante Dios**
[205] **creerle**
[206] **investigar por curiosidad**

al punto me dirigí
al lugar de ande[207] venían.
¡Me horrorisa todavía
el cuadro que descubrí!

Era una infeliz mujer
que estaba de sangre llena,
y como una Madalena[208]
lloraba con toda gana;
conocí que era cristiana
y esto me dio mayor pena.

Cauteloso me acerqué
a un indio que estaba al lao,
porque el pampa es desconfiao
siempre de todo cristiano,
y vi que tenía en la mano
el rebenque[209] ensangrentao.

VIII

Más tarde supe por ella,
de manera positiva,
que dentró una comitiva[210]
de pampas a su partido,[211]
mataron a su marido
y la llevaron cautiva.

En tan dura servidumbre
hacían dos años que estaba;
un hijito que llevaba
a su lado lo tenía;
la china la aborrecía
tratandolá como esclava.

Deseaba para escaparse
hacer una tentativa,
pues a la infeliz cautiva
naides la va a redimir,
y allí tiene que sufrir
el tormento mientras viva.

Aquella china perversa,
desde el punto que llegó,
crueldá y orgullo mostró
porque el indio era valiente;
usaba un collar de dientes
de cristianos que él mató.

La mandaba trabajar,
poniendo cerca a su hijito,
tiritando y dando gritos
por la mañana temprano,
atado de pies y manos
lo mesmo que un corderito.

Ansí le imponía tarea
de juntar leña y sembrar
viendo a su hijito llorar;
y hasta que no terminaba,
la china no la dejaba
que le diera de mamar.

Cuando no tenían trabajo
la emprestaban a otra china.
«Naides, decía, se imagina
ni es capaz de presumir
cuánto tiene que sufrir
la infeliz que está cautiva».

Si ven crecido a su hijito,
como de piedá no entienden,
y a súplicas nunca atienden,
cuando no es éste es el otro,
se lo quitan y lo venden
o lo cambian por un potro.

---

[207] **donde**
[208] **Magdalena, pecadora convertida por Jesucristo que lloró por El cuando padecía en la Cruz. (llorar como una Magdalena = llorar desconsoladamente)**
[209] **látigo de cuero**
[210] **banda de indios**
[211] **grupo, área**

En la crianza de los suyos
son bárbaros por demás;
no lo había visto jamás;
en una tabla los atan,
los crían ansí, y les achatan[212]
la cabeza por detrás.

Aunque esto parezca estraño,[213]
ninguno lo ponga en duda:
entre aquella gente ruda,
en su bárbara torpeza,
es gala que la cabeza
se les forme puntiaguda.

Aquella china malvada
que tanto la aborrecía,
empezó a decir un día,
porque falleció una hermana,
que sin duda la cristiana
le había echado brujería.

El indio la sacó al campo
y la empezó a amenazar:
que le había de confesar
si la brujería era cierta;
o que la iba a castigar
hasta que quedara muerta.

Llora la pobre afligida,
pero el indio, en su rigor,
le arrebató con furor
al hijo de entre sus brazos,
y del primer rebencazo[214]
la hizo crugir[215] de dolor.

Que aquel salvaje tan cruel
azotandolá seguía;
más y más se enfurecía
cuanto más la castigaba,
y la infeliz se atajaba,
los golpes como podía.

Que le gritó muy furioso:
«Confechando[216] *no querés»*,
la dio vuelta[217] de un revés,
y por colmar su amargura,
a su tierna criatura
se la degolló a los pies.

«Es increíble, me decía,
que tanta fiereza esista;
no habrá madre que resista;
aquel salvaje inclemente
cometió tranquilamente
aquel crimen a mi vista».

Esos horrores tremendos
no los inventa el cristiano:
«ese bárbaro inhumano,
—sollozando me lo dijo,—
me amarró luego las manos
con las tripitas de mi hijo».

IX

De ella fueron los lamentos
que en mi soledá escuché;
en cuanto al punto llegué
quedé enterado de todo;
al mirarla de aquel modo
ni un istante tutubié.[218]

Toda cubierta de sangre
aquella infeliz cautiva,
tenía dende abajo arriba
la marca de lazados;
sus trapos hechos pedazos
mostraban la carne viva.

---

[212]flatten (The Indians deformed their babies' heads by tying them to a board in order to give them a shape they considered attractive.)
[213]**extraño**
[214]stroke of the whip
[215]**crujir: gritar**
[216]**Confesando**
[217]**la...** he knocked her down
[218]**ni...** I didn't hesitate a second

Alzó los ojos al cielo
en sus lágrimas bañada;
tenía las manos atadas;
su tormento estaba claro;
y me clavó una mirada
como pidiendomé amparo.

Yo no sé lo que pasó
en mi pecho en ese istante;
estaba el indio arrogante
con una cara feroz:
para entendernos los dos
la mirada fue bastante.

Pegó un brinco[219] como gato
y me ganó la distancia,[220]
aprovechó esa ganancia
como fiera cazadora,
desató las boliadoras
y aguardó con vigilancia

Aunque yo iba de curioso
y no por buscar contienda,
al pingo le até la rienda,
eché mano, dende luego,
a éste que no yerra fuego,[221]
y ya se armó la tremenda.[222]

El peligro en que me hallaba
al momento conocí;
nos mantuvimos ansí,
me miraba y lo miraba;
yo al indio le desconfiaba
y él me desconfiaba a mí.

Se debe ser precavido[223]
cuando el indio se agasape:[224]
en esa postura el tape[225]
vale por cuatro o por cinco:
como el tigre es para el brinco
y fácil que a uno lo atrape.

Peligro era atropellar[226]
y era peligro el juir,[227]
y más peligro seguir
esperando de este modo,
pues otros podían venir
y carniarme[228] allí entre todos.

A juerza de precaución
muchas veces he salvado,
pues en un trance apurado
es mortal cualquier descuido;
si Cruz hubiera vivido
no habría tenido cuidado.

Un hombre junto con otro
en valor y en juerza crece;
el temor desaparece,
escapa de cualquier trampa:
entre dos, no digo a un pampa,
a la tribu si se ofrece.

En tamaña[229] incertidumbre,
en trance tan apurado,
no podía, por de contado,[230]
escaparme de otra suerte[231]
sino dando al indio muerte
o quedando allí estirado.[232]

Y como el tiempo pasaba
y aquel asunto me urgía,
viendo que él no se movía,
me fui medio de soslayo[233]
como a agarrarle el caballo
a ver si se me venía.

---

[219] **Pegó...** He took a leap
[220] **El indio necesita distanciarse de Martín para tirarle las boleadoras.**
[221] **éste... el facón o cuchillo (El gaucho desprecia las armas de fuego.)**
[222] **y...** and all hell broke loose
[223] cautious
[224] crouches for attack
[225] **indio**
[226] rush him
[227] **huir**
[228] **carnear: matar**
[229] such a great
[230] **claro está**
[231] **manera**
[232] **estirado: muerto**
[233] **de...** on the sly

Ansí fue, no aguardó más,
y me atropelló el salvaje;
es preciso que se ataje[234]
quien con el indio pelée;
el miedo de verse a pie
aumentaba su coraje.

En la dentrada[235] no más
me largó un par de bolazos
uno me tocó en un brazo;
si me da bien me lo quiebra,
pues las bolas son de piedra
y vienen como balazo.

A la primer puñalada
el pampa se hizo un ovillo:[236]
era el salvaje más pillo
que he visto en mis correrías,
y, a más de las picardías,
arisco para el cuchillo.[237]

Las bolas las manejaba
aquel bruto con destreza,
las recogía con presteza
y me las volvía a largar,
haciendomelás silbar
arriba de la cabeza.

Aquel indio, como todos,
era cauteloso... ¡aijuna![238]
áhi me valió la fortuna
de que peliando se apotra.[239]
me amenazaba con una
y me largaba con otra.

Me sucedió una desgracia
en aquel percance[240] amargo;
en momento que lo cargo[241]
y que él reculando va,
me enredé en el chiripa[242]
y cái tirao largo a largo.[243]

Ni pa encomendarme a Dios
tiempo el salvaje me dio;
cuanto en el suelo me vio
me saltó con ligereza
juntito de la cabeza
el bolazo retumbó.

Ni por respeto al cuchillo
dejó el indio de apretarme;
allí pretende ultimarme[244]
sin dejarme levantar,
y no me daba lugar
ni siquiera a enderezarme.[245]

De balde[246] quiero moverme:
aquel indio no me suelta;
como persona resuelta,
toda mi juerza ejecuto,
pero abajo de aquel bruto
no podía ni darme güelta.

¡Bendito Dios poderoso!
Quién te puede comprender
cuando a una débil mujer
le diste en esa ocasión
la juerza que en un varón
tal vez no pudiera haber.

Esa infeliz tan llorosa
viendo el peligro se anima;
como una flecha se arrima
y, olvidando su aflición,
le pegó al indio un tirón
que me lo sacó de encima.

---

[234]**es...** you have to meet him head on
[235]**en...** at the very beginning, for openers
[236]**se...** got all tangled up (everything went topsy-turvy)
[237]**a...** besides being clever, hard to catch with a knife
[238]son of a bitch
[239]**se...** he becomes like an animal
[240]**situación difícil**
[241]**ataco**
[242]blanket wrapped around waist, hips and thighs, which is part of the gaucho's outfit
[243]**cái... me caí tirado largo a largo:** I fell flat on my face
[244]**pretende...** he tries to finish me off
[245]**pararme**
[246]**de... en vano**

Ausilio[247] tan generoso
me libertó del apuro;
si no es ella, de siguro
que el indio me sacrifica,
y mi valor se duplica
con un ejemplo tan puro:

En cuanto me enderecé
nos volvimos a topar;
no se podía descansar
y me chorriaba el sudor;
en un apuro mayor
jamás me he vuelto a encontrar.

Tampoco yo le daba alce[248]
como deben suponer;
se había aumentado mi quehacer
para impedir que el brutazo
le pegara algún bolazo,
de rabia, a aquella mujer.

La bola en manos del indio
es terrible, y muy ligera;
hace de ella lo que quiera,
saltando como una cabra:
mudos, sin decir palabra,
peliábamos como fieras.

Aquel duelo en el desierto
nunca jamás se me olvida;
iba jugando la vida
con tan terrible enemigo,
teniendo allí de testigo
a una mujer afligida.

Cuando él más se enfurecía,
yo más me empiezo a calmar;
mientras no logra matar
el indio no se desfoga[249]
al fin le corté una soga[250]
y lo empecé aventajar.

Me hizo sonar las costillas
de un bolazo aquel maldito;
y al tiempo que le di un grito
y le dentro[251] como bala,
pisa el indio y se refala[252]
en el cuerpo del chiquito.

Para esplicar el misterio
es muy escasa mi cencia:
lo castigó, en mi concencia,
su Divina Majestá:
donde no hay casualidá[253]
suele estar la Providencia.

En cuanto trastabilló,[254]
más de firme lo cargué,
y aunque de nuevo hizo pie
lo perdió aquella pisada,
pues en esa atropellada
en dos partes[255] lo corté.

Al sentirse lastimao
se puso medio afligido;
pero era indio decidido,
su valor no se quebranta;
le salían de la garganta
como una especie de aullidos.

Lastimao en la cabeza,
la sangre lo enceguecía;
de otra herida le salía
haciendo un charco ande estaba;
con las pies la chapaliaba[256]
sin aflojar todavía.

Tres figuras imponentes
formábamos aquel terno[257]
ella en su dolor materno,
yo con la lengua dejuera[258]
y el salvaje, como fiera
disparada del infierno.

---

[247] **auxilio, ayuda**
[248] a break, a chance
[249] **calma**
[250] the rope or cord that held together the **boleadoras**
[251] **ataco**
[252] **resbala:** he slips
[253] **no...** there are no accidents
[254] **trastrabilló:** he stumbled
[255] **lugares**
[256] **chapaleaba:** splashed
[257] **grupo de tres**
[258] **afuera**

Iba conociendo el indio
que tocaban a degüello,[259]
se le erizaba el cabello
y los ojos revolvía;
los labios se le perdían
cuando iba a tomar resuello.[260]

En una nueva dentrada
le pegué un golpe sentido,[261]
y al verse ya mal herido,
aquel indio furibundo
lanzó un terrible alarido
que retumbó como un ruido
si se sacudiera el mundo.

Al fin de tanto lidiar,
en el cuchillo lo alcé,
en peso lo levanté
aquel hijo del desierto,
ensartado[262] lo llevé,
y allá recien lo largué
cuando ya[263] lo sentí muerto.

Me persiné[264] dando gracias
de haber salvado la vida;
aquella pobre afligida
de rodillas en el suelo,
alzó sus ojos al cielo
sollozando dolorida.

Me hinqué también a su lado
a dar gracias a mi santo:
en su dolor y quebranto
ella, a la madre de Dios,
le pide, en su triste llanto,
que nos ampare a los dos.

Se alzó con pausa[265] de leona
cuando acabó de implorar,
y sin dejar de llorar
envolvió en unos trapitos
los pedazos de su hijito
que yo le ayudé a juntar.

X

Dende ese punto era juerza
abandonar el desierto,
pues me hubieran descubierto,
y, aunque lo maté en pelea,
de fijo[266] que me lancean
por vengar al indio muerto.

A la afligida cautiva
mi caballo le ofrecí:
era un pingo que alquirí,[267]
y donde quiera que estaba
en cuanto yo lo silbaba
venía a refregarse a mí.

Yo me le senté al del pampa;
era un escuro tapao,[268]
cuando me hallo bien montao
de mis casillas me salgo;[269]
y era un pingo como galgo,[270]
que sabía correr boliao.[271]

Para correr en el campo
no hallaba ningún tropiezo:
los ejercitan en eso
y los ponen como luz[272]
de dentrarle a un avestruz
y boliar bajo el pescuezo.[273]

---

[259] **que...** that he was going to have his throat slit
[260] **iba...** he started breathing hard
[261] **decisivo**
[262] stuck on the end of the knife (as though he were a piece of meat on a spit)
[263] **y...** and I didn't let him go until
[264] **persigné:** I crossed myself
[265] slowness
[266] **de... es seguro**
[267] **adquirí**
[268] **un... uno completamente negro**
[269] **de...** I go wild
[270] greyhound (known for its speed)
[271] even with its legs tied up by **boleadoras**
[272] **los... los entrenan a correr a la velocidad de la luz**
[273] **de...** when you attack an ostrich, the horse runs so fast the ostrich seems to be under its neck

El pampa educa al caballo
como para un entrevero,[274]
como rayo es de ligero
en cuanto el indio lo toca;
y, como trompo, en la boca
da güeltas sobre de un cuero.[275]

Lo varea[276] en la madrugada;
jamás falta a este deber;
luego lo enseña a correr
entre fangos y guadales,[277]
ansina[278] esos animales
es cuanto[279] se puede ver.

En el caballo de un pampa
no hay peligro de rodar,
¡jue pucha![280] y pa disparar[281]
es pingo que no se cansa;
con prolijidá lo amansa
sin dejarlo corcobiar.[282]

Pa quitarle las cosquillas[283]
con cuidao lo manosea;[284]
horas enteras emplea,
y, por fin, sólo lo deja,
cuando agacha las orejas
y ya el potro ni cocea.[285]

Jamás le sacude un golpe
porque lo trata al bagual
con pacencia sin igual;
al domarlo no le pega,
hasta que al fin se le entrega
ya dócil el animal.

Y aunque yo sobre los bastos[286]
me sé sacudir el polvo,[287]
a esa costumbre me amoldo;[288]
con pacencia lo manejan
y al día siguiente lo dejan
hienda arriba[289] junto al toldo.

Ansí todo el que procure
tener un pingo modelo,
lo ha de cuidar con desvelo,
y debe impedir también
el que de golpes le den
o tironén[290] en el suelo.

Muchos quieren dominarlo
con el rigor y el azote,
y si ven al chafalote[291]
que tiene trazas de malo,
lo embraman en algún palo[292]
hasta que se descogote.[293]

Todos se vuelven pretestos[294]
y güeltas para ensillarlo:[295]
dicen que es por quebrantarlo,
mas compriende cualquier bobo
que es de miedo del corcobo
y no quieren confesarlo.

El animal yeguarizado
(perdonenmé esta alvertencia)
es de mucha conocencia
y tiene mucho sentido;
es animal consentido,[296]
lo cautiva la pacencia.

---

[274] hand-to-hand combat between two cavalry contingents
[275] **como...** [the horse is so responsive to the Indian's touch that] like a top **(trompo),** it can turn on a piece of hide spread on the ground (that is, in a very small space)
[276] trains
[277] quicksand
[278] **así que**
[279] **es... es lo mejor que**
[280] **jue...** wow, jeeze
[281] race
[282] **corcovear:** buck (Hernández is comparing the Indian and gaucho methods of domesticating horses. The gaucho uses a quicker method of "breaking" the horse by mounting and staying on, despite the animal's efforts to buck him off.)
[283] excitability
[284] handles, touches
[285] balk
[286] saddle

Aventaja a los demás
el que estas cosas entienda;
es bueno que el hombre aprienda,
pues hay pocos domadores
y muchos frangoyadores[297]
que andan de bozal y rienda.[298]

Me vine, como les digo,
trayendo esa compañera;
marchamos la noche entera,
haciendo nuestro camino
sin más rumbo que el destino,
que nos llevara ande quiera.

Al muerto, en un pajonal[299]
había tratao de enterrarlo,
y, después de maniobrarlo,[300]
lo tapé bien con las pajas,
para llevar de ventaja
lo que emplearan en hallarlo.

En notando nuestra ausencia
nos habían de perseguir,
y, al decidirme a venir,
con todo mi corazón
hice la resolución
de peliar hasta morir.

Es un peligro muy serio
cruzar juyendo el desierto;
muchísimos de hambre han muerto,
pues en tal desasosiego
no se puede ni hacer fuego
para no ser descubierto.

Sólo el albitrio del hombre
puede ayudarlo a salvar;
no hay auxilio que esperar,
sólo de Dios hay amparo:
en el desierto es muy raro
que uno se pueda escapar.

¡Todo es cielo y horizonte
en inmenso campo verde!
Pobre de aquel que se pierde
o que su rumbo estravea![301]
Si alguien cruzarlo desea
este consejo recuerde.

Marque su rumbo de día
con toda fidelidá;
marche con puntualidá
siguiendo con fijeza,
y, si duerme, la cabeza
ponga para el lao que va.

Oserve con todo esmero[302]
adonde el sol aparece;
si hay ñeblina[303] y le entorpece
y no lo puede caminar,
guárdese de caminar,
pues quien se pierde perece.

Dios les dio istintos sutiles
a toditos los mortales;
el hombre es uno de tales,
y en las llanuras aquellas
lo guían el sol, las estrellas,
el viento y los animales.

---

[287] **me...** I can hold my own
[288] **me... acepto, me ajusto**
[289] **rienda arriba: suelto**
[290] **lo tirará**
[291] **chafarote: persona grosera; aquí, caballo torpe**
[292] **lo...** they tie him to a post, called a **bramadero,** where the horse, unable to run, whinnies **(brama)** in anger
[293] **lastime el cuello**
[294] **pretextos**
[295] saddle him
[296] who likes to be pampered
[297] **frangolladores (argentinismo): que hacen las cosas de prisa y mal**
[298] **andan...** go around with a muzzle and reins (that is, pretend to be horse trainers)
[299] haystack, area covered with hay
[300] maneuvering him into a position (where he wouldn't be discovered)
[301] **extravía:** wanders off
[302] **con... con mucho cuidado**
[303] **neblina:** fog

Para ocultarnos de día
a la vista del salvaje,
ganábamos un paraje[304]
en que algún abrigo hubiera,[305]
a esperar que anocheciera
para seguir nuestro viaje.

Penurias de toda clase
y miserias padecimos;
varias veces no comimos
o comimos carne cruda;
y en otras, no tengan duda,
con réices[306] nos mantuvimos.

Después de mucho sufrir
tan peligrosa inquietú,
alcanzamos con salú
a divisar una sierra,
y al fin pisamos la tierra
en donde crece el ombú.[307]

Nueva pena sintió el pecho
por Cruz, en aquel paraje,
y en humilde vasallaje
a la majestá infinita,
besé esta tierra bendita
que ya no pisa el salvaje.

Al fin la misericordia
de Dios nos quiso amparar;
es preciso soportar
los trabajos con constancia:
alcanzamos a una estancia[308]
después de tanto penar.

Ahi mesmo me despedí
de mi infeliz compañera.
«Me voy —le dije— ande quiera,
aunque me agarre el Gobierno,
pues infierno por infierno,
prefiero el de la frontera».

Concluyo esta relación,
ya no puedo continuar,
permitanmé descansar:
están mis hijos presentes,
y yo ansioso por que cuenten
lo que tengan que contar.

XI

Y mientras que tomo un trago
pa refrescar el garguero,[309]
y mientras tiembla el muchacho
y prepara su estrumento,
les contraré de qué modo
tuvo lugar el encuentro.
Me acerqué a algunas estancias
por saber algo de cierto,
creyendo que en tantos años[310]
esto se hubiere[311] compuesto;
pero cuanto saqué en limpio
fue, que estábamos lo mesmo.
Ansí me dejaba andar
haciendomé el chancho rengo,[312]
porque no me convenía
revolver el avispero;[313]
pues no inorarán ustedes
que en cuentas con el gobierno
tarde o temprano lo llaman
al pobre a hacer el arreglo.

---

[304]**ganábamos...** we got to a spot
[305]**que...** that offered some shelter
[306]**raíces**
[307]**árbol de espeso follaje que le brinda al hombre sombra y protección, aquí, es símbolo de la tierra de los blancos**
[308]**hacienda**
[309]**la garganta**
[310]**Martín había matado a un negro en una pulpería y, perseguido por la policía, se había escapado al desierto. Hace diez años que no vuelve a casa.**
[311]**futuro del subjuntivo, forma que rara vez se emplea en el español moderno; hoy en día se diría «hubiera»**
[312]**haciendomé...** pretending not to know anything was wrong
[313]**revolver...** to stir things up

Pero al fin tuve la suerte
de hallar un amigo viejo
que de todo me informó,
y por él supe al momento
que el juez que me perseguía
hacía tiempo que era muerto:
por culpa suya he pasado
diez años de sufrimiento,
y no son pocos diez años
para quien ya llega a viejo.
Y los he pasado ansí,
si en mi cuenta no me yerro:
tres años en la frontera.
dos como gaucho matrero,[314]
y cinco allá entre los indios
hacen los diez que yo cuento.
Me dijo, a más, ese amigo
que anduviera sin recelo,
que todo estaba tranquilo,
que no perseguía el Gobierno,
que ya naides se acordaba
de la suerte del moreno,[315]
aunque si yo lo maté
mucha culpa tuvo el negro.
Estuve un poco imprudente,
puede ser, yo lo confieso,
pero él me precipitó
porque me cortó primero;
y a más[316] me cortó en la cara
que es un asunto muy serio.
Me asiguró el mesmo amigo
que ya no había ni el recuerdo
de aquel que en la pulpería
lo dejé mostrando el sebo.[317]
El, de engréido[318] me buscó,
yo ninguna culpa tengo;
él mesmo vino a peliarme,
y tal vez me hubiera muerto
si le tengo más confianza[319]
o soy un poco más lerdo;[320]
fue suya toda la culpa,
porque ocasionó el suceso.[321]
Que ya no hablaban tampoco,
me lo dijo muy de cierto,
de cuando con la partida
llegué a tener el encuentro.
Esa vez me defendí
como estaba en mi derecho,
porque fueron a prenderme
de noche y en campo abierto.
Se me acercaron con armas,
y sin darme voz de preso,
me amenazaron a gritos,
de un modo que daba miedo,
que iban a arreglar mis cuentas,
tratándome de matrero,
y no era el jefe el que hablaba,
sinó un cualquiera de entre ellos.
Y ése, me parece a mí,
no es modo de hacer arreglos,
ni con el que es inocente,
ni con el culpable menos.
Con semejantes noticias
yo me puse muy contento
y me presenté ande quiera
como otros pueden hacerlo.
De mis hijos he encontrado
sólo a dos hasta el momento;
y de ese encuentro feliz
le doy las gracias al cielo.
A todos cuantos hablaba
les preguntaba por ellos,
mas no me daba ninguno
razón[322] de su paradero.[323]
Casualmente el otro día
llegó a mi conocimiento,
de una carrera muy grande
entre varios estancieros;

[314] outlaw
[315] **negro**
[316] **a... además**
[317] fat, grease; here, insides
[318] **presumido, arrogante**
[319] **si...** if I had trusted him a little more (if I had been a little less alert)
[320] slow, sluggish
[321] **ocasión... causó el incidente**
[322] **no... ninguno me daba información**
[323] whereabouts

y fui como uno de tantos,
aunque no llevaba un medio.[324]
No faltaba, ya se entiende,
en aquel gauchage inmenso
muchos que ya conocían
la historia de Martín Fierro;
y allí estaban los muchachos
cuidando unos parejeros.[325]
Cuando me oyeron nombrar
se vinieron al momento,
diciéndome quénes eran,
aunque no me conocieron
porque venía muy aindio[326]
y me encontraban muy viejo.
La junción de los abrazos,
de los llantos y los besos
se deja pa las mujeres,
como que entienden el juego;
pero el hombre que compriende
que todos hacen lo mesmo,
en público canta y baila,
abraza y llora en secreto.
Lo único que me han contado
es que mi mujer ha muerto;
que en procuras de un muchacho[327]
se fue la infeliz al pueblo,
donde infinitas miserias
habrá sufrido por cierto;
que, por fin, a un hospital
fue a parar medio muriendo,
y en ese abismo de males
falleció al muy poco tiempo.
Les juro que de esa pérdida
jamás he de hallar consuelo;
muchas lágrimas me cuesta
dende que supe el suceso;
mas dejemos cosas tristes,
aunque alegrías no tengo;
me parece que el muchacho
ha templao y está dispuesto,
vamos a ver qué tal lo hace,
y juzgar su desempeño.
Ustedes no los conocen,
yo tengo confianza en ellos,
no porque lleven mi sangre,
(eso fuera lo de menos)
sino porque dende chicos
han vivido padeciendo;
los dos son aficionados,
les gusta jugar con fuego,
vamos a verlos correr;
son cojos... hijos de rengo.[328]

---

[324] **centavo**
[325] **caballo preparado para correr carreras**
[326] **con aspecto de indio**
[327] **Este verso se ha interpretado de diveras maneras. Algunos críticos (por ejemplo, Irizzary) sugieren que significa «en busca de uno de sus hijos»; otros sugieren que significa «para dar a luz».**
[328] From the Spanish proverb: **De padre cojo, hijo renco** (If the father is lame, so is the son. The usual English equivalent is, "Like father, like son.")

Ricardo Palma y el folklorismo peruano

A Ricardo Palma (1833–1919) le tocó vivir en un período de gran turbulencia política. Palma nació en Lima nueve años después de que Perú consiguió su independencia de España. La inestabilidad caracterizó las dos décadas que siguieron, en las cuales hubo una rápida sucesión de presidentes. En 1845 Ramón Castilla llegó al poder por medios violentos y, con la excepción del breve período entre 1851 y 1854, mantuvo las riendas del gobierno hasta 1863. Según el crítico Merlin Compton, el hecho de que Palma experimentara los efectos de la dictadura durante sus años formativos fue decisivo en encauzar al joven literato hacia el liberalismo, aunque en sus años maduros Palma adoptó una actitud menos condenatoria hacia Castilla. Compton sugiere que Palma, viendo la violencia que seguía plagando al Perú durante el último tercio del siglo, llegó a la conclusión que sólo un presidente fuerte podía salvar al país del caos que reinaba.

Palma empezó a escribir poesía cuando aún era un adolescente. En 1848 se publicaron sus primeros versos en el periódico *El Comercio,* y ese mismo año asumió la dirección de *El Diablo,* una publicación satírica. Tres años más tarde escribió su primer cuento, «Consolación» y se representaron sus dos obras de teatro, *La hermana del verdugo* y *La muerte o la libertad.* Al año siguiente, se montó una tercera, titulada *Rodil.*

Las primeras actividades periodísticas de Palma revelan la visión romántica de un joven que anhela la libertad y se rebela contra la tiranía de la dictadura. De hecho, la burla del autoritarismo—ya sea del gobierno, ya sea de la Iglesia—será uno de los sellos de la prosa de Palma. En 1860 el joven escritor participó en un ataque contra la casa del presidente Castilla, y como resultado fue desterrado a Chile. Allí recomenzó sus actividades periodísticas, publicando en la *Revista del Pacífico* y la *Revista de Sud América.* Al volver al Perú tres años después, publicó su primera obra histórica, *Anales de la Inquisición de Lima.* Según Palma, esta indagación en el pasado de su país representó un paso importante hacia la creación de las «tradiciones»—breves cuentos o anécdotas sobre diversos aspectos de la historia o del folklore del Perú, en los cuales se mezclan los hechos y la ficción.

Palma fue nombrado cónsul en Pará, Brasil, pero creyendo que el clima le perjudicaba la salud, partió para París. Allí trabó amistad con el poeta romántico brasileño, Antonio Gonçalves Dias (1823–1864), quien le introdujo a la poesía de Heinrich Heine (1797–1856), escritor alemán admirado por su estilo muy pulido. En París Palma publicó un libro de poesía, *Armonías, libro de un desterrado,* y una antología de poesía chilena, peruana y boliviana, *Lira americana.* Antes de volver al Perú en 1865, viajó a Venecia, Londres y Nueva York.

Cuando Palma llegó a su país, Perú estaba involucrado en un conflicto con España. Palma fue nombrado Ministro de Guerra y por poco perdió la vida en una explosión. Apenas terminó la guerra con España, estalló una revolución, de la cual emergió victorioso el coronel José Balta. Palma, que había apoyado con estusiasmo a Balta, fue nombrado secretario del nuevo presidente y más tarde llegó a ser senador. Durante los años que siguieron Palma tuvo poco tiempo para la literatura, ya que su trabajo lo mantuvo constantemente ocupado.

La elección de 1872 cambió la situación radicalmente. Al llegar al poder Manuel Pardo, Balta fue encarcelado y asesinado. Palma, horrorizado por la brutalidad que dominaba la política peruana, comenzó a refugiarse en sus investigaciones históricas. Ese mismo año apareció la primera serie de las *Tradiciones peruanas.* Otras tradiciones salieron en periódicos. En 1874 apareció la segunda serie; en 1875 apareció la tercera; y en 1877, la cuarta.

En 1877 Palma también publicó un estudio histórico titulado «Monteagudo y Sánchez Carrión», en el cual trató de aclarar las circunstancias que habían conducido a los asesinatos del revolucionario argentino Bernardo Monteagudo, quien había llegado al Perú con San Martín, y del peruano Faustino Sánchez

Carrión. Palma sostenía que Monteagudo había sido apuñalado por orden de Sánchez Carrión, y que Bolívar había hecho envenenar a éste. El estudio desató una reacción furiosa por parte de los partidarios de Bolívar. Se le dirigieron a Palma críticas e insultos desde todas partes de América. Profundamente herido, Palma abandonó la historia. En 1878 fue nombrado miembro correspondiente de la Real Academia Española, un honor extraordinario para un hispanoamericano, lo cual hizo mucho para restaurar su prestigio.

Otra tragedia ocurrió durante la Guerra del Pacífico, entre Chile y Perú, que duró desde 1879 hasta 1883. Tropas chilenas incendiaron la biblioteca de Palma, que constaba de unos 4.000 tomos. También confiscaron y se llevaron a Chile la colección entera de la Biblioteca Nacional, en la cual Palma se desempeñaba como asistente del director. Aunque Palma dijo que jamás volvería a leer o a escribir, pronto reanudó sus actividades literarias, escribiendo para varios periódicos hispanoamericanos. Después de la Guerra del Pacífico fue nombrado director de la Biblioteca, y dedicó la mayoría del resto de su vida a su restauración. En 1883 salieron la quinta y sexta series de las *Tradiciones peruanas. Ropa vieja,* la séptima serie, fue publicada en 1889 y *Ropa apolillada,* la octava, en 1891.

En 1892 Palma fue el delegado del Perú a España para el Cuarto Centenario del Descubrimiento de América. Allí conoció a algunas de las figuras literarias más importantes de España: entre ellos al crítico Marcelino Menéndez y Pelayo y a los novelistas Juan Valera y Benito Pérez Galdós. También logró que algunos peruanismos fueran aceptados en el Diccionario de la Real Academia Española, a pesar de la oposición de muchos literatos españoles.

Durante los últimos años de su vida, Palma se preocupó especialmente por el tema ligüístico. Entre los libros de este período figuran *Neologismos y americanismos* (1896) y *Papeletas lexicográficas* (1903). También publicó la novena serie, *Tradiciones y artículos históricos* (1899), *Mis últimas tradiciones peruanas* (1906) y el *Apéndice a mis últimas tradiciones peruanas* (1910).

Estos años fueron amargados por conflictos con el gobierno. En 1912, Clemente, el hijo de Ricardo Palma, perdió su puesto de conservador de la Biblioteca Nacional a causa de unos artículos antigubernamentales que había escrito. A Palma se le negó permiso para nombrar al sucesor de Clemente y por consiguiente renunció, dejando el puesto al intrépido y mordaz Manuel González Prada. Con el cambio de gobierno en 1914, a Palma lo nombraron director honorífico de la Biblioteca.

Publicó su última tradición en 1915, un año antes de su muerte.

Sobre las *Tradiciones peruanas*

La «tradición» es un género literario original, inventado por Palma, aunque tiene raíces en el *costumbrismo romántico y en las leyendas y romances históricos y folklóricos. Es un cuadro o cuento en que se combinan la ficción y la historia. Figuran personajes sacados de los anales, diversos tipos sociales y también seres legendarios o bíblicos. Los retratos de mujeres limeñas de la época de los virreyes son especialmente perspicaces y sabrosos.

Hay una evolución marcada en las *Tradiciones*. En las más tempranas, los vínculos con el *romanticismo son aún muy estrechos. La exaltación del amor caracteriza muchas de estas narraciones. Hay un énfasis en la emoción, la belleza o la naturaleza. «La muerte en un beso», por ejemplo, trata de los amores de la india Oderay—«la flor más bella del vergel americano»—y el indio Toparca. Don García, un español, se enamora de la joven y apresa a su novio. Oderay se echa veneno a los labios y, al besar a don García, causa su muerte. Justo antes de morir ella misma, se reúne con Toparca y le cuenta lo que la hecho. Este se envenena besando a su amada apasionadamente, y los dos mueren juntos.

Más tarde, Palma repudia el sentimentalismo que caracteriza narraciones como «La muerte en un beso» y se aparta del romanticismo. En algunos casos revisa tradiciones, eliminando los elementos melodramáticos. Con el tiempo, el idealismo que caracteriza a escritores como Echeverría y Hernández cede a la ironía en Palma, sobre todo en las narraciones escritas aproximadamente después de 1870. El tono de la mayor parte de las *Tradiciones peruanas* es burlón, risueño, liviano.

El interés por el *folklore se nota en todos los aspectos de las *Tradiciones*. Palma se inspira en leyendas, detalles históricos, anécdotas, supersticiones. Recoge costumbres, dichos populares, juegos infantiles. Sin embargo, se distancia de los costumbristas por el elemento histórico. Los costumbristas españoles e hispanoamericanos observan la realidad que los rodea e intentan describir en detalle las costumbres—fiestas, comida, usos, ropa, lenguaje, actitudes—para guardarlas para la posteridad. Palma, en cambio, examina el pasado. Aunque le fascina el Perú de los incas y de la Conquista, la mayoría de sus tradiciones se sitúan en la Lima virreinal de los siglos XVII y XVIII. Reproduce el esplendor y decadencia del período colonial con cierta picardía o malicia.

El lenguaje es siempre una preocupación principal de Palma. Hay amplia evidencia de su gusto por las expresiones populares en las *Tradiciones*. Recoge un sinnúmero de refranes y de locuciones y giros locales.

«Dónde y cómo el Diablo perdió el poncho» es de la tercera serie, del Perú de los virreyes. Su estructura es típica de las *Tradiciones*. Comienza con una introducción que trae a la mente del autor cierto dicho, acontecimiento, leyenda, creencia popular o anécdota—en este caso, la expresión «donde el diablo perdió el poncho». Sigue una digresión histórica, por ejemplo, las observaciones sobre el conservadurismo de don Adeodato y su adherencia a la causa realista. (Se debe mencionar que en algunas tradiciones estas digresiones históricas son mucho más largas y complejas.) Sigue el cuento, en que se mezclan la fantasía y los hechos históricos y geográficos. Termina con un refrán, una moraleja o un verso infantil.

«Dónde y cómo el Diablo perdió el poncho» da amplio testimonio de la riqueza lingüística de las *Tradiciones*. Con sólo observar la abundancia de sinónimos de «Diablo»—Cachano, Maldito, Patudo, Cornudo, Carrampempe, Uñas Largas, Rabudo, etc.—nos damos cuenta de la fascinación de Palma con el habla popular.

A pesar de las dificultades que presenta por sus regionalismos y alusiones históricas, «Dónde y cómo el diablo perdió el poncho» sigue divirtiendo al lector moderno por su agudeza, sabor popular y buen humor.

Edición

Palma, Ricardo. *Tradiciones peruanas: selección.* Ed. Raimundo Lazo. México, D.F.: Porrúa, 1986

Crítica

Bazán, Dora. «El personaje femenino en las *Tradiciones peruanas.*» Sphinx. 2a época, (14) (1961):156–177

Bueno, Salvador. «Ricardo Palma siglo y medio después.» *Casa de las Américas.* 24 (140) (Sept.–Oct. 1983):120–126

Caillet-Bois, Julio. «Problemas de lengua y estilo en las *Tradiciones peruanas.*» *Revista de la Universidad de la Plata.* (3) (Jan.–March 1958):69–79

Compton, Merlin D. *Ricardo Palma.* Boston: Twayne, 1982

______. «Palma's Lima: A Record of Dark Delights.» *Américas.* 34 (6) (Nov.–Dec. 1982): 27–31

Flores, Angel, ed. *Orígenes del cuento hispanoamericano: Ricardo Palma y sus tradiciones.* México, D.F.: Premià, 1982 (Contiene artículos de Rosa Arciniega, Julio Díaz Falconí, Alberto Escobar, Jean Lamore, Jorge Guillermo Llosa, Alessandro Martinengo, Luis Monguió, José Miguel Oviedo, Walter Peñaloza, Raúl Porras Barrenechea, Noël Salomon.)

Georgescu, Paul Alexandru. «Lectura moderna de Ricardo Palma.» *Studi di Letteratura Ispano-americana* 12 (1982):5–21

González, Aníbal. «El periodismo en las *Tradiciones peruanas* de Ricardo Palma.» *Torre.* 2 (5) (1988):113–138

Miró, César. *Don Ricardo Palma: El patriarca de las Tradiciones.* Buenos Aires: Losada, 1953

Núñez, Estuardo. «Ricardo Palma: El fundador de un género literario hispanoamericano, la ‹tradición›.» 401–405. Intro. Robert G. Mead, Jr., Bibliog. Victor M. Berger. *Homenaje a Luis Alberto Sánchez.* Madrid: Insula, 1983

______. «Ricardo Palma y los ‹tradicionistas› hispanoamericanos.» 68–80. Eds. Roberto Bravo-Villarroel, Robert J. Morris, William T. Patterson. *Homage to Fave LaVerne Bumpass.* Lubbock: Texas Tech University Department of Classical and Romance Languages, 1981

Oviedo, José Miguel. *Genio y figura de Ricardo Palma.* Buenos Aires: Eudeba, 1965

Palma, Angélica. *Ricardo Palma.* Buenos Aires: Cóndor, 1933

Puccini, Dario. «La doble oralidad y otras claves de lectura de Ricardo Palma.» *Revista de Critica Literaria Latinoamericana.* 10 (20) (1984):263–268

Rodríguez Peralta, Phyllis, "Liberal Undercurrents in Palma's *Tradiciones peruanas.*" *Revista de Estudios Hispánicos.* (15) 2 (May 1981):283–297

Romero, Marie A. «Visión de lo femenino y de la mujer en Ricardo Palma.» *Ottawa Hispánica.* 5 (1983):1–16

Tanner, Roy. *The Humor of Irony and Satire in the Tradiciones peruanas.* Columbia: University of Missouri Press, 1986

______. "Ricardo Palma's Rhetorical Debt to Miguel de Cervantes." *Revista de Estudios Hispánicos.* 17 (3) (Oct. 1983):345–361

______. "Ricardo Palma and Francisco de Quevedo: A Case of Rhetorical Affinity and Debt." *Kentucky Romance Quarterly.* 31 (4) (1984):425–435

Dónde y cómo el Diablo perdió el poncho[1]

Ricardo Palma

«Y sépase usted, querido, que perdí la chaveta[2] y anduve en mula chúcara[3] y con estribos[4] largos por una muchacha nacida en la tierra donde al diablo le quitaron el poncho».

Así terminaba la narración de una de las aventuras de su mocedad mi amigo D. Adeodato de la Mentirola, anciano que militó al lado del coronel realista Sanjuanena[5] y que hoy mismo prefiere a todas las repúblicas teóricas y prácticas, habidas y por haber, el paternal gobierno de Fernando VII. Quitándole esta debilidad o manía, es mi amigo Adeodato una alhaja[6] de gran precio. Nadie mejor informado que él en los trapicheos de Bolívar con las limeñas, ni nadie como él sabe al dedillo[7] la antigua crónica escandalosa de esta ciudad de los reyes.[8] Cuenta las cosas con cierta llaneza[9] de lenguaje que pasma;[10] y yo, que me pirro[11] por averiguar la vida y milagros, no de los que viven, sino de los que están pudriendo tierra y criando malvas con el cogote,[12] ando pegado a él como botón a la camisa, y le doy cuerda,[13] y el señor de la Mentirola afloja lengua.[14]

—¿Y dónde y cómo fue que el diablo perdió el poncho? —le interrogué.

—¡Cómo! ¿Y usted que hace décimas[15] y que la echa[16] de cronista o de historietista y que escribe en los papeles públicos y que ha sido diputado a Congreso ignora lo que en mi tiempo sabían hasta los chicos de la amiga?[17] Así son las reputaciones literarias desde que entró la Patria.[18] ¡Hojarasca y soplillo![19] ¡Oropel,[20] puro oropel!

—¡Qué quiere usted, don Adeodato! Confieso mi ignorancia y le ruego que me ilustre; que enseñar al que no sabe, precepto es de la doctrina cristiana.

---

[1] **Donde el diablo perdió su poncho** is an idiomatic expression referring to somewhere distant and vague. A rough English equivalent would be "who knows where."
[2] **perdí... perdí el juicio, me volví loco**
[3] **salvaje, indómita**
[4] stirrups (The whole expression means roughly, "I went off the deep end.")
[5] **referencia a San Juan de la Frontera (Ayacucho), donde se desarrolló la batalla decisiva de la independencia de América el 9 de diciembre de 1824. Las fuerzas realistas fueron derrotadas por las de Sucre. El jefe del ejército español fue José de la Serna e Hinojosa. (Véase la nota 22.)**
[6] **joya**
[7] **al... perfectamente**
[8] **es decir, Lima**
[9] **sencillez**
[10] **sorprende, asombra**
[11] **me... me desvivo, tengo gran interés**
[12] **criando...** "pushing up daisies"
[13] **le... muestro interés en esta manía suya**
[14] **afloja... habla mucho**
[15] **estrofa poética de diez versos**
[16] **la... tiene pretensión de ser**
[17] **escuela primaria**
[18] **entró... comenzó la república (Hay que recordar que don Adeodato es realista.)**
[19] **hojarasca... cosas inútiles y sin sustancia**
[20] **cosa brillante pero de poco valor**

Parece que el contemporáneo de Pezuela[21] y La Serna[22] se sintió halagado con mi humildad; porque tras encender un cigarrillo se arrellanó[23] cómodamente en el sillón y soltó la sin hueso[24] con el relato que va en seguida. Por supuesto, que, como ustedes saben, ni Cristo ni sus discipulos soñaron en trasmontar los Andes (aunque doctísimos historiadores afirman que el apóstol Tomás o Tomé predicó el Evangelio en América) ni en esos tiempos se conocían el telégrafo, el vapor y la imprenta. Pero háganse ustedes, los de la vista miope, con éstos y otros anacronismos, y ahí va ad *pedem litera*[25] la conseja.[26]

I

Pues, señor, cuando Nuestro Señor Jesucristo peregrinaba por el mundo, caballero en mansísima borrica, dando vista a los ciegos y devolviendo a los tullidos[27] el uso y abuso de sus miembros, llegó a una región donde la arena formaba horizonte. De trecho en trecho se alzaba enhiesta y gárrula una palmera,[28] bajo cuya sombra solían detenerse el Divino Maestro y sus discípulos escogidos, los que, como quien no quiere la cosa,[29] llenaban de dátiles las alforjas.[30]

Aquel arenal parecía ser eterno; algo así como Dios, sin principio ni fin. Caía la tarde y los viajeros tenían ya entre pecho y espalda el temor de dormir sirviéndoles de toldo la bóveda estrellada,[31] cuando con el último rayo de sol se dibujó en lontananza la silueta de un campanario.

El Señor se puso la mano sobre los ojos, formando visera para mejor concentrar la visual, y dijo:

—Allí hay población. Pedro, tú que entiendes de náutica y geografía, ¿me sabrás decir qué ciudad es ésa?

San Pedro se relamió con[32] el piropo y contestó:

—Maestro, esa ciudad es Ica.

—¡Pues pica,[33] hombre, pica!

Y todos los apóstoles hincaron[34] con un huesecito el anca[35] de los rucios,[36] y a galope pollinesco[37] se encaminó la comitiva[38] al poblado.

Cerca ya de la ciudad se apearon todos para hacer una mano de *toilette*.[39] Se perfumaron las barbas con bálsamo de Judea, se ajustaron las sandalias, dieron un brochazo a la túnica y al manto, y siguieron la marcha, no sin prevenir antes el buen

---

[21] **Joaquín de la Pezuela (1761–1830), general español que se distinguió en el Alto Perú (actualmente Bolivia), donde derrotó al revolucionario Manuel Belgrano (1770–1820). Fue virrey del Perú de 1815 a 1821.**
[22] **José de la Serna e Hinojosa (1770–1832), militar y gobernante español. Fue el último virrey del Perú, de 1821 a 1824. Fue derrotado por Sucre en Ayacucho.**
[23] stretched out
[24] **la... la lengua (Es decir, comenzó a hablar.)**
[25] ***ad...* al pie de la letra, exactamente** (The correct Latin spelling would be *pedem litteræ*.)
[26] **cuento**
[27] **paralíticos**
[28] **De...** Every once in a while there would be a palm tree standing straight, the wind in its fronds
[29] **como... de una manera indiferente, sin mostrar mucho interés**
[30] saddlebags
[31] **de...** the starry heavens for a roof
[32] **se...** relished
[33] spur on (a horse or mule)
[34] **clavaron**
[35] rump
[36] greys, donkeys
[37] **de asno**
[38] **el grupo**
[39] **para...** to freshen up

Jesús a su apóstol favorito:

—Cuidado, Pedro, con tener malas pulgas[40] y cortar orejas.[41] Tus genialidades[42] nos ponen siempre en compromisos.

El apóstol se sonrojó hasta el blanco de los ojos; y nadie habría dicho, al ver su aire bonachón y compungido, que había sido un cortacaras.[43]

Los iqueños recibieron en palmas,[44] como se dice, a los ilustres huéspedes, y aunque a ellos les corriera prisa continuar su viaje, tan buenas trazas se dieron los habitantes para detenerlos y fueron tales los agasajos y festejos, que se pasaron ocho días como un suspiro.

Los vinos, de Elías, Boza y Falconí[45] anduvieron a boca qué quieres.[46] En aquellos ocho días fue Ica un remedo[47] de la gloria. Los médicos no pelechaban,[48] ni los boticarios vendían drogas: no hubo siquiera un dolor de muelas o un sarampión vergonzante.

A los escribanos les crió moho la pluma[49] por no tener ni un mal testimonio de que dar fe.[50] No ocurrió la menor pelotera[51] en los matrimonios, y, lo que es verdaderamente milagroso, se les endulzó la ponzoña a las serpientes de cascabel que un naturalista llamó suegras y cuñadas.

Bien se conocía que en la ciudad moraba el Sumo Bien. En Ica se respiraba paz y alegría y dicha.

La amabilidad, gracia y belleza de las iqueñas inspiraron a San Juan un soneto con estrambote,[52] que se publicó a la vez en el *Comercio, Nacional* y *Patria*. Los iqueños, entre copa y copa, comprometieron al apóstol-poeta para que escribiese el Apocalipsis:

pindárico[53] poema, inmortal obra,
donde falta razón; mas genio sobra

como dijo un poeta amigo mío.

En éstas y las otras, terminaba el octavo día, cuando el Señor recibió un parte[54] telegráfico en que lo llamaban con urgencia a Jerusalén, para impedir que la samaritana le arrancase el moño[55] a la Magdalena,[56], y recelando que el cariño popular pusiera obstáculos al viaje, llamó al jefe de los apóstoles, se encerró con él y le dijo:

—Pedro, componte como puedas; pero es preciso que con el alba tomemos el tole;[57] sin que nos sienta alma viviente. Circunstancias hay en que tiene uno que despedirse a la francesa.[58]

La Municipalidad tenía dispuesto un albazo[59] para aquella madrugada; pero se quedó con los cres-

---

[40] **tener... ponerte impaciente, enfadarte**
[41] **pelear**
[42] **malos humores**
[43] **hombre peleador**
[44] **recibieron... complacieron y dieron gusto en todo**
[45] **Ica es conocido por sus vinos.**
[46] **anduvieron...** were consumed immoderately
[47] **una imitación, imagen**
[48] **curaban a la gente**
[49] **les...** their pens grew moldy
[50] **de...** to certify
[51] **pelea**
[52] **versos que se agregan al final de una composición poética**
[53] **característico del poeta griego Píndaro (518–¿438? a. de J.C.), considerado uno de los mejores líricos de la Antigüedad**
[54] **comunicación**
[55] **le... pegara**
[56] **en el Nuevo Testamento, pecadora convertida por Jesucristo**
[57] **tomemos... huyamos**
[58] **a... sin decir adiós**
[59] **música al aire libre al amanecer**

pos hechos.[60] Los viajeros habían atravesado ya la laguna de Huacachina y perdídose en el horizonte.

Desde entonces las aguas de Huacachina adquirieron la virtud de curar todas las dolencias, exceptuando las mordeduras de los monos bravos.

Cuando habían ya puesto algunas millas de por medio, el Señor volvió el rostro a la ciudad y dijo:

—¿Conque dices, Pedro, que esta tierra se llama Ica?

—Sí, señor, Ica.

—Pues, hombre, ¡qué tierra tan rica!

Y alzando la mano derecha, la bendijo en el nombre del Padre, del Hijo y del Espíritu Santo.

II

Como los corresponsales de los periódicos hubieran escrito a Lima describiendo larga, menuda y pomposamente los jolgorios[61] y comilonas, recibió el Diablo, por el primer vapor de la mala[62] de Europa, la noticia y pormenores transmitidos por todos nuestros órganos de publicidad.

Diz que Cachano[63] se mordió de envidia el hocico, ¡pícaro trompudo!,[64] y que exclamó:

—¡Caracoles! ¡Pues yo no he de ser menos que El! No faltaba más...[65] A mí nadie me echa la pata encima.[66]

Y convocando incontinenti[67] a doce de sus cortesanos, los disfrazó con las caras de los apóstoles. Porque eso sí, Cucufo[68] sabe más que un cómico[69] y que una coqueta en esto de adobar el rostro y remedar fisonomías.

Pero como los corresponsales hubieran olvidado describir el traje de Cristo y el de sus discípulos, se imaginó el Maldito[70] que, para salir del atrenzo,[71] le bastaría consultar las estampas de cualquier álbum de viajes. Y sin más ni menos, él y sus camaradas se calzaron botas granaderas y se echaron sobre los hombros capa de cuatro puntas, es decir, poncho.

Los iqueños, al divisar la comitiva, creyeron que era el Señor que regresaba con sus escogidos, y salieron a recibirlo, resueltos a echar esta vez la casa por la ventana,[72] para que no tuviese el Hombre-Dios motivo de aburrimiento y se decidiese a sentar para siempre sus reales[73] en la ciudad.

Los iqueños eran hasta entonces felices, muy felices, archifelices. No se ocupaban de política, pagaban sin chistar la contribución,[74] y les importaba un pepino que gobernase el

---

[60] **con... con todas las preparaciones hechas pero sin poder realizar su plan**
[61] **fiestas**
[62] **valija del correo francés (Es decir, el Diablo recibió la noticia por los recortes de periódico que llegaron en el correo.)**
[63] **el Diablo**
[64] **que tiene el hocico grande**
[65] **No...** This is the last straw! I won't stand for it!
[66] **A...** Nobody walks all over me!
[67] **al instante, inmediatamente**
[68] **el Diablo**
[69] **un comediante, un actor**
[70] **el Diablo**
[71] **problema, apuro**
[72] **echar...** this time really to outdo themselves
[73] **sentar... quedarse para siempre**
[74] **pagaban...** they paid their taxes without complaining

preste Juan o el moro Muza.[75] No había entre ellos chismes ni quisquillas[76] de barrio a barrio y de casa a casa. No pensaban sino en cultivar los viñedos y hacerse todo el bien posible los unos a los otros. Rebosaban, en fin, tanta ventura y bienandanza, que daban dentera[77] a las comarcas vecinas.

Pero Carrampempe,[78] que no puede mirar la dicha ajena sin que le castañeteen de rabia las mandíbulas,[79] se propuso desde el primer instante meter la cola[80] y llevarlo todo al barrisco.[81]

Llegó el Cornudo[82] a tiempo que se celebraba en Ica el matrimonio de un mozo como un carnero con una moza como una oveja. La pareja era como mandada hacer de encargo,[83] por la igualdad de condición y de caracteres entre los novios, y prometía vivir siempre en paz y en gracia de Dios.

—Ni llamado con campanilla podría haber venido yo en mejor oportunidad—pensó el *Demonio*—, ¡Por vida de Santa Tecla, abogada de los pianos roncos![84]

Pero desgraciadamente para él, los novios habían confesado y comulgado aquella mañana; por ende,[85] no tenían vigor sobre ellos las asechanzas[86] y tentaciones del Patudo.

A las primeras copas bebidas en obsequio de la dichosa pareja, todas las cabezas se trastornaron, no con aquella alegría del espíritu, noble, expansiva y sin malicia, que reinó en los banquetes que honrara el Señor con su presencia, sino con el delirio sensual e inmundo de la materia.

Un mozalbete, especie de Don Juan Tenorio[87] en agraz,[88] principió[89] a dirigir palabras subversivas a la novia; y una jamona,[90] jubilada en el servicio,[91] lanzó al novio miradas de codicia. La vieja aquella era petróleo purito, y buscaba en el joven una chispa de fosfórica correspondencia para producir un incendio que no bastasen a apagar la bomba Garibaldi[92] ni todas las compañías de bomberos. No paró aquí la cosa.

Los abogados y escribanos se concertaron para embrollar pleitos; los médicos y boticarios celebraron acuerdo para subir el precio del *aqua fontis;*[93] las suegras se propusieron sacarles los ojos a los yernos; las mujeres se tornaron pedigüeñas[94] y antojadizas de joyas y trajes de terciopelo;

---

[75] **y...** and they didn't care who the heck was calling the shots
[76] pettiness
[77] **envidia**
[78] **el Diablo**
[79] **sin...** without gnashing his teeth
[80] **meter... hacer una estupidez o una maldad**
[81] **llevarlo... arruinarlo todo**
[82] **el Diablo**
[83] seemed to be made for each other
[84] **Por...** For the life of Saint Key, protector of out-of-tune pianos (mockery of invocations of saints, such as **Por vida de Santa María, abogada de las mujeres desamparadas,** which are common in Spanish)
[85] **por... por lo tanto**
[86] **engaños**
[87] **famoso seductor y personaje principal de *El burlador de Sevilla*, obra de teatro compuesta por Tirso de Molina (¿1583?–1648)**
[88] **en... en potencia (Se dice de la uva sin madurar.)**
[89] **comenzó**
[90] **vieja gorda**
[91] **jubilada...** retired from service (that is, too old to be up to such tricks)
[92] **bomba...** fire engine
[93] spring water, plain water
[94] **que pide mucho**

los hombres serios hablaron de club y de bochinche,[95] y para decirlo de una vez, hasta los municipales vociferaron sobre la necesidad de imponer al prójimo contribución de diez centavos por cada estornudo.

Aquello era la anarquía con todos sus horrores. Bien se ve que el Rabudo[96] andaba metido en la danza.

Y corrían las horas, y ya no se bebía por copas, sino por botellas, y los que antaño se arreglaban pacíficas monas,[97] se arrimaron esa noche una mona tan brava... tan brava... que rayaba en[98] hidrofóbica.[99]

La pobre novia, que, como hemos dicho, estaba en gracia de Dios, se afligía e iba de un lado para otro, rogando a todos que pusiesen paz entre los guapos, que, armados de sendas[100] estacas,[101] se estaban suavizando el cordobán[103] a garrotazos.[103]

El diablo se les ha metido en el cuerpo: no puede ser por menos —pensaba para sí la infeliz, que no iba descaminada en la presunción, y acercándose al Uñas largas[104] lo tomó del poncho, diciéndole:

—Pero, señor, vea usted que se matan...

—¿Y a mí qué me cuentas? —contestó con gran flema[105] el Tiñoso[106]. Yo no soy de esta parroquia. ¡Que se maten enhoramala! Mejor para el cura y para mí, que le serviré de sacristán.

La muchacha, que no podía, por cierto, calcular todo el alcance de una frase vulgar, le contestó:

—¡Jesús! ¡Y qué malas entrañas había su merced tenido! La cruz le hago.[108]

Y unió la acción a la palabra.

No bien vio el Maligno[109] los dedos de la chica formando las aspas de una cruz, cuando quiso escaparse como perro a quien ponen maza;[110] pero, teniéndolo ella sujeto del poncho, no le quedó al Tunante[111] más recurso que sacar la cabeza por la abertura, dejando la capa de cuatro puntas en manos de la doncella.

El Patón[112] y sus acólitos se evaporaron, pero es fama que desde entonces viene, de vez en cuando, Su Majestad Infernal a la ciudad de Ica en busca de su poncho. Cuando tal sucede, hay larga francachela[113] entre los monos bravos y...

Pin-pin,
San Agustín,
Que aquí el cuento tiene fin.[114]

---

[95] **de... como si estuvieran en un club o en una taberna, es decir, de una manera confusa y vulgar**
[96] **el Diablo**
[97] **borracheras**
[98] **rayaba... casi era**
[99] **que tiene horror al agua (Los borrachos aman el vino y odian el agua.)**
[100] **cada uno de una**
[101] **palos**
[102] **cuero de cabra**
[103] **golpes dados con la estaca (Pegándole a la piel de animal, se suaviza para que se pueda usar para hacer chaquetas o zapatos. En este caso, la piel se suaviza en la pelea porque los dos muchachos se golpean con las estacas.)**
[104] **el Diablo**
[105] **con...** very lazily
[106] **el Diablo**
[107] **Y...** You've really been nasty!
[108] **La... Estoy muy sorprendida. (Nótese el juego de palabras: «hacer cruces» significa o «estar sorprendido» o «hacer la señal de la Cruz», con la cual el Diablo se espanta.)**
[109] **el Diablo**
[110] **cualquier objeto que se le ata a la cola de un perro**
[111] **el Diablo**
[112] **el Diablo**
[113] **fiesta muy grande, orgía**
[114] **forma tradicional de terminar un cuento de niños**

SOBRE LA LECTURA

1. ¿Sobre qué expresión popular basa Palma esta «tradición»? ¿Cómo la introduce?
2. ¿Cómo caracteriza a don Adeodato de la Mentirola? ¿Cómo se sirve de este personaje para introducir el elemento histórico?
3. ¿Cómo descubrieron Jesús y sus discípulos el pueblo de Ica?
4. ¿Qué hicieron antes de entrar al pueblo?
5. ¿Cómo recibieron los iqueños a Jesús y a sus discípulos?
6. ¿Qué cambios ocurrieron en el pueblo?
7. ¿Por qué tuvieron los huéspedes que partir?
8. ¿Cómo se enteró el Diablo de la visita del Señor a Ica? ¿Qué decidió hacer?
9 ¿Cómo lo recibieron los iqueños? ¿Qué maldades hizo el Diablo en Ica?
10. ¿Dónde y cómo perdió su poncho?

HACIA EL ANÁLISIS LITERARIO

1. ¿Qué tono crea Palma en los primeros párrafos de esta tradición? ¿Cómo se sirve del cuento de don Adeodato para crear este tono?
2. ¿Cuál es su actitud hacia don Adeodato? ¿Cuál es el papel de éste dentro del contexto de la narración?
3. ¿Qué tipo de personaje es Jesús? ¿Cómo lo humaniza? ¿Demuestra Palma una verdadera falta de respeto hacia la religión en esta tradición? Explique.
4. ¿Cómo caracteriza a San Pedro? ¿A los otros discípulos? ¿Al Diablo?
5. ¿Qué anacronismos usa? ¿Cómo sirven a sus fines humorísticos?
6. ¿Qué otros elementos humorísticos hay en esta tradición?
7. ¿Cómo se sirve del lenguaje popular?
8. ¿Qué logra con mencionar tantos nombres del Diablo?
9. ¿Cómo se sirve de elementos históricos y geográficos para crear una fingida autenticidad?
10. ¿Qué elementos psicológicos emplea en esta narración? ¿Cuál es su actitud hacia los iqueños? ¿hacia los hombres en general?

TEXTO Y VIDA

1. ¿Por qué nos hacen reír los cuentos en que las figuras religiosas demuestran las mismas debilidades y preocupaciones que nosotros?
2. ¿Por qué cree usted que el Diablo figura en tantos cuentos populares?
3. ¿Cuál es la moraleja de esta tradición?
4. ¿Existen cuentos semejantes a éste en la tradición folklórica norteamericana?
5. ¿Qué expresiones populares norteamericanas se prestarían a este tipo de elaboración?
6. Invente usted una «tradición norteamericana.»

Eugenio Hostos: Ciudadano de América

Eugenio María de Hostos (1839–1903) nació en Mayagüez, Puerto Rico, pero por su dedicación a las causas del desarrollo y de la independencia cultural de toda Hispanoamérica era conocido como «Ciudadano de América». Viajó por todo el continente de la América del Sur, enseñó en las universidades de media docena de repúblicas y publicó sus artículos en un centenar de periódicos de diversos países.

De joven, después de terminar sus primeros estudios en Puerto Rico, Hostos partió para España, donde terminó el bachillerato. Quería ser militar, pero la oposición de su padre impidió que realizara esta ambición. A los dieciocho años ingresó en la Universidad Central de Madrid para estudiar derecho, pero no terminó la carrera. Sin embargo, dicha experiencia dejó huellas profundas en el futuro escritor. En Madrid, Hostos conoció a algunos discípulos del filósofo Julián Sanz del Río (1814–1869), quien introdujo en España las corrientes metafísicas alemanas, en particular la doctrina de Karl Krause (1781–1832).

El krausismo enseñaba que el universo era un inmenso organismo divino y que los hombres y las sociedades funcionaban como elementos de esta totalidad. Igual que la célula, la cual tiene cierta independencia dentro del cuerpo humano, el individuo goza de cierta libertad dentro de la totalidad universal. El hombre es el componente más perfecto del organismo; sin embargo, depende de las otras partes animales y vegetales, con las cuales tiene que mantenerse en armonía. Estos conceptos se reflejan en el panamericanismo de Hostos y en la importancia que le da a la integración de todos los elementos de la sociedad. El hincapié que los krausistas hacían en la educación también se ve en la obra de Hostos, quien se dedicó a la enseñanza durante toda su vida.

En 1863 Hostos escribió una novela, *La peregrinación de Bayoán,* aunque años más tarde rechazó este género literario como «malsano». Para Hostos la palabra escrita debía servir a la causa del progreso y de la iluminación. La educación, la inmigración, el ferrocarril, el republicanismo, las obras literarias como *Hamlet* y las leyendas de Palma, los grandes hombres de América—San Martín, George Washington, Sarmiento, Sucre, el general y político dominicano Gregorio Luperón—éstos son los temas que inspiraron la pluma de Hostos.

Primero se entregó al republicanismo español, pero cuando triunfó la causa en 1868, las promesas de independencia que los líderes del movimiento habían hecho a los países antillanos fueron olvidadas. Hostos se indignó y se volvió contra España. Marchó a Nueva York, donde se unió a los que trabajaban por la independencia de Cuba y dirigió el periódico *La Revolución.* Después partió para Colombia, convencido de la necesidad de movilizar el pensamiento hispanoamericano a favor de la independencia de Puerto Rico y de Cuba.

En todos los países que visitó Hostos predicó la independencia de las colonias antillanas, la importancia de la educación y del progreso, la necesidad de incorporar a la totalidad hispanoamericana los elementos marginados. En Perú publicó en el periódico *La Sociedad* sus ensayos «El chino», «El indio» y «El cholo». Años antes del movimiento indigenista iniciado por Manuel González Prada

(1848–1918) y la publicación de *La raza cósmica* del mexicano José Vasconcelos (1881–1959), Hostos escribió: «América deberá su porvenir a la fusión de razas; la civilización deberá sus adelantos futuros a los cruzamientos. El mestizo es la esperanza del progreso». («El cholo», 23 de diciembre de 1870)

En Lima Hostos fundó, con Federico Torrico, el periódico *La Patria,* en cuya sala de redacción se reunían conocidos intelectuales peruanos tales como Ricardo Palma. En *La Patria* Hostos defendió sus principios americanistas y republicanos y se ocupó de los problemas políticos y económicos de América.

En 1872 Hostos partió para Chile, donde publicó la *Bibliografía crítica de Plácido,* en que analizaba la obra del poeta cubano fusilado en La Habana en 1842, y un estudio sobre *Hamlet.*

Al año siguiente partió para Buenos Aires. Llegó en momentos difíciles para la República Argentina. La presidencia de Sarmiento estaba en sus últimos días y todavía había recuerdos de la fiebre amarilla que había diezmado la población. Además, las luchas entre los caudillos y el gobierno central no habían terminado. Sin embargo, en Argentina Hostos reanudó su lucha por la independencia cubana. Al llegarle la noticia del fusilamiento de algunos patriotas cubanos por orden de las autoridades españolas, Hostos publicó una serie de artículos y cartas en que censuró severamente a Emilio Castelar (1832–1899), cuarto y último presidente de la República Española. Una carta en particular—fechada el 9 de diciembre de 1873 y publicada en *La Tribuna*—fue tan vehemente que provocó una reacción violenta contra Hostos.

En 1874 Hostos partió para Nueva York, donde continuó su campaña por la independencia de Cuba. Después del fracaso de una expedición de patriotas cubanos, debido a un naufragio, Hostos se estableció en Santo Domingo, donde fundó el periódico *Las tres Antillas*. Pero su peregrinaje todavía no había llegado a su fin. Hostos viajó a Venezuela, donde desarrolló una intensa labor pedagógica. Al volver a la República Dominicana, fue nombrado director de la recién fundada Escuela Normal. Durante este período publicó *Los frutos de la Normal* (1881), *Lecciones de derecho constitucional* (1887) y *Moral social* (1888).

En 1888 el gobierno de Chile lo invitó a reorganizar el sistema educativo chileno. Hostos permaneció nueve años en Chile. Sus obra *Crisis constitucional de Chile* (1891) y sus *Programas de castellano* (1893) y de *Historia y geografía* (1893) datan de este período, así como sus *Cartas públicas acerca de Cuba* (1897).

Al darse cuenta de la inminencia de la guerra de España con los Estados Unidos, Hostos partió para Nueva York. Sin embargo, no consiguió del presidente McKinley ninguna promesa de independencia para Puerto Rico en el caso de que España perdiera sus colonias.

Al volver a la República Dominicana, Hostos recomenzó sus actividades pedagógicas. Fundó varias escuelas y escribió el *Proyecto general de enseñanza* (1901) y la *Historia de la pedagogía,* publicada en 1939 con sus *Obras completas.*

Hostos murió en 1903 sin ver sus sueños realizados. La Enmienda Platt de 1901 estipulaba las relaciones entre Cuba y los Estados Unidos, limitando la autonomía de la nación antillana, y Puerto Rico aún no había conseguido su independencia.

Sobre «La educación científica de la mujer»

Los ensayos de Hostos sobre «La educación científica de la mujer» fueron publicados en la *Revista Sud-América* entre junio y julio de 1873. El que se incluye aquí fue el primero de una serie de discursos pronunciados en la Academia de Bellas Letras de Santiago de Chile. Los tres ensayos están incluidos en *Obras completas* de Hostos, volumen 12, tomo 1 (edición de 1939). En 1990 se publicó una edición especial de los tres ensayos, con un estudio preliminar de Gabriela Mora.

En «La educación científica de la mujer» Hostos defiende la noción que el progreso de los países hispanoamericanos depende de la integración de la mujer al ámbito intelectual, hasta entonces reservado a los hombres. Profundamente influido por la importancia que los positivistas le daban a la experimentación científica, Hostos cree que la creación de madres que «enseñen científicamente a sus hijos» producirá «una patria que obedezca virilmente a la razón...» En cuanto a la función tradicional de la mujer, Hostos no aboga por un cambio en el *statu quo;* no habla de la formación de mujeres-científicos como Marie Curie, sino que cree que la mujer desempeñaría sus papeles acostumbrados de esposa y madre de una manera más efectiva si recibiera una educación más amplia. Se convertiría en una colaboradora del hombre, educando a sus hijos con el amor a las ciencias y la capacidad de gobernar con justicia.

Al lector moderno, la posición de Hostos le parecerá bastante alejada de la del feminismo de las últimas décadas del siglo veinte. Hostos basa sus argumentos en nociones tradicionales sobre la mujer: es, a diferencia del hombre, sentimental, y como «el sentimiento es más activo y por lo tanto más persuasivo y eficaz» en ella, será un instrumento eficaz de propaganda para la ciencia y la moralidad. Nombra a varios filósofos—por ejemplo a Adam Smith y a Immanuel Kant—cuyos sistemas morales hacen hincapié en la función del sentimiento. Para Hostos, el hombre es guiado mucho más que la mujer por la razón fría, mientras que ella es guiada por la emoción. Si esta pasión se utiliza al servicio del progreso y de la igualdad, la sociedad entera se beneficiará.

A pesar de su concepto bastante tradicional de la naturaleza femenina, Hostos se muestra muy progresista en sus ideas acerca del potencial de la mujer. Afirma que no es intelectualmente inferior al hombre, pero que la sociedad, dirigida por hombres que tienen en cuenta sólo sus propios motivos y metas, la ha convertido en un ser dependiente que no dispone de las armas necesarias ni para formar su propio futuro ni para encauzar los pasos de sus hijos. Gabriela Mora demuestra que con respecto a sus ideas acerca de la mujer, Hostos fue mucho más progresista que pensadores europeos como Spencer, Comte y Mill.

El concepto de Hostos del papel de la mujer hispanoamericana es sólo una parte de una visión mucho más amplia. Su dedicación al progreso se ve en su en entusiasmo por el establecimiento de un ferrocarril trasandino, en su insistencia en la importancia de las ciencias y la sociología en los planes de estudio escolares, en su fe en el periodismo como arma reformadora y en su inquebrantable esperanza por el futuro de América.

Ediciones

Hostos, Eugenio María de. *Obras completas.* San Juan, P.R.: Universidad de Puerto Rico, Río Piedra, 1988

———. *La educación científica de la mujer.* Estudio preliminar de Gabriela Mora. Río Piedras, P.R.: Universidad de Puerto Rico, 1990

Crítica

Blanco-Fombona, Rufino. *Hostos.* Montevideo: C. García, 1945

Bosch, Juan. *Hostos, el sembrador.* Río Piedras, P.R.: Huracán, 1976

Carreras, Carlos. *Ideario de Hostos.* San Juan, P.R.: Cordillera, 1966

———. *Hostos: apóstol de la libertad.* San Juan, P.R.: Cordillera, 1971

Hostos, Eugenio Carlos de. *Hostos: hispanoamericanista.* Madrid: Juan Bravo, 1952

———. *Hostos, peregrino del ideal.* París: Ediciones Literarias y Artísticas, 1954

Maldonado-Denis, Manual. «Introducción al pensamiento social de Eugenio María de Hostos.» *Casa de las Américas.* 21 (124) (Jan.–Feb. 1981):51–66.

Mora, Gabriela. *Hostos intimista: Introducción a su diario.* San Juan, P.R.: Instituto de Cultura Puertorriqueña, 1976

Rodríguez Demorizi, Emilio. *Luperón y Hostos.* Santo Domingo: Taller, 1975

———. *Visiones sobre Hostos.* Ed. Manuel Maldonado-Denis. Caracas: Ayacucho, 1989

La educación científica de la mujer

Eugenio María de Hostos

Esta Academia quiere un arte literario basado en la verdad, y fuera de la ciencia no hay verdad; quiere servir a la verdad por medio de la palabra, y fuera de la que conquista prosélitos[1] para la ciencia, no hay palabra; quiere, tiene que querer difusión para las verdades demostradas, y fuera de la propaganda continua no hay difusión; quiere, tiene que querer eficacia para la propaganda, y fuera de la irradiación del sentimiento no hay eficacia de verdad científica en pueblos niños que no han llegado todavía al libre uso de razón. Como el calor reanima los organismos más caducos, porque se hace sentir en los conductos más secretos de la vida, el sentimiento despierta el amor de la verdad en los pueblos no habituados a pensarla, porque hay una electricidad moral y el sentimiento es el mejor conductor de esa electricidad. El sentimiento es facultad inestable, transitoria e

[1] alguien que se ha convertido a una religión o que ha adoptado una nueva creencia

inconstante en nuestro sexo; es facultad estable, permanente, constante, en la mujer. Si nuestro fin es servir por medio del arte literario a la verdad, y en el estado actual de la vida chilena el medio más adecuado a ese fin es el sentimiento, y el sentimiento es más activo y por lo tanto más persuasivo y eficaz en la mujer, por una encadenación de ideas, por una rigurosa deducción llegaréis, como he llegado yo, a uno de los fines contenidos en la base primera: la educación científica de la mujer. Ella es sentimiento: educadla, y vuestra propaganda de verdad será eficaz; haced eficaz por medio de la mujer la propaganda redentora, y difundiréis por todas partes los principios eternos de la ciencia; difundid esos principios, y en cada labio tendréis palabras de verdad; dadme una generación que hable la verdad, y yo os daré una generación que haga el bien; daos madres que lo enseñen científicamente a sus hijos, y ellas os darán una patria que obedezca virilmente a la razón, que realice concienzudamente la libertad, que resuelva despacio el problema capital del Nuevo Mundo, basando la civilización en la ciencia, en la moralidad y en el trabajo, no en la fuerza corruptora, no en la moral indiferente, no en el predominio exclusivo del bienestar individual.

Pero educar a la mujer para la ciencia es empresa tan ardua a los ojos de casi todos los hombres, que aquellos en quienes tiene luz más viva la razón y más sana energía la voluntad, prefieren la tiniebla del error, prefieren la ociosidad de su energía, a la lucha que impone la tarea. Y no seréis vosotros los únicos, señores, que al llevar al silencio del hogar las congojas[2] acerbas que en todo espíritu de hombre destila el espectáculo de la anarquía moral e intelectual de nuestro siglo, no seréis vosotros los únicos que os espantéis de concebir que allí en el corazón afectuoso, en el cerebro ocioso, en el espíritu erial[3] de la mujer, está probablemente el germen de la nueva vida social, del nuevo mundo moral que en vano reclamáis de los gobiernos, de las costumbres, de las leyes. No seréis los únicos que os espantéis de concebirlo. Educada exclusivamente como está por el corazón y para él, aislada sistemáticamente como vive en la esfera de la idealidad enfermiza, la mujer es una planta que vegeta, no una conciencia que conoce su existencia; es una mimosa sensitiva que lastima el contacto de los hechos, que las brutalidades de la realidad marchitan; no una entidad de razón y de conciencia que amparada por ellas en su vida, lucha para desarrollarlas, las desarrolla para vivirlas, las vive libremente y las realiza. Vegetación, no vida; desarrollo fatal, no desarrollo libre; instinto, no razón; haz[4] de nervios irritables, no haz de facultades dirigibles; sístole-diástole[5] fatal[6] que dilata o contrae su existencia, no desenvolvimiento voluntario de su vida; eso han hecho de la mujer los errores que pesan sobre ella, las tradiciones sociales, intelectuales y morales que la abruman, y no es extraordinario que

---

[2] **angustias**
[3] **sin cultivar**
[4] **manojo, conglomeración**
[5] **contracción y dilatación del corazón y de las arterias que produce la circulación de la sangre**
[6] **inevitable**

cuando concebimos en la rehabilitación total de la mujer la esperanza de un nuevo orden social, la esperanza de la armonía moral e intelectual, nos espantemos: entregar la dirección del porvenir a un ser a quien no hemos sabido todavía entregar la dirección de su propia vida, es un peligro pavoroso.[7]

Y sin embargo, es necesario arrostrarlo,[8] porque es necesario vencerlo. Ese peligro es obra nuestra, es creación nuestra; es obra de nuestros errores, es creación de nuestras debilidades; y nosotros los hombres, los que monopolizamos la fuerza de que casi nunca sabemos hacer justo empleo; los que monopolizamos el poder social, que casi siempre manejamos con mano femenina; los que hacemos las leyes para nosotros, para el sexo masculino, para el sexo fuerte, a nuestro gusto, prescindiendo temerariamente de la mitad del género humano, nosotros somos responsables de los males que causan nuestra continua infracción de las leyes eternas de la naturaleza. Ley eterna de la naturaleza es igualdad moral del hombre y de la mujer, porque la mujer, como el hombre, es obrero de la vida; porque para desempeñar ese augusto ministerio, ella como él está dotada de las facultades creadoras que completan la formación física del hombre-bestia por la formación moral del hombre dios. Nosotros violamos esa ley, cuando reduciendo el ministerio de la mujer a la simple cooperación de la formación física del animal, le arrebatamos[9] el derecho de cooperar a la formación psíquica del ángel. Para acatar[10] las leyes de la naturaleza, no basta que las nuestras reconozcan la personalidad de la mujer, es necesario que instituyan esa personalidad, y sólo hay personalidad en donde hay responsabilidad y en donde la responsabilidad es efectiva. Más lógicos en nuestras costumbres que solemos serlo en las especulaciones de nuestro entendimiento, aún no nos hemos atrevido a declarar responsable del desorden moral e intelectual a la mujer, porque, aun sabiendo que en ese desorden tiene ella una parte de la culpa, nos avergonzamos de hacerla responsable. ¿Por magnanimidad, por fortaleza? No; por estricta equidad, porque si la mujer es cómplice de nuestras faltas y copartícipe de nuestros males, lo es por ignorancia, por impotencia moral; porque la abandonamos cobardemente en las contiendas[11] intelectuales que nosotros sostenemos con el error, porque la abandonamos impíamente a las congojas del cataclismo moral que atenebra la conciencia de este siglo. Reconstituyamos la personalidad de la mujer, instituyamos su responsabilidad ante sí misma, ante el hogar, ante la sociedad; y para hacerlo, restablezcamos la ley de la naturaleza, acatemos la igualdad moral de los dos sexos, devolvamos a la mujer el derecho de vivir racionalmente; hagámosle conocer este derecho, instruyámosla en todos sus deberes, eduquemos su conciencia para que ella sepa educar su corazón. Educada en su conciencia, será una personalidad responsable: educada en su corazón, responderá de su vida con las amables

[7] **horrible, que causa terror**
[8] **hacerle cara, enfrentarse con ello**
[9] **quitamos con violencia**
[10] **respetar**
[11] **luchas**

virtudes que hacen del vivir una satisfacción moral y corporal tanto como una resignación intelectual.

¿Cómo?

Ya lo sabéis: obedeciendo a la naturaleza. Más justa con el hombre que lo es él consigo mismo, la naturaleza previó que el ser a quien dotaba de la conciencia de su destino, no hubiera podido resignarse a tener por compañera a un simple mamífero; y al dar al hombre un colaborador de la vida en la mujer, dotó a ésta de las mismas facultades de razón y la hizo colaborador de su destino. Para que el hombre fuera hombre, es decir, digno de realizar los fines de su vida, la naturaleza le dio conciencia de ella, capacidad de conocer su origen, sus elementos favorables y contrarios, su trascendencia y relaciones, su deber y su derecho, su libertad y su responsabilidad; capacidad de sentir y de amar lo que sintiera; capacidad de querer y realizar lo que quisiera; capacidad de perfeccionarse y de mejorar por sí mismo las condiciones de su ser y por sí mismo elevar el ideal de su existencia. Idealistas o sensualistas, materialistas o positivistas, describan las facultades del espíritu según orden de ideas innatas o preestablecidas, según desarrollo del alma por el desarrollo de los sentidos, ya como meras modificaciones de la materia, ya como categorías, todos los filósofos y todos los psicólogos se han visto forzados a reconocer tres órdenes de facultades que conjuntamente constituyen la conciencia del ser humano, y que funcionando aisladamente constituyen su facultad de conocer, su facultad de sentir, su facultad de querer. Si estas facultades están con diversa intensidad repartidas en el hombre y la mujer, es un problema; pero que están total y parcialmente determinando la vida moral de uno y otro sexo, es un axioma: que los positivistas refieran al instinto la mayor parte de los medios atribuidos por los idealistas a la facultad de sentir; que Spinoza[12] y la escuela escocesa[13] señalen en los sentidos la mejor de las aptitudes que los racionalistas declaran privativas de la razón; que Krause[14] hiciera de la conciencia una como facultad de facultades; que Kant[15] resumiera en la razón pura todas las facultades del conocimiento y en la razón práctica

---

[12] Baruch Spinoza (1632–1677), filósofo judío de origen portugués, nacido en Amsterdam. Es autor del *Tractatus Theologico-politicus* y de la *Etica*. Aplicó el método cartesiano o racionalista al problema de la existencia de Dios.

[13] Los filósofos más importantes de la escuela escocesa fueron David Hume (1711–1776) y Adam Smith (1723–1790). Autor del célebre *Ensayo sobre el entendimiento humano*, Hume fue el líder del movimiento empírico, que enseñaba que la experiencia era la fuente del conocimiento. En su *Teoría de los sentimientos morales*, Smith arguye que por medio de la simpatía o compasión que les tenemos a nuestros prójimos, «entramos en las situaciones de otros hombres», lo cual nos motiva a crear un sistema ético.

[14] Karl Christian Friedrich Krause (1781–1832), filósofo alemán cuyas doctrinas panteístas tuvieron mucha influencia en España y en Hispanoamérica. Según Krause, el universo es un organismo divino del cual el hombre es un componente. Según esta filosofía, Dios incluye la naturaleza y la humanidad.

[15] Immanuel Kant (1724–1804), filósofo alemán que fue influido por Hume. En su *Crítica de la razón pura*, Kant afirma que la ley moral presupone la libertad, la inmortalidad y la existencia de Dios, a pesar de que la razón no puede justificar estas nociones.

todas las determinaciones del juicio, importa poco, en tanto que no se haya demostrado que el conocer, el sentir y el querer se ejercen de un modo absolutamente diverso en cada sexo. No se demostrará jamás, y siempre será base de la educación científica de la mujer la igualdad moral del ser humano. Se debe educar a la mujer para que sea ser humano, para que cultive y desarrolle sus facultades, para que practique su razón, para que viva su conciencia, no para que funcione en la vida social con las funciones privativas de mujer. Cuanto más ser humano se conozca y se sienta, más mujer querrá ser y sabrá ser.

Si se me permitiera distribuir en dos grupos las facultades y las actividades de nuestro ser, llamaría *conciencia* a las primeras, *corazón* a las segundas, para expresar las dos grandes fases de la educación de la mujer y para hacer comprender que si la razón, el sentimiento y la voluntad pueden y deben educarse en cuanto facultades, sólo pueden dirigirse en cuanto actividades: educación es también dirección, pero es externa, indirecta, mediata, extrapersonal; la dirección es esencialmente directa, inmediata, interna, personal. Como ser humano consciente, la mujer es educable; como corazón, sólo ella misma puede dirigirse. Que dirigirá mejor su corazón cuando esté más educada su conciencia; que sus actividades serán más saludables cuanto mejor desenvueltas estén sus facultades, es tan evidente y es tan obvio, que por eso es necesario, indispensable, obligatorio, educar científicamente a la mujer.

Ciencia es el conjunto de verdades demostradas o de hipótesis demostrables, ya se refieran al mundo exterior o al interior, al yo o al no-yo, como dice la antigua metafísica; comprende, por lo tanto, todos los objetos de conocimiento positivo e hipotético, desde la materia en sus varios elementos, formas, transformaciones, fines, necesidades y relaciones, hasta el espíritu en sus múltiples aptitudes, derechos, deberes, leyes, finalidad y progresiones; desde el ser hasta el no-ser; desde el conocimiento de las evoluciones de los astros hasta el conocimiento de las revoluciones del planeta; desde las leyes que rigen el universo físico hasta las que rigen el mundo moral; desde las verdades axiomáticas en que está basada la ciencia de lo bello, hasta los principios fundamentales de la moral; desde el conjunto de hipótesis que se refieren al origen, transmigración, civilización y decadencia de las razas, hasta el conjunto de hechos que constituyen la sociología.

Esta abrumadora diversidad de conocimientos, cada uno de los cuales puede absorber vidas enteras y en cada uno de los cuales establecen diferencias, divisiones y separaciones sucesivas el método, el rigor lógico y la especialización de hechos, de observaciones y de experimentaciones que antes no se habían comprobado, esta diversidad de conocimientos está virtualmente reducida a la unidad de la verdad, y se puede, por una sencilla generalización, abarcar en una simple serie. Todo lo cognoscible se refiere necesaria y absolutamente a alguno de nuestros medios de conocer. Conocemos por medio de nuestras facultades, y nuestras facultades están de tan íntimo modo ligadas entre sí, que lo que es conocer para las unas es sentir para las otras y querer para las restantes; y a veces la voluntad es sentimiento y conocimiento, y frecuentemente el sentimiento suple o completa e ilumina a la facultad que conoce y a la que realiza. Distribuyendo, pues, toda la ciencia conocida en tantas categorías cuantas facultades tenemos para conocer la verdad, para amarla y para ejercitarla, la abarcaremos en su unidad trascendental, y sin necesidad de conocerla en su abundante variedad, adquiriremos todos sus fundamentos, en los cuales, hombre o mujer, podemos todos conocer las leyes generales del universo, los caracteres propios de la materia y del espíritu, los fundamentos de la sociabilidad, los principios necesarios de derecho, los motivos, determinaciones y elementos de lo bello, la esencia y la necesidad de lo bueno y de lo justo.

Todo eso puede saberlo la mujer, porque para todos esos conocimientos tiene facultades; todo eso debe saberlo, porque sabiendo todo eso se emancipará de la tutela del error y de la esclavitud en que la misma ociosidad de sus facultades intelectuales y morales la retienen. Se ama lo que se conoce bello, bueno, verdadero; el universo, el mundo, el hombre, la sociedad, la ciencia, el arte, la moral, todo es bello, bueno y verdadero en sí mismo; conociéndolo todo en su esencia, ¿no sería todo más amado? Y habiendo necesariamente en la educación científica de la mujer un desenvolvimiento correlativo de su facultad de amar, ¿no amaría más conociendo cuanto hoy ama sin conocer? Amando más y con mejor amor, ¿no sería más eficaz su misión en la sociedad? Educada por ella, conocedora y creadora ya de las leyes inmutables del universo, del planeta, del espíritu, de las sociedades, libre ya de las supersticiones, de los errores, de los terrores en que continuamente zozobran[16] su sentimiento, su razón y su voluntad, ¿no sabría ser la primera y la última educadora de sus hijos, la primera para dirigir sus facultades, la última para moderar sus actividades, presentándoles siempre lo bello, lo bueno, lo verdadero como meta? La mujer es siempre madre; de sus hijos, porque les ha revelado la existencia; de su amado, porque le ha revelado la felicidad; de su esposo, porque le ha revelado la armonía. Madre, amante, esposa, toda mujer es una influencia. Armad de conocimientos científicos esa influencia, y soñad la existencia, la felicidad y la armonía inefable de que gozaría el hombre en el planeta, si la dadora, si la embellecedora, si la compañera de la vida fuera, como madre, nuestro guía científico; como amada, la amante reflexiva de nuestras ideas, y de nuestros designios virtuosos; como esposa, la compañera de nuestro cuerpo, de nuestra razón, de nuestro sentimiento, de nuestra voluntad y nuestra conciencia. Sería hombre completo. Hoy no lo es.

El hombre que educa a una mujer, ése vivirá en la plenitud de su ser, y hay en el mundo algunos hombres que saben vivir su vida entera; pero ellos no son el mundo, y el infinito número de crímenes, de atrocidades, de infracciones de toda ley que en toda hora se cometen en todos los ámbitos del mundo, están clamando contra las pasiones bestiales que la ignorancia de la mujer alienta en todas partes, contra los intereses

---

[16] **se hunden y se arriesgan**

infernales que una mujer educada moderaría en el corazón de cada hijo, de cada esposo, de cada padre.

Esta mujer americana, que tantas virtudes espontáneas atesora, que tan nobles ensueños acaricia, que tan alta razón despliega en el consejo de familia y tan enérgica voluntad pone al infortunio, que tan asombrosa perspicacia manifiesta y con tan poderosa intuición se asimila los conocimientos que el aumento de civilización diluye en la atmósfera intelectual de nuestro siglo; esta mujer americana, tan rebelde por tan digna, como dócil y educable por tan buena, es digna de la iniciación científica que está destinada a devolverle la integridad de su ser, la libertad de su conciencia, la responsabilidad de su existencia. En ella más que en nadie es perceptible en la América latina la trascendencia del cambio que se opera en el espíritu de la humanidad, y si ella no sabe de dónde viene la ansiosa vaguedad de sus deseos, a dónde van las tristezas morales, que la abaten, dónde está el ideal en que quisiera revivir su corazón, antes marchito que formado, ella sabe que está pronta para bendecir el nuevo mundo moral en donde, convertida la verdad en realidad, convertida en verdad la idea de lo bello; convertida en amable belleza la virtud, las tres Gracias[17] del mito simbólico descienden a la tierra y enlazadas estrechamente de la mano como estrechamente se enlazan la facultad de conocer lo verdadero, la facultad de querer lo justo, la facultad de amar lo bello, ciencia, conciencia y caridad se den la mano.

---

[17] **en la mitología antigua, las deidades que personificaban la belleza**

SOBRE LA LECTURA

1. Para Hostos, ¿sobre qué deben basarse las artes y las ciencias?
2. ¿Por qué, según él, es especialmente importante el papel de la mujer en las naciones que recién están empezando a desarrollarse?
3. ¿Cómo caracteriza al hombre y a la mujer?
4. Según Hostos, ¿por qué ven los hombres la educación de la mujer como una empresa ardua?
5. ¿En qué sentido es la mujer «una planta que vegeta»?
6. ¿Por qué no se ha desarrollado intelectualmente?
7. ¿De qué culpa Hostos al sexo masculino?
8. ¿Qué dice de la igualdad moral e intelectual?
9. ¿Por qué es tan importante la facultad de sentir en la búsqueda de la verdad? ¿A qué filósofos menciona Hostos para probar su punto de vista? ¿Por qué está la mujer especialmente dotada para ayudar en la búsqueda de la verdad?
10. Según el autor, ¿cuál será el resultado de la emancipación intelectual de la mujer? ¿Cómo afectará a la mujer misma? ¿Cómo afectará a sus hijos? ¿a la sociedad en general?

HACIA EL ANÁLISIS LITERARIO

1. ¿Cómo influye el positivismo en el estilo de Hostos? ¿Cómo usa la lógica? ¿Cómo estructura su discurso? ¿En qué sentido son sus métodos de argumentación «científicos»?
2. ¿Por qué cita a tantos filósofos conocidos?
3. ¿Qué efecto logra al mencionar a las tres Gracias?
4. ¿En qué se nota que éste fue un discurso antes de publicarse como artículo periodístico? ¿Cómo afecta el aspecto oral al tono de «La educación científica de la mujer»?
5. ¿Cómo varía Hostos su tono? ¿Qué tipos de reacción intenta provocar en el auditorio?

TEXTO Y VIDA

1. ¿Cómo cree usted que el auditorio habrá reaccionado al discurso de Hostos?
2. ¿En qué sentido representa Hostos una perspectiva muy tradicional?
3. ¿Qué piensa usted de la caracterización del hombre y de la mujer? ¿Está usted de acuerdo con Hostos?
4. ¿Cuáles son los elementos más modernos y revolucionarios de su discurso?
5. ¿Tiene Hostos razón al culpar al hombre del atraso intelectual de la mujer?
6. ¿Qué piensa usted de los argumentos que propone Hostos a favor de la educación científica de la mujer?
7. ¿Cree usted que la mujer tiene un papel más importante en los países que están desarrollándose que en los países más avanzados? ¿Por qué?
8. En su opinión, ¿se ha realizado el sueño de Hostos? ¿Recibe la mujer una preparación intelectual igual a la del hombre? ¿Con qué resultados?

Isaacs: El novelista más leído del siglo

No se puede pintar un cuadro completo del *romanticismo sin incluir la novela más leída del público latinoamericano del siglo XIX, *María,* de Jorge Isaacs (1837–1895). *María* es la mejor expresión de la pasión trágica que caracteriza al amor romántico.

El autor nació en Cali, Colombia, hijo de un judío converso de origen inglés que provenía de Jamaica, y de una colombiana de procedencia española. Pasó su niñez en las haciendas de su padre, La Manuelita y El Paraíso, pero la guerra civil del Cauca, en el suroeste del país, tuvo efectos muy dañinos en las finanzas de la familia. En 1848 Jorge se trasladó a Bogotá, donde hizo sus estudios secundarios en el colegio del Espíritu Santo. Los problemas económicos de su familia impidieron que realizara su sueño de estudiar medicina. Entonces, regresó a las tierras de su padre y en 1859 se casó.

Isaacs participó activamente en la política de su país. En 1854 el general José María Melo (1800–1861) se rebeló contra el gobierno central y estableció una dictadura. Isaacs combatió en contra del levantamiento de Melo. En 1858, una nueva constitución proclamó el sistema federal, pero una rebelión en el Cauca, dirigida por Tomás Cipriano Mosquera (1798–1878), derribó al presidente de la república, Mariano Ospina Rodríguez. Isaacs volvió a combatir a favor del gobierno central, tomando armas contra el general Mosquera en 1860. Mosquera logró ponerse al frente del gobierno y en 1863 elaboró una constitución federal que creaba los Estados Unidos de Colombia. En cuanto a sus ideas políticas, Isaacs evolucionó del conservadurismo de su juventud al liberalismo radical en su madurez.

Después de la muerte de su padre, Isaacs se encargó de los negocios de la familia, pero tuvo poco éxito. De vuelta en Bogotá, se asoció con el grupo literario El Mosaico, que publicaba una revista en la que aparecían obras de escritores de diversas orientaciones políticas. Isaacs ya había empezado a escribir poesía. Su primera colección, titulada simplemente *Poesías,* apareció en 1864. Escribió su novela entre 1864 y 1866, comenzándola en las selvas del cañón del Dagua, en la región del valle del Cauca donde trabajaba como director de obras civiles, y terminándola en Cali. Fue publicada en 1867. Entre 1870 y 1873 Isaacs fue cónsul de Colombia en Chile. En 1876 fue nombrado Superintendente de Instrucción Pública en Popayán, capital del departamento del Cauca. Volvió a tomar armas en la guerra civil de 1877 y más tarde en el levantamiento contra el gobierno de Antioquia, departamento situado en el noroeste del país. Isaacs relata los acontecimientos de la rebelión en *La revolución radical en Antioquia* (1880). En 1881 fue nombrado secretario de la comisión científica para la exploración del litoral del Atlántico. Recorrió muchos de los ríos del país y escribió algunas de sus observaciones en *Estudio sobre las tribus indígenas del Departamento del Magdalena* (1881).

Isaacs escribió varios poemas largos, entre ellos, una composición sobre Antioquia, «La tierra de Córdoba» y «Saulo». *Canciones y coplas populares* apareció póstumamente en 1885. Al terminar sus expediciones, Isaacs se retiró a Ibagué, capital del departamento de Tolima, al norte del Cauca, donde murió de paludismo.

Sobre *María*

La novela de Isaacs es la historia del amor inocente e imposible de Efraín y su hermosa prima María. Narrada autobiográficamente por Efraín, la novela convierte la devoción del protagonista en un desafío heroico. Efraín persiste en su amor por María a pesar de todos los obstáculos.

El argumento es sencillo: Al volver a la casa de su padre en el valle del Cauca, después de haber pasado varios años estudiando en Bogotá, Efraín se enamora de María, la compañera de su niñez, ahora convertida en una bella joven de quince años. Efraín y ella gozan de un casto idilio lleno de momentos deliciosos. Sin embargo, la felicidad no puede durar. María padece de epilepsia, una letal enfermedad hereditaria que le quitó la vida a su madre. El padre de Efraín teme que la emoción del matrimonio pueda agravar el estado de María. Entonces, manda a su hijo a Londres para estudiar medicina, con la esperanza de que olvide a María. Durante la ausencia de Efraín, María muere. El muchacho vuelve a la hacienda y visita la tumba de su amada. Entonces parte «a galope por en medio de la pampa solitaria, cuyo vasto horizonte ennegrecía la noche».

A diferencia de muchas otras novelas románticas, *María* no tiene objetivos políticos ni tampoco tiene pretensiones de novela histórica o indigenista. Se recrean en *María* las costumbres del Cauca—las tertulias, los pasatiempos, las lecturas, el cultivo del café, los bailes y fiestas de los esclavos. Se reproducen los regionalismos, en particular, el habla de los negros. Sin embargo, a pesar del ambiente regional, los detalles autóctonos y el uso de vocablos locales, la novela no cabe dentro del marco del *costumbrismo, ya que las evocaciones de provincia son siempre subordinadas a la trama.

Muchos críticos han elogiado la fuerza de los personajes de Isaacs, aunque a veces las reacciones apasionadas de Efraín pueden parecerle algo exageradas al lector moderno. Por ejemplo, en un episodio el joven se enfada con María por una pequeñez y tira por la ventana las flores que le había traído. En otro—que se incluye aquí—, Efraín vadea un río peligroso en una tempestad para conseguir un médico para María. Otros personajes—el padre de Efraín, su hermana Emma, el montañés Braulio y los esclavos de la hacienda—también cobran vitalidad por medio de acciones y detalles reveladores.

Las descripciones de la naturaleza son muy precisas. El paisaje en *María* se convierte en una fuerza operativa, anunciando las obras de autores posteriores como José Eustasio Rivera (1889–1928), Rómulo Gallegos (1884–1969) o Alejo Carpentier (1904–1980). Tal vez por primera vez en la ficción hispanoamericana, la naturaleza se retrata de una manera auténtica. Isaacs nombra plantas y animales, evocando una localidad muy específica y creando una intimidad entre el hombre y su ambiente natural. Retrata el valle del Cauca—sus ríos, sus fieras, su vegetación—con tanta exactitud y cariño que en la mente del lector hispanoamericano la zona está vinculada inexorablemente con la novela. En su prólogo a *María* el crítico Eduardo López Morales escribe: «La selva se presenta con una personalidad autónoma, que es descrita con todo vigor y precisión en uno de los pasajes memorables de la literatura latinoamericana, toda vez que participa inalienablemente de la acción dramática del viaje odisea en una visión técnica muy cercana de la cinematografía». Existe una unión estrechísima entre la naturaleza y el protagonista. Los campos idealizados son el marco de los idilios de los jóvenes enamorados. En el capítulo XV la tempestad refleja la pasión incontenible del amante. La naturaleza también provee incontables agüeros. El gemido del viento, el brillo de la luna o el graznido de un ave de rapiña crean un ambiente de miedo que presagia la tragedia. Al final de la novela, es la atracción misteriosa de la naturaleza lo que le da a la partida de Efraín su sentido fatídico.

Isaacs también usa precisión en sus referencias geográficas. Menciona varios ríos—el Sabaletas, el Amaime, el Nima—además de pueblos y poblaciones. Sin embargo, a menudo evita la mención de lugares y de apellidos cuando éstos pueden servir para identificar a individuos específicos; se refiere, por ejemplo, al «piano de U***», a «los señores de M***» o a «la villa de P***».

Aunque no se sabe si la heroína de la novela está basada en una persona real, es evidente que *María* contiene elementos autobiográficos. Los nombres típicamente judíos de algunos de los personajes recuerdan a ciertos miembros de la familia del autor. Como Isaacs, Efraín vive en el Cauca, estudia en Bogotá, quiere ser médico y tiene problemas económicos. Pero son las descripciones de la vida diaria de la hacienda lo que imbuye la novela de un sentido de experiencia vivida.

De interés especial son las relaciones entre blancos y negros. Gustavo Mejía apunta que el Cauca fue uno de los centros más importantes de mano de obra esclava. Isaacs idealiza la situación de los esclavos, retratándolos como personas pintorescas e infantiles que aceptan de buena voluntad la protección de un patrón paternalista. El padre de Efraín trata a sus esclavos con cariño, pero sin romper nunca las barreras que separan al amo del siervo. Los esclavos devuelven este cariño, sin que se vislumbre en ellos el menor descontento.

Isaacs menciona a varios escritores y obras en su novela. El capítulo XIII, por ejemplo, comienza con una referencia a *Atala* de Chateaubriand. No puede haber duda de que las grandes novelas del romanticismo europeo dejaran huellas en el autor colombiano. Sin embargo, Isaacs transforma la novela romántica, imbuyéndola de un sabor innegablemente americano. *María* tuvo un éxito tremendo no sólo en Latinoamérica sino en Europa. Es una de las pocas novelas latinoamericanas del siglo XIX que se tradujeron al inglés y al francés.

Aquí se incluyen tres segmentos de la novela: En el primero, Efraín cuenta su regreso a la hacienda después de haber estudiado en Bogotá, y sus primeras impresiones de María. En el segundo, se describen las consecuencias de un episodio epiléptico de María y la búsqueda del médico. En el último, Efraín, de vuelta de Londres, se entera de la muerte de María y visita su tumba.

Ediciones

Isaacs, Jorge. *María.* Estudio preliminar por Enrique Anderson Imbert. México: Fondo de Cultura, 1951

______. *Maria.* Ed. Eduardo López Morales. La Habana: Casa de las Américas, 1970

______. *María.* Ed. Gustavo Mejía. Buenos Aires: Hyspamérica, 1986

Crítica

Beane, Carol. «Black Character: Toward a Dialectal Presentation in Three South American Novels.» 181–198. Ed. William Luis. *Voices from Under: Black Narrative in Latin America and the Caribbean.* Westport, Conn.: Greenwood, 1984

Borello, Rodolfo A. «Sociedad y paternalismo en *María.*» *Ottawa Hispánica.* 2 (1980): 33–49.

Laguado, Arturo. «Jorge Isaacs en su tiempo.» Colombia: *Boletín Cultural y Bibliográfico.* 20 (2) (1983):107–111

Magnarelli, Sharon. «*María* and History.» *Hispanic Review.* 49(2) (Spring 1981):209–217.

______. "Woman as Dramatized Reader: *María* and *La traición de Rita Hayworth.*" *Hispanófila.* 32([94]) (Sept. 1988):79–88

McGrady, Donald. *Jorge Isaacs.* New York: Twayne, 1972

Molloy, Sylvia. «Paraíso perdido y economía terrenal en *María.*» *Sin Nombre.* 14 (3) (April–June 1984):36–55

Pérus Coinet, Françoise. «*María* de Jorge Isaacs o la negación del espacio novelesco.» *Nueva Revista de Filología Hispánica.* 35 (2) (1987):721–751

Porras Collantes, Ernesto. «Contemplación en la estructura de *María.*» *Thesaurus.* 31 (1976):327–357

______. «Paralelismo y oposición en la estructura de *María.*» *Thesaurus.* 31 (1976):58–83

Sklodowska, Elzbieta. «*María* de Jorge Isaacs, ante la crítica.» *Thesaurus.* 38(3) (Sept.–Dec. 1983):617–624

Tittler, Jonathan. «Tropos tropicales: Paisajes figurados en *María. La vorágine* y *El otoño del patriarca.*» *Discurso Literario.* 2(2) (1985):507–518

Williams, Raymond L. «The Problem of Unity in Fiction: Narrator and Self in *María,*» *Modern Language Notes.* 101(2) (March 1986):342–353

María (fragmentos)

Jorge Isaacs

[El regreso a la hacienda y primeras impresiones de María]

A los hermanos de Efraín

He aquí, caros[1] amigos míos, la historia de la adolescencia de aquél a quien tanto amasteis y que ya no existe. Mucho tiempo os he hecho esperar estas páginas. Después de escritas me han parecido pálidas e indignas de ser ofrecidas como un testimonio de mi gratitud y de mi afecto. Vosotros no ignoráis las palabras que pronunció aquella noche terrible, al poner en mis manos el libro de sus recuerdos: «Lo que ahí falta tú lo sabes; podrás leer hasta lo que mis lágrimas han borrado». ¡Dulce y triste misión! Leedlas, pues, y si suspendéis la lectura para llorar, ese llanto me probará que la he cumplido fielmente.

[1] queridos

I

Era yo niño, aún cuando me alejaron de la casa paterna para que diera principio a mis estudios en el colegio del doctor Lorenzo María Lleras, establecido en Bogotá hacía pocos años, y famoso en toda la República por aquel tiempo.

En la noche víspera de mi viaje, después de la velada,[2] entró a mi cuarto una de mis hermanas, y sin decirme una sola palabra cariñosa, porque los sollozos le embargaban[3] la voz, cortó de mi cabeza unos cabellos: cuando salió, habían rodado por mi cuello algunas lágrimas suyas.

Me dormí llorando y experimenté como un vago presentimiento de muchos pesares que debía sufrir después. Esos cabellos quitados a una cabeza infantil, aquella precaución del amor contra la muerte delante de tanta vida, hicieron que durante el sueño vagase mi alma por todos los sitios donde había pasado, sin comprenderlo, las horas más felices de mi existencia.

A la mañana siguiente mi padre desató de mi cabeza, humedecida por tantas lágrimas, los brazos de mi madre. Mis hermanas al decirme sus adioses las enjugaron con besos. María esperó humildemente su turno, y balbuciendo su despedida, juntó su mejilla sonrosada a la mía, helada por la primera sensación de dolor.

Pocos momentos después seguí a mi padre, que ocultaba el rostro a mis miradas. Las pisadas de nuestros caballos en el sendero guijarroso[4] ahogaban mis últimos sollozos. El rumor del Sabaletas, cuyas vegas quedaban a nuestra derecha, se aminoraba por instantes. Dábamos ya la vuelta a una de las colinas de la vereda en las que solían divisarse desde la casa viajeros deseados; volví la vista hacia ella buscando uno de tantos seres queridos: María estaba bajo las enredaderas[5] que adornaban las ventanas del aposento de mi madre.

II

Pasados seis años, los últimos días de un lujoso agosto me recibieron al regresar al nativo valle. Mi corazón rebosaba de amor patrio. Era ya la última jornada del viaje, y yo gozaba de la más perfumada mañana del verano. El cielo tenía un tinte azul pálido: hacia el oriente y sobre las crestas altísimas de las montañas, medio enlutadas[6] aún, vagaban algunas nubecillas de oro, como las gasas del turbante de una bailarina esparcidas por un aliento amoroso. Hacia el sur flotaban las nieblas que durante la noche habían embozado los montes lejanos. Cruzaba planicies de verdes gramales,[7] regadas por riachuelos cuyo paso me obstruían hermosas vacadas, que abandonaban sus sesteaderos para internarse en las lagunas o en sendas abovedadas[8] por florecidos písamos[9] e higuerones frondosos. Mis ojos se

---

[2] **reunión nocturna**
[3] **quitaban**
[4] **con muchas piedras**
[5] vines
[6] **oscuras** (literally, in mourning)
[7] Bermuda grass
[8] **sendas...** pathways vaulted
[9] **bucare, tipo de árbol nativo de América**

habían fijado con avidez en aquellos sitios medio ocultos al viajero por las copas de añosos guaduales;[10] en aquellos cortijos donde había dejado gentes virtuosas y amigas. En tales momentos no habrían conmovido mi corazón las arias del piano de U***: ¡los perfumes que aspiraba eran tan gratos comparados con el de los vestidos lujosos de ella, el canto de aquellas aves sin nombre tenía armonías tan dulces a mi corazón!

Estaba mudo ante tanta belleza, como recuerdo había creído conservar en la memoria porque algunas de mis estrofas, admiradas por mis condiscípulos, tenían de ella pálidas tintas. Cuando en un salón de baile inundado de luz, lleno de melodías voluptuosas, de aromas mil mezclados, de susurros de tantos ropajes de mujeres seductoras, encontramos aquélla con quien hemos soñado a los diez y ocho años, y una mirada fugitiva suya quema nuestra frente, y su voz hace enmudecer por un instante toda otra voz para nosotros, y sus flores dejan tras sí esencias desconocidas; entonces caemos en una postración celestial: nuestra voz es impotente, nuestros oídos no escuchan ya la suya, nuestras miradas no pueden seguirla. Pero cuando, refrescada la mente, vuelve ella a la memoria horas después, nuestros labios murmuran en cantares su alabanza, y es esa mujer, es su acento, es su mirada, es su leve paso sobre las alfombras, lo que remeda[11] aquel canto, que el vulgo[12] creerá ideal. Así el cielo, los horizontes, las pampas y las cumbres del Cauca, hacen enmudecer a quien los contempla. Las grandes bellezas de la creación no pueden a un tiempo ser vistas y cantadas: es necesario que vuelvan al alma empalidecidas por la memoria infiel.

Antes de ponerse el sol, ya había yo visto blanquear sobre la falda de la montaña la casa de mis padres. Al acercarme a ella, contaba con mirada ansiosa los grupos de sus sauces y naranjos, al través de los cuales vi cruzar poco después las luces que se repartían en las habitaciones.

Respiraba al fin aquel olor nunca olvidado del huerto que se vio formar. Las herraduras[13] de mi caballo chispearon sobre el empedrado del patio. Oí un grito indefinible; era la voz de mi madre; al estrecharme ella en los brazos y acercarme a su pecho, una sombra me cubrió los ojos: supremo placer que conmovía a una naturaleza virgen.

Cuando traté de reconocer en las mujeres que veía, a las hermanas que dejé niñas, María estaba en pie junto a mí, y velaban sus ojos anchos párpados orlados[14] de largas pestañas. Fue su rostro el que se cubrió de más notable rubor cuando al rodar mi brazo de sus hombros, rozó con su talle; y sus ojos estaban humedecidos aún, al sonreír a mi primera expresión afectuosa, como los de un niño cuyo llanto ha acallado una caricia materna.

III

A las ocho fuimos al comedor, que estaba pintorescamente situado en la parte oriental de la casa. Desde él se veían las crestas desnudas de las

---

[10] **sitio poblado de guaduas, un tipo de bambú gigantesco de América**
[11] **imita**
[12] **la gente común**
[13] horseshoes
[14] fringed

montañas sobre el fondo estrellado del cielo. Las auras del desierto pasaban por el jardín recogiendo aromas para venir a juguetear con los rosales que nos rodeaban. El viento voluble dejaba oír por instantes el rumor del río. Aquella naturaleza parecía ostentar toda la hermosura de sus noches, como para recibir a un huésped amigo.

Mi padre ocupó la cabecera de la mesa y me hizo colocar a su derecha; mi madre se sentó a la izquierda, como de costumbre; mis hermanas y los niños se situaron indistintamente, y María quedó frente a mí.

Mi padre, encanecido durante mi ausencia, me dirigía miradas de satisfacción, y sonreía con aquel su modo malicioso y dulce a un mismo tiempo, que no he visto nunca en otros labios. Mi madre hablaba poco porque en esos momentos era más feliz que todos los que la rodeaban. Mis hermanas[15] se empeñaban en hacerme probar las colaciones y cremas; y se sonrojaba aquella a quien yo dirigía una palabra lisonjera[16] o una mirada examinadora. María me ocultaba sus ojos tenazmente; pero pude admirar en ellos la brillantez y hermosura de los de las mujeres de su raza;[17] en dos o tres veces que a su pesar se encontraron de lleno con los míos; sus labios rojos, húmedos y graciosamente imperativos, me mostraron sólo un instante el velado primor[18] de su linda dentadura. Llevaba, como mis hermanas, la abundante cabellera castaño-oscura arreglada en dos trenzas, sobre el nacimiento de una de las cuales se veía un clavel encarnado.[19] Vestía un traje de muselina ligera, casi azul, del cual sólo se descubría parte del corpiño[20] la falda, pues un pañolón de algodón fino color de púrpura, le ocultaba el seno hasta la base de su garganta de blancura mate. Al volver las trenzas a la espalda, de donde rodaban al inclinarse ella a servir, admiré el envés de sus brazos deliciosamente torneados, y sus manos cuidadas como las de una reina.

Concluida la cena, los esclavos levantaron los manteles;[21] uno de ellos rezó el *Padre nuestro,* y sus amos completamos la oración.

La conversación se hizo entonces confidencial entre mis padres y yo.

María tomó en brazos el niño que dormía en su regazo, y mis hermanas la siguieron a los aposentos: ellas la amaban mucho y se disputaban su dulce afecto.

Ya en el salón, mi padre para retirarse, les besó la frente a sus hijas. Quiso mi madre que yo viera el cuarto que se me había destinado. Mis hermanas y María, menos tímidas ya, querían observar qué efecto me causaba el esmero[22] con que estaba adornado. El cuarto quedaba en el extremo del corredor del frente de la casa: su única ventana tenía por la parte de adentro la altura de una mesa cómoda; en aquel momento, estando abiertas las hojas y rejas, entraban por ella floridas ramas de rosales a acabar de engalanar[23] la mesa, en donde un hermoso florero de porcelana azul contenía trabajosamente en su copa azucenas y lirios, claveles y

---

[15] **confites o bombones**
[16] flattering
[17] **alcurnia, familia**
[18] **hermosura, perfección**
[19] **rojo**
[20] bodice
[21] **levantaron...** cleared the table
[22] **cuidado**
[23] **adornar, hermosear**

campanillas moradas del río. Las cortinas del lecho eran de gasa blanca atadas a las columnas con cintas anchas color de rosa; y cerca de la cabecera, por una fineza materna, estaba la Dolorosa[24] pequeña que me había servido para mis altares cuando era niño. Algunos mapas, asientos cómodos y un hermoso juego de baño completaban el ajuar.[25]

—¡Qué bellas flores!—exclamé al ver todas las que del jardín y del florero cubrían la mesa.

—María recordaba cuánto te agradaban—observó mi madre.

Volví los ojos para darle las gracias, y los suyos como que se esforzaban en soportar aquella vez mi mirada.

—María—dije—, va a guardármelas, porque son nocivas[26] en la pieza donde se duerme.

—¿Es verdad?—respondió—; pues las repondré mañana.

¡Qué dulce era su acento!

—¿Tantas así hay?

—Muchísimas; se repondrán todos los días.

Después que mi madre me abrazó, Emma[27] me tendió la mano, y María, abandonándome por un instante la suya, sonrió como en la infancia me sonreía: esa sonrisa boyuelada[28] era la de la niña de mis amores infantiles sorprendida en el rostro de una virgen de Rafael.

IV

Dormí tranquilo, como cuando me adormecía en la niñez uno de los maravillosos cuentos del esclavo Pedro.

Soñé que María entraba a renovar las flores de mi mesa, y que al salir había rozado las cortinas de mi lecho con su falda de muselina vaporosa salpicada de florecillas azules.

Cuando desperté, las aves cantaban revoloteando en los follajes de los naranjos y pomarrosos,[29] y los azahares[30] llenaron mi estancia con su aroma tan luego como entreabrí la puerta.

La voz de María llegó entonces a mis oídos dulce y pura: era su voz de niña pero más grave y lista ya para prestarse a todas las modulaciones de la ternura y de la pasión. ¡Ay!, ¡cuántas veces en mis sueños un eco de ese mismo acento ha llegado después a mi alma, y mis ojos han buscado en vano aquel huerto donde tan bella la vi en aquella mañana de agosto!

La niña cuyas inocentes caricias habían sido todas para mí, no sería ya la compañera de mis juegos; pero en las tardes doradas de verano estaría en los paseos a mi lado, en medio del grupo de mis hermanas; le ayudaría yo a cultivar sus flores predilectas; en las veladas oiría su voz, me mirarían sus ojos, nos separaría un solo paso.

Luego que me hube arreglado ligeramente los vestidos, abrí la ventana, y divisé a María en una de las calles del jardín, acompañada de Emma: llevaba un traje más oscuro que el de la víspera, y el pañolón color

---

[24] **Virgen de los Dolores**
[25] furnishings
[26] **dañinas**
[27] **la hermana de Efraín**
[28] dimpled
[29] rose apples
[30] orange blossoms

de púrpura, enlazado a la cintura, le caía en forma de banda sobre la falda; su larga cabellera, dividida en dos crenchas,[31] ocultaba a medias parte de la espalda y pecho: ella y mi hermana tenían descalzos los pies. Llevaba una vasija de porcelana poco más blanca que los brazos que la sostenían, la que iba llenando, de rosas abiertas durante la noche, desechando por marchitas las menos húmedas y lozanas. Ella, riendo con su compañera, hundía las mejillas, más frescas que las rosas, en el tazón rebosante. Me descubrió Emma: María lo notó, y sin volverse hacia mí, cayó de rodillas para ocultarme sus pies, desatóse del talle el pañolón, y cubriéndose con él los hombros, fingía jugar con las flores, Las hijas núbiles de los patriarcas[32] no fueron más hermosas en las alboradas[33] en que recogían flores para sus altares.

Pasado el almuerzo, me llamó mi madre a su costurero.[34] Emma y María estaban bordando cerca de ella. Volvió ésta a sonrojarse cuando me presenté; recordaba tal vez la sorpresa que involuntariamente le había yo dado en la mañana.

Mi madre quería verme y oírme sin cesar.

Emma, más insinuante ya, me preguntaba mil cosas de Bogotá; me exigía que les describiera bailes espléndidos, hermosos vestidos de señora que estuvieran en uso, las más bellas mujeres que figuraran entonces en la alta sociedad. Oían sin dejar sus labores. María me miraba algunas veces al descuido, o hacía por lo bajo observaciones a su compañera de asiento; y al ponerse en pie para acercarse a mi madre a consultar algo sobre el bordado, pude ver sus pies primorosamente calzados: su paso ligero y digno revelaba todo el orgullo, no abatido, de nuestra raza, y el seductivo recato de la virgen cristiana. Se le iluminaron los ojos cuando mi madre manifestó deseo de que yo diese a las muchachas algunas lecciones de gramática y geografía, materias en que no tenían sino muy escasas nociones. Se convino en que daríamos principio a las lecciones pasados seis u ocho días, durante los cuales podría yo graduar el estado de los conocimientos de cada una.

Horas después me avisaron que el baño estaba preparado y fui a él. Un frondoso y corpulento naranjo, agobiado de frutos maduros, formaba pabellón sobre el ancho estanque de canteras[35] bruñidas: sobrenadaban[36] en el agua muchísimas rosas: se semejaba a un baño oriental, y estaba perfumado con las flores que en la mañana había recogido María.

V

Habían pasado tres días cuando me convidó mi padre a visitar sus haciendas del valle, y fue preciso complacerlo; por otra parte, yo tenía interés real a favor de sus empresas. Mi madre se empeñó vivamente por nuestro pronto regreso. Mis hermanas se entristecieron. María no me suplicó, como ellas, que regresase en la misma semana; pero me seguía

---

[31] **secciones; pelo a cada lado de una raya**
[32] **los primeros jefes de familia, en el Antiguo Testamento**
[33] **albas, amaneceres**
[34] **cuarto donde las mujeres se retiran para coser**
[35] **piedras**
[36] **flotaban**

incesantemente con los ojos durante los preparativos de viaje.

En mi ausencia, mi padre había mejorado sus propiedades notablemente: una costosa y bella fábrica de azúcar, muchas fanegadas[37] de caña para abastecerla, extensas dehesas[38] con ganado vacuno y caballar, buenos cebaderos y una lujosa casa de habitación, constituían lo más notable de sus haciendas de tierra caliente. Los esclavos, bien vestidos y contentos, hasta donde es posible estarlo en la servidumbre, eran sumisos y afectuosos para con su amo. Hallé hombres a los que, niños poco antes, me habían enseñado a poner trampas a las chilacoas[39] y gutines[40] en la espesura de los bosques: sus padres y ellos volvieron a verme con inequívocas señales de placer. Solamente a Pedro, el buen amigo y fiel ayo,[41] no debía encontrarlo: él había derramado lágrimas al colocarme sobre el caballo el día de mi partida para Bogotá, diciendo: «amito mío, ya no te veré más». El corazón le avisaba que moriría antes de mi regreso.

Pude notar que mi padre, sin dejar de ser amo, daba un trato cariñoso a sus esclavos, se mostraba celoso por la buena conducta de sus esposas y acariciaba a los niños.

Una tarde, ya a puestas del sol, regresábamos de las labranzas a la fábrica mi padre, Higinio (el mayordomo)[42] y yo. Ellos hablaban de trabajos hechos y por hacer; a mí me ocupaban cosas menos serias: pensaba en los días de mi infancia. El olor peculiar de los bosques recién derribados y el de las piñuelas[43] en sazón; la greguería[44] de los loros en los guaduales y guayabales[45] vecinos; el tañido[46] lejano del cuerno de algún pastor, repetido por los montes: las castrueras[47] de los esclavos que volvían espaciosamente[48] de las labores con las herramientas al hombro; los arreboles vistos al través de los cañaverales[49] movedizos: todo me recordaba las tardes en que abusando mis hermanas, María y yo de alguna licencia de mi madre, obtenida a fuerza de tenacidad, nos solazábamos[50] recogiendo guayabas de nuestros árboles predilectos, sacando nidos de piñuelas, muchas veces con grave lesión de brazos y manos, y espiando polluelos de pericos[51] en las cercas de los corrales.

Al encontrarnos con un grupo de esclavos, dijo mi padre a un joven negro de notable apostura:

—Conque, Bruno, ¿todo lo de tu matrimonio está arreglado para pasado mañana?

—Sí, mi amo—le respondió quitándose el sombrero de junco[52] y apoyándose en el mango de su pala.

—¿Quiénes son los padrinos?

---

[37] **medida agraria que varía de una región a otra**
[38] **tierras destinadas a pastos**
[39] **tipo de ave**
[40] **animal roedor común en el Cauca**
[41] **persona encargada de cuidar a un niño**
[42] **criado principal que está encargado de los otros criados**
[43] cypress nuts, piñon nuts
[44] **lenguaje ininteligible**
[45] **sitio poblado de guayabo, árbol de América cuya fruta es la guayaba**
[46] **sonido de cualquier instrumento**
[47] **instrumento musical campestre similar a la flauta de Pan**
[48] **despacio**
[49] **sitios poblados de caña de azúcar**
[50] **entreteníamos**
[51] parakeets
[52] **planta de tallos rectos, lisos y flexibles que sirven para hacer sombreros, canastas, etc.**

—Ña[53] Dolores y ñor[54] Anselmo, si su merced[55] quiere.

—Bueno. Remigia y tú estaréis bien confesados. ¿Compraste todo lo que necesitabas para ella y para ti con el dinero que mandé darte?

—Todo está ya, mi amo.

—¿Y nada más deseas?

—Su merced verá.

—El cuarto que te ha señalado Higinio ¿es bueno?

—Sí, mi amo.

—¡Ah! ya sé. Lo que quieres es baile.

Se rio entonces Bruno, mostrando sus dientes de blancura deslumbrante; volviendo a mirar a sus compañeros.

—Justo es; te portas muy bien. Ya sabes—agregó dirigiéndose a Higinio—: arregla eso, y que queden contentos.

—¿Y sus mercedes se van antes?—preguntó Bruno.

—No—le respondí—; nos damos por convidados.[56]

En la madrugada del sábado próximo se casaron Bruno y Remigia. Esa noche a las siete montamos mi padre y yo para ir al baile, cuya música empezábamos a oír. Cuando llegamos, Julián, el esclavo capitán de la cuadrilla, salió a tomarnos el estribo y a recibir nuestros caballos. Estaba lujoso con su vestido de domingo, y le pendía de la cintura el largo machete de guarnición[57] plateada, insignia de su empleo. Una sala de nuestra antigua casa de habitación había sido desocupada de los enseres[58] de labor que contenía, para hacer el baile en ella. La habían rodeado de tarimas:[59] en una araña[60] de madera suspendida de una de las vigas;[61] daba vuelta media docena de luces: los músicos y cantores, mezcla de agregados, esclavos y manumisos,[62] ocupaban una de las puertas. No había sino dos flautas de caña, un tambor improvisado, dos alfandoques[63] y una pandereta;[64] pero las finas voces de los negritos entonaban los bambucos con maestría tal; había en sus cantos tan sentida combinación de melancólicos, alegres y ligeros acordes; los versos que cantaban eran tan tiernamente sencillos, que el más culto dilettante hubiera escuchado en éxtasis aquella música semisalvaje. Penetramos en la sala con zamarros[65] y sombreros. Bailaban en ese momento Remigia y Bruno: ella con follao[66] de boleros[67] azules, tumbadillo[68] de flores rojas, camisa blanca bordada de negro y gargantilla y zarcillos[69] de cristal color de rubí, danzaba con toda la gentileza y donaire que eran de esperarse de su talle cimbrador[70]; Bruno, doblados sobre los

---

[53] **Doña**
[54] **Señor**
[55] **su... usted (forma que se usa en Colombia)**
[56] **nos...** we assume we're invited
[57] **tipo de espada**
[58] **utensilios**
[59] **tablas que forman un suelo movible**
[60] **sistema de cuerdas**
[61] ceiling beams
[62] **negros libres**
[63] **instrumento para acompañamiento de música; consiste en un cañuto grande con semillas adentro que se sacude al compás**
[64] tambourine
[65] **pantalones anchos de piel o de caucho que se ponen por encima de los comunes para andar a caballo**
[66] **enaguas exteriores**
[67] **encajes o telas decorativas que caen sobre la falda**
[68] **bordado de la enagua interior, visible por la caída de la exterior, que se ciñe más abajo de la primera**
[69] **pendientes, aretes**
[70] **flexible, vibrante**

hombros los paños de su ruana[71] de hilo, calzón de vistosa manta, camisa blanca aplanchada, y un cabiblanco[72] nuevo a la cintura, zapateaba con destreza admirable.

Pasada aquella mano, que así llamaban los campesinos cada pieza de baile, tocaron los músicos su más hermoso bambuco[73] porque Julián les anunció que era para el amo. Remigia, animada por su marido y por el capitán, se resolvió al fin a bailar unos momentos con mi padre: pero entonces no se atrevía a levantar los ojos, y sus movimientos en la danza eran menos espontáneos. Al cabo de una hora nos retiramos.

Quedó mi padre satisfecho de mi atención durante la visita que hicimos a las haciendas; mas cuando le dije que en adelante deseaba participar de sus fatigas quedándome a su lado, me manifestó, casi con pesar, que se veía en el caso de sacrificar a favor mío su bienestar, cumpliéndome la promesa que me tenía hecha de tiempo atrás, de enviarme a Europa a concluir mis estudios de medicina, y que debía emprender viaje, a más tardar dentro de cuatro meses. Al hablarme así, su fisonomía se revistió de una seriedad solemne sin afectación, que se notaba en él cuando tomaba resoluciones irrevocables. Esto pasaba la tarde en que regresábamos a la sierra. Empezaba a anochecer, y a no haber sido así, habría notado la emoción que su negativa me causaba. El resto del camino se hizo en silencio. ¡Cuán feliz hubiera yo vuelto a ver a María, si la noticia de ese viaje no se hubiese interpuesto desde aquel momento entre mis esperanzas y ella!

VI

¿Que había pasado en aquellos cuatro días en el alma de María?

Iba ella a colocar una lámpara en una de las mesas del salón cuando me acerqué a saludarla; y ya había extrañado no verla en medio del grupo de la familia en la gradería[74] donde acabábamos de desmontarnos. El temblor de su mano expuso la lámpara; y yo le presté ayuda, menos tranquilo de lo que creí estarlo. Me pareció ligeramente pálida, y alrededor de sus ojos había una leve sombra, imperceptible para quien la hubiera visto sin mirarla. Volvió el rostro hacia mi madre, que hablaba en ese momento, evitando así que yo pudiera examinarlo bañado por la luz que teníamos cerca: noté entonces que en el nacimiento de una de las trenzas tenía un clavel marchito; y era sin duda el que le había yo dado la víspera de mi marcha para el Valle. La crucecilla de coral esmaltado que había traído para ella, igual a la de mis hermanas, la llevaba al cuello pendiente de un cordón de pelo negro. Estuvo silenciosa, sentada en medio de las butacas que ocupábamos mi madre y yo. Como la resolución de mi padre sobre mi viaje no se apartaba de mi memoria, debí de parecerle a ella triste, pues me dijo en voz casi baja:

—¿Te ha hecho daño el viaje?

---

[71] **poncho**
[72] **cuchillo de cintura**
[73] **baile y música popular**
[74] stone steps

—No, María—le contesté—; pero nos hemos asoleado y hemos andado tanto...

Iba a decirle algo más, pero el acento confidencial de su voz, la luz nueva para mí que sorprendí en sus ojos, me impidieron hacer otra cosa que mirarla, hasta que notando que se avergonzaba de la involuntaria fijeza de mis miradas, y encontrándome examinado por una de mi padre (más temible cuando cierta sonrisa pasajera vagaba en sus labios), salí del salón con dirección a mi cuarto.

Cerré las puertas. Allí estaban las flores recogidas por ella para mí: las ajé[75] con mis besos; quise aspirar de una vez todos sus aromas, buscando en ellos los de los vestidos de María; las bañé, con mis lágrimas... ¡Ah! los que no habéis llorado de felicidad así, llorad de desesperación, si ha pasado vuestra adolescencia, porque así tampoco volveréis a amar ya!

¡Primer amor!... noble orgullo de sentirnos amados: sacrificio dulce de todo lo que antes nos era caro a favor de la mujer querida: felicidad que comprada para un día con las lágrimas de toda una existencia, recibiríamos como un don de Dios: perfume para todas las horas del porvenir: luz inextinguible del pasado: flor guardada en el alma y que no es dado marchitar a los desengaños: único tesoro que no puede arrebatarnos la envidia de los hombres: delirio delicioso...inspiración del cielo... ¡María! ¡María! ¡Cuánto te amé! ¡Cuánto te amara!...[76]

[El episodio epiléptico de María]

XIV

Pasados, tres días, al bajar una tarde de la montaña, me pareció notar algún sobresalto en los semblantes[77] de los criados con quienes tropecé en los corredores interiores. Mi hermana me refirió[78] que María había sufrido un ataque nervioso; y al agregar que estaba aún sin sentido,[79] procuró calmar cuanto le fue posible mi dolorosa ansiedad.

Olvidado de toda precaución, entré a la alcoba donde estaba María, y dominando el frenesí que me hubiera hecho estrecharla contra mi corazón para volverla a la vida, me acerqué desconcertado a su lecho. A los pies de éste se hallaba sentado mi padre: fijó en mí una de sus miradas intensas, y volviéndola después sobre María, parecía quererme hacer una reconvención[80] al mostrármela. Mi madre estaba allí; pero no levantó la vista para buscarme, porque, sabedora de mi amor, me compadecía como sabe compadecer una buena madre en la mujer amada por su hijo, a su hijo mismo.

Permanecí inmóvil contemplándola, sin atreverme a averiguar cuál era su mal. Estaba como dormida: su rostro, cubierto de palidez mortal, se veía medio oculto por la cabellera des-

---

[75] **maltraté, dañé**
[76] **¡Cuánto...** How much I would have loved you!
[77] **caras**
[78] **dijo**
[79] **inconsciente**
[80] **reproche**

compuesta,[81] en la cual se descubrían estrujadas las flores que yo le había dado en la mañana: la frente contraída revelaba un padecimiento insoportable, y un ligero sudor le humedecía las sienes: de los ojos cerrados habían tratado de brotar lágrimas que brillaban detenidas en las pestañas.

Comprendiendo mi padre todo mi sufrimiento, se puso en pie para retirarse; mas antes de salir, se acercó al lecho, y tomando el pulso de María, dijo:

—Todo ha pasado. ¡Pobre niña! Es exactamente el mismo mal que padeció su madre.

El pecho de María se elevó lentamente como para formar un sollozo, y al volver a su natural estado, exhaló sólo un suspiro. Salido que hubo mi padre,[82] me coloqué a la cabecera del lecho, y olvidándome de mi madre y de Emma, que permanecían silenciosas, tomé de sobre el almohadón una de las manos de María, y la bañé en el torrente de mis lágrimas, hasta entonces contenido. Medía toda mi desgracia: era el mismo mal de su madre, que había muerto muy joven atacada de una epilepsia incurable. Esta idea se adueñó de todo mi ser para quebrantarlo.

Sentí algún movimiento en esa mano inerte, a la que mi aliento no podía volver el calor. María empezaba ya a respirar con más libertad, y sus labios parecían esforzarse en pronunciar alguna palabra. Movió la cabeza de un lado a otro, cual[83] si tratara de deshacerse de un peso abrumador. Pasado un momento de reposo, balbució palabras ininteligibles, pero al fin se percibió entre ellas claramente mi nombre. En pie yo, devorándola mis miradas, tal vez oprimí demasiado entre mis manos las suyas, quizá mis labios la llamaron. Abrió lentamente los ojos, como heridos por una luz intensa, y los fijó en mí, haciendo esfuerzo para reconocerme. Medio incorporándose un instante después, «¿qué es?» me dijo apartándome; «¿qué me ha sucedido?» continuó, dirigiéndose a mi madre. Tratamos de tranquilizarla, y con un acento en que había algo de reconvención, que por entonces no pude explicarme, agregó: «¿Ya ves? yo lo temía».

Quedó, después del acceso,[84] adolorida y profundamente triste. Volví por la noche a verla, cuando la etiqueta establecida en tales casos por mi padre lo permitió. Al despedirme de ella, reteniéndome un instante la mano, «hasta mañana» me dijo, y acentuó esta última palabra como solía hacerlo siempre que interrumpida nuestra conversación en alguna velada, quedaba deseando el día siguiente para que la concluyésemos.

XV

Cuando salí al corredor que conducía a mi cuarto, un cierzo[85] impetuoso columpiaba los sauces del patio; y al acercarme al huerto, lo oí rasgarse en los sotos de naranjos, de donde se lanzaban las aves asustadas. Relámpagos

[81] disheveled
[82] **Salido... Después de que hubo salido mi padre**
[83] **como**
[84] **ataque**
[85] **viento frío**

débiles, semejantes al reflejo instantáneo de un broquel[86] herido por el resplandor de una hoguera, parecían querer iluminar el fondo tenebroso del valle.

Recostado en una de las columnas del corredor, sin sentir la lluvia que me azotaba las sienes, pensaba en la enfermedad de María, sobre la cual había pronunciado mi padre tan terribles palabras. ¡Mis ojos querían volver a verla como en las noches silenciosas y serenas que acaso no volverían ya más!

No sé cuánto tiempo había pasado, cuando algo como el ala vibrante de un ave vino a rozar mi frente. Miré hacia los bosques inmediatos para seguirla: era un ave negra.

Mi cuarto estaba frío; las rosas de la ventana temblaban como si se temiesen abandonadas a los rigores del tempestuoso viento: el florero contenía ya marchitos y desmayados los lirios que en la mañana había colocado en él María. En esto una ráfaga apagó de súbito la lámpara; y un trueno dejó oír por largo rato su creciente retumbo, como si fuese el de un carro gigante despeñado de las cumbres rocallosas de la sierra.

En medio de aquella naturaleza sollozante, mi alma tenía una triste serenidad.

Acababa de dar las doce el reloj del salón. Sentí pasos cerca de mi puerta y muy luego la voz de mi padre que me llamaba. «Levántate», me dijo tan pronto como le respondí; «María sigue mal».

El acceso había repetido. Después de un cuarto de hora me hallaba apercibido[87] para marchar. Mi padre me hacía las últimas indicaciones sobre los nuevos síntomas de la enfermedad, mientras el negrito Juan Angel aquietaba mi caballo retinto, impaciente y asustadizo. Monté; sus cascos herrados crujieron sobre el empedrado y un instante después bajaba yo hacia las llanuras del valle buscando el sendero a la luz de algunos relámpagos lívidos. Iba en solicitud del doctor Mayn, que pasaba a la sazón[88] una temporada de campo a tres leguas de nuestra hacienda.

La imagen de María tal como la había visto en el lecho aquella tarde, al decirme ese «hasta mañana», que tal vez no llegaría, iba conmigo, y avivando mi impaciencia me hacía medir incesantemente la distancia que me separaba del término del viaje, impaciencia que la velocidad del caballo no era bastante a moderar.

Las llanuras empezaban a desaparecer, huyendo en sentido contrario a mi carrera, semejantes a mantos inmensos arrollados por el huracán. Los bosques que más cercanos creía, parecían alejarse cuanto avanzaba hacia ellos. Sólo algún gemido del viento entre los higuerones y chiminangos[89] sombríos, el resuello[90] fatigoso del caballo y el choque de sus cascos en los pedernales que chispeaban, interrumpían el silencio de la noche.

Algunas cabañas de Santa Elena quedaron a mi derecha, y poco después dejé de oír los ladridos de sus perros. Vacadas dormidas sobre el camino empezaban a hacerme moderar el paso.

La hermosa casa de los señores

---

[86] shield
[87] **preparado**
[88] **a... en esa época**
[89] **arbolito ramoso que se usa para cercas**
[90] **respiración**

de M***, con su capilla blanca y sus bosques de ceibas, se divisaba en lejanía a los primeros rayos de la luna naciente, cual castillo cuyas torres y techumbres hubiese desmoronado el tiempo.

El Amaime bajaba crecido con las lluvias de la noche, y su estruendo me lo anunció mucho antes de que llegase yo a la orilla. A la luz de la luna, que atravesando los follajes de las riberas iba a platear las ondas, pude ver cuánto había aumentado su raudal. Pero no era posible esperar: había hecho dos leguas en una hora, y aún era poco. Puse las espuelas en los ijares del caballo, que con las orejas tendidas hacia el fondo del río y resoplando sordamente, parecía calcular la impetuosidad de las aguas que se azotaban a sus pies: sumergió en ellas las manos, y como sobrecogido por un terror invencible, retrocedió veloz girando sobre las patas. Le acaricié el cuello y las crines humedecidas y lo aguijoneé[91] de nuevo para que se lanzase al río; entonces levantó las manos impacientado, pidiendo al mismo tiempo toda la rienda, que le abandoné, temeroso de haber errado el botadero[92] de las crecientes. El subió por la ribera unas veinte varas,[93] tomando la ladera de un peñasco; acercó la nariz a las espumas, y levantándola en seguida, se precipitó en la corriente. El agua lo cubrió casi todo, llegándome hasta las rodillas. Las olas se encresparon poco después alrededor de mi cintura. Con una mano le palmeaba el cuello al animal, única parte visible ya de su cuerpo, mientras con la otra trataba de hacerle describir más curva hacia arriba la línea de corte, porque de otro modo, perdida la parte baja de la ladera, era inaccesible por su altura y fuerza de las aguas, que columpiaban guaduales desgajados.[94] Había pasado el peligro. Me apeé para examinar las cinchas, de las cuales se había reventado una. El noble bruto se sacudió, y un instante después continué la marcha.

Luego que anduve un cuarto de legua, atravesé las ondas del Nima, humildes, diáfanas y tersas, que rodaban iluminadas hasta perderse en las sombras de bosques silenciosos. Dejé a la izquierda la pampa de Santa R., cuya casa, en medio de los árboles de ceibas y bajo el grupo de palmeras que elevan los follajes sobre su lecho, semeja en las noches de luna la tienda de un rey oriental colgada de los árboles de un oasis.

Eran las dos de la madrugada cuando después de atravesar la villa de P***, me desmonté a la puerta de la casa en que vivía el médico.

[María ya ha muerto. Al volver Efraín de Europa, Emma le habla de las últimas horas de su prima. Entonces el joven se retira a su cuarto.]

LXIV

¡Inolvidable y última noche pasada en el hogar donde corrieron los años de mi niñez y los días felices de mi juventud! Como el ave impelida por el

---

[91] spurred him on

[92] **lugar menos profundo por donde se puede atravesar el río**

[93] **medida de longitud**

[94] **con las ramas rotas**

huracán a las pampas abrasadas intenta en vano sesgar[95] su vuelo hacia el umbroso bosque nativo, y ajados ya los plumajes regresa a él después de la tormenta, y busca inútilmente el nido de sus amores revoloteando en torno del árbol destrozado, así mi alma abatida va en las horas de mi sueño a vagar en torno del que fue hogar de mis padres. Frondosos naranjos, gentiles y verdes sauces que conmigo crecisteis, ¡cómo os habréis envejecido! Rosas y azucenas de María ¿quién las amará si existen? Aromas del lozano huerto no volveré a aspiraros; susurradores vientos, rumuroso río... ¡no volveré a oírlos!

La media noche me halló velando en mi cuarto. Todo estaba allí como yo lo había dejado; solamente las manos de María habían removido lo indispensable, engalanando la estancia para mi regreso: marchitas y carcomidas por los insectos permanecían en el florero las últimas azucenas que ella le puso. Ante esa mesa abrí el paquete de las cartas que me había devuelto al morir. Aquellas líneas borradas por mis lágrimas y trazadas cuando tan lejos estaba de creer que serían mis últimas palabras dirigidas a ella; aquellos pliegos ajados en su seno, fueron desplegados y leídos uno a uno; y buscando entre las cartas de María la contestación a cada una de las que yo le había escrito, compaginé ese diálogo de inmortal amor dictado por la esperanza e interrumpido por la muerte.

Teniendo entre mis manos las trenzas de María y recostado en el sofá en que Emma le había oído sus postreras confidencias, dio las dos el reloj: él había medido también las horas de aquella noche angustiosa, víspera de mi viaje; él debía medir las de la última que pasé en la morada de mis mayores.

Soñé que María era ya mi esposa: ese castísimo delirio había sido y debía continuar siendo el único deleite de mi alma: vestía un traje blanco vaporoso y llevaba un delantal azul, azul como si hubiese sido formado de un jirón[96] de cielo: era aquel delantal que tantas veces le ayudé a llenar de flores, y que ella sabía atar tan linda y descuidadamente a su cintura inquieta, aquél en que había yo encontrado envueltos sus cabellos: entreabrió cuidadosamente la puerta de mi cuarto, y procurando no hacer ni el más leve ruido con sus ropajes, se arrodilló sobre la alfombra al pie del sofá: después de mirarme medio sonreída, cual si temiera que mi sueño fuese fingido, tocó mi frente con sus labios suaves como el terciopelo de los lirios del Páez:[97] menos temerosa ya de mi engaño, me dejó aspirar un momento su aliento tibio y fragante; pero entonces esperé inútilmente que oprimiera mis labios con los suyos: se sentó en la alfombra, y mientras leía algunas de las páginas dispersas en ella, tenía sobre la mejilla una de mis manos que pendía sobre los almohadones; sintiendo ella animada esa mano, volvió hacia mí su mirada llena de amor, sonriendo como ella sola podía sonreír: atraje sobre mi pecho su cabeza, y reclinada así, buscaba mis ojos mientras le orlaba[98] yo la frente con sus trenzas sedosas[99] o aspiraba

---

[95] **acortar**
[96] **pedazo**
[97] **municipio del departamento del Cauca**
[98] **adornaba**
[99] silky

con deleite su perfume de albahaca.[100]

Un grito, grito mío, interrumpió aquel sueño: la realidad lo turbaba celosa como si aquel instante hubiese sido un siglo de dicha. La lámpara se había consumido; por la ventana penetraba el viento frío de la madrugada; mis manos estaban yertas[101] y oprimían aquellas trenzas, único despojo de su belleza, única verdad de mi sueño.

LXV

En la tarde de ese día, durante el cual había visitado yo todos los sitios que me eran queridos, y que no debía volver a ver, me preparaba para emprender viaje a la ciudad, pasando por el cementerio de la Parroquia donde estaba la tumba de María. Juan Angel y Braulio[102] se habían adelantado a esperarme en él, y José,[103] su mujer y sus hijas me rodeaban ya para recibir mi despedida. Invitados por mí me siguieron al oratorio, y todos de rodillas, todos llorando, oramos por el alma de aquélla a quien tanto habíamos amado. José interrumpió el silencio que siguió a esa oración solemne para recitar una súplica a la protectora de los peregrinos y navegantes.

Ya en el corredor, Tránsito y Lucía,[104] después de recibir mi adiós, sollozaban cubierto el rostro y sentados en el pavimento: José, volviendo a un lado la faz para ocultarme sus lágrimas, me esperaba teniendo el caballo del cabestro al pie de la gradería: Mayo,[105] meneando la cola y tendido en el gramal,[106] espiaba todos mis movimientos como cuando en sus días de vigor salíamos a caza de perdices.

Me faltó la voz para decir una postrera palabra cariñosa a José y a sus hijas; ellos tampoco la habrían tenido para responderme.

A pocas cuadras de la casa me detuve antes de emprender la bajada a ver una vez más aquella mansión querida y sus contornos. De las horas de felicidad que en ella había pasado, sólo llevaba conmigo el recuerdo; de María, los dones que me había dejado al borde de su tumba.

Llegó Mayo entonces, y fatigado se detuvo a la orilla del torrente que nos separaba: dos veces intentó vadearlo[107] y en ambas hubo de retroceder: se sentó sobre el césped y aulló tan lastimosamente como si sus alaridos tuviesen algo de humano, como si con ellos quisiera recordarme cuánto me había amado, y reconvenirme porque lo abandonaba en su vejez.

A la hora y media me desmontaba a la portada de una especie de huerto, aislado en la llanura y cercado de palenque;[108] que era el cementerio de la aldea. Braulio, recibiendo el caballo y participando de la emoción que descubría en mi rostro, empujó una hoja[109] de la puerta y no dio un paso más. Atravesé por en medio de

---

[100]basil
[101]**inmóviles**
[102]**montañés que trabaja en la hacienda**
[103]**viejo criado que está encargado de las faenas agrícolas**
[104]**Tránsito es la esposa de Braulio; Lucía es la hija de José.**
[105]**el perro de la casa**
[106]lawn
[107]wade to the other side of it
[108]**cercado...** fenced in
[109]panel

las malezas y de las cruces de leño y de guadua que se levantaban sobre ellas. El sol al ponerse cruzaba el ramaje enmarañado,[110] de la selva vecina con algunos rayos, que amarilleaban sobre los zarzales[111] y en los follajes de los árboles que sombreaban las tumbas. Al dar la vuelta a un grupo de corpulentos tamarindos[112] quedé enfrente de un pedestal blanco y manchado por las lluvias, sobre el cual se elevaba una cruz de hierro: me acerqué. En una plancha negra que las adormideras[113] medio ocultaban ya, empecé a leer: «María...»

En aquel monólogo terrible del alma ante la muerte, del alma que la interroga, que la maldice... que le ruega, que la llama... demasiado elocuente respuesta dio esa tumba fría y sorda, que mis brazos oprimían y mis lágrimas bañaban.

El ruido de unos pasos sobre la hojarasca[114] me hizo levantar la frente del pedestal: Braulio se acercó a mí, y entregándome una corona de rosas y azucenas, obsequio[115] de las hijas de José, permaneció en el mismo sitio como para indicarme que era hora de partir. Me puse en pie para colgarla de la cruz, y volví a abrazarme a los pies de ella para darle a María y a su sepulcro un último adiós...

Había ya montado, y Braulio estrechaba en sus manos una de las mías, cuando el revuelo de un ave que al pasar sobre nuestras cabezas dio un graznido[116] siniestro y conocido para mí, interrumpió nuestra despedida: la vi volar hacia la cruz de hierro, y posada ya en uno de sus brazos, aleteó repitiendo su espantoso canto.

Estremecido[117] partí a galope por en medio de la pampa solitaria, cuyo vasto horizonte ennegrecía la noche.

---

[110]tangled
[111]brambles
[112]tamarind, a kind of tropical tree
[113]poppies
[114]dry leaves
[115]**regalo**
[116]caw
[117]trembling

SOBRE LA LECTURA

1. ¿Qué nos dice el narrador acerca de Efraín en el primer párrafo? ¿Qué se supone que es el libro que vamos a leer?
2. Describa la salida de casa de Efraín para Bogotá.
3. ¿Cómo se siente el joven al volver a la casa paterna después de seis años? ¿Cuáles son las cosas que le llaman la atención al acercarse a su hogar?
4. ¿Cómo lo recibe María?
5. Describa la cena de la primera noche.
6. ¿Cómo estaba vestida María?
7. ¿Cómo era el cuarto que se había preparado para Efraín? ¿Quién le había puesto flores?
8. ¿Cómo amaneció al día siguiente? ¿Qué hizo María al darse cuenta de que

Efraín la había visto descalza? ¿Qué observación acerca de sus pies hace Efraín cuando la ve en el cuarto de costura?
9. ¿Quién había perfumado el agua de baño de Efraín?
10. ¿Cómo le había ido al padre de Efraín durante la ausencia de su hijo? ¿En qué se notaba el cambio?
11. Describa las bodas de Bruno y Remigia.
12. ¿Qué cambio nota Efraín en María después de su ausencia de cuatro días? ¿Qué reacción provoca en el joven?
13. ¿Por qué estaban sobresaltados los sirvientes cuando Efraín volvió de la montaña?
14. ¿Cómo reacciona el muchacho al ver enferma a su amiga? ¿Por qué asusta tanto esta enfermedad?
15. ¿Qué noticia trae el padre de Efraín en medio de la noche?
16. ¿Qué experiencia tiene Efraín al salir en busca del doctor?
17. Al volver Efraín de Inglaterra, ¿cómo encuentra su cuarto? ¿Qué sueña esa noche? ¿Qué tiene en la mano al despertarse?
18. ¿Adónde va al día siguiente? Describa la escena. ¿Qué hace entonces?

HACIA EL ANÁLISIS LITERARIO

1. ¿Cuál es el propósito del primer párrafo de la novela, que está dedicado a los hermanos de Efraín? ¿Cómo establece Isaacs un tono romántico en esta introducción? ¿Por qué sabemos desde el principio que se trata de una historia de amor trágica?
2. ¿Cómo idealiza Isaacs la vida familiar?
3. ¿Cómo idealiza la situación de los esclavos? ¿En qué escenas se define la relación que existe entre el padre de Efraín y sus esclavos? ¿Cómo representa Isaacs el lenguaje, los trajes y las costumbres de los negros?
4. ¿En qué escenas se ve el intenso emocionalismo de la novela?
5. ¿Conocemos realmente a María o la vemos a través de las observaciones de otro personaje? ¿Por qué se sirve Isaacs de esta técnica? ¿Cómo caracteriza Efraín a María? ¿Cómo caracteriza Isaacs a Efraín? ¿Qué escenas sirven para iluminar la personalidad de cada uno? ¿En qué sentido son personajes románticos?
6. ¿Qué malos agüeros aparecen en estos fragmentos? ¿Cómo sirven para crear tensión? ¿Cómo ayudan a crear un sentido de fatalidad trágica?
7. ¿Cómo representa Isaacs la naturaleza? ¿Cómo refleja la naturaleza el estado psicológico del protagonista?
8. ¿Cómo crea el autor un sentido de regionalismo? ¿Qué plantas y animales típicos del Cauca menciona? ¿Qué nombres geográficos menciona?
9. ¿Cuál es la importancia de los dos sueños que se describen en estos fragmentos?
10. ¿Por qué cree usted que *María* se considera uno de los mejores ejemplos del romanticismo hispanoamericano?

TEXTO Y VIDA

1. ¿Qué concepto del amor caracteriza el romanticismo? ¿Está usted de acuerdo con este concepto del amor? ¿Cómo ha cambiado la noción del amor? ¿Por qué ha cambiado?
2. ¿Cree usted que *María* le gustaría al lector norteamericano moderno?
3. ¿Cree usted que Efraín hizo bien en partir para Inglaterra sabiendo que María estaba muy enferma? ¿Habría podido actuar de otra manera? ¿En qué consiste el heroísmo de Efraín?
4. ¿Encuentra usted ofensiva la descripción de los esclavos? ¿Por qué? Compare la situación de los esclavos que aparecen en *María* con la de los negros de las plantaciones norteamericanas antes de la Guerra Civil.
5. ¿Qué elementos cinematográficos encuentra usted en *María*? ¿Se presta esta novela para una película? Explique.

El realismo y el naturalismo

El movimiento realista comenzó en Francia durante la primera mitad del siglo XIX. Tiene raíces literarias en el *costumbrismo romántico, que enfoca costumbres, trajes, comidas y dialectos locales, con el fin de preservarlos para la posteridad. Lo que le interesa al escritor realista no es sólo el color local, sino la realidad social e histórica. Al observar y describir detalladamente ambientes y personajes, el escritor intenta penetrar en la psicología individual y colectiva.

El creador y jefe del movimiento realista francés fue Honoré de Balzac (1799–1850). En su *Comédie humaine,* una serie de 97 novelas que incluyen obras maestras como *Eugénie Grandet* y *Le Père Goriot,* creó un cuadro panorámico de su sociedad. Stendhal (1783–1842) conservó el gusto de los románticos por la descripción de pasiones violentas, pero por su cuidadoso análisis de sus personajes, el cual a veces se tiñe de ironía, se asocia con el desarrollo del realismo. Gustave Flaubert (1821–1880), maestro del género realista, intentó aplicar a la novela los métodos del positivismo—que hacía hincapié en la observación y la descripción científica—en obras como *Madame Bovary* y *L'Education sentimentale.* En Inglaterra, Charles Dickens (1812–1870) combinó un humor suave y moderado con descripciones brutales de abusos sociales. Sus retratos de seres humildes y de niños despiertan la compasión del lector hacia un elemento de la sociedad que sufre excesivamente. Muchas de sus novelas constituyen un alegato contra las injusticias de su sociedad. Sus novelas—entre ellas *Oliver Twist, Little Dorrit, The Pickwick Papers*—son documentos importantes para la comprensión de la Inglaterra victoriana.

El mejor representante del realismo español es Benito Pérez Galdós (1843–1920), autor prolífico, cuyas novelas abarcan todos los elementos de la sociedad española. Galdós describe en detalle las costumbres y creencias de madrileños y de pueblerinos, de ricos y de pobres. Sus personajes son nobles, mendigos, profesionales, sirvientes, clérigos, agricultores, militares, políticos y científicos.

Ocupa un lugar especial en muchas de sus novelas—por ejemplo las cuatro de la serie *Torquemada*—la nueva burguesía floreciente. No sólo reproduce el momento histórico en que tiene lugar la acción, sino que convierte a figuras históricas en personajes de sus libros. Sus novelas históricas recrean la historia nacional con el objetivo de entender el presente por medio del pasado.

A fines del siglo el realismo dio lugar al naturalismo, un movimiento literario que intentó aplicar el método científico a la novela. Los naturalistas fueron influidos por el determinismo biológico de Darwin y por el positivismo de Comte. Empleando documentos, datos compilados de la observación y de la experiencia, el escritor examinaba los efectos del ambiente y de la herencia en el individuo. Iniciado por el francés Emile Zola (1840–1902), el naturalismo enfocaba los aspectos negativos de la sociedad—el crimen, la enfermedad, el alcoholismo, la prostitución, el abuso—con el fin de corregirlos. En España, Clarín (Leopoldo Alas) (1852–1901), autor de *La Regenta* y de numerosos cuentos, fue uno de los exponentes más importantes del movimiento.

El realismo y el naturalismo asomaron muy temprano en las letras hispanoamericanas. En verdad, es casi imposible señalar exactamente cuando comenzaron. Hay rasgos del naturalismo en *El matadero* y en las descripciones de la violencia y la deshumanización de individuos en muchas otras obras románticas de índole política. También hay elementos realistas y naturalistas en muchas novelas indigenistas o de protesta social del siglo XX, que cronológicamente son posteriores al movimiento realista. Las clasificaciones jamás son exactas, y en el caso de movimientos literarios hispanoamericanos, su valor es muy relativo.

El chileno Alberto Blest Gana (1830–1920) es tal vez el novelista cuya obra mejor refleja la influencia de los realistas franceses en Hispanoamérica, aunque perduran muchos elementos románticos en ella. En *Una escena social* (1853), aplica los principios del realismo balzaquiano a su retrato de la aristocracia chilena. *La aritmética en el amor* (1860), que le ganó un premio literario de la Universidad de Chile y una invitación a enseñar en aquella institución, trata de una mujer pobre que se casa con un rico, y contiene una detallada descripción de las luchas de intereses que dominan la sociedad de Santiago. Muchos críticos consideran *Martín Rivas* (1862), cuyo subtítulo es *Novela de costumbres político-sociales,* su mejor novela. Suministra, como la *Comédie humaine* de Balzac, una vista meticulosa y panorámica de la sociedad del autor. En un solo volumen Blest Gana describe una multitud de tipos sociales, con su habla particular, su ropa, sus costumbres diarias, sus maneras de proceder, sus preocupaciones y sus valores. Describe calles y barrios y fiestas, y también las luchas políticas que condujeron a la revolución de abril de 1851. Una de las ideas fundamentales es que son irreparables las divisiones sociales que existen entre los «rotos» (los pobres que viven marginados y desesperados), la clase media y la clase alta. Como Galdós, Blest Gana explora la psicología de sus personajes. En particular, le interesan el problema del amor entre personas de clases diferentes y el papel del dinero en el concepto que el individuo tiene de sí mismo y de los demás. Durante la década 1853–1863 Blest Gana escribió dieciséis novelas. Este período productivo fue seguido de un largo silencio, tal vez debido a los numerosos cargos diplomáticos que el autor desempeñó. En 1897 publicó *Durante la conquista,* una novela histórica, y en 1909, *El loco estero,* en que un escritor de ochenta años recuerda los años de su niñez.

Zola tuvo aún más influencia que Balzac en los escritores de fines de siglo, sin duda porque el naturalismo se prestaba a la descripción de la miseria y del abuso que existían en muchas partes de Hispanoamérica. El argentino José Miró (1867–1896), el ecuatoriano Luis A. Martínez (1869–1909) y el mexicano Federico Gamboa (1864–1939) se asocian con este movimiento.

A causa de la inestabilidad política y los escasos recursos económicos, el teatro no floreció durante la segunda parte del siglo XIX. Sin embargo, algunas cuantas obras de valor se compusieron y se montaron en Buenos Aires, Santiago de Chile, México y otras capitales.

El realismo y el naturalismo se hicieron sentir en el teatro, donde se nota la influencia de dramaturgos europeos como el noruego Henrik Ibsen (1828–1906), cuyas obras revelan su preocupación por temas sociales y psicológicos, el realista alemán Gerhardt Hauptmann (1862–1946), ganador de un Premio Nóbel en 1912 y autor de dramas que exploran la influencia del ambiente y de la herencia, y el italiano Gabriele d'Annunzio (1863–1938), conocido como pintor de la pasión.

El uruguayo Florencio Sánchez (1875–1910) fue considerado por muchas décadas el único dramaturgo destacado de Hispanoamérica. Se formó en Montevideo y más tarde en Buenos Aires, un centro teatral relativamente activo. Recogiendo la corriente gauchesca, Sánchez creó piezas intensamente dramáticas. Como los autores que influyeron en su obra—Ibsen, Tolstoy (1828–1910) y otros—retrató complejas situaciones psicológicas en que desempeñan un papel principal los factores de clase y de dinero. Su foco es la gente humilde; la pobreza, la sordidez, la frustración y la desesperación dominan la escena. A pesar de la influencia de dramaturgos y novelistas extranjeros, Sánchez se mantuvo fiel a su ambiente, reproduciendo el habla, los valores, preocupaciones y conflictos de sus personajes. Sus obras más conocidas son *M'hijo el dotor* (1903), *La gringa* (1904), *Barranca abajo* (1905), *Los muertos* (1905), *Nuestros hijos* (1907) y *Los derechos de la salud* (1907).

Ernesto Herrera (1896–1917), también uruguayo, fue uno de los que siguieron las huellas de Sánchez. *El estanque* (1910) es un drama de incesto que se desenvuelve en un ambiente gauchesco. *León ciego* (1911), *La moral de Misiá Paca* (1911) y *El pan nuestro* (1912) retratan con un crudo realismo a tipos violentos y patológicos.

Riquelme: Hacia la narración realista

Daniel Riquelme (1857–1912) nació en Santiago de Chile en un período de expansión económica. La puertas de la prosperidad se le abrían a la nueva clase media que crecía y empezaba a pedir los lujos y privilegios que antes estaban reservados a la aristocracia. El *romanticismo—con su fervor patriótico y su idealización del amor—dominaba la política y el arte. La capital se europeizaba. La gente viajaba a París, a Roma, a Nueva York. Se construían casas elegantes, imitando los palacios europeos con sus molduras decorativas y sus espejos inmensos. La ópera se ponía de moda y los héroes románticos de la escena inspiraban la devoción de hombres y mujeres.

Al mismo tiempo, las clases populares afirmaban sus gustos y costumbres. «Una evolución tan repentina distanció considerablemente a las clases cultas del pueblo, que permanecía apegado a sus costumbres, sin evolucionar», escribe el autor chileno Mariano Latorre en su introducción a *Cuentos de la guerra,* de Riquelme. «El hombre del pueblo no tenía ideas políticas y si tomó parte en las revoluciones de principios del siglo, lo hizo más bien por obediencia pasiva... Había en él una fuerza latente, fácil de transformar en sentido negativo o favorable. Se convertía en un soldado excelente como en un bandido temible, en el inquilino laborioso como en un hombre aventurero y vagabundo... Una humildad aparente, armada de malicia y fácil de tomar por apocamiento o cobardía, escondía [el] vigor que, disciplinado, años más tarde, nos dio la victoria sobre Bolivia en el Perú».

Daniel Riquelme fue hijo de una familia modesta de la clase media que emergía y testigo de la evolución que transformaba a Santiago de pueblo colonial en una ciudad moderna. Al terminar sus estudios de humanidades en el Instituto Nacional e ingresar en la universidad, entabló amistad con jóvenes de las familias más distinguidas de Santiago. En aquella época, el padre de Riquelme era taquígrafo del Congreso y su madre, directora de un colegio particular. En compañía de sus amigos más pudientes, Riquelme se contagió de cierto dandismo y cinismo. Latorre lo llama «un hombre de clase media conquistado por la aristocracia».

Riquelme dio muestras de su vocación periodística muy temprano. En la escuela secundaria redactó *El Alba,* una revista estudiantil, y en la universidad fue co-director de *Sud-América*. Cuando estalló la Guerra del Pacífico en 1879, Riquelme acompañó a las tropas como corresponsal de *El Heraldo,* un periódico de Valparaíso, y también colaboró para *El Mercurio* y *La Libertad Electoral*. Más tarde trabajó en las ambulancias del ejército. Durante la ocupación de Lima redactó *La Actualidad,* periódico de la administración del general chileno Patricio Lynch. En 1885 ocupó el puesto de secretario de la Aduana del Callao. Riquelme murió a los cincuenta y cinco años en Suiza, adonde se había mudado a causa de una infección de los pulmones.

La Guerra del Pacífico, que duró hasta 1883, fue sostenida por Chile contra Bolivia y Perú por la posesión de los salitrales de la región de Atacama y Antofagasta, en la zona que es ahora el norte de Chile. Esta región, que les pertenecía a Bolivia y al Perú, había sido muy rica en guano, un fertilizante que se exportaba para uso en la agricultura. Al empezar a agotarse el guano, que era propiedad del estado peruano, el salitre, que se explotaba por empresas privadas, lo reemplazó en el mercado internacional. Muchos de los dueños de los salitrales, así como la mayoría de los trabajadores, eran chilenos. La disputa por el control de la región dio por resultado la victoria de Chile que, por el tratado de Ancón, recibió porciones del sur de Perú y de Bolivia, y este último país perdió su acceso al mar.

La Guerra del Pacífico fue un conflicto popular. Participaron todas las clases sociales—pobres, clase media y aristocracia—pero la infantería estaba compuesta mayormente de hombres de las clases humildes. Llenaban las filas «rotos» y «huasos», pobres del arrabal y del campo. El tipo socarrón y maleable que describe Latorre, se convirtió en un soldado temible.

La guerra es el tema central de Riquelme. Su contacto directo con los combatientes les da a sus relatos un sabor de experiencia vivida. Aunque no tomó parte activa en las batallas y no era él mismo hombre del pueblo, Riquelme describe al soldado chileno con perspicacia y simpatía. El uniforme no transforma al roto y al huaso. No le quita su ironía y su cinismo. A Riquelme no le interesa particularmente el problema social; la pobreza y el hambre de estos elementos humildes no son el enfoque de sus relatos. Siendo él mismo un miembro de la clase acomodada y viviendo en un período de abundancia, se mantiene más o menos inconsciente de la miseria que persigue al roto y al huaso. Lo que le llama la atención es la psicología de estos chilenos: su agudeza, su desconfianza, su valor, su compasión.

La aportación de Riquelme es su retrato de personajes típicamente chilenos. La «chilenidad» del hombre del pueblo se revela a través de sus giros lingüísticos, en sus comentarios llenos de astucia y suspicacia y en la combinación de bondad y dureza que demuestra en la guerra. Los impresionantes dones de observación de Riquelme le permiten recrear el sabor de la conversación y el detalle revelador sin recaer en el *folklorismo. En sus cuadros de la guerra, Riquelme no busca lo pintoresco, sino que intenta captar la esencia del pueblo.

A diferencia de los románticos, Riquelme no emplea un lenguaje exaltado. Su prosa es más bien sencilla y directa, semejante a la del reportaje periodístico. A veces adopta un estilo casi conversacional. Expresiones como «esta sencilla escena que yo cuento como puedo» imbuyen el texto de cierto apremio; el autor es un testigo que narra experiencias cuyo efecto emocional supera sus dones de expresión. El diálogo de Riquelme está lleno de locuciones familiares. El *realismo de sus relatos proviene de la autenticidad psicológica de sus personajes, de la reproducción del lenguaje hablado, de la descripción exacta de asuntos históricos y de la mención de sitios geográficos. Como Galdós, convierte a personas reales—Pinto, Lynch—en personajes de sus obras de ficción. Había leído a Zola y a los cronistas de América. Sus fuentes más inmediatas fueron costumbristas chilenos como Vicente Pérez Rosales (1807–1886) y Benjamín Vicuña MacKenna (1831–1886), cuyos cuadros combinan lo histórico y lo novelesco. Los relatos de Riquelme demuestran el gusto por la acción rápida y la descripción viva que caracteriza la prosa de los mejores cronistas. Al lector moderno le hacen pensar en el documental cinematográfico.

Riquelme recopiló sus recuerdos de la guerra en *Chascarrillos militares* (1888), publicado más tarde en 1890 con el nombre de *Bajo la tienda*. Sus otros libros son *El 20 de abril de 1851* (1893), *El incendio de la companía* (1893), *Historia de Chile* (1899) y *El terremoto del Señor de Mayo* (1905). También publicó numerosos artículos periodísticos.

Sobre «El perro del regimiento»

«El perro del regimiento» aparece en *Bajo la tienda* y es el cuento más conocido de Riquelme. El perro se convierte en un miembro del regimiento cuyo nombre lleva: Coquimbo. Los hombres se encariñan con él porque les recuerda su hogar, ya que cada pobre cría un perro «entre sus hijos». Es un animal cualquiera, callejero, de raza mixta. Como los hombres que acompaña, es astuto y trabajador. Como ellos, siempre ha tenido que luchar para sobrevivir. Ha comprendido que para hacerse aceptar, tiene que probarse y esto lo logra haciéndose compañero de los hombres y ayudando a capturar a un enemigo. Latorre lo llama «un símbolo de raza»; como el roto y el huaso, vive al margen de la sociedad y se vale de su instinto y su ingenio para asegurarse un lugar entre los hombres.

Riquelme no romantiza a Coquimbo. No lo convierte en héroe, ni le da atributos humanos, ni tampoco trata de explicar sus acciones en términos antropomórficos. Coquimbo es valiente, cariñoso, inteligente y celoso—no como un hombre sino a la manera de un animal que sabe instintivamente lo que tiene que hacer para sobrevivir. Aun en sus miedos y presentimientos, es fiel a su naturaleza.

En el momento culminante del relato, el regimiento se acerca a Lima y se ha dado la orden de silencio. Cualquier ruido puede descubrir a los soldados, poniéndolos en peligro de muerte. De repente, ladra Coquimbo. ¿Por qué? ¿Ha venteado al enemigo? ¿Está dando el alerta como en todas las batallas? ¿O presiente alguna desgracia? Riquelme no explica sus motivos. Sería imposible hacerlo sin recurrir a la personificación. Lo que sí se destaca en esta escena es el tremendo cariño que los hombres—«esos rotos de corazón tan ancho y duro»—sienten por Coquimbo. En el momento más agonizante, rebosa «su piadoso cariño a los animales». Pero en fin de cuentas, ellos también son sobrevivientes, y el bien del regimiento tiene que ser la primera consideración de los jefes.

Ediciones

Riquelme, Daniel. *Cuentos de la guerra y otras páginas.* Eds. Mariano Latorre and Miguel Varas Velázquez. Santiago de Chile: Imprenta Universitaria, 1931

______. *La revolución del 20 de abril de 1851.* Santiago de Chile: Andrés Bello, 1966

______. *La expedición a Lima.* Santiago de Chile: Editores del Pacífico, 1967

______. *Bajo la tienda.* Santiago de Chile: Editores del Pacífico, 1970

______. *Bajo la tienda.* Santiago de Chile: Gabriela Mistral, 1974

Crítica

Cannizzo, Mary Josephine. "The Modernism of a Chilean *Costumbrista.* Daniel Riquelme Venegas." *Kentucky Romance Quarterly.* (26) (1979):43–49

Latorre, Mariano. «La chilenidad de Daniel Riquelme.» v-xxxiii. Eds. Mariano Latorre and Miguel Varas Velázquez. *Cuentos de la guerra y otras páginas.* Santiago de Chile: Imprenta Universitaria, 1931

Melfi, Domingo. «Daniel Riquelme.» Ed. Raúl Silva Castro. *La literatura crítica de Chile.* Santiago de Chile: Andrés Bello, 1969

Rodríguez, Mario. *Cuentos hispanoamericanos.* Santiago de Chile: Editorial Universitaria, 1970

El perro del regimiento

DANIEL RIQUELME

Entre los actores de la batalla de Tacna[1] y las víctimas lloradas de la de Chorrillos,[2] debe contarse, en justicia, al perro del Coquimbo,[3]—perro abandonado y callejero, recogido un día a lo largo de una marcha por el piadoso embeleco[4] de un soldado, en recuerdo, tal vez, de algún otro que dejó en su hogar al partir a la guerra, que en cada rancho[5] hay un perro y cada roto[6] cría el suyo entre sus hijos.

Imagen viva de tantos ausentes, muy pronto el aparecido se atrajo el cariño de los soldados, y éstos, dándole el propio nombre de su Regimiento, lo llamaron «Coquimbo» para que de ese modo fuera algo de todos y de cada uno.

Sin embargo, no pocas protestas levantaba al principio su presencia en el cuartel; pues nadie se ahija en casa ajena sin trabajos,[7] causa era de grandes alborotos[8] y por ellos se trató en una ocasión de lyncharlo, después de juzgado y sentenciado en consejo general de ofendidos, pero «Coquimbo» no apareció. Se había hecho humo[9] como en todos los casos en que presentía tormentas sobre su lomo.[10] Porque siempre encontraba en los soldados el seguro amparo que el nieto busca entre las faldas de la abuela, y sólo reaparecía, humilde y corrido,[11] cuando todo peligro había pasado.

Se cuenta que «Coquimbo» tocó personalmente parte de la gloria que en el día memorable del Alto de la Alianza,[12] conquistó su Regimiento a las órdenes del Comandante Pinto Agüero, a quien pasó el mando, bajo las balas,[13] en reemplazo de Gorastiaga.[14]

Y se cuenta también que de ese modo, en un mismo día y jornada, el jefe casual del Coquimbo y el último ser que respiraba en sus filas, justifi-

---

[1] **ciudad del sur del Perú y sitio de una importante batalla de la Guerra del Pacífico (1879–1883), de la cual resultó la ocupación de Tacna por los chilenos**
[2] **sitio de una victoria de los chilenos sobre los peruanos en 1881**
[3] **es decir, del regimiento de la provincia de Coquimbo, que se sitúa en el Chile central**
[4] **capricho**
[5] **casa pobre**
[6] **pobre, hombre de clase baja**
[7] **nadie... nadie se hace aceptar en la casa de otra gente sin dificultades**
[8] **desórdenes, protestas**
[9] **se... había desaparecido**
[10] **presentía... tenía miedo de que le pegaran**
[11] **avergonzado**
[12] **batalla ganada por los chilenos en 1880**
[13] **Bajo...** under fire
[14] **Los nombres de los militares son verídicos.**

caron heroicamente el puesto que cada uno, en su esfera, había alcanzado en ellas...

Pero mejor será referir el cuento tal como pasó, a fin de que nadie quede con la comezón de esos puntos y medias palabras, mayormente desde que no hay nada que esconder.

Al entrar en batalla, —madrugada del 26 de mayo de 1880,— el Regimiento Coquimbo no sabía a qué atenerse[15] respecto de su segundo jefe, el Comandante Pinto.

Porque en el campo de las Yaras,[16] días antes solamente de la marcha sobre Tacna, el Capitán don Marcial Pinto Agüero, del Cuartel General, había recibido su ascenso de Mayor junto con los despachos de segundo[17] del Coquimbo y la sorpresa de todos los oficiales del cuerpo que iba a mandar.

Por noble compañerismo, deseaban éstos que semejante honor recayera en algún Capitán de la propia casa, y con tales deseos esperaban, francamente, a otro.

Pero el Ministro de la Guerra en campaña, a la sazón[18] don Rafael Sotomayor, que se daba y lo tenían por perito[19] en el conocimiento de los hombres, dispuso lo que queda dicho el mismo día en que murió tan súbitamente, dejando a cargo del agraciado la deuda de justificar su preferencia.[20]

Por estos motivos, que a nadie ofendían, el Comandante Pinto Agüero no entró, pues, al Regimiento con el pie derecho.[21] Los oficiales lo recibieron con una reserva que parecía estudiada frialdad.

Sencillamente, era un desconocido para todos ellos; acaso[22] sería también un cobarde.

¿Quién sabía lo contrario?

¿Dónde se había probado?

Así las cosas y los ánimos, despuntó con el sol la hora de la batalla que iba a trocar bien luego, no sólo la ojeriza de los hombres,[23] sino la suerte de tres naciones.

Rotos los fuegos, a los diez minutos quedaba fuera de combate, gloriosa y mortalmente herido a la cabeza de su tropa, el que más tarde debía de ser el héroe feliz de Huamachuco,[24] —don Alejandro Gorastiaga.

En consecuencia, el mando correspondía —¡travesuras del destino!— al segundo jefe; por lo que el Regimiento, al saber la baja de su primero,[25] se detuvo y dijo:

—¡Aquí talla Pinto![26]

—¡Aquí te quiero ver, escopeta![27]

La ocasión, instante, en verdad supremo, era, en efecto, diabólicamente propicia para dar a conocer la ley cabal[28] del corazón de un hombre.

Y todos esperaban, mas no ya

---

[15] **a...** what to expect
[16] **un lugar cerca de Tacna**
[17] second in command
[18] **a... en esa época**
[19] **se...** who took himself, and was considered by others to be, an expert
[20] **dejando...** leaving to the one thus graced (with a promotion) the job of justifying his choice; i.e., leaving Pinto Agüero to prove his worth
[21] **bajo circunstancias tan favorables**
[22] **tal vez**
[23] **despuntó...** at dawn the battle started that would change not only the men's ill will
[24] **ciudad peruana cerca de la cual ocurrió la batalla mencionada aquí**
[25] **al...** upon learning of the death of the first in command
[26] **Allí...** This is where Pinto comes in!
[27] **Aquí...** Okay, big shot, show your stuff!
[28] **la... el valor verdadero**

con malicias, sino con angustias, transcurriera ese instante preñado de tantas dudas.

—¿Qué haría Pinto?

Luego se vio al joven Comandante salir al galope de su caballo de las filas postreras,[29] pasar por el flanco de las mitades que lo miraban ávidamente; llegar al sitio que le señalaba su puesto, —la cabeza del Regimiento,— y seguir más adelante todavía.

Veinte pasos a vanguardia de la primera del primero, revolvió su corcel[30] y desde tal punto, ordenó el avance del Regimiento, sereno como en una parada de gala, únicamente altivo y dichoso por la honra de comandar a tantos bravos.

La tropa, aliviada de enorme peso, y porque la audacia es aliento, y contagio,[31] se lanzó impávida[32] detrás de su jefe; pero en el fragor[33] de la lucha, fue inútil todo empeño de llegar a su lado.

El Capitán desconocido de la víspera,[34] el cobarde tal vez, no se dejó alcanzar por ninguno, aunque dos veces desmontado[35] y concluida la batalla, oficiales y subalternos[36] rodeando su caballo herido, lo aclamaron en un grito de admiración.

«Coquimbo» por su parte, —que en la vida tanto suelen tocarse[37] los extremos— había atrapado del ancho pantalón de bayeta,[38] y así lo retuvo hasta que llegaron los nuestros, —a uno de los enemigos que huía al ver las bayonetas chilenas.

Y esta hazaña que «Coquimbo» realizó de su cuenta y riesgo, acordándose de los tiempos en que probablemente fuera perro de hortelano,[39] concluyó de confirmarlo el niño mimado[40] del Regimiento.

Su humilde personalidad vino a ser, en cierto modo, el símbolo vivo y querido de la personalidad de todos; de algo material del Regimiento, así como la bandera lo es del ideal de honor y de deber.

El, de su lado, pagaba a cada uno su deuda de gratitud, con un amor sin preferencia, eternamente alegre y sumiso, como cariño de perro.

Comía en todos los platos; diferenciaba el uniforme —hasta sabía distinguir los grados[41]— y por un instinto de egoísmo, digno de los humanos, no toleraba dentro del cuartel la presencia de ningún otro perro que pudiera, con el tiempo, arrebatarle el aprecio[42] que se había conquistado con una acción que acaso él mismo calificaba de distinguida.

Llegó por fin, el día de la marcha sobre las trincheras que defendían a Lima.

«Coquimbo», naturalmente, era de la gran partida.[43] Pero el perro, —

---

[29] **filas...** rear ranks
[30] **caballo**
[31] **la... la audacia es contagiosa y alienta al hombre (Es decir, al ver los soldados que su comandante es un hombre valiente, ellos se sienten valientes también.)**
[32] **de una manera valiente**
[33] din
[34] **el día anterior**
[35] thrown off his horse
[36] **subordinados**
[37] meet, come together
[38] baize, wool
[39] farmer
[40] **confirmarlo...** made him the pet
[41] rank
[42] **arrebatarle...** snatch away from him the esteem
[43] **era...** was in the attack party

cosa extraña para todos,— no dio al ver los aprestos[44] que tanto conocía las muestras de contento que manifestaba cada vez que el Regimiento salía a campaña.

Antes[45] por el contrario, triste y casi gruñón,[46] se echó desde temprano, a orillas del camino, frente a las «rucas»[47] del Regimiento, como para demostrar que no se quedaría atrás y asegurarse de que tampoco sería olvidado.

¡Pobre «Coquimbo»!

¡Quién puede decir si no olía en el aire la sangre de sus amigos, que en el curso de breves horas iba a correr a torrentes.

La noche cerró sobre Lurín;[48] rellena de una niebla que daba al cielo y a la tierra un tinte lívido.

Casi confundido con la franja de argentada espumas[49] que formaban las olas fosforescentes al romperse sobre la playa, marchaba el Coquimbo.

El eco de las aguas apagaba los rumores de esa marcha de gato que avanza sobre su presa.

Todos sabían que del silencio dependía el éxito afortunado del asalto que llevaban a las trincheras enemigas.

Y nadie hablaba y los soldados evitaban el choque de las armas.

Y ni una luz, ni un reflejo de luz.

A doscientos pasos no se habría visto esa sombra que, llevando en su seno todos los huracanes de la batalla, volaba sin embargo, siniestra y callada como la misma muerte.

En tales condiciones, cada paso adelante era un tanto más en la cuenta de las probabilidades favorables.

Y así habían caminado ya unas cuantas horas.

Las esperanzas crecían en proporción; pero de pronto, inesperadamente, resonó en la vasta llanura el ladrido de un perro, nota agudísima que, a semejanza de la voz del clarín, puede, en el silencio de la noche, oírse a grandes distancias, sobre todo en las alturas.

—«¡Coquimbo!» —exclamaron los soldados.

Y suspiraron como si un hermano de armas hubiera incurrido en pena de la vida.[50]

De allí a poco, se destacó al frente de la columna la silueta de un jinete que llegaba a media rienda.

Reconocido con las precauciones de ordenanza,[51] pasó a hablar con el Comandante Soto, y tras de lacónica plática;[52] partió con igual prisa.

Era el jinete un ayudante de campo del jefe de la primera división, Coronel Lynch,[53] el cual ordenaba redoblar «silencio y cuidado» por haberse descubierto avanzadas[54] pe-

---

[44] **preparativos**
[45] Instead
[46] grumbling
[47] huts
[48] **La...** Night fell on Lurín **(pueblo al sur de Lima)**
[49] **franja...** border of silvery foam
[50] **hubiera...** had committed a crime punishable by death
[51] **de... necesarias**
[52] **tras... después de una breve conversación**
[53] **Patricio Lynch (1824–1886) fue un personaje histórico cuyas hazañas Riquelme cuenta en *Recuerdos del general Lynch.* Al comenzar la guerra del Pacífico, fue nombrado coronel del batallón naval. Mandaba los transportes que conducían las tropas a Antofagasta. Más tarde, cuando Chile ocupó Trapacá, Lynch fue nombrado jefe político y militar administrativo de este departamento.**
[54] outposts

ruanas en la dirección que llevaba el Coquimbo.

A manera de palabra mágica, la nueva consigna[55] corrió de boca en oreja desde la cabeza hasta la última fila, y se continuó la marcha; pero esta vez parecía que los soldados se tragaban el aliento.[56]

Una cuncuna[57] no habría hecho más ruido al deslizarse sobre el tronco de un árbol.

Sólo se oía el ir y venir de las olas del mar; aquí suave y manso, como haciéndose cómplice del golpe; allá violento y sonoro, donde las rocas lo dejaban sin playa.

Entre tanto, comenzaba a divisarse en el horizonte de vanguardia una mancha renegrida[58] y profunda, que hubiera hecho creer en la boca de una cueva inmensa cavada en el cielo.

Eran el Morro y el Salto del Fraile,[59] lejanos todavía; pero ya visibles.

Hasta ahí la fortuna estaba por los nuestros, nada había que lamentar. El plan de ataque se cumplía al pie de la letra.[60] Los soldados se estrechaban las manos en silencio, saboreando el triunfo; mas el destino había escrito en la portada[61] de las grandes victorias, que les tenía deparadas,[62] el nombre de una víctima, cuya sangre, obscura y sin deudos,[63] pero muy amada, debía correr la primera sobre aquel campo, como ofrenda a los númenes[64] adversos.

«Coquimbo» ladró de nuevo, con furia y seguidamente, en ademán de lanzarse hacia las sombras.

En vano los soldados trataban de aquietarlo por todos los medios que les sugería su cariñosa angustia.

¡Todo inútil!

«Coquimbo» con su finísimo oído, sentía el paso o veía en las tinieblas las avanzadas enemigas, que había denunciado el Coronel Lynch, y seguía ladrando. Pero lo hizo allí por última vez para amigos y contrarios.

Un oficial se destacó[65] del grupo que rodeaba al Comandante Soto, separó dos soldados y entre los tres, a tientas,[66] volviendo la cara, ejecutaron a «Coquimbo» bajo las aguas que cubrieron su agonía.

En las filas se oyó un extraño sollozo[67]...y siguieron andando con una prisa rabiosa[68] que parecía buscar el desahogo[69] de una venganza implacable.

Y quien haya criado un perro y hecho de él un compañero y un amigo, comprenderá, sin duda, la lágrima que esta sencilla escena que yo cuento como puedo, arrancó a los bravos del Coquimbo, a esos rotos de corazón tan ancho y duro, como la mole[70] de piedra y bronce que iban a asaltar; pero en cuyo rondo brilla una de las más dulces ternuras:

Su piadoso cariño a los animales.

---

[55] **orden**
[56] **se...** were holding their breath
[57] caterpillar
[58] **muy oscura**
[59] hills that serve as observation posts
[60] **al... exactamente**
[61] cover (of a book)
[62] **reservadas**
[63] **parientes, linaje**
[64] **deidades**
[65] **separó**
[66] **a... con la mano insegura**
[67] sob
[68] **furiosa**
[69] relief
[70] heap, mass

SOBRE LA LECTURA

1. ¿Quién fue el perro del Coquimbo? ¿Qué tipo de perro era?
2. ¿En qué sentido era «un símbolo de raza»?
3. ¿Fue aceptado por el regimiento inmediatamente? ¿Qué pasó al principio?
4. ¿Bajo qué condiciones entró Pinto Agüero al regimiento?
5. ¿Qué impresión causó al aparecer delante de sus hombres?
6. ¿Cómo reaccionaron los soldados al verlo combatir?
7. ¿Qué proeza hizo Coquimbo?
8. ¿Qué llegó a simbolizar?
9. ¿En qué situaciones se mostraba celoso?
10. ¿Cómo reaccionó al acercarse a Lima?
11. ¿Qué hizo de repente?
12. ¿Qué anunció el jinete?
13. ¿Cómo se sentían los soldados al llegar al sitio donde se realizaría la batalla?
14. ¿Qué hicieron tres soldados con Coquimbo cuando empezó a ladrar?
15. ¿Cómo termina el cuento?

HACIA EL ANÁLISIS LITERARIO

1. ¿Cómo crea Riquelme un ambiente realista? ¿A qué figuras históricas menciona? ¿Qué detalles geográficos e históricos da?
2. ¿Por qué se refiere al «roto» al principio del cuento? ¿Cómo ayuda a convertir a Coquimbo en símbolo de los hombres que acompaña?
3. ¿Qué elementos humorísticos incorpora en este cuento? ¿Qué efecto logra con incluir detalles cómicos en un cuento esencialmente patético?
4. ¿Qué revela acerca de la psicología del soldado?
5. En la descripción de la llegada a Lima, ¿cómo aumenta la tensión? ¿En qué pasajes se presagia la muerte de Coquimbo?
6. ¿Dónde insinúa que los chilenos perdieron a muchos hombres en esta batalla? ¿Por qué termina Riquelme el cuento con la muerte de Coquimbo? ¿Qué observaciones hace acerca de la reacción de los hombres? ¿Por qué no cuenta lo que pasó en la batalla?
7. ¿Cómo se caracteriza el lenguaje de los soldados?
8. Compare el lenguaje de Riquelme con el de los escritores románticos.
9. ¿Personifica Riquelme a Coquimbo o lo retrata de una manera realista?
10. ¿En qué consiste el patetismo de «El perro del regimiento»?

TEXTO Y VIDA

1. ¿Cree usted que los animales presienten las catástrofes? Dé un ejemplo de su experiencia o relate un incidente de que usted ha oído para ilustrar este fenómeno.

2. ¿Cree usted que Coquimbo presiente la muerte de muchos de sus compañeros? ¿Cómo se explican sus ladridos al acercarse a Lima? ¿Cree usted que en cierto sentido se sacrifica?
3. ¿Puede existir una verdadera amistad entre un perro y una persona? Explique.
4. ¿Qué papel desempeña Coquimbo en el regimiento? ¿Por qué necesita la gente a los perros y gatos? Algunos psicólogos dicen que los enfermos a veces se mejoran o los ancianos se sienten más independientes y útiles al conseguir un animal. ¿Cómo se explica este fenómeno? ¿Qué papel especial desempeña un perro de guerra?
5. ¿Por qué tuvieron los soldados que matar a Coquimbo? ¿Tenían otra opción? ¿Qué sentimientos conflictivos habrán experimentado en ese momento?
6. ¿Por qué cree que gustan tanto los relatos acerca de animales? ¿Hay algunos perros (o gatos o caballos) famosos en la literatura norteamericana?

Fin de siglo

La segunda mitad del siglo XIX fue un período de consolidación nacional. Antes del fin del siglo, con la excepción de Cuba y Panamá, todas las naciones de Latinoamérica habían establecido las fronteras que han mantenido hasta ahora. (Cuba ganó su independencia de España en 1902 y Panamá se separó de Colombia en 1903). Gracias a la construcción de caminos y ferrocarriles, se mejoraron las comunicaciones entre los centros de poder y las zonas más remotas. Aunque los militares siguieron desempeñando un papel importante en muchos países, aumentó el número de gobiernos civiles. En algunos países los principios democráticos comenzaron a arraigarse y ciertos intelectuales hablaban de la necesidad de mejorar las condiciones de las clases humildes. En la mayoría de los países había elecciones, aunque las masas rara vez participaban. A pesar del creciente interés en la democracia y la justicia social, el poder aún se concentraba en una pequeña élite adinerada y por lo general blanca, mientras que miles de indios, negros y personas de raza mixta seguían viviendo en la miseria y la ignorancia.

Se fortalecieron los vínculos comerciales con Europa, no sólo con España sino también con Francia e Inglaterra. Los países de Latinoamérica además exportaban sus productos a los Estados Unidos. Las materias de exportación incluían plata, cacao, cueros, tabaco, azúcar y café, todos los cuales se habían producido desde la época colonial. La modernización de la agricultura y el crecimiento de la industria en Europa y Estados Unidos creó nuevos mercados para metales latinoamericanos, por ejemplo el cobre chileno, y la invención del proceso de vulcanización convirtió el caucho brasileño en un producto lucrativo en el mercado internacional.

A fines del siglo, la economía de Latinoamérica todavía dependía de la exportación de productos minerales y agrícolas. Con la excepción de México y

Brasil, que producían textiles para el consumo doméstico, ninguno de los países de Latinoamérica había dado un paso significativo hacia la industrialización. Esto se debía parcialmente al hecho de que no había mercados domésticos, puesto que las masas rurales no tenían dinero para comprar bienes manufacturados.

La mayoría de los países latinoamericanos producían una o dos materias primas para la exportación, lo cual los mantenía en una posición de extrema vulnerabilidad. Argentina y Cuba sufrieron económicamente cuando, a causa de la depresión de la última década del siglo XIX, los países de Europa redujeron la importación de productos latinoamericanos. Cuando Francia e Inglaterra comenzaron a explotar comercialmente sus colonias tropicales en Africa y Asia, se produjo una crisis en la industria brasileña del café y otra en la del caucho.

No fue sino hasta el comienzo de la Primera Guerra Mundial en 1914 cuando la situación cambió. Los países de Europa se vieron obligados a dedicar sus recursos al esfuerzo militar y no a la agricultura y la industria. Europa no producía los alimentos y productos manufacturados necesarios y, por consiguiente, nuevos mercados se abrieron para las naciones de Latinoamérica. Varios países empezaron a desarrollar industrias ligeras, pero al terminar la guerra en 1918, Europa de nuevo inundó a Latinoamérica con sus productos manufacturados, retardando el proceso de industrialización.

Aunque Inglaterra había tenido intereses económicos en el Nuevo Mundo desde principios del siglo, se intensificaron las relaciones comerciales de Latinoamérica con Europa (y también con los Estados Unidos) durante las últimas décadas del XIX, lo cual contribuyó a un cambio de enfoque cultural. La influencia de España disminuyó aún más. Desde mediados del siglo XIX Argentina había exportado maíz a Gran Bretaña. La invención del barco refrigerador hizo posible la exportación de carne argentina a Inglaterra, y de plátanos de Centroamérica a los Estados Unidos. El resultado fue un aumento de influencia inglesa y norteamericana en Latinoamérica. Los ingleses invirtieron grandes cantidades de dinero en el desarrollo de la pampa, a consecuencia de lo cual aumentó la inmigración europea a Argentina.

Los Estados Unidos habían adoptado una actitud agresiva hacia Latinoamérica desde el principio del siglo. Por medio de la Doctrina Monroe de 1823, los Estados Unidos rechazaban toda intervención europea en el Nuevo Mundo. Durante la segunda mitad del siglo, los Estados Unidos empezaron a intervenir cada vez más en la política interna de los países del sur, ya que para asegurar sus intereses comerciales, le convenía al gobierno norteamericano imponer la estabilidad, aun cuando esto significaba interferir en la autonomía de una nación extranjera.

Un caso notable de intervención norteamericana fue la guerra entre los Estados Unidos y España en 1898. De su vasto imperio colonial en las Américas, a España sólo le quedaban los territorios del Caribe. Cuba, la más grande y productiva de las islas, se había rebelado varias veces. Aunque por lo general el público norteamericano apoyó la lucha de los cubanos durante la Guerra de Diez Años contra España (1868 a 1878), los Estados Unidos, que recién se reponían de la Guerra Civil, no participaron activamente. Sin embargo, a fines del siglo, las condiciones favorecían la intervención.

Muchos cubanos vivían en los Estados Unidos, donde se organizaban para ayudar a las fuerzas revolucionarias. Los periódicos de Hearst y Pulitzer publicaban artículos inflamatorios sobre los abusos de los españoles. El 15 de febrero de 1898 se hundió el *Maine,* un barco de guerra norteamericano, y murieron 260 hombres. La prensa atribuyó la tragedia a una bomba española, aunque nunca se averiguó la causa de la explosión. El 25 de abril el Congreso declaró la guerra contra España. Tres meses y medio más tarde, el gobierno español pidió negociaciones para terminar el conflicto. El acuerdo que resultó estipulaba que España otorgaba a Cuba su independencia y cedía Puerto Rico, Guam y las Filipinas a los Estados Unidos. Entonces, el gobierno norteamericano estableció una administración militar temporal en Cuba.

Al principio del siglo XX los Estados Unidos ya habían reemplazado a Inglaterra como la fuerza extranjera más importante en la política y la economía de Latinoamérica. Cuba y Panamá habían conseguido su independencia con la ayuda de los Estados Unidos, y el gobierno norteamericano mantenía una presencia en ambas naciones. En los años que siguieron, los Estados Unidos obtuvieron tres protectorados más: Haití, la República Dominicana y Nicaragua. También invadieron a México dos veces.

Aunque Inglaterra y los Estados Unidos son los países extranjeros que influyeron más en la economía y política de Latinoamérica a fines del siglo XIX, Francia fue la fuerza cultural más significativa. Como se vio en el capítulo anterior, el positivismo de Auguste Comte inspiró a escritores como Eugenio María de Hostos y fue la fuerza motivadora detrás de las reformas de los sistemas educativos de muchos países. También proveyó la base ideológica de las llamadas dictaduras «liberales» de México, Guatemala y Venezuela. El racionalismo francés influyó en las actitudes anticlericales que condujeron a la expropiación de tierras eclesiásticas y a la separación entre iglesia y estado en varios países.

Hacia fines del siglo XIX se hizo sentir la influencia de los poetas de la escuela parnasiana, la cual floreció durante la segunda mitad del siglo XIX en Francia. Los *parnasianos creían en la doctrina del arte por el arte. El culto a la belleza los conducía a experimentar con nuevas formas métricas. Para los parnasianos la técnica y la estructura eran más importantes que el contenido sociológico y emotivo de la composición. Esta escuela fue una influencia determinante en el florecimiento del movimiento *modernista en Hispanoamérica a fines del siglo XIX. Varios críticos modernos han expresado la noción de que el adherirse a la filosofía artística de los parnasianos no fue una manifestación de escapismo de parte de los intelectuales hispanoamericanos sino una afirmación de su independencia cultural de España.

En 1900 el escritor uruguayo José Enrique Rodó (1871–1917) escribió *Ariel,* en que exhortó a los jóvenes hispanoamericanos a rechazar el materialismo norteamericano y a cultivar el espíritu. Rodó tomó su título de *The Tempest* de Shakespeare, en que Ariel es la encarnación de la belleza y la inteligencia, frente a Calibán, monstruo que simboliza el sensualismo grosero. En el libro de Rodó, Ariel encarna el espíritu humanístico hispanoamericano, mientras que Calibán representa el utilitarismo norteamericano. Para Rodó, la juventud es la esperanza de Latinoamérica, por lo cual es esencial impedir que la futura generación se ciegue por el materialismo que se cultiva en países aparentemente más desarrollados. En *Ariel,* insiste en la importancia de la educación humanística, la cual sirve para desarrollar al individuo física y espiritualmente. Hace hincapié en lo estético, ya que la búsqueda de la belleza es lo que eleva al hombre. Rechaza la idea de una democracia basada en la igualdad de todos, ya que esta noción sólo puede conducir a la mediocridad. Para Rodó, la verdadera democracia es la que permite el triunfo de los más dotados. Aunque admira ciertos aspectos de la sociedad norteamericana—por ejemplo, la educación pública, la importancia que se le otorga al trabajo—los Estados Unidos encarnan para Rodó los aspectos negativos de la democracia mal entendida: el dominio de las masas; un sistema de educación que, en vez de ayudar a los más talentosos a realizar su potencial, cultiva la mediocridad; el utilitarismo y el materialismo que imposibilitan la creación de una civilización auténticamente digna.

El libro de Rodó llegó a ser un «best seller» e influyó en las actitudes de intelectuales latinoamericanos hacia los Estados Unidos por generaciones.

El modernismo

Aunque la crítica tiende a identificar el *modernismo con el movimiento literario que se extiende aproximadamente de 1880 a 1910, en realidad el término tiene un significado más profundo. Se trata de una nueva actitud hacia la vida, de un rechazo de lo convencional y lo caduco, de la afirmación de una nueva identidad. El poeta español Juan Ramón Jiménez (1881–1958) escribió que el modernismo no fue un movimiento literario, sino una época caracterizada por «la común aversión a lo predominante en el pasado inmediato». En lo político y lo social, tanto como en lo literario, se trata de una ruptura con el siglo XIX y de la creación de un nuevo tipo de individuo: el hombre y la mujer modernos.

En su primera fase, el modernismo latinoamericano representa un esfuerzo por liberarse del dominio cultural español. A pesar de que se trata de un fenómeno más profundo que la mera renovación poética, es, sin embargo, en la poesía donde se nota más claramente el cambio de orientación. El ímpetu más importante provenía de los *parnasianos y *simbolistas franceses.

Charles Leconte de Lisle (1818–1894), fundador de la escuela parnasiana, se había desilusionado con la política después del fracaso de la Segunda República francesa en 1851 y, como consecuencia, se adhirió a la filosofía del arte por el arte, según la cual la obra de arte vale por sí misma y no debe emplearse como un instrumento de cambio político o social. Leconte de Lisle fundó un culto austero de la forma, produciendo cinco colecciones de poesía: *Poèmes antiques* (1852), *Poèmes et poésies* (1854), *Poésies barbares* (1862), *Poèmes tragiques* (1884) y *Derniers poèmes* (publicado póstumamente en 1895). Leconte creía que el poeta debía divorciarse de su ambiente, creando un arte impersonal, disciplinado y elegante.

Lo siguen en estas ideas poetas como Charles Baudelaire (1821–1867), autor de *Les fleurs du mal* (*Flores del mal,* 1857), una colección de poemas en que el autor busca encontrar lo bello en lo terrible, lo malo, lo perverso y lo grotesco; Paul Verlaine (1844–1896), admirado por la musicalidad de los versos y su destreza en el uso de la sintaxis; y Arthur Rimbaud (1854–1891), quien cultivó el verso libre y creó imágenes originales, provocadoras y audaces.

Estos poetas a menudo se consideran precursores del *simbolismo, un movimiento poético que intenta crear múltiples capas de significado, expresando las afinidades secretas entre nuestra alma y lo misterioso e intangible de las cosas, por medio del valor musical y simbólico de las palabras. El más importante de los simbolistas es Stéphane Mallarmé (1842–1898), autor de *L'après-midi d'un faune* (*La siesta de un fauno,* 1876).

Aunque en Francia estos dos movimientos se consideran opuestos, por ser el simbolismo una reacción al parnasianismo, en Latinoamérica ambas corrientes contribuyeron a la renovación poética. También tuvieron una influencia considerable poetas y cuentistas como el español Gustavo Adolfo Bécquer (1836–1870), cuya obra se distingue por su tono íntimo y apagado; Walt Whitman, quien experimentó con el verso libre; y Edgar Allan Poe, que exploró el lado sombrío y macabro del alma humana. Otra inspiración importante fue el poeta español Luis de Góngora (1561–1627), iniciador del *culteranismo, cuya poesía refinada y difícil se consideraba el epítome de la doctrina del arte por el arte.

Con los modernistas, se produce una nueva preocupación estilística. Como en el caso de los simbolistas, se trata de una búsqueda por las realidades más profundas de la vida, por el valor misterioso del lenguaje. Para los modernistas, el vocablo adquiere un valor absoluto. El escritor busca la palabra exacta, tomando en consideración su significado preciso, su etimología, su sonido, su valor simbólico y decorativo. Se rechazan la verbosidad, el sentimentalismo y el espíritu reformador del romanticismo y también la descripción gráfica del realismo y la crudeza del naturalismo. Hay que señalar, sin embargo, que el romanticismo y el realismo siguen existiendo al lado del modernismo durante todo este período.

Los modernistas repudian los clichés, las palabras vulgares y las metáforas convencionales. El nuevo ideal—en la prosa tanto como en la poesía—es la elegancia. El objetivo del arte es la búsqueda por la belleza. Se cultivan la armonía, el sensualismo, la pureza estética. Las imágenes que emplean los modernistas son frágiles, delicadas, rebuscadas. Deleita lo que es inútil o exótico, lo que no tiene otro propósito que su belleza—un florero oriental, una mariposa, una estatua antigua. Los modernistas buscan su inspiración en la antigüedad, especialmente en la Grecia clásica, en el Lejano Oriente, en los países nórdicos. El color azul llega a ser símbolo de la pureza. Otro símbolo asociado con el modernismo es el cisne, desde la antigüedad encarnación de la belleza por su elegante cuello y su inmaculado plumaje. Su importancia en la mitología clásica también hace del cisne un símbolo erótico. Según la leyenda, Júpiter amaba a Leda y tomó la forma de un cisne para seducirla. Para los modernistas—quienes, como todos los intelectuales de su generación, se encontraban ante el problema del futuro inseguro de Latinoamérica—el cuello del cisne llegó a representar un inmenso signo de interrogación.

A pesar de que uno de los preceptos fundamentales del parnasianismo era la separación entre el arte y la política, en Latinoamérica esta división nunca se hizo de una manera cabal y completa. Aunque algunos modernistas se refugiaron en una torre de marfil, adoptando una actitud distante y orgullosa, otros participaron en los conflictos políticos. José Martí, considerado por muchos críticos el primer modernista, fue uno de los activistas más importantes en la lucha de Cuba por su independencia de España. Asimismo, modernistas como Rodó adoptaron una posición clara frente a la agresividad norteamericana.

La segunda fase del modernismo comenzó en 1888, con la publicación en Valparaíso, Chile, de *Azul,* del autor nicaragüense Rubén Darío. *Azul,* una pequeña colección de cuentos y poemas, introdujo un nuevo concepto de la cuentística. En vez de relatos de temas realistas, éstos eran de temas fantásticos. Más que el argumento, se destacaban la destreza estilística, la ligereza, la perfección formal. *Azul* atrajo la atención crítica en ambos lados del Atlántico. Gracias en parte a los viajes de Darío a España (1892) y a Argentina (1893–1898), pronto el nuevo movimiento se extendió a todas partes del mundo hispánico. En España su lenguaje lírico y sus imágenes delicadas inspiraron a poetas como Juan Ramón Jiménez y Jorge Guillén (1893–1984). Fue la primera vez que un movimiento literario hispanoamericano pasó a España. Es decir, el modernismo, un movimiento que era distintamente hispanoamericano pero que había sido engendrado en parte por corrientes literarias europeas, encontró un nuevo público en la Península.

Mientras que la primera fase del modernismo adoptó una actitud antiespañola, la segunda volvió a afirmar los lazos entre España e Hispanoamérica. Después de la guerra entre los Estados Unidos y España, que resultó en la anexión de Puerto Rico y la continuada presencia de Estados Unidos en Cuba, creció el sentimiento antinorteamericano. La convocación de un congreso de todos los países de América en 1889 había comenzado a fomentar un nuevo espíritu de panamericanismo, el cual floreció durante las primeras décadas del siglo XX como consecuencia de la constante intervención de Estados Unidos en los asuntos internos de las repúblicas latinoamericanas. Ahora las antiguas colonias españolas, unidas por su hostilidad hacia su vecino al norte, comenzaron a exaltar los valores culturales que habían heredado de España. En su poema «A Roosevelt», Darío expresó los sentimientos de muchos latinoamericanos de su generación:

> ... Eres los Estados Unidos,
> eres el futuro invasor
> de la América ingenua que tiene sangre indígena,
> que aún reza a Jesucristo y aún habla en español.
>
> * * *
>
> Crees que la vida es incendio,
> que el progreso es erupción;
> en donde pones la bala
> el porvenir pones.
> No.

Aunque la política nunca dejó de desempeñar un papel significativo en la obra de algunos modernistas, en general, las preocupaciones principales de estos escritores eran estéticas. El modernismo renovó no sólo la poesía sino tambíen la prosa, imbuyéndola de una nueva musicalidad y delicadeza. Los mismos recursos y temas que se encuentran en la poesía modernista también son característicos del relato. Casi todos los países de Latinoamérica produjeron modernistas de importancia. Entre los más notables habría que mencionar al colombiano José Asunción Silva (1865–1896), al argentino Leopoldo Lugones (1874–1938), al uruguayo Julio Herrera y Reissig (1875–1910), y al peruano José Santos Chocano (1875–1934).

Asociado con la primera fase del modernismo, José Asunción Silva, hijo de una familia distinguida, siempre mantuvo una actitud aristocrática hacia la vida y la poesía. Viajó mucho; estuvo en Francia, en Inglaterra y en Suiza. En Europa conoció a Verlaine y a Mallarmé, aunque la crítica ha señalado una mayor influencia en su obra de posrománticos como Bécquer, Heine y Poe. De gran intensidad sentimental, su poesía es pesimista, angustiada, melancólica, subjetiva. Como a Poe, le atraían las sombras, la noche, el misterio. No se identificaba con el pueblo ni tampoco le interesaba crear una poesía popular. Su compatriota Guillermo Valencia (1873–1943), otro modernista conocido, decía que Silva era capaz de «sacrificar un mundo para pulir un verso». Silva introdujo varias innovaciones métricas y temáticas.

Rubén Darío conoció a Leopoldo Lugones en Buenos Aires en 1896. Lo consideró el poeta argentino más prometedor de su generación y entre los dos se trabó una estrecha amistad. La diversidad caracteriza la obra literaria de Lugones. Escribió prosa y verso. Cultivó el ensayo, el tratado histórico, el cuento y la poesía. También escribió numerosos discursos políticos. Sus temas abarcan la política, la educación, la historia, la cultura antigua, la crítica literaria. La ideología de Lugones evolucionó del socialismo al nacionalismo militarista y dictatorial, lo cual escandalizó a muchos de sus admiradores. En cuanto a su producción literaria, influyeron en él diversos autores, desde Hugo hasta los modernistas contemporáneos. Sin embargo, dentro de todos los modelos supo encontrar su propia originalidad. Experimentó con metros nuevos, con el exotismo, con la imagen sensual y sugestiva. Hacia el final de su vida redescubrió la poesía de la Argentina tradicional, del folklore.

Su obra poética se inició en 1897 con *Las montañas del oro,* un libro que conserva una marcada influencia romántica; canta al amor, a la naturaleza, a los grandes momentos de la historia. En *Los crepúsculos del jardín* (1905) cultiva los refinamientos decadentistas de los parnasianos y simbolistas franceses. En *Lunario sentimental* (1909) adopta un tono irónico; en cuanto al estilo, caracteriza la colección el prosaísmo intencional, marcado por el uso de un vocabulario conversacional o, a veces, científico. Adopta un estilo más tradicional en *Odas seculares* (1910), escrito en honor al centenario de la independencia argentina. Esta colección contiene un homenaje a los gauchos: «Raza valerosa y dura / que con pujanza silvestre / dio a la patria en garbo ecuestre / su primitiva escultura...» En *El libro fiel* (1912), *El libro de los paisajes* (1917) y *Las horas doradas* (1922) los temas son la soledad, la angustia, el tiempo, la muerte y el amor. En *Romancero*

(1924), *Poemas solariegos* (1928) y *Romances de Río Seco* (1938) vuelve a la tradición folklórica.

Lugones fue uno de los mejores cuentistas de su generación. En sus colecciones *Las fuerzas extrañas* (1906) y *Cuentos fatales* (1924) mezcló lo fantástico con lo exótico y lo mágico. Hoy en día la crítica lo considera un precursor de la narración fantástica.

Nacido en Montevideo, Julio Herrera y Reissig nunca salió de su país, pero a través de Darío y Lugones conoció la poesía modernista y se inició en la lectura de la literatura francesa. Como otros de su generación, también fue influido por el *culteranismo de Góngora y como sus predecesores del Siglo de Oro, cultivó el soneto. Algunos poemas de Herrera y Reissig son sencillos y directos, otros son extremadamente complejos. La crítica moderna lo considera el más decadente de los modernistas por su oscuro simbolismo, rebuscadas imágenes y delicada ironía. Sus temas son la muerte, el tiempo, el hastío de vivir, la belleza del campo. También cultivó temas bíblicos, clásicos y orientales. Algunas de sus descripciones más delicadas son de paisajes que él jamás había visto y que conocía sólo por sus lecturas y su imaginación.

Caracteriza la obra de José Santos Chocano, como la de otros modernistas de la segunda fase, el tono antifrancés. Un defensor ardiente de lo hispánico, se opuso violentamente al imperialismo norteamericano. En muchos de sus poemas exalta el patriotismo, la flora y la fauna del trópico, la historia de Hispanoamérica y la visión legendaria del indio. En cambio, en *El canto del siglo* (1901) elogia el progreso del mundo moderno. Las obras de su juventud conservan un tono romántico; él mismo rechazó estos primeros esfuerzos poéticos, aunque nunca logró desligar su poesía de la resonancia romántica. Aun sus poesías tardías mantienen un elemento épico y marcial. El mismo negó que era modernista. Sin embargo, por sus innovaciones estilísticas, su uso del color y de la imagen y la musicalidad de sus versos, la crítica lo incluye en esta corriente poética.

Alrededor de 1910 el modernismo empezó a perder su atractivo para los jóvenes poetas hispanoamericanos. Algunos historiadores han sugerido que la turbulencia política, en particular la Revolución mexicana, destruyó el encanto de la torre de marfil. Había problemas sociales y políticos demasiado inmediatos y urgentes para que la nueva generación de intelectuales se perdiera en los refinamientos de una poesía exótica y oscura. El poeta mexicano Enrique González Martínez (1871–1952) propuso que se sustituyera el buho, símbolo de la sabiduría, por el cisne de los modernistas. En 1911 publicó su soneto «Tuércele el cuello al cisne»:

> Tuércele el cuello al cisne de engañoso plumaje
> que da su nota blanca al azul de la fuente;
> él pasea su gracia no más, pero no siente
> el alma de las cosas ni la voz del paisaje.
> Huye de toda forma y de todo lenguaje
> que no vayan acordes con el ritmo latente
> de la vida profunda... y adora intensamente
> la vida, y que la vida comprenda tu homenaje.

Mira al sapiente buho cómo tiene las alas
desde el Olimpo, deja el regazo de Palas[1]
y posa en aquel árbol el vuelo taciturno...
El no tiene la gracia del cisne, mas su inquieta
pupila, que se clava en la sombra, interpreta
el misterioso libro del silencio nocturno.

El poema de González Martínez no debe considerarse un ataque contra el modernismo puro, cuyos ideales el poeta apreciaba, sino contra los imitadores mediocres del género que habían creado una literatura llena de clichés y desprovista de contenido. Esta reacción de González Martínez y de otros como él ante la superficialidad de estas imitaciones puso fin al movimiento modernista.

Gutiérrez Nájera: Precursor del modernismo

El escritor mexicano Manuel Gutiérrez Nájera (1859–1895) compuso sus primeros poemas antes de 1880, cuando todavía era un adolescente. Había recibido una educación primaria católica, aunque en cuanto a su formación literaria era en gran parte autodidacto.

Era de una familia acomodada y culta. Su madre deseaba que ingresara a una orden religiosa, y sus primeras lecturas fueron los místicos españoles. Aunque nunca se apartó completamente de sus raíces católicas, desde muy joven comenzó a leer a los románticos franceses, quienes influyeron en la evolución de sus gustos literarios. Entre sus autores favoritos se contaban Alfred de Musset, (1810–1857), Théophile Gautier (1811–1872) y Paul Verlaine (1844–1896). Le atraían la elegancia y la claridad de los versos de estos escritores, y pronto empezó a componer poesías de la misma índole. Experimentó con diversas escuelas poéticas—la romántica, la realista, la parnasiana—pero, dice Francisco González Guerrero, sus versos «tenían casi siempre íntima levedad lo mismo que superficial tersura». Sus primeros poemas revelan sentimientos intensamente católicos y por esta razón los enemigos de Juárez pensaban encontrar un campeón en Gutiérrez Nájera. Estos quedaron desilusionados, sin embargo, cuando más adelante disminuyó el fervor religioso del poeta y sus obras empezaban a revelar un gusto por la artificiosidad refinada.

En 1888 Gutiérrez Nájera se casó con una joven de origen francés. Se dedicó al periodismo y también desempeñó varios cargos públicos. En 1894 fundó, con la ayuda del periodista Carlos Díaz Dufóo, la *Revista Azul,* el suplemento literario dominical del diario donde ambos trabajaban. El nombre de la revista se explica en el primer número, publicado el 6 de mayo:

> ¿Por qué azul? Porque en lo azul hay sol, porque en lo azul hay alas, porque en lo azul hay nubes y porque, vuelan a lo azul las esperanzas en bandadas. El azul no es sólo un color: es un misterio, una virginidad intacta.

---

[1] En la mitología clásica, Palas es la diosa de la sabiduría, cuyo símbolo es el buho. Olimpo es el monte donde habitan los dioses.

Los fundadores siguen explicando el título en el número del 17 de junio, en el que menciona a cierta Jane Hading, quien «decía lindamente... *Un ciel tout bleu... tout bleu... tout bleu*».[1] Pueden haber tenido en cuenta también la afirmación de Victor Hugo: «*l'art, c'est l'azur*»[2] o la *Revue Bleu* publicada en París. Seguramente influyó en la selección del título la publicación seis años antes del libro *Azul,* de Rubén Darío, si bien González Guerrero señala que Gutiérrez Nájera ya tenía el título en mente desde mucho antes. Aunque sólo duró hasta el 11 de octubre de 1896, la *Revista Azul* llegó a ser uno de los órganos más importantes de la difusión de las ideas del modernismo.

Gutiérrez Nájera escribió un gran número de poemas, artículos, crónicas de la vida mexicana, reseñas, impresiones de viajes y cuentos. Nunca juntó sus poesías, las cuales fueron publicadas un año después de su muerte en un volumen prologado por Justo Sierra. Su obra narrativa se produjo entre 1876 y 1893; la mayoría de los cuentos se escribieron entre 1877 y 1883. En este último año apareció su colección, *Cuentos frágiles,* que contiene unas viñetas muy delicadas de la vida mexicana en que se combinan lo melancólico y lo gracioso. Este es el único libro de cuentos publicado en vida del autor. Después de la muerte de Gutiérrez Nájera, se publicó el tomo primero de su prosa, que incluía algunos de sus cuentos, bajo el nombre de *Cuentos color de humo.*

La poesía de Gutiérrez Nájera

En 1884 Gutiérrez Nájera publicó tres poemas que revelaban su destreza artística y despertaron el interés del mundo literario: «Nada es mío», «La Duquesa Job» y «Tristissima nox». En el primero, el poeta habla del proceso imaginativo, alegando que él no crea sus versos, sino que los saca de su alma o del medio que lo rodea:

> Yo no escribo mis versos, no los creo;
> viven dentro de mí, vienen de fuera...

En «La Duquesa Job» se nota el lado juguetón de su sensibilidad poética:

> Mi duquesita, la que me adora,
> no tiene humos[3] de gran señora:
> es la griseta de Paul de Kock.[4]
> No baila boston,[5] y desconoce
> de las carreras el alto goce,
> y los placeres del *five o'clock.*[6]

* * *

[1] **Un... Un cielo todo azul... todo azul... todo azul...**
[2] **El arte es el azul.**
[3] **pretensiones**
[4] **Una «griseta» es una chica ligera de la clase obrera francesa. Este tipo de personaje aparece a menudo en las novelas del escritor francés Paul de Kock (1794–1871).**
[5] **tipo de vals**
[6] "afternoon tea"

En éste y otros poemas se nota una liviana sensualidad que nunca recae en la vulgaridad, sino que conserva el refinamiento y la elegancia que caracterizan toda su obra poética. Por su reserva y su resignación ante la mala fortuna—Gutiérrez Nájera era un hombre excepcionalmente feo y también alcohólico—sus amigos lo llamaban «El Duque Job», apodo que el poeta tomó por pseudónimo literario.

«Tristissima nox» es un largo poema de cerca de trescientos versos que el poeta caracteriza como «un estudio de *claroscuro» en que se opone «la luz a la sombra, el negro intenso al blanco deslumbrante». En el fragmento que sigue describe la llegada de la noche:

> Es náufraga la luz: terrible y lenta
> surge la sombra; amedrentada[7] sube
> la triste claridad a los tejados,
> al árbol, a los picos elevados,
> a la montaña enhiesta[8] y a la nube!
> Y cuando al fin, airosa, la tiniebla
> la arroja de sus límites postreros,
> en pedazos, la luz, el cielo puebla
> de soles, de planetas y luceros.

Estos tres poemas—en particular, el último—establecieron a Gutiérrez Nájera como una voz importante en la poesía hispanoamericana. Profundamente influido por la música y la pintura, el poeta mexicano creó cuadros finísimos con las palabras. Aunque no había abandonado ni la emoción lírica ni los símbolos (por ejemplo, el cisne) de los románticos, su poesía ya apuntaba hacia una nueva sensibilidad. Hoy en día la crítica la ve como un puente entre el romanticismo y el modernismo.

Sus contribuciones al desarrollo del modernismo son la creación de imágenes delicadísimas, el uso del claroscuro y del color, la musicalidad de sus versos y la combinación de melancolía y humor que caracteriza no sólo su poesía sino también su prosa.

Sobre «En la calle»

«En la calle» apareció en *Cuentos frágiles*. Como la mayoría de las narraciones de Gutiérrez Nájera, este relato trata de cosas familiares—pequeñas escenas de la vida diaria que revelan las extrañas ironías de la existencia. Apenas hay acción o argumento. Más que un cuento, es un cuadro en que se yuxtaponen dos realidades contradictorias. Muchos de estos cuentos son sentimentales, pero no se trata del sentimentalismo exaltado de los románticos. Sus personajes son seres acongojados por aflicciones que los debilitan hasta destruirlos. A menudo son personas particularmente vulnerables, por ejemplo, mujeres o niños de la clase humilde.

---

[7] **asustada** [8] **erecta**

La protagonista de «En la calle» es uno de esos seres indefensos que aparecen a menudo en los cuentos de Gutiérrez Nájera: una enfermita bella, melancólica, solitaria y anónima que ve pasar la vida a través de su ventana sin poder participar en ella. Se ha puesto tan débil que ni siquiera le importa lo que pasó en la calle.

Estos son cuentos líricos, poemas en prosa. El autor dibuja a su protagonista con un pincel muy fino. A pesar de la pobreza del domicilio de la enferma, el ambiente no es sórdido, sino limpio. Todo—incluso la enredadera y la albahaca—lucha por embellecer el pobre hogar. La joven tísica es como una muñeca de porcelana, con su piel trasparente y sus ojos negros, sentada en una silla de ruedas, entre almohadones blancos. Es un estudio en claroscuro, casi una naturaleza muerta. En contraste, en la calle, todo es movimiento, ruido, color. Las mujeres, como las de los cuadros de Renoir, son coquetas, risueñas. Con un mínimo de palabras—«plumas, sedas, encajes blancos»—Gutiérrez Nájera crea una imagen de seres que son como flores, llenas de matices y de perfumes—imagen que contrasta cruelmente con la de la pequeña tísica.

La crítica ha visto en los cuentos de Gutiérrez Nájera influencias del prosista francés Guy de Maupassant (1850–1893), maestro de la narración corta. Como éste, al autor mexicano supo crear de una palabra, de un gesto, de una cara vista en una ventana o de un incidente aparentemente sin transcendencia—es decir, casi de nada—una narración que constituye lo que Frank O'Connor ha llamado «un lírico grito frente al destino humano».

Ediciones

Gutiérrez Nájera, Manuel. *Cuentos completos y otras narraciones.* Ed. E. K. Mapes, estudio preliminar Francisco González Guerrero. México, D. F.: Fondo de Cultura Económica, 1983

______. *Poesías completas.* 2 vols. Ed. Francisco González Guerrero. México, D. F.: Porrúa, 1953

______. *Cuentos y cuaresmas del duque Job.* México, D. F.: Porrúa, 1987

Crítica

Bondy, Liselotte. *El dolor en la poesía de Manuel Gutiérrez Nájera.* México, D. F.: Universidad Nacional Autónoma de México, 1962

Carter, Boyd G. *Manuel Gutiérrez Nájera.* México, D. F.: Studium, 12, 1956

______. *En torno a Gutiérrez Nájera y las letras mexicanas del siglo XIX.* México, D. F.: Botas, 1960

______. «Gutiérrez Nájera y Martí como iniciadores del modernismo.» *Revista Iberoamericana.* 28:54(1962):290–310

Carter, Boyd G. y Joan L. Carter. *Manuel Gutiérrez Nájera, florilegio crítico-conmemorativo.* México, D. F.: de Andrea, 1966

Contreras García, Irma. *Indagaciones sobre Gutiérrez Nájera.* México, D. F.: Metáfora, 1957

Fulk, Randal C. «Form and Style in the Short Stories of Manuel Gutiérrez Nájera.» *Hispanic Journal.* 10:1 (Fall 1988):127–132

Gómez del Prado, Carlos. *Manuel Gutiérrez Nájera: Vida y obra.* México, D. F.: de Andrea, 1964

Gutiérrez Nájera, Margarita. *Reflejo: biografía anecdótica de Manuel Gutiérrez Nájera.* México, D. F.: Instituto Nacional de Bellas Artes, 1960

Jiménez, José Olivio, ed. *Estudios críticos sobre la prosa modernista hispanoamericana.* Nueva York: Eliseo Torres, 1975. [Contiene estudios sobre Gutiérrez Nájera de Jesús Gutiérrez e Ileana R. Villalón.]

Oberhelman, Harley D. «The Literary Generation of the *Revista Azul.*» 67–75. Eds. Catherine Vera and George R. McMurray. *In Honor of Boyd G. Carter: A Collection of Essays.* Laramie: Dept of Modern and Classical Languages, University of Wisconsin, 1981

O'Connor, Frank. «Y es un arte solitario y personal.» Ed. Francis Brown, trad. Héctor Vaccaro. *Literatura contemporánea,* Buenos Aires: Sur, 1954

Porrata, Francisco E. and Jorge A. Santana, eds. *Antología comentada del modernismo.* Sacramento: Dept. of Spanish and Portuguese, California State University, 1974. [Contiene estudios sobre Gutiérrez Nájera de Harry J. Dennis, Eliana S. Rivero, Rosalina Rovira, Terry Oxford Taylor y Elba Torres de Peralta.]

Schulman, Ivan A. *Génesis del Modernismo: Martí, Gutiérrez Nájera, Silva, Casals.* México, D. F.: El Colegio de México, 1966

Torres-Rioseco, Arturo. *Precursores del modernismo.* Nueva York: Las Américas, 1963

Vera, Catherine. «Los niños y el mensaje social en tres cuentos de Manuel Gutiérrez Nájera.» *Explicación de Textos Literarios.* 6:1(1977):69–72

En la calle

Manuel Gutiérrez Nájera

Calle abajo, calle abajo, por uno de esos barrios que los carruajes atraviesan rumbo a Peralvillo,[1] hay una casa pobre, sin cortinas de sol en los balcones ni visillos[2] de encaje en las vidrieras, deslavazada[3] y carcomida[4] por las aguas llovedizas, que despintaron sus paredes blancas, torcieron con su peso las canales, y hasta llenaron de hongos[5] y de moho la cornisa granujienta[6] de las ventanas. Yo, que transito poco o nada por aquellos barrios, fijaba la mirada con curiosidad en cada uno de los accidentes[7] y detalles. El carruaje en que iba caminaba poco a poco, y conforme avanzábamos, me iba entristeciendo gravemente. Siempre que salgo rumbo a Peralvillo me parece que voy a que me entierren. Distraído, fijé los ojos en el balcón de la casita que he pintado. Una palma bendita se cruzaba entre los barrotes del barandal y, haciendo oficios de cortina,[8] trepaba por el muro y se retorcía en la varilla de hierro una modesta enredadera,[9] cuajada[10] de hojas verdes y de azules campanillas.[11] Abajo, en un tiesto de porcelana, erguía la cabecita verde, redonda y bien peinada, el albahaca.[12] Todo aquello respiraba pobreza, pero pobreza limpia; todo parecía arreglado primorosamente por manos sin guante, pero lavadas con jabón de almendra. Yo tendí la mirada al interior, y cerca del balcón, sentada en una gran silla de ruedas, entre dos almohadones blancos, puestos los breves pies en un pequeño taburete,[13] estaba una mujer, casi una niña, flaca, pálida, de cutis trasparente como las hojas delgadas de la porcelana china, de ojos negros, profundamente negros, circuidos por las tristes violetas del insomnio. Bastaba verla para comprenderlo: estaba tísica.[14] Sus manos parecían de cera; respiraba con pena, trabajosamente, recargando su cabeza, que ya no tenía fuerza para erguir, en la almohada que le servía de respaldo, y viendo con sus ojos, agrandados por la fiebre, esa vistosa muchedumbre que caminaba en son de[15] fiesta a las carreras, agitando la sombrilla de raso[16] o el abanico de marfil, la caña de las indias[17] o el cerezo.

Los carruajes pasaban con el

---

[1] **La capital de México está dividida en zonas, o «colonias». La colonia de Peralvillo está situada en el centro.**
[2] **cortinas**
[3] bare
[4] eaten away
[5] mold, fungus
[6] blemished, bumpy
[7] features
[8] **haciendo...** acting as a curtain
[9] vine
[10] **muy llena**
[11] bell-shaped flowers, bluebells
[12] basil
[13] stool
[14] **estaba... tenía tuberculosis**
[15] **en... como, a manera de**
[16] **sombrilla...** satin parasol
[17] **caña...** Indian reed

ruido armonioso de los muelles nuevos; el landó,[18] abriendo su góndola,[19] forrada[20] de azul raso, descubría[21] la seda resplandeciente de los trajes y la blancura de las epidermis; el faetón[22] iba saltando como un venado fugitivo, y el *mail coach,*[23] coronado de sombreros blancos y sombrillas rojas, con las damas coquetamente escalonadas[24] en el pescante[25] y en el techo, corría pesadamente, como un viejo soltero enamorado, tras la griseta de ojos picarescos. Y parecía que de las piedras salían voces, que un vago estrépito de fiesta se formaba en los aires, confundiendo las carcajadas argentinas[26] de los jóvenes, el rodar de los coches en el empedrado, el chasquido del látigo que se retuerce como una víbora en los aires, el son confuso de las palabras y el trote de los caballos fatigados. Esto es: vida que pasa, se arremolina,[27] bulle, hierve; bocas que sonríen, ojos que besan con la mirada, plumas, sedas, encajes blancos y pestañas negras; el rumor de la fiesta desgranando su collar de sonoras perlas en los verdosos vidrios de esa humilde casa, donde se iba extinguiendo una existencia joven y se iban apagando dos pupilas negras, como se extingue una bujía lamiendo con su llama la arandela,[28] y como se desvanecen y se apagan los blancos y fríos luceros de la madrugada.

El sol parece enrojecer la seda de las sombrillas y la sangre de las venas: ¡quizá ya no le veas mañana, pobre niña! Toda esa muchedumbre canta, ríe: tú ya no tienes fuerzas para llorar y ves ese mudable panorama, como vería las curvas y los arabescos de la danza el alma que penase en los calados[29] de una cerradura. Ya te vas alejando de la vida, como una blanca neblina que el sol de la mañana no calienta. Otras ostentarán su belleza en los almohadones del carruaje, en las tribunas del *turf,*[30] y en los palcos del teatro; a ti te vestirán de blanco, pondrán la amarilla palma entre tus manos, y la llama oscilante de los cirios amarillos perderá sus reflejos en los rígidos pliegues de tu traje y en los blancos azahares,[31] adorno de tu negra cabellera.

Tú te ases[32] a la vida, como agarra el pequeñito enfermo los barrotes de su cama para que no lo arrojen a la tina llena de agua fría. Tú, pobre niña, casi no has vivido. ¿Qué sabes de las fiestas en que choca el cristal de las delgadas copas y se murmuran las palabras amorosas? Tú has vivido sola y pobre, como la flor que crece en la granosa oquedad de un muro viejo o en el cañón de una canal torcida. No envidias, sin embargo, a los que pasan. ¡Ya no tienes fuerza ni para desear! Apartando la vista de aquel cuadro, la fijé en los carruajes que pasaban.

El landó en que Cecilia se encaminaba a las carreras era un landó en

---

[18] **coche con caballos, con doble capota que se abre y cierra a voluntad**
[19] body of a carriage
[20] upholstered
[21] revealed
[22] **carruaje alto y descubierto**
[23] **carruaje de cuatro caballos con asientos en la parte superior**
[24] **distribuidas, colocadas**
[25] front seat, coach box
[26] silvery
[27] **se...** whirls about
[28] **disco que se pone en el candelero para recoger lo que se derrame de la vela**
[29] latches, perforations
[30] **pista o terreno donde se efectúan las carreras de caballos**
[31] **flores del naranjo**
[32] **te...** grasp, hold onto

forma de góndola,[33] con barniz azul obscuro y forro blanco. Los grandes casquillos[34] de las ruedas brillaban como si fuesen de oro, y los rayos, nuevos y lustrosos, giraban deslumbrando las miradas con espejeos de barniz nuevo. Daba grima[35] pensar que aquellas ruedas iban rozando los guijarros[36] angulosos, las duras piedras y la arena lodosa de las avenidas. Cecilia se reclinaba en los mullidos[37] almohadones, con el regodeo y deleite de una mujer que antes de sentir el contacto de la seda, sintió los araños[38] de la jerga.[39] Iba contenta; se conocía que acababa de comer trufas. Si un chuparrosa[40] hubiera cometido la torpeza de confundir sus labios con las ramas de mirto,[41] habría sorbido en esa ánfora[42] escarlata la última gota de champagne.

Cecilia entornaba los párpados para no sentir la cruda reverberación del sol. La sombrilla roja arrojaba sobre su cara picaresca y su vestido lila, un reflejo de incendio. El anca[43] de los caballos, herida por la luz, parecía de bronce florentino. Los curiosos, al verla, preguntaban:

—¿Quién será?

Y un amigo filósofo, haciendo memoria de cierta frase gráfica, decía:

—Una duquesa o una prostituta.

Nada más la enfermita moribunda conoció a esa mujer. Era su hermana.

---

[33] **tipo de barco que se usa en Venecia**
[34] **anillos**
[35] **daba... era desagradable**
[36] **piedras**
[37] **blandos**
[38] scratching
[39] coarse cloth
[40] humming bird
[41] **flor asociada con Venus, diosa del amor**
[42] kind of two-handled jar used mainly for wine
[43] rump

SOBRE LA LECTURA

1. ¿En qué tipo de barrio vive la muchacha enferma? Describa su casa.
2. ¿Conoce el narrador a esta joven? ¿Por qué la describe?
3. ¿Cómo son los carruajes que pasan por esa calle? ¿Cómo son las mujeres que llevan? Compare la imagen de la muchacha con el ambiente de la calle.
4. Según el narrador, ¿cuál es la actitud de la enferma hacia las mujeres de los carruajes? ¿Les tiene envidia?
5. ¿En qué pasajera fija el narrador su atención? ¿Cómo es el landó de Cecilia? ¿En qué se sabe que Cecilia es una mujer que tiene dinero y goza de la vida?
6. Según el amigo filósofo, ¿quién es? ¿Por qué la conoce la enfermita moribunda?

HACIA EL ANÁLISIS LITERARIO

1. ¿Cómo crea el autor una impresión de fragilidad en su descripción de la enferma y de su ambiente?

2. ¿Cómo personifica las plantas que adornan su edificio? ¿Qué logra al usar esta técnica?
3. ¿Cómo usa el claroscuro? ¿el color? ¿Qué elementos de su descripción recuerdan la pintura?
4. ¿Cómo crea una imagen total con la mención de unos cuantos detalles («bocas que sonríen, ojos que besan con la mirada, plumas, sedas, encajes blancos y pestañas negras»)?
5. ¿Por qué menciona el autor los nombres de los diferentes tipos de carruaje? ¿Cómo crea una impresión de movimiento y de vida en su descripción de la calle? ¿Cómo crea la impresión de que esta gente es frívola y superficial?
6. ¿Por qué se detiene en la descripción de Cecilia? ¿Por qué le da un nombre a este personaje y no a la enfermita?
7. ¿Sabe el narrador quiénes son las dos mujeres que describe o inventa su identidad? ¿Cómo convierte el autor una escena de la vida diaria en una obra de arte?
8. ¿Por qué es irónico el fin del cuento?
9. ¿Cómo explota Gutiérrez Nájera lo melancólico y lo sentimental en este cuento?
10. ¿Es realista este cuento o es una fantasía? ¿Contiene elementos realistas? ¿Cuáles son las implicaciones sociales de este cuento? ¿Cuál es la actitud del narrador hacia la gente que describe?

TEXTO Y VIDA

1. ¿Qué factores podrían explicar la aparente indiferencia de Cecilia hacia su hermana? ¿Es posible que no sea tan cruel como aparenta?
2. ¿Puede usted inventar otra historia basada en las imágenes de la enferma y Cecilia?
3. Cuando usted camina por la calle, ¿a veces trata de imaginar las vidas de las personas que ve en las casas o en los autos que pasan? Relate una historia basada en dos personas que usted haya visto en la calle.

Martí: Principios del modernismo

Patriota, periodista, ensayista, revolucionario, poeta y cuentista, José Martí (1853–1895) fue uno de los hombres más activos de su época. Trabajó incansablemente por la independencia de Cuba y murió luchando contra los españoles. Es casi imposible separar su obra política de la literaria, ya que muchos de sus poemas y ensayos combinan el más elegante lirismo con ideas sobre el futuro de América, la libertad y la autonomía de los pueblos o el desarrollo político de Cuba. Hoy en día es un héroe nacional en Cuba.

Los padres de Martí eran originarios de España, su madre de las Islas Canarias y su padre de Valencia. El futuro escritor nació en La Habana. Su padre ocupaba un puesto poco importante en la burocracia militar española y no podía proveerlo de una buena educación, pero el poeta y educador Rafael María de Mendive se ocupó de la formación intelectual del joven Martí, haciéndolo entrar al Instituto de la Habana. A los dieciséis años, Martí escribió un poema patriótico que fue publicado en el periódico estudiantil. A causa del escándalo que provocó entre las autoridades españolas, el joven fue encarcelado y destinado a trabajos forzados, aunque gracias a los esfuerzos de su padre se logró conmutar la sentencia. Sus actividades subversivas dieron por resultado su destierro a Madrid, donde se dedicó a difundir sus ideas políticas. En España publicó dos folletos de naturaleza incendiaria: *El presidio político en Cuba* (1871) y *La república española ante la revolución cubana* (1873). Estudió en la Universidad de Zaragoza, donde se recibió en leyes.

La creación de la República Española en 1873 le dio a Martí esperanzas de poder convencer al gobierno de otorgarle la independencia a Cuba. Cuando sus esfuerzos fracasaron, partió para México, visitando primero a París, donde conoció a Victor Hugo, la figura literaria más importante del siglo, y luego a Londres.

En México el romanticismo dominaba los gustos literarios. El suicidio del poeta Manuel Acuña llegó a ser un símbolo de la sensibilidad romántica. Martí escribió el obituario de Acuña para el periódico *El Federalista* y terminó enamorándose de la amada del poeta difunto, Rosario de la Peña. Al llegar al poder el dictador Porfirio Díaz, Martí partió para Guatemala, donde se dedicó al periodismo y enseñó en la Escuela Nacional. Allí una estudiante suya se enamoró de él y se suicidó cuando Martí regresó de un viaje a México casado con su novia cubana Rosario. La tragedia inspiró uno de los poemas más conocidos de Martí: «La niña de Guatemala».

En 1878, debido a la amnistía otorgada por el gobierno español, Martí volvió a Cuba con su esposa y su hijo. No abandonó sus actividades revolucionarias, sin embargo, y pronto fue encarcelado y luego desterrado otra vez a España. Más tarde se escapó de España, se marchó a Nueva York, y de allí a Caracas. En 1881 volvió a Nueva York, donde permaneció hasta 1895. En los Estados Unidos trabajó como corresponsal de *La Opinión Nacional* de Caracas, *La Nación* de Buenos Aires y el *New York Sun*. Tenía excelentes conocimientos del inglés y, además de su trabajo periodístico, fue traductor de una casa editorial norteamericana. En Nueva York publicó su colección de poemas, *Ismaelillo* (1882), dedicada a su hijo. Un segundo poemario, *Versos sencillos,* fue publicado en 1891. También publicó una novela, *Amistad funesta* (1885), sobre el amor y los celos, y una colección de cuentos infantiles, *La edad de oro* (1889). Desde el exilio fundó el Partido Revolucionario Cubano. En 1895 regresó a su país con un grupo de patriotas que tenían la intención de organizar la resistencia contra España. El 19 de mayo de 1895 Martí murió luchando contra las fuerzas españolas.

Versos libres y *Flores del destierro,* dos colecciones de poemas, fueron publicadas póstumamente. Sus discursos y artículos se consideran entre los mejores que se han producido en Latinoamérica, y su don de orador es legendario. Sus *Obras completas,* compiladas y publicadas por primera vez entre 1936 y 1952, ocupan setenta y cuatro tomos.

Sobre las obras de Martí

Aunque algunos críticos siguen clasificando a Martí entre los precursores del modernismo, otros—quizás la mayoría—lo ven como el iniciador del movimiento. El hecho es que Martí tiene un estilo muy personal y original que desafía la clasificación. No hay duda de que admiró a los románticos franceses, y predominan en sus escritos muchos de los temas propios del romanticismo: la libertad política y espiritual, el amor, la naturaleza. Tanto en su poesía como en su prosa, encontramos un tono de exaltación, un subjetivismo, un sentimentalismo que recuerdan la literatura romántica, aunque la lírica de Martí es mucho más delicada y controlada que la de sus mentores franceses.

El tono íntimo de su lenguaje, la finura y musicalidad de sus versos, su uso de la luz y del color lo acercan a los modernistas de la generación de Darío. En poemas como «Abril» se sienten la melancolía y el anhelo insatisfecho que son característicos de los modernistas. En «Copa ciclópea» y «Sueño con claustros de mármol» el tono es más francamente pesimista. En lo fundamental, es decir, en el concepto del arte como un culto a la belleza, Martí es modernista. Sin embargo, a diferencia de algunos poetas de la próxima generación, nunca se olvida de sus compromisos políticos. En «El alma trémula y sola...», Martí describe a la bailarina española con un par de pinceladas habilísimas: «ceja de mora traidora.../ y como nieve la oreja». Pero su admiración por la gallega divina no hace desaparecer sus sentimientos patrióticos: «si está la bandera, / no sé, yo no puedo entrar».

Es difícil hablar del estilo de Martí. Habría que hablar más bien de *los estilos,* porque para Martí era esencial que la palabra se ajustara a la idea, y como escribió sobre un sinfín de temas, su obra tiene variantes estilísticas importantes. En las «Ideas estéticas y literarias» de Martí compiladas por Cintio Vitier, se destaca la relación entre lenguaje y concepto: «La idea ha de encajar exactamente en la frase, tan exactamente que no pueda quitarse nada de la frase sin quitar eso mismo de la idea».

A pesar de la diversidad de su obra, hay ciertas constantes. Martí no busca jamás enredar el concepto con giros artificiosos. Su lenguaje es directo y claro. A menudo emplea imágenes sumamente delicadas—la muñeca de porcelana, «la ufana / niña que le pide al sol que se la lleve»—pero refinamiento no significa oscuridad. Martí renuncia a la afectación. Elimina lo superfluo porque para él, la poesía es reducir las cosas a su esencia. Afirma que su objetivo es «desembarazar del lenguaje inútil la poesía: hacerla duradera, haciéndola sincera, haciéndola vigorosa, haciéndola sobria; no dejando más hojas que las necesarias para hacer brillar la flor. No emplear palabra en los versos que no tenga en sí propia, real e inexcusable importancia. —Denunciar el vulgar culto a la rima, y hacer a ésta esclava del pensamiento, vía suya, órgano suyo, traje suyo». Aunque no rechaza la innovación, cree que cuando la búsqueda de la novedad lleva a un autor a alterar el sentido esencial de la palabra, produce «un estilo confuso, atormentado y casi deforme». Lo que busca el poeta cubano es la armonía: «Armonía en el conjunto, y fuerza de idea, propia y distinta en cada palabra». Tal vez por eso prefiere las formas métricas tradicionales. Desde los *endecasílabos de sus *Versos* *libres,* obra de su juventud, hasta los octosílabos de los versos de su madurez, las formas castizas predominan en la obra poética de Martí.

Tanto la poesía como la prosa de Martí crean una impresión de frescura y espontaneidad. Sin embargo, se trata de un lenguaje cuidadosamente pulido. Dice Martí: «El estilo tiene su plasticidad, y después de producirlo como poeta, se la debe juzgar como pintor: componer las distancias y valores, agrupar con concierto, concentrar los colores esenciales, desvanecer los que dañan la energía central... Aunque es mejor componer el cuadro en la mente, de primera intención, y echarlo al papel completo, para que no haya luego que recalentarlo, cuando falten al fuego rehecho algunos de los elementos propicios».

Martí recalca esta comparación entre la escritura y la pintura en varios ensayos, y se vislumbra claramente la influencia de las artes visuales en su poesía. Abundan los juegos de luz y de color. En «Abril», la luz sonriente del sol encubre su tristeza. En «Es rubia: el cabello suelto...», la luz juega delicadamente en el pelo de Eva, haciendo resaltar sus ojos negros. Más adelante, el poeta contrasta la oscuridad del «temido / raudal de la catarata» con el magnífico iris formado por la luz que brilla a través del agua, formando espumosas «hojas de plata». A veces usa el color para describir algo intangible: el alma es «azul celeste», es decir, rebosa de pureza y candor. Contrasta con la flor rosada, objeto tangible, pero delicado y efímero. De hecho, las flores—el jazmín, el lirio, el jacinto, el nomeolvides—ocupan un lugar importante en los poemas en verso y en prosa de Martí, no sólo por sus colores y su delicadeza, sino por su valor simbólico. El lirio (flor asociada con la pureza y la muerte) de «La niña de Guatemala» y el nomeolvides de «La muñeca negra» son sólo dos ejemplos.

A diferencia de Darío, Jaimes Freyre y otros modernistas más tardíos, Martí no busca su inspiración en tierras lejanas. Hay un elemento de exotismo en sus poemas, pero proviene más bien de las referencias a lugares y a personajes antiguos o mitológicos—Nigricia, Xenophonte, los Cíclopes—o de imágenes novedosas. La obra poética de Martí es una celebración de cosas familiares, especialmente de la patria. «Yo soy un hombre sincero», escribe en el primero de sus *Versos sencillos,* «de donde crece la palma». En otro escribe que a todas las cosas exóticas y extrañas que conoce, prefiere «la caricia / del aire fresco del monte».

Como Gutiérrez Nájera, Martí demuestra un gran cariño por los niños, que a menudo protagonizan sus cuentos. Los poemas de *Ismaelillo* rebosan de ternura paternal. En el relato «La muñeca negra», Martí penetra en la psicología infantil. Piedad, la pequeña protagonista de ocho años de edad, no quiere herir a sus padres, quienes le han comprado un juguete de gran lujo para su cumpleaños. Al mismo tiempo, rechaza el materialismo de los adultos, prefiriendo su vieja muñeca estropeada, que se convierte en un símbolo de los seres olvidados y marginados de la sociedad.

Una gran parte de la producción literaria de Martí son sus artículos y discursos. «Agrupamiento de los pueblos de América», que apareció en *La América* de Nueva York en octubre de 1883, es representativo del estilo periodístico de Martí. Exalta la unidad hispánica y exhorta a las naciones de la América Latina a cooperar unas con otras, en vez de debilitar su cohesividad al entregarse a las rivalidades sin importancia.

Ediciones

Martí, José. *Obra literaria.* 2 vols. Eds. Cintio Vitier y Fina García Marruz, prol. Cintio Vitier. Buenos Aires: *Hyspamérica,* 1986

———. *Obras.* Pról. Raimondo Lazo, México, D. F.: Porrúa, 1987

———. *Poesía completa.* 2 vols. La Habana: Letras Cubanas, 1985

Crítica

Abel, Christopher and Nissa Torrents, eds. *José Martí, Revolutionary Democrat.* Durham: Duke University Press, 1986

Alba-Buffill, Elio, Alberto Gutiérrez de la Solana y Esther Sánchez-Grey Alba, eds. *José Martí ante la crítica actual: En el centenario de Ismaelillo.* Miami: Círculo de Cultura Panamericana, 1983. [Contiene artículos de Elio Alba-Buffill, Alberto Gutiérrez de la Solana, Francisco Izquierdo Quintana, Tomás G. Oria, Humberto Piñera-Llera, Carlos Ripoll, Reinaldo Sánchez, Alberto Flores Baeza, Rafael Estenger, Hiram García Rodríguez, Manuel Gómez-Reinoso, Roberto Herrera, Dolores Martí de Cid.]

Arce de Vázquez, Margot. «La niña de Guatemala.» *Revista de Estudios Hispánicos,* Puerto Rico. 1:3–4 (1971):5–17

Baeza Flores, Alberto. *Vida de José Martí: el hombre íntimo y el hombre público.* Santo Domingo, República Dominicana: Nacional, 1986

Ballón, José Carlos. *Autonomía cultural americana: Emerson y Martí.* Madrid: Pliegos, 1986

Bari de López, Camila y Gloria Hintze de Molinari. «José Martí y los Estados Unidos.» *Cuadernos Americanos.* 2:1 (1988):111–123

Cernuda, Ramón, ed. *La gran enciclopedia martiana.* Miami: Martiana, 1978

Cue Cánovas, Agustín. *Martí: El escritor y su época.* México, D. F.: Centenario, 1961

Ette, Ottmar. «Apuntes para una orestiada americana: José Martí y el diálogo intercultural entre Europa y la América Latina.» *Revista de Crítica Literaria Latinoamericana.* 11:24 (1986):137–144

Fernández Retamar, Roberto. *Introducción a José Martí.* La Habana: Casa de las Américas, 1978

Fornet Betancourt, Raúl. «José Martí y el problema de la raza negra en Cuba.» *Cuadernos Americanos.* 2:1 (1988):124–139

Hernández-Chiroldes, J. Alberto. *Los Versos sencillos de José Martí: análisis crítico.* Miami: Universal, 1983

Jiménez, José Olivio. *José Martí: poesía y existencia.* México, D. F.: Oasis, 1983

———. ed. *Estudios críticos sobre la prosa modernista hispanoamericana.* Nueva York: Eliseo Torres, 1975. [Contiene estudios de Silvia Barros y José Olivio Jiménez.]

Mistral, Gabriela. *La lengua de Martí.* La Habana: Secretaría de Educación, 1934

Perus, Françoise. «Martí y el modernismo.» *Ideologías y Literaturas.* 3:11 (1979):97–115

Rama, Angel. «José Martí en el eje de la modernización poética: Whitman, Lautréamont, Rimbaud.» *Nueva Revista de Filología Hispánica.* 32:1 (1983):96–135

Ripoll, Carlos. «Martí: Romanticismo e idioma.» *Círculo: Revista de Cultura.* 9 (1980):7–16

———. «Martí y el romanticismo,» *Revista de Estudios Hispánicos,* Puerto Rico. 6 (1979): 183–204

Sacoto, Antonio. «El americanismo de Martí.» *Cuadernos Americanos.* 258:1 (1985):162–169

Salomon, Noël. *Cuatro estudios martianos.* La Habana: Casa de las Américas, 1980

Schulman, Ivan. *Símbolo y color en la obra de José Martí.* Madrid: Gredos, 1970

Serra-Badué, Daniel. «Martí y la luz.» *Círculo: Revista de Cultura.* 14 (1985):7–12

Toledo Sande, Luis. *Ideología y práctica en José Martí.* La Habana: Ciencias Sociales, 1982

Torres-Rioseco, Arturo. *Precursores del modernismo.* Nueva York: Las Américas, 1963

Vitier, Cintio. *Temas martianos.* Río Piedras, Puerto Rico: Huracán, 1981

Poesía

José Martí

Sueño despierto

Yo sueño con los ojos
abiertos, y de día
y noche siempre sueño
Y sobre las espumas
del ancho mar revuelto,
y por entre las crespas
arenas del desierto,
y del león pujante,
monarca de mi pecho,
montado alegremente,
sobre el sumiso cuello,—
¡Un niño que me llama
flotando siempre veo!

de *Ismaelillo*

Yo soy un hombre sincero...

Yo soy un hombre sincero
de donde crece la palma,[1]
y antes de morirme quiero
echar mis versos del alma.

Yo vengo de todas partes,
y hacia todas partes voy:
arte soy entre las artes,
en los montes, monte soy.

Yo sé los nombres extraños
de las yerbas y las flores,
y de mortales engaños,
y de sublimes dolores.

Yo he visto en la noche oscura
llover sobre mi cabeza
los rayos de lumbre pura
de la divina belleza.

---

[1] **la palma real, árbol indígena de Cuba**

[2] debris

Alas nacer vi en los hombros
de las mujeres hermosas:
y salir de los escombros,[2]
volando las mariposas.

He visto vivir a un hombre
con el puñal al costado,
sin decir jamás el nombre
de aquélla que lo ha matado.

Rápida, como un reflejo,
dos veces vi el alma, dos:
cuando murió el pobre viejo,
cuando ella me dijo adiós.

Temblé una vez —en la reja,
a la entrada de la viña,—
cuando la bárbara abeja
picó en la frente a mi niña.

Gocé una vez, de tal suerte
que gocé cual nunca:[3]—cuando
la sentencia de mi muerte
leyó el alcaide[4] llorando.

Oigo un suspiro, a través
de las tierras y la mar,
y no es un suspiro, —es
que mi hijo va a despertar.

Si dicen que del joyero
tome la joya mejor,
tomo a un amigo sincero
y pongo a un lado el amor.

Yo he visto al águila herida
volar al azul sereno,
y morir en su guarida[5]
la víbora del veneno.

Yo sé bien que cuando el mundo
cede, lívido, al descanso,
sobre el silencio profundo
murmura el arroyo manso.

Yo he puesto la mano osada,
de horror y júbilo yerta,[6]
sobre la estrella apagada
que cayó frente a mi puerta.

Oculto en mi pecho bravo
la pena que me lo hiere:
el hijo de un pueblo esclavo[7]
vive por él, calla y muere.

Todo es hermoso y constante,
todo es música y razón,
y todo, como el diamante,
antes que luz es carbón.

Yo sé que el necio se entierra
con gran lujo y con gran llanto.—
Y que no hay fruta en la tierra
como la del camposanto.

Callo, y entiendo, y me quito
la pompa del rimador:
cuelgo de un árbol marchito
mi muceta de doctor.[8]

Yo sé de Egipto y Nigricia[9]

Yo sé de Egipto y Nigricia,
y de Persia y Xenophonte;[10]
y prefiero la caricia
del aire fresco del monte.

Yo sé de las historias viejas
del hombre y de sus rencillas,[11]
y prefiero las abejas
volando en las campanillas.

---

[3] **que... que gocé como jamás había gozado antes**
[4] warden
[5] den, lair
[6] **inmóvil**
[7] **hijo... Martí se refiere a sí mismo, hijo de Cuba, el pueblo esclavo que está bajo el dominio de España**
[8] **muceta...** doctoral hood **(Es decir, abandono mis pretensiones de hombre culto.)**
[9] **nombre antiguo del Sudán**
[10] **historiador y ensayista griego (¿434?–¿355? antes de Cristo)**
[11] **peleas, discusiones**

Fin de siglo

Yo sé del canto del viento
en las ramas vocingleras:[12]
nadie me diga que miento,
que lo prefiero de veras.

Yo sé de un gamo aterrado
que vuelve al redil, y expira,—
y de un corazón cansado
que muere oscuro y sin ira.

La niña de Guatemala

Quiero, a la sombra de un ala,
contar este cuento en flor:
la niña de Guatemala,
la que se murió de amor.

Eran de lirios los ramos,
y las orlas de reseda
y de jazmín: la enterramos
en una caja de seda.

...Ella dio al desmemoriado
una almohadilla de olor:
él volvió, volvió casado:
ella se murió de amor.

Iban cargándola en andas
obispos y embajadores:
detrás iba el pueblo en tandas,
todo cargado de flores.

...Ella, por volverlo a ver,
salió a verlo al mirador:
él volvió con su mujer:
ella se murió de amor.

Como de bronce candente
al beso de despedida
era su frente ¡la frente
que más he amado en mi vida!

...Se entró de tarde en el río,
la sacó muerta el doctor:
dicen que murió de frío:
yo sé que murió de amor.

Allí, en la bóveda helada,
la pusieron en dos bancos:
besé su mano afilada,
besé sus zapatos blancos.

Callado, al oscurecer,
me llamó el enterrador:
¡nunca más he vuelto a ver
a la que murió de amor!

El alma trémula y sola...

El alma trémula y sola
padece al anochecer:
hay baile; vamos a ver
la bailarina española.

Han hecho bien en quitar
el banderón de la acera;
porque si está la bandera,
no sé, yo no puedo entrar.[13]

Ya llega la bailarina:
soberbia y pálida llega:
¿cómo dicen que es gallega?
Pues dicen mal: es divina.

Lleva un sombrero torero
y una capa carmesí:[14]
¡lo mismo que un alelí[15]
que se pusiese un sombrero!

---

[12] chattering
[13] **A causa de sus sentimientos políticos, Martí se niega a entrar en un edificio que ostenta la bandera española.**
[14] **roja**
[15] gillyflower

Se ve, de paso, la ceja,
ceja de mora traidora:
y la mirada, de mora:
y como nieve la oreja.

Preludian, bajan la luz,
y sale en bata[16] y mantón,
la virgen de la Asunción
bailando un baile andaluz.

Alza, retando, la frente;
crúzase al hombro la manta:
en arco el brazo levanta
mueve despacio el pie ardiente.

Repica con los tacones
el tablado zalamera,[17]
como si la tabla fuera
tablado de corazones.

Y va el convite creciendo
en las llamas de los ojos,
y el manto de flecos rojos
se va en el aire meciendo.

Súbito, de un salto arranca:
húrtase, se quiebra, gira:
abre en dos la cachemira,
ofrece la bata blanca.

El cuerpo cede y ondea;
la boca abierta provoca;
es una rosa la boca:
lentamente taconea.

Recoge, de un débil giro,
el manto de flecos rojos:
se va, cerrando los ojos,
se va, como en un suspiro...

Baila muy bien la española;
es blanco y rojo el mantón:
¡vuelve, fosca,[18] a su rincón
el alma trémula y sola!

Es rubia: el cabello suelto...

Es rubia: el cabello suelto
da más luz al ojo moro:
voy, desde entonces, envuelto
en un torbellino de oro.

La abeja estival[19] que zumba
más ágil por la flor nueva,
no dice, como antes, «tumba»:
«Eva» dice: todo es «Eva».

Bajo, en lo oscuro, al temido
raudal[20] de la catarata:
¡y brilla el iris, tendido
sobre las hojas de plata!

Miro, ceñudo, la agreste[21]
pompa del monte irritado:
¡y en el alma azul celeste
brota un jacinto rosado!

Voy, por el bosque, a paseo
a la laguna vecina:
y entre las ramas la veo,
y por el agua camina.

La serpiente del jardín
silba, escupe, y se resbala
por su agujero: el clarín[22]
me tiende, trinando,[23] el ala.

¡Arpa soy, salterio[24] soy
donde vibra el Universo:
vengo del sol, y al sol voy:
soy el amor: soy el verso!

---

[16] gown
[17] teasing, flirting
[18] sullen
[19] **del verano**
[20] **torrente**
[21] **rústica, primitiva**
[22] tropical thrush
[23] warbling
[24] psaltery (a stringed instrument)

Sueño con claustros de mármol...

Sueño con claustros de mármol
donde en silencio divino
los héroes, de pie, reposan:
¡de noche, a la luz del alma,
hablo con ellos: de noche!
Están en fila: paseo
entre las filas: las manos

de piedra les beso: abren
los ojos de piedra: mueven
los labios de piedra: tiemblan
las barbas de piedra: empuñan
la espada de piedra: lloran:
¡vibra la espada en la vaina!
Mudo, les beso la mano.

¡Hablo con ellos, de noche!
Están en fila: paseo
entre las filas: lloroso
me abrazo a un mármol: «¡Oh mármol,
dicen que beben tus hijos
su propia sangre en las copas
venenosas de sus dueños!
¡Que hablan la lengua podrida
de sus rufianes! ¡Que comen
juntos el pan del oprobio,[25]
en la mesa ensangrentada!
¡Que pierden en lengua inútil
el último fuego! ¡Dicen,
oh mármol, mármol dormido
que ya se ha muerto tu raza!».

Echame en tierra de un bote
el héroe que abrazo: me ase[26]
del cuello: barre la tierra
con mi cabeza: levanta
el brazo, ¡el brazo le luce
lo mismo que un sol!: resuena
la piedra: buscan el cinto
las manos blancas: ¡del soclo
saltan los hombres de mármol![27]

de *Versos sencillos*

Copa ciclópea[28]

El Sol alumbra: ya en los aires miro
la copa amarga: ya mis labios tiemblan,
no de temor, que prostituye, ¡de ira!...
¡El Universo, en las mañanas alza
medio dormido aún de un dulce sueño
en las manos la Tierra perezosa,
copa inmortal; en donde
hierven al sol las fuerzas de la vida!—
¡Al niño triscador,[29] al venturoso
de alma tibia y mediocre, a la fragante
mujer que con los ojos desmayados
abrirse ve en el aire extrañas rosas,
iris la Tierra es, roto en colores,—
raudal que juvenece y rueda limpio

---

[25] **deshonra, ignominia**
[26] seizes
[27] socle (column, pedestal)
[28] **relativa a los cíclopes, gigantes monstruosos que, según la mitología, tenían un solo ojo en medio de la frente**
[29] **que canta**

por perfumado llano, y al retozo
y al desmayo después plácido brinda!—
¡y para mí, porque a los hombres amo
y mi gusto y mi bien terco descuido,
la Tierra melancólica aparece
sobre mi frente que la vida bate,
de lúgubre color inmenso yugo!
La frente encorvo, el cuello manso inclino,
y, con los labios apretados, muero.

de *Versos libres*

Abril

Juega el viento de abril gracioso y leve
con la cortina azul de mi ventana:
da todo el sol de abril sobre la ufana
niña que pide al sol que se la lleve.

En vano el sol contemplará tendidos
hacia su luz sus brazos seductores,
estos brazos donde cuelgan las flores
como en las ramas cuelgan los nidos.

También el sol, también el sol, ha amado
y como todos los que amamos, sonriente
puede llevar la luz sobre la frente,
pero lleva la muerte en el costado.

de *Flores del destierro*

La muñeca negra

José Martí

De puntillas,[30] de puntillas, para no despertar a Piedad, entran en el cuarto de dormir el padre y la madre. Vienen riéndose, como dos muchachones. Vienen de la mano, como dos muchachos. El padre viene detrás, como si fuera a tropezar con todo. La madre no tropieza; porque conoce el camino. ¡Trabaja mucho el padre, para comprar todo lo de la casa, y no puede ver a su hija cuando quiere! A veces, allá en el trabajo, se ríe solo, o se pone de repente como triste, o se le ve en la cara como una luz: y es que está pensando en su hija: se le cae la pluma de la mano cuando piensa así, pero en seguida empieza a escribir, y escribe tan de prisa, tan de prisa, que es como si la pluma fuera volando. Y le hace muchos rasgos a la letra, y las

[30] **de...** on tiptoe

oes le salen grandes como un sol, y las ges largas como un sable, y las eles están debajo de la línea, como si se fueran a clavar en el papel, y las eses caen al fin de la palabra, como una hoja de palma; ¡tiene que ver lo que escribe el padre cuando ha pensado mucho en la niña! El dice que siempre que le llega por la ventana el olor de las flores del jardín, piensa en ella. O a veces, cuando está trabajando cosas de números, o poniendo un libro sueco en español, la ve venir, despacio, como en una nube, y se le sienta al lado, le quita la pluma, para que repose un poco, le da un beso en la frente, le tira de la barba rubia, le esconde el tintero: es sueño no más, no más que sueño, como esos que se tienen sin dormir, en que ve uno vestidos muy bonitos, o un caballo vivo de cola muy larga, o un cochecito con cuatro chivos blancos, o una sortija con la piedra azul: sueño es no más, pero dice el padre que es como si lo hubiera visto, y que después tiene más fuerza y escribe mejor. Y la niña se va, se va despacio por el aire, que parece de luz todo: se va como una nube.

Hoy el padre no trabajó mucho, porque tuvo que ir a una tienda: ¿a qué iría el padre a una tienda?: y dicen que por la puerta de atrás entró una caja grande: ¿qué vendrá en la caja?: ¡a saber lo que vendrá: mañana hace ocho años que nació Piedad. La criada fue al jardín, y se pinchó el dedo por cierto, por querer coger, para un ramo que hizo, una flor muy hermosa. La madre a todo dice que sí, y se puso el vestido nuevo, y le abrió la jaula al canario. El cocinero está haciendo un pastel, y recortando en figura de flores los nabos y las zanahorias, y le devolvió a la lavandera el gorro, porque tenía una mancha que no se veía apenas, pero, «¡Hoy, hoy, señora lavandera, el gorro ha de estar sin mancha!». Piedad no sabía, no sabía. Ella sí vio que la casa estaba como el primer día de sol, cuando se va ya la nieve, y les salen las hojas a los árboles. Todos sus juguetes se los dieron aquella noche, todos. Y el padre llegó muy temprano del trabajo, a tiempo de ver a su hija dormida. La madre lo abrazó cuando lo vio entrar: ¡y lo abrazó de veras! Mañana cumple Piedad ocho años.

El cuarto está a media luz, una luz como la de las estrellas, que viene de la lámpara de velar, con su bombillo de color de ópalo. Pero se ve, hundida en la almohada, la cabecita rubia. Por la ventana entra la brisa, y parece que juegan, las mariposas que no se ven, con el cabello dorado. Le da en el cabello la luz. Y la madre y el padre vienen andando, de puntillas. ¡Al suelo, el tocador de jugar![31] ¡Este padre ciego, que tropieza con todo! Pero la niña no se ha despertado. La luz le da en la mano ahora; parece una rosa la mano. A la cama no se puede llegar; porque están alrededor todos los juguetes, en mesas y sillas. En una silla está el baúl que le mandó en pascuas la abuela, lleno de almendras y de mazapanes: boca abajo está el baúl, como si lo hubieran sacudido, a ver si caía alguna almendra de un rincón, o si andaban escondidas por la cerradura algunas migajas de mazapán; ¡eso es, de seguro, que las muñecas

[31] **Al...** He knocked over the make-believe dressing table (vanity where a little girl plays at putting on make-up)

tenían hambre! En otra silla está la loza, mucha loza y muy fina, y en cada plato una fruta pintada: un plato tiene una cereza, y otro un higo, y otro una uva: da en el plato ahora la luz, en el plato del higo, y se ven como chispas de estrella: ¿cómo habrá venido esta estrella a los platos?: «¡Es azúcar!», dice el pícaro padre: «¡Eso es, de seguro»!: dice la madre, «eso es que estuvieron las muñecas golosas comiéndose el azúcar». El costurero está en otra silla, y muy abierto, como de quien ha trabajado de verdad; el dedal está machucado ¡de tanto coser!: cortó la modista mucho, porque del calicó que le dio la madre no queda más que un redondel con el borde de picos,[32] y el suelo está por allí lleno de recortes, que le salieron mal a la modista, y allí está la chambra[33] empezada a coser, con la aguja clavada, junto a una gota de sangre. Pero la sala, y el gran juego, está en el velador, al lado de la cama. El rincón, allá contra la pared, es el cuarto de dormir de las muñequitas de loza, en su cama de la madre, de colcha de flores, y al lado una muñeca de traje rosado, en una silla roja: el tocador está entre la cama y la cuna, con su muñequita de trapo, tapada hasta la nariz, y el mosquitero encima: la mesa del tocador es una cajita de cartón castaño, y el espejo es de los buenos, de los que vende la señora pobre de la dulcería, a dos por un centavo. La sala está en lo de delante del velador, y tiene en medio una mesa, con el pie hecho de un carretel[34] de hilo, y lo de arriba de una concha de nácar, con una jarra mexicana en medio, de las que traen los muñecos aguadores[35] de México: y alrededor unos papelitos doblados, que son los libros. El piano es de madera, con las teclas pintadas; y no tiene banqueta de tornillo, que eso es poco lujo, sino una de espaldar, hecha de la caja de una sortija, con lo de abajo forrado de azul; y la tapa cosida por un lado, para la espalda, y forrada de rosa; y encima un encaje. Hay visitas, por supuesto, y son de pelo de veras, con ropones de seda lila de cuartos blancos, y zapatos dorados: y se sientan sin doblarse, con los pies en el asiento: y la señora mayor, la que trae gorra color de oro, y está en el sofá, tiene su levantapiés, porque del sofá se resbala; y el levantapiés es una cajita de paja japonesa, puesta boca abajo: en un sillón blanco están sentadas juntas, con los brazos muy tiesos, dos hermanas de loza. Hay un cuadro en la sala, que tiene detrás, para que no se caiga, un pomo de olor: y es una niña de sombrero colorado, que trae en los brazos un cordero. En el pilar de la cama, del lado del velador, está una medalla de bronce, de una fiesta que hubo, con las cintas francesas: en su gran moña de los tres colores está adornando la sala el medallón, con el retrato de un francés muy hermoso, que vino de Francia a pelear porque los hombres fueran libres, y otro retrato del que inventó el pararrayos, con la cara de abuelo que tenía cuando pasó el mar para pedir a los reyes de Europa que lo ayudaran a hacer libre su tierra: ésa es la sala, y el gran juego de Piedad. Y en la almo-

---

[32] with little points (reference to the notched edge left by the pinking shears)
[33] **blusa, túnica**
[34] spool
[35] water carriers

hada, durmiendo en su brazo, y con la boca desteñida de los besos, está su muñeca negra.

Los pájaros del jardín la despertaron por la mañanita. Parece que se saludan los pájaros, y la convidan a volar. Un pájaro llama, y otro pájaro responde. En la casa hay algo, porque los pájaros se ponen así cuando el cocinero anda por la cocina saliendo y entrando, con el delantal volándole por las piernas, y la olla de plata en las dos manos, oliendo a leche quemada y a vino dulce. En la casa hay algo: porque si no, ¿para qué está ahí, al pie de la cama, su vestidito nuevo, el vestido color de perla, y la cinta lila que compraron ayer, y las medias de encaje? «Yo te digo, Leonor, que aquí pasa algo. Dímelo tú, Leonor, tú que estuviste ayer en el cuarto de mamá, cuando yo fui a paseo. ¡Mamá mala, que no te dejó ir conmigo, porque dice que te he puesto muy fea con tantos besos, y que no tienes pelo, porque te he peinado mucho! La verdad, Leonor: tú no tienes mucho pelo; pero yo te quiero así, sin pelo, Leonor: tus ojos son los que quiero yo, porque con los ojos me dices que me quieres: te quiero mucho, porque no te quieren: ¡a ver!, ¡sentada aquí en mis rodillas, que te quiero peinar!: las niñas buenas se peinan en cuanto se levantan: ¡a ver, los zapatos, que ese lazo no está bien hecho!: y los dientes: déjame ver los dientes: las uñas: ¡Leonor, esas uñas no están limpias! Vamos, Leonor, dime la verdad: oye, oye a los pájaros que parece que tienen baile: dime, Leonor, ¿qué pasa en esta casa?» y a Piedad se le cayó el peine de la mano, cuando le tenía ya una trenza hecha a Leonor; y la otra estaba toda alborotada. Lo que pasaba, allí lo veía ella. Por la puerta venía la procesión. La primera era la criada, con el delantal de rizos[36] de los días de fiesta, y la cofia de servir la mesa en los días de visita: traía el chocolate, el chocolate con crema, lo mismo que el día de año nuevo, y los panes dulces en una cesta de plata: luego venía la madre, con un ramo de flores blancas y azules: ¡ni una flor colorada en el ramo, ni una flor amarilla!: y luego venía la lavandera, con el gorro blanco que el cocinero no se quiso poner, y un estandarte, que el cocinero le hizo, con un diario y un bastón: y decía en el estandarte, debajo de una corona de pensamientos: «¡Hoy cumple Piedad ocho años!». Y la besaron, y la vistieron con el traje color de perla, y la llevaron, con el estandarte detrás, a la sala de los libros de su padre, que tenía muy peinada su barba rubia, como si se la hubieran peinado muy despacio, y redondeándole las puntas, y poniendo cada hebra[37] en su lugar. A cada momento se asomaba a la puerta, a ver si Piedad venía: escribía, y se ponía a silbar: abría un libro, y se quedaba mirando a un retrato, a un retrato que tenía siempre en su pesa,[38] y era como Piedad, una Piedad de vestido largo. Y cuando oyó ruido de pasos, y un vocerrón que venía tocando música en un cucurucho de papel, ¿quién sabe lo que sacó de una caja grande?: y se fue a la puerta con una mano en la espalda: y con el otro brazo cargó a su hija. Luego dijo que sintió como que en el pecho se le abría una flor, y como que se le encendía en la cabeza

---

[36] eyelets, loops
[37] **pelo**
[38] paper weight

un palacio, con colgaduras azules de flecos de oro, y mucha gente con alas: luego dijo todo eso, pero entonces, nada se le oyó decir. Hasta que Piedad dio un salto en sus brazos, y se le quiso subir por el hombro, porque en un espejo había visto lo que llevaba en la otra mano el padre: «¡Es como el sol el pelo, mamá, lo mismo que el sol!, ¡ya la vi, ya la vi, tiene el vestido rosado!, ¡dile que me la dé, mamá: si es de peto[39] verde, de peto de terciopelo!, ¡como las mías son las medias, de encaje como las mías!» Y el padre se sentó con ella en el sillón, y le puso en los brazos la muñeca de seda y porcelana. Echó a correr Piedad, como si buscase a alguien. «¿Y yo me quedo hoy en casa por mi niña», le dijo su padre, «y mi niña me deja solo?». Ella escondió la cabecita en el pecho de su padre bueno. Y en mucho, mucho tiempo, no la levantó, aunque, ¡de veras!, le picaba la barba.

Hubo paseo por el jardín, y almuerzo con un vino de espuma debajo de la parra, y el padre estaba muy conversador, cogiéndole a cada momento la mano a su mamá, y la madre estaba como más alta, y hablaba poco, y era como música todo lo que hablaba. Piedad le llevó al cocinero una dalia roja, y se la prendió en el pecho del delantal: y a la lavandera le hizo una corona de claveles: y a la criada le llenó los bolsillos de flores de naranjo, y le puso en el pelo una flor, con sus dos hojas verdes. Y luego, con mucho cuidado, hizo un ramo de nomeolvides. «¿Para quién es ese ramo, Piedad»? «No sé, no sé para quién es: ¡quién sabe si es para alguien!» Y lo puso a la orilla de la acequia,[40] donde corría como un cristal el agua. Un secreto le dijo a su madre, y luego le dijo: «¡Déjame ir!». Pero le dijo «caprichosa» su madre: «¿y tu muñeca de seda, no te gusta?, mírale la cara, que es muy linda: y no le has visto los ojos azules». Piedad sí se los había visto; y la tuvo sentada en la mesa después de comer, mirándola sin reírse; y la estuvo enseñando a andar en el jardín. Los ojos era lo que le miraba ella: y le tocaba en el lado del corazón: «¡Pero, muñeca, háblame, háblame!». Y la muñeca de seda no le hablaba. «¿Conque no te ha gustado la muñeca que te compré, con sus medias de encaje y su cara de porcelana y su pelo fino»? «Sí, mi papá, sí me ha gustado mucho. Vamos, señora muñeca, vamos a pasear. Usted querrá coches, y lacayos, y querrá dulce de castañas, señora muñeca. Vamos vamos a pasear». Pero en cuanto estuvo Piedad donde no la veían, dejó a la muñeca en un tronco, de cara contra el árbol. Y se sentó sola, a pensar, sin levantar la cabeza, con la cara entre las dos manecitas. De pronto echó a correr, de miedo de que se hubiese llevado el agua el ramo de nomeolvides.

—«Pero, criada, llévame pronto»! — «¿Piedad, qué es eso de criada?[41] ¡Tú nunca le dices criada así, como para ofenderla»! «No, mamá, no: es que tengo mucho sueño: estoy muerta de sueño. Mira: me parece que es un monte la barba de papá: y el pastel de la mesa me da vueltas, vueltas alrededor, y se están riendo de mí las banderitas: y me parece que están bailando en el aire las flores de zanahoria: estoy muerta de sueño:

---

[39] **parte superior de un delantal o vestido**
[40] streamlet
[41] **qué...** what do you mean by calling her **"criada"**?

¡adiós, mi madre!: mañana me levanto muy tempranito: tú, papá, me despiertas antes de salir: yo te quiero ver siempre antes de que te vayas a trabajar: ¡oh, las zanahorias!, ¡estoy muerta de sueño! ¡Ay, mamá, no me mates el ramo!, ¡mira, ya me mataste mi flor!» — «¿Conque se enoja mi hija porque le doy un abrazo»? — «¡Pégame, mi mamá!, ¡papá, pégame tú!, es que tengo mucho sueño.» Y Piedad salió de la sala de los libros, con la criada que le llevaba la muñeca de seda. «¡Qué de prisa va la niña, que se va a caer! ¿Quién espera a la niña»? — «¡Quién sabe quien me espera»! Y no habló con la criada: no le dijo que le contase el cuento de la niña jorobadita[42] que se volvió una flor: un juguete no más le pidió, y lo puso a los pies de la cama y le acarició a la criada la mano, y se quedó dormida. Encendió la criada la lámpara de velar, con su bombillo de ópalo: salió de puntillas: cerró la puerta con mucho cuidado. Y en cuanto estuvo cerrada la puerta, relucieron dos ojitos en el borde de la sábana: se alzó de repente la cubierta rubia: de rodillas en la cama, le dio toda la luz a la lámpara de velar: y se echó sobre el juguete que puso a los pies, sobre la muñeca negra. La besó, la abrazó, se la apretó contra el corazón: «Ven, pobrecita: ven, que esos malos te dejaron aquí sola: tú no estás fea, no, aunque no tengas más que una trenza: la fea es ésa, lo que han traído hoy, la de los ojos que no hablan: dime, Leonor, dime, ¿tú pensaste en mí?: mira el ramo que te traje, un ramo de nomeolvides, de los más lindos del jardín: ¡así, en el pecho!, ¡ésta es mi muñeca linda!, ¿y no has llorado?, ¡te dejaron tan sola!, ¡no me mires así, porque voy a llorar yo!, ¡no, tú no tienes frío!, ¡aquí conmigo, en mi almohada, verás como te calientas!, ¡y me quitaron, para que no me hiciera daño, el dulce que te traía!, ¡así, así, bien arropadita!,[43] ¡a ver, mi beso, antes de dormirte!, ¡ahora, la lámpara baja!, ¡y a dormir, abrazadas las dos!, ¡te quiero, porque no te quieren!».

Agrupamiento de los pueblos de América

¡Tan enamorados que andamos de pueblos que tienen poca liga y ningún parentesco con los nuestros, y tan desatendidos que dejamos otros países que viven de nuestra misma alma, y no serán jamás —aunque acá o allá asome un Judas[44] la cabeza— más que una gran nación espiritual! Como niñas en estación de amor echan los ojos ansiosos por el aire azul en busca de gallardo novio, así vivimos suspensos de toda idea y grandeza ajena, que trae cuño[45] de Francia o Norte América; y en plantar bellacamente en suelo de cierto estado y de cierta historia, ideas nacidas de otro estado y de otra historia, perdemos las fuerzas que nos hacen falta para presentarnos al mundo —que nos ve desamorados y como entre nubes— compactos en espíritu y unos en la marcha, ofreciendo a la tierra el espectáculo no visto de una familia de pueblos que adelanta alegremente a iguales pasos

---

[42] hunchback
[43] **bien...** all snug
[44] **traidor**
[45] **huella, estampa**

en un continente libre. A Homero,[46] leemos: pues ¿fue más pintoresca, más ingenua, más heroica la formación de los pueblos griegos que la de nuestros pueblos americanos?

Todo nuestro anhelo está en poner alma a alma y mano a mano los pueblos de nuestra América Latina. Vemos colosales peligros; vemos manera fácil y brillante de evitarlos; adivinamos, en la nueva acomodación de las fuerzas nacionales del mundo, siempre en movimiento, y ahora aceleradas, el agrupamiento necesario y majestuoso de todos los miembros de la familia nacional americana. Pensar es prever. Es necesario ir acercando lo que ha de acabar por estar junto. Si no, crecerán odios; se estará sin defensa apropiada para los colosales peligros, y se vivirá en perpetua e infame batalla entre hermanos por apetito de tierras. No hay en la América del Sur y del Centro como en Europa y Asia, razones de combate inevitable de razas rivales, que excusen y expliquen las guerras, y las hagan sistemáticas, inevitables, y en determinados momentos precisas. ¿Por qué batallarían, pues, sino por vanidades pueriles o por hambres ignominiosas, los pueblos de América? ¡Guerras horribles, las guerras de avaros!...

[46] **poeta griego que vivió en el siglo IX antes de Cristo; autor de los poemas épicos *La Ilíada* y *La Odisea***

SOBRE LA LECTURA

1. ¿Qué juego describe el poeta en «Sueño despierto»? ¿Qué significa el título?
2. ¿Cómo se describe el poeta en «Yo soy un hombre sincero...»?
3. ¿Cómo expresa la idea de que encuentra belleza en las cosas sencillas y familiares? ¿Qué ejemplos da?
4. ¿En qué estrofa alude a la lealtad y al valor? ¿al dolor? ¿a la angustia? ¿al amor paterno?
5. ¿Qué ideas expresa sobre la amistad? ¿sobre la justicia? ¿sobre la patria? ¿sobre sus propias pretensiones de poeta?
6. ¿Qué contraste forma la base de «Yo sé de Egipto y Nigricia...»?
7. ¿Qué situación describe en «La niña de Guatemala»?
8. En «El alma trémula y sola...», ¿cómo describe el poeta a la bailarina española?
9. ¿Qué ambivalencia siente con respecto a lo español?
10. ¿Qué emociones expresa el poeta en «Es rubia: el cabello suelto...»? ¿Qué significa «soy el verso»?
11. En «Sueño con claustros de mármol», ¿qué pesadilla describe el poeta? ¿Cómo logra que el lector sienta miedo?
12. ¿A qué «copa amarga» se refiere el poeta en «Copa Ciclopea»? ¿Cómo expresa su melancolía?
13. En «Abril», ¿qué dice el poeta sobre las penas de amor?

14. En «La muñeca negra», ¿por qué entraron los padres de Piedad en el cuarto de la niña? Describa la escena. ¿Qué tipo de personas son los padres?
15. ¿Qué preparativos hicieron para la fiesta de cumpleaños?
16. ¿Cómo era la muñeca que los padres le regalaron a Piedad? ¿Cómo reaccionó la niña?
17. ¿Le gustó de verdad? ¿Por qué no? ¿Entendieron sus padres los sentimientos de ella o no?
18. ¿Qué tendencia de los hispanoamericanos critica Martí en «Agrupamiento de los pueblos de América»?
19. ¿Qué política les incita a adoptar?
20. Según Martí, si las naciones de Hispanoamérica no trabajan juntas, ¿cuáles serán las consecuencias?

HACIA EL ANÁLISIS LITERARIO

1. ¿Qué tipo de imágenes crea Martí? ¿Cómo logra expresar un sentido de delicadeza y fragilidad en sus versos y prosa?
2. Describa el lenguaje poético de Martí. ¿Qué recursos retóricos usa? ¿Es rebuscado o sencillo su lenguaje? Dé ejemplos.
3. ¿Cómo usa el color? ¿Cómo usa la luz?
4. ¿Cómo usa el sueño?
5. ¿Qué formas métricas emplea Martí? ¿Cómo usa la asonancia? ¿la rima?
6. En «La muñeca negra», ¿cómo muestra el autor su sensibilidad con respecto a la psicología infantil?
7. ¿En qué sentido es «La muñeca negra» un poema en prosa?
8. Compare desde un punto de vista estilístico la prosa de «La muñeca negra» con la de «Agrupamiento de los pueblos de América». ¿Cuáles son las características del estilo periodístico de Martí?

TEXTO Y VIDA

1. «Yo soy un hombre sincero...» se ha convertido en una canción popular que se canta en todas partes del mundo hispánico y también en los Estados Unidos. En su opinión, ¿a qué se debe su popularidad?
2. ¿Qué ideas contradictorias encuentra usted en la poesía de Martí? ¿Por qué son tal vez inevitables estas contradicciones?
3. En «La muñeca negra», ¿cómo contrasta Martí los valores de la niña con los de sus padres? ¿Por qué no entienden los adultos la reacción de Piedad? ¿Por qué es tan difícil penetrar en el mundo de los niños? Cuando usted era niño, ¿tuvo una experiencia semejante a la que describe Martí en este cuento?
4. ¿Qué piensa usted de las ideas que expresa Martí en «Agrupamiento de los pueblos de América»? ¿Se ha realizado el sueño de Martí? ¿Por qué?

Darío y el triunfo del modernismo

La publicación en 1888 de *Azul,* de Rubén Darío (1867–1916) cambió el rumbo de la literatura en lengua española—no sólo en el Nuevo Mundo sino también en España. Darío imbuyó la poesía y el cuento de una nueva vitalidad y riqueza. Rompió con los moldes; se apartó de los modelos españoles. Creó una poesía sumamente original, adaptando al castellano los experimentos métricos de los *parnasianos franceses.

Nacido en Metapa, un pequeño pueblo de Nicaragua, Félix Rubén García Sarmiento—el que sería el futuro Rubén Darío—recibió una educación rudimentaria. Era un hijo natural y se crió en casa de su tío materno, quien lo mandó a una escuela jesuita, donde aprendió un poco de latín y griego. También estudió literatura española, y pronto se aficionó a la lectura. De joven visitó a París, donde estaban en boga Verlaine y Mallarmé. Sin embargo, la influencia de estos poetas no se nota en las primeras composiciones de Darío. Un prodigio que publicó su primer poema a los trece años, era conocido en su país como «el poeta niño» y lo hacían recitar en fiestas y reuniones.

Sus primeros esfuerzos poéticos son de imitación. Se nota en esta producción temprana rasgos de poetas *neoclásicos como José Joaquín Olmedo y de románticos franceses y españoles como Victor Hugo, José Zorrilla y José de Espronceda, y del posromántico Gustavo Adolfo Bécquer. Escribe Angel Rama en su Prólogo a *Poesía,* de Rubén Darío: «Si se leen los papeles que escribió antes de 1886 (es nada menos que la tercera parte de su obra lírica) no se encontrará a Rubén Darío. Sólo se oirá a un instrumento poético, escaso de acento original, que está afinándose mediante la aplicada ejecución de todas las partituras—buenas, excelentes o mediocres—que encuentra a mano. Es un intérprete».

Durante su adolescencia Darío empezó a mostrar un interés en la política. Se identificó con la causa liberal y apoyó la Unión Centroamericana. Escribió varios tratados sobre temas políticos que hoy en día se consideran sin valor literario. A pesar de su fervor, no logró definir bien sus sentimientos políticos. Vacilaba entre un punto de vista y otro, a veces atacando a la Iglesia, a veces apoyándola.

Darío trabajó por un tiempo en la Biblioteca Nacional. Luego partió para El Salvador y finalmente para Chile, donde estuvo entre 1886 y 1890. Estos fueron años decisivos para el poeta. Se relacionó con gente refinada y cosmopolita en Santiago y Valparaíso. A través de su círculo de escritores y traductores conoció a los parnasianos y simbolistas que influyeron en su arte. En Chile publicó su primer libro de versos, *Abrojos* (1887), y participó en un concurso literario con un «Canto épico» que describe el triunfo de Chile en la Guerra del Pacífico (1879–1883), compartiendo el premio con Pedro Nolasco Préndez.

En 1888 apareció *Azul,* una colección de cuentos y poesías que lanzó la carrera de Darío y marcó un punto crucial en el desarrollo del modernismo. Aunque los poemas conservan elementos tradicionales del neoclasicismo y del romanticismo, los cuentos—o, más bien, poemas en prosa—representan un nuevo rumbo en la narrativa. No son anecdotales ni realistas, sino fantasiosos. Se encuentran en ellos muchos de los mismos elementos de la poesía modernista: las imágenes delicadas y exóticas, la musicalidad, la irrealidad. En 1890 se publicó una segunda edición ampliada de *Azul.* Esta contenía poesías que representaban una ruptura más clara con el neoclasicismo y el romanticismo, poesías más osadas y típicamente modernistas.

Al dejar a Chile, Darío fue a San Salvador, donde dirigió el periódico *La Unión*. Allí conoció a Rafaela Contreras, una joven escritora que usaba el pseudónimo «Stella». Se casó con ella en 1891, quedándose viudo dos años más tarde. En 1892 fue nombrado secretario de la delegación de Guatemala a Madrid para la celebración del cuarto centenario del descubrimiento de América. En España se relacionó con muchos intelectuales importantes de la época, entre ellos el político, orador y escritor Emilio Castelar (1832–1899), el novelista y crítico Juan Valera (1824–1905) y el crítico e historiador Marcelino Menéndez y Pelayo (1869–1968).

En 1893 volvió a casarse, esta vez con Rosario Murillo. También en 1893 fue nombrado cónsul de Colombia en la Argentina. Antes de partir para Buenos Aires, Darío visitó a Nueva York, en donde conoció a José Martí, y París. En Buenos Aires fue nombrado corresponsal de los periódicos *La Nación* y *La Tribuna*. Con Ricardo Jaimes Freyre, fundó en 1894 la *Revista de América,* uno de los órganos más influyentes del modernismo.

En 1896 se publicó *Prosas profanas,* considerado, con *Cantos de vida y esperanza* (1905), el libro más importante de Darío y el punto culminante del modernismo. Darío mismo explica que emplea el término «prosa» en su sentido medieval de «himno», y que «profano» significa «no sagrado». El título subraya la mezcla de imaginería sacra y erótica, por medio de la cual el poeta convierte el erotismo en una especie de religión. Con estas dos colecciones, Darío terminó de liberar la poesía española de su aspecto anecdotal y de la verbosidad romántica. Incorporó a sus versos algunas de las innovaciones métricas de los parnasianos. Como éstos, insistió en la autonomía de la obra de arte. Infundió la poesía de una nueva ligereza, armonía y musicalidad. La prosa de Darío también se perfeccionó durante este período. Los cuentos cobraron una mayor intensidad, un nuevo sentido de lo misterioso y de lo dramático.

En 1898 Darío volvió a España como corresponsal del periódico *La Nación*. Escribió una serie de artículos que publicó bajo el título *España contemporánea* (1901). Estos proyectan una imagen optimista del futuro de la Madre patria, a pesar de la situación desastrosa que existía en ese momento, la cual conduciría a la pérdida de las últimas colonias españolas. También expresa su admiración por los jóvenes escritores que formarán la *generación del '98.

En *Cantos de vida y esperanza,* los temas son más filosóficos; figuran entre ellos el tiempo, lo efímero de la vida, el fatalismo. El autor se muestra más pesimista, menos ilusionado con la torre de marfil. Expresa su preocupación por el futuro de América y por la amenaza del imperialismo norteamericano.

Sin embargo, Darío expresa ideas radicalmente diferentes en 1906, cuando va a Río de Janeiro como delegado nicaragüense a la tercera Conferencia

Panamericana. Su entusiasmo por los ideales panamericanos se da a conocer en «Salutación al Aguila», poema que exalta los Estados Unidos como modelo para América Latina:

> *E pluribus unum!* ¡Gloria, victoria, trabajo!
> Tráenos los secretos de las labores del Norte,
> y que los hijos nuestros dejen de ser los retores[1] latinos,
> y aprendan de los yanquis la constancia, el vigor, el carácter.

La actitud conciliadora de Darío provocó una reacción negativa de parte de sus contemporáneos, que veían los Estados Unidos como una seria amenaza a las repúblicas latinoamericanas.

De vuelta en París, Darío publicó *Opiniones* (1906), un libro de crítica. Al año siguiente apareció su último libro de versos, *El canto errante*. En 1908 fue nombrado embajador de Nicaragua en España. En Madrid pasó grandes apuros financieros hasta que el periódico *La Nación* le ofreció un honorario sustancioso por un poema para conmemorar el centenario de la Independencia de la Argentina. Darío compuso «Canto a la Argentina» (1910), su último gran poema. En 1911 fundó, con los hermanos Alfredo y Armando Guido, la revista *Mundial*. Después de recorrer varios países europeos y visitar una vez más los Estados Unidos, volvió a Nicaragua, donde murió bajo el cuidado de la esposa que había abandonado años antes.

«El rey burgués»

«El rey burgués» se publicó por primera vez en el diario *La Epoca,* en Santiago de Chile, el 25 de noviembre de 1887, bajo el nombre «Un cuento alegre». En 1888 volvió a publicarse en *Azul.*

Se ha propuesto que el rey del cuento es un retrato satírico de Eduardo MacClure, director entonces de *La Epoca,* aunque hoy en día muchos críticos descartan esta hipótesis, alegando que es sencillamente una de las muchas leyendas sin fundamento que giran alrededor de la figura de Rubén Darío.

En esta pequeña fantasía, Darío ataca con suave ironía el materialismo, mal gusto e insensibilidad de la burguesía. El rey acumula cosas finas y delicadas, no porque sepa apreciarlas o tengan algún valor intrínseco para él, sino porque tiene los medios para hacerlo. Son simplemente pruebas de su poder económico. El poeta no es sino una posesión más. El rey lo admite a su corte porque piensa que será una diversión. Pero al monarca no le interesa el ideal estético. Le manda al poeta que se calle, que produzca melodías con una caja de música—símbolo de la poesía convencional, de las armonías «en lata» que son las únicas que recrean al rey. El poeta acepta para no morirse de hambre, pero cuando llega el invierno y el rey ya no sale a su jardín, se olvida de las melodías de la caja de música... y

---

[1] **oradores**

del poeta. A través de esta imagen patética, Darío se burla no sólo de la lírica convencional y de la gente que hace alarde de apreciar la poesía para darse aires de «culta», sino tembién de los poetas que se rebajan, convirtiéndose en juguetes de los burgueses.

En este cuento satírico, Darío emplea muchas de las mismas imágenes delicadas que aparecen en su poesía: «Los cisnes de cuellos blancos», «las lacas de Kioto», «las mariposas de raros abanicos». También encontramos aquí el mismo exotismo y musicalidad que en su lírica. El ambiente es el de un cuento de hadas, aunque el mensaje constituye un verdadero ataque contra las convenciones de la época.

Sobre algunos poemas de Darío

En la segunda edición de *Azul,* Darío agrega cinco «Medallones» dedicados a hombres famosos. Entre ellos se encuentra su soneto al poeta norteamericano Walt Whitman. Aunque Darío critica los Estados Unidos en otras composiciones, ve en Whitman algunas de las características que admira en el norteamericano: la energía y la tremenda capacidad para el trabajo. Los Estados Unidos son «un país de hierro»—fuerte y también amenazante, pero Whitman, por el amor al pueblo y su disposición a romper con la convención, se ha convertido en el maestro no sólo de los jóvenes poetas norteamericanos, sino también de los latinoamericanos.

La «Sonatina» es uno de los poemas más conocidos de Darío. Describe con imágenes rebuscadas y fantasiosas la búsqueda de la belleza. La princesa de la «Sonatina» es, como la esencia poética misma, algo precioso e inútil, que aspira a liberarse del mundo banal que la rodea para alcanzar la perfección. Es un cuadro estático. La princesa es como una muñeca de porcelana japonesa, con su «boca de fresa», que ya no se ríe, y sus manos inmóviles, que han dejado de tocar las teclas del clavicordio. La princesa ni siquiera siente, pero con la imaginación «persigue por el cielo del Oriente»—esa región vaga y misteriosa que tal vez no es más que una creación poética—la visión de algo más puro. La llena una indefinible melancolía, una molesta insatisfacción. Suspira de aburrimiento, mientras que el bufón trata sin éxito de distaerla y la dueña parlotea tontamente. Los objetos de lujo no le interesan. Se siente presa en sus tules y su jaula de mármol. Quisiera ser una mariposa para escaparse, para volar lejos de las cosas mundanas. Es sólo en el reino de la imaginación, representado por figuras tomadas de los cuentos infantiles (el hada madrina, el príncipe azul), donde la princesa puede aproximarse a la perfección que anhela. Es sólo ese «feliz caballero» que «llega de lejos» el que le dará alguna satisfacción.

En «Yo soy aquel...» Darío recuerda su juventud, en particular, las ilusiones que le habían inspirado la poesía y el amor. En aquella época «el verso azul» y «la canción profana» le hacían sentir fuerte, optimista, «dueño de su jardín de sueño». Ahora, más maduro, alaba la búsqueda de la perfección al mismo tiempo que reconoce que «la adusta perfección jamás se entrega». Sin embargo, el arte purifica al ser humano, dulcificando la juventud tempestuosa e iluminando el camino a la madurez. El que busca con sinceridad la pureza y la hermosura a través de la poesía se enriquece espiritualmente.

En «Los cisnes», Darío pregunta por el futuro de Latinoamérica. El cisne, símbolo modernista de la elegancia y la pureza, se convierte aquí en un símbolo del enigma del porvenir porque su cuello forma un inmenso signo de interrogación. Darío canta las glorias de la cultura española, los triunfos de grandes poetas como Garcilaso y Quevedo. Declara su orgullo por su herencia española. Ahora, sin embargo, Latinoamérica está vulnerable, con un futuro inseguro. La amenazan el águila del Norte y su propia falta de recursos. A pesar de esto, el poema termina en una nota de esperanza: «La noche anuncia el día»; por lo tanto, después de este período tumultuoso e inseguro, Latinoamérica emergerá a la luz.

«Lo fatal» es uno de los poemas más filosóficos y pesimistas de Darío. El poeta, ya un hombre maduro, se hace las mismas preguntas que los filósofos españoles de la *generación del '98, quienes se enfrentan a un mundo que cambia rápidamente y que parece carecer de finalidad: ¿adónde vamos? ¿de dónde vinimos? ¿cuál es el propósito de la vida?. Las ciencias y la tecnología avanzan vertiginosamente, pero, por mucho que sepa, el individuo tiene la impresión de no saber nada, porque aún no puede contestar esas preguntas básicas sobre la esencia de la vida. Y la poesía tampoco le provee de una solución.

Ediciones

Darío, Rubén. *Poesía.* 2 vols. ed. Ernesto Mejía Sánchez, pról. Angel Rama. Buenos Aires: Hyspamérica, 1986

———. *Cuentos completos.* ed. Ernesto Mejía Sánchez, pról. Raimundo Lida. México, D. F.: Fondo de Cultura Económica, 1983

———. *Selected Poems of Rubén Darío.* Tr. Lysander Kemp, pról. Octavio Paz. Austin: University of Texas, 1988

Crítica

Anderson, Imbert, Enrique. *La originalidad de Rubén Darío.* Buenos Aires: Cedal, 1967

Cuadra, Pablo A. «Rubén Darío y la aventura literaria del mestizaje.» *Cuadernos Hispanoamericanos.* 398 (Aug. 1983):307–321

Ellis, Keith. *Critical Approaches to Rubén Darío.* Toronto: University of Toronto, 1974

Ghiano, Juan Carlos, ed. *Rubén Darío: Estudios reunidos en conmemoración del centenario.* La Plata: Universidad Nacional de La Plata, 1968

Giordano, Jaime. *La edad del ensueño: sobre la imaginación poética de Rubén Darío.* Santiago de Chile: Universitaria, 1970

González-Gerth, Miguel and George D. Schade, eds. *Rubén Darío Centennial Studies.* Austin: University of Texas, 1972

Goodrich, Diana Sorensen. «*Azul...*: Los contextos de lectura.» *Hyspamérica.* 14:40 (April 1985):3–14

Gutiérrez, Ernesto. *Los temas en la poesía de Rubén Darío.* Managua: Academia Nicaragüense de la Lengua, 1978

Jrade, Cathy Login. *Rubén Darío and the Romantic Search for Unity.* Austin: University of Texas, 1983

Kurtz, Barbara E. « ‹En el país de las alegorías›: Alegorización en la poesía de Rubén Darío,» *Revista Iberoamericana.* 52:137 (Oct.–Dec. 1986):875–893

Larrea, Juan. *Rubén Darío y la nueva cultura americana.* Valencia: Pre-Textos, 1987

Matamoro, Blas. «Modernos, modernidad y Modernismo,» *Revista de Occidente.* 86–87 (July–Aug. 1988):25–39

Pearsall, Priscilla. *An Art Alienated from Itself: Studies in Spanish American Modernism.* University, Miss.: Romance Monographs, 1984

Rama, Angel. *Rubén Darío y el modernismo.* Caracas: Alfadil, 1985

Zavala, Iris M. «The Turn of the Century Lyric: Rubén Darío and the Sign of the Swan.» 279–305. Eds. Wlad Godzich and Nicholas Spadaccini. *The Crisis of Institutionalized Literature in Spain.* Minneapolis: Prisma, 1988

El rey burgués

Rubén Darío

CUENTO ALEGRE.

¡Amigo!, el cielo está opaco, el aire frío, el día triste. Un cuento alegre..., así como para distraer las brumosas y grises melancolías, helo aquí:[1]

* * *

Había en una ciudad inmensa y brillante un rey muy poderoso, que tenía trajes caprichosos y ricos, esclavas desnudas, blancas y negras, caballos de largas crines,[2] armas flamantísimas,[3] galgos rápidos y monteros[4] con cuernos[5] de bronce, que llenaban el viento con sus fanfarrias.[6] ¿Era un rey poeta? No, amigo mío: era el Rey Burgués.

* * *

Era muy aficionado a las artes el soberano, y favorecía con gran largueza[7] a sus músicos, a sus hacedores de ditirambos,[8] pintores, escultores, boticarios, barberos y maestros de esgrima.

Cuando iba a la floresta[9] junto al corzo[10] o jabalí[11] herido y sangriento, hacía improvisar a sus profesores de retórica canciones alusivas; los criados llenaban las copas del vino de oro que

---

[1] **helo... aquí está**
[2] manes
[3] gleaming
[4] **cazadores**
[5] hunting horns
[6] fanfare, flourish of hunting horns
[7] **generosidad**
[8] dithyrambs, Greek choral songs of wild character and irregular form
[9] **bosque**
[10] roe deer
[11] wild boar

hierve, y las mujeres batían palmas con movimientos rítmicos y gallardos.[12] Era un rey sol, en su Babilonia[13] llena de músicas, de carcajadas y de ruido de festín. Cuando se hastiaba[14] de la ciudad bullente, iba de caza atronando el bosque con sus tropeles; y hacía salir de sus nidos a las aves asustadas, y el vocerío repercutía en lo más escondido de las cavernas. Los perros de patas elásticas iban rompiendo la maleza en la carrera, y los cazadores, inclinados sobre el pescuezo de los caballos, hacían ondear los mantos purpúreos y llevaban las caras encendidas y las cabelleras al viento.

* * *

El rey tenía un palacio soberbio donde había acumulado riquezas y objetos de arte maravillosos. Llegaba a él por entre grupos de lilas y extensos estanques siendo saludado por los cisnes de cuellos blancos, antes que por los lacayos estirados. Buen gusto. Subía por una escalera llena de columnas de alabastro y de esmaragdita,[15] que tenía a los lados leones de mármol como los de los tronos salomónicos.[16] Refinamiento. A más[17] de los cisnes, tenía una vasta pajarera, como amante de la armonía, del arrullo,[18] del trino;[19] y cerca de ella iba a ensanchar su espíritu, leyendo novelas de M. Ohnet,[20] o bellos libros sobre cuestiones gramaticales, o críticas hermosillescas. Eso sí: defensor acérrimo[21] de la corrección académica en letras, y del modo lamido[22] en artes; alma sublime amante de la lija[23] y de la otrografía.

* * *

¡Japonerías! ¡Chinerías!, por lujo y nada más. Bien podía darse el placer de un salón digno del gusto de un Goncourt[24] y de los millones de un Creso:[25] quimeras[26] de bronce con las fauces[27] abiertas y las colas enroscadas, en grupos fantásticos y maravillosos; lacas de Kioto[28] con incrustaciones de hojas y ramas de una flora monstruosa, y animales de una fauna desconocida; mariposas de raros abanicos junto a las paredes; peces y gallos de colores; máscaras de gestos infernales y con ojos como si fuesen vivos; partesanas[29] de hojas antiquísimas y empuñaduras[30] con dragones devorando flores de loto; y en conchas de huevo, túnicas de seda amarilla, como tejidas con hilos de araña, sembradas de garzas rojas y de verdes matas de arroz; y tibores,[31] porcelanas

---

[12] **elegantes**
[13] **capital de la antigua Caldea, una de las ciudades más grandes, ricas y refinadas de Oriente; ha llegado a simbolizar la corrupción a la cual lleva el exceso de bienes materiales; el Rey Sol es Luis XIV de Francia (1638–1715), cuyo reinado coincidió con el máximo esplendor de las artes en su país**
[14] **cansaba**
[15] **un mineral de color verde claro**
[16] **del rey Salomón, que reinó de 970 a 931 a. de C., conocido por su gran sabiduría**
[17] **A... Además**
[18] **canto de las palomas**
[19] trilling
[20] **Georges Ohnet (1848–1918), novelista y dramaturgo francés (M. es la abreviatura de monsieur, «señor» en francés.)**
[21] **vigoroso**
[22] **fino**
[23] refining, reworking, polishing (until something is perfect)
[24] **Los Goncourt eran escritores hermanos franceses que compusieron la mayor parte de su obra en colaboración. Edmond (1822–1896); Julien (1830–1870)**
[25] **rey de Lidia entre 560 y 546 a. de C. La fama de sus riquezas lo hizo un símbolo de los bienes y de la fortuna.**
[26] **monstruos fabulosos**
[27] **garganta**
[28] **ciudad japonesa famosa por su arte**
[29] **tipo de arma oriental**
[30] handles
[31] **vasos grandes, por lo general de porcelana de Oriente**

de muchos siglos, de aquéllas en que hay guerreros tártaros con una piel que les cubre hasta los riñones,[32] y que llevan arcos estirados y manojos de flechas.

Por lo demás, había el salón griego, lleno de mármoles: diosas, musas, ninfas y sátiros; el salón de los tiempos galantes, con cuadros del gran Watteau[33] y de Chardin,[34] dos, tres, cuatro, ¡cuántos salones!

Y Mecenas[35] se paseaba por todos, con la cara inundada de cierta majestad, el vientre feliz y la corona en la cabeza, como un rey de naipe.

* * *

Un día le llevaron una rara especie de hombre ante su trono, donde se hallaba rodeado de cortesanos, de retóricos y de maestros de equitación y de baile.

—¿Qué es eso? —preguntó.

—Señor, es un poeta.

El rey tenía cisnes en el estanque, canarios, gorriones, senzontes[36] en la pajarera; un poeta era algo nuevo y extraño.

—Dejadle aquí.

Y el poeta:

—Señor, no he comido.

Y el rey:

—Habla y comerás.

Comenzó:

* * *

—Señor, ha tiempo que yo canto el verbo del porvenir. He tendido mis alas al huracán, he nacido en el tiempo de la aurora: busco la raza escogida que debe esperar, con el himno en la boca y la lira en la mano, la salida del gran sol. He abandonado la inspiración de la ciudad malsana, la alcoba llena de perfumes, la musa de carne que llena el alma de pequeñez y el rostro de polvos de arroz.[37] He roto el arpa adulona de las cuerdas débiles, contra las copas de Bohemia[38] y las jarras donde espumea el vino que embriaga sin dar fortaleza; he arrojado el manto que me hacía parecer histrión, o mujer, y he vestido de modo salvaje y espléndido: mi harapo[39] es de púrpura. He ido a la selva donde he quedado vigoroso y ahito[40] de leche fecunda y licor de nueva vida; y en la ribera del mar áspero, sacudiendo la cabeza bajo la fuerte y negra tempestad, como un ángel soberbio o como un semidiós olímpico, he ensayado el yambo[41] dando al olvido el madrigal.[42]

—He acariciado a la gran Naturaleza, y he buscado, al calor del ideal, el verso que está en el astro en el fondo del cielo, y el que está en la perla en lo profundo del Océano. ¡He

---

[32] **cintura (galicismo)**

[33] **Antoine Watteau (1684–1721), pintor francés conocido por sus fantasías cortesanas**

[34] **Jean-Baptiste Chardin (1699–1779), pintor francés conocido por sus retratos y cuadros de interiores**

[35] **Cayo Cilnio Mecenas (69–8 a. de C.) caballero romano que favorecía las artes y las letras. Hoy en día se usa la palabra «mecenas» para referirse a alguien que protege y ayuda a los letrados y artistas.**

[36] **ave tropical**

[37] **polvos...** rice powder, used as make-up in Oriental countries

[38] **un país de la Europa central, ahora parte de Checoslovaquia. «Bohemio» se usa para referirse a una persona de vida irregular y desordenada. Los poetas y artistas tienen fama de ser «bohemios».**

[39] rag, tatters

[40] **harto, con indigestión**

[41] **poema satírico**

[42] **forma de poema refinada y elegante, muy usada en el Renacimiento**

querido ser pujante![43] Porque viene el tiempo de las grandes revoluciones, con un Mesías todo luz, todo agitación y potencia, y es preciso recibir su espíritu con el poema que sea arco triunfal, de estrofas de acero, de estrofas de oro, de estrofas de amor.

¡Señor, el arte no está en los fríos envoltorios de mármol, ni en los cuadros lamidos, ni en el excelente señor Ohnet! ¡Señor!, el arte no viste pantalones, ni habla en burgués, ni pone los puntos en todas las íes.[44] El es augusto, tiene mantos de oro, o de llamas, o anda desnudo, y amasa la greda[45] con fiebre, y pinta con luz, y es opulento y da golpes de ala[46] como las águilas, o zarpazos[47] como los leones. Señor, entre un Apolo[48] y un ganso, preferid el Apolo, aunque el uno sea de tierra cocida y el otro de marfil.

—¡Oh la poesía!

—¡Y bien! Los ritmos se prostituyen, se cantan los lunares de las mujeres y se fabrican jarabes[49] poéticos. Además, señor, el zapatero critica mis endecasílabos, y el señor profesor de farmacia pone puntos y comas a mi inspiración. Señor, ¡y vos lo autorizáis todo esto!...El ideal, el ideal...

El rey interrumpió:

—Ya habéis oído. ¿Qué hacer?

Y un filósofo al uso:[50]

—Si lo permitís, señor, puede ganarse la comida con una caja de música; podemos colocarle en el jardín, cerca de los cisnes, para cuando os paseéis.

—Sí—dijo el rey; y dirigiéndose al poeta: —Daréis vueltas a un manubrio.[51] Cerraréis la boca. Haréis sonar una caja de música que toca valses, cuadrillas y galopas, como no prefiráis moriros de hambre. Pieza de música por pedazo de pan. Nada de jerigonzas[52] ni de ideales. Id.

Y desde aquel día pudo verse a la orilla del estanque de los cisnes al poeta hambriento que daba vueltas al manubrio: tiririrín, tiririrín...¡avergonzado a las miradas del gran sol! ¿Pasaba el rey por las cercanías? ¡Tiririrín! tiririrín...¿Había que llenar el estómago? ¡Tiririrín! Todo entre las burlas de los pájaros libres que llegaban a beber rocío en las lilas floridas; entre el zumbido de las abejas que le picaban el rostro y le llenaban los ojos de lágrimas...¡lágrimas amargas que rodaban por sus mejillas y que caían a la tierra negra!

Y llegó el invierno, y el pobre sintió frío en el cuerpo y en el alma. Y su cerebro estaba como petrificado, y los grandes himnos estaban en el olvido, y el poeta de la montaña coronada de águilas no era sino el pobre diablo que daba vueltas al manubrio: ¡Tiririrín!

Y cuando cayó la nieve se olvidaron de él el rey y sus vasallos; a los pájaros se les abrigó y a él se le dejó al aire glacial que le mordía las carnes y le azotaba el rostro.

Y una noche en que caía de lo alto la lluvia blanca de plumillas cristalizadas, en el palacio había festín, y la luz de las arañas reía alegre sobre los mármoles, sobre el oro y sobre las

---

[43] **fuerte**
[44] **ni...** nor does it dot all the i's
[45] clay, fuller's earth
[46] **aletazos (galicismo)**
[47] lash of a claw or paw
[48] **dios griego y romano de la Poesía y las Artes**
[49] syrups
[50] **al... de moda**
[51] crank (of a music box or other device)
[52] gibberish

túnicas de los mandarines de las viejas porcelanas. Y se aplaudían hasta la locura los brindis del señor profesor de retórica, cuajados de dáctilos, de anapestos y de pirriquios,[53] mientras en las copas cristalinas hervía el champaña con su burbujero luminoso y fugaz. ¡Noche de invierno, noche de fiesta! Y el infeliz, cubierto de nieve, cerca del estanque, daba vueltas al manubrio para calentarse, tembloroso y aterido,[54] insultado por el cierzo bajo la blancura implacable y helada, en la noche sombría haciendo resonar entre los árboles sin hojas la música loca de las galopas y cuadrillas; y se quedó muerto, pensando en que nacería el sol del día venidero, y con él el ideal...y en que el arte no vestiría pantalones sino manto de llamas o de oro...Hasta que al día siguiente lo hallaron el rey y sus cortesanos, al pobre diablo de poeta, como gorrión que mata el hielo, con una sonrisa amarga en los labios, y todavía con la mano en el manubrio.

* * *

¡Oh mi amigo!, el cielo está opaco, el aire frío, el día triste. Flotan brumosas y tristes melancolías...

Pero ¡cuánto calienta el alma una frase, un apretón de manos a tiempo! Hasta la vista.

Poesía

RUBÉN DARÍO

Walt Whitman[55]

En su país de hierro vive el gran viejo,
bello como un patriarca, sereno y santo.
Tiene en la arruga olímpica de su entrecejo
algo que impera y vence con noble encanto.

Su alma del infinito parece espejo;
son sus cansados hombros dignos del manto;
y con arpa labrada de un roble añejo
como un profeta nuevo canta su canto.

Sacerdote, que alienta soplo divino,
anuncia en el futuro, tiempo mejor.
Dice al águila: «¡Vuela!»; «¡Boga!», al marino,

---

[53] **dáctilos... términos que se usan en la métrica para denominar ciertas cláusulas o pies de que se componen los versos**
[54] **pasmado de frío**
[55] **poeta norteamericano (1819–1892) cuyo uso del verso libre influyó en muchos poetas modernistas**

y «¡Trabaja!», al robusto trabajador.
¡Así va ese poeta por su camino
con su soberbio rostro de emperador!

de *Azul*

Sonatina

La princesa está triste...¿qué tendrá la princesa?
Los suspiros se escapan de su boca de fresa,
que ha perdido la risa, que ha perdido el color.
La princesa está pálida en su silla de oro,
está mudo el teclado de su clave sonoro;
y en un vaso olvidada se desmaya una flor.

El jardín puebla el triunfo de los pavos-reales.
Parlanchina, la dueña dice cosas banales,
y, vestido de rojo, piruetea el bufón.
La princesa no ríe, la princesa no siente;
la princesa persigue por el cielo de Oriente
la libélula[56] vaga de una vaga ilusión.

¿Piensa acaso en el príncipe de Golconda[57] o de China,
o en el que ha detenido su carroza argentina[58]
para ver de sus ojos la dulzura de luz?
¿O en el rey de las Islas de las Rosas fragantes,
o en el que es soberano de los claros diamantes,
o en el dueño orgulloso de las perlas de Ormuz?[59]

¡Ay! La pobre princesa de la boca de rosa
quiere ser golondrina, quiere ser mariposa,
tener alas ligeras, bajo el cielo volar,
ir al sol por la escala luminosa de un rayo,
saludar a los lirios con los versos de mayo,
o perderse en el viento sobre el trueno del mar.

Ya no quiere el palacio, ni la rueca de plata,
ni el halcón encantado, ni el bufón escarlata,
ni los cisnes unánimes[60] en el lago de azur.
Y están tristes las flores por la flor de la corte;
los jazmines de Oriente, los nelumbos[61] del Norte,
de Occidente las dalias y las rosas del Sur.

---

[56] dragonfly
[57] **antigua ciudad de la India conocida por su riqueza**
[58] **de plata**
[59] **isla célebre por sus perlas del Golfo Pérsico**
[60] **todos iguales**
[61] kind of lotus

¡Pobrecita princesa de los ojos azules!
Está presa en sus oros, está presa en sus tules,
en la jaula de mármol del palacio real,
el palacio soberbio que vigilan los guardas,
que custodian cien negros con sus cien alabardas,[62]
un lebrel[63] que no duerme y un dragón colosal.

¡Oh quién fuera hipsipila que dejó la crisálida![64]
(La princesa está triste. La princesa está pálida)
¡Oh visión adorada de oro, rosa y marfil!
¡Quién volara a la tierra donde un príncipe existe
(La princesa está pálida. La princesa está triste)
más brillante que el alba, más hermoso que abril!

—¡Calla, calla, princesa—dice el hada madrina,[65]—
en caballo con alas, hacia acá se encamina,
en el cinto la espada y en la mano el azor,
el feliz caballero que te adora sin verte,
y que llega de lejos, vencedor de la Muerte,
a encenderte los labios con su beso de amor!

de *Prosas profanas y otros poemas*

Yo soy aquél...

Yo soy aquél que ayer no más decía
el verso azul y la canción profana,[66]
en cuya noche un ruiseñor había
que era alondra[67] de luz por la mañana.

El dueño fui de mi jardín de sueño,
lleno de rosas y de cisnes vagos;
el dueño de las tórtolas,[68] el dueño
de góndolas y liras en los lagos;

y muy siglo diez y ocho y muy antiguo
y muy moderno; audaz, cosmopolita;
con Hugo fuerte y con Verlaine ambiguo,
y una sed de ilusiones infinita.

Yo supe de dolor desde mi infancia,
mi juventud... ¿fue juventud la mía?

---

[62] kind of short spear
[63] greyhound, a favorite dog of nobleman
[64] **Oh...** Oh, to be a butterfly freed from the cocoon
[65] **hada...** fairy godmother
[66] **alusión a los dos libros de Darío, *Azul* y *Prosas profanas***
[67] lark
[68] turtledoves

Sus rosas aun me dejan su fragancia...
una fragancia de melancolía...

Potro[69] sin freno se lanzó mi instinto,
mi juventud montó potro sin freno;
iba embriagada y con puñal al cinto;
si no cayó, fue porque Dios es bueno.

En mi jardín se vio una estatua bella;
se juzgó mármol y era carne viva;
una alma joven habitaba en ella,
sentimental, sensible,[70] sensitiva.[71]

Y tímida ante el mundo, de manera
que encerrada en silencio no salía,
sino cuando en la dulce primavera
era la hora de la melodía...

Hora de ocaso y de discreto beso;
hora crepuscular y de retiro;
hora de madrigal y de embeleso,[72]
de «te adoro», de «¡ay!» y de suspiro.

Y entonces era en la dulzaina[73] un juego
de misteriosas gamas[74] cristalinas,
un renovar de notas del Pan griego[75]
y un desgranar de músicas latinas.

Con aire tal y con ardor tan vivo,
que a la estatua nacían de repente
en el muslo viril patas de chivo[76]
y dos cuernos de sátiro en la frente.

Como la Galatea gongorina[77]
me encantó la marquesa verleniana,[78]
y así juntaba a la pasión divina
una sensual hiperestesia[79] humana;

todo ansia, todo ardor, sensación pura
y vigor natural; y sin falsía,

---

[69] colt
[70] sensitive
[71] feeling
[72] delight
[73] flageolet, a kind of small flute
[74] gamut, scale, a whole series of musical notes
[75] **Dios de la naturaleza; se le representa tocando una flauta**
[76] **Pan tenía cuernos y patas de cabra**
[77] **referencia al poema «Fábula de Polifemo y Galatea», de Luis de Góngora (1561–1627)**
[78] **de Verlaine**
[79] **sensibilidad extrema**

y sin comedia y sin literatura...:
si hay una alma sincera, ésa es la mía.

La torre de marfil tentó mi anhelo;
quise encerrarme dentro de mí mismo,
y tuve hambre de espacio y sed de cielo
desde las sombras de mi propio abismo.

Como la esponja que la sal satura
en el jugo del mar, fue el dulce y tierno
corazón mío, henchido de amargura
por el mundo, la carne y el infierno.

Mas, por gracia de Dios, en mi conciencia
el Bien supo elegir la mejor parte;
y si hubo áspera hiel en mi existencia,
melificó[80] toda acritud el Arte.

Mi intelecto libré de pensar bajo,
bañó el agua castalia[81] el alma mía,
peregrinó mi corazón y trajo
de la sagrada selva la armonía.

¡Oh, la selva sagrada! ¡Oh, la profunda
emanación del corazón divino
de la sagrada selva! ¡Oh, la fecunda
fuente cuya virtud vence al destino!

Bosque ideal que lo real complica,
allí el cuerpo arde y vive y Psiquis[82] vuela;
mientras abajo el sátiro[83] fornica,
ebria de azul deslíe Filomela.[84]

Perla de ensueño y música amorosa
en la cúpula en flor del laurel verde,
Hipsipila sutil liba en la rosa,
y la boca del fauno el pezón muerde.

Allí va el dios en celo tras la hembra,
y la caña de Pan se alza del lodo;
la eterna vida sus semillas siembra,
y brota la armonía del gran Todo.

---

[80] convirtió en miel

[81] en la mitología, la fuente del Parnaso, monte consagrado a Apolo y a las musas, que daba el don de la poesía

[82] en la mitología, una bella muchacha amada y raptada por Eros; simboliza al alma caída que, después de sufrir, acaba por unirse para siempre con el amor divino

[83] semidiós, compañero de Baco, dios griego del vino; simboliza la lascividad

[84] en la mitología, princesa que fue metamorfoseada en ruiseñor

El alma que entra allí debe ir desnuda,
temblando de deseo y fiebre santa,
sobre cardo heridor y espina aguda:
así sueña, así vibra y así canta.

Vida, luz y verdad, tal triple llama
produce la interior llama infinita.
El Arte puro como Cristo exclama:
Ego sum lux et veritas et vita![85]

Y la vida es misterio, la luz ciega
y la verdad inaccesible asombra;
la adusta perfección jamás se entrega,
y el secreto[86] ideal duerme en la sombra.

Por eso ser sincero es ser potente;
de desnuda que está, brilla la estrella;
el agua dice el alma de la fuente
en la voz de cristal que fluye de ella.

Tal fue mi intento, hacer del alma pura
mía, una estrella, una fuente sonora,
con el horror de la literatura
y loco de crepúsculo y de aurora.

Del crepúsculo azul que da la pauta[87]
que los celestes éxtasis inspira,
bruma y tono menor —¡toda la flauta!,
y Aurora,[88] hija del Sol —¡toda la lira!

Pasó una piedra que lanzó una honda;[89]
pasó una flecha que aguzó[90] un violento.
La piedra de la honda fue a la onda,
y la flecha del odio fuese[91] al viento.

La virtud está en ser tranquilo y fuerte;
con el fuego interior todo se abrasa;
se triunfa del rencor y de la muerte,
y hacia Belén[92]... ¡la caravana pasa!

de *Cantos de vida y esperanza,*
Los cisnes, y otros poemas

---

[85] **Ego... Yo soy la luz, la verdad y la vida (del Nuevo Testamento, San Juan IX, 5; XIV, 6)**
[86] austere, stern
[87] **da...** sets the standard
[88] **en la mitología, diosa de la Mañana encargada de abrirle al Sol las puertas del Oriente**
[89] slingshot (The subject of the sentence is **"honda"**.)
[90] sharpened (An arrow slashed the air, sent forth by a violent force.)
[91] **se fue**
[92] Bethlehem

Los cisnes

A Juan Ramón Jiménez.[93]

I

¿Qué signo haces, oh Cisne, con tu encorvado cuello
al paso de los tristes y errantes soñadores?[94]
¿Por qué tan silencioso de ser blanco y ser bello,
tiránico a las aguas e impasible a las flores?

Yo te saludo ahora como en versos latinos
te saludara[95] antaño Publio Ovidio Nasón.[96]
Los mismos ruiseñores cantan los mismos trinos,
y en diferentes lenguas es la misma canción.

A vosotros mi lengua no debe ser extraña.
A Garcilaso[97] visteis, acaso, alguna vez...
Soy un hijo de América, soy un nieto de España...
Quevedo[98] pudo hablaros en verso en Aranjuez...[99]

Cisnes, los abanicos de vuestras alas frescas
den a las frentes pálidas sus caricias más puras
y alejen vuestras blancas figuras pintorescas
de nuestras mentes tristes las ideas obscuras.

Brumas septentrionales[100] nos llenan de tristezas,
se mueren nuestras rosas, se agostan nuestras palmas,
casi no hay ilusiones para nuestras cabezas,
y somos los mendigos de nuestras pobres almas.

Nos predican la guerra con águilas feroces,
gerifaltes[101] de antaño revienen a los puños,
mas no brillan las glorias de las antiguas hoces,
ni hay Rodrigos[102] ni Jaimes,[103] ni hay Alfonsos[104] ni Nuños.[105]

---

[93] poeta modernista español (1881–1958)
[94] El cuello del cisne forma un inmenso signo de interrogación.
[95] habría saludado
[96] poeta latino (43 a. de C.–17 d. de C.) autor de *Arte de amar*, en cuyos versos se expone la ciencia del amor
[97] Garcilaso de la Vega (1501–1536), poeta español cuyos versos revolucionaron la poesía española al principio del Renacimiento
[98] Francisco de Quevedo (1580–1645), uno de los escritores más prolíficos del Siglo de Oro. Escribió poesía, novelas, tratados políticos y prosa satírica. Desempeñó varios cargos políticos bajo Felipe IV.
[99] ciudad cerca de Madrid donde está situado el Palacio Real, empezado a construir por Felipe II y concluido por Felipe V
[100] del norte
[101] ave parecida al halcón
[102] último rey visigodo de España, derrotado por los musulmanes en 711
[103] Jaime I el Conquistador (1208–1276), rey de Aragón y de Cataluña, quien conquistó las Baleares y los reinos de Valencia y de Murcia
[104] Hubo una larga serie de reyes del nombre de Alfonso. Los más famosos fueron Alfonso X el Sabio (1221–1284), célebre por sus actividades literarias, y Alfonso XI el Justiciero (1312–1350), que guerreó contra su suegro, Alfonso IV de Portugal, y después contra los moros.
[105] Nuño Rasura, juez legendario del siglo X, que combatió contra los moros

Faltos del alimento que dan las grandes cosas,
¿qué haremos los poetas sino buscar tus lagos?
A falta de laureles son muy dulces las rosas,
y a falta de victorias busquemos los halagos.

La América Española como la España entera
fija está en el Oriente de su fatal destino;
yo interrogo a la Esfinge[106] que el porvenir espera
con la interrogación de tu cuello divino.

¿Seremos entregados a los bárbaros fieros?
¿Tantos millones de hombres hablaremos inglés?
¿Ya no hay nobles hidalgos ni bravos caballeros?
¿Callaremos ahora para llorar después?

He lanzado mi grito, Cisnes, entre vosotros,
que habéis sido los fieles en la desilusión,
mientras siento una fuga de americanos potros
y el estertor postrero[107] de un caduco león...

...Y un Cisne negro dijo: «La noche anuncia el día»
Y uno blanco: «¡La aurora es inmortal, la aurora
es inmortal!» ¡Oh tierras de sol y de armonía,
aun guarda la Esperanza la caja de Pandora![108]

de *Cantos de vida y esperanza,*
Los cisnes, y otros poemas

Lo fatal

A René Pérez.

Dichoso el árbol que es apenas sensitivo,
y más la piedra dura porque esa ya no siente,
pues no hay dolor más grande que el dolor de ser vivo,
ni mayor pesadumbre que la vida consciente.

Ser, y no saber nada, y ser sin rumbo cierto,
y el temor de haber sido y un futuro terror...
Y el espanto seguro de estar mañana muerto,
y sufrir por la vida y por la sombra y por

---

[106] **en la mitología egipcia, un animal con cuerpo de león y cabeza humana. En la mitología clásica, se representa con cuerpo de león, alas de águila y senos y cabeza de mujer. Según la leyenda, la Esfinge se sentaba a la entrade de Tebes y les decía una adivinanza a los viajeros que pasaban por el camino. Si contestaban mal, los mataba.**

[107] **esteror...** final death rattle

[108] **según la mitología griega, la primera mujer. Zeus le regaló una caja donde se encerraban todos los bienes y todos los males de la humanidad y le dijo que no la abriera. Sin embargo, Pandora cedió a su curiosidad y abrió la caja, esparciendo el bien y el mal por el mundo. El único bien que quedó en la caja era la Esperanza.**

lo que no conocemos y apenas sospechamos,
y la carne que tienta con sus frescos racimos,
y la tumba que aguarda con sus fúnebres ramos,
¡y no saber adónde vamos,
ni de dónde venimos!...

de *Cantos de vida y esperanza,*
Los cisnes, y otros poemas

SOBRE LA LECTURA

El rey burgués

1. ¿Cómo introduce el narrador su cuento?
2. Describa la corte del rey burgués. ¿Favorecía a los artistas? ¿Qué objetos de arte tenía en su palacio?
3. ¿Quién era la «rara especie de hombre» que le llevaron un día? ¿Cómo se describe a esta persona?
4. ¿Qué dijo el poeta acerca del arte? ¿Le entendió el rey? ¿Cómo reaccionó?
5. ¿Qué decidió hacer con el poeta?
6. ¿Qué le pasó al poeta?

Poesía

1. ¿Cómo describe Darío a Walt Whitman en el soneto que le dedica? ¿En qué sentido es Whitman un sacerdote? ¿Cómo inspira su poesía a la gente?
2. En «Sonatina», ¿cómo es la princesa? ¿Cómo crea el poeta un ambiente de lujo? ¿Qué siente la princesa por las cosas que la rodean?
3. ¿Por qué está triste? ¿Qué anhela? ¿En qué cosas piensa acaso?
4. ¿Cómo expresa el poeta la idea de que la tristeza de la princesa se hace sentir en los que la rodean?
5. ¿Por qué es la princesa una «pobrecita»? ¿Qué quisiera ser? ¿Por qué?
6. ¿Cómo podría escaparse de la superficilidad?
7. En «Yo soy aquél...» ¿cómo describe el poeta la actitud que tenía hacia la poesía cuando era más joven? ¿Qué otras cosas lo apasionaban y lo llenaban de esperanza?
8. ¿En qué sentido fue el arte una influencia positiva en su vida? ¿En qué sentido fue la poesía un elemento purificador?
9. ¿En qué consiste la virtud?
10. En «Los cisnes», ¿qué simboliza el cuello del Cisne?
11. ¿Cómo expresa el poeta la idea de que la poesía es universal?
12. ¿Por qué no debe serle extraña su lengua al cisne?
13. ¿A qué amenazas alude el poeta? ¿Por qué está tan inseguro el futuro de Latinoamérica?
14. ¿Qué le falta a Latinoamérica?
15. ¿Termina el poema en una nota optimista o pesimista? ¿Por qué?

16. En «Lo fatal», ¿por qué dice el poeta que son dichosos el árbol y la piedra?
17. ¿Por qué sufre el poeta? ¿Qué cuestiones filosóficas lo atormentan?
18. ¿Cómo expresa la falta de finalidad de la vida?

HACIA EL ANÁLISIS LITERARIO

1. ¿Cómo difiere «El rey burgués» del cuento tradicional?
2. ¿En qué consiste «la burguesía» del rey burgués? ¿Cómo comunica Darío la sensación de exceso? ¿Qué contraste ofrece la imagen del poeta? ¿Qué está diciendo Darío acerca de la verdadera naturaleza de la poesía?
3. ¿Por qué llama «El rey burgués» un cuento alegre? ¿Qué significa el último párrafo del relato?
4. ¿Cómo se explica la superficialidad de los personajes?
5. ¿Qué metáforas emplea Darío para expresar la grandeza de Walt Whitman? ¿Cuál es el propósito de cada una de estas metáforas?
6. ¿Por qué cree usted que Darío escoge el soneto, una forma poética tradicional, para este elogio a Whitman?
7. En «Sonatina», ¿cómo expresa la idea de que la princesa es una flor entre las flores? ¿Qué metáforas usa para hacer hincapié en su fragilidad?
8. Describa el ambiente de este poema. ¿Qué imágenes crean una sensación de lujo? ¿Por qué no satisfacen a la princesa las cosas que la rodean?
9. ¿Qué representan «el rey de las Rosas fragantes», el «soberano de los claros diamantes» y «el dueño orgulloso de las perlas de Ormuz»? ¿Qué imágenes usa el poeta para expresar lo bello e intangible?
10. ¿Qué representan la dueña y el bufón? ¿Qué representa el príncipe que llega al fin del poema?
11. ¿Cómo usa Darío la repetición para aumentar la musicalidad? ¿Qué otros elementos estructurales contribuyen a la armonía?
12. En «Yo soy aquél...» ¿cómo evoca el poeta su juventud? ¿cómo evoca los momentos de amor?
13. ¿A qué poetas menciona directa o indirectamente en este poema? ¿Por qué los menciona?
14. ¿Cómo usa las referencias bíblicas o religiosas? ¿Cómo usa la luz? ¿los colores?
15. ¿Qué contraste hace entre el poeta joven y el maduro?
16. Compare la actitud de Darío hacia España con la de Martí.
17. ¿Cómo usa el símbolo del cisne en «Los cisnes»? ¿Por qué escoge un símbolo tan conocido?
18. ¿Qué influencias clásicas se encuentran en este poeta?
19. ¿Qué tono domina en «Lo fatal»? ¿Qué imágenes contribuyen al ambiente pesimista?
20. ¿Cómo crea Darío un ambiente de exotismo y refinamiento en su poesía y sus poemas en prosa? ¿Qué tipo de vocabulario emplea? Compare su poesía con su prosa.

TEXTO Y VIDA

1. ¿Qué tipo de persona critica Darío en «El rey burgués»? ¿Cree usted que el materialismo conduce necesariamente al mal gusto? ¿Cree usted que el exceso de bienes materiales ha conducido al mal gusto y a la mediocridad en los Estados Unidos?
2. ¿Cree usted que hay muchas personas que coleccionan el arte para darse aires de cultas? ¿Qué otras cosas hacen estas personas para impresionar a sus amigos?
3. ¿Conoce usted la poesía de Walt Whitman? ¿Le gusta? ¿Ve usted algunas semejanzas entre su poesía y la de Darío?
4. ¿Ha sentido usted alguna vez el anhelo que describe Darío en «Sonatina»? ¿En qué circunstancias?
5. ¿La actitud que expresa el poeta en este poema es escapista o no? Explique. Para usted, ¿debe el arte ser un escape?
6. Se ha criticado la poesía de Darío por su superficialidad. ¿Se justifica o no esta crítica?
7. ¿Cree usted que el arte eleva al individuo? ¿Es arte la música popular? ¿Eleva a su público? ¿Qué piensa usted de las ideas que expresa Darío en «Yo soy aquél...»
8. ¿Cree usted que el problema que plantea Darío en «Los cisnes» se ha resuelto? ¿Por qué? ¿Se justifica la esperanza que expresa al final de su poema?
9. ¿Está usted de acuerdo con Darío cuando dice en «Lo fatal» que sería mejor sentir menos para sufrir menos?
10. ¿Es válida todavía la postura filosófica que adopta Darío en este poema?

Los mundos fantásticos de Jaimes Freyre

Ricardo Jaimes Freyre (1872–1933) nació en Bolivia, aunque pasó casi toda la vida adulta fuera de su patria. Fue profesor y diplomático y desempeñando estos cargos residió muchos años en Argentina, en los Estados Unidos y en Brasil. Enseñó historia y literatura en la Universidad de Tucumán en Argentina antes de ocupar puestos diplomáticos en Washington y en Río. Murió en Argentina, su país adoptivo.

Durante su estadía en Buenos Aires conoció a Rubén Darío. Junto con otros poetas fundaron en 1894 la *Revista de América*, órgano importante para la difusión de ideas modernistas. La *Revista de América* inspiró muchas imitaciones. En todas partes de Latinoamérica grupos de poetas jóvenes, animados por el éxito de la revista de Darío, fundaron publicaciones que fomentaban la creatividad poética. Entre ellas habría que mencionar *La revista azul* de México, *Cosmópolis* de Caracas y *Pluma i Lápiz* de Santiago de Chile. Aunque estas revistas duraron poco, crearon un ambiente propicio para la fundación de *El Cojo Ilustrado* de Caracas y la *Revista Moderna* de México, las publicaciones literarias más importantes de fines del siglo.

Jaimes Freyre publicó dos colecciones de poesía, *Castalia bárbara* (1899) y *Los sueños son vida* (1917). También escribió cuentos y algunos estudios históricos, por ejemplo, *El Tucumán del siglo XVI* (1914). En su poesía Jaimes Freyre creó nuevas métricas y experimentó con el verso libre. Su interés en la versificación lo llevó a teorizar sobre el tema en su libro *Leyes de la versificación castellana,* publicado en 1912.

Sobre *Castalia bárbara* y *Los sueños son vida*

Los modernistas—especialmente los del período inicial—se disocian de lo hispánico. Si otros modernistas se inspiran en temas orientales, helénicos o bíblicos, en *Castalia bárbara* Jaimes Freyre explora temas germánicos. A diferencia de sus contemporáneos, prefirió la mitología nórdica a la griega. Aparecen en sus versos elfos y hadas, además de figuras wagnerianas. Surgen la Walhalla y el Graal y muchas figuras inspiradas por la Edad Media alemana. En «Las voces tristes» evoca la estepa fría y desolada. Sus colores son pálidos; sus paisajes, nevados.

Los retratos que figuran en su colección son arquetipos germánicos; en «Los héroes», por ejemplo, evoca al guerrero bárbaro, «semidesnudo, sudoroso, herido», que goza de la batalla sangrienta. Hay un elemento de espléndida robustez en algunas de estas figuras. En otras hay una morbosa sed de venganza; ésta se destaca, por ejemplo, en la figura del villano de «Hoc signum».

Detrás de las imágenes magníficas se vislumbran sombras oscuras. La poesía de Jaimes Freyre contiene matices desconcertantes, misteriosos, tenebrosos. La rosa cuyos pétalos rotos se confunden con el lodo negro en «Lo fugaz» es un excelente ejemplo de la combinación de lo bello y lo brutal que se encuentra en muchos de los escritos de Jaimes Freyre.

Los personajes que aparecen en estos poemas son más míticos que realistas. Se trata de una poesía que está esencialmente desligada de la realidad. El poeta evoca mundos fantásticos e imaginarios. La «peregrina paloma imaginaria» es un espíritu creativo que, como la «divina hostia», transforma al alma, librándola, permitiéndola ir más allá de lo mundano.

Los poemas que se incluyen aquí representan una variedad de formas métricas. «Siempre», «Hoc Signum» y «Los héroes» son sonetos. En «Las voces tristes» el poeta emplea una rima asonante. Algunos críticos han sugerido que la distribución de versos cortos y largos sobre la página impresa crea una imagen de las estepas rusas. «Lo fugaz» es una combinación de versos de siete y once sílabas, semejante a la silva clásica.

Siguieron a Jaimes Freyre dos otros modernistas bolivianos dignos de mención: Gregorio Reynolds (1882–1947) y Franz Tamayo (1880–1956).

Ediciones

Jaimes Freyre, Ricardo. *Castalia bárbara.* Pról. Leopoldo Lugones. La Paz: Los Andes, 1918

———. *Cuentos.* La Paz: Instituto Boliviano de Cultura, 1975

Crítica

Cortés, Darío A. «Los cuentos de Ricardo Jaimes Freyre.» *Cuadernos Americanos.* 5:256 (Sept.–Oct., 1984): 197–206

Font, María Teresa. « ‹Peregrina paloma imaginaria›.» 372–374. Eds. Francisco E. Porrata and Jorge A. Santana. *Antología comentada del modernismo.* Sacramento: Departamento de Español y Portugués, California State University, 1974

Foster, David William. « ‹Aeternum vale›.» 375–378. Eds. Francisco E. Porrata and Jorge A. Santana. *Antología comentada del modernismo* Sacramento: Departamento de Español y Portugués, California State University, 1974

Paraíso de Leal, Isabel. «Teoría y práctica del verso libre en Ricardo Jaimes Freyre.» *Revista Española de Lingüística.* 12:2 (June–Dec. 1982): 311–319

Taylor, Martín C. « ‹Lo fugaz›.» 381–384. Eds. Francisco E. Porrata and Jorge A. Santana. *Antología comentada del modernismo* Sacramento: Departamento de Español y Portugués, California State University, 1974

Poesía

Ricardo Jaimes Freyre

Siempre

Peregrina[1] paloma imaginaria
que enardeces los últimos amores,
alma de luz, de música y de flores,
peregrina paloma imaginaria,

vuela sobre la roca solitaria
que baña el mar glacial de los dolores;
haya, a tu paso, un haz[2] de resplandores
sobre la adusta[3] roca solitaria...

Vuela sobre la roca solitaria,
peregrina paloma, ala de nieve
como divina hostia,[4] ala tan leve

como un copo de nieve; ala divina,
copo de nieve, lirio, hostia, neblina,
peregrina paloma imaginaria...

---

[1] wandering
[2] **un montón, muchos**
[3] hard, austere
[4] wafer used during Communion in the Mass

Los héroes

Por sanguinario ardor estremecido,[5]
hundiendo en su corcel[6] el acicate,[7]
lanza el bárbaro en medio del combate
su pavoroso y lúgubre alarido.

Semidesnudo, sudoroso, herido,
de intenso gozo su cerebro late,
y con su escudo al enemigo abate,
ya del espanto y del dolor vencido.

Surge de pronto claridad extraña
y el horizonte tenebroso baña
un mar de fuego de purpúreas ondas,

y se destaca, entre lampos[8] rojos,
los anchos pechos, los sangrientos ojos
y las hirsutas cabelleras blondas.

Hoc signum[9]

Secó sus ojos turbios el villano,
y con paso medroso y vacilante,
fue a postrarse ante un Cristo agonizante,
símbolo eterno del tormento humano.

—¡Piedad, Señor!— Su labio palpitante
por decir su dolor pugnaba[10] en vano;
y extendió el Cristo su llagada mano
y brilló la piedad en su semblante.

—¡Señor, venganza!— En la profunda herida
abierta en un costado, una encendida
gota de sangre apareció... El villano

sonrió entre las sombras... En sus ojos
había extraños resplandores rojos
y una ancha daga en su crispada mano.

Las voces tristes

Por las blancas estepas
se desliza el trineo;
los lejanos aullidos de los lobos
se une al jadeante resoplar de los perros.

---

[5] **Por...** Trembling with sanguinary zeal
[6] **caballo**
[7] **espuela**
[8] **resplandor fugaz, como el del relámpago**
[9] This sign
[10] **luchaba**

Nieva.
Parece que el espacio se envolviera en un velo,
tachonado[11] de lirios
por las alas del cierzo.[12]

El infinito blanco...
sobre el vasto desierto
flota una vaga sensación de angustia,
de supremo abandono, de profundo y sombrío desaliento.

Un pino solitario
dibújase[13] a los lejos,
en un fondo de brumas y de nieve,
como un largo esqueleto.

Entre los dos sudarios[14]
de la tierra y el cielo
avanza en el Naciente[15]
el helado crepúsculo de invierno...

de *Castalia*[16] *bárbara*[17]

Lo fugaz

La rosa temblorosa
se desprendió del tallo,
y la arrastró la brisa
sobre las aguas turbias del pantano.[18]

Una onda fugitiva
le abrió su seno amargo,
y estrechando a la rosa temblorosa
la deshizo en sus brazos.

Flotaron sobre el agua
las hojas como miembros mutilados,
y confundidas con el lodo negro,
negras, aun más que el lodo, se tornaron.

---

[11] **adornado, salpicado**
[12] **viento frío del norte**
[13] **se dibuja**
[14] shrouds
[15] **Oriente, Este**
[16] **fuente del monte Parnaso en Grecia, que fue consagrada a las Musas y cuyas aguas otorgaban la inspiración poética.**
[17] **nórdica, germánica**
[18] marsh

Pero en las noches puras y serenas
se sentía vagar en el espacio
un leve olor de rosa
sobre las aguas turbias del pantano.

de *Los sueños son vida*

SOBRE LA LECTURA

1. En «Siempre», ¿cuáles son los atributos de la paloma?
2. ¿Qué contraste hace el poeta entre la paloma y la roca solitaria?
3. ¿Cómo es la imagen del guerrero en «Los héroes»? ¿Qué características lo identifican como un guerrero nórdico?
4. ¿Cómo es la imagen del villano en las dos primeras estrofas de «Hoc signum»? ¿Cómo cambia en los tercetos?
5. ¿Cuál es el «signo» al cual se refiere el título? ¿Qué significa?
6. ¿Cómo es el paisaje que describe el poeta en «Las voces tristes»? ¿Qué aspectos del paisaje contribuyen al sentido de monotonía y de soledad?
7. ¿Qué son «las voces tristes»?
8. ¿Cómo crea el poeta una imagen de gran delicadeza en «Lo fugaz»? ¿Cómo la destruye? ¿Termina el poema sobre una nota optimista o pesimista?

HACIA EL ANÁLISIS LITERARIO

1. ¿Cuál es el significado de «Castalia bárbara» dentro del contexto del modernismo?
2. En «Siempre», ¿qué metáforas y símiles emplea Jaimes Freyre para crear una imagen de gran finura y suavidad? ¿Qué idea comunica por medio del uso de metáforas y símiles religiosos?
3. ¿Qué representa la «peregrina paloma imaginaria»? ¿Por qué es peregrina? ¿Por qué es imaginaria? ¿Qué simboliza la paloma tradicionalmente? ¿Qué simboliza en este poema?
4. ¿En qué sentido es el guerrero de «Los héroes» magnífico y terrible a la vez? ¿Por qué cree usted que el poeta empleó una forma poética tradicional, el soneto, para este poema?
5. ¿Por qué es desconcertante la transformación que ocurre en «Hoc signum»? ¿Qué contrastes crea el poeta? ¿Qué ambigüedades encuentra usted en este poema? ¿Qué forma métrica emplea Jaimes Freyre? ¿Por qué se presta esta forma métrica para este poema?
6. ¿Qué metáforas emplea el poeta en «Las voces tristes»? ¿Qué logra al comparar un pino a un esqueleto o la tierra y el cielo a dos sudarios?
7. ¿A qué sonidos se refiere? ¿Qué efecto producen? ¿Cómo nos hace sentir el frío? Describa el tono de este poema.

8. ¿Qué tipo de asonancia emplea en «Las voces tristes»? ¿Está usted de acuerdo en que los versos impresos en la página sugieren la estepa?
9. ¿Qué tipo de asonancia emplea el poeta en «Lo fugaz»? ¿Cómo emplea la imagen de la rosa para sugerir lo fugaz de la hermosura?
10. ¿Son realistas las imágenes de Jaimes Freyre? Dé ejemplos.

TEXTO Y VIDA

1. ¿Comparte usted el concepto del poeta de la imaginación? ¿En qué sentido se puede decir que «los sueños son vida»?
2. ¿Por qué son desconcertantes algunos de estos poemas?
3. ¿Cree usted que es sorprendente que un poeta boliviano se haya sentido atraído por la temática nórdica? ¿Cómo se explica esta atracción?

Siglo XX

Desde un punto de vista político y social, el acontecimiento más transcendente de las primeras décadas del siglo fue la Revolución Mexicana. Porfirio Díaz (1830–1915) se había distinguido en la rebelión contra los franceses y fue presidente de México en 1876, de 1877 a 1880 y de 1884 a 1911. Durante su larga permanencia en el poder, se rodeó de buenos consejeros y logró algunas reformas, fomentó la industria y mejoró el sistema educativo. Sin embargo, su autoritarismo enajenó a muchos sectores de la población. Además, las condiciones de la clase obrera no mejoraron bajo su régimen. A causa de una maniobra electoral que realizó en 1910 con el propósito de ser reelegido, una gran parte del país se volvió contra el presidente.

Francisco I. Madero (1873–1913) encabezó el movimiento que derribó a Díaz. El Plan de San Luis declaró inválida la reelección y proclamó la presidencia de Madero, caudillo de la Revolución. Díaz fue exiliado y, tras unas elecciones generales, Madero fue elegido presidente. Durante los próximos años México se hundió en la violencia. Doroteo Arango (1878–1923), conocido por el nombre de Pancho Villa, secundó la revolución de Madero en el norte. Emiliano Zapata, un revolucionario popular del estado de Morelos, había capitaneado una rebelión contra Díaz y ahora dirigió otra contra Madero, porque éste no logró llevar a cabo una reforma agraria eficaz. Dos años más tarde, Madero fue derrocado por una sublevación y murió asesinado.

En 1913 Victoriano Huerta (1845–1916) se declaró presidente de la República. El gobierno de Huerta fue un reino de terror y al año siguiente el nuevo jefe de estado fue obligado a abandonar el poder. Dos años más tarde murió asesinado en los Estados Unidos. Venustiano Carranza (1859–1920), su sucesor, gobernó primero como jefe del ejército constitucionalista y después de 1917, como presidente. A causa de la fragmentación política, las fuerzas revolucionarias no podían formar una administración coherente. Zapata, con una base muy fuerte en Morelos, encabezó una rebelión contra Carranza porque éste tampoco lograba realizar la reforma agraria. En 1919 Zapata fue asesinado, poniendo fin a su movimiento. Al año siguiente, Carranza también fue asesinado. Entre 1910 y 1920 un millón de mexicanos perdieron la vida en la Revolución.

En 1917 se promulgó una nueva constitución—una de las más progresistas de la época—que declaraba México una república federal. También estableció la educación gratis, obligatoria y secular; le dio al estado el derecho de expropiar y redistribuir la propiedad privada en el caso de que se decidiera que ésta no cumplía una función social; legalizó los sindicatos laborales y las huelgas. No sólo los obreros sino también los campesinos fueron integrados al gobierno. Además, la constitución contenía lenguaje anticlerical y limitaba los poderes de la Iglesia. Este documento orientó al país en sentido revolucionario y sirvió de base del pensamiento de los años veinte y treinta. Durante las décadas que siguieron la Revolución se expropiaron los campos petrolíferos extranjeros y se llevó a cabo una reforma agraria. El Partido Revolucionario Institucional todavía es el órgano político dominante en México.

En Latinoamérica, la Revolución Mexicana representaba un triunfo para el indio y el campesino, e inspiró movimientos revolucionarios en los países andinos, donde había grandes poblaciones nativas y mestizas. En el Perú, el indigenismo, en conjunto con el sindicalismo, llegó a ser una fuerza poderosa. Campesinos, obreros y estudiantes se unieron para exigir mejores condiciones de trabajo.

Los gobiernos de Augusto Leguía (1908–1912, 1919–1930) habían traído el progreso económico, pero la corrupción de su administración, sus métodos dictatoriales y los efectos de la depresión mundial produjeron el descontento. Leguía fue derrotado por el coronel Luis Sánchez Cerro. En este ambiente de caos, Víctor Raúl Haya de la Torre (1895–1979) organizó un nuevo partido, la Alianza Popular Revolucionaria Americana (APRA), en 1924. Después de una serie de gobiernos provisorios, Cerro fue elegido presidente en 1931, y en 1933 se promulgó una nueva constitución. Sin embargo, sus métodos dictatoriales provocaron una reacción violenta y fue asesinado. Durante este período una disputa con Colombia sobre la frontera creó una crisis. Parecía que una guerra entre los dos países era inevitable, pero el problema se resolvió cuando Oscar Benavides, sucesor de Cerro, llegó a un acuerdo con Colombia. Después de la caída de Leguía, el APRA llegó a ejercer una influencia considerable en la política del Perú.

Los objetivos del APRA eran la reforma económica y social a beneficio de la clase baja en general y, en particular, del indio; la unificación de Latinoamérica; la nacionalización de empresas extranjeras; la internacionalización del canal de Panamá; la oposición al imperialismo y al capital extranjero. Profundamente influida por el marxismo, especialmente en sus primeras etapas, el APRA fue prohibida bajo Leguía y excluida de las elecciones de 1936. Sin embargo, el APRA siguió influyendo en la política del Perú. En 1945 una coalición de partidos de la izquierda que incluía al APRA eligió presidente a José Luis Bustamante y Rivero (1894–). Bustamante introdujo varias reformas, pero en 1948 un golpe derechista lo derrocó y se volvió a prohibir al APRA. Entre 1956 y 1968 Perú gozó de otro período de reformas, pero el primero de octubre de 1968 un golpe de estado llevó al poder a una junta militar encabezada por el general Juan Velasco Alvarado (1910–1977). Velasco expropió los campos petrolíferos de la Internacional Petroleum Company, un subsidiario de la Standard Oil of New Jersey y, en los años setenta, intentó reformar el sistema social y político. Con este fin el gobierno se apoderó de terrenos que estaban en manos de extranjeros, inició una reforma agraria e impuso controles en los precios de productos y servicios básicos.

Sin embargo, Velasco no logró resolver los problemas sociales y económicos del país y en 1975, después de un período de protestas y huelgas, un golpe de estado llevó al poder al general Francisco Morales Bermúdez (1921–). En 1980, tal como lo había prometido, Bermúdez permitió elecciones. Fernando Belaúnde Terry (1913–1989), quien había sido presidente desde 1963 hasta 1968, volvió a ser elegido. Durante los cinco años que siguieron, aumentó la deuda nacional y bajaron los ingresos *per capita*. Las guerrillas acrecentaron sus actividades terroristas. En 1985 el electorado peruano seleccionó a Alan García, candidato del APRA. El APRA había evolucionado; el partido se había acercado más al centro del campo político y había suavizado su postura revolucionaria. Sin embargo, García no tuvo más éxito que sus predecesores y en 1990 el público rechazó al APRA, eligiendo a Alberto Fujimori, un candidato prácticamente desconocido.

El APRA inspiró un movimiento revolucionario en Bolivia, donde un ejército de mineros y campesinos venció las fuerzas militares nacionales en 1952. En Guatemala, al principio de los años cincuenta, el presidente izquierdista, Jacobo Arbenz Guzmán, intentó llevar a cabo una reforma agraria pero su gobierno fue derrotado por una invasión apoyada por los Estados Unidos.

El tercer gran movimiento revolucionario del siglo fue el de Cuba. En 1956 Fidel Castro (1927–) encabezó una insurrección contra la dictadura de Fulgencio Batista (1901–1973). Desembarcando en Oriente al frente de ochenta y dos hombres, Castro se estableció en la Sierra Maestra con sus partidarios del «Movimiento 26 de julio». Cansado de la corrupción, la pobreza y los abusos de sucesivos dictadores, el pueblo le dio su apoyo. Se desencadenó una serie de ataques de guerrillas que finalmente derrocó a Batista, y los revolucionarios tomaron las riendas de la nación. Castro logró crear un régimen socialista en Cuba, llevando a cabo la reforma agraria y transformando las instituciones de acuerdo con las teorías revolucionarias. A fines de 1976 se descentralizó la administración del país y se establecieron una Asamblea Nacional y un Consejo de Estado, del cual fue elegido presidente. Mucho antes, Cuba había establecido vínculos estrechos con la Unión Soviética, que le había ofrecido ayuda económica. Su postura hostil frente a los Estados Unidos le ganó la admiración de muchos intelectuales latinoamericanos, quienes resentían la propensión del gobierno norteamericano a interferir en asuntos latinoamericanos y su aparente indiferencia a las sensibilidades de sus vecinos al sur. El triunfo de Castro produjo un éxodo de la clase media. Miles de cubanos—muchos de ellos profesionales—se establecieron en los Estados Unidos, particularmente en Miami.

La Revolución Cubana inspiró levantamientos populares en otros países de la región. En Nicaragua una guerra civil estalló después del asesinato de Pedro Joaquín Chamorro (1924–1978), director del periódico *La Prensa*. La familia

Somoza—primero el padre y después sus dos hijos—había controlado Nicaragua desde los años treinta, a veces con el apoyo de los Estados Unidos. Anastasio Somoza Debayle (1925–1980), hijo menor del antiguo dictador, fue implicado en la muerte de Chamorro, quien había sido uno de sus adversarios más vehementes. La oposición a Somoza fue organizada por los sandinistas, que tomaron su nombre de Augusto Sandino, un famoso guerrillero que había luchado contra la intervención norteamericana en los años treinta. El gobierno de los Estados Unidos, deseoso de evitar otro régimen comunista en Latinoamérica, instó a Somoza a retirarse. Al abandonar el poder, Somoza se estableció primero en Miami y después en Paraguay, donde fue asesinado.

Al principio, los Estados Unidos ofrecieron ayuda a los sandinistas. Sin embargo, la retórica izquierdista del nuevo gobierno pronto comenzó a preocupar a muchos políticos norteamericanos, quienes alegaban que Nicaragua no respetaba los derechos del individuo y fomentaba revueltas en El Salvador. En 1981 eliminó su programa de ayuda económica para Nicaragua, que firmó un pacto con la Unión Soviética al año siguiente. En 1984 Daniel Ortega (1946–) fue elegido presidente del país. Ortega declaró un estado de emergencia, suspendiendo los derechos civiles.

Los movimientos izquierdistas han provocado reacciones brutales en muchos países. En Argentina, durante los años sesenta el terrorismo fue perpetrado tanto por la derecha como por la izquierda. El caos económico produjo una serie de huelgas y protestas, lo cual condujo a un golpe de estado realizado por un grupo de militares encabezado por el general Jorge Rafael Videla. Al apoderarse del gobierno, la junta disolvió las cámaras legislativas e impuso la ley marcial. El gobierno de Videla lanzó una violenta campaña contra sus adversarios. La Comisión Argentina de Derechos Humanos acusó al régimen de haber asesinado a 2300 personas. Durante este período entre 20.000 y 30.000 personas desaparecieron y muchas de ellas aún no han sido encontradas. Videla fue sucedido por Roberto Viola (1924–), quien, a su turno, fue derrocado por Leopoldo Galtieri (1926–). En 1982 el gobierno de Galtieri logró unir al país al ocupar las Islas Malvinas, un territorio británico reclamado por los argentinos. Sin embargo, el fervor patriótico duró poco. Margaret Thatcher, primera ministra de Inglaterra, despachó sus fuerzas armadas a defender las islas. Al perder Argentina la lucha, Galtieri fue reemplazado por otro militar, Reynaldo Bignone (1928–). Pero el ejército había sido desacreditado. La violencia, la represión, la inflación astronómica y luego la pérdida de las Malvinas impulsaron al pueblo a exigir un cambio. En 1983 tuvo lugar la primera elección en casi una década. Ganó Raúl Alfonsín (1927–), quien reorganizó las fuerzas militares e hizo que se llevara a juicio a algunos de los oficiales responsables por los crímenes contra el pueblo.

La represión militar también caracterizó los años setenta y ochenta en Chile, pero las circunstancias que produjeron la intervención del ejército fueron diferentes. Durante la década de los sesenta el gobierno de Eduardo Frei realizó varias reformas, entre ellas la nacionalización parcial de la industria del cobre. Los conservadores resentían la intervención del estado, mientras que los izquierdistas exigían cambios más dramáticos. En 1970 una coalición de los partidos de la izquierda presentó al senador marxista-leninista Salvador Allende (1908–1973) como candidato para la presidencia. Aunque Allende no recibió la mayoría de los votos, ganó una pluralidad del 37 por ciento, así llegando a ser el primer presidente marxista-leninista de un país no comunista del Hemisferio.

Allende intentó crear un estado socialista, poniendo la economía bajo el control del gobierno y nacionalizando las minas y los bancos. Llevó a cabo la reforma agraria e inició una redistribución de bienes. Subió los sueldos y congeló los precios. Aunque Allende había ganado la elección, nunca tuvo el apoyo de la mayoría del electorado. Al efectuar cambios tan radicales, provocó la oposición no sólo de los elementos más conservadores, sino también de muchos moderados de la clase media que habían apoyado al nuevo presidente pero que ahora se veían obligados a hacer grandes sacrificios. También se oponían a Allende ciertos socialistas que querían que adoptara una política aún más atrevida. Se polarizaba el país, subían los precios, escaseaban la comida y otros productos esenciales, desaparecía el crédito internacional. Reinaba el caos. Había huelgas, manifestaciones, violencia política. Las mujeres salían a la calle golpeando sus ollas vacías para protestar por la falta de comida. El 11 de septiembre de 1973 un golpe militar puso fin al gobierno y a la vida de Allende, quien, según algunos, se suicidó y, según otros, fue asesinado. El general Augusto Pinochet Ugarte (1915–) tomó las riendas del estado. La junta disolvió la constitución, impuso la censura, declaró ilegales los partidos políticos e inició una campaña sangrienta contra los izquierdistas. Miles de personas fueron arrestadas; algunas fueron ejecutadas mientras que otras desaparecieron.

En El Salvador donde la polarización económica impulsaba constantes revueltas, una junta militar derrocó al presidente Carlos Humberto Romero (1924–) en 1979. La junta no logró parar la violencia, sin embargo, y tanto las fuerzas de la derecha como las de la izquierda seguían asesinando gente en la calle. De hecho, la mayoría de estos asesinatos fueron atribuidos a las «escuadras de la muerte» del gobierno militar. Unos 35.000 civiles perdieron la vida entre 1979 y 1983, entre ellos el arzobispo Oscar Arnulfo Romero (1917–1980), cuya muerte atrajo la atención mundial.

Con la excepción de Costa Rica, el militarismo ha plagado a todos los países de Latinoamérica en el siglo XX, y aun Costa Rica sufrió un golpe realizado por civiles armados en 1948. El militarismo no caracteriza partidos de una sola ideología; ha habido gobiernos militares de la izquierda tanto como de la derecha.

Las fluctuaciones entre un extremo político y el otro han hecho casi imposible que los países de Latinoamérica logren la estabilidad económica y social. Sin embargo, durante las últimas décadas del siglo XX, ha ido despuntando una nueva tendencia hacia la democracia. Durante los años sesenta casi todos los países al sur del ecuador eran dictaduras. Hoy en día, la situación está radicalmente cambiada. En la Argentina, Raúl Alfonsín fue sucedido por otro presidente elegido, Carlos Menem. En Chile, el general Augusto Pinochet sometió su gobierno a un plebiscito, en el cual él perdió el poder. El dictador fue reemplazado por el presidente Patricio Aylwin, elegido en 1990. En el Perú, la sucesión de Alan García por Alberto Fujimori también se hizo democráticamente. En Nicaragua, el pueblo rechazó al gobierno sandinista en una elección general en 1990, eligiendo a Violeta Chamorro, viuda del antiguo director de *La Prensa*. Sin embargo, es demasiado pronto para afirmar que la democracia se ha arraigado en Latinoamérica. En Argentina, por ejemplo, entre 1983, cuando fue elegido Alfonsín, y 1990, cuando lo sucedió Menem, hubo cuatro atentados contra el gobierno. Aunque se han dado unos pasos significativos hacia la justicia y la estabilidad política, aún queda un camino largo por andar.

Realismo social y psicológico

Aunque el cuento modernista floreció durante la primera década y media del siglo veinte, durante el período entre 1915 y aproximadamente 1945 la ficción que se produjo en Latinoamérica era esencialmente realista y documental. Conocida por nombres como «la novela de la tierra» o «la novela regionalista», la novela de la primera mitad del siglo era una continuación del naturalismo del siglo diecinueve. Hoy en día el término que se prefiere para referirse a este tipo de ficción es «realismo social». El objetivo de este movimiento era describir la sociedad, reconstruyendo el ambiente con todos sus detalles. El papel del escritor era el de un observador objetivo. Muchas novelas del realismo social tienen una cualidad épica; como las epopeyas antiguas, su objetivo es crear una identidad nacional usando la materia prima que proveen la tierra y el pueblo. Por esta razón, los escritores se empeñan en crear imágenes auténticas de las diversas realidades nacionales. Exploran la psicología del pueblo, las tradiciones folklóricas, las supersticiones, los mitos y la historia.

Sin embargo, el realismo social se aparta del naturalismo del siglo anterior en su preocupación por la forma y el estilo, en su lirismo y en su uso del símbolo. El modernismo había dejado su marca aun en la prosa esencialmente realista. En distinto grado, los novelistas y cuentistas de principios del siglo experimentaron con nuevas técnicas e incorporaron elementos modernistas en su prosa. En Europa y los Estados Unidos, autores como el checo Franz Kafka (1883–1924), el irlandés James Joyce (1882–1941), el francés Marcel Proust (1871–1922), el polaco-inglés Joseph Conrad (1857–1924) y el americano William Faulkner (1897–1962) introdujeron innovaciones narrativas y, aunque no se trata siempre de la imitación directa y consciente, estas novedades también influyeron en el desarrollo de una nueva estilística hispanoamericana. Así es que ya se ve en la ficción de la primera mitad del siglo veinte muchas técnicas como, por ejemplo, el monólogo interior y el argumento «abierto», que asociamos con movimientos más tardíos.

El naturalismo es la influencia predominante en mucha de la ficción de principios del siglo. En *La maestra normal* (1914), el argentino Manuel Gálvez (1882–1962) retrata el ambiente miserable y sórdido de la provincia de la Rioja. En *Nacha Regules* (1919) pinta la prostitución como creación de una sociedad egoísta y decadente. El chileno Joaquín Edwards Bello (1887–1968) recrea minuciosamente el ambiente urbano en *La cuna de Esmeraldo* (1918) y *El roto* (1920). Retrata al «roto» o pobre como un ser marginado, degenerado, abandonado por las clases más elevadas, cuyo egoísmo, materialismo y frivolidad las hacen insensibles a su sufrimiento. También pertenece a esta generación el chileno Baldomero Lillo (1870–1958), que describe en sus cuentos las condiciones deplorables que existen en las minas y en el campo.

La Revolución Mexicana inspiró algunas de las novelas más importantes de principios del siglo. Mariano Azuela (1873–1952) fue el primero de los novelistas de la Revolución y su obra maestra *Los de abajo* (1915) fue, según muchos críticos, el libro que inició el realismo social. Según Gerald Martin, *Los de abajo* es «la primera novela realmente moderna, cuya fórmula—la liberación política es el camino a la modernidad—aunque frustrada, inaugura la corriente ‹regionalista› de los años veinte y treinta». Otro novelista de la Revolución es Martín Luis Guzmán (1887–1976), autor de *El águila y la serpiente* (1926). Hijo de un general y, como Azuela, seguidor de Pancho Villa, Guzmán basó su novela en sus propias experiencias. Es un documental y, para algunos críticos, la crónica mexicana más importante después de la de Bernal Díaz. De hecho, ha sido una fuente de información muy valiosa para los historiadores de la Revolución. Las imágenes gráficas de escenas de guerra y los retratos vívidos de personajes históricos han dejado huellas permanentes en el recuerdo colectivo mexicano e inspiraron algunas escenas que llegaron a ser lugares comunes del cine mexicano de los años treinta y cuarenta.

En las novelas de Azuela y Guzmán, Pancho Villa es el personaje histórico que domina la acción. En *Tierra* (1932), de Gregorio López y Fuentes (1897–1966), el revolucionario campesino Emiliano Zapata ocupa el centro de la escena. Con *Tierra* viene una nueva conciencia del indio mexicano y su contribución a la Revolución. Más tarde López y Fuentes cultivó la novela indigenista. En *El indio* (1935) expone la miseria de esta gente, que la Revolución no logró remediar. Los primeros novelistas de la Revolución experimentaron el conflicto de primera mano. Más recientemente escritores como Agustín Yáñez (1904–1980), Carlos Fuentes (1928–) y Juan Rulfo (1918–1986) han tratado el tema desde una perspectiva histórica.

El término «literatura criolla» se ha usado para referirse a las obras que retratan una realidad distintamente hispanoamericana. Aunque en cuanto a la técnica, la «novela criolla» no se aparta necesariamente de la europea, la temática es siempre regional y autóctona. Incluye la «novela de la tierra» o la «telúrica», la «regionalista», la «gauchesca» y la «indigenista». Entre las obras más influyentes de los años veinte habría que incluir *La vorágine* (1924), *Don Segundo Sombra* (1926) y *Doña Bárbara* (1929).

Escrito por el colombiano José Eustasio Rivera (1888–1928), el primero de estos libros pone de relieve la grandiosidad de la selva y la lucha entre el hombre y la naturaleza. El argumento gira alrededor de Arturo Cova, quien, para evitar un proceso judicial, rapta a su novia Alicia y huye de Bogotá. Fidel Franco acoge a los amantes en su hacienda, donde Cova inicia relaciones con Griselda, la enamorada de Franco. Cuando las dos mujeres se escapan con un enganchador de caucheros, Cova y Franco se internan en la selva en busca de los fugitivos. Cova se enferma de una fiebre tropical. Siguen descripciones de la vegetación, de los indios, de la vida miserable de los caucheros. En la selva conocen a Clemente

Silva, que busca los restos de su hijo desde hace dieciséis años. Silva sirve de guía a Cova y Franco, quienes finalmente encuentran a sus amantes. Alicia está embarazada con el hijo de Cova, quien mata a su rival y lo tira a un río lleno de pirañas que lo devoran instantáneamente. Entonces Cova y los otros se internan una vez más en la selva, donde se pierden para siempre.

Críticos tempranos como Arturo Torres-Rioseco criticaron a Rivera por el desequilibrio estructural de la novela y por la falta de una conclusión.[1] ¿Qué les pasa a Cova y a Alicia? ¿Se salvan o se mueren? Para Torres-Rioseco, la naturaleza inconclusa de la novela constituye una falla fundamental. Sin embargo, hoy en día la crítica ve *La vorágine* como una superación de la novela de argumento lineal que se producía en Europa. Al dejar el argumento abierto, Rivera inaugura la novela moderna hispanoamericana, que se puede leer a diversos niveles y que se presta a múltiples interpretaciones. No se trata de una sola realidad, sino de muchas. La novela es narrada en primera persona por Cova, pero la intercalación de la historia de Silva agrega cierto perspectivismo. Además, ambos Cova y Alicia adquieren dimensiones simbólicas. Cova es un personaje de gran complejidad psicológica que encarna la mentalidad del nuevo hombre hispanoamericano, con todas sus contradicciones. A veces generoso, a veces egoísta; a veces romántico y sentimental, otras, violento y cruel; Cova se distancia de los personajes unidimensionales de la novela naturalista hispanoamericana. Alicia se puede ver como símbolo de la naturaleza americana, abusada por los hombres que son idealistas y románticos tanto como por los que son ambiciosos y violentos. La selva misma se presenta desde perspectivas diversas y contradictorias. Bella, voluptuosa y seductora y, al mismo tiempo, brutal y destructora, la naturaleza llega a ser otro personaje de la novela.

Uno de los escritores contemporáneos de Rivera que supo apreciar *La vorágine* fue el uruguayo Horacio Quiroga (1878–1937). Escribió en su prólogo a la edición argentina que la grandeza de *La vorágine* reside no sólo en la evocación de la selva, que Rivera conoció «al desnudo, viva y palpitante», sino en la representación de la dureza de la vida, «que las miserias de sus personajes transparentan». Quiroga mismo recreó la selva de la zona de Misiones en todo su esplendor y brutalidad. Sin embargo, el enfoque de Quiroga es lo psicológico, a menudo lo anormal.

Don Segundo Sombra, por el argentino Ricardo Güiraldes (1886–1927), fue aplaudido desde su publicación y en 1927 ganó el Premio Nacional de Literatura. Aunque el tema del gaucho no era nuevo en la literatura argentina, Güiraldes lo evoca desde otra perspectiva. Al principio del siglo XX aumentaba la economía industrial capitalista y la vida tradicional del gaucho ya no era viable. *Don Segundo Sombra* constituye una despedida. A diferencia de Sarmiento, quien había escrito casi un siglo antes, Güiraldes no ve al gaucho como un símbolo de la barbarie, sino como una «sombra» que desaparece. La novela relata la historia de un muchacho de catorce años que lleva una vida infeliz en casa de sus tías. Esto

---

[1] ***Tres novelas ejemplares*, ed. Trini Pérez Valdés (La Habana: Casa de las Américas, 1971)**

cambia cuando conoce a don Segundo Sombra, un viejo gaucho, a quien acompaña a una estancia cercana. En los cinco años que siguen, vive con don Segundo y viaja por la pampa. Aprende oficios, costumbres, juegos, bailes y canciones del gaucho. Finalmente se le avisa que ha recibido una herencia, y regresa a su pueblo. Al alejarse don Segundo, el joven se llena de emoción y de nostalgia: «Un momento la silueta doble se perfiló nítida sobre el cielo, sesgado por un verdoso rayo de atardecer. Aquello que se alejaba era más una idea que un hombre... ‹Sombra,› me repetí». Don Segundo no es un hombre de carne y hueso, sino un personaje mítico e idealizado que evoca una tradición hermosa que ya se pierde.

El tema de *Doña Bárbara* (1929), del venezolano Rómulo Gallegos (1884–1969), es la lucha entre el primitivismo y las fuerzas del progreso. Mientras que Güiraldes idealiza el campo, Gallegos lo asocia con lo retrógrado y embrutecedor: la corrupción política y social, el caciquismo, la violencia, la superstición. La ciudad se concibe como una fuerza civilizadora. Aunque se describe con admiración la hermosura de la naturaleza, para Gallegos el futuro de su país depende del triunfo de la civilización sobre el salvajismo. Como en las novelas anteriores, los personajes adquieren una fuerza simbólica: Doña Bárbara, dueña de vastos territorios, es la encarnación de la barbarie, mientras que Santos Luzardo, quien viene de la ciudad para recuperar unas propiedades, representa la «luz» de la cultura y del orden. Se forma entre ellos una rivalidad feroz. La novela termina con la desaparición de Bárbara y la promesa de un matrimonio entre Luzardo y Marisela, hija de Bárbara—unión simbólica entre el progreso y una naturaleza domada y suavizada.

La novela indigenista fue iniciada en 1889 con la publicación de *Aves sin nido* de Clorinda Matto de Turner (1854–1909), quien expone en su libro la cruel esclavización del aborigen. A partir de entonces florece una literatura—novelas, cuentos, ensayos—cuyo tema es la miseria, explotación y marginación de los indios. *Raza de bronce* (1919), del boliviano Alcides Arguedas (1879–1946), relata la violación de una india por el hijo de un terrateniente y la consiguiente sublevación de los indios, la cual es cruelmente reprimida por los blancos. *Huasipungo* (1934), del ecuatoriano Jorge Icaza (1906–1978), relata la explotación de los indios por intereses nacionales y extranjeros. Los cuentos y novelas del peruano José María Arguedas (1911–1969) se diferencian de los de sus predecesores en el sentido de que describen la vida de los indios de una manera mucho más auténtica y retratan a los indios como individuos en vez de presentarlos como víctimas.

Lillo: Entre el modernismo y la literatura de protesta

Baldomero Lillo (1867–1923) nació en Lota, un pueblo minero situado en el sur de Chile, donde recibió su educación primaria. Más tarde asistió al liceo en Lebu, un pueblo de mineros y pescadores, donde hizo estudios incompletos de humanidades. Su padre trabajaba para los dueños de las minas de Lota y al salir del liceo, Baldomero volvió a su pueblo natal y encontró trabajo en los almacenes de la compañía minera. Con el tiempo llegó a ser gerente de la pulpería del campamento de Buen Retiro, cerca de Coronel. Durante este período leyó a los naturalistas franceses y rusos, en particular a Emile Zola y a Alexis Gorky (1868–1936).

En 1898, como consecuencia de una disputa con la compañía, se mudó a Santiago, donde se interesó por los problemas de los obreros. En la capital vivió con su hermano Samuel, un crítico y poeta, que ayudó a Baldomero a conseguir trabajo como funcionario de la Universidad de Chile, en la división de publicaciones. Allí Lillo conoció a muchos de los poetas y prosistas de la llamada Generación del 1900, entre ellos a Federico Gana (1867–1926) y a Augusto d'Halmar (1882–1950). En este estimulante ambiente literario Lillo comenzó a escribir. En 1903 ganó un premio otorgado por la *Revista Católica* por su cuento «Juan Fariña». En su cargo de funcionario de la Universidad, visitó las salitreras y la ciudad de Iquique, en el norte del Chile. Esta experiencia inspiró una novela, titulada *La huelga,* basada en la matanza de 1904 de los trabajadores de estas salitreras, quienes habían declarado una huelga. Desgraciadamente, Lillo murió antes de terminar el libro.

Lillo escribió unos cuarenta y cinco relatos, los cuales publicó en las colecciones *Sub terra* (1904) y *Sub sole* (1905). Colaboró en la revista *Zig-Zag* desde su fundación en 1905. Trabajó para la Universidad hasta jubilarse en 1917, por razones de salud. Murió de tuberculosis. Una colección de cuentos póstuma, titulada *Relatos populares,* apareció en 1942. Otra colección, *El hallazgo y otros cuentos del mar,* fue editada por José Zamudio en 1956.

Durante los años en que vivió y trabajó en el sur, Lillo conoció a fondo la vida de los mineros, cuya lucha por subsistir es el tema de muchos de sus cuentos. Expone la explotación y la miseria que predominan no sólo en las minas de carbón sino también en las industrias marítimas y en el ambiente campesino. Otros grupos que interesaron a Lillo son los indios araucanos y los niños. Aunque escribió en un período dominado por el modernismo, Lillo produjo cuentos realistas que reflejan una profunda conciencia social.

Aunque la mayoría de los cuentos de Lillo se concentran en el aspecto patético de la vida de las clases humildes, algunos son de carácter humorístico («Inamible», «Cañueta y Petaca»). También escribió algunos cuantos cuentos fantásticos («El rapto del sol», «El oro»).

A pesar de que hay ciertos nexos entre la cuentística de Lillo y el naturalismo del siglo XIX, representado por escritores como los chilenos Alberto Blest Gana y Daniel Riquelme y los argentinos Roberto J. Payró (1867–1928) y Manuel Gálvez, (1882–1962), la crítica moderna tiende a ligar a Lillo más bien con Zola o con Joseph Conrad (1857–1924), novelista inglés de origen polaco, cuyos relatos de ambiente marítimo incluyen *Lord Jim, El negro del «Narciso»* y *Tifón*. A diferencia de la mayoría de los naturalistas hispanoamericanos, quienes enfocan las diversas capas sociales y las relaciones entre una clase y otra, Lillo describe las minas, las fábricas, los pueblos marítimos, ambientes que conoce íntimamente. Sus experiencias vividas le permiten ahondar en la vida de los mineros y otros trabajadores que son sus protagonistas. Se ha visto a Lillo como precursor de la literatura de protesta o de denuncia de los años veinte, acentuando su influencia en escritores como Joaquín Edwards Bello (1887–1968).

Recientemente, sin embargo, se ha insistido más en los vínculos que unen la obra de Lillo al modernismo. Algunos críticos han señalado que los modernistas deben su sensibilidad al naturalismo zolesco y al realismo ruso tanto como a la agonía romántica y al simbolismo francés. De hecho, se nota la influencia modernista en Lillo en el patetismo y la vulnerabilidad de sus personajes, en la ternura con la cual los describe y en la luminosidad de algunas escenas. Como Gutiérrez Nájera, Lillo describe a gente marginada y desamparada. El vicio y la sordidez propias de la novela naturalista no son característicos de los cuentos de Lillo, cuyos protagonistas son hombres y mujeres sanos y robustos que aceptan sus aflicciones con resignación hasta que estalla una tragedia que los lleva a sus límites. A diferencia de los escritores de protesta, el tono de Lillo es más enternecedor que militante.

El estilo de Lillo es directo y sencillo, desprovisto de refinamientos artificiosos. Sus cuentos están llenos de tensión que se produce cuando el patetismo inicial se convierte de repente en una crisis colectiva, la cual, a su turno, conduce a una tragedia.

Sobre «El Chiflón del Diablo»

Publicado en *Sub Terra,* «El Chiflón del Diablo» destaca la terrible explotación de los trabajadores en las minas de carbón. El Chiflón del Diablo es, como su nombre implica, un corredor infernal cuyos riesgos son conocidos por todos los mineros. La Compañía, indiferente al sufrimiento humano, obliga a los empleados a trabajar en esta galería por medio de la coerción. Totalmente dependientes de las minas para subsistir, los mineros no tienen otra alternativa que arriesgar la vida a diario.

Lillo subraya lo patético de la situación al crear un protagonista joven, fuerte y despreocupado. Conocido por el apodo Cabeza de Cobre, el muchacho vive con su madre, quien ya ha perdido a su esposo y a dos hijos en accidentes mineros. Al perder la vida en la flor de la juventud, Cabeza de Cobre no sólo se convierte en un personaje trágico, sino que llega a cobrar un valor simbólico. Es víctima de la injusticia y de la fuerza destructiva de un sistema que rebaja al trabajador a un ser desechable. Lillo saca a relucir la humanidad de estos hombres que para la Compañía no son más que instrumentos de trabajo. Describe sus preocupaciones, sus miedos, su frustración y su resentimiento. Los pobres—Cabeza de Cobre, su madre, su vecina Juana—son personas de carne y hueso mientras que la Compañía es un ente inconsciente y anónimo. En el fondo del cuadro pintado por Lillo, se vislumbra a los mineros viejos—sombras inánimes, hombres cuyo cuerpo y espíritu han sido destruidos por las minas. Son un recuerdo de la suerte que espera a los pocos que sobreviven. Al final del cuento, la mina se convierte en su monstruo con una sed de sangre insaciable que termina tragándose a familias enteras.

Crece la tensión desde la primera mención del Chiflón del Diablo. Sólo el nombre de la galería infernal llena a los trabajadores de pavor. Sigue una serie de presagios: la referencia al accidente del vecino Juan, la indiferencia de la

Compañía ante su desgracia, el temor inicial de Cabeza de Cobre, el terror de su madre al pensar que pueden mandar a su hijo al chiflón peligroso, la descripción de los hombres viejos y mutilados, la imagen del polluelo que percibe demasiado tarde el rápido descenso del gavilán.

En contraste con el ambiente lúgubre de las minas, el cielo está diáfano y sereno. Es en la descripción de la naturaleza—la pureza azul del cielo, la intensidad brillante del sol—donde Lillo se aproxima más a los modernistas. Fuera de la mina, todo es luz. Los mineros salen de los corredores «atraídos por el glorioso resplandor que iluminaba el paisaje». El banco de los viejos «recibía de lleno los rayos del sol». Y en medio de la tragedia, «el sol... continuaba lanzando los haces centelleantes de sus rayos tibios», hermoso e indiferente a la suerte de los hombres. La luminosidad de estas escenas subraya cruelmente la oscuridad real y figurativa del ambiente minero. Es un recuerdo de lo antinatural de la existencia de estos trabajadores y un testimonio de que existe otro mundo bello y pacífico fuera de la mina.

Ediciones

Lillo, Baldomero. *Obras completas.* Pról. R. Silva Castro. Santiago de Chile: Nascimento, 1968

______. *Sub sole.* Santiago de Chile: Andrés Bello, 1987

______. *Sub terra.* Santiago de Chile: Andrés Bello, 1988

Crítica

Alegría, Fernando. «Introducción a los cuentos de Baldomero Lillo.» *Revista Iberoamericana.* 24:48 (1959): 247–263

______. *Las fronteras del realismo. Literatura chilena del siglo XX.* Santiago de Chile. Zig-Zag, 1962. 19–45

Brown, Donald F. «*Germinal*'s Progeny.» *Hispania.* 51 (Sept. 1968): 424–432

Chávarri, Jorge M. «El significado social en la obra literaria de Baldomero Lillo.» *Kentucky Foreign Language Quarterly.* 13 (1966): 5–13

Droguett, Carlos. «Baldomero Lillo o el hombre devorado.» *Mensaje,* Santiago de Chile. 209 (June 1972): 5–13

Lillo, Samuel. *Espejo del pasado.* Santiago de Chile: Nascimento, 1947

Preble, Oralia M. «Contrapunto emotivo en ‹El Chiflón del Diablo› de Baldomero Lillo.» *Romance Notes.* 17 (1976): 103–107

Promis Ojeda, José. «Dos elaboraciones de un tema: Lo social y lo mítico en Baldomero Lillo.» *Revista del Pacífico,* Valparaíso. 4:4 (1967): 36–42

Sedgwick, Ruth. *Baldomero Lillo.* New Haven: Yale University Press, 1956

Valenzuela, Víctor. *Cuatro escritores chilenos.* Nueva York: Las Américas, 1961

El Chiflón[1] del Diablo

Baldomero Lillo

En una sala baja y estrecha, el capataz de turno, sentado en su mesa de trabajo y teniendo delante de sí un gran registro abierto, vigilaba la bajada de los obreros en aquella fría mañana de invierno. Por el hueco de la puerta se veía el ascensor aguardando su carga humana que, una vez completa, desaparecía con él, callada y rápida, por la húmeda abertura del pique.

Los mineros llegaban en pequeños grupos y, mientras descolgaban de los ganchos adheridos a las paredes sus lámparas ya encendidas, el escribiente fijaba en ellos una ojeada penetrante, trazando con el lápiz una corta raya al margen de cada nombre. De pronto, dirigiéndose a dos trabajadores que iban presurosos hacia la puerta de salida los detuvo con un ademán, diciéndoles:

—Quédense ustedes.

Los obreros se volvieron sorprendidos y una vaga inquietud se pintó en sus pálidos rostros. El más joven, muchacho de veinte años escasos, pecoso, con una abundante cabellera rojiza, a la que debía el apodo de Cabeza de Cobre, con que todo el mundo lo designaba, era de baja estatura, fuerte y robusto. El otro, más alto, un tanto flaco y huesudo, era ya viejo, de aspecto endeble y achacoso.

Ambos, con la mano derecha sostenían la lámpara y con la izquierda un manojo de pequeños trozos de cordel, en cuyas extremidades había atado un botón o una cuenta de vidrio de distintas formas y colores: eran los *tantos* o señales que los barreteros[2] sujetaban dentro de las carretillas de carbón para indicar arriba su procedencia.

La campana del reloj, colgado en el muro, dio pausadamente las seis. De cuando en cuando un minero jadeante se precipitaba por la puerta, descolgaba su lámpara y con la misma prisa abandonaba la habitación, lanzando, al pasar junto a la mesa, una tímida mirada al capataz, quien, sin despegar los labios, impasible y severo, señalaba con una cruz el nombre del rezagado.[3]

Después de algunos minutos de silenciosa espera, el empleado hizo una seña a los obreros para que se acercaran, y les dijo:

—Son ustedes barreteros de la Alta, ¿no es así?

—Sí, señor —respondieron los interpelados.

—Siento decirles que quedan sin trabajo. Tengo orden de disminuir el personal de esa veta.[4]

Los obreros no contestaron y hubo por un instante un profundo silencio.

---

[1] **galería de mina muy pendiente, que contiene piedras sueltas**
[2] **mineros que bajan el mineral con barra o piqueta**
[3] laggard
[4] vein

Por fin el de más edad, dijo:

—¿Pero se nos ocupará en otra parte?

El individuo cerró el libro con fuerzas y echándose atrás en el asiento, con tono serio, contestó:

—Lo veo difícil, tenemos gente de sobra en todas las faenas.

El obrero insistió:

—Aceptaremos el trabajo que se nos dé; seremos torneros,[5] apuntaladores,[6] lo que usted quiera.

El capataz movía la cabeza negativamente.

—Ya lo he dicho, hay gente de sobra y si los pedidos de carbón no aumentan, habrá que disminuir también la explotación en algunas otras vetas.

Una amarga e irónica sonrisa contrajo los labios del minero y exclamó:

—Sea usted franco, don Pedro, y díganos de una vez que quiere obligarnos a que vayamos a trabajar al Chiflón del Diablo.

El empleado se irguió en la silla y protestó indignado:

—Aquí no se obliga a nadie. Así como ustedes son libres para rechazar el trabajo que no les agrada, la Compañía, por su parte, está en su derecho para tomar las medidas que más convengan a sus intereses.

Durante aquella filípica,[7] los obreros, con los ojos bajos, escuchaban en silencio, y al ver su humilde continente, la voz del capataz se dulcificó.

—Pero, aunque las órdenes que tengo son terminantes—agregó—, quiero ayudarles a salir del paso. Hay en el Chiflón Nuevo o del Diablo, como ustedes lo llaman, dos vacantes de barreteros; pueden ocuparlas ahora mismo, pues mañana sería tarde.

Una mirada de inteligencia se cruzó entre los obreros. Conocían la táctica y sabían de antemano el resultado de aquella escaramuza.[8] Por lo demás, estaban resueltos a seguir su destino. No había medio de evadirse. Entre morir de hambre o aplastado por un derrumbe, era preferible lo último: tenía la ventaja de la rapidez. ¿Y adónde ir? El invierno, el implacable enemigo de los desamparados, que convertía en torrentes los lánguidos arroyuelos, dejaba los campos desolados y yermos. Las tierras bajas eran inmensos pantanos de aguas cenagosas y en las colinas y en las laderas de los montes, los árboles ostentaban bajo el cielo, eternamente opaco, la desnudez de sus ramas y de sus troncos.

En las chozas de los campesinos el hambre asomaba su pálida faz a través de los rostros famélicos de sus habitantes, quienes se veían obligados a llamar a las puertas de los talleres y de las fábricas en busca del pedazo de pan que les negaba el mustio[9] suelo de las campiñas exhaustas.

Había, pues, que someterse a llenar los huecos que el fatídico[10] corredor abría constantemente en sus filas de inermes[11] desamparados, en perpetua lucha contra las adversidades de la suerte, abandonados de todos y contra quienes toda injusticia e iniqui-

[5] lathe operator
[6] those who build the propping (beams or poles used to prop up the ceiling in a mine)
[7] **arenga, invectiva**
[8] skirmish
[9] **triste, melancólico**
[10] **fatal**
[11] **sin armas**

dad estaba permitida.

El trato quedó hecho. Los obreros aceptaron sin poner objeciones el nuevo trabajo y un momento después estaban en la jaula, cayendo a plomo[12] en las profundidades de la mina.

La galería del Chiflón del Diablo tenía una siniestra fama. Abierta para dar salida al mineral de un filón[13] recién descubierto, se habían, en un principio, ejecutado los trabajos con el esmero requerido. Pero, a medida que se ahondaba en la roca, ésta se tornaba porosa e inconsistente. Las filtraciones, un tanto escasas al empezar, habían ido en aumento, haciendo muy precaria la estabilidad de la techumbre, que sólo se sostenía mediante sólidos revestimientos.[14]

Una vez terminada la obra, como la inmensa cantidad de maderas que había que emplear en los apuntalamientos[15] aumentaba el costo del mineral de un modo considerable, se fue descuidando, poco a poco, esta parte esencialísima del trabajo. Se revestía[16] siempre, sí, pero con flojedad, economizando todo lo que se podía.

Los resultados de este sistema no se dejaron esperar. Continuamente había que extraer de allí un contuso, un herido y también, a veces, algún muerto aplastado por un brusco desprendimiento de aquel techo falto de apoyo y que, minado traidoramente por el agua, era una amenaza constante para la vida de los obreros, quienes, atemorizados por la frecuencia de los hundimientos, empezaron a rehuir las tareas en el mortífero corredor. Pero la Compañía venció muy luego su repugnancia con el cebo[17] de unos cuantos centavos más en los salarios, y la explotación de la nueva veta continuó.

Muy luego, sin embargo, el alza de jornales fue suprimida sin que por esto se paralizasen las faenas, bastando para obtener ese resultado el método puesto en práctica por el capataz aquella mañana.

Cabeza de Cobre llegó esa noche a su habitación más tarde que de costumbre. Estaba grave, meditabundo, y contestaba con monosílabos las cariñosas preguntas que le hacía su madre sobre su trabajo del día. En ese hogar humilde había cierta decencia y limpieza, por lo común muy desusadas en aquellos albergues, donde, en promiscuidad[18] repugnante, se confundían hombres, mujeres y niños y una variedad de animales, que cada uno de aquellos cuartos sugería en el espíritu la bíblica visión del Arca de Noé.

La madre del minero era una mujer alta, delgada, de cabellos blancos. Su rostro, muy pálido, tenía una expresión resignada y dulce que hacía más suave aún el brillo de sus ojos húmedos, donde las lágrimas parecían estar siempre prontas a resbalar. Se llamaba María de los Angeles.

Hija y madre de mineros, terribles desgracias la habían envejecido prematuramente. Su marido y dos hijos muertos, uno tras otro, por los hundimientos y las explosiones del

---

[12] **a... verticalmente**
[13] vein, lode
[14] **Las...** The leaks, few at the beginning, had increased, destabilizing the ceiling, which could be supported only by means of extensive surfacing or propping. (See note 6.)
[15] propping (See note 6.)
[16] resurfaced
[17] lure
[18] proximity, closeness

grisú[19] fueron el tributo que los suyos habían pagado a la insaciable avidez de la mina. Sólo le restaba aquel muchacho, por quien su corazón, joven aún, pasaba en continuo sobresalto.[20]

Siempre temerosa de una desgracia, su imaginación no se apartaba un instante de las tinieblas del manto carbonero que absorbía aquella existencia que era su único bien, el único lazo que la sujetaba a la vida.

¡Cuántas veces en esos instantes de recogimiento había pensado, sin acertar a explicárselo, en el porqué de aquellas odiosas desigualdades humanas que condenaba a los pobres, al mayor número, a sudar sangre para sostener el fausto de la inútil existencia de unos pocos! ¡Y si tan sólo se pudiera vivir sin aquella perpetua zozobra[21] por la suerte de los seres queridos, cuyas vidas eran el precio, tantas veces pagado, del pan de cada día!

Pero aquellas cavilaciones eran pasajeras y no pudiendo descifrar el enigma, la anciana ahuyentaba esos pensamientos y tornaba a sus quehaceres con su melancolía habitual.

Mientras la madre daba la última mano a los preparativos de la cena, el muchacho, sentado junto al fuego, permanecía silencioso, abstraído en sus pensamientos. La anciana, inquieta por aquel mutismo, se preparaba a interrogarlo, cuando la puerta giró sobre sus goznes[22] y un rostro de mujer asomó por la abertura.

—Buenas noches, vecina. ¿Cómo está el enfermo?—preguntó cariñosamente María de los Angeles.

—Lo mismo—contestó la interrogada penetrando en la pieza—. El médico dice que el hueso de la pierna no ha soldado todavía y que debe estar en la cama sin moverse.

La recién llegada era una joven de moreno semblante,[23] demacrado[24] por vigilias y privaciones. Tenía en la diestra[25] una escudilla[26] de hoja de lata,[27] y mientras respondía, se esforzaba por desviar la vista[28] de la sopa que humeaba sobre la mesa.

La anciana alargó el brazo y cogió el jarro, y en tanto vaciaba en él el caliente líquido continuó preguntando:

—¿Y hablaste, hija, con los jefes? ¿Te han dado algún socorro?

La joven murmuró con desaliento:

—Sí, estuve allá. Me dijeron que no tenía derecho a nada, que bastante hacían con darnos el cuarto; pero que si él moría, fuera a buscar una orden para que en el despacho me entregaran cuatro velas y una mortaja.

Y dando un suspiro agregó:

—Espero en Dios que mi pobre Juan no los obligará a hacer ese gasto.

María de los Angeles añadió a la sopa un pedazo de pan y puso ambas dádivas[29] en manos de la joven, quien se encaminó hacia la puerta, diciendo agradecida:

—La Virgen se lo pagará, ve-

---

[19] firedamp (a combustible gas consisting chiefly of methane, formed in coal mines, and dangerously explosive when mixed with certain proportions of atmospheric air)
[20] **temor**
[21] **ansiedad**
[22] hinges
[23] **cara**
[24] emaciated, wasted away
[25] **mano derecha**
[26] bowl
[27] **hoja...** tin
[28] **desviar...** look away
[29] **regalos**

cina.

—Pobre Juana—dijo la madre, dirigiéndose a su hijo, que había arrimado su silla junto a la mesa—, pronto hará un mes que sacaron a su marido del pique con la pierna rota. ¿En qué se ocupaba?

—Era barretero del Chiflón del Diablo.

—¡Ah, sí, dicen que los que trabajan ahí tienen la vida vendida!

—No tanto, madre—dijo el obrero—, ahora es distinto, se han hecho grandes trabajos de apuntalamiento. Hace más de una semana que no hay desgracias.

—Será así como dices, pero yo no podría vivir si trabajaras allá; preferiría irme a mendigar por los campos. No quiero que te traigan un día como me trajeron a tu padre y a tus hermanos.

Gruesas lágrimas se deslizaban por el pálido rostro de la anciana. El muchacho callaba y comía sin levantar la vista del plato.

Cabeza de Cóbre se fue a la mañana siguiente a su trabajo, sin comunicar a su madre el cambio de faena efectuado el día anterior. Tiempo de sobra habría siempre para darle aquella mala noticia. Con la despreocupación propia de la edad, no daba grande importancia a los temores de la anciana. Fatalista, como todos sus camaradas, creía que era inútil tratar de substraerse al destino que cada cual tenía de antemano designado.

Cuando una hora después de la partida de su hijo, María de los Angeles abría la puerta, se quedó encantada de la radiante claridad que inundaba los campos. Hacía mucho tiempo que sus ojos no veían una mañana tan hermosa. Un nimbo de oro circundaba el disco del sol que se levantaba sobre el horizonte, enviando a torrentes sus vívidos rayos sobre la húmeda tierra, de la que se desprendían por todas partes azulados y blancos vapores. La luz del astro, suave como una caricia, derramaba un soplo de vida sobre la naturaleza muerta. Bandadas de aves cruzaban, allá lejos, el sereno azul, y un gallo de plumas tornasoladas, desde lo alto de un montículo de arena, lanzaba un alerta estridente cada vez que la sombra de un pájaro se deslizaba junto a él.

Algunos viejos, apoyándose en bastones y muletas, aparecieron bajo los sucios corredores, atraídos por el glorioso resplandor que iluminaba el paisaje. Caminaban despacio, estirando sus miembros entumecidos, ávidos de aquel tibio calor que fluía de lo alto.

Eran los inválidos de la mina, los vencidos del trabajo. Muy pocos eran los que no estaban multilados y que no carecían ya de un brazo o de una pierna. Sentados en un banco de madera que recibía de lleno los rayos del sol, sus pupilas fatigadas, hundidas en las órbitas, tenían una extraña fijeza. Ni una palabra se cruzaba entre ellos y, de cuando en cuando, tras una tos breve y cavernosa, sus labios cerrados se entreabrían para dar paso a un escupitajo negro como la tinta.

Se acercaba la hora del mediodía, y en los cuartos las mujeres atareadas preparaban las cestas de la merienda para los trabajadores, cuando el breve repique[30] de la campana de alarma las hizo abandonar

[30] peal, ring

la faena y precipitarse despavoridas fuera de las habitaciones.

En la mina, el repique había cesado y nada hacía presagiar una catástrofe. Todo tenía allí el aspecto ordinario y la chimenea dejaba escapar sin interrupción su enorme penacho[31] que se ensanchaba y crecía arrastrado por la brisa que lo empujaba hacia el mar.

María de los Angeles se ocupaba en colocar en la cesta destinada a su hijo la botella de café cuando la sorprendió el toque de alarma y, soltando aquellos objetos, se abalanzó hacia la puerta frente a la cual pasaban a escape, con las faldas levantadas, grupos de mujeres seguidas de cerca por turbas de chiquillos que corrían desesperadamente en pos[32] de sus madres. La anciana siguió aquel ejemplo: sus pies parecían tener alas, el aguijón[33] del terror galvanizaba sus viejos músculos y todo su cuerpo se estremecía y vibraba como la cuerda del arco en su máximum de tensión.

En breve se colocó en primera fila y su blanca cabeza, herida por los rayos del sol, parecía atraer y precipitar tras de sí a la masa sombría del harapiento rebaño.[34]

Las habitaciones quedaron desiertas. Sus puertas y ventanas se abrían y se cerraban con estrépito impulsadas por el viento. Un perro atado en uno de los corredores, sentado en sus cuartos traseros, con la cabeza vuelta hacia arriba, dejaba oír un aullido lúgubre como respuesta al plañidero clamor que llegaba hasta él, apagado por la distancia.

Sólo los viejos no habían abandonado su banco calentado por el sol, y, muchos e inmóviles, seguían siempre en la misma actitud, con los turbios ojos fijos en un más alla[35] invisible y ajenos a cuanto no fuera aquella férvida irradiación que infiltraba en sus yertos[36] organismos un poco de aquella energía y de aquel tibio calor que hacía renacer la vida sobre los campos desiertos.

Como los polluelos que, percibiendo de improviso el rápido descenso del gavilán[37] corren lanzando pitíos desesperados[38] a buscar un refugio bajo las plumas erizadas de la madre, aquellos grupos de mujeres, con las cabelleras destrenzadas, fustigadas por el terror, aparecieron en breve bajo los brazos descarnados de la cabria,[39] empujándose y estrechándose sobre la húmeda plataforma. Las madres apretaban a sus pequeños hijos, envueltos en sucios harapos, contra el seno demidesnudo, y un clamor que no tenía nada de humano brotaba de las bocas entreabiertas, contraídas por el dolor.

Una recia barrera de maderos defendía por un lado la abertura del pozo y en ella fue a estrellarse parte de la multitud. En el otro lado unos cuantos obreros, con la mirada hosca, silenciosos y taciturnos, contenían las apretadas filas de aquella turba que ensordecía con sus gritos, pidiendo noticias de sus deudos,[40] del número de muertos y del sitio de la catástrofe.

En la puerta de los departamen-

---

[31] plume (of smoke)
[32] **en... detrás**
[33] spur
[34] **la...** the somber form of the ragged flock
[35] **más...** beyond
[36] **inmóviles**
[37] sparrow hawk
[38] **lanzando...** cheeping desperately
[39] derrick
[40] **parientes**

tos de las máquinas se presentó, con la pipa entre los dientes, uno de los ingenieros, un inglés corpulento, de patillas[41] rojas y con la indiferencia que da la costumbre, paseó una mirada sobre aquella escena. Una formidable imprecación lo saludó y centenares de voces aullaron:

—¡Asesinos, asesinos!

Las mujeres levantaban los brazos por encima de sus cabezas y mostraban los puños, ebrias de furor. El que había provocado aquella explosión de odio lanzó al aire algunas bocanadas de humo y, volviendo la espalda, desapareció.

Las noticias que los obreros daban del accidente calmó un tanto aquella excitación. El suceso no tenía las proporciones de las catástrofes de otras veces: sólo había tres muertos, de quienes se ignoraban aún los nombres. Por lo demás, y casi no había necesidad de decirlo, la desgracia, un derrumbe, había ocurrido en la galería del Chiflón del Diablo, donde se trabajaba hacía dos horas en extraer las víctimas, esperándose de un momento a otro la señal de *izar*[42] en el departamento de las máquinas.

Aquel relato hizo nacer la esperanza en muchos corazones devorados por la inquietud. María de los Angeles, apoyada en la barrera, sintió que la tenaza que mordía sus entrañas aflojaba sus férreos garfios.[43] No era la suya esperanza, sino certeza: de seguro él no estaba entre aquellos muertos. Y reconcentrada en sí misma, con ese feroz egoísmo de madre, oía casi con indiferencia los histéricos sollozos de las mujeres y sus ayes de desolación y angustia.

Entretanto huían las horas y bajo las arcadas de cal[44] y ladrillo, la máquina inmóvil dejaba reposar sus miembros de hierro en la penumbra[45] de los vastos departamentos; los cables, como los tentáculos de un pulpo, surgían estremecidos del pique hondísimo y enroscaban en la bobina sus flexibles y viscosos brazos; la masa humana, apretada y compacta, palpitaba y gemía como una res desangrada y moribunda y arriba, por sobre la campiña inmensa, el sol, traspuesto ya el meridiano,[46] continuaba lanzando los haces centelleantes[47] de sus rayos tibios y una calma y serenidad celestes se desprendían del cóncavo espejo del cielo azul y diáfano, que no empañaba una nube.

De improviso, el llanto de las mujeres cesó: un campanazo seguido de otros tres resonaron lentos y vibrantes: era la señal de izar. Un estremecimiento agitó a la muchedumbre, que siguió con avidez las oscilaciones del cable que subía, en cuya extremidad estaba la terrible incógnita que todos ansiaban y temían descifrar.

Un silencio lúgubre, interrumpido apenas por uno que otro sollozo, reinaba en la plataforma y el aullido lejano se esparcía en la llanura y volaba por los aires, hiriendo los corazones como un presagio de muerte.

Algunos instantes pasaron, y de pronto la gran argolla[48] de hierro que corona la jaula asomó por sobre el

---

[41] sideburns
[42] hoist, haul up
[43] **sus...** its iron grip
[44] limestone
[45] **sombras, oscuridad**
[46] **traspuesto...** already past noon
[47] **los...** its brilliant beams
[48] ring

brocal.[49] El ascensor se balanceó un momento y luego se detuvo sujeto por los ganchos del reborde superior.

Dentro de él algunos obreros, con las cabezas descubiertas, rodeaban una carretilla negra de barro y de polvo de carbón.

Un clamoreo inmenso saludó la aparición del fúnebre carro, la multitud se arremolinó y su loca desesperación dificultaba enormemente la extracción de los cadáveres. El primero que se presentó a las ávidas miradas de la turba estaba forrado en mantas, y sólo dejaba ver los pies descalzos, rígidos y manchados de lodo. El segundo, que siguió inmediatamente al anterior, tenía la cabeza desnuda: era un viejo de barba y cabellos grises.

El tercero y último apareció a su vez. Por entre los pliegues de la tela que lo envolvía asomaban algunos mechones de pelos rojos que lanzaban a la luz del sol un reflejo de cobre recién fundido. Varias voces profirieron con espanto:

—¡El Cabeza de Cobre!

El cadáver, tomado por los hombros y por los pies, fue colocado trabajosamente en la camilla[50] que lo aguardaba.

María de los Angeles, al percibir aquel lívido rostro y esa cabellera que parecía empapada en sangre, hizo un esfuerzo sobrehumano para abalanzarse sobre el muerto; pero apretada contra la barrera sólo pudo mover los brazos en tanto que un sonido inarticulado brotaba de su garganta...

Luego, sus músculos se aflojaron, los brazos cayeron a lo largo del cuerpo y permaneció inmóvil en el sitio como herida por el rayo.

Los grupos se apartaron y muchos rostros se volvieron hacia la mujer, quien, con la cabeza doblada sobre el pecho, sumida en una insensibilidad absoluta, parecía absorta en la contemplación del abismo abierto a sus pies.

Jamás se supo como salvó[51] la barrera; detenida por los cables niveles, se la vio un instante agitar sus piernas descarnadas en el vacío y luego, sin un grito, desaparecer en el abismo. Algunos segundos después, un ruido sordo, lejano, casi imperceptible, brotó de la hambrienta boca del pozo, de la cual se escapaban bocanadas de tenues vapores: era el aliento del monstruo ahíto[52] de sangre en el fondo de su cubil.[53]

---

[49] rim
[50] stretcher
[51] she jumped over
[52] gorged, sick from overeating
[53] belly

SOBRE LA LECTURA

1. ¿Cómo convence el capataz a los obreros que vayan a trabajar en el Chiflón del Diablo?
2. ¿Cómo son estos dos hombres?
3. ¿Cómo reaccionan al darse cuenta de que no tienen otra opción?
4. ¿Por qué tiene el Chiflón del Diablo una siniestra fama? ¿Cómo logra la Compañía hacer que los obreros trabajen allí?

5. ¿Cómo es la casa de Cabeza de Cobre? ¿Cómo es su madre?
6. ¿Quién llega de repente a la casa? ¿Cómo la recibe María de los Angeles?
7. ¿Qué dice María de los Angeles del Chiflón del Diablo? ¿Le cuenta Cabeza de Cobre que va a trabajar allí?
8. Describa a los mineros viejos.
9. ¿Cómo reacciona la gente al oír la alarma? ¿Por qué no se preocupa María de los Angeles al enterarse de que ha habido un accidente en el Chiflón del Diablo?
10. ¿Qué hace al darse cuenta de quién ha muerto?

HACIA EL ANÁLISIS LITERARIO

1. ¿Cómo caracteriza Lillo al capataz? ¿Cómo representa el autor a la Compañía? Compare la caracterización de los representantes de la Compañía con la de los mineros y sus familias.
2. ¿Cómo despierta el autor la simpatía del lector por los mineros? ¿Qué incidente demuestra la bondad de María de los Angeles?
3. ¿Cómo crea Lillo tensión en este cuento? ¿Es una sorpresa la muerte de Cabeza de Cobre? ¿Es una sorpresa la muerte de su madre?
4. ¿Cómo es el ambiente de las minas? ¿Cómo describe el autor el cielo? ¿Cómo usa los colores? ¿la luz? ¿Qué logra con hacer este contraste?
5. ¿Qué metáforas usa Lillo para describir a los mineros y a sus familias? ¿En qué sentido son como «polluelos» que se asustan ante «el rápido descenso del gavilán»?
6. ¿Por qué insiste Lillo en la despreocupación de María de los Angeles al saber que el accidente ocurrió en el Chiflón del Diablo?
7. ¿Cómo personifica Lillo la mina?
8. En su opinión, ¿se puede considerar este cuento «literatura de protesta»?

TEXTO Y VIDA

1. ¿Existía en los Estados Unidos la situación que describe Lillo? ¿Existe todavía?
2. ¿Por qué acepta la gente trabajar bajo condiciones tan horrorosas? ¿Son estos obreros, como dice el capataz, libres para hacer otra cosa? ¿Cómo se puede mejorar la situación de los mineros?
3. ¿Qué otros grupos de trabajadores llevan una existencia comparable a la de los mineros?
4. ¿Qué responsabilidad tiene el gobierno para proteger a esta gente?
5. ¿Cree usted que las mujeres sufren tanto como los hombres en este cuento? ¿En qué sentido son las mujeres y los niños víctimas de la Compañía? ¿Cree usted que le queda una alternativa a María de los Angeles o es inevitable su muerte?

Azuela: Novelista de la Revolución

Mariano Azuela (1873–1952), el hombre que sería el novelista más importante de la Revolución Mexicana y uno de los iniciadores del realismo social, nació el 1° de enero en el pueblo de Lagos de Moreno, en el estado de Jalisco. Sus padres eran de clase media; su padre era dueño de una tienda de comestibles y una finca pequeña, donde Mariano pasaba las vacaciones. Allí se familiarizó con el lenguaje de los agricultores, el cual reprodujo fielmente en sus novelas. De esa época data su interés en la literatura. Cuando estaba todavía en la escuela primaria, empezó a leer secretamente las novelas del escritor francés Alexandre Dumas (1802–1870), las cuales su padre escondía con los otros libros prohibidos en las cajas de jabón. A los catorce años entró en un seminario a continuar sus estudios, pero no le atraía el estado religioso y dos años más tarde entró en el Liceo de Varones, donde estudió latín, física y otras materias esenciales a una preparación humanística. En 1892 comenzó sus estudios de medicina en la Universidad de Guadalajara. Se graduó de médico en 1899. Ya había producido su primera obra literaria, «Impresiones de un estudiante» (1896), una serie de relatos que muestran una marcada influencia del naturalismo francés.

Al volver a su pueblo natal, Azuela se casó con Carmen Rivera, a quien había conocido desde su niñez y con quien pasó el resto de su vida. Practicó la medicina en Lagos, ocupándose de una variedad de enfermedades y poniendo una farmacia para sus pacientes. A pesar de que sus actividades médicas le llevaban mucho tiempo, siguió su interés en la literatura. Con otros intelectuales del pueblo, Azuela formó un grupo de escritores y letrados para discutir libros y leer sus propias composiciones. Allí Azuela leyó los primeros capítulos de su primera novela, *María Luisa,* que había escrito antes en Guadalajara, pero que no sería publicada sino hasta 1907. Este grupo publicó tres tomos de *Ocios literarios* (1905, 1907, 1909), en que se reunían las mejores páginas de los miembros. Algunos de los primeros relatos de Azuela aparecieron en estas colecciones. Más tarde, en 1920, se publicó un cuarto tomo en la Ciudad de México.

Durante este período empezó a aumentar el elemento de protesta social en los cuentos de Azuela. Entre 1905 y 1906 el autor escribió *Los fracasados* (1908), una novela acerca de la vida en Lagos. Esta se considera la primera novela madura de Azuela, la que marca su paso de aficionado a escritor profesional. En 1909 se publicó *Mala yerba,* que, como *Los fracasados,* todavía refleja la influencia de naturalistas como Zola. Durante los años 1906 a 1949, Azuela escribiría más de veinte novelas.

En 1910, el año en que Francisco I. Madero derrotó al gobierno de Porfirio Díaz, Azuela fue nombrado Jefe Político del pueblo de Lagos. Sin embargo, los seguidores de Díaz eran todavía muy fuertes y Azuela tuvo que recurrir a la fuerza para ocupar su puesto. Dos meses más tarde, cuando un porfirista llegó a ser gobernador de Jalisco, Azuela renunció. Por causa de estas experiencias, Azuela se desilusionó de la Revolución, que, en su opinión, había sido traicionada. En *Andrés Pérez, maderista* (1911), considerada la primera novela de la Revolución Mexicana, recreó los acontecimientos en Lagos y la subversión de los ideales revolucionarios.

En 1913, la contrarrevolución, encabezada por Victoriano Huerta, parecía estar triunfando. Los huertistas asesinaron a Madero y Huerta asumió la presidencia, aunque no fue reconocido por todos los gobernadores mexicanos ni por Woodrow Wilson, presidente de los Estados Unidos. En 1914, cuando Pancho Villa, luchando contra las fuerzas de Huerta, tomó el pueblo de Zacatecas, Azuela estaba terminando *Los caciques*. Pensó que esta vez la Revolucíon sí había triunfado, pero las rivalidades entre Carranza y Obregón, por un lado, y Villa, por el otro, mantuvieron al país en un estado de caos.

Influido por su amigo José Becerra, un soldado en el ejército revolucionario del general Julián Medina, Azuela decidió apoyar a Villa. En octubre de 1914, Azuela fue nombrado jefe del personal médico de Medina. Mientras estaba en Irapuato con el general, concibió la idea de *Los de abajo,* su novela más conocida. Originalmente iba a hacer a Medina el protagonista del libro, pero más tarde, después de que Medina y sus hombres, perseguidos por Carranza, habían tenido que retirarse a Guadalajara y, finalmente, a las montañas, Azuela decidió bautizar a su protagonista Demetrio Macías y encarnar en él las características no sólo de Medina sino de otros oficiales militares que había conocido. A pesar de que Villa fue vencido por Obregón en abril de 1915, las fuerzas de Carranza y Obregón siguieron persiguiendo a Medina. Azuela se separó de las tropas para cuidar a algunos heridos en Tepatitlán, un pueblo cerca de Guadalajara. Cuando el pueblo fue atacado, se refugió en las montañas y desde allí presenció la batalla, sacando apuntes para la última parte de *Los de abajo*. Azuela terminó su novela en El Paso, Texas; se publicó en entregas en el periódico *El Paso del Norte* entre octubre y diciembre de 1915.

En 1916 Azuela volvió a México, instalándose con su familia en la capital. No tenía un centavo. Para conseguir dinero, ofreció *Los caciques* para la publicación en el periódico *El Universal* y volvió a la práctica de la medicina, atendiendo a pacientes muy pobres. Durante este período escribió la novela *Las tribulaciones de una familia decente* (1918), dos novelas cortas, *Las moscas* (1918) y *Domitilo quiere ser diputado* (1918), y un cuento, «De cómo al fin lloró Juan Pablo», todos acerca de la Revolución. Todavía desconocido como escritor, Azuela decidió escribir una novela más; si fracasaba, abandonaría sus actividades literarias. En 1923 publicó *La Malhora,* una novela corta experimental que marca un cambio dramático en su desarrollo como novelista. En *La Malhora* Azuela abandonó el tema de la Revolución y la narrativa convencional y cronológica. La novela cuenta la historia de una joven mexicana a través de cuadros impresionistas. Aunque atrajo alguna atención crítica, Azuela siguió siendo un escritor desconocido.

En 1924 todo cambió. Como resultado de una controversia sobre el valor de la literatura mexicana, los críticos volvieron su atención a *Los de abajo*. Empezaron a publicarse artículos sobre Azuela en los periódicos y la novela apareció en entregas en *El Universal Ilustrado,* una revista popular e influyente. Se tradujo al inglés, al fracés, al alemán, al japonés, al portugués, al italiano y al ruso. Aunque Azuela escribió una novela experimental más, *La Luciérnaga* (1925), los elogios que recibió *Los de abajo* tuvieron el efecto de desviarlo de la experimentación técnica. En sus últimas novelas, volvió al estilo directo de sus obras tempranas.

A partir de 1927 Azuela estaba más cómodo económicamente y pudo dedicarle más tiempo a la literatura. Siempre mantuvo criterios independientes, criticando al gobierno cuando lo creía necesario. A pesar de estas críticas, se le ofreció un puesto en el Ministerio de Salud, el cual aceptó. Sin embargo, su novela *El camarada Pantoja,* escrita en 1928, no fue publicada hasta 1937 a causa de los comentarios antigubernamentales que contenía. Entre 1933 y 1942 Azuela abandonó por un tiempo los temas políticos. Escribió tres novelas de tipo histórico y biográfico: *Pedro Moreno, el insurgente* (1933), *Precursores* (1935) y *El Padre Agustín Rivera* (1942). Durante los últimos años de su vida, Azuela volvió a la novela política. También escribió crítica literaria y sus memorias personales. En 1942 el Seminario de Cultura Mexicana lo invitó a ser miembro, un honor que aceptó. No obstante, cuando la Academia Mexicana de la Lengua, un cuerpo muy selectivo y conservador, lo invitó a participar, Azuela rehusó.

En 1943 fue nombrado miembro del nuevo Colegio Nacional y también de la Hispanic Society of America. Decidió cerrar su consultorio médico, aunque siguió atendiendo gratis a pacientes pobres. Durante estos años publicó *La marchanta* (1944), *La mujer domada* (1946), *Cien años de novela mexicana* (un libro de crítica literaria, 1947) y *Sendas perdidas* (1949). En 1947 se llevó a la pantalla una película basada en *La marchanta* y en 1951, una obra dramática basada en *Pedro Moreno, el insurgente*. En 1949 Azuela recibió el Premio Nacional de Artes y Ciencias.

Los de abajo, la obra maestra de Azuela, repite muchos elementos estructurales de *Andrés Pérez, maderista* y varios de los personajes aparecen en cuentos anteriores a la novela. El tema central son la esperanza y la traición de los ideales de la Revolución. La novela consta de una serie de episodios presentados sin orden y unidos por la presencia de Demetrio Macías, el protagonista. Esta forma narrativa refleja el ambiente caótico de la Revolución y ha llevado a críticos modernos a ver *Los de abajo* como un precursor de la nueva narrativa experimental.

La historia comienza con el triunfo de Demetrio sobre los federales en el Cañón de Juchipila y termina con su muerte en el mismo lugar. Por medio de la estructura circular, Azuela implica que la Revolución no ha conducido a ninguna parte. Lo que más se destaca son la ignorancia y la pobreza del pueblo, y el salvajismo y la brutalidad de los soldados. Sin embargo, Macías encarna al mexicano idealista que muere por su patria. Aun en la muerte, queda apuntando con su fusil, un recuerdo de que siempre habrá los que luchen por la justicia y la igualdad.

Los de abajo se divide en tres partes. En la primera, se desarrolla el tema de la esperanza. Demetrio, indignado por los abusos de los federales, reúne a sus hombres y vence a las tropas del gobierno. En los episodios que siguen aparecen varios personajes arquetípicos, por ejemplo, Cervantes, un oportunista y pseudorrevolucionario que se une a la Revolución por razones egoístas; Camila, una muchacha ingenua que ama a Cervantes pero que termina siendo la amante de Demetrio; Margarito, que encarna la barbarie soldadesca; y Alberto Solís, un amigo de Cervantes que se desilusiona muy pronto de la Revolución y que pronuncia las palabras que encierran uno de los motivos centrales de la novela: «¡Qué hermosa es la Revolución, aun en su misma barbarie!...Lástima que lo que falta no sea igual. Hay que esperar un poco. A que no haya combatientes, a que no se oigan más disparos que los de las turbas entregadas a las delicias del saqueo; a que resplandezca, diáfana, como una gota de agua, la psicología de nuestra raza, condensada en dos palabras: ¡robar, matar!...¡Qué chasco, amigo mío, si los que venimos a ofrecer todo nuestro entusiasmo, nuestra misma vida por derribar a un miserable asesino, resultásemos los obreros de un enorme pedestal donde pudieran levantarse cien o doscientos mil monstruos de la misma especie!... ¡Pueblo sin ideales, pueblo de tiranos!...¡Lástima de sangre!»

En las partes segunda y tercera, se desarrollan los temas de la desilusión y la derrota. Presenciamos la degeneración de los ideales revolucionarios en escenas que detallan matanzas, robos, saqueos y abusos de todos tipos. En la tercera parte, se describen las rivalidades y luchas entre caudillos. Cervantes huye a los Estados Unidos, donde vive con el dinero que ha robado. Demetrio, que sigue luchando, muere en una emboscada.

Sobre «De cómo al fin lloró Juan Pablo»

Además de novelista, Azuela fue cuentista de la Revolución. Escribió numerosos relatos basados en sus experiencias en la guerra. «De cómo al fin lloró Juan Pablo» se considera uno de sus mejores cuentos. Fue publicado por primera vez el 15 de junio de 1918 en Nueva York, en la *Revista Universal*. La dedicatoria indica que está basado en la muerte trágica del general Leocadio Parra, un amigo de Azuela que combatió bajo las órdenes de Medina.

En «De cómo al fin lloró Juan Pablo» Azuela emplea algunas de las mismas técnicas que en *Los de abajo*. La historia no se narra cronológicamente, sino por medio de episodios que recrean diferentes momentos en la vida del protagonista. El cuento empieza al momento de la ejecución de Juan Pablo, un revolucionario que ha combatido con las fuerzas de Villa. Las siguientes escenas recrean los acontecimientos que conducen a su detención y sentencia. A causa de esta estructura fragmentada, la narración es difícil de seguir y conviene presentar un esquema del argumento aquí.

Aunque Juan Pablo ha sido acusado de tración, irónicamente es él quien ha sido traicionado. Durante la época de Huerta, siete hombres del pueblo de Juan Pablo se reúnen para discutir la situación actual: Reina la injusticia. El cacique local tiraniza a los ciudadanos. En el Norte una rebelión se ha levantado. Impulsados por Pascual Bailón, peluquero y boticario del pueblo, los hombres de Hostotipaquillo deciden unirse a la Revolución. Sin embargo, Bailón no será el jefe del grupo porque no es más que un pseudorrevolucionario, un intelectual que habla de las grandes ideas pero tiene miedo de ensuciarse las manos. Los hombres eligen a Juan Pablo para encabezar al grupo. Hombre sencillo y callado pero determinado, Juan Pablo les da suma libertad a sus hombres porque uno de los ideales de la Revolución es la igualdad y por lo tanto, un hombre no debe ser esclavizado por la voluntad de otro. Naturalmente, su gente lo adora.

Juan Pablo se convierte en un guerrero feroz. Cuando se produce la brecha entre Villa y Carranza, los carrancistas lo persiguen con ímpetus de venganza.

Dos veces lo condenan a muerte, pero la lealtad de sus hombres lo salva. Sin embargo, al salir de la cárcel por segunda vez, se entera de que sus subordinados han sido dispersados y por lo tanto ha desaparecido su base de poder.

Guarnicionado en la capital, Juan Pablo se entera por el periódico de la muerte de Pancho Villa. Mira a su alrededor y ve la misma miseria que siempre ha existido. La Revolución no ha cambiado nada. Juan Pablo añora su pueblo y piensa volver. Ahora la trampa de los carrancistas se pone en marcha. Alguien le sopla a Juan Pablo que «los civilistas nos roban» y Juan Pablo reacciona como en los buenos tiempos, expresando sus deseos de acabar con los tiranos. Los supuestos correligionarios lo llevan a un lugar secreto, y allí, al momento en que atacan los soldados carrancistas, le caen encima los otros conjurados.

El cuento termina donde empieza, en la celda, en los minutos que preceden la ejecución de Juan Pablo. El viejo guerrero recuerda un momento de su niñez, en que su padre le amonestaba que «los hombres no lloran». Sin embargo, al ser llevado ante los fusiles, Juan Pablo llora, no por miedo a la muerte, sino porque empieza a comprender que él no es el traidor, sino la víctima; la causa a la cual ha dedicado los últimos años de su vida lo ha traicionado. Las dos lágrimas de Juan Pablo, esta alma sencilla y sincera, parecen convertirse en dos estrellas que brillarán para siempre, iluminando el camino para otros idealistas como él.

Ediciones

Azuela, Mariano. *Los de abajo.* Ed. and intro. Marta Portal. Madrid: Cátedra, 1980

______. *Obras completas.* 3 vols. Prol. Francisco Monterde, Bib. Alí Chumacero. México, D. F.: Fondo de Cultura Económica, 1958–1960

Crítica

Andino, Alberto. «Los juegos políticos, clasistas y étnicos en las novelas de Mariano Azuela sobre la Revolución Mexicana.» *Cuadernos Hispanoamericanos.* 370 (April 1981): 144–150

Bradley, D. «Patterns of Myth in *Los de abajo.*» *Modern Language Review.* 75 (1980): 94–104

Brushwood, John S. «Innovación narrativa en la novela de la Revolución mexicana.» 1–6. Eds. Catherine Vera and George R. McMurray. *In Honor of Boyd G. Carter: A Collection of Essays.* Laramie, Wy.: University of Wyoming, 1981

Daydi, Santiago. «Characterization in *Los de abajo.*» *The American Hispanist.* 2:11 (1976): 9–11

Dessau, Adalbert. «*Los de abajo:* una valoración objetiva.» 201–217. Ed. Rogelio Rodríguez Coronel. *Recopilación de textos sobre la novela de la Revolución mexicana.* La Habana: Casa de las Américas, 1975

Gerdes, Dick and Alfred Rodríguez. «Valderrama: Presencia y función del vate en *Los de abajo.*» *Crítica Hispánica.* 7:1(1985): 37–41

Griffin, Clive. «The Structure of *Los de abajo.*» *Revista Canadiense de Estudios Hispánicos.* 6:1 (Fall 1981): 25–41

Leal, Luis. *Mariano Azuela.* New York: Twayne, 1971

Martin, Gerald. *Journey through the Labyrinth.* London: Verso, 1989

Martínez, Eliud. *The Art of Mariano Azuela.* Intro. Luis Leal. Pittsburgh: Latin American Literary Review Press, 1980

Polgár, Mirko. «Un análisis del misticismo revolucionario en *Los de abajo,* de Mariano Azuela.» *Cuadernos Hispanoamericanos.* 410 (Aug 1984): 152–162

Robe, Stanley Linn. *Azuela and the Mexican Underdogs.* Berkeley: University of California Press, 1979

Ruffinelli, Jorge. *Literatura e ideología: El primer Mariano Azuela, 1896–1918.* México, D. F.: Premià, 1982

Valbuena-Briones, Angel. «El tema del desencanto en la novela de la Revolución mexicana.» *Arbor.* 417–418 (1980): 23–33

De cómo al fin lloró Juan Pablo

MARIANO AZUELA

A la memoria del general
Leocadio Parra,
asesinado por el carrancismo.

Juan Pablo está encapillado;[1] mañana, al rayar el alba, será conducido de su celda, entre clangor de clarines y batir de tambores, al fondo de las cuadras del cuartel, y allí, de espaldas a un angosto muro de adobes, ante todo el regimiento, se le formará el cuadro y será pasado por las armas.[2]

Así paga con su vida el feo delito de traición.

¡Traición! ¡Traición!

La palabreja pronunciada en el Consejo Extraordinario de Guerra de ayer se ha clavado en mitad del corazón de Juan Pablo como un dardo de alacrán.[3]

«Traición». Así dijo un oficialito, buen mozo, que guiñaba los ojos y movía las manos como esas gentes de las comedias. Así dijo un oficialito encorseletado, relamido,[4] oloroso como las mujeres de la calle; un oficialito de tres galones[5] muy brillantes... galones vírgenes.

Y la palabreja da vueltas en el cerebro de Juan Pablo como la idea fija en la rueda sin fin del cerebro de un tifoso.[6]

«¡Traición!, ¡traición! ¿Pero traición a quién?»

Juan Pablo ruge,[7] sin alzar la cabeza, removiendo la silla y haciendo

---

[1] hooded (refers to the hood that is put on prisoners before they are executed)
[2] **pasado.. ejecutado**
[3] **dardo...** scorpion's stinger
[4] prim
[5] stripes
[6] **alguien que sufre de fiebre tifoidea**
[7] roars

rechinar[8] sus ferradas[9] botas en las baldosas.[10]

La guardia despierta:

«¡Centinela aaalerta!...»

«¡Centinela aaalerta!...»

Las voces se repiten alejándose, perdiéndose de patio en patio, hasta esfumarse pavorosas y escalofriantes en un gemido del viento. Después ladra un perro en la calle. Ladrido agudo, largo, plañidero, de una melancolía desgarradora,[11] casi humana.

El día que llegó a Hostotipaquillo[12] el periódico de México con la relación mentirosa de las hazañas del beodo[13] Huerta y su cafrería,[14] Pascual Bailón, hábil peluquero, acertado boticario y pulsador a las veces de la séptima,[15] convocó a sus íntimos:

«Pos[16] será bueno acabar ya con los tiranos», respondió Juan Pablo que nunca hablaba.

Entonces Pascual Bailón, personaje de ascendiente,[17] empapado en las lecturas de don Juan A. Mateos,[18] y de don Ireneo Paz[19] y de otros afamados escritores, con gesto épico y alcanzando con su verbo las alturas del cóndor, dijo así:

«Compañeros, es de cobardes hablar en lenguas, cuando ya nuestros hermanos del Norte están hablando en pólvora».[20]

Juan Pablo fue el primero en salir a la calle.

Los conjurados, en número de siete, no hablaron en pólvora porque no tenían ni pistolas de chispa,[21] tan bien hablaron en hierro, que dejaron mudos para siempre a los tiranos del pueblo, al alcaide[22] y los jenízaros[23] de la cárcel municipal, amén[24] de ponerle fuego a *La Simpatía*[25] *(abarrotes*[26] *y misceláneas)* de don Telésforo, el cacique principal.

Pascual Bailón y los suyos remontaron a las barrancas de Tequila.[27] Luego de su primera escaramuza con los federales, se verificó un movimiento jerárquico radical; Pascual Bailón, que procuraba ponerse siempre a respetable distancia de la línea de fuego, dijo que a eso él le llamaba, con la historia, prudencia; pero los demás, que ni leer sabían, en su caló[28] un tanto rudo, mas no desprovisto de color, dijeron que eso se llamaba simplemente, «argolla».[29] Entonces, por unanimidad de pareceres, tomó la jefatura de la facción Juan Pablo, que en el pueblo sólo se había distinguido por su retraimiento hosco y por su habilidad muy relativa para calzar una reja, aguzar un barretón o sacarle filo a un machete. Valor temerario y serenidad fueron para Juan

---

[8] creak
[9] trimmed with iron
[10] floor tiles
[11] searing, tearing
[12] **pueblo del estado de Jalisco**
[13] **borracho**
[14] **grupo de salvajes**
[15] **pulsador... el que motiva a actuar al grupo (El grupo se llama «la séptima» porque hay siete miembros.)**
[16] **Pues**
[17] **culto, de linaje**
[18] **Juan Antonio Mateos (1831–1913), escritor romántico mexicano**
[19] **Ireneo Paz (1836–1924), escritor y jurisconsulto mexicano que cultivó la novela, la poesía y la historia**
[20] **están... están combatiendo con armas**
[21] **pistolas...** cap guns
[22] warden
[23] **soldados mestizos**
[24] **además**
[25] **nombre de una tienda**
[26] groceries
[27] **pueblo de Jalisco**
[28] **lenguaje popular**
[29] **cobardía, sujeción**

Pablo como para el aguilucho desplegar las alas y hender los aires.

Al triunfo de la Revolución podía ostentar, sin mengua de la vergüenza y del pudor, sus insignias de general.

Las parejas de enamorados que gustan de ver el follaje del jardín Santiago Tlaltelolco tinto en el oro vaporoso del sol naciente tropezaron a menudo con un recio mocetón, tendido a la bartola[30] en una banca, en mangas de camisa, desnudo el velloso pecho; a veces contemplando embebecido[31] un costado mohoso[32] y carcomido[33] de la iglesia; sus vetustas[34] torrecillas desiguales que recortan claros zafirinos,[35] débilmente rosados por la hora; otras veces con un número[36] de *El Pueblo,* a deletrea que deletrea.[37]

Juan Pablo, de guarnición en la capital, poco sabe de periódicos, desde que Pascual Bailón, nuevo Cincinato,[38] después de salvar a la patria, se ha retirado a la vida privada a cuidar sus intereses (una hacienda en Michoacán[39] y un ferrocarrilito muy regularmente[40] equipado); pero cuando el título del periódico viene en letras rojas y con la enésima[41] noticia de que «Doroteo Arango[42] ha sido muerto» o que «el Gobierno ha rehusado el ofrecimiento de quinientos millones de dólares que le ofrecen los banqueros norteamericanos», o bien como ahora que «ya el pueblo está sintiendo los inmensos beneficios de la Revolución», entonces compra el diario. Excusado[43] decir que Juan Pablo prohija[44] la opinión de *El Pueblo* de hoy: su chaleco está desabrochado porque no le cierra más; la punta de su nariz se empurpura y comienzan a culebrear por ella venillas muy erectas, y a su lado juguetea una linda adolescente vestida de tul blanco floreado, con un listón muy encendido en la nuca, otro más grande y abierto como mariposa de fuego al extremo de la trenza que cae pesada en medio de unas caderas que comienzan apenas a ensanchar.

Juan Pablo acaba rendido[45] la lectura de «los Inmensos Beneficios que la Revolución le ha traído al Pueblo» a la sazón[46] que sus ojos reparan en el centenar de mugrientos, piojosos y cadavéricos que están haciendo cola a lo largo de la duodécima calle del Factor,[47] en espera de que abra sus puertas un molino de nixtamal.[48] Juan Pablo frunce el ala izquierda de su nariz y se inclina a rascarse un tobillo. No es que Juan Pablo, herido por la coincidencia, haya reflexionado. No. Juan Pablo ordinariamente no piensa. Lo que ocurre en las recon-

---

[30] **a... sin ningún cuidado**
[31] transfixed
[32] moldy
[33] worm-eaten
[34] **muy viejas**
[35] **claros... aberturas azules**
[36] issue
[37] **a... tratando de entenderlo**
[38] **patriota, general y dictador romano del quinto siglo antes de Cristo, célebre por la sencillez y austeridad de sus costumbres. Después de conquistar a los enemigos de Roma, renunció a la dictadura y se retiró a su finca.**
[39] **estado de México, entre el Pacífico y la meseta central**
[40] fairly well
[41] **de un número indeterminado de veces**
[42] **Pancho Villa**
[43] **no es necesario**
[44] **acoge, recibe como suya**
[45] **exhausto**
[46] **a... al mismo tiempo**
[47] **comerciante que vende algún producto**
[48] **maíz medio cocido en agua de cal para hacer tortillas**

diteces[49] de su subconciencia suele exteriorizarse así: un fruncir de nariz, un sordo escozor,[50] algo así como si se le paseara una pulga por las pantorrillas.[51] Eso es todo.

Y bien, es ésta la tercera vez que Juan Pablo está encapillado. Una por haberle desbaratado[52] la cara a un barbilindo[53] de la Secretaría de Guerra; otra por haber alojado en la cabeza de un pagador una bala de revólver. Todo por nada, por minucias de servicio. Porque en la lógica de mezquite[54] de Juan Pablo no cabrá jamás eso de que después del triunfo de la revolución del pueblo sigan como siempre unos esclavizados a los otros. En su regimiento, en efecto, jamás se observó más línea de conducta que ésta: «No volverle jamás la espalda al enemigo». El resto avéngaselo cada cual como mejor le cuadre.[55] Se comprende qué hombres llevaría consigo Juan Pablo. Se comprende cómo lo adoraría su gente. Y se comprende también que por justos resquemores[56] de esa gente el Gobierno haya puesto dos veces en libertad a Juan Pablo.

Sólo que la segunda salió de la prisión a encontrarse con una novedad: su regimiento disuelto, sus soldados incorporados a cuerpos remotísimos: unos en Sonora, otros en Chihuahua, otros en Tampico y unos cuantos en Morelos.[57]

Juan Pablo, general en depósito sin más capital que su magnífica *Colt* izquierda, sintió entonces la nostalgia del terruño[58] lejano, de sus camaradas de pelea, de su libertad más mermada[59] hoy que cuando majaba[60] el hierro, sin más tiranos en la cabeza que el pobre diablo de la *Simpatía (abarrotes y misceláneas)* y los tres o cuatro «gatos»[61] que fungían[62] de gendarmes municipales, excelentes personas por lo demás, si uno no se mete[63] con ellos. Juan Pablo así lo reconoce ahora, suspirando y vueltas las narices al occidente.

Una noche, cierto individuo que de días atrás viene ocupando el sitio frontero a Juan Pablo en el restaurante se rasca la cabeza, suspira y rumora: «Los civilistas[64] nos roban».

Juan Pablo, cejijunto, mira a su interlocutor, come y calla.

Al día siguiente: «Los civilistas se han apoderado de nuestra cosecha; nosotros sembramos la tierra, nosotros la regamos con nuestra propia sangre».

Juan Pablo deja el platillo un instante, pliega el ala izquierda de la nariz, se inclina y se rasca un tobillo. Luego come y calla.

Otro día: «Los civilistas ya no son las moscas,[65] ahora se han sentado a la mesa y a nosotros nos arrojan, como al perro, las sobras del banquete».

Juan Pablo, impaciente al fin,

---

[49] **lugares escondidos o secretos**
[50] smarting, stinging sensation
[51] calves (of the leg)
[52] **arruinado**
[53] pretty boy
[54] kind of tree; here, wooden
[55] **avéngaselo...** let each one do as he will
[56] **resentimientos**
[57] **Sonora y Chihuahua son estados en el norte de México; Morelos está al sur de la capital; Tampico está en la costa oriental.**
[58] **comarca natal**
[59] **disminuida**
[60] **trabajaba, machacaba**
[61] **tipos**
[62] **servían, desempeñaban el cargo**
[63] **se... busca problemas**
[64] **los carrancistas**
[65] **personas insignificantes pero molestas**

pregunta: «¿Por eso, pues, quiénes jijos[66] de un... son esos tales civilistas?»

«Los que nos han echado de nuestro campo... los catrines[67]...»

La luz se hace en el cerebro de Juan Pablo.

Al día siguiente es él quien habla: «Sería bueno acabar con los tiranos».

Su amigo lo lleva por la noche a una junta secreta por un arrabal[68] siniestro. Allí están reunidos ya los conjurados. Uno, el más respetable, diserta con sombrío acento sobre el tema ya es tiempo de que al pueblo le demos patria.

Alelado,[69] Juan Pablo no siente cuando las puertas y ventanas contiguas se cuajan[70] de brillantes cañones de fusil.

Un vozarrón: «¡Arriba las manos!»

Todo el mundo las levanta. Juan Pablo también las levanta; mejor dicho alza la derecha empuñando vigorosamente la *Colt* izquierda.

«¡Ríndase o hago fuego!, ruge una voz tan cerca de él que le hace dar un salto de fiera hacia atrás. Y Juan Pablo responde vaciando la carga de su revólver.

En medio de la blanca humareda, entre el vivo fulgor de los fogonazos, bajo la turbia penumbra de un farol grasiento, Juan Pablo, crispada la melena, blancos los dientes, sonríe en su apoteosis.

Cuando los tiros se agotan y no queda figura humana en los oscuros huecos de puertas y ventanas, caen sobre él como un rayo los mismos conjurados.

Agarrotado[71] de pies y manos, Juan Pablo sigue sonriendo.

No hay jactancia alguna, pues, en que Juan Pablo diga que tantas veces se ha encontrado frente a frente con la muerte que ya aprendió a verla de cara sin que le tiemblen las corvas.[72]

Si hoy lleva seis horas enclavado en una silla de tule,[73] la vigorosa cabeza hundida entre sus manos nervudas y requemadas, es porque algo más cruel que la muerte lo destroza. Juan Pablo oye todavía: «¡Traición... traición...!», cuando una a una caen lentas y pausadas las campanadas del alba.

«¿Pero traición a quién, Madre mía del Refugio?»

Sin abrir los ojos está mirando el altarcito en uno de los muros del cuartucho; una estampa de Nuestra Señora del Refugio, dos manojos de flores ya marchitas y una lamparita de aceite que derrama su luz amarillenta y funeraria. Entonces dos lagrimones se precipitan a sus ojos.

«¡Imposible!—Juan Pablo da un salto de león herido—... ¡Imposible!...»

Clarividencias[74] de moribundo le traen viva la escena de su infancia, ruidos covachón,[75] negro de hollín, gran fuego en el hogar, y un niño de manos inseguras que no saben tener la tenaza[76] y escapar el hierro can-

---

[66] **hijos** (Juan Pablo starts to say a swear word, but contains himself.)
[67] **gente elegante, de clase alta**
[68] slum
[69] dumbfounded
[70] **llenan**
[71] bound with ropes
[72] backs of the knees
[73] tule (a fiber made from bullrushes)
[74] clairvoyance, clear-sightedness
[75] shanty
[76] coal tongs

dente...Luego un grito y los ojos que se llenan de lágrimas...Al extremo de la fragua se yergue un viejo semidesnudo, reseco, como corteza de roble, barbado en grandes madejas como ixtle[77] chamuscado.[78]

«¿Qué es eso, Juan Pablo?...Los hombres no lloran!»

En huecas frases revestidas de hipocresía reporteril, la prensa dice que el ajusticiado murió con gran serenidad. Agregan los reporteros que las últimas palabras del reo fueron éstas: «No me tire a la cara», y que con tal acento las pronunció, que más parecía dictar una orden que implorar una gracia.

Parece que la escolta estuvo irreprochable. Juan Pablo dio un salto adelante, resbaló y cayó tendido de cara a las estrellas, sin contraer más una sola de sus líneas.

Eso fue todo lo que vieron los reporteros.

Yo vi más. Vi cómo en los ojos vitrificados de Juan Pablo asomaron tímidamente dos gotitas de diamantes que crecían, crecían, que se dilataban, que parecían querer desprenderse, que parecían querer subir al cielo...sí, dos estrellas...

---

[77] fibra de una planta típica de México

[78] quemado

SOBRE LA LECTURA

1. ¿Por qué está encapillado Juan Pablo? ¿De qué ha sido acusado?
2. ¿Cómo reacciona Juan Pablo a esta acusación?
3. ¿Por qué reunió Pascual Bailón a sus amigos? ¿Qué tipo de persona era Bailón?
4. ¿Estaba de acuerdo Juan Pablo en que había que actuar? ¿Qué hicieron él y sus compañeros?
5. ¿Cómo demostró Bailón su cobardía?
6. ¿Cómo llegó Juan Pablo a ser jefe de la facción? ¿Qué tipo de hombre era? ¿A qué aspiraba?
7. ¿Qué cosas leyó Juan Pablo en el periódico cuando estaba de guarnición en la capital? ¿Estaba Bailón en la capital también? ¿Por qué no?
8. ¿Cómo reaccionó Juan Pablo al leer que Villa estaba muerto?
9. ¿En qué cosas se fijó después de leer el artículo acerca de los beneficios que había traído la Revolución?
10. ¿Es ésta la primera vez que encapillan a Juan Pablo? ¿Cuándo ocurrió antes?
11. ¿Por qué no pudo aceptar la situación que existía después de la Revolución?
12. ¿Qué línea de conducta se observaba en su regimiento? ¿Los hombres lo querían o no? ¿Por qué no pudo ejecutarlo el gobierno?
13. ¿Cómo había cambiado la situación cuando Juan Pablo salió de la cárcel por segunda vez?
14. ¿Por qué decidió volver a su pueblo?

15. ¿Qué le dijo cierto individuo en un restaurante? ¿Cómo respondió Juan Pablo? ¿Adónde lo llevaron?
16. ¿Quiénes interrumpieron la reunión? ¿Cómo reaccionó Juan Pablo cuando le dijeron que se rindiera?
17. ¿Quiénes cayeron sobre él entonces?
18. ¿Qué escena recuerda Juan Pablo antes de morir?
19. ¿Cómo muere Juan Pablo? ¿Qué orden les da a los verdugos?
20. ¿Por qué llora Juan Pablo? ¿Qué parecen querer hacer sus lágrimas?

HACIA EL ANÁLISIS LITERARIO

1. Analice la estructura de este cuento escena por escena. ¿Qué logra Azuela al emplear esta estructura?
2. ¿Por qué usa un diminutivo para referirse a los oficiales del ejército? ¿En qué sentido son arquetipos los personajes de este cuento?
3. ¿Habla Juan Pablo mucho o poco? ¿Qué revelan acerca de su personalidad las pocas cosas que dice? ¿Cómo desarrolla Azuela a este personaje? ¿Es más importante el diálogo o la acción?
4. ¿Por qué introduce un narrador que habla en primera persona al final del cuento?
5. Explique el significado del título.
6. ¿Qué revela este cuento con respecto a la ideología de Azuela? ¿Qué dice acerca de la Revolución?

TEXTO Y VIDA

1. ¿Cree usted que las revoluciones realmente cambian las estructuras sociales y la vida de la gente? Dé ejemplos para sostener su punto de vista.
2. ¿En qué circunstancias se justifica la rebelión?
3. Además de la guerra, ¿qué otras circunstancias políticas o económicas pueden fomentar el cambio?
4. ¿Cómo se habrían desarrollado los Estados Unidos si las colonias americanas no se hubieran rebelado contra Inglaterra?
5. ¿Qué diferencias existen entre la Revolución mexicana y la norteamericana?
6. ¿Cuál es la diferencia entre una revolución y un golpe de estado? ¿Por qué ha habido tantos cambios de gobierno en algunos países latinoamericanos?

Naturaleza y muerte: Los cuentos de Quiroga

La naturaleza americana, con su belleza deslumbrante, su atractivo irresistible y su poder abrumador, es un tema dominante en la literatura de Latinoamérica desde la época de los conquistadores. En nuestro siglo, escritores como el venezolano Rómulo Gallegos (1884–1969), autor de *Doña Bárbara* (1929), y el colombiano José Eustasio Rivera (1888–1928), autor de *La Vorágine* (1924), han descrito la fascinación y el terror que inspira la selva amazónica. Unos veinte años antes se publicaron los primeros intentos literarios de Horacio Quiroga (1878–1937), pero no fue sino hasta la segunda década del siglo cuando se compilaron los relatos—muchos de los cuales se habían publicado anteriormente en revistas—que establecerían al escritor uruguayo como uno de los narradores que mejor supo captar el esplendor de la zona de Misiones, en el norte de Argentina, entre Paraguay y Brasil.

La naturaleza que recreó Quiroga es una fuerza arrolladora e indiferente al sufrimiento del ser humano, quien penetra en la selva, confiado de poder controlar su ambiente, pero quien casi siempre termina siendo devorado. Distraído, el individuo se pierde en su rutina; de repente, en el momento menos esperado, las fuerzas naturales lo asaltan. El enfoque de estos cuentos es siempre el hombre—solo, desamparado, amenazado y aterrado en la vasta selva.

Esta visión pesimista del mundo proviene tal vez de algunas experiencias trágicas que marcaron la vida del autor. Quiroga nació en El Salto, un pueblo uruguayo en la frontera con Argentina. Su padre, el vicecónsul argentino, se mató accidentalmente con un rifle delante de Quiroga cuando éste tenía sólo tres meses de edad.

De joven, Quiroga tenía muchos talentos e intereses. Estudió filosofía, historia, física y química. Era aficionado al nuevo arte de la fotografía, y también le gustaban la carpintería y la cerámica. Quiso ingresar en la Escuela Naval Argentina, pero se le negó la entrada porque rehusó renunciar a su ciudadanía uruguaya. Sin embargo, poco después saldría del Salto, impulsado por otra tragedia. Cuando tenía dieciocho años, su padrastro, a quien adoraba, sufrió una apoplejía que lo dejó paralizado, y poco después se suicidó. Sumamente afligido, Quiroga partió para Montevideo. Estudió en la universidad sin completar una carrera. Con algunos amigos formó un grupo literario, Los Tres Mosqueteros, y empezó a colaborar en diversas revistas. En 1898 se enamoró de una joven cuyos padres se opusieron a la relación. Este fracaso amoroso contribuyó al sentimiento de frustración del futuro escritor.

Al volver a su pueblo natal, fundó la *Revista del Salto,* la cual sólo duró desde 1899 hasta 1900. Entonces partió para París, pero pronto se decepcionó de la vida literaria francesa. De vuelta en Uruguay, publicó en 1901 su primer libro, *Los arrecifes de coral,* una colección de veinte poemas y treinta y cinco esbozos en prosa de tipo modernista.

Otro episodio trágico ocurrió en 1902 cuando Quiroga mató involuntariamente a su amigo Federico Ferrando mientras probaban una pistola. Profundamente angustiado, Quiroga fue a vivir a Argentina, imponiéndose un exilio que duraría el resto de su vida. En 1903 el poeta Leopoldo Lugones lo invitó a participar como fotógrafo en una expedición al norte de la Argentina, y juntos recorrieron el Chaco y Misiones. A Quiroga le encantó la belleza natural de la zona. Compró unas tierras cerca de San Ignacio con la esperanza de vivir allí, pero pronto dejó la zona y, después de intentar sin éxito cultivar el algodón en el Chaco, volvió a Buenos Aires. En la capital consiguió un puesto de maestro en una escuela normal, trabajo que le desagradó mucho. Sin embargo, allí conoció a su futura esposa, una alumna suya que se llamaba Ana María Cires, quien tenía entonces dieciocho años. Después de casarse, la pareja volvió a San Ignacio.

Durante ocho años Quiroga estuvo feliz. Aunque disminuyó su producción poética, escribió varias colecciones de cuentos y una novela, *Historia de un amor turbio* (1908). En estas obras tempranas se nota todavía cierta influencia de escritores como Edgar Allan Poe (1809–1849), maestro de lo macabro, Rudyard Kipling (1865–1936), autor de cuentos de animales e Iván Turgenev (1818–1883), conocido por sus descripciones de la vida popular rusa. Sin embargo, pronto Quiroga encontró su propia voz narrativa, inspirándose en su propia experiencia, en la naturaleza magnífica que lo rodeaba y en su obsesión con el amor imposible y con la muerte. Los cuentos de Quiroga se publicaban en los periódicos de Buenos Aires, permitiéndole vivir de su pluma. Además, practicaba la carpintería y cultivaba la tierra. Parecía que el autor llevaba una existencia idílica, pero todo cambió en 1915, cuando su esposa se suicidó. Deprimido, Quiroga partió a Buenos Aires para educar a sus hijos y perderse en el trabajo. Años después, los hijos de este matrimonio también se quitaron la vida.

En la capital Quiroga trabajó para el periódico *Caras y Caretas,* firmando sus artículos «El Marido de Dorothy Phillips». Durante estos años publicó *Cuentos de amor, de locura y de muerte* (1917), *Cuentos de la selva* (1918), *El salvaje* (1920), *Anaconda* (1921), *El desierto* (1924) y *Los desterrados* (1926). También escribió una obra de teatro, *Las sacrificadas* (1920) y *Pasado amor* (1929), su segunda novela. En 1927 contrajo segundas nupcias con María Elena Bravo.

Las colecciones de cuentos tuvieron un éxito impresionante, y Quiroga llegó a ser conocido como un maestro de la narración corta. Su novela, sin embargo, fue un fracaso y Quiroga, deprimido por la reacción del público ante este libro, volvió a San Ignacio. Siguió una serie de problemas: se hirió una mano y no pudo trabajar en la carpintería y la cerámica, oficios que le habían dado mucha satisfacción; el gobierno argentino, declarando que Quiroga era uruguayo, le negó el derecho de participar en concursos literarios, una importante fuente de ingresos para el escritor latinoamericano; el gobierno uruguayo, mientras tanto, alegó que era un ciudadano argentino y le quitó su estipendio de cónsul de San Ignacio, a pesar de las protestas de muchos intelectuales argentinos y uruguayos. En 1935 publicó *El más allá,* una colección que contiene varios relatos morbosos sobre la locura y la muerte. En 1936 su segunda esposa lo dejó. Al año siguiente, Quiroga se enteró de que tenía cáncer y se suicidó.

El deseo de domar la naturaleza y la paradójica fascinación con lo salvaje son unos de los temas esenciales de Quiroga. En «La señorita leona», un cuento gracioso de *El más allá,* unos hombres deciden educar a una joven leona, enseñándole «a hablar, a moderar sus movimientos, a sonreír». También aprende «a vestir ropas humanas, a sonrojarse, a meditar con la barbilla en la mano...» Pero sobre todas las cosas, domina «el divino arte del canto». En concierto tras concierto, impresiona con la hermosura de su voz. Sin embargo, las gacetas se quejan de no oír en sus interpretaciones musicales el «fresco y libre grito de su alma extraña, sincero y sin trabas». Confundida y triste, la joven leona comienza su último recital. De repente, la sala queda helada, porque al abrir la boca y cerrar los ojos, la leona *ruge*. La ciudad, entonces, se vuelve contra su prodigio y echa a la señorita leona.

Hoy en día Quiroga es más conocido por cuentos como «A la deriva», en que triunfa la selva en la eterna lucha entre la naturaleza y el hombre, y por sus cuentos de terror, como «La gallina degollada», en que cuatro hermanos idiotas ven a la sirvienta de la casa degollar una gallina y ellos, impresionados por la escena, le cortan el cuello a su hermanita.

Sobre «A la deriva»

La concisión y el suspenso caracterizan los mejores cuentos de Quiroga. En «A la deriva» se ilustra admirablemente el estilo compacto e intenso del autor: No sobra una sola palabra. El cuento comienza con un acto violento de la naturaleza. Desde el principio, el autor capta la atención del lector. En la selva, el peligro está por todos lados. Un hombre, tal vez despreocupado y distraído, pisa una serpiente venenosa y empieza a hinchársele el pie. Aumenta el terror al introducirse la ponzoña en todas partes del cuerpo del hombre, de una manera lenta pero irreparable.

El protagonista es un hombre solo, atrapado en una situación sin escape. Su estado lo aísla; ante la muerte el individuo está irremediablemente solo. Por medio de este escenario el autor penetra en la psicología del ser humano que se enfrenta a la muerte. El hombre lucha física y psicológicamente por vivir. Aprecia como nunca la inmensa belleza que lo rodea. Al disminuir el dolor, aún siente una ráfaga de optimismo.

«A la deriva» se publicó en *Cuentos de amor, de locura y de muerte.*

Ediciones

Quiroga, Horacio. *Cuentos.* Ed. Raimundo Lazo. México, D. F.: Porrúa, 1989

______. *Cuentos completos.* 2 vols. Ed. Alfonso Llambía de Azevedo. Montevideo: de la Plaza, 1987

Crítica

Alazraki, Jaime. «Relectura de Horacio Quiroga.» 64–80. Ed. Enrique Pupo-Walker. *El cuento hispanoamericano ante la crítica.* Madrid: Castalia, 1973

Arango, Manuel Antonio. «Sobre dos cuentos de Horacio Quiroga: Correlación en el tema de la muerte, el ambiente y la estructura narrativa en ‹A la deriva› y ‹El hombre muerto›.» *Thesaurus.* 37:1 (Jan.–April 1982): 153–161

Bratosevich, Nicolás. *El estilo de Horacio Quiroga en sus cuentos.* Madrid: Gredos, 1973

Ekstrom, Margaret V. «La tierra indiferente en los cuentos de Quiroga y de Rulfo.» *Cuadernos de Aldeeu.* 1:2–3 (May–Oct. 1983): 211–218

Etcheverry, José Enrique. *Horacio Quiroga y la creación artística.* Montevideo: Universidad de la República, 1957

Flores, Angel, Ed. *Aproximaciones a Horacio Quiroga.* Caracas: Monte Avila, 1976. [Contiene estudios de Jaime Alazraki, Annie Boule-Christouflou, Nicolás Bratosevich, Margo Clantz, Hiber Conteris, Gustavo Luis Correa, Dinko Cvitanović, José Enrique Etcheverry, Juan Carlos Ghiano, Noé Jitrik, H. A. Murena, José Pereira Rodríguez, Emir Rodríguez Monegal, Blanca Serrat de Ruiz, Alfredo Veiravé, Saúl Yurkievich.]

Leante, César. «Horacio Quiroga: El juicio del futuro.» *Cuadernos Hispanoamericanos.* 383 (May 1982): 367–380

Mora, Gabriela. «Horacio Quiroga y Julio Cortázar: Teóricos del cuento.» *Revista Canadiense de Estudios Hispánicos.* 11:3 (Spring 1987): 559–572

Morales, Leonidas. «Historia de una ruptura: El tema de la naturaleza en Quiroga.» *Revista Chilena de Literatura.* 22 (Nov. 1983): 73–92

Quiroga, Horacio. «Horacio Quiroga on the Short Story.» *University of Denver Quarterly.* 12:3 (1977): 45–53. Tr. Margaret Sayers Peden and Leland H. Chambers. «A Note on Quiroga». 52–53

Rodríguez Monegal, Emir. *El desterrado. Vida y obra de Horacio Quiroga.* Buenos Aires: Losada, 1968

Scari, Roberto M. «Horacio Quiroga y los fenómenos parapsicológicos.» *Cuadernos Hispanoamericanos.* 397 (July 1983): 123–132

Yurkievich, Saúl. «Análisis de ‹A la deriva›.» 115–121. Ed. Angel Flores. *El realismo mágico en el cuento hispanoamericano.* Tlahuapan, México: Premià, 1985

A la deriva[1]

Horacio Quiroga

El hombre pisó algo blanduzco, y en seguida sintió la mordedura en el pie. Saltó adelante, y al volverse, con un juramento, vio una yaracacusu[2] que, arrollada sobre sí misma, esperaba otro ataque.

El hombre echó una veloz ojeada a su pie, donde dos gotitas de sangre engrosaban dificultosamente, y sacó el machete de la cintura. La víbora vio la amenaza y hundió más la cabeza en el centro mismo de su espiral; pero el machete cayó de lomo, dislocándole las vértebras.

El hombre se bajó hasta la mordedura, quitó las gotitas de sangre y durante un instante contempló. Un dolor agudo nacía de los dos puntitos violeta y comenzaba a invadir todo el pie. Apresuradamente se ligó el tobillo con su pañuelo y siguió por la picada hacia su rancho.[3]

El dolor en el pie aumentaba, con sensación de tirante abultamiento,[4] y de pronto el hombre sintió dos o tres fulgurantes puntadas[5] que, como relámpagos, habían irradiado desde la herida hasta la mitad de la

---

[1] **a...** adrift
[2] **tipo de culebra venenosa**
[3] **casa pobre**
[4] **tirante...** leaden heaviness
[5] **fulgurantes...** sharp stabs of pain

pantorrilla. Movía la pierna con dificultad; una metálica sequedad de garganta, seguida de sed quemante, le arrancó un nuevo juramento.

Llegó por fin al rancho y se echó de brazos sobre la rueda de un trapiche.[6] Los dos puntitos violeta desaparecían ahora en la monstruosa hinchazón[7] del pie entero. La piel parecía adelgazada y a punto de ceder, de tensa. Quiso llamar a su mujer, y la voz se quebró en un ronco arrastre de garganta reseca. La sed lo devoraba.

—¡Dorotea!—alcanzó a lanzar en un estertor[8]—. ¡Dame caña![9]

Su mujer corrió con un vaso lleno, que el hombre sorbió en tres tragos. Pero no había sentido gusto alguno.

—¡Te pedí caña, no agua!—rugió de nuevo—. ¡Dame caña!

—¡Pero es caña, Paulino! —protestó la mujer, espantada.

—¡No, me diste agua! ¡Quiero caña, te digo!

La mujer corrió otra vez, volviendo con la damajuana.[10] El hombre tragó uno tras otro dos vasos, pero no sintió nada en la garganta.

—Bueno; esto se pone feo...—murmuró entonces, mirando su pie, lívido y ya con lustre gangrenoso. Sobre la honda ligadura del pañuelo la carne desbordaba como una monstruosa morcilla.[11]

Los dolores fulgurantes se sucedían en continuos relampagueos y llegaban ahora a la ingle. La atroz sequedad de garganta, que el aliento parecía caldear más, aumentaba a la par.[12] Cuando pretendió incorporarse,[13] un fulminante vómito lo mantuvo medio minuto con la frente apoyada en la rueda de palo.

Pero el hombre no quería morir, y descendiendo hasta la costa subió a su canoa. Se sentó en la popa y comenzó a palear hasta el centro del Paraná.[14] Allí la corriente del río, que en las inmediaciones del Iguazú[15] corre seis millas, lo llevaría antes de cinco horas a Tacurú-Pucú.[16]

El hombre, con sombría energía, pudo efectivamente llegar hasta el medio del río; pero allí sus manos dormidas dejaron caer la pata en la canoa, y tras un nuevo vómito—de sangre esta vez—dirigió una mirada al sol, que ya trasponía el monte.

La pierna entera, hasta medio muslo, era ya un bloque deforme y durísimo que reventaba la ropa. El hombre cortó la ligadura y abrió el pantalón con su cuchillo: el bajo vientre desbordó hinchado, con grandes manchas lívidas y terriblemente doloroso. El hombre pensó que no podría jamás llegar él solo a Tacurú-Pucú y se decidió a pedir ayuda a su compadre Alves, aunque hacía mucho tiempo que estaban disgustados.[17]

La corriente del río se precipitaba ahora hacia la costa brasileña, y el hombre pudo fácilmente atracar.[18] Se arrastró por la picada[19] en cuesta arriba;[20] pero a los veinte metros,

---

[6] mill
[7] swelling
[8] death rattle
[9] **ron**
[10] demijohn (large bottle with a narrow neck
[11] blood pudding
[12] **a... al mismo tiempo**
[13] sit up
[14] **río que nace en Brasil y se extiende a la Argentina**
[15] **río que nace en Brasil; conocido por la hermosa catarata entre Brasil y Argentina**
[16] **pueblo de Paraguay**
[17] **reñidos, peleados**
[18] dock
[19] **camino, sendero**
[20] **en...** uphill

exhausto, quedó tendido de pecho.

—¡Alves!—gritó con cuanta fuerza pudo; y prestó oído en vano.

—¡Compadre Alves! ¡No me niegues este favor!—clamó de nuevo, alzando la cabeza del suelo. En el silencio de la selva no se oyó rumor. El hombre tuvo aún valor para llegar hasta su canoa, y la corriente, cogiéndola de nuevo, la llevó velozmente a la deriva.

El Paraná corre allí en el fondo de una inmensa hoya,[21] cuyas paredes, altas de cien metros, encajonan fúnebremente el río. Desde las orillas, bordeadas de negros bloques de basalto, asciende el bosque, negro también. Adelante, a los costados, atrás, siempre la eterna muralla lúgubre, en cuyo fondo el río arremolinado[22] se precipita en incesantes borbollones[23] de agua fangosa.[24] El paisaje es agresivo y reina en él un silencio de muerte. Al atardecer, sin embargo, su belleza sombría y calma cobra una majestad única.

El sol había caído ya cuando el hombre, semitendido en el fondo de la canoa, tuvo un violento escalofrío. Y de pronto, con asombro, enderezó pesadamente la cabeza; se sentía mejor. La pierna le dolía apenas, la sed disminuía, y su pecho, libre ya, se abría en lenta inspiración.[25]

El veneno comenzaba a irse, no había duda. Se hallaba casi bien, y aunque no tenía fuerzas para mover la mano, contaba con la caída del rocío para reponerse del todo. Calculó que antes de tres horas estaría en Tacurú-Pucú.

El bienestar avanzaba, y con él una somnolencia llena de recuerdos. No sentía ya nada ni en la pierna ni en el vientre. ¿Viviría aún su compadre Gaona en Tucurú-Pucú? Acaso viera también a su ex-patrón míster Dougald y al recibidor del obraje.

¿Llegaría pronto? El cielo, al poniente,[26] se abría ahora en pantalla de oro, y el río se había coloreado también. Desde la costa paraguaya, ya entenebrecida, el monte dejaba caer sobre el río su frescura crepuscular en penetrantes efluvios de azahar[27] y miel silvestre. Una pareja de guacamayos[28] cruzó muy alto y en silencio hacia el Paraguay.

Allá abajo, sobre el río de oro, la canoa derivaba velozmente, girando a ratos sobre sí misma ante el borbollón de un remolino. El hombre que iba en ella se sentía cada vez mejor, y pensaba entretanto en el tiempo justo que había pasado sin ver a su ex-patrón Dougald. ¿Tres años? Tal vez no, no tanto. ¿Dos años y nueve meses? Acaso. ¿Ocho meses y medio? Eso sí, seguramente.

De pronto sintió que estaba helado hasta el pecho.

¿Qué sería? Y la respiración...

Al recibidor de maderas de míster Dougald, Lorenzo Cubilla, lo había conocido en Puerto Esperanza un Viernes Santo...¿Viernes? Sí, o jueves...

El hombre estiró lentamente los dedos de la mano.

—Un jueves...

Y cesó de respirar.

---

[21] basin, pit
[22] whirling
[23] bubbling
[24] muddy
[25] inhaling
[26] **oeste**
[27] **flor de naranjo o de limón**
[28] **tipo de loro**

SOBRE LA LECTURA

1. ¿Qué pisó el hombre? ¿Qué sintió inmediatamente?
2. ¿Qué le pidió a su esposa al llegar al rancho? ¿Por qué se enfadó con ella?
3. ¿Se sintió mejor el hombre después de tomar la caña? ¿Cómo tenía la pierna?
4. ¿Qué hizo entonces? ¿A quién pensaba pedirle ayuda?
5. ¿Le ayudó su amigo?
6. Describa la hoya por donde corre el Paraná.
7. ¿Cómo se sintió el hombre después del violento escalofrío? ¿Pensaba que se iba a sanar? ¿De quiénes se acordó en ese momento?
8. ¿Se sanó el hombre o no?

HACIA EL ANÁLISIS LITERARIO

1. ¿Cómo crea el autor tensión y suspenso?
2. ¿En qué sentido es la naturaleza el personaje principal? ¿Por qué es la naturaleza atractiva y aterradora a la vez?
3. ¿Por qué etapas psicológicas pasa el hombre?
4. Comente la economía de medios literarios del autor.
5. Explique los sentidos literal y figurativo del título del cuento.

TEXTO Y VIDA

1. ¿A usted le atrae la selva? ¿Por qué? ¿Por qué cree usted que a mucha gente le atrae el peligro?
2. ¿Qué tipo de naturaleza prefiere usted?
3. ¿Cree usted que la ciudad puede ser tan peligrosa como la selva? ¿Ha oído usted el término «selva urbana»? ¿Qué significa?
4. ¿Por qué cree usted que a mucha gente le gustan los cuentos de horror? ¿A usted le gustan las películas de horror? ¿Por qué?

El realismo indigenista de Arguedas

La corriente indigenista tiene raíces muy profundas en la literatura peruana. Sin embargo, el retrato realista del indio no aparece sino hasta los relatos de José María Arguedas (1911–1969) en el año 1935. Románticos como Juan León Mera (1832–1894), influidos por la teoría del «noble salvaje» y por el humanismo cristiano, habían idealizado al indio. La protagonista de su novela *Cumandá* (1879) es una princesa india que encarna valores cristianos y al final resulta ser hija de un cristiano. Diez años después de *Cumandá* se publicó *Aves sin nido*, de Clorinda Matto de Turner (1854–1909). La trama de esta novela tiene semejanzas con la de Mera. Las «aves» del título son Manuel y Margarita, que se enamoran sin saber que son hermanos; son los frutos de la relación de su padre, el cura Miranda y Claros, con una india. Aunque algunos críticos han clasificado *Aves sin nido* como novela romántica por su sentimentalismo *hiperbólico, otros han subrayado los elementos realistas: La afirmación de la presencia indígena en la sociedad, la revindicación de los indios como clase empobrecida y explotada por los elementos poderosos, el uso de un lenguaje agresivo para describir los abusos de la sociedad. Hoy en día se tiende a ver la novela de Matto de Turner como una manifestación del ocaso del romanticismo. Refleja las actitudes positivistas de su generación, con su énfasis en la educación, la libertad y el progreso. El elemento realista se acentúa en *Raza de bronce* (1919), de Alcides Arguedas, novela en la cual los abusos del latifundista Julio Pantoja y sus hombres provocan la sublevación de los indios.

En Ecuador, la obra culminante del indigenismo de principios de siglo es *Huasipungo,* de Jorge Icaza (1906–1978). Publicada en 1934, esta novela sigue siendo una de las más leídas de la literatura hispanoamericana. Relata la historia de don Alfonso Pereira, un terrateniente de la ciudad que se ve obligado a volver al campo cuando sus negocios fracasan y su hija soltera queda embarazada. Un hombre ignorante y brutal, Pereira abusa horriblemente de los indios, obligando a los hombres a trabajar casi sin sueldo y aprovechándose sexualmente de las mujeres. Con la ayuda de un cura libidinoso y avaro y de un sádico administrador mestizo, don Alfonso subyuga a los indios con violencia, aguardiente y manipulaciones. Sin conocimientos ni de la agricultura ni de la gente de la zona, Pereira no puede hacer producir sus tierras. Los únicos terrenos que parecen tener algún valor son los *huasipungos* de los indios, los cuales están cerca del agua. Cuando Pereira entra en negocios con una firma extranjera y les quita los huasipungos a los campesinos, la acumulación de abusos conduce a una rebelión, que las autoridades suprimen con facilidad.

Aunque la simpatía del autor está más con los campesinos que con otros elementos de la sociedad, Icaza no idealiza al indio, sino que lo muestra con algunos de sus defectos. Andrés Chiliquinga, el líder de los peones, es un hombre ignorante y rudo; maltrata a su mujer aún cuando siente afecto por ella. En uno de los episodios más violentos de la novela, cuatro indios matan a otro, quien se había negado a pagar una cantidad de dinero que el cura exige por una misa. Al suceder una tormenta devastadora, los indios supersticiosos le echan la culpa a su compañero y toman venganza.

El peruano Ciro Alegría (1909–1967), contemporáneo de Arguedas, empezó a escribir en los años veinte. Su primera novela, *La serpiente de oro* (1935) trata de la selva peruana. En 1939 se publicó *Los perros hambrientos,* su segunda novela, que describe el hambre que resulta de una larga sequía. Pero es su tercera novela, *El mundo es ancho y ajeno* (1941), la que le ganó fama internacional. *El mundo es ancho y ajeno* se considera uno de los mejores ejemplos de la literatura indigenista por su detallada descripción de las comunidades de los indios, de la enfrentación entre éstos y las clases pudientes y de la naturaleza de la sierra. El personaje central, un viejo indio que se llama Rosendo Maqui, llega a encarnar los valores tradicionales de los hombres de la sierra. Sin embargo, algunos críticos opinan que más que un solo individuo, es la comunidad entera que protagoniza el libro. La fuerza de los indios se encuentra en la comunidad; en la vida comunitaria el individuo encuentra su dignidad. El sistema de propiedad de los blancos les parece extraño a los indios; asimismo la religión católica, que enseña que hay que creer en el Cielo. Para el indio, el bien está en la tierra. El conflicto se ve claramente en las siguientes líneas: «Rosendo y Goya se marcharon llevándose en el pecho un violento combate. Ellos habían tenido a Dios y a San Isidro como protectores y defensores de los bienes de la tierra, de las cosechas, de los ganados, de la salud y el contento de los hombres. Poco habían pensado en el Cielo, ciertamente. Y ahora estaban viendo, en último término, que sólo en el Cielo debían pensar. Sin embargo, no podían dejar de querer a la tierra». Este y otros choques de valores conducen últimamente a una crisis, y a la destrucción de la comunidad india.

Aunque todos estos escritores miran con compasión al indio, ninguno de ellos llega a ser solidario con ellos. Mario Vargas Llosa escribe que aunque los indigenistas del período postmodernista «albergan hacia el indio sentimientos generosos», lo que los motiva es «un nativismo intelectual y emocional» que «no se respalda en un conocimiento directo e íntimo de la realidad andina». Sin embargo, con Arguedas, la situación cambia. Escribe Sara Castro Klarén que la obra de Arguedas «rescata al ‹indigenismo› y por primera vez, con la

Trueblood, José Clemente Orozco, *Revolucionarios,* No. 75Q7, Art Resources.

transformación estética de la experiencia vital, integra la posición combativa del ‹indigenismo› ». Sin embargo, no se trata, según la investigadora peruana, de «indigenismo» en el mismo sentido que se ha usado para describir a la obra de otros autores, sino de un «realismo indígena» que nace de un conocimiento profundo e íntimo de las comunidades indias y de la psicología india.

Arguedas nació en el pueblo remoto de Andahuaylas, en el distrito de Apurimac de los Andes peruanos. Su madre murió cuando tenía tres años, y el niño fue a vivir con parientes en diferentes pueblos de la sierra. En 1918 su padre se casó con la viuda de un hombre adinerado y poderoso. Arguedas no se llevó bien con su nueva familia, especialmente con su hermanastro, que era un caudillo local. Abandonó la casa y llegó a Utek, una comunidad de indios. Los habitantes del pueblo lo criaron como si fuera un niño indio. Arguedas aprendió las costumbres y el folklore de la gente de la comunidad y se imbuyó de la cultura indígena. Por eso más tarde pudo escribir de los habitantes de la sierra desde una perspectiva única, imbuyendo sus relatos y novelas de un sabor de experiencia vivida.

Arguedas estudió en varias escuelas rurales. En 1931 fue a Lima, donde asistió a la Facultad de Letras de la Universidad de San Marcos. Cuando el gobierno cerró la universidad por razones políticas, Arguedas encontró trabajo en los correos. En 1935 San Marcos volvió a abrir sus puertas, pero el desorden siguió reinando. Los estudiantes se habían aliado con los obreros y con los campesinos para exigir mejores condiciones de trabajo además de reformas universitarias. Arguedas fue encarcelado, una experiencia que se refleja en la novela *El Sexto* (1962). En Lima, Arguedas llegó a ser conocido como campeón de los derechos de los indios. *Agua, Los escoleros* y *Warma Kuway* (1935), sus primeros cuentos, lo convierten en el primer autor peruano que realmente habla por el indio.

Al dejar la universidad, Arguedas enseñó en varias escuelas rurales. En 1940 se publicó su novela *Yawar fiesta*. En 1946 Arguedas volvió a la universidad, completando sus estudios de antropología en 1948, el mismo año en que se publicó *Canciones y cuentos del pueblo quechua*. Al terminar su carrera trabajó en la sección de folklore del Ministerio de Educación, y a causa de sus extensos conocimientos de las culturas andinas, más tarde fue nombrado Director del Instituto de Estudios Etnológicos del Museo Nacional de Historia.

En 1958 se publicó su novela *Los ríos profundos*, por la cual ganó el Premio de la Novela Iberoamericana de la Fundación William Faulkner, en los Estados Unidos. Es una novela difícil para el lector moderno urbano, quien está acostumbrado a libros, películas y telenovelas en que domina la acción. *Los ríos profundos* nace de los recuerdos de Arguedas; tiene el tono y el carácter de un memorial de ciertas épocas de la vida del protagonista, pero contiene también otros recuerdos de un período anterior. Como el autor, Ernesto, el protagonista, se siente rechazado por su ambiente social. Le angustia el no caber en ningún lugar. Está agudamente consciente de no ser un indio, pero al mismo tiempo, no está cómodo entre los blancos y mestizos que ocupan una posición de poder en la sociedad. Entonces huye hacia el pasado; se entrega a la memoria. Aquí no domina la acción, sino el ambiente soñoliento y poético del recuerdo; se trata de una realidad filtrada y rescatada por la memoria. No es el momento inmediato lo que capta nuestro interés, sino esa realidad pretérita, cambiada y enriquecida por la imaginación. A veces parece que nada pasa. A veces Ernesto se detiene en la descripción de un detalle, el cual aumenta, distorsiona y embellece de mil maneras. A través de estos pasajes lentos y repetitivos, el autor nos hace entrar en el mundo de la gente de la sierra, para quien el tiempo es lento y repetitivo, sin la misma urgencia que para el hombre de la ciudad.

Algunos críticos han visto en *Los ríos profundos* un precursor del *realismo mágico, la combinación de realismo, surrealismo y magia que caracterizará más tarde la ficción de ciertos autores hispanoamericanos como Gabriel García Márquez. Es que para el indio andino el mundo está lleno de magia. La naturaleza es viva y animada. Cada roca y cada lago tienen sus espíritus, y todos son parte de una totalidad cohesiva. Cualquier violación perpetrada por un ser humano contra el orden natural dará por resultado infortunios impredecibles.

Arguedas ganó fama internacional con *Los ríos profundos*. En 1962 apareció su colección de poesía, *A nuestro padre creador Túpac Amaru, Himnocanción*. En 1963 se publicó *La agonía de Rasu Ñiti*, un largo cuento, y en 1964, su novela, *Todas las sangres*. Dos años más tarde apareció *Oda al jet*, otro libro de poesía, y en 1967 se publicó su colección de narraciones, *Amor mundo y todos los cuentos*. A pesar de sus éxitos literarios, Arguedas estaba hundiéndose en una profunda depresión. El 27 de noviembre de 1969 les escribió al rector y a los estudiantes de la Universidad Agraria, donde había estado enseñando: «Me retiro ahora porque siento, he comprobado que ya no tengo energía para seguir trabajando, es decir, para justificar la vida». Al día siguiente se suicidó. En 1971 se publicó póstumamente *El zorro de arriba y el zorro de abajo*, novela semi-ensayística en que el autor revela con más detalle su estado de ánimo antes de quitarse la vida. Al año siguiente se publicó su libro de poesía *Temblar/Katatay*.

Sobre «Yawar (fiesta)»

El problema lingüístico está en el centro de toda la ficción de Arguedas. El autor pensó largamente en los instrumentos narrativos que usaría antes de componer «Agua». El dilema era cómo expresar la realidad indígena en un idioma que no era el de los indios. ¿Cómo reproducir la manera de hablar de sus personajes, cuando éstos a menudo no dominaban el castellano? Para resolver la dificultad, Arguedas inventó un lenguaje literario nuevo, que combina el español y el quechua. La narrativa misma se hace en castellano, pero los indios se expresan en un español pobre que es una traducción literal del quechua, mientras que los mistis (personas de clase alta) usan un español acentuado por palabras quechuas. El título del relato que se incluye aquí revela la naturaleza híbrida de la ficción de Arguedas. «Yawar» significa sangre y se combina con «fiesta», una palabra castellana; se trata de la fiesta de sangre, es decir, la corrida de toros.

La visión que se refleja en «Yawar (fiesta)» (cuento independiente de la novela del mismo nombre) y en toda la ficción de Arguedas es la de un universo conflictivo. Antonio Cornejo Polar escribe: «Deviene tal carácter de su radical duplicidad: en realidad, son dos universos, dos submundos si se quiere, el de los indios y el de ‹los blancos›. Entre uno y otro no hay separación neutral ni neutralizadora; hay, por el contrario, choque y oposición permanentes, contradicciones agudas, insalvables».

Esta oposición se delinea claramente en el relato que se incluye aquí. «Yawar (Fiesta)» comienza con una descripción de la corrida de toros tradicional, tal como se hace en Puquio, la ciudad andina donde ocurre la acción. Es una fiesta brutal, sangrienta, pero totalmente auténtica. Los indios se esfuerzan en buscar los mejores toros de la puna, esas tierras frías y secas de los Andes, y un cóndor que se agarrará a los lomos del toro más bravo. Arriesgan la vida para enfrentarse a los toros, dándoles gusto a los señores pudientes para quienes la sangre india es barata. Pero la corrida no es sólo una diversión para los mistis, sino una prueba de valor para el indio. Para ellos todo tiene un valor simbólico. El cóndor es el rey de los cielos; el toro es la encarnación de una montaña o de un lago profundo. Al participar en la corrida, el indio reafirma su lugar en el mundo natural.

El choque se produce cuando se mobiliza a los indios por medio de un engaño para crear una nueva plaza de toros, y entonces se les excluye de la fiesta. Los indios del relato no son las víctimas cándidas e inocentes de la novela romántica, sino hombres orgullosos que se indignan ante este insulto. Su solidaridad les da fuerza y aterra a los mistis, que se ven obligados a ceder ante la insistencia de los indios. Además, los espectadores de todas clases se aburren del cauto torero español y añoran el espectáculo violento de la corrida tradicional.

Los personajes de Arguedas no son «indios de estampa», sino hombres y mujeres de carne y hueso que se emborrachan, se enojan, aman y odian como otros seres humanos. Al recrear al indio con sus defectos y vicios tanto como con sus virtudes, Arguedas crea personajes auténticos y convincentes.

Ediciones

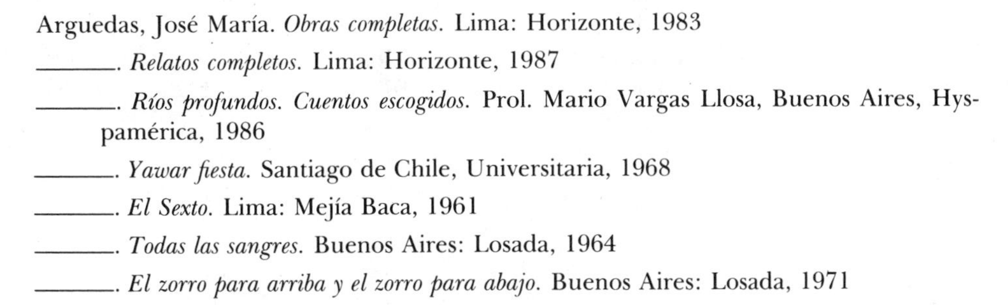

Arguedas, José María. *Obras completas.* Lima: Horizonte, 1983

______. *Relatos completos.* Lima: Horizonte, 1987

______. *Ríos profundos. Cuentos escogidos.* Prol. Mario Vargas Llosa, Buenos Aires, Hyspamérica, 1986

______. *Yawar fiesta.* Santiago de Chile, Universitaria, 1968

______. *El Sexto.* Lima: Mejía Baca, 1961

______. *Todas las sangres.* Buenos Aires: Losada, 1964

______. *El zorro para arriba y el zorro para abajo.* Buenos Aires: Losada, 1971

Crítica

Beyersdorff, Margo. «Voice of the Runa: Quechua Substratum in the Narrative of José María Arguedas.» *Latin American Indian Literatures Journal.* 2:1 (Spring 1986): 28–48

Siglo XX

Castro Klarén, Sara. *El mundo mágico de José María Arguedas.* Lima: Instituto de Estudios Peruanos, 1973

Columbus, Claudette Kemper. *Mythological Consciousness and the Future: José María Arguedas.* New York: Peter Lang, 1986

Cornejo Polar, Antonio. *Los universos narrativos de José María Arguedas.* Buenos Aires: Losada, 1974

Larco, Juan, Ed. *Recopilación de textos sobre José María Arguedas.* La Habana: Centro de Investigaciones Literarias, Casa de las Américas, 1976. [Contiene artículos de Yerko Moretic, Antonio Cornejo Polar, Tomás G. Escajadillo, G. R. Coulthard, Peter Biksfalvy, José Luis Rouillón, Sara Castro Klarén, Paulina Matta de Rodríguez, Julián Ayuque Cusipuma, François Bourricaud, Adalberto Dessau, Saúl Yurkievich, Roberto Armijo, William Rowe, Alberto Escobar, Emilio Adolfo Westphalen, Luis Alberto Ratto, además de testimonios de otros autores y documentos y cartas de Arguedas, incluyendo su Carta al Rector de la Universidad Agraria de Perú.]

Lévano, César. *Arguedas: un sentimiento trágico de la vida.* Lima: Labor, 1969

Lockert, Lucia. «Peruvian Social Realities in José María Arguedas.» *Michigan Academician.* 19:2 (Spring 1987): 243–251

Marín, Gladys C. *La experiencia americana de José María Arguedas.* Buenos Aires: F. García Cambeiro, 1973

Muñoz, Silverio. *José María Arguedas y el mito de la salvación por la cultura.* Lima: Horizonte, 1987

Ortega, Julio. «Arguedas: la ambigüedad racial.» *Mundo Nuevo,* París. 14 (Aug. 1967): 71–73

Rowe, William. «Arguedas: Música, conocimiento y transformación social.» *Revista de Crítica Literaria Latinoamericana.* 13:25 (1987): 97–107

______. *Mito e ideología en la obra de José María Arguedas.* Lima: Instituto Nacional de Cultura, 1979

Salazar Bondy, Sebastián. «Arguedas: la novela social como creación verbal.» *Revista de la Universidad de México.* 19:2 (July 1965): 18–20

Urrello, Antonio. *José María Arguedas, el nuevo rostro del indio: una estructura mítico-poética.* Lima: J. Mejía Baca, 1974

Vargas Llosa, Mario. *José María Arguedas, entre sapos y halcones.* Madrid: Cultura Hispánica del Centro Iberoamericano de Cooperación, 1978

Yawar (fiesta)[1]

José María Arguedas

En los pueblos de la sierra las grandes fiestas terminan siempre con una corrida de toros. Cada pueblo tiene su día grande, su fiesta religiosa central; día del patrón o de la patrona del pueblo. Estas fiestas duran generalmente tres o cuatro días; en algunos pueblos hasta una semana. El último día de fiesta es el de la corrida de toros. Las corridas son la mejor manera de festejar un día grande; no hay nada ya que sea más atractivo que una corrida. La gente de los pueblos vecinos, que no va a ver la procesión, ni la misa solemne, ni los juegos artificiales[2] de las vísperas, no falta jamás el día de la corrida. A pie, a caballo, a burro, de todos modos, la gente de los pueblos vecinos se traslada al pueblo en fiesta, sólo por ver la corrida.

Pero el 28 de julio[3] nadie tenía necesidad de moverse de sus pueblos; ese día, aun en las aldeas más pequeñas, en los solitarios caseríos, se hacía una corrida de toros.

En Puquio,[4] capital de provincia, las corridas se realizaban en la plaza grande del barrio de Pichk'achuri. Las cuatro esquinas se cerraban, la mañana del 28, con barreras de maguey[5] y de eucalipto. En el centro de la plaza se abría un hueco redondo y grande, para el refugio de los enjalmeros[6] y capeadores.[7] Los toros salían del coso,[8] que durante el resto del año servía de prisión a las reses de los indios, al ganado que habían sorprendido haciendo «daño» en los pastales[9] de los mistis.[10]

Los principales[11] veían la corrida desde los balcones de las casas y los indios encaramados sobre las barreras de las esquinas, sentados sobre los muros de un lado de la plaza en el que no había aún ninguna construcción y desde el techo de las casas y de la iglesia del barrio.

Esa vez, como ahora, los varayok'[12] de los cuatro ayllus[13] del pueblo preparaban la fiesta. Comisiones de indios recorrían las punas[14] en busca de toros bravos y del cóndor para el último toro. Demoraban a veces diez y quince días, averiguando, tomando noticias acerca de los toros más terribles de las punas. Los cuatro barrios entraban en competencia. El barrio que pusiese en la plaza los toros

---

[1] **yawar... fiesta de sangre**
[2] fireworks
[3] **Día de la Independencia del Perú**
[4] **Se encuentra en el departamento de Ayacucho, al sureste de Lima.**
[5] aloe, a plant from whose fibers strong cords are made
[6] the men who put the **enjalma**—a decorative cover described later on in the story—on the bull (literally: saddlers)
[7] **hombres que atraen la atención al toro al mover la capa**
[8] enclosure used for bullfighting
[9] pasture lands
[10] **personas de las clases dominantes, cualquiera que sea su raza**
[11] **la gente importante**
[12] **alcalde de indios; autoridades indígenas que llevan una vara como símbolo de su oficio**
[13] **comunidades indias**
[14] **tierras frías y secas de los Andes, que están situadas entre 3000 y 5000 metros de altura**

de mayor fiereza, de mejor pinta,[15] ese sería el más k'ari del año, es decir, el más valiente y meritorio.

En las punas, los toros bravos son muy temidos y gozan de una gran popularidad. «Dicen que en Huacabamba hay un toro bravo que vive solo en un monte de k'eñwa[16] y no deja que ningún animal se acerque a su querencia.[17] Brama, dicen, dos o tres veces al día y las quebradas[18] le contestan con respeto». Así hablaban en Lucanas, en San Pedro, de un toro bravo que vivía en punas que están a cuatro y cinco días de camino de estos pueblos. Cuentan leyendas sobre los toros bravos, como de los grandes cerros, de las lagunas y de las piedras. A veces creen que los toros bravos son la personificación de alguna enorme montaña o de algún lago profundo y tranquilo del altiplano. Pero los varayok' de Puquio no respetaban la leyenda de estos toros. A caballo y a pie, con zurriagos[19] y cohetones,[20] penetraban en los montes y quebradas y arrancaban de su querencia a los cornúpetos más salvajes y temibles. En esas correrías algunos caballos eran destripados,[21] y a veces, uno que otro indio. ¡Pero esas muertes eran para el prestigio del barrio, para la gloria de la capital y de su 28 de julio!

Cada barrio debía entregar al alcalde tres toros en la tarde del 27. La llegada de los toros levantaba polvareda en los caminos de entrada y producía revuelo y entusiasmo entre la indiada[22] y los muchachos de escuela. Todos los indios corrían a la entrada de sus respectivos barrios. Las comisiones llegaban al pueblo tocando sus grandes cornetas de cuerno y cantando en coro las canciones de la hierra.[23] En cuanto los toros ingresaban a la primera calle del barrio, toda la gente gritaba:

—¡Viva! ¡Viva toro! ¡Viva 28 de julio!

Y entre cohetazos, música y algarabía, los toros entraban a la plaza y eran encerrados después en el coso. Todo el pueblo se reunía allí para examinar detenidamente a los toros bravos. Los indios y los mistis hablaban sobre cuál sería ese año el barrio más k'ari, cuál el toro más feroz, y cuántos morirían o saldrían heridos en la corrida.

La comisión del cóndor estaba formada de dos comuneros[24] por cada barrio. En la madrugada del 26, los ocho salían con dirección a la cordillera, llevando un carnero para el cebo[25] de la trampa. Al pie de alguna roca o en un lugar alto de las montañas, cavaban un hueco redondo y profundo, escondían allí a dos hombres, lo cubrían después con una empalizada que disimulaban con tierra e ischu[26] y sobre la empalizada tendían el carnero. Los otros comuneros se escondían entre las rocas o en los montículos de ischu, un poco alejados de la trampa.

El cóndor bajaba por la presa y

---

[15] **aspecto**
[16] **quenua, planta de la misma familia del rosal, del almendro y de la fresa**
[17] **guarida, lugar donde vive**
[18] **terreno desigual o tortuoso (Como se explica más abajo, en la mitología india, el toro es la encarnación de una enorme montaña o de un lago profundo; por eso la tierra le muestra respeto.)**
[19] **látigos**
[20] blasting fuses, flares
[21] disemboweled
[22] mass of Indians
[23] branding
[24] **personas de la comuna**
[25] bait
[26] **paja dura de las regiones altas**

era cogido de las patas por los hombres escondidos en el hueco. Los seis indios restantes que estaban al acecho[27] corrían de sus escondites en cuanto veían atrapado el cóndor, y todos juntos, le amarraban las alas y las patas.

Ellos también, los comisionados del cóndor, entraban al pueblo haciendo bulla[28] y tocando cornetas. La gente del pueblo se reunía y rodeaba a los condoreros. Y así, en tumulto, llevaban al cóndor hasta el Cabildo[29] de Pichk'achuri, donde era guardado hasta el 28 en la mañana; a esa hora, el cóndor era conducido al coso, para que pudieran verlo todos los que quisieran.

* * *

En la noche del 27, el alcalde entregaba a los varayok' de los cuatro barrios dos o tres arrobas[30] de cañazo,[31] para que los indios celebraran la buena llegada del ganado y del cóndor. Los varayok', sombrero en mano, y llenos de agradecimiento, recibían el regalo y se iban muy contentos.

Con el cañazo empezaba la locura en los ayllus. Los comuneros tragaban el alcohol en jarros, reunidos en la plaza del barrio o en la casa del regidor. Ya borrachos, juraban que entrarían como k'aris a los toros, que capearían con valor, que arrancarían las divisas[32] con mano firme. Alguien se quitaba el poncho y hacía ademán de capear, otro hacía de toro, y jugaban como niños. Gritaban, lloraban muchos, se abrazaban; y ya tambaleantes,[33] caían en cualquier parte y roncaban hasta el amanecer. A esa hora cargaban los palos a la plaza de Pichk'achuri y amarraban las barreras.

El 28 de julio, a las dos de la tarde, la plaza de Pichk'achuri empezaba a llenarse de gente. De los balcones colgaban mantones de seda y banderas peruanas. Sobre los muros, en el techo de las casas y de la iglesia, sobre las barreras, se acomodaba la indiada, como podía. Los comuneros hablaban en voz alta, y se oía en la plaza un murmullo intenso de voces. Muchos indios silbaban, otros tocaban cornetas; y de rato en rato reventaban dinamitazos en la plaza.

En el coso se reunían los capeadores, los enjalmeros, muchos indios y los varayok'; allí mandaba el alcalde algunas arrobas de cañazo. Empezando por los varayok', los comuneros tragaban otra vez el veneno de la costa. A las tres, la mayor parte estaban borrachos; corrían hacia el ganado, se mezclaban con la tropa de los toros bravos, y gritaban:

—¡Dónde estás, barroso! ¡Dónde estás, callejón! ¡Dónde estás, k'osñi![34] ¡Maulas![35] ¡Pierros de mierda!

Se golpeaban el pecho con ambas manos y con ademán desafiante y altanero. Miraban a los toros con ojos llameantes y enloquecidos.

—¡Cornea, carago![36] ¡Si eres k'ari, turucha![37]

---

[27] **a...** spying, on the lookout
[28] **ruido**
[29] town hall
[30] liquid measure of varying weight
[31] **aguardiente de caña**
[32] emblems (on the bull's decorated cover)
[33] tipsy
[34] **nombre insultante**
[35] lazy oafs (Note deformed version of **perros** in next sentence.)
[36] **carajo, mierda**
[37] **torito (Arguedas reproduce la pronunciación de los indios.)**

Otros corrían al rincón donde guardaban al cóndor.

—¡Cundurcha![38] —le decían. —¿Quié deces?[39] ¡Vas a picar con ganas, carago! Para eso hemos sudado por agarrarte ¡Cundurcha! Tú picoteabas a los becerritos. Tú le sacabas el ojo a las crías de nuestras yeguas. ¡Tú, carago! ¡Jajayllas![40] ¡Jajayllas, caragooó!

Y rabiosos, vengativos, pateaban cobardemente al pobre cóndor maniatado.[41] El ave grande, el rey, sacudía desesperado sus alas aherrojadas, estiraba su cuello amarrado, miraba al indio con ojos despavoridos,[42] y graznaba.[43] El indio reía a carcajadas, echando la cabeza atrás y mostrando los dientes.

—¡Cundurcha!

Y se iban a cantar desde el muro del coso, a gritar que eran muy k'aris y que entrarían al toro como valientes.

A las tres de la tarde el alcalde daba la orden de empezar y mandaba al coso la primera enjalma.

Las enjalmas eran cosidas por las hijas de los mistis. A lo más había dos o tres enjalmas para cada corrida. La enjalma era el cebo que ponían sobre el lomo del toro para que entraran a capear los indios; era una especie de pequeña manta de seda con bordados y diversos adornos. En las puntas de la enjalma cosían las niñas monedas de una y de media libra[44] de oro, y otras de plata en diversos sitios. Las enjalmas eran muy vistosas y brillantes.

Después de la orden del alcalde entraban a la plaza los lidiadores de los cuatro barrios; avanzaban en tropa hacia el centro de la plaza y saltaban al hueco, único burladero, único refugio de los capeadores y enjalmeros. Otros indios laceaban al primer toro. Una vez con el lazo en los cuernos, el toro era arrastrado hasta una estaca que había clavada sobre la puerta de salida del coso; allí cosían la enjalma al lomo del toro. Después, cortaban el lazo. Sintiéndose libre, el toro corría hacia las barreras, arremetía[45] con furia contra los palos y bramaba. Entonces lanzaban cohetazos a la plaza.

En cada barrio había indios veteranos como enjalmeros; esos entraban primero. Salían del hueco y avanzaban, poncho en mano, contra el toro. La mayor parte de los enjalmeros tomaban valor porque ya estaban ebrios. Miraban brillar las libras de oro en las puntas de la enjalma y los soles de plata sobre la seda. ¡Un año de trabajo en un minuto! ¡Cuatro libras! Cuatro libras nuevecitas, con su escudo a un lado y una linda niña en el otro! ¡Y la seda roja o azul, suave, brillosa; mil veces más linda que los toscos trapos que llenaban sus casas!

—¡Eso es para mí! —le gritaban a su alma los indios.

Y ciegos de entusiasmo entraban, poncho en mano, a desafiar a la fiera, al toro bravo, que quizá llevaba en el corazón el misterio de las lagunas, de los cerros negros y ceñudos, o de las grandes rocas, nido de cóndores y de ankas.[46] Además, el enjalmero veía en los balcones adornados con

---

[38] **Condorcito**
[39] **Quié... Qué dices**
[40] **interjección de burla**
[41] **que tenía las patas amarradas**
[42] **con terror**
[43] cawed
[44] **unidad monetaria**
[45] **atacaba**
[46] **tipo de ave**

flores y mantas multicolores a todas las niñas del pueblo, a las de cara blanca, a las de manos delicadas y finas; a todas ésas, que estaban tan lejos de ellos como las santas de las iglesias; veían, que todas estaban ahora pendientes de ellos, los valientes indios enjalmeros, que tenían los ojos fijos en sus menores movimientos y el corazón lleno de angustia, presintiendo el espectáculo sangriento que verían de un momento a otro. ¡Y los enjalmeros enloquecían de entusiasmo por eso, sus pobres corazones humildes se enardecían!

—¡Eh, toro maula! ¡Carago! ¡Turucha! ¡Chascha![47]

Y corrían, agitando sus ponchos, levantando sus brazos, echando ajos, desafiando con miradas de heroísmo al gran toro bravo de los montes de k'eñwa. Daban pena. ¿Pero quién llora por ellos? ¿Quién sentía? ¿Quién protestaba? Sus mujeres, sus madres, hermanas e hijas, enmudecían y los miraban con ojos idiotizados. Eso era de todos los años, desde sabe qué tiempos. Estaban los enjalmeros allí, como están los bueyes en el arado y los burros con la carga sobre la matadura.[48] Las niñas y los mistis gozaban con el espectáculo. Cuando algún indio salía por encima del lomo de la fiera, patas arriba, muchos mistis reían a carcajadas; otros decían:

—¡Qué valiente cholo![49] ¡Eso es bueno!

Otros:

—¡Cholo bruto, asno!

Y las niñas chillaban de emoción. Los varayok' de los barrios miraban no más; estaban borrachos, con el alma ciega y torpe, con el corazón encallecido por el alcohol, con los ojos turbios; no comprendían nada; cuando veían algún comunero barrido por el toro, levantaban su vara, hacían un gesto cualquiera:

—¡Judido, judido![50]

Hablaban, y se echaban unos a otros el tufo[51] del cañazo a la cara.

—¡Eh, toro, maula! ¡Chascha!

El enjalmero agitaba el poncho y el toro le embestía con rabia. Algunos enjalmeros sabían hacer el quite[52] y zafaban[53] bien; pero apenas el toro había pasado se lanzaban sobre él, con los dedos crispados, a arrancar la enjalma. El toro embestía a otro indio, y un grupo de comuneros corría tras de la fiera, por la enjalma, por las cuatro libras, por la seda. Y el toro tumbaba indios como quien tumba espantajos.[54] Otros enjalmeros tiraban su poncho sobre la cara del toro en el momento de la embestida, quitaban el cuerpo como podían y se lanzaban sobre la enjalma.

Cuando algún comunero lograba arrancar la enjalma, los mistis y las niñas aplaudían, y la gente del ayllu al que pertenecía el enjalmero gritaba de entusiasmo. Después, botaban dos o tres vacas a la plaza, las entropaban[55] con el toro bravo y volvían el ganado al coso.

El enjalmero estrujaba el pedazo de seda entre sus brazos, se frotaba la cara con la enjalma, la miraba varias veces, sin poder convencerse que eso

---

[47] **perro pequeño**
[48] sores, lesions
[49] **término despectivo para un indio medio asimilado que habla español**
[50] **jodido** (He's done for.) (obscenity)
[51] fumes, odor
[52] attracting the bull away from a man in danger
[53] dodged (the bull)
[54] scarecrows
[55] herded

era ya de él. La borrachera se le esfumaba a medias. Arrancaba las cuatro libras de las puntas de la enjalma y corría después hacia la barrera de su barrio, seguido por los otros enjalmeros; subía la barrera y desde lo alto iban echando sobre la cabeza de sus compañeros las monedas de plata que arrancaban de la enjalma. Entonces su cara rebosaba orgullo, una inmensa alegría; serio, con aire de rey, tiraba las monedas a la plaza; su pobre corazón humillado y sencillo se turbaba y latía con violencia. Los otros enjalmeros se topaban en el suelo, buscando los reales, las pesetas.

* * *

Lidiaban seis o siete toros. Al último, que debía ser el más grande y fiero, le amarraban el cóndor al lomo.

Ese era el toro de los valientes, de los capeadores; tenían que entrarle los que habían jurado portarse como k'aris.

—Aquí vamos a ver algo bueno—decían los mistis cuando salía este toro. Y se acomodaban en sus asientos. Las niñas palidecían.

El toro cruzaba la plaza a grandes saltos. Sacudido, hambriento, rabioso; el cóndor clavaba su pico en el lomo de la fiera; aleteaba desesperadamente y graznaba. El toro se enfurecía más y más en cada minuto; se retorcía, sacudía desesperado su testa,[56] estiraba su enorme lengua y bufaba como endemoniado. Arremetía contra las barreras, y muchas veces subía al atrio de la capilla y clavaba el asta en las rendijas de la puerta del templo, ante el horror de las niñas y de la indiada.

Los capeadores se acercaban con cuidado a este toro. Salían del hueco de tres en tres, y desde cuarenta o cincuenta metros le gritaban:

—¡Toro, toro! ¡Allk'o![57]

A ése no le decían chascha, ni le insultaban con desprecio: le respetaban y temían de verdad.

El toro embestía desde muy lejos y los capeadores corrían hacia el burladero;[58] unos sobre otros se aventaban al hueco dejando sus ponchos en cualquier parte. Entonces algún misti o el alcalde, y hasta los varayok', hacían bocina con las manos y gritaban:

—¡Maulas! ¡Maulas!

¿Maulas ellos? ¿Los comuneros de Chaupi, Pichk'achuri, K'ayao o K'ollana? ¡Jajayllas! ¡Eso nunca!

—¡Toro! ¡Toro! ¡Allk'o!

Corrían por sus ponchos. Se paraban en un sitio, tiesos, con el pecho salido y en actitud fiera.

—¡Quíe venga toro!

Y el toro iba, en línea recta, con su cóndor carnicero en el lomo; se lanzaba con furia. El indio capeador ponía en juego su instinto y quitaba el bulto, sabe Dios cómo. Así una, dos, tres veces. Hasta que al fin el toro podía saciar su venganza en el cuerpo de algún valiente capeador. Y entonces barría el polvo de la plaza con el indio; zapateaba de gusto, de alegría, sobre los huesos de su víctima. Y por las venas de los mistis recorría una sensación de tibieza, sus corazones saltaban al calor de un recóndito y obscuro goce.

Del cuerpo de los enjalmeros y

---

[56] **cabeza**
[57] **Perro**
[58] covert; safe area in a bullring

capeadores chorreaba la sangre, como sale el agua de los manantiales,[59] sin que nadie diga nada, sin que nadie se asombre, sin que nadie proteste.

El último toro era entropado con vacas y arreado al coso. Allí lo volvían a lacear y le quitaban el cóndor. El cóndor era llevado en procesión hasta uno de los balcones de la plaza. Todas las niñas del pueblo adornaban con cintas y collares de borlas multicolores al gran rey del cielo andino; enseguida le cortaban las amarras. El cóndor levantaba velozmente el vuelo y arrastrando sus cintas se elevaba en el espacio, como un cometa negro y raro. Toda la indiada llenaba la plaza y despedían con gritos y cantos al gran cóndor, dueño de las rocas más altas de las montañas, y le seguían con la mirada, hasta que desaparecía en el azul del cielo o tras el lomo de las cordilleras.

Así eran las corridas hace algún tiempo.

* * *

Pero este año de 193... ya había en Puquio una plaza de toros.

Los comuneros rabiaron el primer año que la corrida se hizo en esta plaza. El alcalde y los principales les avisaron que ya no habría ni enjalmeros, ni cóndor, ni capeadores. Los indios no serían ya nada en las corridas.

¿Y quiénes hicieron la plaza? Los varayok' fueron engañados y rabiaron. Los cuatro ayllus habían trabajado gratuitamente y con un gran entusiasmo en la construcción de esa plaza. A ellos les dijeron que el pueblo necesitaba una plaza de mercado, donde las indias e indios irían a vender sus pequeños productos: carne de chivo, de carnero, papas, maíz, quesillo, queso, verduras, flores... En vez de ir a ofrecer sus artículos de casa en casa, se sentarían cómodamente frente a un mostrador en un puesto de la plaza de mercado; los compradores irían allí a buscarlos. Además, les dijeron que el pueblo necesitaba para su orgullo y ornamentación y para ponerse al igual de las provincias vecinas, una plaza de mercado. Y el indio de Puquio es alzado,[60] quiere a su pueblo, y no permite que alguien le diga que su llak'ta[61] no sirve, que le falta esto y el otro, que es inferior a otras capitales de provincia. Se encoraginaron.[62] Los cuatro barrios se reunieron en cabildo[63] abierto. Llamaron a sus maestros albañiles, adoberos, carpinteros. Como una colonia de hormigas empezaron a trabajar con furia e hirviendo de entusiasmo.

De repente, entre el barrio de Chaupi y K'ollana, en lo que era antes un solar comunal, apareció un edificio grande, alto, de dos pisos; una gran casa sin techo.

Al atardecer del día en que los comuneros colocaron el último adobe, se reunieron los cornajeros[64] de los cuatro ayllus frente al edificio concluido. Lo miraron con gran ternura, con sumo orgullo.

—¡Ya está! —dijo el varayok' más viejo.

Eso era de ellos, adobe por adobe, pedazo a pedazo; había salido

---

[59] springs
[60] **orgulloso**
[61] **pueblo, comunidad**
[62] **Se ... Se pusieron furiosos**
[63] municipal council meeting
[64] **los que tocan el cuerno para anunciar algún acontecimiento de importancia**

de sus manos en un abrir y cerrar de ojos. Ahora nadie diría que Puquio, el pueblo de los cuatro ayllus; llak'ta, de cinco mil comuneros, no tenía plaza de mercado. Les habían tapado la boca a los murmuradores, al mismo alcalde, a los mistis habladores y badulaques.[65]

Y se fueron en tropa a la alcaldía, que está en la plaza principal del pueblo. Los 16 varayok' de los cuatro barrios encabezaron la manifestación. Muy serios, como quienes hacen algo de mucha trascendencia, los varayok' y los indios pasaron las calles, altivamente, sin mirar a los curiosos. Llegaron a la plaza y casi la llenaron. Con sus sombreros redondos y todos iguales, con sus sacos y pantalones del mismo color; parecían un ejército de obreros en huelga. Se colocaron ordenadamente frente a la alcaldía que ocupa los altos de la cárcel y esperaron que saliera el señor alcalde. Pero el tayta[66] edil[67] estaba jugando billar con sus amigos; una comisión de tres varayok' fue a buscarlo. Al poco rato llegó el alcalde acompañado de varios principales; subieron apresuradamente las gradas del edificio y se pararon en el corredor, también con mucha seriedad. Y se vieron, frente a frente, 1.500 indios y diez mistis. Los principales vestían, cada uno, de muy distinta manera; tenían caras muy diversas y sus almas eran casi siempre enemigas una de otras, porque estaban dominadas por el espíritu del negocio, por la ambición; los indios, no. Todos llevaban ropa negra de cordellate,[68] sus rostros eran iguales en la expresión y en los rasgos principales; y sus corazones estaban en ese momento orgullosos y alegres.

El varayok' del barrio de K'ollana, Bernabé Sayre, habló por los comuneros:

—Taytay alcalde: Ya está listo plaza de mercado. Pero dile al «Gobiernos» que no demore la calamina.[69] Seguro va suceder como con nuestras escuelas, un año ya están listas y «Gobiernos» no manda su maestro.

El alcalde infló su pecho, se quitó el sombrero y habló en quechua:

—¡No hay como indios puquio, comunkuna![70] Ustedes son una gran cosa. Puquio es buen pueblo por ustedes no más. La calamina ya está en Lomas; ustedes, como hombres de valer, irán y lo traerán.

—¡Traeremos calamina, tayta!; ¡no hay cuidado! —habló firmemente el varayok'.

—¡Ja caraya, Lomas! ¡Para endios no hay lejos![71] —afirmó otro varayok' con energía.

—En nombre del pueblo les agradezco a ustedes, comunkuna.

Y el alcalde se palmeó; los otros nueve mistis también aplaudieron.

—Está bien, taytakuna.

Los indios se dispersaron en la plaza; cada cual se dirigió a su barrio.

Los mistis los vieron irse y hablaron:

—Son buenos estos indios.

—Pero son una amenaza.

---

[65] **tontos**

[66] **título que indica respeto, comparable a «señor»**

[67] member of the board of magistrates

[68] grogram, a coarse woolen fabric

[69] hemimorphite, a mineral formed by the alteration of zinc by silica-bearing water, to be used in roofing the new plaza

[70] comrades **(El sufijo *-una* forma el plural.)**

[71] **Ja... ¡Ay caray, Lomas! ¡Para los indios, no queda lejos!**

—No son humildes como los de otros pueblos y paran siempre unidos.

—Hay que fregarse[72] el día que estos indios...

Y se miraron las caras de un modo extraño; como si algo hubiera ocurrido esa tarde entre ellos, los mistis.

* * *

Seis meses después de la manifestación los comuneros de los ayllus movilizaron a sus arrieros[73] y reclutaron burros de todas partes.

Cinco arrieros y diez ayudantes partieron una mañana arreando sesenta burros. Iban hasta Lomas, por la calamina. Ni qué decir de los trabajos que pasaron por el camino: la sed, el sol ardiente, la arena pesada en los desiertos de la costa; el cansancio en las cuestas secas y calurosas de las cabezadas... Pero volvieron con la calamina que había regalado el gobierno para la plaza de mercado de Puquio.

Cuando la gente del pueblo vio bajar a los arrieros la cuesta de Sillanayok', prorrumpió en gritos de alegría. La indiada de los cuatro ayllus se alborotó, como a la llegada de los toros. Con sus varayok' a la cabeza, y por barrios, los puquios fueron a la entrada del pueblo para recibir a los arrieros. Cada ayllu llevó a sus músicos. Todos los indios hablaban de los arrieros con la más grande satisfacción y con todo orgullo. En la cara de los comuneros se veía reflejado un profundo contento, una sencilla y placentera alegría.

—¡Puquios somos de trabajo! —decían.

—Puquios tienen fuerza. Los cuatro ayllus, si quieren, pueden llevar un cerro a otro cerro. ¡Ja caraya!

Y en el timbre de sus voces se notaba una ilimitada fe en sí mismos, en su poder de trabajo.

—¡Placita de mercado! ¡Ahí está! ¡Jajayllas!

Y se burlaban de los que creían que los comuneros son poca cosa, de esos que hablan con desprecio de los indios.

—¿Endios? ¡Ahí está endios! En tres semanas hacen parar plaza de mercado; en ocho días van a «extranguero» y traen calamina para el techo. ¡Ahí está endios! ¡Jajayllas!

Y sus risas rebozaban también fe en sí mismos, y un oculto y profundo menosprecio por los diez o quince mistis, que necesitan siempre de los cachacos[74] armados para imponerse; que necesitan, a pesar de todo, del trabajo de los indios para negociar, para poder vivir, para todo.

Los dieciséis varayok' abrazaron a los arrieros. Los músicos de los cuatro ayllus tocaron, cada cual, su marcha de estilo, y entre el ruido de los clarinetes, de las flautas y de los bombos,[75] la indiada avanzó en tumulto hacia la plaza principal.

Y otra vez los comuneros de los cuatro ayllus llenaron la plaza principal del pueblo.

¿Quién podía decir ahora que no eran los comuneros los dueños del pueblo? ¿Quién? Ahí estaban, apretados, desbordándose en la plaza. Alegres, con sus corazones sin mancha, sin oscuras historias, sin remordi-

---

[72] **Hay...** We'll be done for
[73] muleteers
[74] **policías**
[75] **tambores grandes**

mientos; libres, sanos y dispuestos a dar todo lo posible por el bien del pueblo. ¡Los indios!

¿Acaso eran dueños del pueblo esos quince mistis de mirada recelosa y asustada, que apoyándose en las barandas de la Municipalidad, contemplaban azorados[76] a la gente del pueblo? Esos más bien parecían recién llegados; recién venidos de un país donde la ambición, el pillaje, el odio, la envidia y la traición, eran dueños de todos los corazones, de todas las conciencias. Ninguno de ésos estaba tranquilo y contento, ninguno de ellos estaba sano. Esos no eran los dueños del pueblo, eran como su tumor; eran los genios malos, que necesitaban siempre de los rifles, de la cárcel, para arrancar de los indios lo que su ambición les pedía.

Y otra vez el alcalde discurseó:

—No hay como ustedes, comunkuna...

* * *

La techa de la plaza terminó con una fiesta. Los mistis bailaron con sus niñas en los altos y los comuneros se emborracharon en el suelo, en el primer piso.

El domingo siguiente, el alcalde llamó por bando a los vendedores, les notificó que ya podían ocupar los puestos de la plaza de mercado. Cobraban cuarenta centavos a la semana por el derecho a vender en la plaza que habían construido los ayllus.

Pero todo eso sólo duró unos meses. En los primeros días de julio, el alcalde dio orden de adaptar la plaza de mercado en plaza de toros.

El gobierno había prohibido las corridas sin diestros,[77] y llegó, por no sé qué camino, un pobre español traposo que se decía torero, y fue contratado.

Botaron a las placeras, limpiaron la plaza de andamios y mostradores; levantaron un muro de adobes alrededor del patio central, se hicieron plataformas entre ese muro y la pared principal, y allí se construyeron los palcos. Junto a uno de los lados de la plaza mandaron levantar un corral grande para el ganado y abrieron un hueco en la pared para la salida de los toros. Sobre esta pared construyeron una plataforma inclinada y ancha para la Entrada General.

Claro que todo este trabajo lo hicieron los indios, en faena, es decir, gratis, por orden municipal. Pero en esta obra los comuneros trabajaron de mala gana, a la fuerza y vigilados por la guardia civil.

¿Qué necesidad había de tumbar los andamios, de malograr esa plaza, donde ya por las mañanas hormigueaba la gente llenando de animación ese lado del pueblo? ¿Ahí no estaba, para toros, la gran plaza de Pichk'achuri, con su coso, con sus casas de balcones para los mistis, y sus paredes anchas donde la indiada se echaba de barriga para ver la corrida?

—Mistis son ampi (locos). Alma de mistis es negra—pensaban los comuneros, mientras sudaban en la faena y destruían lo que habían hecho con tanto cariño, con tanta esperanza. Se miraban unos a otros; manejaban las herramientas con desaliento; descansaban a cada rato, por gusto. ¡No querían!

—¡Ya, ya, carajo!

---

[76] **turbados, intranquilos**

[77] **toreros**

Los guardias resondraban con voz mandona.

—¡Indios cojudos, pesados! ¡Son unos culos![78]

En la conciencia de los comuneros, estos insultos caían como vergazos[79] sobre carne rajada y sangrante.

—Alma de misti es negra. Rabia, cuando no hace llorar a endios— decían en su adentro los varayok'.

Los comunes de los cuatro ayllus se hicieron morder con la rabia, el odio y el amargo, hasta que terminó la faena.

Por supuesto, como todos los años, las comisiones de los cuatro barrios recorrieron las punas en busca de los toros más bravos. Y hubo siempre borrachera a la vuelta de las comisiones; pero se suprimió el cóndor para el último toro.

El 28 en la mañana aparecieron en las esquinas unos carteles que decían:

HOY.—GRAN CORRIDA DE TOROS
EN LA PLAZA DE ACHO DE
PUQUIO.—A LAS 3 P.M.

¡NO FALTAR!

PALCOS CON CUATRO
ENTRADAS S/.5.00
PREFERENCIA 0.80
ENTRADA GENERAL 0.40

Les explicaron a los indios el contenido de estos avisos. Los comuneros se quedaron estupefactos.

—¿Pagar para toros, señor?

—¿Pagar, señor? Ayllus de Puquio han levantado plaza.

—Endios han sudado para plaza.

¿Y qué diablos les importaba eso a las autoridades?

Las niñas se perfumaron, se pintaron, se pusieron sus trajecitos de colores, y muy prosistas,[80] fueron a la corrida.

A las tres de la tarde, una masa de más de mil indios se estacionó frente a la plaza. Miraban entrar a la gente y quisieron entrar ellos también; pero en la puerta les dijeron con gran desprecio:

—Tu boleto indio. Compra boleto.

¿Boleto? ¡Cómo boleto! ¿Quiénes habían hecho esa plaza? ¿Quiénes hicieron esos adobes, esas puertas? ¿Quiénes trajeron desde el canto[81] del mar esa calamina que tapaba ahora del sol a los mistis? Los varayok' rabiaron; los cuatro ayllus rabiaron. Sus corazones siempre tranquilos y humildes, saltaron de indignación. Se juntaron todos los indios frente a la plaza y hablaron entre ellos. Y esa indiada se movió, hormigueó. Los varayok' iban de un lado a otro, afanados, inquietos.

¿Quiénes habían traído a los toros? ¿Qué toros iban a jugar en esa plaza? ¿No eran los mismos que ellos habían arrancado desde los montes de k'eñwa, de los predegales[82] de la puna, con peligro de sus vidas?

Cuatro varayok', uno por barrio, se apartaron de la indiada y avanzaron hacia la puerta de la plaza. Llegaron a la boletería y le dijeron al misti que controlaba las entradas:

—Taytay, que hable alcalde.

[78] **cojudos, culos: insultos feos**
[79] blows
[80] **insensibles, indiferentes**
[81] **borde**
[82] **pedregales, sitios llenos de piedras**

Comuneros quieren ver jugar toros que han traído de la puna para 28.

El misti sintió miedo y mandó avisar al alcalde. El alcalde salió a uno de los balcones que daban a la calle.

—Taytay—habló un varayok' —Comuneros estamos reunidos para ver corrida del 28. Comuneros han traído calamina, toros; todo, todo han traído endios de los cuatro ayllus.

El alcalde contempló a esa enorme indiada, reunida allí a veinte metros de los balcones y tuvo que ceder. Ordenó que se dejara libre el paso a la Entrada General.

Entonces los indios invadieron la plaza; entraron atropellándose unos a otros y atracándose[83] en la puerta. Los guardias civiles pretendían organizar la entrada y repartían puntapiés sin resultado alguno.

—¡Indios de mierda! ¡Animales!

Y como quien se distrae pateaban a los comuneros, en la barriga, en la espalda, en la cara.

—¡Carajo! ¡Me ha dolido el pie; qué hueso tan duro de indio!

Y los otros guardias reían a carcajadas.

Pero la plaza era pequeña y más de la mitad de los comuneros se quedaron en la calle. Desesperados, casi furiosos, sin saber qué hacer, los que no pudieron entrar, daban vueltas alrededor de la plaza, midiendo las paredes con la vista; corriendo de un sitio a otro, como perseguidos.

—¡Toros, toros! ¡Yo también!

Gritaban. Y sus ojos redondeados por la pena, por la angustia y el inmenso deseo insatisfecho, miraban con una desgarradora[84] tristeza. Daban pena. ¿Pero a quién? Nadie se fijaba en ellos, y los guardias civiles los miraban con burla. Buscaban con afán, con rabia, un sitio, un claro por donde meter los ojos y ver al toro arañando el suelo con las patas delanteras, sacudiendo con furia su cabeza o destripando a algún indio «valiente»; y se tropezaban unos con otros.

—¡Yo; taytaya! ¡Yo!

Y cuando oyeron los primeros gritos de entusiasmo de la indiada que había logrado entrar a la plaza, no pudieron resistir su emoción y muchos lloraron. ¿Pero quién, pues, sentía pena por ellos? ¿Quién? Nadie los quiere; ningún principal tiene siquiera alguna simpatía por ellos. «Indios bestias»; «Indios sucios»; «¡Indios, carajo!» No saben decir más que eso, en el Sur, en el Centro, en el Norte. Y si alguna vez, ante una gran desgracia, lloran; los principales, sus mujeres, sus hijos que los ven, se ríen, se fastidian, y principalmente gozan. «¡Indios estúpidos!» Y en sus corazones algo se revuelca, se despereza y se harta.

Adentro, en la plaza, el torero español capeaba como podía; atravesando la plaza a carrera, capa en mano; saltando de burladero en burladero; aventurándose, de vez en cuando, a esperar al toro y a hacer un quite ridículo, con la barriga a un metro de las astas. Y los mistis se aburrían, extrañaban esas violentas emociones que producían los «valientes» enjalmeros borrachos. Los principales miraban a los indios; algunos señalaban una cara, un sitio, en esa compacta masa de indios.

—¿Ves? Ese es Atok'sa; un cholo valiente, un brutal enjalmero.

[83] getting stuck

[84] heart-rending

—¿Y ese otro? Es Antonio K'encho, un capeador que ha sido veinte veces volteado por el toro sin que sus tripas se hayan movido de su sitio.

Por otra parte, ya en plaza, los varayok' se creyeron gente principal y mandona, como habían sido antes; saltaron al ruedo y quisieron dejarse ver, como en años pasados, dando órdenes y organizando la salida de los toros. Pero en cuanto bajaron al suelo, los guardias civiles, recién llegados al pueblo, los botaron a puntapiés, a bofetadas.

—Yo varayok', señor—alegaban en voz alta los indios.

—¡Qué varayok' ni qué varayok'! ¡Fuera!

Y les cerraban la boca a puñetazos.

¿Cómo? ¿Allí, delante de los cuatro ayllus, en pleno 28, se estropeaba así a los taytas varayok'? A pesar de todo, nunca se había visto eso en Puquio. El 28, los varayok' siempre fueron bien atendidos, hasta adulados; se les daba cañazo, a tal punto, que ya no podían tragar más de puro borrachos; se les dejaba hacer lo que quisieran: cantar, gritar, hacerse los badulaques. Pero ahora, un misti vestido de soldado, un recién llegado, les daba patadas, como si nada, como a burros empacones.

—¡Nada, nada, señor! ¡Yo varayok'!

—¡Tú piojo; desgraciado!

Los levantaron en peso, y fueron tirándolos sobre los indios como a sacos de papa.

Rabiaron otra vez los varayok'; iban a hacer algo, a mover a su gente; pero el alcalde llamó al cabo de la guardia civil y le dijo unas palabras al oído. Y soltaron a la plaza un gran toro negro. El toro bramó a pulmón lleno, estirando cuanto podía su lengua blanquisca. Recorrió a saltos la plaza, mirando con ojos brillantes de odio a la multitud. El torero español se escondió en un burladero y no quiso salir.

—¡Para cóndor! ¡Para cóndor! —gritaron los indios.

Entonces el alcalde ordenó que salieran los capeadores.

—¡Los indios pueden entrar! —gritó el cabo.

Los guardias civiles que estuvieron ocultos en los burladeros subieron a los palcos.

De mano en mano volaron varias botellas de cañazo.

—¡Para K'encho! —decían los mistis al ir tirando las botellas.—¡Para Rojas! Y se miraban con mucha alegría, con el rostro embotado de satisfacción.

—¡Ahora sí!—decían.—¡Ahora empieza la fiesta!

Sus corazones saltaban de regocijo. Y como no podían resistir la fuerza de su contento, se palmeaban nerviosamente unos a otros, se sacudían del brazo; se felicitaban.

—¡Ahora sí!

Y sus venas se hinchaban de sangre. ¡Sangre negra, sangre de gamonal[85] maldecido!

Los capeadores tomaron ánimos bebiendo el cañazo a grandes tragos.

—¡Espérate, allk'o! ¡Allk'o! — Le gritaban al toro.

Y como antes, los mistis se acomodaron mejor en sus asientos; sus

---

[85] local boss, strongman

corazones se hicieron vigilantes, al acecho de emociones fuertes. Las niñas se pusieron las manos al pecho, como para ayudar al corazón a resistir la violencia del espectáculo que verían de un momento a otro.

El torero español oía, estupefacto y apenado, el griterío de los indios y movía la cabeza mirando a la fiera.

—¡Imposible! ¡Imposible! —decía.

¿Imposible? Ahí estaba Toribio K'encho, poncho en mano, cuadrado en un extremo de la plaza, ebrio y heroico, mirando con un gesto de desprecio al toro. El sabía que ése era el toro del cóndor; el gran toro que, quizá en una noche de tempestad, había salido de algún lago profundo de las punas, o que era el «ánimo»[86] del Osk'onta, del Chitulla, del Sarasara, de uno de esos taytas ork'os,[87] cubiertos siempre por la nube negra de aguacero. Pero ahí estaba ese misti blanquito, ese k'ala[88] maricón, oculto en el burladero; ahí estaban los cachacos nuevos mirándolo con ojos hambrientos, a él, un endio animal. Su sangre ardió; creció su corazón hasta empujar e hinchar su pecho.

—¡Eh, turucha! ¡Chascha! —gritó con voz tonante, y agitó su poncho.

Los mistis y las niñas abrieron sus ojos cuanto podían.

El toro se lanzó en línea recta, con las astas en guardia. K'encho hizo el quite y escapó.

—¡Buena, carajo! —exclamaron los mistis, olvidándose que estaban junto a sus niñas.

—¡Allk'o! ¡Allk'o! ¡Carago! —siguió gritando K'encho, como enloquecido.

Ahora no había divisas, ni cóndor, ni hueco donde meterse; la plaza era chica. ¡Pero ahí estaban esos cachacos nuevos, pateadores de varayok'; ahí estaban, más cerca que nunca, los ojos despavoridos de las niñas y de los mistichas! ¡Había que hacerles ver a todos de lo que es capaz un comunero puquio, cuando enrabia, cuando se decide!

¡Allk'o! ¡Carago!

K'encho no saldría nunca, nunca, de la plaza.

El toro fue acortando más la distancia, y embistió de cerca, sus cuernos rozaron la barriga del indio; y de vuelta, lo levantó de las piernas, como a un muñeco; lo tiró lejos, boca abajo, y corrió sobre él; pero al llegar junto al cuerpo del indio, resopló fuerte por las narices, dio un salto y pasó por encima del cholo. Entonces el español llamó al toro desde el extremo opuesto de la plaza, agitando su capote rojo.

Dos guardias arrastraron a Toribio K'encho. Y en el momento en que lo subían al palco más próximo, un grueso chorro de sangre manchó los zapatos toscos del indio y fue a empozarse en el suelo.

¿Pero a quién le importaba esa sangre? ¿Quién sentía pena por ese cholo rajado de arriba abajo por las astas del toro? Sangre barata, sangre que corre para saciar el malvado goce de otros.

¡Pero más tarde...en fin, más tarde!...

---

[86] **espíritu, espectro**
[87] **montaña**
[88] **palabra insultante**

SOBRE LA LECTURA

1. ¿Cómo se celebra el 28 de julio en los pueblos de la sierra?
2. ¿Cómo eran las corridas de Puquio? ¿Dónde se hacían? ¿Quiénes estaban encargados de preparar la fiesta? ¿De dónde conseguían los toros?
3. ¿Qué competencia existía entre los cuatro ayllus de Puquio?
4. ¿Qué leyendas existían acerca de los toros bravos?
5. ¿Cómo se buscaba el cóndor? ¿Qué papel desempeñaba el cóndor en la fiesta?
6. ¿Por qué les daba el alcalde cañazo a los varayok'?
7. ¿Cómo eran las enjalmas? ¿Qué hacían los enjalmeros?
8. ¿Cómo reaccionaban los mistis y las niñas ante este espectáculo?
9. ¿Qué hacía el enjalmero que lograba arrancar la enjalma?
10. ¿Cuál era la función de los capeadores? ¿Qué pasaba cuando el toro lograba herir a algún indio? ¿Qué sentían los mistis?
11. ¿Por qué se construyó una plaza de toros en Puquio? ¿Cómo engañaron los mistis a los indios?
12. ¿Qué contribución hicieron los indios a la construcción del mercado? ¿Qué sintieron al tener que convertir el mercado en plaza de toros?
13. ¿Cómo se sabe que los mistis les tenían miedo a los indios?
14. ¿Cómo reaccionaron los indios al enterarse de que tenían que pagar por ver los toros? ¿Por qué decidió el alcalde dejarlos entrar sin pagar? ¿Pudieron entrar todos los indios?
15. ¿Cómo insultaron los guardias a los varayok'?
16. ¿Por qué no le gustó a nadie el toreo del español? ¿Qué pasó cuando entró el resto de los indios? ¿Qué hizo Toribio K'encho? ¿Por qué pudo el toro matarlo?

HACIA EL ANÁLISIS LITERARIO

1. ¿Cómo crea Arguedas un lenguaje literario nuevo? Dé ejemplos de la yuxtaposición de palabras quechuas y españolas. Compare la voz narrativa con el lenguaje de los indios y el de los mistis.
2. ¿Cómo logra Arguedas hacernos entender que entre los indios la comunidad es más importante que el individuo? ¿Cómo son sus personajes indios? ¿Qué defectos tienen? ¿Qué revela la escena en que abusan del cóndor? ¿Qué virtudes tienen?
3. ¿Cómo describe Arguedas a los miembros de la clase alta? ¿Cómo manipulan a los indios?
4. ¿Cómo expresa el autor su compasión por los indios?
5. ¿Por qué describe la fiesta tradicional en gran detalle antes de narrar la historia de Toribio K'encho?
6. ¿Qué detalles le dan a este cuento un sabor a experiencia vivida?
7. Explique la última línea del relato.

TEXTO Y VIDA

1. ¿Por qué es tan problemática la mezcla de razas y culturas que describe Arguedas?
2. ¿Existen paralelos en la sociedad norteamericana? ¿Cuáles son las principales diferencias?
3. ¿Qué contribuciones han hecho los diversos grupos étnicos en los Estados Unidos?
4. ¿Qué sabe usted de la situación actual de los indios de los Estados Unidos?
5. ¿Cómo se describe al indio en la literatura popular norteamericana? ¿en las películas de cowboys? ¿Por qué es dañina esta imagen del indio?

La nueva poesía: Posmodernismo y vanguardismo

La influencia de los modernistas siguió sintiéndose en la poesía durante la primera década de este siglo. Después de 1910 empezaron a destacarse nuevas tendencias. Poetas como el mexicano Alfonso Reyes (1889–1959) volvieron a un estilo más clásico mientras que otros como el guatemalteco Rafael Arévalo Martínez (1884–1975) se inspiraron en temas locales o nativistas. Otros poetas recobraron el hilo romántico o se volvieron hacia el prosaísmo sentimental, percibiendo en las actividades cotidianas un sabor de tristeza o de felicidad. La naturaleza, la vida campesina y el anonimato de la ciudad también son temas importantes. En algunos de estos poetas resalta una dulce ironía.

Durante la primera mitad del siglo se destacaron varias poetas mujeres cuyas composiciones expresan no sólo preocupaciones de la época sino también otras que son explícitamente femeninas. La más conocida de este grupo es la chilena Gabriela Mistral (1889–1957), ganadora del Premio Nóbel en 1945, pero también habría que mencionar a la argentina Alfonsina Storni (1892–1938) y a las uruguayas Delmira Agustini (1886–1914) y Juana de Ibarbourou (1895–1979). Uno de los poemas más conocidos de Storni expresa su deseo de liberarse del control opresivo del hombre:

Hombre pequeñito...

Hombre pequeñito, hombre pequeñito,
suelta a tu canario que quiere volar...
yo soy el canario, hombre pequeñito,
déjame saltar.
Estuve en tu jaula, hombre pequeñito,
hombre pequeñito que jaula me das.
Digo pequeñito porque no me entiendes,
ni me entenderás.
Tampoco te entiendo, pero mientras tanto
ábreme la jaula, que quiero escapar;

hombre pequeñito, te amé media hora,
no me pidas más.

de *Irremediablemente,* 1919

Hacia 1920, paralelo al postmodernismo, comienza a desarrollarse el vanguardismo, un movimiento que se distingue de los anteriores por su afán de romper con las normas poéticas tradicionales y de afirmar la libertad absoluta del artista. El vanguardismo se origina en Europa, donde una plétora de *-ismos* (el futurismo, el cubismo, el dadaísmo, el creacionismo, el expresionismo, el surrealismo) aparecen y desaparecen, a veces sin dejar huellas permanentes en la evolución del arte. Sin embargo, algunos de estos movimientos ejercen una influencia considerable en la poesía hispanoamericana.

El futurismo, iniciado por el italiano Filippo Tommaso Marinetti (1876–1944) en 1909, fue un movimiento nihilista e iconoclástico que proponía la destrucción del arte del pasado. Glorificaba la guerra como el medio de acabar con todo lo tradicional y burgués. Al mismo tiempo, afirmaba la libertad de palabra. Para los futuristas, la imaginación debía expresarse sin las restricciones de la gramática. Al romper con la sintaxis tradicional, los futuristas querían liberar el poema de su forma convencional. La tipografía se convirtió en un elemento poético que le daba plasticidad a la composición. A veces el poeta empleaba tintas de diversos colores o colocaba las palabras en diferentes direcciones para crear una imagen.

El dadaísmo, iniciado por el poeta rumano Tristán Tzara (1896–1963), negaba la relación entre el pensamiento y la expresión. Los dadaístas juntaban palabras e imágenes que no tenían, al parecer, ninguna relación entre sí. Celebraban lo casual, lo absurdo, lo espontáneo e incontrolado. Algunos críticos consideran el dadaísmo un precursor del surrealismo.

El surrealismo—o superrealismo—fue uno de los movimientos más influyentes de principios del siglo. El nombre fue inventado por el poeta francés (nacido en Roma) Guillaume Apollinaire (1880–1918), pero el movimiento se asocia más bien con otro francés, André Breton (1896–1966), quien publicó un *Manifiesto del surrealismo* en 1924. Breton y sus seguidores rechazaron el arte realista, diciendo que distorsionaba u ocultaba la verdadera realidad. Los surrealistas buscaban una realidad más real, más auténtica, que la objetiva. Influidos por las nuevas teorías de Freud, afirmaban que la realidad se encontraba más allá de lo visible y tangible, en el subconsciente. En el arte, empleaban el sueño, la asociación libre y el automatismo. Se proponían liberar la palabra del control racional, soltándola al azar. Como el futurismo y el dadaísmo, celebraban lo espontáneo, lo antirracional y antilógico. El artista buscaba liberar los instintos y los deseos ocultos y reprimidos, dándoles expresión en su obra. En la pintura, Salvador Dalí (1904–1989) es uno de los surrealistas más conocidos, aunque entre 1926 y 1936 Pablo Picasso produjo importantes cuadros y esculturas surrealistas.

El ultraísmo y el creacionismo son dos movimientos que surgieron casi simultáneamente después de la primera Guerra Mundial y se influyeron entre sí. El ultraísmo nació en España y afirmaba que el arte debía romper con todo movimiento previo, especialmente con el dadaísmo. Hacía hincapié en la necesidad de eliminar lo sentimental, lo ornamental y los nexos lógicos y gramaticales. Los ultraístas deseaban apartarse del modernismo, el cual había degenerado desde los tiempos de Darío. Algunos de los imitadores del poeta nicaragüense eran muy inferiores al iniciador del movimiento y a menudo componían versos mediocres, cargados de sentimentalismo y de clichés. Para realizar su fin, los ultraístas a menudo adoptaban un vocabulario antipoético, tomado de las ciencias y la tecnología. Usaban una ortografía arbitraria y a veces suprimían o alteraban la puntuación. Como los futuristas, a veces ordenaban los versos de manera que formaran figuras geométricas.

En Latinoamérica, el chileno Vicente Huidobro (1893–1948) inició la renovación poética. Su poema «Nipona» refleja su interés en la experimentación tipográfica:

NIPONA[1]

Ven
Flor rara
De aquel edén
Que llaman Yoshiwara[2]
Ven muñequita japonesa
Cabe el maravilloso estanque de turquesa
Bajo un cielo que extienda el palio[3] de ónix de su vuelo
Deja que bese
Tu rostro oblicuo
Que se estremece
Por un inicuo
Brutal deseo.
Oh, déjame así
Mientras te veo
Como un biscuit.[4]
Son tus ojos dos gotas ovaladas y enervantes
En tu rostro amarillo y algo marfileño
Y tienes los encantos fascinantes
De un ficticio y raro ensueño.
Mira albas y olorosas
Las rosas
Té.

de *Canciones en la noche,* 1914

Huidobro comenzó a elaborar su nueva teoría poética en 1914 y la expuso en un discurso que pronunció en Buenos Aires en 1916. En 1918 fue a París, donde se relacionó con poetas como Apollinaire y Pierre Reverdy (1889–1960) y

---

[1] **muchacha japonesa**
[2] **barrio de las geishas**
[3] cloak
[4] **estatua pequeña de porcelana**

de allí a España, donde el ultraísmo estaba de moda entre ciertos jóvenes intelectuales. Según el escritor español Rafael Cansinos-Asséns, la visita de Huidobro fue el acontecimiento del año. Influido por poetas como Apollinaire y en estrecha relación con Pierre Reverdy (1889–1960), fundó el movimiento creacionista, el cual estaba basado en el concepto del poeta como creador. De acuerdo con la teoría de Huidobro, la poesía no debía reflejar la realidad, sino que el poeta debía crear una nueva realidad. (De hecho, la palabra griega por «poema», [poiéos] significa «crear».) En este sentido, el poeta era un dios. Huidobro rompió con la noción que la poesía servía algún propósito moral o social. Según el creacionismo, la palabra era autónoma e independiente de referencias al mundo real o ideado. Huidobro había expresado ciertas de estas nociones en su «Manifiesto non serviam» en 1914 y volvió a expresarlas en su *Manifestes* (1925). Reverdy atacó a Huidobro, afirmando que él había avanzado estas nociones antes que el poeta chileno, iniciando así una amarga polémica. Las ideas esenciales del creacionismo se expresan en «Arte poética», compuesto en 1916:

Que el verso sea como una llave
que abra mil puertas.
Una hoja cae; algo pasa volando;
cuanto miren los ojos creado sea,
y el alma del oyente quede temblando.

Inventa mundos nuevos y cuida tu palabra;
el adjetivo, cuando no da vida, mata.
Estamos en el ciclo de los nervios.
El músculo cuelga,
como recuerdo, en los museos;
mas no por eso tenemos menos fuerza:
El vigor verdadero
reside en la cabeza.

Por qué cantáis la rosa, ¡oh poetas!
hacedla florecer en el poema.

Sólo para nosotros
viven todas las cosas bajo el sol.

El poeta es un pequeño Dios.

Aunque ninguno de estos movimientos realmente tuvo consecuencias duraderas, el ambiente de experimentación poética estimuló a muchos jóvenes, entre ellos a Jorge Luis Borges, uno de los escritores hispanoamericanos más influyentes del siglo XX, que vivió en España entre 1918 y 1921 y se relacionó con los ultraístas.

Entre los poetas más destacados de la primera mitad del siglo habría que mencionar al peruano César Vallejo (1892–1938). Su primera colección, *Los heraldos negros* (1915), aún revela bastante influencia modernista en las imágenes y temas. En cuanto a su estructura, los poemas son bastante convencionales. Abundan las formas fijas, como, por ejemplo, el soneto. Los temas de Vallejo son el sufrimiento individual y colectivo, la enajenación de la raza indígena, los golpes incomprensibles de la fortuna, la injusticia. Un poema comienza: «Hay golpes en la vida tan fuertes... ¡Yo no sé! / Golpes como del odio de Dios; como si ante ellos, / la resaca de todo lo sufrido / se empozara en el alma... ¡Yo no sé!» Aunque la poesía de Vallejo no está desprovista de humor, provoca una sonrisa amarga, melancólica.

Trilce (1922) revela más influencia vanguardista, especialmente en el uso de efectos sonoros y visuales. El poeta inventa palabras, juega con las metáforas y rompe con las convenciones sintácticas. En esta colección ya no predomina la rigidez formal que caracteriza el primer libro del poeta. El siguiente poema servirá de ejemplo:

999 calorías.
    Rumbbb..... Trrraprrrr rrach..... chaz
Serpentínica[5] u del bizcochero
engirafada[6] al tímpano.
    Quién como los hielos. Pero no.
Quién como lo que va ni más ni menos.
Quién como el justo medio.
    1.000 calorías.
Azulea[7] y ríe su gran cachaza[8]
el firmamento gringo. Baja
el sol empavado[9] y le alborota los cascos.
al más frío.
    Remeda al cuco.[10] Roooooooeeeis......
tierno autocarril, móvil de sed,
que corre hasta la playa.
    ¡Aire, aire! ¡Hielo!
Si al menos el calor (———Mejor
                    no digo nada.)
    Y hasta la misma pluma
con que escribo por último se troncha.
    Treinta y tres trillones trescientos treinta
y tres calorías.

A pesar de estas audacias estilísticas, se revelan en muchos poemas de *Trilce* el mismo dolor que en *Los heraldos negros*.

Después de la publicación de *Trilce* Vallejo partió para París, donde conoció al poeta español Juan Larrea (1895–1980) y a Víctor Raúl Haya de la Torre

---

[5] **neologismo que se refiere a la serpiente**
[6] **neologismo que se refiere a la jirafa**
[7] turns blue
[8] **indiferencia**
[9] **llevando sombrero ancho**
[10] imitates the cuckoo

(1895–1979), escritor, político y fundador del movimiento indigenista y del partido APRA (Alianza Popular Revolucionaria Americana). A causa de sus actividades políticas, Vallejo fue expulsado de Francia. Vivió en España entre 1930 y 1933. Allí trabó amistad con Federico García Lorca y otros escritores republicanos. Se publicó póstumamente *Poemas humanos* (1939), una colección de poemas amargamente pesimistas. Con su énfasis en el hambre, el dolor, los ritos vacíos y la inutilidad de la poesía, este poemario refleja las condiciones creadas por la Gran Depresión.

La experimentación de los vanguardistas y el nuevo interés en el arte africano de intelectuales y artistas como Apollinaire y Picasso despertaron un interés en las culturas negras del nuevo mundo. El poeta puertorriqueño Luis Palés Matos (1898–1959) fue el primero que cultivó la poesía afrohispana, encontrando su inspiración en los ritmos de las canciones populares de los negros de su isla. Nicolás Guillén (1902–1989), poeta cubano que canta sus dos herencias, la africana y la española, desarrolló muchos de los mismos motivos que Palés Matos, aunque hay un elemento de protesta que distingue la poesía de Guillén. La corriente afrohispana continúa aun hoy en día, como veremos en la sección del último capítulo dedicada a Nancy Morejón.

Gabriela Mistral: Premio Nóbel

Gabriela Mistral, pseudónimo de Lucila Godoy Alcayaga, es un tributo a dos escritores que la poeta chilena admiraba mucho: el italiano Gabriele d'Annunzio (1863–1938), autor de poesías, novelas y obras de teatro; y el poeta y novelista provenzal Frédéric Mistral (1830–1914), ganador del Premio Nóbel en 1904. La escritora seguiría los pasos de sus mentores: En 1945 ella misma recibió el Premio Nóbel. Fue la primera vez que se lo había dado a un escritor hispanoamericano.

Lucila Godoy, la futura Gabriela Mistral (1889–1957), nació de padres humildes en Vicuña, una ciudad situada al norte de Santiago de Chile. Cuando era muy pequeña, su padre abandonó a la familia. La madre y una hermana mayor se esforzaron por darle una educación primaria en casa. Desde la edad de once años empezó a leer por su cuenta y se puede decir que era realmente autodidacta. Apenas tenía quince años cuando comenzó a enseñar en una escuela rural. Pasó toda su juventud en el Valle de Elqui, y sus experiencias en el campo no sólo despertaron su interés en la educación del campesino y en problemas agrarios, sino que influyeron profundamente en su poesía.

Las biografías de Gabriela Mistral están llenas de anécdotas y leyendas de dudosa autenticidad. Uno de los episodios más famosos trata de sus amoríos con Romelio Ureta, un empleado de ferrocarril, a quien conoció en 1907. Ureta se suicidó dos años más tarde, probablemente por problemas financieros. Aunque los investigadores modernos han aclarado que su muerte ocurrió después de que había terminado la relación entre él y Mistral, persiste la creencia de que esta tragedia es la clave de la obra de la poetisa. En realidad, la misma Gabriela Mistral reconoció que el acontecimiento había tenido menos influencia en su poesía de lo que los críticos se habían imaginado, aunque sí inspiró algunas de sus composiciones más líricas, entre ellas, sus «Sonetos de la muerte», «Ruego» e «Interrogaciones».

Los primeros poemas de Gabriela Mistral que atrajeron la atención del público fueron «Sonetos de la muerte», por los cuales ganó el primer premio de los Juegos Florales de la Sociedad de Artistas de Santiago en 1914. Otros poemas suyos aparecieron periódicamente en revistas y antologías, y pronto su fama comenzó a crecer. En 1921, Federico de Onís (1885–1966), un conocido ensayista y crítico español que enseñaba en Columbia University en Nueva York, pronunció una conferencia sobre la poeta chilena en el Instituto de las Españas, el cual patrocinó la publicación de *Desolación* (1922), la primera colección de ella.

En 1922 José Vasconcelos, ministro de educación de México, invitó a Mistral a su país para organizar escuelas y bibliotecas rurales. En 1924 la poeta visitó los Estados Unidos antes de partir para España, donde publicó *Ternura*. Desde esa fecha se dedicó a la diplomacia y a la educación, trabajando con la Unión Panamericana, la Liga de Naciones y las Naciones Unidas, y sirviendo en los consulados de su país en Madrid, Lisboa, Río de Janeiro, Niza y Los Angeles. En 1930 y 1931 enseñó en las universidades norteamericanas de Barnard, Vassar y Middlebury. En 1935, estando en Lisboa, fue nombrada cónsul vitalicio. Durante todo este período siguió escribiendo poesía, y en 1938 se publicó su colección *Tala*. En 1940 se trasladó a Brasil, donde vivió hasta 1945. Fue allí donde recibió la noticia de que se le había concedido el Premio Nóbel. Sin embargo, no pudo gozar plenamente de este gran triunfo porque el año anterior un sobrino suyo, a quien había adoptado y criado, se suicidó, y esta fue una tragedia que afectó profundamente a la poeta.

En 1946 Mistral se mudó a Los Angeles y en 1953 partió para Nueva York, donde sirvió como delegada chilena ante las Naciones Unidas. Al año siguiente publicó *Lagar*, su cuarta colección. Murió de cáncer en Long Island, Nueva York.

Ha sido difícil establecer una versión definitiva de las obras de Gabriela Mistral. La poeta publicaba sus poesías en revistas y periódicos, y algunas no aparecen en ninguna de sus cuatro colecciones. Además, retocaba sus composiciones constantemente, y varios poemas existen en diversas versiones. Para complicar el asunto aún más, sus cuatro libros de poesía se reimprimieron varias veces y existen en diferentes formas, ya que la autora a veces añadía u omitía poemas. Aunque sus *Poesías completas* se publicaron en 1958, el nombre del libro es algo engañoso, porque no incluye toda su poesía en todas sus formas. Por otra parte, la prosa de Gabriela Mistral todavía no se ha compilado.

Sobre la poesía de Mistral

La crítica ha insistido en el humanitarismo de Gabriela Mistral, y de hecho, caracterizan su poesía la ternura y la compasión por los desafortunados. Su visión del mundo, ya evidente en *Desolación*, es más bien pesimista, aunque el dolor que irradia toda su obra es mitigado por momentos efímeros de placer y de satisfacción. A menudo se combinan la pena y el gozo, como por ejemplo, cuando «la mujer estéril» del poema del mismo nombre mece a un niño ajeno en su regazo.

Los temas que dominan la obra de Mistral son la muerte, el amor, la maternidad frustrada, los niños, la religión y la naturaleza. El amor se concibe como un bien efímero, un momento de placer que el hado arranca para siempre. En «Ceras eternas» las alusiones al gozo erótico se alternan con imágenes funerarias. Las velas que rodean el cuerpo del amado son eternas, en contraste con las delicias del amor, que son temporales. La muerte le quita a la poeta toda esperanza de volver a los brazos del hombre que quería, pero al mismo tiempo la sosiega, apagándole los tormentos del amor.

Gabriela Mistral adoraba a los niños pero nunca tuvo uno. La maternidad insatisfecha se convirtió en uno de sus temas obsesionantes. «La mujer estéril» capta el inmenso dolor de una mujer que se siente vacía e incompleta, y que encuentra alivio únicamente al tomar en sus brazos a un niño ajeno. La pasión de Mistral por las criaturas inspiró algunas canciones de cuna que se consideran entre las más hermosas que existen en español. Sus «rondas» son poemas inspirados por el corro tradicional, un tipo de juego en que los niños bailan en un círculo.

Otra manifestación de su amor al niño es su exaltación de la maestra, que llega a ser una segunda madre para sus alumnos y acaso influye más en ellos que su madre biológica. En «La maestra rural» Mistral retrata a la profesora como una santa, una mujer que tal vez ha amado y sufrido, pero que suprime sus propias penas para entregarse totalmente a su tarea. Los campesinos la desprecian o le prestan poca atención, pero es ella la verdadera alma del pueblo, ya que forma a sus niños espiritual e intelectualmente. La compara con Jesús, también un maestro dedicado, cuando dice que «Su reino no es humano». Estas palabras recuerdan las de Cristo, que dijo: «Mi reino no es de este mundo». La profunda religiosidad de Mistral se siente en su descripción de la muerte de la maestra, que descansa en Dios «como en cojín de luna».

Los extensos viajes de Mistral le dieron la oportunidad de ver y apreciar la naturaleza de diversas zonas de los continentes americanos. Los paisajes de las Américas inspiraron muchas de sus composiciones, en particular «Dos himnos» de *Tala,* un largo poema que canta las bellezas de México, del Caribe y de Sudamérica. En «Tierra de Chile» y en su extenso «Poema de Chile» recrea el paisaje de su tierra natal.

En las dos primeras colecciones de Gabriela Mistral, dominan formas tradicionales. Su fascinación con la Edad Media española y con el *romancero le inspiran el empleo de metros antiguos, como el *romance. El lenguaje es directo y sencillo. El tono es a menudo romántico, adolorido, personal.

En sus dos últimas colecciones se percibe un cambio. *Tala,* el título de su tercer libro, tiene un doble sentido. Se refiere a la destrucción de árboles, y también es el nombre de un juego de niños que consiste en hacer saltar con un palo un pedacito de madera. En este volumen, que empieza con poemas sobre la muerte de la madre de la poeta, se acentúa el pesimismo de la autora. En *Tala,* el énfasis está sobre el Nuevo Mundo, y estilísticamente, los ritmos se acercan más al canto popular americano. Se inspira en el folklore, especialmente en las canciones de niños.

En *Lagar,* el tono es algo más resignado, aunque persiste la indignación ante la injusticia y el sufrimiento. La guerrera está empezando a cansarse de la lucha, aunque no la ha abandonado por completo. La colección comienza con un poema confesional que revela el conflicto interior de Gabriela Mistral: En «La otra» la poeta afirma que ha matado a la «otra» Gabriela, la mujer arisca e intransigente que jamás encontraba sosiego.

> Una en mí maté:
> yo no la amaba.
>
> Era la flor llameando
> del cactus de montaña;
> era aridez y fuego;
> nunca se refrescaba...

En este volumen las imágenes son especialmente fuertes y gráficas. En «La bailarina», de la sección «Mujeres locas», la mujer golpeada por la vida se representa como una danzante que a cada vuelta se despoja de algo: familia, bienes, recuerdos, pasado, ideales, morales, identidad. Es una pobre doña nadie que todos desprecian. Es vil y perversa pero despierta la compasión, porque en el fondo es como todos nosotros: Un ser adolorido que sufre y lucha por sobrevivir.

Los poemas de esta colección son menos melódicos que los anteriores. En *Lagar,* Mistral renuncia a la rima fácil y a la versificación tradicional. Algunos críticos han visto un recuerdo de ritmos indígenas en esta poesía.

A pesar de las diferencias de tono y de ritmo, existe una continuidad entre *Lagar* y las colecciones anteriores. Las preocupaciones sociales y existenciales son siempre las mismas. La pobreza, la muerte, la soledad, el niño, la mujer—estos mismos temas que predominan en *Desolación* están presentes en toda la obra de Gabriela Mistral.

Edición

Mistral, Gabriela. *Poesías completas.* Ed. Margaret Bates, Pról. Esther de Cáceres. Madrid: Aguilar, 1958, 1964, 1970, 1976

Crítica

Alegría, Fernando. «Notes Toward a Definition of Gabriela Mistral's Ideology.» 215–226. Ed. Beth Miller. *Women in Hispanic Literature: Icons and Fallen Idols.* Berkeley: University of California Press, 1983

_______. *Genio y figura de Gabriela Mistral.* Buenos Aires, Eudeba, 1966

Castelman, William H. *Beauty and the Mission of the Teacher: The Life of Gabriela Mistral of Chile: Teacher, Poetess, Friend of the Helpless, Nobel Laureate.* Smithtown, New York: 1982

Chase, Cid S. «Perfil ético de Gabriel Mistral.» *Discurso Literario: Revista de Temas Literarios.* 1:2 (Spring 1984): 159–167

Conde, Carmen. *Gabriela Mistral.* Madrid: Epesa, 1971

Cuneo, Ana María. «Hacia la determinación del ‹arte poética› de Gabriela Mistral.» *Revista Chilena de Literatura.* 26 (Nov. 1985): 19–36

Mangini González, Shirley. «Mitología y cosmología en Gabriela Mistral y Pablo Neruda.» *Discurso Literario: Revista de Temas Literarios.* 2:2 (1985): 439–455

Rodríguez, Mario. «El lenguaje del cuerpo en la poesía de la Mistral.» *Revista Chilena de Literatura.* 23 (April 1984): 115–128

Rojas, Gonzalo. «Relectura de la Mistral.» *Cuadernos Hispanoamericanos.* 417 (March 1985): 77–83

Rudd, Margaret T. *Gabriela: The Chilean Years.* Birmingham: University of Alabama Press, 1968

Samtan, Marta Elena. *Gabriela Mistral, campesina del Valle de Elqui.* Buenos Aires: Amigos del Libro Argentino, 1969

Silva, Kaytari. *Vida y obra de Gabriela Mistral.* Santiago de Chile: Andina, 1967

Subercaseaux S., Bernardo. «Espiritualismo y canciones de cuna.» *Cuadernos Americanos.* 205 (1976): 208–225

Taylor, Martin. *Gabriela Mistral's Religious Sensibility.* Berkeley: University of California Press, 1968; *Sensibilidad religiosa de Gabriela Mistral.* Madrid: Gredos, 1975

Poesía

Gabriela Mistral

La maestra rural

A Federico de Onís.

La maestra era pura. «Los suaves hortelanos»,[1]
decía, «de este predio,[2] que es predio de Jesús,
han de conservar puros los ojos y las manos,
guardar claros sus óleos,[3] para dar clara luz».

La maestra era pobre. Su reino no es humano.
(Así en el doloroso sembrador de Israel.)
Vestía sayas[4] pardas, no enjoyaba su mano
¡y era todo su espíritu un inmenso joyel!

La maestra era alegre. ¡Pobre mujer herida!
Su sonrisa fue un modo de llorar con bondad.
Por sobre la sandalia rota y enrojecida,
era ella la insigne flor[5] de su santidad.

¡Dulce ser! En su río de mieles, caudaloso,[6]
largamente abrevaba[7] sus tigres el dolor.
Los hierros que le abrieron el pecho generoso
¡más anchas le dejaron las cuencas[8] del amor!

¡Oh labriego,[9] cuyo hijo de su labio aprendía
el himno y la plegaria,[10] nunca viste el fulgor
del lucero cautivo que en sus carnes ardía:
pasaste sin besar su corazón en flor!

Campesina, ¿recuerdas que alguna vez prendiste
su nombre a un comentario brutal o baladí?[11]
Cien veces la miraste, ninguna vez la viste
¡y en el solar[12] de tu hijo, de ella hay más que de ti!

---

[1] **los que trabajan en una huerta; cultivadores**
[2] **finca, tierra**
[3] **aceites que se usan en la misa**
[4] **faldas**
[5] **la... la hermosa marca**
[6] **abundante**
[7] quenched the thirst of
[8] basins
[9] **labrador, campesino**
[10] prayer
[11] **insignificante, mezquino**
[12] **pequeño espacio o cuarto**

Pasó por él su fina, su delicada esteva,[13]
abriendo surcos[14] donde alojar perfección.
La albada de virtudes de que lento se nieva
es suya.[15] Campesina, ¿no le pides perdón?

Daba sombra por una selva su encina[16] hendida[17]
el día en que la muerte la convidó a partir.
Pensando en que su madre la esperaba dormida,
a La de Ojos Profundos[18] se dio sin resistir.

Y en su Dios se ha dormido, como en cojín de luna;
almohada de sus sienes, una constelación;
canta el Padre para ella sus canciones de cuna
¡y la paz llueve largo sobre su corazón!

Como un henchido[19] vaso, traía el alma hecha
para dar ambrosía de toda eternidad;
y era su vida humana la dilatada brecha
que suele abrirse el Padre para echar claridad.

Por eso aún el polvo de sus huesos sustenta
púrpura de rosales de violento llamear.[20]
¡Y el cuidador de tumbas, como aroma, me cuenta
las plantas del que huella sus huesos, al pasar!

de *Desolación*

Me tuviste

Duérmete, mi niño,
duérmete sonriendo,
que es la ronda[21] de astros
quien te va meciendo.

Gozaste la luz
y fuiste feliz.
Todo bien tuviste
al tenerme a mí.

Duérmete, mi niño,
duérmete sonriendo,
que es la Tierra amante
quien te va meciendo.

Miraste la ardiente
rosa carmesí.[22]
Estrechaste al mundo;
me estrechaste a mí.

Duérmete, mi niño,
duérmete sonriendo,
que es Dios en la sombra
el que va meciendo.

de *Ternura*

---

[13] plow handle
[14] furrows
[15] **La...** The soft radiance of virtues that slowly grows on him, ever purer and brighter, is hers.
[16] evergreen oak (symbol of perpetual strength)
[17] split
[18] **La... la muerte**
[19] **muy lleno**
[20] flame
[21] **juego de niños que forman un círculo, cogidos de las manos, y cantan dando vueltas en derredor**
[22] **roja**

Ceras eternas

¡Ah! ¡Nunca más conocerá tu boca
la vergüenza del beso que chorreaba[23]
concupiscencia como espesa lava!

Vuelven a ser dos pétalos nacientes,
esponjados[24] de miel nueva, los labios
que yo quise inocentes.

¡Ah! Nunca más conocerán tus brazos
el mundo horrible que en mis días puso
oscuro horror: ¡el nudo de otro abrazo!...

Por el sosiego[25] puros,
quedaron en la tierra distendidos,
¡ya, ¡Dios mío!, seguros!

¡Ah! Nunca más tus dos iris cegados
tendrán un rostro descompuesto, rojo
de lascivia, en sus vidrios dibujado.

¡Benditas ceras fuertes,
ceras heladas, ceras eternales
y duras, de la muerte!

¡Bendito toque[26] sabio,
con que apretaron ojos, con que apegaron brazos,
con que juntaron labios!

¡Duras ceras benditas,
ya no hay brasa[27] de besos lujuriosos
que os quiebren, que os desgasten, que os derritan!

de *Desolación*

Todo es ronda

Los astros son rondas de niños,
jugando la tierra a espiar...[28]
Los trigos son talles[29] de niñas
jugando a ondular..., a ondular...

Los ríos son rondas de niños
jugando a encontrarse en el mar...
Las olas son rondas de niñas
jugando la Tierra a abrazar...

de *Ternura*

---

[23] gushed
[24] puffed up
[25] quiet, calmness
[26] knell
[27] **calor intenso**
[28] **jugando...** playing at spying on the world
[29] figures, bodies

El niño solo

A Sara Hübner.

Como escuchase un llanto, me paré en el repecho[30]
y me acerqué a la puerta del rancho[31] del camino.
Un niño de ojos dulces me miró desde el lecho
¡y una ternura inmensa me embriagó[32] como un vino!

La madre se tardó, curvada en el barbecho;[33]
el niño, al despertar, buscó el pezón de rosa
y rompió en llanto... Yo lo estreché contra el pecho,
y una canción de cuna me subió, temblorosa...

Por la ventana abierta la luna nos miraba.
El niño ya dormía, y la canción bañaba,
como otro resplandor, mi pecho enriquecido...

Y cuando la mujer, trémula, abrió la puerta,
me vería en el rostro tanta ventura cierta
¡que me dejó el infante en los brazos dormido!

de *Desolación*

La bailarina

La bailarina ahora está danzando
la danza del perder cuanto tenía.
Deja caer todo lo que ella había,
padres y hermanos, huertos y campiñas,
el rumor de su río, los caminos,
el cuento de su hogar, su propio rostro
y su nombre, y los juegos de su infancia
como quien deja todo lo que tuvo
caer de cuello, de seno y de alma.

En el filo del día y el solsticio
baila riendo su cabal despojo.[34]
Lo que avientan[35] sus brazos es el mundo
que ama y detesta, que sonríe y mata,
la tierra puesta a vendimia[36] de sangre
la noche de los hartos que no duermen
y la dentera[37] del que no ha posada.[38]

---

[30] hill, incline
[31] **casa pobre**
[32] **emborrachó**
[33] **curvada...** bent over her plow
[34] **su...** her total despoilment
[35] **Aventar** means both "fan" and "drive away;" the image is of a dancer moving her arms, both fanning the fires of the world and pushing the world away.
[36] harvest (of wine grapes)
[37] **envidia**
[38] **ha... tiene casa**

Sin nombre, raza ni credo, desnuda
de todo y de sí misma, da su entrega,
hermosa y pura, de pies voladores.
Sacudida como árbol y en el centro
de la tornada, vuelta testimonio.

No está danzando el vuelo de albatroses
salpicados de sal y juegos de olas;
tampoco el alzamiento y la derrota
de los cañaverales fustigados.[39]
Tampoco el viento agitador de velas,
ni la sonrisa de las altas hierbas.

El nombre no le den de su bautismo.
Se soltó de su casta y de su carne
sumió[40] la canturía[41] de su sangre
y la balada de su adolescencia.

Sin saberlo le echamos nuestras vidas
como una roja veste[42] envenenada
y baila así mordida de serpientes
que alácritas[43] y libres la repechan,[44]
y la dejan caer en estandarte
vencido[45] o en guirnalda hecha pedazos.[46]

Sonámbula,[47] mudada en lo que odia,
sigue danzando sin saberse ajena[48]
sus muecas[49] aventando y recogiendo
jadeadora de nuestro jadeo,[50]
cortando el aire que no la refresca
única y torbellino,[51] vil y pura.

Somos nosotros su jadeado pecho,
su palidez exangüe,[52] el loco grito
tirado hacia el poniente[53] y el levante[54]
la roja calentura de sus venas,
el olvido del Dios de sus infancias.

de *Lagar*

---

[39] **los...** lashed cane fields
[40] **reprimió**
[41] singing
[42] garment
[43] **alegres**
[44] bolster her up
[45] **en...** like a collapsed flag
[46] **en...** like a torn up flower garland
[47] A sleepwalker
[48] **sin...** without realizing she has become another
[49] grimace
[50] panting
[51] whirlwind
[52] bloodless
[53] **oeste**
[54] **este**

La mujer estéril

La mujer que no mece a un hijo en el regazo,[55]
cuyo calor y aroma alcance a sus entrañas,
tiene una laxitud de mundo entre los brazos;
todo su corazón congoja[56] inmensa baña.[57]

El lirio[58] le recuerda unas sienes de infante;
el Angelus[59] le pide otra boca con ruego;
e interroga la fuente de seno de diamante[60]
por qué su labio quiebra el cristal en sosiego.

Y al contemplar sus ojos se acuerda de la azada;[61]
piensa que en los de un hijo no mirará extasiada,
al vaciarse sus ojos, los follajes de octubre.[62]

Con doble temblor oye el viento en los cipreses.[63]
¡Y una mendiga grávida,[64] cuyo seno florece
cual la parva[65] de enero, de vergüenza la cubre!

de *Desolación*

Salto del Laja[66]

A Radomiro Tomio.

Salto del Laja, viejo tumulto,
hervor de las flechas indias,[67]
despeño[68] de belfos[69] vivos,
majador de tus orillas.

Escupes las rocas, rompes
tu tesoro, te avientas tú mismo,
y por morir o más vivir,
agua india, te precipitas.

Cae y de caer no acaba
la cegada maravilla:
cae el viejo fervor terrestre,
la tremenda Araucanía.

Juegas cuerpo y juegas alma
enteros, agua suicida.

Caen contigo los tiempos,
caen gozos y agonías;
cae la mártir indiada
y cae también mi vida.

de *Tala*

---

[55] lap
[56] grieves
[57] void
[58] lily
[59] **oración que se reza por la mañana, al mediodía y al anochecer en honor de la Encarnación**
[60] **de...** glimmering surface
[61] hoe
[62] **es decir, el paso del tiempo y la madurez (Se da cuenta de que pronto será demasiado vieja para tener un hijo.)**
[63] **El ciprés es un símbolo de la muerte.**
[64] **encinta**
[65] **grano**
[66] waterfall on the Laja River, in Biobío, in the southern part of Chile
[67] **El río Biobío era la frontera entre los territorios españoles y los de los indios araucanos.**
[68] cliff over which someone is hurled
[69] **caballos**

Las bestias cubres de espumas;
ciega a las liebres tu neblina,
y hieren cohetes blancos
mis brazos y mis rodillas.

Te oyen rodar los que talan,[70]
los que hacen pan o caminan,
y los que duermen o están muertos,
o dan su alma o cavan minas,
o en pastales[71] o en lagunas
hallan el coipo[72] y la chinchilla.

Baja el ancho amor vencido,
medio-dolor, medio-dicha,
en un ímpetu de madre
que a sus hijos hallaría...

Y te entiendo y no te entiendo,
Salto del Laja, vocería,
vaina[73] de antiguos sollozos
y aleluya nunca rendida.

Me voy por el río Laja,
me voy con las locas víboras,
me voy por el cuerpo de Chile,
doy vida y voluntad mías.
Juego sangre, juego sentidos
y me entrego, ganada y perdida...

de *Salto de Laja*

---

[70] **cortan árboles**
[71] **campos donde pastan (comen pasto) los animales**
[72] large rodent typical of Chile
[73] repository

SOBRE LA LECTURA

1. ¿Cómo describe la poeta a la maestra rural?
2. ¿En qué estrofas la compara con Jesús? ¿Por qué hace esta comparación?
3. ¿En qué estrofas alude al sufrimiento de la maestra?
4. ¿Cómo trata el campesino a la maestra? ¿y la campesina?
5. ¿En qué sentido es la maestra una segunda madre para los niños del pueblo?
6. ¿Cómo describe la poeta la muerte de la maestra?
7. ¿Cómo es la relación entre madre e hijo que describe Mistral en «Me tuviste»? ¿Cómo trata la madre de hacer que el niño se sienta seguro y protegido?
8. ¿Cuáles son las «ceras eternas» a las cuales se refiere la poeta en el poema del mismo nombre?
9. ¿Cómo describe los placeres el amor erótico? ¿Cómo describe la muerte?
10. En «Todo es ronda», ¿cómo logra que el lector sienta el nexo que existe entre el niño, el cielo y la naturaleza?
11. En «El niño solo», ¿en qué circunstancias encontró la narradora al niño? ¿Por qué no estaba con él su madre?
12. ¿Qué hizo la narradora? ¿Qué hizo la madre al llegar al rancho?
13. En «La bailarina», ¿qué significa «está danzando la danza de perder cuanto tenía»? ¿Qué cosas ha perdido? ¿A qué tipo de persona describe la poeta en este poema?
14. ¿Cuál es la actitud de la bailarina hacia el mundo? ¿Y la del mundo hacia ella?
15. ¿Cómo describe la poeta la frustración y tristeza de «La mujer estéril»?
16. ¿De qué aspecto de la historia de Chile le recuerda el «Salto de Laja»? ¿Cómo describe la fuerza del agua? ¿En qué sentido es el «Salto de Laja» un elemento unificador?

HACIA EL ANÁLISIS LITERARIO

1. ¿Qué tipo de imágenes usa la poeta en «La maestra rural»?
2. ¿Cómo usa el simbolismo religioso en este poema?
3. ¿Cómo son los ritmos que dominan en los dos poemas de «Ternura»? ¿Cómo logra la poeta crear la impresión de una cuna que se mece en «Me tuviste»?
4. Compare las imágenes de «Ceras eternas» con las de «La maestra rural». ¿Cómo caracteriza la poeta al amor?
5. Compare su actitud hacia la muerte en «Ceras eternas» con la que expresa en «La maestra rural».
6. ¿Cómo logra la poeta combinar sentimientos de pena y gozo en «El niño solo»? ¿En qué otros poemas hace lo mismo?
7. ¿En qué poemas habla Gabriela Mistral de los niños? ¿Qué actitudes expresa hacia las criaturas? ¿Y hacia la maternidad? ¿Expresa la misma actitud hacia la madre campesina en «La maestra rural» que en «La mujer estéril»? Explique.
8. Describa las imágenes que emplea Gabriela Mistral en «La bailarina». ¿Quién es la bailarina? ¿Cuál es la actitud de la poeta hacia ella? Compare la estructura de este poema con la de otros poemas.
9. ¿Cómo evoca la poeta la violencia de la Conquista a través de las imágenes que emplea en «Salto de Laja»? ¿En qué sentido es este poema intensamente regional? ¿Cómo exalta la naturaleza americana?
10. Comente sobre el aspecto humanitario de los poemas de Gabriela Mistral. ¿Cuál es su actitud hacia las mujeres?

TEXTO Y VIDA

1. ¿Es realista el retrato que pinta Gabriela Mistral de la maestra rural? ¿Cree usted que una maestra o un maestro puede ser más importante en la vida de un niño que sus padres? ¿Cree usted que el maestro tiene una importancia especial en zonas rurales o barrios pobres? ¿Por qué?
2. ¿Cree usted que una mujer puede sentirse completa y satisfecha sin tener hijos, o es la maternidad una parte esencial de su vida?
3. ¿Es lo mismo para un hombre? Explique.
4. ¿Cree usted que Gabriela Mistral idealiza la niñez? ¿Son los niños siempre tan puros e inocentes como ella pretende?
5. ¿Por qué cree usted que los mismos juegos infantiles existen en diversos países y culturas?
6. ¿Por qué son los juegos infantiles y las canciones de cuna elementos importantes de nuestra cultura? ¿De qué juegos y canciones infantiles se acuerda usted?
7. ¿Se identifica usted con «La bailarina»? ¿ Por qué (no)?
8. ¿Qué aspectos de la naturaleza norteamericana considera usted especialmente poéticos? ¿Por qué?

Palés Matos y la poesía afrohispana

A principios del siglo se despertó en Europa un interés en la cultura africana. Artistas europeos que viajaban a Africa quedaron asombrados ante la riqueza y espontaneidad del arte. El pintor francés Georges Braque (1882–1963), uno de los promotores más importantes del *cubismo, fue muy influido por la escultura negra. Muchas obras de Pablo Picasso (1881–1973), amigo y colega de Braque, también revelan una marcada influencia del arte africano, cuyo colorido, dinamismo y plasticidad abrieron nuevos horizontes para el artista español. El poeta francés Guillaume Apollinaire (1880–1918), otro miembro del círculo de Picasso, también investigó las dimensiones expresivas del arte negro desde un punto de vista poético. Durante el mismo período, el arqueólogo y antropólogo alemán, Leo Frobenius (1873–1938), escribió extensamente sobre las culturas de Africa y coleccionó muchas pinturas y grabados africanos. Su contribución más importante a la literatura mundial es *El Decamerón negro,* una compilación de leyendas y mitos de Africa.

A causa del intenso intercambio entre Francia e Hispanoamérica a fines del siglo pasado y a principios de éste, el entusiasmo por lo africano no pudo dejar de impresionar a los artistas del Nuevo Mundo, particularmente a los del Caribe, una de las zonas en las cuales se siente más fuertemente la influencia negra. Sin embargo, no fue sino hasta que Luis Palés Matos (1898–1959) comenzó a incorporar ritmos, temas y formas negros en su poesía cuando nació una auténtica poesía afroantillana.

Palés Matos nació de familia blanca en Guayama, Puerto Rico, donde vivió hasta los diecinueve años. Un niño enfermizo, sufrió de asma y de malaria. Creció en un ambiente literario; su abuela materna, sus padres y hermanos escribían versos, y un amigo de su infancia y adolescencia fue el escritor Luis Felipe Dessús, a quien más tarde le dedicaría su poema «Melancolía».

Muy joven—a los trece o catorce años—Luis Palés Matos comenzó a componer versos. A los dieciséis, abandonó la escuela, aunque siguió leyendo y escribiendo. En 1914 sus versos empezaron a aparecer en periódicos locales y al año siguiente publicó su primera colección, *Azaleas,* que refleja la influencia de poetas modernistas tales como el argentino Leopoldo Lugones (1874–1938) y el uruguayo Julio Herrera y Reissig (1874–1938). Poco después, sin embargo, se desvió hacia el *vanguardismo. Con José I. Diego Padró creó una escuela poética que se llamaba *diepalismo,* nombre que se deriva de «Diego» y «Palés», y empezó a experimentar con imágenes y formas más innovadoras. En 1921 se publicó el *Manifiesto del diepalismo;* apareció el primer poema diepálico en el periódico *El Imparcial,* el 7 de noviembre del mismo año.

Ya desde hacía varios años Palés Matos leía a escritores franceses como Paul Morand (1888–1976), cuyo entusiasmo por lo africano despertó el interés del poeta puertorriqueño en la cultura popular de su isla. En 1918 Palés Matos escribió «Danzarina africana», que señaló la nueva dirección que iba a tomar su poesía. Durante esta época trabajó en varios puestos diplomáticos y gubernamentales, pero nunca abandonó sus actividades literarias. En 1923 fundó el periódico *Los Seis,* con otros cinco escritores, entre ellos José I. de Diego Padró. En 1925 publicó su poema «Pueblo negro» en *La Democracia,* bajo el título «Africa». Al año siguiente apareció «Danza negra» en el mismo periódico. Palés Matos ya empezaba a atraer la atención crítica; desde 1930 salían artículos sobre su poesía en la prensa de lengua inglesa de los Estados Unidos tanto como en la de lengua española de Hispanoamérica.

En los años que siguieron Palés Matos compuso otros poemas inspirados por temas y ritos africanos. Los más conocidos fueron «Danza caníbal» (1927), «Kalahari» (1927), «Majestad Negra» (1934), «Intermezzo del hombre blanco» (1935) y «Ñam-ñam» (1936). En 1937 se publicó *Tuntún de pasa y grifería,* una colección de poemas afroantillanos que venía escribiendo desde fines de la década anterior. En 1950 apareció una segunda edición revisada y aumentada. En 1957 se publicó su obra poética completa, bajo el título *Poesía.* Varios declamadores conocidos incorporaron los poemas de Palés Matos en sus repertorios, entre ellos la cubana Eusebia Cosme, la argentina Berta Singerman y el español González Marín. En 1944 se nombró a Palés Matos poeta residente de la Universidad de Puerto Rico.

Palés Matos también escribió prosa. Sus artículos, prosa narrativa y dramática, entrevistas y cartas fueron compilados por Margot Arce de Vázquez y forman el segundo volumen de sus *Obras.*

Sobre la poesía de Palés Matos

Aunque Palés Matos experimentó con muchos temas y formas, es la poesía afroantillana la que atrajo más la atención crítica. El poeta capta la exuberancia y la musicalidad de los compases populares. Sus imágenes están llenas de color y de movimiento. Rebosan de sensualidad. La descripción de Tembandumba, la gran matriarca de Africa, que avanza «culipandeando» y sudando en «Majestad negra», exuda voluptuosidad. Por medio de la repetición de nombres de bailes recrea los ritmos de canciones africanas tradicionales. El nombre mismo de la Reina es como una canción: Tembandumba de la Quimbamba.

Aunque algunos de los poemas de Palés Matos encierran una suave ironía o un elemento de crítica social, por lo general el contenido es secundario con respecto a la musicalidad. En «Danza negra», por ejemplo, la repetición de «Calabó y bambú / bambú y calabó» evoca los ritmos del tambor africano o del bongó, y la enumeración de nombres geográficos (Fernando Póo, Tombuctú) contribuye al juego rítmico. Sin embargo, el poeta no pasa por alto la injusticia y la miseria. En algunos poemas mira la condición del negro antillano con ojos de hombre blanco que trata de comprender un sector de su sociedad. En «Esta noche he pasado», escrito en 1921, describe las casas pobres e inmundas de la barriada de los negros y la tremenda hostilidad de éstos. Insiste en los vínculos que existen entre los negros antillanos y los africanos, al mismo tiempo que recalca la distancia cultural que separa al negro del blanco. El poema termina con una terrible imagen de violencia provocada por el resentimiento y la angustia.

La visión de Palés Matos es panafricana. Conocía bien las culturas de Africa, las cuales había estudiado meticulosamente, y buscaba la cohesión entre las diversas manifestaciones de la civilización negra. En poemas como «Danza negra» yuxtapone nombres de países americanos y africanos—«Haití, Martinica, Congo, Camerún»—todos los cuales comparten raíces comunes.

Palés Matos emplea un léxico riquísimo. Incorpora regionalismos, términos típicos de los negros puertorriqueños, africanismos, palabras onomatopéyicas de su propia invención, y nombres geográficos, los cuales emplea por su musicalidad. También usa nombres comunes africanos, nombres tomados del folklore, y nombres de animales.

Palés Matos también compuso poemas sobre el amor y la muerte y sobre sus propias preocupaciones existenciales. Uno de sus temas predilectos es su isla, Puerto Rico, cuya flora, fauna y geografía nunca dejaron de fascinarle.

Edición

Palés Matos, Luis. *Obras (Tomo I: Poesía; Tomo II: Prosa).* Ed. Margot Arce de Vázquez, Federico de Onís. Río Piedras: Universidad de Puerto Rico, 1984

Crítica

Agrait, Gustavo. *Luis Palés Matos: Un poeta puertorriqueño.* San Juan, P.R.: Biblioteca de Autores Puertorriqueños, 1973

Del Pozo, Ivania. «Language and Silence in Contemporary Spanish-American Literature: As Treated by the Puerto Rican Poet Luis Palés Matos.» *Centerpoint.* 1:1 (1974): 85–89

Díaz Quiñónez, Arcadio. «La poesía negra de Luis Palés Matos. Realidad y conciencia de su dimensión colectiva.» *Sin Nombre,* P.R. 1:1 (1970): 7–25

Diego, Gerardo. «La palabra poética de Luis Palés Matos.» *La Torre.* 8:29–30 (1960): 81–84

Diego Padró, José I. de. *Luis Palés Matos y su trasmundo poético.* Río Piedras, P.R.: Puerto, 1973

Doreste, Ventura. «El mundo poético de Luis Palés Matos.» *La Torre.* 8:29–30 (1960): 67–79

Enguídanos, Miguel. *La poesía de Luis Palés Matos.* Río Piedras, P.R.: Universitaria, 1961

González, Aníbal. «La (sín)tesis de una poesía antillana: Palés y Spengler.» *Cuadernos Hispanoamericanos.* 451–452 (Jan.–Feb. 1988): 59–72

González, Josemilio. «La individualidad poética de Luis Palés Matos.» *La Torre.* 8:29–30 (1960): 291–329

Gullón, Ricardo. «Situación de Palés Matos.» *La Torre.* 8:29–30 (1960): 35–43

Hernández Novás, Raúl. «Luis Palés Matos: Poeta antillano.» *Casa de las Américas.* 89 (1975): 28–37

Johnson, Lemuel. «El tema negro: The Nature of Primitivism in the Poetry of Luis Palés Matos.» 123–136. Ed. Miriam De Costa. *Blacks in Hispanic Literature: Critical Essays.* Port Washington, N.Y.: Kennikat, 1977

Meléndez, Concha. «Alegorías de Luis Palés Matos.» *La Torre.* 8:29–30 (1960): 63–66

Moulin, Sylvie. «El bongo del Caribe: Apuntes sobre los poemas negros de Luis Palés Matos.» *Confluencia.* 3:1 (Autumn 1987): 105–111

Onís, Federico de. *Luis Palés Matos: Vida y obra, Bibliografía, Antología, Poesías inéditas.* San Juan, P.R.: Ateneo Puertorriqueño, 1960

———. «Programa silvestre: Reconstrucción de un tema de Luis Palés.» *La Torre.* 8: 29–30 (1960): 189–202

Ortiz, Arturo. «El mestizaje cultural en ‹Majestad negra› de Luis Palés Matos.» *Selecta: Journal of the Pacific Northwest Council on Foreign Languages.* 4 (1983): 126–133

Rojas, Víctor J. «Sobre el negro en la poesía de Luis Palés Matos y de Jorge Lima.» *Sin Nombre,* P.R. 2:3 (Jan.–March 1972): 75–88

Rosario, Charles. «Palés en su mundo.» *La Torre.* 8:29–30 (1960): 277–289

Torre, Guillermo de. «La poesía negra de Luis Palés Matos.» *La Torre.* 8:29–30 (1960): 151–161

Poesía

Luis Palés Matos

Danza negra

Calabó[1] y bambú.
Bambú y calabó.
El Gran Cocoroco[2] dice: tu-cu-tú.
La Gran Cocoroca dice: to-co-tó.
Es el sol de hierro que arde en Tombuctú.[3]
Es la danza negra de Fernando Póo.[4]
El cerdo en el fango gruñe: pru-pru-prú.
El sapo en la charca sueña: cro-cro-cró.
Calabó y bambú.
Bambú y calabó.

Rompen los junjunes[5] en furiosa ú.
Los gongos[6] trepidan con profunda ó.
Es la raza negra que ondulando va
en el ritmo gordo del mariyandá.[7]
Llegan los botucos[8] a la fiesta ya.
Danza que te danza la negra se da.[9]

---

[1] **madera africana**
[2] **gran jefe máximo de tribus negras**
[3] **costa del Sudán oriental al sur del desierto de Sáhara**
[4] **isla del golfo de Guinea cerca de la costa de Camerún**
[5] **especie de violín, instrumento de los negros hotentotes**
[6] **tambor**
[7] **baile de negros (en Puerto Rico)**
[8] **jefecillo de tribu**
[9] **Danza...** The black woman dances and dances uninhibitedly

Calabó y bambú.
Bambú y calabó.
El Gran Cocoroco dice: tu-cu-tú.
La Gran Cocoroca dice: to-co-tó.

Pasan tierras rojas, islas de betún:[10]
Haití, Martinica, Congo, Camerún;[11]
las papiamentosas[12] antillas del ron
y las patualesas[13] islas del volcán,
que en el grave son
del canto se dan.

Calabó y bambú.
Bambú y calabó.
Es el sol de hierro que arde en Tombuctú.
Es la danza negra de Fernando Póo.
El alma africana que vibrando está
en el ritmo gordo del mariyandá.

Calabó y bambú.
Bambú y calabó.
El Gran Cocoroco dice: tu-cu-tú.
La Gran Cocoroca dice: to-co-tó.

Majestad negra

Por la encendida calle antillana
va Tembandumba de la Quimbamba[14]
—Rumba,[15] macumba,[16] candombé,[17] bámbula[18]—
entre dos filas de negras caras.
Ante ella un congo[19]—gongo y maraca[20]—
ritma una conga bomba que bamba.[21]

Culipandeando[22] la Reina avanza,
y de su inmensa grupa resbalan
meneos cachondos[23] que el gongo cuaja[24]

---

[10] shoe black
[11] **Las dos primeras son islas del Caribe, las dos últimas son regiones del Africa central.**
[12] **de *papiamento,* dialecto de Curazao y Aruba**
[13] **de *patois,* lengua de las Antillas francesas**
[14] **gran matriarca de Africa; según algunas leyendas, hizo matar a su hijo y con su sangre preparó un ungüento que les daría valor a sus guerreros**
[15] **baile de los negros cubanos**
[16] **religión de los negros brasileños**
[17] **baile y fiesta de negros**
[18] **baile negro**
[19] **mono**
[20] **instrumento musical hecho de un calabazo seco lleno de piedrecitas; se usa para marcar el ritmo**
[21] **La conga, la bomba y la bamba son bailes. La musicalidad del verso es más importante que el sentido.**
[22] **moviendo las caderas**
[23] **meneos... movimientos sensuales**
[24] **coagula**

en ríos de azúcar y de melaza,[25]
Prieto trapiche de sensual zafra,[26]
el caderamen,[27] masa con masa,
exprime ritmos, suda que sangra,
y la molienda culmina en danza.

Por la encendida calle antillana
va Tembandumba de la Quimbamba.
Flor de Tortola,[28] rosa de Uganda[29]
por ti crepitan bombas y bámbulas;[30]
por ti en calendas[31] desenfrenadas
quema la Antilla su sangre ñáñiga.[32]
Haití te ofrece sus calabazas;
fogosos rones te da Jamaica;
Cuba te dice: ¡dale,[33] mulata!
Y Puerto Rico: ¡melao, melamba!

¡Sús,[34] mis cocolos[35] de negras caras!
Tronad, tambores; vibrad, maracas.
Por la encendida calle antillana
—Rumba, macumba, candombe, bámbula—
va Tembandumba de la Quimbamba.

Esta noche he pasado

Esta noche he pasado por un pueblo de negros.
El caserío inmundo se amontona en un rojo
pegote[36] miserable de andrajos[37] de ruinas,
y sobre el viento lento cunden[38] asperos tufos[39]
de lodos y amoníacos, mientras entre la sombra,
los sapos negros croan al fondo de la noche.

Esta noche he pasado por un pueblo de negros.
¡Oh, la curiosidad de esta terrible tribu
de basalto! Los hombres me miran hostilmente,
y en sus ojos de agudas miradas agresivas
arde un fuego africano y bermellón de cólera.

---

[25] molasses
[26] **Prieto...** A black sugar mill dripping sensuous sugar
[27] **las nalgas**
[28] **isla de Haití**
[29] **país del Africa central**
[30] **danza negra**
[31] **baile sensual de los esclavos negros de las Antillas**
[32] **de los ñáñigos, una sociedad de negros cubanos**
[33] come on!, let's go!
[34] **Jesús**
[35] **negros de las Antillas Menores**
[36] sticky mess
[37] tatters
[38] spread
[39] fumes, odors

Esta noche he pasado por un pueblo de negros.
El espíritu cafre[40] de las lujurias roncas
y los bruscos silencios huracanados, flota
sobre este barrio oscuro... (Y doy a imaginarme
golpes secos de gongo, gritos, y un crudo canto
lleno de diptongueantes guturaciones[41] ñáñigas...[42]

Alguna bayadera[43] del Congo estará ahora
distorciendo[44] el elástico baile de la serpiente
dentro de un agrio círculo de brujos y guerreros,
todos llenos de horribles tatuajes, mientras arden
las fogosas resinas, y el fuego, rey del día,
dora la res que se asa sobre tizones rojos.)

¡No! La pompa jocunda de estas tribus ha muerto.
Les queda una remota tristeza cuadrúmana;[45]
una pasión ardiente por los bravos alcoholes,
el odio milenario del blanco, y la insaciable
lujuria de las toscas urgencias primitivas.

Ante este pueblo negro y estas casas de podre[46]
y esta raza ya hundida para siempre, yo tengo
la visión de espantosos combustibles: la brea,
el diamante, el carbón, el odio y la montaña...
Esta noche he pasado por un pueblo de negros.

---

[40] **denominación de los negros procedentes del territorio entre los ríos Senegal y Gambra**
[41] guttural sounds
[42] **de los ñáñigos, una sociedad de negros cubanos**
[43] **bailarina**
[44] twisting and turning
[45] **dícese de un mamífero que tiene cuatro manos, como el mono (El poeta alude a la tristeza primordial de estos negros.)**
[46] **cosas podridas**

SOBRE LA LECTURA

1. ¿Qué imágenes africanas emplea Palés Matos en «Danza negra»?
2. ¿Qué lugares geográficos menciona?
3. ¿Qué animales menciona? ¿Cómo contribuyen a los ritmos que el poeta evoca?
4. ¿Qué instrumentos musicales nombra? ¿Por qué menciona el calabó y el bambú?
5. ¿Cómo describe a la bailarina negra?
6. ¿Quién es la Tembandumba de la Quimbamba de «Majestad negra»?
7. ¿Por dónde camina? ¿Cómo describe el poeta a la bailarina?

8. Describa el ambiente de este poema.
9. ¿Cómo es el barrio negro de «Esta noche he pasado»?
10. ¿Cómo reacciona la gente al ver a un extraño?
11. ¿Qué imágenes pasan por la mente del poeta?
12. ¿Qué escenas de Africa evoca?
13. ¿Cómo describe la tristeza de los descendientes de pueblos africanos?
14. Según el poeta, ¿a qué va a conducir la hostilidad de esta gente?

HACIA EL ANÁLISIS LITERARIO

1. ¿Cómo recrea Palés Matos ritmos africanos en su poesía?
2. ¿En qué poemas es la musicalidad más importante que el contenido? ¿Cómo usa el vocabulario afroantillano para crear esta musicalidad?
3. ¿Qué tipos de imágenes crea el poeta? ¿Cómo usa los colores?
4. ¿Qué metáforas usa en «Majestad negra»? ¿Por qué compara la reina africana a un «prieto trapiche»?
5. ¿Cómo expresa la unidad que existe entre Africa y las poblaciones negras del Nuevo Mundo?
6. ¿Cómo crea un ambiente de gozo y sensualidad en que todos participan, aun los animales? ¿Qué logra al incluir al cerdo y al sapo?
7. ¿En qué sentido es diferente la perspectiva que se presenta en «Esta noche he pasado»?

TEXTO Y VIDA

1. ¿Está usted de acuerdo con el panafricanismo de Palés Matos? ¿Qué tienen en común todos los pueblos negros? ¿Cómo se diferencian los negros de los Estados Unidos de los del Caribe y la América del Sur?
2. ¿Existen similitudes entre la música del Caribe y el jazz, los blues y otras formas de música inventadas por los negros norteamericanos?
3. ¿Conoce usted el arte africano? ¿Cuáles son sus características? ¿Por qué cree usted que influyó tanto en la obra de artistas como Picasso?
4. ¿Qué contribuciones han hecho los negros a la cultura norteamericana?
5. ¿A qué autores negros conoce usted?

Neruda: Campeón del hombre común

Pablo Neruda (1904–1973), hijo de un ferroviario, nació en Parral, Chile con el nombre de Neftalí Ricardo Reyes y Basoalto. Cuando era muy joven fue a vivir a Temuco, en el sur, donde completó sus estudios primarios y secundarios. Comenzó a escribir poesía cuando era todavía un adolescente, un hecho que tuvo que ocultarle a su familia, ya que a la gente sencilla del campo el componer poemas le parecía una ocupación inútil. Cuando, a los quince años, mandó algunas de sus composiciones a la revista *Selva Austral,* las firmó «Pablo Neruda». Algunos críticos piensan que escogió este nombre en memoria del escritor checoslovaco Jan Neruda (1834–1891) o que era un anagrama de su nombre NEftalí RicarDo.

A causa de su poco interés en el trabajo agrícola, en 1921 Neruda ingresó en el Instituto Pedagógico de Santiago con la intención de estudiar para profesor de francés, pero pronto abandonó la carrera para dedicarse a la poesía. A los diecisiete años ganó un concurso de poesía con su composición «La canción de la fiesta». Su primer libro fue *Crepusculario,* publicado en 1923. En 1924 publicó *Veinte poemas de amor y una canción desesperada,* que llegó a ser un *best seller* e hizo de Neruda uno de los jóvenes poetas más famosos de Latinoamérica. Si en *Crepusculario* eran todavía visibles las huellas del modernismo, en *Veinte poemas de amor* se acentuaban los sentimientos personales e íntimos, la urgencia sensual, la melancolía y el dolor. En *Tentativa del hombre infinito* (1925), Neruda incorporó algunos elementos vanguardistas. Experimentó con el verso libre y la sintaxis no convencional. La influencia del *surrealismo se manifiesta en el *hermetismo y en el uso de imágenes oníricas, oscuras.

En reconocimiento de su eminencia literaria, Neruda fue nombrado a varios puestos diplomáticos. Fue cónsul de su país en Rangún (Birmania), Colombo (Ceilán) y Batavia (Java). También sirvió en Singapur y visitó la China y el Japón. Algunos de los poemas que recuerdan su estadía en estos lugares exóticos se incluyen en el primer volumen de *Residencia en la tierra* (1933), al que seguiría un segundo volumen en 1935. En estos dos libros, que contienen poemas escritos entre 1925 y 1933, ocupan un lugar importante el amor y el sensualismo, pero predomina un sentido de soledad y de angustia. El poeta se siente cansado de vivir en un mundo injusto, sórdido y aun repugnante.

El servicio diplomático también lo llevó a Buenos Aires, donde conoció al poeta español Federico García Lorca (1898–1936), quien visitaba la Argentina. Más tarde, Neruda también fue cónsul en Madrid. En España trabó amistad con algunos de los poetas más conocidos de la *generación del '27, entre ellos García Lorca, Rafael Alberti (1902–1984) y Vicente Aleixandre (1898–1984), con quienes editó la revista *Caballo Verde para la Poesía.* Cuando estalló la Guerra Civil española, Neruda se alió con los republicanos. Se instaló en París, donde se dedicó a ayudar a los refugiados españoles. Aun consiguió transporte para un grupo de ellos a Chile. *España en el corazón* (1937) es una condena violenta del fascismo y una exaltación del pueblo. Neruda abandona en gran parte el hermetismo surrealista y se dedica a la expresión de la ideología marxista. De esta misma índole son *Tercera residencia* (1947), que recoge *España en el corazón,* y *Las uvas y el viento* (1954).

En 1939 Neruda partió para México, donde fue secretario y después cónsul de la embajada chilena. Durante este período comenzó a escribir un *Canto general de Chile.* Su plan era componer un extenso poema épico, con elementos descriptivos y líricos, en que examinaría el proceso histórico de la transformación chilena. De hecho, en 1943 apareció un *Canto general de Chile,* que era sólo un fragmento de la obra que Neruda pensaba escribir. Neruda volvió a su país en

1943 e ingresó en el partido comunista. Su activismo político, sus visitas a las minas y al campo le infundieron una nueva apreciación de las luchas de la clase obrera chilena. También en 1943 visitó la antigua ciudadela incaica de Machu Picchu, construida en los Andes a una altura de 2.500 metros. Dos años más tarde, compuso «Alturas de Macchu Picchu»,[1] un largo poema en que el poeta contempla las raíces de la historia hispanoamericana; el pasado y el presente que se funden en una sola realidad; la fecundidad renovadora de la naturaleza; y la permanencia de las creaciones de las antiguas civilizaciones americanas. Después de su visita a Machu Picchu, Neruda modificó su plan: En vez de limitar su poema a Chile, compondría un *Canto general* dedicado a toda América. Neruda fue elegido senador en 1945, pero al ser declarado ilegal el comunismo en 1949, se vio obligado a huir. Durante los años 1948 y 1949 trabajó intensamente en el *Canto general,* publicado en México y clandestinamente en Chile en 1950. Las quince secciones, cada una de las cuales se compone de numerosos poemas, relata la historia de Latinoamérica desde 1400 hasta el presente desde una perspectiva marxista.

Odas elementales (1954), *Nuevas odas elementales* (1955) y *Tercer libro de las odas* (1957) marcan otro cambio de dirección. El poeta canta la belleza de los objetos comunes, de acontecimientos triviales y cotidianos. Da expresión a la alegría y la angustia de la vida diaria. Abandona el giro difícil y la voz rebuscada por un estilo más sencillo, más asequible al proletariado.

Los versos del Capitán (1953, 1963) y *Cien sonetos de amor* (1959) representan una vuelta al tema predilecto de su juventud, el amor. Aunque no ha perdido su intensidad, la poesía erótica de Neruda adquiere una nueva madurez. Su expresión es ahora más sencilla y directa. *Memorial de la Isla Negra* (1964) es una especie de autobiografía en verso en la que el poeta recuerda la niñez, la casa natal, los amores de su juventud. También incluye meditaciones sobre la vida y la poesía.

En 1970 Salvador Allende (1908–1973), presidente marxista de Chile, nombró a Neruda embajador en París. La poesía de Neruda se ha traducido a casi todos los idiomas europeos. El poeta ganó numerosos premios, entre ellos el Premio Nacional de Literatura (1945), el Premio Stalin (1953) y el Premio Nóbel en 1971.

Sobre la poesía de Neruda

Los poemas de Neruda abarcan toda una gama de emociones, desde la melancolía hasta la cólera, desde la soledad hasta la solidaridad. A pesar de la intensidad de mucha de su obra, no falta el humor.

---

[1] Sobre la ortografía de Machu Picchu, Enrico Mario Santí escribe: «El cronista cambia o ‹mejora› la ortografía tradicional Machu Picchu (añadiéndole una *c* a *Machu*) para crear una simetría tipográfica entre los dos elementos que también refleja la estructura del poema: Sus doce letras corresponden a los doce cantos del poema, y éstos, a su vez, a las doce horas del día o doce meses del año. Todo lo cual revela la concepción occidental del poema (ni el reloj ni el calendario inca se basaban en el sistema duodecimal), pese a su evidente temática indigenista y marcadamente no-occidental. (*Canto general,* ed. Enrico Mario Santí, 125–126)

En «Aquí te amo...» domina el tono melancólico. El amor es un anhelo, un deseo que no se satisface. Más que una mujer de carne y hueso, la amada es una idea intangible. El poeta no la describe, sino que recrea un ambiente romántico por medio del uso del *claroscuro: «Los oscuros pinos», la luna fosforescente cuya luz se refleja en el agua, «una gaviota de plata», «una vela», «una cruz negra». Con las metáforas pinta un cuadro, una vista marina, subrayando así la distancia entre el «yo» poético y la amada. Ella está lejos—real o psicológicamente; él sólo puede mandarle besos «en esos barcos graves». El poema comunica el ansia, la insatisfacción y la frustración. Está cansado; ha luchado en vano. Se siente olvidado como «estas viejas anclas». Su vida ha sido «inútilmente hambrienta»; este deseo o hambre no se satisfará jamás. El poeta convierte una escena real de la costa de Chile en una representación poética de su estado psicológico. Crea, por medio del poema, un «puerto» o «refugio» donde puede expresar su amor en una canción que llena el aire.

Aunque el tono y el tema de «Ritual de mis piernas» son totalmente diferentes de los del poema anterior, aquí también el poeta expresa un hambre insatisfecha, el cansancio y la soledad, aunque con cierta nota de ironía. Encontrándose sin compañera, el poeta se siente rodeado de objetos muertos—«oscuras cosas» que «toman el lugar de la ausente». Entre las cosas extrañas que llenan su cuarto están sus propias piernas, las que mira como si fueran de otra persona. Esta enajenación de su propio cuerpo revela un profundo sentido de aislamiento, el cual se acentúa en la tercera estrofa, en que el poeta se burla de ciertas convenciones sociales: «de pantalones es posible hablar, de trajes». El tabú contra la mención del cuerpo oculta un deseo profundo del hombre de negar su mortalidad. Al enfocar una parte del cuerpo masculino que apenas se menciona en la conversación y mucho menos en la poesía, el poeta rompe nuestra complacencia. Es más, articula la soledad del individuo, quien está separado siempre de la tierra y de los demás por su cuerpo.

En «Walking around» aumenta el sentido de angustia del poeta, que está cansado de vivir en un mundo que describe en términos siempre más negativos. No le desagradan sólo las sastrerías y los cines, donde se siente totalmente ajeno, sino también su propio cuerpo. Como en el poema anterior, habla de sus miembros como si fueran objetos extraños. Sin embargo, su hastío no logra amenguar su rebeldía. Todavía nutre fantasías de escandalizar a la sociedad y de romper el *statu quo* con algún acto insólito. El humor perverso de estas fantasías revela el abatimiento del poeta, quien termina por crear un cuadro grotesco, sórdido y horroroso de las casas y las calles: «Hay pájaros de color de azufre y horribles intestinos / colgando de la puertas de las casas que odio...» Se vale de imágenes asquerosas para comunicar la repulsión que siente por este mundo lleno de injusticia y desigualdad.

Los tres poemas del *Canto general*, «Cortés», «Los dictadores» y «El pueblo victorioso», son de partes distintas de esta larga colección en que se traza la explotación de una clase por otra en América desde la Conquista hasta el momento actual. En «Cortés» Neruda alude a la manipulación por el Conquistador español de la hostilidad que existía entre los tlaxcaltecas, indios del centro de México, y los aztecas, la cual hizo posible la derrota de Moctezuma y la la caída de su imperio. A Cortés se le describe con metáforas que subrayan su inhumanidad: «rayo frío», «corazón muerto en la armadura». Su avaricia se subraya por el uso de palabras tomadas de un documento que él mismo escribió. A diferencia del español, que representa fuerzas antinaturales, el indio es parte de la totalidad cósmica; su mundo se describe por medio de referencias a cosas orgánicas. El «musgo» se comunica con él desde las «raíces» del reino; le advierte de las calamidades que traerá el hombre blanco—«el buitre rosado»—las cuales serán motivo de lágrimas que formarán «niebla, vapor, ríos». Termina el poema con la traición de Cortés a Moctezuma, quien lo había recibido como a un amigo.

En «Los dictadores» Neruda se refiere a la tiranía que plagaba Latinoamérica desde la Independencia y a la situación política que todavía existía en la mayoría de los países de Latinoamérica en 1950, cuando casi todas las naciones al sur del ecuador eran gobernados por déspotas. El poeta representa al dictador como un bajá que vive en su palacio rodeado de cosas finas y de gente aduladora. Sin embargo, las risas de sus compañeros no logran ocultar los gritos y los llantos de las víctimas del tirano, y la belleza de su palacio no logra encubrir la podredumbre que ha creado. En «El pueblo victorioso» expresa su fe que el pueblo se unirá y vencerá a los déspotas, creando así un nuevo orden social en que reine la justicia.

En «Oda a los calcetines» Neruda celebra con humor y ternura la belleza de una prenda cotidiana. Por medio de la metáfora, los calcetines se convierten en algo vivo y maravilloso. Son «violentos» por sus colores fuertes; con los pies del poeta adentro se ven como tiburones, o «dos gigantescos mirlos» que habría que meter en una jaula y darles de comer. O como cañones. Son tan magníficos que al poeta le parece que sus pies no se los merecen; éstos son como bomberos indignos del hermoso y colorido fuego que apagan. Casi le da pena ponérselos; se siente tentado a guardarlos en un cajón, pero, concluye con un aire pragmático, cuando se tiene frío en el invierno, no hay como un par de calcentines de lana.

Los versos cortos producen un efecto estacato que distancia el poema de la lírica «seria» o tradicional. El poeta no busca lo melódico y lo armónico, sino que se burla de la poesía convencional, a menudo elitista, que se toma a sí misma demasiado en serio. Por su forma tanto como por su tema, esta oda muestra el desdén del poeta por lo afectado o rebuscado. Busca apelar al hombre común. La conclusión pragmática también refleja los valores del pobre, que se fija más en el empleo práctico de las cosas que en su calidad estética.

Ediciones

Neruda, Pablo. *Obras completas.* 3 vol. Buenos Aires: Losada, 1973

———. *Canto general.* Ed. Enrico Mario Santí. Madrid: Cátedra, 1990

Crítica

Bellini, Giuseppe. «Pablo Neruda, intérprete de nuestro siglo.» *Revista de Occidente.* 86–87 (July–Aug. 1988): 95–104

Bloom, Harold, ed. *Pablo Neruda.* New York: Chelsea House, 1989

De Costa, René. *The Poetry of Pablo Neruda.* Cambridge, Mass.: Harvard, 1979

Durán, Manuel. «La huella del modernismo en la poesía de Pablo Neruda.» 298–303. Ed. Ivan A. Schulman. *Nuevos asedios al modernismo.* Madrid: Taurus, 1987

Durán, Manuel y Margery Safir. *Earth Tones: The Poetry of Pablo Neruda.* Bloomington, In.: Indiana University, 1981

Flores, Angel, ed. *Nuevas aproximaciones a Pablo Neruda.* México, D.F.: Fondo de Cultura Económica, 1987

Loveluck, Juan. «Neruda y la prosa vanguardista.» 125–135. Ed. Fernando Burgos. *Prosa hispánica de vanguardia.* Madrid: Orígenes, 1986

Loyola, Hernán. *Pablo Neruda: Propuesta de lectura.* Madrid: Alianza, 1981

Perriam, Christopher. «Metaphorical machismo: Neruda's Love Poetry.» *Forum for Modern Language Studies.* 24:1 (Jan. 1988): 58–77

Riess, Frank. *The Word and the Stone: Language and Imagery in Neruda's Canto general.* London: Oxford University, 1972

Rodríguez Monegal, Emir. *Neruda: El viajero inmóvil.* Caracas: Monte Avila, 1977

Santí, Enrico Mario. *Pablo Neruda: The Poetics of Prophecy.* Ithaca, New York and London: Cornell University, 1982

Shaw, Donald L. «Interpretations of *Alturas of Macchu Picchu.*» *Revista Interamericana de Bibliografía / Inter-American Review of Bibliography.* 38 (1988): 186–195

Sicard, Alain. *El pensamiento poético de Pablo Neruda.* Madrid: Gredos, 1981

Sola, María Magdalena. *Poesía y política en Pablo Neruda.* Río Piedras, Puerto Rico: Universitaria, 1980

Poesía

Pablo Neruda

Aquí te amo...

Aquí te amo.
En los oscuros pinos se desenreda[1] el viento.
Fosforesce la luna sobre las aguas errantes.
Andan días iguales persiguiéndose.

Se desciñe[2] la niebla en danzantes figuras.
Una gaviota de plata se descuelga del ocaso.
A veces una vela. Altas, altas estrellas.
O la cruz negra[3] de un barco.

[1] unravels
[2] comes undone
[3] reference to the mast

Solo.
A veces amanezco, y hasta mi alma está húmeda.
Suena, resuena el mar lejano.
Este es un puerto.
Aquí te amo.

Aquí te amo y en vano te oculta el horizonte.
Te estoy amando aún entre estas frías cosas.
A veces van mis besos en esos barcos graves,
que corren por el mar hacia donde no llegan.
Ya me veo olvidado como estas viejas anclas.
Son más tristes los muelles cuando atraca[4] la tarde.
Se fatiga mi vida inútilmente hambrienta.
Amo lo que no tengo. Estás tú tan distante.
Mi hastío forcejea[5] con los lentos crepúsculos.
Pero la noche llega y comienza a cantarme.

La luna hace girar su rodaje de sueño.
Me miran con tus ojos las estrellas más grandes.
Y como yo te amo, los pinos en el viento,
quieren cantar tu nombre con sus hojas de alambre.

de *Veinte poemas de amor y una canción desesperada*

Ritual de mis piernas

Largamente he permanecido mirando mis largas piernas,
con ternura infinita y curiosa, con mi acostumbrada pasión,
como si hubieran sido las piernas de una mujer divina
profundamente sumida en el abismo de mi tórax:
y es que, la verdad, cuando el tiempo, el tiempo pasa,
sobre la tierra, sobre el techo, sobre mi impura cabeza,
y pasa, el tiempo pasa, y en mi lecho no siento de noche que una
mujer está respirando, durmiendo desnuda a mi lado,
entonces, extrañas, oscuras cosas toman el lugar de la ausente,
viciosos,[6] melancólicos pensamientos
siembran pesadas posibilidades en mi dormitorio,
y así, pues, miro mis piernas como si pertenecieran a otro cuerpo,
y fuerte y dulcemente estuvieran pegadas a mis entrañas.

Como tallos[7] o femeninas, adorables cosas,
desde las rodillas suben, cilíndricas y espesas,

---

[4] comes (In keeping with his imagery, Neruda uses a nautical term that means "to bring alongside," or "moor.")

[5] **lucha**

[6] licentious

[7] stalks

con turbado y compacto material de existencia:
como brutales, gruesos brazos de diosa,
como árboles monstruosamente vestidos de seres humanos,
como fatales, inmensos labios sedientos y tranquilos,
son allí la mejor parte de mi cuerpo:
lo enteramente substancial, sin complicado contenido
de sentidos o tráqueas o intestinos o ganglios.[8]
Nada, sino lo puro, lo dulce y espeso de mi propia vida,
nada, sino la forma y el volumen existiendo,
guardando la vida, sin embargo, de una manera completa.

Las gentes cruzan el mundo en la actualidad
sin apenas recordar que poseen un cuerpo y en él la vida,
y hay miedo, hay miedo en el mundo de las palabras que designan el cuerpo,
y se habla favorablemente de la ropa,
de pantalones es posible hablar, de trajes,
y de ropa interior de mujer (de medias y ligas[9] de «señora»,
como si por las calles fueran las prendas[10] y los trajes vacíos por completo
y un oscuro y obsceno guardarropas[11] ocupara el mundo.
Tienen existencia los trajes, color, forma, designio,[12]
y profundo lugar en nuestros mitos, demasiado lugar,
demasiados muebles y demasiadas habitaciones hay en el mundo,
y mi cuerpo vive entre y bajo tantas cosas abatido,
con un pensamiento fijo de esclavitud y de cadenas.

Bueno, mis rodillas, como nudos,
particulares, funcionarios, evidentes,
separan las mitades de mis piernas en forma seca,[13]
y en realidad dos mundos diferentes, dos sexos diferentes
no son tan diferentes como las dos mitades de mis piernas.

Desde la rodilla hasta el pie una forma dura,
mineral, fríamente útil, aparece,
una criatura de hueso y persistencia,
y los tobillos no son ya sino el propósito desnudo,
la exactitud y lo necesario dispuestos en definitiva.

Sin sensualidad, cortas y duras, y masculinas,
son allí mis piernas, y dotadas
de grupos musculares como animales complementarios,
y allí también una vida, una sólida, sutil, aguda vida
sin temblar permanence, aguardando y actuando.
En mis pies cosquillosos,[14]

---

[8] ganglia, nerve tissue
[9] garters
[10] articles of clothing
[11] **clóset**
[12] purpose
[13] **en...** bruscamente
[14] ticklish

y duros como el sol, y abiertos como flores,
y perpetuos, magníficos soldados
en la guerra gris del espacio,
todo termina, la vida termina definitivamente en mis pies,
lo extranjero y lo hostil allí comienza:
los nombres del mundo, lo fronterizo y lo remoto,
lo sustantivo y lo adjetivo que no caben en mi corazón
con densa y fría constancia allí se originan.

Siempre,
productos manufacturados, medias, zapatos,
o simplemente aire infinito.
Habrá entre mis pies y la tierra
extremando[15] lo aislado y lo solitario de mi ser,
algo tenazmente supuesto entre mi vida y la tierra,
algo abiertamente invencible y enemigo.

de *Residencia en la tierra*

Walking around

Sucede que me canso de ser hombre.
Sucede que entro en las sastrerías y en los cines
marchito, impenetrable como un cisne de fieltro[16]
navegando en un agua de origen y ceniza.

El olor de las peluquerías me hace llorar a gritos.
Sólo quiero un descanso de piedras o de lana,
sólo quiero no ver establecimientos ni jardines,
ni mercaderías, ni anteojos, ni ascensores.

Sucede que me canso de mis pies y mis uñas
y mi pelo y mi sombra.
Sucede que me canso de ser hombre.

Sin embargo sería delicioso
asustar a un notario con un lirio cortado
o dar muerte a una monja con un golpe de oreja.
Sería bello
ir por las calles con un cuchillo verde
y dando gritos hasta morir de frío.

No quiero seguir siendo raíz en las tinieblas,
vacilante, extendido, tiritando de sueño,

---

[15] emphasizing

[16] felt

hacia abajo, en las tripas mojadas de la tierra
absorbiendo y pensando, comiendo cada día.

No quiero para mí tantas desgracias.
No quiero continuar de raíz y de tumba,
de subterráneo solo, bodega con muertos,
aterido, muriéndome de pena.

Por eso el día lunes arde como el petróleo
cuando me ve llegar con mi cara de cárcel,
y aúlla en su transcurso como una rueda herida,
y da pasos de sangre caliente hacia la noche.
Y me empuja a ciertos rincones, a ciertas casas húmedas,
a hospitales donde los huesos salen por la ventana,
a ciertas zapaterías con olor a vinagre,
a calles espantosas como grietas.

Hay pájaros de color de azufre y horribles intestinos
colgando de las puertas de las casas que odio,
hay dentaduras olvidadas en una cafetera
hay espejos
que debieran haber llorado de vergüenza y espanto,
hay paraguas en todas partes, y venenos, y ombligos.

Yo paseo con calma, con ojos, con zapatos,
con furia, con olvido,
paso, cruzo oficinas y tiendas de ortopedia,[17]
y patios donde hay ropas colgadas de un alambre:
calzoncillos, toallas y camisas que lloran
lentas lágrimas sucias.

de *Residencia en la tierra*

Cortés[18]

Cortés no tiene pueblo, es rayo frío,
corazón muerto en la armadura.
"Feraces tierras, mi Señor y Rey,
templos en que el oro, cuajado
está por manos del indio".[19]

Ya avanza hundiendo puñales, golpeando
las tierras bajas, las piafantes[20]
cordilleras de los perfumes,

---

[17] orthopedic appliances
[18] **Hernán Cortés (1485–1547), conquistador de México**
[19] **Feraces... cita de una de las cartas de Hernán Cortés a Carlos V. (Feraces: fértiles; cuajado: formado)**
[20] stampeding

parando su tropa entre orquídeas
y coronaciones de pinos,
atropellando los jazmines,
hasta las puertas de Tlaxcala.[21]

(Hermano aterrado, no tomes
como amigo al buitre rosado.[22]
desde el musgo[23] te hablo, desde
las raíces de nuestro reino.
Va a llover sangre mañana,
las lágrimas serán capaces
de formar niebla, vapor, ríos,
hasta que derritas los ojos.)

Cortés recibe una paloma,
recibe un faisán, una cítara
de los músicos del monarca,
pero quiere la cámara del oro,
quiere otro paso, y todo cae
en las arcas de los voraces.
El rey[24] se asoma a los balcones:
«Es mi hermano», dice. Las piedras
del pueblo vuelan contestando,[25]
y Cortés afila puñales
sobre los besos traicionados.

Vuelve a Tlaxcala, el viento ha traído
un sordo rumor de dolores.

de *Canto general*

Los dictadores

Ha quedado un olor entre los cañaverales,[26]
una mezcla de sangre y cuerpo, un penetrante
pétalo nauseabundo.
Entre los cocoteros[27] las tumbas están llenas
de huesos demolidos, de estertores[28] callados.
El delicado sátrapa[29] conversa
con copas, cuellos y cordones de oro.[30]

---

[21] **Estado al noreste de la Ciudad de México; los índios del mismo nombre eran enemigos de los aztecas y se aliaron con Cortés contra ellos.**
[22] **buitre... Es decir, el hombre blanco**
[23] moss
[24] **Moctezuma II, (1466–1520) emperador de los aztecas**
[25] **Los guerreros aztecas le tiran piedras a Moctezuma por haber confiado en los blancos. (Véase la pág. 29.)**
[26] cane fields
[27] coconut palms
[28] death rattles
[29] **entre los antiguos persas, el gobernador de una provincia, quien tenía poderes casi ilimitados**
[30] reference to the gold braiding on his uniform

El pequeño palacio brilla como un reloj
y las rápidas risas enguantadas
atraviesan a veces los pasillos
y se reúnen a las voces muertas
y a las bocas azules frescamente enterradas.
El llanto está escondido como una planta
cuya semilla cae sin cesar sobre el suelo
y hace crecer sin luz sus grandes hojas ciegas.
El odio se ha formado escama a escama,
golpe a golpe, en el agua terrible del pantano
con un hocico lleno de légamo[31] y silencio.

de *Canto general*

El pueblo victorioso

Está mi corazón en esta lucha.
Mi pueblo vencerá. Todos los pueblos
vencerán, uno a uno.
Estos dolores
se exprimirán[32] como pañuelos hasta
estrujar tantas lágrimas vertidas
en socavones[33] del desierto, en tumbas,
en escalones del martirio humano.
Pero está cerca el tiempo victorioso.
Que sirva el odio para que no tiemblen
las manos del castigo,
que la hora
llegue a su horario en el instante puro,
y el pueblo llene las calles vacías
con sus frescas y firmes dimensiones.

Aquí está mi ternura para entonces.
La conocéis. No tengo otra bandera.

de *Canto general*

Oda a los calcetines

Me trajo Maru Mori
un par
de calcetines
que tejió con sus manos
de pastora,
dos calcetines suaves
como liebres.
En ellos
metí los pies
como en

[31] slime
[32] will be wrung out
[33] **cuevas**

dos estuches[34]
tejidos
con hebras del
crepúsculo
y pellejo de ovejas.[35]

Violentos calcetines,
mis pies fueron
dos pescados
de lana,
dos largos tiburones
de azul ultramarino
atravesados
por una trenza de oro,
dos gigantescos mirlos,[36]
dos cañones:
mis pies,
fueron honrados
de este modo
por
estos
celestiales
calcetines.
Eran
tan hermosos
que por primera vez
mis pies me parecieron
inaceptables
como dos decrépitos
bomberos, bomberos
indignos
de aquel fuego
bordado,
de aquellos luminosos
calcetines.

Sin embargo
resistí
la tentación aguda
de guardarlos
como los colegiales
preservan
las luciérnagas,[37]
como los eruditos
coleccionan
documentos sagrados,
resistí
el impulso furioso
de ponerlos
en una jaula
de oro
y darles cada día
alpiste[38]
y pulpa de melón rosado.
Como descubridores
que en la selva
entregan el rarísimo
venado verde
al asador[39]
y se lo comen con remordimiento
estiré
los pies
y me enfundé[40]
los bellos
calcetines
y luego los zapatos.

Y es ésta
la moral de mi oda:
dos veces es belleza
la belleza
y lo que es bueno es doblemente
bueno
cuando se trata de dos calcetines
de lana
en el invierno.

de *Nuevas odas elementales*

---

[34] cases
[35] **hebras...** strands of sunset and lambskin
[36] blackbirds
[37] **como...** as school children preserve fireflies
[38] birdseed
[39] **entregan...** deliver the rarest fresh venison up to the roasting spit
[40] **me...** I encased my feet in

SOBRE LA LECTURA

1. Describa el cuadro que el poeta pinta en «Aquí te amo». ¿Qué ambiente crea en este poema? ¿Cómo refleja sus sentimientos?
2. ¿Cómo nos hace sentir la distancia que existe entre él y la amada?
3. ¿Qué significan los dos últimos versos del poema?
4. ¿Cómo crea Neruda un contexto para su poema en la primera estrofa de «Ritual de mis piernas»?
5. ¿Cómo describe sus piernas?
6. ¿Qué observaciones hace sobre la sociedad moderna? ¿Qué tabú menciona?
7. ¿En qué sentido son sus piernas «dos mundos diferentes»?
8. En la última estrofa, ¿cómo expresa el poeta su enajenación?
9. ¿Qué sentimiento articula Neruda en la primera estrofa de «Walking around»?
10. ¿Por qué le hace llorar el olor de las peluquerías? ¿Qué otras cosas le causan angustia? ¿Por qué quiere separarse de estas cosas?
11. ¿Cómo expresa su enajenación de su propio cuerpo?
12. ¿En qué versos se ve su sentido de rebeldía? ¿Por qué «sería delicioso... dar muerte a una monja con un golpe de oreja»?
13. ¿Por qué se siente «raíz en las tinieblas»?
14. ¿Qué imágenes grotescas emplea el poeta en las últimas estrofas? ¿Qué logra expresar con estas imágenes?
15. ¿Cómo describe al Conquistador español en la primera estrofa de «Cortés»?
16. ¿Cómo describe a los españoles que atraviesan México?
17. Qué se le dice desde el musgo a Moctezuma?
18. ¿Cómo describe Neruda la traición de Cortés?
19. ¿Qué ambiente crea el poeta en los primeros versos de «Los dictadores»? ¿Por qué comienza el poema con una imagen de podredumbre?
20. ¿Cómo describe al dictador? ¿Logra el dictador eliminar los gritos de sus víctimas? ¿Cómo termina el poema?
21. ¿Cómo expresa Neruda su solidaridad con el pueblo en «El pueblo victorioso»?
22. ¿Qué visión del futuro presenta en este poema?
23. ¿Cómo son los calcetines que Maru Mori le regaló al poeta? Una vez puestos, ¿cómo se transforman? ¿Con qué animales y cosas los compara el poeta?
24. ¿Qué «tentación aguda» siente? ¿Por qué no cede a esta tentación?

HACIA EL ANÁLISIS LITERARIO

1. ¿Cómo usa Neruda el claroscuro en «Aquí te amo»?
2. ¿Cómo convierte una escena real en una proyección de sus sentimientos?
3. ¿Cómo usa el humor en «Ritual de mis piernas»? ¿Qué revela a través del humor? ¿Es éste esencialmente un poema cómico?
4. ¿Cómo despersonaliza sus piernas? ¿Por qué lo hace?
5. ¿Cómo le sirve la imagen de las piernas para hablar de otras cosas?

6. Compare el tono de «Walking around» con el de «Ritual de mis piernas». Compare las imágenes que el poeta emplea en los dos poemas.
7. ¿Qué constantes encuentra usted en los tres poemas del *Canto general*?
8. Compare las metáforas que emplea para describir a Cortés con las que emplea para referirse a Moctezuma. ¿Qué efecto tiene el uso del fragmento de la carta de Cortés en la primera estrofa?
9. ¿Cómo evoca la historia de la traición de Cortés por medio de la alusión?
10. ¿Cómo crea Neruda una sensación de podredumbre en «Los dictadores»? ¿Por qué comienza y termina el poema con referencias a lo nauseabundo? ¿Cómo contrasta la imagen del dictador con el resto del poema? ¿Qué sentimientos despierta este poema en el lector?
11. ¿Qué imágenes emplea Neruda en «El pueblo victorioso»? ¿Cómo logra crear una impresión de lucha y victoria a través de estas imágenes?
12. ¿Cómo rompe con conceptos convencionales de la poesía en «Oda a los calcetines»? ¿En qué sentido es esta poesía para el proletariado? ¿Es este poema realmente menos artificioso que los demás que se incluyen aquí?
13. ¿Cómo usa el humor en este poema? Compare el humor de esta oda con el de «Ritual de mis piernas».
14. ¿Es más bien cerebral o sensual la poesía de Neruda? ¿Qué características tienen en común todos estos poemas? Compare los diferentes estilos del poeta.

TEXTO Y VIDA

1. ¿Ha sentido usted el tipo de enajenación que describe Neruda? ¿Es la enajenación un resultado inevitable del mundo impersonal en que vivimos o una reacción a circunstancias específicas?
2. ¿Qué preocupaciones morales y filosóficas expresa Neruda? ¿Comparte usted estas preocupaciones? Explique.
3. ¿Está usted de acuerdo con Neruda en cuanto al tabú que existe contra la mención del cuerpo? ¿A qué se debe este tabú, al puritanismo o al miedo a la mortalidad? ¿Cree usted que ha menguado la fuerza de este tabú?
4. ¿Cómo difiere la versión de la Conquista de Neruda de la de Bernal Díaz?
5. ¿Cómo ha cambiado la política en Latinoamérica desde que Neruda compuso «Los dictadores»? ¿Comparte usted el optimismo de Neruda en cuanto al futuro de Latinoamérica?
6. ¿Encuentra usted belleza en las cosas cotidianas? ¿En qué cosas, por ejemplo?

Octavio Paz: El hombre en su soledad

Uno de los poetas latinoamericanos más importantes del siglo, Octavio Paz nació en las afueras de México, D.F. Su padre, mestizo de Jalisco, era abogado y combatió en la Revolución Mexicana; de hecho, fue uno de los arquitectos de la reforma agraria. La madre de Paz era de origen español. De niño Paz recibió lecciones de francés de una tía y asistió a una escuela religiosa francesa. Tenía acceso a la biblioteca de su abuelo, que contenía muchos clásicos griegos y latinos además de obras de autores franceses y españoles. Paz asistió a la Universidad Nacional, pero no terminó su carrera.

Comenzó a publicar su poesía en 1931, a los diecisiete años, en *Barandal,* una revista que él mismo ayudó a fundar. Dos años más tarde publicó *Luna silvestre,* su primer libro de poesía. Pasó un año en España en 1937, durante la Guerra Civil. Allí se alió a la causa antifascista y se relacionó con algunos de los mejores poetas de España y de Latinoamérica: Antonio Machado, Rafael Alberti, Luis Cernuda, César Vallejo, Vicente Huidobro y Pablo Neruda. También conoció a otros poetas europeos de la vanguardia, como, por ejemplo, Tristan Tzara, iniciador del *dadaísmo. Después de volver a México, trabajó para un periódico obrero, *El Popular,* y fundó *Taller* (1938–1941), una revista dedicada a la poesía y a la crítica. En 1940, con un grupo de amigos que incluía al dramaturgo mexicano Xavier Villaurrutia, fundó la revista vanguardista *El Hijo Pródigo,* en que publicaba en español la poesía de diversos países, tipos y épocas.

Entre los escritores que incluía estaba T.S. Eliot (1888–1965), poeta y dramaturgo que nació en los Estados Unidos y residió en Inglaterra. Un escritor extraordinariamente erudito, Eliot compuso poemas que no tenían ninguna forma métrica fija y rara vez empleaban la rima. Los temas principales de Eliot eran la esterilidad de la sociedad moderna, la enajenación del individuo y los problemas de la identidad, en particular, en relación al tiempo. Estos temas también serían fundamentales en la obra poética de Paz.

La temprana obra poética de Paz pronto lo estableció como una de las voces más prometedoras de su generación. Sus primeros libros de poesía fueron *Raíz del hombre* (1937), *Bajo tu clara sombra* (1937), *Entre la piedra y la flor* (1941) y *A la orilla del mundo* (1942). El último es una colección de casi toda su poesía publicada hasta entonces. En 1943 recibió una beca Guggenheim para estudiar en los Estados Unidos, donde conoció a fondo la poesía norteamericana y tuvo la oportunidad de reflexionar acerca de los problemas del subdesarrollo que plagaban a México. El resultado de estas meditaciones fue *El laberinto de la soledad* (1950), un largo estudio del carácter nacional, en que describe al mexicano como un ser esencialmente solo que desconfía de los demás.

En 1945 Paz fue a Francia, donde conoció al *surrealista francés André Breton. El surrealismo representa un esfuerzo por sobrepasar lo real por medio de lo imaginario y lo irracional. Los pintores y poetas surrealistas intentaban expresar el pensamiento puro con exclusión de toda lógica o preocupación moral o estética. Hacían hincapié en el subconsciente, en los sueños y en el significado no racional de la imaginería, al cual llegaban por medio del automatismo, la yuxtaposición de cosas no relacionadas entre sí o la explotación de la coincidencia o el azar.

En el caso de la influencia de Breton en Paz, no se trata de una conversión repentina. En su estudio del surrealismo del poeta mexicano, Jason Wilson afirma que «La noción de la influencia es demasiado simplista, porque es una ‹actitud vital› lo que acondiciona la creación». Es decir, Paz ya había adoptado una actitud hacia la vida propia de los surrealistas y esto es lo que le permitió asimilar las ideas de Breton. Escribe Wilson: «Paz no adoptó una pose surrealista, sino que compartía el espíritu y todavía lo comparte». Saúl Yurkievich enumera algunos puntos de coincidencia: «Como los surrealistas, [Paz] quiere instaurar el primado de la poesía, liberadora de conformismos, rutinas, yugos y tabúes; acceder por la poesía al punto de fusión de todas las antinomias. Para lograrlo, adopta en cierta medida las prácticas surrealistas: el azar objetivo, el automatismo, el enajenamiento, el humor negro, la violencia verbal, el juego. Coincide con Breton en considerar el deseo, la pasión amorosa, no sólo como conciliadores de los contrarios sino como principio de interpretación del universo». A pesar de estas semejanzas, Paz se aleja de los surrealistas en su uso de imágenes y lenguaje muy precisos, en los que el subconsciente desempeña un papel relativamente pequeño.

También habría que mencionar la influencia de otro poeta francés, Saint-John Perse (1887–1975), quien ganó el Premio Nóbel en 1960. Aunque las primeras obras de Perse reflejan la influencia del simbolismo, más tarde se dedicó a explorar las posibilidades de la épica. Estilísticamente oscura y compleja, la poesía de Perse es una indagación en la soledad, enajenación e insatisfacción del hombre moderno.

En 1946 Paz entró al cuerpo diplomático de su país, lo cual le permitió vivir en Francia, Estados Unidos, Japón e India. En 1963 fue nombrado delegado a las Naciones Unidas en Ginebra y recibió el Premio Internacional de Poesía. En los años que siguieron Paz publicó *Libertad bajo palabra* (1949); su libro de poesía en prosa *¿Aguila o sol?* (1951); *Semillas para un himno* (1954); *Piedra del sol* (1957); *La estación violenta* (1958); *Agua y viento* (1959); *Libertad bajo palabra: Obra poética 1935–1958* (1960); *Salamandra* (1962); *Vindrabam, Madurai* (1965); *Viento entero* (1965); *Los discos volantes* (1968); *Ladera este* (1969). También ha escrito ensayos y obras de teatro.

Algunos críticos clasifican los poemas anteriores a 1957 como «poesía temprana» y los que son posteriores a esta fecha como «poesía tardía», aunque la validez de tal división es discutible. Con la publicación de *Piedra de sol,* poema que es demasiado largo para incluirse aquí, Paz comienza a combinar elementos vanguardistas e indígenas. El título del poema se refiere al calendario maya. *Piedra de sol* fue traducido a numerosas lenguas europeas y, con *Laberinto de la soledad,* es responsable de la fama internacional de Paz.

En 1962 Paz fue nombrado embajador a la India. Durante este período se dedicó al estudio de la filosofía oriental y también publicó varios ensayos sobre el arte, la filosofía y la política. La matanza de unos estudiantes en Tlatelolco, perpetrada por el gobierno mexicano, en que murieron entre 300 y 400 estudiantes, obreros, amas de casa y niños, provocó una reacción inmediata de Paz y cambió el rumbo de su vida. Compuso un poema de protesta y se retiró del cuerpo diplomático. Después de distanciarse del gobierno y convertirse en uno de sus críticos más vehementes, se alió con la élite política y económica. Más recientemente ha colaborado con el gobierno neoliberal de Carlos Salinas de Gortari (1948–), elegido presidente de México en 1988. Durante los siguientes años, enseñó en las universidades de Cambridge, Texas y Harvard. En 1971, al volver a México, fundó *Plural,* una revista cultural y política. Al apoderarse el gobierno de *Plural,* Paz fundó *Vuelta,* una de las revistas culturales más importantes de Latinoamérica hoy en día. Durante los años 80 Paz siguió escribiendo ensayos y estudios, y pronunció conferencias en numerosas universidades norteamericanas. En 1987 publicó *Arbol adentro,* su primera colección de poesía en once años. En 1990, ganó el Premio Nóbel.

Sobre la poesía de Octavio Paz

Algunos críticos han insistido en la dicotomía que parece existir entre la prosa de Paz, que enfoca al hombre en su historia y contexto cultural, y la poesía, que enfoca lo universal, lo misterioso, lo atemporal. Sin embargo, los ensayos tanto como los versos de Paz reflejan el deseo del escritor de entender al ser humano, en todas sus facetas y con todas sus paradojas.

Para Paz, el individuo existe en la soledad; la poesía, como el amor, representa un esfuerzo por escapar de su aislamiento, pero el intento está destinado al fracaso porque la verdadera comunicación es imposible. La poesía es un núcleo de signos y de significados por medio de los cuales el poeta busca trascenderse a sí mismo y llegar al otro. Es decir, la poesía es el puente entre el hombre interior y el mundo externo que lo rodea. La palabra es clave, ya que la poesía se construye con palabras. La palabra es el vínculo entre el pensamiento y la idea, el instrumento que nos permite comunicarnos. Por lo tanto, es esencial concederle a la palabra su sentido más puro. Sin embargo, al ser humano no le es posible romper los muros de su soledad. No logra articular lo indecible; no logra expresar lo más recóndito de su alma. En su Introducción a *Toward Octavio Paz,* John M. Fein escribe que «la meta poética de Paz es la expresión de lo que él cree ser básicamente incomunicable». Por eso es inevitable que la comprensión del lector sea imperfecta.

El pensamiento de Paz con respecto a la poesía encierra varias paradojas. Aunque el medio que emplea el poeta es la palabra, Paz cree que la poesía debe trascender el texto a fin de alcanzar al lector. Escribe Fein: «La esencia del poema es–cree [Paz]–lo no escrito y, por lo tanto, lo silencioso. Es análogo a las pausas en una composición musical, las cuales expresan su sentido tanto como los sonidos». El crítico se resiste a interpretar el silencio, ya que cualquier interpretación que le dé será suya y no necesariamente la del poeta. Es más, el poema—palabras y silencios—se presta inevitablemente a diversas interpretaciones, cada una de las cuales puede ser justificable y estar, al mismo tiempo, en conflicto con otras.

Poeta y lector son dos almas y, por lo tanto, dos misterios impenetrables. De ahí provienen unas contradicciones fundamentales señaladas por Fein. Por un lado, el acto de creación poética es sumamente personal, por el otro, el poeta desea comunicarse con su lector. El proceso creador es un enigma que no se puede explicar y sin embargo, el lector no puede pretender comprender el poema sin tratar de recrear el proceso que lo generó. El lenguaje es defectivo pero es el instrumento que empleamos para expresar lo incomunicable. La poesía no se puede comprender y, sin embargo, es esencial al individuo y a la sociedad. Paz mismo rechaza el análisis crítico de la poesía. Para él, es inútil preguntar lo que significa un poema. Escribe en su ensayo «Hablar y decir»: «Los poemas no se explican ni se interpretan; en ellos el signo cesa de significar: es».

Por medio del uso del mito Paz se confronta con la condición humana y, al mismo tiempo, traza su propia trayectoria espiritual. Rachel Phillips escribe en *The Poetic Modes of Octavio Paz:* «La impresión que da la obra total de Paz es la de un hombre en busca de un mito, es decir, de un sistema de creencias por las cuales la existencia, limitada por el tiempo, puede ser exteriorizada y hecha real. Con este fin el poeta emplea mitos del México precolombino, de la India y de otras fuentes.

Habiendo definido los problemas relacionados con la interpretación de la poesía de Paz, el crítico avanza con cautela, señalando ciertos temas característicos del poeta, pero sin ofrecer un análisis completo. Las paradojas de la poesía y de la condición humana se expresan en «Epitafio para un poeta». El poeta canta para olvidar la naturaleza de su vida: una mentira auténtica y verdadera; pero también canta para recordar que por medio de esta mentira expresa algo verídico.

«Un día de tantos» trata de un tema del cual Paz se ocupa en varios otros poemas, notablemente en el larguísimo «Hablo de la ciudad»: la enajenación del individuo en el ambiente urbano. Mientras que en «Hablo de la ciudad» la imagen de la metrópoli adquiere dimensiones de pesadilla, en «Un día de tantos» el enfoque está más bien en la rutina y en la soledad. El habitante de la ciudad está expuesto a todo, ve todo sin ver nada. El caos y la rutina son deshumanizantes; lo convierten en un «cuerpo sin peso» que se mueve sin dirección—o en una

Les Plesonds Arsenaux. Sebastián Antonio Matta. Private Collection. Art Resources.

dirección desconocida—en el espacio. Busca comunicarse con otro ser humano—la amada—por medio del amor, pero ella es «un diamante» duro e impenetrable e inalcanzable porque también se ha aniquilado; se ha «perdido en su cuerpo». La gente habla, se saluda, pero estos movimientos vacíos encubren una soledad y al mismo tiempo un deseo auténtico de trascenderse, de comunicarse no sólo con otras personas sino también con la naturaleza. Hasta «Los automóviles tienen nostalgia de hierba». El «sol león del cielo» es un sol mítico y real, personal e indiferente, temporal y atemporal. Cambia continuamente y es siempre el mismo. Al bajar enciende las almas de las personas, que se entregan a «los abrazos caníbales», por los cuales buscan desesperadamente perderse y encontrarse.

En «Madrugada al raso» el poeta expresa el concepto cíclico del tiempo de los aztecas, para quienes tierra, cielo y hombre constituían una totalidad cósmica. Por lo tanto, «la muerte nace con la vida» y «el cielo anda en la tierra».

La relación entre la poesía y el amor se manifiesta en «Con los ojos cerrados» y «Proema». El el primero, la mujer es como un poema—una «piedra ciega» que tiene su propia luz y realidad, que «[se] ilumina por dentro», pero que el poeta labra por medio de un proceso misterioso. Este acto de creación puede ser el acto de amor tanto como el de escribir. El amante crea a la amada, «con los ojos cerrados», en la oscuridad real y metafórica, con el cuerpo y con el alma, sin entender esta labor; de la misma manera el poeta crea el poema. Es por medio de este acto generador como el individuo conoce lo que es externo a sí, que se vuelve «inmenso» y llega a sentirse parte de la totalidad cósmica.

En «Proema» el poeta intenta definir la poesía por medio de una serie de metáforas: «el vértigo de los cuerpos y el vértigo de la dicha o el vértigo de la muerte...» La poesía es algo indefinible; es una sensación incomunicable que sólo se puede sugerir por medio de la comparación con otras sensaciones igualmente indefinibles. La poesía es algo confuso y paradójico. Escribir poesía constituye una «idolatría del yo» porque el poeta se vuelve egocéntrico; se pierde en la contemplación de sus propias emociones; las examina, las acaricia, las trata de expresar. Pero al mismo tiempo, es una lucha por desprenderse de sí mismo y por aniquilarse, para lograr expresar lo más auténtico y primordial del alma humana. En este sentido todos los poetas de todas las épocas son uno. El poeta cultiva la semilla del poema, la cultiva con el lenguaje—los verbos, sustantivos y pronombres. Busca lo misterioso de la vida, lo «nunca visto», lo «nunca oído» y lo «nunca dicho». Este proceso es un acto de amor por el cual el poeta busca el verdadero amor, es decir, la comunicación con el otro.

Ediciones

Paz, Octavio. *The Collected Poems of Octavio Paz: 1957–1987* (bilingual edition). Trans. Eliot Weinberger. New York: New Directions, 1987

______. *Libertad bajo palabra (1935–1957).* Ed. Enrico Mario Santí. Madrid: Cátedra, 1988

______. *Primeras letras (1931–1943).* Ed. Enrico Mario Santí. México: Vuelta, 1988

Crítica

Chiles, Frances. *Octavio Paz: The Mythic Dimension.* New York: Peter Lang, 1987

Fein, John M. *Toward Octavio Paz: A Reading of His Major Poems, 1957–1976.* Lexington: University Press of Kentucky, 1986

Flores, Angel. *Aproximaciones a Octavio Paz.* México, D.F.: Mortiz, 1974. [Contiene artículos de J.G. Ponce, R. Xirau, Carlos Fuentes, Jean Franco, Julio Ortega, E. Pezzoni.]

Gimferrer, Pere. *Lecturas de Octavio Paz.* Barcelona: Anagrama, 1980

«Homage to Octavio Paz, Our 1982 Neustadt Laureate.» *World Literature Today.* 56:4 (Fall 1982) [número especial] [Contiene artículos de Jorge Guillén, J. G. Cobo Borda, Ivar Ivask, Hugo Verani, Frances Chiles, Manuel Durán y Maya Schärer-Nussberger.]

Ivask, Ivar, ed. *The Perpetual Present: The Poetry and Prose of Octavio Paz.* Norman: University of Oklahoma, 1973

Lemaître, Monique J. *Octavio Paz: poesía y poética.* México: Universidad Nacional Autónoma de México, 1976

Phillips, Rachel. *The Poetic Modes of Octavio Paz.* London: Oxford University, 1972

Rodríguez Padrón, Jorge. *Octavio Paz.* Madrid: Jucar, 1976

Verani, Hugo J. *Octavio Paz: Bibliografía crítica.* México, D.F.: Universidad Nacional Autónoma de México, 1983

Wilson, Jason. *Octavio Paz, a Study of His Poetics.* Cambridge, Eng.: Cambridge University Press, 1979

———. *Octavio Paz.* Boston: Twayne, 1986

Yurkievich, Saúl. *Fundadores de la nueva poesía latinoamericana.* Barcelona: Barral, 1971

Poesía

Octavio Paz

Epitafio para un poeta

Quiso cantar, cantar
para olvidar
su vida verdadera de mentiras
y recordar
su mentirosa vida de verdades.

de *Libertad bajo palabra*

Un día de tantos

Diluvio[1] de soles
no vemos nada pero vemos todo
Cuerpos sin peso suelo sin espesor[2]
¿subimos o bajamos?

Tu cuerpo es un diamante
¿dónde estás?
Te has perdido en tu cuerpo

Esta hora es un relámpago quieto y sin garras
al fin todos somos hermanos
hoy podríamos decirnos buenas tardes
hasta los mexicanos somos felices
y también los extraños

Los automóviles tienen nostalgia de hierba
Andan las torres
el tiempo se ha parado
Un par de ojos no me deja
son una playa ágata en el sur calcinado[3]
son el mar entre las rocas color de ira
son la furia de junio y su manto de abejas

Sol león del cielo
tú que la miras
mírame

---

[1] flood
[2] mass, thickness
[3] burned

Idolo que a nadie miras
míranos
El cielo gira y cambia y es idéntico
¿dónde estás?
Yo estoy solo frente al sol y la gente
tú eras cuerpo fuiste luz no eres nada
Un día te encontraré en otro sol
Baja la tarde
crecen las montañas
Hoy nadie lee los periódicos
en las oficinas con las piernas entreabiertas
las muchachas toman café y platican
Abro mi escritorio
está lleno de alas verdes
está lleno de élitros[4] amarillos
Las máquinas de escribir marchan solas
escriben sin descanso la misma ardiente sílaba
La noche acecha[5] tras los rascacielos
es la hora de los abrazos caníbales
Noche de largas uñas
¡cuánta rabia en unos ojos recordados!
Antes de irse
el sol incendia las presencias

de *Salamandra*

Madrugada al raso

Los labios y las manos del viento
el corazón del agua
un eucalipto
el campamento de las nubes
la vida que nace cada día
la muerte que nace cada vida

Froto mis párpados:
el cielo anda en la tierra

de *Ladera este*

Con los ojos cerrados

Con los ojos cerrados
te iluminas por dentro
eres la piedra ciega

Noche a noche te labro
con los ojos cerrados
eres la piedra franca

Nos volvemos inmensos
sólo por conocernos
con los ojos cerrados

de *Hacia el comienzo*

---

[4] elytra (the hardened forewings of certain insects, such as beetles)

[5] peeps, spies

Proema[6]

A veces la poesía es el vértigo de los cuerpos y el vértigo de la dicha y el vértigo de la muerte;
el paseo con los ojos cerrados al borde del despeñadero[7] y la verbena[8] en los jardines submarinos;
la risa que incendia los preceptos y los santos mandamientos;
el descenso de las palabras paracaídas sobre los arenales de la página;
la desesperación que se embarca en un barco de papel y atraviesa,
durante cuarenta noches y cuarenta días, el mar de la angustia nocturna y el pedregal de la angustia diurna;
la idolatría al yo y la execración al yo y la disipación del yo;
la degollacićr[9] de los epítetos, el entierro de los espejos;
la recolección de los pronombres acabados de cortar en el jardín de Epicuro[10] y en el de Netzahualcóyotl;[11]
el solo de flauta en la terraza de la memoria y el baile de llamas en la cueva del pensamiento;
las migraciones de miríadas de verbos, alas y garras, semillas y manos;
los substantivos óseos[12] y llenos de raíces, plantados en las ondulaciones del lenguaje;
el amor a lo nunca visto y el amor a lo nunca oído y el amor a lo nunca dicho: el amor al amor.

Sílabas semillas.

de *Arbol adentro*

---

[6] **combinación de prosa y poema**
[7] cliff
[8] a family of plants that have elongated or flattened spikes of flowers attached by the base, with no stem
[9] beheading
[10] **Epicuro (341–270 a. de C.): filósofo griego que enseñaba que el placer es el fin supremo del hombre; este fin no consiste en el deleite sensual o material, sin embargo, sino en el cultivo del espíritu y de la virtud**
[11] **Netzahualcóyotl (1404–1472) rey de los mexicas un antiguo pueblo mexicano, quien componía poesía y protegía las artes y ciencias**
[12] bony

SOBRE LA LECTURA

1. ¿Qué significa el título del primer poema? ¿Cómo pasó su vida el poeta?
2. ¿Cómo expresa Paz la enajenación del individuo en «Un día de tantos»? ¿Cómo expresa la búsqueda por el amor y la comunicación?
3. ¿Cómo expresa la idea de que el hombre y la mujer viven solos en la sociedad?
4. ¿Cómo crea la impresión de que «el tiempo se ha parado», que todos los momentos son un solo momento?
5. Explique la función del sol en este poema.
6. ¿Cómo se describe el «yo» poético?

7. ¿Qué pasa en la noche?
8. En «Con los ojos cerrados», ¿en qué sentido es el otro ser una «piedra ciega»?
9. ¿En qué sentido la labra el poeta? ¿En qué sentido se vuelven los dos «inmensos»?
10. ¿Qué significa *proema*?
11. ¿Cómo describe Paz la poesía?
12. ¿Qué paradoja es fundamental a la poesía? ¿Qué dice el poeta del «yo»?
13. ¿Cómo emplea el poeta el lenguaje?
14. ¿Cuál es el objetivo del poeta, según nos dice en este poema?

HACIA EL ANÁLISIS LITERARIO

1. ¿Qué problemas para el análisis presentan estos poemas?
2. ¿Cómo usa Paz las palabras para crear una impresión o una sensación?
3. ¿Cómo usa la metáfora? ¿Qué tipos de imágenes emplea? ¿Son abstractas? ¿concretas?
4. ¿Cómo nos hace entender la naturaleza paradójica de la poesía?
5. ¿Cómo usa el mito?
6. ¿En qué sentido es la poesía personal y universal a la vez? Dé ejemplos tomados de los poemas que se incluyen aquí.
7. ¿Ve usted alguna influencia surrealista en esta poesía?
8. ¿Cómo usa Paz los juegos de palabras? Dé por lo menos un ejemplo.

TEXTO Y VIDA

1. Compare el concepto de la poesía de Paz con el de otros poetas latinoamericanos que usted ha estudiado. ¿Comparte usted el concepto de Paz?
2. ¿Cree usted que el individuo está esencialmente solo y que la comunicación es imposible? Explique.
3. ¿Cree usted que la enajenación del individuo se debe al anonimato del mundo moderno o cree que es una cualidad fundamental de la vida?
4. En su opinión, ¿es deshumanizante la ciudad? ¿Por qué (no)?
5. ¿Qué opina usted del concepto de Paz del amor? ¿de la poesía?
6. ¿En qué sentido son los mitos universales?

La nueva narrativa

El término «nueva narrativa» se refiere a diversos tipos de ficción que, a pesar de las variaciones técnicas, temáticas y aun filosóficas que los separan, comparten ciertas características. En su esencia, la nueva narrativa constituye una reacción contra la ficción realista y documental de fines del siglo XIX y principios del siglo XX. Como ya se ha visto, aunque autores como Rivera y Azuela comienzan a experimentar con técnicas que después se asociarán con la nueva narrativa, su obra es fundamentalmente realista. Es decir, el autor se considera un observador de la realidad y expone, por medio de su obra, males sociales, injusticias y crueles condiciones naturales o humanas. A veces describe acontecimientos históricos de los cuales él mismo ha sido testigo. Aunque los llamados realistas a veces presentaban una visión torcida de los hechos, idealizando a un grupo y vilipendiando a otro, presentaban sus obras como espejos de la realidad.

La nueva narrativa pone en duda este concepto de la ficción. Movimientos como el freudianismo, el *surrealismo y el marxismo conducen al individuo a dudar de conceptos tradicionales de la realidad. Sugieren que tal vez la realidad no se encuentra en el mundo material y tangible, sino en el interior y sensible. O tal vez la realidad es diferente para cada uno, o sencillamente no es asequible. Influidos por estos desarrollos y por la crisis de fe producida por la Segunda Guerra Mundial y el consiguiente *escepticismo, los escritores de los años cuarenta y cincuenta dudan de la naturaleza absoluta de la verdad y, por lo tanto, de la noción de que el artista pueda recrear la realidad. Para esta generación de escritores, la realidad es ambigua y problemática. Por lo tanto, el concepto del narrador omnipresente ya no es válido. Caracterizan la nueva ficción técnicas que comunican la naturaleza subjetiva de la realidad: el monólogo interior, el perspectivismo, el *stream of consciousness,* el tiempo personal y no cronológico. La complejidad de la realidad se comunica por medio de la fragmentación estructural, la combinación de fantasía y realidad, la destrucción de la cronología. El lector ya no es un receptor pasivo de la historia, sino que se convierte en un agente activo. Participa en el proceso creativo. Comparte la confusión del escritor. El uso de múltiples perspectivas, el simbolismo multifacético y el argumento «abierto» obligan al lector a reconstruir el relato, a interpretar los símbolos y a agregar elementos a la narración. La nueva narrativa se presta intencionalmente a diversas reacciones e interpretaciones. Típicamente no hay una sola explicación correcta, sino muchas.

Por radical que sea este cambio, la nueva narrativa no emerge abruptamente, sino que tiene raíces en el realismo social y psicológico de las primeras décadas del siglo. La novela indigenista es un puente importante entre el realismo social y la nueva narrativa. El indigenismo, especialmente en las obras de José María Arguedas, introduce un elemento mítico y mágico a la literatura que proviene de un concepto de la vida que considera lo maravilloso y extramaterial como parte de la realidad. En las novelas de Arguedas, fuerzas secretas rigen no sólo los elementos naturales sino también los objetos. La interacción entre potencias extra-humanas y la voluntad humana crea la impresión de que el hombre no es más que una parte tal vez insignificante de un cosmos ordenado por fuerzas superiores. Los personajes de Arguedas viven en un mundo en que lo mágico se acepta como cualquier otro factor que influye en la vida. Este concepto es la semilla del realismo mágico, uno de los elementos fundamentales de la nueva narrativa.

El realismo mágico se basa en la noción de que no hay una divisón inherente entre la realidad y la fantasía. Esta noción se ha ampliado para abarcar la totalidad de la existencia latinoamericana, no sólo la visión indígena. Se considera que en

Latinoamérica, en particular, donde la historia ha sido «fantástica», es decir, donde han pasado cosas inauditas y maravillosas, la magia y la realidad coexisten. En las obras de los autores que han sido influidos por el realismo mágico, las realidades más triviales, obvias y reconocibles se cuentan con el mismo tono que los acontecimientos más extraordinarios e irreales. Para algunos críticos, el realismo mágico representa un desafío al concepto tradicional de la realidad.

Uno de los primeros autores que se asocian con el realismo mágico es el cubano Alejo Carpentier (1904–1980). Fue Carpentier el que usó por primera vez la expresión «lo real maravilloso», la cual aparece en su introducción a la novela *El reino de este mundo* (1949). Carpentier, como su contemporáneo guatemalteco Miguel Angel Asturias, estuvo en París durante los años treinta y conoció las obras de los surrealistas franceses. De vuelta en su país, aplicó las lecciones que había aprendido en Europa a su propia situación y empezó a ver lo surreal en la vida latinoamericana. En un viaje a Haití en 1943, exploró la magia en el primitivismo afro-haitiano y comenzó a considerar los valores nativos superiores a los de la cultura europea. En una de sus novelas más conocidas, *Los pasos perdidos* (1953), el personaje emprende una excursión a una zona remota de Latinoamérica para buscar unos instrumentos musicales primitivos, la cual constituye verdaderamente un viaje al pasado. En la selva, lejos de la metrópoli, el protagonista descubre una vida más auténtica, más pura que la que había conocido. La implicación es que al adoptar la civilización europea, el latinoamericano abandonó o por lo menos encubrió su esencia tradicional y mítica. Sin embargo, en aquel continente de maravillas, lo primitivo todavía coexiste con lo moderno; el mundo mágico de la prehistoria coexiste con la civilización decadente de la urbe.

El paraguayo Augusto Roa Bastos (1918–) agrega un elemento revolucionario, y también emplea algunas técnicas de la nueva narrativa. En *Hijo de hombre* (1960), el autor crea una alegoría bíblica en que el tema de Cristo Salvador se convierte en una afirmación política. En la novela, el Paraguay es una especie de paraíso en decadencia en que los habitantes, descendientes de Adán y Eva, esperan al mesías, quien no será el hijo de Dios, sino un «hijo de hombre». La idea central es que sólo el hombre puede salvar al hombre; sólo la acción política y colectiva puede resolver los problemas. Varios personajes simbólicos aparecen en la novela; el más importante es Cristóbal Jara, quien, como implica su nombre, es un símbolo de Cristo. El mensaje de la novela es algo ambiguo. Aunque Jara muere en una guerra que realmente no logra nada, el libro termina con una nota de esperanza. La idea es que la lucha seguirá, renovada por cada generación.

El pozo (1939), del uruguayo Juan Carlos Onetti (1909–), marca otro paso importante hacia la nueva narrativa. En esta novela se ve claramente el cambio del supuesto objetivismo de la novela realista al subjetivismo de la nueva narrativa. Enajenado de la vida burguesa, Linacero, el protagonista, se refugia en sus fantasías, las cuales se relatan en primera persona. En *La vida breve* (1950), el protagonista, que se llama Brausen, huye de Buenos Aires al pueblo imaginario de Santa María. En este ambiente irreal, Brausen rechaza las convenciones burguesas y se entrega a la degradación y la sordidez. En esta novela Onetti presenta una perspectiva bastante pesimista. Por un lado repudia los valores tradicionales; por otro, presenta una alternativa que es destructiva y absurda. Sin embargo, el rechazo de la hipocresía social y la búsqueda de una vida más auténtica se puede interpretar como una afirmación del deseo del hombre moderno de redefinir sus valores y darle una nueva dirección a su vida.

Una de las novelas más leídas de la primera mitad del siglo XX es *El túnel* (1948), del argentino Ernesto Sábato. El personaje principal, Juan Pablo Castel, es un pintor enajenado que sufre de un complejo de persecución y termina por asesinar a su amante, María Iribarne. Castel conoce a María en una exposición de pinturas. Al ver la manera en que ella mira su cuadro *Maternidad,* Castel cree que por fin ha encontrado a alguien que es capaz de comprender su obra. Sigue a María hasta iniciar una conversación con ella. Sin embargo, aunque expresa su deseo de conocerla, de compartir ideas con ella, Castel nunca logra penetrar en la vida íntima de María. En la única ocasión en que ella le habla de su vida, Castel se pierde en sus propios pensamientos y deja de escucharla. Obsesionado con la lógica y el perfeccionismo, Castel lleva la razón a tal extremo que termina por tergiversar las cosas. Para cada fenómeno que observa, inventa una causa; para cada acontecimiento, inventa una explicación. Así llega a alejarse cada vez más de María, cuyos verdaderos motivos nunca entiende realmente. Quiere controlar a su amante y, al comenzar a sospechar la complejidad de su vida personal, en la cual él ocupa un lugar secundario, se siente abandonado por ella. La frustración e impotencia que experimenta entonces operan de tal manera en su mente trastornada que termina por matarla. Es significativo el hecho de que la apuñale en el vientre. Siempre ha asociado a María con la maternidad, y al matarla a ella destruye simbólicamente a su propia madre, la fuente de su vida. Así que el asesinato de María es un acto de autodestrucción.

Aunque Castel es un loco y un criminal, en cierto sentido representa al hombre moderno, cuyo sentido de aislamiento le causa una intensa angustia. En este mundo anónimo, mecanizado y deshumanizante, el individuo busca desesperadamente la comunicación. Sin embargo, cada persona se mueve dentro de «un túnel». Castel había esperado que el suyo y el de María se unieran, pero termina por darse cuenta de que esta esperanza no es más que una «estúpida ilusión» y que está condenado irremediablemente a la soledad.

El escritor que realmente llega a definir la nueva narrativa es Jorge Luis Borges. Es él quien, de una manera deliberada y consciente, rompe con el realismo e inicia un nuevo tipo de ficción. El escepticismo filosófico de Borges, sus preocupaciones metafísicas y su concepto de la naturaleza artificiosa de la literatura influirán en toda la ficción de la segunda mitad del siglo XX hasta el momento actual.

Borges: Viaje al centro del laberinto

Jorge Luis Borges (1899–1986) es uno de los gigantes de la literatura del siglo XX. Durante los años 60 y 70 fue uno de los escritores más conocidos y leídos del mundo.

Borges nació en Buenos Aires, de una familia acomodada y culta. Sus dos abuelos habían luchado por la independencia argentina. Su padre era abogado y profesor de psicología en una escuela normal de lenguas. Su abuela materna, Fanny Haslam, era de Northumberland y le enseñó inglés a Georgie—como lo llamaban en casa—, quien aprendió a leer en este idioma antes que en español. Más tarde Borges diría que el inglés, que dominaba perfectamente, era más apropiado que el español para la creación literaria.

De niño, le fascinaban las fábulas. Intelectualmente precoz, a los seis años Borges ya había decidido que quería ser escritor. A los siete escribió un resumen de la mitología griega en inglés; a los ocho, produjo su primer cuento; y a los nueve tradujo del inglés «El príncipe feliz» de Oscar Wilde. Estudió sus primeras letras en casa con una institutriz particular. Al ingresar en una escuela del estado en el cuarto grado, fue el objeto de las burlas de sus compañeros por su ropa extraña (usaba cuellos altos) y su miopía. En 1914 su padre llevó a la familia a Europa y, al estallar la Primera Guerra Mundial, los Borges se instalaron en Ginebra, donde Georgie se inscribió en el Lycée Jean Calvin. Allí estudió francés y latín y leyó a autores franceses e ingleses. También conoció las obras de los filósofos más destacados del siglo XIX, entre ellos Schopenhauer y Nietzsche.

Después de la muerte de la abuela materna en 1919, la familia se mudó a Lugano y luego a España. En Sevilla Borges se unió a un grupo de poetas de la vanguardia, los *ultraístas. Colaboró en sus revistas y más tarde, en Madrid, firmó un manifiesto ultraísta. En Madrid conoció a varios escritores importantes y leyó a Quevedo, Góngora y Unamuno, entre otros. Al volver a Buenos Aires en 1921, fundó *Prisma* y *Proa,* y también publicó en revistas más establecidas, como *Nosotros,* en que apareció su «Manifiesto ultraísta». Fue de gran importancia en su evolución artística su amistad con el escritor Macedonio Fernández (1874–1952), quien insistía en que un autor debía despreciar la popularidad.

En 1923 Borges publicó su primer libro de poemas, *Fervor de Buenos Aires.* Después de volver de un segundo viaje a Europa, fundó en 1924 una segunda *Proa* en colaboración con Ricardo Güiraldes (1886–1927), el que sería autor de la novela gauchesca *Don Segundo Sombra* (1926). También colaboró en *Martín Fierro,* otra revista de la vanguardia. En 1925 publicó *Luna de enfrente,* otra colección de poemas, e *Inquisiciones,* un libro de ensayos, y tres años más tarde *El idioma de los argentinos,* otra colección de ensayos. Por entonces Borges trabó amistad con el poeta, historiador y ensayista mexicano Alfonso Reyes (1889–1959), de quien aprendió a limar su estilo vanguardista para cultivar uno más clásico.

En 1931 Victoria Ocampo (1893–1979), una destacada ensayista y crítica, fundó *Sur,* que llegó a ser la revista literaria más importante de Hispanoamérica. Borges fue su consejero y colaborador. Al año siguiente *Megáfono,* otra revista influyente, consagró la mitad de un número a una «Discusión sobre Borges».

En 1934 el escritor hizo un viaje por el norte agreste de Uruguay. Además de conocer la frontera gaucha, Borges vio asesinar a un hombre en una pulpería. Este viaje inspiraría varios relatos gauchescos.

Durante los años que siguieron Borges publicó *Historia universal de la infamia* (1935), una colección de narraciones; e *Historia de la eternidad* (1936), ensayos, además de numerosas traducciones. Para vivir con más comodidad, aceptó un puesto en la Biblioteca Municipal Miguel Cané. El día de Nochebuena, 1938, Borges sufrió un accidente serio y casi murió de septicemia. A partir de entonces, empezó a cultivar el cuento fantástico.

En 1939 publicó en *Sur* uno de sus relatos más conocidos, «Pierre Menard, autor del *Quijote*», sobre un hombre que vuelve a escribir la obra maestra de Cervantes. Aunque Menard emplea las mismas palabras que Cervantes, su novela es diferente de la original. En esta historia Borges expresa una idea fundamental de su filosofía literaria, la cual explica en *Otras inquisiciones:* «Una literatura difiere de otra, ulterior o anterior, menos por el texto que por la manera de ser leída». Es decir, una obra se produce dentro de un contexto específico; si se cambia el contexto—no sólo del escritor sino también del lector—también se modifica la obra porque el contexto es lo que le da su sentido.

En 1940 Borges publicó, con Adolfo Bioy Casares (1914–) y su esposa Silvina Ocampo (1909–), una *Antología de la literatura fantástica*. Sería el primero de varios libros que harían en colaboración. Al año siguiente Borges publicó *El jardín de senderos que se bifurcan,* una colección de cuentos fantásticos, y, con Bioy y Ocampo, una *Antología poética argentina*. En 1942 apareció otro libro de Borges y Bioy, *Seis problemas para don Isidro Parodi,* unos cuentos policiales que representan una parodia del género. La fascinación de Bioy y Borges con el cuento policial resultó ser muy productiva; al año siguiente publicaron *Los mejores cuentos policiales*. También en 1943 apareció *Poemas (1922–1943),* una colección de todo el verso de Borges hasta la fecha, y *Ficciones,* que recogía *El jardín de senderos que se bifurcan* y otros cuentos fantásticos nuevos.

Cuando el dictador Juan Domingo Perón (1895–1974) subió al poder en 1946, Borges perdió su puesto en la Biblioteca Municipal por haber firmado unas declaraciones antiperonistas. Para ganarse la vida, comenzó a dictar cursos y más tarde aceptó el puesto de director de la revista *Anales de Buenos Aires,* en cuyas páginas publicó obras de varios escritores jóvenes como, por ejemplo, Julio Cortázar. No sólo Borges sino también su madre y hermana sufrieron a manos del gobierno peronista. Por haber cantado el Himno Nacional en la calle Florida, sin permiso de la policía, aquélla fue detenida en su casa y ésta fue encarcelada. A pesar de estas dificultades, el éxito de Borges aumentaba. En 1949 apareció *El Aleph,* una colección de cuentos fantásticos. En 1950 Borges fue elegido presidente de la SADE (Sociedad Argentina de Escritores) y aceptó una cátedra en la Asociación Argentina de Cultura Inglesa. Dos años más tarde publicó *Otras inquisiciones,* un libro de ensayos.

Cuando Perón cayó en 1955, el nuevo gobierno nombró a Borges director de la Biblioteca Nacional. También fue admitido a la Academia Argentina de Letras, y al año siguiente, recibió el Premio Nacional de Letras. Durante este período publicó numerosas antologías y algunas obras nuevas, y también enseñó en la Universidad de Buenos Aires, a pesar de que empeoraba su vista. Finalmente los doctores le prohibieron leer y escribir, pero pudo seguir trabajando gracias a su madre y a otras personas que le servían de amanuense. Su fama internacional empezó a crecer cuando recibió el Premio Formentor del Congreso Internacional de Editores, el que compartió con el irlandés Samuel

Beckett (1906–1988). En 1961, invitado por la Fundación Tinker, visitó los Estados Unidos, donde dio cursos en la Universidad de Texas en Austin. Dos años más tarde volvió a Europa y pronunció conferencias en varios países.

La publicación de *El informe de Brodie* (1970) marcó un cambio de dirección en la carrera de Borges. Los cuentos que se incluyen en esta colección son de tipo realista y algunos reflejan la antigua fascinación de Borges con el gaucho. En «La intrusa», por ejemplo, dos hermanos medio salvajes se prendan de la misma mujer. Cuando la presencia de ella en su casa comienza a causar rivalidades y conflictos entre ellos, uno de los dos hermanos la lleva al campo y la mata, haciendo posible la conciliación entre los dos hombres. A pesar de ser contado con ironía y con un obvio deseo de chocar, el cuento revela cierta admiración de Borges por la fuerza bruta del hombre de la Pampa.

Debido a su posición en la comunidad literaria internacional, Borges parecía un candidato lógico para el Premio Nóbel. Sin embargo, debido tal vez a su conservadurismo político, nunca fue seleccionado para este honor. En 1970, una encuesta realizada por el diario *Il Corriere della Sera* reveló que Borges, candidato ese año para el Premio, había obtenido más votos que Aleksandr Solzhenitsyn (1918–), quien fue finalmente seleccionado por la Academia Sueca. En 1983 Borges volvió a ser candidato y de nuevo fue rechazado. A pesar de esta injusticia, durante las últimas décadas de su vida Borges se vio colmado de honores. Ganó el Premio Literario Interamericano (1970), el Premio Jerusalén (1971), el Premio Alfonso Reyes (1973), el Premio Cervantes (1980), el Premio Ollin Yoliztli (1981) y el Premio Internacional Ingersoll de la Fundación Rockford (1983). Recibió doctorados *honoris causa* de las Universidades de Michigan (1972), de la Sorbona (1977), de Harvard (1981) y de Río Piedras, Puerto Rico (1981). La municipalidad de Buenos Aires lo declaró ciudadano ilustre en 1973 y Bogotá le otorgó sus llaves en 1978. Durante todo este período Borges siguió escribiendo cuentos, poesía y ensayos. También produjo varias antologías, solo y en colaboración con Bioy Casares u otros. Entre sus últimas publicaciones se incluyen «El congreso» (cuento, 1971); *El libro de arena* (cuentos, 1975); *Rosa y azul* (cuentos, 1977); *Veinticinco agosto 1983 y otros cuentos* (1983); *Borges oral* (conferencias, 1979); *Siete noches* (conferencias, 1980); *Nueve ensayos dantescos* (ensayos, 1982); *Textos cautivos* (ensayos y reseñas, 1986); *La cifra* (poesía, 1981); *Los conjurados* (poesía, 1985) y *El oro de los tigres* (poesía y prosa, 1972).

A pesar de que Borges se destacó en la poesía y el ensayo, es en el desarrollo de la narrativa donde dejó huellas más profundas. Borges no escribió novelas, sólo cuentos, pero su posición ante la ficción ha influido en toda la novelística de la segunda mitad del siglo XX. La publicación de *El jardín de senderos que se bifurcan* y después *Ficciones*, que incluye los ocho cuentos de la colección anterior, marcó un punto decisivo en la ficción moderna.

Con ciertas excepciones, la ficción latinoamericana de la primera mitad del siglo era de tipo más bien documental y realista. Borges destroza la premisa sobre la cual se funda este tipo de literatura al poner en duda la correlación entre el mundo objetivo y nuestra percepción de él. «La realidad es impenetrable y no sabemos qué cosa es el universo», escribe en «El idioma analítico de John Wilkins», *(Otras inquisiciones)*. Por lo tanto, cualquier clasificación o sistema es falso. Borges, lector infatigable y conocedor de filosofías occidentales y orientales, modernas y antiguas, ve la pluralidad de sistemas como testimonio del esfuerzo y fracaso del ser humano por comprender el universo. Si existe un esquema divino, según Borges, no podemos conocerlo. El individuo tampoco se conoce a sí mismo; no comprende los motivos de su conducta. Por lo tanto, nuestro sentido de quiénes somos es una ilusión. Además, el lenguaje, nuestro principal instrumento de comunicación, es defectuoso, ya que no refleja la realidad.

Para Borges, el tiempo es un problema central. El tiempo, que no es más que una invención de la civilización para situar los acontecimientos cronológicamente, también es una quimera. No hay ninguna correspondencia entre el tiempo cronológico (medido por el reloj y el calendario) y nuestra impresión del tiempo. En nuestra mente, un minuto puede pasar rápida o lentamente. Además, al recordar el pasado, desordenamos los acontecimientos. Borges termina por negar la existencia del tiempo en «Nueva refutación del tiempo» *(Otras inquisiciones)*, y, sin embargo, se da cuenta de que el individuo vive en el tiempo porque es mortal: «El tiempo es la sustancia de que estoy hecho. El tiempo es un río que me arrebata, pero yo soy el río; es un tigre que me destroza, pero yo soy el tigre; es un fuego que me consume, pero yo soy el fuego. El mundo, desgraciadamente, es real; yo, desgraciadamente, soy Borges». Con estas palabras el autor articula la naturaleza ambivalente del tiempo y de la realidad.

La ausencia de sistemas deja confuso al ser humano, quien construye una morada mental y personal en la que se refugia del aparente caos del universo. Sin embargo, esta morada también está llena de espejos y falsas salidas que engañan y extravían. Borges emplea a menudo el laberinto como símbolo de la condición humana porque, como un laberinto, la morada en que cada uno de nosotros vive es una maraña de pasillos que prometen conducir a algo, a alguna comprensión de la realidad, por ejemplo, pero rara vez conducen a nada salvo a la confusión. El orden que parece reinar en el laberinto es sólo aparente. Los espejos—otro símbolo predilecto de Borges—nos desvían; nos muestran caminos que son sólo reflejos; nos hacen repetir los pasos; nos conducen a pasillos sin salida.

En vez de paralizar al individuo, la ambigüedad de los signos le sugiere posibilidades sin número. Escribe Jaime Alazraki: «El común denominador de todos sus temas es evidente: un relativismo que nos obliga a ver la realidad en perpetuo movimiento, que nos incita a trascenderla más allá de su monótono cotidiano y a descubrirle nuevos valores y nuevas dimensiones. Este relativismo arranca de un escepticismo pero... sus consecuencias son fecundantes». Las «ficciones» de Borges nos revelan una realidad, aunque no es la objetiva e histórica, sino una «inverosímil, contradictoria, ambigua y, a veces, hasta absurda... La múltiple visión de la realidad que Borges nos propone es un intento de abarcar las contradictorias posibilidades que la conforman».

Para el artista, estos conceptos son liberadores. Ya que no podemos conocer la realidad absoluta, no se puede distinguir entre la realidad y la ficción. La realidad que inventa el individuo es por lo tanto tan real como cualquier otra. Varios niveles de significado pueden coexistir en un mismo cuento, y todos son válidos. El artista no necesita limitarse por la realidad observada, sino que puede—y debe—soltar su fantasía. La creación artística se convierte en un intrincado y maravilloso juego. Nuestra incapacidad de comprender las cosas no conduce a la desesperación, sino a la risa. El humor, casi inexistente en el realismo social, es una parte fundamental de la obra de Borges. No se trata de la carcajada sino de la risa desinteresada del que sabe que todo es un juego o una re-creación.

El elemento fantástico distingue la obra de todos los seguidores de Borges. Los escritores del boom y los de la generación posterior—Manuel Puig, Isabel Allende, Luisa Valenzuela, Rosario Ferré—exploran diversos aspectos de la relación entre la fantasía y la realidad. No se trata necesariamente de la creación de fantasías—cuentos de hadas o de ciencia ficción—sino de una posición filosófica ante la vida. Por medio de la fantasía, el escritor intenta explorar las realidades más ocultas y contradictorias del alma humana además de las paradojas de la vida social y política.

Sobre «El Sur»

«El Sur» fue publicado por primera vez en el periódico *La Nación* de Buenos Aires en 1952 y luego, en la segunda edición de *Ficciones,* en 1956. Borges lo consideraba su mejor cuento y señala en *Ficciones* que se presta a más de una interpretación: «Es posible leerlo como directa narración de hechos novelescos y también de otro modo».

El argumento es engañosamente sencillo. Juan Dahlmann, secretario en una biblioteca municipal de Buenos Aires, sufre un accidente: Se golpea la cabeza en la arista de una puerta abierta recién pintada. En vez de buscar ayuda médica inmediatamente, se acuesta a dormir. Cuando los doctores finalmente lo llevan al sanatorio, ya tiene una septicemia bastante avanzada. Después del tratamiento, Dahlmann parte para convalecer a una estancia en el Sur, que pertenece a su familia. En el camino se ve obligado a cambiar de tren. Con el propósito de pasar el tiempo para en un pequeño almacén, donde algunos muchachos provocan una riña. Dahlmann acepta el desafío, aunque nunca ha peleado con cuchillo, y un viejo gaucho le tira una daga.

A pesar de su aparente sencillez, el cuento encierra una deliberada ambigüedad. El problema fundamental es éste: ¿Sanó o murió Dahlmann en el sanatorio? Una lectura cuidadosa del relato revela ciertos datos clave que conducen a la conclusión de que Dahlmann sólo realizó su viaje al Sur en su mente.

Para Dahlmann, nieto de un extranjero, la afirmación de su argentinidad es una obsesión. Tal vez su misma sangre germánica lo impulsa a romantizar a los gauchos. Más que su abuelo paterno Johannes, le fascina su abuelo materno Francisco Flores, un verdadero argentino, que murió combatiendo contra los indios. Para Juan, esta muerte representa un ideal.

Juan Dahlmann es un hombre de letras. Sus conocimientos son de libros. Su herida en la cabeza es el resultado de su apuro por llegar a casa para examinar una copia de *Las mil y una noches*. Como Dahlmann mismo nunca ha vivido en la

Pampa, todas sus imágenes del gaucho y del campo son convenciones literarias o adaptaciones de escenas de libros que ha leído.

A partir del momento en que Dahlmann supuestamente sale del sanatorio, va entrando en otra dimensión. Psicológicamente, ordena la vida, fijándose en pequeñas simetrías como un hombre que se hunde en un delirio—o como un artista que crea una obra. Tal vez Juan está creando su obra: la muerte perfecta. La descripción de su partida está llena de símbolos que se asocian con la muerte y la eternidad. Faltan treinta minutos para que salga el tren—el número tres siendo símbolo del misterio divino. El gato, que en la antigüedad era tenido por un dios y que tradicionalmente se asocia con el otro mundo (y con las brujas), es como una «divinidad desdeñosa»; a diferencia del hombre, vive fuera del tiempo cronológico, «en la eternidad del instante».

Una vez en el tren, Dahlmann avanza entre sueños. Siente que se separa de su otro ser: «Era como si a un tiempo fuera dos hombres: el que avanzaba por el día otoñal y por la geografía de la patria, y el otro, encarcelado en un sanatorio... » ¿Es que su alma se separa de su cuerpo? El tren se detiene, extrañamente, en medio de la nada. Al bajarse, Dahlmann se siente feliz. Ahora el ambiente se pone cada vez más confuso; los signos son cada vez más ambiguos. La arquitectura del pequeño almacén se parece a un grabado en acero de la vieja edición de un libro. El patrón tiene la cara de uno de los empleados del sanatorio. Llama a Dahlmann por su nombre, aunque jamás lo ha visto antes. El viejo gaucho no parece ser una persona real, sino un arquetipo tomado de la literatura gauchesca. Cada detalle de su traje es perfecto. Dahlmann, que sabe que tales gauchos ya no existen—si es que alguna vez existieron—se siente profundamente satisfecho.

En este ambiente idealizado, Dahlmann puede lograr la muerte que siempre ha soñado. De repente es otro hombre. En vez del secretario pacífico y aburrido, es un hombre valiente. Al sentir la provocación de los muchachos, al principio se hace el desinteresado, pero de repente entiende que es su obligación pelear. Dahlmann empuja para un lado al patrón y se enfrenta con los peones. Es en este momento cuando Dahlmann realiza su destino. «No hubieran permitido en el sanatorio que me pasaran estas cosas», piensa. Precisamente. Morir en el sanatorio de una septicemia que resulta de un burdo golpe en la cabeza es un fin demasiado trivial. Dahlmann quiere otra muerte.

En «El Sur» Borges tuerce toda noción convencional del tiempo y de la realidad. ¿Cuánto tiempo ocupa la historia? ¿Los minutos u horas que Dahlmann se demora en morir en el sanatorio, o el día que vive (en su mente) en la Pampa? Para Dahlmann, ¿cuál de sus dos muertes es más real? Este cuento no trata sólo del poder liberador de la imaginación, sino de las múltiples capas de realidad en que vive todo ser humano.

Ediciones

Borges, Jorge Luis. *Narraciones.* Ed. Marcos Ricardo Barnata. Madrid: Cátedra, 1980

______. *Obras completas.* Ed. Carlos V. Frías. Buenos Aires: Emecé, 1974.

Crítica

Aizenberg, Edna. *The Aleph Weaver: Biblical, Kabbalistic and Judaic Elements in Borges.* Potomac, Md.: Scripta Humanística, 1984

———, ed. *Borges and His Successors: The Borgesian Impact on Literature and the Arts.* Columbia: University of Missouri, 1990. [Contiene artículos de Ana María Barrenechea, Marta Morello-Frosh, Robert Ross, Rafael Gutiérrez Girardot, Françoise Collin, Jaime Alazraki, Suzanne Jill Levine, Emir Rodríguez-Monegal, Herman Rapaport, Christine de Laihacar, Jerry Varsava, Geoffrey Green, Malva E. Filer, Richard Peña, Jules Kirschenbaum, Edna Aizenberg, Jorge Luis Borges.]

Alazraki, Jaime. *Jorge Luis Borges.* New York: Columbia University, 1971

———. *La prosa narrativa de Jorge Luis Borges.* Madrid: Gredos, 1974

———. *Borges and the Kabbalah.* Cambridge, Eng.: Cambridge University Press, 1988

———, ed. *Critical Essays on Jorge Luis Borges.* Boston: G. K. Hall, 1987. [Contiene artículos de Jorge Luis Borges, Paul de Man, John Updike, Pierre Macherey, John Barth, John Ashbery, Richard Poirier, William H. Gass, George Steiner, Geoffry H. Hartman, Alfred Kazin, Robert Scholes, Patricia Merivales, Ronald Christ, Tony Tanner, Margaret Boegeman.]

Barrenechea, Ana María. *Borges, the Labyrinth Maker.* New York: New York University, 1965

Bell-Villada, Gene H. *Borges and His Fiction: A Guide to His Mind and Art.* Chapel Hill: University of North Carolina, 1981

Bloom, Harold, ed. *Jorge Luis Borges.* New Haven: Chelsea House, 1986. [Contiene artículos de Thomas Hart, Paul de Man, Louis Murillo, Ronald J. Christ, Jaime Alazraki, James E. Irby, Carter Wheelock, Emir Rodríguez-Monegal, Alicia Borinsky, John Sturrock, Nancy B. Mandlove, Shlomith Rommon-Kenan, Ricardo Gutiérrez-Mouat, Thorpe Running, Roberto González-Echevarría.]

Botton Burla, Flora. *Los juegos fantásticos: Estudio de los elementos fantásticos en cuentos de tres narradores hispanoamericanos.* México, D. F. : Universidad Nacional Autónoma de México, 1983

Carilla, Emilio. *Jorge Luis Borges, autor de «Pierre Ménard», y otros estudios borgesianos.* Bogotá: Instituto Caro y Cuervo, 1989

Cédola, Estela. *Borges, o la conciencia de los opuestos.* Buenos Aires: Universitaria de Buenos Aires, 1987

Echavarría, Arturo. *Lengua y literatura de Borges.* Barcelona: Ariel, 1983

Flores, Angel, ed. *Expliquémonos a Borges como poeta.* México, D. F. : Siglo XXI, 1984. [Contiene artículos de Jorge Luis Borges, Guillermo de Torre, H. A. Murena, Saúl Yurkievich, Angela Blanco Amores de Pagella, Edelweis Serra, Franz Niedermayer, Cintio Vitier, Jaime Alazraki, Martin Stabb, Guillermo Sucre, Zunilda Gertel, Enrique Carilla, R. García Pinto, Adolfo Ruiz Díaz, James Higgens, Manuel Ferrer.]

Friedman, Mary Lusky. *The Emperor's Kites: A Morphology of Borges' Tales.* Durham: Duke University, 1987

Kapschutschenko, Ludmila. *El laberinto en la narrativa hispanoamericana contemporánea.* London: Támesis, 1981

Massuh, Gabriela. *Borges, una estética del silencio.* Buenos Aires: Belgrano, 1980

McMurray, George. *Jorge Luis Borges.* New York: Ungar, 1980

Pérez, Alberto. *Poética de la rosa de Jorge Luis Borges.* Madrid: Gredos, 1986

Río, Carmen del. *Jorge Luis Borges y la ficción: El conocimiento como invención* Miami: Universal, 1983

Rivas, José Andrés. *Alrededor de la obra de Jorge Luis Borges.* Santiago del Estero: Dirección General de Cultura de la Provincia, 1980

Rodríguez Monegal, Emir. *Borges, hacia una lectura poética.* Madrid: Guadarrama, 1976

______. *Borges por él mismo.* Caracas: Monte Avila, 1980

______. *Borges: Una biografía literaria.* Trad. Homero Alsina Thénevet. México, D. F.: Fondo de Cultura Económica, 1987

Sosnowski, Saúl. *Borges y la Cabala: La búsqueda del verbo.* Buenos Aires: Hyspamérica, 1976

Wheelock, Carter. *The Mythmaker: A Study of Motif and Symbol in the Short Stories of Jorge Luis Borges.* Austin: University of Texas, 1969

El Sur

Jorge Luis Borges

El hombre que desembarcó en Buenos Aires en 1871 se llamaba Johannes Dahlmann y era pastor de la iglesia evangélica; en 1939, uno de sus nietos, Juan Dahlmann, era secretario de una biblioteca municipal en la calle Córdoba y se sentía hondamente argentino. Su abuelo materno había sido aquel Francisco Flores, del 2 de infantería de línea,[1] que murió en la frontera de Buenos Aires, lanceado por indios de Catriel;[2] en la discordia de sus dos linajes, Juan Dalhmann (tal vez a impulso de la sangre germánica) eligió el de ese antepasado romántico, o de muerte romántica. Un estuche con el daguerrotipo de un hombre inexpresivo y barbado, una vieja espada, la dicha y el coraje de ciertas músicas, el hábito de estrofas del *Martín Fierro,*[3] los años, el desgano[4] y la soledad, fomentaron ese criollismo[5] algo voluntario, pero nunca ostentoso. A costa de algunas privaciones, Dahlmann había logrado salvar el casco[6] de una estancia[7] en el Sur, que fue de los Flores; una de las costumbres de su memoria era la imagen de los eucaliptos balsámicos[8] y de la larga casa rosada que alguna vez fue carmesí.[9] Las tareas y acaso la indolencia lo retenían en la ciudad. Verano tras verano se contentaba con la idea abstracta de posesión y con la certidumbre de que su casa estaba esperándolo, en un sitio preciso de la llanura. En los últimos días de febrero de 1939, algo le aconteció.

Ciego a las culpas, el destino puede ser despiadado con las mínimas

[1] **del 2...** of the second infantry front
[2] **zona de Argentina**
[3] **poema gauchesco de José Hernández (Véase la pág. 192.)**
[4] **indiferencia, aburrimiento**
[5] Americanism, nativism
[6] complex of buildings without the farmland
[7] **hacienda**
[8] **aromáticos**
[9] **roja**

distracciones. Dahlmann había conseguido, esa tarde, un ejemplar descabalado[10] de las *Mil y una noches* de Weil;[11] ávido de examinar ese hallazgo, no esperó que bajara el ascensor y subió con apuro las escaleras; algo en la oscuridad le rozó la frente ¿un murciélago, un pájaro? En la cara de la mujer que le abrió la puerta vio grabado el horror, y la mano que se pasó por la frente salió roja de sangre. La arista de un batiente recién pintado[12] que alguien se olvidó de cerrar le había hecho esa herida. Dahlmann logró dormir, pero a la madrugada estaba despierto y desde aquella hora el sabor de todas las cosas fue atroz. La fiebre lo gastó y las ilustraciones de las *Mil y una noches* sirvieron para decorar pesadillas. Amigos y parientes lo visitaban y con exagerada sonrisa le repetían que lo hallaban muy bien. Dahlmann los oía con una especie de débil estupor y le maravillaba que no supieran que estaba en el infierno. Ocho días pasaron, como ocho siglos. Una tarde, el médico habitual se presentó con un médico nuevo y lo condujeron a un sanatorio de la calle Ecuador, porque era indispensable sacarle una radiografía. Dahlmann, en el coche de plaza que los llevó, pensó que en una habitación que no fuera la suya podría, al fin, dormir. Se sintió feliz y conversador; en cuanto llegó, lo desvistieron, le raparon[13] la cabeza, lo sujetaron con metales a una camilla,[14] lo iluminaron hasta la ceguera y el vértigo, lo auscultaron[15] y un hombre enmascarado le clavó una aguja en el brazo. Se despertó con náuseas, vendado,[16] en una celda que tenía algo de pozo[17] y, en los días y noches que siguieron a la operación pudo entender que apenas había estado, hasta entonces, en un arrabal[18] del infierno. El hielo no dejaba en su boca el menor rastro de frescura. En esos días, Dahlmann minuciosamente se odió; odió su identidad, sus necesidades corporales, su humillación, la barba que le erizaba[19] la cara. Sufrió con estoicismo las curaciones, que eran muy dolorosas, pero cuando el cirujano le dijo que había estado a punto de morir de una septicemia,[20] Dahlmann se echó a llorar, condolido[21] de su destino. Las miserias físicas y la incesante previsión de las malas noches no le habían dejado pensar en algo tan abstracto como la muerte. Otro día, el cirujano le dijo que estaba reponiéndose y que, muy pronto, podría ir a convalecer a la estancia. Increíblemente, el día prometido llegó.

A la realidad le gustan las simetrías y los leves anacronismos; Dahlmann había llegado al sanatorio en un coche de plaza y ahora un coche de plaza lo llevaba a Constitución.[22] La primera frescura del otoño, después de la opresión del verano, era como un símbolo natural de su destino res-

---

[10] **incompleto**
[11] **referencia a la edición alemana (1830–41) de Gustav Weil de la famosa colección de cuentos árabes**
[12] **La...** The edge of a newly painted door
[13] shaved
[14] **lo...** they strapped him with metal clamps to a cot
[15] listened to his heart
[16] bandaged
[17] **tenía...** was something like a well
[18] suburb
[19] bristled
[20] blood poisoning
[21] feeling sorry
[22] **estación de ferrocarril en Buenos Aires**

catado[23] de la muerte y la fiebre. La ciudad, a las siete de la mañana, no había perdido ese aire de casa vieja que le infunde la noche; las calles eran como largos zaguanes, las plazas como patios. Dahlmann la reconocía con felicidad y con un principio de vértigo; unos segundos antes de que las registraran sus ojos, recordaba las esquinas, las carteleras, las modestas diferencias de Buenos Aires. En la luz amarilla del nuevo día, todas las cosas regresaban a él.

Nadie ignora que el Sur empieza del otro lado de Rivadavia.[24] Dahlmann solía repetir que ello no es una convención[25] y que quien atraviesa esa calle entra en un mundo más antiguo y más firme. Desde el coche buscaba entre la nueva edificación, la ventana de rejas, el llamador, el arco de la puerta, el zaguán, el íntimo patio.

En el *hall*[26] de la estación advirtió que faltaban treinta minutos. Recordó bruscamente que en un café de la calle Brasil (a pocos metros de la casa de Yrigoyen[27]) había un enorme gato que se dejaba acariciar por la gente, como una divinidad desdeñosa. Entró. Ahí estaba el gato, dormido. Pidió una taza de café, la endulzó lentamente, la probó (ese placer le había sido vedado en la clínica) y pensó, mientras alisaba el negro pelaje, que aquel contacto era ilusorio y que estaban como separados por un cristal, porque el hombre vive en el tiempo, en la sucesión, y el mágico animal, en la actualidad, en la eternidad del instante.

A lo largo del penúltimo andén el tren esperaba. Dahlmann recorrió los vagones y dio con[28] uno casi vacío. Acomodó en la red la valija; cuando los coches arrancaron, la abrió y sacó, tras alguna vacilación, el primer tomo de las *Mil y una noches*. Viajar con este libro, tan vinculado a la historia de su desdicha, era una afirmación de que esa desdicha había sido anulada y un desafío alegre y secreto a las frustradas fuerzas del mal.

A los lados del tren, la ciudad se desgarraba en suburbios;[29] esta visión y luego la de jardines y quintas demoraron el principio de la lectura. La verdad es que Dahlmann leyó poco; la montaña de piedra imán y el genio que ha jurado matar a su bienhechor[30] eran, quién lo niega, maravillosos, pero no mucho más que la mañana y que el hecho de ser. La felicidad lo distraía de Shahrazad y de sus milagros superfluos; Dahlmann cerraba el libro y se dejaba simplemente vivir.

El almuerzo (con el caldo servido en boles de metal reluciente, como en los ya remotos veraneos de la niñez) fue otro goce tranquilo y agradecido.

Mañana me despertaré en la estancia, pensaba, y era como si a un tiempo fuera dos hombres: el que avanzaba por el día otoñal y por la geografía de la patria, y el otro, encarcelado en un sanatorio y sujeto a metódicas servidumbres. Vio casas de ladrillo sin revocar,[31] esquinadas[32] y largas, infinitamente mirando pasar los trenes;

---

[23] rescued, saved
[24] **avenida principal de Buenos Aires que corre de este a oeste**
[25] **ello...** it is not merely a convention
[26] **sala de espera**
[27] **Hipólito Yrigoyen, presidente de la Argentina de 1916 a 1922 y de 1928 a 1930**
[28] **dio...** came across, found
[29] **se...** broke off into slums
[30] **referencias a cuentos narrados por Shahrazad en *Las mil y una noches* (piedra imán** = lodestone)
[31] unplastered
[32] angular

vio jinetes en los terrosos[33] caminos; vio zanjas[34] y lagunas y hacienda; vio largas nubes luminosas que parecían de mármol, y todas estas cosas eran casuales,[35] como sueños de la llanura. También creyó reconocer árboles y sembrados que no hubiera podido nombrar, porque su directo conocimiento de la campaña era harto inferior a su conocimiento nostálgico y literario.

Alguna vez durmió y en sus sueños estaba el ímpetu del tren. Ya el blanco sol intolerable de las doce del día era el sol amarillo que precede al anochecer y no tardaría en ser rojo. También el coche era distinto; no era el que fue en Constitución, al dejar el andén; la llanura y las horas lo habían atravesado y transfigurado. Afuera la móvil sombra del vagón se alargaba hacia el horizonte. No turbaban la tierra elemental ni poblaciones ni otros signos humanos. Todo era vasto, pero al mismo tiempo era íntimo y, de alguna manera, secreto. En el campo desaforado,[36] a veces no había otra cosa que un toro. La soledad era perfecta y tal vez hostil, y Dahlmann pudo sospechar que viajaba al pasado y no sólo al Sur. De esa conjetura fantástica lo distrajo el inspector, que, al ver su boleto, le advirtió que el tren no lo dejaría en la estación de siempre sino en otra, un poco anterior y apenas conocida por Dahlmann. (El hombre añadió una explicación que Dahlmann no trató de entender ni siquiera de oír, porque el mecanismo de los hechos no le importaba.)

El tren laboriosamente se detuvo, casi en medio del campo. Del otro lado de las vías[37] quedaba la estación, que era poco más que un andén con un cobertizo. Ningún vehículo tenían, pero el jefe opinó que tal vez pudiera conseguir uno en un comercio que le indicó a unas diez, doce, cuadras.

Dahlmann aceptó la caminata como una pequeña aventura. Ya se había hundido el sol, pero un esplendor final exaltaba la viva y silenciosa llanura, antes de que la borrara la noche. Menos para no fatigarse que para hacer durar esas cosas, Dahlmann caminaba despacio, aspirando con grave felicidad el olor del trébol.[38]

El almacén, alguna vez, había sido punzó,[39] pero los años habían mitigado para su bien ese color violento. Algo en su pobre arquitectura le recordó un grabado en acero, acaso de una vieja edición de *Pablo y Virginia*.[40] Atados al palenque[41] había unos caballos. Dahlmann, adentro, creyó reconocer al patrón; luego comprendió que lo había engañado su parecido con uno de los empleados del sanatorio. El hombre, oído el caso, dijo que le haría atar la jardinera;[42] para agregar otro hecho a aquel día y para llenar ese tiempo, Dahlmann resolvió comer en el almacén.

En una mesa comían y bebían ruidosamente unos muchachones, en los que Dahlmann, al principio, no se

---

[33] dirt
[34] ditches
[35] **imprevistas, fortuitas**
[36] **inmenso**
[37] railroad track
[38] clover
[39] scarlet
[40] **novela romántica (1787) de Bernardin de Saint-Pierre, pseudónimo del escritor francés Jacques Henri (1737–1814)**
[41] **poste para amarrar animales**
[42] **oído...** after hearing his story, said he would have the carriage hitched up for him

fijó. En el suelo, apoyado en el mostrador, se acurrucaba,[43] inmóvil como una cosa, un hombre muy viejo. Los muchos años lo habían reducido y pulido como las aguas a una piedra o las generaciones de los hombres a una sentencia. Era oscuro, chico y reseco, y estaba como fuera del tiempo, en una eternidad. Dahlmann registró con satisfacción la vincha, el poncho de bayeta, el largo chiripá y la bota de potro y se dijo, rememorando inútiles discusiones con gente de los partidos del Norte o con entrerrianos, que gauchos de ésos ya no quedan más que en el Sur.[44]

Dahlmann se acomodó junto a la ventana. La oscuridad fue quedándose con el campo, pero su olor y sus rumores aún le llegaban entre los barrotes de hierro. El patrón le trajo sardinas y después carne asada; Dahlmann las empujó[45] con unos vasos de vino tinto. Ocioso, paladeaba el áspero sabor y dejaba errar[46] la mirada por el local,[47] ya un poco soñolienta. La lámpara de kerosén pendía de uno de los tirantes; los parroquianos de la otra mesa eran tres: dos parecían peones de chacra,[48] otro, de rasgos achinados y torpes, bebía con el chambergo[49] puesto. Dahlmann, de pronto, sintió un leve roce[50] en la cara. Junto al vaso ordinario de vidrio turbio, sobre una de las rayas del mantel, había una bolita de miga.[51] Eso era todo, pero alguien se la había tirado.

Los de la otra mesa parecían ajenos a él. Dahlmann, perplejo, decidió que nada había ocurrido y abrió el volumen de las *Mil y una noches,* como para tapar la realidad. Otra bolita lo alcanzó a los pocos minutos, y esta vez los peones se rieron. Dahlmann se dijo que no estaba asustado, pero que sería un disparate que él, un convaleciente, se dejara arrastrar por desconocidos a una pelea confusa. Resolvió salir; ya estaba de pie cuando el patrón se le acercó y lo exhortó con voz alarmada:

—Señor Dahlmann, no les haga caso a esos mozos, que están medio alegres.[52]

Dahlmann no se extrañó de que el otro, ahora, lo conociera, pero sintió que estas palabras conciliadoras agravaban, de hecho, la situación. Antes, la provocación de los peones era a una cara accidental, casi a nadie; ahora iba contra él y contra su nombre y lo sabrían los vecinos. Dahlmann hizo a un lado al patrón, se enfrentó con los peones y les preguntó qué andaban buscando.

El compadrito de la cara achinada se paró, tambaleándose.[53] A un paso de Juan Dahlmann, lo injurió a gritos, como si estuviera muy lejos. Jugaba a exagerar su borrachera y esa exageración era una ferocidad y una burla. Entre malas palabras y obsceni-

---

[43] was squatting
[44] **Dahlmann...** With satisfaction Dahlmann looked over the kerchief, the flannel poncho, the long blanket wrapped around his waist, and the leather boots, and said to himself, recalling useless discussions with people from the northern districts or with those from Entre Ríos, that the only place you could find gauchos like these was in the South. (The costume described here is the traditional gaucho outfit.)
[45] washed them down
[46] wander
[47] **lugar**
[48] **de...** who worked their plot of land
[49] **tipo de sombrero**
[50] **un...** a light brush
[51] **una...** a pellet of bread
[52] **borrachos**
[53] tipsy

dades, tiró al aire un largo cuchillo, lo siguió con los ojos, lo barajó,[54] e invitó a Dahlmann a pelear. El patrón objetó con trémula voz que Dahlmann estaba desarmado. En ese punto, algo imprevisible ocurrió.

Desde un rincón, el viejo gaucho extático, en el que Dahlmann vio una cifra del Sur (del Sur que era suyo), le tiró una daga desnuda que vino a caer a sus pies. Era como si el Sur hubiera resuelto que Dahlmann aceptara el duelo. Dahlmann se inclinó a recoger la daga y sintió dos cosas. La primera, que ese acto casi instintivo lo comprometía a pelear. La segunda, que el arma, en su mano torpe, no serviría para defenderlo, sino para justificar que lo mataran. Alguna vez había jugado con un puñal, como todos los hombres, pero su esgrima no pasaba de una noción de que los golpes deben ir hacia arriba y con el filo para adentro. *No hubieran permitido en el sanatorio que me pasaran estas cosas,* pensó.

—Vamos saliendo —dijo el otro.

Salieron, y si en Dahlmann no había esperanza, tampoco había temor. Sintió, al atravesar el umbral, que morir en una pelea a cuchillo, a cielo abierto[55] y acometiendo,[56] hubiera sido una liberación para él, una felicidad y una fiesta, en la primera noche del sanatorio, cuando le clavaron la aguja. Sintió que si él, entonces, hubiera podido elegir o soñar su muerte, ésta es la muerte que hubiera elegido o soñado.

Dalhmann empuña con firmeza el cuchillo, que acaso no sabrá manejar, y sale a la llanura.

---

[54] he flashed
[55] **a...** outdoors
[56] **atacando**

SOBRE LA LECTURA

1. ¿Quién fue el abuelo paterno de Juan Dahlmann? ¿Quién fue su abuelo materno? ¿En qué sentido fue romántica la muerte de éste?
2. ¿Cómo se fomentó el criollismo de Juan Dahlmann? ¿Cuál era la importancia para él de la estancia en el Sur? ¿Había ido a visitarla?
3. Describa el accidente que tuvo Dahlmann. ¿Fue al sanatorio inmediatamente después del accidente? ¿Por qué le dio una septicemia?
4. Describa el estado de ánimo de Dahlmann al llegar al sanatorio. ¿Qué indicios hay de que estaba muy enfermo?
5. ¿Cómo se sintió Dahlmann después de despertarse? ¿Por qué «odió su identidad, sus necesidades corporales, su humillación...»? ¿Cuándo cambió su estado de ánimo?
6. Describa su partida para la estancia. ¿Por qué es importante Rivadavia? Según Dahlmann, ¿qué pasa cuando uno atraviesa esa calle?
7. ¿Qué advirtió al entrar al *hall*? Describa el gato del café de la calle Brasil.
8. ¿Por qué se sentía como dos hombres? Explique el significado de esta observación.

9. ¿Por qué no podía nombrar los árboles? ¿Conocía el campo realmente? ¿Por qué tenía la impresión de viajar «al pasado y no sólo al Sur»?
10. ¿Qué le dijo el inspector? ¿Por qué no trató Dahlmann de entender su explicación? ¿Qué significa «el mecanismo de los hechos no le importaba»?
11. ¿Cómo era el almacén? ¿Cómo era la gente que había adentro? ¿Por qué le produjo satisfacción a Dahlmann el traje del gaucho viejo? ¿A quién le recordó el patrón?
12. ¿Cómo provocó la riña el muchacho? ¿Cómo reaccionó Dahlmann al principio?
13. ¿Qué efecto tuvo en él la mención de su nombre? ¿Cómo cambió Dahlmann de repente?
14. ¿Quién le tiró la daga? ¿Qué sintió Dahlmann al verla caer a sus pies?
15. ¿Por qué pensaba que el arma «no serviría para defenderlo, sino para justificar que lo mataran»?
16. ¿Por qué se acordó del sanatorio en ese momento? ¿Qué sentía al salir del almacén para enfrentarse con su adversario?

HACIA EL ANÁLISIS LITERARIO

1. ¿Cómo logra Borges dibujar a su protagonista con muy pocas palabras? ¿Qué datos esenciales incluye? ¿Nos da una descripción física? ¿Qué sabemos de la vida personal de Dahlmann?
2. ¿Cómo crea la impresión de que Dahlmann ha aprendido más de las lecturas que de la experiencia? ¿Cómo contribuye este dato a nuestra comprensión de la historia?
3. ¿En qué sentido es el accidente de Dahlmann absurdo? ¿Por qué no puede aceptar Dahlmann una muerte tan ridícula?
4. ¿Cómo juega Borges con el concepto del tiempo en este cuento? ¿Cómo subvierten el concepto tradicional del tiempo frases como, «Ocho días pasaron, como ocho siglos»?
5. ¿Cuál es la importancia del hecho de que Dahlmann esté leyendo las *Mil y una noches,* una colección de cuentos en que se combinan la fantasía y la realidad? ¿Qué otros libros menciona Borges?
6. ¿Cómo nos hace sentir Borges que Dahlmann está entrando en otra dimensión? ¿Sabemos exactamente cuándo pasa de una dimensión a otra?
7. ¿Qué símbolos usa? ¿Cuál es la importancia del gato?
8. ¿Por qué es clave la frase «Mañana me despertaré en la estancia»? ¿A qué interpretaciones se presta esta frase?
9. ¿Cómo crea Borges un ambiente ambiguo en la escena en el almacén? ¿Cuál es la importancia simbólica del gaucho viejo? ¿Por qué es clave el patrón?
10. ¿Qué pasó la primera noche en el sanatorio, «cuando le clavaron la aguja» a Dahlmann? ¿Qué relación existe entre esta imagen y la de la pelea con cuchillo?
11. ¿Por qué usa Borges el pasado del subjuntivo en el penúltimo párrafo:

«Sintió... que *hubiera* sido una liberación para él, una felicidad y una fiesta... Sintió que si él, entonces, *hubiera podido* elegir o soñar su muerte, ésta es la muerte que *hubiera elegido o soñado»?*

12. Compare el concepto de la realidad de Borges con la de los escritores de la primera parte del siglo.

TEXTO Y VIDA

1. ¿En qué sentido es el tiempo una ilusión? Dé un ejemplo de su propia vida. ¿Cómo han contribuido las ciencias a nuestra comprensión de la naturaleza relativa del tiempo?
2. ¿Cuál de las posibles interpretaciones de «El Sur» prefiere usted? ¿Por qué?
3. Si usted acepta la interpretación no literal, ¿cree usted que Dahlmann realiza una muerte satisfactoria? ¿Por qué es la muerte de Dahlmann más importante que su vida?
4. ¿Produce el cowboy la misma nostalgia en el norteamericano que el gaucho en Dahlmann? ¿Se conserva en los Estados Unidos una imagen romántica del Oeste? ¿Hay muchos americanos que hayan experimentado la vida de cowboy? ¿Cómo se explica que haya mucha gente que añora el Oeste aun sin haberlo conocido personalmente? ¿Qué otras cosas añora la gente sin haberlas conocido?
5. ¿Comparte usted la posición escéptica de Borges o cree usted que podemos conocer la realidad?
6. ¿Cree usted que es posible que una persona pueda conocerse realmente? ¿Qué obstáculos dificultan la tarea? ¿En qué sentido vive cada individuo su propia realidad?

Los mundos míticos y reales de Asturias

Miguel Angel Asturias (1899–1974) fue el primer novelista hispanoamericano que ganó el Premio Nóbel. Cuando se le otorgó este honor en 1967, el escritor guatemalteco había publicado seis novelas y cinco dramas, además de varias colecciones de cuentos y poemas. Había vivido en Francia y viajado por varias partes de Europa. Había servido en el cuerpo diplomático de su país en México, Argentina y El Salvador, y acababa de ser nombrado embajador a Francia. En 1966, había recibido el Premio Lenín. Sin embargo, a pesar de sus triunfos, Asturias había tenido una vida difícil, llena de luchas y decepciones.

Asturias nació en la Ciudad de Guatemala, hijo de un magistrado y una maestra de escuela. A causa de los conflictos de su padre con la dictadura de Manuel Estrada Cabrera, la familia tuvo que mudarse al campo. En Salamá, donde los Asturias vivían en casa de los abuelos paternos de Miguel Angel, éste conoció el interior de Guatemala y a los indios que después serían un tema predominante en su obra. En 1908 la familia volvió a la ciudad, instalándose en

Parroquia Vieja, un barrio en las afueras. Allí pusieron una pequeña tienda donde les vendían provisiones a los indios que llegaban de los pueblos.

Estrada Cabrera fue derribado en 1920 por una revolución en la cual Asturias participó. Asturias siempre mantuvo que un factor importante en la derrota del dictador fue el terremoto de 1917, que destruyó una gran parte de la ciudad y obligó a los ciudadanos a ocupar campamentos en las calles y plazas, creando así un nuevo sentido de solidaridad. Asturias inmortalizó a la figura del tirano Estrada Cabrera en *El señor Presidente,* su primera novela. En 1922, él y otros estudiantes fundaron la Universidad Popular, un proyecto para llevar la educación a los pobres.

Asturias se recibió de la facultad de derecho de la Universidad de San Carlos en 1922. Ese mismo año escribió «Los mendigos políticos», un cuento que sería el primer capítulo de *El señor Presidente.* Al año siguiente ganó el Premio Gálvez por su tesis sobre los problemas de los indios. Fue el primer estudio de este tipo que se había escrito en Guatemala. Con estas dos publicaciones, Asturias ya había definido los temas que serían importantes en su obra literaria: la política y el indio.

A causa de las dificultades políticas que seguían desgarrando su patria, decidió continuar sus estudios en Europa. Los años que Asturias pasó en Francia (1923–1933) fueron decisivos en su carrera. Eran *les années folles,* los años locos de los 20. París era el centro de actividad artística e intelectual del mundo occidental. Asturias trabajó con Georges Raynaud, un famoso etnólogo de la Sorbona, quien había traducido al francés el *Popol Vuh,* el libro sagrado de los indios quichés, y los *Anales de los Xahil* de los indios cakchiqueles. Asturias ayudó a traducir la versión francesa de estas dos obras al español. También trabajó como corresponsal para el periódico guatemalteco *El Imparcial.* Conoció a muchos escritores y artistas importantes—Miguel de Unamuno, James Joyce, Paul Valéry, Pablo Picasso—y absorbió las nuevas ideas que circulaban. En esta época las teorías artísticas, científicas y políticas cambiaban rápidamente. El desarrollo de la psiquiatría motivó una revisión de las ideas tradicionales acerca del funcionamiento del cerebro humano. La vanguardia, en particular el *surrealismo, reflejaba estos nuevos conceptos. Al mismo tiempo, las teorías marxistas y la Revolución Rusa provocaron intensas discusiones políticas en los grupos intelectuales de los cuales Asturias formaba parte. Otro desarrollo importante fue el nuevo interés en la etnografía y en el primitivismo fomentado por artistas como Picasso. En este ambiente estimulante y propicio para la experimentación Asturias escribió *Leyendas de Guatemala* (1930), elogiado calurosamente por Paul Valéry, además de las primeras versiones de su novelita *El Alhajadito* y de *El señor Presidente.*

Aunque Asturias terminó *El señor Presidente* antes de 1933, cuando dejó Europa por razones financieras, la novela no fue publicada sino hasta 1946. El dictador Jorge Ubico había establecido otro régimen tiránico en Guatemala, y Asturias habría corrido un peligro personal si hubiera publicado su libro mientras Ubico estaba en el poder. Los años 30 vieron el advenimiento de otras dictaturas terribles en Europa (Franco, Hitler, Mussolini), la Guerra Civil española y finalmente la Segunda Guerra Mundial. Asturias dejó de publicar, pasó por períodos de honda depresión y empezó a beber.

En 1944 Ubico fue derrotado por otra revolución y el nuevo presidente, Juan José Arévalo, mandó a Asturias a México y después a Buenos Aires como agregado cultural. En México Asturias profundizó sus conocimientos de las culturas indígenas y publicó por su propia cuenta *El señor Presidente*. Dos años más tarde la novela volvió a publicarse en Argentina y fue un éxito inmediato. Aunque se habían escrito otras novelas sobre la dictadura, la de Asturias fue la primera que exploró el fenómeno no sólo dentro del contexto político sino también dentro del psicológico. En esta novela Asturias construye el arquetipo del dictador latinoamericano y al mismo tiempo explora las causas de la violencia social. Aunque el personaje central está basado en Estrada Cabrera, *El señor Presidente* no es una novela histórica realista y tradicional, sino un estudio psicológico y sociológico que se realiza por medio de las percepciones personales y conflictivas de los personajes. De hecho, la política está casi siempre ajena a los pensamientos de los caracteres, quienes actúan más bien por razones personales—conscientes o subconscientes.

En 1949 apareció una novela aún más atrevida, *Hombres de maíz,* con la cual Asturias aseguró su posición en las letras hispanoamericanas. Las tres novelas de la *Trilogía bananera—Viento fuerte* (1950), *El papa verde* (1954) y *Los ojos de los enterrados* (1960)—tratan de la explotación de Guatemala por la United Fruit Company y son más abiertamente políticas. Estas novelas reflejan la influencia de la «literatura comprometida» de autores *existencialistas como Jean-Paul Sartre (1905–1980), quienes insistían en el deber del artista de comprometerse por una causa. Después de la revolución de 1954, llevada a cabo con la ayuda de los Estados Unidos, en que Jacobo Arbenz fue derrocado, Asturias vivió desterrado de su país. *Weekend en Guatemala* (1956) es una colección de ocho cuentos que se basan en la invasión de Guatemala por el coronel Carlos Castillo Armas, la cual condujo a la derrota de Arbenz. En estos relatos Asturias adopta una actitud virulentamente anti-imperialista. El libro contiene escenas chocantes y brutales que demuestran los extremos a los cuales los pudientes están dispuestos a llegar para mantenerse en el poder.

Las últimas novelas de Asturias son *Mulata de tal* (1969), *Malandrón* (1969) y dos libros póstumos, *Tres de cuatro soles* (1977) y *Viernes de dolores* (1978), que la crítica considera inferiores a sus esfuerzos anteriores.

Sobre «Leyenda del tesoro del Lugar Florido»

Este poético relato forma parte de la primera colección de Asturias, *Leyendas de Guatemala*. Los pueblos que vivían a orillas del lago de Atitlán creían que había un tesoro fabuloso enterrado en el volcán llamado Cerro de Oro. La leyenda explica cómo llegó a encerrarse el tesoro: Otro volcán, Abuelo del Agua, temeroso de que los Conquistadores se robaran las riquezas de la zona, arrojó el Cerro de Oro para ocultarlas y así burlar el intento de los blancos.

En este trozo se combinan varias características de la obra más tardía de Asturias: su interés en las culturas indígenas, el concepto de la unión inseparable entre el hombre y la naturaleza, el desprecio de los invasores blancos, la preocupación por el arte de la narración.

Asturias recrea muchos aspectos de la vida indígena—la riqueza y la variedad del comercio, la ropa de los guerreros, las fiestas, los sacrificios—pero sus fines no son principalmente etnográficos. El propósito del autor es captar la belleza y el lirismo de estas antiguas leyendas al mismo tiempo que insiste en la inviolabilidad del ambiente. Hace al lector entrar en un mundo mítico, poblado de fuerzas naturales y sobrenaturales, de animales, de colores. Asturias expresó en numerosas ocasiones su disgusto por la literatura «periodística» en que las acumulaciones de datos precisos ahogan la creatividad del autor. Tampoco era partidario de la *literatura de tesis, cuyo solo propósito era avanzar una causa. Para Asturias, escribir era crear y guiar. Al hacer que el lector penetre en el universo precolombino, fomenta cierta solidaridad entre éste y el indio y convierte al invasor español en el violador de un mundo sagrado.

Para los indios precolombinos el hombre y la naturaleza forman una totalidad. El volcán de la leyenda es protector de los hombres: anuncia la paz y la guerra. Cuando la cima está rodeada de nubes, los habitantes de las orillas del lago pueden gozar de sus fiestas sin temer una invasión, pero el volcán despejado anuncia la guerra. A veces, como es el caso en este cuento, las nubes desaparecen repentinamente, sin darles tiempo a los indios de esconder su tesoro. Entonces, el volcán se apodera de las riquezas antes de dejárselas al extraño.

El uso que Asturias hace de elementos sobrenaturales, históricos y realistas ha llevado a algunos críticos a clasificarlo, igual a Arguedas, como precursor del *realismo mágico.

Ediciones

Asturias, Miguel Angel. *Leyendas de Guatemala: El alhajadito.* Ed. Giuseppe Bellini. Buenos Aires: *Hyspamérica,* 1986

______. *Obras completas.* 3 vol. Madrid: Aguilar, 1969

Crítica

Arango L., Manuel A. «Aspectos sociales en las novelas de Miguel Angel Asturias.» *Cuadernos Americanos.* 228 (1980): 179–199

Asturias, Miguel Angel. *Paris 1924–1933: Periodismo y creación literaria.* Nanterre: ALLCA XX, 1988

______. «Arte y magia.» *Cuadernos Americanos.* 201 (1975): 93–96

Bellini, Giuseppe. *La narrativa de Miguel Angel Asturias.* Trad. Ignacio Soriano. Buenos Aires: Losada, 1969

______. «Miguel Angel Asturias: El hombre y la obra.» Trad. Márgara Russotto. *Escritura: Teoría y Crítica Literarias.* 3:5–6 (Jan.–Dec. 1978): 3–10

Callan, Richard J. *Miguel Angel Asturias.* New York: Twayne, 1970

Castelpoggi, Atilio Jorge. *Miguel Angel Asturias.* Buenos Aires: La Mandrágora, 1961

Couffon, Claude. *Miguel Angel Asturias.* Paris: P. Seghers, 1970

Martin, Gerald. «Miguel Angel Asturias: *El señor Presidente.*» 50–73. Ed. Philip Swanson. *Landmarks in Modern Latin American Fiction.* London: Routledge, 1990

______. *Journey through the Labyrinth.* London: Verso, 1989

Megged, Nahum. «Artificio y naturaleza en las obras de Miguel Angel Asturias.» *Hispania.* 59 (1976): 319–327

Meneses, Carlos. *Miguel Angel Asturias.* Madrid: Jucar, 1975

Menton, Seymour. *Historia crítica de la novela guatemalteca.* Guatemala: Universitaria, 1960. pp. 195–241

Prieto, René. «The New American Idiom of Miguel Angel Asturias.» *Hispanic Review.* 56:2 (Spring 1988): 191–208

Rincón, Carlos. «Nociones surrealistas, concepción del lenguaje y función ideológico-literaria del ‹realismo mágico› en Miguel Angel Asturias.» *Escritura: Teoría y Crítica Literarias.* 3:5–6 (Jan–Dec. 1978): 25–61

Rogmann, Horst. «Miguel Angel Asturias, dios maya.» *Escritura: Teoría y Crítica Literarias.* 3:5–6 (Jan–Dec. 1978): 11–24

Salgado, María A. «America and Guatemala in the Anti-Yankee Novels of Miguel Angel Asturias: A Love-Hate Relationship.» *Hispanófila.* 27:3 [81] (May 1984): 79–85

Verdugo, Iber. *El carácter de la literatura hispanoamericana y la novelística de Miguel Angel Asturias.* Guatemala: Universitaria, 1968

Leyenda del tesoro del Lugar Florido

MIGUEL ANGEL ASTURIAS

¡El Volcán despejado[1] era la guerra!

Se iba apagando el día entre las piedras húmedas de la ciudad, a sorbos,[2] como se consume el fuego en la ceniza. Cielo de cáscara de naranja, la sangre de las pitahayas[3] goteaba entre las nubes, a veces coloreadas de rojo y a veces rubias como el pelo del maíz o el cuero de los pumas.

En lo alto del templo, un vigilante vio pasar una nube a ras del lago, casi besando el agua, y posarse a los pies del volcán. La nube se detuvo, y tan pronto como el sacerdote la vio cerrar los ojos, sin recogerse el manto, que arrastraba a lo largo de las escaleras, bajó al templo gritando que la guerra había concluido. Dejaba caer los brazos, como un pájaro las alas, al escapar el grito de sus labios, alzándolos de nuevo a cada grito. En el atrio,

[1] **limpio, que no está cubierto de nubes**
[2] **a...** sipping it up
[3] **planta de la familia de los cactos, de flores rojas o blancas y de fruta color rojo violeta**

hacia Poniente,[4] el sol puso en sus barbas, como en las piedras de la ciudad, un poco de algo que moría...

A su turno partieron pregoneros[5] anunciando a los cuatro vientos que la guerra había concluido en todos los dominios de los señores de Atitlán.[6]

Y ya fue noche de mercado. El lago se cubrió de luces. Iban y venían las barcas de los comerciantes, alumbradas como estrellas. Barcas de vendedores de frutas. Barcas de vendedores de vestidos y calzas. Barcas de vendedores de jadeítas, esmeraldas, perlas, polvo de oro, cálamos[7] de pluma llenos de aguas aromáticas, brazaletes de caña blanca. Barcas de vendedores de miel, chile verde y en polvo, sal y copales[8] preciosos. Barcas de vendedores de tintes y plumajería. Barcas de vendedores de trementina,[9] hojas y raíces medicinales. Barcas de vendedores de gallinas. Barcas de vendedores de cuerdas de maguey[10] zibaque[11] para esteras,[12] pita para hondas,[13] ocote[14] rajado, vajilla de barro pequeña y grande, cueros curtidos y sin curtir, jícaras y máscaras de morro.[15] Barcas de vendedores de guacamayos,[16] loros, cocos, resina fresca y ayotes[17] de muy gentiles pepitas...

Las hijas de los señores paseaban al cuidado de los sacerdotes, en piraguas[18] alumbradas como mazorcas[19] de maíz blanco, y las familias de calidad, llevando comparsa[20] de músicos y cantores, alternaban con las voces de los negociantes, diestros y avisados en el regatear.

El bullicio, empero, no turbaba la noche. Era un mercado flotante de gente dormida, que parecía comprar y vender soñando. El cacao, moneda vegetal, pasaba de mano a mano sin ruido, entre nudos de barcas y de hombres.

Con las barcas de volatería[21] llegaban el cantar de los cenzontles,[22] el aspaviento de las chorchas,[23] el parloteo de los pericos... Los pájaros costaban el precio que les daba el comprador, nunca menos de veinte granos, porque se mercaban para regalos de amor.

En las orillas del lago se perdían, temblando entre la arboleda, la habladera y las luces de los enamorados y los vendedores de pájaros.

Los sacerdotes amanecieron vigilando el Volcán desde los grandes pinos. Oráculo de la paz y de la guerra, cubierto de nubes era anuncio de paz, de seguridad en el Lugar Florido, y despejado, anuncio de guerra,

---

[4] **el Oeste**
[5] criers
[6] **«Fortaleza de los zutuhiles (pueblo antiguo de Guatemala)... Actualmente una de las poblaciones más importantes que rodean el lago del mismo nombre. Algunos dan como etimología de Atitlán: Atit, abuela, y Lan, agua (Abuela del Agua)» [nota de Asturias]**
[7] **cañas**
[8] **resinas que servían como incienso**
[9] **resina semilíquida que servía para fabricar barnices y disolver colores o grasas**
[10] **pita (planta de cuyas hojas se hace el hilo)**
[11] **sasafrás**
[12] woven mats
[13] slingshots
[14] **tipo de pino resinoso**
[15] **jícaras... vasijas pequeñas de calabaza; morro: tipo de piedra redonda**
[16] **especie de papagayo**
[17] pumpkins
[18] **canoas**
[19] ears
[20] **acompañamiento**
[21] **aves**
[22] **ave de canto muy hermoso; su nombre significa «cuatrocientas maneras diferentes de cantar».**
[23] **tipo de pájaro que se encuentra en Centroamérica. Su pico está más o menos dentado hacia su extremidad.**

de invasión enemiga. De ayer a hoy se había cubierto de vellones[24] por entero, sin que lo supieran los girasoles ni los colibríes.[25]

Era la paz. Se darían fiestas. Los sacrificadores iban en el templo de un lado a otro, preparando trajes, aras[26] y cuchillos de obsidiana. Ya sonaban los tambores, las flautas, los caracoles, los atabales,[27] los tunes[28] Ya estaban adornados los sitiales[29] con respaldo. Había flores, frutos, pájaros, colmenas, plumas, oro y piedras caras para recibir a los guerreros. De las orillas del lago se disparaban barcas que llevaban y traían gente de vestidos multicolores, gente con no sé qué de vegetal.[30] Y las pausas espesaban la voz de los sacerdotes, cubiertos de mitras amarillas y alineados de lado a lado de las escaleras, como trenzas de oro, en el templo de Atit.[31]

—¡Nuestros corazones reposaron a la sombra de nuestras lanzas!—clamaban los sacerdotes...

—¡Y se blanquearon las cavidades de los árboles, nuestras casas, con detritus[32] de animales, águila y jaguar!...

—¡Aquí va el cacique! ¡Es éste! ¡Éste que va aquí! —parecían decir los eminentes, barbados como dioses viejos, e imitarles las tribus olorosas a lago y a telar—. ¡Aquí va el cacique! ¡Es éste! ¡Éste que va aquí!...

—¡Allí veo a mi hijo, allí, allí, en esa fila! —gritaban las madres, con los ojos, de tanto llorar, suaves como el agua.

—¡Aquél —interrumpían las doncellas— es el dueño de nuestro olor! ¡Su máscara de puma y las plumas rojas de su corazón!

Y otro grupo, al paso:

—¡Aquél es el dueño de nuestros días! ¡Su máscara de oro y sus plumas de sol!

Las madres encontraban a sus hijos entre los guerreros, porque conocían sus máscaras, y las doncellas, porque sus guardadores[33] les anunciaban sus vestidos.

Y señalando al cacique:

—¡Es él! ¿No veis su pecho rojo como la sangre y sus brazos verdes como la sangre vegetal? ¡Es sangre de árbol y sangre de animal! ¡Es ave y árbol! ¿No veis la luz en todos sus matices sobre su cuerpo de paloma? ¿No veis sus largas plumas en la cola? ¡Ave de sangre verde! ¡Árbol de sangre roja! ¡Kukul![34] ¡Es él! ¡Es él!

Los guerreros desfilaban, según el color de sus plumas, en escuadrones de veinte, de cincuenta y de cien. A un escuadrón de veinte guerreros de vestidos y penachos rojos, seguían escuadrones de cuarenta de penachos y vestidos verdes y de cien guerreros de plumas amarillas. Luego los de las plumas de varios matices, recordando el guacamayo, que es el engañador. Un arco iris en cien pies...

—¡Cuatro mujeres se adereza-

---

[24] **lana (Se refiere a las nubes.)**
[25] humming birds
[26] **altares en que se ofrecían los sacrificios**
[27] **atabal: tipo de tambor**
[28] **tun: tambor de madera formado del tronco hueco de un árbol**
[29] **asiento de ceremonia**
[30] **con...** with something vegetable-like about them
[31] **Abuela**
[32] debris, dirt
[33] guardians
[34] **Quetzal, ave simbólica de plumaje de diversos colores. Se consideraba hermosísima, por lo tanto, su nombre llegó a ser sinónimo de «bello».**

ron[35] con casacas de algodón y flechas! ¡Ellas combatieron parecidas en todo a cuatro adolescentes! —se oía la voz de los sacerdotes a pesar de la muchedumbre, que, sin estar loca, como loca gritaba frente al templo de Atit, henchido de flores, racimos de frutas y mujeres que daban a sus senos color y punta de lanzas.

El cacique recibió en el vaso pintado de los baños a los mensajeros de los hombres de Castilán,[36] que enviaba el Pedro de Alvarado,[37] con muy buenas palabras, y los hizo ejecutar en el acto.[38] Después vestido de plumas rojas el pecho y verdes los brazos, llevando manto de finísimos bordados de pelo de ala tornasol, con la cabeza descubierta y los pies desnudos en sandalias de oro, salió a la fiesta entre los Eminentes, los Consejeros y los Sacerdotes. Veíase[39] en su hombro una herida simulada con tierra roja y lucía tantas sortijas en los dedos que cada una de sus manos remedaba[40] un girasol.

Los guerreros bailaban en la plaza asaeteando[41] a los prisioneros de guerra, adornados y atados a la faz de los árboles.

Al paso del cacique, un sacrificador, vestido de negro, puso en sus manos una flecha azul.

El sol asaeteaba a la ciudad, disparando sus flechas desde el arco del lago...

Los pájaros asaeteaban el lago, disparando sus flechas desde el arco del bosque...

Los guerreros asaeteaban a las víctimas, cuidando de no herirlas de muerte para prolongar la fiesta y su agonía.

El cacique tendió el arco y la flecha azul contra el más joven de los prisioneros, para burlarlo, para adorarlo. Los guerreros en seguida lo atravesaron con sus flechas, desde lejos, desde cerca, bailando al compás de los atabales.

De improviso, un vigilante interrumpió la fiesta. ¡Cundió[42] la alarma! El ímpetu y la fuerza con que el Volcán rasgaba las nubes anunciaban un poderoso ejército en marcha sobre la ciudad. El cráter aparecía más y más limpio. El crepúsculo dejaba en las peñas de la costa lejana un poco de algo que moría sin estruendo, como las masas blancas, hace un instante inmóviles y ahora presas de agitación en el derrumbamiento. Lumbreras apagadas en las calles... Gemidos de palomas bajo los grandes pinos... ¡El Volcán despejado era la guerra!...

—¡Te alimenté pobremente de mi casa y mi recolección de miel; yo habría querido conquistar la ciudad, que nos hubiera hecho ricos! —clamaban los sacerdotes vigilantes desde la fortaleza, con las manos lustradas extendidas hacia el Volcán, exento en la tiniebla mágica del lago, en tanto los guerreros se ataviaban y decían:

—¡Que los hombres blancos se confundan viendo nuestras armas! ¡Que no falte en nuestras manos la pluma tornasol, que es flecha, flor y tormenta primaveral! ¡Que nuestras lanzas hieran sin herir!

---

[35] **armaron**
[36] **hombres... Conquistadores**
[37] **conquistador español (1485–1541), lugarteniente de Hernán Cortés en México. Fue nombrado capitán general de Guatemala.**
[38] **inmediatamente, allí mismo**
[39] **Se veía**
[40] **imitaba**
[41] **hiriendo con flechas**
[42] **Se extendió (por todo el pueblo)**

Los hombres blancos avanzaban; pero apenas se veían en la neblina. ¿Eran fantasmas o seres vivos? No se oían sus tambores, no sus clarines, no sus pasos, que arrebataba el silencio de la tierra. Avanzaban sin clarines, sin pasos, sin tambores.

En los maizales se entabló la lucha. Los del Lugar Florido pelearon buen rato, y derrotados, replegáronse[43] a la ciudad, defendida por una muralla de nubes que giraba como los anillos de Saturno.

Los hombres blancos avanzaban sin clarines, sin pasos, sin tambores. Apenas se veían en la neblina sus espadas, sus corazas,[44] sus lanzas, sus caballos. Avanzaban sobre la ciudad como la tormenta, barajando nubarrones, sin indagar peligros, avasalladores, férreos,[45] inatacables, entre centellas que encendían en sus manos fuegos efímeros de efímeras luciérnagas;[46] mientras, parte de las tribus se aprestaba a la defensa y parte huía por el lago con el tesoro del Lugar Florido a la falda del Volcán, despejado en la remota orilla, trasladándolo en barcas que los invasores, perdidos en diamantino mar de nubes, columbraban[47] a lo lejos como explosiones de piedras preciosas.

No hubo tiempo de quemar los caminos. ¡Sonaban los clarines! ¡Sonaban los tambores! Como anillo de nebulosas se fragmentó la muralla de la ciudad en las lanzas de los hombres blancos, que, improvisando embarcaciones con troncos de árboles, precipitáronse de la población abandonada a donde las tribus enterraban el tesoro. ¡Sonaban los clarines! ¡Sonaban los tambores! Ardía el sol en los cacaguatales.[48] Las islas temblaban en las aguas conmovidas, como manos de brujos extendidas hacia el Volcán.

¡Sonaban los clarines! ¡Sonaban los tambores!

A los primeros disparos de los arcabuces,[49] hechos desde las barcas, las tribus se desbandaron por las arroyadas, abandonando perlas, diamantes, esmeraldas, ópalos, rubíes, amargajitas, oro en rejuelos,[50] oro en polvo, oro trabajado, ídolos, joyas, chalchihuitls,[51] andas[52] y dosales[53] de plata, copas y vajillas de oro, cerbatanas[54] recubiertas de una brisa de aljófar[55] y pedrería cara, aguamaniles[56] de cristal de roca, trajes, instrumentos y tercios[57] cien y tercios mil de telas bordadas con rica labor de pluma; montaña de tesoros que los invasores contemplaban desde sus barcas deslumbrados, disputando entre ellos la mejor parte del botín. Y ya para saltar a tierra —¡sonaban los clarines!, ¡sonaban los tambores!— percibieron, de pronto, el resuello[58] del Volcán. Aquel respirar lento del Abuelo del Agua les detuvo; pero, resueltos a todo, por segunda vez intentaron desembarcar a merced de un viento favorable y apoderarse del tesoro. Un chorro de fuego les barrió el camino. Escupida de sapo gigantesco. ¡Calla-

---

[43] **se replegaron: se retiraron**
[44] **armadura que protege el pecho y la espalda**
[45] **muy duros**
[46] fireflies **(Se refiere a las armas de fuego de los españoles.)**
[47] glimpsed
[48] **cacahuatales:** peanut fields
[49] **El arcabuz era un arma de fuego antigua semejante al fusil.**
[50] small tiles
[51] **adornos de esmeralda basta**
[52] litters, platforms
[53] canopies
[54] blowguns
[55] mother-of-pearl
[56] wash pitchers
[57] packs
[58] rumble (literally, hard breathing)

ron los clarines! ¡Callaron los tambores! Sobre las aguas flotaban los tizones como rubíes y los rayos de sol como diamantes, y, chamuscados[59] dentro de sus corazas, sin gobierno sus naves, flotaban a la deriva los de Pedro de Alvarado, viendo caer, petrificados de espanto, lívidos ante el insulto de los elementos, montañas sobre montañas, selvas sobre selvas, ríos y ríos en cascadas, rocas a puñados, llamas, cenizas, lava, arena, torrentes, todo lo que arrojaba el Volcán para formar otro volcán sobre el tesoro del Lugar Florido, abandonado por las tribus a sus pies, como un crepúsculo.

[59] scorched

SOBRE LA LECTURA

1. ¿Qué hizo la nube que el vigilante vio pasar? ¿Cómo reaccionó el sacerdote? ¿Por qué?
2. ¿Qué pasó esa noche? Describa el lago. ¿Qué ambiente había?
3. ¿Estaba el volcán cubierto de nubes la mañana siguiente? ¿Qué significaba esto?
4. ¿Qué preparaciones hicieron los indios para la fiesta? Describa la llegada de los guerreros.
5. ¿Qué hizo el cacique con los mensajeros de Pedro de Alvarado?
6. Describa los sacrificios. ¿Por qué tardaron los sacrificadores en matar a sus víctimas?
7. ¿Qué cambio repentino hubo en el estado del volcán? ¿Qué significaba el volcán despejado? ¿Quiénes atacaban?
8. ¿Por qué abandonaron los indios su tesoro? ¿Qué hizo el volcán? ¿Qué les pasó a los españoles?

HACIA EL ANÁLISIS LITERARIO

1. ¿Cómo describe Asturias el atardecer en el primer párrafo del relato? ¿Es su descripción realista o poética? ¿Qué ambiente crea?
2. ¿Cómo describe la nube en el segundo párrafo? ¿Cómo la humaniza? ¿Qué logra el autor por medio de esta descripción? ¿En qué consiste el lirismo del cuento?
3. ¿Cómo usa Asturias la repetición?
4. ¿Cómo crea un ambiente de abundancia y lujo por medio de la enumeración?
5. ¿Qué relación existe entre el hombre y la naturaleza? Dé ejemplos.
6. ¿Qué aspectos de la vida de los indios describe Asturias? ¿Qué revela acerca de su sistema de creencias? ¿su organización social? ¿sus mercados? ¿su ropa? ¿sus costumbres y celebraciones?
7. ¿Cómo combina Asturias lo realista con lo poético? ¿lo realista con lo mágico?
8. ¿Idealiza Asturias a los indios o no? ¿Cuál es su actitud hacia los blancos?

TEXTO Y VIDA

1. ¿Ve usted semejanzas entre este mito y alguno del mundo occidental?
2. ¿Por qué piensa usted que Asturias insiste tanto en los sacrificios de los indios? ¿Cree usted que la sociedad precolombina de los indios centroamericanos era más cruel que la nuestra? ¿Por qué?
3. ¿Siente el hombre moderno la misma comunión con la naturaleza que los pueblos precolombinos? ¿Piensa Ud. que nuestra actitud hacia la naturaleza está cambiando? ¿Por qué?
4. ¿Qué revelan sus mitos acerca de un pueblo? ¿Qué mitos ha producido la cultura norteamericana? ¿Qué revelan acerca del sistema de creencias y valores de los norteamericanos?

El teatro contemporáneo

Entre los siglos XVI y XIX se escribió relativamente poco teatro en Hispanoamérica. Aunque el drama desempeñaba un papel importante en la religión azteca y en otras civilizaciones precolombinas, apenas quedan textos de estas obras antiguas. Las primeras piezas dramáticas que se representaron en español en el Nuevo Mundo eran adaptaciones de autos medievales u obras originales que se escribían con el propósito de convertir a los indios. También se representaban obras para la diversión de la población criolla; éstas eran principalmente importaciones o imitaciones de comedias españolas.

Durante la época colonial México produjo dos dramaturgos importantes: Juan Ruiz de Alarcón (¿1581–1639) que fue autor de numerosas *comedias, algunas de las cuales se cuentan entre las obras maestras del *Siglo de Oro. Sor Juana Inés de la Cruz (1651–1695) quien compuso comedias, *autos sacramentales, *loas y *sainetes, los cuales a veces incluían personajes indios y canciones y costumbres típicas de México. Durante el mismo período aparecieron en Perú los primeros ejemplos del teatro satírico, género que floreció durante el siglo XIX.

El teatro romántico del siglo XIX constaba principalmente de imitaciones de obras europeas. Sin embargo, la cubana Gertrudis Gómez de Avellaneda (1814–1873) compuso varios dramas originales de mérito, entre ellos *Saúl*, *Baltasar* y *El príncipe de Viana*. El teatro *costumbrista se arraigó en Hispanoamérica a fines del siglo XIX, particularmente en Cuba y en la Argentina. El sainete incorporaba la música y el lenguaje locales. En Buenos Aires, donde el tango y la jerga porteña llegaron a ser elementos esenciales del sainete, el género adquirió un tono melodramático y se convirtió en una expresión tragicómica de la realidad de la clase baja urbana. En Argentina y en Uruguay también se desarrolló un teatro rural de tipo naturalista que exploraba temas como la vida de los gauchos, la corrupción del gobierno y el efecto de los nuevos inmigrantes en la economía. Entre los dramaturgos importantes de la época se incluye al argentino Roberto J. Payró (1867–1928), autor de viñetas y dramas costumbristas, y al uruguayo Florencio Sánchez (1875–1910), llamado «el Ibsen criollo», quien compuso más de veinte obras entre 1903 y 1909 sobre temas rurales y urbanos.

Durante las primeras décadas del siglo XX el género costumbrista empezó a decaer. Seguían representándose melodramas españoles y obras locales de poca calidad, pero no fue sino hasta los años 20 cuando se produjo un renacimiento en el teatro hispanoamericano. Durante las décadas de los 20, 30 y 40 se formaron grupos teatrales dedicados a la experimentación y a la renovación.

En México se formó la Unión de Siete Autores, encabezada por Francisco Monterde y dedicada a crear un teatro distintamente mexicano. En aquel momento la escena mexicana estaba dominada todavía por actores, directores y dramaturgos españoles, y el grupo de Monterde, conocido como los «Pirandellos» por su interés en la experimentación, tenía por objetivo la creación de un teatro distinto y autóctono. Más tarde se formaron el Teatro Ulises y el Teatro Orientación, que dirigían sus esfuerzos hacia la creación de un teatro artístico, negándose a actuar como portavoz de una doctrina social. Aunque no alcanzaron el éxito comercial, produjeron numerosos actores, directores y dramaturgos que desempeñarían un papel importante en los años siguientes. Entre los dramaturgos mexicanos más destacados de la primera mitad del siglo habría que mencionar a Xavier Villaurrutia (1903–1950), a Celestino Gorostiza (1904–1967) y a Rodolfo Usigli (1905–1979). Los dos primeros eran experimentalistas, aunque nunca se independizaron completamente del realismo social que dominaba la ficción mexicana a principios de siglo. *El color de nuestra piel* (1952), de Gorostiza, se considera la primera exploración artística del racismo mexicano. Usigli, quien fue influido por dramaturgos ingleses y escandinavos, compuso varias obras de tipo psicológico. Su obra *El gesticulador,* que se estrenó en 1947, es un estudio de la personalidad mexicana. Su trilogía, *Corona de sombra* (1947), *Corona de fuego* (1961) y *Corona de luz* (1967), explora varios aspectos de la historia y psicología del mexicano.

Este nuevo interés en el teatro se hizo sentir en todas partes de Latinoamérica. En contraste con la situación en México, en Argentina los grupos experimentales empezaron a florecer en los barrios populares y pronto el teatro tomó una orientación radical, convirtiéndose en arma de acción social. En Chile, la universidad fomentó la renovación teatral. En 1941 y 1943 se formaron teatros experimentales en la Universidad de Chile y en la Universidad Católica respectivamente. En Cuba también se establecieron grupos experimentales, aunque hubo poca actividad teatral antes de 1958, cuando el gobierno de Fidel Castro intentó usar el teatro como instrumento de adoctrinamiento. Se establecieron grupos campesinos y obreros, dándole una base mucho más amplia al teatro nacional. Durante los años 60 el teatro cubano llegó a ser uno de los más activos de Hispanoamérica, aunque durante las décadas siguientes el gobierno adoptó una actitud menos tolerante con respecto a la creación artística, poniendo fin al renacimiento teatral cubano. En varios otros países—Venezuela, Colombia, Perú—proliferaron grupos experimentales en las universidades y en los centros artísticos. En 1945 el gobierno venezolano inició un programa de ayuda monetaria para estimular el desarrollo del teatro nacional, gracias al cual Venezuela es hoy en día uno de los países más activos y dinámicos desde el punto de vista del arte dramático. Sin embargo, la crisis económica de 1989 obligó al gobierno a limitar su apoyo a muchos grupos teatrales a fin de concentrar sus esfuerzos en problemas inmediatos y urgentes como la inflación y la escasez de productos básicos. En Puerto Rico, donde existe una comunidad teatral muy activa, dramaturgos como René Marqués (1919–1979) se han dedicado a la exploración de la identidad puertorriqueña, al problema del futuro político de Puerto Rico y a la situación del puertorriqueño que vive en Nueva York.

Hoy en día el teatro en lengua española florece no sólo en casi todas partes de Hispanoamérica sino también en muchas ciudades grandes de los Estados Unidos. Existen grupos bilingües en Los Angeles, Nueva York, Houston, Miami y Washington, D.C. El Teatro Campesino y otras organizaciones de tipo popular han revitalizado el teatro del Suroeste, y el Festival de Teatro Latinoamericano de Nueva York, que atrae a grupos dramáticos de todas partes del mundo hispánico y de varias ciudades norteamericanas, se ha convertido en uno de los acontecimientos artísticos más importantes del país.

Se ven en el teatro de la segunda mitad del siglo XX muchas de las tendencias que caracterizan la nueva narrativa. En vez de intentar presentar imágenes exactas de la realidad, el teatro actual se aleja de la representación objetiva para crear impresiones ambiguas o confusas. Como en la novela, se destaca el interés en lo íntimo y psicológico. La injusticia social, la corrupción política y la identidad nacional e individual también son temas importantes, que a menudo se exploran por medio de la metáfora, la fantasía o el sueño.

En *Los invasores* (1963), el dramaturgo chileno Egon Wolff (1926–) plantea una confrontación de clases sociales a través de lo onírico. El matrimonio Meyer llega a casa después de una fiesta. El es un industrial rico, y su conversación, en que mencionan lujos y placeres, los define como miembros de la alta burguesía. Después de que se han acostado, una mano rompe la ventana de la sala y entra China, un personaje harapiento y sucio. Meyer trata de expulsarlo, pero el «invasor» se niega a irse. Comienza a atacar a Meyer verbalmente, burlándose de su hipocresía, su «honradez» y su actitud defensiva. Poco a poco la escena se llena de pobres, quienes rompen cosas, aterran a la familia y le echan en cara a Meyer el haber explotado a la clase obrera. Aparecen fantasmas que representan los negocios sucios de Meyer. Desfilan hambrientos acusadores, exponiendo la corrupción y el egoísmo de la clase alta. Al final, todos desaparecen y Meyer despierta; ha sido una pesadilla terrible. Pero entonces, aparece una mano y rompe realmente el vidrio de la ventana: un aviso de lo que vendrá si la clase alta sigue explotando al pobre con la misma indiferencia de siempre.

El uso del sueño le permite a Wolff dar mayor plasticidad a su obra. La amenaza se hace visible. Meyer no es sólo el representante de una determinada clase social, sino un hombre perseguido por la culpa y la vergüenza. Trata de justificarse, pero ante estas imágenes que son proyecciones de su propia consciencia, no hay excusa que valga. Meyer no tiene salida. Se siente cada vez más incómodo, más atrapado. Crece la tensión. La estructura cíclica sirve para reforzar el sentido de premonición. El público sabe que la próxima vez, Meyer sencillamente no podrá despertar.

La represión política es el tema de *Camaralenta* (1979), por el dramaturgo argentino Eduardo Pavlovsky (1933–). Como drama psicológico en que los dos personajes principales son un boxeador envejecido y su antiguo empresario, *Camaralenta* es una metáfora de la deterioración de Argentina bajo sucesivos regímenes autoritarios. Dagomar es un antiguo campeón que ha recibido demasiados golpes. Por medio de sus recuerdos, que expresa en monólogos, vuelve a vivir su antigua gloria. Aunque sueña con volver al *ring,* Dagomar ha sido incapacitado por el dolor y el abuso. Su empresario, Amilcar, es un hombre manipulador y sádico que adopta una actitud paternalista con respecto al excampeón. Aunque parece estar totalmente dedicado a Dagomar, no lo motiva la amistad sino el deseo de controlar al otro, a quien atormenta con amenazas de irse y con muestras de desprecio. Como Dagomar, añora los triunfos de antaño, pero mientras que las fantasías del boxeador revelan su nostalgia por la adoración del público, las de Amilcar revelan el gusto por la sangre. Dagomar y Amilcar son convincentes a dos niveles: como individuos y como símbolos de la víctima y del tirano. Pavlovsky ha escrito en la *Latin American Theater Review* que aunque Dagomar tiene cicatrices externas, lo que la obra examina son las hemorragias internas. Para Pavlovsky, el pueblo argentino ha sufrido muchos abusos sutiles que han producido tantas microhemorragias debilitantes que los argentinos mismos no saben cuál es la causa de su sufrimiento.

Por lo general, el dramaturgo moderno adopta una actitud de confrontación con la sociedad. Existe un afán de desenmascarar a las personas e instituciones. Así es como en las obras de su colección *D.F.,* Emilio Carballido expone la hipocresía de la «buena madre» mexicana y el lado oscuro de convenciones como Santa Claus. Igualmente, en *Igual que antes,* el chileno Sergio Vodanovic (1926–) expone la falsedad de la «familia perfecta» de la alta burguesía.

Como la nueva narrativa, el teatro contemporáneo rompe con la cronología convencional. En *Los soles truncos* (1958), por el puertorriqueño René Marqués, el dramaturgo examina el choque de la cultura moderna, traída en gran parte por la influencia norteamericana, con el modo de vida tradicional. Tres hermanas, Inés, Emilia y Hortensia, viven en una casa antigua y ruinosa de la calle de Cristo. Acaba de morir Hortensia, la más joven. Las otras se ocupan del entierro, después del cual tendrán que abandonar la casa, que ha sido hipotecada numerosas veces y pronto será derrumbada para la construcción de un hotel turístico. Para evitar que penetre este nuevo mundo, las hermanas han vivido con las puertas, celosías y persianas cerradas. Por medio de *flashbacks* y sueños se yuxtaponen la época de la juventud de las hermanas, el tiempo dentro de la casa y el del mundo de afuera.

En *La señorita de Tacna,* de Mario Vargas Llosa, toda la acción es una proyección de un autor, Belisario, que está tratando de escribir un relato y que recuerda diferentes momentos de su juventud. El personaje central, Mamaé, no existe sino en su memoria. Sin embargo, ella, a su vez, recuerda su propia adolescencia, que Belisario conoce por los cuentos que ella le ha relatado. La acción, por lo tanto, se desenvuelve en diferentes momentos históricos que ambos personajes reviven en la mente.

Diversas escuelas europeas han tenido profundas influencias en el teatro latinoamericano. Entre los dramaturgos que han dejado huellas profundas hay que mencionar a Bertolt Brecht (1898–1956) y a Eugène Ionesco. Brecht nació en Alemania y se constituyó líder del teatro de vanguardia en los años veinte.

Dramatizó con gran fuerza la confrontación entre el individuo ingenuo y una sociedad perversa e implacable. Marxista durante gran parte de su vida, Brecht deseaba hacer del teatro un instrumento de cambio social al comprometer al público intelectualmente. Ionesco (1912–) nació en Rumanía y se distinguió como dramaturgo en París. Por medio del «teatro del absurdo», intenta mostrar la existencia fútil y ridícula del individuo. Los personajes de Ionesco se mueven en un ambiente en que lo impredecible es la norma. A causa de sus limitaciones innatas, no pueden comunicarse los unos con los otros. A pesar del pesimismo del dramaturgo, logra un alto nivel de comicidad en sus obras por medio del empleo de un lenguaje absurdo, ilógico y repetitivo que refleja la falta de communicación en la sociedad moderna.

La confrontación entre individuo y sociedad y la enajenación del hombre moderno son también temas centrales del teatro hispanoamericano contemporáneo. El argentino Osvaldo Dragún (1929–) emplea técnicas brechtianas y absurdistas en varias de sus obras. En las seis viñetas de sus *Historias para ser contadas* (1957), la pantomima y una escenografía minimalista le sirven para explorar temas como la esterilidad de las relaciones humanas y las indignidades a las cuales las personas tienen que someterse para sobrevivir. En *El amasijo* (1968), usa muchas de las mismas técnicas, combinándolas con el lenguaje del teatro del absurdo para exponer el aislamiento de los personajes.

Jorge Díaz (1930–) es tal vez el principal representante del teatro del absurdo en Hispanoamérica. Nacido en Argentina pero ciudadano chileno, Díaz vive actualmente en España. Aunque sus obras más recientes revelan un compromiso político más definido que las primeras, el lenguaje sigue siendo para él no sólo un medio sino un tema. Tal vez la pieza más conocida de Díaz es *El cepillo de dientes* (1966). Los temas de la obra son la falta de identidad del individuo, la incomunicación y el juego del matrimonio. Los dos personajes son El y Ella, seres anónimos e intercambiables. La falta de comunicación dentro del matrimonio se expone a través de un diálogo hilarante que consta de *jingles* tomados de anuncios publicitarios de revistas, periódicos, la radio o televisión, clichés de todos tipos, fórmulas sociales, lugares comunes patrióticos y otras frases hechas. Aunque los personajes se hablan constantemente, no se escuchan y no se entienden. Se contestan con *non sequiturs* o con absurdos. En un episodio tratan de comunicarse a través de cartas que se publican en el periódico, indicio de lo impersonal de las relaciones humanas en la sociedad moderna. El hecho de que se llamen con diversos nombres revela la falta de identidad propia del personaje. Por medio del uso de lugares comunes, el autor demuestra que, irónicamente, en esta época de cultura «pop», en que abundan los medios de comunicación—periódicos, radio, televisión, teléfonos—el individuo es bombardeado por torrentes de palabras y, sin embargo, no hay comunicación. Sin embargo, el tono de la obra no es pesimista. Para El y Ella la vida es un magnífico juego que se vuelve a inventar todos los días.

El lenguaje es un tema importante no sólo en el teatro del absurdo sino también en el teatro social y político. En *La carreta* (1953), de René Marqués, el lenguaje del campesino puertorriqueño se convierte en una afirmación de identidad. Frente al español más refinado o *standard* del habitante de la ciudad y al inglés, lengua del país colonizador, el dialecto de la gente rural llega a ser símbolo de una vida más tradicional y auténtica, que no ha sido contaminada por influencias modernizadoras.

Carballido y el renacimiento del teatro mexicano

Emilio Carballido (1925–) se considera el dramaturgo más influyente de la generación que sigue a la de Villaurrutia, Gorostiza y Usigli. Con sus contemporáneos Luisa Josefina Hernández (1928–), Vicente Leñero (1933–) y otros, Carballido ha contribuido a la renovación del teatro mexicano con la introducción de música, humor y una mezcla particular de fantasía y verismo social.

Carballido nació en Córdoba, Veracruz, pero cuando tenía sólo un año su madre lo llevó a la capital, donde vivió hasta los catorce años. En 1939 pasó un año con su padre en Córdoba, una experiencia que influyó después en su carrera. Con su padre gozó de una gran libertad. Además, en Córdoba Carballido conoció un mundo lleno de supersticiones y fantasmas que nutrirían más tarde su gusto por lo fantástico.

Carballido decidió muy joven que sería escritor. El poeta Carlos Pellicer (1899–1977) y el novelista Agustín Yáñez (1904–1980) fueron profesores suyos. También se familiarizó con las obras de dramaturgos conocidos y pronto decidió que quería escribir dramas. En 1948 compuso *La zona intermedia,* una alegoría en un acto sobre el juicio final, que se estrenó en 1950, año que resultó ser decisivo en la carrera del dramaturgo. El mismo día del estreno de *La zona intermedia,* se llevó a la escena en otro teatro su monólogo «Escribir, por ejemplo...» También en 1950 Carballido recibió una beca Rockefeller para estudiar en Nueva York y su primera obra larga, *Rosalba y los llaveros,* fue seleccionada para inaugurar la temporada del Instituto Nacional de Bellas Artes. Un estudio psicológico que contrasta a una joven de la ciudad con sus primos provincianos, *Rosalba y los llaveros* es considerada una de las mejores obras del dramaturgo.

Durante los años siguientes, Carballido produjo más de setenta y cinco piezas dramáticas, además, de guiones cinematográficos y novelas. No todas sus obras fueron éxitos. En 1953 *La sinfonía doméstica* fracasó, hundiendo al autor en la depresión. Al año siguiente, sin embargo, Carballido ya había empezado a reponerse. Fue nombrado para un puesto administrativo de la Escuela de Teatro de Xalapa e inició un período de gran productividad, escribiendo *La hebra de oro, Felicidad, La danza que sueña la tortuga* y *La veleta oxidada* (una colección de cuentos). En 1957 se publicó *D.F.*, una colección de piezas en un acto, y en 1960 apareció *El teatro de Emilio Carballido,* que contiene algunas de sus obras más conocidas: *Medusa, El relojero de Córdoba, Rosalba y los llaveros*. Entre las obras de las siguientes decadas se incluyen *Teseo* (1962), *Un pequeño día de ira* (1962), *Silencio, pollos pelones, ya les van a echar su maíz* (1964), *Yo también hablo de la rosa* (1965), *El Almanaque de Juárez* (1968), *Conversación entre las ruinas* (1969), *Acapulco, los lunes* (1969), *Te juro, Juana, que tengo ganas* (1970), *Un vals sin fin sobre el planeta* (1970), *José Guadalupe (las glorias de posada)* (1976), *Fotografía en la playa* (1977), *Nahui Ollín* (1977), *Tiempo de ladrones* (1983), *Ceremonia en el templo del tigre* (1986).

En las últimas décadas la fama de Carballido ha crecido no sólo en México sino en los Estados Unidos y Europa. Varias de sus obras han sido traducidas al inglés y a otros idiomas. Se han montado sus piezas dramáticas en Latinoamérica, en los Estados Unidos, en la Unión Soviética, en Polonia, en Francia, en Alemania y en Noruega. Carballido ha recibido invitaciones a participar en programas y simposios de muchos países de Europa y las Américas. Ha sido *visiting professor* en las universidades de Rutgers y Pittsburgh.

Al principio de su carrera Carballido desarrolló la pieza en un acto. Estas obras tempranas son o realistas o fantásticas; más tarde empezó a mezclar las dos venas. En *D.F.*, examina la vida de los habitantes de la capital, exponiendo la hipocresía, mala voluntad y violencia de la vida urbana. Empezando con *Medusa* y *Teseo,* Carballido emprende la exploración de mitos clásicos, colocándolos dentro de un marco existencialista. En *Un pequeño día de ira* entra en el tema político. En los años 60 Carballido empezó a emplear técnicas *brechtianas, las cuales aplica a su examen de la historia de México en el *Almanaque de Juárez*. En algunas de sus obras recientes vuelve a los temas de sus primeras obras: el examen del matrimonio y de la familia mexicana.

Aunque Carballido ha compuesto muchas piezas de tipo experimental, es casi imposible clasificar su estilo. Ha empleado diversas técnicas, algunas de las cuales reflejan la influencia de maestros mexicanos como Villaurrutia o Salvador Novo (1904–), otras de las cuales tienen su origen en el teatro experimental francés o alemán. Su interés principal es la psicología humana; aunque muchas de sus obras más conocidas tratan de diferentes tipos mexicanos, la temática de Carballido trasciende las fronteras nacionales. Escribiendo con humor e ironía, el dramaturgo retrata al ser humano con todas sus obsesiones y locuras. Sigue siendo una de las influencias principales en el teatro mexicano de hoy.

Sobre *La perfecta casada*

La perfecta casada forma parte de la colección *D.F.* El título de la obra recuerda un largo tratado moralizador de Fray Luis de León (1527–1591), en el cual el humanista español enumera las cualidades y virtudes que debe poseer la mujer casada. Carballido le da un sentido irónico al concepto de la madre y esposa perfecta al examinar bajo una luz deformante a la mujer mexicana de clase media.

La Señora de la obra posee todas las cualidades de una «mujer decente», entre las cuales Carballido incluye una devoción estrangulante a su hijo y una repulsión al sexo. Ha llevado su «decencia» a tal extremo que ha convertido la virtud en un vicio. Vive preocupada por dinero, por la limpieza y sobre todo por la imagen que presenta al mundo. La espontaneidad ha desaparecido de su vida. Le reprocha a su esposo el hecho de que le guste bailar y salir de paseo. Su obsesión con la «decencia», la pulcritud y la economía—virtudes que Fray Luis elogia en su libro—convierten su matrimonio en una tortura para su esposo, quien busca alivio en el trago y, finalmente, en los brazos de otra mujer menos «perfecta». Cuando ésta lo deja, su desesperación lo lleva a cometer un acto de violencia, el cual atrae la atención de la prensa.

En esta obra como en otras, Carballido expone la hipocresía de la burguesía. Aunque la Señora se describe como víctima y se queja de la publicidad que ha resultado del crimen de su esposo, está encantada con los artículos que la pintan como una esposa perfecta. Se presta a las entrevistas, le ofrece información a quien la quiera y le encanta que se le tome la foto. En sus ojos ha llegado a ser símbolo del «hogar mexicano pisoteado» y desempeña su papel de mártir con gran convicción.

Pero la verdadera víctima es el niño. Las muestras de afecto de la madre para con su hijo no son más que otro ejemplo de su histrionismo. Ella lo mandonea continuamente; le impone una disciplina rigurosa, manteniéndolo—como lo había hecho con su padre—en una camisa de fuerza. Su meta es convertirlo en «un hijo perfecto»: limpio, cortés y, sobre todo, obediente. Aunque dice repetidamente que nunca habla mal de su marido delante del muchacho, su meta es claramente rebajar al padre en los ojos del hijo. Emplea al niño como arma contra su esposo, pero el pequeño sufre de verdad. Al final ambos el padre y la madre quedan indiferentes ante los sollozos de su hijo—y la imagen idealizada de la familia mexicana queda deshecha.

Ediciones

Carballido, Emilio. *Teatro de Emilio Carballido.* México, D. F. : Fondo de Cultura Económica, 1976

Crítica

Bixler, Jacqueline Eyring. «A Theatre of Contradictions: The Recent Works of Emilio Carballido.» *Latin American Theatre Review.* 18:2 (Spring 1985): 57–65

Cypess, Sandra Messinger. "I, Too, Speak: 'Female' Discourse in Carballido's Plays." *Latin American Theatre Review.* 18:1 (Fall 1984): 45–52

Castellanos, Rosario. *Juicios sumarios.* Xalapa: Universidad Veracruzana, 1966

Dauster, Frank. *Ensayos sobre teatro hispanoamericano.* México, D. F.; SepSetentas, Secretaría de Educación Pública, 1975

______. «El teatro de Emilio Carballido.» *La Palabra y el Hombre.* 23: (1962): 369–384

DeKuehne, Alyce. *Teatro mexicano contemporáneo, 1940–1962.* México, D. F.: deKuehne, 1962

Leal, Rine R. «Notas sueltas sobre el teatro de Emilio Carballido.» *Casa de las Américas.* 5:30 (1965): 96–99

Peden, Margaret Sayers. *Emilio Carballido.* Boston: Twayne, 1980

______. «Emilio Carballido: curriculum operum.» *Texto Crítico* 3 (1976): 94–112

Peterson, Karen. «Existential Irony in Three Carballido Plays.» *Latin American Theatre Review.* 10:2 (1977): 29–35

Skinner, Eugene R. «The Theater of Emilio Carballido: Spinning a Web.» 19–36. Eds. Leon F. Lyday and George W. Woodyard. *The New Latin American Theater.* Austin: University of Texas, 1976

Solórzano, Carlos. «El teatro de la posguerra en México.» *Hispania.* 47 (May 1964): 693–697

Vázquez Amaral, Mary. *El teatro de Emilio Carballido: 1950–1965.* México, D. F.: B. Costa-Amic, 1974

Vélez, Joseph F. «Una entrevista con Emilio Carballido: Un estudio crítico.» *Latin American Theatre Review.* 7 (Fall 1973): 17–24

La perfecta casada

EMILIO CARBALLIDO

PERSONAJES

LA SEÑORA
EL NIÑO
EL FOTÓGRAFO
EL ESPOSO
UN POLICÍA

a Sonia Montero

Oficina carcelaria sórdida. Están la señora, el niño y el fotógrafo.

LA SEÑORA. El pañuelo, hijito. Suénate. Eso es. Quédate quieto, no te pisotees[1] los zapatos. *(Al fotógrafo.)* Ah, los niños. Es tan difícil que luzcan bien arregladitos. Pero éste es muy dócil, muy obediente. Bueno, el mayor también. A ése no lo traje, lo mandé a la escuela. *(Ve que el otro toma notas.)* Se llaman Jacinto y Octavio, si es que está anotando algo de ellos.

FOTÓGRAFO. No, son unos compromisos míos, y para acordarme... *(Sigue anotando.)*

LA SEÑORA. Este tiene seis años, pero está muy desarrollado. Ya entró a primero y sabe hacer cuentas[2] y todo. No puede ir siempre, porque es el que me acompaña, pero repasa conmigo entonces, y aprende. A ver, hijo, enséñale al señor: ¿dos y dos?, ¿dos y dos? Jacinto: contesta.

NIÑO. Cuatro.

LA SEÑORA. ¿Dos por dos?

NIÑO. Cuatro.

LA SEÑORA. ¿Ve usted? No te chupes los dedos. Mi mamá vive con nosotros. Se llama Pura Martínez y está un poco sorda. Aunque gritándole, oye. Si quiere usted algún otro dato...

FOTÓGRAFO. Yo no soy periodista,

---

[1] step on

[2] **hacer...** do arithmetic

soy fotógrafo.

LA SEÑORA. Ah. Y viene usted... a retratarnos.

El asiente, bosteza y estira las piernas.

LA SEÑORA. *(Se compone el pelo y la ropa inconscientemente, y corrige la apariencia del niño, mientras dice):* Esto es muy amargo, todo esto de los retratos, y el periódico. Ver el nombre de una, así... Todos los días... Claro que diciendo cosas buenas, pero qué... desconsuelo, qué deshonra. *(Piensa.)* Y están caros los periódicos... A veces nuestros vecinos los traen, y mi hermano está suscrito a uno. Pero de todos modos, se publican tantos,* nunca me había dado cuenta. Ayer gasté dos pesos. Estamos tan pobres. Cuando ese hombre se fue nos dejó en una pobreza... Se fue hace más de un año. Y ahora esto, la miseria moral, y la vergüenza. Pero todo empezó antes, hará... tres, o cuatro años. No sabe lo que es ver que alguien se deprava así, junto a una. Esa es la palabra, depravación. Llegar a comer tarde, y con una o dos copas encima, dígame usted, ¿qué ejemplo es ése para los hijos? Y llegar en la madrugada, oliendo a yo no sé qué, y silbando canciones ordinarias.[3] ¿Y éstos, los hijos? Se lo hicimos ver: como si nada.[4] Y ya después no le decía ni palabra, porque detesto las escenas vulgares. Llorar solamente, y disimular, por estas criaturas,[5] porque eso sí, yo se lo digo siempre; respeten a su padre, aunque sea un perdido, aunque sea... lo que es. *(Suspira.)* Nunca les hablo mal de él. Que le digan si no, a ver, dile al señor, ¿cuándo les he hablado mal de tu padre?

El fotógrafo bosteza.

LA SEÑORA. *(Sigue.)* Por eso ahora, que pasó esto... no sé qué hacer. ¿Cómo no van a darse cuenta estos ángeles? Los periódicos... los vecinos... no sé qué hacer. Yo lo veía venir, le diré. Cuando un hombre lo tiene todo y no está contento, es que va a acabar mal. Dígame: ¿qué más puede querer un hombre? Una casa arreglada, con todo en su lugar, todo limpio, sin lujos, pero bonita, con sus tapetes, sus cortinas, todo alegre y cuidado. Es que yo sé manejar el dinero. En un principio, los primeros años, los primeros seis

---

*** Es grande la cantidad de diarios y semanarios, y es asombrosa la cantidad de mentiras, adulaciones y texto secretamente pagado que representan. La falta de servicio público la suplen en el escándalo, y aun sin obtener ventajas, por tradición, los nuevos periodistas entran ansiosamente al concurso de adjetivos ponderativos para los gobernantes. El material sincero, honrado y veraz que algún colaborador trate de publicar, deberá ser escrito con la cautela más aguda, para que pase inadvertido, pues de algún modo puede lesionar los múltiples intereses del periódico. Sólo los intereses del clero, o los de la embajada de Estados Unidos son superpuestos a los de nuestros intocables gobernantes. Es posible decir en 1962, y comparando con un gran número de países de Asia y Europa, que México cuenta ya con la prensa más corrompida, embustera y venal del mundo entero. Ilustres viajeros de las Letras y la Política están de acuerdo con esta afirmación. [Nota del autor]**

[3] vulgar

[4] **Se...** We pointed out to him (his bad behavior), but to no avail.

[5] **niños**

años, me daba todo su dinero y yo lo administraba muy bien; tanto para ropa, tanto para el gasto, tanto para guardar, por si había cosas imprevistas, enfermedades, o... Llegué a reunir un piquito. *(Empieza a llorar.)* Todo me lo quitó, todo me lo quitó para gastarlo con... *(llora.)*

El fotógrafo ve por la ventana.

LA SEÑORA. Se tardan mucho, ¿verdad?

El niño va a tocar delicadamente la cámara.

LA SEÑORA. Jacinto, deja eso. No toques.

El niño vuelve junto a la señora. El fotógrafo da un foco,[6] al niño y le sonríe con media boca; él lo recibe atemorizado, pero con avidez.

LA SEÑORA. ¿Qué se dice, Jacinto?

NIÑO. Gracias, señor.

LA SEÑORA. Eso es. Estos están bien educados.[7] Ve usted que en las visitas se sientan derechitos y no tocan nada, porque ya me conocen. Y no crea que les pego; no hace falta,[8] saben cómo deben portarse. No te pises los zapatos. *(Da las órdenes al niño en un tono seco, glacial, militar. Luego vuelve al tono triste, divagado, compulsivo.)* Se los limpié con aceite de la cocina, porque no hay para comprar grasa de zapatos.

NIÑO. Y los perros van a olerme en la calle.

LA SEÑORA. *(Dogmática.)* Mejor que te huelan los perros y no que andes con los zapatos sucios. *(Sigue.)* Nos está manteniendo mi hermano. Y yo coso, claro, pero eso no alcanza. No alcanza. Ve usted que a veces... *(Calla.)* Tantas humillaciones. Ir a entregar los trabajos, ir a cobrar... Y luego, pues me encargan camisas, y una no está vieja, ¿no? He conservado algo la figura, no sé ni cómo, con tantas penas. Y siempre hay hombres creyendo que porque una está pobre van a poder faltarle.[9] Me lo han contado, que hay hombres así. Por eso, yo siempre estoy con este niño, porque es respeto; sea que cosa en la casa, o que vaya a algún lado, un varoncito junto, y así verán que yo no... Que soy una señora. Porque se ve que soy una señora, ¿no? ¿Usted se equivocaría? Digame: ¿usted me tomaría por lo que no soy?

FOTÓGRAFO. *(Convencido.)* No.

LA SEÑORA. Y sin embargo, hay cada hombre... ¡Creo que ahí vienen ya!

Se abre la puerta y cruza un policía. Sale.

LA SEÑORA. Perdone usted, señor, ¿no podría tener la bondad de decirme si...? Vaya. Qué ordinariez.[10] Parece que le hablaba el perro. Es que están acostumbrados a tratar a la gentuza[11] que vendrá aquí. No quiero ni imaginar quiénes

---

[6] flashbulb
[7] **bien...** well-mannered
[8] **hace... es necesario**
[9] be disrespectful
[10] **Qué...** How rude
[11] riffraff

vendrán aquí. *(Dogmática.)* Y además, los policías detestan a la gente decente. Y mire, yo soy de una familia... Pero qué voy a contarle. Ustedes lo saben todo. Hasta cosas que no les he dicho, ahí están: todos los días, en todos los periódicos... Y el retrato de esa mujer en todas partes. No sé por qué le dicen «artista»; artistas doña Prudencia Griffel, Sara García,[12] que viven de veras sus papeles. Pero una mujer que brinca, y mueve el cuerpo, y sale casi desnuda; eso no es arte. ¿No vio «La Prensa»? Sacaron mi retrato en la última plana.[13] Bueno, esa plana se ve mucho, la ponen como si fuera la primera. Ahí salí muy bien. Me la tomaron hace doce años; pues como estoy igualita, les di ése, y prometieron que me lo iban a devolver; hasta con marco se lo dí, lo tenía yo en la sala. ¿Usted cree que me lo devuelvan? Era el único, me lo tomaron antes de casarnos. Entonces tenía otro novio, lo que son las cosas, otro novio que ahora está en una posición excelente: el licenciado Arana, orador, lo ha de conocer, está en la Subsecretaría de Cultura, sale en los periódicos muy seguido.

Cruza el policía en sentido contrario, con un papel en la mano. Sale.

LA SEÑORA. Ya ni le digo nada. Grosero. Pues fue mi novio. Pero... no era un caballero. Ya teníamos fecha para la boda, me había regalado varias finas alhajas,[14] visitaba la casa, y en fin, que hasta la iglesia teníamos apalabrada;[15] la de Enrico Martínez, que a mí me gusta mucho, porque se casa ahí tanta gente elegante... Pues ha de creer que terminamos. Todo le devolví. Es que... ¿cómo va a ser posible? Fuimos a un día de campo, y ese hombre pretendió... *(Suspira.)* Que porque ya íbamos a casarnos. Me indigné, lo puse en su lugar y se largó, me plantó. Qué canallada.[16]

El niño pisa el foco, un taconazo.[17]

LA SEÑORA. ¿Pero qué estás haciendo, ensuciando aquí? Y el foquito que te regaló el señor, ¿qué va a pensar el señor?, que no apreciaste su obsequio.[18]

El fotógrafo le tiende otro foco.

FOTÓGRAFO. Ten.

LA SEÑORA. No, hágame el favor de que no. Debe aprender a cuidar los juguetes, o a dónde vamos a parar.[19] Da las gracias de todos modos.

NIÑO. Gracias de todos modos, señor.

LA SEÑORA. Estos no son de los que rompen juguetes, o los dejan tirados. Se los guardo en el ropero; quieren jugar: me los

---

[12] **actrices de la época**
[13] **página (que normalmente contiene noticias locales, escándalos, etc.)**
[14] **joyas**
[15] engaged, reserved
[16] despicable act
[17] kick, stomp with the heel
[18] **regalo**
[19] **a...** what will it lead to

piden, y cuando terminan vuelvo a guardárselos. Tienen intacto cuanto juguete les hayan dado en la vida, desde las sonajas[20] hasta los soldados; como nuevos.

Se abre la puerta: entra el marido. La ve: retrocede. La señora lo ve. Un silencio.

LA SEÑORA. Sí. Soy yo. No te atreves a verme, ¿verdad? ¡Hasta dónde has llegado! No importa. Aquí estoy. Eres el padre de mis hijos y estamos unidos ante Dios para toda la vida. Toda la vida. Entonces... *(Rompe a llorar.)*

El marido ve la puerta como si fuera a irse. Ve al niño. Se sienta.

LA SEÑORA. Mamá no quería que viniera a verte. «Es mi deber, mamá», le dije, y comprendió que tenía yo razón. Te manda saludar.[21] *(Se suena.)* Te faltan botones en la camisa. Me la has de dar, y tu ropa toda, para que te la arregle. Aunque no, ya me acuerdo, te han de poner un uniforme de esos tan horribles. ¡Dios mío! ¡El padre de mis hijos, un presidiario! ¿Por qué lo hiciste, Manuel? ¿Cómo pudiste? *(Pausa.)* Y sí fuiste tú, ¿verdad? Dios mío. Dios mío. Es el vicio. Nuestro hogar tan feliz, tan ordenado, tan... Un hogar cristiano, abandonaste un hogar cristiano para lanzarte a la senda del vicio, eso decía el periódico, ¿lo leíste? Ay, Manuel, algo me lo advertía cuando empezaste a cambiar, algo me lo advertía que ibas por el mal camino. Primero empezaste con esas locuras de querer gastar tanto en diversiones, como si fuera posible estar divertido siempre. *(Dogmática.)* La vida no es una diversión, Manuel. La vida es trabajo y responsabilidad. ¡Ir a bailar, como si fuéramos jóvenes! ¡Salir de la ciudad, como si fuéramos ricos! Querer gastar en un día lo que lograba yo ahorrar en un año. *(Sombría, avergonzada.)* Y después... esas cosas que se te ocurrían. Esas cosas... Como si no estuvieras con tu esposa, sino con una mujer de la calle. ¿Cómo pudiste creer que yo permitiría nunca nada de eso? Dos o tres veces lo intentaste, me acuerdo. Qué feo. No sé de dónde inventabas. A no ser... ¡Manuel! Esa mujer te ha de haber enseñado, ¿verdad? Andabas ya con ella y querías practicar conmigo, ¿verdad? Dios mío, qué vergüenza. *(Llora. Se suena.)* Ay, Manuel, yo no entiendo. ¿Cómo la conociste? Eso no lo han dicho los periódicos. ¿Cómo la conociste? Te has de haber ido a meter a esos teatros vulgares, horribles, que tanto me alegro de no haber visto nunca. No de balde[22] ios prohíbe la Iglesia. Y mira que intentaste llevarme. ¿Pero a ver cosas de gusto, cosas con arte? Jamás. Me acuerdo el día que te saliste de «Molinos de Viento», y me dejaste sola con los niños. Te volviste grosero, indiferente. Y un día... un día...

---

[20] baby rattles
[21] **Te...** She says hello
[22] **de... por nada**

¿Cómo pudiste irte a vivir con ella? Una mujer vulgar, desordenada, gastadora. Una mujer fácil y... viciosa, estoy segura. ¡Cambiarme a mí por ella! ¡Dejar a estos niños y a mí, por ella! ¿Qué te faltaba, dime? ¿Qué te faltaba? Y una mujer tan mala que se cansó de ti en poco más de un año. No ha de haber visto tus cualidades, y las tienes, las tienes: si hemos vivido juntos casi nueve años; yo te conozco. ¿Por qué no volviste entonces con nosotros? En vez de regresar, y rogarle. Yo te habría perdonado, soy una buena católica. Y yo no olvido que soy tu esposa; ante Dios y ante la Ley, soy tu esposa. Soy el hogar mexicano pisoteado, eso dijo el periódico. No me vanaglorio,[23] puedes creer lo que dicen gentes que no conozco, que van a la casa y juzgan por lo que ven: soy una esposa ejemplar. Y tú... Yo sé lo que pasó, te ha de haber engañado ¿verdad? Yo lo sé, es que esas mujeres son insaciables, y si me hubieras preguntado, te lo habría dicho: ésa te va a engañar, te va a botar, porque eres demasiado bueno para ella. ¿Cómo se explicaría si no? Eso fue lo que pasó, ¿verdad? El periódico decía otra cosa; de momento hasta pensé: «pues ésa no era tan mala, o se arrepintió, o la iluminó Dios». De todos modos la he perdonado, pero no lo creo... o no entiendo. Si pasó así, no lo entiendo. Tú tenías antes buenos sentimientos, y principios morales. ¿Puedo creer que ella se arrepintiera, y tú no? ¿Cómo va a ser que esa mujer te pida que regreses conmigo, te pida lo correcto, que vuelvas a tu hogar, a tus hijos y a tu mujer, y tú la mates de un golpazo en la cabeza? No fue así, ¿verdad? Era que te engañaba, ¿verdad? Sí, por eso la has de haber matado. ¡Dios mío! ¡Un asesino! ¡El padre de mis hijos, un asesino! *(El niño empieza a llorar.)* Yo le digo a los niños que te respeten, que no piensen mal de ti, que tú de todos modos eres su padre, aunque hayás rodado la pendiente.[24] Y no les cuento nada, pero ellos ven y sufren, mira a este ángel cómo llora.

El fotógrafo ha estado considerando la escena como motivo plástico y al fin, de mala gana, toma una placa.[25]

LA SEÑORA. Ahora vas a pagar tu crimen, lo cual es muy merecido. Yo voy a verte, aunque te rapen[26] y te pongan tu uniforme: voy a venir a verte siempre que haya visita. Y cuando salgas de la cárcel, voy a estar yo, esperándote, para darte una vez más mi perdón; para abrirte después las puertas de la casa, de par en par.[27]

El marido se levanta y empieza a tocar la puerta con furia. El policía se asoma.

---

[23] **No...** I'm not bragging
[24] **rodado...** gone overboard
[25] plate, picture
[26] shave your head
[27] **de...** wide open

POLICIA. Todavía les quedan veinte minutos.

El marido dice «no» con la cabeza y trata de pasar. El policía lo detiene.

POLICIA. Despídase siquiera de su esposa. *(Y lo empuja hacia ella.)*

LA SEÑORA. ¡Manuel, Manuel! ¡Esposo mío, te perdono! *(Lo abraza, llorando.)* ¡Cómo quería decírtelo, para darte siquiera esa alegría!

El fotógrafo los retrata. El se desase y huye. La puerta se cierra.

LA SEÑORA. ¡Manuel! ¡No le has dado un beso a tu hijo!

El niño sufre convulsiones de llanto.

LA SEÑORA. *(Sonándose.)* Ya hijito, ya. No llores. Vámonos. Despídete del señor. *(Ordena.)* Jacinto: despídete del señor.

El niño, aún sollozando, da la mano al fotógrafo.

LA SEÑORA. Hasta luego, señor. *(Se suena. Van a irse.)* Y quería preguntarle: ¿Saldrán muy caros unos retratos de ésos que nos tomó? Me gustaría tenerlos... Aunque, claro, no los pondría yo en la sala.

Telón.

SOBRE LA LECTURA

1. ¿Dónde se encuentran la Señora y su hijo?
2. ¿Desea la Señora hablarle al fotógrafo o prefiere no darle ninguna información?
3. ¿Qué tipo de cosas le dice la Señora a su hijo?
4. ¿Muestra el fotógrafo mucho interés en ellos?
5. ¿Por qué ha salido la foto de la Señora en los periódicos? ¿De qué cosas se queja ella? ¿Cómo reacciona el fotógrafo?
6. ¿Qué comentario ambivalente le hace a su hijo con respecto al padre?
7. ¿Por qué piensa la Señora que ha sido una buena esposa? ¿Qué cosas hacía bien cuando el padre vivía con la familia?
8. ¿Qué dice de su hijo cuando el fotógrafo le da un foco? ¿Por qué se jacta tanto del niño y de sí misma?
9. ¿Por qué insiste en anunciar que limpió los zapatos del niño con aceite de cocina?
10. ¿Por qué se queja de los hombres? ¿Qué significa la reacción del fotógrafo cuando ella le pregunta si la tomaría «por lo que no es»?
11. ¿Qué dice de los policías? ¿De la amante de su esposo?
12. ¿Por qué no se casó con el licenciado Arana?
13. ¿Cómo reacciona la madre cuando el niño rompe el foco?
14. ¿Está contento el marido de ver a su esposa y a su hijo? ¿Cómo lo recibe ella? ¿Cómo explica ella que su marido la haya engañado?

15. ¿Piensa esperarlo mientras está en la cárcel o no? ¿Está agradecido él? ¿Qué quiere hacer el marido?
16. ¿Por qué mató el marido a su amante?
17. ¿Qué le pide la Señora al fotógrafo antes de irse? ¿Por qué?

HACIA EL ANÁLISIS LITERARIO

1. ¿Cómo usa Carballido la ironía en esta obra? Explique el significado del título. ¿Cómo usa la caricatura?
2. ¿Por qué le da un nombre sólo al marido?
3. ¿Cómo caracteriza a la mujer mexicana de clase media? ¿En qué sentido es hipócrita? ¿Qué comentarios de la Señora revelan su actitud hacia el sexo? ¿hacia el dinero? ¿hacia el hogar? ¿hacia el niño? ¿Es realista esta imagen? En su opinión, ¿revela una actitud misógina de parte del autor?
4. ¿Por qué se cree ella «la perfecta casada»?
5. ¿Cómo manipula la madre a su hijo? ¿En qué sentido lo usa como arma contra su marido? ¿Cómo sabemos que el niño sufre?
6. ¿Cuál es la función del fotógrafo en esta obra?
7. ¿Sabemos desde el principio por qué la Señora está en la oficina carcelaria? ¿Cómo despierta el autor la curiosidad del lector? ¿Cómo usa el elemento de sorpresa?
8. ¿Qué crítica encierra esta obra del periodismo mexicano? ¿Por qué piensa usted que el autor creyó necesario agregar una nota sobre la mala calidad de la prensa?

TEXTO Y VIDA

1. ¿Existe «la perfecta casada» en la sociedad norteamericana? ¿Cuáles son sus características? ¿Está usted de acuerdo con Carballido que este tipo de mujer puede ser muy destructiva?
2. ¿Cree usted que un hombre puede tener estas características? Explique.
3. ¿Conoce usted a alguien como «la perfecta casada»? ¿Cómo es?
4. ¿Conoce usted casos en que los padres manipulan a los hijos? ¿Qué tipo de adulto será el hijo de la Señora?
5. ¿Qué cree usted que pasará cuando Manuel salga de la cárcel? ¿Cómo terminará esta historia?
6. ¿Como es «el hogar perfecto» norteamericano? ¿Hay un elemento de hipocresía en esta imagen? ¿Es hipócrita la burguesía norteamericana? ¿Es la hipocresía una característica sólo de la clase media?
7. ¿Cree usted que la prensa norteamericana es sensacionalista?
8. ¿Por qué a la Señora le gusta que su foto salga en el periódico? ¿Hay mucha gente como ella? ¿Por qué le gusta a la gente leer sobre los escándalos?

El «boom»

El «boom» se refiere a la explosión de actividad literaria entre escritores latinoamericanos durante los sesenta y la primera parte de los setenta, particularmente en el campo de la novela. A pesar de que la crítica ha empleado el término para referirse a un período limitado, la innovación y experimentación que caracterizan la novela del «boom» se originan en la «nueva narrativa» de la generación anterior y aun, como se ha visto, en el realismo social. Además, se extienden a la novela de los ochenta y noventa. Con la excepción de Cortázar, que murió en 1984, los escritores principales del «boom» siguen escribiendo y la generación más joven de novelistas ha incorporado sus ideas y técnicas en su obra.

Para muchos críticos el «boom» comienza con la publicación en 1958 de *La región más transparente,* por el mexicano Carlos Fuentes (1928–). Para otros comienza con *Rayuela,* publicado en 1963, por el argentino Julio Cortázar (1914–1984). En la novela de Fuentes se ve la fragmentación narrativa y la experimentación sintáctica que caracterizaran varias otras novelas del «boom» y del «pos-boom». Para Fuentes, esta ruptura con las normas literarias es parte de una revolución más profunda. Gran admirador de Fidel Castro en los años sesenta, Fuentes cree que la literatura y la política son inseparables. Escribe en *La nueva novela hispanoamericana* (1969), «Todo es lenguaje en América Latina: el poder y la libertad, la dominación y la esperanza». Por lo tanto, «Nuestra literatura es verdaderamente revolucionaria en cuanto le niega al orden establecido el léxico que éste quisiera y le opone el lenguaje de la alarma, la renovación, el desorden y el humor. El lenguaje, en suma, de la ambigüedad». En *La muerte de Artemio Cruz* (1962), que es para algunos críticos la novela más importante de Fuentes, la interacción de voces contribuye a este sentido de negación.

La muerte de Artemio Cruz fue escrito en La Habana entre 1960 y 1961 y refleja la nueva energía revolucionaria inspirada por Castro. La novela examina la sociedad mexicana y en particular la herencia de la Revolución por medio de los pensamientos fragmentados de Artemio Cruz, un hombre rico nada escrupuloso de setenta años, que está muriéndose. Parte del libro se narra en tercera persona, en segmentos descoyuntados. El resto se narra en primera o segunda persona, una técnica que le permite a Fuentes explorar la psicología de su personaje. Por medio de los recuerdos de Cruz, saca a relucir el oportunismo político y económico, la explotación, la manipulación interpersonal, la infidelidad sexual y muchos otros abusos sociales. También examina cuestiones del ego y la identidad, así como temas históricos relacionados con la raza y la psicología colectiva. Aunque el foco es la esencia de la realidad mexicana, referencias a la Conquista, al colonialismo, al caciquismo, a la desigualdad social, a la represión y a la corrupción amplían las dimensiones de la novela, haciendo que sirva de radiografía no sólo de México sino de Latinoamérica. En el centro de la novela está el problema de la libertad. Artemio ha tenido opciones y habría podido tomar decisiones diferentes de las que tomó. Al optar por el poder y la inautenticidad, él mismo ha creado a este ser vacío que Fuentes ofrece como imagen de la burguesía mexicana.

Durante los sesenta Fuentes escribió cuatro novelas además de *La muerte de Artemio Cruz: Aura* (1962); *Cambio de piel* (1967); *Zona sagrada* (1967) y *Cumpleaños* (1969). Más recientemente ha publicado *Terra nostra* (1975), *Gringo viejo* (1985), *Cristóbal Nonato* (1987) y *La campaña* (1990). También ha escrito cuentos y artículos.

Gerald Martin escribe en *Journey through the Labyrinth,* «If Fuentes's novel was the first true harbinger of the «boom,» there is no doubt which work effectively inaugurated the new moment... In 1963 a sensational new novel specifically and unforgettably juxtaposed Paris itself (symbolizing ‹Europe› with Buenos Aires (symbolizing ‹Latin America›) in a fashion which has been widely recognized as paradigmatic. That novel was *Hopscotch (Rayuela)* and the author was the Argentinian Julio Cortázar... His achievement lies, first in having updated and synthesized the twin traditions of ‹*Joycism› and Surrealism...; and the second, in having fused them through an intense reading of the ideas and forms explored before him by his compatriot Borges».

En *Rayuela* se unen diversas corrientes europeas e hispanoamericanas para crear un nuevo tipo de ficción. Martin señala la influencia de Joyce en un diálogo de Cortázar sobre la realidad y la percepción y en su ataque contra las sensibilidades burguesas. Al yuxtaponer París y Buenos Aires, Cortázar contrasta la cultura racionalista y caduca de Europa con una nueva que es más espontánea y natural.

El surrealismo de Cortázar es diferente del europeo porque nace del concepto que Latinoamérica en sí es super-real; es decir, encierra realidades oscuras, primitivas y autóctonas. El escritor parte de este mundo primordial para el mundo racional de Europa, pero luego vuelve a su punto de partida. Según Martín, por muy diferentes que sean las novelas de los otros escritores principales del «boom»—Gabriel García Márquez y Mario Vargas Llosa—*Rayuela* es una variante del modelo conceptual de libros como *Hombres de maíz* y servirá de paradigma para la novela de los sesenta. Aunque el papel de Buenos Aires como representante de «lo latinoamericano» es debatible debido al cosmopolitismo de la ciudad, la noción de una realidad latinoamericana basada en fuerzas prístinas y antirracionales es fundamental a otras novelas del «boom», en particular a *Cien años de soledad* (1967), de García Márquez, que marca el punto culminante del movimiento.

Realidad y arte: La ficción de Cortázar

La publicación de *Rayuela* en 1963 sacudió al mundo literario, lanzando a la vista del público al escritor argentino Julio Cortázar (1914–1984). Aunque Cortázar escribía desde hacía muchos años, *Rayuela* fue la novela que lo convirtió en una figura internacional. Según algunos críticos, *Rayuela* ha tenido más impacto que ningún otro en la literatura hispanoamericana moderna.

Julio Cortázar nació en Bruselas, Bélgica, en 1914, de padres argentinos. Cuando la familia volvió a su país cuatro años más tarde y Cortázar se inscribió en la escuela en Buenos Aires, el niño ya dominaba el francés. De pequeño Cortázar sufrió de varias enfermedades; tal vez por no poder participar en los deportes y en otras actividades físicas tanto como sus compañeros, empezó a leer vorazmente y a escribir. Aun cuando era muy joven, le atraían lo fantástico y lo misterioso. Más tarde empezó a leer a los surrealistas y a Borges, a quien admiraba enormemente, a pesar de sus diferencias políticas.

Cortázar fue certificado como profesor de escuela primaria y secundaria en 1932, y enseñó en colegios de la provincia de Buenos Aires varios años. En 1938 publicó su primera colección de poemas, *Presencia,* y tres años más tarde publicó un ensayo sobre el poeta francés Arthur Rimbaud (1854–1891) en la prestigiosa revista *Huella.* En ambas publicaciones usó el pseudónimo Julio Denis.

En 1944 comenzó a enseñar literatura en la Universidad de Cuyo en Mendoza, donde participó en manifestaciones contra el futuro presidente Juan Domingo Perón (1895–1974) y fue arrestado. Obligado a renunciar a su puesto por sus actividades políticas, Cortázar volvió a Buenos Aires. Jorge Luis Borges, entonces editor de los *Anales de Buenos Aires,* publicó «Casa tomada», el primer cuento de Cortázar que vio la luz. Escritor sumamente cuidadoso y exigente, Cortázar había compuesto muchos relatos antes, pero nunca permitió que ninguno de sus escritos se publicara antes de estar totalmente satisfecho de su calidad.

Durante este período Cortázar trabajó para la Cámara Argentina del Libro al mismo tiempo que completó su grado en traducción. En 1949 publicó *Los reyes,* un drama poético que no atrajo la atención crítica. Dos años más tarde publicó su traducción de *Little Women,* de Louisa May Alcott, y *Bestiario,* una colección de relatos que le dio su reputación de cuentista. También en 1951 se mudó a París, donde trabajó como traductor de la UNESCO, y donde viviría el resto de su vida. En 1981 se hizo ciudadano francés a pesar de que siempre mantuvo relaciones culturales muy estrechas con la Argentina.

Cuando tenía treinta y nueve años, Cortázar se casó por primera vez. Su esposa, Aurora Bernárdez, colaboró en su traducción de las obras de Edgar Allan Poe. En 1956 Cortázar publicó *Final del juego,* otra colección de cuentos, y tres años más tarde apareció otra, *Las armas secretas.* Los años sesenta y setenta fueron un período muy productivo para Cortázar. En 1960 se publicó *Los premios,* una novela; en 1962, *Historias de cronopios y de famas,* relatos; en 1963, *Rayuela;* en 1964, una segunda edición aumentada de *Final del juego;* en 1966, *Todos los fuegos el fuego,* relatos; en 1967, *La vuelta al día en ochenta mundos,* colección de miscelánea; en 1968, *62: modelo para armar,* una novela; en 1969, *Ultimo round,* otra colección de miscelánea; en 1971, *Pameos y meopas,* poemas; en 1972, *Prosa del observatorio,* ensayos poéticos; en 1973, *Libro de Manuel,* una novela; en 1974, *Octaedro,* relatos; en 1977, *Alguien que anda por ahí,* relatos; en 1978, *Territorios,* un libro sobre el arte; en 1979, *Un tal Lucas,* viñetas; en 1980, *Queremos tanto a Glenda,* relatos; en 1982, *Deshoras,* relatos. En 1983 Cortázar publicó dos libros más, *Nicaragua tan violentamente dulce* y *Los autonautas del cosmopista,* ambos escritos con Carol Dunlop, su gran amiga y compañera, quien había muerto de leucemia el año anterior. El 12 de febrero de 1984 Cortázar también murió de leucemia y de problemas cardíacos.

Aficionado a la música, Cortázar conocía bien el jazz, el cual prefería al tango argentino. Le gustaba la improvisación, la idea de que dentro de la estructura rígida que impone el ritmo, no hay una forma fija. También le gustaba la música clásica, en especial las composiciones de Mozart, Beethoven, Bartok y Stravinsky.

Entre los escritores modernos, Cortázar admiraba a Mario Vargas Llosa, a Gabriel García Márquez y a Juan Rulfo, entre otros. En cuanto a su propio desarrollo artístico, Borges fue seguramente la influencia más importante. Era no sólo el mentor que le había enseñado el arte del cuento, sino también el que había ayudado a despertar su interés en la filosofía oriental, en particular en el budismo Zen.

Cortázar siempre había sido activo en la política, pero durante los años sesenta sus opiniones empezaron a alcanzar a un público más amplio. Sus tendencias izquierdistas y su apoyo a Fidel Castro le ganaron enemigos en la Argentina, una de las razones por las cuales prefirió vivir en el extranjero. Al mismo tiempo que la derecha lo criticaba por sus ataques contra los abusos de los derechos humanos, la izquierda lo criticaba por no crear una ficción más abiertamente revolucionaria. Algunos intelectuales veían en la fascinación de Cortázar por lo fantástico y lo psicológico una manera de evitar temas políticos. En sus ensayos «Casilla del camaleón» y «Carta a Roberto Fernández Retamar», Cortázar elabora la idea de que aunque es necesario que el artista defienda las causas de la justicia y la igualdad, también es esencial que se sienta libre para crear; no es ni necesario ni deseable que convierta la ficción en un tratado político.

Cortázar es reconocido como uno de los grandes escritores de nuestros tiempos. Sus libros han sido traducidos a casi todos los idiomas europeos y *Rayuela* fue un «best seller» en varios países. En 1966 Michelangelo Antonioni basó su película *Blow-up* en «Las babas del diablo», un cuento de Cortázar. A pesar de estos éxitos, el autor siguió trabajando como traductor durante toda su vida.

Sobre «Recortes de prensa»

Publicado en 1980 en *Queremos tanto a Glenda,* «Recortes de prensa» es uno de los últimos relatos de Cortázar. Aunque críticos como Terry J. Peavler han calificado este cuento de «realista», como muchos cuentos de Cortázar, explora la relación entre lo objetivamente real y lo puramente psicológico. Temáticamente, tiene ciertas semejanzas con *Rayuela,* la obra maestra de Cortázar, y conviene examinar las características de la novela para colocar el cuento en el contexto de la visión literaria del autor.

Rayuela rompe con la noción convencional de la novela, cuestionando la estructura lineal y cronológica. El autor invita al lector a leer la novela siguiendo uno de dos órdenes; puede leerla de la manera tradicional, comenzando con la primera página y terminando con la última, o puede saltar de un capítulo a otro según la guía que presenta el autor. Al ofrecer estas alternativas, Cortázar desafía el concepto fijo de la novela, aunque de hecho el segundo orden ofrece una lectura más cohesiva que la primera. La novela consta de tres partes, «Del lado de allá», que tiene lugar en París, «Del lado de acá», que tiene lugar en Buenos Aires y «De otros lados», que contiene «capítulos prescindibles»—recortes de prensa y otra miscelánea que se enlazan con el argumento, proveyendo un comentario sobre el material y colocándolo dentro del contexto de la experiencia universal.

El protagonista de *Rayuela* es Horacio Oliveira, un intelectual argentino que vive en París. Oliveira se siente vacío, insatisfecho. Su falta de dirección se refleja en la estructura del libro, que parece no avanzar, aunque al final el lector se da cuenta de que la sucesión de acontecimientos forma un argumento más cohesivo de lo que había pensado. Con sus amigos Oliveira escucha discos, filosofa, bebe y fuma, pero no logra encontrar el elemento de su vida que falta. Locamente celoso de su amante, una uruguaya que llaman La Maga, la abandona cuando sospecha que ella puede tener interés en un amigo mutuo. Más tarde, busca a La Maga en las calles de París sin encontrarla y finalmente va a Uruguay para seguir su búsqueda, revelando periódicamente el miedo de que su antigua compañera se haya suicidado.

De vuelta en Buenos Aires, Oliveira vive con una antigua amante, Gekrepten, al otro lado de la calle de sus amigos Traveler y la esposa de éste, Talita. Oliveira se pone cada vez más desesperado, comienza a confundir a Talita con La Maga y pronto se convence de que Traveler lo quiere matar. La lectura convencional termina con una escena dramática en la cual Oliveira está asomado a la ventana contemplando el suicidio y mirando a Traveler y a Talita, quienes están en el patio parados en una rayuela.

En los capítulos siguientes de la lectura alternativa, se aclara que Oliveira no ha muerto. Están cuidándolo Gekrepten, Traveler y Talita, aunque no se sabe si está reponiéndose de una caída de la ventana o de una crisis nerviosa. Al final de la novela, el lector no está seguro de qué fue exactamente lo que pasó. ¿Saltó Oliveira o no saltó? ¿Se volvió loco o no? ¿Murió La Maga o no? El fin abierto saca al lector de su tradicional papel pasivo, obligándolo a participar, a reflexionar, a reconstruir la novela para comprender el desenlace.

La universalidad de la experiencia es uno de los temas que Cortázar explora no sólo en *Rayuela,* sino también en numerosos cuentos. En «La noche boca arriba» un hombre, víctima de un accidente de motocicleta, pierde el conocimiento y es llevado a un hospital. Bajo la anestesia, se siente transportado a otra época. En su sueño, es un indio moteca que huye de sus perseguidores aztecas, quienes buscan víctimas para sacrificar en sus ritos religiosos. El personaje, que espera en un estado semiconsciente el cuchillo del cirujano que lo operará, pasa de un mundo al otro varias veces durante el cuento. Las referencias a olores y sonidos que parecen existir en ambos mundos crean un ambiente de ambigüedad. Al final, el hombre ha pasado completamente al otro lado. Es el indio capturado que espera en la noche, boca arriba, el cuchillo que su captor le clavará en el corazón, y que recuerda vagamente «un sueño en que había andado por extrañas avenidas de una ciudad asombrosa, con luces verdes y rojas que ardían sin llama ni humo, con un enorme insecto de metal que zumbaba bajo sus piernas».

¿Muere el hombre en la operación? ¿Pasa a otra dimensión en que se convierte en el indio moteca? ¿Cuál es la realidad y cuál es el sueño? Cortázar no aclara estos detalles en el cuento. Lo que emerge de los dos escenarios es el terror primordial que siente el individuo ante la muerte. La posición del hombre en ambas escenas—boca arriba en la oscuridad—subraya su sentido de impotencia y vulnerabilidad ante las circunstancias. Se trata de una experiencia universal que no se limita ni a una época ni a una raza.

En «Recortes de prensa» Cortázar trata algunos de los mismos temas, pero en este cuento parte de la situación política que existió en la Argentina hasta 1983, cuando se eligió presidente a Raúl Alfonsín (1927–) del Partido Radical y se reorganizaron las fuerzas militares. En los años setenta, la actividad terrorista de la izquierda y de la derecha produjo una situación caótica en la Argentina. En 1975 más de 700 personas murieron en esta violencia. Al tomar el poder Jorge Rafael Videla en 1976, impuso la ley marcial, y el gobierno lanzó su propia campaña de terror contra la oposición. En 1977 la Comisión Argentina de los Derechos Humanos informó que el gobierno era responsable por la muerte de 2,300 personas, que 10.000 personas habían sido arrestadas y que entre 20.000 y 30.000 personas habían desaparecido. La situación no mejoró bajo los gobiernos militares de Roberto Viola y de Leopoldo Galtieri, pero bajo Alfonsín varios oficiales del ejército fueron condenados por su participación en estos crímenes.

En el cuento de Cortázar, dos argentinos que viven en París están agudamente conscientes de la situación que existe en su país natal. El escultor ha hecho un libro de reproducciones de sus trabajos sobre el tema de la violencia e invita a una conocida escritora a preparar un texto para acompañarlas. Mientras hablan del proyecto, ella le da un recorte de periódico que describe en meticuloso detalle la suerte de algunas personas que fueron detenidas, torturadas y asesinadas por la policía secreta. Los dos artistas lamentan la impotencia que sienten; ante el horror abominable de la situación descrita en el recorte, una obra de arte parece tan poca cosa, tan inútil. Sanos y seguros en París, se sienten tan lejos de la violencia, la cual han intelectualizado pero que no experimentan como una realidad vivida e inmediata.

Volviendo a su casa después de hablar con el escultor, la escritora se encuentra con una niña pobre que llora desesperadamente... Después de conseguir que la niña le confíe su secreto, la sigue a un cuarto en que presencia una escena horrible: Un hombre está torturando a una mujer. De repente la escritora reacciona pegándole al hombre con un taburete y soltando a la víctima. Y entonces, esta mujer que deplora la violencia, se hace cómplice de la víctima y se convierte ella misma en torturadora del hombre.

Al volver a su casa la escritora tiene en la cabeza una confusión de imágenes, algunas inspiradas por obras literarias que ha leído. Le confiesa lo que ha hecho a su amigo, el escultor, pero éste no sólo no le cree, sino que le manda un recorte de prensa que pone en duda toda la historia. Parece que el incidente ocurrió en Marsella, no en París, y que la escritora lo leyó, no lo experimentó. Al buscar el cuarto en que cree haber presenciado la horrible escena, la escritora queda confundida. No lo encuentra. Sin embargo, la niñita está allí.

Como en otras obras de Cortázar, el lector queda con la duda. ¿La escritora vivió esta escena o la imaginó? Como en el caso de «La noche boca arriba», no podemos estar seguros, y sin embargo, hay ciertas verdades sociales y psicológicas sobre las cuales no puede haber ninguna duda. La tortura no es un fenómeno aislado sino una realidad universal; no ocurre sólo en tierras lejanas sino en todas partes. En su esencia, todas las víctimas son una. Ya sea una mujer de Buenos Aires, una marsellesa o una parisiense—o aun un ex-torturador—el terror y la impotencia que siente la víctima ante el torturador son siempre iguales. Las circunstancias difieren, pero la realidad humana esencial no cambia.

Pero el tema no es sólo la víctima sino también el torturador. En este cuento Cortázar explora una de las facetas más oscuras y misteriosas del alma humana: ¿Quién sería capaz de torturar a otro ser humano? Y la respuesta es desconcertante: cualquiera de nosotros. Sea verdad o soñado el incidente que recuerda la escritora, ella ya no puede mantener la ilusión de su propia superioridad porque se sabe capaz de cometer las barbaridades más atroces. La pregunta que sugiere Cortázar es ésta: ¿Quién de nosotros no esconde en su pecho el alma de un torturador?

Ediciones

Cortázar, Julio. *Los premios.* Buenos Aires: Sudamericana, 1967

———. *62. modelo para armar.* Buenos Aires: Sudamericana, 1968

———. *Rayuela.* Buenos Aires: Sudamericana, 1972

———. *Queremos tanto a Glenda.* Alfaguara, 1981

———. *Libro de Manuel.* Barcelona: Bruguera, 1983

———. *Los relatos.* 4 vols. Madrid: Alianza, 1976–1985

———. *Divertimento.* Buenos Aires: Sudamericana, 1986

———. *El examen.* Buenos Aires: Sudamericana, 1986

Crítica

Alazraki, Jaime. *En busca del unicornio, los cuentos de Julio Cortázar: elementos para una poética de lo neofantástico.* Madrid: Gredos, 1983

———. «Voz narrativa en la ficción de Julio Cortázar.» *Inti.* 10–11 (1979–1980): 145–152

Alazraki, Jaime e Ivar Ivask, eds. *The Final Island: The Fiction of Julio Cortázar.* Norman, Okla: University of Oklahoma Press, 1978

Amícola, José. *Sobre Cortázar.* Buenos Aires: Escuela, 1969

Boldy, Stephen. *The Novels of Julio Cortázar.* Cambridge: Cambridge University Press, 1980

Brody, Robert. *Julio Cortázar:* Rayuela. London: Grant and Cutler, 1976

Burgos, Fernando, ed. *Los ochenta mundos de Cortázar.* Madrid: Edi-6, 1987

Castro-Klarén, Sara. "Cortázar, Surrealism and 'Pataphysics.' " *Comparative Literature.* 27 (1975): 218–236

Coloquio internacional: Lo lúdico y lo fantástico en la obra de Cortázar. Madrid: Espiral Hispanoamericana, Centre de Recherches Latino-Américaines, Université de Poitiers, 1986

Francescato, Martha Paley. "The New Man (But Not the New Woman)." *Books Abroad.* 50 (1976): 589–595

Franco, Jean. "Julio Cortázar: Utopia and Everyday Life", *Inti.* 10–11 (1979–1980): 110–118

______. "The Crisis of the Liberal Imagination and the Utopia of Writing." *Ideologies and Literature.* 1:1 (1976–1977): 5–24

Garfield, Evelyn Picón. *Cortázar por Cortázar.* Xalapa, México: Universidad Veracruzana, 1981

______. *Julio Cortázar.* New York: Frederick Ungar, 1975

Giacomen, Helmy, ed. *Homenaje a Julio Cortázar: variaciones interpretativas en torno a su obra.* New York: Las Américas, 1972

González Bermejo, Ernesto. *Conversaciones con Cortázar.* Barcelona: Edhasa, 1978

Harss, Luis. «Cortázar: Lenguaje y sociedad» *Inti.* 10–11 (1979–1980): 119–125

Harss, Luis and Barbara Dohmann. *Into the Mainstream: Conversations with Latin-American Writers.* New York: Harper and Row, 1967. 206–245

Lagmanovich, David, ed. *Estudios sobre los cuentos de Julio Cortázar.* Barcelona: Hispam, 1975

Mora Valcárcel, Carmen de. *Teoría y práctica del cuento en los relatos de Julio Cortázar.* Sevilla: Escuela de Estudios Hispano-Americanos, 1982

Mundo Lo, Sarah de. *Julio Cortázar, His Works and His Critics: A Bibliography.* Urbana, Ill: Albatross, 1985

«Para, de, con Julio Cortázar». *Casa de las Américas.* 25: 145–146 (July–Oct. 1984). [Contiene artículos y cartas de Tomás Borge, Gabriel García Márquez, Mario Benedetti, Augusto Roa Bastos; Cintio Vitier; Volodia Teitelboim, Fina García Marruz, Eduardo Galeano, César Fernández Moreno, Rogelio Sinán, Claribel Alegría, Osvaldo Soriano, Luis Suardíaz, Ermengarda Palumbo, Lisandro Otero, Fernando Silva, Reynaldo González, Julio Valle-Castillo, Carlos Alberto Gabetta.]

Peavler, Terry J. *Julio Cortázar.* Boston: Twayne, 1990

Planells, Antonio. *Cortázar: Metafísica y erotismo.* Madrid: Porrúa Turanzas, 1979

Prego, Omar. *La fascinación de las palabras. Conversaciones con Julio Cortázar.* Barcelona: Muchnik, 1985

Rama, Angel. «Julio Cortázar, constructor del futuro.» *Texto Crítico.* 7:20 (1981): 14–23

Rein, Mercedes. *Julio Cortázar: El escritor y sus máscaras.* Montevideo: Diaco, 1967

______. *Cortázar y Carpentier.* Buenos Aires: Crisis, 1974

Roy, Joaquín. *Julio Cortázar ante su sociedad* (Barcelona: Península, 1974)

Solá, Graciela de. *Julio Cortázar y el hombre nuevo.* Buenos Aires: Sudamericana, 1968

Sosnowski, Saúl. *Julio Cortázar: Una búsqueda mítica.* Buenos Aires: Noé, 1973

Tyler, Joseph. «El vanguardismo en algunas obras de Julio Cortázar.» 163–171. Ed. Fernando Burgos. *Prosa hispánica de vanguardia.* Madrid: Orígenes, 1986

La vuelta a Cortázar en nueve ensayos. Buenos Aires: C. Pérez, 1968

Valbuena Briones, Angel. «Cortázar y el surrealismo.» *Bulletin Hispanique.* 76 (1974): 316–334

Yurkievich, Saúl. «Julio Cortázar: Al calor de su sombra.» *Revista Iberoamericana.* 51:130–131 (Jan.–June 1985): 7–20

Recortes de prensa[1]

Julio Cortázar

Aunque no creo necesario decirlo, el primer recorte es real y el segundo imaginario.

El escultor vive en la calle Riquet, lo que no me parece una idea acertada pero en París no se puede elegir demasiado cuando se es argentino y escultor, dos maneras habituales de vivir difícilmente en esta ciudad. En realidad nos conocemos mal, desde pedazos de tiempo que abarcan ya veinte años; cuando me telefoneó para hablarme de un libro con reproducciones de sus trabajos más recientes y pedirme un texto que pudiera acompañarlas, le dije lo que siempre conviene decir en estos casos, o sea que él me mostraría sus esculturas y después veríamos, o más bien veríamos y después.

Fui por la noche a su departamento y al principio hubo café y finteos[2] amables, los dos sentíamos lo que inevitablemente se siente cuando alguien le muestra su obra a otro y sobreviene ese momento casi siempre temible en que las hogueras se encenderán o habrá que admitir, tapándolo con palabras, que la leña estaba mojada y daba más humo que calor.[3] Ya antes, por teléfono, él me había comentado sus trabajos, una serie de pequeñas esculturas cuyo tema era la violencia en todas las latitudes políticas y geográficas que abarca el hombre como lobo del hombre. Algo sabíamos de eso, una vez más dos argentinos dejando subir la marea de los recuerdos, la cotidiana acumulación del espanto a través de cables, cartas, repentinos silencios. Mientras hablábamos, él iba despejando una mesa; me instaló en un sillón propicio y empezó a traer las esculturas, las ponía bajo una luz bien pensada, me dejaba mirarlas depacio y después las hacía girar poco a poco; casi no hablábamos ahora, ellas tenían la palabra y esa palabra seguía siendo la nuestra. Una tras otra hasta completar una decena o algo así, pequeñas y filiformes,[4] arcillosas o enyesadas, naciendo de alambres o de botellas pacientemente envueltas por el trabajo de los dedos y la espátula, creciendo desde latas vacías y objetos que sólo la confidencia del escultor me dejaba conocer por debajo de cuerpos y cabezas, de brazos y de manos. Era tarde en la noche, de la calle llegaba apenas un ruido de camiones pesados, una sirena de ambulancia.

Me gustó que en el trabajo del

---

[1] **Recortes...** Newspaper clippings
[2] feints (moves made in order to deceive an adversary) (The sculptor and the writer maneuver, each trying to avoid getting trapped by the other.)
[3] **es decir, que no le gustan mucho las esculturas**
[4] **de forma de hilo**

escultor, no hubiera nada de sistemático o demasiado explicativo, que cada pieza contuviera algo de enigma y que a veces fuera necesario mirar largamente para comprender la modalidad que en ella asumía la violencia; las esculturas me parecieron al mismo tiempo ingenuas y sutiles, en todo caso sin tremendismo ni extorsión sentimental. Incluso la tortura, esa forma última en que la violencia se cumple en el horror de la inmovilidad y el aislamiento, no había sido mostrada con la dudosa minucia de tantos afiches y textos y películas que volvían a mi memoria también dudosa, también demasiado pronta a guardar imágenes y devolverlas para vaya a saber[5] qué oscura complacencia. Pensé que si escribía el texto que me había pedido el escultor, si escribo el texto que me pedís, le dije, será un texto como esas piezas, jamás me dejaré llevar por la facilidad que demasiado abunda en este terreno.

—Eso es cosa tuya, Noemí—me dijo—. Yo sé que no es fácil, llevamos tanta sangre en los recuerdos que a veces uno se siente culpable de ponerle límites, de manearlo[6] para que no nos inunde del todo.

—A quién se lo decís.[7] Mirá este recorte, yo conozco a la mujer que lo firma, y estaba enterada de algunas cosas por informes de amigos. Pasó hace tres años como pudo pasar anoche o como puede estar pasando en este mismo momento en Buenos Aires o en Montevideo. Justamente antes de salir para tu casa abrí la carta de un amigo y encontré el recorte. Dame otro café mientras lo leés, en realidad no es necesario que lo leas después de lo que me mostraste, pero no sé, me sentiré mejor si también vos lo leés.

Lo que él leyó era esto:

La que suscribe,[8] Laura Beatriz Bonaparte Bruschtein, domiciliada en Atoyac, número 26 distrito 10, Colonia Cuauhtémoc, México 5, D.F., desea comunicar a la opinión pública el siguiente testimonio:

1. Aída Leonora Bruschtein Bonaparte, nacida el 21 de mayo de 1951 en Buenos Aires, Argentina, de profesión maestra alfabetizadora.[9]

Hecho: A las diez de la mañana del 24 de diciembre de 1975 fue secuestrada por personal del Ejército argentino (Batallón 601) en su puesto de trabajo, en Villa Miseria Monte Chingolo, cercana a la Capital Federal.

El día precedente ese lugar había sido escenario de una batalla, que había dejado un saldo de más de cien muertos, incluidas personas del lugar. Mi hija, después de secuestrada, fue llevada a la guarnición militar Batallón 601.

Allí fue brutalmente torturada, al igual que otras mujeres. Las que sobrevivieron fueron fusiladas esa misma noche de Navidad. Entre ellas estaba mi hija.

La sepultura de los muertos en combate y de los civiles secuestrados, como es el caso de mi hija, demoró alrededor de cinco días. Todos los cuerpos, incluido el de ella, fueron trasladados con palas mecáni-

[5] **vaya...** who knows what
[6] **amarrarle las manos**
[7] **A...** Look who you're talking to; **decís** is the form of **decir** that corresponds to **vos,** used instead of **tú** in Argentina. Note that **mirá** in the next sentence is the command form corresponding to **vos,** used instead of **tú** in Argentina. (Throughout their conversation, the sculptor and the writer use the **vos** form.)
[8] **firma al pie del escrito**
[9] **que enseña a leer y a escribir**

cas desde el batallón a la comisaría de Lanús,[10] de allí al cementerio de Avellaneda, donde fueron enterrados en una fosa común.

Yo seguía mirando la última escultura que había quedado sobre la mesa, me negaba a fijar los ojos en el escultor que leía en silencio. Por primera vez escuché un tictac de reloj de pared, venía del vestíbulo y era lo único audible en ese momento en que la calle se iba quedando más y más desierta; el leve sonido me llegaba como un metrónomo de la noche, una tentativa de mantener vivo el tiempo dentro de ese agujero en que estábamos como metidos los dos, esa duración que abarcaba una pieza de París y un barrio miserable de Buenos Aires, que abolía los calendarios y nos dejaba cara a cara frente a eso, frente a lo que solamente podíamos llamar eso, todas las calificaciones gastadas,[11] todos los gestos del horror cansados y sucios.

—*Las que sobrevivieron fueron fusiladas esa misma noche de Navidad*—leyó en voz alta el escultor—. A lo mejor les dieron pan dulce y sidra, acordate de que en Auschwitz repartían caramelos a los niños antes de hacerlos entrar en las cámaras de gas.

Debió ver cualquier cosa en mi cara, hizo un gesto de disculpa y yo bajé los ojos y busqué otro cigarrillo.

Supe oficialmente del asesinato de mi hija en el juzgado número 8 de la ciudad de La Plata, el día 8 de enero de 1976. Luego fui derivada[12] a la comisaría de Lanús, donde después de tres horas de interrogatorio se me dio el lugar donde estaba situada la fosa. De mi hija sólo me ofrecieron ver las manos cortadas de su cuerpo y puestas en un frasco, que lleva el número 24. Lo que quedaba de su cuerpo no podía ser entregado, porque era secreto militar. Al día siguiente fui al cementerio de Avellaneda, buscando el tablón número 28. El comisario me había dicho que allí encontraría «lo que quedaba de ella, porque no podían llamarse cuerpos los que les habían sido entregados». La fosa era un espacio de tierra recién removido, de cinco metros por cinco, más o menos al fondo del cementerio. Yo sé ubicar la fosa. Fue terrible darme cuenta de qué manera habían sido asesinadas y sepultadas más de cien personas, entre las que estaba mi hija.

2. Frente a esta situación infame y de tan indescriptible crueldad, en enero de 1976, yo, domiciliada en la calle Lavalle, 730, quinto piso, distrito nueve, en la Capital Federal, entablo[13] al Ejército argentino un juicio por asesinato. Lo hago en el mismo tribunal de La Plata, el número 8, juzgado civil.

—Ya ves, todo esto no sirve de nada—dijo el escultor, barriendo el aire con un brazo tendido—. No sirve de nada, Noemí, yo me paso meses haciendo estas mierdas, vos escribís libros, esa mujer denuncia atrocidades, vamos a congresos y mesas redondas para protestar, casi llegamos a creer que las cosas están cambiando, y entonces te bastan dos minutos de lectura para comprender de nuevo la verdad, para...

—Sh, yo también pienso cosas así en el momento—le dije con la

---

[10] **barrio popular de Buenos Aires**
[11] **frente...** face to face with what we could only call "that," since all other names were worn out, unserviceable
[12] led away
[13] **pongo, comienzo**

rabia de tener que decirlo—. Pero si las aceptara sería como mandarles a ellos un telegrama de adhesión, y además lo sabés muy bien, mañana te levantarás y al rato estarás modelando otra escultura y sabrás que yo estoy delante de mi máquina y pensarás que somos muchos aunque seamos tan pocos, y que la disparidad de fuerza no es ni será nunca una razón para callarse. Fin del sermón. ¿Acabaste de leer? Tengo que irme, che.[14]

Hizo un gesto negativo, mostró la cafetera.

Consecuentemente a este recurso legal mío se sucedieron los siguientes hechos:

3. En marzo de 1976, Adrián Saidón, argentino de veinticuatro años, empleado, prometido de mi hija, fue asesinado en una calle de la ciudad de Buenos Aires por la policía, que avisó a su padre.

Su cuerpo no fue restituido a su padre, doctor Abraham Saidón, porque era secreto militar.

4. Santiago Bruschtein, argentino, nacido el 25 de diciembre de 1918, padre de mi hija asesinada, mencionada en primer lugar, de profesión doctor en bioquímica, con laboratorio en la ciudad de Morón.

Hecho: el 11 de junio de 1976, a las 12 de mediodía, llegan a su departamento de la calle Lavalle, 730, quinto piso, departamento 9, un grupo de militares vestidos de civil. Mi marido, asistido por una enfermera, se encontraba en su lecho casi moribundo, a causa de un infarto,[15] y con un pronóstico de tres meses de vida. Los militares le preguntaron por mí y por nuestros hijos, y agregaron que: *«Cómo un judío hijo de puta puede atreverse a abrir una causa por asesinato al Ejército argentino»*. Luego le obligaron a levantarse, y *golpeándolo* lo subieron a un automóvil, sin permitirle llevarse sus medicinas.

Testimonios oculares[16] han afirmado que para la detención el Ejército y la policía usaron alrededor de veinte coches. De él no hemos sabido nunca nada más. Por informaciones no oficiales, nos hemos enterado que falleció súbitamente en los comienzos de la tortura.

—Y yo estoy aquí a miles de kilómetros discutiendo con un editor qué clase de papel tendrán que llevar las fotos de las esculturas, el formato y la tapa.

—Bah, querido, en estos días yo estoy escribiendo un cuento donde se habla nada menos que de los problemas psi-co-ló-gi-cos de una chica en el momento de la pubertad. No empieces a autotorturarte, ya basta con la verdadera, creo.

—Lo sé, Noemí, lo sé, carajo.[17] Pero siempre es igual, siempre tenemos que reconocer que todo eso sucedió en otro espacio, sucedió en otro tiempo. Nunca estuvimos ni estaremos allí, donde acaso...

(Me acordé de algo leído de chica, quizá en Augustin Thierry,[18] un relato de cuando un santo que vaya a saber cómo se llamaba[19] convirtió al cristianismo a Clodoveo[20] y a su nación, de ese momento en que le

---

[14] Argentinism, roughly equivalent to "hey"
[15] **lesión del corazón**
[16] **Testimonios...** Eye witness accounts
[17] **mierda**
[18] **historiador francés (1785–1856), considerado un renovador de la metodología de la investigación histórica**
[19] **que...** who knows what his name was
[20] **Clodoveo I (¿466?–511) rey de los francos y fundador de la monarquía franca, venció a los romanos en Soissons en 486, terminando**

estaba describiendo a Clodoveo el flagelamiento y la crucifixión de Jesús, y el rey se alzó en su trono blandiendo su lanza y gritando: «¡Ah, si yo hubiera estado ahí con mis francos!», maravilla de un deseo imposible, la misma rabia impotente del escultor perdido en la lectura.)

5. Patricia Villa, argentina, nacida en Buenos Aires en 1952, periodista, trabajaba en la agencia *Inter Press Service,* y es hermana de mi nuera.

Hecho: Lo mismo que su prometido, Eduardo Suárez, también periodista, fueron arrestados en septiembre de 1976 y conducidos presos a Coordinación General, de la policía federal de Buenos Aires. Una semana después del secuestro, se le comunica a su madre, que hizo las gestiones legales pertinentes, que lo lamentaban, que había sido un error. Sus cuerpos no han sido restituidos a sus familiares.

6. Irene Mónica Bruschtein Bonaparte de Ginzberg, de veintidós años, de profesión artista plástica, casada con Mario Ginzberg, maestro mayor de obras,[21] de veinticuatro años.

Hecho: El día 11 de marzo de 1977, a las 6 de la mañana, llegaron al departamento donde vivían fuerzas conjuntas del Ejército y la policía, llevándose a la pareja y dejando a sus hijitos: Victoria, de dos años y seis meses, y Hugo Roberto, de un año, y seis meses, abandonados en la puerta del edificio. Inmediatamente hemos presentado recurso de *habeas corpus,*[22] yo, en el consulado de México, y el padre de Mario, mi consuegro, en la Capital Federal.

He pedido por mi hija Irene y Mario, denunciando esta horrenda secuencia de hechos a: Naciones Unidas, OEA, Amnesty International, Parlamento Europeo, Cruz Roja, etc.

No obstante, hasta ahora no he recibido noticias de su lugar de detención. Tengo una firme esperanza de que todavía estén con vida.

Como madre, imposibilitada de volver a Argentina, por la situación de persecución familiar que he descrito, y como los recursos legales han sido anulados, pido a las instituciones y personas que luchan por la defensa de los derechos humanos, a fin de que se inicie el procedimiento necesario para que me restituyan a mi hija Irene y a su marido Mario, y poder así salvaguardar las vidas y la libertad de ellos. Firmado, Laura Beatriz Bonaparte Bruchstein. (De *El País,* octubre de 1978, reproducido en *Denuncia,* diciembre de 1978.)

El escultor me devolvió el recorte, no dijimos gran cosa porque nos caíamos de sueño, sentí que estaba contento de que yo hubiera aceptado acompañarlo en su libro, sólo entonces me di cuenta de que hasta el final había dudado porque tengo fama de muy ocupada, quizá de egoísta, en todo caso de escritora metida a fondo en lo suyo. Le pregunté si había una parada de taxis cerca y salí a la calle desierta y fría y demasiado ancha para mi gusto en París. Un golpe de viento me obligó a

---

así el dominio romano de la Galia. En una batalla contra los alemanes (una confederación de tribus germánicas establecidas en el Rin) en 496, juró convertirse al cristianismo si ganaba. Al derrotar al enemigo, se hizo bautizar, según la leyenda, con 3000 de sus tropas.

[21] **maestro... el que, bajo las órdenes de un arquitecto, dirige a los albañiles**

[22] a writ requiring a person to be brought before a judge or court, especially for an investigation of a restraint of his or her liberty, used as a protection against illegal imprisonment

levantarme el cuello del tapado,[23] oía mis pasos taconeando secamente en el silencio, marcando ese ritmo en el que la fatiga y las obsesiones insertan tantas veces una melodía que vuelve y vuelve, o una frase de un poema, sólo me ofrecieron ver sus manos cortadas de su cuerpo y puestas en un frasco, que lleva el número veinticuatro, sólo me ofrecieron ver sus manos cortadas de su cuerpo, reaccioné bruscamente rechazando la marea recurrente, forzándome a respirar hondo, a pensar en mi trabajo del día siguiente; nunca supe por qué había cruzado a la acera de enfrente, sin ninguna necesidad puesto que la calle desembocaba[24] en la plaza de la Chapelle donde tal vez encontraría algún taxi, daba igual seguir por una vereda o la otra, crucé porque sí, porque ni siquiera me quedaban fuerzas para preguntarme por qué cruzaba.

La nena estaba sentada en el escalón de un portal casi perdido entre los otros portales de las casas altas y angostas apenas diferenciables en esa cuadra particularmente oscura. Que a esa hora de la noche y en esa soledad hubiera una nena al borde de un peldaño no me sorprendió tanto como su actitud, una manchita blanquecina con las piernas apretadas y las manos tapándole la cara, algo que también hubiera podido ser un perro o un cajón de basura abandonado a la entrada de la casa. Miré vagamente en torno; un camión se alejaba con sus débiles luces amarillas, en la acera de enfrente un hombre caminaba encorvado,[25] la cabeza hundida en el cuello alzado del sobretodo[26] y las manos en los bolsillos. Me detuve, miré de cerca; la nena tenía unas trencitas ralas,[27] una pollera[28] blanca y una tricota[29] rosa, y cuando apartó las manos de la cara le vi los ojos y las mejillas y ni siquiera la semioscuridad podía borrar las lágrimas, el brillo bajándole hasta la boca.

—¿Qué te pasa? ¿Qué haces ahí?

La sentí aspirar fuerte, tragarse lágrimas y mocos, un hipo o un puchero,[30] le vi la cara de lleno alzada hasta mí, la nariz minúscula y roja, la curva de una boca que temblaba. Repetí las preguntas, vaya a saber qué le dije agachándome[31] hasta sentirla muy cerca.

—Mi mamá—dijo la nena, hablando entre jadeos—.[32] Mi papá le hace cosas a mi mamá.

Tal vez iba a decir más pero sus brazos se tendieron y la sentí pegarse a mí, llorar desesperadamente contra mi cuello; olía a sucio, a bombacha[33] mojada. Quise tomarla en brazos mientras me levantaba, pero ella se apartó, mirando hacia la oscuridad del corredor. Me mostraba algo con un dedo, empezó a caminar y la seguí, vislumbrando apenas un arco de piedra y detrás la penumbra, un comienzo de jardín. Silenciosa salió al aire libre, aquello no era un jardín sino más bien un huerto con alambrados bajos que delimitaban zonas sembradas, había bastante luz para ver los

---

[23] **abrigo de mujer**
[24] **terminaba**
[25] hunched up
[26] **abrigo**
[27] thin (because of her sparse hair)
[28] **falda**
[29] **suéter**
[30] pout
[31] crouching
[32] panting
[33] **calzón**

almácigos[34] raquíticos,[35] las cañas que sostenían plantas trepadoras,[36] pedazos de trapos como espantapájaros; hacia el centro se divisaba un pabellón bajo remendado[37] con chapas[38] de zinc y latas, una ventanilla de la que salía una luz verdosa. No había ninguna lámpara encendida en las ventanas de los inmuebles que rodeaban el huerto, las paredes negras subían cinco pisos hasta mezclarse con un cielo bajo y nublado.

La nena había ido directamente al estrecho paso entre dos canteros[39] que llevaba a la puerta del pabellón; se volvió apenas para asegurarse de que la seguía, y entró en la barraca. Sé que hubiera debido detenerme ahí y dar media vuelta, decirme que esa niña había soñado un mal sueño y se volvía a la cama, todas las razones de la razón que en ese momento me mostraban el absurdo y acaso el riesgo de meterme a esa hora en casa ajena; tal vez todavía me lo estaba diciendo cuando pasé la puerta entornada[40] y vi a la nena que me esperaba en un vago zaguán[41] lleno de trastos y herramientas de jardín. Una raya de luz se filtraba bajo la puerta del fondo, y la nena me la mostró con la mano y franqueó[42] casi corriendo el resto del zaguán, empezó a abrir imperceptiblemente la puerta. A su lado, recibiendo en plena cara el rayo amarillento de la rendija[43] que se ampliaba poco a poco, olí un olor a quemado, oí algo como un alarido ahogado que volvía y volvía y se cortaba y volvía; mi mano dio un empujón a la puerta y abarqué el cuarto infecto, los taburetes[44] rotos y la mesa con botellas de cerveza y vino, los vasos y el mantel de diarios viejos, más allá la cama y el cuerpo desnudo y amordazado[45] con una toalla manchada, las manos y los pies atados a los parantes[46] de hierro. Dándome la espalda, sentado en un banco, el papá de la nena le hacía cosas a la mamá; se tomaba su tiempo, llevaba lentamente el cigarrillo a la boca, dejaba salir poco a poco el humo por la nariz mientras la brasa del cigarrillo bajaba a apoyarse en un seno de la mamá, permanecía el tiempo que duraban los alaridos sofocados por la toalla envolviendo la boca y la cara salvo los ojos. Antes de comprender, de aceptar ser parte de eso, hubo tiempo para que el papá retirara el cigarrillo y se lo llevara nuevamente a la boca, tiempo de avivar la brasa y saborear el excelente tabaco francés, tiempo para que yo viera el cuerpo quemado desde el vientre hasta el cuello, las manchas moradas o rojas que subían desde los muslos y el sexo hasta los senos donde ahora volvía a apoyarse la brasa con una escogida delicadeza, buscando un espacio de la piel sin cicatrices. El alarido y la sacudida del cuerpo en la cama que crujió bajo el espasmo se mezclaron con cosas y con actos que no escogí y que jamás podré explicarme; entre el hombre de espaldas y yo había un

---

[34] seedbeds
[35] scrawny
[36] vines
[37] patched up
[38] plates, sheets
[39] **pedazos de jardín**
[40] **medio cerrada**
[41] **vestíbulo**
[42] **cruzó**
[43] **abertura muy estrecha**
[44] stools
[45] gagged
[46] bedposts

taburete desvencijado,[47] lo vi alzarse en el aire y caer de canto[48] sobre la cabeza del papá; su cuerpo y el taburete rodaron por el suelo casi en el mismo segundo. Tuve que echarme hacia atrás para no caer a mi vez, en el movimiento de alzar el taburete y descargarlo había puesto todas mis fuerzas que en el mismo instante me abandonaban, me dejaban sola como un pelele[49] tambaleante;[50] sé que busqué apoyo sin encontrarlo, que miré vagamente hacia atrás y vi la puerta cerrada, la nena ya no estaba ahí y el hombre en el suelo era una mancha confusa, un trapo arrugado. Lo que vino después, pude haberlo visto en una película o leído en un libro, yo estaba ahí como sin estar pero estaba con una agilidad y una intencionalidad que en un tiempo brevísimo, si eso pasaba en el tiempo, me llevó a encontrar un cuchillo sobre la mesa, cortar las sogas que ataban a la mujer, arrancarle la toalla de la cara y verla enderezarse[51] en silencio, ahora perfectamente en silencio como si eso fuera necesario y hasta imprescindible, mirar el cuerpo en el suelo que empezaba a contraerse desde una inconsciencia que no iba a durar, mirarme a mí sin palabras, ir hacia el cuerpo y agarrarlo por los brazos mientras yo le sujetaba las piernas y con un doble envión[52] lo tendíamos en la cama, lo atábamos con las mismas cuerdas presurosamente recompuestas y anudadas, lo atábamos y lo amordazábamos dentro de ese silencio donde algo parecía vibrar y temblar en un sonido ultrasónico. Lo que sigue no lo sé, veo a la mujer siempre desnuda, sus manos arrancando pedazos de ropa, desabotonando un pantalón y bajándolo hasta arrugarlo contra los pies, veo sus ojos en los míos, un solo par de ojos desdoblados y cuatro manos arrancando y rompiendo y desnudando, chaleco y camisa y slip,[53] ahora que tengo que recordarlo y que tengo que escribirlo mi maldita condición y mi dura memoria me traen otra cosa indeciblemente vivida pero no vista, un pasaje de un cuento de Jack London[54] en el que un trampero del norte lucha por ganar una muerte limpia mientras a su lado, vuelto una cosa sanguinolenta que todavía guarda un resto de conciencia, su camarada de aventuras aúlla y se retuerce torturado por las mujeres de la tribu que hacen de él una horrorosa prolongación de vida entre espasmos y alaridos, matándolo sin matarlo, exquisitamente refinadas en cada nueva variante jamás descrita pero ahí, como nosotras ahí jamás descritas y haciendo lo que debíamos, lo que teníamos que hacer. Inútil preguntarse ahora por qué estaba yo en eso, cuál era mi derecho y mi parte en eso que sucedía bajo mis ojos que sin duda vieron, que sin duda recuerdan como la imaginación de London debió ver y recordar lo que su mano no era capaz de escribir. Sólo sé que la nena no estaba con nosotras desde mi entrada en la pieza, y que ahora la mamá le hacía cosas al papá, pero quién sabe si solamente la mamá o si

---

[47] **descompuesto, roto**
[48] **de... de lado**
[49] **muñeca de paja y trapos**
[50] **que pierde el equilibrio**
[51] straighten up
[52] **empujón**

[53] **calzoncillo**
[54] **cuentista y novelista norteamericano (1876–1916), conocido por sus historias de aventuras como *The Call of the Wild* (1903), *The Sea-Wolf* (1904), *White Fang* (1905)**

eran otra vez las ráfagas de la noche, pedazos de imágenes volviendo desde un recorte de diario, las manos cortadas de su cuerpo y puestas en un frasco que lleva el número 24, por informantes no oficiales nos hemos enterado que falleció súbitamente en los comienzos de la tortura, la toalla en la boca, los cigarrillos encendidos, y Victoria, de dos años y seis meses, y Hugo Roberto, de un año y seis meses, abandonados en la puerta del edificio. Cómo saber cuánto duró, cómo entender que también yo, también yo aunque me creyera del buen lado también yo, cómo aceptar que también yo ahí del otro lado de manos cortadas y de fosas comunes, también yo del otro lado de las muchachas torturadas y fusiladas esa misma noche de Navidad, el resto es un dar la espalda, cruzar el huerto golpeándome contra un alambrado y abriéndome una rodilla, salir a la calle helada y desierta y llegar a la Chapelle y encontrar casi en seguida el taxi que me trajo a un vaso tras otro de vodka y a un sueño del que me desperté a mediodía, cruzada en la cama y vestida de pies a cabeza, con la rodilla sangrante y ese dolor de cabeza acaso providencial que da la vodka pura cuando pasa del gollete[55] a la garganta.

Trabajé toda la tarde, me parecía inevitable y asombroso ser capaz de concentrarme hasta ese punto; al anochecer llamé por teléfono al escultor que parecía sorprendido por mi temprana reaparición, le conté lo que me había pasado, se lo escupí de un solo tirón que él respetó, aunque por momentos lo oía toser o intentar un comienzo de pregunta.

—De modo que ya ves—le dije—, ya ves que no me ha llevado demasiado tiempo darte lo prometido.

—No entiendo—dijo el escultor—. Si querés decir el texto sobre...

—Sí, quiero decir eso. Acabo de leértelo, ése es el texto. Te lo mandaré apenas lo haya pasado en limpio, no quiero tenerlo más aquí.

Dos o tres días después, vividos en una bruma de pastillas y tragos y discos, cualquier cosa que fuera una barricada, salí a la calle para comprar provisiones, la heladera estaba vacía y Mimosa maullaba al pie de mi cama. Encontré una carta en el buzón, la gruesa escritura del escultor en el sobre. Había una hoja de papel y un recorte de diario, empecé a leer mientras caminaba hacia el mercado y sólo después me di cuenta de que al abrir el sobre había desgarrado y perdido una parte del recorte. El escultor me agradecía el texto para su álbum, insólito[56] pero al parecer muy mío, fuera de todas las costumbres usuales en los álbumes artísticos aunque eso no le importaba como sin duda no me había importado a mí. Había una posdata: «En vos se ha perdido una gran actriz dramática, aunque por suerte se salvó una excelente escritora. La otra tarde creí por un momento que me estabas contando algo que te había pasado de veras, después por casualidad leí *France-Soir*[57] del que me permito recortarte la fuente de tu notable experiencia personal. Es cierto que un escritor puede argumentar que si su

[55] neck of a bottle
[56] unusual

[57] **periódico popular parisiense de tipo sensacionalista**

inspiración le viene de la realidad, e incluso de las noticias de policía, lo que él es capaz de hacer con eso lo potencia[58] a otra dimensión, le da un valor diferente. De todas maneras, querida Noemí, somos demasiado amigos como para que te haya parecido necesario condicionarme[59] por adelantado a tu texto y desplegar tus talentos dramáticos en el teléfono. Pero dejémoslo así, ya sabés cuánto te agradezco tu cooperación y me siento muy feliz de...»

Miré el recorte y vi que lo había roto inadvertidamente, el sobre y el pedazo pegado a él estarían tirados en cualquier parte. La noticia era digna de *France-Soir* y de su estilo: drama atroz en un suburbio[60] de Marsella,[61] descubrimiento macabro de un crimen sádico, ex plomero atado y amordazado en un camastro, el cadáver etcétera, vecinos furtivamente al tanto de repetidas escenas de violencia, hija pequeña ausente desde días atrás, vecinos sospechando abandono, policía busca concubina, el horrendo espectáculo que se ofreció a los, el recorte se interrumpía ahí, al fin y al cabo al mojar demasiado el cierre del sobre el escultor había hecho lo mismo que Jack London,[62] lo mismo que Jack London y que mi memoria; pero la foto del pabellón estaba entera y era el pabellón en el huerto, los alambrados y las chapas de zinc, las altas paredes rodeándolo con sus ojos ciegos, vecinos furtivamente al tanto, vecinos sospechando abandono, todo ahí golpeándome la cara entre los pedazos de la noticia.

Tomé un taxi y me bajé en la calle Riquet, sabiendo que era una estupidez y haciéndolo porque así se hacen las estupideces. En pleno día eso no tenía nada que ver con mi recuerdo y aunque caminé mirando cada casa y crucé la acera opuesta como recordaba haberlo hecho, no reconocí ningún portal que se pareciera al de esa noche, la luz caía sobre las cosas como una infinita máscara, portales pero no como el portal, ningún acceso a un huerto interior, sencillamente porque ese huerto estaba en los suburbios de Marsella. Pero la nena sí estaba, sentada en el escalón de una entrada cualquiera jugaba con una muñeca de trapo. Cuando le hablé se escapó corriendo hasta la primera puerta, una portera vino antes de que yo pudiera llamar. Quiso saber si era una asistenta social, seguro que venía por la nena que ella había encontrado perdida en la calle, esa misma mañana habían estado unos señores para identificarla, una asistenta social vendría a buscarla. Aunque ya lo sabía, antes de irme pregunté por su apellido, después me metí en un café y al dorso de la carta del escultor le escribí el final del texto y fui a pasarlo por debajo de su puerta, era justo que conociera el final, que el texto quedara completo para acompañar sus esculturas.

---

[58] **alza**
[59] **prepararme**
[60] slum
[61] **Marseilles, ciudad del sur de Francia (Recuérdese que Noemí vive en París.)**
[62] **referencia a la técnica que London empleó en algunos de sus cuentos de dejar la historia sin terminar para que el lector pudiera suministrar la conclusión**

SOBRE LA LECTURA

1. ¿Está la calle Riquet en un barrio bueno o malo? ¿Por qué, según la narradora, vive el escultor allí?
2. ¿Por qué va Noemí al departamento del escultor? ¿Quiere ella escribir el texto o no?
3. ¿Cómo son las esculturas? ¿Cuál es el tema central del trabajo del escultor?
4. ¿Qué aspectos del trabajo del escultor le gustaron a Noemí?
5. ¿Qué dice el recorte de prensa que Noemí le muestra al escultor?
6. ¿Qué comparación con Auschwitz hace el escultor?
7. ¿Qué prueba le dan a Laura Beatriz Bonaparte Bruschtein de la muerte de su hija? ¿Por qué publica la madre su testimonio en el periódico? ¿Sigue viviendo en Buenos Aires?
8. ¿Por qué se desanima el escultor al leer la denuncia de Bruschtein?
9. ¿Qué otras personas que se mencionan en el recorte fueron asesinadas? ¿En qué circunstancias?
10. ¿Por qué dice Noemí que no hay que autotorturarse?
11. ¿Qué les pasó a la hermana de su nuera y al prometido de ésta? ¿Qué les pasó a su hija Irene y a su yerno? ¿Qué les pasó a los hijos de esta pareja?
12. ¿Cómo termina el testimonio?
13. ¿Cómo es la niñita que está llorando en un portal? ¿Por qué llora?
14. ¿Qué escena horrible presencia Noemí al seguir a la niñita?
15. ¿Qué hace Noemí? ¿De quiénes son «las cuatro manos» que desvisten al hombre y se ponen a torturarlo? ¿De qué escena de Jack London se acuerda Noemí en ese momento? ¿Por qué le horroriza este recuerdo?
16. ¿Escribe Noemí el texto para acompañar las fotos de las obras del escultor? ¿En qué basa el texto?
17. ¿Qué le dice el escultor que la deja desconcertada? ¿Qué dice el recorte de prensa que le manda?
18. ¿Qué sucede cuando Noemí vuelve al barrio pobre en busca del cuarto de la otra noche?

HACIA EL ANÁLISIS LITERARIO

1. ¿Cómo le da Cortázar un tono de autenticidad y de actualidad a este cuento?
2. ¿Qué ejemplo morboso y gráfico da de la crueldad de los torturadores argentinos? ¿Por qué insiste en este detalle?
3. ¿Qué tipo de mujer es Noemí? ¿Qué textos literarios o históricos menciona? ¿Qué importancia tiene el hecho de que siempre relaciona todo lo que le sucede con algún texto que ha leído?
4. ¿Qué semejanzas existen entre los casos de tortura y abandono de niños que se describen en el primer recorte de prensa y la escena que Noemí piensa haber presenciado?
5. ¿Cómo crea Cortázar un sentido de confusión psicológica en los momentos en que Noemí trata de recordar lo que ha hecho? ¿Cómo es la prosa que

emplea en estos pasajes? En cuanto a la ambigüedad que quiere crear, ¿qué logra con este recurso estilístico?
6. ¿Qué otras técnicas emplea para crear la ambigüedad?
7. ¿Cómo se borra en este cuento la línea divisoria entre la realidad objetiva y la personal o psicológica?
8. ¿En qué sentido son iguales todas las víctimas y todos los torturadores? ¿En qué sentido son individuos al mismo tiempo que son arquetipos? ¿Cómo comunica Cortázar esta idea paradójica?
9. ¿Qué aspecto desconcertante del alma humana revela Cortázar en este cuento? ¿Cómo lo hace?
10. ¿Por qué no resuelve el enigma al final del cuento?

TEXTO Y VIDA

1. ¿Cree usted que Noemí se imaginó la escena con el torturador y su víctima o que la presenció? ¿Por qué?
2. ¿Todavía se usa la tortura por fines políticos? ¿Hay casos en que se justifique?
3. ¿Existen casos de tortura doméstica en todas las clases sociales? Explique.
4. ¿Cómo se explica que un ser humano sea capaz de torturar a otro? ¿Cree usted que Cortázar tiene razón cuando implica que cualquiera de nosotros podría ser un torturador?
5. ¿Qué se puede hacer para eliminar la tortura?
6. ¿Cree usted que el artista tiene el deber de protestar contra estos abusos? ¿Tiene el artista la obligación de usar su arte para expresar una opinión política?
7. ¿Por qué se siente tan frustrado el escultor? ¿Cree usted que el arte puede realmente cambiar el mundo?
8. ¿En qué circunstancias empieza la gente a confundir la fantasía y la realidad?

García Márquez: Realismo y magia

Una de las figuras más importantes del «boom» es Gabriel García Márquez (1927–). Nació en la provincia colombiana de Magdalena, en el pueblo de Aracataca. Este lugar sórdido y miserable sería el modelo para Macondo, en que tiene lugar *Cien años de soledad,* la novela que lanzó a García Márquez a la fama. Años antes Aracataca había tenido una época dorada. Al principio del siglo, la United Fruit Company había explotado la industria bananera en el norte de Colombia, iniciando un período de prosperidad, los últimos vestigios de los cuales habían desaparecido para principios de los años cuarenta, cuando García Márquez era un adolescente.

La madre de García Márquez era de una familia establecida y respetada. Contra la voluntad de sus padres se casó con un telegrafista humilde, Gabriel Eligio García, y cuando nació su hijo, ella y su marido partieron para Riohacha, dejando al niño con sus abuelos maternos. Estos vivían en una casa que compartían con unas tías. Al pequeño García Márquez le pareció enorme y misteriosa, e inspiró algunos de sus primeros intentos literarios. Un muchacho solo que vivía entre ancianos, el futuro escritor conocía la soledad desde una edad muy temprana. Sin embargo, tuvo una niñez feliz, y en varias ocasiones ha dicho (con obvia ironía) que nada importante le pasó después de la edad de ocho años.

Su abuelo había luchado por la causa liberal en la última de las guerras civiles que desangraron Colombia a lo largo del siglo XIX. Para García Márquez era un héroe y le sirvió de modelo para varios personajes. Por haber matado a un hombre, el abuelo abandonó su pueblo y fundó otro, situación que se refleja en *Cien años de soledad*. Su abuela le contaba al joven García Márquez leyendas de la época en que Aracataca era próspera. Influyó en la obra del escritor no sólo como modelo para varios personajes femeninos, sino también en la estilística. Según una cita que aparece en *Deicidio* de Mario Vargas Llosa, al escribir *Cien años de soledad* García Márquez trató de contar su historia de la misma manera en que su abuela relataba «las leyendas, las fábulas, las prestigiosas mentiras con que la fantasía popular evocaba el antiguo esplendor de la región».

García Márquez estudió derecho durante tres años en la Universidad Nacional de Bogotá, pero abandonó la carrera para dedicarse al periodismo. Durante este período leyó extensamente. Mientras aún era adolescente, publicó varios cuentos en el suplemento literario del periódico *El Espectador*, de Bogotá. En 1946 aceptó un puesto de reportero de este periódico y viajó por todas partes de Colombia y también a Roma, donde trabajó como corresponsal y estudió dirección en el Centro Sperimentale de Cinematografia. Su experiencia en el cine fue otra influencia importante en el desarrollo de su estilística. Su primera novela, *La hojarasca,* fue publicada en 1955, aunque había empezado a escribirla a los diecinueve años.

El Espectador lo mandó a París, pero cuando el dictador Gustavo Rojas Pinilla (1900–1974) cerró el periódico, García Márquez se encontró sin una fuente de ingresos y regresó a Latinoamérica. Pasó un tiempo en Caracas trabajando para otras publicaciones y, después de la Revolución Cubana, volvió a Bogotá en 1959 como representante de la agencia cubana Prensa Latina. También trabajó en Nueva York como reportero para la prensa cubana. En 1961 renunció a su puesto en protesta contra la posición rigurosa de algunos de los miembros más conservadores del Partido Comunista. Poco después García Márquez hizo un largo viaje por los Estados Unidos antes de establecerse en México, donde trabajó para una compañía de relaciones públicas e hizo guiones para el cine. Mientras tanto, siguió escribiendo ficción y también publicó algunas obras que había creado antes: *El coronel no tiene quien le escriba* (publicado en 1961, pero escrito en la época de París), *La mala hora* (publicado en 1962, pero escrito años antes) y su colección de cuentos, *Los funerales de la Mamá Grande*. Ganó fama internacional con la publicación en 1967 de *Cien años de soledad,* que algunos críticos han llamado la mejor novela del siglo.

En muchos sentidos las obras tempranas de García Márquez fueron una preparación para *Cien años de soledad*. En *La hojarasca* y en algunos cuentos tempranos aparece Macondo, nombre de una verdadera finca que existe en

Colombia, y que García Márquez convierte en un pueblo mítico y fantástico, el cual llega a ser, al mismo tiempo, un microcosmo de la sociedad colombiana. La figura que le da su nombre a *Los funerales de la Mamá Grande* es una matriarca legendaria que gobierna la región con una mano férrea hasta su muerte. En estos cuentos, como en casi toda la obra de García Márquez, se retrata una sociedad controlada por una oligarquía terrateniente en que los pobres, a pesar de su mala situación, logran mantener su esperanza y su sentido de dignidad. En *El coronel no tiene quién le escriba* se describe el ambiente de violencia que domina el campo colombiano. El coronel innominado es un veterano de las guerras civiles a quien le matan a su único hijo. Pobre y aislado, vive con su esposa, esperando una pensión que nunca llega. Sin embargo, no pierde la fe. Va a la oficina de correos semanalmente para ver si la carta ha llegado. Lo único que le queda de su hijo es un gallo de pelea que el viejo logra alimentar a pesar de pasar hambre él mismo. Este animal se convierte en un símbolo de su esperanza y de su espíritu inquebrantable.

En sus primeros cuentos, el estilo de García Márquez es esencialmente realista, aunque la figura de la Mamá Grande agrega un elemento mítico y poético a *Los funerales*. En *Cien años de soledad,* el escritor logra darle expresión al mundo mágico de su niñez. La novela toma la forma de una narrativa oral en que ocupan un lugar lo legendario, lo mágico, lo fantástico y lo real. Al relatar los incidentes más insólitos en el mismo tono que los hechos históricos, García Márquez crea una narrativa que abarca toda la experiencia humana—auténtica o imaginada. *Cien años de soledad* es uno de los mejores ejemplos de esa combinación de lo real y lo irreal o lo superreal que la crítica ha llamado «realismo mágico».

La novela narra la historia de Macondo y de su familia fundadora, los Buendía. Después de matar a un vecino que insultó su honor, José Arcadio Buendía, su esposa Ursula y unos amigos salen de su aldea y fundan un pueblo en una zona remota. Como el Jardín del Edén, Macondo es, en los primeros años de su existencia, un paraíso en que reinan la paz y la inocencia. El único contacto de los habitantes con el mundo externo son los gitanos que de vez en cuando pasan por allí. El jefe de éstos, Melquíades, trae cosas inauditas al pueblo—por ejemplo, hielo y un imán, despertando así el interés de José Arcadio en el progreso científico. Melquíades también deja un manuscrito enigmático que ninguno de los Buendía logra descifrar. Con el tiempo, el mundo externo penetra en Macondo. Un representante del gobierno central llega a ocupar una posición de autoridad en el distrito. El pueblo entra en la esfera de la política nacional e inevitablemente, se involucra en guerras civiles. La construcción de un ferrocarril permite la penetración en la zona de una compañía bananera norteamericana. Aunque Macondo goza de un período de prosperidad, pronto los obreros empiezan a pedir más dinero, declaran una huelga y son reprimidos por tropas del gobierno. Una lluvia destruye las plantaciones y Macondo se convierte en un pueblo pobre y abandonado.

Los Buendía y sus numerosos descendientes viven obsesionados con el temor de un castigo que vendrá en la forma de un niño monstruoso con cola de cerdo. José Arcadio y Ursula eran primos, y en las próximas generaciones los Buendía habían mostrado propensión hacia el incesto. Cuando por fin Aureliano,

uno de los últimos Buendía, se enamora de su tía Amarante Ursula, se produce el niño monstruoso. Cuando Aureliano finalmente logra descifrar el manuscrito dejado por Melquíades, se da cuenta de que contiene la historia de Macondo y que su mundo terminará con la última frase.

Cien años de soledad es un libro sumamente ambicioso que combina dimensiones bíblicas y míticas con un elemento de burla. Las sucesivas generaciones de Buendía repiten los mismos nombres y características hasta crear una sensación de confusión. El tono es irónico e irreverente. A veces el escritor usa la exageración con fines humorísticos, a veces usa la acumulación excesiva de objetos, imágenes o ejemplos. Mucho del humor proviene de la seriedad con la cual los personajes cuentan acontecimientos fantásticos y la sorpresa con que ven lo cotidiano. Por un lado, García Márquez se mofa de la literatura. La desaparición de los Buendía con el fin del manuscrito de Melquíades implica que el personaje no tiene otra realidad fuera de la del libro. Por otro lado, el autor usa el mito y la fantasía para explorar las realidades políticas y sociales de su país.

Como Borges, García Márquez rechaza el concepto tradicionalista de la ficción, el cual está basado en la creencia de que el artista puede comprender y recrear el mundo real. A diferencia de los realistas, García Márquez se aparta de la ficción documental. Presupone la imposibilidad de conocer la verdad objetiva y, por lo tanto, admite diversas explicaciones de cualquier acontecimiento. Los episodios del libro se presentan desde la perspectiva de la gente local. Por lo tanto, las supersticiones tienen el mismo valor que los hechos.

Desde la publicación de *Cien años de soledad,* García Márquez sigue produciendo novelas y colecciones de cuentos: *La increíble y triste historia de la cándida Eréndira y de su abuela desalmada* (1972), sobre la cual se ha basado una película; *El otoño del patriarca* (1975); *Crónica de una muerte anunciada* (1981), *El amor en los tiempos del cólera* (1985); *El general en su laberinto* (1989). *El amor en los tiempos del cólera* y *El general en su laberinto* fueron «best sellers» en los Estados Unidos tanto como en Latinoamérica y Europa. Aquél contiene bastantes reminiscencias de la historia familiar del autor: Florentino Ariza, un hombre pobre que trabaja de telegrafista, se enamora de Fermina Daza, una chica de orígenes humildes. Guiada por la ambición de su padre, ella se casa con un médico adinerado y se convierte en una dama de sociedad. Florentino espera a Fermina durante toda su vida hasta que finalmente, cuando los dos son ya viejos, se realiza su amor. *El general en su laberinto* es un retrato de Simón Bolívar durante los últimos meses de su vida, cuando está enfermo y desilusionado con los nuevos gobiernos latinoamericanos.

Gabriel García Márquez ha recibido muchos premios y honores, entre ellos un doctorado honorífico de la Universidad de Columbia, en Nueva York. En 1982 ganó el Premio Nóbel. Sigue haciendo periodismo y escribiendo ficción, y ha llegado a ser una fuerza importante en el cine latinoamericano.

Sobre «La prodigiosa tarde de Baltazar»

«La prodigiosa tarde de Baltazar» se incluye en *Los funerales de la Mamá Grande* y, como los otros relatos de la colección, es esencialmente realista. El argumento es sencillo: Baltazar, un hombre pobre, construye una jaula bellísima para el hijo de don José Montiel, un hombre rico del pueblo. A pesar de recibir otras ofertas por la jaula, Baltazar cumple con lo prometido y se la lleva al hijo de Montiel. El padre se indigna y se niega a pagarle la jaula, pero Baltazar dice que no importa el dinero y se la regala al niño.

A través de este cuento engañosamente sencillo, García Márquez expone las tensiones políticas del pueblo y la eterna lucha entre ricos y pobres. Baltazar es un hombre alerta, inteligente y seguro de sí mismo. Crea cosas hermosas por gusto, no por su valor monetario. Cuando su mujer le pregunta cuánto va a cobrar por la jaula, le asigna un precio ridículamente bajo. Sobre todo, Baltazar es un hombre cumplido. Aun cuando el médico le ofrece un buen precio por la jaula, Baltazar se niega a vendérsela a otra persona que no sea el hijo de Montiel.

Se contrasta la integridad de Baltazar con la desvergüenza de Montiel. Un hombre impetuoso y violento, Montiel vive preocupado de que otros se aprovechen de él. A diferencia de Baltazar, un hombre de instintos sanos y apetitos naturales, Montiel es una figura antinatural, tan compleja que ni siquiera puede enojarse con gusto. Cuando Baltazar llega con la jaula, Montiel muestra su desprecio por el carpintero al presentarse en calzoncillos. Aunque tiene dinero de más para pagar la jaula, se niega a respetar el acuerdo que ha hecho su hijo, y cuando el niño se pone a llorar, Montiel reacciona de una manera violenta.

En la confrontación entre Montiel y Baltazar, el carpintero muestra su superioridad moral. Desde el primer momento, Baltazar está en control de la situación. Cuando Montiel trata de humillarlo al echarlo de la casa con su jaula, Baltazar termina humillando a Montiel al no aceptar su dinero. Sin embargo, Baltazar se conduce de una manera tan natural e inconsciente que ni siquiera se da cuenta de que ha triunfado sobre un adversario.

Aunque Baltazar actúa sin interés, al salir de la casa de Montiel se da cuenta de que para los otros pobres del pueblo se ha convertido en un héroe. Para no desilusionar a sus compañeros, quienes ven la venta de la jaula como un triunfo de la clase obrera sobre los ricos, sale a celebrar con ellos. Gasta más dinero del que tiene, se emborracha y le roban los zapatos, pero a Baltazar, que está loco de felicidad, nada de eso le importa, ya que lo material ocupa un lugar insignificante en su vida.

Ediciones

García Márquez, Gabriel. *El coronel no tiene quien le escriba.* México, D.F.: Era, 1972

———. *Los funerales de la Mamá Grande.* Buenos Aires: Sudamericana, 1970

———. *Cien años de soledad.* Buenos Aires: Sudamericana, 1967

———. *La mala hora.* Buenos Aires: Sudamericana, 1972

———. *La hojarasca.* Buenos Aires: Sudamericana, 1972

———. *Todos los cuentos de García Márquez* (1947–1972). Barcelona: Plaza y Janés, 1975

———. *El amor en los tiempos del cólera.* México, D.F.: Diana, 1985

———. *El general en su laberinto.* Buenos Aires: Sudamericana, 1989

Crítica

Arnau, C. *El mundo mítico de Gabriel García Márquez.* Barcelona: Península, 1971

Bell-Villada, Gene H. *García Márquez: The Man and His Work.* Chapel Hill: University of North Carolina, 1990

Brushwood, John. "Reality and Imagination in the Novels of García Márquez." *Latin American Literary Review.* 13:25 (Jan.–June, 1985): 9–14

Earle, Peter, ed. *Gabriel García Márquez.* Madrid: Taurus, 1982 [Contiene artículos de Ernesto Voklening, Angel Rama, Pedro Lastra, Enmanuel Carballo, Donald McGrady, Peter Earle, Carlos Fuentes, Juan Benet, Tzvetan Todorov, Emir Rodríguez Monegal, Ricardo Guillón, Reinaldo Arenas, Carmelo Gariano, José Miguel Oviedo, Seymour Menton, Carmen Martín Gaite, Julio Ortega, Ernesto González Bermejo, William Kennedy, Harley D. Oberhelman.]

García Márquez, Gabriel. *El olor de la guayaba: Conversaciones con Plinio Apuleyo Mendoza.* Barcelona: Bruguera, 1984

Hernández de López and Ana María, eds. *En el punto de mira: Gabriel García Márquez.* Madrid: Pliegos, 1985 [Contiene artículos de María Teresa Arun Kumar, Dulce Andrigueto, Edgar Paiewonsky-Conde, Lida Aronne-Amestoy, Melvin S. Arrington, Matilde L. Boo, Nancy M. Kason, Fernando Burgos, Arthur Eaves, Emilio García,

Teresa Méndez-Faith, Julio Ortega, Allen Smith, J. David Suárez-Torres, Clara Thurner, April Ginther, Lydia D. Hazera, Ana María Hernández de López, Bárbara M. Jarvis, Monique J. Lemaître, Adelaida López de Martínez, Alicia Ríos, Adeleida Anselma Rodríguez, Jorge Ruffinelli, José Luis Ramos Escobar, Susan Snell, Juan Manuel Marcos, Alexis Márquez Rodríguez, Roberto Herrera.]

Higgens, James. "Gabriel García Márquez: *Cien años de soledad.*" 141–160. Ed. Philip Swanson. *Landmarks in Modern Latin American Fiction.* London: Routledge, 1990

Janes, Regina. *Gabriel García Márquez: Revolutions in Wonderland.* Columbia and London: University of Missouri, 1981

Joset, Jacques. *Gabriel García Márquez: Coetáneo de la eternidad.* Amsterdam: Rodopi, 1984

McGuirk, B. and R. Cardwell, eds. *Gabriel García Márquez: New Readings.* Cambridge: Gabridge University, 1987. [Contiene el siguiente artículo sobre «La prodigiosa tarde de Baltasar»: González, Eduardo. "Beware of Gift-Bearing Tales: Reading 'Baltazar's Prodigious Afternoon' according to Marcel Mauss." 17–32]

Miller, Beth. «Alegoría e ideología en ‹La prodigiosa tarde de Baltazar›: El artista del tercer mundo y su producto» *Revista de Crítica Literaria Latinoamericana.* 11:23 (1986): 53–62

Minta, S. *Gabriel García Márquez.* London: Cape, 1987

Mora, Gabriela. « ‹La prodigiosa tarde de Baltazar›: Problemas de significado.» *Inti.* 16–17 (Fall–Spring 1982–1983): 83–93

Ortega, Julio, ed. *Gabriel García Márquez and the Powers of Fiction.* Austin: University of Texas, 1988. [Contiene artículos de Gabriel García Márquez, Aníbal González, Julio Ortega, Ricardo Gutiérrez Mouat, Gonzalo Díaz-Migoyo, Michael Palencia-Roth.]

Palencia-Roth, Michael. *Gabriel García Márquez: La línea, el círculo y las metamorfosis del mito.* Madrid: Gredos, 1983

Vargas Llosa, Mario. *Garbiel García Márquez: Historia de un deicidio.* Barcelona: Barral, 1971

Williams, R. L. *Gabriel García Márquez.* Boston: Twayne, 1984

La prodigiosa tarde de Baltazar

Gabriel García Márquez

La jaula estaba terminada. Baltazar la colgó en el alero,[1] por la fuerza de la costumbre,[2] y cuando acabó de almorzar ya se decía por todos lados que era la jaula más bella del mundo. Tanta gente vino a verla, que se formó un tumulto frente a la casa, y Baltazar tuvo que descolgarla y cerrar la carpintería.[3]

—Tienes que afeitarte—le dijo Ursula, su mujer—. Pareces un capuchino.[4]

—Es malo afeitarse después del almuerzo—dijo Baltazar.

Tenía una barba de dos semanas,[5] un cabello corto, duro y parado como las crines de un mulo, y una expresión general de muchacho asustado. Pero era una expresión falsa. En febrero había cumplido 30 años, vivía con Ursula desde hacía cuatro, sin casarse y sin tener hijos, y la vida le había dado muchos motivos para estar alerta, pero ninguno para estar asustado. Ni siquiera sabía que para algunas personas, la jaula que acababa de hacer era la más bella del mundo. Para él, acostumbrado a hacer jaulas desde niño, aquél había sido apenas un trabajo más arduo que los otros.

—Entonces repósate un rato—dijo la mujer—. Con esa barba no puedes presentarte en ninguna parte.

Mientras reposaba tuvo que abandonar la hamaca varias veces para mostrar la jaula a los vecinos. Ursula no le había prestado atención hasta entonces. Estaba disgustada[6] porque su marido había descuidado el trabajo de la carpintería para dedicarse por entero a la jaula, y durante dos semanas había dormido mal, dando tumbos y hablando disparates, y no había vuelto a pensar en afeitarse. Pero el disgusto se disipó ante la jaula terminada. Cuando Baltazar despertó de la siesta, ella le había planchado los pantalones y una camisa, los había puesto en un asiento junto a la hamaca, y había llevado la jaula a la mesa del comedor. La contemplaba en silencio.

—¿Cuánto vas a cobrar?—preguntó.

—No sé—contestó Baltazar—. Voy a pedir treinta pesos para ver si me dan veinte.

—Pide cincuenta—dijo Ursula.— Te has trasnochado[7] mucho en estos quince días. Además, es bien grande. Creo que es la jaula más grande que he visto en mi vida.

Baltazar empezó a afeitarse.

—¿Crees que me darán los cincuenta pesos?

—Eso no es nada para don

---

[1] ledge of the roof
[2] **por...** out of habit
[3] carpenter's shop
[4] Capuchin friar (a bearded friar belonging to the branch of the Franciscan order that observes vows of poverty)
[5] **una...** two weeks' growth
[6] **Estaba... No estaba contenta**
[7] **Te... Has pasado noches sin dormir**

Chepe Montiel, y la jaula los vale—dijo Ursula—. Debías pedir sesenta.

La casa yacía en una penumbra sofocante. Era la primera semana de abril y el calor parecía menos soportable por el pito de las chicharras.[8] Cuando acabó de vestirse, Baltazar abrió la puerta del patio para refrescar la casa, y un grupo de niños entró en el comedor.

La noticia se había extendido. El doctor Octavio Giraldo, un médico viejo, contento de la vida pero cansado de la profesión, pensaba en la jaula de Baltazar mientras almorzaba con su esposa inválida. En la terraza interior donde ponían la mesa en los días de calor, había muchas macetas con flores y dos jaulas con canarios.

A su esposa le gustaban los pájaros, y le gustaban tanto que odiaba a los gatos porque eran capaces de comérselos. Pensando en ella, el doctor Giraldo fue esa tarde a visitar a un enfermo, y al regreso pasó por la casa de Baltazar a conocer la jaula.

Había mucha gente en el comedor. Puesta en exhibición sobre la mesa, la enorme cúpula de alambre con tres pisos interiores, con pasadizos y compartimientos epeciales para comer y dormir, y trapecios en el espacio reservado al recreo de los pájaros, parecía el modelo reducido de una gigantesca fábrica de hielo. El médico la examinó cuidadosamente, sin tocarla, pensando que en efecto aquella jaula era superior a su propio prestigio, y mucho más bella de lo que había soñado jamás para su mujer.

—Esto es una aventura de la imaginación—dijo. Buscó a Baltazar en el grupo, y agregó, fijos en él sus ojos maternales—: Hubieras sido un extraordinario arquitecto.

Baltazar se ruborizó.

—Gracias—dijo.

—Es verdad—dijo el médico. Tenía una gordura lisa y tierna como la de una mujer que fue hermosa en su juventud, y unas manos delicadas. Su voz parecía la de un cura hablando en latín—. Ni siquiera será necesario ponerle pájaros—dijo, haciendo girar la jaula frente a los ojos del público, como si la estuviera vendiendo—. Bastará con colgarla entre los árboles para que cante sola. —Volvió a ponerla en la mesa, pensó un momento, mirando la jaula, y dijo:

—Bueno, pues me la llevo.

—Está vendida—dijo Ursula.

—Es del hijo de don Chepe Montiel—dijo Baltazar—. La mandó a hacer expresamente.

El médico asumió una actitud respetable.

—¿Te dio el modelo?

—No—dijo Baltazar—. Dijo que quería una jaula grande, como ésa, para una pareja de turpiales.[9]

El médico miró la jaula.

—Pero ésta no es para turpiales.

—Claro que sí, doctor—dijo Baltazar, acercándose a la mesa. Los niños lo rodearon—. Las medidas están bien calculadas—dijo, señalando con el índice los diferentes compartimientos. Luego golpeó la cúpula con los nudillos,[10] y la jaula se llenó de acordes[11] profundos.

—Es el alambre más resistente que se puede encontrar, y cada juntura[12] está soldada[13] por dentro y por

---

[8] **el...** the buzz of the locusts
[9] The troupial is a kind of brilliantly colored South American bird.
[10] knuckles
[11] musical chords
[12] joint
[13] soldered

fuera—dijo.

—Sirve hasta para un loro —intervino uno de los niños.

—Así es—dijo Baltazar.

El médico movió la cabeza.

—Bueno, pero no te dio el modelo —dijo—. No te hizo ningún encargo[14] preciso, aparte de que fuera una jaula grande para turpiales. ¿No es así?

—Así es—dijo Baltazar.

—Entonces no hay problema —dijo el médico—. Una cosa es una jaula grande para turpiales y otra cosa es esta jaula. No hay pruebas de que sea ésta la que te mandaron hacer.

—Es ésta misma—dijo Baltazar, ofuscado[15]—. Por eso la hice.

El médico hizo un gesto de impaciencia.

—Podrías hacer otra—dijo Ursula, mirando a su marido. Y después, hacia el médico—: Usted no tiene apuro.

—Se la prometí a mi mujer para esta tarde—dijo el médico.

—Lo siento mucho, doctor—dijo Baltazar—, pero no se puede vender una cosa que ya está vendida.

El médico se encogió de hombros. Secándose el sudor del cuello con un pañuelo, contempló la jaula en silencio, sin mover la mirada de un mismo punto indefinido, como se mira un barco que se va.

—¿Cuánto te dieron por ella?

Baltazar buscó a Ursula sin responder.

—Sesenta pesos—dijo ella.

El médico siguió mirando la jaula.

—Es muy bonita—suspiró—. Sumamente bonita.

Luego, moviéndose hacia la puerta, empezó a abanicarse con energía, sonriente, y el recuerdo de aquel episodio desapareció para siempre de su memoria.

—Montiel es muy rico—dijo.

En verdad, José Montiel no era tan rico como parecía, pero había sido capaz de todo por llegar a serlo. A pocas cuadras de allí, en una casa atiborrada[16] de arneses donde nunca se había sentido un olor que no se pudiera vender, permanecía indiferente a la novedad de la jaula. Su esposa, torturada por la obsesión de la muerte, cerró puertas y ventanas después del almuerzo y yació dos horas con los ojos abiertos en la penumbra del cuarto, mientras José Montiel hacía la siesta. Así lo sorprendió un alboroto[17] de muchas voces. Entonces abrió la puerta de la sala y vio un tumulto frente a la casa, y a Baltazar con la jaula en medio del tumulto, vestido de blanco y acabado de afeitar, con esa expresión de decoroso candor con que los pobres llegan a la casa de los ricos.

—Qué cosa tan maravillosa—exclamó la esposa de José Montiel, con una expresión radiante, conduciendo a Baltazar hacia el interior—. No había visto nada igual en mi vida—dijo, y agregó, indignada con la multitud que se agolpaba en la puerta—: Pero llévesela para adentro que nos van a convertir la sala en una gallera.[18]

Baltazar no era un extraño en la

---

[14] commission
[15] **confuso**
[16] stuffed
[17] **ruido confuso**
[18] rooster coop

casa de José Montiel. En distintas ocasiones, por su eficacia y buen cumplimiento, había sido llamado para hacer trabajos de carpintería menor. Pero nunca se sintió bien entre los ricos. Solía pensar en ellos, en sus mujeres feas y conflictivas, en sus tremendas operaciones quirúrgicas, y experimentaba siempre un sentimiento de piedad. Cuando entraba en sus casas no podía moverse sin arrastrar los pies.

—¿Está Pepe? —preguntó.

Había puesto la jaula en la mesa del comedor.

—Está en la escuela—dijo la mujer de José Montiel—. Pero ya no debe demorar. —Y agregó—: Montiel se está bañando.

En realidad José Montiel no había tenido tiempo de bañarse. Se estaba dando una urgente fricción de alcohol alcanforado para salir a ver lo que pasaba. Era un hombre tan prevenido,[19] que dormía sin ventilador eléctrico para vigilar durante el sueño los rumores de la casa.

—Ven a ver qué cosa tan maravillosa—gritó su mujer.

José Montiel—corpulento y peludo, la toalla colgada en la nuca—se asomó por la ventana del dormitorio.

—¿Qué es eso?

—La jaula de Pepe—dijo Baltazar.

La mujer lo miró perpleja.

—¿De quién?

—De Pepe—confirmó Baltazar. Y después dirigiéndose a José Montiel—: Pepe me la mandó a hacer.

Nada ocurrió en aquel instante, pero Baltazar se sintió como si le hubieran abierto la puerta del baño. José Montiel salió en calzoncillos del dormitorio.

—Pepe—gritó.

—No ha llegado—murmuró su esposa, inmóvil.

Pepe apareció en el vano de la puerta.[20] Tenía unos doce años y las mismas pestañas rizadas y el quieto patetismo de su madre.

—Ven acá—le dijo José Montiel—. ¿Tú mandaste a hacer esto?

El niño bajó la cabeza. Agarrándolo por el cabello, José Montiel lo obligó a mirarlo a los ojos.

—Contesta.

El niño se mordió los labios sin responder.

—Montiel—susurró la esposa.

José Montiel soltó al niño y se volvió hacia Baltazar con una expresión exaltada.[21]

—Lo siento mucho, Baltazar—dijo—. Pero has debido consultarlo conmigo antes de proceder. Sólo a ti se te ocurre contratar con un menor. —A medida que hablaba, su rostro fue recobrando la serenidad. Levantó la jaula sin mirarla y se la dio a Baltazar—. Llévatela en seguida y trata de vendérsela a quien puedas—dijo—. Sobre todo, te ruego que no me discutas. —Le dio una palmadita en la espalda, y explicó—: El médico me ha prohibido coger rabia.

El niño había permanecido inmóvil, sin parpadear, hasta que Baltazar lo miró perplejo con la jaula en la mano. Entonces emitió un sonido gutural, como el ronquido de un perro, y se lanzó al suelo dando gritos.

José Montiel lo miraba impasible, mientras la madre trataba de apa-

[19] cautious
[20] **vano...** doorway
[21] excited

ciguarlo.

—No lo levantes—dijo—. Déjalo que se rompa la cabeza contra el suelo y después le echas sal y limón para que rabie con gusto.

El niño chillaba sin lágrimas, mientras su madre lo sostenía por las muñecas.[22]

—Déjalo—insistió José Montiel.

Baltazar observó al niño como hubiera observado la agonía de un animal contagioso. Eran casi las cuatro.

A esa hora, en su casa, Ursula cantaba una canción muy antigua, mientras cortaba rebanadas[23] de cebolla.

—Pepe—dijo Baltazar.

Se acercó al niño, sonriendo, y le tendió la jaula. El niño se incorporó de un salto, abrazó la jaula, que era casi tan grande como él, y se quedó mirando a Baltazar a través del tejido metálico, sin saber qué decir. No había derramado una lágrima.

—Baltazar—dijo Montiel, suavemente—. Ya te dije que te la lleves.

—Devuélvela—ordenó la mujer al niño.

—Quédate con ella—dijo Baltazar. Y luego a José Montiel—: Al fin y al cabo, para eso la hice.

José Montiel lo persiguió hasta la sala.

—No seas tonto, Baltazar—decía cerrándole el paso—. Llévate tu trasto[24] para la casa y no hagas más tonterías. No pienso pagarte ni un centavo.

—No importa—dijo Baltazar—. La hice expresamente para regalársela a Pepe. No pensaba cobrar nada.

Cuando Baltazar se abrió paso a través de los curiosos que bloqueaban la puerta, José Montiel daba gritos en el centro de la sala. Estaba muy pálido y sus ojos empezaban a enrojecer.

—Estúpido—gritaba—. Llévate tu cacharro. Lo último que faltaba es que un cualquiera[25] venga a dar órdenes en mi casa. ¡Carajo!

En el salón de billar recibieron a Baltazar con una ovación. Hasta ese momento, pensaba que había hecho una jaula mejor que las otras, que había tenido que regalársela al hijo de José Montiel para que no siguiera llorando, y que ninguna de esas cosas tenía nada de particular.[26]

Pero luego se dio cuenta de que todo eso tenía una cierta importancia para muchas personas, y se sintió un poco excitado.

—De manera que te dieron cincuenta pesos por la jaula.

—Sesenta—dijo Baltazar.

—Hay que hacer una raya en el cielo[27]—dijo alguien—. Eres el único que ha logrado sacarle ese montón de plata a don Chepe Montiel. Esto hay que celebrarlo.

Le ofrecieron una cerveza, y Baltazar correspondió con una tanda[28] para todos. Como era la primera vez que bebía, al anochecer estaba completamente borracho, y hablaba de un fabuloso proyecto de mil jaulas de a sesenta pesos, y después de un millón de jaulas hasta completar sesenta millones de pesos.

—Hay que hacer muchas cosas

---

[22] wrists
[23] slices
[24] piece of junk
[25] **un...** a nobody
[26] **tenía... era especialmente importante**
[27] **hacer... celebrar**
[28] round

para vendérselas a los ricos antes que se mueran—decía, ciego de la borrachera—. Todos están enfermos y se van a morir. Cómo estarán de jodidos que ya ni siquiera pueden coger rabia.[29]

Durante dos horas el tocadiscos automático estuvo por su cuenta[30] tocando sin parar. Todos brindaron por la salud de Baltazar, por su suerte y su fortuna, y por la muerte de los ricos, pero a la hora de la comida lo dejaron solo en el salón.

Ursula lo había esperado hasta las ocho, con un plato de carne frita cubierto de rebanadas de cebolla. Alguien le dijo que su marido estaba en el salón de billar, loco de felicidad, brindando cerveza a todo el mundo, pero no lo creyó porque Baltazar no se había emborrachado jamás. Cuando se acostó, casi a la medianoche, Baltazar estaba en un salón iluminado, donde había mesitas de cuatro puestos con sillas alrededor, y una pista de baile al aire libre, por donde se paseaban los alcaravanes.[31] Tenía la cara embadurnada de colorete,[32] y como no podía dar un paso más, pensaba que quería acostarse con dos mujeres en la misma cama. Había gastado tanto, que tuvo que dejar el reloj como garantía, con el compromiso de pagar al día siguiente. Un momento después, despatarrado[33] por la calle, se dio cuenta de que le estaban quitando los zapatos, pero no quiso abandonar el sueño más feliz de su vida. Las mujeres que pasaron para la misa de cinco no se atrevieron a mirarlo, creyendo que estaba muerto.

---

[29] **Cómo...** They're so screwed up they can't even get mad. **(Montiel le dijo a Baltazar que el médico le había prohibido coger rabia.)**
[30] **por...** by itself
[31] **tipo de pájaro**
[32] **tenía...** his face was covered with lipstick
[33] **tendido con las piernas abiertas y sin moverse**

SOBRE LA LECTURA

1. ¿Cómo era la jaula que había hecho Baltazar? ¿Atrajo atención en el pueblo?
2. ¿Qué tipo de hombre era Baltazar? ¿Qué relación tenía con Ursula?
3. ¿Le dio Baltazar mucha importancia a la jaula o no?
4. ¿Por qué estaba disgustada Ursula? ¿Qué le preguntó a Baltazar con respecto a la jaula? ¿Cómo le contestó él?
5. ¿Por qué creía Ursula que Baltazar debía pedirle sesenta pesos por la jaula a José Montiel?
6. ¿Quién era Octavio Giraldo? ¿Por qué fue a ver a Baltazar?
7. ¿Cómo reaccionó cuando Ursula le dijo que la jaula estaba vendida? ¿Qué sugirió que Baltazar hiciera para poder venderle la jaula a él?
8. ¿Servía la jaula para cualquier pájaro o se había hecho para alguna especie en particular?
9. ¿Quién era José Montiel? Describa su casa. ¿Cómo reflejaba la casa la personalidad del dueño?
10. ¿Qué dijo la esposa de Montiel cuando vio la jaula?

11. ¿Qué tipo de hombre era Montiel? ¿Cómo reaccionó cuando supo que la jaula era para su hijo?
12. ¿Qué hizo Pepe cuando su padre dijo que no quería la jaula? ¿Le mostró Montiel alguna compasión? ¿Qué dijo?
13. ¿Qué hizo Baltazar con la jaula?
14. ¿Qué le dijo a la gente que estaba en el salón de billar? ¿Por qué?
15. ¿Adónde fueron entonces? ¿Qué hizo Baltazar? ¿Dónde pasó la noche?

HACIA EL ANÁLISIS LITERARIO

1. Compare la caracterización de Ursula con la de Baltazar. ¿Por qué insiste ella en que Baltazar se afeite? ¿Por qué le planchó la ropa? ¿Qué revelan estos detalles acerca de ella? ¿En qué detalles se ve la despreocupación de Baltazar? ¿Qué técnicas usa García Márquez para retratar a sus personajes?
2. ¿Qué revela acerca de Baltazar la conversación con el médico? ¿Cuál es la importancia de la sugerencia del médico de que Baltazar habría sido un excelente arquitecto? ¿De qué clase social son generalmente los arquitectos?
3. ¿En qué escenas se ve la tensión política que existe en el pueblo? ¿Con quiénes está la simpatía del autor? ¿Diría usted que este cuento tiene un mensaje político?
4. Compare la caracterización de Montiel con la de Baltazar. ¿Por qué no usa Montiel un ventilador eléctrico? ¿Por qué sale del baño en calzoncillos? ¿Qué le ha prohibido el doctor? ¿Qué contraste hace el autor entre Montiel y Baltazar?
5. ¿Cómo refleja la confrontación entre Montiel y Baltazar la situación política del pueblo? ¿En qué se ve la superioridad moral de Baltazar? ¿Está consciente de la importancia de su triunfo moral sobre Montiel?
6. ¿Qué revelan acerca de Baltazar las últimas escenas del cuento?
7. ¿Qué tono predomina en este cuento? ¿En qué consiste el humor de García Márquez? ¿En qué consiste la ironía en este cuento?
8. ¿Qué papel desempeñan las mujeres en «La prodigiosa tarde de Baltazar»?

Texto y vida

1. ¿En qué sentido es Baltazar un verdadero artista? ¿Cree usted que el artista debe trabajar sin preocuparse por el dinero que traigan sus obras o cree que el arte es un negocio como cualquier otro?
2. ¿Qué revela este cuento acerca de la sociedad hispanoamericana?
3. ¿Está usted de acuerdo con la caracterización de García Márquez del rico y del pobre? ¿Por qué?
4. ¿Son los valores que operan en Baltazar los que predominan en los Estados Unidos? ¿Sería Baltazar un héroe dentro del contexto norteamericano?

Vargas Llosa: ¿Cómo nacen las historias?

Mario Vargas Llosa (1936–), uno de los escritores más activos e innovadores de su generación, nació en Arequipa, Perú, hijo único de Ernesto Vargas y Dora Llosa. Sus padres se separaron antes de su nacimiento, y el joven Mario pasó el primer año de su vida con su madre, en la casa de sus abuelos maternos. En 1937 la familia se mudó a Cochabamba, Bolivia, donde su abuelo era cónsul y en donde el futuro escritor cursó sus primeros estudios. En 1945 volvió a mudarse, esta vez a Piura, en el norte del Perú. Al arreglarse los problemas matrimoniales de sus padres, la familia Vargas Llosa se estableció en Lima, donde Mario consiguió un empleo en el verano de 1951 con el periódico *La Crónica*. Al año siguiente, abandonó la escuela militar donde estudiaba para volver a Piura y terminar sus estudios secundarios. Allí inició su carrera literaria, trabajando para periódicos locales, escribiendo poesía y dirigiendo su obra de teatro, *La huida del Inca*.

Entre 1953 y 1957 Mario Vargas Llosa estudió derecho y literatura en la Universidad de San Marcos, en Lima, en donde se licenció. Durante este período dos de sus cuentos, «Los jefes» y «El abuelo», aparecieron en los periódicos *Mercurio peruano* y *El comercio*. Vargas Llosa también ayudó a editar una revista literaria titulada *Cuadernos de conversación* y trabajó para una estación de radio. A los diecinueve años se casó con su pariente Julia Urquidi, una mujer divorciada que era mayor que él, lo cual causó un escándalo familiar. Las experiencias de estos años le sirvieron de base para su novela *La tía Julia y el escribidor* (1977). Cinco años más tarde se divorciaría de «la tía Julia» para casarse con su prima, Patricia Llosa.

En 1958 Vargas Llosa ganó el concurso literario de la *Revue française* por su cuento «El desafío». Ese mismo año ganó una beca para la Universidad de Madrid, donde comenzó sus estudios doctorales. En 1959 su colección de cuentos, *Los jefes,* ganó el premio literario Leopoldo Alas y Vargas Llosa se mudó a París, donde enseñó español en las Escuelas Berlitz y trabajó para Agence France-Presse y en la radio y televisión francesa.

En 1962 Vargas Llosa terminó *La ciudad y los perros,* la novela que lanzaría su carrera literaria. Escrita cuando el autor tenía sólo veinticuatro años, *La ciudad y los perros* causó una sensación en el mundo literario cuando se publicó. La crítica ha señalado esta obra como la que inició la segunda fase del «boom».

La novela está basada en las experiencias de Vargas Llosa en la escuela militar; «perro» es un nombre derogatorio que se les da a los cadetes de primer año. El título refleja la hostilidad que existe entre los habitantes de la ciudad y los estudiantes, para quienes la iniciación a la sociedad es difícil y desilusionante. El argumento es relativamente sencillo. Un cadete que se llama Cava roba un examen de química; como la administración no ha podido identificar al ladrón, se castiga a todos los estudiantes. Arana, un muchacho débil y cobarde que los otros llaman Esclavo, revela el nombre del culpable y Cava es suspendido. Jaguar, un amigo de Cava, jura venganza. Durante un ejercicio militar, Arana es asesinado misteriosamente. Aunque otro cadete acusa a Jaguar, la investigación que sigue no descubre al asesino. Al final, se declara que la muerte de Arana fue un accidente. En el epílogo, Jaguar confiesa su culpabilidad, pero ya es demasiado tarde. Los oficiales del ejército no están dispuestos a reconocer su error. Para ellos, el honor militar es más importante que la justicia.

La originalidad de la novela no reside sólo en su temática—existían al aparecer *La ciudad y los perros* pocos libros sobre el mundo del adolescente—ni en su argumento, sino también en su compleja estructura narrativa, la cual yuxtapone las perspectivas de diversos personajes y rompe con la noción cronológica del tiempo. Por medio de esta fragmentación, el autor hace sentir al lector la confusión y enajenación del adolescente, y también plantea el problema de la ambigüedad moral. Otra novedad es el uso de términos que no habían aparecido anteriormente en la ficción—jerga estudiantil, giros callejeros, vulgarismos.

En 1963 *La ciudad y los perros* ganó el premio Biblioteca Breve, ofrecido por la prestigiosa casa editorial Seix Barral de Barcelona. También salió segunda en la competencia Prix Formentor. Ese mismo año su colección *Los jefes* fue publicada en Lima.

En 1964 Vargas Llosa dejó a París para volver a Piura a recoger material para *La casa verde,* novela inspirada en las experiencias del autor en la ciudad norteña. En los años que siguieron, los talentos de Vargas Llosa fueron reconocidos y premiados por varias organizaciones internacionales, y el autor fue invitado a Nueva York, a Buenos Aires y a Londres, donde enseñó en Queen Mary College. Su novela *Los cachorros* y un prólogo a las *Obras completas* del autor peruano Sebastián Salazar Bondy (1924–1965) aparecieron en 1967. La primera es una obra corta en que el autor penetra una vez más en su propio pasado, describiendo la vida de un adolescente de clase media durante los años 50. El segundo es una meditación sobre la vocación del escritor. También en 1967 Vargas Llosa recibió el Premio Nacional de la Novela de Perú, el Premio de la Crítica Española y el prestigioso Premio Rómulo Gallegos.

En 1969 apareció *Conversación en la catedral,* una novela larga y compleja en que el autor explora los efectos destructores de la dictadura del General Manuel Odría (1948–1956). Después de enseñar un año en la Universidad de Puerto Rico, Vargas Llosa se mudó a Barcelona, donde reanudó sus estudios doctorales, escribiendo su tesis sobre la ficción de Gabriel García Márquez. En 1970 publicó el ensayo «The Latin American Novel Today» en *Books Abroad,* en que atribuye el florecimiento de la novela hispanoamericana en los años 60 a tres factores: el nuevo enfoque sobre el hombre en vez de la naturaleza; el ampliado concepto de la realidad, que no amarra al escritor a la imitación del mundo natural; y la nueva importancia de la experiencia urbana. En 1971 se publicaron *García Márquez: Historia de un deicidio* y otro libro de análisis crítico, *Historia secreta de una novela,* en que el autor explica cómo escribió *La casa verde.* En 1973 apareció *Pantaleón y las visitadoras,* su primera novela humorística, en que un capitán del ejército peruano está encargado de crear un escuadrón de prostitutas para controlar las actividades sexuales de los soldados. Esta obra representa una nueva dirección en la novelística del autor, quien explota por primera vez las posibilidades cómicas y melodramáticas de la ficción popular folletinesca. La fascinación de Vargas

Llosa por García Márquez dio por resultado un segundo libro sobre el autor colombiano, también publicado en 1973: *García Márquez y la problemática de la novela,* un conjunto de ensayos escritos con Angel Rama.

En 1974 Vargas Llosa volvió al Perú, poniendo fin al largo destierro que se había impuesto. Sin embargo, después de la publicación de su estudio crítico *La orgía perpetua: Flaubert y «Madame Bovary»*, volvió a salir del país, emprendiendo una larga serie de viajes que incluyó una estadía en Israel, donde dio conferencias en la Universidad de Jerusalén. En 1977 se publicó *La tía Julia y el escribidor,* otra novela humorística, en que el autor explora problemas que le venían obsesionando desde hacía mucho tiempo: ¿Qué es la literatura? ¿Qué es un autor?

La tía Julia es una obra genial que cuenta los amores del joven Vargas con Julia Urquidi. Pero el verdadero tema es otro. Mientras trabaja en las oficinas de una emisora limeña, «Varguitas» conoce a Pedro Camacho, un hombrecillo extraño que escribe guiones de radionovela. Totalmente dedicado a su profesión, Camacho se instala cerca de la entrada del edificio para escuchar los ruidos de la calle; periódicamente se disfraza de diversos tipos sociales para explorar barrios de todas clases y absorber el habla, los ademanes y la manera de pensar de la gente. Así recoge material para sus radionovelas.

Varguitas, que tiene sueños de llegar a ser un gran escritor algún día, siente una enorme admiración por Camacho porque, a diferencia de los universitarios que se jactan de ser literatos sin crear más que una que otra coleccioncita de poemas, Camacho realmente vive de su pluma. Además, sus obras rebosan de autenticidad. Exageran y deforman la realidad por razones artísticas, pero reflejan la esencia del pueblo. Sus radionovelas recrean todos los ambientes de Lima: las fiestas suntuosas de los ricos, las barriadas de los pobres, los cuarteles militares, los conventos, las canchas de fútbol, el bajo mundo de los delincuentes. Aparecen tipos fácilmente reconocibles: monjas, prostitutas, árbitros de fútbol, jóvenes adinerados y mimados, testigos de Jehová. Varguitas llega a la conclusión de que la literatura tiene que nacer de la realidad vivida, lo cual explica por qué tantas novelas de Vargas Llosa son autobiográficas.

La novela está estructurada de una manera ingeniosa en que los capítulos acerca de las relaciones entre Julia y Varguitas alternan con episodios de las radionovelas de Camacho. Tanto las narraciones radionovelísticas como las autobiográficas exponen los valores, prejuicios y tensiones sociales que dominaban el Perú de los años 50. *La tía Julia* es un tributo al valor de la literatura popular además de una indagación de la verdadera naturaleza de la tarea del escritor.

El año de la publicación de *La tía Julia,* Vargas Llosa viajó a Europa, a la Unión Soviética y a los Estados Unidos en su capacidad de presidente de PEN, la organización internacional de escritores. *Texas Studies in Literature and Language* y *World Literature Today* dedicaron un número especial a su obra en 1977 y 1978 respectivamente. En 1979 Vargas Llosa pasó un año en los Estados Unidos, donde fue «writer-in-residence» de la Smithsonian Institution. Dos años más tarde se publicaron su obra de teatro *La señorita de Tacna* y su novela *La guerra del fin del mundo.* En 1983 publicó una segunda obra de teatro, *Kathie y el hipopótamo,* y en 1984 apareció *Contra viento y marea,* una colección de ensayos. En 1990 salió *La verdad de las mentiras,* que contiene un prólogo sobre la relación entre la realidad y el arte, seguido de ensayos sobre diversos autores.

Vargas Llosa siempre ha sido activo en la política de su país. Como estudiante organizó huelgas y protestas, pero con la madurez evolucionó de una posición izquierdista a una más moderada y centrista. En 1990 se presentó como candidato para la presidencia del Perú. Aunque tuvo el apoyo de los elementos conservadores, perdió ante Alberto Fujimori, un recién llegado a la arena política.

Sobre *La señorita de Tacna*

En su prólogo a *La señorita de Tacna,* Mario Vargas Llosa dice cuál es el tema de su obra: «cómo y por qué nacen las historias». Lo que le interesa no es sólo por qué las historias se *escriben*, sino por qué se *inventan*. Por esta razón no es Belisario, el escritor, sino Mamaé, la narradora de cuentos, quien es la figura central de la obra.

La señorita de Tacna es una obra compleja en que el único personaje «real» es Belisario; los demás caracteres son sólo recuerdos de éste. La acción se desenvuelve en diferentes contextos temporales. Belisario existe en el momento actual, pero recuerda escenas de su niñez y adolescencia. La persona que domina en estos recuerdos es Mamaé, quien, a su turno, evoca escenas de su propia juventud a fines del siglo pasado.

Al principio del primer acto, Belisario, un escritor maduro, está tratando de escribir una historia de amor. Sin embargo, las palabras no fluyen. Mientras lucha con la página blanca, invaden su mente recuerdos del pasado, en particular los de Mamaé, su tía abuela, quien vive en su memoria como una viejita decrépita, incapaz de controlar sus funciones corporales.

De niña, Mamaé—cuyo verdadero nombre es Elvira—quedó huérfana y fue a vivir con sus tíos, quienes la criaron con su propia hija, Carmen. En vísperas de su boda con un joven militar chileno, Mamaé dejó plantado a su pretendiente al enterarse de las relaciones escandalosas entre éste y una mujer casada que se llamaba Carlota. Al casarse Carmen, Mamaé vivió con ella y con su esposo Pedro primero en Tacna, una ciudad al sur de Perú que había sido ocupada por tropas chilenas durante la guerra del Pacífico, y después en otros lugares donde Pedro encontró trabajo. Ayudó a cuidar a los hijos de Carmen, y cuando Amelia, la hija menor, se quedó viuda, Mamaé, para entonces una mujer de unos cincuenta años, se dedicó a cuidar al hijo de ella, el pequeño Belisario.

Belisario trata de rechazar estos recuerdos porque no parecen tener ninguna relación con la tarea que se ha impuesto, pero poco a poco empieza a darse cuenta de que la historia que está tratando de escribir nacerá, no de su imaginación, sino de estas voces del pasado que hasta el momento ha luchado por suprimir. Decide abandonar por un tiempo su «conciencia crítica» y entregarse a sus recuerdos, dejándo revivir esas escenas de la vida diaria.

La Mamaé era una narradora de primera categoría que por años entretuvo a Belisario con cuentos de su juventud. Esta vieja arrugada había sido una vez una joven bella, primorosa y romántica que guardaba como un tesoro un abanico en el cual Federico Barreto, un poeta local, le había escrito unos versos. Al contar la historia de su rechazo de Joaquín, el oficial chileno, Mamaé se refería a sí misma como «La señorita de Tacna», convirtiéndose así en protagonista de sus relatos. Al recrear a Mamaé, quien, a su turno, recrea a las personas que llenaban su mundo, Belisario empieza a vislumbrar el esqueleto de la historia que escribirá.

Belisario se da cuenta de que Mamaé era una mujer mucho más compleja de lo que él se había imaginado de niño, y que los relatos de ella encerraban numerosos enigmas. Al desenvolverse escenas del pasado en la mente del escritor, emerge la imagen de una mujer desgarrada entre su crianza burguesa y su naturaleza apasionada. Por un lado, Mamaé quiere conformarse a las normas de su clase social; quiere ser una «niña decente». Por otro, la atormenta el deseo. Su fascinación con la señora Carlota, a quien confunde con otra seductora, la India de Camaná, es sólo una manifestación de este conflicto. En la mente de Mamaé, Carlota y la India se funden en un solo personaje—«la mujer mala»—que aunque diabólica y perversa, posee una autenticidad que Mamaé encuentra extrañamente atractiva. En sus sueños, ella desempeña a veces el papel de Carlota y otras, el de la niña de «mírame y no me toques». Sin embargo, el pudor de Mamaé hace imposible que ella sea completamente sincera, aun consigo misma. En sus cuentos encubre las verdades a las cuales no se atreve a enfrentarse. El trabajo de Belisario—el escritor—es reconstruir la historia de Mamaé, dando sentido a las contradicciones.

En la versión que Mamaé le cuenta, Pedro, al ir a Camaná a administrar las tierras de unos hacendados ricos, tuvo una altercado con una india y le pegó. Lleno de remordimientos, Pedro le escribió una carta a su esposa, confesándole su pecado. Al encontrar la carta y leerla, Mamaé se sintió culpable porque empezó a identificarse con la India de Camaná e imaginarse que Pedro le había pegado a ella. Esta historia confunde a Belisario porque el pegarle a una sirvienta no le parece un delito tan grave. Pero poco a poco Belisario, quien de niño había aceptado las palabras de Mamaé literalmente, comienza a sospechar que lo que realmente pasó entre Pedro y la india fue otra cosa: una relación sexual. Belisario postula que Mamaé estaba enamorada de Pedro, un ser novelesco y sentimental, cuya finura se revelaba en su apreciación de los versos de Federico Barreto. De allí sigue la posibilidad de que al leer la confesión que Pedro le había hecho a su esposa, Mamaé fuera acosada por imágenes eróticas en que ella misma le hacía el amor a Pedro.

Otra clave a la personalidad de Mamaé es su fascinación con los negros. Aunque su conducta refleja los prejuicios de la burguesía y la clase alta, Mamaé se siente extrañamente atraída a esta gente alegre y desenfrenada que canta y baila en la Misa. Para ella los negros representan la expresión libre de la sensualidad, una vida desprovista de restricciones y de hipocresía. Carlota y Joaquín hacen el amor en La Mar, la zona de los negros, y Mamaé termina por asociar el barrio negro con todo lo que es prohibido... y delicioso.

Al recrear la historia de Mamaé, Belisario queda con una duda: ¿Qué elementos son verídicos y cuáles son pura invención? No se puede saber la respuesta a esta pregunta y, en fin de cuentas, no importa. Lo que importa es la narración. Al final de su vida Mamaé vuelve a esa imagen de sí que ella misma inventó: la bella, pudorosa señorita de Tacna celebrada en los versos de Federico

Barreto. Mamaé muere como vivió: protagonista de su propio cuento. De niño, Belisario le preguntó por qué no se había casado con Joaquín: «Si ella quería a su novio, y él le pidió perdón por haberla engañado con la mujer mala, ¿no era mejor que lo perdonara y se casara con él?» La respuesta es que Mamaé prefirió revivir sus experiencias en la mente, convirtiéndolas en cuentos, a casarse y destruir la romántica imagen de la señorita de Tacna.

Belisario termina con una historia, aunque no la que se había propuesto escribir. Sin embargo, es una historia que captura el espíritu de una época—los valores, los prejuicios, las aspiraciones de la gente. Al recrear el mundo de su juventud en Lima, Vargas Llosa menciona a varios personajes que aparecen en sus novelas, en especial a Pedro Camacho, autor de las radionovelas que apasionan a los tíos de Belisario.

La señorita de Tacna se estrenó en Buenos Aires, el 27 de abril de 1981, en el Teatro Blanca Podestá. Se ha representado en varios países de Latinoamérica, en Londres y en los Estados Unidos.

Ediciones

Vargas Llosa, Mario. *Obras escogidas. Novelas y cuentos.* 2 vols. Pról. Alfredo Matilla Rivas. Madrid: Aguilar, 1973. [Vol 1]; 1979. [Vol. 2])

______. *La señorita de Tacna.* Barcelona: Seix Barral, 1981

Crítica

Boldori de Baldussi, Rosa. *Vargas Llosa, un narrador y sus demonios.* Buenos Aires: F. García Cambeiro, 1974

Boschetto, Sandra M. «On the Margins of Self-Conscious Discourse: Reading and Writing as Conversation in Mario Vargas Llosa's *La señorita de Tacna.*» 127–145. Ed. Elias Rivers. *Things Done with Words: Speech Acts in Hispanic Drama.* Newark, Delaware: Juan de la Cuesta, 1986

______. «Metaliterature and the Representation of Writing in Mario Vargas Llosa's *La señorita de Tacna.*» *Discurso Literario: Revista de Temas Hispánicos.* 3:2 (Spring 1986): 337–347

Castro-Klaren, Sara. *Mario Vargas Llosa: análisis introductorio.* Lima: Latinoamericana, 1988

Dauster, Frank. «Vargas Llosa y el teatro como mentira.» *Mester.* 14:2 (Fall 1985): 89–94

Diez, Luis A., ed. *Asedios a Vargas Llosa.* Pacheco, J. E., nota preliminar. Santiago de Chile: Universitaria, 1972. [Contiene artículos de Emir Rodríguez Monegal, Nelson Osorio Tejeda, Germán Colmenares, José Maria Valverde, Alberto Escobar, Pedro Lastra, Carlos Martínez Moreno, Luis Loayza, José Miguel Oviedo, Alfredo Matilla Rivas, Luis A. Diez, David Gallagher and Antonio Skármeta)

Feal, Rosemary Geisdorfer. «La ficción como tema: La trilogía dramática de Mario Vargas Llosa.» *Texto Crítico* 13:36–37 (1987): 137–145

Fernández Casto, Manuel. *Aproximación formal a la novelística de Vargas Llosa.* Madrid: Nacional, 1977

Garavito, C. Lucía. «*La señorita de Tacna* o la escritura de una lectura.» *Latin American Theater Review.* 16:1 (Fall 1982): 3–14

Gerdes, Dick. *Mario Vargas Llosa.* Boston: Twayne, 1985

Golluscio de Montoya, Eva. «Los cuentos de *La señorita de Tacna.*» *Latin American Theater Review.* 18:1 (Fall 1984): 35–43

Lewis, Marvin A. *From Lima to Leticia: The Peruvian Novels of Mario Vargas Llosa.* Washington, D.C.: University Press of America, 1983

Magnarelli, Sharon. «Mario Vargas Llosa's *Señorita de Tacna:* Autobiography and/as Theater.» *Mester.* 14:2 (Fall 1985): 79–88

Martín, José Luis. *La narrativa de Mario Vargas Llosa: acercamientos estilísticos.* Madrid: Gredos, 1974

Montañez, Carmen L. «La simultaneidad en *La señorita de Tacna* de Mario Vargas Llosa.» *Ariel.* 5 (Spring 1988): 35–40

Oviedo, José Miguel. *Mario Vargas Llosa: la invención de la realidad.* Barcelona: Varral, 1982

______, ed. *Mario Vargas Llosa.* Madrid: Taurus, 1981

______, «Mario Vargas Llosa: Maestro de las voces.» 148–172. Ed. Reina Roffé. *Espejo de escritores.* Hanover, NH: Ediciones del Norte, 1985

Pereira, Armando. *La concepción literaria de Mario Vargas Llosa.* México, D. F.: Universidad Nacional Autónoma de México, 1981

Rabell, Carmen R. «Teoría del relato implícito en *La señorita de Tacna.*» *Cuadernos Americanos.* 265:2 (March–April 1986): 199–210

Riveras-Rodas, Oscar. «El código temporal en *La señorita de Tacna.*» *Latin American Theater Review.* 19:2 (Spring 1986): 5–16

Rosser, Harry L. «Vargas Llosa y *La señorita de Tacna:* Historia de una historia.» *Hispania.* 69:3 (Sept. 1986): 531–536

Rossman, Charles and Alan Warren Friedman, eds. *Mario Vargas Llosa: Estudios críticos.* Madrid, Alhambra, 1983

Williams, Raymond L. *Mario Vargas Llosa.* New York: Ungar, 1986

La señorita de Tacna

Mario Vargas Llosa

PERSONAJES

MAMAÉ	*Anciana centenaria*
ABUELA CARMEN	*Su prima. Algo más joven y mejor conservada*
ABUELO PEDRO	*Su esposo*
AGUSTÍN	*Hijo mayor, en la cincuentena*
CÉSAR	*Hijo segundo, algo más joven que su hermano*
AMELIA	*La hija menor, en sus cuarenta*
BELISARIO	*Hijo de Amelia*
JOAQUÍN	*Oficial chileno, joven y apuesto*
SEÑORA CARLOTA	*Bella y elegante, en sus treinta*

PRIMER ACTO

El escenario está a oscuras. Se oye—desasosegada,[1] angustiada, tumultuosa[2]— la voz de la Mamaé. Se ilumina su cara inmemorial:[3] un haz[4] de arrugas.

MAMAÉ. Los ríos, se salen los ríos...El agua, la espuma, los globitos, la lluvia lo está empapando[5] todo, se vienen las olas, se está chorreando[6] el mundo, la inundación,[7] se pasa el agua, se sale, se escapa. Las cataratas,[8] las burbujas, el diluvio, los globitos, el río...¡Ayyy!

El escenario se ilumina del todo.[9] La Mamaé está acurrucada[10] en su viejo sillón y hay un pequeño charco[11] a sus pies. Belisario se halla sentado en su mesa de trabajo, escribiendo con furia. Tiene los ojos encandilados[12] y, mientras el lápiz corre por el papel, mueve los labios como si se dictara a sí mismo lo que escribe.

AMELIA. *(Entrando)* ¡Caramba, Mamaé, ya te hiciste pipí otra vez en la sala! ¿Por qué no pides, para llevarte al baño? Cuántas

---

[1] **intranquila, molesta**
[2] **agitada confusa**
[3] **muy vieja**
[4] **manojo, conjunto, grupo**
[5] **saturando**
[6] **cubriendo de líquido**
[7] flood
[8] downpour
[9] **del... completamente**
[10] crouching
[11] puddle
[12] flashing

veces se te ha dicho. ¿Crees que no me da asco? ¡Ya me tienes harta con esas porquerías![13] *(Huele.)* Espero que no te hayas hecho también otra cosa.

Hace un gesto de fastidio y la Mamaé le responde con una venia[14] sonriente. Casi en el acto, cae adormecida. Amelia comienza a secar los orines con un trapo. A medida que Amelia hablaba, Belisario se ha ido distrayendo, como si una idea súbita, intrusa, hubiera venido a interferir con lo que estaba escribiendo. Levanta el lápiz del papel, su expresión parece de pronto desalentada. Habla para sí, al principio entre dientes.[15]

BELISARIO. ¿Qué vienes a hacer tú en una historia de amor, Mamaé? ¿Qué puede hacer una viejecita que se orinaba y se hacía la caca en los calzones, y a la que había que acostar, vestir, desvestir, limpiar, porque las manos y los pies ya no le obedecían, en una historia de amor, Belisario? *(Bruscamente encolerizado, arroja el lápiz al suelo.)* ¿Vas a escribir una historia de amor, o qué? Voy a escribir o qué. *(Se ríe de sí mismo, se deprime.)* El comienzo es siempre lo peor, lo más difícil, cuando las dudas y la sensación de impotencia son más paralizantes. *(Mira a la Mamaé.)* Cada vez que comienzo, me siento como tú, Mamaé: un viejo de ochenta, de cien años, y mi cabeza es una olla de grillos,[16] como la tuya, cuando eras esa cosa pequeñita, complicada e inútil que daba risa, compasión y algo de susto. *(Se levanta, se acerca a la Mamaé, da vueltas en torno a ella, con el lápiz que ha recogido del suelo entre los labios.)* Pero tu memoria aún hervía de vida ¿no? ¿Ya habías perdido los dientes? Claro. Y tampoco podías usar la dentadura postiza[17] que te regalaron el tío Agustín y el tío César, porque te raspaba las encías.[18] ¿Qué vienes a hacer aquí? ¿Quién te invitó? ¿No te das cuenta que me estorbas?[19] *(Se sonríe y vuelve a su mesa de trabajo, acicateado[20] por una nueva idea.)* Mamaé...Mamaé...¿Alguna vez alguien le dijo Elvira? No, ni la abuela, ni el abuelo, ni mi mamá, ni mis tíos. *(Se sienta en su mesa de trabajo y comienza a hacer correr el lápiz sobre los papeles, al principio despacio, luego de manera más fluida.)* La palabra sonaba tan rara a la gente que no era de la familia. ¿Por qué le dicen así? ¿Qué significa, de dónde viene? Pero ellos también terminaban diciéndole Mamaé.

Amelia, que ha terminado de limpiar el suelo, sale. Con las últimas palabras de Belisario entra Joaquín, el oficial chileno. Viste un uniforme de principios de siglo, de colores vivos, con entorchados.[21]

---

[13] filth, disgusting things
[14] **inclinación de la cabeza**
[15] **entre...** mumbling
[16] **olla... pura confusión**
[17] **falsa**
[18] **te...** it rubbed against your gums
[19] **molestas**
[20] spurred on
[21] bullion (twisted fringe on a uniform)

Belisario seguirá escribiendo, a lo largo de toda la próxima escena; la mayor parte del tiempo está concentrado en sus papeles, pero, a veces, levanta el lápiz y se lo lleva a la boca y lo mordisquea,[22] *mientras inventa o recuerda. A ratos, como distrayéndose, se vuelve a mirar a la Mamaé y a Joaquín y se interesa un momento en lo que dicen. Luego, vuelve a sus papeles y escribe o relee con expresiones cambiantes.*

JOAQUÍN. *(Susurra, como inclinado ante una reja o balcón)* Elvira. Elvira. Elvira...

La Mamaé abre los ojos. Escucha; sonríe con malicia, mira a todos lados azorada.[23] *Sus movimientos y su voz son ahora los de una joven.*

MAMAÉ. ¡Joaquín! Pero, se ha vuelto loco. ¡A estas horas! Lo van a oír mis tíos.

JOAQUÍN. Sé que estás ahí, que me estás oyendo. Asómate un segundo, Elvira. Tengo que decirte algo importante. ¿Sabes qué, no es cierto? Que eres linda, que te quiero, que te deseo. Que cuento las horas que faltan para el domingo.

La Mamaé se incorpora[24] *y —alborozada,*[25] *modosa,*[26] *reticente— se acerca a la reja o balcón.*

MAMAÉ. ¡Cómo se te ocurre venir a estas horas, Joaquín! ¿No te ha visto nadie? Vas a arruinar mi reputación. Las paredes de Tacna tienen oídos.

JOAQUÍN. *(Devora a besos las manos de la Mamaé)* Ya estaba acostado, amor mío. Pero de pronto sentí como la orden de un general, aquí en el pecho: si te apuras la encontrarás despierta, vuela a su casa. Es cierto, Elvira. Necesitaba verte. Tocarte. *(La Mamaé esquiva*[27] *las manos ávidas de Joaquín que tratan de cogerle la cintura.)* Si no te veía, esta noche no hubiera pegado los ojos.[28]

MAMAÉ. ¿Acaso no hemos estado juntos toda la tarde? Qué lindo paseo dimos por las huertas con mi prima, ¿no? Cuando te oí, justamente estaba acordándome de los granados,[29] de los peros, de los membrillos,[30] de los duraznos. ¿Y el río no estaba lindo, también? Me gustaría volver a zambullirme[31] en el Caplina, alguna vez, como lo hacía de chiquita.[32]

JOAQUÍN. En el verano, si estamos todavía en Tacna, te llevaré al Caplina sin que nadie nos vea. De noche. Al remanso[33] donde merendamos esta tarde. Nos quitaremos la ropa...

MAMAÉ. ¡Cállate, Joaquín, no empieces!

JOAQUÍN....y nos bañaremos desnudos. Jugaremos en el agua. Te perseguiré y cuando te atrape...

---

[22] **lo...** chews on it
[23] **turbada, preocupada**
[24] sits up
[25] **alegre**
[26] **afectuosa pero modesta**
[27] **evita**
[28] **pegado... dormido**
[29] pomegranates
[30] quince trees
[31] dive
[32] **de...** when I was a little girl
[33] backwater

MAMAÉ. ¿Por favor, Joaquín! No seas vulgar.

JOAQUÍN. Pero si vamos a casarnos el domingo.

MAMAÉ. Tampoco dejaré que me faltes[34] cuando sea tu mujer.

JOAQUÍN. Eres lo que más respeto en el mundo, Elvira. Mira, te respeto más que a mi uniforme. Sabes lo que significa el uniforme para un militar, ¿no? Aunque quisiera, no podría faltarte. Te hago enojar a propósito. Porque me gusta que seas así.

MAMAÉ. ¿Cómo soy?

JOAQUÍN. Una niñita de mírame y no me toques.[35] Todo te parece malo, todo te da miedo, todo te hace ruborizar.[36]

MAMAÉ. ¿No debe ser así una señorita decente?

JOAQUÍN. Claro que sí. No puedes imaginar con qué ansia espero el domingo, Elvira. Tenerte para mí solo, sin chaperonas, saber que dependes de mí para la más pequeña cosa. Cómo voy a divertirme contigo, cuando estemos solos: te sentaré en mis rodillas, haré que me rasguñes[37] en la oscuridad como una gatita. Ah y esa apuesta te la voy a ganar. Contaré tus cabellos y verás que tienes más de cinco mil.

MAMAÉ. ¿Los contarás la noche de bodas?

JOAQUÍN. No, la noche de bodas no. ¿Quieres saber qué haré contigo la noche de bodas?

MAMAÉ. *(Tapándose los oídos)* ¡No! ¡No quiero! *(Ríen. La Mamaé, está enternecida.)* ¿Serás así de cariñoso, después de casarnos? Fíjate lo que me dijo Carmencita, al volver del paseo: «Te has sacado la lotería con Joaquín.[38] Es guapo, de buenos modales, todo un caballerito».

JOAQUÍN. ¿Tú también lo piensas? ¿Ya no te importa que sea chileno? ¿Ya te hiciste a la idea de ser una chilena?

MAMAÉ. Eso sí que no.[39] Seguiré peruana hasta que me muera. Y odiando a los abusivos que nos ganaron la guerra.

JOAQUÍN. Va a ser muy gracioso. Quiero decir, cuando seas mi mujer, y estemos en Santiago, en Antofagasta,[40] en la guarnición[41] a la que me destinen. ¿Te vas a pelear todo el día con mis compañeros por la guerra del Pacífico? Si dices esas cosas contra los chilenos, me harás procesar por alta traición.

MAMAÉ. No perjudicaré nunca tu carrera, Joaquín. Lo que pienso de los chilenos me lo guardaré para mí. Y les sonreiré y les haré ojitos[42] a tus compañeros de armas.

JOAQUÍN. Alto ahí,[43] nada de sonrisas ni de ojitos. ¿No sabes que soy celoso como un turco?[44] Y contigo voy a serlo todavía más.

---

[34] **ofendas, trates sin respeto**
[35] **de... muy delicada y correcta**
[36] blush
[37] scratch
[38] **Te... Has tenido mucha suerte al encontrar a un muchacho tan bueno como Joaquín.**
[39] **Eso...** Absolutely not!
[40] **Santiago es la capital de Chile; Antofagasta es una ciudad del norte, que pasó a ser parte de Chile como resultado de la guerra del Pacífico.**
[41] garrison
[42] **les...** I'll make eyes, I'll flirt
[43] **Alto...** Halt!
[44] **soy...** I'm really jealous

MAMAÉ. Tienes que irte ahora. Si mis tíos te descubren, se enojarían.

JOAQUÍN. Tus tíos, tus tíos. Han sido la pesadilla de nuestro noviazgo.

MAMAÉ. No digas eso, ni en broma. ¡Qué habría sido de mí sin el tío Menelao y la tía Amelia! Me hubieran metido a la casa de los murciélagos[45] de la calle Tarapacá. Al Hospicio,[46] sí.

JOAQUÍN. Sé lo buenos que han sido contigo. Además, me alegro que te hayan criado en una jaula de oro. ¡Pero en todo un año de noviazgo casi no te he visto a solas![47] Sí, ya sé, estás inquieta. Ya me voy.

MAMAÉ. Hasta mañana, Joaquín. ¿En la Misa de la Catedral, a las ocho, como todos los días?

JOAQUÍN. Sí, como todos los días. Ah, me olvidaba. Aquí tienes el libro que me prestaste. Traté de leer los versos de Federico Barreto, pero me quedé dormido. Léelos tú por mí, acurrucada en tu camita.

MAMAÉ. *(Arrancándose un cabello y ofreciéndoselo)* Un día te los recitaré al oído y te gustarán. Estoy feliz de casarme contigo, Joaquín.

Joaquín, antes de partir, trata de besarla en la boca pero ella aparta el rostro y le ofrece la mejilla. La Mamaé regresa hacia su sillón y en el trayecto va recuperando su ancianidad.

MAMAÉ. *(Mirando el libro de versos)* ¿Qué haría Joaquín si supiera lo del abanico? Lo retaría a duelo, lo mataría. Tienes que romper ese abanico, Elvira, no está bien que lo guardes.

Se acurruca en su sillón y se duerme al instante. Belisario, que ha levantado la vista de sus papeles, parece ahora muy alentado.

BELISARIO. Ésa también es una historia de amor. Sí, Belisario, sí. ¿Cómo fuiste tan tonto, tan ingenuo? ¿Acaso se puede situar una historia de amor en una época en que las niñas hacen el amor antes que la primera comunión y los muchachos prefieren la marihuana a las muchachas? En cambio, esa época y ese lugar son ideales para una historia romántica: Tacna, después de la guerra del Pacífico, con la ciudad todavía ocupada or el Ejército chileno *(Mira a la Mamaé.)* Eras una patriota convicta y confesa,[48] ¿no? ¿Cuál fue el día más feliz de la vida de la señorita de Tacna, Mamaé?

MAMAÉ. *(Abriendo los ojos)* ¡El día que Tacna se reincorporó al Perú, chiquitín!

Se persigna[49] agradeciendo a Dios tamaña bienaventuranza,[50] y vuelve a adormecerse.

BELISARIO. *(Melancólico)* Una historia romántica, de ésas que ya no suceden, de ésas en las que ya no cree nadie, de ésas que tanto te gustaban, compañero. ¿Para qué quieres escribir una historia de

---

[45] bats
[46] Orphan Asylum
[47] **a...** alone
[48] **convicta...** dyed in the wool
[49] **Se...** She crosses herself
[50] **tamaña... tan buena fortuna**

amor? ¿Para tener esa miserable compensación, que no compensa nada? ¿Para eso, pasar una vez más por las horcas caudinas,[51] Belisario? ¡Sí, por eso! ¡Maldita aguafiestas,[52] largo de aquí![53] Abajo la conciencia crítica! ¡Me cago en[54] tu conciencia crítica, Belisario! Sólo sirve para estreñirte,[55] castrarte, frustrarte. ¡Fuera de aquí, conciencia crítica! ¡Fuera, hija de puta, reina de los escritores estreñidos! *(Se levanta, va corriendo donde la Mamaé, le da un beso en la frente, sin despertarla.)* Bienvenida tú, Mamaé. Olvida lo que te dije, perdóname. Sí me sirves, una mujer como tú es justamente lo que necesito. Tú sí eras capaz de vivir una hermosa, conmovedora historia de amor. Tu vida tiene todos los ingredientes, por lo menos para comenzar. *(Va regresando a su mesa de trabajo.)* Muere la madre al nacer ella y el padre poco después, cuando tenía... *(Mira a la Mamaé.)* ...¿Cuántos años tenías cuando te recogieron mis bisabuelos, Mamaé? ¿Cinco, seis? ¿Ya había nacido la abuelita Carmen? *(Se ha sentado en su mesa de trabajo, tiene el lápiz entre las manos; habla despacio, tratando de encontrar ciertas palabras para ponerse a escribir.)* La familia era entonces muy próspera, podía recoger niñas desamparadas. Hacendados,[56] por supuesto.

MAMAÉ. *(Abre los ojos y se dirige a un invisible niño, que estaría sentado a sus pies)* Tu bisabuelo Menelao era un caballero de bastón[57] con puño[58] de plata y reloj con leontina.[59] No soportaba la suciedad. Lo primero que hacía al entrar de visita a una casa era pasar el dedo por los muebles, para descubrir el polvo. Sólo tomaba el agua y el vino en copas de cristal de roca. «La copa da la mitad del gusto a la bebida», le oíamos decir. Una noche, salía a un baile con la tía Amelia, vestido de etiqueta,[60] y nos vio a tu abuelita Carmen y a mí, comiendo una mermelada de membrillo. «Convídenme un bocadito, muchachas». Al probarla, le cayó una gota en el frac.[61] Se quedó mirando la mancha. Luego, sin dar un grito, sin decir una palabra, se volcó[62] encima la fuente[63] de mermelada y se embadurnó[64] la pechera,[65] la levita,[66] el pantalón. Tu bisabuela decía: «Para Menelao la limpieza es una enfermedad».

Sonríe, se adormece de nuevo. Durante el monólogo de la Mamaé, Belisario ha garabateado a veces, a ratos reflexionado y, a ratos, escuchado a la Mamaé.

---

[51] **pasar... hacer más concesiones humillantes**
[52] kill-joy, wet blanket (Belisario is trying to drive away his negative feelings about listening to the voices of the past.)
[53] **largo...** Get out of here!
[54] **Me...** I shit on
[55] constrict you (literally, constipate you)
[56] land-owning
[57] **El bastón era una parte esencial del traje de un caballero bien vestido.**
[58] head (of a cane)
[59] **cadena de un reloj**
[60] **vestido...** dressed formally
[61] **tipo de abrigo de faldones estrechos y largos**
[62] **se...** he dumped
[63] **plato profundo**
[64] **cubrió**
[65] **parte de la camisa que cubre el pecho**
[66] **vestidura de hombre, con faldones largos**

BELISARIO. *(Escribiendo)* Tu bisabuelo Menelao debió ser encantador, Belisario. Sí, un hijo de puta encantador. Te sirve, te sirve. *(Mira al cielo.)* Me sirves, me sirves. Tú y la bisabuela Amelia adoraban a la Mamaé y la criaron como a una hija, sin hacer diferencias con la abuelita Carmen, y cuando se iba a casar con ese oficial chileno le encargaron el vestido de novia y el ajuar[67] a Europa. ¿A París? ¿A Madrid? ¿A Londres? ¿Adónde te encargaron el vestido de novia, Mamaé? ¿Adónde era la moda encargarlo? *(Escribe, frenético.)* Me gusta, Belisario, te quiero, Belisario, te doy un beso en la frente, Belisario. *(Se distrae.)* ¡Qué rica era la familia entonces! ¡Cómo fue decayendo y mediocrizándose hasta llegar a ti! Qué recatafila[68] de desgracias. *(Mira al cielo.)* ¿Quién te mandó casarte con un capitán de infantería, mamá? Pero tu mala suerte no me apena nada, papá. Hay que ser muy tonto para jugar a la ruleta rusa estando recién casado, papá. ¡Hay que ser muy bruto para matarse jugando a la ruleta rusa, papá! ¡Hay que ser muy idiota para no volverse a casar cuando una se queda viuda tan joven, mamá! ¿Por qué te hiciste tantas ilusiones conmigo? ¿Por qué se les metió en la cabeza a ti, a mis abuelos, a mis tíos, que ganando pleitos en los tribunales Belisario devolvería a la familia la fortuna y el lustre?

Su voz queda apagada por el radioteatro que está tratando de escuchar la Abuela, sentada en la salita, con la cabeza pegada al aparato de radio en el que un locutor anuncia el final del episodio del día, de una radionovela de Pedro Camacho. Se escucha el ruido del tranvía.[69] *La Mamaé abre los ojos, excitada. Belisario las observa, desde su mesa de trabajo.*

MAMAÉ. ¡Carmen! ¡Carmen! ¡Ahí llega! ¡Ven, acércate a la ventana! ¡El ferrocarril de Arica![70]

ABUELA. *(Deja de oír la radio y mira a la Mamaé entre apenada y divertida)* La verdad es que te envidio, Mamaé. Has encontrado el remedio perfecto para no ver la ruina que nos rodea. A mí también me gustaría volver a mi juventud, aunque fuera en sueños.

MAMAÉ. ¡Ayyy! Me arrancaría los ojos. Ya no sirven ni para adivinar las cosas. ¿Lo ves? ¿Es el ferrocarril de Arica? ¿O el autocarril[71] de Locumba?[72]

ABUELA. Ninguno de los dos. Es el tranvía a Chorrillos.[73] Y no estamos en Tacna sino en Lima. Y ya no tienes quince años sino noventa, o por ahí. Te has vuelto una viejecita chocha,[74] Elvira.

---

[67] trousseau
[68] cavalcade, long procession
[69] trolley car
[70] **ciudad costeña del norte de Chile, situada en la frontera con Perú. Es parte del territorio que Perú perdió en la guerra del Pacífico, pero, mientras que Tacna fue reincorporada a la república peruana, Arica sigue siendo una ciudad chilena.**
[71] **vehículo ferroviario con motor eléctrico o diesel**
[72] **ciudad del departamento de Tacna, situada al noroeste de la ciudad de Tacna**
[73] **ciudad del departamento de Lima, situada al sur de la capital**
[74] **loca**

MAMAÉ. ¿Te acuerdas del baile de disfraces?

ABUELA. ¿Cuál de ellos? Fui a muchos bailes de disfraces de joven.

MAMAÉ. En el Orfeón. Ese al que se metió el mandingo.[75]

Comienza a oírse el ruido alegre de una fiesta, compases[76] de baile. Poco a poco se hace presente la música de un vals antiguo.

ABUELA. Ah, ése. Claro que me acuerdo. En ese baile conocí a Pedro; había ido de Arequipa[77] a pasar los Carnavales a Tacna, con unos amigos. Quién me iba a decir que me casaría con él. Sí, claro. ¿Fue ése el baile en el que Federico Barreto te escribió un verso en el abanico? No, ése fue otro, un 28 de julio, en la Sociedad de Damas Patriotas. El negro, de veras... Estaba bailando contigo cuando lo descubrieron, ¿no es verdad?

Belisario se pone de pie. Va hasta donde la Mamaé y haciendo una reverencia[78] finisecular,[79] la saca a bailar. Ella acepta, joven, graciosa, coqueta. Bailan.

MAMAÉ. ¿Es usted chileno, mascarita? ¿Peruano? ¿De Tacna, mascarita? ¿Militar, tal vez? ¡Ya sé, adiviné! ¡Es usted médico! ¿Abogado, a lo mejor? Dígame cualquier cosa, hágame una adivinanza[80] y verá que lo identifico, mascarita.

Belisario no dice nada. Se limita a negar con la cabeza y a reír de rato en rato, con una risita nerviosa.

ABUELA. *(A la Mamaé, como si ésta siguiera en el sillón)* ¿Y por el olor no te diste cuenta? Pero el bandido se habría echado perfume, claro.

La pareja baila con destreza y felicidad. Pero en una de las vueltas el invisible dominó[81] que lleva Belisario se engancha[82] en algún objeto y su brazo queda desnudo. La Mamaé se zafa[83] de sus brazos, espantada. Belisario, con una expresión de contento, corre a su mesa y se pone a escribir.

MAMAÉ. *(Petrificada de espanto)* ¡Un negro! ¡Un negro! ¡La mascarita era un negro! ¡Ayyy! ¡Ayyy! ¡Ayyy!

ABUELA. No des esos gritos, Elvira. Me parece estar oyendo tu alarido,[84] esa noche. La orquesta dejó de tocar, la gente de bailar, los que estaban en los palcos se levantaron. ¿Qué laberinto[85] se armó en el Orfeón! Tuvieron que llevarte a la casa, con ataque de nervios. Por el bendito negro se nos acabó la fiesta.

---

[75] **africano**
[76] **ritmos**
[77] **la segunda ciudad más grande del Perú, capital del departamento del mismo nombre. Está situada al noroeste de Tacna.**
[78] bow
[79] **típico del fin del siglo**
[80] riddle
[81] **traje con capucha, que se usa en los bailes de máscara**
[82] gets caught
[83] **suelta**
[84] **grito de lástima**
[85] mess

MAMAÉ. *(Espantada)* ¡Carmen! ¡Carmencita! Mira, ahí, junto a la fuente de bronce de la Plaza. ¿Qué le están haciendo? ¿Le están pegando?

ABUELA. Es cierto. Los caballeros lo sacaron a la calle y le dieron de bastonazos. Junto a la fuente de bronce, sí. ¡Qué memoria, Elvira!

MAMAÉ. ¡Ya no le peguen más! ¡Está lleno de sangre! ¡No me hizo nada, ni siquiera me habló! ¡Tía Amelia, a ti te harán caso! ¡Tío Menelao, que ya no le peguen! *(Reponiéndose.)* ¿Crees que lo han matado, Carmencita?

ABUELA. No, sólo le dieron una paliza por su atrevimiento. Después, lo mandaron a la cárcel de los chilenos. ¿Qué audacia, no? Disfrazarse y meterse al baile del Orfeón. Nos quedamos tan impresionadas. Teníamos pesadillas, creíamos que cualquier noche se nos entraría por la ventana. Semanas, meses, sólo hablamos del negro de La Mar.[86]

BELISARIO. *(Excitadísimo, da un golpe en la mesa, deja de escribir un momento para besar la mano y el lápiz con los que está escribiendo)* ¡El negro de La Mar! ¡Toma cuerpo, se mueve, camina!

MAMAÉ. No es de La Mar. Es uno de los esclavos de la hacienda de Moquegua.[87]

ABUELA. Qué tontería, hija. En esa época ya no había esclavos en el Perú.[88]

MAMAÉ. Desde luego que había. Mi papá tenía tres.

BELISARIO. *(Interrumpiendo un instante su trabajo)* ¡Los mandingos!

MAMAÉ. Me pasaban de una orilla a otra del Caplina en sillita de reina.

BELISARIO. *(Escribiendo)* Dormían en el establo, amarrados de los tobillos para que no se escaparan.

MAMAÉ. No le vi la cara, pero algo había en sus movimientos, en sus ojos, que lo reconocí. Estoy convencida, era uno de ésos. Un mandingo cimarrón...[89]

Se abre la puerta de calle y entra el Abuelo. Viene acezando,[90] con los cabellos revueltos y la ropa desarreglada. Viste pobremente. Al verlo, la Mamaé le hace una venia cortesana, como si saludara a un desconocido ilustre, y vuelve a recluirse en su mundo imaginario. Entra Amelia.

AMELIA. *(Se nota que ha estado cocinando)* Pero, papá... ¿Qué ha pasado?

ABUELA. *(Poniéndose de pie)* ¿Y tu sombrero, Pedro? ¿Y el bastón?

ABUELO. Me los robaron.

ABUELA. Dios mío, ¿cómo ha sido?

Amelia y la Abuela llevan al Abuelo hasta el sillón y lo hacen sentarse.

ABUELO. Al bajar del tranvía. Un bribón[91] de esos que andan sueltos por las calles de Lima. Me tiró al suelo. Me arrancó también el... *(buscando la palabra)* el aparato.

---

[86] **zona en la costa donde viven los negros**
[87] **ciudad al norte de Tacna**
[88] **La esclavitud fue abolida en el Perú en 1854.**
[89] **esclavo negro escapado**
[90] panting
[91] **pícaro**

ABUELA. ¿El reloj? ¡Ay, Pedro, te robaron tu reloj!

AMELIA. ¿Ves que tenemos razón, papá? No salgas solo, no tomes ómnibus, no subas al tranvía. ¿Por qué no haces caso? Estoy ronca de tanto decirte que no salgas a la calle.

ABUELA. Además, no eres una persona sana. ¿Y si vuelves a tener el blanco en la cabeza?[92] No sé cómo no escarmientas,[93] después de semejante susto. ¿Ya no te acuerdas? Diste vueltas, horas de horas, sin encontrar la casa.

ABUELO. No voy a pasarme la vida encerrado aquí, esperando que me entierren, hijita. No voy a dejar que este país acabe conmigo así nomás...

ABUELA. ¿Te hiciste daño? ¿Dónde te golpeaste?

ABUELO. Porque en ninguna parte se desperdicia como en el Perú a la gente que quiere trabajar. Aquí es delito ser viejo. En los países cultos es al revés. En Alemania, en Inglaterra. A los hombres de edad se les llama, se aprovecha su experiencia. Aquí, a la basura. No me conformo porque sé que rendiría mejor que un joven en cualquier trabajo.

BELISARIO. *(Dejando de escribir, dejándose ganar por un recuerdo)* Siempre con lo mismo, dale que dale como un cutipiojo.[94] Eso no se te olvidaba nunca, abuelo.

Trata de volver a escribir, pero después de garabatear algunas líneas se distrae y progresivamente se interesa en lo que pasa en casa de los Abuelos.

AMELIA. Con desesperarte así no vas a resolver nada, sólo malograrte los nervios.

ABUELA. Tienes la cabeza débil, marido, entiéndelo. El médico te ha advertido que si no tomas las cosas con calma, te repetirá el ataque.

ABUELO. Mi cabeza anda muy bien ahora. Les juro que sí, no he vuelto a tener el menor mareo. *(Hace un gesto de pesar.)* El sombrero y el... el aparato no me importan. El reloj, sí. Lo tenía más de quince años y no se había malogrado nunca. En fin, cambiemos de tema. ¿Oyeron el radioteatro[95] de las ocho?

ABUELA. Lo oí yo, Amelia se lo perdió por estar planchando la ropa del futuro abogado. Figúrate que Sor Fátima colgó los hábitos para casarse con el compositor...

AMELIA. Ah, mira, tienes una herida en la muñeca.[96]

ABUELA. Atacar a un viejo, qué cobarde.

ABUELO. Me cogió desprevenido,[97] por la espalda. De frente, hubiera sido distinto. Seré viejo, pero tengo dignidad y puedo defenderme. *(Sonríe.)* Siempre fui bueno peleando. En los jesuitas,[98] en Arequipa, me decían «Chispillas»,[99] porque a la primera provocación, retaba[100] a

---

[92] **tener...** blank out
[93] **aprendes la lección**
[94] **dale que...** you went on and on about it, as irritating as a skin louse
[95] radio soap opera
[96] wrist
[97] off guard
[98] **el colegio de los jesuitas**
[99] Sparks
[100] challenged

cualquiera. Y nadie me pisaba el poncho.[101]

MAMAÉ. *(Volviéndose hacia ellos, alarmada)* ¿Qué dices, Pedro? ¿Retar a Federico Barreto por haberme escrito ese verso? No lo hagas, no seas fosforito.[102] Fue una galantería sin mala intención. No te expongas, dicen que es un gran espadachín.[103]

ABUELO. ¿Ah, sí? Bueno, entonces no lo retaré. Además, era un verso muy inspirado. El poeta Barreto tenía, buen gusto, hay que reconocerlo. *(A la Abuela.)* También a ti te echaba flores ese viejo verde, ñatita.[104]

ABUELA. Esta Elvira, resucita cada cosa...Ven, te pondré mercurio cromo, no se vaya a infectar.

AMELIA. Que te sirva de lección, papá. Te advierto que no te dejo salir solo nunca más, como han ordenado mis hermanos. Por lo menos, no de noche. Da tus paseos de día, por aquí, alrededor de la manzana.[105] O cuando pueda acompañarte yo, o mi hijo.

ABUELO. *(Poniéndose de pie)* Está bien, Amelia. *(A la Abuela.)* ¿Te das cuenta, Carmen, qué mal debe andar el país para que le roben a un muerto de hambre como yo? Arriesgarse a ir a la cárcel por un bastón que era un palo viejo y por un sombrero amarillento y con agujeros...

ABUELA. *(Llevándolo hacia el interior)* Ese reloj te lo regalaron los Vocales[106] de la Corte, en Piura,[107] cuando eras Prefecto. Qué pena, un recuerdo tan bonito. Bueno, tu nieto Belisario te regalará otro, cuando gane su primer pleito...[108]

Salen, seguidos por Amelia. Se oscurece el escenario.

BELISARIO. Mi primer pleito... Tú también soñabas, abuelita. *(Se enfurece.)* ¿Y qué viene a hacer aquí la abuela? ¿Vas a meter al abuelo Pedro en una historia de amor en la que todavía no hay un beso? No eres capaz de escribirla, Belisario. No sabes escribir, te has pasado la vida escribiendo y cada vez es peor. ¿Por qué, abuelito? Un médico, después de extraer cincuenta apéndices y tajar doscientas amígdalas[109] y de trepanar[110] mil cráneos ya hace esas cosas como jugando ¿no es cierto? ¿Por qué, entonces, después de escribir cincuenta o cien historias sigue siendo tan difícil, tan imposible, como la primera vez? ¡Peor que la primera vez! ¡Mil veces más difícil que la primera vez! ¡Abuelo, abuelita: desaparezcan, no me distraigan, no me interrumpan, no me estorben! ¡Váyanse a la mierda, abuelos! ¡Déjenme escribir mi historia de amor! *(Queda meditabundo.)* El abuelo hubiera podido ser un personaje de novela. Una vida en el siglo:

---

[101] **nadie...** nobody put me down
[102] **no...** don't be quick to fight
[103] swordsman
[104] **También...** That old lecher played up to you, too, honey. («Ñatita» is a nickname that means «pug nose.»)
[105] block
[106] **Directores**
[107] **ciudad del norte del Perú, capital del departamento del mismo nombre**
[108] case
[109] **tajar...** cut out two hundred tonsils
[110] **abrir con fin curativo o diagnóstico**

la ruina lenta, la corrosiva decadencia. Prefecto de Piura en el gobierno constitucional de Bustamante.[111] Antes, introductor del algodón en Santa Cruz de la Sierra,[112] en Bolivia. Antes todavía, agricultor en Camaná.[113] Y, antes, empleado en una firma inglesa de Arequipa. Pero tú hubieras querido ser abogado y poeta, ¿no, abuelito? Eso hubieras sido si no hubiera muerto tu padre cuando tenías quince años. Por eso te destinaron a la abogacía, Belisario: para retomar la tradición jurídica de la familia. *(Por su expresión, se advierte que una idea ha comenzado a insinuarse, en relación con lo que está escribiendo. Coge el lápiz, le da vueltas, acomoda sus papeles.)* Sí, puede servir. Ven para acá, abuelito, siento haberte mandado a la mierda. Claro que te quiero mucho, claro que eres personaje de cuento. Por eso aparecías siempre en los cuentos de la Mamaé. Tú eras el prototipo de esos especímenes que ella adoraba, esos seres remotos y magníficos como los unicornios y los centauros: los caballeros. *(Está escribiendo ahora con interés.)* La vida del abuelo no fue nada mítica, sin embargo. Trabajar como una mula, para mantener no sólo a sus hijos sino a la gente que la abuelita Carmen, la mujer más caritativa de la creación, iba recogiendo por el mundo. Hijos de imbéciles que se volaban[114] la cabeza jugando a la ruleta rusa para ganar una apuesta o señoritas casaderas sin padre ni madre, como la Mamaé.

Al iluminarse el escenario, está allí la Señora Carlota. La Mamaé, desde su sillón, la examina con respeto. Se pone de pie y —rejuvenecida— va hacia ella.

MAMAÉ. Buenas tardes, señora Carlota, qué sorpresa. Mis tíos no están, ni Carmencita tampoco. Siéntese, por favor. ¿Le puedo ofrecer una taza de té?

SEÑORA CARLOTA. «Como salida de una acuarela del maestro Modesto Molina.» Eso oí decir de ti en La Alameda, durante la retreta.[115] Es cierto, eres así.

MAMAÉ. Es usted muy amable, señora Carlota.

SEÑORA CARLOTA. El pelo retinto,[116] la piel de porcelana. Las manos bien cuidadas, los pies pequeños. Una muñequita, sí.

MAMAÉ. Por Dios, señora, me hace usted ruborizar. ¿No quiere sentarse? Mis tíos ya no tardarán. Fueron a dar el pésame[117] a...

SEÑORA CARLOTA. Joven, bonita, y, además, una buena herencia en perspectiva ¿no? ¿Es verdad que la hacienda de Moquegua que tenía tu padre está en curatela[118] y que será tuya cuando cumplas

---

[111] **José Luis Bustamante y Rivero (1894–1989), presidente del Perú de 1945 a 1948.**
[112] **ciudad de Bolivia, situada en la zona oriental**
[113] **ciudad costeña del departamento de Arequipa**
[114] blew off
[115] **función de música al aire libre**
[116] **de color castaño oscuro**
[117] condolences
[118] **a cargo de un curador, persona nombrada para cuidar los bienes de un menor de edad**

la mayoría de edad?

MAMAÉ. ¿Por qué me dice esas cosas? ¿Y en ese tono? Habla usted como si me tuviera enojo por algo.

SEÑORA CARLOTA. Enojo no es la palabra, niñita de mírame y no me toques. Lo que te tengo es odio. Te odio con todas mis fuerzas, con toda mi voluntad. Todo este año te he deseado las peores desgracias de la tierra. Que te arrollara el ferrocarril, que la viruela te comiera la cara, que la tuberculosis te agujereara los pulmones. ¡Que te cargara la trampa![119]

MAMAÉ. ¿Pero, qué le he hecho yo, señora Carlota? Si apenas la conozco. ¿Por qué me dice cosas tan horribles? Y yo que creí que había venido a traerme el regalo de bodas.

SEÑORA CARLOTA. He venido a decirte que Joaquín no te quiere. Que me quiere a mí. Aunque seas más joven. ¡Aunque seas virgencita y soltera! A él no le gustan las miniaturas de filigrana que quiebra el viento. A él le gusto yo. Porque yo sé algo que tú y las señoritas como tú no aprenderán nunca. Yo sé amar. Sé lo que es la pasión. Sé dar y recibir placer. Sí, eso que para ti es una mala palabra: placer.

MAMAÉ. Ha perdido usted el juicio, señora Carlota. Se olvida que...

SEÑORA CARLOTA. ¿Que soy casada y con tres hijos? No me olvido. ¡Me importa un bledo![120] Mi marido, mis hijos, la sociedad de Tacna, el qué dirán, la religión: ¡un bledo! Eso es el amor ¿ves? Estoy dispuesta a todo, pero no a perder al hombre que quiero.

MAMAÉ. Si es como usted dice, si Joaquín la quiere a usted, ¿por qué ha pedido mi mano?

SEÑORA CARLOTA. Por el apellido que tienes, por la hacienda que vas a heredar, porque un oficial tiene que asegurar su futuro. Pero, sobre todo, porque no puede casarse con la mujer que quiere. Se casa contigo por conveniencia. Se resigna a casarse contigo. Óyelo bien: se re-sig-na. Me lo ha dicho así, cien veces. Hoy mismo, hace dos horas. Sí, vengo de estar con Joaquín. Todavía me resuenan en los oídos sus palabras: «Eres la única que sabe hacerme gozar, soldadera».[121] Porque me llama así, cuando me entrego a él: «Soldadera», «Mi soldadera».

MAMAÉ. *(La escucha hipnotizada)* Señora Carlota, cállese ya. Por favor, le suplico que...

SEÑORA CARLOTA. Te estoy escandalizando, lo sé. Tampoco me importa. He venido para que sepas que no voy a renunciar a Joaquín, aunque se case contigo. Ni él a mí. Vamos a seguir viéndonos a tus espaldas. He venido a decirte cuál será tu vida de casada. Preguntarte cada mañana, cada tarde, si tu marido, en vez de haber ido al cuartel,[122] está haciendo el amor conmigo.

---

[119] **Que... Que te echaras a perder, que algo terrible te pasara**
[120] **Me... No me importa en absoluto**
[121] **mujer que acompaña a las tropas para satisfacer los deseos sexuales de los soldados**
[122] barracks

MAMAÉ. Voy a llamar a los criados para que la acompañen a la puerta, señora Carlota.

SEÑORA CARLOTA. Y si trasladan a Joaquín, abandonaré a mi marido y a mis hijos y lo seguiré. Y tus dudas, tu suplicio, continuarán. He venido a que sepas hasta dónde puede llegar una mujer enamorada. ¿Ves?

MAMAÉ. Sí, señora, veo. Tal vez sea cierto lo que dice. Yo no sería capaz de actuar así. Para mí el amor no puede ser una enfermedad. No la entiendo. Es usted bella, elegante, su marido una persona tan distinguida, a quien todo Tacna respeta. Y sus hijos, unos chiquilines tan ricos. ¿Qué más se puede desear en la vida?

SEÑORA CARLOTA. Pues bien, quizá así lo entiendas. Estoy dispuesta a sacrificar todo eso que te parece envidiable, por una palabra de Joaquín. A irme al infierno, si es el precio para seguir con él.

MAMAÉ. Dios la está oyendo, señora Carlota.

SEÑORA CARLOTA. Entonces, sabe que es verdad. Cuando Joaquín me tiene en sus brazos, y me estruja, y me somete a sus caprichos, nada más existe en el mundo: ni marido, ni hijos, ni reputación, ni Dios. Sólo él. Eso, no me lo vas a quitar.

MAMAÉ. ¿Hace cuánto tiempo que es usted la...la...el amor de Joaquín?

SEÑORA CARLOTA. ¿La amante de Joaquín? Dos años. Te voy a contar algo más. Nos vemos todas las semanas en una cabaña de La Mar, al ponerse el sol. A esa hora los negros regresan de las haciendas, cantando. Los oímos. Hemos aprendido sus canciones de tanto oírlas. ¿Qué otra cosa quieres saber?

MAMAÉ. Nada más, señora. Le ruego que se vaya ahora.

SEÑORA CARLOTA. Tú no podrías vivir con Joaquín. Eres demasiado pura para un hombre tan ardiente. Lo dice él mismo. Tienes que buscarte un joven lánguido. Tú no podrías ser soldadera de nadie. Te falta sangre, malicia, imaginación.

MAMAÉ. ¡Tiene que irse! ¡Mis tíos llegarán en cualquier momento, señora!

SEÑORA CARLOTA. Que me vean. Que estalle de una vez el escándalo.

MAMAÉ. No estallará por mi culpa. No he oído nada, no sé nada, no quiero saber nada.

SEÑORA CARLOTA. Y, sin embargo, has oído y lo sabes todo. Y ahora, el gusanito comenzará a roerte[123] el corazón. «¿Será verdad que se casa conmigo por conveniencia?» «¿Será verdad que la quiere a ella?» «¿Será verdad que la llama soldadera cuando la tiene en sus brazos?»

La Señora Carlota sale. Belisario, que al principio del diálogo de ésta con la Mamaé ha estado escribiendo, anotando, echando papeles al suelo, de pronto quedó pensativo, luego interesado en lo que decían las dos mujeres, y, al final, ha ido a acuclillarse[124] como un niño junto al sillón de la Mamaé.

---

[123] gnaw at

[124] squat

MAMAÉ. *(Está regresando hacia su sillón y, viejita de nuevo, habla para sí misma)* ¿Será verdad que le dice que soy una niñita de mírame y no me toques? ¿Una remilgada[125] que nunca sabrá hacerlo feliz como sabe ella? ¿Será verdad que estuvo con ella ayer, que está con ella ahora, que estará con ella mañana?

Se acurruca en su sillón. Belisario está a sus pies, como un niño, escuchándola.

BELISARIO. O sea que la mujer mala le hizo dar unos celos terribles a la señorita que estaba de novia.

MAMAÉ. Peor todavía. La inquietó, la turbó, le llenó la cabecita inocente de víboras y pajarracos.

BELISARIO. ¿Cuáles son los pajarracos, Mamaé? ¿Los gallinazos?[126]

MAMAÉ. *(Sigue el cuento)* Y la pobre señorita pensaba, con los ojos llenos de lágrimas: «O sea que no me quiere a mí sino a mi apellido y a la posición de mi familia en Tacna. O sea que ese joven que yo quiero tanto es un sinvergüenza, un aprovechador».

BELISARIO. Pero eso no es cierto, Mamaé. ¡Quién se va a casar por un apellido, por una posición social! Que se quería casar con la señorita porque ella iba a heredar una hacienda, me lo creo, pero lo otro...

MAMAÉ. Lo de la hacienda era falso. El oficial chileno sabía que esa hacienda la habían rematado[127] para pagar las deudas del papá de la señorita.

BELISARIO. Ya estás enredando el cuento, Mamaé.

MAMAÉ. Así que el oficial chileno le había mentido a la mujer mala. Que la señorita iba a heredar una hacienda. Para que lo de casarse por interés, no por amor, resultara más convincente. O sea que no sólo engañaba a la señorita sino también a la señora Carlota.

BELISARIO. ¿La mujer mala se llamaba Carlota?

MAMAÉ. Sí. Tenía un apodo[128] feísimo. Le decían: «La soldadera».

BELISARIO. ¿Qué quiere decir soldadera, Mamaé?

MAMAÉ. Aj, es una mala palabra. *(Distrayéndose, hablándose a sí misma.)* Pero no era tonta, decía verdades. Como: «Una mujer sólo puede ser orgullosa si renuncia al amor».

BELISARIO. Ya te fuiste otra vez por tu lado y me dejaste en la luna,[129] Mamaé.

Se pone de pie y regresa a su mesa de trabajo, hablando entre dientes, mientras la Mamaé mueve los labios un momento, como si siguiera contando el cuento. Luego, se adormece.

BELISARIO. La mujer mala... Nunca

---

[125] **una chica exageradamente delicada**
[126] turkey buzzards (Mamaé uses the term **víboras y pajarracos** to mean «evil thoughts,» but Belisario, the child, takes her words literally.)
[127] auctioned off
[128] nickname
[129] **Ya...** You've gone off on a tangent and got me all confused

faltaba en los cuentos. Y muy bien hecho, en las historias románticas debe haber mujeres malas. No tengas miedo. Belisario, aprende de la Mamaé. Por lo demás ¿el papel no aguanta todo? Que la historia se llene de mujeres malas, son siempre más interesantes. ¿Había dos, no, Mamaé? A veces se llamaba Carlota y era una señora traviesa, en Tacna, a principios de siglo. A veces, era una india de Camaná, que, en los años veinte, por una razón muy enigmática, había sido azotada[130] por un caballero. *(Se ha puesto a escribir.)* A menudo se confundían, entreveraban,[131] y había también ese abanico de nácar[132] que, de repente, irrumpía en los cuentos con un verso garabateado en él por un poeta romántico.

ABUELA *(Entrando)*. ¡Elvira! ¡Elvira! ¡Pero qué has hecho! ¿Te has vuelto loca? ¡Pero cómo es posible! ¡Tu vestido de novia! ¡Tan lindo, todo bordado de encaje, con su velo que parecía espuma!

MAMAÉ. Me costó media caja de fósforos y quemarme las yemas de los dedos. Por fin se me ocurrió echarle un poco de parafina. Así ardió.

ABUELA. *(Desolada)* Pero si la boda es mañana. Si la gente está viniendo para el matrimonio desde Moquegua, desde Iquique,[133] desde Arica. ¿Te has peleado con Joaquín? ¿La víspera de tu boda, Elvirita? O sea que la casa ha sido arreglada con todos esos ramos de cartuchos[134] y de rosas, para nada. O sea que hace un mes que preparamos dulces y pastas por gusto.[135] Hasta acaban de traer la torta.

MAMAÉ. ¿ De tres pisos?[136] ¿Como en la novelita de Gustavo Flaubert?[137] Con columnas de mazapán y amorcillos[138] de almendra?[139] Ah, aunque no haya boda nos la comeremos. Estoy segura que el italiano Máspoli se ha esmerado,[140] él siempre me hace tanto cariño...

ABUELA. ¿No vas a contarme qué pasa? Nunca hemos tenido secretos. ¿Por qué has quemado tu vestido de novia?

MAMAÉ. Porque ya no quiero casarme.

ABUELA. ¿Pero por qué? Hasta anoche estabas tan enamorada. ¿Qué te ha hecho Joaquín?

MAMAÉ. Nada. He descubierto que no me gusta el matrimonio. Prefiero vivir soltera.

ABUELA. ¿No te gusta el matrimonio? A mí no puedes engañarme, Elvirita. Es la ambición de todas las muchachas y también la tuya. Hemos crecido soñando con el día que formaríamos nuestros propios

---

[130]whipped
[131]**mezclaban**
[132]mother-of-pearl
[133]**ciudad y puerto de Chile, capital de la provincia de Tarapacá, ocupada por las fuerzas chilenas durante la guerra del Pacífico**
[134]paper cone used as an ornament
[135]**por... por nada**
[136]layers
[137]**novelista francés (1821–1880), autor de *Madame Bovary***
[138]little Cupids
[139]almond paste
[140]**se...** has taken great pains with it

hogares, adivinando las caras que tendrían nuestros maridos, escogiendo nombres para nuestros hijos. ¿Ya te has olvidado?

MAMAÉ. Sí, ñatita. Ya me he olvidado de todo eso.

ABUELA. No te has olvidado, no es verdad.

La Abuela y la Mamaé continúan su diálogo en silencio. Belisario, que ha levantado el lápiz del papel y está pensativo, concentrado en sus pensamientos, habla como si las estuviera viendo, oyendo:

BELISARIO. Las casas de las dos iban a ser tan ordenadas y tan limpias como la del cónsul inglés. Las sirvientas de las dos iban a estar siempre impecables, con sus mandiles[141] y tocas[142] con mucho almidón, y la abuelita y la Mamaé las iban a mandar al catecismo y las iban a hacer rezar el rosario con la familia. Y ambas se iban a conservar siempre bellas, para que sus maridos siguieran enamorados de las dos y no las engañaran. E iban a educar bien machitos a sus hijos y bien mujercitas a sus hijas. La abuela tendría cuatro, la Mamaé seis, ocho...

Se pone a escribir otra vez.

MAMAÉ. Ni siquiera sabe que no me voy a casar con él. Hoy iba donde el sastre Isaías, a recoger su uniforme de gala[143] para la boda. Se va a llevar una sorpresa cuando los criados le digan que no puede poner los pies en esta casa nunca más.

ABUELA. *(Avergonzándose)* ¿Es por miedo, Elvirita? Quiero decir, ¿por miedo a... a la noche de bodas? *(La Mamaé niega con la cabeza.)* ¿Pero entonces por qué? Tiene que haber sucedido algo terrible para que plantes[144] a tu novio la víspera del matrimonio...

MAMAÉ. Ya te lo he dicho. He cambiado de idea. No voy a casarme. Ni con Joaquín ni con nadie.

ABUELA. ¿Has sentido el llamado de Dios? ¿Vas a entrar al convento?

MAMAÉ. No, no tengo vocación de monja. No voy a casarme ni entrar al convento. Voy a seguir como hasta ahora. Soltera y sin compromiso.[145]

ABUELA. Me estás ocultando algo grave, Elvira. ¡Quedarte soltera! Pero si es lo más terrible que le puede pasar a una muchacha. ¿No dices tú misma que la tía Hilaria da escalofríos[146] por su soledad? Sin marido, sin hogar, sin hijos, medio loca. ¿Quieres ser como ella, llegar a vieja como un alma en pena?

MAMAÉ. Más vale sola que mal acompañada, Carmencita. Lo único que lamento es el disgusto que les daré a mis tíos. ¿Ya vieron el vestido ardiendo la tía Amelia y el tío Menelao? *(La Abuela asiente.)* Qué delicados son. Ni siquiera han venido a preguntarme por qué lo he quemado. Y ellos que

---

[141] aprons
[142] caps
[143] **uniforme...** dress uniform
[144] stand up
[145] **sin...** unattached
[146] shivers

han hecho tanto sacrificio para que yo tuviera una boda por todo lo alto. Se han ganado el cielo con el corazón que tienen...

ABUELA. *(Dándole un beso en la mejilla)* Nunca te vas a quedar sola, como la tía Hilaria. Porque cuando yo me case, si algún caballero quiere hacerse de mí,[147] te vendrás a vivir con nosotros.

MAMAÉ. Tú también eres buena, ñatita.

Emocionadas, se hacen cariños. Belisario, de pie, se pasea por el proscenio[148] con un alto[149] de papeles en las manos, desasosegado:

BELISARIO. No será una historia de amor, pero romántica sí lo es. Eso, al menos, está claro. Hasta donde tú recuerdas y hasta donde mi madre recordaba, ambas fueron uña y carne.[150] ¿No hubo entre ellas, en esos largos años de convivencia, roces, envidias? ¿No hubo celos en esos años en que lo compartieron todo? *(Las mira a las dos, burlón.)* Bueno, dudo que compartieran al Abuelo. Pero sí a los hijos ¿no es verdad? *(Da vueltas alrededor de la Abuela y la Mamaé, examinándolas.)* Es decir, tú los tenías, Abuelita, y eras tú, Mamaé, quien pasaba los sustos y los desvelos. Tú dabas mamaderas[151] y cambiabas pañales y hacías guardia junto a las cunas y eras tú la que se quedaba en casa para que los abuelos salieran al teatro, al cine y a las fiestas, cuando todavía podían darse esos lujos. *(Va hasta el escritorio, donde deja los papeles y los lápices. Se arremanga[152] los pantalones, como hacen los niños para vadear[153] un río, y da de pronto unos saltitos, brinquitos, como si estuviera haciendo bailar un trompo[154] o jugando a la rayuela.[155])* Pero con quien demostraste todavía más paciencia, una paciencia infinita, allá en Bolivia, fue con el jurisconsulto en ciernes,[156] el futuro salvador de la familia, Mamaé.

Agustín y César han entrado de la calle durante el monólogo de Belisario. Besan a la Abuela, a su hermana y se acercan a saludar a la Mamaé, quien, al verlos venir sonríe cortésmente y les hace una profunda reverencia. Ellos la acariñan. Ella se deja hacer, pero, de pronto, grita:

MAMAÉ. ¡Viva Herodes![157] ¡Viva Herodes! ¡Ayyy!

Cuando la Mamaé grita ¡Viva Herodes!, Belisario, sin dejar de escribir, parece divertirse mucho. Se revuelve en su asiento, regocijado, y a veces interrumpe su

---

[147]**hacerse...** have me
[148]stage
[149]pile
[150]**uña... inseparables**
[151]**botellas de leche**
[152]**Se...** He tucks up
[153]wade across
[154]**como...** as though he were spinning a top
[155]hopscotch
[156]**en... en preparación**
[157]**rey de Judea del año 40 al año 4 antes de Cristo. A él se le atribuye la degollación de los Inocentes, el asesinato de todos los bebés de sexo masculino, para impedir que el niño Jesús llegara a ser rey de los judíos.**

trabajo para mirar a la Mamaé e imitar sus gestos, como llevarse la mano al pescuezo y simular que estuviera acogotando a alguien.

ABUELA. Calla, Elvira, no des esos gritos de loca. Qué tontería es esa de chillar ¡Viva Herodes! cada vez que vienen mis hijos. *(A éstos)* Ay, hijitos, entre la Mamaé, que vive en la luna, y mi marido que ya no se acuerda de nada, no sé qué va a pasar conmigo. Voy a ver si Pedro está despierto. Se recostó un momento.

Sale. Los tres hijos rodean a la Mamaé.

MAMAÉ. De todos los personajes de la Historia, es el que me gusta más. Los mandó matar a toditos. Yo también acabaría con ellos, no dejaría ni uno de muestra.[158]

CÉSAR. *(A su hermano)* Y tú querías que bajara a los chicos del auto, para que saludaran a los papás.

MAMAÉ. ¡Porque los odio! ¿Y saben ustedes por qué? Por esos miles y miles de pañales manchados.

AGUSTÍN. *(Pasándole la mano por los cabellos)* Te has pasado la vida cuidando hijos ajenos y ahora resulta que detestas a las criaturas.[159]

MAMAÉ. Por esos millones de baberos[160] vomitados, por sus pucheros,[161] por sus babas,[162] por esos mocos[163] que no saben limpiarse, por esas rodillas sucias y con costras.[164] Porque no dejan comer a la gente grande, con sus malacrianzas y sus travesuras en la mesa.

La Mamaé les habla sin enojo, haciéndoles venias y sonrisas, pero da la impresión de que no los oyera o de que no entendiera palabra de lo que ellos le dicen.

AMELIA. Y pensar que cuando Belisario tuvo la viruela[165] fue ella la que echó del cuarto para dormir al lado de mi hijo.

MAMAÉ. Porque gritan, son caprichosos, todo lo rompen, lo ensucian, lo malogran.

BELISARIO. *(Interrumpiendo su trabajo)* Te pasabas el día echándome esa pomada negra que yo odiaba, Mamaé. Granito[166] por granito. Cogiéndome las manos y distrayéndome con cuentos para que no me rascara. ¡Pero ni por ésas mi libré de ser feo,[167] Mamaé!

MAMAÉ. Son unos egoístas que no quieren a nadie. Unos sultanes a los que hay que dar gusto en todas sus necedades y majaderías.[168] Por eso, como Herodes, a toditos. ¡Así, así!

CÉSAR. ¿Y cuando en Arequipa yo invitaba a la casa a mis compañeros de colegio, Mamaé? ¡Nos preparabas té a los treinta de la clase! Así que, aunque lo jures y rejures, no te creo que odies a los niños.

---

[158] **de... como ejemplo**
[159] **niños**
[160] bibs
[161] pouting
[162] drooling
[163] snot
[164] scabs
[165] chicken pox
[166] pustule
[167] **Pero...** But not even that saved me from being ugly
[168] **tonterías**

Amelia le hace una seña a Agustín y ambos se apartan unos pasos. En su mesa, Belisario queda con una expresión intrigada, mirando a Amelia y Agustín mientras hablan.

AMELIA. Quiero hablar contigo, Agustín.
AGUSTÍN. Sí, hermana.
AMELIA. Es que, quería decirte que... ya no puedo más.

César, al oírla, se acerca a ellos. La Mamaé se adormece.

CÉSAR. ¿Qué pasa, Amelia?
AMELIA. Estoy rendida. Tienen que tomar una sirvienta.
AGUSTÍN. Si fuera posible, la hubiéramos tomado hace tiempo. El acuerdo fue que nosotros ayudábamos a Belisario a terminar su carrera y que tú te ocuparías de la casa.
AMELIA. Ya lo sé. Pero no puedo más, Agustín. Es mucho trabajo para una sola persona. Y, además, me estoy volviendo loca en este mundo absurdo. Los papás y la Mamaé están ya muy viejitos. El papá no se acuerda de las cosas. Pide el almuerzo cuando acaba de terminar de almorzar. Y si no le doy gusto, la mamá llora.
CÉSAR. Habla más bajo, hermana, la Mamaé te va a oír.
AMELIA. Aunque me oiga, no entiende. Su cabeza está en otra parte. *(Mira a la Mamaé.)* Con ella es todavía peor, César. Yo tengo paciencia, yo la quiero mucho. Pero para todo hay límites. ¿No ven que es como una bebé? Lavar sus calzones, sus camisones embarrados[170] se ha convertido en una pesadilla. Y, además, cocinar, barrer, planchar, tender camas, fregar ollas. Ya no doy más.
CÉSAR. *(A Agustín)* La verdad es que, quizás, se necesitaría una sirvienta...
AGUSTÍN. Magnífico, hermano. Tomemos una. Eso sí, supongo que la pagarás tú.
CÉSAR. ¿A qué vienen esas ironías, Agustín? Sabes que estoy en mala situación.
AGUSTÍN. Entonces no hables de tomar una sirvienta. ¿Sospechas acaso lo que cuesta esta casa? ¿Se te ha ocurrido coger un lápiz y sumar? Alquiler, mercado, agua, luz, baja policía,[171] médicos, remedios, los tres mil a Amelia, etcétera. ¿Cuánto hace? Catorce o quince mil soles[172] al mes. ¿Y cuánto das tú, quejándote como un Jeremías?[173] ¡Dos mil soles!

Joaquín entra, discreto como un fantasma, vestido con el mismo uniforme del principio. Se sienta junto a la Mamaé.

CÉSAR. ¡Esos dos mil soles son para mí un gran esfuerzo! Lo que gano no me alcanza, vivo endeudado y a ti te consta.[174] ¡Son cuatro hijos, Agustín! Este año he tenido que poner a los dos

---

[169] exhausta, agotada
[170] muy sucios
[171] baja... policía local que se ocupa de la limpieza de la calle
[172] unidad monetaria del Perú
[173] uno de los profetas mayores (¿650–580? antes de Cristo), autor de las *Lamentaciones* (quejarse como un Jeremías = quejarse incesantemente)
[174] es obvio

menores en un colegio fiscal,[175] con los cholos y los negros...

MAMAÉ. *(Abriendo los ojos)* Con los cholos...O sea que era ahí, todas las tardes, a la hora en que los peones volvían de las haciendas. En el barrio de los cholos y de los negros. En la ranchería[176] de La Mar.

AMELIA. Esos tres mil soles que me das no son para mí, Agustín. Sino para los estudios de Belisario. Yo no me compro ni un pañuelo. Para no causarte más gastos hasta he dejado de fumar.

BELISARIO. *(Mirando hacia el público, exagerando)* ¿Yo, un empleo? ¡Imposible, mamá! ¿Y los códigos? ¿Los reglamentos? ¿Las constituciones? ¿Los tratados? ¿El derecho escrito y el derecho consuetudinario?[177] ¿No quieres que sea un gran abogado, para que un día los ayude a los abuelos, a ti, a los tíos? ¡Entonces tienes que darme más plata,[178] para libros! Qué cínico podías ser, Belisario.

AGUSTÍN. Pero Belisario podría trabajar medio tiempo, Amelia. Cientos de universitarios lo hacen. Tú sabes que siempre los he ayudado a tu hijo y a ti, desde la estúpida muerte de tu marido. Pero ahora las cosas se han puesto muy difíciles y Belisario es ya un hombre. Deja que le busque un puesto...

CÉSAR. No, Agustín, Amelia tiene razón. Que termine la Universidad. O le pasará lo que a mí. Por ponerme a trabajar dejé los estudios y mira el resultado. Él fue siempre el primero de la clase. Es seguro que llegará lejos. Pero necesita un título, porque hoy...

Su voz se convierte en un susurro, mientras se eleva la voz de la Mamaé.

MAMAÉ. He pasado por esa ranchería muchas veces. Con el tío Menelao y la tía Amelia, yendo hacia el mar. Los negros, los cholos y los indios venían a pedirnos limosna. Metían sus manos en el coche y el tío Menelao decía ¡qué uñas inmundas! A mí me daban miedo. De lejos, La Mar parece bonita, con sus cabañas de paja y sus calles de arena. Pero de cerca es pobre, sucia, apesta[179] y está llena de perros bravos.[180] O sea que se veían ahí.

JOAQUÍN. Sí, ahí. En La Mar. Cada tarde. Nos veíamos y veíamos ponerse el sol.

Sube el rumor del diálogo entre los tres hermanos.

AGUSTÍN. Cada cual tiene sus razones, por supuesto. También tengo las mías. Podría decir: estoy harto de vivir en una pensión, de andar en ómnibus, de no haberme podido casar, porque desde que trabajo la mitad de mi sueldo es para ayudar a los papás, a Amelia, al sobrino. Estoy harto de no poder ir a un buen

---

[175] **público**
[176] **conjunto de casas pobres**
[177] **que tiene su origen en las costumbres**
[178] **dinero**
[179] **tiene mal olor**
[180] **feroces**

restaurante, de no tomar vacaciones, de hacer remendar mis ternos. Y como estoy harto ya no doy para esta casa más de dos mil soles al mes. Igual que tú. ¿Qué pasaría entonces con los papás, con la Mamaé, con el futuro genio del foro?

AMELIA. ¡No te burles, Agustín! Mi hijo será un gran abogado, sí, y tendrá montones de clientes y ganará fortunas. ¡Y no lo pondré a trabajar, hasta que termine su carrera! Él no será un fracasado y un mediocre.

AGUSTÍN. ¿Como yo, quieres decir?

MAMAÉ. O sea que, cada tarde, después de las guardias, mientras yo te esperaba rezando rosario tras rosario para que pasaran más pronto los minutos, ibas donde ella, a La Mar, y le decías cosas ardientes.

JOAQUÍN.[181] Soldadera, amor mío, tienes manos fuertes y a la vez suaves. Pónmelas aquí, en las sienes. He estado montando a caballo toda la mañana y me hierve la sangre. Apriétame un poco, refréscame. Así. Ah, es como si hundiera la cara en un ramo de flores.

BELISARIO. Tú sí que no te hacías ilusiones conmigo, tío Agustín.

CÉSAR. Cállense, no comiencen otra vez. Basta de hacernos mala sangre,[182] todos los días peleamos por lo mismo. Más bien, por qué no consideran lo que les propuse.

AMELIA. Lo he hecho, César. Y estoy dispuesta a aceptarlo. Me oponía, pero ahora ya no.

CÉSAR. Claro, Amelia. Es lo más sensato.[183] *(Mira a la Mamaé.)* Ella está ya afuera de este mundo, ni notará el cambio. Tú, más descansada, podrás ocuparte mejor de los papás. Vivirán más desahogados en esta casa. E, incluso, es probable que la Mamaé esté más contenta que aquí.

Joaquín ha cogido las manos de la Mamaé; las besa, apasionadamente.

JOAQUÍN. Pero, más todavía que tus manos me gusta de ti otra cosa, Carlota.

MAMAÉ. *(Con miedo)* ¿Qué cosa? ¿Qué es lo que más te gustaba de esa mujer?

AGUSTÍN. O sea, metemos a la Mamaé al Asilo y todo resuelto. Claro, es muy fácil. Porque ustedes piensan en el Asilo privado de San Isidro donde estuvo la tía Augusta. Desde luego que allí no sufriría. Es tan limpio, con enfermeras que cuidan a los viejitos día y noche y los sacan a pasear a los jardines. Hasta les dan cine una vez por semana ¿no es cierto? *(Con sarcasmo)* ¿Saben ustedes la fortuna que cuesta ese lugar?

JOAQUÍN. Tu cuello. Deja que lo bese, que sienta su olor. Así, así. Ahora quiero besarte en las

---

[181] Joaquín directs these words to Mamaé who, in her mind, sees herself as Carlota. In this scene Mamaé vacillates between playing the role of the **soldadera** and that of the **niña decente**. Here we see clearly Mamaé's struggle between her passionate nature and her repressive upper middle-class upbringing.

[182] **hacernos... enojarnos, expresar resentimientos**

[183] **razonable**

orejas, meter mi lengua en esos niditos tibios, mordisquear esas puntitas rosadas. Por eso te quiero, soldadera. Sabes darme placer. No eres como Elvira, una muñequita sin sangre, una boba que cree que el amor consiste en leer los versos de un bobo que se llama Federico Barreto.

AGUSTÍN. La Mamaé no iría al de San Isidro. Iría al Asilo de la Beneficiencia,[184] que es gratuito. Y ése, ustedes no lo conocen. Yo, en cambio, me he tomado el trabajo de ir a verlo. Tienen a los viejos en la promiscuidad[185] y la mugre. Casi desnudos. Se los comen los piojos, duermen en el suelo, sobre costales.[186] Y está en el barrio de Santo Cristo, junto al cementerio, de modo que los viejos se pasan el día viendo entierros. ¿Ahí quieren poner a la Mamaé?

MAMAÉ. *(Desolada, a punto de llorar)* Todavía no estábamos casados, Joaquín. ¡No podía dejar que me faltaras el respeto! Eso me hubiera rebajado ante tus ojos. Lo hacía por ti, sobre todo. Para que tuvieras una esposa de la que no te avergonzaras.

CÉSAR. ¿Y te parece que aquí vive bien la Mamaé? ¿No hueles, Agustín? ¿No dices tú mismo que cada vez que tienes que tomar una taza de leche en esta casa se te revuelve el estómago? Yo no propongo el Asilo por malvado, sino para aliviarte los gastos. Yo la quiero tanto como tú.

MAMAÉ. ¿Y qué tenían de malo los versos? En esa época era así. Una estaba enamorada y leía versos. Así era entre las señoritas y los caballeros, Joaquín. No es verdad que Federico Barreto fuera un bobo. Era un gran poeta. Todas las muchachas de Tacna se morían de envidia cuando me escribió ese verso en el abanico.

AMELIA. *(A Agustín)* ¿Crees que no tengo sentimientos? Yo la baño, la acuesto, la visto, yo le doy de comer, no te olvides. Pero... tienes razón. No podemos mandar ahí a la Mamaé. Por otra parte,[187] es cierto que la mamá no lo aceptaría nunca.

JOAQUÍN. Hubiéramos hecho una gran pareja, soldadera. ¿Qué lástima que seas casada! En cambio, ese angelito frígido... ¿Será capaz de complacerme cuando sienta, como ahora, una lava que me abrasa aquí adentro? *(Le habla al oído.)* ¿Quieres que te cuente qué voy a hacer con Elvira cuando sea mi mujer?

MAMAÉ. *(Tapándose los oídos)* No quiero saberlo. ¡Cállate, cállate!

CÉSAR. Está bien. Entonces, no he dicho nada. Olvidémonos del Asilo. Yo trato de ayudar, de dar ideas. Y ustedes terminan por hacerme sentir un malvado.

JOAQUÍN. La desnudaré con estas manos. Le quitaré el velo de novia, el vestido, las enaguas, el sostén. Las medias. La descalzaré. Despacio, viéndola ruborizarse, perder el habla, no saber qué hacer, dónde mirar. Me excita la idea de una muchachita aturdida

---

[184] **institución de caridad**
[185] **en...** crowded together
[186] **sacos grandes**
[187] **Por... Además**

de miedo y de vergüenza.

AGUSTÍN. Pon los pies en la tierra, César. No vas a resolverme el problema con propuestas descabelladas.[188] Si en vez de esos proyectos irrealizables, dieras cincuenta libras más para los gastos de esta casa, me aliviarías de verdad.

En su mesa de trabajo, en la que ha estado alternativamente escribiendo o escuchando y observando a los hermanos y a la Mamaé y a Joaquín, Belisario comienza a bostezar. Se le nota soñoliento, trabajando cada vez más a desgana.[189]

JOAQUÍN. Y cada vez que vaya apareciendo un poquito de piel, erizada por el susto, me inclinaré a olerla, a gustarla, a afiebrarla a besos. ¿Te da celos, soldadera? ¿Me imaginas pasando los labios, los ojos, las manos, por ese cuerpecito tierno? ¿Te la imaginas a ella, temblando, con los ojos cerrados? ¿Te da celos? Quiero que te dé celos, Carlota.

MAMAÉ. No te oigo. Me tapo los oídos y me libro de ti. Cierro los ojos y tampoco te veo. Por más que trates no puedes ofenderme, rebajarme a tu vulgaridad. Ay, cabecita loca...

Se golpea la cabeza, para castigarla por esas visiones.

AMELIA. Ahí está el papá, cállense ahora.

Entran el Abuelo y la Abuela. Agustín y César se adelantan a besar a su padre. Belisario ha dejado la pluma y apoya la cabeza en un brazo para descansar un momento.

BELISARIO. *(Entre bostezos)* La tierra no va a dejar de dar vueltas porque seas incapaz de terminar una historia. Anda, echa un sueñecito,[190] Belisario.

ABUELO. Se han asustado en vano, hijitos. Estoy muy bien, el... el pirata ése no me hizo nada. Al menos, esto ha servido para tenerlos aquí de visita. Hace tantas semanas que no venían.

CÉSAR. Pero si ayer estuvimos aquí toda la tarde, papá...

JOAQUÍN. Y luego, cuando haya dejado de defenderse, y tenga el cuerpo húmedo de tantos besos, haré que ella, a su vez, me desnude. Como lo haces tú. La enseñaré a obedecer. La educaré como a mi caballo; mansa conmigo y arisca con los otros. Y mientras me va desnudando, estaré pensando en ti. En las cosas que sabes hacerme tú. Eso me irá caldeando más la sangre. Demoraré mucho en amarla, y, cuando lo haga, mentalmente estaré amándote a ti, Carlota.

Acaricia los pechos de la Mamaé.

MAMAÉ. No, no, anda vete, sal de aquí, no te permito, ni en sueños, ni siendo tu esposa. ¡Tía Amelia! ¡Tío Menelao! ¡Carmencita! ¡Ayyy! ¡Ayyy!

---

[188] **desrazonables**
[189] **a... sin voluntad**
[190] **echa...** take a little nap

Joaquín, con una sonrisa, desaparece. Los tres hermanos y los abuelos, al oír los gritos, se vuelven a mirar a la Mamaé.

ABUELA. ¿Qué te pasa, Mamaé? ¿Por qué das todo el tiempo esos gritos de loca?

MAMAÉ. *(Sofocada, avergonzada)* Soñé que mi novio trataba de tocarme los pechos, ñatita. ¡Estos chilenos tan atrevidos! ¡Hasta en el sueño hacen indecencias! ¡Estos chilenos!

Se santigua, llena de horror. Belisario se ha ido quedando dormido sobre sus papeles. El lápiz se desprende de sus manos y cae al suelo. Se lo oye roncar.

Fin del primer acto

SEGUNDO ACTO

Al levantarse el telón, los Abuelos están oyendo la Misa del Domingo, por el viejo aparato de radio que tienen en la salita de la casa. La voz del sacerdote salmodia[1] *en el aparato y la Abuela y la Mamaé hacen las genuflexiones*[2] *y se persignan en los momentos correspondientes. El Abuelo escucha la Misa con desgana. A ratos, se oye pasar el tranvía. Amelia está disponiendo la mesa para la comida: entra y sale de la pieza sin prestar atención a la Misa radiada. En su mesa de trabajo, Belisario está despertando de su sueño. Bosteza, se frota los ojos, relee algo de lo que ha escrito. Y en ese momento, recuerda o se le ocurre algo que, muy excitado, lo hace levantarse de un salto, coger la sillita en que está sentado, y, apoyándose en ella como un viejecito que no puede andar, comienza a avanzar por el escenario arrastrándose, dando pequeños brinquitos (exactamente como veremos después que hace la Mamaé).*

BELISARIO. Cuando el robo al Abuelo ¿todavía podía andar? ¿Podías, Mamaé? Sí, era así, en tu sillita de madera, como un niño que juega al caballito. De tu cuarto al baño, del baño al sillón, del sillón al comedor, del comedor a tu cuarto: la geografía de tu mundo. *(Piensa. Repite, engolosinado*[3] *con la frase.)* La geo-gra-fía de tu mundo, Mamaé. ¡Me gusta, Belisario! *(Corre a su escritorio y escribe. Luego, empieza a mordisquear su lápiz, ganado por los recuerdos.)* Claro que todavía andabas. Dejaste de andar cuando murió el Abuelo. «No se ha dado cuenta», decía mi mamá. «No entiende», decían el tío César, el tío Agustín. *(Mira a la Mamaé.)* ¿No te dabas cuenta que había un fantasma más en esa casa llena de

---

[1] **recita monótonamente**
[2] **hacen...** kneel
[3] **entusiasmado**

fantasmas? ¡Claro que te dabas, Mamaé! *(Toma unas notas rápidas en sus papeles.)* ¿Querías mucho al Abuelo, no, Mamaé? ¿Cuánto, de qué manera lo querías? ¿Y esa carta? ¿Y esa paliza? ¿Y la india mala de Camaná? El caballero siempre aparecía vinculado a esa carta y a esa india en los cuentos de la señorita de Tacna. ¿Cuál era el fondo de esa historia tan misteriosa, tan escandalosa, tan pecaminosa,[4] Mamaé? ¡Misteriosa, escandalosa, pecaminosa! ¡Me gusta! ¡Me gusta! *(Se pone a escribir, con furia.)*

AMELIA. *(Que ha servido ya la sopa)* ¡La comida!

La Misa ha terminado y, en la radio, ha comenzado una tanda publicitaria, con los anuncios del Chocolate Sublime. *Amelia la apaga. Los Abuelos van a sentarse a la mesa. Se nota al Abuelo muy abatido. Con gran esfuerzo, la Mamaé se incorpora de su sillón y da un pasito. Amelia corre a sostenerla.*

AMELIA. ¿Quieres romperte una pierna? ¿Adónde vas sin tu silla, Mamaé?

La lleva del brazo hacia la mesa.

MAMAÉ. A la Iglesia quiero ir. A rezar. A Misa, a confesarme. Estoy harta de oír Misa por radio. No es lo mismo. Aunque el cura diga que sí. No lo es. Una se distrae, no toma la Misa en serio.

La Mamaé y Amelia se sientan. Comienzan a comer.

ABUELA. Tendría que llevarte cargada mi marido, Mamaé. Con tu sillita, te demorarías horas en llegar a la Iglesia de Fátima. *(Al Abuelo.)* ¿Te acuerdas, Pedro, cómo nos hacías pasar el río cargadas, cuando íbamos a visitarte a Camaná? ¿Qué gritos dábamos!

El Abuelo asiente, desganado.

AMELIA. ¿Qué te pasa, papá? Hoy no has abierto la boca.

ABUELA. Te hablo y mueves la cabeza, como un cabezudo de Feria.[5] Me haces sentirme una tonta. ¿Te sientes mal?

ABUELO. No, ñatita, no me pasa nada. Estoy bien. Es que, estaba terminando este...aparato, antes de que se enfríe.

AMELIA. La sopa, papá.

ABUELA. Qué manía ésa de llamarle a todo el aparato... Si te olvidas, pregunta. ¿No estás viendo que es una sopa?

MAMAÉ. Una porquería es lo que es.

ABUELA. *(Haciendo un esfuerzo por hablar)* No, está rica. Le falta un poco de sal, quizá.

BELISARIO. *(Levantando la cabeza de sus papeles)* Todo le parecía rico, a todo le llamaba el aparato, a todo le faltaba sal. Un hombre que no se quejó nunca de nada, salvo de no encontrar trabajo, a la vejez. La Abuela, en medio siglo de casados, no le oyó levantar la voz. Así que esa paliza a la india de Camaná parecía tan inconcebible, Mamaé. La sal fue una manía de los últimos años. Le echaba sal al

[4] sinful

[5] **figura de enano con gran cabeza que aparece en ciertas fiestas**

café con leche, al postre. Todo le parecía:

ABUELO. ¡Estupendo! ¡Estupendo!

Belisario vuelve a ponerse a escribir.

ABUELA. Yo sé lo que te pasa, Pedro. Antes salías a dar tus caminatas, a ver si el mundo seguía existiendo. Y tus hijos te prohibieron el único entretenimiento que te quedaba.

AMELIA. Lo dices como si lo hubiéramos hecho para torturarlo, mamá.

ABUELO. ¿Acaso estoy quejándome de algo?

ABUELA. Preferiría que te quejaras.

ABUELO. Bueno, para tenerte contenta voy a pasarme el día renegando.[6] No sé de qué, ñatita.

ABUELA. No te estoy riñendo, marido. ¿Crees que no me da pena tenerte enclaustrado? Mira, después del almuerzo nos iremos a dar una vuelta a la manzana. Ojalá no me lo hagan pagar caro mis várices, nomás.[7]

Amelia se pone de pie y recoge los platos.

AMELIA. No has tomado la sopa, Mamaé.

MAMAÉ. ¿Sopa? Receta para perros con mal de rabia, dirás.

AMELIA. *(Saliendo)* Si supieras que, con lo que dan mis hermanos para el gasto, es un milagro que les presente a diario un almuerzo y una comida.

ABUELA. Ir a la Iglesia... De veras, Mamaé, qué consuelo era. Un día a la de Fátima, otro a la de los Carmelitas. ¿Te acuerdas que una vez fuimos andando hasta la Parroquia de Miraflores?[8] Teníamos que pararnos en cada esquina porque se nos salía el corazón.[9]

MAMAÉ. Cuesta acostumbrarse a que los mandingos canten y bailen en plena Misa, como en una fiesta. ¡Qué herejes!

AMELIA. *(Entrando, con el segundo plato de comida. Sirve a los Abuelos y a la Mamaé y se sienta)* ¿Los mandingos? ¿En la Parroquia de Miraflores?

MAMAÉ. En la Parroquia de La Mar.

AMELIA. Miraflores, Mamaé.

ABUELA. Está hablando de Tacna, hijita. Antes de que tú nacieras. La Mar. Una barriada de negros y cholos, en las afueras. Yo pinté unas acuarelas de La Mar, cuando era alumna del maestro Modesto Molina...

AMELIA. ¿Y la Mamaé iba a oír Misa a una barriada de negros y cholos?

ABUELA. Fuimos varios domingos. Había una capillita de tablones y esteras.[10] Después que la Mamaé dejó plantado a su novio, se le metió que iba a oír Misa en La Mar o que no oía Misa. Y era terca como una mula.

MAMAÉ. *(Sigue con su pensamiento)* El Padre Venancio dice que no es pecado que canten y bailen en la Misa. Que Dios los perdona porque no saben lo que hacen. Es un curita de esos modernistas...

ABUELA. Era un gran

---

[6] **diciendo injurias**
[7] **Ojalá...** I just hope my varicose veins don't give me a hard time because of it.
[8] **barrio elegante de Lima**
[9] **se...** we didn't have the energy
[10] straw mats or padding used to cover floors in poor dwellings

entretenimiento ¿no, Mamaé? Las misas, las novenas, los viacrucis[11] de Semana Santa, las procesiones. Siempre había algo que hacer, gracias a la religión. Una estaba más al día con la vida. No es lo mismo rezar entre cuatro paredes, tienes mucha razón. Era distinto cumplir con Dios rodeada de la demás gente. Estas várices... *(Mira al Abuelo.)* A ti te ha pasado lo contrario que a esos jóvenes tan machitos que posan de ateos y, a la vejez, se vuelven beatos.

AMELIA. Cierto, papá. Nunca faltabas a Misa, jamás comías carne los viernes y comulgabas[12] varias veces al año. ¿Por qué cambiaste?

ABUELO. No sé de qué hablas, hijita.

ABUELA. Claro que has cambiado. Dejaste de ir a la Iglesia. Y al final sólo ibas por acompañarnos a la Mamaé y a mí, ni te arrodillabas en la Elevación. Y aquí, cuando oímos Misa por la radio, ni siquiera te persignas. ¿Ya no crees en Dios?

ABUELO. Mira, no lo sé. Es curioso... No pienso en eso, no me importa.

ABUELA. ¿No te importa si Dios existe? ¿No te importa que haya o no otra vida?

ABUELO. *(Tratando de bromear)* Será que con los años he perdido la curiosidad.

ABUELA. Qué tonterías dices, Pedro. Qué consuelo sería el nuestro si no existiera Dios y si no hubiera otra vida.

ABUELO. Bueno, entonces Dios existe y hay otra vida. No vamos a discutir por tan poca cosa.

MAMAÉ. Pero es el mejor confesor que conozco. *(A la Abuela, que la mira sorprendida.)* ¡El Padre Venancio! Qué facilidad de palabra, a una la envuelve, la hipnotiza. Padre Venancio, por culpa de esa india de Camaná y de esa maldita carta, he cometido pecado mortal.

Se lleva la mano a la boca, asustada de lo que ha dicho, y mira a los Abuelos y a Amelia. Pero ellos están concentrados en sus platos, como si no la hubieran oído. En cambio, Belisario ha dejado de escribir, ha alzado la cabeza y tiene una expresión profundamente intrigada.

BELISARIO. Es seguro que la Señorita nunca tuvo la más mínima duda sobre la existencia de Dios, ni sobre la verdadera religión: la católica, apostólica y romana. Es seguro que cumplía con la Iglesia de esa manera inevitable y simple con que los astros se mueven por el Universo: ir a misa, comulgar, rezar, confesarse.

La Mamaé, que ha venido andando con gran esfuerzo, se arrodilla ante Belisario como en un confesionario.

MAMAÉ.[13] Perdonadme, Padre Venancio, porque he pecado.

BELISARIO. *(Dándole la bendición)* ¿Cuándo fue la última vez que te confesaste, hija?

MAMAÉ. Hace quince días, Padre.

BELISARIO. ¿Has ofendido a Dios en

---

[11] Stations of the Cross
[12] you took communion
[13] In Belisario's imagination, Mamaé is reliving a moment in the past when she was at the height of her storytelling powers and Belisario was still a child.

estas dos semanas?

MAMAÉ. Me acuso de haberme dejado dominar por la cólera, Padre.

BELISARIO. ¿Cuántas veces?

MAMAÉ. Dos veces. La primera, el martes pasado. Amelia estaba limpiando el baño. Se demoraba y yo tenía deseos de hacer una necesidad.[14] Me dio vergüenza pedirle que saliera. Ahí estaban Carmen y Pedro y se hubieran dado cuenta que iba al excusado. Así que disimulaba: «Apúrate un poco con el baño, Amelia». Y ella tomándose todo su tiempo. Me sentía ya mal, con retorcijones y sudaba frío. Así que, mentalmente, la insulté: «¡Estúpida!» «¡Floja!» «¡Maldita!» «¡Amargada!»

BELISARIO. ¿Y la segunda vez, hija?

MAMAÉ. Esa pata de Judas[15] me derramó mi frasco de Agua de Colonia. Me lo habían regalado. La familia no está en buena situación, Padre, así que era un gran regalo. Yo dependo de lo que me dan los sobrinos, en Navidad y en mi cumpleaños. Estaba feliz con esa Colonia. Olía rico. La pata de Judas abrió el frasco y lo vació en el lavador. Porque no quise contarle un cuento, Padre Venancio.

BELISARIO. ¿La pata de Judas era yo, Mamaé?

MAMAÉ. Sí, Padre.

BELISARIO. ¿Me jalaste las orejas? ¿Me diste unos azotes?[16]

MAMAÉ. Yo no le pego nunca. ¿Acaso es mi nieto? Sólo soy una tía, la quinta rueda del coche... Al ver el frasco vacío me dio tanta cólera que me encerré en el baño, y ahí, frente al espejo, dije palabrotas, Padre.

BELISARIO. ¿Qué palabrotas, hija?

MAMAÉ. Me da vergüenza, Padre Venancio.

BELISARIO. Aunque te dé. No seas orgullosa.

MAMAÉ. Trataré, Padre. *(Haciendo un gran esfuerzo.)* ¡Maldita sea mi estampa, carajo! ¡Mierda! ¡Mierda! ¡Mocoso de mierda!

BELISARIO. ¿Qué otros pecados, hija?

MAMAÉ. Me acuso de haber mentido tres veces, Padre.

BELISARIO. ¿Mentiras graves?

MAMAÉ. Más o menos, Padre.

ABUELA. *(Desde la mesa)* ¿Qué dices, Elvira?

MAMAÉ. Que se ha acabado el azúcar. *(A Belisario)* Había un paquete entero, pero yo lo escondí. Para que Carmen me diera plata. Y entonces dije la segunda.

ABUELA. ¿Y por qué vas a ir tú a comprar el azúcar? Deja que vaya Amelia.

MAMAÉ. Iré yo, yo, nomás. Quiero hacer un poco de ejercicio. *(A Belisario)* No era verdad, me cuesta muchísimo andar. Me duelen las rodillas y no guardo bien el equilibrio.

BELISARIO. ¿Y para qué esas mentiras, hija?

MAMAÉ. Para comprarme un chocolate. Estaba antojada[18] hacía días. Se me hacía agua la boca al oír en la radio la propaganda del Sublime.

BELISARIO. ¿Y no era más fácil que

---

[14] **hacer...** **ir al excusado**
[15] **pata...** traitor
[16] **unos...** a beating
[17] **Maldita...** Damn it!
[18] **estaba...** I had a craving

le pidieras al Abuelo cinco soles?

MAMAÉ. Está en muy mala situación, Padre. Vive de sus hijos y ellos pasan apuros. El pobre hace durar semanas sus hojitas de afeitar, sacándoles filo no sé cuánto rato cada mañana. Siglos que nadie se compra ropa en la casa. Heredamos lo que ya no se ponen los sobrinos. ¿Cómo le voy a pedir plata para chocolates? Así que fui a la bodega, compré un Sublime y me lo comí en la calle. Al regresar, puse en el repostero el paquete de azúcar que tenía escondido. Ésa fue la tercera mentira, Padre.

BELISARIO. Eres una persona demasiado orgullosa, hija.

MAMAÉ. Eso no es malo. No es pecado ser orgullosa.

En el curso del diálogo han ido cambiando de posición, hasta adoptar la acostumbrada cuando la Mamaé cuenta los cuentos al niño.

BELISARIO. Yo creo que sí es, Mamaé. El Hermano Leoncio dijo el otro día en la clase de catecismo que el orgullo fue el primer pecado, el de Luzbel.[19]

MAMAÉ. Bueno, quizá lo sea. Pero a la señorita de Tacna el orgullo le permitía vivir ¿ves? Soportar las decepciones, la soledad, la privación de tantas cosas. Sin orgullo, habría sufrido mucho. Además, era lo único que tenía.

BELISARIO. No entiendo por qué le alabas[20] tanto el orgullo. Si ella quería a su novio, y él le pidió perdón por haberla engañado con la mujer mala, ¿no era mejor que lo perdonara y se casara con él? ¿De qué le sirvió tanto orgullo? Se quedó solterona[21] ¿no es cierto?

MAMAÉ. Eres muy chico y no puedes entender. El orgullo es lo más importante que tiene una persona. La defiende contra todo. El hombre o la mujer que pierde eso, se convierte en un trapo que cualquiera pisotea.

BELISARIO. Pero eso ya no es un cuento sino un sermón, Mamaé. En los cuentos deben pasar cosas. Siempre me dejas en ayunas sobre los detalles.[22] Por ejemplo, ¿tenía malos tocamientos[23] la señorita de Tacna?

MAMAÉ. *(Asustada, poniéndose de pie)* No, claro que no. *(Más asustada.)* ¿Malos...qué has dicho *(Horrorizada.)* ¿Malos qué, malos qué cosa?

BELISARIO. *(Avergonzado)* He dicho malos pensamientos, Mamaé. ¿No tenía a veces malos pensamientos la señorita de Tacna?

MAMAÉ. *(Compadecida, deslizándose dificultosamente hacia su sillón)* Tú eres el que tiene la cabeza llena de malos pensamientos, chiquitín.

Se sienta en su sillón y se acurruca. Los Abuelos y Amelia, ajenos, siguen comiendo.

BELISARIO. *(Que se ha vuelto a poner a*

---

[19] Lucifer
[20] praise
[21] old maid
[22] **Siempre...** You always leave me hungry for details.
[23] **pensamientos**

escribir. Habla, mientras garabatea sus papeles) Sí, Mamaé, es verdad. No puedo dejar de pensar que, bajo esa apariencia espiritual, detrás de esa mirada serena, había también en la señorita una madeja de ríos de sangre tibia, instintos que, de pronto, alzaban la cabeza y exigían. ¿O esa austera rutina que era su vida exterior, era, de verdad, toda su vida? *(Deja de escribir. Se vuelve a mirar a la Mamaé. Se dirige a ella, con cierto patetismo.)* De chico, me figuraba que habías sido siempre una viejecita arrugada. Y ahora, que trato de imaginar tu juventud, no puedo: la viejecita ahuyenta siempre a esa joven que también fuiste. A pesar de tantos cuentos, sigo en la luna sobre la señorita. ¿Qué le pasó luego de quemar su vestido de novia y dejar plantado al oficial chileno?

Con las últimas frases de Belisario, la Abuela se ha levantado de la mesa y se acerca a la Mamaé. El Abuelo y Amelia continúan comiendo, ignorantes de lo que sigue. El Abuelo, a veces, echa sal a su plato con una especie de furia.

ABUELA. ¿Por qué no has hecho tus maletas, Elvirita? Pedro quiere partir al alba, para llegar al muelle de Arica antes del sol fuerte. No nos vaya a dar una insolación, sobre todo a ti que tienes la piel tan blanca. *(Pausa.)* ¿Sabes que, en el fondo me alegro de partir? Cuando murió mi madre, después de esa terrible agonía, fue como si también Tacna se hubiera empezado a morir. Y ahora, con la muerte de mi padre, esta ciudad se me hace hasta antipática. Vamos a hacer tus maletas, yo te ayudo.

MAMAÉ. No voy a ir a Arequipa con ustedes, Carmencita.

ABUELA. ¿Y dónde te vas a quedar? ¿Con quién te vas a quedar en Tacna?

MAMAÉ. No voy a ser una carga[24] para ti en la vida.

ABUELA. No digas tonterías, Elvira. Sabes que mi marido está feliz de que vengas con nosotros. ¿Acaso no somos como hermanas? Serás la hermana de Pedro, también. Vamos a hacer tus maletas.

MAMAÉ. Desde tu boda, me he pasado todas las noches esperando este momento. Desvelada, pensando, hasta que oía la corneta del cuartel de los chilenos. No puedo vivir con ustedes. Pedro se ha casado contigo y no contigo más tu prima Elvira.

ABUELA. Te vienes a vivir con nosotros y se acabó. Es un tema agotado.

MAMAÉ. A la larga sería un estorbo.[25] Una fuente de problemas. Por mi culpa habría disputas entre ustedes. Algún día Pedro te echaría en cara que le hubieras impuesto cargar con una intrusa toda la vida.

ABUELA. Por lo pronto,[26] no será la vida, porque mañana te olvidarás de lo ocurrido con Joaquín, te enamorarás y te casarás. Por favor, Elvira, hay que levantarse

[24] burden
[25] bother
[26] **Por...** To begin with

de madrugada. Tenemos un viaje tan largo.

BELISARIO. *(Encantado con el hallazgo, salta en el asiento)* Largo, pesadísimo, complicadísimo. En tren de Tacna a Arica. Tomar el barco en Arica y pasar dos días navegando, hasta Mollendo.[27] El desembarco allí era cosa de circo ¿no, abuela? Las bajaban a las señoras del barco a la lancha en canastas, como a las vacas ¿no, Mamaé? Y, después, la cabalgata de tres días hasta Arequipa, por sierras donde había el peligro de ser asaltadas por los bandoleros. *(Se pone a escribir, entusiasmado.)* Ah, Belisario, y eso es lo que tú criticabas tanto en los escritores regionalistas: el color local y la truculencia.

ABUELA. ¿Te dan miedo los bandoleros, Elvira? A mí me dan, pero al mismo tiempo me encantan. En esas cosas debías pensar y no en tonterías.

MAMAÉ. No son tonterías, ñatita.

ABUELA. Sabes muy bien que no te puedes quedar en Tacna. Aquí no tenemos ya nada. Ni siquiera esta casa, que vendrán a ocupar mañana los nuevos dueños.

MAMAÉ. Me quedaré donde la María Murga.

ABUELA. ¿La que fue tu niñera? ¡Qué cosas dices!

MAMAÉ. Es una mujer de buen corazón. Me ha ofrecido un cuarto en su casa, en La Mar. Lo compartiré con su hijito menor, mi ahijado. Ayudaré con los gastos. ¿Acaso no sé bordar? Haré manteles, velos, mantillas de encaje. Y también dulces. Los llevaré a la Pastelería Máspoli; el italiano los venderá y me dará una comisión.

ABUELA. Como en una novelita de Xavier de Montepin[28]...Ya te veo viviendo en un arrabal[29] de Tacna, en medio de los cholos y de los negros. Tú, que a todo le haces ascos;[30] tú, la niñita respingada,[31] como te decía mi papá.

MAMAÉ. Seré respingada, pero nunca me he sentido rica. Aprenderé a vivir como los pobres, ya que yo también soy pobre. La casita de la María Murga es limpia.

ABUELA. ¿No se te ha aflojado un tornillo? Quedarte a vivir en La Mar. ¿Qué te ha dado por La Mar?[32] Primero, oír Misa ahí; luego, ver las puestas del sol en esa barriada. Y ahora que vas a vivir ahí, con la María Murga. ¿Te ha hecho brujería algún mandingo de La Mar? Bueno, se está haciendo tardísimo, y ya me cansé de discutir. Haré yo tus maletas y, si es necesario, Pedro te subirá mañana al ferrocarril de Arica a la fuerza.

La Abuela regresa al comedor. Se sienta y reanuda su comida.

MAMAÉ. ¿Cuál es la diferencia en que siga aquí o me vaya donde la María Murga? ¿No es éste un

---

[27] **ciudad situada al norte de Moquegua**

[28] **escritor francés (1823–1902), autor de folletos y dramas**

[29] slum

[30] **Tú...** You, who turn up your nose at everything.

[31] **que hace todo de mala gana, resistiéndose**

[32] **Qué...** What's this obsession with La Mar?

cuchitril[33] tan miserable como una choza de La Mar? *(Pausa.)* Bueno, allá la gente va a pata pelada[34] y nosotros usamos zapatos. Allá todos tienen piojos en la cabeza, como dice el tío Menelao, y nosotros *(Se lleva la mano a la cabeza.)*...Quién sabe, a lo mejor por eso me pica...

El Abuelo se pone de pie y avanza hacia la Mamaé. La Abuela y Amelia siguen comiendo.

ABUELO. Buenas tardes, Elvira. La estaba buscando. Quisiera hablar unas palabras con usted.

MAMAÉ. *(Lo observa un momento. Luego, habla al cielo)* Es difícil entenderte, Dios mío. Parece que prefirieras a los locos y a los pícaros en vez de los hombres buenos. ¿Por qué, si Pedro fue siempre tan justo, tan honrado, le diste tan mala vida?

Belisario se levanta de su mesa de trabajo y avanza hacia la Mamaé.

BELISARIO. ¿No era pecado que la señorita le reprochara cosas a Dios, Mamaé? Él sabe lo que hace y si hizo sufrir tanto al caballero por algo sería. Tal vez, para premiarlo mejor en el cielo.

ABUELO. Usted es como hermana de Carmen y yo la considero también mi hermana. No será nunca una forastera en mi casa. Le advierto que no partiremos de Tacna sin usted.

MAMAÉ. Tal vez, chiquitín. Pero la señorita no podía entenderlo. Y se quemaba el cerebro, pensando: ¿Fue por la india de la carta, Dios santo, que hiciste padecer tanto al caballero? ¿Por ese pecadito hiciste que la helada quemara el algodón de Camaná el año en que se iba a hacer rico?

BELISARIO. *(Colocándose a los pies de la Mamaé, en la postura en que escucha los cuentos)* ¿El caballero había cometido un pecado? Eso nunca me lo contaste, Mamaé.

ABUELO. Le estoy agradecido porque sé que ha ayudado mucho a Carmen, como amiga y consejera. Vivirá siempre con nosotros. ¿Sabe que he dejado el empleo que tenía en la Casa Gibson? Entré allá a los quince años, al morir mi padre. Yo hubiera querido ser abogado, como él, pero no fue posible. Ahora voy a administrar la hacienda de los señores Saíd, en Camaná. Vamos a sembrar algodón. En unos cuantos años tal vez pueda independizarme, comprar una tierrita. Carmen tendrá que pasar largas temporadas en Arequipa. Usted la acompañará. ¿Ya ve que no será una carga sino una ayuda en la casa?

MAMAÉ. Fue un solo pecado, en una vida noble y limpia. Uno solo, es decir nada. Y no por culpa del caballero, sino de una perversa que lo indujo a actuar mal. La señorita no podía entender esa injusticia. *(Habla al cielo.)* ¿Fue por la india de la carta que hiciste que las plagas destruyeran también el algodón de Santa Cruz? ¿Por eso hiciste que aceptara esa Prefectura de la que salió más pobre de lo que entró?

---

[33] hole

[34] a... sin zapatos

BELISARIO. Pero, Mamaé, ya sé que a la señorita le daba pena que él estuviera siempre de malas.[35] Qué me importa ahora la señorita. Cuéntame el pecado del caballero.

ABUELO. La casa que he alquilado en Arequipa le gustará. Está en un barrio nuevo, El Vallecito, junto al río Chilina. Se oye pasar el agua, cantando entre las piedras. Y el cuarto suyo tiene vista sobre los tres volcanes.

MAMAÉ. *(Siempre al cielo)* ¿Por la india hiciste que, al salir de la Prefectura, ya no consiguiera trabajo nunca más?

BELISARIO. Me voy a enojar contigo, Mamaé. Voy a vomitar todo el almuerzo, la comida y el desayuno de mañana. ¡Que se muera la señorita de Tacna! ¡Cuéntame del caballero! ¿Robó algo? ¿La mató a esa india?

ABUELO. Es grande, de cinco dormitorios, con una huerta donde plantaremos árboles. Ya están amueblados el cuarto nuestro y el de usted. Los otros, para la familia que vendrá —si Dios quiere—, los iremos amueblando con ayuda de la Providencia y del algodón de Camaná. Estoy optimista con el nuevo trabajo, Elvira. Las pruebas que hemos hecho son óptimas: el algodón se aclimata. Con empeño y un poco de suerte, saldré adelante.

MAMAÉ. No mató ni robó a nadie. Se dejó engatuzar[36] por un diablo con faldas. No fue algo tan grave como para que Dios lo tuviera mendigando un puesto que nadie le daba. Para que lo hiciera vivir de la caridad cuando todavía era lúcido y fuerte. *(Ha comenzado hablándole a Belisario pero se ha distraído y ahora está hablándose a sí misma.)* Para que lo hiciera sentirse un inútil y vivir tan angustiado que un día le estalló la cabeza y se olvidó de donde estaba su casa...

Belisario se pone de pie y retorna a su mesa de trabajo, junto al proscenio.

BELISARIO. *(Escribiendo muy de prisa)* Te voy a decir una cosa, Mamaé. La señorita de Tacna estaba enamorada de ese señor. Está clarísimo, aunque ella no lo supiera y aunque no se dijera en tus cuentos. Pero en mi historia sí se va a decir.

ABUELO. Se lo ruego, Elvira. Venga a vivir con nosotros. Para siempre. O, mejor dicho, por el tiempo que quiera. Yo sé que no será para siempre. Es usted joven, atractiva, los mozos de Arequipa se volverán locos por usted y alguno de ellos, un día, le gustará y se casarán.

MAMAÉ. *(Levantándose)* En eso está equivocado, Pedro. No me casaré nunca. Pero lo que ha dicho me ha conmovido. Se lo agradezco de todo corazón.

La Abuela, que se ha levantado de la mesa, se acerca a ellos.

ABUELA. Listo, Elvirita, ya están tus maletas. Sólo falta el bolsón de viaje. Tienes que hacerlo tú

---

[35] **de... pobre**

[36] **cautivar**

misma, con lo que quieras llevar a la mano. El baúl irá con el resto del equipaje. Ah, y por favor, a partir de ahora se tutean. Qué es eso de seguir usteándose.[37] Dónde se ha visto, entre hermanos?

Hace que se abracen. Los Abuelos llevan a la Mamaé hacia la mesa, donde retorna cada uno a su sitio. Reanudan la comida.

Belisario, que durante el diálogo de la Mamaé y los Abuelos ha estado escribiendo muy animado, de pronto interrumpe su trabajo, con una expresión de desaliento.

BELISARIO. ¿Es ésta una historia de amor? ¿No ibas a escribir una historia de amor? *(Se golpea la cabeza.)* Siempre lo estropeas todo, lo desvías todo. Belisario. Al final, te morirás sin haber escrito lo que realmente querías escribir. Mira, puede ser una definición *(Anotando):* escritor es aquél que escribe, no lo que quiere escribir —ése el hombre normal— sino lo que sus demonios quieren. *(Mira a los viejecitos, que siguen comiendo.)* ¿Son ustedes mis demonios? Les debo todo y ahora que ya estoy viejo y ustedes están muertos, todavía me siguen ayudando, salvando, todavía les sigo debiendo más y más. *(Coge sus papeles, se levanta, impaciente, exasperado, va hacia el comedor donde la familia sigue comiendo impasible.)* Ayúdenme de verdad, entonces: ábranme los ojos, ilumínenme, aclárenme las cosas. ¿Quién era esa india perversa que se metía de repente en los cuentos del caballero y de la señorita de Tacna? Alguien, algo que debía tocar un centro neurálgico de la historia familiar ¿no, Mamaé? Te obsesionaba ¿no es verdad? Había recibido una paliza, se la nombraba en una carta, se te confundía con la señora Carlota por el odio idéntico que les tenías a las dos. *(Da vueltas en torno a la mesa, gritando.)* ¿Qué pasó? ¿Qué pasó? ¡Necesito saber qué pasó! Sí, ustedes tres se llevaban maravillosamente. ¿Fue así los cuarenta o cincuenta años de vida en común? Nunca cogió el caballero la mano, a escondidas, a la señorita? ¿Nunca la enamoró, la besó? ¿Nunca pasaron entre ellos esas cosas que pasan? ¿O ustedes dominaban los instintos a fuerza de convicción moral y pulverizaban las tentaciones con la voluntad? *(Está regresando a su mesa de trabajo, abatido.)* Esas cosas sólo pasan en los cuentos, Mamaé.

Mientras Belisario monologa, tocan la puerta. Entran César y Agustín, que besan a los Abuelos y a la Mamaé.

AGUSTÍN. ¿Cómo te sientes, papá?
ABUELO. Bien, hijo, muy bien.
ABUELA. No es verdad, Agustín. No sé qué le pasa a tu padre, pero anda cada día más abatido. Da vueltas por la casa como un fantasma.
AGUSTÍN. Te voy a dar una noticia que te va a levantar el ánimo. Me llamaron de la Policía. Figúrate

[37] **tratándose de usted**

que han pescado al ladrón.

ABUELO. *(Sin saber de qué se trata)* ¿Ah, sí? Qué bien, qué bien.

AMELIA. El que te asaltó al bajar del tranvía, papá.

AGUSTÍN. Y lo mejor es que encontraron tu reloj, entre las cosas robadas que tenía el tipo en una covacha,[38] por Surquillo.[39]

ABUELO. Vaya, es una buena noticia. *(Dudando, a la Abuela)* ¿Se habían robado un reloj?

CÉSAR. Lo descubrieron por la fecha, grabada en la parte de atrás: Piura, octubre de 1946.

Se van apagando sus voces, que permanecen, sin embargo, como un lejano murmullo. Belisario deja de escribir y queda jugando con el lápiz entre los dedos, pensativo:

BELISARIO. Piura, octubre de 1946... Ahí están los Vocales de la Corte Superior, regalándole el reloj; ahí está el Abuelo agradeciendo el regalo, a los postres del banquete en el Club Grau. Y ahí está el pequeño Belisario, orondo[40] como un pavo real, por ser el nieto del Prefecto. *(Se vuelve a mirar a la familia.)* ¿Fue ésa la última época buena, abuelos, mamá, tíos, Mamaé? Después, la lluvia de calamidades: falta de trabajo, de dinero, de salud, de lucidez. Pero en Piura ustedes se acordaban con nostalgia de Bolivia: allí la vida había sido mucho mejor...Y en Bolivia recordaban Arequipa: allí la vida había sido mucho mejor...*(En la mesa, los Abuelos siguen charlando con los hijos.)* ¿Fue en Arequipa la época de oro, cuando el Abuelo iba y venía a Camaná?

ABUELO. *(Joven, risueño, optimista)* Esta vez sí. Vamos a cosechar los frutos de diez años de paciencia. El algodón ha prendido maravillosamente. Los rozos[41] están cargados como nunca nos atrevimos a soñar. Los señores Saíd estuvieron en Camaná la semana pasada. Trajeron a un técnico de Lima, lleno de títulos. Se quedó asombrado al ver los rozos. No podía creerlo, ñatita.

ABUELA. La verdad es que te lo mereces, Pedro. Después de tanto sacrificio, enterrado en esas soledades.

ABUELO. El técnico dijo que, si no nos falla el agua —y no hay razón para que falle pues el río está más lleno que nunca— este año tendremos una cosecha mejor que las mejores haciendas de Ica.[42]

AGUSTÍN.[43] ¿Y entonces me comprarás ese mandil y esos aparatos de médico, papá? Porque he cambiado de idea. Ya no quiero ser un gran abogado, como mi abuelo. Seré un gran médico.

El Abuelo asiente.

CÉSAR. ¿Y a mí me comprarás el traje de explorador, papá?

---

[38] **cuarto pequeño situado debajo de la escalera**

[39] **zona pobre de Lima**

[40] **hinchado, satisfecho**

[41] stubs of a plant

[42] **ciudad y departamento de la costa, entre Lima y Arequipa**

[43] **En esta escena, que se desenvuelve en la imaginación de Mamaé, Pedro y Carmen son jovénes y sus hijos son aún niños.**

El Abuelo asiente.

AMELIA. *(Sentándose en las rodillas del Abuelo)* ¿Y a mí la muñeca de chocolate que hay en la vitrina de la Ibérica, papacito?

ABUELO. Para la cosecha, ya la habrán vendido, sonsa.[44] Pero te mandaré hacer una muñeca especial, la más grande de Arequipa. *(Señalando a la Abuela.)* ¿Y a esta ñata buenamoza[45] qué le vamos a regalar si la cosecha es como esperamos?

MAMAÉ. ¿No se te ocurre? ¡Sombreros! ¡Muchos sombreros! Grandes, de colores, con cintas, con gasas, con pájaros, con flores.

Todos ríen. Belisario, que se ha puesto a escribir, ríe también, mientras sigue escribiendo.

AMELIA. ¿Por qué te gustan tanto los sombreros, mamá?

ABUELA. Es la moda en Argentina, hijita. ¿Para qué crees que estoy suscrita a *Para Ti* y *Leoplán*? Con mis sombreros, estoy trayendo la civilización a Arequipa. Tú también usarás sombreros, para verte más linda.

MAMAÉ. A ver si así conquistas a un abogado. *(Al Abuelo)* Tendrás que contentarte con un yerno leguleyo,[46] en vista de que tus hijos no parecen entusiasmados con el foro.

AGUSTÍN. ¿Y a la Mamaé qué le vas a regalar si la cosecha es buena, papá?

ABUELO. ¿Qué es eso de la Mamaé? ¿A Elvira le dicen Mamaé? ¿Y por qué?

ABUELA. Yo te digo, papacito. Mamá-Elvira, Mamá-é, la E es por Elvira ¿ves? Yo lo inventé.

CÉSAR. Mentira, a mí se me ocurrió.

AGUSTÍN. Yo fui, tramposos. ¿No es cierto que fui yo, Mamaé?

ABUELA. Díganle Mamá o Elvira, pero Mamaé es feísimo.

AMELIA. Pero Mamá ya eres tú, ¿cómo vamos a tener dos Mamás?

AGUSTÍN. Ella es una Mamá sin serlo. *(Se dirige a la Mamaé)* ¿Y a ti qué quieres que te regale el papá con la cosecha de algodón, Mamaé?

MAMAÉ. Un cacho[47] quemado.

CÉSAR. Anda, Mamaé, en serio, ¿qué te gustaría?

MAMAÉ. *(Viejita de nuevo)* Damascos[48] de Locumba y una copita del mosto[49] que destilan los mandingos.

Los hermanos, adultos otra vez, se miran intrigados.

AGUSTÍN. ¿Damascos de Locumba? ¿El mosto de los mandingos? ¿De qué hablas, Mamaé?

CÉSAR. Algo que habrá oído en los radioteatros de Pedro Camacho.

ABUELA. Cosas de su infancia, como siempre. Había unas huertas en Locumba, cuando éramos chicas, de donde llevaban a Tacna canastas de damascos. Grandes, dulces, jugosos. Y un vino moscatel, que mi padre nos daba a probar con una cucharita. Los mandingos eran los negros de las

---

[44] **tonta**
[45] **guapa**
[46] **un...** a son-in-law who is one of those damned know-it-all lawyers
[47] crumb
[48] apricots
[49] unfermented juice that will be used for making wine

haciendas. La Mamaé dice que cuando ella nació todavía había esclavos. Pero ya no había ¿no es cierto?

CÉSAR. Siempre con tus fantasías, Mamaé. Como cuando nos contabas cuentos. Ahora los vives en tu cabeza ¿no, viejita?

AMELIA. *(Con amargura)* Vaya, es verdad. A lo mejor tú tienes la culpa de lo que le pasa a mi hijo. Tanto hacerle aprender poesías de memoria, Mamaé.

BELISARIO. *(Soltando el lápiz, alzando la cabeza)* No, no es verdad, mamá. Era el abuelo, más bien, el de las poesías. La Mamaé me hizo aprender una sola. ¿Te acuerdas que la recitábamos juntos, un verso cada uno, Mamaé? Ese soneto que le había escrito a la señorita un poeta melenudo,[50] en un abanico de nácar... *(Se dirige a Agustín.)* Tengo que contarte algo, tío Agustín. Pero prométeme que me guardarás el secreto. Ni una palabra a nadie. Sobre todo a mi mamá, tío.

AGUSTÍN. Claro, sobrino, no te preocupes. Si me lo pides, no diré una palabra. ¿Qué te pasa?

BELISARIO. No quiero ser abogado, tío. Odio los códigos, los reglamentos, las leyes, todo lo que hay que aprender en la Facultad. Los memorizo para los exámenes y al instante se hacen humo. Te juro. Tampoco podría ser diplomático, tío. Lo siento, ya sé que para mi mamá, para ti, para los abuelos será una desilusión. Pero qué voy a hacer, tío, no he nacido para eso. Sino para otra cosa. No se lo he dicho a nadie todavía.

AGUSTÍN. ¿Y para qué crees que has nacido, Belisario?

BELISARIO. Para ser poeta, tío.

AGUSTÍN. *(Se ríe)* No me río de ti, sobrino, no te enojes. Sino de mí. Creí que me ibas a decir que eras maricón.[51] O que te querías meter de[52] cura. Poeta es menos grave, después de todo. *(Regresa hacia el comedor y se dirige a Amelia.)* O sea que no sigas soñando, Belisario no nos sacará de pobres. Haz lo que te he aconsejado, más bien: pon a trabajar al muchacho de una vez.

Belisario ha regresado al escritorio y desde allí los escucha.

AMELIA. En otras circunstancias, no me importaría que fuera lo que quisiera. Pero se va a morir de hambre, Agustín, como nosotros. Peor que nosotros. ¡Poeta! ¿Acaso es una profesión eso? ¡Tenía tantas esperanzas en él! Su padre se volvería a pegar un tiro, si supiera que su único hijo le salió poeta.

Belisario, regocijado, se ríe y hace con la mano como si se pegara un tiro.

MAMAÉ. ¿Te refieres al poeta Federico Barreto? Que no te oiga el tío Menelao. Desde que me escribió ese verso, no quiere ni que se lo nombre en esta casa.

La Mamaé les sonríe a todos, como a desconocidos, haciéndoles venias

---

[50] **con mucho pelo**
[51] homosexual
[52] **te...** you wanted to become

cortesanas. Belisario, abandonando su mesa de trabajo, se ha puesto las manos en la frente como si fueran dos cuernos y comienza a dar topetazos[53] *a los objetos del cuarto y también a los Abuelos, a su Madre y a sus Tíos.*

ABUELA. ¿Por qué te asombra que quiera ser poeta? Ha salido a su bisabuelo. El papá de Pedro escribía versos. Y Belisario fue muy fantasioso, desde que era así. ¿No se acuerdan en Bolivia, cuando la cabrita?

BELISARIO. ¡Es el demonio, Abuelita! ¡Te lo juro que es! Está en las estampas, en el Catecismo y el Hermano Leoncio ha dicho que se encarna en un macho cabrío negro![54] *(Jurando, besándose los dedos en forma de cruz.)* ¡Por Dios, Abuelita!

AMELIA. Pero ésta es sólo una cabrita y no un macho cabrío, hijito.

ABUELA. Y es un regalo de tu abuelito, por las Fiestas Patrias. ¿Se te ocurre que tu abuelo nos iba a mandar de regalo al diablo?

BELISARIO. *(Lloriqueando)* ¡Es Belcebú,[55] abuelita! ¡Créeme que es! ¡Por Dios que es! Le he hecho la prueba del agua bendita. Se la eché encima y se espantó,[56] palabra.[57]

AGUSTÍN. A lo mejor esa agua no estaba bien bendita, sobrino.

Belisario se va lloriqueando hacia el sillón de la Mamaé.

MAMAÉ. No se burlen de él, pobrecito. Yo te hago caso, chiquitín, ven para acá. *(Se pone a acariciar, a consolar a un niño invisible.)*

BELISARIO. *(Acariciando a una Mamaé invisible)* Sí supieras que todavía, en ciertas pesadillas, vuelvo a ver a la cabrita de Bolivia, Mamaé. Qué grande parecía. Qué miedo le tenías, Belisario. Un macho cabrío, el diablo encarnado. ¿Eso es lo que tú llamas una historia de amor?

AMELIA. ¿Qué pasa que estás tan callado, papá? ¿Te sientes mal? ¡Papá, papá!

ABUELO. *(Cogiéndose la cabeza)* Un mareo, hijita. En el aparato, otra vez en el aparato...

La Abuela y los tres hermanos, muy alarmados, se afanan en torno al Abuelo, quien está semi desvanecido.[58]

CÉSAR. ¡Hay que llamar un médico! ¡Pronto!

AGUSTÍN. Espera. Llevémoslo antes al dormitorio.

Entre exclamaciones de angustia, los cuatro se llevan al Abuelo al interior de la casa. La Mamaé ha permanecido inmóvil, observando.

MAMAÉ. *(Mirando al cielo)* ¿Fue por lo de la india? ¿Por ese pecadillo de juventud?

---

[53] butts (of a goat)
[54] **La cabra negra es un símbolo tradicional del diablo.**
[55] **el diablo**
[56] **Según la tradición popular, el diablo se asusta y desaparece al rociarse de agua bendita o al ver una cruz.**
[57] **te juro, te doy mi palabra**
[58] **inconsciente**

Se pone de pie, con gran dificultad. Coge la sillita de madera que le sirve de bastón y, aferrada al espaldar, comienza la —lenta, difícil— trayectoria hacia su sillón. Belisario, muy serio y decidido, está esperándola a los pies del sillón, en la postura en que escucha los cuentos.

BELISARIO. A estas alturas,[59] tengo que saberlo, Mamaé. ¿Cuál fue el pecadillo ése?

MAMAÉ. *(Mientras se desliza penosamente hacia su sillón)* Algo terrible que le pasó a la señorita, chiquitín. Sólo una vez en toda su vida. Por la carta ésa. Por la mujer mala ésa. *(Hace un alto para tomar fuerzas.)* ¡Pobre señorita! ¡La hicieron pecar con el pensamiento!

BELISARIO. ¿Qué carta, Mamaé? Cuéntamelo desde el comienzo.

MAMAÉ. Una carta que le escribió el caballero a su esposa. La esposa, la amiga íntima de la señorita de Tacna. Vivían juntas porque se querían mucho. Eran como hermanas y, por eso, cuando su amiga se casó, se llevó a la señorita a vivir con ella.

BELISARIO. ¿A Arequipa?

MAMAÉ. *(Ha llegado por fin a su sillón y se deja caer en él. Belisario apoya la cabeza en sus rodillas)* Era una buena época. Parecía que iba a haber una gran cosecha de algodón y que el caballero ganaría mucho dinero y tendría una hacienda propia. Porque el caballero, entonces, administraba unas tierras ajenas.

BELISARIO. La hacienda de Camaná, la de los señores Saíd. Ya sé todo eso. Lo de la carta, Mamaé, lo de la india.

En el fondo del escenario aparece el Abuelo. Se sienta. Entra la Señora Carlota, con una escoba y un plumero. Viste como en el primer acto, pero, aquí, parece cumplir las tareas de una sirvienta. Mientras barre o sacude, pasa y vuelve a pasar ante el Abuelo, con aire insinuante. El Abuelo, como a pesar de sí mismo, empieza a seguirla con la mirada.

MAMAÉ. Camaná era el fin del mundo. Un pueblito sin caminos, sin siquiera una iglesia. Y el caballero no permitía que su esposa fuera a enterrarse en ese desierto. La dejaba en Arequipa, con la señorita, para que hiciera vida social. Y él tenía que pasar meses lejos de los suyos. Era muy bueno y siempre había tratado a los peones y sirvientes de la hacienda con guante blanco.[60] Hasta que un día...

ABUELO. *(Recita)* Esposa adorada, amor mío: Te escribo con el alma hecha un estropajo[61] por los remordimientos. En nuestra noche de bodas nos juramos fidelidad y amor eternos. También, franqueza total. En estos cinco años he cumplido escrupulosamente ese juramento, como sé que lo has cumplido tú, mujer santa entre las santas.

La Señora Carlota, envalentonada con las miradas del Abuelo, se quita la blusa, como si hiciera mucho calor.

---

[59] **A...** At this point

[60] **con... con mucho cuidado**
[61] **cosa despreciable**

El sostén que lleva apenas le cubre los pechos.

BELISARIO. *(Con angustia contenida)* ¿Fue una carta que el caballero le escribió a la señorita?

MAMAÉ. No, a su esposa. Llegó la carta a Arequipa, y, al leerla, la esposa del caballero se puso blanca como la nieve. La señorita tuvo que darle valeriana,[62] mojarle la frente. Luego, la esposa del caballero se encerró en su cuarto y la señorita la sentía llorar con unos suspiros que partían el alma. Su curiosidad fue muy grande. Así que, esa tarde, rebuscó el cuarto. ¿Sabes dónde estaba la carta? Escondida dentro de un sombrero. Porque a la esposa del caballero le encantaban los sombreros. Y, en mala hora para ella,[63] la señorita la leyó.

La mano del Abuelo se estira y coge a la Señora Carlota, cuando pasa junto a él. Ella simula sorprenderse, enojarse, pero, luego de un breve y silente forcejeo, se deja ir contra él. El Abuelo la sienta en sus rodillas y la acaricia, mientras sigue recitando la carta:

ABUELO. Prefiero causarte dolor antes que mentirte, amor mío. No viviría en paz sabiéndote engañada. Ayer, por primera vez en estos cinco años, te he sido infiel. Perdóname, te lo pido de rodillas. Fue más fuerte que yo. Un arrebato de deseo, como un vendabal que arrancara de cuajo los árboles,[64] se llevó de encuentro mis principios, mis promesas. He decidido contártelo, aunque me maldigas. La culpa es de tu ausencia. Soñar contigo en las noches de Camaná ha sido, es, un suplicio. Mi sangre hierve cuando pienso en ti. Me asaltan impulsos de abandonarlo todo y galopar hasta Arequipa, llegar hasta ti, tomar en mis brazos tu cuerpo adorable, llevarte a la alcoba y...

Su voz se va apagando.

MAMAÉ. Todo empezó a darle vueltas a la señorita. El cuarto de baño, donde leía la carta, se convirtió en un trompo que giraba, giraba, y la casa, Arequipa, el mundo, se volvieron una rueda, un precipicio donde la señorita caía, caía. Su corazón, su cabeza iban a estallar. Y la vergüenza le quemaba la cara.

BELISARIO. *(Muy grave)* ¿Sentía vergüenza por haber leído que el caballero le había pegado a una sirvienta?[65]

El Abuelo y la Señora Carlota se han deslizado al suelo.

MAMAÉ. *(Trémula)* Sí, mucha. No concebía que el caballero pudiera ponerle el dedo encima a una mujer. Ni siquiera a una india perversa.

BELISARIO. *(Muy conmovido)* ¿Nunca había leído una novelita en que

---

[62] **tipo de calmante**
[63] **en...** by her own misfortune
[64] **como...** like a strong gust of wind that uproots trees
[65] Mamaé told Belisario, the child, that his grandfather "hit" the servant in order to avoid explaining that Pedro had sex with her. Note that in her mind, Mamaé confuses Carlota with the Indian woman.

un hombre le pegaba a una mujer?

MAMAÉ. Era una señorita decente y no leía ciertas cosas, chiquitín. Pero, además, era peor que leerlas en un libro. Porque ella conocía al autor de la carta. La leía y releía y no podía creer que el caballero hubiera hecho algo así.

ABUELO. El nombre de ella no importa. Es una infeliz, una de las indias que limpian el albergue,[66] un animalito, una cosa. No me cegaron sus encantos, Carmen. Sino los tuyos, el recuerdo de tu cuerpo que es la razón de mi nostalgia. Fue pensando en ti, ávido de ti, que cedí a la locura y amé a la india. En el suelo, como un animal. Sí, debes saberlo todo...

BELISARIO. *(También trémulo ahora, pronunciando las palabras como si lo quemaran)* ¿Y por unos azotes a la sirvienta, se puso blanca como la nieve la esposa del caballero? ¿Y por eso sintió que se acababa el mundo la señorita? ¿No me estarás ocultando algo? ¿No será que al caballero se le pasó la mano y mató a la india, Mamaé?

MAMAÉ. De repente, la señorita empezó a sentir otra cosa. Peor que el vértigo. Le temblaba el cuerpo y tuvo que sentarse en la bañera. La carta era tan, tan explícita que le parecía estar sintiendo esos golpes que el caballero le daba a la mujer mala.

ABUELO. Y, en mis brazos, ese ser chusco[67] lloriqueó de placer. Pero no era a ella a la que estaba amando. Sino a ti, adorada. Porque tenía los ojos cerrados y te veía y no era su olor sino el tuyo, la fragancia de rosas de tu piel lo que sentía y me embriagaba...

BELISARIO. ¿Pero en qué forma la hizo pecar esa carta con el pensamiento a la señorita, Mamaé?

MAMAÉ. *(Demudada)*[68] Se le ocurrió que en vez de pegarle a la Señora Carlota, el caballero le estaba pegando a ella.

ABUELO. Cuando todo hubo terminado y abrí los ojos, mi castigo fue encontrar, en vez de las ojeras azules que te deja el amor, esa cara extraña, tosca... Perdóname, perdóname. He sido débil, pero ha sido por ti, pensando en ti, deseándote a ti, que te he faltado.

BELISARIO. ¿Y dónde estaba el pecado en que a la señorita se le ocurriera que el caballero le daba una paliza, a ella? Eso no era pecado, sino tontería.[69] ¿Y, además, de qué Señora Carlota hablas? ¿Ésa no era la mujer mala de Tacna?

MAMAÉ. Claro que era pecado. ¿No es pecado hacer daño al prójimo? Y si a la señorita se le antojó que el caballero la maltratara, quería que el caballero ofendiera a Dios. ¿No te das cuenta?

---

[66] lodging
[67] mongrel
[68] turning red suddenly
[69] As a little boy, Belisario accepted Mamaé's version of the story, although it never made sense to him that his grandfather would be filled with remorse over striking a maid. Now, as an adult, Belisario tries to reconstruct the scene between Pedro and the Indian woman as he thinks Mamaé saw it in her mind. Mamaé told Belisario that she fantasized that Pedro struck her instead of the Indian. Now Belisario begins to understand that Mamaé fantasized that Pedro made love to her.

El Abuelo se levanta. Con un gesto de disgusto despacha a la Señora Carlota, quien se marcha lanzando una mirada burlona a la Mamaé. El Abuelo se pasa la mano por la cara, se arregla la ropa.

ABUELO. Cuando vaya a Arequipa, me echaré a tus pies hasta que me perdones. Te exigiré una penitencia más dura que mi falta. Sé generosa, sé comprensiva, amor mío. Te besa, te quiere, te adora más que nunca, tu amante esposo, Pedro.

Sale.

MAMAÉ. Ese mal pensamiento fue su castigo, por leer cartas ajenas. Así que aprende la lección. No pongas nunca los ojos donde no se debe.

BELISARIO. Hay cosas que no se entienden. ¿Por qué le pegó el caballero a la india? Dijiste que ella era perversa y él buenísimo, pero en el cuento es a ella a la que le pegan. ¿Qué había hecho?

MAMAÉ. Seguramente algo terrible para que el pobre caballero perdiera así los estribos.[70] Debía de ser una de esas mujeres que hablan de pasión, de placer, de esas inmundicias.

BELISARIO. ¿Se fue a confesar la señorita de Tacna sus malos pensamientos?

MAMAÉ. Lo terrible, Padre Venancio, es que leyendo esa carta sentí algo que no puedo explicar. Una exaltación, una curiosidad, un escozor[71] en todo el cuerpo. Y, de pronto, envidia por la víctima de lo que contaba la carta. Tuve malos pensamientos, Padre.

BELISARIO. El demonio está al acecho[72] y no pierde oportunidad de tentar a Eva, como al principio de la historia.

MAMAÉ. No me había pasado nunca, Padre. Había tenido ideas torcidas, deseos de venganza, envidias, cóleras. ¡Pero pensamientos como ése, no! Y, sobre todo asociados con una persona que respeto tanto. El caballero de la casa donde vivo, el esposo de la prima que me ha dado un hogar. ¡Ayyy! ¡Ayyy!

BELISARIO. *(Poniéndose de pie, yendo hacia su escritorio, comenzando a escribir)* Mira, señorita de Tacna, te voy a dar la receta del Hermano Leoncio contra los malos pensamientos. Apenas te asalten caes de rodillas, donde estés, y llamas en tu ayuda a la Virgen. A gritos, si hace falta. *(Imitando al Hermano Leoncio.)* «María ahuyenta las tentaciones como el agua a los gatos.»

MAMAÉ. *(A un Belisario invisible, que seguiría a sus pies. Belisario sigue escribiendo)* Cuando tu abuelita Carmen y yo estábamos chicas, en Tacna, una temporada nos dio por ser muy piadosas. Nos imponíamos penitencias más severas que las del confesionario. Y cuando la mamá de tu abuelita —mi tía Amelia— se enfermó, hicimos una promesa, para que Dios la salvara. ¿Sabes qué? Bañarnos todos los días en agua fría. *(Se ríe.)* En ese tiempo

---

[70] **perdiera... perdiera control de sí mismo**
[71] smarting or stinging sensation
[72] **al...** on the lookout

parecía una locura bañarse a diario. Esa moda vino más tarde, con los gringos. Era un acontecimiento. Las sirvientas calentaban baldes de agua, se clausuraban puertas y ventanas, se preparaba el baño con sales y, al salir de la tina, una se metía a la cama para no pescar una pulmonía. Así que nosotras, por salvar a la tía Amelia, nos adelantamos a la época.[73] Durante un mes, calladitas, nos zambullimos cada mañana en agua helada. Salíamos con piel de gallina y los labios amoratados.[74] La tía Amelia se recuperó y creíamos que era por nuestra promesa. Pero un par de años después volvió a enfermarse y tuvo una agonía atroz, de muchos meses. Llegó a perder la razón de tanto sufrimiento. A veces es difícil entender a Dios, chiquitín. Tu abuelito Pedro, por ejemplo, ¿es justo que, a pesar de ser siempre tan honrado y tan bueno, todo le saliera mal?

BELISARIO. *(Alzando la vista, dejando de escribir)* ¿Y tú, Mamaé? ¿Por qué no tuviste una vida donde todo te saliera bien? ¿Por qué pecadito de juventud te castigaron a ti? ¿Fue por leer esa carta? ¡Leyó esa carta la señorita de Tacna? ¿Existió alguna vez esa carta?

La Mamaé ha sacado, de entre sus viejas ropas, un primoroso abanico de nácar, de principios de siglo. Luego de abanicarse un instante, se lo acerca a los ojos y lee algo que hay escrito en él. Mira a derecha y a izquierda, temerosa de que vayan a oírla. Va a recitar, con voz conmovida, el poema del abanico, cuando Belisario se le adelanta y dice el primer verso:

BELISARIO. Tan hermosa eres,
Elvira, tan hermosa...

MAMAÉ. *(Continúa recitando)* Que dudo siempre que ante mí apareces...

BELISARIO. Si eres un ángel o eres una diosa.

MAMAÉ. Modesta, dulce, púdica y virtuosa...

BELISARIO. La dicha has de alcanzar, pues la mereces.

MAMAÉ. Dichoso, sí, dichoso una y mil veces...

BELISARIO. Aquél que al fin pueda llamarte esposa.

MAMAÉ. Yo, humilde bardo del hogar tacneño...

BELISARIO. Que entre pesares mi existencia acabo...

MAMAÉ. Para tal honra júzgome pequeño.

BELISARIO. No abrigues, pues, temor porque te alabo:

MAMAÉ. Ya que no puedo, Elvira, ser tu dueño...

BELISARIO. Déjame por lo menos ser tu esclavo.

Se pone a escribir otra vez. Con el último verso, ha entrado Amelia, del interior de la casa, sollozando. Se apoya contra una silla, se seca los ojos. La Mamaé permanece como dormida en su sillón, pero con los ojos abiertos. Una sonrisa melancólica ha quedado fijada en su cara. Entra del interior César con el rostro compungido.[75]

---

[73] **nos...** were ahead of our time
[74] **que se habían vuelto morados**
[75] remorseful

AMELIA. ¿Ha muerto, no?

César asiente y Amelia se apoya en su hombro y solloza. A él se le escapa asimismo un sollozo. Entra, también del interior, Agustín.

AGUSTÍN. Vamos, cálmense. Ahora hay que pensar en la mamá. Esto es terrible sobre todo para ella.

CÉSAR. Habrá que tenerla con calmantes, hasta que se haga a[76] la idea.

AMELIA. Me da tanta pena, hermano.

CÉSAR. Es como la desintegración de la familia...

BELISARIO. *(Mirando hacia el público)* ¿La Mamaé se ha muerto?

AGUSTÍN. Se fue apagando como una vela, a poquitos. Se le murieron los oídos, las piernas, las manos, los huesos. Hoy le tocó al corazón.

BELISARIO. *(Siempre en la misma postura)* Mamá ¿es verdad que se ha muerto la Mamaé?

AMELIA. Sí, hijito. La pobre se ha ido al cielo.

CÉSAR. Pero tú no vas a llorar, Belisario, ¿no es cierto?

BELISARIO. *(Llorando)* Claro que no. ¿Por qué iba a llorar? ¿Acaso no sé que todos tenemos que morirnos, tío César? ¿Acaso los hombres lloran, tío Agustín?

CÉSAR. A comerse esas lágrimas, sobrino y a portarse como quien sabes.

BELISARIO. *(Siempre en su escritorio, mirando al público)* ¿Como el gran abogado que voy a ser, tío?

Haciendo un esfuerzo para vencer la emoción que se ha apoderado de él, Belisario vuelve a ponerse a escribir.

AMELIA. Así, muy bien, como el gran abogado que vas a ser.

AGUSTÍN. Anda a acompañar a la mamá, Amelia. Nosotros tenemos que ocuparnos del entierro. *(Amelia asiente y sale, hacia el interior de la casa. Agustín se dirige a César.)* Entierro que, como sabes, cuesta dinero. Le haremos el más sencillo que haya. Pero aún así: cuesta dinero.

CÉSAR. Está bien, Agustín. Haré un esfuerzo, a pesar de que yo estoy más fregado que tú. Pero te ayudaré.

AGUSTÍN. A mí no, a la Mamaé, que era tan Mamaé tuya como mía. Tienes que ayudarme también con los trámites, ese engorro de municipalidad, cementerio...

César y Agustín salen, hacia la calle. La Mamaé se halla inmóvil, acurrucada en su sillón. Belisario acaba de terminar de escribir, y en su cara hay una mezcla de sentimientos: satisfacción, sin duda, por haber concluido lo que quería contar y, a la vez, vacío y nostalgia por algo que ya acabó, que ya perdió.

BELISARIO. No es una historia de amor, no es una historia romántica. ¿Qué es, entonces? *(Se encoge de hombros.)* Nunca dejará de maravillarte ese extraño nacimiento que tienen las historias. Se van armando con cosas que uno cree haber olvidado y que la memoria rescata

---

[76] **se...** she gets used to

el día menos pensado sólo para
que la imaginación las traicione.
(Mira a la Mamaé.) Todo lo que
mi memoria guardaba de ti era
esa imagen de los últimos
tiempos: un pedacito de mujer,
acurrucada en el sillón, que se
hacía pis en los calzones. *(Se pone
de pie, se acerca a la Mamaé.)* Eras
muy buena, Mamaé, claro que sí.
Pero no te quedaba otra
alternativa ¿no es cierto? ¿Por qué
me dio por contar tu historia?
Pues has de saber que, en vez de
abogado, diplomático o poeta,
resulté dedicándome a este oficio
que a lo mejor aprendí de ti:
contar cuentos. Mira, tal vez sea
por eso: para pagar una deuda.
Como la historia verdadera no la
sabía, he tenido que añadir a las
cosas que recordaba, otras que iba
inventando y robando de aquí y
de allá. Como hacías tú con los
cuentos de la Señorita de Tacna,
¿no, Mamaé?

*Le cierra los ojos y la besa en la frente.
Mientras se aleja, hacia un costado
del escenario, cae el*

Telón

SOBRE LA LECTURA

Primer acto

1. ¿Qué problema tiene Belisario? ¿Cómo describe el proceso creativo?
2. ¿Cómo se presenta Mamaé al principio de la obra? ¿Cómo se transforma?
3. ¿Qué tipo de relación tiene Mamaé con su novio? ¿Qué importancia tiene el hecho de que éste sea chileno?
4. ¿Cómo reacciona Belisario a estas imágenes que invaden su mente?
5. ¿Qué le pasó a Mamaé una vez en un baile?
6. ¿Por qué llega el abuelo con la ropa desarreglada? ¿Qué tipo de hombre es Pedro? Describa su estado mental.
7. Qué indican los comentarios que hace Belisario mientras observa a sus parientes?
8. ¿Cuál es la importancia de los versos de Federico Barreto?
9. ¿A qué se debe la hostilidad de Belisario? ¿Por qué dice que sus parientes están distrayéndolo?
10. ¿Quién es Carlota? ¿Qué le dice a Elvira?
11. ¿Por qué le gusta Carlota a Belisario?
12. ¿Qué decide hacer Elvira con respecto a su matrimonio? ¿Cómo le explica su decisión a Carmen?
13. ¿Qué revela sobre la época la conversación entre Elvira y Carmen?
14. ¿Por qué grita Mamaé «Viva Herodes»? ¿Qué relación existe entre César, Agustín y los otros? ¿De dónde provienen los resentimientos de los hermanos?
15. ¿Con quién se confunde Mamaé cuando sueña con Joaquín? ¿Por qué?
16. ¿Cómo ha comenzado a cambiar la actitud de Belisario?

Segundo acto

1. ¿Qué hace la familia al principio del segundo acto? ¿Adónde quiere ir a oír Misa Mamaé? ¿Cómo sabemos que Mamaé no vive en el presente?
2. ¿Por qué insiste Mamaé en el tema del orgullo? ¿Por qué no se casó con Joaquín?
3. ¿Qué revelan las confesiones de Mamaé al padre Venancio acerca de la situación de la familia? ¿acerca de sus emociones reprimidas?
4. ¿Por qué quiere la familia que Belisario estudie derecho? ¿Cómo reacciona cuando el muchacho revela que no quiere ser abogado?
5. ¿Qué revelan sus recuerdos de la partida para Arequipa? ¿Por qué no quería Mamaé partir con Carmen y Pedro? ¿Qué sospecha Belisario con respecto a la relación de Mamaé y Pedro?
6. ¿Qué historia le había contado Mamaé a Belisario sobre la India de Camaná?
7. ¿Qué sospecha Belisario que pasó realmente? Según él, ¿por qué atormentan a Mamaé sus recuerdos y fantasías? ¿Por qué confunde Mamaé a la señora Carlota con la India de Camaná?
8. ¿Cómo le fue a Pedro en la vida? ¿Qué relación ve Mamaé entre la mala suerte de Pedro y el episodio de la India de Camaná?
9. ¿Sabemos realmente lo que pasó entre Pedro y la India? ¿Sabemos si Mamaé estaba enamorada de Pedro o no?
10. ¿Qué poema recitan Belisario y Mamaé al final de la obra? ¿Cuál es la importancia del hecho de que Mamaé muera con su abanico en la mano?
11. ¿Qué concluye Belisario sobre el arte de crear cuentos?
12. ¿Qué aprendió de Mamaé?

HACIA EL ANÁLISIS LITERARIO

1. ¿En qué sentido es *La señorita de Tacna* una obra autobiográfica? ¿Cómo usa el autor sus propias experiencias para crear una obra de ficción? ¿Cómo logra el autor crear un sentido de «experiencia vivida»? ¿Cuál es la función de las discusiones de los tíos acerca del dinero? ¿de la misa radiada? ¿de los anuncios comerciales? ¿de la mención de la radionovela de Pedro Camacho?
2. ¿Cuál es el problema central de *La señorita de Tacna*? ¿Quién es el personaje principal? ¿Por qué? ¿Cómo se convierte en personaje Mamaé? ¿Por qué se mantiene en el papel de «señorita» durante toda su vida?
3. ¿Qué papel desempeña Belisario en esta obra? ¿Cómo resuelve su problema?
4. ¿Qué elementos de la obra representan «la realidad»? ¿Qué elementos son proyecciones de Belisario? ¿Qué elementos son proyecciones de Mamaé, tal como la recuerda Belisario? ¿Qué dice Vargas Llosa acerca de la realidad y la ficción en esta obra?
5. ¿Qué edad tiene Mamaé en la primera escena de la obra? ¿en el episodio con Joaquín? ¿en los episodios en que le cuenta historias a Belisario? ¿en la escena

en que Belisario anuncia que no quiere seguir estudiando para abogado? ¿En qué contexto temporal tienen lugar las escenas en que Belisario trata de escribir un cuento de amor? ¿Qué logra Vargas Llosa al yuxtaponer diferentes momentos temporales?
6. ¿En qué ciudades se desenvuelve la acción? ¿Dónde vive la familia cuando Belisario es joven? ¿Qué logra el autor con la constante yuxtaposición de Lima y Tacna?
7. ¿Cuál es la actitud de Joaquín hacia la poesía de Federico Barreto? ¿Cuál es la de Pedro? ¿Por qué guarda Mamaé el abanico con los versos de Barreto? ¿En qué sentido son estos versos una clave a la personalidad de varios personajes?
8. ¿Qué tipo de personaje es la señora Carlota? ¿Por qué la confunde Mamaé con la India de Camaná? ¿Por qué es «la mujer mala» un elemento esencial de la historia?
9. ¿En qué episodios habla Mamaé de los mandingos? ¿Cómo se explica su fascinación con La Mar? ¿Qué otras facetas de la personalidad de Mamaé se revelan en otros episodios?
10. ¿Por qué cree usted que Vargas Llosa menciona a personajes de sus novelas en esta obra?
11. ¿Qué problemas presenta el papel de Mamaé para la actriz que lo representa?
12. ¿Qué problemas de montaje presenta esta obra?

TEXTO Y VIDA

1. ¿Cómo reinventamos la historia cada vez que contamos algo que nos pasó? Dé un ejemplo.
2. ¿Se convierte usted en protagonista cuando cuenta una historia? ¿A qué se debe esta tendencia?
3. ¿Por qué cree usted que la gente necesita contar historias? ¿Por qué cuenta repetidamente la misma historia? ¿Cómo cambia el relato cada vez que se cuenta?
4. ¿Cuál es el papel del escritor? ¿En qué sentido es diferente del del narrador?
5. ¿En qué sentido contribuyen las historias folklóricas al sentido de identidad de un pueblo?
6. ¿Qué ideas tiene usted para la representación de *La señorita de Tacna*? ¿Cuál es el papel más interesante? ¿Por qué? ¿Qué papel le gustaría a usted representar?

El momento actual

En su valoración del «posboom» en *Landmarks in Modern Latin American Fiction*, Philip Swanson señala que la explosión literaria de los sesenta fue ayudada por dos fenómenos que al principio de la siguiente década dejaron de ejercer una influencia decisiva. El primero fue la Revolución Cubana, que les había dado un sentido de unidad a los escritores del «boom»; el segundo fue el crecimiento de la industria del libro en España y la práctica de algunas editoriales españolas de promover libros hispanoamericanos como novedades. Con el arresto del poeta cubano Heberto Padilla (1932–), sin embargo, muchos intelectuales se desilusionaron con Castro. Además, una ruptura en la casa Seix Barral puso fin a la intensa promoción de libros extranjeros—aunque en los noventa se ha comenzado a renovar el interés en la novela hispanoamericana en España.

Aunque es temprano para evaluar a la generación actual de escritores, se puede señalar ciertas tendencias y características. Por lo general, el interés en la experimentación estructural y lingüística continúa. Novelistas como el argentino Manuel Puig (1932–1990) y los cubanos Guillermo Cabrera Infante (1929–) y Severo Sarduy (1937–), que—a pesar de las fechas de Cabrera Infante—se asocian con el posboom, siguen rechazando las premisas de la novela realista. Para algunos críticos, Puig representa la transición entre la generación del boom y la siguiente.

En *Boquitas pintadas* (1969), Puig explora el efecto de la cultura popular—música, revistas de moda y, en particular, el cine—en la gente (especialmente, las jóvenes) de un pueblo de la provincia de Buenos Aires. En vez de narrar cronológicamente la historia de los amores frustrados de Mabel, Nené y sus compañeras, Puig utiliza testimonios, cartas, monólogos y fragmentos de conversaciones para crear un mosaico o, mejor dicho, un rompecabezas que no produce una imagen clara hasta que se coloca la última pieza. Al recrear los sueños y fantasías de sus personajes, Puig pone de relieve las tensiones sociales del pueblo y revela la malicia, vaciedad e hipocresía de sus habitantes. Al dividir el libro en «entregas» como una novela folletinesca, Puig parodia la literatura popular al mismo tiempo que subraya la superficialidad de las vidas de sus personajes, cuyos dramas personales parecen haber sido tomados de un folletín. Sin embargo, hay elementos de ternura y comicidad en los retratos de estas mujeres que sueñan con el galán perfecto, cuya imagen ha sido inspirada en los héroes de Hollywood y adaptada al guapo del pueblo. El contraste entre sus sueños y la triste realidad de su existencia no puede dejar de conmover al lector.

A pesar de que Puig, como sus predecesores, rechaza la narrativa tradicional, hay grandes diferencias entre las novelas de él y las primeras del boom, como, por ejemplo, *Rayuela* y *La muerte de Artemio Cruz*. El tono de Puig es más íntimo, menos intelectual. *Boquitas pintadas,* tanto como su novela autobiográfica *La traición de Rita Hayworth,* se basa en recuerdos personales del autor, que se crió en General Villegas, pueblo ficticio, como el Coronel Vallejos, que se encuentra en la provincia de Buenos Aires. Mientras que las primeras novelas del boom eran intensamente cerebrales y sus autores estaban muy conscientes de su papel de innovadores artísticos y de instrumentos políticos, Puig se burlaba de su propia falta de preparación literaria. En más de una entrevista dijo que aunque muchos críticos lo comparaban con Dos Pasos, no conocía a este autor cuando empezó a escribir, y que prefería el monólogo porque, «si los personajes usan mal el subjuntivo, es cosa de ellos».

El humor, la compasión y la intimidad que caracterizan *Boquitas pintadas,* también se encuentran en otras novelas del posboom, incluso en las de escritores como Vargas Llosa, cuyo estilo ha ido evolucionándose de la intensa seriedad de *La ciudad y los perros* a la liviandad de *La tía Julia y el escribidor*. Swanson, Julio Ortega y otros críticos han señalado que la generación actual ha reaccionado contra el elitismo de los escritores del boom. Con los años, lo que había sido innovación se convirtió en norma. El vanguardismo produjo una literatura cada vez más esotérica y menos asequible a las masas. Aunque los escritores del boom se veían como defensores de las clases humildes, sus obras apelaban a un grupo muy selecto. Los escritores del posboom han adoptado un enfoque más popular. Además, han mostrado una apreciación de la cultura de las masas. Puig evoca el cine de los años cuarenta; Vargas Llosa evoca la radionovela. La escritora argentina Luisa Valenzuela (1938–) parodia varios tipos de literatura popular, por ejemplo, la novela rosa. En su *Novela negra con argentinos* (1990) explora temas tan serios como la tortura y la violencia sexual empleando elementos de la novela policial.

La reacción contra el elitismo del boom ha conducido a algunos escritores a volver a formas narrativas más sencillas. El chileno José Donoso (1924–), cuya novela *El obsceno pájaro de la noche* (1970) se considera el dechado de la nueva narrativa, ahora repudia la estética del boom. Según Donoso, el boom produjo un *corpus* de reglas a nombre de la libertad creativa contra las cuales los escritores de hoy tienen que rebelarse para afirmar su propia independencia artística.

Mientras los escritores del boom pregonaban la unidad hispánica y veían su obra como latinoamericana en vez de argentina o colombiana o mexicana, la nueva generación de escritores rechaza este concepto. Para escritores como Cortázar, quien vivió en París y Nueva York y fue profundamente influido por la Revolución Cubana, la búsqueda por lo autóctono correspondía a una afirmación de lo auténtico de la vida en Hispanoamérica y no una vuelta al regionalismo. El escritor de hoy, aunque tampoco es regionalista en el sentido en que se le aplica el término a la literatura del siglo diecinueve, ha renunciado a sus pretensiones totalizadoras.

Se notan en la poesía actual algunas de estas mismas tendencias. La experimentación vanguardista ha cedido a estructuras menos torturadas. En comparación con la complejidad formal e intelectual de la poesía de Paz, los versos del chileno Raúl Zurita (1951–) parecen casi prosaicos. Comienza así el Poema XI de su «Pastoral de Chile», que se encuentra en *Antiparaíso* (1986):

> Que griten, que se emborrachen, que se vuelen de júbilo
> que silben de alegría todos los habitantes de Chile
> como corderos saltando en el pasto
> como fuegos artificiales...

Sin embargo, esta poesía es engañosamente sencilla. A menudo encierra una complejidad conceptual que el poeta realiza a través de juegos de imágenes y metáforas. Además, revela una autenticidad emotiva que a menudo falta en la llamada «nueva poesía».

Una de las características más notables de la literatura actual es la presencia femenina. Aunque la generación de Cortázar produjo algunas excelentes escritoras—las mexicanas Elena Garro (1920–), Rosario Castellanos (1925–1974), Josefina Hernández (1928–) y Elena Poniatowska (1933–); la chilena María Luisa Bombal (1910–1980) y las argentinas Elvira Orphée (1930–) y Alicia Steimberg (1933–)—las últimas décadas del siglo XX han visto una verdadera explosión de literatura producida por mujeres. Escritoras como la uruguaya Cristina Peri Rossi (1941–), la mexicana Angeles Mastretta (1949–), la peruana Laura Riesco, las chilenas Isabel Allende (1942–), Jacqueline Balcells (1945–) y Marjorie Agosín y la argentina Luisa Valenzuela han creado una narrativa rica y variada. Aunque algunas se han dedicado a temas tradicionalmente femeninos (la familia, los niños), otras exploran temas fantásticos, sociales o políticos y han creado una narrativa que apenas se distingue de la de sus coetáneos masculinos.

La literatura actual también les ha dado voz a otros grupos que, aunque han producido escritores aislados, no se han destacado como fuerza literaria hasta ahora. Habría que mencionar, por ejemplo, la creciente presencia de una literatura hispano-judía. Desde el siglo diecinueve se han distinguido varios escritores judíos. En *Los gauchos judíos* el argentino Alberto Gerchunoff (1884–1950), el primer importante escritor hispano-judío de Latinoamérica, describe de una manera idealizada la vida de una colonia judía en la pampa. La obra del poeta, ensayista y dramaturgo César Tiempo (nacido Israel Zeitlin, 1906–1980), como la de Gerchunoff, revela un deseo de asimilación y una tendencia de pasar por alto los problemas que existían para grupos minoritarios en la Argentina. Dos de los escritores judíos más destacados de la generación de Cortázar son David Viñas (1929–), y Germán Rozenmacher (1936–1971), ambos argentinos. También conviene mencionar a Margo Glantz (1930–), cuyo libro *Geneologías* es una memoria íntima y tierna de las experiencias de su familia en México, y a la dramaturga venezolana Elisa Lerner (1932–), cuyas obras se han representado en Hispanoamérica y en los Estados Unidos. Durante las últimas décadas del siglo XX se han distinguido el novelista argentino Mario Szichman (1945–), el novelista y poeta peruano Isaac Goldemberg (1945–), el poeta cubano José Kózer (1940–), el poeta guatemalteco David Unger (1950–) y la cuentista y poeta uruguaya Teresa Porzecanski (1945–).

Ultimamente se ha notado en la literatura hispanoamericana una nueva presencia homosexual. Aunque puede haber una implicación de homosexualidad en libros anteriores, con pocas excepciones no es sino hasta el momento actual cuando el tema se trata explícitamente en la literatura hispanoamericana. En *El beso de la mujer araña* (1976), Manuel Puig retrata a un activista político y a un homosexual, Valentín y Molina, que comparten una celda de una prisión bonaerense. La personalidad romántica y atormentada de Molina se va delineando en las descripciones de sus películas favoritas, cuyas tramas le narra a su compañero. A través de sus conversaciones sobre el cine, la política, la sexualidad, la burocracia de la prisión, los dos hombres se revelan el uno al otro— y al lector. Se despiertan en cada uno tendencias ocultas hasta el momento. Al final, el blando y afeminado Molina emprende una peligrosa misión por la causa revolucionaria, convirtiéndose así en un verdadero héroe. Puig retrata a Molina con gran sensibilidad, exponiendo su angustia y también su inteligencia, su compasión y su gran capacidad por el amor. La película basada en *El beso de la mujer araña* fue un éxito internacional.

Uno de los fenómenos más interesantes en el momento actual es la creciente presencia de escritores hispanoamericanos en los Estados Unidos. Los más establecidos—Allende, por ejemplo—publican en Latinoamérica o en España. Sin embargo, varias casas editoriales norteamericanas—Ediciones del Norte, Arte Público, Floricanto, Universal—publican en español o en inglés y español, dándole el escritor hispano que vive en los Estados Unidos más posibilidades de alcanzar al público.

Aunque todos los países de Hispanoamérica están representados en la comunidad literaria norteamericana, los cubanos y cubano-americanos se destacan por su número y por la intensidad de su actividad. Mucha de la literatura que ha producido este grupo constituye una protesta contra la situación política de Cuba. Aunque la poesía cubana actual está representada en este tomo por algunas composiciones de la adicta comunista Nancy Morejón, hay que tener en cuenta que existe una rica literatura cubana creada en el exilio. Uno de los poetas más destacados de este grupo es Heberto Padilla (1932–), cuyo poema «Los poetas cubanos ya no sueñan» expresa la ira del artista ante la represión política y artística en Cuba:

Los poetas cubanos ya no sueñan
(ni siquiera en la noche).
Van a cerrar la puerta para escribir a solas
cuando cruje, de pronto, la madera;
el viento los empuja al garete;
unas manos los cogen por los hombros,
los voltean,
los ponen frente a frente a otras caras
(hundidas en pantanos, ardiendo en el napalm)
y el mundo encima de sus bocas fluye
y está obligado el ojo, a ver, a ver, a ver.

Roberto Valero (1955–), uno de los 125.000 cubanos que salieron de Cuba en 1980, expresa el dolor de la partida y sus nostalgia en «Exilio», de su colección *En fin, la noche*:

Abuela está dormida en mi cartera.
Sé que flota una sonrisa en el recuerdo.
La ausencia de un cuerpo conocido
y la seguridad de andar y andar
por viejas calles
acostumbradas a mis pasos.

Por la tarde el café compartido
y las noticias:
la familia espantada
porque la niña decidió enamorarse del misterio
y no hubo fotos,
no hubo firmas,
pero sí la arena
y el alba satisfecha de amor.
¿Será la patria este recuento,
y mi catedral,
y los amigos,
y usted, abuela, durmiéndose?

Finalmente, hay que mencionar la existencia de una poesía clandestina cubana, de la cual el siguiente poema de Vicente Dopico es un ejemplo:

A la bandera

Fruto insigne de sangre y de embeleso,
que en tricolor enseña te cuajaste.
En el viento flotando te quedaste
elevada en el mástil de aquel beso.

Corazón de un dolor que estaba preso
y que en paño y machete te libraste;
otra vez tu destello y tu contraste
nos indica la ruta del regreso...

Tricolor ilusión de ondear un día
dejando atrás dolor y apostasía,
solitaria y hermosa contra el cielo...

enseñando tu roja llamarada,
como un eco de sangre derramada
que regasen simientes en tu suelo...

La gran variedad que se encuentra hoy en día en la literatura hispanoamericana es un indicio de que su base está ampliándose. La doctrina literaria del boom correspondía a una actitud política definida. La literatura actual, en cambio, no postula una sola posición política aceptable, sino que le da expresión a una gran variedad de puntos de vista. Además, al darles voz a elementos de la sociedad que hasta ahora apenas la han tenido—mujeres, grupos étnicos y políticos minoritarios, homosexuales—refleja, tal vez, la creciente tendencia hacia la democratización.

Rosario Ferré: Arte y conciencia social

A mediados del siglo XX el cuento puertorriqueño cobró una nueva vitalidad al apartarse de las convenciones del *costumbrismo. Los llamados cuentistas del cuarenta y cinco forjaron una rica literatura que incorporaba corrientes artísticas europeas y norteamericanas con una nueva visión sociopolítica del Borinquen.

René Marqués (1919–1979), portavoz del grupo, revitalizó la ficción al emplear técnicas como el monólogo interior y el *flashback*. Valiéndose del *verismo neonaturalista, Marqués retrató algunos de los aspectos más brutales de la vida del puertorriqueño, combinando el lenguaje dialectal con pasajes delicadamente líricos. Los seis relatos de *Otro día nuestro* (1955) revelan la preocupación del autor por la transformación social y cultural de Puerto Rico debida a la influencia norteamericana y por la situación del puertorriqueño que vive en Nueva York. Estos son temas que ya había explorado en su obra de teatro *La carreta* (1952), y que desarrollaría en futuras colecciones de cuentos como *En una ciudad llamada San Juan* (1960), *Inmersos en silencio* (1976) y en su obra ensayística representada en *Ensayos 1953–1966* (1972). Escritores como Pedro Juan Soto (1928–), autor de *Spiks* (1957) y *Un decir* (1976), y Emilio Díaz Valcárcel (1929–), autor de *Proceso en diciembre* (1963), *El hombre que trabajó el lunes* (1960), *Napalm* (1971), *Harlem todos los días* (1978), y *Mi mamá me ama* (1981) retratan, como Marqués, a seres marginados—prostitutas, lesbianas, drogadictos—llamando la atención a los problemas que abruman la sociedad moderna. Al mismo tiempo, a través de cuadros que subrayan la frustración, la enajenación y la desesperación de los personajes, revelan lo absurdo de la vida contemporánea e imbuyen sus obras de rasgos existencialistas.

La publicación en 1966 de la colección de cuentos *En cuerpo de camisa,* por Luis Rafael Sánchez (1936–), en esa época ya un dramaturgo importante, marca un cambio. Según el crítico Efraín Barradas, no se trata de una ruptura radical, ya que Sánchez sigue desarrollando la misma temática que sus antecesores, quienes, a su vez, han venido modificando su cuentística y adoptando algunas de las innovaciones de la generación más joven. Como los escritores del grupo de Marqués, Sánchez pinta a seres que viven al margen de la sociedad—un mendigo, un homosexual negro, una prostituta de pueblo chico—y como ellos, se vale del habla popular. Sin embargo, por lo general, en los cuentos de Sánchez falta la aguda angustia existencial que caracteriza la obra de sus antecesores; aunque Sánchez nunca pierde de vista los males que desgarran la sociedad, tiñen mucho de sus relatos el humor y la ironía. En estos relatos y más tarde en su novela, *La guaracha del Macho Camacho* (1976), el dialecto deja de emplearse únicamente en boca del personaje y se convierte en un lenguaje narrativo. Es decir, se borra la barrera lingüística entre narrador y personaje, fenómeno que se repite en las obras de otros narradores de los años 60. Mientras la generación anterior usaba un lenguaje narrativo castizo, reservando el dialecto callejero para el diálogo, la de Sánchez crea un lenguaje narrativo original.

La preocupación por las clases humildes caraceriza a la nueva generación de escritores puertorriqueños, pero la conciencia política va de la mano con un intenso interés en lo estético. Estos escritores están conscientes de lo artificioso de su obra. Mientras la generación anterior intentó retratar la sociedad de una manera realista y efectuar la reforma por medio de la exposición de abusos sociales, la de ahora cultiva lo fantasioso. Efraín Barradas escribe en su introducción a *Apalabramiento,* su antología del cuento puertorriqueño: «Los nuevos narradores, sin dejar de ver su obra como medio de denuncia y sin dejar de creer en los postulados políticos básicos de los mayores—la necesidad de la independencia política del país y el apoyo a la clase oprimida—, ven su obra con menos confianza, menos certeza de efectividad y, en algunos casos, hasta con escepticismo... Para ellos el texto literario puede evadir un retrato directo del mundo circundante y a través de esa aparente evasión total puede lograr una denuncia más segura. La oblicuidad y lo fantástico se convierten, como en muchos maestros hispánicos, en medio seguro para la denuncia social». Esta nueva preocupación por el estilo y la ténica constituye, por lo tanto, un vínculo importante entre la ficción puertorriqueña y la nueva narrativa latinoamericana.

Como en el caso de la literatura hispanoamericana en general, una característica importante de la nueva generación puertorriqueña es la presencia femenina. Cuando René Marqués publicó su antología *Cuentos puertorriqueños de hoy* en 1958 no incluyó a ninguna mujer. En contraste, *Apalabramiento,* publicado en 1983, contiene relatos de cuatro mujeres. En el momento actual abundan cuentistas puertorriqueñas, entre ellas Carmen Lugo Filippi (1940–), Magali García Ramis (1946–), Ana Lydia Vega (1947–) y Nicolasa Mohr, quien escribe en inglés. Conviene mencionar que esta generación también ha producido a poetas femeninas de importancia: Olga Nolla (1938–), Angela María Dávila (1944–), Magaly Quiñones (1945–), Luz María Umpierre-Herrera (1947–). Estas escritoras se han ocupado de los problemas de la mujer puertorriqueña, creando una fuerte corriente feminista dentro de la narrativa y la poesía actuales. Varias de estas mujeres también escriben literatura infantil.

Rosario Ferré (1940–) es la más conocida de las escritoras de la generación que emerge a fines de la década de los 60. Nació en Ponce de una familia burguesa y estudió la literatura inglesa y la hispánica. Fundó y dirigió entre 1972 y 1975 la revista *Zona de Carga y Descarga,* en la cual se publicaron las obras de algunos de los escritores más destacados de hoy y en cuyas páginas ella misma se dio a conocer como narradora y poeta. Ferré también ha colaborado en algunos de los periódicos y revistas más prestigiosos de Puerto Rico, entre ellos *Sin Nombre, Guajana* y *El Mundo.* Entre sus libros se cuentan *Papeles de Pandora* (1976), una colección de cuentos y poemas; *El medio pollito: Siete cuentos infantiles* (1976); *La caja de cristal* (1978); *Sitio a Eros* (1980, 1986); *Los cuentos de Juan Bobo* (1981); *La mona que le pisaron la cola* (1981); su poemario *Fábulas de la garza desangrada* (1982); *Maldito amor* (1986); *Sonatinas* (1989); y *El árbol y sus sombras* (1989).

A pesar de su propia formación burguesa, Ferré ha sido una crítica fuerte de las clases adineradas. De hecho, uno de sus temas más constantes es la decadencia y corrupción de la burguesía. Retrata a la mujer de clase alta como una muñeca que está amarrada por las convenciones y que se casa por razones sociales y económicas. En *Fábulas de la garza desangrada* explora la condición de la mujer por medio de fábulas de origen bíblico, clásico o europeo. Adoptando una posición francamente anti-machista, la autora protesta por la situación de la mujer y la opresión perpetuada por el hombre.

Sobre «Juan Bobo» y «Pico Rico Mandorico»

En *Los cuentos de Juan Bobo,* del cual el presente relato forma parte, Ferré recupera la corriente folklórica. Juan Bobo es un muchacho campesino de tipo folklórico, una caricatura del «jíbaro»; es tan tonto que se equivoca aun en las situaciones más comunes, pero sus observaciones acerca del mundo que lo rodea revelan ciertas verdades. En «Juan Bobo va a oír misa» la opulencia de la fiesta de los ricos pone de relieve el hambre del campesino, asimismo el deseo de Juan Bobo de comer en la misa mayor y su desilusión al darse cuenta que no se va a repetir el banquete del cual gozó en su primera excursión. La falta de comprensión y de compasión del cura constituye una crítica de los poderosos.

Ferré presenta su personaje dentro del marco de la literatura infantil. Termina con una fórmula típica de los cuentos para niños: («Y Kikirikí Kikirimoche...»). Reproduce el dialecto del campesino puertorriqueño, empleando muchos vocablos regionales. Recrea la pronunciación del rústico, caracterizada por la substitución de la «l» por la «r» («hacel» por «hacer») y por la desaparición de la «d» intervocálica («comío» por «comido»). Otro rasgo—y éste es caribeño y no exclusivamente puertorriqueño—es que el sujeto sigue inmediatamente a un pronombre interrogativo («¿qué tú has hecho?» en vez de «¿qué has hecho tú?»).

«Pico Rico Mandorico» apareció por primera vez en la antología de Barradas. Como en *Los cuentos de Juan Bobo,* en este relato Ferré emplea elementos de la literatura infantil. Combina lo fantástico con lo poético para crear un ambiente de irrealidad. Sin embargo, el relato encierra duras verdades sociales. El hacendado se asemeja al brujo u ogro del cuento de hadas tradicional. Ha hechizado a los campesinos de tal manera que han perdido la facultad de conciliar el sueño, y por lo tanto trabajan para su patrón día y noche sin descansar. Alicia y Elisa, las protagonistas, se mantienen salvas mientras actúan juntas, pero en el momento en que la inconformidad las separa, se vuelven vulnerables a las trampas del hacendado malo. En su lucha por salvar a su hermana del poder del hacendado, Alicia le marca la cara a éste, haciendo posible que los campesinos lo reconozcan fácilmente. Con el reconocimiento viene la rebelión: Se niegan a trabajar para él día y noche, lo cual les permite finalmente descansar y dormir. El formato del cuento infantil le sirve a Ferré para exponer sus ideas sobre la explotación, la importancia de la solidaridad entre los pobres y la necesidad de reconocer los males sociales para enfrentarse con ellos.

Ediciones

Ferré, Rosario. *Papeles de Pandora.* México, D. F.: Joaquín Mortiz, 1976

______. *El medo pollito: Siete cuentos infantiles.* Río Piedras: Huracán, 1976

______. *La caja de cristal.* México, D. F.: La Máquina de Escribir, 1978

______. *Sitio de Eros.* México, D. F.: Joaquín Mortiz, 1980

———. *Los cuentos de Juan Bobo.* Río Piedras: Huracán, 1981

———. *La mona que le pisaron la cola.* Río Piedras: Huracán, 1981

———. *Fábulas de la garza desangrada.* México, D. F.: Joaquín Mortiz, 1981

———. «Pico Rico Mandorico.» 73–84. Ed. Efraín Barradas. *Apalabramiento.* Hanover, N. H.: Ediciones del Norte, 1983

———. *Maldito amor.* México, D. F.: Joaquín Mortiz, 1986

———. *Sonatinas.* Río Piedras: Huracán, 1989

———. *El árbol y sus sombras.* México, D. F.: Fondo de Cultura Económica, 1989

Crítica

Chaves, María José. «La alegoría como método en los cuentos y ensayos de Rosario Ferré.» *Third Woman.* 2:2 (1984): 64–76

Fernández Olmos, Margarita. «Constructuring Heroines: Rosario Ferré's *cuentos infantiles* and Feminine Instruments of Change.» *The Lion and the Unicorn: A Critical Review of Children's Literature.* 10 (1986): 83–94

———. «Los cuentos infantiles de Rosario Ferré, o la fantasía emancipadora.» *Revista de Crítica Literaria Latinoamericana.* 14:27 (1988): 151–163

———. «Sex, Color, and Class in Contemporary Puerto Rican Women Authors.» *Heresies.* 4:3 [15] (1982): 46–47

Gelpí, Juan. «Especulación, especularidad y remotivación en *Fábula de la garza desangrada* de Rosario Ferré.» 125–132. Ed. Gilbert Paolini. *La Chispa '85: Selected Proceedings.* New Orleans: Tulane University, 1985

Guerra Cunningham, Lucía. «Tensiones paradójicas de la feminidad en la narrativa de Rosario Ferré. *Chasqui.* 2–3 (Feb.–May 1984): 13–25

Méndez-Clark, Ronald. «La pasión y la marginalidad en (de) la escritura: Rosario Ferré.» 151–163. Eds. Patricia Elena González y Eliana Ortega. *La sartén por el mango: Encuentro de escritoras latinoamericanas.* Río Piedras: Huracán, 1984

Umpierre, Luz María. «Un manifiesto literario: *Papeles de Pandora* de Rosario Ferré.» *The Bilingual Review/La Revista Bilingüe.* 9:2 (May–Aug. 1982): 120–126

———. «De la protesta a la creación: Una nueva visión de la mujer puertorriqueña en la poesía.» *Imagine: International Chicano Poetry Journal.* 2:1 (Summer 1985): 134–142

Vega Carney, Carmen. « ‹Cuando las mujeres quieren a los hombres›: Manifiesto textual de una generación.» 183–193. Eds. Eunice Myers and Ginette Adamson. *Latin-American and Francophone Women Writers.* Washington, D.C.: University Press of America, 1987

———. «Sexo y texto en Rosario Ferré.» *Confluencia.* 4:1 (Fall 1988): 119–127

Zapata, Miguel Angel. «Rosario Ferré: La poesía de narrar», *Inti.* 26–27 (Fall–Spring 1987–1988): 133–140

Juan Bobo va a oír misa

Rosario Ferré

Un domingo Juan Bobo le dijo a su madre:

—¡Mai,[1] hoy yo quiero dil[2] a misa!

Y su madre le contestó, —¡Ay, Juan Bobo, mijo,[3] qué bueno que quieras ir a misa! Pero yo no te puedo llevar porque estoy muy enferma. Juan Bobo le dijo: —¡No se ocupe,[4] Mai, no se ocupe! ¡Dígame dónde queda la iglesia, que yo sé lo que tengo que hacel! Entonces la madre le aconsejó que se fuera por el camino y que donde viera entrar y salir mucha gente, ahí mismo quedaba la iglesia. No bien terminó de hablarle, Juan Bobo se puso su cotona[5] nueva y se fue a buscar la iglesia.

Luego de caminar un rato, llegó a una casa en la que se estaba celebrando un bautizo. De la casa entraba y salía mucha gente, y Juan Bobo se acercó a ver qué pasaba. Estaba la mesa puesta y, sobre el mantel de encaje había colocadas toda suerte[6] de bandejas, iluminadas por candelabros de plata. En las bandejas había aderezados[7] un sin fin[8] de manjares exquisitos: embutidos[9] de ternera y de pollo, perniles[10] doraditos, jamón planchao,[11] gelatinas de pavo, encurtidos,[12] escabeches,[13] almojábanas,[14] alcapurrias,[15] surullitos,[16] bacalaítos[17] y suma y sigue.[18]

Acercóse[19] Juan Bobo a la mesa como quien traspasa las puertas de la gloria, pero viendo a todo el mundo de pie saludándose y conversando muy cortésmente, se quedó arrimado[20] a un rincón, observándolo todo y sin atreverse a probar nada. Bautizado el niño y ungido[21] con los óleos y las sales, cumplidos los parabienes[22] del rito entre el cura y los padrinos, los invitados se acercaron a la mesa, donde comieron y bebieron de todo con gran elegancia, hasta que por fin se fueron despidiendo. Cuando Juan Bobo se vio solo ante aquella mesa en la que los restos y las migas[23] conformaban un festín como él jamás había visto en su vida, merendó y cenó todo junto, tragándose lo que se le puso delante. No bien se hartó,[24] regresó corriendo a su casa y le dijo a su madre:

---

[1] **Madre**
[2] **ir**
[3] **mi hijo**
[4] **preocupe**
[5] **camisa de tela ligera**
[6] **clase**
[7] **preparados**
[8] **sin... gran cantidad**
[9] sausages
[10] **muslos de cerdo**
[11] **jamón asado y dorado que se sirve frío**
[12] pickles
[13] pickled fish, chicken or other food
[14] type of soft cookie made with rice flour and cheese
[15] green bananas stuffed with meat and deep fried
[16] corn meal shaped into long strips and fried
[17] deep fried strips of codfish
[18] **y...** and on and on
[19] **Se acercó**
[20] **muy cerca**
[21] anointed
[22] congratulations
[23] **los...** the leftovers and the crumbs
[24] **No...** As soon as he was full

—¡Ay, Mai, si supiera qué misa más espléndida yo he oío! ¡Me quedé pa[25] lo último y cuidao que yo he comío![26]

—¡Ea, muchacho, pero qué tú has hecho!, le contestó su madre. ¡Sabe Dios a dónde te has ido a meter! ¡Mucho me temo que has ido a parar donde no era!

A la semana siguiente Juan Bobo dijo:

—¡Oiga Mai, yo quiero volvel a dil a misa este domingo!

Y su madre le contestó, —¡Ay, sí mijo, qué bueno que quieras ir a misa! ¡Pero ten cuidado a dónde te metes y acuérdate que la iglesia está allí donde entra y sale mucha gente! En seguida Juan Bobo se puso la cotona nueva y, como al desdichado las desdichas le buscan y le hallan, se fue por el camino a buscar la iglesia, dando esta vez con ella.

Estábase celebrando la misa mayor, cuando Juan Bobo entró por el atrio, saludando a todo el mundo con mucho desenfado.[27] Al fondo de la nave divisó una gran mesa tendida con hermosos manteles de encaje e iluminada por candelabros de plata, cosa que reafirmó su confianza de estar en el lugar que buscaba. A la puerta de la iglesia se detuvo, y observó cómo todos los que entraban allí metían la mano en la pila de agua bendita y se persignaban.[28] Juan Bobo pensó que, como era gente muy fina, por eso sólo se atrevían a probar con la punta del dedo el manjar que había al fondo de la pila, y se quedó arrimado a un rincón, esperando que todos pasaran. Cuando se vio solo, agarró la pila de agua bendita con ambas manos y se la bebió de un golpe. Entonces dijo:

—¡Avemaría purísima, pero qué salao está ese sancocho![29] ¡Si se comieron tó[30] el guiso[31] y no me dejaron más quel[32] agua!

Esperó entonces Juan Bobo a que la ceremonia terminara. Cuando vio que los parroquianos, a la hora de la comunión, se acercaron en puntas de pie al altar, pensó que estaban siendo muy finos, y se quedó otra vez para lo último. Arrimándose entonces muy alambicado[33] a donde estaba el cura, abrió la boca más grande que un embudo,[34] para que a él también le diesen de comer. Pero cuando le tocó su turno, y le colocaron la hostia en la lengua, exclamó en voz alta: —¡Avemaría santísima, pero qué galleta más jincha[35] y rebejía[36] me han dao!, y metiendo la mano en el copón agarró diez hostias más y se las tragó de un golpe. Alzóse[37] entonces el cura indignado, llamando al sacristán, y entre los dos sacaron a Juan Bobo de la iglesia a puño limpio.[38]

Tomó Juan Bobo las de villadiego[39] y, no bien llegó a su casa, fue a donde estaba su madre y le dijo muy mohino:[40]

—¡Ay Mai, si supiera qué misa más móndriga[41] he oío! ¡Si me siento

---

[25] **para**
[26] **y...** and did I ever eat!
[27] ease, naturalness
[28] crossed themselves
[29] stew
[30] **todo**
[31] stew
[32] **que el**
[33] overly refined
[34] funnel
[35] **pálida**
[36] **enclenque, enfermiza, insustancial**
[37] **Se alzó**
[38] **a...** firmly, by force
[39] **Tomó...** Beat it, got out of there fast
[40] **triste**
[41] **pobre**

como si no me hubiera ni desayunao! Llegué a la iglesia y esperé con mucha paciencia a que la ceremonia hubiese terminao. Pero cuando llegó la hora de la comía, me quisieron dal un caldero e[42] agua salá[43] y una galleta bien jincha, y cuando les pedí que me dieran más, me molieron las espaldas a palos. ¡Ahora sí que fui a paral aonde no era! Y Kikirikí, Kikirimoche, este cuento se ha acabao y al que le toque su turno que cague de día y no de noche.

[42] **de**

[43] **salada**

Pico Rico Mandorico

Rosario Ferré

Alicia y Elisa vivían en una casa a las afueras del pueblo. Se habían quedado huérfanas al morir la madre, pues el padre había abandonado el pueblo hacía ya muchos años. Poco antes de pasar a mejor vida, la buena mujer las había mandado a llamar porque quería bendecirlas e impartirles un último consejo. Cuando las vio junto a su lecho les dijo:

—Cuando ustedes dos nacieron, la comadrona[1] tuvo que desenredarlas[2] con mucho cuidado, porque venían abrazadas una a la otra como las dos mitades de una misma concha. Pongan mucha atención de obrar siempre de acuerdo, y yo les prometo que jamás les sucederá una desgracia.

La madre murió y las niñas se hicieron cargo de la casa. Como eran gemelas y sus perfiles parecían tallados en idénticos retablos de nieve, los habitantes muy pronto desistieron en identificarlas, llamándolas sencillamente las Alicias, porque al verlas pasar por las calurosas calles del pueblo les parecía sentir como si les rozara la piel un xilófono de hielo, o como si escucharan la brisa trenzándose[3] por entre las ramas de algún arbusto de sal. Les entraban entonces unos deseos irresistibles de sentarse debajo de los antepechos[4] húmedos de los zaguanes,[5] o bajo los aleros[6] sombreados de las cocheras de las casas y, recostando la cabeza contra los muros desportillados,[7] o contra las tapias[8] fisuradas por las feroces raíces de la trinitaria[9] púrpura, cerrar por fin los ojos para volver a soñar.

Casi no cruzaban los macizos portones de hierro del patio, porque les resultaba doloroso ver el desaliento en que vivía sumida la mayor parte de los habitantes del pueblo. Cabizbajos y taciturnos, sin preguntarse jamás la causa de su resignación y de su mansedumbre, trabajaban de

[1] midwife
[2] **separarlas**
[3] **entrelazándose**
[4] guardrail
[5] entry, vestibule
[6] **parte del tejado que sale fuera de la pared**
[7] chipped
[8] mud or adobe wall
[9] wild pansy

sol a sol en las fincas del hacendado del pueblo, propietario de casi todas las tierras de la comarca. Al anochecer se acostaban y cerraban los ojos puntualmente, pero de tanto lapachar[10] en los mostos[11] hediondos de las mieles que se veían obligados a espumar[12] día a día sobre la superficie borbollante de las pailas;[13] de tanto talar surcos[14] y abrir zanjas de regadío[15] por entre los callejones humeantes de las cañas; de tanto sembrar, cosechar y regar aquellas interminables llanuras de carrizales[16] rascosos que serpenteaban sobre sus espaldas sus mil látigos verdes, habían perdido por completo la facultad de conciliar el sueño.

Cada día que pasaba las hermanas se sentían más unidas, y era como si aquel cariño las hiciera diferentes del resto del mundo. En la adolescencia, siguieron vistiendo idénticas faldas encaladas de percal blanco y peinándose las trenzas en semejantes coronas rubias, que se prendían sobre la frente con largas horquillas de plata. Porque solían ganarse el sustento con el manejo de la aguja, bordando y tejiendo manteles y rebozos, cada una llevaba siempre consigo un par de tijeras gemelas, que le colgaban del cinto como una estrella amolada.[17]

Como eran tan leales y todo se lo consultaban y confesaban entre sí, con el tiempo cada una llegó a parecer la sombra de la otra, de la misma manera que el sueño es la sombra del alma y el alma es la sombra del sueño. Su lealtad llegó a tal punto que, si en medio de las arduas tareas hogareñas, una de ellas empinaba con demasiada prisa un vaso de agua helada, al punto[18] la otra, aunque se encontrara a diez leguas de distancia, sentía un cuchillo de hielo rozándole la garganta; o de que si, sentada en el balcón mientras llevaba a cabo la labor del día, una se pinchaba el dedo con la aguja de tejer puntilla[19] de encaje de bolillo[20] o blondas de chantilly,[21] la otra, aunque se encontrara de visita en el pueblo más cercano, veía brotarle sobre la yema[22] del dedo una misteriosa gota de sangre.

Educándose a sí mismas con esmero,[23] aprendieron a hablar francés desde muy niñas, practicándolo a la hora del desayuno frente a sus enormes tazones de leche tibia ligada con melao, en los que dejaban caer, vertiéndolas siempre con mucho cuidado del mismo frasco esmerilado[24] de Jean Marie Farine,[25] tres gotas perfumadas de tinta de café. Les entusiasmaba recitarse una a la otra el abecedario al derecho y al revés, logrando sorprendentes combinaciones de palabras que luego escribían en su cuadernillo de tapas de marmolina[26] negra, resueltas a enviárselo algún día a los miembros de la Academia de la Lengua como acta de defunción.

---

[10] treading
[11] must (unfermented juice)
[12] skim
[13] **vasijas grandes de metal**
[14] **talar...** open furrows
[15] **zanjas...** irrigation ditches
[16] reeds
[17] sharp-edged
[18] **inmediatamente**
[19] stitch
[20] **encaje...** crochet
[21] **blondas...** chantilly lace
[22] tip
[23] **cuidado**
[24] **pulido**
[25] **químico italiano (1685–1766) que se estableció en Colonia, donde fabricó agua de Colonia (Las niñas tenían tanto cuidado al verter el café en sus tazas como el famoso químico lo tenía al verter gotas de agua perfumada en un frasco.)**
[26] **con un diseño semejante al mármol**

Conocían, además, muchas artes y secretos caseros: la manera de purificarse las manos luego del zafio[27] contacto con el ajo y la cebolla, remojándolas durante cinco minutos en una vasija de leche de cabra; la manera de mantener los dedos ágiles y suaves para bordar con mayor primor las sábanas de holandas,[28] sumergiéndolos por lo menos cien veces al día en agua de alumbre[29] y soplando luego sobre ellos otras tantas veces. Para evitar que les sucediese lo mismo que al resto de los habitantes del pueblo, que de tanto trabajar habían olvidado por completo cómo conciliar el sueño, se cuidaban de alterar siempre sus labores domésticas con juegos inverosímiles en los que ejercitaban la imaginación. Solían, por ejemplo, pasar las horas muertas adivinándose el pensamiento, y hasta llegaron a aprender, entre juego y juego inofensivo, el difícil arte de desprenderse el ánima del cuerpo. En una ocasión Elisa, súbitamente enferma, sintió la frente acribillada[30] por el semillero[31] de agujas de una feroz jaqueca,[32] y decidió retirarse a su alcoba para descansar. Alicia se despidió de ella y se marchó al mercado, en busca de algún encargo que hacía falta para la cena de aquella tarde.

Entornados los visillos[33] de las ventanas y tendida lo más inmóvil posible sobre el lecho, Elisa no hallaba tregua[34] para aquel dolor que le subía por las sienes en una doble llamarada insoportable. Al punto entró Alicia por el tragaluz[35] del techo y, volando como una Santa Ursula que sale de su cuadro a la hora de la siesta para dar un paseo, la barbilla apoyada sobre una mano, el codo apoyado sobre la otra y el ruedo de sus faldas de percal rozándole los tobillos como un festón de espumas, atravesó las penumbras mortecinas del cuarto. Acercándose donde yacía su hermana, aproximó su mejilla a la suya y con un movimiento lento le pasó la mano por la frente antes de preguntarle:

—¡Alicia, Alicia! ¿No es cierto que te he hecho mucha falta? Dame un beso y verás como te alivias.

Cegada casi por el dolor, Elisa entreabrió con dificultad los párpados, pero había comprendido la broma. Esbozó entonces la sombra de una sonrisa con la comisura[36] de los labios, se incorporó lo mejor que pudo sobre los almohadones del lecho, y, dándole un beso en la mejilla, le contestó casi en un susurro, «mejor, Elisa, mejor». Al punto se sintió aliviada, pero desde aquel día ninguna de las dos estaba segura de si había sido Alicia o Elisa la que había vuelto a salir por el tragaluz del techo.

Encontrábanse una tarde las hermanas sentadas a la puerta de la casa a la hora de más bochorno,[37] tejiendo y bordando puntillas para los rebozos de las sábanas, cuando vieron acercarse por la calzada a un caballero vestido todo de paño negro, que montaba un hermoso caballo zaíno.[38] Traía el zaíno los cascos[39] muy afilados

---

[27] **grosero**
[28] linen
[29] **tipo de astringente**
[30] riddled
[31] hotbed
[32] **dolor de cabeza**
[33] window shades
[34] let-up
[35] skylight
[36] corner
[37] **calor**
[38] **de color castaño**
[39] hoofs

y a la vez un paso muy suave y ligero, como suelen tener las monturas de paso fino, y levantaba los menudillos[40] del piso con tanta precisión y a un compás tan exacto, que dejaba tras sí una larga hilera de heridas simétricas abiertas sobre el camino.

Llevaba el jinete un amplio sombrero de jipijapa[41] encajado hasta las cejas, que le ocultaba la mitad del rostro, y traía un pequeño tití[42] cobrizo encaramado sobre el hombro izquierdo, desde donde le hacía a las gemelas mil morisquetas.[43] Sobre la grupa del zaíno llevaba una canasta de mimbre, rebosante de apetitosas frutas, atada a las cinchas de su aparejo.[44] Pero lo que más llamaba la atención sobre su presencia era su enorme nariz, que casi tropezaba con el ala de su sombrero.

El caballero se acercó a las gemelas y, dejando que la cola del mono le cayera suelta sobre el pecho, caracoleándole allí un rizo, les dijo con hermosa voz:

Sorsolamega la sorsolita[45]
vendo frutas sabrosas para las niñas:
Granada,[46] acerola[47] y algarrobo,[48]
Guanábana de a diez reales,[49]
A la que me mire y no llore
Yo le obsequiaré un tesoro.

Ante la presencia de tan estrambótico[50] personaje, Alicia no pudo aguantar la risa, y le respondió con una tonadita[51] burlona:

Pico Rico Mandorico
¿Quién te dio tamaño pico?[52]
¡Escobilla, escobillón
Bárreme este casuchón!

Elisa, sin embargo, habíase quedado mirando aquella canasta, en la que las acerolas, las granadas, las guanábanas y los algarrobos, laqueados de rojo magenta, amarillo amaranto y verde pardo, brillaban como alhajas[53] al sol. Volviéndose entonces hacia su hermana, le pidió con lágrimas en los ojos que le prestara diez reales proque le habían entrado unas ganas irresistibles de comer de aquellas frutas. Cuando Alicia oyó esto, estuvo a punto de que se le helara la sangre en las venas, pues sospechó que el caballero era nada menos que el hacendado, dueño de casi todas las tierras de la comarca, pero no dijo nada y, haciéndose la sorda ante el ruego de su hermana, volvió a repetir en voz alta, esta vez sin risa:

Pico Rico Mandorico
¿Quién te dio tamaño pico?
¡Saber correr, saber andar,
Aléjese de nuestro lar![54]

Elisa miró entonces indignada a su hermana y, descendiendo hasta la vera[55] del camino, se cortó una de sus trenzas rubias con las tijeras que llevaba colgadas al cinto, ofreciéndosela al caballero, junto con varias horquillas de plata, en pago por su canasta.

Aquella noche a la hora de la cena Elisa, haciendo caso omiso[56] de

---

[40] **parte del caballo entre la caña y el pie**
[41] **sombrero...** Panama hat
[42] **mono pequeño**
[43] tricks
[44] harness
[45] **sor solita = hermana solita**
[46] pomegranate
[47] Neapolitan medlar (kind of fruit)
[48] carob
[49] **El real es una unidad monetaria.**
[50] odd
[51] **cancioncita**
[52] **tamaño... una nariz tan grande**
[53] **joyas**
[54] hearth
[55] edge
[56] **haciendo...** ignoring

los ruegos y súplicas de Alicia, quien le imploraba que por favor pensara en las advertencias de su madre, teniendo presente que ambas deberían de actuar siempre de acuerdo, comió hasta saciarse de aquellas frutas, vaciando la canasta casi por completo. Cuando a la madrugada comenzó a quejarse de que no podía dormir, Alicia corrió a su lado. Tendida sobre el lecho Elisa no hacía más que llorar, mientras cantaba todo el tiempo en una voz como ajena:

Pico Rico Mandorico
Tú que vas, tú que vienes
Tú que riegas los manteles
Donde el rey puso su nata[57]
¿Qué has hecho de mi oro y mi plata?

Alicia le preparó aquella noche infinidad de cocimientos; la hizo beber té de yerbaluisa,[58] té de alumbre, de lechuga y de almácigo,[59] devanándose los sesos[60] para encontrar algún brebaje que le permitiera dormir. Pero todo fue en vano. Elisa no hacía sino dar vueltas y más vueltas sobre el lecho mientras cantaba en una voz como ajena:

Pico Rico Mandorico
Tú que vas, tú que vienes
Tú que riegas los manteles
Donde el rey puso su nata
¿Qué has hecho de mi oro y plata?

En los días subsiguientes Elisa se convirtió en un incansable animal de trabajo. Sin preguntarse la causa de su resignación y de su mansedumbre, enceraba los pisos de tabloncillo hasta dejarlos brillantes como cintas de espejo, pulía con estropajo los balaustres del balcón y los ángeles de yeso que asomaban sus rostros mofletudos[61] por sobre las molduras de acanto[62] de los techos de las salas, bordaba sin descanso manteles y rebozos hasta que ya los dedos le sangraban al menor contacto con la superficie quebradiza de las puntillas de organza y de linó cristal.[63] Al atardecer caía agotada sobre el lecho y se destrenzaba el cabello llorando, para volver a debatirse inútilmente con las mórbidas medusas[64] del insomnio.

Al ver que todos sus mimos y sus cuidos eran inútiles y que a Elisa se le desprendía cada vez con mayor rapidez la carne de los huesos, Alicia se sentó a llorar a la puerta de la casa, porque no quería estar presente a la hora de su muerte. Haría algún tiempo que se encontraba allí, ahogando sus sollozos entre los gruesos pliegues de percal de su falda, cuando oyó que alguien se acercaba por la calzada cantando:

Sorsolamegalasorsolamega
Vendo frutas sabrosas para las niñas
Granada, acerola y algarrobo
Guanábana de a diez reales,
A la que mire y no llore
Yo le obsequiaré un tesoro.

Alicia levantó la cabeza que tenía inclinada sobre la falda y se quedó mirando fijamente a aquel caballero enlutado, que a su vez la observaba atentamente desde la altura de su aparejo, el sombrero enfundado sobre la

[57] **crema con azúcar**
[58] **tipo de hierba que se usa para hacer un té que calma los nervios**
[59] mastic (type of tree)
[60] **devanándose...** racking her brain
[61] **de mejillas gordas**
[62] acanthus (an architectural ornament resembling the leaves of the acanthus plant)
[63] **linó...** flax fiber
[64] jellyfish

frente, el mono encaramado sobre el hombro izquierdo y una nueva canasta de frutas amarrada a las cinchas de su aparejo. Pensó entonces que si su hermana volvía a comer de aquellas frutas recobraría quizá la facultad de conciliar el sueño, y corrió a su lado para decirle que el caballero había regresado y que si quería que le comprara otra canasta. Pero como a quien hubiese comido de aquellas frutas se le hacía imposible volver a escuchar la voz del caballero, Elisa le dijo que estaba viendo visiones, que ella no oía nada y que frente a la casa no había nadie. Convencida entonces de que su corazonada era auténtica, corrió Alicia a comprarle al caballero su nueva canasta de frutas para obligar a su hermana a comerlas cuando éste, adivinando su intención, espoleó[65] su montura y desapareció galopando por la calzada, arremolinado en el polvo de la tarde.

Esa misma noche Alicia se ocultó las trenzas bajo un hermoso gorro de rafia[66] verde y salió de la casa en busca del caballero. Estaba dispuesta a caminarse la comarca de extremo a extremo[67] para encontrarlo, y observaba con mucho detenimiento el barro de las calzadas porque sabía que el paso de su caballo era tan fino y tan exacto que sus huellas serían inconfundibles. Al llegar a uno de los pueblos más retirados del este, observó una larga hilera de heridas simétricas abiertas sobre el camino y, siguiéndolas sin detenerse siquiera a respirar, dio por fin con el caballero.

Lo encontró profundamente dormido a la sombra de una ceiba[68] y, al verlo por primera vez sin sombrero, Alicia pudo comprobar que en efecto se trataba del hacendado del pueblo. Acercándose sigilosamente a él, no pudo menos que admirarse ante su hermosura: tenía la tez muy blanca y el cabello muy negro, laqueado con diamantina azul, y la placidez de su respiración con el sueño lo envolvía en un vaho de paz. Alicia recordó de pronto la torturada respiración de Elisa, mientras luchaba noche a noche con las feroces escolopendras[69] del insomnio, y se sintió invadida de ira. Convencida de que lo que el caballero quería era llegar a ser el único habitante de la comarca en conciliar el sueño, decidió vengarse. Se acercó entonces al caballero, e imitando la triste voz de su hermana, lo despertó diciendo:

Pico Rico Mandorico
Tú que vas, tú que vienes
Tú que riegas los manteles
Donde el rey puso de plata
¿Qué has hecho de mi oro y nata?

Creyéndose que era Elisa, que había por fin venido a reunírsele, el caballero le permitió que se le acercara, pero no bien Alicia se encontró a su lado, el tití se abalanzó sobre ella y le arrebató de un tirón el gorro de rafia de la cabeza, cayéndole ambas trenzas sobre el pecho. Cuando el caballero se dio cuenta del engaño, agarró a Alicia entre sus brazos e intentó obligarla a comer de las frutas, pero Alicia atrancó los dientes con todas sus fuerzas. Comenzó éste entonces a estrujarle las granadas y las acerolas por todo el cuerpo, hasta embadurnarla[70] con su jugo venenoso

[65] spurred on
[66] palm fiber
[67] **de...** from one end to the other
[68] ceiba tree, silk-cotton tree
[69] centipede
[70] **cubrirla**

por todas partes. Cuando Alicia se vio los brazos, los hombros y hasta las piernas empapadas de jugo bermejo y los gruesos pliegues de su falda igualmente embarrados de pulpa de guanábana y de pulpa de algarrobo, se zafó[71] con violencia de los brazos del caballero y, empuñando con decisión las tijeras que le colgaban del cinto, de un solo tijeretazo le cercenó[72] la punta de la nariz, dejándosela tuca.[73]

Cuando el caballero sintió aquel dolor tan intenso, no le quedó más remedio que soltar a Alicia y ésta al punto salió corriendo hacia su casa. Sentíase ya Elisa a las puertas de la muerte cuando Alicia entró volando a su cuarto por el tragaluz del techo. Al llegar junto a su hermana, le pasó lentamente la mano por la frente antes de preguntarle:

—¡Alicia, Alicia! ¿No es cierto que te he hecho mucha falta? Dame un beso y verás como te alivias.

Elisa entreabrió con dificultad los ojos. Sentía ya sobre los párpados dos gruesas lajas[74] de plomo y sus cabellos destrenzados se derramaban en desorden sobre los almohadones como las mórbidas medusas del insomnio. Al ver a su hermana, hizo un gran esfuerzo y, esbozando una sonrisa exangüe con la comisura de los labios, le contestó, casi como en un suspiro: «Mejor, Elisa, mejor». Alicia se inclinó entonces sobre el lecho y le ofreció a su hermana la mejilla para que le diera un beso, pero como la llevaba empapada de jugo de granada y de jugo de acerola, algunas de aquellas gotas fueron a caer inevitablemente sobre los labios de Elisa. Esta comenzó entonces a lamer con avidez el rostro, los brazos y las espaldas de su hermana, por donde el jugo de las frutas se deslizaba a chorros, como un espeso sudor bermejo. Cuando hubo saciado su sed advirtió que Alicia llevaba los gruesos pliegues de su falda recargados de pulpa de guanábana y de pulpa de algarrobo, y comió también de éstas vorazmente. En seguida se sintió mejor y, estrechando entre sus brazos a su hermana, le prometió no volver a actuar jamás sin estar primero de acuerdo con ella. Y, como en adelante los habitantes del pueblo pudieron reconocer al hacendado, a distancia y facilmente, porque éste se veía condenado a pasearse por la comarca con la nariz tuca, se dieron cuenta de lo absurdo de su resignación y de su mansedumbre y se negaron a trabajar para él de sol a sol, recobrando al punto la maravillosa facultad de conciliar el sueño.

---

[71] she tore herself away
[72] clipped
[73] stumped, clipped
[74] **piedras**

SOBRE LA LECTURA

Juan Bobo va a oír misa

1. Cómo describió la mamá de Juan Bobo el lugar en que estaba la iglesia?
2. ¿Encontró el muchacho la iglesia? ¿Adónde entró? ¿Qué estaba celebrando la gente?

3. Describa la fiesta. ¿Pudo comer Juan Bobo? ¿Qué le dijo a su madre al volver a casa?
4. ¿Adónde fue a parar la segunda vez que salió para la iglesia?
5. ¿Qué cosas vio allí? ¿Por qué no quedó contento?
6. ¿Qué pasó a la hora de la comunión? ¿Cómo reaccionó el cura?
7. ¿Qué le dijo Juan Bobo a su madre cuando llegó a casa?

Pico Rico Mandorico

1. ¿Qué consejo les dio su madre a Alicia y Elisa antes de morir?
2. ¿En qué sentido eran muy unidas las jóvenes?
3. Describa la vida de los otros habitantes del pueblo. ¿Por qué no podían dormir?
4. ¿Cómo se educaron Alicia y Elisa? ¿Qué cosas sabían?
5. ¿Qué hizo Alicia cuando su hermana se enfermó una vez? ¿Se mejoró Elisa?
6. ¿Cómo era el jinete que apareció un día? ¿Qué llevaba en el brazo?
7. Compare las reacciones de las dos muchachas al jinete. ¿Qué quería Elisa?
8. ¿Quién sospechaba Alicia que era el extraño jinete?
9. ¿Cómo consiguió Elisa la fruta? ¿Se la comió toda o no? ¿Cuál fue el resultado?
10. ¿Cómo trató Alicia de sanar a su hermana?
11. ¿Qué pensó al volver a ver al jinete enlutado? ¿Qué pasó cuando ella trató de comprarle su nueva canasta de fruta?
12. ¿Qué hacía él cuando Alicia lo encontró esa noche? ¿Cómo trató de engañarlo? ¿Qué hizo él al darse cuenta del truco?
13. ¿Cómo trató el hacendado de subyugar a Alicia? ¿Cómo se protegió ella?
14. ¿Qué le hizo a la nariz del hacendado?
15. ¿Cómo sanó Alicia a su hermana? ¿Siguieron sufriendo del insomnio los otros habitantes del pueblo o sanaron ellos también?

HACIA EL ANÁLISIS LITERARIO

1. ¿Como emplea Ferré el dialecto en «Juan Bobo va a oír misa»? ¿Es realista o no este retrato del campesino? Explique.
2. ¿Qué impresión logra crear Ferré al incluir la larga lista de comidas de las cuales gozan los ricos?
3. ¿Qué verdades sociales explora por medio del cuento infantil? ¿Qué convenciones del género emplea Ferré en «Pico Rico Mandorico»?
4. ¿Qué diferencias estilísticas existen entre «Juan Bobo» y «Pico Rico Mandorico»?
5. ¿Qué elementos del cuento de hadas tradicional emplea Ferré en «Pico Rico Mandorico»?
6. ¿Qué tipo de poesía intercala Ferré en este cuento? ¿Se trata realmente de una poesía infantil? ¿Tienen sentido algunas de las palabras que a primera

vista parecen ser meras sílabas sin sentido? ¿Cuál es la función de esta poesía?
7. ¿En qué consiste la crítica social de Ferré? ¿Cuál es la importancia del hecho de que el hacendado estaba durmiendo cuando Alicia lo encontró? ¿Cuál es la importancia del hecho de que ella lo encontrara atractivo cuando lo ve sin su disfraz?
8. ¿Son realmente idénticas las jóvenes en cuanto a su personalidad? ¿Cuál es más fuerte? ¿Es Ferré consistente en cuanto a su descripción de la personalidad de cada niña? ¿Qué implica esto?
9. ¿Cree usted que este cuento contiene un elemento «anti-machista»?
10. ¿Ve usted alguna relación entre estos cuentos y la nueva narrativa latinoamericana?

TEXTO Y VIDA

1. ¿Son válidas las críticas que hace Ferré en sus cuentos?
2. ¿Vive el típico campesino norteamericano bajo las mismas condiciones que ella describe?
3. ¿Por qué son tan eficaces los cuentos infantiles para transmitir los valores de una persona o de una sociedad? Narre un cuento infantil que usted conoce y analice los valores que comunica.
4. ¿Cuál es el estado político actual de Puerto Rico? En su opinión, ¿es satisfactoria esta situación o no?

Isabel Allende: La magia de las palabras

Con la publicación en 1982 de *La casa de los espíritus,* Isabel Allende (1942–) emergió como una de las voces literarias más importantes de su generación. Aunque nació en Lima, Allende es chilena. Su padre desapareció de la casa cuando era muy joven. «Mi madre fue el norte de mi existencia», escribe Allende. «Tal vez por eso me resulta más fácil escribir sobre las mujeres». De niña Allende empezó a apuntar sus ideas en un cuaderno que su madre le regaló. Según la autora, éste fue el origen de su incursión en la literatura. Más tarde su madre volvió a casarse con un diplomático, lo cual permitió a Allende vivir en varios países.

Isabel Allende empezó a trabajar a los diecisiete años. Sus primeros empleos fueron en el campo del periodismo. Después del golpe de estado que llevó al poder a Augusto Pinochet, Allende se mudó a Venezuela. Actualmente vive en los Estados Unidos. Ha escrito tres novelas, *La casa de los espíritus, De amor y de sombra* (1984), *Eva Luna* (1987), y una colección de relatos, *Cuentos de Eva Luna* (1990). Sus obras han sido traducidas a más de veinte idiomas. *La casa de los espíritus* y *Cuentos de Eva Luna* fueron «best sellers» en Latinoamérica.

La casa de los espíritus recrea el ambiente en Chile desde principios del siglo hasta el ascenso al poder de Pinochet. La novela gira alrededor de la dinastía de Esteban Trueba; a través del relato de la evolución de su familia Allende expone diferentes elementos de la sociedad chilena, aunque sus personajes son tan arquetípicos que la historia podría desarrollarse en casi cualquier país latinoamericano. En la primera parte de la novela domina el elemento fantástico. En la segunda, viene adquiriendo cada vez más importancia el político. Allende retrata gráficamente la violencia de los primeros años del régimen de Pinochet y la resistencia a su dictadura, en la cual participa Alba, nieta de Trueba, un senador conservador. La reconciliación entre nieta y abuelo se realiza después de la desilusión de éste con el nuevo gobierno autoritario. El senador, como muchos otros de su clase, se había opuesto al presidente Salvador Allende por miedo a sus ideas izquierdistas, y esperaba que la Junta Militar liberara la república del caos económico y político que había creado el marxismo. Sin embargo, al darse cuenta de que Pinochet imponía un régimen de terror sin dar señas que querer devolver el país a la democracia, el abuelo altera su posición.

En *La casa de los espíritus* Allende combina elementos realistas y autobiográficos con lo fantástico, produciendo una novela que cae claramente dentro del marco del *realismo mágico. No son pocos los críticos que han señalado las semejanzas que existen entre la ficción de Allende y la de García Márquez, quien ha influido profundamente en su obra. Caracteriza la narrativa de Allende la misma tendencia hacia la experimentación estructural y técnica que se observa en las obras de otros autores modernos. Su gusto por el juego literario se nota, por ejemplo, en el hecho de que oculta la identidad de los narradores de *La casa*

Macarena, pastel, 33″ × 26″, by Ruby L. Aranguiz

de los espíritus hasta el epílogo. Sin embargo, Allende agrega una dimensión feminista a la nueva narrativa. Sus protagonistas femeninos son fuertes e independientes. Saben gozar de la vida. No temen a los hombres ni se dejan abatir por las circunstancias. La perspectiva femenina de Allende altera y amplía los horizontes de la ficción latinoamericana contemporánea.

Sobre «Dos palabras»

«Dos palabras» es el primero de los *Cuentos de Eva Luna,* una colección en que los relatos son presentados por medio de un artificio que evoca *Las mil y una noches:* Una mujer se los cuenta a su amante. La voz narrativa crea cierta cohesión entre estos cuentos, a pesar de la variedad de personajes, ambientes sociales y regiones que la autora reproduce. Algunos de los caracteres ya habían aparecido en la novela *Eva Luna.* Aunque Allende también retrata a hombres admirables, distingue la colección el gran número de fascinantes y robustos personajes femeninos: la maestra Inés, quien espera décadas para tomar venganza del hombre que mató a su hijo; Dulce Rosa Orellano, que se compromete a matar al asesino de su padre y termina enamorándose de él; Casilda Hidalgo, que le hace el amor a un bandido para proteger a sus hijos; Antonia Sierra, que llega a vencer sus celos y a trabar amistad con la querida de su marido para luego eliminarlo de la vida de ambas.

Entre estas mujeres emancipadas hay que incluir a Belisa Crepusculario, protagonista de «Dos palabras». El cuento es un tributo al poder mágico del lenguaje y a los que lo cultivan y manipulan. Belisa nace dentro del seno de una familia tan pobre que ni siquiera tiene un nombre que darle. Como don Quijote, ella misma se da un nombre lleno de implicaciones poéticas y, con él, una identidad. En este sentido se crea a sí misma y se define como dueña de su propio destino. A los doce años sale de la casa de sus padres y llega a la costa. En el camino se encuentra con otras personas tan pobres como ella, pero la fuerza de su voluntad es tal que no se detiene, sino que sigue adelante hasta realizar su meta.

Su integridad impide que se gane la vida de una manera deshonesta o humillante. El descubrimiento de la naturaleza y del poder de las palabras le permite ejercer un oficio que le agrada: el de vendedora de palabras ambulante. Aprende no sólo a leer y a escribir, sino a manejar el lenguaje con tanta destreza que se hace famosa. Se ha calificado el papel del escritor en Latinoamérica como voz del que no la tiene, y ésta es precisamente la función que desempeña Belisa. Articula los sentimientos de la gente que no sabe expresarse, transmite noticias, conserva la historia. Allende insiste en la honradez de su personaje, quien siempre cobra precios justos y además, da una ñapa o premio a quien gaste cincuenta centavos o más.

La fama de Belisa crece tanto que el Coronel, un guerrero que está cansado de la guerra, le pide su ayuda, ya que cree que ella puede ayudarle a realizar su objetivo: el de convertirse en político legítimo. Los retratos del Coronel y de su secuaz, el Mulato, encierran un comentario mordaz sobre la política en

Latinoamérica. La posibilidad de que un salvaje analfabeto que vive rodeado de matones como el Mulato llegue a ser presidente de la república, sólo con aprender a pronunciar un discurso comovedor, refleja una situación que aún existe en países donde el personalismo y el carisma son factores más importantes en la política que la ideología o los programas concretos. Allende revela la profunda soledad que abruma a este tipo de hombre, que vive física y espiritualmente alejado de la civilización; al mismo tiempo, demuestra su tremendo atractivo. Belisa se siente cautivada por el Coronel, a quien logra domar con la magia de las palabras. Pero su poder sobre los hombres no se limita al futuro presidente. También usa el lenguaje para parar los requerimientos molestos del Mulato.

El humor es un elemento fundamental de la prosa de Allende. A veces resulta de la yuxtaposición de elementos fantásticos y realistas; a veces, de la exageración o de la exposición aparentemente seria de asuntos irracionales o disparatados. Otra técnica que emplea es la comparación entre cosas desiguales, en que la alternativa en apariencia menos importante tiene más peso. Por ejemplo, «... no pudo negarse, temiendo que el Mulato le metiera un tiro entre los ojos o, peor aún, que el Coronel se echara a llorar». La ficción de Isabel Allende rebosa de optimismo y de alegría. Aunque sus cuentos casi siempre tratan de temas serios, aun deprimentes (la tiranía política, la tortura, la eutanasia, el abuso de los niños), frente a la desgracia la autora logra mantener el entusiasmo por la existencia. Nunca la abandona por completo su sentido del humor.

Ediciones

Allende, Isabel. *La casa de los espíritus.* Barcelona: Plaza y Janés, 1982

______. *De amor y de sombra.* Barcelona: Plaza y Janés, 1984

______. *Eva Luna.* Barcelona: Plaza y Janés, 1987

______. *Cuentos de Eva Luna.* Barcelona: Plaza y Janés, 1990

Crítica

Agosín, Marjorie. «Isabel Allende: *La casa de los espíritus.*» *Revista Interamericana de Bibliografía.* 35 (1985): 448–458

______. Cola Franzen, tr. «Entrevista a Isabel Allende / Interview with Isabel Allende.» *Imagine: International Chicano Poetry Journal.* 1:2 (Winter 1984): 42–56

Allende, Isabel. «La magia de las palabras.» *Revista Iberoamericana.* 51:132–133 (July–Dec. 1985): 447–452

Antoni, Robert. «Parody or Piracy: The Relationship of *The House of the Spirits* to *One Hundred Years of Solitude.*» *Latin American Literary Review.* 16:32 (July–Dec. 1988): 16–28

Campos, Jorge. «*La casa de los espíritus,* de Isabel Allende.» *Insula.* 38:435–436 (Feb. – March 1983): 19

Coddou, Marcelo. «*La casa de los espíritus:* De la historia a la historia.» *Texto Crítico.* 11:33 (Sept.–Dec. 1985): 165–172

Cortínez, Verónica. «Polifonía: Isabel Allende y Antonio Skármeta.» *Plaza.* 14–15 (Spring–Fall 1988): 73–80

Foster, Douglas. «Isabel Allende Unveiled.» *Mother Jones.* 13:10 (Dec. 1988): 42–46

Handelsman, Michael H. «*La casa de los espíritus* y la evolución de la mujer moderna.» *Letras femeninas.* 14:1–2 (Spring–Fall 1988): 57–63

Hernán–Gómez, Beatriz. «Las violencias circulares: Notas a *La casa de los espíritus.* 333–348. Eds. Mariateresa Cattaneo and Carlos Romero. Pref. Silvana Serafín. *Studi di letteratura iberoamericana offerti a Giuseppe Bellini.* Roma: Bulzoni, 1984

Marcos, Juan Manuel. «Isabel viendo llover en Barataria.» *Revista de Estudios Hispánicos.* 19:2 (May 1985): 129–137

Mujica, Bárbara. «*Cuentos de Eva Luna,* by Isabel Allende.» *Américas.* 42:5 (1990): 60–61

Muñoz, Willy O. «Las (re)escrituras de *La casa de los espíritus.*» *Discurso literario.* 5:2 (Spring 1988): 433–454

Rojas, Mario A. «*La casa de los espíritus* de Isabel Allende: Una aproximación sociolingüística.» *Revista Crítica de Literatura Latinoamericana.* 11:21–22 (1985): 205–213

———. «*La casa de los espíritus,* de Isabel Allende: Un caleidoscopio de espejos desordenados.» *Revista Interamericana.* 51:132–133 (July–Dec. 1988): 917–925

Dos palabras

ISABEL ALLENDE

Tenía el nombre de Belisa Crepusculario, pero no por fe de bautismo o acierto de su madre, sino porque ella misma lo buscó hasta encontrarlo y se vistió con él. Su oficio era vender palabras. Recorría el país, desde las regiones más altas y frías hasta las costas calientes, instalándose en las ferias y en los mercados, donde montaba cuatro palos con un toldo de lienzo,[1] bajo el cual se protegía del sol y de la lluvia para atender a su clientela. No necesitaba pregonar[2] su mercadería, porque de tanto caminar por aquí y por allá, todos la conocían. Había quienes la aguardaban de un año para otro, y cuando aparecía por la aldea con su atado bajo el brazo hacían cola[3] frente a su tenderete.[4] Vendía a precios justos. Por cinco centavos entregaba versos de memoria, por siete mejoraba la calidad de los sueños, por nueve escribía cartas de enamorados, por doce inventaba insultos para enemigos irreconciliables. También vendía cuentos, pero no eran cuentos de fantasía, sino largas historias verdaderas que recitaba de corrido,[5] sin saltarse

[1] **toldo...** canvas awning
[2] hawk
[3] **hacían...** they waited in line
[4] stand
[5] **de...** flowingly, unhaltingly

nada. Así llevaba las nuevas de un pueblo a otro. La gente le pagaba por agregar una o dos líneas: nació un niño, murió fulano, se casaron nuestros hijos, se quemaron las cosechas. En cada lugar se juntaba una pequeña multitud a su alrededor para oírla cuando comenzaba a hablar y así se enteraban de las vidas de otros, de los parientes lejanos, de los pormenores[6] de la Guerra Civil. A quien le comprara cincuenta centavos, ella le regalaba una palabra secreta para espantar la melancolía. No era la misma para todos, por supuesto, porque eso habría sido un engaño colectivo. Cada uno recibía la suya con la certeza de que nadie más la empleaba para ese fin en el universo y más allá.

Belisa Crepusculario había nacido en una familia tan mísera, que ni siquiera poseía nombres para llamar a sus hijos. Vino al mundo y creció en la región más inhóspita, donde algunos años las lluvias se convierten en avalanchas de agua que se llevan todo, y en otros no cae ni una gota del cielo, el sol se agranda hasta ocupar el horizonte entero y el mundo se convierte en un desierto. Hasta que cumplió doce años no tuvo otra ocupación ni virtud que sobrevivir al hambre y la fatiga de siglos. Durante una interminable sequía[7] le tocó enterrar a cuatro hermanos menores y cuando comprendió que llegaba su turno, decidió echar a andar por las llanuras en dirección al mar, a ver si en el viaje lograba burlar a la muerte. La tierra estaba erosionada, partida en profundas grietas,[8] sembrada de piedras, fósiles de árboles y de arbustos espinudos, esqueletos de animales blanqueados por el calor. De vez en cuando tropezaba con familias que, como ella, iban hacia el sur siguiendo el espejismo del agua. Algunos habían iniciado la marcha llevando sus pertenencias al hombro o en carretillas, pero apenas podían mover sus propios huesos y a poco andar debían abandonar sus cosas. Se arrastraban penosamente, con la piel convertida en cuero de lagarto y los ojos quemados por la reverberación de la luz. Belisa los saludaba con un gesto al pasar, pero no se detenía, porque no podía gastar sus fuerzas en ejercicios de compasión. Muchos cayeron por el camino, pero ella era tan tozuda[9] que consiguió atravesar el infierno y arribó por fin a los primeros manantiales,[10] finos hilos de agua, casi invisibles, que alimentaban una vegetación raquítica, y que más adelante se convertían en riachuelos y esteros.[11]

Belisa Crepusculario salvó la vida y además descubrió por casualidad la escritura. Al llegar a una aldea en las proximidades de la costa, el viento colocó a sus pies una hoja de periódico. Ella tomó aquel papel amarillo y quebradizo y estuvo largo rato observándolo sin adivinar su uso, hasta que la curiosidad pudo más que su timidez. Se acercó a un hombre que lavaba un caballo en el mismo charco turbio donde ella saciara su sed.

—¿Qué es esto? —preguntó.

—La página deportiva del periódico —replicó el hombre sin dar

[6] **detalles**
[7] drought
[8] cracks
[9] stubborn
[10] **fuentes de agua**
[11] streams

muestras de asombro ante su ignorancia.

La respuesta dejó atónita a la muchacha, pero no quiso parecer descarada[12] y se limitó a inquirir el significado de las patitas de mosca dibujadas sobre el papel.

—Son palabras, niña. Allí dice que Fulgencio Barba noqueó[13] al Negro Tiznao en el tercer round.

Ese día Belisa Crepusculario se enteró que las palabras andan sueltas sin dueño y cualquiera con un poco de maña[14] puede apoderárselas para comerciar con ellas. Consideró su situación y concluyó que aparte de prostituirse o emplearse como sirvienta en las cocinas de los ricos, eran pocas las ocupaciones que podía desempeñar. Vender palabras le pareció una alternativa decente. A partir de ese momento ejerció esa profesión y nunca le interesó otra. Al principio ofrecía su mercancía sin sospechar que las palabras podían también escribirse fuera de los periódicos. Cuando lo supo calculó las infinitas proyecciones de su negocio, con sus ahorros le pagó veinte pesos a un cura para que le enseñara a leer y escribir y con los tres que le sobraron se compró un diccionario. Lo revisó desde la A hasta la Z y luego lo lanzó al mar, porque no era su intención estafar[15] a los clientes con palabras envasadas.[16]

Varios años después, en una mañana de agosto, se encontraba Belisa Crepusculario en el centro de una plaza, sentada bajo su toldo vendiendo argumentos de justicia a un viejo que solicitaba su pensión desde hacía diecisiete años. Era día de mercado y había mucho bullicio[17] a su alrededor. Se escucharon de pronto galopes y gritos, ella levantó los ojos de la escritura y vio primero una nube de polvo y enseguida un grupo de jinetes que irrumpió en el lugar. Se trataba de los hombres del Coronel, que venían al mando del Mulato, un gigante conocido en toda la zona por la rapidez de su cuchillo y la lealtad hacia su jefe. Ambos, el Coronel y el Mulato, habían pasado sus vidas ocupados en la Guerra Civil y sus nombres estaban irremisiblemente unidos al estropicio[18] y la calamidad. Los guerreros entraron al pueblo como un rebaño[19] en estampida, envueltos en ruido, bañados de sudor y dejando a su paso un espanto de huracán. Salieron volando las gallinas, dispararon a perderse los perros, corrieron las mujeres con sus hijos y no quedó en el sitio del mercado otra alma viviente que Belisa Crepusculario, quien no había visto jamás al Mulato y por lo mismo le extrañó que se dirigiera a ella.

—A ti te busco —le gritó señalándola con su látigo enrollado y antes que terminara de decirlo, dos hombres cayeron encima de la mujer atropellando[20] el toldo y rompiendo el tintero,[21] la ataron de pies y manos y la colocaron atravesada como un bulto de marinero sobre la grupa[22] de la bestia del Mulato. Emprendieron galope en dirección a las colinas.

---

[12] fresh
[13] knocked out
[14] cleverness, cunning
[15] swindle
[16] canned
[17] **ruido**
[18] **ruina**
[19] herd
[20] running over, knocking down
[21] inkwell
[22] rump

Horas más tarde, cuando Belisa Crepusculario estaba a punto de morir con el corazón convertido en arena por las sacudidas del caballo, sintió que se detenían y cuatro manos poderosas la depositaban en tierra. Intentó ponerse de pie y levantar la cabeza con dignidad, pero le fallaron las fuerzas y se desplomó con un suspiro, hundiéndose en un sueño ofuscado.[23] Despertó varias horas después con el murmullo de la noche en el campo, pero no tuvo tiempo de descifrar esos sonidos, porque al abrir los ojos se encontró ante la mirada impaciente del Mulato, arrodillado a su lado.

—Por fin despiertas, mujer —dijo alcanzándole su cantimplora[24] para que bebiera un sorbo de aguardiente con pólvora y acabara de recuperar la vida.

Ella quiso saber la causa de tanto maltrato y él le explicó que el Coronel necesitaba sus servicios. Le permitió mojarse la cara y enseguida la llevó a un extremo del campamento, donde el hombre más temido del país reposaba en una hamaca colgada entre dos árboles. Ella no pudo verle el rostro, porque tenía encima la sombra incierta del follaje y la sombra imborrable de muchos años viviendo cómo un bandido, pero imaginó que debía ser de expresión perdularia[25] si su gigantesco ayudante se dirigía a él con tanta humildad. Le sorprendió su voz, suave y bien modulada como la de un profesor.

—¿Eres la que vende palabras? —preguntó.

—Para servirte —balbuceó ella oteando[26] en la penumbra para verlo mejor.

El Coronel se puso de pie y la luz de la antorcha que llevaba el Mulato le dio de frente.[27] La mujer vio su piel oscura y sus fieros ojos de puma y supo al punto que estaba frente al hombre más solo de este mundo.

—Quiero ser Presidente —dijo él.

Estaba cansado de recorrer esa tierra maldita en guerras inútiles y derrotas que ningún subterfugio podía transformar en victorias. Llevaba muchos años durmiendo a la intemperie,[28] picado de mosquitos, alimentándose de iguanas y sopa de culebra, pero esos inconvenientes menores no constituían razón suficiente para cambiar su destino. Lo que en verdad le fastidiaba era el terror en los ojos ajenos. Deseaba entrar a los pueblos bajo arcos de triunfo, entre banderas de colores y flores, que lo aplaudieran y le dieran de regalo huevos frescos y pan recién horneado. Estaba harto de comprobar cómo a su paso huían los hombres, abortaban de susto las mujeres y temblaban las criaturas, por eso había decidido ser Presidente. El Mulato le sugirió que fueran a la capital y entraran galopando al Palacio para apoderarse del gobierno, tal como tomaron tantas otras cosas sin pedir permiso, pero al Coronel no le interesaba convertirse en otro tirano, de ésos ya habían tenido bastantes por allí y, además, de ese modo no obtendría el afecto de las gentes. Su idea consistía en ser elegido

[23] **confuso**
[24] flask
[25] vicious
[26] **mirando con cuidado, vigilando**
[27] **le...** shone right on him
[28] **a...** outdoors

por votación popular en los comicios[29] de diciembre.

—Para eso necesito hablar como un candidato. ¿Puedes venderme las palabras para un discurso? —preguntó el Coronel a Belisa Crepusculario.

Ella había aceptado muchos encargos, pero ninguno como ése, sin embargo no pudo negarse, temiendo que el Mulato le metiera un tiro entre los ojos o, peor aún, que el Coronel se echara a llorar. Por otra parte, sintió el impulso de ayudarlo, porque percibió un palpitante calor en su piel, un deseo poderoso de tocar a ese hombre, de recorrerlo con sus manos, de estrecharlo entre sus brazos.

Toda la noche y buena parte del día siguiente estuvo Belisa Crepusculario buscando en su repertorio las palabras apropiadas para un discurso presidencial, vigilada de cerca por el Mulato, quien no apartaba los ojos de sus firmes piernas de caminante y sus senos virginales. Descartó las palabras ásperas y secas, las demasiado floridas, las que estaban desteñidas por el abuso, las que ofrecían promesas improbables, las carentes[30] de verdad y las confusas, para quedarse sólo con aquellas capaces de tocar con certeza el pensamiento de los hombres y la intuición de las mujeres. Haciendo uso de los conocimientos comprados al cura por veinte pesos, escribió el discurso en una hoja de papel y luego hizo señas al Mulato para que desatara la cuerda con la cual la había amarrado por los tobillos a un árbol. La condujeron nuevamente donde el Coronel y al verlo ella volvió a sentir la misma palpitante ansiedad del primer encuentro. Le pasó el papel y aguardó, mientras él lo miraba sujetándolo con la punta de los dedos.

—¿Qué carajo dice aquí? —preguntó por último.

—¿No sabes leer?

—Lo que yo sé hacer es la guerra —replicó él.

Ella leyó en alta voz el discurso. Lo leyó tres veces, para que su cliente pudiera grabárselo en la memoria. Cuando terminó vio la emoción en los rostros de los hombres de la tropa que se juntaron para escucharla y notó que los ojos amarillos del Coronel brillaban de entusiasmo, seguro de que con esas palabras el sillón presidencial sería suyo.

—Si después de oírlo tres veces los muchachos siguen con la boca abierta, es que esta vaina[31] sirve, Coronel —aprobó el Mulato.

—¿Cuánto te debo por tu trabajo, mujer? —preguntó el jefe.

—Un peso, Coronel.

—No es caro —dijo él abriendo la bolsa que llevaba colgada del cinturón con los restos del último botín.

—Además tienes derecho a una ñapa.[32] Te corresponden dos palabras secretas —dijo Belisa Crepusculario.

—¿Cómo es eso?

Ella procedió a explicarle que por cada cincuenta centavos que pagaba un cliente, le obsequiaba[33] una palabra de uso exclusivo. El jefe se encogió de hombros, pues no tenía ni el menor interés en la oferta, pero no quiso ser descortés con quien lo había servido tan bien. Ella se aproximó sin prisa al taburete de suela donde él

---

[29] **elecciones**
[30] lacking
[31] piece of junk
[32] extra; something thrown in
[33] **regalaba**

estaba sentado y se inclinó para entregarle su regalo. Entonces el hombre sintió el olor de animal montuno que se desprendía de esa mujer, el calor de incendio que irradiaban sus caderas, el roce terrible de sus cabellos, el aliento de yerbabuena[34] susurrando en su oreja las dos palabras secretas a las cuales tenía derecho.

—Son tuyas, Coronel —dijo ella al retirarse.—. Puedes emplearlas cuanto quieras.

El Mulato acompañó a Belisa hasta el borde del camino, sin dejar de mirarla con ojos suplicantes de perro perdido, pero cuando estiró la mano para tocarla, ella lo detuvo con un chorro de palabras inventadas que tuvieron la virtud de espantarle el deseo, porque creyó que se trataba de alguna maldición irrevocable.

En los meses de setiembre, octubre y noviembre el Coronel pronunció su discurso tantas veces, que de no haber sido hecho con palabras refulgentes y durables el uso lo habría vuelto ceniza. Recorrió el país en todas direcciones, entrando a las ciudades con aire triunfal y deteniéndose también en los pueblos más olvidados, allá donde sólo el rastro de basura indicaba la presencia humana, para convencer a los electores que votaran por él. Mientras hablaba sobre una tarima[35] al centro de la plaza, el Mulato y sus hombres repartían caramelos y pintaban su nombre con escarcha[36] dorada en las paredes, pero nadie prestaba atención a esos recursos de mercader, porque estaban deslumbrados por la claridad de sus proposiciones y la lucidez poética de sus argumentos, contagiados de su deseo tremendo de corregir los errores de la historia y alegres por primera vez en sus vidas. Al terminar la arenga del Candidato, la tropa lanzaba pistoletazos al aire y encendía petardos y cuando por fin se retiraban, quedaba atrás una estela de esperanza que perduraba muchos días en el aire, como el recuerdo magnífico de un cometa. Pronto el Coronel se convirtió en el político más popular. Era un fenómeno nunca visto, aquel hombre surgido de la guerra civil, lleno de cicatrices y hablando como un catedrático, cuyo prestigio se regaba por el territorio nacional conmoviendo el corazón de la patria. La prensa se ocupó de él. Viajaron de lejos los periodistas para entrevistarlo y repetir sus frases, y así creció el número de sus seguidores y de sus enemigos.

—Vamos bien, Coronel —dijo el Mulato al cumplirse doce semanas de éxito.

Pero el candidato no lo escuchó. Estaba repitiendo sus dos palabras secretas, como hacía cada vez con mayor frecuencia. Las decía cuando lo ablandaba la nostalgia, las murmuraba dormido, las llevaba consigo sobre su caballo, las pensaba antes de pronunciar su célebre discurso y se sorprendía saboreándolas en sus descuidos. Y en toda ocasión en que esas dos palabras venían a su mente, evocaba la presencia de Belisa Crepusculario y se le alborotaban[37] los sentidos con el recuerdo de olor montuno, el calor de incendio, el roce terrible y el aliento de yerbabuena, hasta que empezó a andar como un sonámbulo y sus propios hombres comprendie-

[34] type of herb used for teas and medicines
[35] **plataforma**
[36] glitter, frost
[37] **se...** were disturbed

ron que se le terminaría la vida antes de alcanzar el sillón de los presidentes.

—¿Qué es lo que te pasa, Coronel? —le preguntó muchas veces el Mulato, hasta que por fin un día el jefe no pudo más y le confesó que la culpa de su ánimo eran esas dos palabras que llevaba clavadas en el vientre.

—Dímelas, a ver si pierden su poder —le pidió su fiel ayudante.

—No te las diré, son sólo mías —replicó el Coronel.

Cansado de ver a su jefe deteriorarse como un condenado a muerte, el Mulato se echó el fusil al hombro y partió en busca de Belisa Crepusculario. Siguió sus huellas por toda esa vasta geografía hasta encontrarla en un pueblo del sur, instalada bajo el toldo de su oficio, contando su rosario de noticias.[38] Se le plantó delante con las piernas abiertas y el arma empuñada.[39]

—Tú te vienes conmigo —ordenó.

Ella lo estaba esperando. Recogió su tintero, plegó el lienzo de su tenderete, se echó el chal sobre los hombros y en silencio trepó al anca del caballo. No cruzaron ni un gesto en todo el camino, porque al Mulato el deseo por ella se le había convertido en rabia y sólo el miedo que le inspiraba su lengua le impedía destrozarla a latigazos. Tampoco estaba dispuesto a comentarle que el Coronel andaba alelado,[40] y que lo que no habían logrado tantos años de batallas lo había conseguido un encantamiento susurrado al oído. Tres días después llegaron al campamento y de inmediato condujo a su prisionera hasta el candidato, delante de toda la tropa.

—Te traje a esta bruja para que le devuelvas sus palabras, Coronel, y para que ella te devuelva la hombría —dijo apuntando el cañon de su fusil a la nuca de la mujer.

El Coronel y Belisa Crepusculario se miraron largamente, midiéndose desde la distancia. Los hombres comprendieron entonces que ya su jefe no podía deshacerse del hechizo de esas dos palabras endemoniadas, porque todos pudieron ver los ojos carnívoros del puma tornarse mansos cuando ella avanzó y le tomó la mano.

---

[38] **su...** her string of news items
[39] **el...** gripping his gun
[40] **abobado, loco**

SOBRE LA LECTURA

1. ¿Quién le dio su nombre a Belisa Crepusculario?
2. ¿Cómo se ganaba Belisa la vida? ¿Qué papel desempeñaba en los pueblos?
3. ¿Para qué servían las palabras secretas que regalaba? ¿Recibía todo el mundo la misma palabra?
4. ¿Cómo llegó a ser vendedora de palabras Belisa? ¿En qué se ve la fuerza de su voluntad?
5. ¿Cómo descubrió la escritura? ¿De qué se enteró ese día?
6. ¿Cómo aprendió a leer y escribir? ¿Qué hizo con el diccionario después de revisarlo? ¿Por qué?

7. ¿Quién fue a buscarla un día? ¿Cómo la llevó al Coronel?
8. ¿Cómo era el Coronel? ¿Qué fama tenía? ¿Quién era el Mulato?
9. ¿De qué se dio cuenta Belisa al mirarle los ojos al Coronel? ¿Por qué la había llamado él? ¿Qué le fastidiaba?
10. ¿Cómo escogió Belisa las palabras para el discurso? ¿Por qué no se lo dio al Coronel por escrito?
11. ¿Cómo supo el Coronel que el discurso servía?
12. ¿Qué más le dio Belisa? ¿Qué sintió por ella el Coronel en ese momento?
13. ¿Qué pasó cuando el Mulato trató de tocarla?
14. ¿Cómo reaccionó la gente al discurso?
15. ¿Por qué no estaba contento el Mulato? ¿Cómo trató de remediar la situación?
16. ¿Qué pasó cuando fue a buscar a Belisa? ¿Qué hizo ella al volver a ver al Coronel?

HACIA EL ANÁLISIS LITERARIO

1. ¿Cómo combina Allende la realidad y la fantasía en este cuento? ¿Qué aspectos de la vida latinoamericana describe?
2. ¿Cuál es la importancia de los nombres de los personajes?
3. ¿Cómo logra describir cada personaje con muy pocas palabras? ¿Cuáles son las características sobresalientes de cada uno? ¿Qué ejemplos da de la integridad de Belisa? ¿Cómo usa la caricatura?
4. ¿Cómo usa el diálogo? ¿Qué aspectos de los personajes revela a través del diálogo? ¿Por qué tutea Belisa al Coronel?
5. ¿Cómo usa la autora el humor? Dé ejemplos específicos.
6. ¿Cómo crea la tensión sexual entre los personajes principales?
7. ¿Qué está diciendo Allende acerca del poder del lenguaje? ¿Qué ejemplos da de este poder? ¿Quién es más poderoso, el Coronel o Belisa? ¿Por qué?
8. ¿Qué tiene en común Allende con los escritores del «boom»? ¿En qué consiste su feminismo?

TEXTO Y VIDA

1. Dé usted algunos ejemplos, tomados de su vida diaria, del poder de las palabras.
2. ¿En qué profesiones es necesario manipular las palabras?
3. ¿Cree usted que las palabras son menos importantes que la imagen en la política norteamericana? ¿Qué influencia ha tenido la televisión?
4. ¿En qué sentido son mágicas las palabras?
5. ¿Qué tiene en común Belisa con un escritor profesional? ¿Por qué es importante el hecho de que Belisa sea una muchacha del pueblo en vez de un intelectual?
6. ¿Qué futuro cree usted que tendrán el Coronel y Belisa?

Nancy Morejón: Poeta de la Revolución Cubana

La corriente poética afrohispana iniciada por Luis Palés Matos produjo frutos abundantes. Nicolás Guillén (1902–1989), uno de los poetas más destacados del siglo, incorporó temas afrohispanos en su obra, combinándolos con un fuerte compromiso político. Guillén nació en Camagüey, Cuba, de una familia modesta. En varios de sus poemas menciona a sus dos abuelos, uno blanco y el otro negro; de hecho, su identidad mulata es uno de los temas predominantes de su poesía. En 1930 Guillén conoció al poeta español Federico García Lorca (1898–1936), quien ejerció una influencia significativa en su desarrollo poético. En 1937 asistió al Congreso de Escritores en España con Pablo Neruda y César Vallejo, acontecimiento decisivo en su vida porque allí se afilió al partido comunista. Fue exilado de Cuba en 1953, pero volvió cuando Fidel Castro tomó el poder en 1959 y estableció un régimen socialista.

La poesía de Guillén combina el ritmo y la armonía de la tradición musical afrohispana y las formas poéticas tradicionales. Sin embargo, a pesar de la influencia española, en su esencia es una poesía hispanoamericana, antillana, cubana. Se siente lo autóctono en los ritmos y en las voces. En sus poemas más tempranos domina lo folklórico, pero con el tiempo adquieren cada vez más importancia los temas sociales y políticos. En varias composiciones Guillén reproduce con gracia el habla del negro pobre. En *Sensemayá (Canto para matar a una culebra)* se sirve de *jitanjáforas (palabras inventadas que se emplean por su musicalidad) y de *onomatopeyas para crear ritmos que recuerdan canciones africanas ritualistas, como se ilustra en el siguiente fragmento:

Sensemayá, la culebra,
sensemayá.
Sensemayá, con sus ojos,
sensemayá.
Sensemayá, con su lengua,
sensemayá.
Sensemayá, con su boca,
sensemayá...

En otros poemas, de índole política y revolucionaria, Guillén condena el capitalismo y, en particular, el imperialismo norteamericano, que cree responsable de los males que desgarran la sociedad antillana: la explotación, el hambre, la ignorancia. Adopta un tono militante cuando acusa a los Estados Unidos de racismo. En *España, poema en cuatro angustias y una esperanza* (1937) condena el fascismo y llora la pérdida de tantas vidas en la Guerra Civil Española. También rinde homenaje a García Lorca. En las colecciones que siguen amplía su visión para incluir el mundo hispánico entero. En su *Canción puertorriqueña* se indigna ante la asociación política de Puerto Rico con los Estados Unidos:

Ay, yo bien conozco a tu enemigo,
el mismo que tenemos por acá,

socio en la sangre y el azúcar,
socio asociado en sociedad;
United States and Puerto Rico,
es decir New York City with San Juan,
Manhattan y Borinquén, soga y cuello,
apenas nada más...
No yes,
no sí,
no bien,
no well,
sí mal,
sí bad, sí very bad!

En algunos de sus poemas más tardíos introduce un tono lírico; el amor y la muerte vuelven a ser temas importantes.

Entre los poetas afrohispanos de renombre habría que mencionar también a Emilio Ballagas (1908–1954), nacido como Guillén en Camagüey, Cuba. Su primer libro, *Júbilo y fuga* (1931) era una colección de poemas líricos, pero con la publicación de *Cuaderno de poesía negra* (1935) se estableció como una voz importante en el movimiento poético afrocubano. *Sabor eterno* (1938) incluye algunas de sus elegías más conocidas. *Nuestra Señora del Mar* (1945) contiene poemas religiosos dedicados a la santa patrona de Cuba, la Virgen de la Caridad del Cobre. En 1953 publicó *Décimas por el Júbilo Martiano en el Centenario del Apóstol José Martí*. Tal vez los versos más conocidos de Ballagas son aquéllos en que recrea con humor y afecto el habla del negro cubano, como en la canción de cuna *Para dormir a un negrito:*

Drómiti mi nengre[1]
drómiti ningrito.
Caimito[2] y merengue,
merengue y caimito.

O en la graciosa *Lavandera con negrito:*

E'ta ta'da lo bañé
y ya e'ta otra ve' hecho un pue'co.[3]
¡Como vuelva' a comé tierra
te va a coger la confronta![4]

La poesía afrohispana ha florecido no sólo en el Caribe sino también en otras zonas en que se encuentran concentraciones de negros y mulatos: las costas de Venezuela, Colombia, Ecuador y Perú. El escritor ecuatoriano Adalberto Ortiz

---

[1] **Duérmete mi negro**
[2] **una fruta tropical**
[3] **Esta tarde lo bañé / y está otra vez hecho un puerco.**
[4] **¡Si vuelves a comer tierra / te va a llegar! (te voy a pegar)**

(1914–) es conocido no sólo por su poesía, sino también por sus novelas y cuentos. Su novela *Juyungo: Historia de un negro, una isla, y otros negros* ganó el primer premio en el Concurso Nacional de Literatura de Ecuador en 1942. Ortiz también ha hecho estudios importantes sobre la música y el folklore afrohispanos.

En el momento actual la cubana Nancy Morejón (1944–) reanuda la tradición establecida por Palés Matos, Guillén y Ballagas. Aunque la temática de Morejón es variada, su enfoque central es su patria y, en particular, la experiencia negra. Nicolás Guillén ha dicho de ella: «Pienso que su poesía es negra como su piel, cuando la tomamos en su esencia íntima y sonámbula. Es también cubana (por eso mismo) con la raíz enterrada muy hondo hasta salir por el otro lado del planeta...» La dignidad y el sufrimiento del negro son temas centrales en la poesía de Morejón. Muchos de sus poemas recuerdan las décadas de esclavitud y la humillación de los africanos en el Nuevo Mundo. Aunque explota menos que sus predecesores los ritmos africanos y el habla popular, abundan en su obra referencias a creencias africanas. Subraya los vínculos que unen a los negros de todos los pueblos y, de hecho, a toda la gente no blanca. En varios poemas expresa su simpatía por el pueblo vietnamita, que ella ve como otra víctima del imperialismo y del racismo norteamericanos. Declara su solidaridad no sólo con los negros norteamericanos sino también con los vietnamitas que han sufrido por la intervención de los Estados Unidos en su país.

Se ha llamado a Nancy Morejón la poeta de la Revolución porque sus versos encierran el espíritu, la esperanza y las convicciones de la Cuba castrista. En muchos de sus poemas adopta un tono combativo. En otros elogia a los héroes de la Revolución y también a los hombres y mujeres desconocidos que se han sacrificado por crear un nuevo orden social. Aunque algunas de sus composiciones contienen *cultismos, referencias a autores europeos y conceptos difíciles, en su esencia la poesía de Morejón es familiar y proletaria. Sus retratos de su madre y de otros parientes, los cuadros de su familia cenando, tomando café o escuchando música, los sonidos e imágenes de la calle rebosan de vida y de calor humano.

Morejón misma es un producto de la Revolución. Nació en La Habana, hija única de Felipe Morejón y su esposa Angélica Hernández. Su padre había sido marinero y había visitado muchos puertos extranjeros. En Nueva Orleáns conoció el jazz norteamericano, en cuyos ritmos la poeta siente un nexo entre el negro norteamericano y el cubano. Durante los años 30 y 40 Felipe Morejón participó en rebeliones violentas en los muelles de La Habana. Angélica Hernández era una sindicalista que trabajaba en las fábricas de textiles. Nancy Morejón se crió en el mundo del trabajo manual y del activismo político, en el mismo barrio antiguo de La Habana en que vive hoy.

Nancy Morejón estudió literatura francesa en la Universidad de La Habana. Ha publicado varios libros de poesía, de ensayos y de crítica literaria (*Recopilación de textos sobre Nicolás Guillén,* 1974; *Nación y mestizaje en Nicolás Guillén,* 1982; *Fundación de la imagen,* 1988). También ha hecho traducciones de la poesía del francés Paul Eluard, del martiniqués Aimé Césaire y del haitiano Paul Laraques. Actualmente es directora del Centro de Estudios del Caribe en la Casa de las Américas en La Habana.

Sobre la poesía de Nancy Morejón

Los poemas que se incluyen aquí abarcan los temas más representativos de Nancy Morejón. En «Amor, ciudad atribuida», la poeta usa «atribuir» en el sentido de «reivindicar»; busca expresar el sabor y el movimiento de la calle—los obreros, los escolares, los automóviles. La poeta ambula por este ambiente dinámico, sensible a la poesía de la ciudad. Pero no es sólo la música urbana lo que la inspira, sino también la naturaleza y la Revolución. Para Morejón, la poesía no es creación del poeta, sino un espíritu bello e intangible al cual el poeta le da forma. La poesía «viene sola como un pájaro»; ella es el instrumento que capta su esencia. La poesía se origina en el pueblo y ella, la poeta, la transforma en palabra y se la devuelve al pueblo.

«La noche del Moncada» trata de uno de los acontecimientos más importantes de la historia moderna cubana. El 26 de julio de 1953 el ejército de Fidel Castro atacó las barracas de Moncada en Santiago de Cuba. Casi todos los revolucionarios murieron o fueron encarcelados, pero al asalto puso en marcha la Revolución. En esta batalla los hombres del dictador Fulgencio Batista (1901–1973) capturaron a Abel Santamaría (1925–1953), uno de los héroes de la Revolución, le arrancaron los ojos a fin de hacer que les diera información y, cuando sus esfuerzos resultaron inútiles, lo asesinaron. Este episodio forma parte de la historia revolucionaria popular; todos la conocen y por lo tanto se ha convertido en símbolo de la lucha del pueblo. Escribiendo treinta años más tarde, Morejón se acuerda de los sacrificios de sus antepasados y se da cuenta de que es gracias a ellos por lo que ella goza de los beneficios de una nueva sociedad.

En «Hablando con una culebra», la serpiente viene a ver símbolo de todos los que viven al margen de la sociedad. Como mujer, negra y lesbiana, Morejón misma ha sentido esta marginación y por lo tanto se identifica con todos los que han sido abusados y pisoteados. El nuevo orden social le ha dado poder al ser que hasta ahora ha vivido desamparado. Ahora que éste se encuentra «en [su] justo lugar», la poeta le anima a seguir luchando contra sus atormentadores: «pega, muerde y mata tú también». La serpiente es un símbolo sugestivo: en el Antiguo Testamento encarna la tentación que trae el mal al mundo. La implicación es que ciertos sectores de la sociedad han sido vituperados y maltratados injustamente por la cristiandad, es decir, por el mundo occidental, y es hora de que se unan y defiendan lo suyo. Conviene notar también que la culebra es un poderoso símbolo africano que se asocia con muchos ritos mágicos.

En «Negro», Morejón canta la gloria de sus antepasados. Abusado y reducido a la impotencia por los representantes de la corona española en Cuba, el hombre negro fue, sin embargo, un guerrero ejemplar, una inspiración espiritual y una fuente de esperanza. Aunque algunos lo ven como un elemento negativo que ha empapado la cultura cubana de un primitivismo que «no nos deja relucir ante Europa», Morejón defiende su contribución, alegando que el negro ha infundido en el pueblo energía y poesía.

«Mujer negra» relata la historia de la africana en Cuba. A pesar de haber sido forzada a abandonar su tierra y a atravesar el océano, y a pesar de haber adoptado el nuevo país, ella no ha olvidado su cultura. La mujer ha sido el depositario de las antiguas creencias y de los antiguos valores. De las *epopeyas mandingas sacó fortaleza y esperanza. Aun cuando españoles y criollos abusaban de ella, sometiéndola a sus caprichos sexuales y azotándola sin piedad, ella supo mantener su espíritu intacto, «cantando al natural compás de los pájaros nacionales». Nunca aceptó su estado con resignación. Fue una fuerza importante en las luchas por la independencia y por la igualdad. Sin perder su sentido de identidad, dejó de ser africana («Ya nunca más imaginé el camino a Guinea») y se incorporó a la nación cubana, donde ayudó a establecer el nuevo orden social.

Ediciones

Morejón, Nancy. *Amor, ciudad atribuida.* La Habana: El Puente, 1964

______. *Richard trajo su flauta y otros argumentos.* La Habana: Cuadernos, 1967

______. *Octubre imprescindible.* La Habana: Unión, 1979

______. *Parajes de una época.* México, D.F.: Letras Cubanas, 1979

______. *Poemas.* Ed. Efraín Huerta. México, D.F.: Universidad Nacional Autónoma de México, 1980

______. *Elogio de la danza.* México, D.F.: Universidad Nacional Autónoma de México, 1982

______. *Cuaderno de Granada.* New York: Círculo Cubano de Nueva York, 1984

______. *Where the Island Sleeps like a Wing* (edición bilingüe). Tr. Kathleen Weaver. San Francisco: The Black Scholar, 1985

______. *Piedra pulida.* La Habana: Letras Cubanas, 1986

Crítica

Araújo, Helena. « ‹Mujer negra.› » 193–195. *La Scherezada Criolla: Ensayos sobre escritura femenina latinoamericana.* Bogotá: Universidad Nacional de Colombia, 1989

Barradas, Efraín. «La negritud hoy: Nota sobre la poesía de Nancy Morejón.» *Areíto.* 6:24 (1980): 33–38

Davis-Lett, Stephanie. "The Image of the Black Woman as a Revolutionary Figure: Three Views." 118–131. *Studies in Afro-Hispanic Literature.* New York: Medgar Evers College, 1980

Gilard, Jacques. «La obra poética de Nancy Morejón: Un despertar de la negritud.» 319–335. Intro. Robert Jammes. *Cuba: Les Étapes d'une libération: Hommage à Juan Marinello et Noël Salomon,* Vol. I. Toulouse: Université de Toulouse-Le Mirail, 1979–1980

Marting, Diane. "The Representation of Female Sexuality in Nancy Morejón's *Amor, ciudad atribuida, poemas.*" *Afro-Hispanic Review.* 7:1–3 (Jan.–Sept. 1988): 36–38

Rodríguez, Rafael. «Nancy Morejón en su Habana.» *Areíto.* 8:32 (1983): 23–25

Willis, Susan. "Nancy Morejón: Wrestling History from Myth." *Literature and Contemporary Literary Culture.* 1 (1984–1985): 247–256

Poesía

NANCY MOREJÓN

Amor, ciudad atribuida

al lector, compañero

aquí vuelvo a decir: el corazón de la ciudad no ha muerto todavía
no ha de morir jamás para nosotros

ay sueño, han vuelto las mamparas[1]
y los cabellos de los carpinteros revoloteando[2] en la mañana
amigándose[3] ahora con todo lo que dejo a mi paso

ahora mi corazón se hospeda[4] en la ciudad y su aventura

la poesía viene sola con todo lo que dejo a mi paso: flor o demonio,
la poesía viene sola como un pájaro
(le doy un árbol rojo)
y se posa muy fiera sobre mi cabeza, y come mi esclerótica;[5]
pero ahora no es el alba tan sólo, no es tan sólo el
cantar de los pájaros
no es sólo la ciudad

aquí diré las olas de la costa y la Revolución
aquí la poesía llega con una lanza hermosa para sangrarme el pecho

quién soy

quién oye el sueño de mi boca maldita
para quién hablo, qué oído dirá sí a mis palabras
la boca del poeta está llena de hormigas cada vez que amanece

quién soy

el guerrillero, la loca que deambula, la medusa,[6] la flauta china,

---

[1] screens
[2] blowing
[3] merging
[4] **se...** is lodged
[5] **membrana dura, de color blanco, que envuelve el globo del ojo, excepto la córnea**
[6] **Medusa, divinidad griega cuyos cabellos eran serpientes y cuyos ojos tenían el poder de convertir en piedra a todo el que la miraba**

el sillón cálido, las algas, el cañón guardacosta, la angustia,
la sangre de los mártires, el óvulo de *ochún*[7] sobre esta tierra

quién soy

que voy de nuevo entre las calles, entre *orichas,*[8]
entre el calor oscuro y corpulento,

entre los colegiales que declaman Martí,
entre los automóviles, entre los nichos, entre mamparas,
entre la Plaza[9] del pueblo, entre los negros, entre guardacantones,[10]
entre los parques, entre la ciudad vieja, entre el viejo viejo Cerro,
entre mi Catedral, entre mi puerto

aquí vuelvo a decir: amor, ciudad atribuida

de *Richard trajo su flauta*

La noche del Moncada[11]

La noche era más linda, era como
algo que merecía verse toda la vida,
y a lo mejor que no veríamos más.
HAYDÉE SANTAMARÍA[12]

Pasaron treinta años.
Como pasan los cometas en el espacio.
Pasaron treinta noches exactas
y aquella noche fue más noche
porque, tal vez, sería la última
o la primera noche de una época estrenada.
Los ojos de Abel[13] pudieron contemplarla todavía.
Hasta hoy llega el perfume
de la noche silvestre,[14] duradera,
entre las hierbas de la granjita[15] Siboney[16]
y el brillo de los fusiles navegando en el pozo del patio.

Hasta hoy se escuchan los disparos
que median entre aquella noche grande
donde unos jóvenes comieron, cocinaron, cantaron

---

[7] **En la religión de los yorubas, un pueblo del Africa occidental, Ochún es la diosa frívola y alegre del amor y de la fertilidad.**
[8] **dioses, en la religión yoruba**
[9] **la Plaza de la Catedral, la plaza más antigua de la Habana**
[10] **postes de piedras en las esquinas de las casas que servían para protegerlas de las ruedas de los carruajes**
[11] **Noche... ataque contra las barracas del Moncada encabezado por Fidel Castro el 26 de julio de 1953**
[12] **poetisa cubana y compañera de Castro durante el asalto del Moncada.**
[13] **Abel Santamaría, héroe de la Revolución. Los soldados del gobierno le sacaron los ojos.**
[14] **rural**
[15] farm
[16] **Ciboney: Los ciboneyes fueron los primitivos pobladores de Cuba.**

y nos hicieron una noche más dulce.
Pasaron treinta años, treinta noches del trópico
y pensar que esta noche yo vivo el privilegio
de contemplar otra noche tan linda,
sin más ni menos luna, sin más ni menos ansias,
otra noche tan grande,
que vive en el aliento de la libertad
mientras respiro ésta, aquella noche,
que merecía verse toda la vida.

de *Richard trajo su flauta*

Hablando con una culebra

A ti también te dieron[17] con un palo,
te estrujaron[18] y te escupieron, te pisotearon siempre;
a ti, te mataron con delicia
y te echaron una maldición[19] que hasta hoy hicieron cumplir.
No digas tú que en la hora de la queja
fuiste más poseedora que Angélica, mi madre.

Mas cuando entre sicomoros e hicacos[20]
hayas iniciado tu majomía[21] irredenta,
recuerda bien el acíbar[22] de tus verdugos,
pon atención a las lágrimas y no a su llanto,
pon atención al puñal y no a su empuñadura,[23]
desoye[24] la oración y la sorda palabra del Señor
y rodéanos después de una sola mirada,
que ya te alcanzaremos animada,
y cuando despiertes de tu sueño, continuada tu estirpe,[25]
sacúdete, pega, muerde y mata tú también,
que ya vuelas y vives en tu justo lugar.

de *Piedra pulida*

Negro

Tu pelo,
para algunos,
era diablura del infierno;
pero el zunzún[26] allí

[17] **te...** they beat you
[18] wrung
[19] **referencia a la maldición que Dios le echó a la culebra en el jardín de Edén, por la cual ella está condenada a arrastrarse en el vientre en vez de caminar**
[20] coco plum trees
[21] **ostentación**
[22] bitterness
[23] hilt (of a sword or dagger)
[24] **no le hagas caso a**
[25] **linaje**
[26] a tiny bird of the hummingbird family

puso su nido, sin reparos,
cuando pendías en lo alto del horcón,[27]
frente al palacio
de los capitanes.[28]
Dijeron, sí, que el polvo del camino
te hizo infiel y violáceo,
como esas flores invernales
del trópico, siempre
tan asombrosas y arrogantes.
Ya moribundo,
sospechan que tu sonrisa era salobre[29]
y tu musgo[30] impalpable para el encuentro del amor.

Otros afirman que tus palos de monte
nos trajeron ese daño sombrío
que no nos deja relucir ante Europa
y que nos lanza, en la vorágine[31] ritual,
a ese ritmo imposible
de los tambores innombrables.
Nosotros amaremos por siempre
tus huellas y tu ánimo de bronce
porque has traído esa luz viva del pasado
fluyente,
ese dolor de haber entrado limpio a la batalla,
ese afecto sencillo por las campanas y los ríos,
ese rumor de aliento libre en primavera
que corre al mar para volver
y volver a partir.

de *Piedra pulida*

Mujer negra

Todavía huelo la espuma del mar que me hicieron atravesar.
La noche, no puedo recordarla.
Ni el mismo océano podría recordarla.
Pero no olvido al primer alcatraz[32] que divisé.
Altas, la nubes, como inocentes testigos presenciales.[33]
Acaso no he olvidado ni mi costa perdida, ni mi lengua ancestral.
Me dejaron aquí y aquí he vivido.
Y porque trabajé como una bestia,

---

[27] scaffold
[28] in colonial times, the palace of the Captain Generals who ruled Cuba in the name of Spain
[29] briny
[30] moss
[31] vortex, whirlpool
[32] gull (sign that land is close)
[33] **testigos...** eyewitnesses

aquí volví a nacer.
A cuánta epopeya mandinga[34] intenté recurrir.

Me rebelé.

Bordé la casaca de Su Merced[35] y un hijo macho le parí.
Mi hijo no tuvo nombre.
Y Su Merced murió a manos de un impecable *lord* inglés.

Anduve.
Esta es la tierra donde padecí bocabajos[36] y azotes.
Bogué a lo largo de todos sus ríos.
Bajo su sol sembré, recolecté y las cosechas no comí.
Por casa tuve un barracón.[37]
Yo misma traje piedras para edificarlo,
pero canté al natural compas[38] de los pájaros nacionales.[39]

Me sublevé.[40]

En esta misma tierra toqué la sangre húmeda
y los huesos podridos de muchos otros,
traídos a ella, o no, igual que yo.
Ya nunca más imaginé el camino a Guinea.[41]
¿Era a Guinea? ¿A Benín?[42] ¿Era a
Madagascar?[43] ¿O a Cabo Verde?[44]
Trabajé mucho más.

Fundé mejor mi canto milenario y mi esperanza.
Aquí construí mi mundo.

Me fui al monte.

Mi real independencia fue el palenque[45]
y cabalgué entre las tropas de Maceo.[46]
Sólo un siglo más tarde,
junto a mis descendientes,
desde una azul montaña,

---

[34] **mandingos: grupo étnico del Africa occidental** (**A...** I went over so many Mandingo epics in my mind)
[35] **Bordé...** I embroidered His Worship's coat
[36] **castigo de azotes que se les daba a los esclavos negros**
[37] slave barracks
[38] **ritmo**
[39] **nativos**
[40] **Me...** I rose up
[41] **nombre dado antiguamente a la parte de Africa comprendida entre el Senegal y el Congo**
[42] **antiguamente, reino de las costas de Guinea**
[43] **gran isla del océano Indico, separada de Africa por el canal de Mozambique**
[44] **archipiélago en el Atlántico, al oeste del Senegal**
[45] free slave fort
[46] **Antonio Maceo (1845–1896), general negro y, como Martí, uno de los héroes de la Independencia cubana**

bajé de la Sierra[47]

para acabar con capitales y usureros,
con generales y burgueses.
Ahora soy: sólo hoy tenemos y creamos.
Nada nos es ajeno.
Nuestra la tierra.
Nuestros el mar y el cielo.
Nuestras la magia y la quimera.
Iguales míos, aquí los veo bailar
alrededor del árbol que plantamos para el comunismo.
Su pródiga madera ya resuena.[48]

de *Poesía joven*

---

[47] **La pelea de las guerrillas comenzó en la Sierra Maestra en 1956.**

[48] resounds

SOBRE LA LECTURA

1. ¿Qué aspectos de la ciudad menciona Morejón en «Amor, ciudad atribuida»?
2. ¿Cómo describe la inspiración poética?
3. ¿Cómo define su papel como poeta?
4. ¿Cuál es el tema de «La noche del Moncada»?
5. ¿Qué incidente terrible recuerda?
6. ¿En qué sentido resuenan aún los disparos de la Revolución?
7. ¿Por qué se siente privilegiada la poeta?
8. ¿Cómo maltrataron a la culebra de «Hablando con una culebra»?
9. ¿Qué maldición le echaron?
10. ¿Qué le recomienda la poeta que haga ahora que vive en un su justo lugar?
11. ¿Con qué imagen poderosa comienza «Negro»? ¿Cómo describe la poeta el cuerpo del negro?
12. ¿Por qué ven algunos negativamente la herencia africana?
13. ¿Comparte la poeta esta opinión? Explique.
14. En «Mujer negra», ¿cómo describe la narradora su travesía del Atlántico? ¿Qué vínculos la unen aún a su tierra natal? ¿Aceptó la situación con resignación?
15. ¿Qué relación tuvo con el noble español? ¿Qué le pasó a él?
16. ¿Qué abusos sufrió a manos de los españoles?
17. ¿Cuándo se le borró la imagen de su tierra natal?
18. ¿Qué papel desempeñó en la creación de un nuevo país independiente y comunista?

HACIA EL ANÁLISIS LITERARIO

1. ¿Qué significa el título de «Amor, ciudad atribuida»?
2. ¿Cómo usa Morejón el folklore africano en este poema?
3. ¿Cómo usa la repetición?
4. Describa la estructura de «Amor, ciudad atribuida»?
5. En «La noche del Moncada», ¿qué logra Morejón por medio de la yuxtaposición de dos momentos históricos?
6. ¿Cómo emplea la historia revolucionaria popular en este poema?
7. ¿Qué metáfora desarrolla en «Hablando con una culebra»? ¿Qué imágenes emplea? Describa el tono de este poema. ¿Cómo nos hace la poetisa sentir su rabia y resentimiento?
8. En «Negro», ¿por qué comienza el poema con una imagen tan chocante?
9. ¿Cuál es su actitud con respecto al «primitivismo» del negro? ¿Cómo evoca el aspecto misterioso de la herencia africana? ¿Qué imágenes emplea para evocar la belleza del hombre africano?
10. ¿Qué representa la protagonista de «Mujer negra»? ¿Se trata de una sola mujer o de varias?
11. Describa la estructura de este poema. ¿Cuál es la función de los versos cortos que la autora intercala («Me rebelé», «Me sublevé», etc.)?
12. ¿Cómo logra Morejón encerrar cuatro siglos de historia en un poema relativamente corto? ¿Cómo sugiere en unas cuantas palabras la partida, la travesía, la explotación y la rebelión?
13. ¿Qué cambios psicológicos describe la poetisa? ¿Cómo describe Morejón la trasformación de la mujer de africana en cubana?
14. Basándose en los poemas que se incluyen aquí, explique por qué se ha llamado a Morejón «la poetisa de la Revolución».
15. Compare la poesía de Morejón con la de Palés Matos con respecto al uso de elementos afrohispanos.

TEXTO Y VIDA

1. ¿Piensa usted que la dedicación de Morejón a la Revolución enriquece o empobrece su poesía? ¿Por qué?
2. ¿Está usted de acuerdo con el punto de vista de ella con respecto a la Revolución?
3. ¿Cómo ha cambiado el mundo comunista—en particular, los países de la Europa oriental—últimamente? ¿Cómo ve usted el futuro del comunismo cubano? ¿En qué sentido es la Revolución un concepto «poético» para Morejón?
4. ¿Cómo ve Morejón la historia del negro en el Nuevo Mundo? ¿Es su concepto aplicable a los Estados Unidos?
5. ¿Qué influencias africanas hay en la música y el arte de los Estados Unidos? ¿Conoce usted a algunos poetas o novelistas afroamericanos? Compare su obra con la de Morejón.

6. ¿Comparte usted el concepto de Morejón de la naturaleza de la poesía y de la función del poeta?

Mario Bencastro: Arte y actualidad

Mario Bencastro (1949–) forma parte de una nueva generación de escritores, quienes, sin abandonar las innovaciones de la *nueva narrativa, se ocupan principalmente de la situación política actual.

Bencastro nació en Ahuachapán, El Salvador. Cuando estaba todavía en la escuela primaria, empezó a pintar bajo la tutela de un maestro que enseñaba a los alumnos dibujo libre una vez por semana en la clase de artesanía. En una ocasión el maestro presentó un dibujo de Bencastro titulado «El pecado original» en un concurso nacional de arte. Para la sorpresa del joven pintor, el cuadro ganó el segundo premio. Después de un tiempo Bencastro empezó a experimentar con las acuarelas y acrílicos y sus cuadros llegaron a ser expuestos en Nicaragua, México, Italia y Estados Unidos. Sin embargo, la pintura no satisfacía su necesidad de expresar sus sentimientos sobre el caos que reinaba en El Salvador.

En una entrevista que le hizo el escritor peruano Gregorio Martínez, Bencastro explica: «El problema era que mi pintura en ese tiempo era de tipo abstracto-geométrico, y me era difícil adaptarla a una realidad político-social. El 15 de julio de 1979 me encontraba en una galería de Washington preparando una exposición de mis pinturas, cuando la radio anunció un golpe de estado en El Salvador. Esa noticia tuvo un profundo impacto en mi arte. Hay que comprender que en tal época, a fines de la década de los 70, en El Salvador se respiraba un ambiente de cambio, de esperanza... Y cuando escuché la noticia del golpe de estado pensé que la historia volvía a repetirse, que los cambios tan esperados no se darían. Entonces me invadieron deseos irresistibles, quizás necesidad, de escribir algo al respecto». Los sentimientos de Bencastro sobre la responsabilidad del artista son uno de los temas de *Disparo en la Catedral* (1990), la novela que resultó de este cambio de orientación. Para el autor, un artista que trabaja en condiciones tumultuosas como las que existían en El Salvador a fines de los años 70 tiene el deber de exponerle al mundo la realidad de su país.

Bencastro empezó a escribir *Disparo en la Catedral* en 1979. Tardó diez años en completar su novela, la cual fue finalista en el Concurso Novedades y Diana de 1989 en México. Bencastro también escribe obras dramáticas, y su pieza *La encrucijada* se ha representado en varios teatros de El Salvador y de los Estados Unidos. También ha escrito cuentos, uno de los cuales, «Historia de payaso», fue traducido al inglés y se incluye en la colección *Where Angels Glide at Dawn,* editada por Lori Carlson y Cintia Ventura (J. B. Lippincott, 1990). En 1991 *Disparo en la Catedral* fue seleccionado para participar en el prestigioso Concurso Internacional Rómulo Gallegos.

Disparo en la Catedral tiene lugar en El Salvador durante los meses que preceden al asesinato del arzobispo Oscar Romero. Retrata la vida diaria en San Salvador durante un período atormentado por el desempleo, el hambre y la violencia. Aunque el libro tiene claras implicaciones políticas, no es una novela de tesis. No impulsa a Bencastro una ideología rígida, sino un deseo de exponer el horror que él y otros salvadoreños experimentaron en aquella época. Por otra parte, *Disparo en la Catedral* es un tributo al espíritu humano. Los personajes de Bencastro se levantan en la mañana, trabajan, se enamoran, crían hijos y van a fiestas a pesar del terror que los rodea.

Aunque nunca aparece como personaje, Romero es un elemento unificador. A lo largo de la novela resuena la voz del arzobispo, cuyas homilías radiales se enfrentan a las políticas criminales del gobierno y le dan al pueblo fortaleza para seguir adelante. Romero se convierte en un símbolo de la esperanza. En lugar de abatir a sus seguidores, su asesinato los une y reanuda su determinación de seguir luchando.

Sobre «El fotógrafo de la muerte»

Como *Disparo en la Catedral,* «El fotógrafo de la muerte» recrea el ambiente de terror de los años 70. Teófilo, el protagonista del relato, es el fotógrafo de la Comisión de Derechos Humanos; su trabajo consiste en fotografiar los cadáveres que se encuentran botados en la calle, en terrenos abiertos o en edificios abandonados. A veces son víctimas de la tortura; a veces los cuerpos han sido mutilados. Teófilo no expone ninguna doctrina política. Fotografía a víctimas de la derecha y de la izquierda, aunque la implicación es que la gran mayoría de los muertos son personas que han sido asesinadas por los cuerpos de seguridad. Sin embargo, Teófilo no predica una ideología, sólo predica la paz.

El efecto del cuento nace de la acumulación de datos y de casos. No se trata de estadísticas frías; cada uno de estos muertos es el hijo de alguien, el hermano de alguien, la mujer de alguien. Los detalles pedestres—un chico tenía una camisa nueva que recibió para su cumpleaños, otro trabajaba en un almacén—convierten a estas víctimas en hombres y mujeres de carne y hueso con quienes el lector puede identificarse. Más patéticos aún son los sobrevivientes—la madre que busca a su hijo, el recién casado que busca enloquecido a su mujer.

Día tras día el fotógrafo de la muerte saca sus fotos, ayuda a identificar cadáveres y trata de calmar a los parientes de las víctimas. A pesar del horror con el cual tiene que enfrentarse, mantiene una aparente actitud estoica y sigue adelante. Teófilo, cuyo nombre significa «el que ama a Dios» termina por convertirse en un símbolo de Cristo. Un hombre que ha dedicado su vida a la humanidad, al final del cuento él también es llamado a sacrificarse.

Sin embargo, el relato ofrece una raya de esperanza. Teófilo no es el verdadero nombre del fotógrafo. Es sólo un pseudónimo. El nuevo fotógrafo que llega a ocupar el puesto posee las mismas cualidades que el antiguo; será el nuevo Teófilo y la lucha seguirá.

La lista de nombres al final es un poderoso recuerdo de que este cuento describe una realidad histórica.

Edición

Bencastro, Mario. *Disparo en la Catedral.* México, D.F.: Diana, 1990

Siglo XX

Crítica

GMP. «*Disparo en la Catedral.*» *El Universal: Suplemento Cultural.* (México, D.F.) 2 feb., 1990: 37

Gómez Miguel, Raúl. «*Disparo en la Catedral,* por Mario Bencastro.» *Excelsior: Revista de Revistas.* (México, D.F.) 18 mayo, 1990: 53

López, Matilde Elena. «Novela sobre monseñor Oscar Romero ganadora: Mario Bencastro ganador finalista en novela en el Certamen Literario Internacional de México.» *Semana* (El Salvador). 2:76 (14 sept. 1989): 34

Martínez, Gregorio. «Entrevista con Mario Bencastro.» *El Diario / La Prensa* (Nueva York). agosto 1990

«Morral de libros: *Disparo en la Catedral,* por Mario Bencastro.» *ABC* (Monterrey, México). 3 mayo, 1990: 50

Mujica, Bárbara. «*Disparo en la Catedral,* por Mario Bencastro.» *Américas.* 42:3 (1990): 62

«Reseña editorial: *Disparo en la Catedral,* por Mario Bencastro.» *Pleno Político* (México, D.F.). mayo 1990: 50

El fotógrafo de la muerte

Mario Bencastro

1

En la Comisión de Derechos Humanos, oficina pequeña con varios estantes repletos de libros, catálogos con fotografías y paredes pobladas de notas, calendarios y mensajes, un empleado se encontraba sentado detrás de un escritorio ocupado en revisar unos documentos. Al advertir que dos hombres entraban apresuradamente a la oficina, abandonó la lectura y se puso de pie para recibirlos. Uno de ellos se adelantó a saludarle extendiendo una mano hacia él.

—Buenos días, estamos supuestos a reunirnos aquí con...

—¿Son ustedes los periodistas? —preguntó el empleado.

—Yo soy el periodista y él es el fotógrafo—dijo uno de ellos.

Los tres se saludaron con cálidos apretones de mano.

—Pues, como le expliqué ayer que hablé con usted—dijo el periodista—, necesitamos datos para una serie de artículos sobre la situación de los derechos humanos en el país...

—Pasen adelante, tomen asiento por favor—rogó el empleado.

—Gracias, muy amable—dijo el fotógrafo secándose la frente sudorosa con un pañuelo—. Dispense que venimos un poco tarde, es que el bus en que veníamos se atrasó, desviaron el tráfico debido a una marcha de protesta...

—No se preocupen, entiendo, hoy en día no se puede estar a tiempo en nada, si no es una cosa es otra.

—Así es, todo es tan inseguro—afirmó el periodista.

—En cuanto a la información que necesitan para los artículos, estoy dispuesto a cooperar en todo lo que quieran—dijo el empleado—, con la única condición de que no mencionen mi nombre, que simplemente me llamen Teófilo.

—De acuerdo, como usted guste—afirmó el fotógrafo.

—Es por razones de seguridad, nada más—dijo Teófilo—. Ustedes comprenden.

—Entendemos perfectamente. No hay ningún problema—dijo el periodista al tiempo que sacaba una libreta y un lápiz y se disponía a tomar nota.

—¿Me permite que tome unas fotografías? —preguntó el fotógrafo.

—Sí, puede tomarle al local, pero no a mí—aclaró Teófilo.

—Entiendo, no se preocupe.

El hombre recorrió la oficina y tomó varias fotos mientras el periodista hablaba con Teófilo.

—Dígame, ¿en qué consiste su trabajo en la Comisión?

—Pues, soy el fotógrafo—contestó Teófilo—. Diariamente recorro sesenta kilómetros a la redonda de la ciudad, en busca de las víctimas de la noche anterior lo cual, le confieso, no requiere mayor esfuerzo porque los muertos abundan...sobre todo últimamente en que el terrorismo urbano ha aumentado. Raramente bajan de siete... Una vez hallé cuarenta y seis.

—¿Cómo los identifica? Es decir, ¿cómo sabe en qué lugar se encuentran los cadáveres?

—La gente los señala con cruces de cartón o con ramas. Me guío por las cruces, por la manada[1] de perros callejeros desenterrando huesos, o por las aves de rapiña[2] volando sobre los cuerpos en descomposición.

—¿Es necesario mover los cuerpos para fotografiarlos?—preguntó el fotógrafo.

—Primero se les toma fotografías en la posición exacta en que son encontrados—contestó Teófilo—, luego por partes, sobre todo cuando han sido torturados... Hay unos que no se pueden fotografiar de cuerpo entero porque están decapitados... A veces sólo se encuentran manos, brazos o piernas...

—¿Qué hacen con los restos? —inquirió el periodista.

—Los transportamos al cementerio más cercano. En ciertas ocasiones se les entierra en el mismo lugar donde son descubiertos, por la falta de espacio en los cementerios.

Una señora, visiblemente perturbada, entró a la oficina. Teófilo y el periodista se pusieron de pie.

—¡Ando buscando a mi hijo! ¡Quién me pudiera ayudar a encontrarlo!

Teófilo fue hacia ella.

—Pase adelante señora, ¿en qué puedo servirle?

—Mi hijo desapareció hace como una semana—dijo desesperada—. He ido a todos los hospitales y a la Cruz Roja, pero nadie me da razón de él. ¡Por favor, ayúdeme!

—Cálmese señora—rogó Teófilo—. Haremos todo lo posible por encontrarlo. Lo primero que tiene que hacer es revisar estas fotografías... Son las más recientes—le entregó un catálogo e indicó una silla—. Siéntese por favor, y revíselas detenidamente.

Teófilo regresó a sentarse detrás del escritorio. El fotógrafo acompañó a la señora hacia la esquina en que estaba la silla indicada por el em-

[1] pack

[2] birds of prey

pleado. Ella tomó asiento y empezó a revisar el catálogo bajo la atenta mirada del fotógrafo que parecía querer ayudarle en su búsqueda.

—¿Cree usted que existe parecido alguno entre las víctimas? —prosiguió el periodista—. Es decir, en la forma que mueren.

—Curiosamente, los muertos se parecen—dijo Teófilo—. Sus caras muestran idénticos gestos[3] postreros,[4] que bien pueden ser de dolor o de desafío... Como si el mismo que murió ayer resucitara hoy con la luz del día y nuevamente volviera a ser ejecutado en la oscuridad... La violencia parece nutrirse de dos bandos: Los que tratan de exterminar la rebeldía, y los que están decididos a no morir, por mucho que les maten...

Sumamente exaltada, la señora se acercó al escritorio señalando una fotografía.

—¡Este es, señor, éste es mi hijo! ¡Mire cómo lo han dejado!

Compasivamente, acostumbrado a aquella escena dolorosa, el joven se incorporó y fue hacia a la señora.

—Cálmese señora —dijo mientras observaba la fotografía detenidamente por unos segundos—. Este cuerpo está en el Cementerio General... Por favor, señora, cálmese. Nosotros la acompañaremos si desea ir a reclamarlo.

—Sí, por favor, se lo voy a agradecer con toda mi alma—dijo ella entre sollozos[5]—. Y voy a comprar como pueda un ataúd[6] para mi hijo, porque hay que enterrarlo como Dios manda.

2

En el cementerio, mientras llegaban los sepultureros, los cuatro esperaban de pie entre las tumbas. La señora se quejaba y Teófilo la consolaba. El periodista se ocupaba en anotar detalles en su pequeña libreta. El fotógrafo examinaba los alrededores y tomaba fotografías. En eso pasó por ahí un hombre que se acercó a ellos y, como si fuera presa de una terrible desesperación, les dijo:

—Me dijeron que en este cementerio habían descubierto el cuerpo de una mujer...

El fotógrafo observó al hombre con curiosidad.

—Es que...mi mujer desapareció hace unos días—dijo, como trastornado[7]—. Ella es joven y bonita... Acabábamos de regresar de nuestra luna de miel... La he buscado por todas partes... No sé si está viva o muerta... ¿La han visto por aquí?

—No, no la hemos visto—dijo el fotógrafo con tono amable—. Pero debería preguntar en la oficina del cementerio, tal vez ahí le puedan ayudar...

—Qué tiempos más extraños—dijo el hombre—. Suceden cosas de cosas[8]... Yo voy por los cementerios buscando a mi mujer pero... con

---

[3] **expresiones de la cara**
[4] **últimos**
[5] sobs
[6] coffin
[7] upset
[8] **cosas... muchas cosas**

cierto miedo de encontrarla... Sí, voy a preguntar en la oficina como usted aconseja.

El hombre se alejó haciendo gestos extraños.

—Tuve que regatear con los sepultureros—dijo Teófilo al periodista—. Querían veinte pesos, pero finalmente aceptaron desenterrar el cuerpo por diez.

—Todo el mundo hace negocio con lo que puede—dijo el periodista.

Los sepultureros finalmente bajaron a una fosa. Se escuchó la voz de uno de ellos:

—¿Cómo andaba vestido el muchacho? ¿Se acuerda de qué color era el pantalón, o la camisa?

La señora dio unos pasos indecisos en dirección de la fosa[9] y, con voz trémula, contestó:

—Pantalones azules...Y la camisa blanca... Ah, la camisa era nuevecita. Yo se la regalé hace dos semanas, cuando cumplió dieciocho años.

—¿De qué tela era el pantalón? —preguntó otro sepulturero.

—No recuerdo muy bien—dijo ella—, tal vez de dacrón...

—¿Tenía rellenos en los dientes?

—No, ninguno. Sus dientes eran pequeños. Finos, bien blancos y rectos...como los del papá... Ah, eso sí, tenía una corona de oro en un diente de enfrente.

—Mire esto —dijo un sepulturero—. Un pedazo de tela blanca... parece parte de una camisa...

La señora se acercó a la fosa.

—Y mire este hueso de quijada[10]—dijo el otro sepulturero—. Tiene una dentadura fina con un diente de corona de oro...

La señora se apartó de la fosa cubriéndose la cara, horrorizada, levantando los brazos al cielo, y gritando:

—¡Ay, Dios mío, por qué has permitido que lo maten como a un perro! —pareciendo que iba a desmayarse.

Teófilo le tomó de un brazo, y dijo:

—Cálmese señora.

—¡Pobrecito! Pobrecito mi hijo—gritó desesperada—. Mejor ya no lo toquen. Déjenlo tranquilo así como está.

La señora se retiró llorando como una criatura,[11] seguida de Teófilo, el periodista y el fotógrafo.

Los sepultureros salieron de la fosa. Uno de ellos traía consigo una botella de aguardiente. Empinó[12] la botella para tomar un largo trago y la pasó al otro para que bebiera.

El hombre desesperado que buscaba a su esposa se acercó a ellos, y preguntó:

—¿No han visto por casualidad a una mujer por aquí?

—A la única mujer que yo he visto aquí es la muerte—dijo un sepulturero con indiferencia.

—Una mujer seca y horrible—afirmó el otro sepulturero.

—Pues, no me cansaré de buscar a mi mujer hasta que la encuentre—dijo el hombre—. Iré por ese lado—y se alejó.

—¿A quién se le ocurre buscar a una persona viva en el cementerio? —dijo un sepulturero.

---

[9] grave
[10] jaw

[11] **niña**
[12] He tipped

—Ese está loco de remate—dijo el otro.

—Seguramente. No hay día de Dios que no se le vea rondando el cementerio.

Un sepulturero se llevó las manos a la nariz, y dijo:

—¡Qué barbaridad! Por más que me lavo las manos con jabón, siempre me queda un fuerte tufo[13] a carne podrida. Echame guaro[14] en las manos, tal vez así se me quita.

—¡Bah, para qué desperdiciarlo![15] —dijo el otro—. ¡El olor a muerto no lo borra ni el guaro más fuerte! —tomó un largo sorbo y le pasó la botella al otro sepulturero.

3

En la oficina de la Comisión de Derechos Humanos, el empleado ordenaba unos documentos sobre el escritorio. En una esquina, una muchacha revisaba una colección de fotografías. Ella se incorporó y fue hacia el empleado.

—Es imposible—dijo con desilusión—. He revisado todos los catálogos y no veo una sola fotografía con cara parecida a la de mi hermano.

—Es que, realmente, es muy difícil reconocerlos—dijo el empleado mirando a la muchacha—. Las fotografías, en general, no permiten distinguir los rostros.

—No se sabe si son hombres o mujeres. Están desfigurados... Parecen monstruos...

—Por otro lado, no se sabe a ciencia cierta[16] si su hermano ha muerto. Es posible que aún este vivo.

—Posiblemente, pero lo dudo —dijo ella—. Ya tiene seis meses de desaparecido...

—Sí, tiene razón, es bastante tiempo. ¿Y qué hacía su hermano?

—Trabajaba de día en un almacén, y de noche estudiaba en la universidad. Ya estaba en el último año para graduarse de ingeniería civil... Se sacrificaba mucho para estudiar.

—Es la única manera de salir adelante cuando se es pobre.

—Mi hermano era muy inteligente... Todos teníamos fe en que llegaría a ser un gran hombre.

—Quién sabe, acaso aparezca...

—Desapareció sin saber que su esposa estaba embarazada... Pronto dará a luz.[17]

—Ese niño es la esperanza del futuro.

En ese momento entró a la oficina el periodista, con varios periódicos bajo el brazo.

—Buenas tardes.

—Buenas tardes—dijo el empleado—. ¿En qué puedo servirle?

—¿Podría hablar con Teófilo, por favor? Soy periodista, estamos trabajando en una serie de artículos—ofreció un periódico al empleado—. Quiero mostrarle el primero que ha sido publicado, y adquirir información para el siguiente artículo de la serie.

—¿Teófilo? —preguntó el empleado.

—Sí, Teófilo, el fotógrafo de la

---

[13] **olor**
[14] rum
[15] waste it
[16] **a...** for sure
[17] **dará...** she'll give birth

Comisión—insistió el periodista.

—Teófilo desapareció hace como cinco días—dijo el empleado—. Ha muerto.

—¿Teófilo, muerto? ¡No puede ser! —dijo el periodista sorprendido.

—Sí. Justo ayer encontramos su cadáver.

El empleado fue a sacar una fotografía de una gaveta[18] y la entregó al periodista. Este, al observarla, no pudo contener una lágrima, buscó asiento en una silla y, por un momento, estuvo en silencio, con la cabeza inclinada sobre el pecho y la mirada suspendida en el oscuro piso de la oficina.

—La Comisión sufre en carne propia los mismos abusos que trata de denunciar—dijo el empleado.

—¡No puede ser que esta horrenda imagen represente la realidad! ¡No puede ser! —dijo el periodista incorporándose, apretando la fotografía contra su pecho, luego señalándola—. Si solamente hace unos días vi esa cara llena de vida, dinámica, sonriente. ¡No puede ser!

El empleado se acercó al periodista con la intención de calmarlo, y dijo:

—¿En qué puedo servirle amigo? Soy el nuevo fotógrafo. Estoy a sus órdenes.

El periodista le miró enigmáticamente, y dijo:

—Es curioso amigo, pero sus palabras tienen el mismo tono de voz, cálido y tranquilo, de Teófilo, ¿sabe? —dirigiéndose a la muchacha y señalando al empleado—. Las facciones de su cara demuestran tenacidad, y la mirada, como la de Teófilo, es clara e imperturbable... Características acaso necesarias para desempeñar el cargo de fotografiar la muerte, y estar dispuesto a correr el grave riesgo de ser atrapado por ella...

El periodista abandonó la oficina. El empleado sacó unos papeles de un fichero,[19] tomó asiento detrás del escritorio y se dedicó a leerlos. La muchacha continuó la búsqueda del hermano entre el grueso catálogo de fotografías.

A la memoria de
María Magdalena Enríquez,
José Valladares Pérez,
Marianella García Villas,
Herbert Anaya,
Segundo Montes.
(1980–1990)

---

[18] **cajón**

[19] file

SOBRE LA LECTURA

1. ¿En qué país tiene lugar la acción? ¿Quiénes son los dos hombres que entran en la oficina de la Comisión de Derechos Humanos? ¿Qué hacen allí?
2. ¿Por qué han llegado tarde? ¿Qué indica esto acerca de la situación del país?
3. ¿Qué pseudónimo usa el empleado de la Comisión? ¿Por qué no puede usar su verdadero nombre?
4. ¿Qué profesión tiene Teófilo? ¿En qué consiste su trabajo en la Comisión?

5. ¿A quién busca la señora que llega a la oficina? ¿Qué tipo de catálogo le dan? ¿Encuentra una foto de su hijo? ¿Adónde van entonces?
6. ¿Quién es el hombre que se acerca al grupo?
7. Describa a los sepultureros. ¿Cómo se aprovechan de la situación?
8. ¿Cómo reacciona la señora cuando se encuentra el cuerpo de su hijo?
9. ¿Sobre quién busca información la muchacha que revisa la colección de fotos en la oficina de la Comisión? ¿Qué dice acerca de su hermano?
10. ¿Con quién pide hablar el periodista? ¿Por qué?
11. ¿Qué le ha pasado a Teófilo? ¿Cómo reacciona el periodista al enterarse de esta noticia?
12. ¿Qué dice acerca del nuevo fotógrafo?

HACIA EL ANÁLISIS LITERARIO

1. ¿Cómo imbuye el autor su cuento de un sentido de realismo?
2. ¿Qué efecto produce la acumulación de ejemplos de desaparecidos?
3. ¿Cómo logra el autor que estos ejemplos no se conviertan en estadísticas frías?
4. Compare la actitud de Teófilo con la de los sepultureros. ¿Qué revelan las dos actitudes sobre la situación en El Salvador durante los años setenta?
5. ¿Cuál es la importancia del pseudónimo del fotógrafo? ¿Por qué es importante el hecho de que sea un pseudónimo y no su verdadero nombre?
6. En la última escena del cuento, ¿cómo crea el autor la impresión de que la lucha seguirá? ¿Cómo crea la impresión de que los problemas también seguirán?
7. ¿Por qué incluye una lista de nombres al fin de su cuento?

TEXTO Y VIDA

1. ¿Qué sabe usted de la situación actual de El Salvador? ¿de otros países de Centroamérica?
2. ¿Cree usted que la Comisión de Derechos Humanos desempeña un papel importante en Latinoamérica? Explique.
3. ¿En qué sentido puede revelar un cuento más que un artículo periodístico sobre la realidad política de un país?
4. ¿Toma el autor una posición política en este cuento? Explique.
5. ¿Qué parte de este cuento lo/la emocionó más? ¿Por qué?
6. ¿Cree usted que una obra literaria puede contribuir a la solución de problemas políticos?

Vocabulario

The following vocabulary contains words and phrases found in the literary selections, introductions, notes, and exercises, with the exception of most cognates.

A

a: a escondidas secretly; **a la deriva** adrift; **a la vez** at the same time; **a lo largo** along, through, throughout; **a mediados** in the middle; **a menudo** often; **a modo de** like; **a partir de** starting from (on); **a pesar de** despite; **a pie** on foot; **a propósito** by the way; **a sí mismo** (to) oneself; **a través de** across, over, through
abajo down, below
abalanzarse to spring forward, pounce upon
abanicarse to fan oneself
abanico fan
abarcar to include, comprise
abatimiento demolition; depression
abatir to demolish, knock down; to depress
abecedario alphabet
abeja bee
abierto open
abismo abyss
ablandar to soften
abogado lawyer
abogar to plead, defend, advocate
abolir to abolish
aborigen ***m / f*** aborigine; ***adj*** aboriginal
aborrecer to hate
abortar to abort; to have a miscarriage
abrasar to burn, parch
abrazar to hug, embrace
abrigar to shelter, protect; to keep warm
abrigo coat; shelter
abrir to open
abrumar to overwhelm, crush; to oppress
absolver to absolve; to acquit
abstener(se) to abstain
abuela grandmother
abuelo grandfather; ***pl*** grandparents
abulia lack of will power
abundar to abound, be plentiful
aburrimiento boredom
aburrir to bore; **-se** to get bored
acabamiento end, completion
acabar to finish, end; **-se** to come to an end; to run out
acaecer to happen; to befall
acallar to silence, quiet
acampar to camp
acariciar to caress; to pat, stroke
acaso ***adv*** perhaps; by chance; ***n m*** chance, coincidence
acatamiento respect; awe
acato respect; awe
acceder to accede, agree
acceso access; attack, onset
accidente ***m*** accident, feature; ***pl*** unevenness; roughness
aceite ***m*** oil
acequia irrigation ditch; stream
acerbo sharp, bitter; harsh
acerca de about, concerning
acercar to bring closer; **-se** to approach
acero steel
acierto success; good shot; skill
aclarar to clarify; to rinse
aclimatizar(se) to acclimatize, acclimate
acoger to welcome; to take in; **-se** to take refuge
acólito acolyte; altar boy
acomodar to accommodate; to adapt, adjust
acompañar to accompany
acondicionar to arrange, prepare
aconsejar to advise

acontecer to happen, occur
acontecimiento event, happening
acordarse to agree; **-de** to remember
acorralar to round up, corral
acosar to pursue; to hound, harass
acostar to put to bed; **-se** to go to bed
acostumbrar(se) to accustom, get used to
acreditar to do credit to; to authorize
actual current, present
actualidad *f* present time; ***pl*** news
actualmente currently, at the present time
actuar to work, operate; to act
acuarela watercolor
acudir to come, present oneself; to turn (to)
acuerdo agreement, pact
acuoso watery; juicy
acurrucarse to crouch; to huddle up
achacoso sickly
achinado having Indian or Chinese features
achurar to gut (an animal); to kill, wound
Adán Adam
adelantar(se) to advance, move forward (ahead)
adelante forward; **en** - from now on; **más** - later
adelanto advancement; progress
ademán ***m*** gesture, motion
además besides, in addition
adentro inside
adiestrar to train
adinerado wealthy
adivinar to guess, foretell
administrador -a administrator, foreman
administrar to administer; to manage
admirar to admire; to astonish
admitir to admit
adobar to prepare, dress
adobe ***m*** adobe; sun-dried brick
adorar to adore, worship
adoratorio temple
adormecido sleepy; asleep
adquirir to acquire
adular to flatter
adulón -ona fawning
advenimiento advent, arrival
adversario adversary, opponent
advertencia warning; preface (of a book)
advertir to warn; to notice, observe
afable affable, good-natured
afamar to make famous; **-se** to become famous
afán desire; zeal; hard work
afectuoso affectionate
afeitar(se) to shave
afeminado effeminate
afición *f* fondness
aficionar to make someone like something; **-se** to grow fond of
afiebrar to burn (with fever)
afilado sharp
afinidad *f* affinity; similarity
afligir to afflict; **-se** to grieve
aflojar to slacken, loosen
afrenta affront, insult
afro-antillano Afro-West Indian
afuera outside
afueras ***pl*** outskirts, suburbs
agacharse to crouch, get down
agarrar to grab, seize; to catch
agasajo kindness; good treatment
ágata agate
agitar(se) to wave, shake
agobiado overwhelmed, burdened
agotar to use up, exhaust, deplete
agradar to please
agradecer to thank; to be grateful for
agradecimiento gratitude, appreciation
agrandar to enlarge, make bigger; **-se** to get bigger, grow
agrario agrarian; relating to farming
agravar to weigh down; to aggravate
agregado aggregate; attaché
agregar to add (to); to gather, collect
agricultor -a farmer
agrio bitter, sour

agrupamiento grouping, gathering
agrupar to group together; to assemble, gather
agua water
aguacero rainstorm, shower
aguantar to bear, endure, stand
aguardar to wait for, expect
aguardiente ***m*** brandy
agudeza sharpness; acuteness
agudo sharp, acute
agüero omen, sign
águila eagle
aguja needle
agujero hole
ahijado -a godchild
ahogar(se) to drown, suffocate
ahora now
ahorcar to hang
ahorrar to save
ahuyentar to drive away; to dispel
airado angry; wild, violent
aislamiento isolation
aislar to isolate
ajeno foreign, alien; outside
ajo garlic
ajustar to adjust; to fasten
ajusticiar to execute
ala wing; brim (of a hat)
alabanza praise
alabar to praise; **-se** to boast
alabastro alabaster
alambrar to wire
alambre ***m*** wire
alarde ***m*** show, display
alargar to lengthen, prolong, extend; **-se** to get longer
alarido shriek, yell
alarmar to alarm; to alert
alba dawn, daybreak
albañil ***m*** mason; bricklayer
albedrío will
albergar to shelter, lodge
albergue ***m*** shelter, lodging
alborotar to disturb, agitate; to incite
alboroto disturbance, racket; riot
alcalde ***m*** mayor
alcanzar to reach; to catch (up)
alcoba bedroom
alcurnia ancestry, lineage
aldea village
alegar to allege
alegrar to make happy; **-se** to be happy
alegre happy
alegría happiness
alejar(se) to remove, move away
alemán -ana German
Alemania Germany
alentar to encourage, cheer; to bolster
alerta alert
aleve treacherous
alfarería pottery; pottery shop
alfombra carpet, rug
alga seaweed, alga; ***pl*** algae
algazara din, uproar
algodón ***m*** cotton
alhajado wealthy
alianza alliance
aliarse to ally (with)
aliento breath, respiration; courage, spirit
alimentar(se) to feed, nourish (oneself)
alinear to align
alistarse to enlist, join
aliviar to relieve, ease; to lighten
alivio relief, alleviation
alma soul
almacén ***m*** warehouse; store
almanaque ***m*** almanac
almendra almond
almidón ***m*** starch
almirante ***m*** admiral
almohada pillow
almuerzo lunch
alojar to lodge, accommodate, house
alquiler ***m*** rent
alrededor around
altanero haughty, disdainful
alterar to alter, change
altercado ***f*** altercation, argument
alternar to alternate, take turns
altivo haughty, arrogant
alto tall

altura height; altitude
alucinar to hallucinate, delude
alumbrar to illuminate, light (up)
alumbre ***m*** alum
alumno pupil, student
alzar to lift, raise, hoist
allá (over) there
allanar to flatten, level out; to smooth
amado dear, beloved
amanecer to dawn; start the day
amansar to tame, subdue
amante ***m / f*** lover
amanuense amanuensis; scribe
amar to love
amargado bitter, embittered
amargo bitter, tart
amarillento yellowish; pale, sallow
amarillo yellow
amarrar to fasten; to moor, tie up
amasar to knead; to prepare, concoct
amasijo kneading; mixture, mash
amauta ***m*** wise man
amazona amazon; horsewoman
Amazonas ***m*** Amazon
ambiente ***m*** atmosphere, environment; surroundings
ámbito compass, ambit; limit, boundary
ambos both
amenaza threat
amenazador threatening, menacing
amenazar to threaten
amigo friend
aminorar(se) to lessen, diminish; to reduce
amistad ***f*** friendship
amistoso friendly
amnistía amnesty
amolar to grind, sharpen
amoldar to mold, fashion
amonestación ***f*** warning, advice
amontonar to pile (up); to gather, accumulate
amor ***m*** love
amordazar to gag; to muzzle
amoroso loving, affectionate
amparar to protect, shelter, help
amparo help, protection; refuge, shelter
ampliar to enlarge, extend; to expand
amplio spacious; extensive
amueblado furnished
analfabeto illiterate
anca haunch; rump
anciano old, aged; ***n m*** old man
ancla anchor
ancho wide, broad
anchura width, breadth
andaluz -a Andalusian
andar to go, walk; to work, run
andén ***m*** platform
andino Andean
angosto narrow
ángulo angle
anguloso angular, sharp; tortuous
anhelante eager; longing, yearning
anhelo eagerness; longing, yearning
anillo ring
ánima soul
animar to animate; to enliven; to encourage, cheer up
aniquilar to annihilate, wipe out
anochecer to get dark
anonimato anonymity
anotar to note (down); to annotate
ansia anxiety, worry; yearning
ansiedad ***f*** anxiety, worry; suspense
ansioso anxious, uneasy
antaño last year; formerly
ante before; in the presence of
anteceder to precede
anteojo eyeglass
antepasado ***adj*** previous; ***n*** ancestor
antes (de) before
anticuado antiquated; out-of-date
antigualla antique; relic
antiguo ancient, old; former
antillano of the Antilles, West Indian
antinomía antinomy
antipatía antipathy; dislike
antiperonista ***m / f*** against the government of Perón
antojadizo capricious; unpredictable
antorcha torch

anular to annul, cancel; to repeal
anunciar to announce; to advertise
anuncio announcement; advertisement
añadir to add
añejo old; stale; mellow (wine)
año year
añorar to long for; to grieve
añoso aged
apaciguar to pacify, appease
apagar to put out; to turn off
aparato apparatus; device; appliance
aparecer to appear, show up
aparejar to prepare; to saddle, harness
aparentar to feign; to look, seem
aparente apparent, seeming
apartamiento separation; withdrawal; seclusion
apartar(se) to separate, part, take away
apasionado passionate; fervent
apearse to dismount, get down
apedrear to stone
apegado a attached to; fond of
apego attachment, devotion; fondness
apelación *f* appeal; name
apellido last name
apenado grieved; distressed
apenas hardly, scarcely
apéndice *m* appendix
apercibir to prepare; to furnish; to advise
apetecerle a uno to appeal to, attract one
apetitoso appetizing
apiadarse to take pity
aplacar to placate, appease
aplanchado ironed
aplastar to flatten, squash, crush
aplicar to apply; to attribute; to devote (to)
apocamiento timidity; spinelessness, diminishing
apoderarse to seize, take possession
apodo nickname
apogeo apogee; peak, summit
apolillar to become moth ridden
apoplejía apoplexy, stroke
aportar to bring, contribute; to reach port
aposentar to lodge
aposento lodging; room
apostar to bet
apostasía apostasy
apóstol *m* apostle
apoyar to support; **-se** to rest, lean (on)
apoyo support
apozado forming a pool
apreciar to appreciate; to esteem, value; to assess
apremio urgency; pressure
aprender to learn
apresar to seize, grab; to capture
aprestarse to get ready
apresurar(se) to hurry
apretar to tighten; to squeeze; to press
apretón *m* squeeze; crush
aprisa hurriedly
aprobar to approve; to pass
apropiado appropriate
aprovechar to make the most of; to exploit; **-se** to take advantage of
aproximadamente approximately
aproximar to bring closer; **-se** to approach, come closer
apuesto nice-looking; elegant
apuntar to point (at, to); to aim; to take notes
apunte *m* note; cue
apurarse to hurry; to worry
apuro hardship; **pasar -s** to suffer hardships
aquí here
arado plow
arana trick, swindle
araña spider; chandelier
araucano Araucanian
árbitro arbiter; referee
árbol *m* tree
arboleda grove
arbusto shrub, bush
arca chest, box; ark

arcilloso of or full of clay
arco arch
arco iris rainbow
archipiélago archipelago
arder to burn
ardiente burning; fervent
arduo arduous; hard
arena sand; arena
arenal sandy area
arenga harangue
arete ***m*** earring
argentería silver filigree; silver
argüir to argue, contend
argumento argument; plot
árido arid, dry
arisco temperamental; unsociable, unapproachable
arista beard, edge
arma weapon, arm
armada navy, armada; fleet
armadura armor
armar to arm; to cause, stir up
armonía harmony
arnés ***m*** harness, armor
arpa harp
arrabal ***m*** suburb; slum
arraigar to establish; **-se** to take root
arrancar to pull up, tear out; to extract; to start
arrastrar to drag
arrebatar to snatch, wrest (from); to captivate
arrebato fury; rapture
arrebol ***m*** rouge; red glow
arreglar to arrange; to fix; to tidy up
arremeter to attack; to rush forth
arremolinarse to crowd around; to swirl
arrendamiento rental; lease
arrepentirse to repent
arrestar to arrest; to stop
arriba above; up, upstairs
arribar to arrive; to reach
arriero muleteer
arriesgar to risk; to endanger; **-se** to risk, take a risk
arrimar to bring close; to put away, stow; **-se** to go near; to seek shelter
arrodillarse to kneel
arrojar to hurl, throw
arrollador sweeping; overwhelming
arroyada stream bed; gully
arroyuelo brook
arruga wrinkle
arruinar to ruin, destroy
arrullo cooing
artesanía craftsmanship
artificio art, craft, skill
artificioso artistic, skillful
arzobispo archbishop
asaltar to attack, assault
asar to roast
ascendiente ***m / f*** ancestor; ***m*** influence, power; ***adj*** ascending
ascenso promotion
ascensor ***m*** elevator
ascitis ***f*** swelling of the abdomen
asco disgust
asegurar to secure; to assure; **-se** to make oneself secure; to make sure
asentar to place; to seat; to found; to settle; **-se** to sink, settle
aserrador ***m*** saw
asesinar to assassinate, murder
asesinato murder; assassination
asesino assassin
así thus, so
asiduo frequent; persistent
asiento seat
asno donkey, ass
asolearse to bask in the sun
asomar to show; to stick out
asombrar to amaze
asombro amazement
aspa cross-shaped figure
aspaviento exaggerated display of feeling
áspero rough
aspirar to inhale; to aspire (to something)
asta spear; pole; horn

astro star; heavenly body
astucia cleverness
astuto astute, clever
asunto matter, subject; affair, business
atadura rope; knot
atajar to intercept; to stop
atar to tie, tie up
atardecer ***m*** dusk; ***v*** to get dark
ataviar to deck out, adorn; **-se** to dress up
ateísmo atheism
atemorizado frightened
atender to attend to, pay attention to
atentado assault; attempt
atento attentive; polite
ateo atheist
aterido numb, stiff with cold
aterrar to pull down; to demolish; to cover with earth
atesorar to store up; to accumulate
atónito amazed, astounded
atormentar to torment; to harass
atraer to attract, lure
atrancar to bolt; to clog
atrapar to trap, catch
atrás behind
atrasarse to be behind; to stay back; to be late
atravesar to cross
atreverse to dare
atrevido bold, daring; insolent
atrevimiento boldness; audacity
atribuido revindicated
atrio atrium; inner courtyard
atronar to deafen; to stun
atropellar to run over; to trample
atroz atrocious
aturdir to stun; to deafen
audacia audacity, boldness
audaz bold
auditorio audience; auditorium
augusto venerable
aula classroom
aullar to howl
aullido howl
aumentar to increase
aun even
aún still, yet
aunque although
aurora dawn
ausencia absence
austero austere
auténtico authentic; real
autóctono autochthonous, original, native
autodefensa self-defense
autodestrucción self-destruction
autodidacta self-taught
autor -a author; creator
autoría authorship
auxiliar ***m*** assistant; ***adj*** auxiliary
avanzar to advance; to promote
avaricia avarice, greed
ávaro miserly
ave ***f*** bird
avenir to reconcile; to bring together
aventajarse to get ahead; to beat
aventura adventure; love affair
aventurar to venture; to risk
avergonzarse to be ashamed; to be embarrassed
averiguar to find out; to discover; to investigate
avidez ***f*** eagerness; greed
ávido eager; greedy
avisar to inform, notify
aviso notice; information; advice
avivar to brighten; to intensify; to stimulate
ayllu ***m*** lineage; family; tribe; Indian village
ayuda help
ayudar to help
ayunar to fast
ayuno fasting
azadón ***m*** large hoe; mattock
azor ***m*** goshawk
azorar to alarm; to disturb; to embarrass
azotar to whip, beat
azote ***m*** whip, lash
azotea terrace roof
azúcar ***m*** / ***f*** sugar

azucena lily
azufre ***m*** sulphur; brimstone
azul blue
azuzar to urge on; to irritate

B

baba saliva; mucus
bacalao cod
bachiller -a student with a baccalaureate degree; ***f*** cunning woman
bachillerato secondary school; baccalaureate; bachelor's degree
bailar to dance
bailarín -ina dancer
baile ***m*** dance
bajar to lower, bring down; to get off, go down
bajo short; low; ***adv*** down, below; ***prep*** under, underneath
balancear to balance; **-se** to hesitate
balaústre ***m*** banister
balbucear to stutter
balcón ***m*** balcony; railing
balde ***m*** bucket, pail; **en** - in vain
bálsamo balsam; balm
ballena whale
ballesta crossbow
bananero banana tree; pertaining to the banana industry
banano banana; banana tree
banco bank; bench; school (of fish)
banda band, strip; ribbon; gang; band
bandeja tray
bandera flag
bandido bandit, outlaw
bandolero bandit, highwayman
banqueta stool; low bench
banquete ***m*** banquet
bañar(se) to bathe
bañera bathtub
baquiano guide; local expert
barajar to shuffle; to mix up; to quarrel
barandal ***m*** railing
barba beard; chin
barbado bearded
barbarie ***f*** barbarism; savagery
bárbaro barbarian; tremendous; rude; fantastic
barbilla tip of the chin
barca small boat
barco boat, ship
barniz ***m*** varnish, nail polish
barómetro barometer
barra bar; rail
barraca hut, cabin; booth, stall; barracks
barranca ravine
barrer to sweep
barrera barrier; rail; barricade
barretero mineworker
barriada quarter, district, slum
barriga belly; guts
barrio neighborhood; quarter, district
barro mud; clay; mug
barroco Baroque; complicated, extravagant
barrote ***m*** thick bar
basalto basalt
basarse to be based; to rest
base ***f*** base; mounting
bastante enough, sufficient
bastar to be enough; to suffice
bastimento supply; vessel
basto raw; uncut (gem)
bastón ***m*** cane; walking stick
bastonazo beating; caning
basura trash; rubbish
batahola din
batalla battle
batallar to battle, fight
batir to beat; to pound
baúl ***m*** trunk; wardrobe
bautismo baptism
bautizar to baptize
bautizo baptism
bayeta baize; cleaning rag
beato happy; blessed; devout
beber to drink
bebida drink
beca scholarship; award; sash; hood
belicoso bellicose; warlike; aggressive
bellaco wicked; cunning

belleza beauty
bendecir to bless
bendición *f* blessing
bendito blessed; happy; lucky; *n* saint
beneficio benefit; profit
benignidad *f* kindness; graciousness
bermellón *m* vermilion
besar to kiss
beso kiss
bestia beast; animal; idiot; brute
bestialidad *f* bestiality; stupidity
bestiario bestiary, list of animals
biblia bible
biblioteca library
bien *m* good; welfare; *adv* well
bienes *m pl* goods; property; riches
biehechor -a benefactor
bienvenido welcome
bife *m* steak; beef
bifurcarse to fork; to diverge
billar *m* billiards; billiard room, table
bisabuelo great-grandfather; **-a** great-grandmother
bizcocho spongecake; biscuit; sandwich
blando smooth; gentle
blanquear to whiten
blasón *m* coat of arms; heraldry; honor
blasonar to emblazon; to praise; to brag
blusa blouse; jumper; overalls; smock
boca mouth; opening
bocado mouthful; morsel; bite; - **de Adán** Adam's apple
boda wedding
bodega wine cellar; pantry
bofetada slap in the face; punch
boga vogue; fashion; popularity
bogar to row; to sail
bol *m* bowl
bola ball; marble
bolazo silly remark; nonsense; false news
boleadoras lasso with balls
boleto ticket
bolígrafo ballpoint pen
bolsillo pocket; purse, money bag
bolsón *m* purse
bombardear to bombard
bombero fireman
bombilla light bulb
bombillo bulb
bombón *m* candy; chocolate
bonachón good-natured; simple, naive
bonaerense native of Buenos Aires
bondad *f* goodness; kindness
borbollar to bubble, boil up
borbotón *m* bubbling; boiling; gushing
bordar to embroider
borde *m* edge; side
bordear to go along; to border
borrachera drunkenness; drinking binge
borracho drunk; intoxicated
borrar to erase; to wipe out
borrica she-donkey; stupid woman
bosque *m* forest
bostezar to yawn
bota boot; leather wine bottle; large barrel
botar to throw; to launch
bote *m* blow; can, tin; boat
botella bottle
boticario chemist; druggist
botín *m* loot
botón *m* button
bóveda vault; dome; cave
boxeador *m* boxer
bramar to roar, howl
bramido howling; howl
bravo tough; angry; ferocious; *n* thug
brazalete *m* bracelet; armband
brazo arm
brea tar
brebaje *m* potion; concoction
breñal *m* rough ground
brillante brilliant; *m* diamond
brillar to shine; to sparkle
brillo brilliance; brightness; splendor
brincar to jump up and down; to skip
brinco jump; leap
brindar to offer; to toast
brindis *m* toast
brío spirit; determination; elegance

brisa breeze
brochazo brush stroke
broma joke; hoax
brotar to bring forth; to sprout; to flow
brujería witchcraft; magic
brujo sorcerer; magician; medicine man; **-a** witch
brújula compass
brusco sudden; sharp; violent; abrupt
brutal brutal; beastly; terrific
brutalidad *f* brutality; stupidity
bruto brute; bestial; stupid, ignorant
bueno *adj* good; *interj* okay
buey *m* ox
bufanda scarf
bufón, -ona funny, comical; clownish; *n m* clown, buffoon
búho owl; hermit
buitre *m* vulture
bullicio uproar; bustling movement; confusion
bullir to move about; to boil; to swarm
buque *m* ship; capacity, tonnage; hull
burbuja bubble
burbujeo bubbling
burgués -esa *adj* middle class; bourgeois; *n* townsman, townswoman
burguesía middle class, bourgeoisie
burla taunt; mockery; joke; hoax
burlarse to joke; to scoff; – **de** to make fun of
burlesco funny; comic; burlesque
burlón -ona mocking; teasing
burro donkey
busca search; pursuit
buscar to look for; to seek; to ask for
búsqueda search

C

cabalgar to ride
cabalgata ride; cavalcade
caballería mount; cavalry; chivalry, knighthood
caballero rider, horseman; gentleman; knight
caballo horse
cabaña cabin; hut, shack
cabello hair
caber to fit
cabeza head
cabizbajo dejected, downcast
cabra goat
cacao cacao; chocolate
cacique *m* chief; local ruler; despot, tyrant
caciquismo despotism
cacto cactus
cacho piece (of bread, candy)
cachorro puppy; cub; pup
cada each
cadena chain; bond
cadera hip
caduco senile; decrepit; fleeting; out of date
caer(se) to fall
café *m* coffee; cafe
cafetera coffee pot
caja box; chest; coffin
calabaza pumpkin; calabash
calavera skull
calcetín *m* sock
cálculo calculation; estimate
caldo broth; bouillon; gravy
calendario calendar
calentar to heat, make warm
calidad *f* quality; rank, position
cálido warm
calificar to qualify; to describe; to grade; to assess; **-se** to register
calmante soothing; *n m* sedative, tranquilizer
calmar to soothe, calm
calor *m* heat
caluroso warm
calza wedge; *pl* stockings; breeches
calzada roadway; sidewalk
calzado *adj* wearing shoes; *n* footwear
calzar(se) to wear shoes, put on shoes
calzón *m* trousers; breeches; shorts; bathing trunks
calzoncillo underpants; shorts, briefs

callar to quiet; **-se** to be quiet
calle *f* street
callejero ***adj*** street; fond of wandering around
callejón ***m*** alley
cama bed
cámara room, hall; royal chamber
camarada ***m / f*** comrade; companion; chum
camastro old bed
cambiar to change
cambio change
caminante ***m / f*** traveler; walker
caminar to walk; to travel
caminata long walk; hike
camino road; way
camisa shirt
camisón ***m*** nightgown
campamento camp
campana bell
campaña campaign; countryside; expedition
campeón -ona champion
campesino -a peasant
campestre rural, of the country
campo country, countryside; field
camposanto cemetery; churchyard
canal ***m*** channel; waterway, canal
canalla mob; riffraff; swine
canario canary; yellow
canasta basket; hamper
cancha field; playing court; popcorn; toasted beans
candelabro candelabra; candlestick
candelero candlestick; oil lamp
candente red hot; glowing
cándido candid; simple; innocent
candor ***m*** innocence; candidness; simplicity
canoa canoe
cansar to tire; **-se** to get tired
cantar to sing
cantidad *f* quantity, amount
canto chanting, singing; song, chant; stone
cantor -a ***adj*** singing; ***n*** singer, songstress
caña reed; cane; sugarcane; rum
cañazo caning
cañón ***m*** tube, pipe; gun, cannon
cañuto small tube; small container
caos ***m*** chaos
capa cloak, cape
capataz ***m*** foreman
capaz capable, able
capeador ***m*** bullfighter who uses a cape
capilla chapel
capitanear to captain, lead
capítulo chapter
capota bonnet, hood
capote ***m*** long cloak; bullfighter's cloak
capricho whim; caprice
caprichoso capricious
captar to captivate; to attract
cara face
caracol ***m*** snail; curl
caracolear to prance about
caramba (interj.) well; good gracious
caramelo sweet; toffee; candy
carancho owl; vulture
carbón ***m*** coal; charcoal
carcajada guffaw, peal of laughter
cárcel *f* jail
carcelario prison, jail
carcomido worm-eaten; rotten
cardo thistle
carecer to be lacking
carestía scarcity; shortage; famine
careta mask
cargar to load; to weigh down; to bear
cargo load
caribeño Caribbean
caricia caress
caridad *f* charity
cariño affection
cariñoso affectionate
caritativo charitable
carmín ***m*** carmine; rouge
carne *f* meat
carnero sheep; ram
caro expensive, dear; beloved
carpintero carpenter
carrera race; chase; career, profession; studies

carreta wagon
carretilla truck; trolley
carruaje ***m*** carriage; vehicle
carta letter; document; map; playing card; menu
cartelera billboard
cartera wallet; portfolio
cartón ***m*** cardboard
casa house, home
casaca dresscoat
casarse to get married
cascada waterfall; cascade
cáscara shell; peel, rind
casco helmet; old part of a city
caserío country house; settlement
casero domestic; homebody
casi almost
castaño chestnut; brown; chestnut tree
castellano Castilian, Spanish; Spaniard
castidad ***f*** chastity, purity
castigar to punish
castigo punishment; affliction
castizo pure, correct; pure-blooded
casto chaste, pure
castrar to castrate
catarata waterfall; cataract
catecismo catechism
cátedra professorship; senior teaching post; subject; lecture room; group of students
caucho rubber
caudal ***m*** flow; abundance, wealth
caudillo head of state; tyrant
causa cause; reason; lawsuit
cautela cautiousness
cautivo captive
cavar to dig
cavilación ***f*** deep thought; suspicion
cavilar to ponder
caza hunt; game (animal)
cazador -a hunter
cebo food; bait
cebolla onion
ceder to cede, give up; to yield; to decline
cegar to blind
ceguera blindness
ceiba tropical tree, ceiba
ceja eyebrow
celda cell
celebrar to celebrate
célebre famous
celeste heavenly; sky blue
celestial heavenly, divine
celo zeal; rut; ***pl*** jealousy
celosía lattice; shutter; jealousy
celoso jealous; zealous; punctual
célula cell
cementerio cemetery
cena supper, evening meal
cenagoso muddy
cenar to eat supper
ceniza ash
censo census; tax; electoral roll
censor ***m*** censor; proctor; auditor; critic
censura censorship
centavo cent
centella spark; flash of lightning
centenar by the hundred; hundred
centenario centenary
centinela guard, sentinel
centro center; downtown; goal
ceñudo frowning; grim
cera wax
cerca ***n*** fence
cerca (de) near, close
cercano near, nearby
cercén a close to the root; entirely
cerco enclosure; rim; halo; social group
cerdo pig
cerebro brain
cereza cherry
cerezo cherry tree
cerrar to close
cerro hill; backbone
certamen ***m*** competition, contest
certeza certainty
certidumbre ***f*** certainty
certificar to certify
cerveza beer
cesar to cease, stop; to quit
césped ***m*** lawn; turf
cesta basket
cicatriz ***f*** scar

cíclico cyclical
cíclope ***m*** Cyclops
ciego blind
cielo sky
ciencia science
científico scientific; ***n m*** scientist
cierto certain, sure
cierzo north wind
cifra number; amount; code; cipher; abbreviation; monogram
cigarrillo cigarette
cima top; peak
cimiento foundation
cincha saddle strap; **tener** - to have a strain of Negro or Indian blood
cincuenteno fiftieth
cine ***m*** movie theater, cinema; movies
cínico cynical; shameless
cinismo cynicism; shamelessness
cinta tape; ribbon; film; reel
cinto belt, sash
cintura waist, waistline; girdle
ciprés ***m*** cypress
circo circus
circundante surrounding
circunloquio circumlocution
circunscribir to circumscribe; to restrict
cirio candle
cirujano surgeon
cisne ***m*** swan
cita appointment; date; quotation
citar to make an appointment with; to summon; to provoke; to quote
cítara zither
ciudad ***f*** city
ciudadanía citizens (as a body); citizenship
ciudadano citizen
cívico civic; domestic; ***n*** policeman
clamar to cry out for
clandestino clandestine, secret
clangor ***m*** vibrating sound; clang
claridad ***f*** brightness; clearness; ***pl*** unpleasant remarks
clarín ***m*** bugle, trumpet
claro clear; ***interj*** of course
claroscuro chiaroscuro
claustro cloister; faculty; - **materno** womb
clausurar to close
clavar to nail; to knock in; to mount; **-el ojo** to gaze
clave ***f*** key; clef; clue; ***adj*** key
clavel ***m*** carnation
clavicordio clavichord
clérigo priest; clergyman; minister
clero clergy
clínica clinic; private hospital
cobarde cowardly; ***n m / f*** coward
cobardía cowardice
cobertizo shed; outhouse
cobrar to recover; to collect; to charge
cobre ***m*** copper
cocer to cook; to bake
cocimiento cooking
cocina kitchen
cocinar to cook
coco coconut
coche ***m*** car; coach, carriage; pig
cochera coach house
cochinilla woodlouse; cochineal (insect used to make dye)
cochinillo piglet
codicia greed
código code
coco elbow
coetáneo contemporary
coexistir to coexist
cofia white cap, bonnet
cofradía brotherhood, fraternity
cofre ***m*** chest; case
coger to grab; to catch
cohete ***m*** rocket; pistol
cojín ***m*** cushion
cola tail; line, queue; glue
colador ***m*** strainer
colcha bedspread
colectivo collective, bus
cólera anger, rage; cholera
colgar to hang; to drape; to attribute
cólico colic
colina hill

colmar to fill to the brim; to fulfill
colmena beehive
colocar to put, place; to situate
colombiano Colombian
colorear to color
colorido color, coloring; colorful
columpiar to swing
columpio swing; rocking chair
collar ***m*** necklace
comarca region, area
combate ***m*** combat
combatiente ***m / f*** combatant
combatir to fight
combinar to combine
comedor ***m*** dining room
comer to eat
comerciante ***m / f*** trader; merchant
comerciar to trade
comercio trade, commerce; business; shop
comestible ***m*** food; ***adj*** edible
cometa ***m*** comet; ***f*** kite
comible edible
comida food; meal
comienzo beginning
comilón -ona big eater; glutton
comitiva suite; train; procession
comodidad ***f*** comfort; convenience; ***pl*** commodities, goods
cómodo comfortable
compadre godfather of a child (from the point of view of the child's parent); friend
compaginar to arrange, put in order, collate
compañero companion, partner; mate
comparar to compare
compartimiento compartment; division
compartir to share; to divide (up)
compás ***m*** beat, rhythm
compasivo compassionate, sympathetic
competencia competence; competition; rivalry; domain
complacencia pleasure; satisfaction
complacer to please; to oblige; **-se** to take pleasure in
complejidad ***f*** complexity
complejo complex
cómplice ***m / f*** accomplice
componer to compose; to make up; to prepare
comportamiento behavior
compositor -a composer
comprador -a buyer
comprar to buy
comprender to understand; to include
comprensión understanding; inclusion; sympathy, tolerance
comprimir to compress; to squeeze; to control, restrain
comprobar to check, verify
comprometer to compromise; to endanger; to render accountable; **-se** to commit oneself
comprometido embarrassing, awkward; engaged, committed
compromiso obligation; agreement; awkward situation
compungido remorseful
computadora computer
cómputo calculation, computation
comulgar to receive communion
comunicar to communicate; to connect, join
con with
concavidad concavity; hollow
concebir to conceive; to imagine; to understand
conceder to concede; to confer
concentrarse to concentrate
concepto concept; idea; opinion; conceit
concienzudo conscientious
conciliador conciliatory
conciliar to harmonize, blend
concluir to conclude
concordancia concordance, harmony; agreement
concordar to reconcile; to agree
concupiscencia greed; lustfulness
concurrir to meet; to conspire; to contribute; to concur; to compete
concurso contest

concha shell; shellfish
conducir to conduct, lead; to drive; to convey
conducta conduct, behavior
conferencia conference; lecture
confianza trust; vanity, presumption; intimacy
confiar to trust; to entrust
confite *m* sweet, candy
conformar to conform; to agree; **-se con** to adjust (to), accept
conforme alike; consistent; in agreement; content
confrontar to confront; to border
confundir to confuse; to mix
confuso confused
congelar to freeze
conjetura conjecture; guess
conjunto joint; whole, entirety; ensemble; group
conjurar to conjure; to exorcise; to ward off
conjurado conspirator
conmovedor -a moving, touching; disturbing
conmover to move (emotionally); to disturb, upset
conmutar to exchange; to commute
cono cone
conocedor -a expert
conocer to meet; to know, be acquainted with
conocimiento knowledge; learning
conquista conquest
conquistador -a conqueror; lady-killer
conquistar to conquer, overcome
consagrar to consecrate; to dedicate
consciente aware; conscious
conseguir to obtain, achieve
consejero adviser
consejo advice; council
conservador -a conservative; preservative
conservadurismo conservatism
conservar to conserve, preserve; to keep up
consistir (en) to consist (of)
constar to be clear from; to be on record; to consist
constituir to constitute
construir to construct, build
consuelo comfort, consolation
consumidor -a consumer
consumir to consume; to use up; to wear away; **-se** to shrink; to be consumed
consunción *f* consumption
contagiar to transmit; to infect; to contaminate
contagioso contagious
contaminar to contaminate, pollute
contar to count; to tell, relate; - **(con)** to rely (on)
contemplar to contemplate; to meditate
contener to contain; to hold
contenido content
contentamiento contentment, satisfaction
contento *n* joy, happiness; *adj* happy
contienda struggle; contest
contorno outline
contradictorio contradictory
contraer to contract; to acquire; to restrict
contraponer to compare
contrario contrary; opposed; opponent
contrastar to resist; to contrast
convalecer to get better, recover
convencer to convince, persuade
conveniencia suitability; advantageousness
convenir to agree; to be suitable
converso Jew converted to Christianity
convertir to convert; **-se** to become
convidar to invite
convite *m* invitation; banquet
convivencia coexistence; living together
convivir to live together; to coexist
convocar to summon
copa wine glass; crown (of a tree)
copartícipe *m* / *f* joint owner; collaborator

copia copy; abundance
copioso abundant
coqueta flirtatious
coraje ***m*** courage; anger
coral ***m*** coral; choir; ***adj*** choral
coraza armor-plating; shell
corazón ***m*** heart
corazonada hunch; sudden impulse
cordero lamb
cordillera mountain range
cordón ***m*** string, cord
cordura wisdom
corneta bugle
cornisa cornice
corona crown; halo
corregir to correct; to reprimand
correo mail; post office; mailman
correr to run; to travel over
corresponder to correspond; to belong
corresponsal ***m*** correspondent
corretear to pursue relentlessly; to harass; to loiter
corrida bullfight; run
corriente running; ordinary; ***n f*** flow, current; tendency
corromper to spoil; to dishonor; to annoy
corruptela corruption; abuse
cortar to cut; to crack
corte ***f*** court
cortesano ***adj*** courtly; ***n m*** courtier
cortesía courtesy, politeness
corteza bark (of a tree); peel, rind; coarseness
cortijo farm, farmhouse
cortina curtain
corto short
cosa thing; matter
cosecha harvest
cosechar to harvest
coser to sew, stitch
coso arena; bullring
costa coast
costar to cost
costeño coastal
costilla rib
costo cost; trouble
costumbre ***f*** custom; habit
costura seam; needlework; sewing
cotidiano daily
cráneo cranium, skull
creador -a creator; originator ***adj*** creative
crear to create; to found
crecer to grow; to increase
creciente growing; increasing
credo creed
creencia belief
creer to believe; to think; to deem, consider
crepúsculo dusk
crespo curly; angry; ***n m*** head of hair
cresta crest; summit
crianza breeding; lactation
criar to raise, bring up; to nourish, nurture
criatura creature; child
crimen ***m*** crime
crin ***f*** mane, horsehair
criollo creole; indigenous
crisálida chrysalis
crisol ***m*** melting pot
crispar to cause to twitch; to annoy
cristal ***m*** crystal; glass; mirror
croar to croak
crónica chronicle; news report
cronista ***m / f*** chronicler; reporter
cronológico chronological
crudo raw; cruel; coarse
crujir to creak; to rustle; to crunch; to grind
cruz ***f*** cross
cruzamiento crossing
cruzar to cross
cuaderno notebook
cuadra stable; ward; block
cuadro square; painting
cuajarse to curdle; to become crowded with
cuajo rennet (substance that causes milk to curdle); calmness; chatter
cualidad ***f*** quality; trait; virtue

cualquier any, whichever
Cuaresma Lent
cuartel ***m*** barracks
cuarteta quatrain; four-line verse
cuarteto quartet; quatrain
cuarto room; quarter
cubierta cover
cubrir to cover
cucurucho paper cone; hooded garment
cuchara spoon
cuchillo knife
cuello neck
cuenta bill; account; affair, business; bead
cuentista ***m / f*** storyteller; short-story writer
cuento story, tale
cuerda rope; string; cord
cuerno horn; croissant, roll
cuero skin; leather
cuerpo body; corps
cuervo raven
cueva cave; cellar
cuidado care; **tener** - to be careful
cuidar to take care of
culebra snake
culpa guilt
culpable guilty
culpar to blame
cultivo cultivation; crop
culto cultured, learned
cumbre ***f*** summit, top
cumpleanos ***m*** birthday
cumplimiento fulfillment
cumplir to fulfill; **-años** to have a birthday
cuna cradle
cúpula dome
cura ***m*** priest; ***n f*** cure
curaca Indian chief
curar to cure
curiosidad ***f*** curiosity
curioso curious; strange
cursar to send, dispatch; to study; to frequent
curso course
curtir to tan; to bronze; to harden
curva curve
cutis ***m*** skin; complexion
cuyo whose

Ch

chal ***m*** shawl
chaleco vest
champaña champagne
charca pond, pool
charco puddle; pond, pool
chascar to click; to snap; to crunch
chasquido click, snap; crunch, crack
che hey
checo Czech
chica girl
chico small; ***n m*** boy, child
chiflón ***m*** drought; rapid current; waterfall; mine shaft, mine
chile ***m*** chili pepper, red pepper
chileno Chilean
chillar to scream, howl
chimenea chimney; fireplace; mantelpiece
chino Chinese
chiripá ***m*** blanket worn as trousers; **gente de** - peasants
chisme ***m*** piece of gossip; gadget, thing; ***pl*** gossip
chispear to spark; to sparkle
chistar to make a sound
chiste ***m*** joke
chivo billygoat; game of dice; fraud
chocante startling; shocking
chocar to shock; to collide
chocho senile; crazy
cholo half-breed; mestizo
chorizo pork sausage; salami
chorro stream; jet
choza hut
chuma drunkenness
chupar to suck
chusma rabble, riffraff

D

dador -a donor
daga dagger; machete
dama lady; queen (in chess, cards)
danza dance
dañar to hurt, damage
daño hurt; damage
dar to give; to produce; to perform; to strike (... o'clock); - **las gracias** to thank; - **licencia** to give permission; - **vueltas** to go around; **-se cuenta** to realize
dardo dart
dato fact; piece of information; ***pl*** data
de from, of; - **hecho** in fact; - **rato en rato** from time to time; - **veras** really
deambular to saunter, stroll; to wander
debajo below; under
debatir to debate, discuss
deber ***m*** duty; ***v*** to owe; ought, must
débil weak
decaer to decay; to weaken
decena ten
decepción ***f*** disappointment
decidir to decide
décimo tenth
decir to tell, say
decoroso decent; modest
dedal ***m*** thimble
dedo finger; toe
definir to define; to clarify
deformar to deform, disfigure; to distort
deforme deformed; ugly
degenerar to degenerate
degollar to cut the throat of; to behead
deicidio the killing of a god
deidad ***f*** deity
dejar to leave; to let; - **de** to stop, cease
delantal ***m*** apron
delante (de) in front of; ahead
deleite ***m*** pleasure, delight
deletrear to spell out; to decipher
delgadez ***f*** thinness; delicateness
delgado thin; delicate
deliberado deliberate
delicado delicate, dainty
delicia delight
delicioso delicious
delinear to outline
delito crime
demanda demand; request; lawsuit
demandar to request, demand; to sue
demás, los - the rest
demasiado too much; too many
demoler to demolish
demonio demon; devil
demorar to delay; **-se** to take a long time
demostrar to demonstrate
denotar to denote, indicate
dentado having teeth; jagged
dentadura set of teeth; denture; - **postiza** false teeth
dentro (de) in; inside
denunciar to report; to denounce
departamento department; apartment; compartment
depender to depend
deporte ***m*** sport; game
depositar to deposit; to place
depravar to corrupt
deprimente depressing
deprimir to depress
derecha right side; **a la derecha** to, on the right
derecho right, law; ***adj*** straight; ***adv*** straight ahead
derivar to derive; to drift
derramar to spill; to shed
derretir to melt; to liquefy
derribar to demolish
derrocar to knock down; to overthrow
derrota destruction; defeat
derrotar to defeat; to destroy
derrumbar to hurl down, throw down; to demolish
desabotonar to unbutton
desabrochar to unfasten, unbutton
desacato disrespect; insulting behavior

desacreditar to discredit
desafiar to challenge; to defy
desafío challenge; duel
desaforado lawless; violent; huge
desafortunado unfortunate
desagradar to displease
desagravio compensation; satisfaction
desagüe *m* drainage
desahogar to relieve, ease; **-se** to relax
desaliento discouragement; depression
desalmado heartless, cruel
desamar to dislike; to cease to love
desamparar to abandon, fail to help
desangrar to bleed
desaparecer to disappear
desarmar to disarm; to take apart
desarreglar to distrub; to disarrange
desarrollar to devlop; to expand
desarrollo development
desastroso disastrous
desatar to untie
desatentado rash, ill-advised; excessive
desayunar to have breakfast
desayuno breakfast
desbandarse to disband, disperse
desbordar to go beyond; to overflow; to burst
descalzar to take off someone's shoes
descansar to rest
descanso rest; break
descartar to discard; to put aside
descender to lower, bring down; to descend
descendiente *m* / *f* descendant
descenso descent; collapse
descifrar to decipher
descompasarse to be disrespectful
desconcierto disorder; trouble; uneasiness; disagreement
desconfiar to be distrustful
desconocido unknown
desconsuelo affliction; distress
descontento dissatisfied
descoyuntar to dislocate
describir to describe
descuartizar to carve up; to tear apart
descubrimiento discovery
descubrir to discover; to make out; to uncover
descuidar to neglect; to be careless
descuido carelessness; untidiness; oversight
desde from, since; - **luego** of course
desdén *m* disdain, scorn
desdeñar to disdain, scorn
desdeñoso scornful
desdicha unhappiness; misery
desdichado unhappy; unlucky
desear to desire
desechar to throw out; to censure
desembarazar to clear; to vacate
desembarcar to land; to disembark; to unload
desembocadura outlet; exit
desembuchar to disgorge
desemejante dissimilar, unlike
desempeñar to hold, occupy; - **un papel** to play a role
desenfrenarse to give free rein to one's passions
desenredar to unravel; to dissolve
desenterrar to exhume, dig up
desenvolver to unwrap
deseo desire, wish
desesperado desperate
desesperar to despair; to drive crazy
desfilar to parade
desgana lack of appetite; reluctance
desgarrar to tear apart; to shatter
desgastar to wear down
desgracia misfortune
desgraciado unfortunate
desgranar to remove the grain
desgreñado tousled
deshacer to undo
deshonra dishonor
desierto desert
designio design, intent
desigual unequal
desigualdad *f* inequality
desilusionante disillusioning, disappointing

desilusionar to disillusion; to disappoint
desistir to stop
deslizar(se) to slide, slip
deslumbramiento glare; dazzle, brilliance; confusion
deslumbrante dazzling
desmayarse to faint
desmemoriarse to grow forgetful
desmoronarse to wear away
desnudarse to undress
desnudo nude; bare
desocupar to vacate
desolación *f* desolation; grief
desolado desolate; sad
desollar to skin; to criticize
desordenado untidy; disorderly
despachar to complete; to dispatch; to issue
despacho dispatch; office
despacio slowly
desparramar to scatter
despedazar to tear apart; to ruin
despedir to fire; **-se** to say goodby
despejado detached, indifferent; clear, cloudless
despeluzar to tousle; to rumple; to horrify
despellejar to skin; to criticize
desperdiciar to waste; to throw away
despertar to wake; **-se** to wake up
despintar to take the paint off; to distort
desplomarse to lean, tilt; to collapse
desplome *m* tilting; collapse
desposeer to dispossess
despreciable despicable
despreciar to scorn
desprecio scorn
desprenderse to become detached; to give (something) up
desprovisto de devoid of; without
después (de) after; later
desquitarse to obtain satisfaction; to get even; to take it out (on somebody)
destacar to emphasize; to detach; **-se** to stand out, be outstanding
destello sparkle; glimmer
desteñir to fade
desterrar to exile
destierro exile
destilar to distill
destinar to destine
destino destiny; fate; destination
destreza dexterity; cleverness
destronar to dethrone; to overthrow
destrozar to smash, shatter; to ruin
destructor -a destructive; *n* destroyer
destruir to destroy
desvanecer to cause to vanish; to vanish
desvelar to keep awake; to stay awake
desvelo lack of sleep; vigilance
desventura misfortune
desvergonzado shameless
desvergüenza shamelessness
desvestir to undress
desviar to deflect; to turn aside
detalle *m* detail
detener to delay, detain; to arrest; **-se** to stop
detenidamente carefully
detrás (de) behind
deuda debt
devolver to return; to restore
devorar to devour
día *m* day
diablesco devilish
diablo devil
diáfano transparent
diamante *m* diamond
diario newspaper; *adj* daily
dibujar to draw; to design
dicha happiness; luck
dictadura dictatorship
dictamen *m* opinion; judgment
dictar to dictate; to pass
diente *m* tooth
diestro right
diferir to defer; to postpone
difícil difficult
dificultar to make difficult; to obstruct
difundir to diffuse
difunto deceased

difuso diffused, widespread; wordy
dilatar to dilate; to expand; to defer, prolong, delay
diletante dilettante
diligencia diligence; errand
diluir to dilute
diluvio flood
dinero money
Dios God
dios -a god, goddess
diputado delegate, congressman
dirigir to direct; to manage; to steer
disco record; disk
disculparse to excuse oneself
discurso speech; discourse
discutible debatable
diseminar to spread
disentería dysentery
diseño design
disfraz ***m*** disguise
disfrazar to disguise
disfrutar to enjoy
disgustar to annoy; to displease
disgusto annoyance; displeasure
disimular to hide; to dissimulate, disguise, conceal
disolver to dissolve; to melt
disonante dissonant; discordant
disparar to fire (a gun)
disparatar to talk nonsense
disparate ***m*** foolish remark; ***pl*** foolishness
disparo shot, gunshot
disponer to arrange; to prepare
disputa dispute; argument
disputar to dispute; to challenge
distinguir to distinguish; to recognize
distinto distinctive; different, distinct
distraer to distract; to divert; to amuse
distrito district
disturbio disturbance; riot
disuadir to dissuade
diurno diurnal, day
divagar to digress; to wander
diversión ***f*** diversion; amusement
diverso diverse; ***pl*** several
dividir to divide
divisa emblem; foreign exchange
divisar to make out
divulgar to circulate; to divulge, leak out
docena dozen
doctrinar to teach
documental documentary
dolor ***m*** pain; grief
doloroso painful; distressing
domar to tame; to master
domesticar to tame, domesticate
domiciliario pertaining to residence or dwelling place
domicilio home, residence
dominar to dominate; to rule
dominical ***adj*** Sunday
dominico Dominican
dominio power; dominion; domain
don ***m*** gift; wish; talent
don ***(m)***, **doña** ***(f)*** title of courtesy used before first name
donaire ***m*** charm; wit
doncella maiden; lady's maid; virgin
dorado golden
dorar to brown, cook lightly; to gild
dormilón -ona sleepyhead; lazy person; ***adj*** sleepy
dormir to sleep; **-se** to fall asleep
dormitorio bedroom
dorsal dorsal, back
dotar to endow; to give a dowry to
dote ***f*** dowry; talents
dramaturgo playwright
drogadicto drug addict
duda doubt
duelo duel; grief, sorrow
dueño owner
dulce sweet; ***n m*** candy
duquesa duchess
durable lasting
durante during
durar to last
durazno peach; peach tree
dureza hardness; harshness
duro coin; ***adj*** hard

E

echar to throw (out)
ecuador *m* equator
ecuador *m* equator
edad *f* age; - **Media** Middle Ages
edificar to build; to improve; to ennoble; to edify
edificio building
editar to edit; to publish
educación *f* education; manners; upbringing
educar to educate; to train; to bring up
efecto effect; result; purpose
eficacia effectiveness; efficiency
eficaz efficient; effective
efímero ephemeral; fleeting
egipcio Egyptian
eje *m* axis; axle
ejecutar to execute; to carry out
ejemplar *m* example; model; copy (of a book) *adj* exemplary
ejemplo example
ejercitar to exercise; to practice
ejército army
elación *f* pride; generosity; elation
elector -a voter; elector
elegir to elect; to select
elevar to raise, elevate
elfo elf
elogiable praiseworthy
elogiar to praise
elogio praise
embadurnar to daub; to smear
embajada embassy
embajador -a ambassador
embalsamar to embalm
embarcar to embark; to launch
embarrar to smear; to cover with mud
embate *m* sudden attack
embebecer to fascinate; to amuse
embeleso enchantment; sweetheart
embellecer to embellish, beautify
emboscada ambush
embravecerse to get rough; to become furious
embriagar to make drunk; to delight
embrión *m* embryo
embrollar to muddle, confuse; to involve
embrutecer to brutalize
embustero deceitful; *n* trickster, con artist
emerger to emerge; to appear
eminente eminent; high; lofty
emisora radio station
emocionante exciting; moving
empapar to drench; to soak (up)
empedrar to pave
empeñarse to pledge oneself; to insist
empeño pledge; obligation; insistence
empeorar to make worse
empero but; however
emperrarse to become angry
empezar to begin
empinar to raise; to straighten; to tip upward
empleado employee
emplear to use; to hire
empleo job; use
emplumar to adorn with feathers
emporio emporium; trading center
emprender to undertake
empresa enterprise; company; management
empresario manager, impresario
empujar to push
empuñar to grasp; to punch
emular to emulate
en on; in; - **derredor de** around; about; - **suma** in short
enagua petticoat; underskirt
enajenación *f* alienation; estrangement
enajenar to alienate; to estrange
enamorado in love; lovesick
enamorarse (de) to fall in love (with)
enardecer to inflame; to fill with enthusiasm
encabezar to lead; to head
encadenar to chain
encajar to insert; to intrude
encaje *m* lace; insertion; mosaic

encalar to whitewash
encallecer to harden
encaminar to guide; to direct
encanecido gray-haired
encantador -a enchanting; charming; *n* magician
encantar to enchant; to bewitch; to charm
encaramar to raise; to praise; to embarrass
encarcelar to imprison
encargar to entrust; to charge; **-se de** to take charge of
encariñar to endear; **-se** to grow fond
encarnar to embody
encasillar to classify; to typecast
encausar to prosecute; to sue
encender to light; to ignite; to incite
encerrar to shut in; to confine
encoger to shrink; **-se de hombros** to shrug one's shoulders
encolerizar to anger
encomendar to entrust
encomendero grocer; master of a large landholding
encomienda land-holding; commission; patronage
encontrar to find; **-se** to meet
encorvar to curve; to bend
encrespar to curl; to make rough; to anger
encrucijada crossroads; intersection
encubrir to conceal; to cover up
encuentro meeting; encounter
encuesta inquiry; survey
enderezar to straighten; to put in order
endeudarse to get into debt
endulzar to sweeten
enemigo enemy
enfadar to anger
enfermarse to get sick
enfermedad *f* sickness
enfermo sick
enfocar to focus; to consider
enfoque *m* focus; magnification; approach
enfrentarse to face (up to); to confront
enfriar to cool
enfundar to put away; to sheathe
engalanar to adorn
enganchar to hook; to hang up
engañar to deceive
engaño deception
engendrar to breed; to generate; to cause
engordar to fatten; to get fat
engreír to make vain; to pamper
engrosar to enlarge; to thicken; to get fat
enhorabuena congratulations
enjalma packsaddle
enlazar to link; to bind; to lasso
enloquecer to drive crazy
enlutado in mourning
enmarañar to tangle; to complicate
enmascarado masked
enmendar to correct; to reform; to amend
enmudecer to silence; to become silent
ennegrecer to blacken
ennoblecer to ennoble; to dignify
enojar to anger; **-se** to get mad
enojo anger
enredar to net; to entangle; to complicate; to implicate
enriquecer to enrich
enriscado craggy
enrojecer to redden; to make blush
enrollar to roll (up); to wind (up)
enroscar to coil; to twist; to screw in
ensartar to string; to thread; to link
ensayar to rehearse; to test
ensayista *m / f* essayist
ensayo essay; test; rehearsal
enseñanza education; doctrine; teaching
enseñar to teach; to point out
ensordecer to deafen; to muffle; to become muffled
ensuciar to make dirty
ensueño fantasy; illusion; reverie
entablar to board; to begin; **-se** to settle
ente *m* entity, being

entender to understand; to realize
entendimiento understanding; intellect
enterarse to find out
entero entire; whole
enterrador ***m*** gravedigger
enterrar to bury
entierro burial; funeral; grave
entonces then; in that case
entornar to half-close; to upset
entrada entrance; entry; ticket
entrambos both
entraña core; **de mala** - malicious; ***pl*** insides, guts
entrañar to bury deep
entrar to enter; to introduce
entre between; among
entreabrir to half-open
entrecejo space between the eyebrows; frown
entrega delivery; surrender
entregar to deliver, hand over; **-se** to surrender; to hand oneself over
entremeter to put between; to insert; to interfere, meddle
entremezclar to intermingle
entrenar to train
entrerriano in between rivers; from *Entre Ríos*
entretanto meanwhile
entretenimiento entertainment; upkeep
entrever to glimpse; to suspect
entrevista interview; meeting
entroncar to connect; to be related
entusiasmar to enthuse, excite; **-se** to become excited
envejecer to age; to grow old
envenenar to poison
enviar to send
envidia envy; jealousy
envidiable enviable
envidiar to envy
envoltorio bundle; package; wrapping
envolver to wrap; to surround
enyesar to plaster; to put in a cast
epíteto epithet
epopeya epic
equidad ***f*** equity; fairness
equilibrio balance; equilibrium
equinoccial relating to the equinox
equinoccio equinox
equitación ***f*** riding; horsemanship
equivocarse to be wrong; to be mistaken
era era, age; patch of land; threshing floor
erario treasury; public funds
erección ***f*** erection; raising
erguido erect; proud
erigir to erect; to establish
erizarse to bristle; to stand on end
erosionar to erode
errante wandering; errant
errar to miss, aim badly; to wander
erudito scholarly
esbozo outline; sketch
escalar to climb, scale; to burglarize
escalera stair; staircase
escalofrío chill; shiver
escalón step; ladder; echelon
escalonar to spread out at intervals
escama scale; flake
escandalizar to scandalize; to make a fuss
escándalo scandal; uproar
escandinavo Scandinavian
escapar to escape **-se** to escape, flee; to leak
escarlata scarlet
escasear to be sparing with; to be scarce
escasez ***f*** shortage; scarcity
escaso scarce; bare
escena scene; stage; scenery
escenario stage; scenario; scene
escenografía scenography; stage design
escepticismo skepticism
esclavitud ***f*** slavery
esclavizar to enslave
esclavo slave
escoba broom
escocés -esa Scottish
escoger to choose; to select
escoltar to escort; to guard
esconder to hide

escopeta shotgun
escribano court clerk; notary
escribir to write
escritor -a writer
escritura writing
escrutador, -a ***adj*** searching; ***n*** scrutineer
escrutinio scrutiny; inspection
escuadra squad; squadron
escuadrón ***m*** squadron; troop
escuchar to listen to; to hear
escuela school
escultor -a sculptor, sculptress
escultura sculpture
escupir to spit
escurrir to wring out; to drip; to be slippery
esencia essence
esfera sphere; globe
esfinge ***f*** sphinx
esfuerzo effort; courage
esfumar to shade; **-se** to fade away
esgrima fencing
esmaltar to enamel; to varnish; to beautify
esmeralda emerald
esmero care; neatness; elegance
espacio space; distance; period of time
espada sword
espalda back; shoulders
espantapájaros ***m*** scarecrow
espantar to frighten
espanto fright
espantoso frightful
español -a Spaniard; ***adj*** Spanish
esparcido scattered
espasmo spasm; sudden movement
especie ***f*** species; kind
especificar to specify
espécimen ***m*** specimen
espectáculo show, performance; spectacle
espectador -a spectator
espejeo mirage; illusion
espejismo mirage; illusion
espejo mirror
esperanza hope; expectation
esperar to hope; to wait for; to expect
espesar to thicken
espeso thick; dirty
espía ***m*** / ***f*** spy
espiar to spy
espigar to glean; to pin
espina thorn; splinter; bone; spine
espinudo thorny; prickly
espiral ***f*** spiral
espíritu ***m*** spirit; mind; ghost
espiritual spiritual
esplendor ***m*** splendor
esponja sponge
espontáneo spontaneous
espuela spur
espuma foam; froth; lather
espumar to skim off; to froth
esqueleto skeleton
esquema ***m*** diagram; schema; outline
esquina corner
esquivar to avoid; to shun
estabilidad ***f*** stability
establecer to establish; to found
estaca post; stake
estadía stay
estadística statistics
estado state; condition; status
estallar to burst; to explode
estampar to stamp; to print; to engrave
estampida stampede
estancamiento stagnation
estancia stay; dwelling; living room; farm; stanza
estanciero farmer
estandarte ***m*** standard
estanque ***m*** pool; pond; reservoir
estante ***m*** shelf; rack; bookcase
estar to be; - **de acuerdo** to agree with
estatura height
este ***m*** east
estela wake (of a ship); trail
estepa steppe; rockrose
estéril sterile; barren; futile
esterilidad sterility; futility
estético aesthetic

estilo style; manner; fashion
estimar to esteem; to estimate; to appraise
estimulante stimulating; ***n m*** stimulant
estimular to stimulate; to encourage
estipular to stipulate
estirar to stretch; to strain
estocar to stab
estoicismo stoicism
estoico stoic
estómago stomach
estorbar to obstruct; to impede
estorbo obstruction; nuisance
estrado bandstand; drawing room
estrago ruin; corruption; perversion
estrangular to strangle
estrechar to narrow; to squeeze; to extend
estrecho channel; ***adj*** narrow; intimate
estrella star
estrellarse to smash; to crash
estremecer to shake
estrenar to use for the first time; to premiere
estreñido constipated
estrépito noise; racket
estrepitoso noisy
estricto strict
estrofa verse; stanza
estropajo dish cloth; mop
estropear to damage; to spoil, ruin
estructura structure; frame
estruendo noise; uproar
estrujar to squeeze; to press; to drain
estuche *m* box; case
estudiante *m* / *f* student
estudiantil student
estudiar to study
estudio study; research; studio
estupefacto astonished; speechless
estupendo stupendous
estúpido stupid
estupor *m* stupor; astonishment
eterno eternal
evangelio gospel
evaporar to evaporate
evitar to avoid; to prevent
evocar to evoke; to conjure up
evolucionar to evolve; to develop
exacto exact; accurate
exagerar to exaggerate
exaltar to exalt; to elevate
examen *m* exam; inspection
exasperar to exasperate; to infuriate
exceder to exceed; to outdo
exceso excess; surplus
excitar to excite; to arouse; to incite
exclamar to exclaim
excusado lavatory; toilet
exento exempt
exhortar to exhort
exigir to demand; to request
éxito success; **tener** - to be successful
expedicionario expeditionary
experimentar to experience; to test, experiment
explicación *f* explanation
explicar to explain
explotar to exploit; to explode
exponer to expose; **-se** to risk
expulsar to expel
exquisito exquisite; delicious; delightful
extinguir to extinguish; to exterminate; **-se** to go out; to become extinct
extranjero foreign; alien
extrañar to find strange; to miss; **-se** to be amazed
extraño strange; unfamiliar
extraviar to mislead; to lose
extremo extreme; last; far end, other end
exuberante exuberant; lush
exudar to exude

F

fabricar to make; to invent
fábula fable, story
fabulista *m* / *f* writer of fables
fabuloso fabulous; relating to fables
facción *f* faction; feature; political party
faceta facet

fácil easy
facilidad *f* ease, facility
facilitar to facilitate, make easy; to provide
facón *m* gaucho knife
facultad *f* faculty, power; school (division of a university)
faena task
faisán *m* pheasant
falda skirt
faldón *m* tail, skirt; gable
falsedad *f* falseness; lie
falta lack; mistake
faltar to be lacking; to be absent; to fail
falla defect; lack
fallar to fail; to go wrong
fallecer to die
fama fame; reputation
famélico starving
famoso famous
fantasioso conceited
fantasma *m* ghost
farmacia pharmacy; drugstore
fase *f* phase
fastidiar to annoy; to harm
fastidio annoyance; boredom
favor *m* favor; protection; gift
favorecer to favor; to protect
faz *f* face, outside
fe *f* faith; assurance; loyalty
fecundo fertile; abundant
fecha date
fechoría misdeed
feliz happy
femenil feminine
fementido treacherous
fénix *m* phoenix
fenomenal phenomenal, extraordinary
fenómeno phenomenon
feo ugly
feria fair, carnival; holiday
feroz fierce
férreo iron; rail
ferrocarril *m* railway
ferroviario railway
fertilizante *m* fertilizer
fervor *m* ardor; passion
festejar to celebrate; to entertain
festín *m* banquet
festivo festive; **día** - holiday
festón *m* scallop; garland
fiarse (de) to trust
fidelidad *f* fidelity
fiebre *f* fever
fiel faithful
fiera wild beast
fiereza ferocity; ugliness
fierro iron
fiesta party; **día de** - holiday
fijación *f* fastening; fixation
fijar to secure, fasten; **-se** to notice; to pay attention
fijeza stability
fijo firm; fixed
fila row; tier
filigrana filigree
filo edge; blade
filtro filter; strainer
fin *m* end; goal
financiero financial
finanzas finances
finca farm; property
fino excellent; pure; thin; sharp; polite
finura excellence; thinness; purity; politeness
firmar to sign
firme firm; secure
firmeza firmness
fiscal *adj* fiscal; *n m* prosecutor
física physics
fisura fissure
flaco thin; weak
flamante brilliant
flanco side, flank
flauta flute; *n m* / *f* flutist
flecha arrow; dart
flojo loose; weak; lazy
flor *f* flower
florecer to bloom
florecimiento blooming
florero vase; florist; flatterer
florido flowery

flota fleet
flotante floating
fluir to flow
foco focus
fogoso spirited; ardent
follaje ***m*** leaves, foliage
folletín ***m*** newspaper serial
fomentar to foment; to promote
fondo bottom; background; fund
forastero ***n*** stranger; ***adj*** alien
forcejeo struggle
forjar to forge; to shape
forma form; shape; method, way
formar to form; to educate; **-se** to be trained
fornido well-built
foro forum; court of justice; legal profession
forrar to line; to pad; to cover
fortalecer to strengthen
fortaleza fortress
fortuito accidental
fosa pit; grave; cavity
fosforecer to glow
fósforo match
fracasar to fail
fracaso failure; fiasco
fragante fragrant
fragor ***m*** clamor; uproar
francés -esa French
francmasón ***m*** freemason
franco frank, sincere; free; exempt
franqueza openness; generosity
frasco flask
frase ***f*** sentence; phrase
fraternidad ***f*** brotherhood; fraternity
fraudulento fraudulent, dishonest
fregar to scrub; to mop; to wash
freír to fry; to burn
frenesí ***m*** frenzy
frente ***f*** forehead; ***m*** (political or military) front; - **a** in front of; opposite
fresa strawberry; drill
fresco fresh; new; cool
frescura freshness; calmness; nerve
frialdad ***f*** coldness; indifference
frijol ***m*** kidney bean
frío cold
frondoso leafy; luxuriant
frontera border; frontier
fronterizo frontier, border
frotar to rub
fructificar to produce; to yield a crop
fruta fruit
fruto fruit; profit, benefit
fuego fire
fuente ***f*** fountain; source
fuera outside
fuerte strong
fuerza strength; force
fuga escape; elopement
fulgurante bright, shining
fumar to smoke
función ***f*** function; duty; show, performance
funcionamiento operation, functioning
fundador -a founder
fundamento foundation, basis
fundar to found
fundirse to fuse; to merge; to melt
funesto ill-fated; unfortunate
furia fury
furibundo frenzied
fusil ***m*** rifle
fusilar to shoot
fútbol ***m*** soccer; - **americano** football

G

gaceta gazette; newspaper
gala best dress; elegance; **-s** jewels
galán ***m*** handsome man; lady's man; beau; leading man (in a play)
galanteo courtship
galantería gallantry
galería gallery; passage
galopar to gallop
galope ***m*** gallop
gallardo graceful; dashing; noble
gallina hen
gama scale; gamut

gamo buck
ganado livestock
ganancia gain; profit
ganar to win; to earn; to gain
gancho hook; hanger; charm
garabatear to scribble
garbo grace; generosity
garete *m* **estar al** -, **ir al** - to be adrift
garganta throat; neck
garra claw; hook
garrotillo croup; cold drizzle
garza heron
gasa gauze
gastador -a extravagant; spender
gasto spending; expense; waste
gato cat
gaucho Argentine cowboy
gavilán *m* sparrowhawk
gaviota sea gull
gelatina gelatin; jelly; jello
gemelo twin; **-s** cufflinks; binoculars
gemido moan; howl
gemir to moan; to howl
genealogía family tree; genealogy
generador generating; *n m* generator
género gender; genre; kind; material *pl* goods
genial brilliant; pleasant
genio temperament; mood; genius; temper
gente *f* people
gentil elegant; pretty
germen *m* germ; source; origin
gesto gesture; facial expression
gigante *m* giant; *adj* gigantic
gimotear to whine
Ginebra Geneva
girar to turn; to turn around; to revolve
girasol *m* sunflower
giro turn; tendency
gitano gypsy
globo balloon; globe
glosa gloss; annotation
gobernador -a governor
gobernante governing
gobierno government
goce *m* enjoyment
golondrina swallow
golosina tidbit; delicacy
goloso having a sweet tooth; greedy
golpe *m* blow; attack; - **de estado** coup
golpear to strike; to punch
gordo fat
gorrión *m* sparrow
gorro cap; bonnet
gota drop
gotear to drip; to leak
gozar to enjoy
grabado engraving; print
grabar to engrave; to record
gracioso graceful; funny
gradería flight of stairs; rows
grado step; degree; quality
grana small seed; scarlet
grande big, large; great
grandeza magnitude; greatness
grandilocuente arrogant; wordy
grano grain; seed; pimple
grasa fat; grease
gratis free (of charge)
gratuito free; uncalled for
grave serious; heavy
gravedad *f* seriousness
graznido quack; croak; cackle
Grecia Greece
griego Greek
grieta fissure; crevice
grillo cricket
gringo foreign *esp* North American, Yankee, English
gris gray
grito shout, scream; proclamation
grosero vulgar; rude
grotesco grotesque
grueso thick; coarse
gruñir to grunt; to grumble
grupa crupper; rump (of horse)
guacamayo macaw; flashily-dressed person
guanábana tropical fruit
guapo handsome

guaracha merry song or dance; quarrel; joke
guardar to keep; to guard
guardia *f* custody, care; defense; *n m* policeman; guard
guarnición *f* equipment; adornment; garrison
guatemalteco Guatemalan
guayaba guava
guerra war
guerrero warrior; fighter; *adj* fighting; warlike
guerrillero guerrilla; partisan
guía *f* guidance; guidebook; *m / f* leader, guide
guiar to guide; to drive; to train
guiñar to blink; to wink
guión *m* leader; hyphen; outline; script
guirnalda garland; wreath
guisar to prepare; to cook
gula greed; gluttony
gusano worm; caterpillar
gustar to be pleasing; to please; to taste, try
gusto pleasure; taste
gustoso tasty; pleasant

H

haber *aux v* to have
hábil clever; capable; skillful
habitante *m / f* inhabitant, resident
habitar to inhabit; to occupy
habla speech; language; talk
hablador -a talking, talkative
hablar to speak, talk
hacedor -a maker, doer
hacendado landed; landowner; rancher
hacia toward
hacienda property; farm; ranch
hacha axe; hatchet
hada fairy; - **madrina** fairy godmother
hado destiny
halago pleasure; attachment; **-s** flattery
halagüeño pleasing
halcón *m* falcon
hallar to find; to come upon
hallazgo finding; discovery
hamaca hammock
hambre *f* hunger
hambriento starving
harapiento ragged
harina flour; small piece
hartarse to gorge; to become fed up
hartazgo surfeit; glut
harto fed up; full; sufficient
hastío weariness; boredom; disgust
haz *m* bundle; beam (of light); *f* face; surface
hazaña feat, exploit
hebdómada week
hebdomadario weekly
hebreo Hebrew
hechicero magical; *n* sorcerer, witch
hechizo spell
hecho fact; event; *adj* finished; made
hechura creation; workmanship, craft
hediondo stinking; repulsive
heladera refrigerator
helado frozen; *n* ice cream; *pl* ice cream
helar to freeze; to astonish
helénico Hellenic, Greek
henchir to fill up; **-se** to swell
heredar to inherit
heredero heir
hereje *m / f* indifferent; heretic
herejía heresy; dirty trick
herencia inheritance
herida wound; insult
heridor -a wounding
herir to wound; to hurt
hermana sister; nun
hermano brother; friar
hermético airtight; hermetic
hermoso beautiful
herramienta tool
hervidero boiling, hotbed
hervir to boil; to seethe
hiel *f* gall; bitterness
hielo ice
hiemal pertaining to winter

hierba grass
hierro iron
hígado liver
higo fig
higuera fig tree
hija daughter
hijo son, child; - **de puta** bastard
hilar to spin
hilarante hilarious
hilo thread; fiber
himno hymn; - **nacional** national anthem
hincapié ***m*, hacer** - to make a stand; **hacer - en** to insist on; to emphasize
hincar to thrust, drive in; **-se** to sink down, fall down on
hinchar to swell
hipopótamo hippopotamus
hipotecar to mortgage
historia history; story
historiador -a historian
histrión ona actor; buffoon
histrionismo art of acting; histrionics
hocico muzzle; nose; snout
hogar ***m*** hearth; home
hoguera bonfire; blaze
hoja leaf; sheet (of paper); blade
hojarasca dead leaves, fallen leaves; rubbish
holgadamente loosely; in a leisurely fashion
holgar to rest; **-se** to amuse oneself
hombre ***m*** man; mankind
hombro shoulder
homenaje ***m*** homage; tribute
hondo deep; profound
honesto decent; pure; honest; just
honorífico honorary
honra honor; reputation; respect
honrado honest; honorable
honrar to honor; to respect
hora hour; time
horca gallows; pitchfork
hormiga ant
horno oven
horqueta fork
hosco dark; grim
hospital ***m*** clinic
hospitalario hospitable
hostia host; ***interj*** damn it!
huaso coarse, crude; ***n*** peasant
hueco hole, opening; ***adj*** hollow; spongy
huelga strike; leisure
huella trace; print
huérfano orphan
huerta vegetable garden
huertista ***m / f*** supporter of Huerta
huerto orchard; garden
hueso bone
huésped -a guest
huevo egg
huir to flee; to run away; to avoid
humeante smoking; smoky
húmedo humid; damp
humo smoke
hundir to sink; to immerse
huracán ***m*** hurricane
hurtar to steal; to filch; **-se** to withdraw; to make off

I

ictericia jaundice
idilio idyll
idioma ***m*** language; speech
idolatrar to worship, idolize
iglesia church
ignominioso shameful
ignorar to not know; to ignore
igual equal; same, alike
igualdad ***f*** equality
ilusorio deceptive
ilustrar to illustrate; to explain; to enlighten
ilustre famous
imagen ***f*** image; picture
imaginar to imagine; to visualize
imaginería images; imagery
imán ***m*** magnet
imborrable ineffaceable
imbuir to infuse
impar odd (number)
impartir to impart, to give; to convey

impedimento impediment; obstacle; disability
impedir to impede; to prevent
impeler to drive; to urge
imperar to rule; to prevail
imperio empire; authority
imperioso imperious; urgent
imperturbable unruffled; imperturbable
ímpetu ***m*** impulse; rush; violence; impetus
impetuosidad ***f*** impulsiveness; violence
impío ungodly; wicked; cruel
implicar to implicate; to imply
imponente imposing
imponer to impose; to demand
importar to amount to; to be important; to import
importuno troublesome; inopportune
imprecación ***f*** curse
impredecible unpredictable
imprenta printing; press; printed matter
imprevisible unforeseeable
imprevisto unexpected; unforeseen
impuesto tax; tariff
impulsar to drive; to propel
impulso impulse; urge
impuro impure; unchaste
inadvertido inattentive; unnoticed
inalcanzable unattainable, unreachable
inatacable unassailable
inaudito unheard of; outrageous
inaugurar to inaugurate; to open
incaico Incan
incansable tireless
incapacitar to incapacitate
incapaz incapable; unfit
incendiar to set on fire
incendio fire
incesante incessant, unceasing
incienso incense; frankincense; flattery
incitar to incite; to rouse
inclinar to incline; to tilt; **-se** to bend, stoop; to resemble
incluir to include; to contain
incluso included; enclosed; even
inconfundible unmistakeable
incontable countless
incontenible uncontrollable
incorporar to incorporate; to embody; **-se** to sit up
incrédulo unbelieving; incredulous
inculto uncultured; uncultivated
indagación ***f*** investigation
indagar to investigate; to find out
indecente indecent; lowly
indecible unspeakable
indefinible inexpressable
independizarse to become free, independent
indicar to indicate
indicio sign; piece of evidence
indígena ***adj*** indigenous; ***n m / f*** native; Indian
indigesto undigested; hard to digest
indignar to anger; to provoke; **-se** to become indignant
indignidad ***f*** unworthiness; unworthy act
indio Indian
individuo individual
indócil unmanageable; disobedient
índole ***f*** nature; disposition; class, type
indolencia laziness; apathy
indomable indomitable, untameable
inducir to induce; to persuade
industria industry; skill, cleverness
industriarse to manage
ineficacia ineffectiveness; inefficiency
inequívoco unmistakeable
inerte inert; passive
inexactitud ***f*** inaccuracy
inexperto inexperienced; unskilled
inexplorado unexplored
infame infamous; vile; terrible
infamia infamy; disgrace
infancia childhood
infante -a infant; prince, princess
infantería infantry
infantil for children; childlike
infatigable tireless
infausto unlucky
inferior inferior; lower

inferir to infer; to deduce; to cause; to inflict
infidelidad *f* unfaithfulness; lack of faith
infierno hell
influir to influence; to affect
influyente influential
informador -a informant
infortunio misfortune
infructuoso fruitless
infundir to infuse; to instill
ingeniería engineering
ingenio ingenuity; talent; cleverness
ingenuo candid; simple
Inglaterra England
ingle *f* groin
ingrato ungrateful; unpleasant
ingresar to deposit; to enter
ingreso entry; admission; deposit; income
inhóspito inhospitable
iniciador -a initiator; pioneer
iniciar to initiate; to pioneer
iniquidad *f* wickedness; iniquity; injustice
injuriar to insult; to harm
inmediaciones ***pl*** neighborhood; surroundings
inmoderado excessive
inmóvil motionless, fixed
inmundicia dirt
inmundo filthy
innato innate; inbred
inquebrantable unbreakable; unshakeable
inquietar to worry; to torment
inquietud *f* worry; restlessness
inquilino tenant
inquirir to inquire into
inquisición *f* inquiry; **la Inquisición** Inquisition
insano unhealthy
inscribirse to enroll; to register
inseguro unsafe; insecure; uncertain
insensato senseless
insertar to insert
insigne distinguished; famous
insinuar to insinuate
insolación *f* sunshine; sunstroke
insolencia insolence; rude remark
insólito unusual
insomnio insomnia
insoportable unbearable
instalar to install; **-se** to establish oneself
instancia request; application
instaurar to restore; to establish
instituir to establish; to found
institutriz *f* governess
integrar to make up; to integrate
integridad *f* integrity; wholeness
intentar to try, attempt
intercalar to insert
intercambiable interchangeable
intermedio intermediate; intervening; interval
interpretar to interpret; to translate; to render
intérprete ***m*** / *f* interpreter; performer
interrogar to question, interrogate
interrogatorio questioning; questionnaire
interrumpir to interrupt; to block up
intervenir to control; to audit; to intervene; to mediate
intimidad *f* intimacy; privacy
íntimo intimate; close; innermost
intocable untouchable
intranquilo worried; restless
intrigante intriguing; puzzling
intrincado dense; involved, intricate
intrínseco intrinsic, inherent
intruso -a intruder; ***adj*** intrusive
inundación *f* flood
inútil useless; fruitless, vain
invadir to invade; to overrun
inválido disabled; unfit; void, invalid
invasor -a invader; ***adj*** invading
inverosímil unlikely
investigador -a investigator; researcher
investigar to investigate; to do research
invierno winter
invisible ***adj*** invisible; ***n m*** hairnet
invitado guest

invocar to invoke; to implore
involucrarse to meddle; to get involved
iqueño inhabitant of Ica (Peru)
ir to go
ira anger
irlandés -esa Irish
ironía irony
irradiar to radiate
irredento unredeemed; territory claimed by a nation for historical or ethnic reasons
irremediable incurable
irremisible unpardonable
irritar to anger; to stir up
irrumpir to burst into; to invade
isla island; **Islas Canarias** Canary Islands
itinerario itinerary; route
izar to hoist
izquierdista ***m*** / ***f*** leftist

J

jabón ***m*** soap
jacinto hyacinth
jactarse to boast
jadeante panting, gasping
jalar to pull
jamás never
jamón ***m*** ham
Japón Japan
jardín ***m*** garden
jarra jar; pitcher; mug
jarro jug; pitcher
jaula cage
jazmín ***m*** jasmine
jefe -a chief; head; leader
jerárquico hierarchical
jerga jargon; slang
jeroglífico hieroglyphic
jíbaro peasant; shy
jinete -a horseman; rider
joven young; ***n m*** / ***f*** young man; young woman
joya jewel
joyel ***m*** small jewel
jubilarse to retire
júbilo joy
judío Jewish; Jew
juego game; fun; play; set
juerga binge; spree
juez ***m*** / ***f*** judge
jugar to play; to gamble
jugoso juicy; meaty
juguete ***m*** toy; joke; skit
juguetear to play
juicio judgment; sanity; good sense; trial; verdict
junción ***f*** junction; function (gaucho dialect)
junta meeting; session; board
juntar to join; to assemble; to leave ajar; **-se** to come together; to mate
junto together; joined; **-s** both; ***adv*** near; together
jurar to swear
jurista ***m*** / ***f*** lawyer
justiciero just
justo just; exact
juventud ***f*** youth; young people

L

laberinto labyrinth; maze
labio lip
labor ***f*** labor; farmwork; embroidery
laborioso hardworking
labrador -a farmer
labrar to work
lacayo footman
lacio faded; straight, limp; languid
ladera slope
lado side
ladrar to bark
ladrido bark
ladrillo brick; tile
ladrón -ona thief
lagartija small lizard
lagarto lizard; sly person
lago lake
lágrima tear
laguna pool; lagoon

lamentar to lament; to regret
lámpara lamp
lana wool
lancear to spear
lancha launch; small boat
landó *m* landau
lánguido weak; languid
lanza spear
lanzar to throw, hurl; to launch
lápiz *m* pencil
laquear to lacquer; to varnish
largarse to leave, beat it
largo long
lascivia lasciviousness
lástima pity; compassion
lastimar to hurt; to offend; **-se de** to pity
lata tin can; tin plate; bore, bother
latido beat, throb; bark
latifundio large estate
látigo whip
laurel *m* laurel; honor
lavador *m* wash basin
lavandera laundress
laxitud *f* slackness
lazarillo blind man's guide
lazo bow; lasso; trap; bond
leal loyal, faithful
lección *f* lesson
lector -a reader
lectura reading; reading material
leche *f* milk
lecho bed
lechuga lettuce
leer to read
legua league
legumbre *f* vegetable
lejano far, distant
lengua tongue; language
lenguaje *m* language; style (of speech)
leña firewood
leño piece of firewood; log; blockhead
león -ona lion, lioness
lesionar to hurt; to wound
letra letter; handwriting; lyrics
leucemia leukemia
levadizo that can be raised
levantamiento rising; revolt
levantar to raise; to lift; to rouse; **-se** to get up; to revolt
leve light
ley *f* law
leyenda legend
liar to tie; to bind; to wrap up
libertador -a liberator; ***adj*** liberating
libertino loose-living; free-thinking
librar to free, liberate
libre free
libreta notebook
libro book
licenciado holding a **licencia,** roughly the equivalent of a Master of Arts degree
licenciarse to graduate with a **licencia**
licencioso licentious
liceo secondary school
lidiar to fight
liebre *f* hare
lienzo linen; canvas; handkerchief
ligadura bond; tie; ligature
ligar to tie; to bind up
ligero light; loose
lila lilac
limar to file
limeño inhabitant of Lima (Peru)
limón *m* lemon; lime
limosna charity
limpiar to clean
limpieza cleansing; cleanliness; integrity
limpio clean
linaje *m* lineage; extraction
lindo pretty
lira lyre
lírica lyric poetry
lirio iris; lily
lirismo lyricism; fantasy
liso smooth; straight; plain
lisonja flattery
lisonjear to flatter; to please
literato man of letters
liviandad *f* frivolity; lightness; lewdness
liviano frivolous; lewd; light

lívido livid; pale
lobo wolf
local ***m*** site, place; rooms
loco crazy, mad; tremendous
locución ***f*** expression
locura madness, insanity; crazy thing
lodazal ***m*** muddy place
lodo mud
lodoso muddy
lograr to attain; to succeed; to manage
lomo lower back; loin
Londres London
lontananza background, long distance
loro parrot
losa flagstone; tombstone
lotería lottery
loza crockery
lozano lush; profuse; vigorous; proud; fleshy; healthy
lucero bright star
lucidez ***f*** clarity
luciérnaga glow-worm
lucir to light up; to show off; to dress to one's advantage
lucha struggle; conflict
luego later; then
lugarteniente ***m*** deputy; lieutenant
lúgubre mournful; dismal
lujo luxury; wealth
lujoso luxurious, lavish
lujuriante luxuriant; lustful
lumbrera luminary; skylight
luminoso bright; brilliant
luna moon; **- de miel** honeymoon
lunar ***m*** mole; beauty mark; ***adj*** lunar
lustrar to shine, polish
lustre ***m*** polish; shine; glory
luto mourning; grief
luz ***f*** light; electric power

Ll

llama flame; blaze
llamada call
llamador ***m*** bell, doorbell; caller
llamar to call; **-se** to be called, named
llamarada sudden blaze
llaneza plainness; frankness
llano flat; plain
llanto weeping
llanura prairie; flatness
llave ***f*** key
llavero keychain, keyring
llegada arrival
llegar to arrive; **- a ser** to become
llenar to fill
lleno full
llevar to carry, take; to bear; to wear; **- a cabo** to carry out
llorado lamented
llorar to cry, weep
llover to rain
lluvia rainfall, rain

M

macabro macabre
macizo massive; solid
madera wood
madre ***m*** mother
madrileño of, from Madrid
madrugada dawn; early morning hours
maduro ripe; mature
maestro -a teacher
magia magic
mágico magical
magistrado magistrate; judge
maitén ***m*** type of tree
maíz ***m*** corn, maize
maizal ***m*** cornfield
majador grinding
mal ***n m*** evil; wrong; ***adv*** badly; wrong
malacrianza bad breeding
malcriado ill-mannered
maldecir to curse; to detest; to swear
maldición ***f*** curse
maldito damned; wicked
maleta suitcase
maleza weeds; scrub
malgastar to ruin; to waste
malicia wickedness; evil
malo bad; evil

malograrse to fail; to die early
malsano unhealthy, sick
maltratar to mistreat; to abuse
malvado evil; ***n*** villain
mamífero mammal
mampara bulkhead, screen
mancebo youth; young man
mancha stain
manchar to stain
mandamiento commandment
mandar to command; to send
mandato command, order; mandate
mandil *m* apron
mando command, rule; authority
manejar to drive; to handle; to manage
manejo handling; running; confidence; driving
manera manner, way
manía mania, obsession
maniatar to handcuff; to tie the hands; to hobble
manifestar to manifest, show; **-se** to show; to become apparent
manifiesto manifest; manifesto
maniobra handling; operation
manjar *m* dish, delicacy
mano *f* hand; - **de obra** work force
manojo handful, bunch
mansedumbre *f* gentleness; tameness
manso gentle; tame
manta blanket; shawl
manteca lard, fat; butter
mantel *m* tablecloth
mantener to maintain
mantilla veil, mantilla; scarf
manto cloak; mantle
manubrio handle; crank
manzana apple; block (of houses)
mañana morning; ***adv*** tomorrow
mapuche Araucanian Indian
máquina machine; - **de escribir** typewriter
mar *m* / *f* sea
maraña thicket; tangle
maravilla marvel, wonder; marigold
maravillarse to be astonished
marcar to mark; to observe, note
marcial martial
marco frame; mantelpiece; setting; framework
marcha march; action; speed; - **atrás** reverse
marchante merchant; dealer
marcharse to leave, go away
marchitar to fade; to shrivel; **-se** to shrivel up
marea tide
mareo nausea; dizziness; irritation; travel sickness
marfil *m* ivory
margarita daisy
margen *m* border; margin; marginal note; ***n f*** riverbank
marginar to exclude; to ostracize; to annotate
marido husband
marinero sailor
mariposa butterfly
mármol *m* marble
marqués -esa marquis, marchioness
marsellés -esa from Marseilles
mas but
más more; most; **a más de** besides
masa dough; mass
mascar to chew
máscara mask
mástil *m* pole; mast; flagpole; neck
mastín *m* mastiff
matadero slaughterhouse
matambre *m* cut of meat
matanza slaughter
mate *m* checkmate; gourd; Argentinian or Paraguayan tea ***adj*** matte, dull
materno maternal, mother
matiz *m* shade; hue
matón *m* bully
matriarca matriarch
matrimonio matrimony; marriage; wedding; couple
maullar to meow
mayor older; greater; larger
mayoría majority

mazorca corncob; political gang
medalla medal
media stocking, sock
mediante through, by means of
mediato related to; mediate
médico doctor
medida measure; measurement
mediodía ***m*** noon, midday
medir to measure; to survey; to judge, estimate
mejilla cheek
mejor better; best
mejorar to improve; to better
membrillo quince
memoria memory; memoir
memorial ***m*** memorial; petition
memorizar to memorize
mencionar to mention; to name
mendigar to beg
mendigo beggar
menear to move; to shake; to wag
menester ***m*** need; want; **ser** - to be necessary
menor less; least; younger; youngest
menos less; least; minus; except
mensaje ***m*** message
mensajero messenger
mente ***f*** mind
mentecato silly
mentir to lie
mentira lie
menudo small, tiny; worthless; **a** - often
mercader ***m*** merchant
mercado market
mercar to buy
merced ***f*** favor; grace; honor
merecer to deserve
merendar to snack
merengue ***m*** meringue; Caribbean dance; icing
meridional southern
mermelada jam, marmalade
mero mere
mes ***m*** month
mesa table
meseta plateau
Mesías ***m*** Messiah
mestizo racially mixed person of Indian and White ancestry
meta goal
meter to put in; to insert; **-se** to meddle
mezcla mixture
mezclar to mix; **-se** to mix, mingle
miedo fear
miel ***f*** honey
miembro member; limb
mientras while
mierda shit; filth
mies ***f*** corn; wheat; harvest time
miga crumb
milagro miracle
milicia militia; military service
militar ***adj*** military; ***n m*** soldier; ***v*** to serve (in the army); to campaign
milla mile
millar ***m*** thousand
mimar to pamper, spoil
mimbre ***m / f*** willow; wicker
mimo mime; affectionate caress
mimoso fastidious; pampered
mina mine
minar to mine
minería mining
minero miner
mínimo minimum; ***adj*** smallest
minucioso thorough; meticulous
minúsculo tiny; minuscule
miopía short-sightedness
mirada look; stare
mirar to look (at); to stare
miríada myriad
mirlo blackbird
misa mass
miserable miserable; very poor; miserly, mean
miserere ***m*** Latin word meaning "have mercy," the first word of the 50th psalm
miseria abject poverty; stinginess; misery
misericordia pity; compassion; mercy
mísero wretched

misionero missionary
mismo same; self; very
misógino misogynist
mitad *f* half
mitayo Indian performing enforced service (Peru)
mítico mythical
mitigar to mitigate; to relieve; to appease
mito myth
mitra mitre
mocetón -ona *m* strapping youth
modales *m pl* manners
modista *m / f* dressmaker
modo mode; manner; way
mofarse to mock, make fun of
moho rust; mildew
mojar to wet
molde *m* mold; form
moldura molding
moler to grind; to mill
molestar to bother, annoy
molesto troublesome; restless; upset
molestoso annoying
molienda grinding; mill; quantity of corn to be ground
molino mill, grinder; windmill
moneda currency; coin
monja nun; sister
monje *m* monk
monstruo monster
monstruoso monstrous
montaje *m* assembly; hookup; decor; montage; production (of a play)
montaña mountain
montañés -esa *adj* mountain
montar to mount; to ride; to set up; to produce (a play)
monte *m* mountain; woodland, forest; wooded mount
montón *m* heap; stack; lot
montuno *adj* mountain; wild; rustic
montura mount; saddle
moña hair ribbon; bullfighter's ribbon; doll
morada dwelling; stay
morador -a inhabitant
moral *m* mulberry tree; *n f* morals; ethics; *adj* moral
moraleja moral (of a story)
moralizador -a moralizing
morboso morbid; diseased
mordaz biting
mordedura bite
morder to bite
mordisco nibble, bite
mordisquear to nibble at
moreno brown; dark-haired; mulatto, dark-skinned
moribundo dying
morir to die
moro Moorish; Moor
mortaja shroud
mortecino weak; fading
mosca fly
mosquitero mosquito net
mostrar to show
motín *m* revolt; riot
motivo motive; reason; motif
motocicleta motorcycle
movedizo moveable; fickle
móvil moving; mobile; *n m* motive
movimiento movement
mozalbete *m* lad
mozo -a *adj* young; *n* lad, lass; servant
muchacho -a boy, girl
muchedumbre *f* crowd
mucho much; a lot
mudar to move; to change; **-se** to move, change one's address
mueble *m* piece of furniture
muelle *m* wharf, pier; dock; spring (of a machine)
muerte *f* death
muerto dead; dead person; **ser** - to be killed
muestra sample; indication
mugre *f* filth; grime
mujer *f* woman
mula mule
mulato racially mixed person of Black and White ancestry
muleta crutch

multitud *f* crowd; multitude
mundano mundane; worldly; fashionable
mundial universal; worldwide
mundo world
munición *f* ammunition
municipalidad *f* municipality; town hall
muñeca wrist; doll
muralla wall
murciélago bat
múrice *m* mollusk
murmullo murmur
murmurar to murmur; to whisper; to gossip
muro wall
musa Muse
músculo muscle
muselina muslin
musgo moss
músico musician
muslo thigh
mustio faded; soft; gloomy
musulmán Moslem
muy very

N

nabo turnip
nácar *m* mother of pearl
nacer to be born
naciente nascent; recent
nacimiento birth
nada nothing; (not) at all
nadar to swim
nadie nobody
naipe *m* playing card
nalga buttock
naranja orange
naranjo orange tree
nariz *f* nose
naturaleza nature
naufragio shipwreck; failure
náufrago shipwrecked
nave *f* ship; nave
Navidad *f* Christmas
navío ship
neblina mist; fog
nebuloso nebulous; foggy; gloomy
necedad *f* silliness
necesidad *f* need; necessity
necio silly; stupid
nectáreo tasting like nectar
nefasto unlucky; ominous
negar to deny; to refuse
negociante *m* businessman, merchant
negocio business; affair; deal
negro black; dark
nene -a baby; small child
nervio nerve; vigor
nervudo tough; strong; wiry
nevada snowstorm
nevar to snow
nexo link; nexus
ni neither; nor; - **siquiera** not even
nicho niche; recess; hollow
nido nest
niebla fog; mist
nieto grandchild; grandson
nieve *f* snow
ninfa nymph
niñera nanny
niñez *f* childhood
niño baby; child
nítido bright; clean; pure
nivel *m* level
nobleza nobility
nocturno nocturnal, night
noche *f* night
Nochebuena Christmas Eve
Noé Noah
nomás just, only
nombrar to name; to designate, appoint
nombre *m* name; noun; reputation
nomeolvides *m* forget-me-not
nopal *m* prickly pear cactus
norma standard, norm
normar to establish norms for
norte *m* north
norteño northern; northerner
Noruega Norway
nostalgia homesickness; longing; nostalgia
notar to notice; to make note of

noticia news item, news; information
notorio well-known; obvious
novedad *f* novelty; news
novedoso novel
novela novel
novelesco fictional; fiction; fantastic; like a novel
novelística fiction; the novel
novia girlfriend; bride; fiancée
noviazgo engagement
novillo young bull; steer
novio boyfriend; bridegroom; fiancé
nube *f* cloud
nuca nape; back of the neck
nudo knot
nuera daughter-in-law
nuestro our
nuevas *f pl* news
nuevo new
número number
numeroso numerous
nunca never
nupcias *f pl* wedding; marriage
nutrir to feed; to nourish; to foment
nutritivo nourishing; nutritious

Ñ

ñapa extra, bonus; tip; **de** - in addition

O

obedecer to obey
obispo bishop
objetivo objective; lens
obra work; play
obrar to work, act
obrero worker
obsequiar to give; to court, woo
observador -a observant; observer
obsesionado obsessed
obsidiana obsidian
obtener to obtain
obvio obvious
ocasionar to cause
ocaso sunset; west; decline
occidental western
ocio leisure
ociosidad idleness
ocioso idle; useless
ocultar to hide; to conceal
ocurrir to happen, occur
oda ode
odisea Odyssey
oeste *m* west
oferta offer
oficial *m* officer, official; *adj* official
oficio job; office; occupation; official letter
ofrecer to offer
ofrenda gift; offering
ogro ogre
oído (inner) ear
oír to hear
ojalá I hope, I wish
ojeada glance
ojear to stare at; to eye
ojera circle under the eye; bag
ojo eye
ola wave
óleo oil; oil painting
oler to smell
olfato sense of smell
olor *m* smell, scent
oloroso scented
olvidar to forget
olla pot; pan; kettle
ombligo navel
omitir to omit; to leave out
ómnibus *m* bus
onda wave
ondear to wave
ondulación *f* wavy motion
ondular to wave
onírico pertaining to dreams; dreamlike
opinar to be of the opinion
oponer to oppose; to be opposed
optar to choose, decide
oquedad *f* hollow; cavity
oración *f* speech; prayer; sentence
orden *m* order, sequence; *f* order, command; religious order
ordenar to order

oreja (outer) ear
orgía orgy
orgullo pride
orgulloso proud
oriental oriental; eastern
oriente *m* east; **el Oriente** the Orient
originar to originate; to cause
orilla bank; edge, border
orina urine
orinarse to urinate
oro gold
orquesta orchestra, band
orquídea orchid
ortografía spelling, orthography
osadía boldness
osamenta bones; skeleton
osar to dare
oscurecer to obscure; to darken; to confuse; to become dark
oscuridad *f* darkness; gloom; obscurity
oscuro dark; obscure
ostentación *f* pomp; display
ostentar to show, display
ostentoso ostentatious
otoñal autumn
otoño autumn
otorgar to grant; to consent
oveja sheep
oxidado rusty
oyente *m* / *f* listener; auditor

P

pabellón *m* bell tent; canopy; pavilion
pacificar to pacify; to calm
pacífico pacific, calm
padecer to suffer, endure
padrastro stepfather
padre *m* father; *pl* parents
padrino godfather
paga pay
pagar to pay
página page
país *m* country
paisaje *m* landscape
paja straw
pajar *m* straw loft
pajarera aviary
pájaro bird
paje *m* page boy
palabra word
palabrota swearword
palaciego *adj* palace
palacio palace
paladear to taste
palco box (at the theater)
palidecer to turn pale
pálido pale
paliza beating
palmada slap; pat
palmear to clap
palmera palm tree
palmoteo applause; pat, hit (with the palm)
palo stick
paloma dove
palotear to bicker
pampa prairie
pan *m* bread
panecillo roll
pantalón *m s* / *pl* trousers, pants
pantalla screen
pantano swamp; jam
panza pouch; stomach, belly
pañal *m* diaper
paño cloth
pañuelo handkerchief; scarf
papa *f* potato; **el Papa** Pope
papá *m* dad
papagayo parrot
papel *m* paper; role
papeleta ballot; slip of paper
paquete *m* package
par *m* pair; *adj* even (number)
paracaídas *m s* parachute
parada stop
parafina paraffin wax
paraíso paradise
paraje *m* place
paralizante paralyzing
parar to stop; **-se** to stand up; to stop
pararrayos *m* lightning rod

pardo brown; dark, mulatto
parecer to appear, to seem
pared *f* wall
pareja couple; pair
parentesco kinship
pariente *m* / *f* relative, kinsman
parisiense *m* / *f* Parisian
parloteo chatter
párpado eyelid
parra grapevine
párrafo paragraph
parroquia parish
parroquiano parishioner
partidario partisan; supporter
partido game; side (in a contest); (political) party
partir to leave; to divide
parto birth; labor; creation
pasadizo passage; corridor; alley
pasado past
pasaje *m* passage; fare
pasajero passenger; *adj* transitory, temporary
pasar to pass; to happen
pasatiempo pastime
pascua Easter; Christmas; Passover; religious holiday
pasear to walk, take a stroll; **-se** to ride
paseo walk; promenade; ride
pasillo hall; passage; lobby; short piece
pasión *f* passion; suffering
paso step; passing; crossing; passage; pace; episode; interlude; *adv* softly, quietly
pasta dough; batter; paste; noodles
pastel *m* pie; pastry; cake
pastelería pastry shop
pastilla tablet, pill; throat lozenge
pasto pasture; grass; food (for cattle)
pastor -a shepherd; pastor, minister
pastoril pastoral
pata paw; hoof
patada kick; stamp
patata potato; sweet potato
patear to trample; to abuse
paterno paternal
patilla bench; watermelon; *pl* whiskers, sideburns
patinador -a skater
patio yard; courtyard
pato duck
patria homeland, fatherland
patrón *m* patron; protector; boss
pavimento pavement; flooring
pavo turkey; - **real** peacock
pavoroso frightening
payaso clown
paz *f* peace
pecado sin
pecar to sin
pecoso freckled
pechera shirt front
pecho chest
pedazo piece
pedestre on foot, walking; commonplace, vulgar
pedir to ask for; to order (in a restaurant)
pedrada throw of a stone; hit from a stone; snide remark
pedregal *m* stony place
pedrería precious stones
pegajoso sticky; catching, contagious
pegar to fasten; to strike, hit; to stick
peinarse to comb one's hair
pelaje *m* fur; coat
pelar to peel
peldaño step, stair; rung (of a ladder)
pelear to fight
peligro danger
pelo hair
pelón *m* bald; poor
pelota ball
peluquería beauty shop; barber shop
pellejo skin; wineskin; whore
pellizcar to pinch
pena grief; embarrassment; **dar** - to make (someone) feel bad
penar to punish; to suffer
pender to hang; to be pending
pendiente *m* earring; *adj* hanging; pending

penoso painful; difficult; shy
pensador -a thinker; thoughtful
pensamiento thought; pansy
pensar to think
penúltimo penultimate
penumbra half-light; shadows
penuria shortage; poverty, need
peña cliff; group
peñasco large rock
peón ***m*** peon; day laborer
peor worse; worst
pepita pip; nugget
pequeño small
percibir to perceive; to receive, collect
perder to lose; to miss
perdiz ***f*** partridge
perdonar to forgive; to pardon; to exempt
perdurable lasting
perdurar to last
peregrinación ***f*** pilgrimage
peregrinar to go on a pilgrimage; to travel extensively
perenne everlasting
perezoso lazy
pérfido treacherous
perfil ***m*** profile
perico parakeet; toupé; expert
periódico newspaper; ***adj*** periodical
periodista ***m*** / ***f*** journalist
perjudicar to harm; to prejudice
perjudicial harmful; detrimental
perla pearl
permanecer to remain
permiso permission; permit; license
permitir to permit
pero but; yet
peronista ***m*** / ***f*** supporter of Perón
peroración ***f*** speech; conclusion of a speech
perpetuar to perpetuate
perpetuo perpetual
perplejo perplexed
perro dog
persecución ***f*** pursuit; persecution
perseguidor -a pursuer; persecutor
perseguir to pursue, chase; to persecute
perseverar to persevere
persiana venetian blind
personaje ***m*** character; personage
perspicaz keen; shrewd
pertenecer to belong; to apply to
pertenencia belonging
perturbar to disturb; to upset
peruano Peruvian
perverso perverse; wicked
pesadilla nightmare
pesado heavy
pesadumbre ***f*** grief; burden
pesar ***m*** regret; grief; ***v*** to weigh; to distress
pescadero pertaining to fishing
pescado fish
pescar to fish, catch
pescuezo neck
peso weight; type of currency; scale
pestaña eyelash
peste ***f*** plague; stench
pestilencia plague; stink
pétalo petal
petardo firecracker; firework; fraud
petizo small; stocky; chubby
petróleo petroleum; oil, gas
petrolífero oil-bearing
pez ***m*** fish
pezón ***m*** nipple; tit; stock
piadoso pious; merciful
pial ***m*** lasso
piar to cheep; to cry for
picar to cut, chop; to sting
picardía crookedness; slyness; dirty trick
picaresco picaresque; rascally
pícaro ***adj*** crooked; ***n m*** crook; scoundrel; picaro
pico beak; peak
pie ***m*** foot
piedad ***f*** pity
piedra stone
piel ***f*** skin; hide; leather
piélago high sea; ocean
pierna leg
pieza piece; coin; room; theatrical work

pila pile, heap; fountain; basin; battery; faucet
pilar ***m*** post; column; basin
pillaje ***m*** pillage
pillo ***adj*** villainous; ***n m*** rascal; scoundrel
pincel ***m*** paintbrush
pincelar to paint
pincharse to prick oneself
pingo rag; prostitute; horse
pino pine tree
pintar to paint; to depict
pintoresco picturesque
pintura painting; paint
piña pineapple; pine cone; cluster
piojo louse; flea
pique ***m*** resentment, grudge; rivalry
piraña piranha
piruetear to pirouette
pisada footstep; footprint
pisar to step on
piso floor, story; apartment
pisotear to trample
pista track; course; clue
placa plate; sheet; denture; badge; blotch; license plate
placentero pleasant
placer ***m*** pleasure; ***v*** to please
placero a person who works in the plaza
placidez ***f*** placidity
plaga pest; plague; disaster
plagar to infest; to plague
planchar to iron
planta plant; sole of the foot; floor, story (of a building)
plantar to plant; to place
plantear to implant; to plan; to pose
plástico plastic; supple
plata silver; money
plátano banana; banana tree; plane
platear to silver; silver-plate
plática chat, talk; sermon
platicar to chat, talk
playa beach
plaza (town) square; place; bullring; fort
plazuela small square
plebeyo plebeian; common
plegar to fold; to bend
pleitear to plead; to sue
pleito lawsuit, case
plenitud ***f*** fullness; abundance
pliego sheet; sealed letter
pliegue ***m*** fold; crease; pleat
plomero plumber
pluma feather; pen
plumero feather duster; bunch of feathers; penholder
población ***f*** population
poblar to settle, colonize; to inhabit
pobre poor
poco little; bit; **-s** few
poder ***v*** to be able; ***n m*** power
poderoso powerful
podredumbre ***f*** decay; rot
podrido rotten
poesía poetry; poem
poética poetics; theory of poetry
polaco Polish
polarizarse to polarize
policía ***m*** police officer; ***f*** the police; policewoman
policial police
Polonia Poland
polvo dust
pólvora gunpowder; fireworks; powder
pollo chicken
polluelo chick
poma apple; small flask; pumice stone
pomo fruit with pips; scent bottle; pommel; knob
pompa pump; bubble; pump
pomposo pompous; magnificent
poncho poncho; blanket; ***adj*** lazy
ponderar to consider; to praise highly
poner to put, place
poniente ***m*** west; sunset
ponzoña poison
populacho populace; plebs, masses
por for; through; by; - **consiguiente** therefore; - **qué** why; - **supuesto** of course
porfía persistence; stubbornness; dispute

porfiar to contend; to persist, be stubborn
pormenor *m* detail
poroto bean
porque because
porquería filth; indecency; small thing
portada cover; porch; title page
portal *m* hall; porch; - **de Belén** Nativity scene
portarse to behave
portavoz *m* megaphone; spokesperson
porteño of Buenos Aires; native of Buenos Aires
portillo opening; narrow pass
portón *m* large door
porvenir *m* future
posada shelter, lodging
posar to lay down, put down; **-se** to settle; to perch
poseer to have, own
pósito granary; association
posterior back; posterior; later; subsequent
postre *m* dessert; sweet
postrero rear; last
postular to postulate; to seek; to collect
postura posture; position; attitude; bid; wager
potencia power; capacity; faculty
potestad *f* power; authority
potro colt
pozo well
prado meadow; pasture
preceptor -a teacher; tutor
precio price; cost; value
precioso precious; refined; beautiful
precipicio precipice; cliff; abyss; ruin
precisión *f* precision; accuracy; need
preciso precise; exact; necessary
precolombino pre-Colombian
precoz precocious
precursor -a *m* predecessor; precursor
predecir to predict
predicador -a preacher
predicar to preach
predilecto favorite
pregonar to proclaim; to disclose
pregunta question
preguntar to ask
prejuicio prejudice; preconception
prelado prelate
preludir to announce; to introduce
premiar to reward
premio prize; reward
prenda article of clothing; jewelry
prendarse to be captivated by
prender to seize, capture; **-se** to catch fire; to dress up
prensa press
preocuparse to worry
preparar to prepare; **-se** to get ready, prepare oneself
presagiar to presage, predict
presagio omen
prescindible dispensable; expendable
presenciar to attend; to witness
presentar to present, introduce
presentimiento premonition
presentir to have a premonition
preservar to protect; to keep
presidiario convict
presidir to preside at; to dominate
preso prisoner; convict
prestar to lend; **-se** to offer or to lend one- (it)self
prestigio prestige; magic spell; trick
presumido conceited
presunción *f* supposition; conceit
presuroso quick
pretender to aspire to; to claim
pretendiente *m* suitor; claimant; candidate
pretil *m* parapet; handrail; forecourt
prevalecer to prevail; to triumph
prevenir to prepare; to foresee
previsor -a farsighted; thoughtful
primado piece of stupidity; trick, hoax
primavera spring
primaveral spring, springlike
primero first
primicias first fruits; first effort
primo cousin

primogénito first-born
primor ***m*** beauty; skill
primoroso exquisite; skillful
principal principal; main
príncipe ***m*** prince
principio beginning; principle
prisa hurry, speed
prisionero prisoner
privado deprived; private
privar to deprive
privativo exclusive
privilegiado privileged
probar to prove; to try; to test
proceder to proceed; to originate; ***n m*** conduct; way of doing things
procurar to strive for; to endeavor
proeza prowess; skillful feat
profano profane; indecent; ignorant; worldly, irreverent
profundizar to deepen; to study in depth
progresista progressive
prójimo fellow man; neighbor
prole ***f*** offspring; brood
promesa promise; pledge
prometer to promise, pledge; **-se** to get engaged
promover to promote; to cause
pronombre ***m*** pronoun
pronosticar to predict, forecast
pronto quick; ***adv*** soon
pronunciar to pronounce; to make, deliver (a speech); to declare oneself
propietario ***adj*** proprietary; owner; landowner
propio own; proper
proponer to propose
propósito purpose; **a** - by the way
propuesta proposal
prosaísmo prosaic nature; tediousness
proseguir to continue; to pursue
próspero prosperous; with good luck
prostituirse to prostitute oneself
proteína protein
proveer to provide; to get ready; to decree
provenir to come from; to stem from
provinciano provincial; country
provisorio provisional
provocar to provoke; to rouse; to tempt; to lead to
proximidad proximity, closeness
próximo next; close to
proyección ***f*** projection; showing; influence
proyecto project; plan
publicar to publish; to divulge; to publicize
pudiente wealthy; powerful
pudor ***m*** modesty; shyness; virtue
pudrir to rot
pueblo people; nation; village
puente ***m*** bridge; gap
pueril childish
puerta door
puerto port; seaport; refuge
puertorriqueño Puerto Rican
pues then, well
puesto post; place; job
pujante strong; powerful
pujanza strength; vigor
pulcritud ***f*** neatness; delicacy; beauty
pulga flea
pulir to polish; to smooth
pulmón ***m*** lung
pulmonía pneumonia
pulpa pulp
pulpería general store; bar
púlpito pulpit
pulpo octopus
puna high Andean plateau; mountain sickness
punta end; tip; point; trace
puntapié ***m*** kick
punto point; - **de vista** point of view; **al punto** immediately
puntuación ***f*** punctuation; scoring
puntual punctual; reliable
punzar to puncture, pierce; to hurt; to grieve
puñal ***m*** dagger
puñetazo punch, blow with a fist
puño fist; handful; cuff; handle

pupila pupil
pureza purity
puro pure; cigar
púrpura purple
purpúreo purple
pústula pimple; sore

Q

que that, who
qué what
quebrantar to break; to violate
quebrar to break, smash
quechua ***m*** South American Indian language
quedar to remain, be left; **-se** to stay, remain
queja complaint, moan
quejarse to complain; to moan
quemar to burn
querer to want; to love
querido dear
queso cheese
quiché ***m*** Central American Indian; ***m*** Indian language
quien who, whom
quieto calm, still
quietud ***f*** stillness; calm
quijada jaw; jawbone
quiltro mutt
quimera hallucination; quarrel; unfounded suspicion
química chemistry
quinta villa; draft
quinto fifth
quirúrgico surgical
quitar to take away; **-se** to remove oneself; to get rid of; to take off (clothing)

R

rabia rabies; fury, anger
rabioso suffering from rabies; furious
racimo cluster, bunch (of grapes)
radiografía x-ray
radionovela radio serial
ráfaga gust; burst
raíz ***f*** root; origin
rajar to split; to slit; to slander
rama branch
ramaje ***m*** branches; foliage
ranchería laborer's quarters; poor country inn, house
rancho shack; country house; ranch
rango rank; class
rapaz greedy; thieving; ***n m*** lad; ***n f*** predatory animal
rapiña robbery; **ave de** - bird of prey
raptar to kidnap
raquítico weak; miserly
raro uncommon; odd
rascacielos ***m*** skyscraper
rascar to scrape; to scratch; to itch; **-se** to scratch oneself
rasgar to tear; to tear up
rasgo stroke; feature; noble gesture
raso flat; clear
raspear to scratch
rastrear to track; to trail; to dredge up
rastro rake; trail; scent; trace; slaughterhouse; **R-** open-air market in Madrid
rato short time; while
ratón ***m*** mouse
raudal ***m*** torrent; abundance
raya line; stripe; mark; part (in hair); crease
rayar to line; to cross out; to border on
rayo ray, beam; stroke of lightning
rayuela hopscotch
raza race; breed
razón ***f*** reason; words; opinion
razonable reasonable
razonamiento reasoning; speech
reafirmar to reaffirm
real royal; real; army camp
realista ***m / f*** realist; royalist
realizar to realize, carry out
realzar to raise; to heighten; to enhance
reanimarse to revive
reanudar to renew; to resume
rebajar to lower; to reduce; to humble
rebanada slice
rebelde ***m / f*** rebel; ***adj*** rebellious; stubborn

rebosar to overflow; to be plentiful
rebozar to muffle up; to fry in batter
rebozo muffler; shawl; disguise
rebullir to stir up
rebuscar to search out
recado message
recalcar to squeeze in; to emphasize
recámara side room; dressing room; breech; caution; bedroom
recargar to overload; to increase
recatar to hide
recatafila parade, series
recato caution
recaudar to collect; to receive
recelar to suspect, be suspicious of
recelo suspicion
receloso suspicious
receta recipe; prescription
recibimiento reception; welcome; lobby
recibir to receive; to welcome; to entertain
recién recently; newly
recipient ***m*** recipient; container
recitar to recite
reclinarse to lean
reclutamiento recruitment
recobrar to recover; to recapture
recoger to pick up; to gather
recolectar to pick up; to gather
recompensa reward; recompense
reconciliarse to become reconciled
recóndito recondite, hidden
reconocimiento recognition; admission; gratitude; inspection
reconquistar to reconquer; to win back
reconstituir to reconstitute; to reconstruct
recopilar to compile; to codify
recordar to remember; to remind
recorrer to go across; to travel; to survey; to mend
recortar to cut off; to trim; to remove
recorte ***m*** cutting; press clipping, article
recostar to lean; **-se** to recline; to have a short rest
recrear to recreate; to amuse
recreo recreation; break
recto straight; honest; proper; ***n*** rectum
rector -a chief, leader; president (of a university)
recuerdo memory; souvenir
recuperar to recover
recurrir to resort to; to appeal
recurso resort; means
rechazar to reject; to repel
rechinar to creak; to squeak
red ***f*** net; hairnet; fence; network; trap
redacción ***f*** editing; writing, wording; newspaper office
redactar to edit; to write; to draft
redefinir to redefine
redentor -a redeeming
redil ***m*** sheepfold
redimir to redeem
redoblar to bend over; redouble (one's efforts)
redondel ***m*** bullring; circle
redondilla quatrain
redondo round
reducir to reduce
reemplazar to replace
referir to refer; **-se** to refer to
refinamiento refinement
reflejar to reflect
reflejo reflection, reflex
reflexionar to think about; to reflect
reformador -a reformer
refrán ***m*** proverb; refrain
refregar to rub; to scrub
refrescar to refresh; to cool down
refugiarse to take refuge
refulgente brilliant
regalar to give; to give as a gift
regalo gift
regar to water; to sprinkle
regatear to bargain
regazo lap
regenerador -a regenerative
régimen ***m*** regime; rule; diet
regimiento regiment; administration
regir to rule; to govern; to apply
registrar to search; to register; to file, record

registro registration; register; record; search
reglamento regulations
regocijar to rejoice, celebrate; to delight
regocijo joy; exaltation
regresar to return
rehusar to refuse
reina queen
reinado reign
reinar to reign
reincorporarse to rejoin
reino kingdom; realm
reír(se) to laugh
reivindicar to claim; to vindicate; to restore
reja bar; grid; prison
relación *f* relationship; relation; narrative
relajar to relax; to slacken
relámpago lightning
relato short story; tale
releer to reread
relieve *m* raised work; importance; social standing; bas relief
reliquia relic; remains; heirloom
reloj *m* watch; clock
relojero watchmaker; clockmaker
reluciente shining; healthy looking
relucir to shine; to bring something out
relleno stuffed; *n* stuffing; filling; padding
remediar to remedy; to repair; to help with
remedio remedy; relief
rememorar to recall
remendar to patch; to fix up
remitir to remit; to send; to refer; to postpone
remojar to soak
remolino swirl; whirlpool; crowd, commotion
remontar to mend; to repair; **-se** to rise; to soar
remordimiento guilt; remorse
remoto remote
renacentista *adj* Renaissance
renacer to be reborn; to revive
renacimiento rebirth; **R-** Renaissance
rendimiento capacity; submissiveness; exhaustion
rendir to produce; to bear; to defeat; to exhaust; to surrender
renovar to renew; to restore
renta income; rent
renunciar to renounce; to resign
reñir to scold
reo culprit; offender; prisoner
reorganizar to reorganize
reparo repair; watchfulness, carefulness; objection, reservation
repartición *f* distribution; allotment
repartir to distribute; to divide; to allot
repasar to review; to retrace
repentino sudden
repertorio list; repertoire
repetir to repeat
repicar to chop up; to prick; to ring (a bell)
repleto full; well-fed
replicar to answer, reply
reponerse to recover
reportar to fetch; to obtain; to bring; to denounce; **-se** to control oneself
reposar to settle one's stomach; to rest
repostero pastry cook
reprender to reprimand
representante *m* / *f* representative; performer
representar to represent; to perform
reprimir to repress
reprobable blameworthy
requemar to scorch; to inflame
requerir to need; to request; to send for
res *f* beast; steak; head (of cattle)
resbalar(se) to slip
rescatar to ransom; to rescue
reseco very dry; skinny
reseña outline; review
residir to reside; to consist in
resignar to resign; to give up; **-se** to resign oneself
resina resin
resistir to resist; to stand, endure; **-se** to refuse (to)

resolver to resolve, to decide
resonar to ring; to echo
resoplar to breathe heavily; to snort
respaldo back; support, backing; wall
respetar to respect
respeto respect
respirar to breathe
responder to answer, respond; to be responsible
respuesta answer, response
restante remaining
restaurador -a restorer
restaurar to restore
resto rest; remainder
restringir to restrict, limit
resucitar to resuscitate, revive
resultado result
resultar to result, turn out (to be)
resumen ***m*** summary
retablo altarpiece; puppet show
retar to challenge; to reprimand; to abuse
retardar to slow down
retener to retain; to hold back
retirada retreat; withdrawal
retirar to move away; to withdraw
retorcerse to twist; to squirm
retorcijón ***m*** rapid twist; stomach cramp
retozo frolic; gambol
retraerse to withdraw; to retreat
retraso delay
retratar to portray
retroceder to move back; to back down
retrógrado retrograde
retumbo boom; thunder; echo; reverberation
reunión ***f*** meeting; gathering; reunion
reunirse to get together; to unite, join together
revelar to reveal; to disclose; to give away; to develop
reventar to burst; to explode
reverencia reverence; bow, curtsy
reverendo respected; reverend; solemn
revés ***m*** reverse; **al** - the other way around; upside down
revigorizar reinvigorate
revisar to check; to revise; to review
revista magazine; review
revolcarse to roll about; to frolic
revolotear to flutter; to circle
revoltoso rebellious
revolver to move about; to turn over; to disturb; to stir (up)
revuelta turn; fuss; riot
rey ***m*** king
rezagado latecomer; ***adj*** late (payments, etc.)
rezar to pray
riachuelo brook
ribera bank, riverside
rico rich; delicious
rienda rein
riesgo risk
rigidez ***f*** rigidity; inflexibility; harshness
riguroso rigorous; harsh
rima rhyme
rimbombante bombastic
rincón ***m*** corner; retreat
riña quarrel
río river
riqueza wealth
risa laughter
risueño smiling; pleasant
rítmico rhythmical
ritmo rhythm
rito rite; ceremony
rizo curly
robar to steal
roble ***m*** oak; oak tree
robusto strong; robust
roca rock
rocalloso rocky
roce ***m*** rubbing; close contact
rodar to roll; to roam, wander
rodear to surround
rodilla knee
rogar to beg; to request
rojizo reddish
rojo red
rol ***m*** list; role
romance ***m*** ballad; old Spanish language

rompecabezas ***m s*** puzzle
romper to break
roncar to snore
ronco hoarse; husky; harsh
ronda night outing; group of serenaders; patrol
ronquido snore; roar
ropa clothes, clothing
ropaje ***m*** gown; drapes; heavy clothing; rhetorical adornments
ropero wardrobe; ***adj*** for clothes
ropón ***m*** long robe
rosa rose; ***adj*** pink
rosado pink
rosal ***m*** rosebush
rostro face
rotoso ragged
rozar to rub (against); to crumple
rubio fair-haired; blonde; golden
rubor ***m*** bright red; blush; bashfulness
rudo crude; uncultured
rueda wheel
ruedo bullring; rotation; border; hem
ruego request
rufián ***m*** scoundrel; pimp
rugir to roar
ruido noise
ruidoso noisy
ruina ruins; ruination
ruiseñor ***m*** nightingale
ruleta roulette; - **rusa** Russian roulette
rumbo route; direction; course of events
rumor ***m*** murmur; rumor; gossip
rústico bumpkin; rustic
ruta route; course

S

sábana sheet
saber to know; - **a** to taste of
sabiduría wisdom
sabio wise
sabor ***m*** flavor
saborear to savor; to relish
sacar to remove; to take out
sacerdote ***m*** priest
saciar to fulfill; to satiate
sacristán ***m*** sacristan, sexton
sacudir to shake; to dust
sádico sadistic; sadist
sagaz shrewd
sagrado sacred; ***n*** sanctuary; asylum
sal ***f*** salt
sala living room; room; auditorium
salado salty; witty
salamandra salamander
saldo settlement; payment; remainder, balance
salir to exit, go out; to come out
salitre ***m*** niter, saltpetre
salmo psalm
salón ***m*** drawing room; lounge
salpicar to splash, splatter
saltar to jump
salto jump
salud ***f*** health
saludar to greet
salvaguardar to safeguard
salvaje ***adj*** wild; ***n m*** savage
salvar to save; to make an exception of
salvo safe; excepted; ***prep*** except for
sanar to heal, cure
sanatorio sanitarium; private nursing home
sandalia sandal
sangrar to bleed
sangre ***f*** blood
sangriento bloody; bleeding
sanguinario bloodthirsty; cruel
sanguinolento bleeding; bloody; blood-red
sano healthy
santidad ***f*** holiness
santiguarse to make the sign of the cross
santo -a saint; ***adj*** holy; saintly
sapiente wise
sapo toad
saqueo sacking; looting
sarampión ***m*** measles
sarmiento vine shoot
sastre ***m*** tailor

sátiro satyr
satisfacer to satisfy
sauce ***m*** willow
sayón ***m*** executioner; cruel henchman
sazón ***f*** good heart; proper condition; ripeness; seasoning flavor
secar to dry
seco dry
secuaz ***m*** follower; supporter; henchman
secuestro kidnapping, abduction; isolation
secular secular; century-old
secundario secondary; minor
sed ***f*** thirst
seda silk
sediento thirsty
seductor -a seductive; charming; ***n*** seducer
seglar ***m*** layman; ***adj*** secular
seguidor -a follower; supporter
seguir to follow; to pursue
según according to
segundo second
seguridad ***f*** security; safety
selva jungle; forest
sellar to seal; to stamp
sello seal; stamp
semana week
semanario weekly
semblante ***m*** face; aspect
sembrar to sow; to scatter
semejante similar
semejanza similarity
semidiós ***m*** demigod
semilla seed
sencillo simple; easy; ***n*** loose change
senda path; track
sendero path; track
seno bosom; bust
sensible sensitive
sentar to sit, seat; **-se** to sit down
sentenciar to sentence; to give one's opinion
sentido sense; meaning; direction
sentimiento feeling; sentiment
sentir(se) to feel; to regret
seña sign; mark
señal ***f*** sign; mark
señalar to point out
señor sir; master; mister; lord
señora lady; wife; Mrs.
señorita young lady; miss
septicemia blood poisoning
sepulcro tomb; grave
sepultar to entomb, bury
sepultura burial; grave
sepulturero gravedigger
ser to be; ***n m*** being
serenar to calm
sereno serene; clear; peaceful; ***n*** night watchman
serie ***f*** series
serio serious
serpentear to wind
serpiente ***f*** snake; serpent
servicial helpful, humble
servidor -a servant
servidumbre ***f*** servitude; staff; servants
servir to serve
sesgado slanted
sesteadero grazing area
seudónimo pseudonym
sexto sixth
sien ***f*** temple
sierra saw; mountain range
siesta nap
sigiloso secret; sly
siglo century
significado meaning; significance
significativo significant
signo sign
siguiente following
sílaba syllable
silbar to whistle
silbido whistle; hiss
silbo whistle; hiss
silueta silhouette, shadow, outline
silvestre wild; rustic
silla chair; - **de ruedas** wheelchair
sillón ***m*** armchair
símil similar; ***n m*** comparison, simile

simpleza simpleness; foolishness
simposio symposium
simulacro simulacrum; image; semblance; sham
simular to simulate; to pretend
sin without; - **embargo** nevertheless, however
sindicato trade union; syndicate
sinfonía symphony
singularidad *f* rareness; strangeness
siniestro sinister; evil; left; *n* catastrophe
sino but, but rather; if not
sinsabor *m* trouble; sorrow
siquiera at least; **ni -** not even; *conj* even if, even though
sirviente -a servant
sitio place; space
soberano sovereign
soberbio vain, proud, arrogant
sobrar to be in excess
sobre on; above; over; *n m* envelope
sobrenatural supernatural
sobrepasar to exceed
sobresalir to stand out; to excel
sobresaltar to startle
sobrevivir to survive
sobrino -a nephew, niece
sobrio sober; moderate; plain
socarrón -ona sarcastic; cunning
socorrer to help; to relieve
socorro help; relief
sofocante suffocating; stifling
sofocar to suffocate; to stifle
soga rope; noose
sol *m* sun
solar solar; *n m* plot of land; ancestral mansion
solariego ancestral home
soldado soldier
soledad *f* solitude
solemnizar to celebrate; to solemnize
soler to be accustomed to; usually *(+verb)*
solicitar to apply (for); to request; to seek
solícito diligent; concerned
solo alone
sólo only
solsticio solstice
soltar to let go of; to release; **-se** to come undone
soltero single, unmarried; *n* bachelor; **-a** spinster
sollozar to sob
sollozo sob
sombra shade; shadow
sombrero hat
sombrilla parasol; umbrella
sombrío shaded; dark; sad, somber
someter to submit
somnámbulo sleepwalker
sonar to sound; to ring; **-se la nariz** to blow one's nose
sonido sound
sonoro sonorous
sonreír to smile
sonrisa smile
sonrojarse to blush
sonrosado rosy; pink
soñar to dream
soñoliento sleepy
sopa soup
soplar to blow
soportar to endure, put up with
sor *f* Sister (in a religious order)
sorbo sip; swallow
sordidez *f* dirt; sordidness
sórdido sordid; dirty; nasty, mean
sordo deaf
sorprendente surprising
sorprender to surprise
sorpresa surprise
sortija ring; curl, ringlet
sosegar to calm; to rest
sosiego calm; peace
sospechar to suspect
sostén *m* support; bra; nourishment
sostener to sustain, support
soto thicket; rough patch; tangle
suave soft; gentle

suavizar to soften
subalimentación *f* undernourishment
subalterno secondary; minor; subordinate
subdesarrollo underdevelopment
subida climb; ascent; rise; incline
subir to take up; to ascend, go up; - **a** to get on
súbito sudden; rash
sublevar to incite to revolt; to upset; **-se** to revolt
submarino submarine; *adj* underwater
subsiguiente subsequent
substancioso substantial
subyugar to subjugate; to overpower; to charm
suceder to happen; to follow
suceso happening, event; issue
sucesor -a successor; heir
suciedad *f* dirt, grime; meanness; dirty act; obscenity
sucio dirty
sucumbir to succumb
sudar to sweat
sueco Swede
suegro -a father-in-law, mother-in-law
suela sole (of a shoe)
sueldo salary
suelo ground; surface; floor
sueño dream
sufijo suffix
sufrimiento suffering
sugerencia suggestion
sugerir to suggest
suizo Swiss
sujetar to fasten; to conquer
sumamente extremely
sumergir to submerge
suministrar to supply; to furnish, provide
sumiso submissive; docile
sumo great; high
suntuoso sumptuous; lavish
superficie *f* surface; exterior
superfluo superfluous
superior upper; superior
superponer to superimpose
supervivencia survival
suplicar to plead; to beg; to implore
suplicio torture; punishment; torment
suplir to add to; to complete
suponer to suppose; to assume; to attribute; to imply
sur ***m*** south; ***adj*** southern
surgir to arise; to emerge
suroeste ***n m*** southwest
susceptible capable; sensitive, touchy
suscribir to subscribe; to sign, to ratify; to endorse
suspender to hang, suspend; to fail
suspenso suspense; ***adj*** suspended
suspicacia suspicion, mistrust
suspiro sigh; whisper
sustancia substance; essence; matter
sustantivo noun; ***adj*** substantive
sustentar to sustain; to support
sustento support; sustenance; livelihood
sustituir to substitute, replace
susto fright; scare
susurrar to whisper
sutil subtle; fine; delicate
sutileza subtlety

T

tabaco tobacco
tabla plank; board; shelf; stage
tablado plank; floor; stage
tablón ***m*** plank; beam
tabú ***m*** taboo
taburete ***m*** stool
taciturno silent; moody
tacón ***m*** heel (of a shoe)
tachar to cross out; to criticize
tal ***adj*** such; ***adv*** thus; - **vez** perhaps
talón ***m*** heel (of shoe, foot)
tallado carved; sculpted; engraved
talle ***m*** waist; figure; appearance
tamaño size
también also
tambor ***m*** drum; eardrum; drummer
tamboril ***m*** small drum

tampoco neither
tan ***adv*** so
tanto so much, as much
tapa lid, cover; snack
tapar to cover; **-se** to cover oneself up
tapete ***m*** tablerunner; rug
tardar to be late; to take time
tarde ***f*** afternoon; ***adv*** late
tardío late; overdue
tarea job, task; chore; homework
tártaro Tartar
tatuaje ***m*** tattoo
taza cup
teatro theater
techa roofing; act of putting up a roof
tecla key (of a piano, typewriter)
techo roof; ceiling
techumbre ***f*** roof
tejer to weave; to spin; to knit; to sew
tejido woven material; knit
tela cloth; fabric; painting
telar ***m*** loom; textile mill
telón ***m*** curtain; backdrop
tema ***m*** subject; theme
temática themes
temblar to tremble; to shiver; to quake
temer to fear
temerario rash; bold
temeridad ***f*** fearlessness
temeroso frightened; timid
temor ***m*** fright
templar to temper; to moderate; to warm up
templo temple; church
temporada time, period; spell; season
temporal temporary; temporal; ***n m*** storm
temprano early
tenaz resistant; tenacious
tender to stretch; to spread; to lay out; to hang out; to tend
tentáculo tentacle; feeler
teñir to dye
tercero third; mediator; go-between
terceto trio; triplet; tercet
terciopelo velvet
terco stubborn; harsh
tergiversar to distort
terminar to finish; to end
término end, finish; limit; term; time period
ternera veal
ternero calf
terno set of three; trio; suit
ternura tenderness
terrateniente ***m / f*** landowner
terraza terrace
terremoto earthquake
terreno terrain; earth; land; ***adj*** earthly
terrestre terrestrial; earthly
terso smooth; polished
tertulia social gathering
tesón ***m*** insistence; firmness
tesoro treasure
testamento testament; will
testigo witness
testimonio testimony; affidavit
teta breast; nipple
tez ***f*** complexion, coloring
tibio lukewarm; tepid
tiburón ***m*** shark
tiempo time; weather
tierno tender; soft
tierra land; earth; world; country
tieso stiff; rigid; chirpy; proud, stubborn
tijera claw; ***pl*** scissors
tímido timid, shy
tímpano eardrum
tina bathtub
tinieblas darkness; shadows
tino skill; touch; tact; good judgment; moderation
tinta ink; dye; color
tinte ***m*** dye; drycleaner's; coloring
tintero inkpot; desk set
tinto stained; **vino** - red wine
tiple ***m*** treble; boy soprano; soprano
tipografía typography; printing press
tirante ***m*** tight; tense; strap; ***pl*** suspenders

tirar to throw; to throw out; to pull; to shoot
tiro throw; shot
tironear to pull, tug
tití ***m*** small monkey
titilar to tremble; to twinkle
título title
tizón ***m*** burning piece of wood; stain
toalla towel
tobillo ankle
tocadiscos ***m s*** record player
tocado headdress; hat; hair-do
tocar to touch; to play (music); to feel; to knock
todavía still; yet
toldo awning; marquee; cloth; Indian hut; pride
tomar to take
tomo tome, volume
tontería silly remark; silliness; foolishness; triviality
tonto stupid
tórax ***m*** thorax
torbellino whirlwind; dust cloud
torcer to twist; to bend; to sprain
tormenta storm; turmoil
tormento torment; torture
tornar to give back, return; to change; **-se** to return; to become
tornasol ***m*** sunflower
tornillo screw
toro bull
torpe clumsy; slow, sluggish
torpeza clumsiness; slowness
torre ***f*** tower; rook
torta cake; tart
tortuga tortoise; **- marina** turtle
torturar to torture
tosco coarse
tostar to toast; to roast; to brown; **-se** to tan
trabajo work; job
trabar to join, unite; to seize; to strike up (a conversation); to engage in; to obstruct; **- amistad** to make friends
traducir to translate; to render
traductor -a translator
traer to bring
tragar to swallow; to absorb, soak up
trago swallow; drink
traición ***f*** treason; betrayal; treachery
traicionar to betray
traidor -a traitor; ***adj*** treacherous
traje ***m*** suit; dress; costume
trama plot
trampa trick; trap
tramposo crooked, tricky
trance ***m*** trance; peril; critical moment
tranquilo calm, tranquil
transandino trans-Andean
transcurrir to pass, go by; to turn out
transparentar to reveal; to be transparent
transporte ***m*** transportation; transport; haulage
tranvía ***m*** tram; streetcar
trapecio trapeze
trapo rag
tráquea trachea, windpipe
transcender to transcend; to smell, reek of; to leak out; to spread
trasladar to move; to remove; to change; **-se** to move
traspasar to cross
trastornar to upset; **-se** to fall through; to be ruined; to go crazy
tratado treaty; treatise
tratamiento treatment
tratar to treat; to deal with; **- de** to try; to be about; **-se de** to concern
trato dealings; relationship; treatment; manner; contract
travesía cross-street; crossing
travesura prank; sly trick; wit
trayectoria trajectory; path; evolution
traza plan; layout; looks; means; device; ability; trail
tremendismo crudeness; coarse realism
trémulo tremulous
tren ***m*** train
trenza braid
trepador -a climbing; ***n*** climber

trepar to climb; to drill
trepidar to shake; to hesitate
tribu *f* tribe
tribunal *m* court; tribunal; forum
tributar to pay (homage, tribute)
tributo tax; tribute
tricolor three-colored
trigo wheat
trilla threshing; beating
tripa intestine; gut; belly
trocar to exchange; **-se** to change into; to get mixed up
trompo spinning top; clumsy person
tronco trunk
tropa troop; crowd; army; flock
tropel *m* mob; mess
tropezar to stumble, trip; to blunder; **-con** to run into
trote *m* trot; traveling
trovador *m* troubadour
trozo bit; chunk; fragment
truco trick; device
truculencia horror; cruelty
truculento cruel; horrifying
trueno thunder
trufa truffle; fib
trunco shortened; incomplete
tuerto one-eyed
tul *m* tulle; net
tumba tomb; grave; somersault
tumbar to knock down, knock over; **-se** to lie down; to stretch out
tumbo fall; tumble
tumulto tumult; turmoil; uproar
túnica tunic; robe
turbar to disturb; to worry; to stir up; **-se** to get worried
turbio cloudy; thick; muddy; dim
turco Turkish; *n* Turk
turno order; turn; period of duty, shift
turpial *m* type of bird, similar to the golden oriole
tutear to address someone as **«tú»**
tutela guardianship; protection; guidance
tutor -a tutor; guardian

U

último last; latest
ultraje *m* offense
umbral *m* threshold; beginning
umbrío shady
unir to unite, join; to tie; **-se** to join together; to merge
unitario unitary; Unitarian
urbanidad *f* good manners; courtesy
urbano urban; town; polite
urbe *f* large city
urna urn; glass case; ballot box
uruguayo Uruguayan
usar to use
ustear to address someone as **usted**
usurero profiteer; usurer, money lender
uva grape

V

vaca cow
vacada herd of cows
vacante *f* vacancy; available position; *adj* vacant
vaciar to empty
vacío empty
vacuidad *f* emptiness; frivolity
vacuna vaccine
vacuno bovine, cow
vago vague; wandering; lazy; *n* vagrant
vagón *m* coach; wagon
vaho vapor; steam
valentía bravery; courage
valer to be worth
valeroso brave
válido valid; strong
valiente brave; excellent
valija valise; suitcase
valioso valuable; powerful
valor *m* bravery; worth
vals *m* waltz
valva valve; shell of mollusks
valle *m* valley
vano vain; unreal; shallow
vapor *m* vapor, steam
vaporoso vaporous, steamy; ethereal

vara stick; pole; bar; unit of length (about 2.8 ft.)
variado varied; mixed
variante *f* variant; ***n m*** path
varilla stick; twig; rod
vario varied; changeable; **-s** several
varón ***m*** male; man
varonil manly; vigorous
vasallo vassal
vasco Basque
vasija vessel; container
vaso glass
vasto vast; huge
vecino neighbor; ***adj*** neighboring
vedar to prohibit
vehemente vehement; passionate
vejez *f* old age
vejiga bladder
vela candle; wakefulness; vigil
velador ***m*** watchman; candlestick; night table
veleta weathervane
velo veil; cloak; mental fog
vellón ***m*** fleece; sheepskin; tuft of wool
velloso furry; fuzzy
vena vein
venado deer
venal venous; venial; commercial
vencer to defeat; to conquer; to overcome
vendaval ***m*** gale; hurricane
vendedor -a salesperson
vender to sell
veneno poison
venezolano Venezuelan
venganza revenge
vengarse to take revenge
venia pardon; consent; bow with the head
venidero future, coming, next
venir to come
venta sale; country inn
ventaja advantage; profit
ventana window
ventilar to ventilate; to dry in the air
ventura happiness; luck
ver to see
veraneo summer holiday
verano summer
veraz truthful
verbosidad *f* wordiness, verbosity
verdad *f* truth; truthfulness; reliability
verdadero true; truthful; reliable
verde green
verdor ***m*** greenness; lushness; vigor
verdugo executioner; tormentor
verdura green vegetable; greenness
verga rod
vergüenza shame; shyness; disgrace; embarrassment
verídico truthful
verificar to inspect; to prove
verismo realism
vernal spring
verso verse; line of poetry
verter to pour; to empty out; to spill; to flow
vertiginoso dizzy; dizzying; steep
vértigo dizziness; vertigo; sudden frenzy
vestido dress; costume
vestigio vestige
vestimenta clothing; gear
vestir to dress; **-se** to get dressed
vez *f* time, occasion
vía way; track
viaje ***m*** trip; voyage
viajero traveler
víbora viper, snake
vibrar to vibrate
vicario curate; deputy; vicar
vicioso given to vice
vicisitud *f* accident; sudden change
vida life
vidriera stained-glass window; glass door; showcase
vidrio glass
viejo old
viento wind
vientre ***m*** womb; belly
vietnamita ***m*** / *f* Vietnamese
vigilante vigilant; alert; ***n m*** watchman; policeman

vigilar to watch, watch over
vihuela early form of the guitar
vil low; vile; rotten
vilipendiar to abuse; to vilify
vínculo link; bond; tie
vincha hairband; tape
vino wine
viña vineyard
viñeta vignette; emblem
violáceo violet, purplish
violador ***m*** rapist; violator; offender
violar to violate; to rape; to break (the law)
virrey ***m*** viceroy
viruela smallpox
virulento virulent
visaje ***m*** face; grimace
visera visor; peak; eyeshade; blinker
visita visit; visitor
visitador -a frequent visitor; inspector
visitar to visit
vislumbrar to glimpse
víspera eve; day before
vista sight; glance; view
vistoso colorful; attractive
vitrina glass case; shop window
vituperar to condemn
vituperio condemnation; dishonor
viudo -a widower, widow
vivacidad ***f*** vivacity; vigor; liveliness
vivir to live
vivo alive
vocablo word; term
vocerío shouting, yelling
vociferar to shout, yell; to proclaim boastfully
volante ***m*** steering wheel; note; flier, leaflet; ***adj*** flying
volar to fly
volcán ***m*** volcano
volcar to upset; to overturn
voluntad ***f*** will
volver to return; **-se** to turn around; to become
vorágine ***f*** whirlpool
voraz voracious; greedy; fierce
voz ***f*** voice
vuelo flight
vuelta turn; revolution; change; round; **estar de** - to be back
Vuestra Merced your honor; sir; you
vulgar vulgar; ordinary; popular
vulgarismo popular form; slang word
vulgo public; common people

X

xilófono xylophone

Y

ya already; now; ***interj*** enough
yacer to lie (prone)
yegua mare; cigar stub
yeguada group of breeding mares; stupid remark or act
yema egg yolk; - **de los dedos** fingertip
yermo uninhabited; sterile; ***n*** wilderness
yerno son-in-law
yeso plaster; plaster cast; chalk
yuca yucca; poverty; cassava *(Amer.)*
yugo yoke
yuxtaponer to juxtapose

Z

zafiro sapphire
zaguán vestibule; hallway
zambullirse to plunge, dive
zanahoria carrot
zangón ***m*** big lazy lad
zanja ditch; water course
zapato shoe
zumbar to buzz; to hum

Indice

Literary Credits

We wish to thank the authors, publishers, and holders of copyright for their permission to use the reading materials in this book.

Mariano Azuela, «De cómo al fin lloró Juan Pablo», reprinted by permission of Antonio Azuela.

José María Arguedas, «Yawar (fiesta)», reprinted by permission of Sybila Arredondo de Arguedas.

Gabriela Mistral, «La maestra rural» «Me tuviste», «Ceras eternas», «Todo es ronda», «El niño solo», «La bailarina», «La mujer estéril», «Salto del Laja», reprinted by permission of Marian Reiner.

Luis Palés Matos, «Danza negra», «Majestad negra», «Esta noche he pasado», reprinted by permission of Ana Mercedes Palés.

Pablo Neruda, «Aquí te amo...», «Ritual de mis piernas», «Walking around», «Cortés», «Los dictadores», «Oda a los calcetines», «El pueblo victorioso», reprinted by permission of Agencia Literaria Carmen Balcells, S. A.

Octavio Paz, «Epitafio para un poeta», «Un día de tantos», «Madrugada al raso», «Con los ojos cerrados», «Proema», reprinted by permission of Fondo de Cultura Económica.

Jorge Luis Borges, «El Sur», reprinted by permission of Emecé Editores.

Miguel Angel Asturias, «Leyenda del tesoro del Lugar Florido», reprinted by permission of Miguel Angel Asturias Amado.

Emilio Carballido, «La perfecta casada», reprinted by permission of the Dirección General Editorial y de Publicaciones, Universidad Veracruzana.

Julio Cortázar, «Recortes de prensa», reprinted by permission of Agencia Literaria Carmen Balcells, S. A.

Gabriel García Márquez, «La prodigiosa tarde de Baltazar», reprinted by permission of Agencia Literaria Carmen Balcells, S. A.

Mario Vargas Llosa, «La señorita de Tacna», reprinted by permission of Agencia Literaria Carmen Balcells, S. A.

Rosario Ferré, «Juan Bobo va a oír misa», «Pico Rico Mandorico», reprinted by permission of Ediciones Huracán.

Isabel Allende, «Dos palabras», reprinted by permission of Agencia Literaria Carmen Balcells, S. A.

Nancy Morejón, «Amor, ciudad atribuida», «La noche del Moncada», «Hablando con una culebra», «Negro», «Mujer negra», reprinted by permission of the author.

Mario Bencastro, «El fotógrafo de la muerte», reprinted by permission of the author.